〔修订本〕

李梦生　史良昭　等　／译注

古文观止译注

注音版

上海古籍出版社

译 注 者

出 版 说 明

中国古代文学典籍浩如烟海，体裁丰富多样，其中又以散文和诗歌为最；自最早的卜辞、诸子百家、《左传》、《国语》、《战国策》、《史记》、汉魏骈文、唐宋散文……至明清两代，古文充分体现了"文以载道"这一文学的社会功能，亦描绘出我国文学历史发展的一条清晰的轨迹。

历代美文名篇的选集不胜枚举，其中以清吴楚材、吴调侯所编的《古文观止》流传最广，为其所选的古文果然令人"叹为观止"。然相对于诗歌的朗朗上口，古文言文常给人以艰深晦涩之感。究其原因，不外有二，一是古之文法较于当今的语言习惯已有许多不同，文意难解；二是古文中许多文字在现代文中已不常使用，难以阅读。两者中，又以文字难读最令人困惑，尤其对青少年阅读背诵古文而言，更是如此。因而我们推出了这部《古文观止译注(注音版)》，旨在扫除广大读者学习、欣赏、背诵古代优秀散文时的文字辨认障碍。

这部《古文观止译注(注音版)》是以文学古籍刊行社1956年排印本(据映雪堂本排印)为底本的，译注者用有关史书或别集校勘，择善而从，不出校记。同时，将原书前四卷中史料内容较强，缺乏散文美感的文章精简压缩，使之成为两卷，自第五卷后所有散文全部保留。最值得一提的是，我们打破了以往此类书籍的常规模式，在原文上通篇标注拼音，使广大读者阅读我国古代的优秀美文畅通无阻。此外，我们为了给读者提供更多的阅读便利，特意采用了全新版式设计，从而使读者能在拼音的辅助下，有针对性地区分阅读原文、译文和注释，并感受到疏朗轻松的视觉效果。

我们希望此书的出版，能给本民族古代美文插上现代的"翅膀"，使之在普及中得到发扬光大。

2004年11月

本次修订，文字据底本重新校勘，拼音由全国优秀科研教师秦振良老师审定，特此致谢。

2023年3月

目　　录

古文观止

卷 一

zhèng bó kè duàn yú yān

郑伯克段于鄢

zuǒ zhuàn　　yǐn gōng yuán nián

《左传》隐公元年

chū　zhèng wǔ gōng qǔ yú shēn　　yuē wǔ jiāng　　shēng zhuāng gōng jí gōng shū duàn　　zhuāng gōng

初，郑武公娶于申①，曰武姜②。生庄公及共叔段③。庄公

当初，郑武公娶了申国的女子，名叫武姜。武姜生了庄公与共叔段。庄公出生时倒生，使姜

wù shēng　　jīng jiāng shì　　gù míng yuē wù shēng　suì wù zhī　　ài gōng shū duàn　　yù lì zhī　　qì qǐng yú

寤生④，惊姜氏，故名曰寤生，遂恶之。爱共叔段，欲立之。亟请于

氏受到惊吓，所以取名寤生，姜氏因此不喜欢他，姜氏喜爱共叔段，想立他为太子，她多次向武公请求，

wǔ gōng⑤　　gōng fú xǔ

武公⑤，公弗许。

武公没有同意。

---

①《左传》，作者为左丘明，记载了春秋间各国重大历史事件和人物行事。
郑武公：名掘突，桓公子。　**申**：国名，姜姓，国土在今河南南阳市。　②**武姜**：姜为姓，武为夫谥，即武公妻姜氏的意思。　③**共叔段**：共为国名，地在今河南辉县。段后来逃亡到共，叔为长幼次序，他是庄公的弟弟，所以称共叔段。　④**寤生**：倒生，出生时脚先出来，是难产的一种。　⑤**亟**：多次。

---

jí zhuāng gōng jí wèi　　wèi zhī qǐng zhì　　　　gōng yuē　　zhì　yán yì yě　　　　guó shū

及庄公即位，为之请制①，公曰："制，岩邑也②，虢叔

等到庄公即位后，姜氏请求把制邑作为共叔段的封地，庄公说："制邑是个险要的地方，虢叔就死

sǐ yān　　tā yì wéi mìng　　　　qǐng jīng　　shǐ jū zhī　　wèi zhī jīng chéng tài shū

死焉③。佗邑唯命④。"请京⑤，使居之，谓之京城大叔⑥

在那儿。你要其他地方我都照办。"姜氏就要了京邑，庄公就让共叔段住在那儿，人们称他为京城太

zhài zhòng yuē⑦　　dū chéng guò bǎi zhì　　guó zhī hài yě　　xiān wáng zhī zhì　　dà dū

祭仲曰⑦："都城过百雉⑧，国之害也。先王之制，大都

叔。祭仲对庄公说："一般的城市，城墙超过三百丈，那就要成为国家的祸害。先王规定的制度：大城市

1

bú guò sān guó zhī yī⑨ zhōng wǔ zhī yī xiǎo jiǔ zhī yī jīn jīng bú dù
不过参国之一⑨，中五之一，小九之一。今京不度⑩，

的规模不得超过国都的三分之一，中等的不得超过五分之一，小的不得超过九分之一。现在京邑的城

fēi zhì yě jūn jiāng bù kān gōng yuē jiāng shì yù zhī yān bì hài duì
非制也，君将不堪。"公曰："姜氏欲之，焉辟害⑪？"对

市规模不合乎规定，违反了制度，恐怕对您将有所不利。"庄公说："姜氏要这么做，我有什么办法来躲

yuē jiāng shì hé yàn zhī yǒu⑫ bù rú zǎo
曰："姜氏何厌之有⑫？不如早

避因此产生的祸害？"祭仲回答说："姜氏怎么会有满足的

wéi zhī suǒ wú shǐ zī màn màn nán tú yě
为之所，无使滋蔓。蔓，难图也。

时候呢？不如及早作好打算，别让祸害滋生蔓延开来。一

màn cǎo yóu bù kě chú kuàng jūn zhī chǒng dì hū
蔓草犹不可除，况君之宠弟乎？"

旦蔓延开来，就难以对付了。蔓草尚且难以铲除干净，更

gōng yuē duō xíng bú yì bì zì bì⑬ zǐ gū
公曰："多行不义必自毙⑬，子姑

何况是您的受宠的弟弟呢？"庄公说："不道德的事

dài zhī
待之。"

做多了必然会栽跟斗，你姑且等着瞧吧。"

① 制：在河南原汜水县境内。
原为东虢属地，东虢被郑所灭，
地入郑。　② 岩邑：险要的城
市。　③ 虢叔：东虢国君。
④ 佗：同"他"。⑤ 京：在今河
南荥阳。　⑥ 大：通"太"。
⑦ 祭仲：郑大夫，字足，其先为
祭地封人。⑧ 都城：指一般
的城市。雉：城墙长三丈、高
一丈为一雉。　⑨ 参：同"三"
（繁体字作叁）。国：此指国
都。　⑩ 不度：不合符制度规
定。⑪辟：同"避"。⑫厌：
满足。　⑬毙：跌仆。

jì ér tài shū mìng xī bǐ běi bǐ èr yú jǐ① gōng zǐ lǚ yuē② guó
既而，大叔命西鄙、北鄙贰于己①。公子吕曰②："国

过了不久，太叔命令西部、北部边境地区违背中央听从自己的节制。公子吕对庄公说："国家

bù kān èr jūn jiāng ruò zhī hé yù yǔ tài shū chén qǐng shì zhī ruò fú yǔ
不堪贰，君将若之何？欲与大叔，臣请事之；若弗与，

不能忍受两种政权共存，对此您打算如何处理？如果想让位给太叔，那么请允许我去侍奉他；不然的话，

zé qǐng chú zhī wú shēng mín xīn gōng yuē wú yōng jiāng zì jí tài
则请除之，无生民心。"公曰："无庸，将自及。"大

就把他除了，不要让百姓们产生疑虑。"庄公说："用不着这样，他会自作自受的。"太叔又把

shū yòu shōu èr yǐ wéi jǐ yì zhì yú lǐn yán ③ zǐ fēng

叔 又 收 贰 以 为 己 邑, 至 于 廪 延 ③。 子 封

那两个地区划入自己的封地，领土一直扩展到廪延。公子吕又进言说："现在可

yuē kě yǐ hòu jiāng dé zhòng gōng yuē bú yì

曰:"可 矣, 厚 将 得 众 ④。" 公 曰:"不 义

以剿灭他了，土地广了，得到的民众也就多了。"庄公说："对君主不义，对兄长不

bú nì hòu jiāng bēng

不 昵, 厚 将 崩。"

亲，土地扩展得越大，瓦解倒台得越快。"

① 鄢: 边境。此
指边境地区。
贰: 不专一。此
指背叛国君。
② 公子吕: 郑大
夫，字子封。
③ 廪延: 在今河
南延津县北。
④ 厚: 谓土地广
大。

tài shū wán jù shàn jiǎ bīng jù zú shèng jiāng xí zhèng fū rén jiāng qǐ zhī gōng wén qí

大叔完聚①，缮甲兵②，具卒乘③，将袭郑④，夫人将启之⑤。公闻其

太叔修葺城墙，屯聚粮食，修整皮甲武器，训练好步兵、车兵，将要偷袭国都。姜夫人准备好开城门

qī yuē kě yǐ mìng zǐ fēng shuài chē

期，曰:"可 矣!"命 子 封 帅 车

接应。庄公打听到太叔起兵的日期，说："可以下手了!"

èr bǎi shèng yǐ fá jīng jīng pàn tài shū

二 百 乘 以 伐 京。京 叛 大 叔

令公子吕率领二百辆战车去攻打京邑。京

duàn duàn rù yú yān gōng fá zhū yān

段，段 入 于 鄢 ⑥，公 伐 诸 鄢。

邑的人叛离太叔段，太叔段只好逃到鄢邑，庄公又领兵

wǔ yuè xīn chǒu tài shū chū bēn gōng

五 月 辛 丑 ⑦，大 叔 出 奔 共。

攻打鄢邑。五月二十三日，太叔逃亡到共国。

① 完聚: 修理城墙，屯聚粮食。
② 甲兵: 皮甲、兵器。 ③ 卒
乘: 步兵、车兵。 ④ 郑: 指郑
国国都。 ⑤ 启: 开、导，此指作
内应。 ⑥ 鄢: 在今河南鄢陵县
北。 ⑦ 五月辛丑: 为五月二十
三日。

shū yuē ① zhèng bó kè duàn yú yān duàn bú dì gù bù yán dì

书 曰 ①:"郑 伯 克 段 于 鄢。"段 不 弟, 故 不 言 弟;

《春秋》上写："郑伯克段于鄢。"意思是说段没有恪守做弟弟的本分，所以不称他为弟弟; 兄弟间

3

rú èr jūn gù yuē kè chēng zhèng bó jī shī jiào yě
如二君，故曰"克"；称郑伯，讥失教也，

如同两个国家的国君争斗，所以用"克"字；称呼庄公为郑伯，是讥刺他没管教

wèi zhī zhèng zhì   bù yán chū bēn nán zhī yě
谓之郑志②。不言出奔，难之也。

好弟弟，表示这样的结果正是庄公的意愿，不说太叔出奔，是史官下笔有为难之处。

① 书：指《春秋》记载。
② 郑志：郑伯的意愿。

suì zhì jiāng shì yú chéng yǐng   ér shì zhī yuē   bù jí huáng quán   wú xiāng jiàn yě   jì ér huǐ
遂置姜氏于城颍①，而誓之曰："不及黄泉②，无相见也！"既而悔

于是庄公把姜氏安置在城颍，并发誓说："不到黄泉，不再相见！"没过多久，庄公又后悔了。颍考叔

zhī   yǐng kǎo shū wéi yǐng gǔ fēng rén   wén zhī yǒu xiàn yú gōng gōng cì zhī shí shí shě ròu gōng wèn
之。颍考叔为颍谷封人③，闻之，有献于公。公赐之食，食舍肉。公问

时任颍谷的封人。听说这事，就假借贡献礼物，进见庄公。庄公赏赐他吃饭，他吃的时候有意把肉放在

zhī   duì yuē xiǎo rén yǒu mǔ jiē cháng xiǎo rén zhī shí yǐ wèi cháng jūn zhī gēng qǐng yǐ wèi zhī
之，对曰："小人有母，皆尝小人之食矣。未尝君之羹，请以遗之④。"

一边不吃。庄公问原因，颍考叔说："小人家有母亲，小人所能办到的食物她都吃过，可是从没尝过国君

gōng yuē   ěr yǒu mǔ wèi   yī wǒ dú wú   yǐng kǎo shū yuē gǎn wèn hé wèi yě   gōng yù
公曰："尔有母遗，繄我独无⑤！"颍考叔曰："敢问何谓也？"公语

的肉汤，请允许我把这肉带给她。"庄公说："你有母亲可以孝敬，偏我就没有！"颍考叔问："请问这是什么意

zhī gù   qiě gào zhī huǐ   duì yuē jūn hé huàn yān ruò jué dì jí quán suì ér xiāng jiàn
之故，且告之悔。对曰："君何患焉！若阙地及泉⑥，隧而相见⑦，

思？"庄公说出了事情的前因后果，并告诉他自己后悔的心情。颍考叔回答说："您何必为这发愁呢？如果挖

qí shuí yuē bù rán   gōng cóng zhī gōng rù ér fù dà suì zhī zhōng qí lè yě róng róng
其谁曰不然？"公从之。公入而赋："大隧之中，其乐也融融⑧！"

个地道见到泉水涌出，在地道中见面，谁会说您违背了誓言呢？"庄公照他的话做了。庄公在进入地道时，赋

jiāng chū ér fù   dà suì zhī wài qí lè yě yì yì   suì wéi mǔ zǐ rú chū
姜出而赋："大隧之外，其乐也泄泄⑨！"遂为母子如初。

诗说："走入地道中，心里乐融融！"姜氏走出地道时也赋诗说："走出地道外，心里真爽快！"于是恢复了以往的母子关系。

① 城颖：在今河南临颍县西北。　② 黄泉：地下的泉水。常以之指死后埋在地下。　③ 颖谷：即城颖之谷。封人：管守护疆界的官。　④ 遗：赠，送。　⑤ 繄：语首助词。　⑥ 阙：同"掘"。　⑦ 隧：地道。　⑧ 融融：和乐的样子。　⑨ 泄泄：舒畅快乐。

jūn zǐ yuē　yǐng kǎo shū　chún xiào yě　ài qí mǔ
君子曰："颖考叔，纯孝也。爱其母，
君子说："颖考叔的孝心真称得上纯正，他爱自己的母亲，把爱

yì jí zhuāng gōng　shī yuē xiào zǐ bú kuì yǒng
施及庄公①。《诗》曰：'孝子不匮，永
心推广到庄公身上。《诗经》说：'孝子的孝心没有穷尽，他永远把

cì ěr lèi　qí shì zhī wèi hū
锡尔类②。'其是之谓乎！"
自己的孝思分给同类的人。'说的就是这样的情况吧！"

① 施：推广，扩展。
② 所引诗见今本《诗经·大雅·既醉》。锡，同"赐"。

（李梦生）

zāng xī bó jiàn guān yú
臧僖伯谏观鱼

zuǒ zhuàn　yǐn gōng wǔ nián
《左传》隐公五年

chūn gōng jiāng rú táng guān yú zhě　zāng xī bó jiàn yuē fán wù bù zú yǐ jiǎng
春，公将如棠观鱼者①。臧僖伯谏曰："凡物不足以讲
春天，鲁隐公打算去棠地观看捕鱼，臧僖伯进谏说："一切物品凡是不能用来讲习祭祀和军事等军

dà shì　qí cái bù zú yǐ bèi qì yòng　zé jūn bù jǔ yān　jūn jiāng nà mín yú guǐ
大事②，其材不足以备器用③，则君不举焉。君将纳民于轨
国大事，它的材料不能用来制作礼器和兵器的，国君就不会对它有所举动。国君是要把百姓纳入法度与礼

物者也④。故讲事以度轨量⑤，谓之'轨'；取材以章物采⑥，
<small>wù zhě yě　gù jiǎng shì yǐ duó guǐ liáng　wèi zhī guǐ　qǔ cái yǐ zhāng wù cǎi</small>

制中去的人。因此，讲习祭祀和军事来衡量法度的程度称为法度，选取材料来发扬礼制的光彩称为礼制。

谓之'物'。不轨不物，谓之乱政。乱政亟行⑦，所以败也。
<small>wèi zhī wù　bù guǐ bú wù　wèi zhī luàn zhèng　luàn zhèng qì xíng　suǒ yǐ bài yě</small>

既不合乎法度，又不合乎礼制，就叫做乱政。乱政的次数多了，就导致国家败亡。因此，春蒐夏苗，秋狝冬狩，

故春蒐夏苗，秋狝冬狩⑧，皆于农隙以讲事也。三年而
<small>gù chūn sōu xià miáo　qiū xiǎn dōng shòu　jiē yú nóng xì yǐ jiǎng shì yě　sān nián ér</small>

都是在农闲时讲习军事。每过三年出城演习训练一次军队，回城时整顿好部队，然后到宗庙去祭祀庆贺，清

治兵⑨，入而振旅⑩，归而饮至⑪，以数军实⑫。昭文章⑬，明贵贱，
<small>zhì bīng　rù ér zhèn lǚ　guī ér yǐn zhì　yǐ shǔ jūn shí　zhāo wén zhāng　míng guì jiàn</small>

点车马、人数、器械及所获物品。彰明器物的文采，分清贵贱的区别，辨别等级的差阶，理清少年和老年的顺

辨等列，顺少长，习威仪也。鸟兽之肉不登于俎⑭，皮革、齿
<small>biàn děng liè　shùn shào zhǎng　xí wēi yí yě　niǎo shòu zhī ròu bù dēng yú zǔ　pí gé chǐ</small>

序，这是讲习威仪。鸟兽的肉不用于祭祀，其皮革、齿牙、骨角、毛羽不是用于制造军用器具，国君就不去

牙、骨角、毛羽不登于器，则君不射，古之制也。若夫山林
<small>yá gǔ jiǎo máo yǔ bù dēng yú qì　zé jūn bú shè gǔ zhī zhì yě　ruò fú shān lín</small>

射杀它们，这是自古以来的制度。至于那些山林川泽中的物产，一般器具的材料，那是下等贱役的事，是有

川泽之实，器用之资，皂隶之事⑮，官司之守，非君所及也。"
<small>chuān zé zhī shí　qì yòng zhī zī　zào lì zhī shì　guān sī zhī shǒu fēi jūn suǒ jí yě</small>

关官员的职责，不是国君所应该过问的。"

① 公：鲁隐公。 如：往。 棠：在今山东鱼台县西北。 ② 讲：讲习。 大事：指祭祀与军事。 ③ 器用：指祭祀所用的器具与军事物资。 ④ 纳：纳入。 轨物：法度礼制。 ⑤ 度：衡量。 ⑥ 章：彰明，发扬。 ⑦ 亟：多次，屡次。 ⑧ 春蒐夏苗，秋狝冬狩：对四季打猎的不同称呼。 蒐，搜索，指猎取未怀胎的兽。 苗，指猎取那些践坏庄稼的兽。 狝，把兽杀死。 狩，围猎，各种兽都能猎取。 ⑨ 治兵：外出整治训练军队。 ⑩ 振旅：军队回来后进行整顿。 ⑪ 饮至：诸侯外出朝觐、盟会、作战，回来后到宗庙中饮酒庆贺。 ⑫ 军实：指车马、人数、器械及所缴获的物品。 ⑬ 文章：服饰、旌旗等的颜色花纹。 ⑭ 登：装入，陈列。 俎：祭祀时用的礼器。 ⑮ 皂隶：下等贱役。

gōng yuē　wú jiāng lüè dì yān　　　suì wǎng chén yú ér guān zhī
公曰："吾将略地焉①。"遂往，陈鱼而观之。

> 隐公说："我要去巡视边境。"于是前往棠地，陈设捕鱼的用具让人捕鱼而观赏。

xī bó chēng jí bù cóng
僖伯称疾不从。

> 臧僖伯借口有病没有随从前往。

shū yuē　gōng shǐ yú yú táng　　fēi lǐ yě qiě yán
书曰："公矢鱼于棠②。"非礼也，且言

> 《春秋》记载说："隐公在棠地陈列捕鱼的用具。"是说隐公此举不合乎礼法，并

yuǎn dì yě
远地也。

> 且点明棠地远离国都。

① 略地：巡视边境。
② 矢：陈列，陈设。

（李梦生）

cáo guì lùn zhàn
曹 刿 论 战

zuǒ zhuàn zhuāng gōng shí nián
《左传》庄公十年

qí shī fá wǒ　gōng jiāng zhàn cáo guì qǐng jiàn①　qí xiāng rén yuē ròu shí zhě
齐师伐我，公将战，曹刿请见①。其乡人曰："肉食者

> 齐国军队攻打我国，庄公准备迎战，曹刿请求面见。他的同乡人说："这让当官的人去谋画，你又何

móu zhī②　yòu hé jiàn yān③　　guì yuē ròu shí zhě bǐ④　wèi néng yuǎn móu nǎi
谋之②，又何间焉③？"刿曰："肉食者鄙④，未能远谋。"乃

> 必参与其中呢？曹刿说："当官的目光短浅，没有深谋远见。"于是入宫进见。曹刿问庄公："你依靠什么作

rù jiàn wèn hé yǐ zhàn⑤　gōng yuē yī shí suǒ ān⑥　fú gǎn zhuān yě bì
入见，问："何以战⑤？"公曰："衣食所安⑥，弗敢专也，必

> 战？"庄公说："衣服和食物这些用来安身的东西，我不敢独自享受，一定把它们分给众人。"曹刿回答说："这

yǐ fēn rén duì yuē xiǎo huì wèi biàn mín fú cóng yě gōng yuē xī shēng yù bó
以分人。"对曰:"小惠未遍,民弗从也。"公曰:"牺牲玉帛⑦,

些小恩小惠不能遍及百姓,百姓是不会因此而听从您的。"庄公说:"祭祀用的牺牲玉帛,不敢虚报夸大,一

fú gǎn jiā yě bì yǐ xìn duì yuē xiǎo xìn wèi fú shén fú fú yě gōng yuē xiǎo
弗敢加也⑧,必以信。"对曰:"小信未孚⑨,神弗福也。"公曰:"小

定如实反映。"曹刿回答说:"这是小信用,不能使鬼神信服,鬼神不会因此而保佑您。"庄公说:"大大小小

dà zhī yù suī bù néng chá bì yǐ qíng duì yuē zhōng zhī shǔ yě kě yǐ
大之狱,虽不能察,必以情。"对曰:"忠之属也,可以

诉讼案件,虽然不能详细审察,但一定按照实际情况处理。"曹刿回答说:"这是忠心尽力为人民办事,可以

yí zhàn zhàn zé qǐngcóng
一战。战则请从。"

凭借这点一战。作战时请让我跟随您同往。"

---

①曹刿:鲁国人,一名曹沫。 ②肉食者:即食肉者,指做官有俸禄的人。
③间:参与。 ④鄙:鄙薄,目光短浅。 ⑤何以战:即以何战。 以,凭
借。后文"可以一战"以字同此解。 ⑥安:安身。 ⑦牺牲玉帛:祭神
用的牛、羊、豕及珠玉、绸帛。 ⑧加:增加,夸大。 ⑨孚:信服。

---

gōng yǔ zhī chéng zhàn yú chángsháo gōngjiāng gǔ zhī guì yuē
公与之乘,战于长勺①。公将鼓之,刿曰:

庄公与曹刿同乘一辆兵车,在长勺与齐军交战。庄公准备下令击鼓进

wèi kě qí rén sān gǔ guì yuē kě yǐ qí shī bài jì
"未可。"齐人三鼓,刿曰:"可矣!"齐师败绩。

击,曹刿说:"还不行。"齐军击了三通鼓,曹刿说:"可以击鼓了。"齐军大败。

gōng jiāng chí zhī guì yuē wèi kě xià shì qí zhé
公将驰之②,刿曰:"未可。"下,视其辙③,

庄公准备下令驱车追击,曹刿说:"还不行。"跳下车,察看齐军兵车行过的痕

dēng shì ér wàng zhī yuē kě yǐ suì zhú qí shī
登,轼而望之④,曰:"可矣!"遂逐齐师。

迹,登上车,靠着车前横木眺望齐军,说:"可以追击了。"于是追赶齐军。

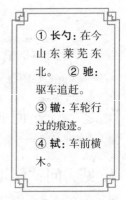

①长勺:在今
山东莱芜东
北。 ②驰:
驱车追赶。
③辙:车轮行
过的痕迹。
④轼:车前横
木。

jì kè ① gōng wèn qí gù duì yuē fú zhàn yǒng
既 克①，公 问 其 故，对 曰："夫 战，勇

打了胜仗后，庄公问曹刿这样指挥的缘故，曹刿回答说："战争，靠的是勇气。

qì yě yì gǔ zuò qì zài ér shuāi sān ér jié bǐ
气 也。一 鼓 作 气，再 而 衰，三 而 竭。彼

第一次击鼓时，士兵们鼓足了勇气；第二次击鼓，勇气便有所衰落；第三次击鼓时，勇

jié wǒ yíng gù kè zhī fú dà guó nán cè yě jù yǒu
竭 我 盈，故 克 之。夫 大 国，难 测 也，惧 有

气就差不多耗尽了。敌人的勇气竭尽，而我方勇气高涨充沛，所以能战胜。大国是难

fú yān wú shì qí zhé luàn wàng qí qí mǐ② gù zhú zhī
伏 焉。吾 视 其 辙 乱，望 其 旗 靡②，故 逐 之。"

以测度的，我怕他们有埋伏。我看他们车轮的痕迹混乱，眺望他们的旗帜倒伏，所以追赶他们。"

① 克：战
胜。
② 靡：倒
下。

（李梦生）

gōng zhī qí jiàn jiǎ dào
宫之奇谏假道

zuǒ zhuàn xī gōng wǔ nián
《左传》僖公五年

jìn hóu fù jiǎ dào yú yú yǐ fá guó① gōng zhī qí jiàn yuē
晋 侯 复 假 道 于 虞 以 伐 虢①。宫 之 奇 谏 曰：

晋献公再次向虞国借道去攻打虢国。宫之奇劝阻说："虢国是虞国的屏障，虢国灭亡了，虞国必然

guó yú zhī biǎo yě② guó wáng yú bì cóng zhī jìn bù kě qǐ③ kòu bù kě wán④ yī zhī
"虢，虞 之 表 也②。虢 亡，虞 必 从 之。晋 不 可 启③，寇 不 可 玩④，一 之

跟着灭亡。晋国的侵略野心不能开启，对外国的军队不能放松警惕。一次已经太过分了，怎么可以再来

wèi shèn qí kě zài hū yàn suǒ wèi fǔ chē xiāng yī⑤ chún wáng chǐ hán zhě
谓 甚，其 可 再 乎？谚 所 谓 '辅 车 相 依⑤，唇 亡 齿 寒' 者，

第二次呢？谚语所说的'脸颊与牙床互相依靠，嘴唇缺了牙齿便会寒冷'，就是虞国与

qí yú guó zhī wèi yě

其虞、虢之谓也。"

虢国的写照。"

① 晋侯：晋献公。 虞：姬姓国，地在今山西平陆县东。 虢：国名，地在今山西平陆县南。 ② 表：外围，屏障。 ③ 启：启发，开端。 ④ 玩：忽视。 ⑤ 辅车：面颊与牙床。一说辅指车厢两边的夹板。

gōng yuē jìn wú zōng yě qǐ hài wǒ zāi duì yuē tài bó yú zhòng

公曰："晋，吾宗也①，岂害我哉？"对曰："大伯、虞仲②，

虞公说："晋国是我的同宗，难道会危害我国吗？"宫之奇回答说："太伯、虞仲，是太王的儿子。太伯

tài wáng zhī zhāo yě tài bó bù cóng shì yǐ bú sì guó zhòng guó shū wáng jì zhī

大王之昭也③。大伯不从④，是以不嗣。虢仲、虢叔，王季之

没有跟从他父亲，所以没能继承王位。虢仲、虢叔，是王季的儿子，担任文王的卿士，对周王室立下勋劳，因功

mù yě wéi wén wáng qīng shì xūn zài wáng shì cáng yú méng fǔ jiāng guó shì miè hé ài

穆也，为文王卿士，勋在王室，藏于盟府⑤。将虢是灭，何爱

封赏的记录保存在盟府。现在晋国连虢国也要灭掉，对虞国又有什么爱惜呢？再说虞与晋的关系能比桓叔、

yú yú qiě yú néng qīn yú huán zhuāng hū

于虞？且虞能亲于桓、庄乎⑥？

庄伯的后人更亲吗？如果晋爱惜同宗的话，桓叔、

qí ài zhī yě huán zhuāng zhī zú hé zuì

其爱之也，桓、庄之族何罪？

庄伯的族人有什么罪，却都被杀戮，还不是因为他

ér yǐ wéi lù bù wéi bī hū qīn

而以为戮，不唯逼乎⑦？亲

们是近亲又对自身有威胁吗？至亲的人，因为受宠

yǐ chǒng bī yóu shàng hài zhī kuàng yǐ

以宠逼，犹尚害之，况以

而使人感到产生威胁，尚且要杀害他们，何况是一

guó hū

国乎？"

个国家呢？"

① 宗：同宗。晋、虞二国皆姬姓国。 ② 大伯：即泰伯，周太王之子，吴始祖，虞仲为其弟，二人不愿为君，一起逃往江南。 ③ 大王：周太古公亶父，周文王的祖父。 昭：古代宗庙神主排列分昭、穆两行，昭左穆右。始祖后第一代为昭，第二代为穆，依此而推。大伯、虞仲、王季为太王之子，为昭，东虢、西虢的始封君虢仲、虢叔为王季之子，为穆。 ④ 不从：不跟从父亲，避位出逃。 ⑤ 盟府：主管策勋封赏及盟约的机构。 ⑥ 桓、庄：曲沃桓叔、曲沃庄伯，为晋献公的曾祖父与祖父，二族均被献公所灭。 ⑦ 逼：逼迫，威胁。

宫之奇谏假道

gōng yuē wú xiǎng sì fēng jié shén bì jù wǒ
公曰:"吾享祀丰洁,神必据我①。"

虞公说:"我祭神的祭品既丰盛又清洁,神灵一定会保佑

duì yuē chén wén zhī guǐ shén fēi rén shí qīn wéi dé
对曰:"臣闻之,鬼神非人实亲②,惟德

我。"宫之奇回答说:"臣子听说,鬼神不固定亲近哪一个人,

shì yī gù zhōu shū yuē huáng tiān wú qīn wéi
是依。故《周书》曰③:'皇天无亲,惟

只保佑有德行的人。所以《周书》说:'皇天没有固定的亲近的人,

dé shì fǔ yòu yuē shǔ jì fēi xīn míng dé wéi
德是辅。'又曰:'黍稷非馨,明德惟

只对有德行的人加以辅助。'又说:'祭祀的禾黍并不香,美好的德行

xīn yòu yuē mín bú yì wù wéi dé fán wù rú shì zé fēi dé
馨④。'又曰:'民不易物,惟德繁物⑤。'如是,则非德,

才香。'又说:'人民不能改易祭祀的物品,只有德行才能充当祭品。'这样说来,没有德行,人民就不和,

mín bù hé shén bù xiǎng yǐ shén suǒ píng yī jiāng zài dé yǐ ruò jìn qǔ
民不和,神不享矣。神所冯依⑥,将在德矣。若晋取

神灵也不肯享用他的祭品了。神灵所凭藉的,就在于德了。如果晋国攻取了虞国,而能够修明

yú ér míng dé yǐ jiàn xīn xiāng shén qí tǔ zhī hū
虞,而明德以荐馨香,神其吐之乎?"

德行,向神灵献上这芳香的祭品,神灵难道会吐出来吗?"

① 据:依从,凭借。② 实:语助词,无意义。③ 周书:古代周朝的史书。④ 馨:香气。⑤ 繁:语助词。⑥ 冯依:凭依。

fú tīng xǔ jìn shǐ gōng zhī qí yǐ qí zú xíng yuē yú bú
弗听,许晋使。宫之奇以其族行。曰:"虞不

虞公不听,答应晋国的使者借道。宫之奇带着他的族人离开虞国,说:"虞国等

là yǐ zài cǐ xíng yě jìn bú gèng jǔ yǐ dōng jìn miè guó
腊矣①。在此行也,晋不更举矣②。"冬,晋灭虢。

到腊祭就要灭亡了,就在这一次,晋国用不着再次出兵了。"冬天,晋国灭亡了虢国。

shī huán guǎn yú yú suì xí yú miè zhī zhí yú gōng
师还,馆于虞,遂袭虞,灭之,执虞公。

军队班师,在虞国住下休整,乘机袭击虞国,把虞国灭掉了,俘虏了虞公。

① 腊:古代年终时的祭祀。② 更:再次。

(李梦生)

11

子鱼论战

《左传》僖公二十二年

楚人伐宋以救郑。宋公将战[1]，大司马固谏曰[2]："天之弃

楚国人攻打宋国用以救援郑国。宋襄公准备迎战，大司马公孙固劝阻他说："上天不肯降福给商朝

商久矣[3]，君将兴之，弗可赦也已。"弗听。

已经很久了，君王现在打算复兴它，那是上天所不肯饶恕的事"宋襄公不听。

及楚人战于泓[4]。宋人既成列[5]，楚人未既济[6]。司马曰："彼

宋襄公与楚军在泓水交战。宋军已经排成战斗的行列，楚军还没有完全渡过河来。公孙固说："他

众我寡，及其未既济也，请击之。"公曰："不可。"既济而未

们人多我人少，趁他们还没全部渡河，请下令攻击他们。"宋襄公说："不行。"楚军渡过了河而没排成战斗

成列，又以告。公曰："未可。"既陈而后击之[7]，宋师败绩。

行列，公孙固又请求下令攻击，宋襄公说："还不行。"等楚军摆好阵势后宋军才发动攻击，宋军大败。宋襄

公伤股，门官歼焉[8]。

大腿负伤，近卫军被杀得一干二净。

---

[1] 宋公：宋襄公。 [2] 大司马固：公孙固，字子鱼。大司马为执掌军政的官。 [3] 天之弃商：上天不肯降福给商。宋国为商微子的后代，其地为商旧都及周围地区。 [4] 泓：水名，在今河南柘城县。 [5] 成列：排成战斗行列。 [6] 未既济：还没完全渡过河。 [7] 陈：同"阵"，排成阵势。 [8] 门官：国君的亲军侍卫。

guó rén jiē jiù gōng　　　 gōng yuē　　 jūn zǐ bù chóng shāng　　 bù qín èr máo

国 人 皆 咎 公①。 公 曰:"君 子 不 重 伤②, 不 禽 二 毛③。

宋国的百姓都归罪于宋襄公。宋襄公说:"君子不杀伤已经受伤的人,不擒捉头发花白的人。古代

gǔ zhī wéi jūn yě　 bù yǐ zǔ ài yě④　　 guǎ rén suī wáng guó zhī yú

古 之 为 军 也, 不 以 阻 隘 也④。 寡 人 虽 亡 国 之 余,

用兵之道,不凭借险要的地势攻击敌人。寡人虽然是亡国者的后代,但仍然不会下令攻击还没有排成战斗

bù gǔ bù chéng liè⑤　　 zǐ yú yuē　 jūn wèi zhī zhàn　　 qíng dí zhī rén⑥

不 鼓 不 成 列⑤。" 子 鱼 曰:"君 未 知 战。 勍 敌 之 人⑥

行列的人。"子鱼说:"君王不懂得作战的道理。实力强大的敌人,由于地形阻隘而没能排成战斗行列,是

ài ér bú liè　 tiān zàn wǒ yě　　　 zǔ ér gǔ zhī　 bú yì kě hū

隘 而 不 列, 天 赞 我 也。 阻 而 鼓 之, 不 亦 可 乎?

天帮助我们。趁他们被阻隔而进行攻击,不也是可以的吗?这样做尚且担心不能取胜呢。再说现在的强者,

yóu yǒu jù yān　 qiě jīn zhī qíng zhě　 jiē wú dí yě　　 suī jí hú gǒu⑦

犹 有 惧 焉。 且 今 之 勍 者, 皆 吾 敌 也。 虽 及 胡 耈⑦,

都是我们的敌人。即使是遇到老人,能够俘获就抓回来,头发花白的人有什么可怜惜的?使战士明白失败

huò zé qǔ zhī hé yǒu yú èr máo

获 则 取 之, 何 有 于 二 毛?

是耻辱,教导士兵如何作战,是为了杀死敌人。敌人受伤还

míng chǐ jiào zhàn⑧　 qiú shā dí yě　 shāng

明 耻 教 战⑧, 求 杀 敌 也。 伤

没有死,为什么不再次杀伤他?如果可怜敌人不再次杀伤他

wèi jí sǐ rú hé wù chóng ruò ài chóng

未 及 死, 如 何 勿 重? 若 爱 重

们,那还不如起初就不要杀伤他们;如果可怜敌人中头发

shāng zé rú wù shāng ài qí èr máo zé

伤, 则 如 勿 伤; 爱 其 二 毛, 则

花白的人,那还不如向他们屈服。三军是凭借有利条件来

rú fú yān sān jūn yǐ lì yòng yě⑨　 jīn gǔ yǐ

如 服 焉。 三 军 以 利 用 也⑨, 金 鼓 以

作战的,鸣金击鼓是以声音来鼓励士气。抓住有利的机会就

shēng qì yě⑩　 lì ér yòng zhī zǔ ài kě yě

声 气 也⑩。 利 而 用 之, 阻 隘 可 也。

使用,在险要的地方攻击敌人是可以的;盛大的金鼓之

---

① 咎:归罪,指责。 ② 重伤:杀伤已受伤的人。 ③ 禽:同"擒"。二毛:头发花白。指老人。 ④ 阻隘:险要的地势。 ⑤ 鼓:击鼓,号令进军攻击。 ⑥ 勍敌:劲敌,强敌。 ⑦ 胡耈:年纪很老的人。 ⑧ 明耻:宣明失败误国是耻辱的道理。 ⑨ 三军:诸侯大国设上、中、下三军。利用:凭借有利条件来作战。 ⑩ 声气:以声音鼓励士气。⑪ 声盛:谓金鼓之声大作。致志:鼓起斗志。⑫ 儳:阵列不整齐。

shēng shèng zhì zhì　　gǔ chǎn kě yě
声 盛致志⑪,鼓儳可也。⑫"

声是为了鼓舞起斗志,向那些没有排列成战斗行列的人进攻是可以的。"

(李梦生)

jiè zhī tuī bù yán lù
介之推不言禄
zuǒ zhuàn　 xī gōng èr shí sì nián
《左传》僖公二十四年

jìn hóu shǎng cóng wáng zhě　　jiè zhī tuī bù yán lù　　lù yì fú jí　　tuī yuē　　xiàn
晋侯赏从亡者①,介之推不言禄,禄亦弗及。推曰:"献

晋文公赏赐跟随他逃亡的人,介之推不称功求禄赏,禄赏也没有轮到他。介之推说:"献公的九个

gōng zhī zǐ jiǔ rén　 wéi jūn zài yǐ　　huì huái wú qīn　　wài nèi qì zhī　　tiān wèi jué jìn
公之子九人,唯君在矣。惠、怀无亲,外内弃之。天未绝晋,

儿子,只有国君还在世。惠公、怀公没有亲近的人,国内国外的人都抛弃他们。上天不绝晋国,必定会有君主。

bì jiāng yǒu zhǔ　　zhǔ jìn sì zhě　　fēi jūn ér shuí　　tiān shí zhì zhī　　ér èr sān zǐ yǐ wéi jǐ
必将有主。主晋祀者,非君而谁? 天实置之,而二三子以为己

主持晋国祭祀的人,不是国君又是谁? 这实在是上天的安排,而这几个人却以为是他们的力量,这不是欺罔

lì②　　bú yì wū hū　　qiè rén zhī cái　　yóu wèi zhī dào kuàng tān tiān zhī gōng yǐ wéi jǐ lì
力②,不亦诬乎? 窃人之财,犹谓之盗,况贪天之功以为己力

吗? 偷别人的财物,尚且称之为盗,何况贪天之功以为自己的力量呢? 下面的人把罪过当作合乎义,上面的

hū　　xià yì qí zuì　　shàng shǎng qí jiān　　shàng xià xiāng méng　　nán yǔ chǔ yǐ　　qí mǔ yuē
乎? 下义其罪,上赏其奸;上下相蒙③,难与处矣。"其母曰:

人对这欺骗行为加以赏赐,上下互相欺蒙,这就难以和他们相处了!"介之推的母亲说:"你何不也去求赏?

hé yì qiú zhī　　yǐ sǐ shuí duì　　duì yuē　　yóu ér xiào zhī　　zuì yòu shèn yān　　qiě
"盍亦求之? 以死谁怼④?"对曰:"尤而效之⑤,罪又甚焉。且

不求而死,将能怨谁?"介之推回答说:"明知是错的而又效仿他们,罪就更大了。而且我既口出怨言,不能

14

chū yuàn yán bù shí qí shí   qí mǔ yuē   yì shǐ zhī zhī ruò hé
出怨言，不食其食。"其母曰："亦使知之，若何？"

得他的俸禄了。"介之推的母亲说："也让他知道一下，怎么样？"介之推回答：

duì yuē   yán shēn zhī wén yě   shēn jiāng yǐn   yān yòng wén zhī   shì qiú
对曰："言，身之文也。身将隐，焉用文之？是求

"言语，是身体的纹饰。身体将要隐藏，怎还用得着纹饰？这样做是去求显露了。"

xiǎn yě   qí mǔ yuē   néng rú shì hū   yǔ rǔ xié yǐn   suì yǐn ér sǐ
显也。"其母曰："能如是乎？与汝偕隐。"遂隐而死。

母亲说："你能这样做吗？我与你一起隐居。"于是隐居而死。

① 晋侯：晋文
公。 ② 二三
子：指跟随晋
文公逃亡的大
臣。 ③ 蒙：
欺骗。④ 怼：
怨恨。⑤ 尤：
过失，罪过。

jìn hóu qiú zhī bú huò   yǐ mián shàng wéi zhī tián   yuē   yǐ zhì wú guò
晋侯求之不获，以绵上为之田①，曰："以志吾过②，

晋文公寻找他们，没找到，就把绵上的田作为介之推的祭田，说："用这来记录我的

qiě jīng shàn rén
且旌善人③。"

过错，并且表彰善人。"

① 绵上：在今山西介休。 田：私
田，封地。 ② 志：记载。 ③ 旌：
表扬，表彰。

（李梦生）

zhú zhī wǔ tuì qín shī
烛之武退秦师

zuǒ zhuàn   xī gōng sān shí nián
《左传》僖公三十年

jìn hóu qín bó wéi zhèng   yǐ qí wú lǐ yú jìn   qiě èr yú chǔ yě   jìn jūn
晋侯、秦伯围郑①，以其无礼于晋，且贰于楚也②。晋军

晋文公、秦穆公率军包围郑国都城，为的是郑国对晋国无礼，并且亲近楚国。晋国的军队驻扎在函

hán líng　qín jūn fàn nán
函陵③，秦军汜南④。

陵，秦国的军队驻扎在汜水南面。

① 晋侯：晋文公。　秦伯：秦穆公。
② 贰于楚：背离晋国，结好楚国。
③ 函陵：在今河南新郑北。
④ 汜南：汜水之南，在今河南中牟县南，距函陵不远。

yì zhī hú yán yú zhèng bó yuē　　guó wēi yǐ　　ruò shǐ zhú zhī wǔ jiàn qín jūn
佚之狐言于郑伯曰①："国危矣！若使烛之武见秦君，

佚之狐对郑文公说："国家危险了！如果派烛之武去见秦国国君，秦军一定会退

shī bì tuì　　gōng cóng zhī　　cí yuē　　chén zhī zhuàng yě　　yóu bù rú rén　jīn lǎo
师必退。"公从之。辞曰："臣之壮也，犹不如人，今老

走。"郑文公同意了。烛之武推辞说："臣子少壮的时候，尚且不如别人，如今年老了，不

yǐ　wú néng wéi yě yǐ　yǐ　gōng yuē　　wú bù néng zǎo yòng zǐ　　jīn jí ér qiú zǐ　shì
矣，无能为也已。"公曰："吾不能早用子，今急而求子，是

能有所作为了。"郑文公说："我没能及早任用你，如今危急了而来求你，这是寡人的过错。

guǎ rén zhī guò yě　　rán zhèng wáng　zǐ yì yǒu bú lì yān　　xǔ zhī
寡人之过也。然郑亡，子亦有不利焉。"许之。

但是郑国灭亡，对你也有不利啊。"烛之武答应了郑文公。

① 佚之
狐：郑
大夫。
郑伯：
郑文公。

yè　zhuì ér chū　　jiàn qín bó yuē　　qín　　jìn wéi zhèng zhèng jì zhī wáng yǐ
夜，缒而出①，见秦伯曰："秦、晋围郑，郑既知亡矣。

夜晚，烛之武用绳子缚住身体从城上吊下城去，进见秦穆公，说："秦、晋包围郑国，郑国已经知道自

ruò wáng zhèng ér yǒu yì yú jūn gǎn yǐ fán zhí shì　　yuè guó yǐ bǐ yuǎn
若亡郑而有益于君，敢以烦执事。越国以鄙远，

已灭亡是无法避免的了。如果郑国灭亡对君王有好处，那就不妨烦劳您的左右。一个国家越过别人的国

jūn zhī qí nán yě　　yān yòng wáng zhèng yǐ péi lín　　lín zhī hòu jūn zhī bó
君知其难也，焉用亡郑以陪邻？邻之厚，君之薄

家以远方的土地作为自己的边邑，君王知道这是很困难的。何必要灭掉郑国来给你的邻国增加土地呢？邻国

烛之武退秦师

yě ruò shě zhèng yǐ wéi dōng dào
也。若舍郑以为东道

增强实力，就等于君王削弱实力。如果您放弃灭掉郑国

zhǔ xíng lǐ zhī wǎng lái gōng qí
主，行李之往来②，共其

的计划，以郑国为东路上的主人，凡是贵国使者往来，我国

fá kùn jūn yì wú suǒ hài qiě jūn
乏困③，君亦无所害。且君

会供应他各方面需要，这对君王一点没有害处。再说君

cháng wéi jìn jūn cì yǐ xǔ jūn jiāo
尝为晋君赐矣，许君焦、

王曾经给晋君以恩赐，晋君答应过给你焦、瑕土地，但他早

xiá zhāo jì ér xī shè bǎn yān
瑕④，朝济而夕设版焉⑤，

晨渡河回去，晚上就修筑防卫工事，这是君王所清楚的。

jūn zhī suǒ zhī yě fú jìn hé yàn zhī yǒu jì dōng fēng zhèng yòu yù
君之所知也。夫晋，何厌之有⑥？既东封郑⑦，又欲

晋国哪有满足的时候？已经东边向郑国扩张领土，又想为所欲为地向西方拓展。如果不损害它西边秦国利

sì qí xī fēng ruò bù quē qín jiāng yān qǔ zhī quē qín yǐ lì jìn wéi jūn tú zhī
肆其西封⑧。若不阙秦⑨，将焉取之？阙秦以利晋，唯君图之！"

益，他又向哪里去取得土地？损害秦国来有利于晋国，请君王考虑是否值得。"

---

① 缒：用绳子缚在身上吊下城。
② 行李：指外交使臣。　③ 共：同"供"，供应，供给。　④ 焦、瑕：在今河南陕州附近。秦穆公帮助晋惠公回国为国君，晋惠公曾答应割给秦国五座城邑，后来反悔了。焦、瑕为其中二城。　⑤ 设版：筑城墙，即设防。古代修城以版为夹，中实土。　⑥ 厌：满足。　⑦ 封：此指占有土地，扩张自己的领土。　⑧ 肆：任意。　⑨ 阙：同"缺"，亏损，损害。

---

qín bó yuè yǔ zhèng rén méng shǐ qǐ zǐ páng sūn yáng sūn shù zhī nǎi huán
秦伯说①，与郑人盟，使杞子、逢孙、杨孙戍之，乃还。

秦穆公赞同他的话，与郑国人订立盟约，派杞子、逢孙、杨孙帮助郑国戍守，便回国去了。子犯请求

zǐ fàn qǐng jī zhī gōng yuē bù kě wēi fú rén zhī lì bù jí cǐ yīn rén zhī
子犯请击之②，公曰："不可。微夫人之力不及此③。因人之

追击秦军，晋文公说："不行。如果没有那个人的力量，我们就到不了今天这地位。凭借别人的力量取得成功

lì ér bì zhī bù rén shī qí suǒ yǔ bú zhì yǐ luàn yì zhěng bù wǔ
力而敝之④，不仁；失其所与⑤，不知⑥；以乱易整⑦，不武。

反而去伤害他，不合乎仁义；失去友好邻邦，是不明智；以关系破裂代替和睦，这不是勇敢。我们还是回国

wú qí huán yě　　yì qù zhī
吾其还也。"亦去之。

吧。"于是晋军也离开了郑国。

① 说：同"悦"，欢喜，此指赞同。　② 子犯：晋上卿
狐偃。　③ 微：非。　夫人：指秦穆公。夫，语助词。
④ 敝：失败。此指伤害。　⑤ 与：友好。　⑥ 知：同"智"。
⑦ 乱：动乱。指关系破裂，互相攻战。　整：友好和睦。

（李梦生）

jiǎn shū kū shī
蹇叔哭师

zuǒ zhuàn　xī gōng sān shí èr nián
《左传》僖公三十二年

qǐ zǐ zì zhèng shǐ gào yú qín yuē　　zhèng rén shǐ wǒ zhǎng qí běi mén zhī guǎn
杞子自郑使告于秦曰①："郑人使我掌其北门之管②，

杞子从郑国派人报告秦穆公，说："郑国人委托我掌管他们都城北门的钥匙，如果派兵悄悄而来，就

ruò qián shī yǐ lái　guó kě dé yě　　mù gōng fǎng zhū jiǎn shū　　jiǎn shū yuē　láo shī
若潜师以来，国可得也。"穆公访诸蹇叔③，蹇叔曰："劳师

可以占领郑国。"秦穆公就此事向蹇叔征求意见，蹇叔说："让军队辛苦疲劳地去偷袭远方国家，我没听说

yǐ xí yuǎn　fēi suǒ wén yě　　shī láo lì jié　yuǎn zhǔ bèi zhī　wú nǎi bù kě hū　shī
以袭远，非所闻也。师劳力竭，远主备之，无乃不可乎？师

过有这样的事。军队劳苦，力量耗尽，远方的国家已经有了防备，这恐怕不会成功吧？我们军队的目的，郑国必

zhī suǒ wéi　zhèng bì zhī zhī　　qín ér wú suǒ　bì yǒu bèi xīn　　qiě xíng qiān lǐ　qí
之所为，郑必知之。勤而无所，必有悖心④。且行千里，其

然会知道。辛苦一场而无所得，士兵一定会产生不满。再说行军千里之远，还瞒得了谁呢？"秦穆公不接受

shuí bù zhī gōng cí yān zhào mèng míng xī qǐ bái yǐ shǐ chū shī yú dōng mén zhī

谁不知?"公辞焉。召孟明、西乞、白乙⑤,使出师于东门之

他的意见。召见孟明视、西乞术、白乙丙,命令他们率军由东门出发。蹇叔哭着为他们送行,说:"孟明! 我

wài jiǎn shū kū zhī yuē mèng zǐ wú jiàn shī zhī chū ér bú jiàn qí rù yě gōng

外。蹇叔哭之,曰:"孟子! 吾见师之出,而不见其入也!"公

看到军队出去但不能看到他们回国了!"秦穆公派人对蹇叔说:"你知道什么? 你如果活到中等寿命就死去,

shǐ wèi zhī yuē ěr hé zhī zhōng shòu ěr mù zhī mù gǒng yǐ

使谓之曰:"尔何知⑥,中寿⑦,尔墓之木拱矣!"

你墓上的树已经长得快有合抱粗了!"

---

① 杞子:僖公三十年(前630)秦国留在郑国帮助戍守的将领。 ② 管:钥匙。此指防守。 ③ 访:访问。这里是咨询、请教的意思。 蹇叔:秦老臣,曾为上大夫。 ④ 悖:违逆,背叛。 ⑤ 孟明:姓百里,名视,字孟明。 西乞:名术。 白乙:名丙。 ⑥ 尔:你。 ⑦ 中寿:一般指六七十岁。

---

jiǎn shū zhī zǐ yù shī kū ér sòng zhī yuē

蹇叔之子与师①,哭而送之,曰:

蹇叔的儿子也在出征队伍中,蹇叔哭着送他,对他说:

jìn rén yù shī bì yú xiáo xiáo yǒu èr líng

"晋人御师必于殽②。殽有二陵

"晋国人必定会在殽山埋伏拦截我们的军队。殽山有两座山

yān qí nán líng xià hòu gāo zhī mù yě qí běi líng

焉③:其南陵,夏后皋之墓也④;其北陵,

陵,那南边的山陵,有夏代天子皋的坟墓;那北边的山陵,是

wén wáng zhī suǒ bì fēng yǔ yě bì sǐ shì jiān

文王之所辟风雨也⑤。必死是间⑥,

文王曾经躲避过风雨的地方。你一定会死在两座山陵之间,

yú shōu ěr gǔ yān qín shī suì dōng

余收尔骨焉!"秦师遂东。

我就在那里收拾你的尸骨吧!"秦国军队于是向东进发。

① 与:参与,参加。 ② 殽:即崤山,在今河南洛宁县西北,西接陕州,东连渑池,是晋国要塞,为秦往郑必经之地。 ③ 二陵:两座山陵,即东、西崤山。两山相距三十五里,山多险坡,路窄难行。 ④ 夏后皋:夏帝皋。 后,帝。 ⑤ 辟:同"避"。 ⑥ 必死是间:按礼,一个国家有丧事,别国军队通过这个国家去袭击它的邻国是无礼行为,所以蹇叔判断晋国必然不会容忍,会利用崤山险要伏击秦军。

(李梦生)

齐国佐不辱命
qí guó zuǒ bù rǔ mìng

《左传》成公二年
zuǒ zhuàn chéng gōng èr nián

jìn shī cóng qí shī　　rù zì qiū yú　　　jī mǎ xíng　　qí hóu shǐ bīn mèi rén lù yǐ jì yǎn
晋师从齐师[1]，入自丘舆[2]，击马陉[3]。齐侯使宾媚人赂以纪甗、

晋军追击齐军，从丘舆进入齐国，攻打马陉。齐顷公派宾媚人送上纪甗、玉磬并答应割让土地以求

yù qìng yǔ dì　　bù kě　　zé tīng kè zhī suǒ wéi
玉磬与地[4]，"不可，则听客之所为。"

和，指示他："如果晋国不同意，那就随便他们好了。"

---

① 从：跟随。这里是追赶之意。　② 丘舆：齐邑，在今山东青州西南。
③ 击：攻打。　马陉：在青州西南。　④ 齐侯：齐顷公。　宾媚人：即国
佐，齐上大夫。　纪甗：纪国的一件古炊器。纪为古国，地在今山东寿光
南，被齐灭亡。

---

bīn mèi rén zhì lù　　jìn rén bù kě　　yuē　　bì yǐ xiāo tóng shū zǐ wéi zhì　　　ér shǐ
宾媚人致赂，晋人不可，曰："必以萧同叔子为质[1]，而使

宾媚人献上礼物，晋国人不同意和解，说："一定要以萧同叔子作为人质，而且把齐国境内的垄亩畦

qí zhī fēng nèi jìn dōng qí mǔ　　duì yuē　　xiāo tóng shū zǐ fēi tā　　guǎ jūn zhī mǔ yě
齐之封内尽东其亩[2]。"对曰："萧同叔子非他，寡君之母也。

埂全都改成东西走向。"宾媚人回答说："萧同叔子不是别人，是寡君的母亲。如果从对等的地位来说，她

ruò yǐ pǐ dí　　zé yì jìn jūn zhī mǔ yě　　wú zǐ bù dà mìng yú zhū hóu　　ér yuē bì zhì
若以匹敌[3]，则亦晋君之母也。吾子布大命于诸侯，而曰必质

就如同是晋国国君的母亲。您在诸侯中发布重大命令，却说一定要用人家的母亲做人质才能取信，将怎样

qí mǔ yǐ wéi xìn　　qí ruò wáng mìng hé　　　qiě shì yǐ bú xiào lìng yě　　shī　　yuē　　xiào zǐ
其母以为信，其若王命何？且是以不孝令也。《诗》曰：'孝子

对待周天子的命令呢？而且这是以不孝来号令诸侯。《诗经》说：'孝子的孝心没有穷尽，他永远把自己的孝

bú kuì　　yǒng cì ěr lèi　　　　ruò yǐ bú xiào lìng yú zhū hóu　　　qí wú nǎi fēi dé lèi yě hū
不匮，永锡尔类④。'若以不孝令于诸侯，其无乃非德类也乎⑤？
思分给同类的人。'如果以不孝的行为来号令诸侯，那不就是不符合道德法则了吗？先王把天下的田地划

xiān wáng jiāng lǐ tiān xià wù tǔ zhī yí　　　ér bù qí lì　　　gù shī　yuē　　wǒ jiāng wǒ lǐ
先王疆理天下物土之宜⑥，而布其利⑦，故《诗》曰：'我疆我理，
分疆界，区分条理，考察土地性质特点，从而作有利于生产的布置，所以《诗经》说：'我划定疆界、区分条理，分

nán dōng qí mǔ⑧　　　jīn wú zǐ jiāng lǐ zhū hóu　　ér yuē　jìn dōng qí mǔ　ér yǐ
南东其亩⑧。'今吾子疆理诸侯，而曰'尽东其亩'而已，
别南向东向，开辟田间的垄亩。'如今您让诸侯定疆界、分条理，却说'把田中垄亩全部改作东向'而已，只

wéi wú zǐ róng chē shì lì　　wú gù tǔ yí　　qí wú nǎi fēi xiān wáng zhī mìng yě hū
唯吾子戎车是利，无顾土宜，其无乃非先王之命也乎？
考虑方便自己的兵车通行，不管土地是否适宜，那不就是不符合先王的政令了吗？违反先王的制度就是不义，

fǎn xiān wáng zé bú yì　　hé yǐ wéi méng zhǔ　　qí jìn shí yǒu quē　　sì wáng zhī wàng yě
反先王则不义，何以为盟主？其晋实有阙。四王之王也⑨，
怎能做诸侯的盟主呢？晋国在这点上确实是有过失的。四王之所以成就王业，是因为他们树立德行，满足

shù dé ér jì tóng yù yān⑩　　　wǔ bà zhī bà yě⑪　　qín ér fǔ zhī　　yǐ yì wáng mìng
树德而济同欲焉⑩。五伯之霸也⑪，勤而抚之，以役王命。
诸侯的共同愿望。五伯之所以成就霸业，是因为他们勤劳而安抚诸侯，共同为天子效命。如今您要求会合诸

jīn wú zǐ qiú hé zhū hóu　　yǐ chěng wú jiāng zhī yù　　shī　yuē　fū zhèng yōu yōu
今吾子求合诸侯，以逞无疆之欲⑫。《诗》曰：'敷政优优，
侯，却是用以满足自己没有止境的欲望。《诗经》说：'推行政事和缓宽大，各种福禄都会集中到您身上。'

bǎi lù shì qiú⑬　　　zǐ shí bù yōu　　ér qì bǎi lù　　zhū hóu hé hài yān　　bù rán　guǎ jūn
百禄是遒⑬。'子实不优，而弃百禄，诸侯何害焉？不然，寡君
你如果不肯施政宽和，而丢弃一切福禄，这对诸侯又有什么害处呢？你如果不答应讲和，寡君命令我使臣，还

zhī mìng shǐ chén　　zé yǒu cí yǐ　　yuē　zǐ yǐ jūn shī rǔ yú bì yì　　bù tiǎn bì fù
之命使臣，则有辞矣，曰：'子以君师辱于敝邑，不腆敝赋⑭，
有一番话要说，话是这样的：'您带领贵国国君的军队光临敝邑，我们只能尽自己微薄的力量来犒劳您的随

yǐ kào cóng zhě　　wèi jūn zhī zhèn　shī tú náo bài⑮　　wú zǐ huì jiǎo qí guó zhī fú⑯　bù mǐn
以犒从者。畏君之震，师徒挠败⑮。吾子惠徼齐国之福⑯，不泯
从。畏惧贵国国君的威严，我们的军队战败了。承蒙您光临为齐国求福，如果不灭亡我们的国家，让我们

qí shè jì　　shǐ jì jiù hǎo　　wéi shì xiān jūn zhī bì qì　tǔ dì bù gǎn ài⑱　zǐ yòu bù xǔ
其社稷⑰，使继旧好。唯是先君之敝器、土地不敢爱⑱，子又不许，
继续过去的友好关系，那么先君留下的破旧的器具、土地，我们是不敢爱惜的。您如果不允许，我们就只能请

21

qǐng shōu hé yú jìn bèi chéng jiè yī bì yì zhī xìng yì yún cóng yě kuàng qí bú xìng

请收合余烬，背城借一。敝邑之幸，亦云从也。况其不幸，

求收拾残兵败将，背靠着我们的城墙决一死战。如果敝邑侥幸取胜，也还是依从贵国。如果不幸败了，

gǎn bù wéi mìng shì tīng

敢不唯命是听⑲？'"

岂敢不唯命是听？'"

---

① 萧同叔子：齐顷公的母亲，萧国国君同叔的女儿。晋上军元帅郤克有残疾，出使齐国时受到萧同叔子的嘲笑，是导致晋军攻打齐国的根源。 ② 封内：封疆内，即境内。 ③ 匹敌：对等国家。 ④ 所引诗见《诗·大雅·既醉》。 匮，穷尽。 ⑤ 德类：道德法式。 ⑥ 疆理：定疆界，区分条理。 物：物色、考察。 ⑦ 布：分布。 ⑧ 所引诗见《诗·小雅·信南山》。 ⑨ 四王：虞舜、夏禹、商汤、周武。或云指禹、汤、周文、周武。 王：成就王业。 ⑩ 同欲：共同的要求。 ⑪ 五伯：即五霸。霸谓"以力假仁"，即能令天下共同效力于天子的诸侯。五霸指夏伯昆吾，商伯大彭、豕韦，周伯齐桓、晋文。 ⑫ 无疆：无尽。 ⑬ 所引诗见《诗·商颂·长发》。 遒，积聚。 ⑭ 不腆：不丰厚。 ⑮ 挠败：打败。 ⑯ 微：求。 ⑰ 泯：灭亡。 ⑱ 爱：吝惜，爱惜。 ⑲ 敢：反语，怎敢。

（李梦生）

lǚ xiàng jué qín

吕相绝秦

zuǒ zhuàn chéng gōng shí sān nián

《左传》成公十三年

jìn hóu shǐ lǚ xiàng jué qín yuē xī dài wǒ xiàn gōng jí mù gōng xiāng hǎo lù lì tóng

晋侯使吕相绝秦①，曰："昔逮我献公及穆公相好②，戮力同

晋厉公派吕相去与秦国绝交，说："自从我们献公与你们穆公相互友好，合力同心，用盟誓加以申

xīn shēn zhī yǐ méng shì zhòng zhī yǐ hūn yīn tiān huò jìn guó wén gōng rú qí huì gōng rú qín wú

心③，申之以盟誓，重之以昏姻④。天祸晋国，文公如齐，惠公如秦。无

明，又用婚姻来加深这种关系。上天降祸给晋国，文公去了齐国，惠公到了秦国。不幸，献公去世，穆公不

lù　xiàn gōng jí shì　　mù gōng bú wàng jiù dé　bǐ wǒ huì gōng yòng néng fèng sì yú jìn　　yòu bù néng

禄⑤，献公即世⑥。穆公不忘旧德，俾我惠公用能奉祀于晋⑦。又不能

忘昔日的情义，使我们惠公因此能在晋国主持祭祀。但他又不能完成这一重大功勋，从而发动了韩地的战役。

chéng dà xūn　　ér wéi hán zhī shī　　　yì huǐ yú jué xīn　yòng jí wǒ wén gōng　　shì mù zhī chéng yě

成大勋，而为韩之师⑧。亦悔于厥心，用集我文公⑨，是穆之成也⑩。

他后来心中懊悔，因此支持我们文公登上君位，这是穆公成全我们的结果。

① 晋侯：晋厉公。　　吕相：魏锜之子魏相。　② 昔逮：自从。　③ 戮力：并力，
合力。　④ 昏姻：即婚姻。　⑤ 无禄：没有福禄。即不幸。　⑥ 即世：去世。
⑦ 用：因而。　奉祀：主持祭祀。即为国君。秦纳惠公在僖公十年（前650）。
⑧ 韩之师：僖公十五年（前645），二国在韩地交战，晋惠公被秦国俘虏，后放回。
⑨ 集：成就，成全。秦纳文公在僖公二十四年（前636）。　⑩ 成：成就，成全。

wén gōng gōng huàn jiǎ zhòu　　bá lǚ shān chuān　　yú yuè xiǎn zǔ　zhēng dōng zhī zhū

"文公躬擐甲胄①，跋履山川，逾越险阻，征东之诸

"文公亲自披甲带胄，跋涉山川，逾越艰难险阻，征服东方的诸侯，虞、夏、商、周的后代，都向秦国朝

hóu　yú xià shāng zhōu zhī yìn ér cháo zhū qín　　zé yì jì bào jiù dé yǐ　　zhèng rén

侯，虞、夏、商、周之胤而朝诸秦②，则亦既报旧德矣。郑人

见，这也可以算是报答了秦国往日的恩惠了。郑国人侵犯君王的边境，我们文公率领诸侯与秦国一起包围

nù jūn zhī jiāng yì　　wǒ wén gōng shuài zhū hóu jí qín wéi zhèng　　qín dà fū bù xún

怒君之疆场③，我文公师诸侯及秦围郑。秦大夫不询

郑国。秦大夫不征求我国寡君的意见，擅自与郑结盟。

① 擐：穿。
② 胤：后代。
③ 怒：侵犯。
疆场：边境。
④ 致命：拼死
决战。
⑤ 造：功劳。
西：指秦国，
在晋国之西。

yú wǒ guǎ jūn shàn jí zhèng méng　　zhū hóu jí zhī jiāng zhì mìng yú qín　　wén gōng

于我寡君，擅及郑盟。诸侯疾之，将致命于秦④。文公

恨这事，准备与秦拼死一战。文公恐惧，安抚诸侯，使秦军得以安然回国，

kǒng jù　suí jìng zhū hóu　qín shī kè huán wú hài　　zé shì wǒ yǒu dà zào yú xī yě

恐惧，绥靖诸侯，秦师克还无害，则是我有大造于西也⑤。

这也算是我国给予秦国的大恩惠了。

　　 wú lù 　 wén gōng jí shì 　 mù wéi bú diào 　 miè sǐ wǒ jūn 　 guǎ wǒ xiāng gōng 　 　 yì wǒ

"无禄，文公即世，穆为不吊①，蔑死我君②，寡我襄公③，迭我

　xiáo dì 　 　 jiān jué wǒ hǎo 　 fá wǒ bǎo chéng 　 tiǎn miè wǒ fèi huá 　 sàn lí wǒ xiōng dì 　 náo luàn wǒ

殽地④，奸绝我好⑤，伐我保城⑥，殄灭我费滑⑦，散离我兄弟⑧，挠乱我

"不幸，文公去世，穆公不肯来吊唁，轻视我们去世的君主，欺负我们的襄公，突然袭击我们殽地，断绝我们的友好邻邦，攻打我们边境城堡，灭亡我们的同姓滑国，离间我们兄弟国家，扰乱我们同盟诸侯，倾

　 tóng méng 　 qīng fù wǒ guó jiā 　 　 wǒ xiāng gōng wèi wàng jūn zhī jiù xūn 　 ér jù shè jì zhī yǔn 　 shì

同盟，倾覆我国家。我襄公未忘君之旧勋，而惧社稷之陨，是

覆我们国家。我们襄公没有忘记贵国君王过去的勋劳，而又害怕国家遭到灭亡，所以才有了殽地一役。我

　 yǐ yǒu xiáo zhī shī 　 　 yóu yuàn shè zuì yú mù gōng 　 mù gōng fú tīng 　 ér jí chǔ móu wǒ 　 tiān yòu

以有殽之师。犹愿赦罪于穆公⑨，穆公弗听，而即楚谋我。天诱

们国君仍然希望向穆公解释我们的罪过，但穆公不答应，而勾结楚国打我们的主意。上天保佑我国，

　 qí zhōng 　 chéng wáng yǔn mìng 　 mù gōng shì yǐ bú kè chěng zhì yú wǒ

其衷⑩，成王陨命⑪，穆公是以不克逞志于我⑫。

楚成王丧命，穆公侵犯我国的阴谋因此没能得逞。

---

①**吊**：吊唁。　②**蔑死我君**：或谓当从《释文》所引作"蔑我死君"，与下"寡我襄公"对。　③**寡**：少，这里是欺侮的意思。　④**迭**：同"轶"，突然进犯。事详前《蹇叔哭师》篇。　⑤**奸绝**：遏绝，断绝。　⑥**保城**：谓边境小城。　⑦**费滑**：即滑国，费为滑都。秦灭滑在鲁僖公三十三年（前627）。　⑧**散离我兄弟**：秦伐郑灭滑，二国与晋同为姬姓国，故云。　⑨**赦罪**：即释罪，求和解。　⑩**天诱其衷**：当时俗语，即天心在我。　⑪**成王**：楚成王。楚成王陨命在鲁文公元年（前626）。　⑫**逞**：满足。

---

　 mù 　 xiāng jí shì 　 kāng 　 líng jí wèi 　 kāng gōng 　 wǒ zhī zì chū 　 yòu yù quē jiǎn wǒ gōng shì

"穆、襄即世，康、灵即位。康公，我之自出①，又欲阙剪我公室②

"穆公、襄公去世，康公、灵公即位。康公，是我们晋国女子所生，却又想损害我们公室，倾覆我们国

　 qīng fù wǒ shè jì 　 shuài wǒ máo zéi 　 　 yǐ lái dàng yáo wǒ biān jiāng 　 wǒ shì yǐ yǒu líng hú zhī yì 　 kāng yóu

倾覆我社稷，帅我蟊贼③，以来荡摇我边疆，我是以有令狐之役。康犹

家，率领我国败类，前来扰乱我国边疆，因此，我国才发动了令狐这一战役。康公仍然不思悔改，侵入我们河

<ruby>不<rt>bù</rt></ruby><ruby>悛<rt>quān</rt></ruby>④，<ruby>入<rt>rù</rt></ruby><ruby>我<rt>wǒ</rt></ruby><ruby>河<rt>hé</rt></ruby><ruby>曲<rt>qū</rt></ruby>，<ruby>伐<rt>fá</rt></ruby><ruby>我<rt>wǒ</rt></ruby><ruby>涑<rt>sù</rt></ruby><ruby>川<rt>chuān</rt></ruby>⑤，<ruby>俘<rt>fú</rt></ruby><ruby>我<rt>wǒ</rt></ruby><ruby>王<rt>wáng</rt></ruby><ruby>官<rt>guān</rt></ruby>⑥，<ruby>剪<rt>jiǎn</rt></ruby><ruby>我<rt>wǒ</rt></ruby><ruby>羁<rt>jī</rt></ruby><ruby>马<rt>mǎ</rt></ruby>⑦，<ruby>我<rt>wǒ</rt></ruby><ruby>是<rt>shì</rt></ruby><ruby>以<rt>yǐ</rt></ruby><ruby>有<rt>yǒu</rt></ruby><ruby>河<rt>hé</rt></ruby>

曲，攻打我国涑川，掠夺我国王官，毁除我国羁马，我国因此才发动了河曲之战。

<ruby>曲<rt>qū</rt></ruby><ruby>之<rt>zhī</rt></ruby><ruby>战<rt>zhàn</rt></ruby>⑧。<ruby>东<rt>dōng</rt></ruby><ruby>道<rt>dào</rt></ruby><ruby>之<rt>zhī</rt></ruby><ruby>不<rt>bù</rt></ruby><ruby>通<rt>tōng</rt></ruby>⑨，<ruby>则<rt>zé</rt></ruby><ruby>是<rt>shì</rt></ruby><ruby>康<rt>kāng</rt></ruby><ruby>公<rt>gōng</rt></ruby><ruby>绝<rt>jué</rt></ruby><ruby>我<rt>wǒ</rt></ruby><ruby>好<rt>hǎo</rt></ruby><ruby>也<rt>yě</rt></ruby>。

东面道路的不通，就是由于康公和我们断绝友好关系的缘故。

---

① 我之自出：秦康公为晋献公女伯姬所生。　② 阙剪：损害。　③ 螽贼：二者均为食苗的害虫，此喻危害国家的人。指晋文公子公子雍，秦曾应晋求送其回国为君，后晋变卦，于是二国战于令狐。事在鲁文公七年（前620）。

④ 悛：悔改。　⑤ 涑川：水名，在今山西西南部。或谓指山西永济之涑水城。　⑥ 王官：在今山西闻喜县南。秦康公伐涑川、掠王官不见记载。

⑦ 剪：削断。　羁马：在今山西永济南。　⑧ 河曲之战：事在文公十二年（前615）。　⑨ 东道不通：指两国不相往来。晋在秦东面。

"<ruby>及<rt>jí</rt></ruby><ruby>君<rt>jūn</rt></ruby><ruby>之<rt>zhī</rt></ruby><ruby>嗣<rt>sì</rt></ruby><ruby>也<rt>yě</rt></ruby>①，<ruby>我<rt>wǒ</rt></ruby><ruby>君<rt>jūn</rt></ruby><ruby>景<rt>jǐng</rt></ruby><ruby>公<rt>gōng</rt></ruby><ruby>引<rt>yǐn</rt></ruby><ruby>领<rt>lǐng</rt></ruby><ruby>西<rt>xī</rt></ruby><ruby>望<rt>wàng</rt></ruby><ruby>曰<rt>yuē</rt></ruby>：'<ruby>庶<rt>shù</rt></ruby><ruby>抚<rt>fǔ</rt></ruby><ruby>我<rt>wǒ</rt></ruby><ruby>乎<rt>hū</rt></ruby>！'<ruby>君<rt>jūn</rt></ruby><ruby>亦<rt>yì</rt></ruby><ruby>不<rt>bú</rt></ruby><ruby>惠<rt>huì</rt></ruby>

"到了君王即位，我们国君景公伸长了脖子朝西望说：'也许要安抚我们了吧！'君王却同样不肯加

<ruby>称<rt>chēng</rt></ruby><ruby>盟<rt>méng</rt></ruby>②，<ruby>利<rt>lì</rt></ruby><ruby>吾<rt>wú</rt></ruby><ruby>有<rt>yǒu</rt></ruby><ruby>狄<rt>dí</rt></ruby><ruby>难<rt>nàn</rt></ruby>③，<ruby>入<rt>rù</rt></ruby><ruby>我<rt>wǒ</rt></ruby><ruby>河<rt>hé</rt></ruby><ruby>县<rt>xiàn</rt></ruby>④，<ruby>焚<rt>fén</rt></ruby><ruby>我<rt>wǒ</rt></ruby><ruby>箕<rt>jī</rt></ruby>、<ruby>郜<rt>gào</rt></ruby>⑤，<ruby>芟<rt>shān</rt></ruby><ruby>夷<rt>yí</rt></ruby><ruby>我<rt>wǒ</rt></ruby><ruby>农<rt>nóng</rt></ruby><ruby>功<rt>gōng</rt></ruby>⑥，<ruby>虔<rt>qián</rt></ruby><ruby>刘<rt>liú</rt></ruby>

恩结盟，反而乘我们有狄人侵犯的机会，攻入我国沿河城县，焚毁我们的箕邑、郜邑，收割我们成熟的庄稼，杀

<ruby>我<rt>wǒ</rt></ruby><ruby>边<rt>biān</rt></ruby><ruby>陲<rt>chuí</rt></ruby>⑦。<ruby>我<rt>wǒ</rt></ruby><ruby>是<rt>shì</rt></ruby><ruby>以<rt>yǐ</rt></ruby><ruby>有<rt>yǒu</rt></ruby><ruby>辅<rt>fǔ</rt></ruby><ruby>氏<rt>shì</rt></ruby><ruby>之<rt>zhī</rt></ruby><ruby>聚<rt>jù</rt></ruby>⑧。

戮我们边境的人民。我国因此而发动辅氏战役。

---

① 君：指秦桓公。　② 称盟：举行盟会。　③ 狄难：晋军入赤狄作战，为鲁宣公十五年（前594）事。　④ 河县：临黄河的县。秦、晋以黄河为界。

⑤ 箕：在今山西蒲县。　郜：在今山西祁县。　⑥ 芟夷：收割。　农功：已经成熟的庄稼。　⑦ 虔刘：杀戮。　⑧ 辅氏之聚：辅氏之战，亦鲁宣公十五年事。　辅氏，今陕西大荔县。

jūn yì huǐ huò zhī yán   ér yù jiǎo fú yú xiān jūn xiàn mù   shǐ bó chē lái   mìng wǒ jǐng gōng

"君亦悔祸之延,而欲徼福于先君献、穆①,使伯车来②,命我景公

"君王也懊悔祸患蔓延,而想求福于先君献公、穆公,派伯车来我国,命令我们景公说:'我与你同心

yuē   wú yǔ rǔ tóng hào qì wù   fù xiū jiù dé   yǐ zhuī niàn qián xūn   yán shì wèi jiù   jǐng gōng jí

曰:'吾与女同好弃恶③,复修旧德,以追念前勋。'言誓未就,景公即

同德抛弃怨恶,重新完善过去的情谊,用以追念先君的功勋。'盟誓尚未完成,景公去世。我们寡君因此与

shì   wǒ guǎ jūn shì yǐ yǒu líng hú zhī huì   jūn yòu bù xiáng   bèi qì méng shì   bái dí jí jūn tóng

世。我寡君是以有令狐之会④。君又不祥⑤,背弃盟誓。白狄及君同

君王有令狐的约会。君王又居心不良,背弃了盟约。白狄与君王同处一州,是君王的仇敌,但与我们有婚姻

zhōu   jūn zhī chóu chóu   ér wǒ zhī hūn yīn yě   jūn lái cì mìng yuē   wú yǔ rǔ fá dí   guǎ jūn bù

州⑥,君之仇雠,而我之昏姻也⑦。君来赐命曰:'吾与女伐狄。'寡君不

关系。君王派人来命令说:'我和你去攻打狄国。'寡君不敢顾及婚姻关系,害怕君王的威力,就向下吏下达

gǎn gù hūn yīn   wèi jūn zhī wēi   ér shòu mìng yú lì   jūn yòu èr xīn yú dí   yuē   jìn jiāng fá

敢顾昏姻,畏君之威,而受命于吏⑧。君又二心于狄⑨,曰:'晋将伐

了出兵的命令。君王却又讨好狄人,说:'晋国将要攻打你们。'狄人口头上应付你们,心中却憎恶你们,因此

rǔ   dí yìng qiě zēng   shì yòng gào wǒ   chǔ rén wù jūn zhī èr sān qí dé yě   yì lái gào wǒ yuē

女。'狄应且憎,是用告我。楚人恶君之二三其德也⑩,亦来告我曰:

把你们的话告诉了我们。楚国人讨厌君王这种反复无常的德行,也来告诉我们说:'秦国背弃了

qín bèi líng hú zhī méng   ér lái qiú méng yú wǒ   zhāo

'秦背令狐之盟,而来求盟于我,昭

令狐的盟约,却来要求与我国结盟,他们对着

gào hào tiān shàng dì   qín sān gōng chǔ sān wáng

告昊天上帝、秦三公、楚三王

皇天上帝、秦国的三位先公、楚国的三位先王发誓说:

yuē⑪   yú suī yǔ jìn chū rù⑫   yú wéi lì shì

曰⑪:"余虽与晋出入⑫,余唯利是

"我们虽然与晋国来往,我不过是为了图谋利益而已。"

shì   bù gǔ wù qí wú chéng dé   shì yòng xuān zhī

视。"不穀恶其无成德⑬,是用宣之,

鄙人憎恶他们没有应有的德行,所以把真相宣布出来,

yǐ chéng bù yī

以惩不壹。'

用来惩戒表里不一的人。'

① 徼:祈求。 ② 伯车:秦桓公子,名铖。 ③ 女:同"汝",你。 ④ 令狐之会:在鲁成公十一年(前580)。 ⑤ 不祥:不善。 ⑥ 同州:同在禹贡九州之雍州。 ⑦ 我之昏姻:白狄女子曾嫁晋文公。 ⑧ 受:同"授"。 ⑨ 有:同"又"。 ⑩ 二三其德:主意不定,反复无常。 ⑪ 秦三公:穆、康、共。 楚三王:成、穆、庄。 ⑫ 出入:往来。 ⑬ 不穀:不善,古代王侯自称的谦词。

zhū hóu bèi wén cǐ yán　sī shì yòng tòng xīn jí shǒu　nì jiù guǎ rén　guǎ rén shuài yǐ tīng mìng　wéi
"诸侯备闻此言,斯是用痛心疾首,昵就寡人。寡人帅以听命,唯

"诸侯全都听到了这话,因此而痛心疾首,来亲近寡人。寡人率领诸侯来听取君王的命令,只是为

hǎo shì qiú　jūn ruò huì gù zhū hóu　jīn āi guǎ rén　ér cì zhī méng zé guǎ rén zhī
好是求。君若惠顾诸侯,矜哀寡人,而赐之盟,则寡人之

了求得友好。君王如果加恩于诸侯,怜悯寡人,赐给我们盟约,那是寡人的愿望,寡人就会

yuàn yě　qí chéng níng zhū hóu yǐ tuì　qǐ gǎn jiǎo luàn　jūn ruò bù shī dà huì guǎ
愿也。其承宁诸侯以退①,岂敢徼乱?君若不施大惠,寡

① 承宁:
宁静,平
息。
② 不佞:
即"不
才"。

率领诸侯心平气和地退走,怎么敢求取战乱!君王如果不肯施予大恩,寡

rén bú nìng②　qí bù néng yǐ zhū hóu tuì yǐ　gǎn jìn bù zhī zhí shì　bǐ zhí shì shí
人不佞②,其不能以诸侯退矣。敢尽布之执事,俾执事实

人不才,就不能率领诸侯退走了。谨把详情全部报告给您的执事,请执事仔细权衡一下

tú lì zhī
图利之!"

利弊吧!"

（李梦生）

zuǒ zhuàn　xiāng gōng èr shí yī nián
《左传》襄公二十一年

luán yíng chū bēn chǔ　xuān zǐ shā yáng shé hǔ　qiú shū xiàng　rén wèi shū xiàng yuē　zǐ lí yú
栾盈出奔楚①,宣子杀羊舌虎②,囚叔向③。人谓叔向曰:"子离于

栾盈出逃到楚国,范宣子杀死羊舌虎,囚禁了叔向。有人对叔向说:"您遭受这样的罪,恐怕是由于

zuì④　qí wèi bú zhì hū⑤　shū xiàng yuē　yǔ qí sǐ wáng ruò hé　shī yuē　yōu zāi yóu zāi
罪④,其为不知乎⑤?"叔向曰:"与其死亡,若何?《诗》曰:'优哉游哉,

自己不明智吧!"叔向回答说:"比起死了的与逃亡的怎么样?《诗经》说:'自在逍遥真清闲,就此度过一年

liáo yǐ zú suì⑥　zhì yě
聊以卒岁⑥。'知也!"

年。'这就是明智啊!"

① 栾盈：晋大夫。他为争夺执政之位而发起叛乱，失利后逃亡。 ② 宣子：范宣子，晋执政大夫。 羊舌虎：晋大夫，栾盈同党。栾盈出逃后，与箕遗、黄渊等十人一起被杀。 ③ 叔向：即羊舌肸，晋大夫，羊舌虎之兄。 ④ 离：同"罹"，遭受。 ⑤ 知：同"智"。 ⑥ 所引诗为佚诗，今《小雅·采菽》有上句。叔向因为受弟弟牵连而下狱，所以用此诗表示自己不介入党争，优游卒岁是明智的行为。

yuè wáng fù jiàn shū xiàng ① ，yuē ："wú wèi zǐ qǐng ！"shū xiàng fú yìng 。chū ，bú bài 。qí rén jiē
乐王鲋见叔向①，曰："吾为子请！"叔向弗应。出，不拜。其人皆

乐王鲋去见叔向说："我为您去求情！"叔向没有接口。乐王鲋走时，叔向也不拜谢。叔向的从人都

jiù shū xiàng 。shū xiàng yuē ："bì qí dà fū ② 。"shì lǎo wén zhī ③ ，yuē ："yuè wáng fù yán yú jūn ，wú
咎叔向。叔向曰："必祁大夫②。"室老闻之③，曰："乐王鲋言于君，无

责备叔向。叔向说："一定要祁大夫才能救我。"他的家宰听说后，对他说："乐王鲋在国君面前说的话没有不

bù xíng ，qiú shè wú zǐ ，wú zǐ bù xǔ 。qí dà fū suǒ bù néng yě ，
不行，求赦吾子，吾子不许。祁大夫所不能也，

被采纳的，他要去请求赦免您，您却不答应。祁大夫做不到这些，您却说一定要由他

ér yuē bì yóu zhī ，hé yě ？shū xiàng yuē ："yuè wáng fù ，cóng jūn
而曰必由之，何也？"叔向曰："乐王鲋，从君

去办，这是为什么？"叔向说："乐王鲋是行事完全顺从君王意思做的人，他怎么能

zhě yě ，hé néng xíng ？qí dà fū ，wài jǔ bú qì chóu ，nèi jǔ bù shī
者也，何能行？祁大夫，外举不弃仇，内举不失

行？祁大夫举拔宗族外的人不丢弃仇人，举拔自己人时不回避亲人，他难道会单单

qīn ，qí dú yí wǒ hū ？《shī 》yuē ：'yǒu jué dé xíng ，sì guó shùn
亲，其独遗我乎？《诗》曰：'有觉德行，四国顺

遗弃我吗？《诗经》说：'有正直的德行，四方的国家都归顺。'祁大夫这个人，就是

zhī ④ 。'fū zǐ ，jué zhě yě 。"
之④。'夫子，觉者也。"

一个正直的人。"

① 乐王鲋：晋大夫，受到晋平公的宠爱。 ② 祁大夫：祁奚，晋大夫。他曾举荐仇人解狐及自己的儿子祁午，为时人称道。 ③ 室老：家宰，宗族家臣的负责人。 ④ 所引诗见《诗·大雅·抑》。 觉，直。

jìn hóu wèn shū xiàng zhī zuì yú yuè wáng fù ，duì yuē ："bú qì qí qīn ，qí yǒu yān 。"yú shì qí
晋侯问叔向之罪于乐王鲋，对曰："不弃其亲，其有焉。"于是祁

晋平公向乐王鲋问起叔向的罪过，乐王鲋回答说："他这人不会背弃自己的亲人，他可能参与了策

28

xī lǎo yǐ① wén zhī chéng rì ér jiàn xuān zǐ② yuē shī yuē huì wǒ wú jiāng
奚老矣①，闻之，乘驲而见宣子②，曰："《诗》曰：'惠我无疆，
划叛乱。"这时候祁奚已经告老在家，听说后，乘驿站的传车入都来见范宣子，说："《诗经》说：'赐给我们的

zǐ sūn bǎo zhī③ shū yuē shèng yǒu mó xūn míng zhēng dìng bǎo④ fú móu ér
子孙保之③。'《书》曰：'圣有谟勋，明征定保④。'夫谋而
恩惠没有边际，子子孙孙永远保持。'《尚书》说：'圣贤有谋略训诲，应该对他的保护有明确的表示。'说到

xiǎn guò⑤ huì xùn bú juàn zhě shū xiàng yǒu yān shè jì zhī gù yě yóu jiāng shí shì yòu
鲜过⑤，惠训不倦者，叔向有焉，社稷之固也，犹将十世宥
谋划而少有过错，教诲别人不知疲倦，这些叔向都具备了，他是国家的栋梁基础，即使他的十代子孙有过错都

zhī yǐ quàn néng zhě⑥ jīn yī bù miǎn qí shēn yǐ qì shè jì bú yì huò hū
之，以劝能者⑥。今壹不免其身，以弃社稷，不亦惑乎？
该赦免，用来激励有能力的人。如今偶尔获次罪却连本身都不能赦免，抛弃国家的栋梁，这不使人感到困

gǔn jí ér yǔ xīng⑦ yī yǐn fàng dà jiǎ ér xiàng zhī⑧
鲧殛而禹兴⑦。伊尹放大甲而相之⑧，
惑吗？鲧被杀而他儿子禹被重用。伊尹曾放逐大甲而大

zú wú yuàn sè guǎn cài wéi lù
卒无怨色。管、蔡为戮，
甲用他为相，对他始终没有怨恨的表示。管叔、蔡叔被杀，

zhōu gōng zuǒ wáng⑨ ruò zhī hé qí yǐ
周公右王⑨。若之何其以
他们的长兄周公却辅佐成王。为什么要因为一个羊舌虎，

hǔ yě qì shè jì⑩ zǐ wéi shàn shuí
虎也弃社稷⑩？子为善，谁
而杀死一个国家栋梁？您如果多做善事，谁敢不努力？

gǎn bù miǎn duō shā hé wèi xuān zǐ yuè⑪ yǔ zhī
敢不勉？多杀何为？"宣子说⑪，与之
何必要多杀人呢？"范宣子听了觉得不错，就和他一起

chéng yǐ yán zhū gōng ér miǎn zhī⑫ bú jiàn shū xiàng ér
乘，以言诸公而免之⑫。不见叔向而
乘车入朝，向晋平公劝说而赦免了叔向。祁奚没有去见叔

guī shū xiàng yì bú gào miǎn yān ér cháo
归。叔向亦不告免焉而朝。
向便回家去了。叔向也没有去拜谢祁奚，直接就去朝见晋平公。

① 于是：在这个时候。 ② 驲：
古代驿站用车。 ③ 所引诗见
《诗·周颂·烈文》。 ④ 所引句
见古文《尚书·胤征》。谟，谋
略。征，证明。 ⑤ 鲜：少。
⑥ 劝：鼓励，激励。 ⑦ 鲧：
禹的父亲。 ⑧ 大甲：汤之孙，
即位后荒淫，伊尹把他放逐到桐
宫，使改过后复位，已为相，大甲
终无怨色。 ⑨ 右：同"佐"，辅
佐。管叔、蔡叔与周公为兄弟，二
人被杀，周公佐成王。 ⑩ 虎：
羊舌虎。 ⑪ 说：同"悦"，喜
悦。此处意为赞同。 ⑫ 诸：之
于。

（李梦生）

季札观周乐

jì zhá guān zhōu yuè

zuǒ zhuàn xiāng gōng èr shí jiǔ nián
《左传》襄公二十九年

wú gōng zǐ zhá lái pìn　　　qǐng guān yú zhōu yuè　　shǐ gōng wèi zhī gē　zhōu nán
吴公子札来聘①，请观于周乐②。使工为之歌《周南》、

吴公子札来我国聘问，请求观赏周朝的音乐舞蹈。于是让乐工为他歌唱《周南》、《召南》，他说："真

shào nán　　yuē　měi zāi　shǐ jī zhī yǐ　　yóu wèi yě　　rán qín ér bú yuàn yǐ
《召南》③，曰："美哉！始基之矣④，犹未也⑤。然勤而不怨矣⑥"。

美妙啊！周朝的教化已经开始奠定基础了，然而还未尽善，不过人民勤劳而没有怨恨了。"为他歌唱《邶风》、

wèi zhī gē bèi　　yōng　wèi　　yuē　měi zāi　yuān hū　　　yōu ér bú kùn zhě
为之歌《邶》、《鄘》、《卫》⑦，曰："美哉！渊乎⑧！忧而不困者

《鄘风》、《卫风》，他说："真美妙啊，这样地深厚！虽有忧思但不至于困穷。我听说卫康叔、武公的德行就是如

yě　　wú wén wèi kāng shū　wǔ gōng zhī dé rú shì　　shì qí wèi fēng hū　wèi zhī gē
也⑨。吾闻卫康叔、武公之德如是⑩，是其《卫风》乎？"为之歌

此，这恐怕是《卫风》吧？"为他歌唱《王风》，他说："真美妙啊！虽有忧思但不至于恐惧，这大概是周室东迁

wáng　　yuē　měi zāi　sī ér bú jù　　qí zhōu zhī dōng hū　wèi zhī gē　zhèng　yuē
《王》⑪，曰："美哉！思而不惧⑫，其周之东乎⑬？"为之歌《郑》⑭，曰：

后的诗吧？"为他歌唱《郑风》，他说："真美妙啊！它的音节过于琐碎，人民受不了了，这个国家恐怕要先灭

měi zāi　qí xì yǐ shèn　　mín fú kān yě　　shì qí xiān wáng hū　wèi zhī gē　qí
"美哉！其细已甚⑮，民弗堪也。是其先亡乎！"为之歌《齐》⑯，

亡吧！"为他歌唱《齐风》，他说："真美妙啊！这样深广宏大！这是大国的音乐吧！它象征着可做

yuē　měi zāi　yāng yāng hū　　dà fēng yě zāi　qí tài gōng hū　　　guó wèi
曰："美哉！泱泱乎⑰，大风也哉⑱！表东海者⑲，其大公乎⑳？国未

东海一带诸侯的表率，那莫非是太公的国家吧！国家的前程不可限量。"为他歌唱《豳风》，他说：

kě liàng yě　　wèi zhī gē　bīn　　yuē　měi zāi　dàng hū　　lè ér bù yín　qí zhōu gōng
可量也。"为之歌《豳》㉑，曰："美哉！荡乎㉒！乐而不淫㉓，其周公

"真美妙啊，如此坦荡！欢乐而有节制，大概是周公东征时的歌吧？"为他歌唱《秦风》，他说："这就叫作西方

zhī dōng hū　　wèi zhī gē　qín　　yuē　cǐ zhī wèi xià shēng　　fú néng xià zé dà　　dà
之东乎？"为之歌《秦》㉔，曰："此之谓夏声㉕。夫能夏则大㉖，大

的夏声。能发出夏声声音自然洪亮，洪亮到顶了，这也许是周朝的旧乐吧？"为他歌唱《魏风》，

① **公子札**：即季札，吴王寿梦的小儿子。　**来聘**：来鲁国聘问。　② **周乐**：周天子的乐舞。鲁国是周公之后，所以备有周乐。　③**《周南》、《召南》**：采自周、召地方的诗。周、召为周公、召公的封地，在今江、汉一带。　④ **始基之矣**：周的教化已奠定基础了。"二南"是产生较早的音乐，故云。　⑤ **犹未**：还没有尽善尽美。　⑥ **勤**：勤劳。　⑦**《邶》、《鄘》、《卫》**：采自三地的诗。　邶，地在今河南汤阴东南。　鄘，地在今河南新乡西南。　卫，地在今河南淇县一带。　⑧ **渊**：深。　⑨ **忧**：忧虑。　**困**：困穷。　⑩ **卫康叔、武公**：卫康叔为卫国始封君，周公之弟。武公是康叔九世孙，是卫国贤君。　⑪**《王》**：指周王城洛阳一带的诗。　⑫ **思**：忧思。　⑬ **周之东**：周室东迁。　⑭**《郑》**：采自郑地的诗。郑地在今河南新郑、郑州一带。　⑮ **细**：琐碎。以象征郑国政令苛细。　⑯**《齐》**：采自齐地的诗。齐地在今山东东北与中部。　⑰ **泱泱**：深广宏大貌。　⑱ **大风**：大国之风。　⑲ **表**：表率。　⑳ **大公**：即齐始封君姜太公。　㉑**《豳》**：豳地的诗。豳地在今陕西旬邑、彬州一带，是周朝祖先所居。　㉒ **荡**：坦荡无邪。　㉓ **淫**：过度。　㉔**《秦》**：秦地的诗。秦地在今陕西、甘肃一带。　㉕ **夏声**：西方之声。　㉖ **能夏则大**：此"夏"亦"大"意，云夏声宏大。　㉗**《魏》**：魏地的诗。魏地在今山西芮城一带。　㉘ **沨沨**：浮泛轻飘。　㉙ **婉**：委婉，多曲折。　㉚ **险而易行**：指节拍局促但不艰涩难歌。　险，迫促，狭隘。　㉛**《唐》**：唐地的诗。唐地在今山西南部，是周叔虞的封地。　㉜ **陶唐氏**：即唐尧。　㉝**《陈》**：陈地的诗。陈地在今河南东南及安徽北部。　㉞**《郐》**：郐地的诗。郐地在今河南郑州南。　**无讥**：不加评论。《诗经》在《郐风》下尚有《曹风》。

---

zhī zhì yě　qí zhōu zhī jiù hū　wèi zhī

之至也，其周之旧乎？"为之

他说："真美妙啊，多么轻飘浮泛！声音虽大

gē　wèi　yuē　měi zāi　fàn fàn

歌《魏》㉗，曰："美哉！沨沨

而委婉曲折，节拍局促却容易歌唱，如

hū　dà ér wǎn　xiǎn ér yì xíng yǐ

乎㉘！大而婉㉙，险而易行㉚，以

果再用道德进行辅佐，那一定是个贤

dé fǔ cǐ　zé míng zhǔ yě　wèi zhī gē

德辅此，则明主也。"为之歌

明的君主。"他为他歌唱《唐风》，他说："忧思

táng　yuē　sī shēn zāi　qí yǒu táo táng

《唐》㉛，曰："思深哉！其有陶唐

多么深沉啊！也许是陶唐氏的遗民吧？

shì zhī yí mín hū　bù rán　hé yōu zhī

氏之遗民乎㉜？不然，何忧之

不然的话，怎么会忧思如此深远呢？不是

yuǎn yě　fēi lìng dé zhī hòu　shuí néng ruò

远也。非令德之后，谁能若

美德者的后代，谁能够这么样？"为他歌唱

shì　wèi zhī gē　chén　yuē　guó wú

是？"为之歌《陈》㉝，曰："国无

《陈风》，他说"国家没有主人，难道能维

zhǔ　qí néng jiǔ hū　zì kuài yǐ xià

主，其能久乎？"自《郐》以下

持长久吗？"从《郐风》以下，公子札不再

wú jī yān

无讥焉㉞。

评论。

为之歌《小雅》，曰："美哉！思而不贰，怨而不
wèi zhī gē xiǎo yǎ yuē měi zāi sī ér bú èr yuàn ér bù

为他歌唱《小雅》，他说："真美妙啊！虽然有忧思但没有背叛的意思，虽然有

言①，其周德之衰乎？犹有先王之遗民焉。"为之歌
yán qí zhōu dé zhī shuāi hū yóu yǒu xiān wáng zhī yí mín yān wèi zhī gē

怨恨但不尽情倾吐，莫不是周德衰落时的乐曲吧？还有先王的遗民在啊。"为他歌

《大雅》，曰："广哉！熙熙乎②！曲而有直体③，其文王
dà yǎ yuē guǎng zāi xī xī hū qū ér yǒu zhí tǐ qí wén wáng

唱《大雅》，他说："真宽广啊！多和美啊！柔婉曲折而本体则刚劲有力，大概表现的是

之德乎？"
zhī dé hū

文王的德行吧？"

> ① 不言：不尽情吐述。
> ② 熙熙：和美，融洽。
> ③ 直体：本体刚劲有力。

为之歌《颂》，曰："至矣哉！直而不倨①，曲而不屈②，迩而不逼，远
wèi zhī gē sòng yuē zhì yǐ zāi zhí ér bú jù qū ér bù qū ěr ér bù bī yuǎn

为他歌唱《颂》，他说："美极了！刚劲而不放肆，柔婉曲折而不卑下靡弱，紧密而不局促逼迫，悠远疏

而不携③，迁而不淫④，复而不厌，哀而不愁，乐而不荒⑤，用而不匮，
ér bù xié qiān ér bù yín fù ér bú yàn āi ér bù chóu lè ér bù huāng yòng ér bú kuì

旷而不散漫游离，变化多端而不过份，反复重叠而不使人厌倦，哀伤而不使人忧愁，快乐而不放浪过度，使

广而不宣⑥，施而不费⑦，取而不贪⑧，处而不底⑨，行而不流⑩。五声
guǎng ér bù xuān shī ér bú fèi qǔ ér bù tān chǔ ér bù dǐ xíng ér bù liú wǔ shēng

用它而不会匮乏，宽广而不显露，施予而不会减少，收取而不会增多，静止而不显得留滞，流动而不显得泛

和⑪，八风平⑫，节有度⑬，守有序⑭，盛德之所同也。"
hé bā fēng píng jié yǒu dù shǒu yǒu xù shèng dé zhī suǒ tóng yě

滥。五音和谐，八风协调，节奏有一定的尺度，乐器交相鸣奏有一定顺序，与有盛德的相同。"

> ① 倨：放肆。　② 屈：卑下、靡弱。　③ 携：离开。　④ 迁：变化。　淫：
> 过分。　⑤ 荒：过度。　⑥ 宣：显露。　⑦ 费：减少。　⑧ 不贪：言易于满
> 足。　⑨ 处：不动。　底：停止。　⑩ 不流：不流荡泛滥无归。　⑪ 五声：
> 宫、商、角、徵、羽。　⑫ 八风：即八音，指金、石、丝、竹、匏、土、革、木八类乐器
> 奏的声音。　⑬ 节：节奏。　⑭ 守有序：言更相鸣奏，次序不乱。

季札观周乐

见舞《象箾》、《南籥》①者，曰："美哉! 犹有憾②。"见舞《大武》

公子札见到跳《象箾》、《南籥》舞，说："真美妙啊! 然而还有遗憾。"见到跳《大武》舞，说："真美妙

者③，曰："美哉! 周之盛也，其若此乎?"见舞《韶濩》者④，曰："圣人之

啊! 周朝的兴盛时，大概就是这样的吧?"见到跳《韶濩》舞，他说："圣人这么伟大，但还表现出缺点，圣

弘也⑤，而犹有惭德⑥，圣人之难也。"见舞《大夏》者⑦，曰："美哉! 勤而不

人真不容易做啊。"见到跳《大夏》舞，他说："真美妙啊! 勤劳于民事而不自以为功，不是大禹还有谁能做到

德⑧，非禹，其谁能修之⑨?"见舞《韶箾》者⑩，曰："德至矣哉! 大矣，如天

呢?"见到跳《韶箾》舞，他说："道德到达顶点了，真伟大啊! 就好像是天无所不覆盖，

之无不帱也⑪，如地之无不载也，虽甚盛德，其蔑以加于此矣。观止

就好像是地无所不承载，德行大到了顶点，没有办法再增加了。尽善尽美到这里达到止境了!

矣⑫! 若有他乐，吾不敢请已!"

即使有别的乐舞，我也不敢再请求观看了!"

---

①《象箾》: 一种武舞。 箾，是舞者所持的竿子。 象箾，执竿而舞，如战争时以戈
刺击之状。 《南籥》: 以籥伴奏而舞，是一种文舞。 籥，管乐器，似笛。 ②憾:
遗憾，美中不足。 ③《大武》: 周武王之乐。 ④《韶濩》: 殷汤之乐。 ⑤弘:
伟大。 ⑥惭德: 缺点。 ⑦《大夏》: 夏禹之乐。 ⑧不德: 不自以为功德。
⑨修: 作。 ⑩《韶箾》: 即《箫韶》，虞舜之乐。 ⑪帱: 覆盖。 ⑫观止: 到
达顶点了。

（李梦生）

zǐ chǎn lùn yǐn hé wéi yì
子产论尹何为邑

zuǒ zhuàn xiāng gōng sān shí yī nián
《左传》襄公三十一年

zǐ pí yù shǐ yǐn hé wéi yì　　zǐ chǎn yuē　shào　wèi zhī kě fǒu　zǐ pí yuē

子皮欲使尹何为邑①。子产曰:"少,未知可否。"子皮曰:

子皮想委任尹何做自己封邑的长官。子产说:"他年纪太轻了些,不知道行不行。"子皮说:"他为人

yuàn　wú ài zhī　bù wú pàn yě　shǐ fú wǎng ér xué yān　fú yì yù zhī zhì yǐ

"愿②,吾爱之,不吾叛也。使夫往而学焉,夫亦愈知治矣。"

忠厚老实,我喜爱他,他不会背叛我。让他去边学边干,时间长了他就懂得怎么治理了。"子产说:"不行! 一

zǐ chǎn yuē　bù kě　rén zhī ài rén　qiú lì zhī yě　jīn wú zǐ ài rén zé yǐ zhèng

子产曰:"不可。人之爱人,求利之也。今吾子爱人则以政

个人喜爱另一个人,总要让被爱的人得到好处。现在您爱一个人,却让他管理政事,这如同让一个不知道怎

yóu wèi néng cāo dāo ér shǐ gē yě　qí shāng shí duō　zǐ zhī ài rén shāng zhī ér yǐ　qí

犹未能操刀而使割也,其伤实多。子之爱人,伤之而已,其

样拿刀的人去割东西,会使他大大受到伤害。您爱别人,而使所爱的人受伤害,还有谁敢求得您的喜爱呢?

shuí gǎn qiú ài yú zǐ　zǐ yú zhèng guó　dòng yě　dòng zhé cuī bēng

谁敢求爱于子? 子于郑国,栋也。栋折榱崩③,

您对于郑国,好比是房子的栋梁,栋梁折断了,椽子将崩毁,我也将会被压在底

qiáo jiāng yā yān　gǎn bú jìn yán　zǐ yǒu měi jǐn　bù shǐ rén xué

侨将厌焉④,敢不尽言? 子有美锦,不使人学

下,怎敢不畅所欲言呢? 您有一匹漂亮的锦缎,一定不会随便让人用它学裁剪

zhì yān　dà guān　dà yì　shēn zhī suǒ bì yě　ér shǐ xué zhě zhì yān

制焉。大官、大邑,身之所庇也,而使学者制焉。

大官、大邑,是您自身的依托庇护,您却让人去学着治理,这样做岂不是把漂亮

qí wéi měi jǐn　bú yì duō hū　qiáo wén xué ér hòu rù zhèng　wèi wén

其为美锦,不亦多乎? 侨闻学而后入政,未闻

的锦缎看得比大官大邑还要重吗? 我只听说学习好了才去从政,没有听说过用

yǐ zhèng xué zhě yě　ruò guǒ xíng cǐ　bì yǒu suǒ hài　pì rú tián liè

以政学者也。若果行此,必有所害。譬如田猎,

从政来作为学习的。如果这样,一定会有所不利。这好比打猎,猎手对射箭、驾车

① 子皮:名罕
虎,郑上卿。
② 愿:为人谨
慎厚道。
③ 榱:椽子。
④ 侨:子产名。
厌:同"压"。
⑤ 贯:同"惯",
熟练。　⑥ 败
绩:此指碰坏
车辆。

shè yù guàn zé néng huò qín   ruò wèi cháng dēng chē shè yù   zé bài jì yā fù shì jù
射御贯则能获禽⑤，若未尝登车射御，则败绩厌覆是惧⑥，

都富有经验，就能够获得禽兽，如果猎手从来没有登过车，不会射箭与驾车，他一定会害怕车辆崩毁翻倒压

hé xiá sī huò
何暇思获？"

坏自己，哪里还有时间顾及猎获禽兽呢？"

zǐ pí yuē shàn zāi   hǔ bù mǐn   wú wén jūn zǐ wù zhī dà zhě yuǎn zhě   xiǎo rén
子皮曰："善哉！虎不敏。吾闻君子务知大者远者，小人

子皮说："你说的对！这是我考虑不周到。我听说君子考虑的是重大深远的事，小人则只注意眼前的

wù zhī xiǎo zhě jìn zhě   wǒ   xiǎo rén yě   yī fu fù zài wú shēn   wǒ zhī ér shèn zhī   dà
务知小者近者。我，小人也。衣服附在吾身，我知而慎之；大

小事。我是一个小人。衣服穿在我的身上，我知道爱惜它；大官、大邑，是我身体所依托庇护的，我反而疏略

guān dà yì   suǒ yǐ bì shēn yě   wǒ yuǎn ér màn zhī   wēi zǐ zhī yán   wú bù zhī yě
官、大邑，所以庇身也，我远而慢之①。微子之言②，吾不知也。

轻视它。不是你的提醒，我还不知道这道理。从前我说过：'您治理郑国，我管好我的家族，让我有所依托庇

tā rì wǒ yuē   zǐ wéi zhèng guó   wǒ wéi wú jiā   yǐ bì yān   qí kě yě   jīn
他日我曰③：'子为郑国④，我为吾家，以庇焉，其可也。'今

护，也就足够了。'现在看来，这样做还不行。从今以后，我请即使是我的家事，也得遵照您的指示去办。"

ér hòu zhī bù zú   zì jīn qǐng suī wú jiā   tīng zǐ ér xíng   zǐ chǎn yuē   rén
而后知不足。自今请虽吾家，听子而行。"子产曰："人

子产说："每个人都有自己的想法，就好像人们的面貌各不相同一样。我怎敢说您

xīn zhī bù tóng   rú qí miàn yān   wú qǐ gǎn wèi zǐ miàn rú wú miàn hū   yì xīn
心之不同，如其面焉。吾岂敢谓子面如吾面乎？抑心

的面貌同我的一样呢？不过是我心里觉得您这样做很危险，所以就以实相告了。"

① 远：此有"疏
忽"的意思。 慢：
轻视。 ② 微：
无，没有。 ③ 他
日：往日，以前。
④ 为：治理。

suǒ wèi wēi   yì yǐ gào yě   zǐ pí yǐ wéi zhōng   gù wěi zhèng yān   zǐ chǎn shì
所谓危，亦以告也。"子皮以为忠，故委政焉。子产是

子皮认为子产是个忠诚的人，所以把郑国的国政委托给他。子产因此

yǐ néng wéi zhèng guó
以能为郑国。

能够把郑国治理得很好。

（李梦生）

子产论政 宽猛

《左传》昭公二十年

郑子产有疾,谓子大叔曰①:"我死,子必为政。唯有德者能以宽

郑子产患病,对子太叔说:"我死后,你一定会担任执政。只有有德行的人能够用宽和的政策使人民

服民,其次莫如猛。夫火烈②,民望而畏之,故鲜死焉③;水懦弱,民

服从,其次就不如用严厉的政策。火猛烈,人民看到就对它害怕,所以很少有死于火的。水软弱,人民轻慢地

狎而玩之④,则多死焉。故宽难。"疾数月而卒。大叔

玩弄它,所以死于水的很多。因此施行宽和的政策难度大。"子产病了几个月后

为政,不忍猛而宽。郑国多盗,取人于萑苻之泽⑤。

去世。子太叔任执政,不忍心用严厉的政策而施行宽和的政策。郑国盗贼很多,

大叔悔之,曰:"吾早从夫子,不及此。"兴徒兵以攻

聚集在萑苻泽中。子太叔后悔了,说:"我如果早些听从子产的话,也不至于弄到

萑苻之盗⑥,尽杀之。盗少止。

这个地步。"发动步兵去攻打萑苻的盗贼,把他们全杀了。盗贼稍微平息。

> ① **子大叔**:游吉,郑大夫。 **大**,同"太"。 ② **烈**:猛烈。 ③ **鲜**:少。 ④ **狎**:轻慢。 ⑤ **萑苻**:泽名,郑国盗贼集聚之地。 ⑥ **徒兵**:步兵。

仲尼曰:"善哉! 政宽则民慢①,慢则纠之以猛。猛则民

孔子说:"讲得真好! 政策宽和了人民就怠慢,怠慢了就要用严厉来纠正。政策严厉了人民就会遭受

残,残则施之以宽。宽以济猛,猛以济宽,政是以和。《诗》曰:

残害,人民遭受了残害就应该施行宽和的政策。宽和用来调剂严厉,严厉用来调剂宽和,政事因此得以和

mín yì láo zhǐ　qì kě xiǎo kāng　　huì cǐ zhōng guó　yǐ suí sì fāng　　shī zhī yǐ kuān yě
'民亦劳止，汔可小康。惠此中国，以绥四方②。'施之以宽也。

谐。《诗》说：'人民也已很劳苦，大概可以稍安康。赐与恩惠给中原，以此安定国四方。'这是说施行宽和的

wú zòng guǐ suí　　yǐ jǐn wú liáng　　shì è kòu nüè　　cǎn bú wèi míng　　jiū zhī yǐ měng
'毋从诡随③，以谨无良④。式遏寇虐⑤，惨不畏明⑥。'纠之以猛

政策。'不要放纵欺诈迎合辈，紧紧约束不善良。应当制止侵夺与暴虐，他们触犯法令太嚣张。'这是说用

yě　　róu yuǎn néng ěr　　yǐ dìng wǒ wáng　　píng zhī yǐ hé yě　　yòu yuē　bú jìng bù
也。'柔远能迩，以定我王。'平之以和也。又曰：'不竞不

严厉来纠正宽和。'怀柔边远服近地，以此安定我君王。'这是说宽和与严厉互相调剂使政事得以和

qiú　bù gāng bù róu　　bù zhèng yōu yōu　bǎi lù shì qiú⑦　　hé zhī zhì yě　　jí zǐ
绒，不刚不柔。布政优优，百禄是遒⑦。'和之至也。"及子

谐。又说：'不争竞也不急躁，不刚强也不柔软。施行政令多宽和，各种福禄聚身上。'这是和谐到了顶

chǎn zú zhòng ní wén zhī　chū tì yuē　　gǔ zhī yí ài yě
产卒，仲尼闻之，出涕曰："古之遗爱也！"

点。"到了子产去世，孔子听说后流下了眼泪，说："他具有古人仁爱的遗风啊！"

① 慢：怠慢。　② 此处及下六句引诗均见《诗·大雅·民劳》。　汔，
差不多。　③ 从：放纵。　诡随：欺诈虚伪，见风使舵。　④ 谨：约
束。　⑤ 式：应当。　⑥ 惨：曾。　明：明文规定的法令。　⑦ 所引
诗见《诗·商颂·长发》。　绒，急。　遒，聚集。

（李梦生）

卷二

祭公谏征 犬戎

《国语·周语上》

穆王将征犬戎①，祭公谋父谏曰②："不可！先王耀德不观

周穆王准备征伐犬戎，祭公谋父谏阻说："不行！先王彰扬德治，而不是炫耀武力。军队，是聚集保存

兵③。夫兵，戢而时动④，动则威；观则玩⑤，玩则无震。是故周文

而在必要时才动用的，一旦动用就要显示出威力。而炫耀武力就会导致轻慢，轻慢就会失去威慑作用。所以

公之《颂》曰⑥：'载戢干戈⑦，载櫜弓矢⑧。我求懿德，肆于时夏⑨。允

周文公所作的《颂》说道：'集中收存好盾和戈，弓箭一一藏妥当。我王讲求美好的德治，展布全国各地方。我

王保之⑩。'先王之于民也，茂正其德而厚其性，阜其财求而利

王定能永久保持发扬。'先王对于百姓，总是大力端正他们的德行，培厚他们的情性，丰足他们的物质需求，

其器用⑪；明利害之乡⑫，以文修之，使务利而避害，怀德而畏

改良他们的器物用具；让他们了解利害之所在，用礼法加以教育，使他们从事有利的事务而规避有害的行

威，故能保世以滋大。

为，感戴德治而畏惧天威，因而先王的创业得以世代相承，发展壮大。

①《国语》，记载自西周穆王十二年至东周定王十六年（前990～前453）八国上层人士的言论。 穆王：姬满，西周第五代天子，公元前1001年至前947年在位。 犬戎：西北戎人的一支。 ②祭公谋父：周卿士，封于祭（今河南新郑），故称祭公。 ③观兵：炫耀武力。 ④戢：聚集。 ⑤玩：轻慢。 ⑥周文公之《颂》：指《诗经》中的《周颂·时迈》，旧谓周公旦为歌颂武王巡视诸侯而作的乐歌。 周文公，即周公旦，谥文，周朝的开国名臣。 ⑦载：动词前的助词，无义。 ⑧櫜：收入弓套、箭壶之中。 ⑨肆：布陈。 时：通"是"，这。 夏：华夏，指中国。 ⑩允：发语词。 ⑪阜：丰足。 ⑫乡：同"向"。

"昔我先世后稷①，以服事虞、夏②。及夏之衰也，弃稷弗务。我先

"从前我们先王父子相继担任后稷之职，服事虞、夏二朝。及至夏朝中衰，废弃稷官，不再致力于农

王不窋用失其官③，而自窜于戎、翟之间④。不敢怠业，时序其德⑤，

务。我先王不窋因而失去职位，迁躲于戎狄之间，不敢懈怠旧业，时时继续父亲的传统，再接再厉拓展他的事

纂修其绪，修其训典；朝夕恪勤，守以惇笃⑥，奉以忠信；奕世载德，

业，光大他的教导与成典；早早晚晚都谨慎勤劳，以敦厚实诚的态度加以保持，以忠心不渝的原则加以奉

不忝前人⑦。至于武王，昭前之光明，而加之以慈和，事神保民，莫不

行；世世代代从事于修德，不曾玷辱先人。到了武王，他光大前人的光明磊落的德行，又加以仁慈平和，侍

欣喜。商王帝辛⑧，大恶于民，庶民

奉神灵，保护百姓，神灵与百姓无不欢欣喜悦。而商王帝辛则以

弗忍，欣戴武王，以致戎于商牧⑨。

穷凶极恶对待百姓，众百姓不堪忍受，乐于拥戴武王，这样才导

是先王非务武也，勤恤民隐而

致了商郊牧野之战。这说明先王并非崇尚武力，而是体恤百姓

除其害也。

痛苦，为他们除害啊。

① 后稷：王室的农官。此指弃、不窋父子，前者为周的始祖。
② 虞：舜之世。夏：禹之世。
③ 不窋：弃的后代，带领周人由邰迁豳。
④ 戎、翟：均为北方、西北方民族。翟，即"狄"。
⑤ 序：继续，下句"纂"亦同义。
⑥ 惇笃：敦厚诚实。
⑦ 忝：玷污。
⑧ 帝辛：即商朝末代君主纣王，名辛。
⑨ 戎：兵戎，指战争。牧：牧野，在商朝都城朝歌的郊外。

"夫先王之制：邦内甸服①，邦外侯服②，侯、卫

"先王的制度是：王畿之内为甸服，出了王畿为侯服，侯畿以下至卫畿为宾服，蛮畿、夷畿为要服，

宾服③，蛮、夷要服④，戎、翟荒服⑤。甸服者祭⑥，侯服者祀⑦，

戎、狄地区为荒服。甸服向天子提供日祭所需，侯服向天子提供月祀所需，宾服向天子提供时享所需，要服

bīn fú zhě xiǎng　　yāo fú zhě gòng　　huāng fú zhě wáng　　rì jì　yuè sì

宾服者享⑧，要服者贡⑨，荒服者王⑩。日祭，月祀，

向天子提供岁贡所需，荒服则只需在新天子即位时进见纳贡一次。日祭，月祀，时享，岁贡，新天子即位时进

shí xiǎng　suì gòng　zhōng wáng　xiān wáng zhī xùn yě　　yǒu bú jì　zé xiū yì

时享，岁贡，终王，先王之训也。有不祭，则修意；

见一回，这是先王的遗训。如果发生不来提供日祭的情形，天子就自我检查内心；不来提供月祀，天子就自

yǒu bú sì　zé xiū yán　yǒu bù xiǎng　zé xiū wén　yǒu bú gòng　zé xiū míng

有不祀，则修言；有不享，则修文；有不贡，则修名；

我检查言论；不来提供时享，天子就加强文治；不来提供岁贡，天子就完善名号尊卑的制度；不在新天子即

yǒu bù wáng　zé xiū dé　　xù chéng ér yǒu bú zhì　zé xiū xíng　yú shì hū

有不王，则修德；序成而有不至，则修刑。于是乎

位时前来朝见的，天子就强化自己的德行；这一切都做到了如果还有不来履行义务的，天子就落实刑法。于

yǒu xíng bú jì　fá bú sì　zhēng bù xiǎng　ràng bú gòng　gào bù wáng

有刑不祭，伐不祀，征不享，让不贡⑪，告不王⑫；

是就产生了处罚不祭者、攻伐不祀者、征讨不享者、谴责不贡者、告谕不朝者的种种应对；于是就有了惩处

yú shì hū yǒu xíng fá zhī pì　　yǒu gōng fá zhī

于是乎有刑罚之辟，有攻伐之

的法律，攻伐的军队，征讨的武备，谴责的训令，

bīng　yǒu zhēng tǎo zhī bèi　yǒu wēi ràng zhī lìng

兵，有征讨之备，有威让之令，

告谕的文辞等等准备。发布训令，颁露告谕，而仍

yǒu wén gào zhī cí　　bù lìng chén cí　ér yòu bú

有文告之辞。布令陈辞，而又不

然不来履行义务的话，那么天子就重新进一步强

zhì　zé yòu zēng xiū yú dé ér wú qín

至，则又增修于德而无勤

化自己的德行，而不兴师动众去远征。正因如此，

mín yú yuǎn　　shì yǐ jìn wú bù tīng yuǎn

民于远。是以近无不听，远

近处的诸侯没有不听从的，远方的部落也没有不

wú bù fú

无不服。

信服的。

①邦内：王畿之内。　旬服：本意谓耕种王田而服事天子。后作为周王朝辖区品类的名称，以下侯服、宾服等同。　②侯服：本意谓警卫王畿而服事天子。　③侯、卫：介于侯畿至卫畿的地区。按周朝邦外分为九畿，侯畿、旬畿、男畿、采畿、卫畿五畿皆在王化之内。　宾服：本意谓定期朝贡以服事天子。　④蛮、夷：蛮畿与夷畿，皆九畿中之名目，多在东部、南部边远地区。　要服：本意谓按约进见而服从天子。　⑤荒服：本意谓旷期进见而服从天子。按要服、荒服俱只在名义上与周朝保持宗主权。　⑥祭：日祭，天子每日祭祀父祖。⑦祀：月祀，天子每月朔望日祭祀曾祖。　⑧享：时享，天子每季祭祀祧祖。　⑨贡：岁贡，天子每年岁末大祭祖先。　⑩王：终王，新天子即位时举行的典礼，因终生只有一回，故称终王。　⑪让：责备。　⑫告：警告。

jīn zì dà bì bó shì zhī zhōng yě quǎn róng shì yǐ
"今自大毕、伯仕之终也①，犬戎氏以

"如今从大毕、伯仕去世后算起，犬戎君长一直按照对于荒服的规定来朝

qí zhí lái wáng tiān zǐ yuē yú bì yǐ bù xiǎng zhēng zhī qiě guān
其职来王。天子曰：'予必以不享征之，且观

见。天子说：'我一定要按照宾服不享的罪名征讨犬戎，而且向他们炫示武力。'这

zhī bīng qí wú nǎi fèi xiān wáng zhī xùn ér wáng jī dùn hū wú
之兵。'其无乃废先王之训，而王几顿乎②？吾

不是废弃了先王的遗训，而'荒服者王'的规定就不就破坏殆尽了吗？我听说犬戎的

wén fú quǎn róng shù dūn néng shuài jiù dé ér shǒu zhōng chún gù
闻夫犬戎树惇③，能帅旧德④，而守终纯固，

这一代君长树惇，能遵循先代的德行，信守终王的礼节真诚不变，他们有理由

qí yǒu yǐ yù wǒ yǐ
其有以御我矣。"

来抵御我们了。"

wáng bù tīng suì zhēng zhī dé sì bái láng sì bái lù yǐ guī zì shì huāng fú zhě bú zhì
王不听，遂征之，得四白狼、四白鹿以归。自是荒服者不至。

穆王不听，于是兴师远征，得到四只白狼、四头白鹿而回转。从此后荒服地区就不再来朝见了。

（史良昭）

shàogōng jiàn lì wáng zhǐ bàng
召公谏厉王止谤

guó yǔ zhōu yǔ shàng
《国语·周语上》

lì wáng nüè guó rén bàng wáng shào gōng gào yuē mín bù kān mìng yǐ
厉王虐①，国人谤王②。召公告曰③："民不堪命矣！"

周厉王暴虐无道，国都的百姓纷纷指责他。召公告诉厉王说："老百姓已忍受不了你的政令了！"厉王

wáng nù dé wèi wū shǐ jiān bàng zhě yǐ gào zé shā zhī guó rén mò gǎn
王怒，得卫巫④，使监谤者，以告⑤，则杀之。国人莫敢

恼羞成怒，找到一名卫国巫师，命他去监视口出怨言的人。只要卫巫一报告，厉王就把告发对象处死。百姓

41

yán dào lù yǐ mù　wáng xǐ　gào shào gōng yuē　wú néng mǐ bàng yǐ
言，道路以目。王喜，告召公曰："吾能弭谤矣⑥，

不敢再说话，在路上相遇时只能互递眼色。厉王大喜，告诉召公说："我能够消除不满言论了，臣民已

nǎi bù gǎn yán
乃不敢言。"

再不敢多嘴。"

①**厉王**：姬胡，西周第十代君王，前878至前842年在位，暴虐无道，后在"国人暴动"中被逐出都城，逃亡于彘，前828年病死。　②**国人**：王畿之内的平民，此泛指百姓。　**谤**：出言指责。　③**召公**：召穆公姬虎，周卿士。　④**卫巫**：卫地的巫师。　⑤**以**：有。　⑥**弭**：消除。

shào gōng yuē　　shì zhàng zhī yě　　　fáng mín zhī kǒu　shèn yú fáng chuān　chuān yōng ér kuì
召公曰："是障之也①！防民之口，甚于防川。川壅而溃②

召公说："这是封堵了他们的嘴巴！封塞民口，比堵截江河还要危险。江河堵塞，就会一溃千里，伤害

shāng rén bì duō　mín yì rú zhī　　shì gù wéi chuān zhě jué zhī shǐ dǎo　wéi mín zhě xuān zhī shǐ yán
伤人必多：民亦如之。是故为川者决之使导，为民者宣之使言。

人必然多多；封塞民口也是如此。所以治理河道的人，要疏浚壅塞使水流畅通，治理百姓的人，要开导百姓

gù tiān zǐ tīng zhèng　shǐ gōng qīng zhì yú liè shì xiàn shī　gǔ xiàn qǔ　　shǐ xiàn shū　shī zhēn
故天子听政，使公卿至于列士献诗③，瞽献曲④，史献书⑤，师箴⑥，

使他畅所欲言。因而天子处理政务，让公、卿、大夫直到列士献诗，主乐太师献乐章，记事史官献古代文献，

sǒu fù　　méng sòng　　bǎi gōng jiàn　　shù rén chuán yǔ　　jìn chén jìn guī　qīn qī bǔ chá
瞍赋⑦，曚诵⑧，百工谏⑨，庶人传语⑩，近臣尽规，亲戚补察，

乐官少师进规箴，瞍吟咏、曚讽诵，百工谏诤，平民辗转上言，近侍尽心规劝，宗室姻亲察补纠偏，乐官、史官

gǔ　shǐ jiào huì　qí　ài xiū zhī　　　ér hòu wáng zhēn zhuó yān　shì yǐ shì xíng ér bú bèi
瞽、史教诲，耆、艾修之⑪，而后王斟酌焉，是以事行而不悖⑫。

提供教诲，元老重臣进一步加以修饰，然后天子斟酌裁决。因此政事顺行，不违背情理。百姓有口，就像

mín zhī yǒu kǒu yě　yóu tǔ zhī yǒu shān chuān yě　cái yòng yú shì hū chū　yóu qí yǒu yuán xí
民之有口也，犹土之有山川也，财用于是乎出；犹其有原隰

大地上有山有河，财富器用在其间出产；又如有平原、洼地、高低良田，衣食来源于此。百姓用嘴巴发

yǎn wò yě　　yī shí yú shì hū shēng　kǒu zhī xuān yán yě　shàn bài yú shì hū xīng　xíng shàn
衍沃也⑬，衣食于是乎生。口之宣言也，善败于是乎兴，行善

表意见，国家政务的正确或失误可从中得到反映；推行正确的政令，防范失误的部分，这是增加财物、

42

ér bèi bài　　qí suǒ yǐ fù cái yòng yī shí zhě
而备败⑭，其所以阜财用衣食者

器用、衣食的治国方法。百姓心有所想，用口说

yě　　fú mín lǜ zhī yú xīn ér xuān zhī
也⑮。夫民虑之于心而宣之

出，只要形成想法就会脱口表达，怎么可以

yú kǒu，chéng ér xíng zhī　　hú kě yōng yě？ ruò
于口，成而行之，胡可壅也？若

堵塞呢？假如封堵上他们的嘴，又能够

yōng qí kǒu　　qí yú néng jǐ hé
壅其口，其与能几何⑯？"

维持多久呢！"

wáng fú tīng　　yú shì guó rén mò gǎn chū yán
王弗听，于是国人莫敢出言。

厉王不听劝告，从此都中百姓不敢讲话。过

sān nián　　nǎi liú wáng yú zhì
三年，乃流王于彘⑰。

了三年，便把厉王驱逐到彘地去了。

①障：阻塞。　②壅：堵塞。　③公卿
至于列士：指大小群官。周朝官职分公、
卿、大夫、士四级。列士，元士、中士、
庶士三种士的总称。　④瞽：主乐太
师。"瞽"本义为盲人，古代乐师多以盲
人充任。　⑤史：记事官。　⑥师：乐
官少师。箴：规诫。　⑦瞍：没有瞳
子的盲人。与下文"矇"俱为瞽、师的下
手。赋：吟咏。　⑧矇：有眼珠的盲
人。　⑨百工：管理各种工匠的职官。
⑩庶人：平民。　⑪耆、艾：年高之
人。六十曰耆，五十曰艾。此指朝中老
臣。　⑫悖：违反事理。　⑬原隰：平
原和洼地。衍沃：平坦肥沃的良田。
⑭备：预防。　⑮阜：富足。　⑯与：
语助词，无义。　⑰彘：地名，在今山西
霍州东北。

（史良昭）

wáng sūn yǔ lùn chǔ bǎo
王孙圉论楚宝

guó yǔ　　chǔ yǔ xià
《国语·楚语下》

wáng sūn yǔ pìn yú jìn　　dìng gōng xiǎng zhī　　zhào jiǎn zǐ míng yù yǐ xiàng　　wèn yú wáng sūn yǔ
王孙圉聘于晋①，定公飨之②。赵简子鸣玉以相③，问于王孙圉

王孙圉到晋国聘问，定公设宴招待他。赵简子佩着叮当作响的玉饰，作为相礼，向王孙圉问道："楚国

yuē　　chǔ zhī bái héng yóu zài hū　　duì yuē　　rán　　jiǎn zǐ yuē　　qí wéi bǎo yě jǐ hé yǐ
曰："楚之白珩犹在乎④？"对曰："然。"简子曰："其为宝也几何矣？"

的白珩还在吗？"回答说："是的。"赵简子说："它被你们当作宝贝，有多久了？"

① 王孙圉：楚大夫。　聘：聘问，诸侯国间互相访问。　② 定公：晋定公姬午，前511年至前476年在位。　飨：用酒食招待客人。③ 赵简子：赵鞅，晋国正卿。　相：相礼，辅佐国君执行礼仪。④ 珩：玉佩上部的玉架。

yuē wèi cháng wéi bǎo chǔ zhī suǒ bǎo zhě yuē guān shè fù néng zuò xùn cí yǐ xíng

曰："未尝为宝。楚之所宝者，曰观射父，能作训辞①，以行

王孙圉说："没有当作宝贝。楚国所视为宝的，叫做观射父。他能作教益开导之言，以使者的

shì yú zhū hóu shǐ wú yǐ guǎ jūn wéi kǒu shí yòu yǒu zuǒ shǐ yǐ xiàng néng dào xùn diǎn

事于诸侯②，使无以寡君为口实。又有左史倚相，能道训典③，

身份周旋于诸侯间，能使人家无法拿我们国君作话柄。又有左史名叫倚相，能将古代圣哲语汇的典

yǐ xù bǎi wù yǐ zhāo xī xiàn shàn bài yú guǎ jūn shǐ guǎ jūn wú wàng xiān wáng zhī yè yòu

以叙百物④，以朝夕献善败于寡君，使寡君无忘先王之业；又

籍内容侃侃讲述，用来条畅各种事务的前因后果，又用来时时向国君提供古人成败的前鉴，使国君

néng shàng xià yuè hū guǐ shén shùn dào qí yù wù shǐ shén wú yǒu yuàn tòng yú chǔ guó yòu yǒu

能上下说乎鬼神⑤，顺道其欲恶，使神无有怨痛于楚国。又有

不忘先王的业绩；他又能取悦于天上地下的鬼神，顺应它们的所好所恶，使神灵对楚国没有怨恨

sǒu yuē yún lián tú zhōu jīn mù zhú jiàn zhī suǒ shēng yě guī zhū jiǎo chǐ pí

薮曰云连徒洲⑥，金、木、竹、箭之所生也，龟、珠、角、齿、皮、

又有大泽叫云连徒洲，金属、木材、竹材、箭竹都在那里出产，还有龟甲、珍珠、兽角、象牙、虎豹皮

gé yǔ máo suǒ yǐ bèi fù yǐ jiè bù yú zhī yě suǒ yǐ gōng bì bó yǐ bīn xiǎng

革、羽、毛，所以备赋⑦，以戒不虞者也⑧；所以共币帛⑨，以宾享

犀牛皮、鸟羽、牦牛尾等物产，是用来提供军用物资，以防范意外事件的；也是用来作为礼物，供招待

yú zhū hóu zhě yě ruò zhū hóu zhī hào bì jù ér dǎo zhī yǐ xùn cí yǒu bù yú zhī bèi

于诸侯者也。若诸侯之好币具⑩，而导之以训辞，有不虞之备，

和馈赠诸侯之用。如果诸侯喜爱我们的礼品，而又以教益之言加以开导，有对付意外事件的物质准备，

ér huáng shén xiàng zhī guǎ jūn qí kě yǐ miǎn zuì yú zhū hóu ér guó mín bǎo yān cǐ chǔ guó

而皇神相之，寡君其可以免罪于诸侯，而国民保焉。此楚国

而大神又加以佑助，我们国君恐怕可以免受诸侯的责罚，国家和百姓也得以保全了。这些才是楚国的

zhī bǎo yě ruò fú bái héng xiān wáng zhī wán yě hé bǎo yān

之宝也。若夫白珩，先王之玩也，何宝焉？

国宝。至于白珩，那只是先王的玩物，怎么会把它作为宝贝呢？

44

① 训辞：教导之言。　② 行：行人，使者。　③ 训典：记录古代圣哲教诲的典籍。　④ 物：事。　⑤ 说：通"悦"。　⑥ 薮：长草木的泽地。　云连徒洲：即云梦泽，在今湖北监利北。　⑦ 赋：军赋，军用物资。　⑧ 戒：防备。　不虞：意外灾难。　⑨ 共：通"供"。　币帛：用于通好或祭祀的礼物。　⑩ 币具：礼品。

"圉闻国之宝六而已：圣能制议百物①，
"我听说国家的珍宝不过六种而已：圣人能评判各种事物，而辅

以辅相国家，则宝之；玉足以庇荫嘉谷，使无
弼治理国家，就把他作为珍宝；祭祀所用的玉足以保佑五谷丰美，不受

水旱之灾，则宝之；龟足以宪臧否②，则宝之；
水旱灾害，就把它作为珍宝；龟甲足以表明吉凶，就把它作为珍宝；珍珠

珠足以御火灾，则宝之；金足以御兵乱，则
足以防御火灾，就把它作为珍宝；铜铁金属足以抗御战乱，就把它作为珍

宝之；山林薮泽足以备财用，则宝之。若夫
宝；山林湖泽足以提供财物器用，就把它作为珍宝。至于叮当哗啦发出喧

哗嚣之美，楚虽蛮夷③，不能宝也！"
响的美玉，楚国虽然是蛮夷之邦，也不能把它当作珍宝啊！"

① 制议：评判。　② 宪：表明。　臧否：好坏，凶吉。　③ 蛮夷：周朝对中原以外南、东地区的蔑称。

（史良昭）

45

吴子使札来聘
wú zǐ shǐ zhá lái pìn

《公羊传》襄公二十九年
gōng yáng zhuàn xiāng gōng èr shí jiǔ nián

吴无君、无大夫①，此何以有君、有大夫？贤季子也②。何贤乎

《春秋》不承认吴国有国君、大夫，这里为什么有国君、大夫的称谓？是因为敬重季子。

季子？让国也。其让国奈何？谒也，余祭也，夷昧也，与季子同母

为什么会敬重季子？因为他辞让国君的位子。他怎样辞让王位的？谒、余祭、夷昧和季子是同母

者四。季子弱而才，兄弟皆爱之，同欲立之以为君。谒曰："今若

所生的四兄弟。季子年龄小而有才华，兄弟都喜欢他，都想立他为君王。谒说："现在像这样仓

是迮而与季子国③，季子犹不受也。请无与子而与弟，弟兄迭

促地把国家交给季子，季子还是不会接受的。请不要把王位传给儿子而传给弟弟，这样兄弟轮

为君，而致国乎季子。"皆曰："诺。"故诸为君者，皆轻死为勇，

流做国君，从而可以把国家交给季子。"大家都说："好。"因此，几个曾做国君的兄弟都勇敢而

饮食必祝曰④："天苟有吴国⑤，尚速有悔于予身⑥！"故谒也死，余祭

轻视死亡，用餐时必定祷告："苍天如果要保有吴国，请快快把灾祸降临在我身上！"所以谒

也立；余祭也死，夷昧也立；夷昧也死，则国宜之季子者也。季子使

死后，余祭登位；余祭死了，夷昧登位；夷昧死了，那么国家应该转交给季子了。可是季子出使

而亡焉⑦。

国外而没有回来。

---

①《公羊传》，传为战国齐人公羊高所著，儒家重要经典。 **大夫**：官职等级名。夏、商、周三代，国君之下，官分卿、大夫、士三级。 ②**贤**：尊重，敬重。 **季子**：即季札，吴王寿梦的小儿子。 ③**迮**：仓促。 ④**祝**：向神祷告。 ⑤**苟**：如果。 ⑥**尚**：表示祈求。 **悔**：灾祸。 ⑦**亡**：外出。

liáo zhě　　zhǎng shù yě　　jí zhī　　jì zǐ shǐ ér fǎn　　zhì ér jūn zhī ěr　　hé lú

僚者①，长庶也②，即之。季子使而反，至而君之尔③。阖庐

僚在兄弟中年龄最长，是庶生子，即了位。季子出使回来，一到吴国就认他为国君。

yuē　　xiān jūn zhī suǒ yǐ bù yǔ zǐ guó ér yǔ dì zhě　　fán wèi jì zǐ gù yě　　jiāng cóng xiān jūn

曰④："先君之所以不与子国而与弟者，凡为季子故也。将从先君

阖庐说："先君之所以不把国家传给儿子而传给弟弟，都是为了季子的缘故。要是遵从先君

zhī mìng yú　　zé guó yí zhī jì zǐ zhě yě　　rú bù cóng xiān jūn zhī mìng yú　　zé wǒ yí lì zhě

之命与⑤，则国宜之季子者也；如不从先君之命与，则我宜立者

的命令，那么国家应该交给季子；如果不遵从先君的命令，那么我应该立为国君。僚哪能做

yě　　liáo wū dé wéi jūn hū⑥？　　yú shì shǐ zhuān zhū cì liáo　　ér zhì guó hū jì zǐ　　jì

也。僚恶得为君乎⑥？"于是使专诸刺僚⑦，而致国乎季子。季

国君呢？"于是派专诸去刺杀僚，而把国家交给季子。季子不接受，说："你杀我的国君，我接

zǐ bú shòu　　yuē　　ěr shì wú jūn⑧　　wú shòu ěr guó　　shì wú yǔ ěr wéi cuàn yě　　ěr shā wú xiōng

子不受，曰："尔弑吾君⑧，吾受尔国，是吾与尔为篡也；尔杀吾兄，

受你的国家，就是我和你一起篡位。你杀了我兄弟，我再杀你，这是父子兄弟互相残杀，一

wú yòu shā ěr　　shì fù zǐ xiōng dì xiāng shā　　zhōng shēn wú

吾又杀尔，是父子兄弟相杀，终身无

辈子都不会停息。"季子于是离开国都到延陵，终生不进吴国

yǐ yě　　qù zhī yán líng　　zhōng shēn bú rù wú guó　　gù

已也。"去之延陵⑨，终身不入吴国⑩。故

国都。所以君子认为他不接受君位是道义，认为他

jūn zǐ yǐ qí bú shòu wéi yì　　yǐ qí bù shā wéi rén

君子以其不受为义，以其不杀为仁。

不杀阖庐是仁慈。

① 僚：吴王寿梦的妾所生的儿子。（《史记》、《吴越春秋》谓夷昧子，与《公羊》说法不同。）　② 庶：旁支，与"嫡"相对。　③ 君：这里作动词用，以……为君。　④ 阖庐：谒的儿子，夫差之父。　⑤ 与：语助词，无实义，用于句末。　⑥ 恶：疑问代词，怎么，如何。　⑦ 专诸：春秋时刺客名，在刺杀吴王僚时当场被杀。　⑧ 弑：古称臣杀君、子杀父母为弑。　⑨ 之：到。延陵：地名，即今江苏武进。　⑩ 国：专指国都。

xián jì zǐ　　zé wú hé yǐ yǒu jūn　　yǒu dà fū　　yǐ jì zǐ wéi chén　zé yí yǒu jūn
贤季子，则吴何以有君、有大夫？以季子为臣，则宜有君

> 敬重季子，那么吴国为什么就有国君、有大夫？因为既然把季子当作臣，当然就应该有国君

zhě yě　　zhá zhě hé　　wú jì zǐ zhī míng yě　　chūn qiū　xián zhě bù míng　cǐ
者也。札者何？吴季子之名也。《春秋》贤者不名[1]，此

> 了。札是谁？是吴国季子的名字。《春秋》对于贤能的人不称呼名字，这里为什

hé yǐ míng　xǔ yí dí zhě　　bù yī ér zú yě　　jì zǐ zhě
何以名？许夷狄者[2]，不壹而足也。季子者，

> 么称名？赞美夷狄之国，不能因为一件好事而看得十全十美。季子是《春秋》

suǒ xián yě　hé wèi bù zú hū jì zǐ　　xǔ rén chén zhě bì shǐ chén
所贤也，曷为不足乎季子？许人臣者必使臣，

> 所敬重的，对于季子还感到有什么不足呢？因为赞许人臣，就必须把他当

xǔ rén zǐ zhě bì shǐ zǐ yě
许人子者必使子也。

> 臣下对待；赞许人子就必须把他当儿子对待。

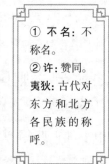

> [1] 不名：不称名。
> [2] 许：赞同。夷狄：古代对东方和北方各民族的称呼。

（袁啸波）

zhèng bó　kè duàn yú yān
郑伯克段于鄢

gǔ liáng zhuàn　yǐn gōng yuán nián
《穀梁传》隐公元年

kè zhě hé　néng yě　hé néng yě　néng shā yě　hé yǐ bù yán shā　jiàn duàn zhī yǒu tú zhòng yě
克者何？能也。何能也？能杀也。何以不言杀？见段之有徒众也。

> "克"是什么意思？就是能够。能够怎样？能够杀人。为什么不说杀？表明段拥有部队。段是郑伯的弟

duàn zhèng bó dì yě　　hé yǐ zhī qí wéi dì yě　　shā shì zǐ　mǔ dì mù jūn　　yǐ qí mù jūn　zhī qí
段，郑伯弟也。何以知其为弟也？杀世子、母弟目君[1]。以其目君，知其

> 弟。怎么知道他是弟弟？杀掉太子或同母弟的，只称国君。因为他被称为国君，所以知道他是弟弟。段是弟

wéi dì yě　　duàn dì yě　　ér fú wèi dì　gōng zǐ yě　　ér fú wèi gōng zǐ　biǎn zhī yě　　duàn shī zǐ dì
为弟也。段，弟也，而弗谓弟；公子也，而弗谓公子，贬之也。段失子弟

弟，而不称为弟；是公子，而不称为公子，这是贬斥他，因为段失去了做子弟的道理。鄙薄段而更鄙薄郑伯。

zhī dào yǐ　　jiàn duàn ér shèn zhèng bó yě　　hé shèn hū zhèng bó　　shèn zhèng bó zhī chǔ xīn jī　lǜ chéng
之道矣。贱段而甚 郑伯也②。何甚乎郑伯？甚 郑伯之处心积虑，成

为什么更鄙薄郑伯呢？更鄙薄郑伯的处心积虑，实现杀伐的目的。"于鄢"，说明郑伯追击之远。就像是说把

yú shā yě　　yú yān　　yuǎn yě　　yóu yuē qǔ zhī qí mǔ zhī huái zhōng ér shā zhī yún ěr　shèn zhī yě　　rán
于杀也。于鄢③，远也。犹曰取之其母之怀中而杀之云尔，甚之也。然

段从母亲的怀中夺过来杀掉，所以更严厉地鄙薄他。既然这样，那么作为郑伯，应该怎么办？应该慢慢地追

zé wéi zhèng bó zhě　　yí nài hé　　huǎn zhuī yì zéi　　qīn qīn zhī dào yě
则为郑伯者，宜奈何？缓追逸贼④，亲亲之道也⑤。

赶逃跑的贼人，这才是爱亲人的办法。

①《穀梁传》，传为战国穀梁赤所撰，与《左传》、《公羊传》合称"春秋
三传"。　世子：指帝王或诸侯的正妻所生的长子，也叫太子。　目
君：称呼国君（即郑伯）。按照《春秋》的笔法，凡杀太子或同母弟的
君主，只称他为国君，不再以兄弟相称，有贬抑之意。　目，称呼。
②贱：轻视，鄙薄。　甚：厉害，更加。　③鄢：春秋时郑国地名，
故地在今河南鄢陵县境。　④逸：逃亡。　⑤亲亲：爱亲人。前一
"亲"为动词，爱。后一"亲"为名词，指亲人。　道：办法。

（袁啸波）

gōng zǐ chóng ěr duì qín kè
公子重耳对秦客

lǐ jì　tán gōng xià
《礼记·檀弓下》

jìn xiàn gōng zhī sàng　　qín mù gōng shǐ rén diào gōng zǐ chóng ěr　　qiě yuē　　guǎ rén wén zhī
晋献公之丧①，秦穆公使人吊公子重耳②，且曰："寡人闻之：

晋献公去世，秦穆公派使者子显向公子重耳致吊唁，并且传话说："我听说'丧失国家常在

'亡国恒于斯③，得国恒于斯。'虽吾子俨然在忧服之中，丧亦

这个时候，得到国家也常在这个时候。'虽然您严肃恭敬，正在忧苦的服丧期间，但是流亡的日子

不可久也，时亦不可失也，孺子其图之！"以告舅犯④，舅犯曰：

不宜太久，得国的时机不可错过。年轻人，请考虑一下吧！"重耳把此事告诉了舅父子犯，子犯说：

"孺子其辞焉。丧人无宝，仁亲以为宝。父死之谓何？又因以

"年轻人，还是辞谢了吧！流亡的人没有什么宝贵的东西，可宝贵的只有仁爱思亲之心。父亲去世是

为利，而天下其孰能说之？孺子其辞焉！"公子重耳对客曰：

何等重大悲痛的事？还要借此机会为自己谋求利益，天下还有谁能看重你？年轻人，还是辞谢了吧！"

"君惠吊亡臣重耳，身丧父死，不得与于哭泣之哀，

公子重耳答复来客说："贵国君侯施加恩惠，吊唁流亡的外臣重耳。我出亡在外，父亲去世，不能与

以为君忧。父死之谓何？或敢有他志，以辱君义！"

亲人同在灵前守丧哭泣，劳动君侯忧虑担心。父亲去世是何等重大悲痛的事？哪里还敢有别的念头，来

稽颡而不拜⑤，哭而起，起而不私⑥。

损辱君侯的高情厚义！"于是叩头碰地，却不行拜谢礼，便边哀哭边站起来，起身后不再和秦使私下交谈。

子显以致命于穆公⑦。穆公曰："仁夫，公子重耳！夫稽

子显把情况向秦穆公作了汇报。穆公说："仁德啊，公子重耳！叩头而不拜谢，是不敢以嗣君

颡而不拜，则未为后也，故不成拜。哭而起，则爱父也。起而

自居，所以不行拜礼。哭着站起来，体现了对亡父的挚爱之情。起来后不再和使者私下交谈，则是不

不私，则远利也。"

愿借此谋求个人私利的表现。"

①《礼记》，儒家经典之一，讲述了对礼的论述探讨，对儒家有关政治、哲学、道德修养、教育等观点的阐述等。　晋献公：见前《晋献公杀世子申生》注①。　②秦穆公：春秋时秦国（嬴姓）国君，名任好，公元前659～前621年在位。娶申生的同母妹为夫人。　公子重耳：见前《晋献公杀世子申生》注②。申生自杀后，晋献公听信骊姬谗言，尽逐诸公子，派兵讨伐重耳和另一个儿子夷吾。重耳逃亡到狄国。　③恒：常。斯：此。　④舅犯：重耳的母舅狐偃，字子犯，狐突之子，随重耳逃亡。　⑤稽颡：以头触地，表示极度哀痛。颡，额头。按古丧礼，只有丧主才能对宾客的吊唁行拜谢礼。晋献公并未立重耳为嗣，重耳只稽颡而不拜，是不敢充当丧主（也即是向秦使表示自己无心谋求君位）的意思。下文的"不成拜"也指此。　⑥私：指与秦使者私下说话。　⑦子显：秦国大夫公子絷（zhí直）的字。

（孟斐）

苏秦以连横说秦
sū qín yǐ lián héng shuì qín

《战国策》
zhàn guó cè

苏秦始将连横说秦惠王①，曰："大王之国，西有巴、蜀、汉中之利②，北有胡貉、代马之用③，南有巫山、黔中之限④，东有殽、函之固⑤。田肥美，民殷富，战车万乘，奋击百万，沃野千里，蓄积饶多，地势形便，此所谓天府，天下之雄国也。以大王之贤，士民之众，车骑之用，兵法之教，可以并诸侯，吞天下，称帝而治⑥。愿大王少留意⑦，

苏秦起先以连横策略游说秦惠王，道："大王您的国家，西有巴、蜀、汉中等地的收益，北有胡貉、代马等特产的供给，南有巫山、黔中的天然屏障，东有崤山、函谷关的坚固防线。耕田肥美，百姓富足，战车万辆，勇士百万，沃野千里，资储丰饶，地理形势优越便利，这就是人们所说的天府，天下的强盛大国啊。凭着大王的贤明，兵士百姓的众多，车骑军需的充足，作战训练的规范，无疑能够兼并诸侯，独得天下，称帝而治。希望大王稍费精神，允许我奏明实现目标的策略。"

chén qǐng zòu qí xiào　qín wáng yuē　　guǎ
臣请奏其效。"秦王曰:"寡

秦王说:"我听说,羽毛还未丰满

rén wén zhī　máo yǔ bù fēng mǎn zhě　　bù
人闻之:毛羽不丰满者,不

时,不能高高飞翔;法令还未完备时,

kě yǐ gāo fēi　wén zhāng bù chéng zhě
可以高飞;文章不成者⑧,

不能实行诛杀刑罚;道德还未深厚时,

bù kě yǐ zhū fá　dào dé bú hòu zhě
不可以诛罚;道德不厚者,

不能驱使百姓服役;政教还未畅行时,

bù kě yǐ shǐ mín　zhèng jiào bú shùn zhě
不可以使民;政教不顺者,

不能烦劳大臣出征。如今先生不辞

bù kě yǐ fán dà chén　jīn xiān sheng yǎn
不可以烦大臣。今先生俨

辛苦千里跋涉,郑重地来到朝廷教

rán bù yuǎn qiān lǐ ér tíng jiào zhī　　yuàn
然不远千里而庭教之⑨,愿

我这番道理,我想还是以后再领教

yǐ yì rì
以异日。"

吧。"

①《战国策》,西汉刘向所编,记载了自公元前490年至公元前221年这270年中重要的政治、军事和外交活动。　苏秦:战国时东周洛阳人。先仕于燕。为防齐攻燕,赴赵离间赵、齐关系。公元前287年,组织发动五国合纵攻秦,赵封他为武安君。至齐,受重用,但暗中仍为燕效力,说动齐湣王发兵攻宋,而燕将乐毅乘机袭齐,齐败绩,于是齐以反间罪将苏秦处车裂之刑。《国策》、《史记》诸书所载苏秦事迹不尽一致。马王堆汉墓出土帛书《战国纵横家书》前十四章,多系苏秦说燕昭王、齐湣王之说辞与书策。　连横:战国后期,唯秦最强,凡联合关东各国抗秦即为合纵,而秦设法破坏合纵则为连横。　说:劝说。　秦惠王:秦国国君嬴驷,公元前336至前311年在位。　②巴:大致范围以今重庆市为中心,四川省东部一带。　蜀:以今成都为中心的四川西部一带。　汉中:今陕西秦岭以南一带。　③胡:指北方少数民族地区。貉:状如狸,毛皮可制裘。　代:今河北、山西北部,特产骏马。　④巫山:位于今四川巫山县东。黔中:故城在今湖南沅陵西。限:阻隔、屏障。　⑤崤:崤山,位于河南西部,系秦岭东段支脉,分东西两崤,延伸至黄河、洛河间,主峰干山在河南灵宝东北。　函:指函谷关,位于灵宝南,因关处谷中,深险如函得名。　⑥称帝而治:战国时各诸侯国君主皆称王,当时较强者如秦、齐,企图统一各国而自称帝号。　⑦少留意:稍加留意,此为谦婉辞令,其实是要对方注意重视。　少,稍。　⑧文章:此指法令条文。　⑨俨然:庄重认真的样子。

sū qín yuē　　chén gù yí dà wáng zhī bù néng yòng yě　　xī zhě shén nóng fá bǔ suì
苏秦曰:"臣固疑大王之不能用也①。昔者神农伐补遂②,

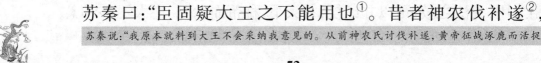
苏秦说:"我原本就料到大王不会采纳我意见的。从前神农氏讨伐补遂,黄帝征战涿鹿而活捉

52

huáng dì fá zhuō lù ér qín chī yóu　　yáo fá huān dōu　　shùn fá sān miáo　　yǔ fá gòng

黄帝伐涿鹿而禽蚩尤③，**尧伐驩兜**④，**舜伐三苗**⑤，**禹伐共**

蚩尤，唐尧驱逐驩兜，虞舜征讨三苗，夏禹制服共工，商汤征服夏桀，周文王攻灭崇国，周武王消灭商纣，

gōng　　tāng fá yǒu xià　　wén wáng fá chóng　　wǔ wáng fá zhòu　　qí huán rèn zhàn ér bà

工⑥，**汤伐有夏**⑦，**文王伐崇**⑧，**武王伐纣**⑨，**齐桓任战而伯**

齐桓公凭武力而称霸天下，由此看来，哪有不采取战争手段而完成大业的呢！早先各国使节乘车往来

tiān xià　　yóu cǐ guān zhī　　wū yǒu bú zhàn zhě hū　　gǔ zhě shǐ chē gǔ jī chí　　yán yǔ xiāng

天下⑩，**由此观之，恶有不战者乎**⑪！**古者使车毂击驰**⑫，**言语相**

奔驰，通过会谈缔结盟约，使天下如同一家。后来搞起合纵连横，战争也就无可避免。谋臣策士巧舌如

jié　　tiān xià wéi yī　　yuē zòng lián

结，天下为一。约从连

簧，弄得诸侯晕头转向，万千问题纷

héng　　bīng gé bù cáng　　wén shì bìng

横，兵革不藏⑬。**文士并**

至沓来，顾此失彼无法处裁。法律规

shì　　zhū hóu luàn huò　　wàn duān jù

饰⑭，**诸侯乱惑，万端俱**

章虽已具备，下面照样欺诈作

qǐ　　bù kě shēng lǐ　　kē tiáo

起⑮，**不可胜理**⑯。**科条**

伪；公文繁杂政令混乱，百姓难免啼

jì bèi　　mín duō wěi tài　　shū cè

既备⑰，**民多伪态；书策**

饥叫寒。君臣上下心事重重，人们更

chóu zhuó　　bǎi xìng bù zú　　shàng xià

稠浊⑱，**百姓不足；上下**

觉无所依从。讲道论理振振有

xiāng chóu　　mín wú suǒ liáo　　míng yán

相愁，民无所聊⑲。**明言**

词，战事越发层出不穷。雄辩滔滔衣

zhāng lǐ　　bīng jiǎ yù qǐ

章理⑳，**兵甲愈起，**

冠楚楚，相互攻战无休止。喋喋说

① **固**：本来。　② **神农**：炎帝，号神农氏，古史传说中的部落联盟首领，相传他发明农业，而被奉为农神。　**补遂**：古部落名。　③ **黄帝**：号轩辕氏，古史传说中的中原部落联盟首领，发明舟车、历法等，与炎帝在华夏族形成过程中起有重大历史作用。　**涿鹿**：今属河北。　**禽**：同"擒"。　**蚩尤**：九黎部落的首领。　④ **尧**：古帝名。尧传位给舜，舜传位给禹。　**驩兜**：尧时大臣，因作恶被尧流放至崇山。　⑤ **三苗**：古族名。《史记·五帝本纪》谓其地原在江、淮、荆州，相传舜时被迁至三危（今甘肃敦煌一带）。　⑥ **共工**：原是水官名，世代以官为氏，称共工氏。舜时共工氏颇凶横，与驩兜、三苗、鲧被称为"四凶"，后遭流放。　⑦ **汤**：殷商开国君主。夏朝君主桀无道，汤起兵攻桀，灭夏，建立商朝。　**有夏**：夏朝，此指夏桀。　⑧ **文王**：姬昌，周武王姬发之父。商纣王时为西方诸侯之长，又称西伯。　**崇**：殷商时诸侯国，位于陕西原户县东。崇侯虎助纣为虐，文王发兵讨伐他。　⑨ **纣**：商朝末代君主，荒淫暴虐。武王伐纣灭商，建国号周。　⑩ **齐桓**：齐桓公，春秋五霸之一。　**任战**：指用兵。　**伯**：通"霸"。　⑪ **恶**：何。　⑫ **毂**：车轮中央圆木，轴按其中。这里代指车乘。　⑬ **兵革**：武器装备，此指战争。　**兵**，兵器。**革**，用皮革制的甲。　⑭ **饰**：通"饰"。　⑮ **端**：指事端议论。　⑯ **胜**：尽。　⑰ **科条**：律令规章。　⑱ **书策**：文件、政令。　**稠浊**：多而乱。　⑲ **聊**：依靠。

biàn yán wěi fú　zhàn gōng bù xī　　fán chēng wén cí　　tiān xià bú zhì　　shé bì ěr lóng bú

辩言伟服，战攻不息；繁称文辞㉑，天下不治；舌敝耳聋，不

辞天花乱坠，天下因此不得安治；说者说得口焦舌破，听者听得双耳发聋，始终没有什么成效；尽管按仁义

jiàn chéng gōng　xíng yì yuē xìn　tiān xià bù qīn　　yú shì nǎi fèi wén rèn wǔ　　hòu yǎng sǐ shì　zhuì

见成功；行义约信，天下不亲。于是乃废文任武，厚养死士，缀

礼信原则订立盟约，却依然不能使各国和睦友好。于是就弃文用武，以重金优待蓄养敢死勇士，配备甲胄

jiǎ lì bīng　xiào shèng yú zhàn chǎng　　fú tú chǔ ér zhì lì　　ān zuò ér guǎng dì　　suī gǔ

甲厉兵㉒，效胜于战场㉓。夫徒处而致利㉔，安坐而广地，虽古

磨砺刀枪，在战场上决定胜负。白白等待而获得利益，安然兀坐而扩充疆土，即使是上古五帝三王五霸，明主贤

wǔ dì　sān wáng　wǔ bà　　míng zhǔ xián jūn　cháng yù zuò ér zhì zhī　　qí shì bù néng　gù yǐ

五帝、三王、五伯㉕，明主贤君，常欲坐而致之，其势不能，故以

君，常想如此坐收其成，事实上也办不到，所以最终还是用战争解决问题。两军对垒，距离远的用矢石相攻，

zhàn xù zhī　　kuān zé liǎng jūn xiāng gōng　　pò zé zhàng jǐ xiāng zhuàng　　rán hòu kě jiàn dà gōng

战续之。宽则两军相攻，迫则杖戟相撞㉖，然后可建大功。

短兵相接则拼刀拼枪，然后才能建立丰功伟业。所以军队在外打了胜仗，国君在内强化德政，上面

shì gù bīng shèng yú wài　　yì qiáng yú nèi　　wēi lì yú shàng　mín fú yú xià　　jīn yù bìng tiān xià

是故兵胜于外，义强于内；威立于上，民服于下。今欲并天下，

权威树立，下面百姓服从。如今想要并吞天下，超越大国，使敌国屈服，控制天下，抚育万

líng wàn shèng　　qū dí guó　　zhì hǎi nèi　　zǐ yuán yuán　　chén zhū hóu　　fēi bīng bù kě　　jīn

凌万乘㉗，诎敌国㉘，制海内，子元元㉙，臣诸侯㉚，非兵不可。今

民，使诸侯称臣，那就非用武力不可。可惜当今在位君主，忽视了这一根本道理，政

zhī sì zhǔ　　hū yú zhì dào　　jiē hūn

之嗣主㉛，忽于至道㉜，皆惛

教不明，管理混乱，受那不着边际的

yú jiào　　luàn yú zhì　mí yú yán huò

于教㉝，乱于治，迷于言，惑

言论迷惑，沉浸在巧言诡辩之中，

yú yǔ　　chén yú biàn　nì yú cí　yǐ

于语，沉于辩，溺于辞，以

由此看来，大王您是不会采纳

cǐ lùn zhī　wáng gù bù néng xíng yě

此论之，王固不能行也。"

我的意见的。"

㉚章：同"彰"，明显。　㉑称：说。　文：修饰，巧饰。　㉒缀：连。　厉：同"砺"，磨砺。　㉓效：实现。　㉔徒处：坐等，不作任何努力。　㉕五帝：所指不一，通常指黄帝、颛顼、帝喾、唐尧、虞舜。　三王：指三代之王，即夏禹、商汤和周代的文王、武王。　五伯：春秋五霸，一般指齐桓公、晋文公、宋襄公、楚庄王、秦穆公。　㉖迫：近。　㉗凌：超越。　万乘：万辆兵车，指大国。　㉘诎：通"屈"。　㉙子：这里用作动词，"以……为子"的意思。　元元：百姓。　㉚臣：用法同上句"子"。　㉛嗣主：继位的君主。　㉜至道：最重要之道，此指战争。　㉝惛：通"昏"。

shuì qín wáng shū shí shàng ér shuō bù xíng　　hēi diāo zhī qiú bì huáng jīn bǎi jīn jìn　zī
说秦王书十上而说不行。黑貂之裘敝，黄金百斤尽，资

苏秦劝说秦王的奏章呈送了十次，而他的意见最终仍没被采纳。黑貂皮袍子破旧了，一百斤黄

yòng fá jué　qù qín ér guī　léi téng lǚ juē①　fù shū dān tuó②　xíng róng kū gǎo　miàn mù
用乏绝，去秦而归。嬴縢履蹻①，负书担橐②，形容枯槁，面目

金(黄铜)都花光了，维持生活的费用几乎一点不剩，只得离开秦国回家。他裹着绑腿布，穿着草鞋，背着

lí hēi　zhuàng yǒu kuì sè　guī zhì jiā　qī bú xià rèn④　sǎo bù wéi chuī　fù mǔ bù yǔ
犁黑③，状有愧色。归至家，妻不下纴④，嫂不为炊，父母不与

书挑着行李，形容憔悴，脸色黄黑，神情羞愧。回到家里，妻子不下织机，嫂子不给他做饭，父母不跟他

yán　sū qín kuì rán tàn yuē　qī bù yǐ wǒ wéi fū　sǎo bù yǐ wǒ wéi shū　fù mǔ bù yǐ wǒ
言。苏秦喟然叹曰："妻不以我为夫，嫂不以我为叔，父母不以我

说话。苏秦感慨地长叹道："妻子不把我当作丈夫，嫂子不把我当作小叔，父母不把我当作儿子，这实在

wéi zǐ　shì jiē qín zhī zuì yě　nǎi yè fā shū　chén qiè shù shí⑤　dé tài gōng《yīn fú》zhī
为子，是皆秦之罪也！"乃夜发书，陈箧数十⑤，得太公《阴符》之

都是我苏秦的罪过啊！"于是他当夜就打开书箱，摊开几十种书，找到了姜太公写的《阴符》，埋头诵读，

móu⑥　fú ér sòng zhī　jiǎn liàn yǐ wéi chuāi mó⑦　dú shū yù shuì　yǐn zhuī zì cì qí gǔ　xuè
谋⑥，伏而诵之，简练以为揣摩⑦。读书欲睡，引锥自刺其股，血

反复推敲，钻研体会书中精要。读书久了昏昏欲睡时，他就拿锥子刺自己的大腿，鲜血直淌到脚上，并

liú zhì zú yuē　ān yǒu shuì rén zhǔ bù néng chū qí jīn yù jǐn xiù　qǔ qīng xiàng zhī zūn zhě hū
流至足，曰："安有说人主不能出其金玉锦绣，取卿相之尊者乎？"

对自己说："哪有游说君主而不能掏出他的金玉锦绣，取得卿相高位的呢！"坚持了一年，终于钻研成

jī nián⑧　chuāi mó chéng yuē　cǐ zhēn
期年⑧，揣摩成，曰："此真

功，不禁自语道："这下子真可以说动当今天

kě yǐ shuì dāng shì zhī jūn yǐ
可以说当世之君矣！"

下的国君了！"

① 嬴：通"累"，缠。　縢：绑腿布。　蹻：通
"屩"，草鞋。　② 橐：囊。　③ 犁：黑色。
④ 纴：纺织，此指织机。　⑤ 陈：列。　箧：小
箱。　⑥ 太公：姜太公吕尚。　《阴符》：相传
为姜太公所著兵书。　⑦ 简：选择。　练：熟
习。　⑧ 期年：一周年。

于是乃摩燕乌集阙^①，见说赵王于华屋之下，抵掌而谈^②。

于是苏秦就以燕乌集阙般的说辞，在华丽的殿堂里拜见并劝说赵王，拍着手侃侃而谈。赵王十

赵王大说^③，封为武安君，受相印，革车百乘，锦绣千纯^④，

分高兴，封苏秦为武安君，接受相国大印，又给兵车百辆，锦缎千匹，玉璧百对，黄金万镒，让他带着去

白璧百双，黄金万镒^⑤，以随其后，约从散横，以抑强秦。故苏

联合各国，解散秦国与他们的"连横"关系，以此来削弱强秦的力量。所以苏秦当了赵相后，各国断绝了

秦相于赵而关不通^⑥。当此之时，天下之大，万民之众，王侯之

与秦国的往来，函谷关就内外不通。在这时候，那么广大的天下，那么众多的百姓，那么有威风的王侯，

威，谋臣之权，皆欲决于苏秦之策。不费斗粮，未烦一兵，未战

那么有权势的谋臣，都要由苏秦的策略来支配决定。不费一斗军粮，不劳一兵一卒，没用一人打仗，没

一士，未绝一弦，未折一矢，诸侯相亲，贤于兄弟。夫贤人任而

断一根弓弦，没损一枝竹箭，就使列国诸侯相互亲善，胜过兄弟。可见有才能的人发挥了作用就使普天

天下服，一人用而天下从。故曰："式于政不式于勇^⑦，式于廊

下顺服，一个人被重用了普天下就跟着走。所以说："靠德政起作用，不是靠蛮力起作用，靠朝廷上的决

庙之内，不式于四境之外。"当秦之隆，黄金万镒为用，转毂连

策起作用，不是在国境外大动干戈解决问题。"在苏秦威势最盛的时候，黄金万镒听任他使用，随从车

骑，炫煌于道，山东之国^⑧，从风而服，使赵大重。且夫苏秦特

骑连绵不断，一路上风光显耀，崤山以东各国如同顺着风向一致服从，使得赵国的声望大大增强。再说

穷巷掘门、桑户棬枢之士耳^⑨，伏轼撙衔^⑩，横历天下，庭说诸

苏秦原来不过是穷巷陋屋里的一个读书人罢了，如今他手扶车前横木，控制着马缰绳，驱车跃马周游

侯之主，杜左右之口^⑪，天下莫之能伉^⑫。

列国，通行无阻，在朝堂上劝说列国君主，堵住他们身边大臣的嘴巴，普天下没有谁能与他抗衡。

① 摩：仿，揣摩。　燕乌集阙：燕乌，乌鸦的一种。按《汉书》注，有"乍合乍离，如乌之集"说。这里即以乌集宫阙之状，比喻博喻宏辞、纵横开阖的说辩艺术。旧注，释"摩"为靠近、经过，以"燕乌集阙"为地名或宫阙名，当系注者推测之词，史籍无据可凭。　② 抵掌：击掌，表示兴奋状。　抵，侧手击。　③ 说：通"悦"。　④ 纯：匹。　⑤ 镒：一镒为二十四两。　⑥ 关：指函谷关，六国通秦要道。　关不通，意谓六国抗秦，不与秦往来。　⑦ 式：用。　⑧ 山东：崤山以东。　⑨ 特：只，不过。　掘门：窬门，挖壁洞为门。　桑户：以桑木为门板。　棬枢：弯曲树枝为门轴。　⑩ 轼：车前横木。　搏：节制。　衔：马勒头。　⑪ 杜：塞。　⑫ 伉：通"抗"。

jiāng shuì chǔ wáng　　lù guò luò yáng　　fù mǔ wén zhī　　qīng gōng chú dào　　zhāng yuè shè
将说楚王，路过洛阳，父母闻之，清宫除道①，张乐设

苏秦将要去游说楚王，路过洛阳城。他的父母听到这一消息，赶紧打扫房屋，清除道路，设置乐队，

yǐn　　jiāo yíng sān shí lǐ　　qī cè mù ér shì　　qīng ěr ér tīng　　sǎo shé xíng fú fú　　sì bài
饮②，郊迎三十里。妻侧目而视，倾耳而听，嫂蛇行匍伏，四拜

摆开酒席，在三十里外郊野远迎。妻子不敢正面看他，侧着耳朵听他说话。他嫂子趴在地上像蛇一样向前挪

zì guì ér xiè　　sū qín yuē　　sǎo　　hé qián jù ér hòu bēi yě
自跪而谢③。苏秦曰："嫂，何前倨而后卑也④？"

动，朝他拜了四拜，跪着自己认错。苏秦问道："嫂嫂，你为什么先前那么趾高气

sǎo yuē　　yǐ jì zǐ wèi zūn ér duō jīn　　sū qín yuē
嫂曰："以季子位尊而多金⑤。"苏秦曰：

扬，而如今又这么低三下四呢？"嫂子回答说："因为您地位贵而且很有钱

jiē hū　　pín qióng zé fù mǔ bù zǐ　　fù guì zé qīn qi wèi jù
"嗟乎！贫穷则父母不子，富贵则亲戚畏惧。

呀。"苏秦叹道："唉，一个人贫穷失意时父母不把他当作儿子，有财有势时连亲

rén shēng shì shàng　　shì wèi fù guì　　hé kě hū hū zāi
人生世上，势位富贵，盖可忽乎哉⑥！"

戚也害怕他。一个人活在世上，对于权势地位荣华富贵，怎么可以忽视啊！"

① 清：打扫。　宫：古代房屋的通称。　② 张：设。　③ 谢：致歉，请罪。　④ 倨：傲。　⑤ 季子：苏秦的表字。　⑥ 盖：通"盍"，何。

（仓阳卿）

范雎说秦王

fàn jū shuì qín wáng

zhàn guó cè

《战国策》

fàn jū zhì qín wáng tíng yíng fàn jū jìng zhí bīn zhǔ

范雎至秦①，王庭迎范雎②，敬执宾主

范雎来到秦国，秦昭王在宫庭迎接范雎，恭敬地按宾主

zhī lǐ fàn jū cí ràng shì rì jiàn fàn jū jiàn zhě

之礼，范雎辞让。是日见范雎，见者

礼节进行，范雎称谢逊让。这天秦王会见范雎，看到当时

wú bú biàn sè yì róng zhě

无不变色易容者。

场景的人没有不显出惊叹神情的。

① 范雎（？～前255）：战国时魏国人。字叔。《韩非子》及汉代石刻又作范且，或作范雎。初因贫而为魏中大夫须贾家臣，因事为须贾所诬，又遭魏相魏齐遣人笞击折胁。遂化名张禄入秦，深受秦昭王信重，拜相，封应侯。用反间计，诱赵以赵括代廉颇为将，从而使秦将白起得以大破赵军。后渐失昭王宠信，遂称病辞归相印。 ② 王：秦昭王嬴则（前324～前251），秦武王异母弟。公元前306年至前251年在位。

qín wáng bǐng zuǒ yòu gōng zhōng xū wú rén qín wáng guì ér jìn yuē xiān sheng hé yǐ xìng

秦王屏左右①，宫中虚无人。秦王跪而进曰："先生何以幸

秦王屏退身边侍从，殿中除了他与范雎，空无一人。秦王跪着请求道："先生用什么来

jiào guǎ rén fàn jū yuē wéi

教寡人②?"范雎曰："唯

教导我呢?"范雎道："是是。"隔

wéi yǒu jiàn qín wáng fù

唯③。"有间，秦王复

了一会儿，秦王再次请教，范雎

① 屏：使退避。 ② 幸：表敬助词，无义。 ③ 唯唯：应答词，顺应而不表示可否。 ④ 三：表多次，非确数。 ⑤ 跽：又称长跪，即双膝着地，上身挺直。古人席地而坐，在急切表示恳请、恭敬等心情时，取这种姿势。

qǐng fàn jū yuē   wéi wéi   ruò shì zhě sān   qín wáng jì yuē   xiān sheng bú xìng jiào guǎ rén hū

请,范雎曰:"唯唯。"若是者三④。秦王跽曰⑤:"先生不幸教寡人乎?"

道:"是是。如此反复再三。秦王长跪道:"先生不愿开导我吗?"

fàn jū xiè yuē   fēi gǎn rán yě   chén wén shǐ shí lǚ shàng zhī yù wén wáng yě①   shēn

范雎谢曰:"非敢然也。臣闻始时吕尚之遇文王也①,身

范雎表示歉意说:"我不敢这样呀。我听说,当初吕尚遇见文王的时候,只是一个在渭水北岸垂

wéi yú fǔ ér diào yú wèi yáng zhī bīn ěr   ruò shì zhě   jiāo shū yě   yǐ yì shuō ér lì wéi

为渔父而钓于渭阳之滨耳。若是者,交疏也。已一说而立为

钓的渔翁罢了。像这种情形,他们关系是生疏的。后来吕尚以一席话而被文王任为太师,让他一同

tài shī   zài yǔ jù guī zhě   qí yán shēn yě   gù wén wáng guǒ shōu gōng yú lǚ shàng   zú shàn tiān

太师,载与俱归者,其言深也。故文王果收功于吕尚,卒擅天

乘车回去,这因为他们交谈得深啊。因此文王果然凭借吕尚获得成功,终于拥有天下而成为帝王。当时

xià ér shēn lì wéi dì wáng②   jí shǐ wén wáng shū lǚ wàng ér fú yǔ shēn yán   shì zhōu wú tiān

下而身立为帝王②。即使文王疏吕望而弗与深言,是周无天

假使文王因为与吕望生疏而不跟他深谈,这样周就谈不上有什么天子道行,文王、武王也就不可能建

zǐ zhī dé   ér wén   wǔ wú yǔ chéng qí wáng yě   jīn chén   jī lǚ zhī chén yě③   jiāo shū

子之德,而文、武无与成其王也。今臣,羁旅之臣也③,交疏

立他们的帝王大业了。如今的我,只是个久客他乡的人,与大王关系疏浅,而我想要陈说的,又都是纠

---

①**吕尚**:姜姓,吕氏,名望,字子牙,俗称姜太公。相传姜子牙垂钓于渭水之滨,周文王遇之,与语大悦,车载以归,立为师。武王尊他为尚父。后佐武王灭纣。 **文王**:姬昌,商末周初周族领袖,商纣时为西伯。其子武王姬发,灭商建周王朝,追谥姬昌为文王。 ②**擅天下**:拥有天下,即为帝王。这是合周文王、武王事笼统言之。 ③**羁旅**:长久旅居他乡。 ④**骨肉**:这里喻指秦昭王与其母(宣太后)等关系。昭王是秦武王异母弟,武王无子,死后,诸弟争立。宣太后的异父弟魏冉掌握兵权,拥立十九岁的昭王即位,由宣太后当权,魏冉为相。

yú wáng ér suǒ yuàn chén zhě　jiē kuāng jūn chén zhī shì　chǔ rén gǔ ròu zhī jiān　yuàn yǐ chén

于王，而所愿陈者，皆匡君臣之事，处人骨肉之间④。愿以陈

正国君偏差错失的事情，涉及到与您有骨肉之情的人。我心想表达自己对您的浅陋忠诚，但不知大

chén zhī lòu zhōng ér wèi zhī wáng xīn yě　suǒ yǐ wáng sān wèn ér bú duì zhě　shì yě

臣之陋忠，而未知王心也。所以王三问而不对者，是也。

王内心是怎么想的，所以大王再三发问而我不回答，原因就在于此啊。

chén fēi yǒu suǒ wèi ér bù gǎn yán yě　zhī jīn rì yán zhī yú qián　ér míng rì fú zhū

"臣非有所畏而不敢言也。知今日言之于前，而明日伏诛

"我并非有什么畏惧而不敢进言。我知道，今天话说出口，明天等待我的就是被处死，然

yú hòu　rán chén fú gǎn wèi yě　dà wáng xìn xíng chén zhī yán　sǐ bù zú yǐ wéi chén huàn　wáng

于后，然臣弗敢畏也。大王信行臣之言，死不足以为臣患，亡

而我也不敢因此而畏惧啊。大王真能实行我的意见，死不足以成为我的祸患，流亡不足以成为我

bù zú yǐ wéi chén yōu　qī shēn ér wéi lài　pī fà ér wéi kuáng bù zú yǐ wéi chén chǐ

不足以为臣忧，漆身而为厉①，被发而为狂，不足以为臣耻。

的忧虑，浑身涂漆像生癞疮、披头散发而作癫狂，不足以成为我的羞耻。五帝这样的圣人最终死

① 厉：通"癞"。　② 五帝：及下文"三王"、"五伯"，见《苏秦以连横说秦》注。
③ 乌获：秦国大力士。秦武王爱好举重，故任用乌获为大官。　④ 奔、育：孟奔、夏
育，皆为战国著名勇士，孟奔即孟贲，相传能生拔牛角；夏育力举千钧。　⑤ 伍子胥：
名员，字子胥，春秋楚人。楚平王杀其父兄，子胥奔吴，助阖闾夺得王位。吴王阖闾
采其策，国力大盛，袭楚，五战连胜，攻入楚都。　橐：袋。　昭关：在今安徽含山县
北。春秋吴、楚之界，两山对峙，因以为关。相传伍子胥逃离楚国时经此，楚于关前遍
悬通缉子胥的布告，子胥一夜急白了头，后让人将自己装于袋中，混出关外。　⑥ 菱
水：即溧水，在今江苏西南部。

五帝之圣而死[2]，三王之仁而死，五伯之贤而死，乌获之力而死[3]，奔、育之勇焉而死[4]。死者，人之所必不免也。处必然之势，可以少有补于秦，此臣之所大愿也，臣何患乎？伍子胥橐载而出昭关[5]，夜行而昼伏，至于菱水[6]，无以饵其口，膝行蒲服[7]，乞食于吴市[8]，卒兴吴国，阖庐为霸[9]。使臣得进谋如伍子胥，加之以幽囚，终身不复见，是臣说之行也，臣何忧乎？箕子、接舆[10]，漆身而为厉，被发而为狂，无益于殷、楚。使臣得同行于箕子、接舆，漆身可以补所贤之主，是臣之大荣也，臣又何耻乎？

"臣之所恐者，独恐臣死之后，天下见臣尽忠而身蹶也[1]，"

[旁注]

⑦ 蒲服：同"匍匐"。
⑧ 吴市：指今江苏溧阳。
⑨ 阖庐：即吴王阖闾（？～前496），名光。公元前514至前496年在位。
⑩ 箕子：商纣王的叔父，因劝谏纣，被囚禁，周武王克商后得以释放。 接舆：春秋楚人，躬耕以食，佯狂不仕。

shì yǐ dù kǒu guǒ zú mò kěn jí qín ěr zú xià shàng wèi tài hòu zhī

是以杜口裹足，莫肯即秦耳。足下上畏太后之

足止步，没人再愿到秦国来罢了。大王您上怕太后的严厉，下受奸臣言行迷

yán xià huò jiān chén zhī tài jū shēn gōng zhī zhōng bù lí bǎo fù zhī

严，下惑奸臣之态，居深宫之中，不离保傅之

惑，居住在深宫里，行动摆脱不了权臣的约束，始终遭受蒙蔽，没法洞察奸

shǒu zhōng shēn àn huò wú yǔ zhào jiān dà zhě zōng miào miè fù xiǎo zhě

手②，终身暗惑，无与照奸，大者宗庙灭覆③，小者

佞，如此下去，大则导致国家覆灭，小则自身陷于孤立险境地。这才是我所

shēn yǐ gū wēi cǐ chén zhī suǒ kǒng ěr ruò fú qióng rǔ zhī shì sǐ wáng

身以孤危。此臣之所恐耳！若夫穷辱之事，死亡

担心害怕的啊！至于那种个人受困遭辱的事情，杀戮流亡的祸殃，我是不

zhī huàn chén fú gǎn wèi yě chén sǐ ér qín zhì xián yú shēng yě

之患，臣弗敢畏也。臣死而秦治，贤于生也。"

敢害怕接受的。我死了而秦国能治理好，胜过无益于秦而活在世上。"

① 身蹶：喻死亡。蹶，跌倒。
② 保傅：太保、太傅。这里泛指擅权重臣。
③ 宗庙：古代帝王、诸侯祭祀祖宗的处所，这里借指王室、国家。

qín wáng jì yuē xiān sheng shì hé yán yě fú qín guó pì yuǎn guǎ rén yú bú xiào xiān sheng nǎi

秦王跽曰："先生是何言也！夫秦国僻远，寡人愚不肖，先生乃

秦王挺直上身跪着，说："先生您怎能这么说呢！秦国地处荒僻，我又愚昧无能，幸得先

xìng zhì cǐ cǐ tiān yǐ guǎ rén hùn xiān sheng ér cún xiān wáng zhī miào yě guǎ rén dé shòumìng yú xiān

幸至此，此天以寡人恩先生①，而存先王之庙也。寡人得受命于先

生光临此地，这是上天让我烦劳先生，从而使先王宗庙得以保存啊。我能够受到先生的教导，这

sheng cǐ tiān suǒ yǐ xìng xiān wáng ér bú qì qí gū yě xiān sheng nài hé ér yán ruò cǐ shì wú dà

生，此天所以幸先王，而不弃其孤也。先生奈何而言若此！事无大

是上天庇护先王，而不遗弃他儿子的缘故啊。先生怎么要说这样的话！事情无论大小，上到

xiǎo shàng jí tài hòu xià zhì dà chén yuàn xiān sheng xī yǐ jiào guǎ rén wú yí guǎ rén yě

小，上及太后，下至大臣，愿先生悉以教寡人，无疑寡人也。"

太后，下到大臣，希望先生毫无保留地教导我，不要怀疑我的诚意。"

fàn jū zài bài qín wáng yì zài bài

范雎再拜，秦王亦再拜。

范雎向秦王拜了两拜，秦王也对范雎拜了再拜。

① 恩：打扰。

（仓阳卿）

<ruby>邹<rt>zōu</rt></ruby> <ruby>忌<rt>jì</rt></ruby> <ruby>讽<rt>fěng</rt></ruby> <ruby>齐<rt>qí</rt></ruby> <ruby>王<rt>wáng</rt></ruby> <ruby>纳<rt>nà</rt></ruby> <ruby>谏<rt>jiàn</rt></ruby>

《<ruby>战<rt>zhàn</rt></ruby> <ruby>国<rt>guó</rt></ruby> <ruby>策<rt>cè</rt></ruby>》

<ruby>邹<rt>zōu</rt></ruby> <ruby>忌<rt>jì</rt></ruby> <ruby>修<rt>xiū</rt></ruby> <ruby>八<rt>bā</rt></ruby> <ruby>尺<rt>chǐ</rt></ruby> <ruby>有<rt>yòu</rt></ruby> <ruby>余<rt>yú</rt></ruby>①，<ruby>而<rt>ér</rt></ruby> <ruby>形<rt>xíng</rt></ruby> <ruby>貌<rt>mào</rt></ruby> <ruby>昳<rt>yì</rt></ruby> <ruby>丽<rt>lì</rt></ruby>②。<ruby>朝<rt>zhāo</rt></ruby> <ruby>服<rt>fú</rt></ruby> <ruby>衣<rt>yī</rt></ruby> <ruby>冠<rt>guān</rt></ruby>③，<ruby>窥<rt>kuī</rt></ruby> <ruby>镜<rt>jìng</rt></ruby>，<ruby>谓<rt>wèi</rt></ruby> <ruby>其<rt>qí</rt></ruby>

> 邹忌身高八尺多，而且神采焕发，容貌俊丽。清晨穿戴好衣冠，朝镜子里端详，问他妻子道：

<ruby>妻<rt>qī</rt></ruby> <ruby>曰<rt>yuē</rt></ruby>："<ruby>我<rt>wǒ</rt></ruby> <ruby>孰<rt>shú</rt></ruby> <ruby>与<rt>yǔ</rt></ruby> <ruby>城<rt>chéng</rt></ruby> <ruby>北<rt>běi</rt></ruby> <ruby>徐<rt>xú</rt></ruby> <ruby>公<rt>gōng</rt></ruby> <ruby>美<rt>měi</rt></ruby>④？"<ruby>其<rt>qí</rt></ruby> <ruby>妻<rt>qī</rt></ruby> <ruby>曰<rt>yuē</rt></ruby>："<ruby>君<rt>jūn</rt></ruby> <ruby>美<rt>měi</rt></ruby> <ruby>甚<rt>shèn</rt></ruby>，<ruby>徐<rt>xú</rt></ruby> <ruby>公<rt>gōng</rt></ruby> <ruby>何<rt>hé</rt></ruby> <ruby>能<rt>néng</rt></ruby> <ruby>及<rt>jí</rt></ruby> <ruby>君<rt>jūn</rt></ruby>

> "我跟城北徐公哪个美？"他妻子说："您美极了，徐公哪能及得上您呀！"城北徐公，是齐国的美男子。

<ruby>也<rt>yě</rt></ruby>！"<ruby>城<rt>chéng</rt></ruby> <ruby>北<rt>běi</rt></ruby> <ruby>徐<rt>xú</rt></ruby> <ruby>公<rt>gōng</rt></ruby>，<ruby>齐<rt>qí</rt></ruby> <ruby>国<rt>guó</rt></ruby> <ruby>之<rt>zhī</rt></ruby> <ruby>美<rt>měi</rt></ruby> <ruby>丽<rt>lì</rt></ruby> <ruby>者<rt>zhě</rt></ruby> <ruby>也<rt>yě</rt></ruby>。<ruby>忌<rt>jì</rt></ruby> <ruby>不<rt>bú</rt></ruby> <ruby>自<rt>zì</rt></ruby> <ruby>信<rt>xìn</rt></ruby>，<ruby>而<rt>ér</rt></ruby> <ruby>复<rt>fù</rt></ruby> <ruby>问<rt>wèn</rt></ruby> <ruby>其<rt>qí</rt></ruby> <ruby>妾<rt>qiè</rt></ruby> <ruby>曰<rt>yuē</rt></ruby>："<ruby>吾<rt>wú</rt></ruby>

> 邹忌有些不自信，就又去问他的侍妾说："我与徐公哪个美？"妾答道："徐公哪能及得上您呢！"第二天，

<ruby>孰<rt>shú</rt></ruby> <ruby>与<rt>yǔ</rt></ruby> <ruby>徐<rt>xú</rt></ruby> <ruby>公<rt>gōng</rt></ruby> <ruby>美<rt>měi</rt></ruby>？"<ruby>妾<rt>qiè</rt></ruby> <ruby>曰<rt>yuē</rt></ruby>："<ruby>徐<rt>xú</rt></ruby> <ruby>公<rt>gōng</rt></ruby> <ruby>何<rt>hé</rt></ruby> <ruby>能<rt>néng</rt></ruby> <ruby>及<rt>jí</rt></ruby> <ruby>君<rt>jūn</rt></ruby> <ruby>也<rt>yě</rt></ruby>！"<ruby>旦<rt>dàn</rt></ruby> <ruby>日<rt>rì</rt></ruby>⑤，<ruby>客<rt>kè</rt></ruby> <ruby>从<rt>cóng</rt></ruby> <ruby>外<rt>wài</rt></ruby> <ruby>来<rt>lái</rt></ruby>，

> 外面来了位客人，与邹忌坐着闲谈。邹忌问他道："我与徐公谁美？"客人说："徐公不如您这么

<ruby>与<rt>yǔ</rt></ruby> <ruby>坐<rt>zuò</rt></ruby> <ruby>谈<rt>tán</rt></ruby>。<ruby>问<rt>wèn</rt></ruby> <ruby>之<rt>zhī</rt></ruby>："<ruby>吾<rt>wú</rt></ruby> <ruby>与<rt>yǔ</rt></ruby> <ruby>徐<rt>xú</rt></ruby> <ruby>公<rt>gōng</rt></ruby> <ruby>孰<rt>shú</rt></ruby> <ruby>美<rt>měi</rt></ruby>？"<ruby>客<rt>kè</rt></ruby> <ruby>曰<rt>yuē</rt></ruby>："<ruby>徐<rt>xú</rt></ruby> <ruby>公<rt>gōng</rt></ruby> <ruby>不<rt>bú</rt></ruby> <ruby>若<rt>ruò</rt></ruby> <ruby>君<rt>jūn</rt></ruby> <ruby>之<rt>zhī</rt></ruby> <ruby>美<rt>měi</rt></ruby> <ruby>也<rt>yě</rt></ruby>！"

> 美啊！"

---

① 邹忌：战国齐人。初以鼓琴节奏说明治国之道，威王任他为相。致力整顿吏治，选用贤能大臣坚守四境，为齐强盛颇有贡献。封成侯。至宣王初年还以老臣身份多次举荐人才。 **修**：长，指身高。 **尺**：周制一尺约合今七寸余。 ② 昳：通"逸"。 ③ 朝：早晨。 **服**：穿戴。 ④ 孰与：何如。两者相比，择其一。 ⑤ 旦日：明日。

<ruby>明<rt>míng</rt></ruby> <ruby>日<rt>rì</rt></ruby>，<ruby>徐<rt>xú</rt></ruby> <ruby>公<rt>gōng</rt></ruby> <ruby>来<rt>lái</rt></ruby>。<ruby>孰<rt>shú</rt></ruby> <ruby>视<rt>shì</rt></ruby> <ruby>之<rt>zhī</rt></ruby>①，<ruby>自<rt>zì</rt></ruby> <ruby>以<rt>yǐ</rt></ruby> <ruby>为<rt>wéi</rt></ruby> <ruby>不<rt>bù</rt></ruby> <ruby>如<rt>rú</rt></ruby>。<ruby>窥<rt>kuī</rt></ruby> <ruby>镜<rt>jìng</rt></ruby> <ruby>而<rt>ér</rt></ruby> <ruby>自<rt>zì</rt></ruby> <ruby>视<rt>shì</rt></ruby>，<ruby>又<rt>yòu</rt></ruby> <ruby>弗<rt>fú</rt></ruby> <ruby>如<rt>rú</rt></ruby>

> 过了一天，徐公来访。邹忌仔细打量徐公，觉得自己不如他。照镜子端详自己，更觉得比

yuǎn shèn mù qǐn ér sī zhī yuē wú qī zhī měi wǒ zhě sī wǒ yě qiè zhī měi

远甚。暮,寝而思之曰:"吾妻之美我者,私我也[2];妾之美

徐公差远了。晚上,躺在床上思考道:"我妻称赞我美,是她偏爱我啊;侍妾称我美,

wǒ zhě wèi wǒ yě kè zhī měi wǒ zhě yù yǒu qiú yú wǒ yě

我者,畏我也;客之美我者,欲有求于我也。"

是她怕我啊;客人称我美,是想有求于我啊!"

① 孰:通
"熟",意
为仔细。
② 私:偏
私,偏爱。

yú shì rù cháo jiàn wēi wáng yuē chén chéng zhī bù rú xú gōng měi chén zhī qī sī chén

于是入朝见威王[1],曰:"臣诚知不如徐公美,臣之妻私臣,

于是上朝去见齐威王,说:"我确实知道自己不如徐公漂亮,但是我妻偏爱我,我妾惧怕我,

chén zhī qiè wèi chén chén zhī kè yù yǒu qiú yú chén jiē yǐ měi yú xú gōng jīn qí dì fāng qiān

臣之妾畏臣,臣之客欲有求于臣,皆以美于徐公。今齐地方千

我的客人想要求得我的帮助,因此他们都说我比徐公漂亮。如今齐国地域方圆千里,城邑一百二十

lǐ bǎi èr shí chéng gōng fù zuǒ yòu mò bù sī wáng cháo tíng zhī chén mò bú wèi wáng

里,百二十城,宫妇左右,莫不私王;朝廷之臣,莫不畏王;

座,宫内姬妾及亲信侍臣,没有一个不偏爱大王的;满朝大臣,没一个不惧怕大王的;全国各地,没一

sì jìng zhī nèi mò bù yǒu qiú yú wáng yóu cǐ guān zhī wáng zhī bì shèn yǐ

四境之内,莫不有求于王。由此观之,王之蔽甚矣!"

个不想求助于大王的。由此看来,大王所受的蒙蔽太严重了!"

① 威王:战国初期齐国国君,齐桓公之子,公元前356至前320年在位。实
行改革,整顿吏治,奖谏用贤,先后任邹忌、田婴为相,田忌、田盼为将,孙膑
为军师,因而使国力富强。

wáng yuē shàn nǎi xià lìng qún chén lì mín néng miàn cì guǎ rén zhī guò zhě shòu shàng

王曰:"善。"乃下令:"群臣吏民,能面刺寡人之过者,受上

威王道:"你说得对。"于是就发布命令:"无论朝廷大臣、地方官吏和平民百姓,能当面指

shǎng shàng shū jiàn guǎ rén zhě　　shòu zhōng shǎng　néng bàng yì yú shì cháo　wén guǎ rén zhī ěr
赏；上书谏寡人者，受中赏；能谤议于市朝①，闻寡人之耳

摘我的过失的，给予上等奖赏；能上奏章劝谏我的，给予中等奖赏；能在公众场所批评我，而传到我

zhě　shòu xià shǎng
者，受下赏。"

耳中的，给予下等奖赏。"

① 市朝：公共场所。

lìng chū xià　　qún chén jìn jiàn　mén tíng ruò shì　　shù yuè zhī
令初下，群臣进谏，门庭若市①。数月之

命令刚颁布时，臣子们纷纷上朝进言规劝，朝堂内外像集市一般

hòu　　shí shí ér jiàn jìn②　　　jī nián zhī hòu③　　suī yù yán，
后，时时而间进②。期年之后③，虽欲言，

热闹。过了几个月，还常有人断断续续地进谏。一年以后，即使想说，也

wú kě jìn zhě　yān zhào hán wèi wén zhī　jiē cháo yú qí
无可进者。燕、赵、韩、魏闻之，皆朝于齐。

提不出什么批评意见了。燕、赵、韩、魏等国知道了这件事，都来朝见齐

cǐ suǒ wèi zhàn shèng yú cháo tíng
此所谓战胜于朝廷。

威王。这就是所谓治理好自己朝政，不用武力就可战胜诸侯。

① 门庭若市：
门前院内好似
市集一样热闹
拥挤，形容往
来的人很多。
② 间：间或，
偶而。　③ 期
年：一整年。

（仓阳卿）

冯谖客孟尝君

《战国策》

齐人有冯谖者^①，贫乏不能自存，使人属孟尝君^②，愿寄食

齐国有个叫冯谖的人，穷得没法养活自己，就让人告诉孟尝君，想在他门下做食客。孟尝君

门下^③。孟尝君曰："客何好^④？"曰："客无好也。"曰："客何能？"

问："他有什么爱好？"答道："他没什么爱好。"又问："他有什么本领？"答道："他没什么本领。"孟尝君

曰："客无能也。"孟尝君笑而受之，曰："诺^⑤。"左右以君贱之也，

笑了笑，答应收留他，说："好吧。"那些手下人以为孟尝君轻视冯谖，就给他吃粗劣的食物。过不多久，

食以草具^⑥。居有顷^⑦，倚柱弹其剑，歌曰："长铗^⑧，归来乎^⑨！食无

冯谖身靠庭柱敲敲佩剑，唱道："长剑呀，咱们回去吧！没有鱼吃呀。"底下人把这事报告了孟尝君。

鱼。"左右以告。孟尝君曰："食之，比门下之客^⑩。"居有顷，复弹

孟尝君说："给他吃鱼，比照一般门客的膳食标准。"过不多久，冯谖又敲弹他的剑，唱道："长剑呀，咱们

其铗，歌曰："长铗，归来乎！出无车。"左右皆笑之，以告。孟尝君

回去吧！出门没有车子乘呀。"那些底下人都笑话他，把这情况报告上去。孟尝君说："给他备车，比照

曰："为之驾，比门下之车客。"于是乘其车，揭其剑，过其友，曰：

车客的待遇。"于是冯谖坐上他的车子，举着他的剑，到他的朋友家里拜访，说："孟尝君把我当上客看

"孟尝君客我。"后有顷，复弹其剑铗，歌曰："长铗，归来乎！无以

待。"此后没多久，冯谖就又敲弹他的佩剑，唱道："长剑呀，咱们回去吧！没什么可以拿来养家呀。"

为家。"左右皆恶之，以为贪而不知足。孟尝君问："冯公有亲乎？"

底下人都厌恶他，认为他贪得无厌。孟尝君知道了，就问道："冯公有亲人吗？"回答说："有个老母亲。"

duì yuē   yǒu lǎo mǔ   mèng cháng jūn shǐ rén jǐ qí shí yòng wú shǐ fá   yú shì féng xuān bú fù gē
对曰："有老母。"孟尝君使人给其食用,无使乏。于是冯谖不复歌。

孟尝君派人供给冯母吃的用的,不让短缺。从这时起,冯谖就不再唱了。

---

① 冯谖:一作冯骧。 ② 属:同"嘱",托告,致意。 孟尝君:田文,齐威王之孙,承袭其父田婴的封邑薛(今山东滕州南),又称薛公。时任齐相。他与魏国信陵君、赵国平原君、楚国春申君,均系宗室之胄,又皆轻财好士,人称"战国四公子"。 ③ 寄食:依附他人吃饭。 ④ 好:爱好。 ⑤ 诺:答应声。 ⑥ 食:通"饲",拿食物给人吃。 草具:粗劣的饭食。 ⑦ 有顷:形容时间短。 ⑧ 铗:剑把,这里指剑。 ⑨ 来、乎:皆为句末语助词,无义,连用以加强语气。 ⑩ 客:一本作"鱼客"。孟尝君食客分三等,下等吃菜,中等吃鱼,上等吃肉,出有车。

---

hòu mèng cháng jūn chū jì   wèn mén xià zhū kè   shuí xí jì kuài   néng wèi wén shōu zhài
后孟尝君出记①,问门下诸客:"谁习计会②,能为文收责

后来有一天孟尝君出示簿籍,询问家中众位门客:"哪位熟悉会计,能为我田文到薛邑收债?"

yú xuē zhě hū   féng xuān shǔ yuē   néng   mèng cháng jūn guài zhī   yuē   cǐ shuí yě   zuǒ
于薛者乎③?"冯谖署曰④:"能。"孟尝君怪之,曰:"此谁也?"左

冯谖写了个"能"字,并署了名。孟尝君对此感到很奇怪,问道:"这是哪一位啊?"下面人回答说:"就

yòu yuē   nǎi gē fú cháng jiá guī lái zhě yě   mèng cháng jūn xiào yuē   kè guǒ yǒu néng yě
右曰:"乃歌夫'长铗归来'者也。"孟尝君笑曰:"客果有能也,

是唱'长剑回去'的那位。"孟尝君笑道:"这位客人果然是有才干的,我怠慢他了,还未与他见过面

wú fù zhī   wèi cháng jiàn yě   qǐng ér jiàn zhī   xiè yuē   wén juàn yú shì kuì yú yōu   ér
吾负之,未尝见也。"请而见之,谢曰:"文倦于事,愦于忧⑤,而

呢。"相请之下见了面,孟尝君向他致歉道:"我被琐碎事务弄得疲惫不堪,被烦恼搞得心昏意乱,

xìng nuò yú   chén yú guó jiā zhī shì   kāi zuì yú xiān sheng   xiān sheng bù xiū   nǎi yǒu yì yù
性愞愚⑥,沉于国家之事,开罪于先生。先生不羞,乃有意欲

而我生性懦弱笨拙,整日处理国家事务,对先生多有得罪。先生不计较,愿意替我到薛邑去收债吗?"冯谖

wèi shōu zhài yú xuē hū   féng xuān yuē   yuàn zhī   yú shì yuē chē zhì zhuāng zǎi quàn qì ér
为收责于薛乎?"冯谖曰:"愿之。"于是约车治装,载券契而

道:"愿意。"于是套好马车,整理好行装,带上债券契约准备启程,临行告别时问道:"债收完

行，辞曰："责毕收，以何市而反⑦？"孟

后，买些什么带回来？"孟尝君道："看我家缺少的

尝君曰："视吾家所寡有者。"

东西买吧。"

<table>
<tr><td>① 记：帐册之类簿籍。　② 计</td></tr>
<tr><td>会：即会计。　③ 责：同"债"。</td></tr>
<tr><td>④ 署：签名。　⑤ 愦：昏乱。</td></tr>
<tr><td>⑥ 怊：同"懦"。　⑦ 市：买。</td></tr>
<tr><td>反：同"返"。</td></tr>
</table>

驱而之薛，使吏召诸民当偿者，悉来合券。券遍合，起，

冯谖赶车来到薛邑，让地方官吏召集所有应该还债的百姓，都来合验债券。债券全部合验完

矫命以责赐诸民，因烧其券。民称万岁。长驱到齐，晨而求

毕，冯谖站起身，假托孟尝君的命令，把债款赏赐给众百姓，于是当众烧毁所有的债券。民众欢呼万岁。

见。孟尝君怪其疾也①，衣冠而见之，曰："责毕收乎，来何疾也？"

冯谖驱车马不停蹄赶回齐都，大清早就求见孟尝君。孟尝君对冯谖这么快回来深感惊讶，就穿戴整齐

曰："收毕矣。""以何市而反？"冯谖曰："君云'视吾家所寡有

出来见他，问道："债都收完了吗，怎么回来得这么快？"冯谖答道："收完了。""用这些钱买了什么回

者'。臣窃计，君宫中积珍宝，狗马实外厩，美人充下陈②。君

来？"冯谖答道："您说'看我家缺少的买。'我暗想，您宫中积满奇珍异宝，畜栏里养满猎犬骏马，后宫内

家所寡有者以义耳！窃以为君市义。"孟尝君曰："市义奈何？"

住满佳丽美人，您家所缺少的只是'义'罢了。我私下已为您买了'义'。"孟尝君说："买义是怎么回事呢？"

曰："今君有区区之薛，不拊爱子其民③，因而贾利之④。臣窃矫

冯谖说："现在您拥有的封邑是小小的薛，您不把那里百姓当自己子女一般爱抚，所以才会像商人那样

君命，以责赐诸民，因烧其券，民称万岁。乃臣所以为君市义也。"

向他们放债渔利。我擅自假托您的命令，把债款赏给众百姓，就地烧毁那些债券，百姓因此欢呼万岁。

68

mèng cháng jūn bú yuè　　　yuē　　　nuò　　xiān sheng xiū yǐ

孟尝君不说⑤,曰:"诺,先生休矣!"

这就是我为您买的义啊。"孟尝君听了很不高兴,说:"是嘛,先生算了吧!"

> ① 疾:迅速。　② 下陈:原为宾主相接陈列礼品、站立侍从之处,位于堂
> 下,此指后宫内室。　陈,行列。　③ 拊:同"抚"。　子其民:把人民当作
> 自己子女来对待。　子,用作动词。　④ 贾:商贾。　⑤ 说:同"悦"。

hòu jī nián　　　qí wáng wèi mèng cháng jūn yuē　　　guǎ rén bù gǎn yǐ xiān wáng zhī chén wéi

后期年①,齐王谓孟尝君曰②:"寡人不敢以先王之臣为

过了一年,齐湣王对孟尝君说:"我不敢把先王的大臣用作自己的臣下。"孟尝君只好到封

chén　　　mèng cháng jūn jiù guó yú xuē　　wèi zhì bǎi lǐ　　mín fú lǎo xié yòu　　yíng jūn dào zhōng zhōng

臣③。"孟尝君就国于薛,未至百里,民扶老携幼,迎君道中终

邑薛去,在距离薛邑百里开外的地方,百姓扶老携幼,早已在路上恭候了一整天,迎接他到来。

rì　　　mèng cháng jūn gù wèi féng xuān　　xiān sheng suǒ wèi wén shì yì zhě　　nǎi jīn rì jiàn zhī

日④。孟尝君顾谓冯谖:"先生所为文市义者,乃今日见之。"

孟尝君回头看着冯谖说:"先生为我买的义,今天终于见到了。"冯谖说:"狡猾的兔子有三个藏

féng xuān yuē　　　jiǎo tù yǒu sān kū　　jǐn dé miǎn qí sǐ ěr　　jīn jūn yǒu yì kū　　wèi dé gāo zhěn

冯谖曰:"狡兔有三窟,仅得免其死耳。今君有一窟,未得高枕

身洞穴,仅能免它一死罢了。如今您只有一个'洞穴',还不能高枕无忧。请让我为您再开凿

ér wò yě　　　qǐng wèi jūn fù záo èr kū

而卧也。请为君复凿二窟。"

两个'洞穴'。"

> ① 期年:满一年。　② 齐王:指齐湣王(？～前284),约公元前300～前
> 284年在位。　③ "寡人"句:这是罢免孟尝君的借口。　先王:指湣王亡
> 父齐宣王。　④ 终日:一作"正日",一整天。

孟尝君予车五十乘，金五百斤，西游于梁①，谓惠王曰：

孟尝君就给了冯谖五十驾车马，五百斤黄金，让他西行访问梁国，对梁惠王说："齐国放逐了他

"齐放其大臣孟尝君于诸侯，诸侯先迎之者，富而兵强。"于是梁

的大臣孟尝君到诸侯国去，诸侯中谁先迎接起用他的，就能国富兵强。"于是梁惠王就空出相位，把

王虚上位②，以故相为上将军，遣使者，黄金千斤，车百乘，

原来的宰相调任为上将军，派遣使臣，带着千斤黄金，百驾车马，前去聘请孟尝君。冯谖驱车抢先回来

往聘孟尝君。冯谖先驱诫孟尝君曰："千金，重币也；百乘，

告诫孟尝君说："千斤黄金，是极贵重的礼物；百驾车马，是烜赫的使者。齐王该听到这一消息，知道梁王

显使也。齐其闻之矣③。"梁使三反，孟尝君固辞不往也。齐王

对您的重视了。"梁国的使者往返多次，孟尝君坚决推辞不往。齐王得知了这些情况，君臣上下惊恐不

闻之，君臣恐惧，遣太傅赍黄金千斤④，文车二驷⑤，服剑一⑥，封

安。于是齐王派太傅带了千斤黄金、两辆四匹马拉的彩饰车驾、一柄齐王自佩的宝剑，并以专函向孟

书谢孟尝君曰："寡人不祥⑦，被于宗庙之祟⑧，沉于谄谀之

尝君致歉道："我没福气，受到忤逆祖宗神灵的祸祟惩罚，被逢迎拍马的小人蒙蔽，因此得罪了您。我是

臣⑨，开罪于君。寡人不足为也，愿君顾先王之宗庙⑩，姑反国

不值得您为我效力的，希望您看在先王宗庙的份上，暂且回国来治理万民好吗？"冯谖告诫孟尝君道：

统万人乎？"冯谖诫孟尝君曰："愿请先王之祭器⑪，立宗庙于

"希望您向齐王请求取得先王的祭器，在薛邑建立宗庙。"宗庙建成了，冯谖回来报告孟尝君说："三

薛⑫。"庙成，还报孟尝君曰："三窟已就，君姑高枕为乐矣。"

个'洞穴'已经筑成，您不妨高枕安卧，放心享乐吧。"

孟尝君为相数十年，无纤介之祸者⑬，冯谖之计也。

孟尝君做了几十年宰相，没有遭受丝毫灾祸，这全靠冯谖的谋划。

① 梁：即魏国。惠王由安邑（今山西夏县西北）迁都大梁（今河南开封），此后魏也称梁。　② 上位：最高官职，指宰相。　③ 其：语助词，表推测。　④ 太傅：高级职官名。　赍：携物赠人。　⑤ 文：通"纹"，花纹。　⑥ 服剑：这里指齐王自佩的剑。　服，佩。　⑦ 不祥：不幸，不吉。　⑧ 被：遭受。　宗庙：祭祀祖先的地方，这里指祖宗。　⑨ 沉：溺，迷惑。　⑩ 顾：念。　⑪ 祭器：指宗庙里的祭祖礼器。　⑫ 立宗庙于薛：孟尝君与齐王同宗，在薛建宗庙设祭器，目的是使齐王重视并保护薛邑，孟尝君的政治地位也就更加巩固。　⑬ 纤介：细丝与草芥，形容细微。

（仓阳卿）

zhào wēi hòu wèn qí shǐ

赵威后问齐使

zhàn guó cè

《战国策》

qí wáng shǐ shǐ zhě wèn zhào wēi hòu　　shū wèi fā　　wēi hòu wèn shǐ zhě yuē　　suì yì

齐王使使者问赵威后①。书未发②，威后问使者曰："岁亦

齐王派遣使者聘问赵威后。国书还没启封，威后就先问使者道："贵国今年收成好吗？百姓好

wú yàng yé　　mín yì wú yàng yé　　wáng yì wú yàng yé　　shǐ zhě bú yuè　　yuē　chén fèng shǐ

无恙耶③？民亦无恙耶？王亦无恙耶？"使者不说④，曰："臣奉使

吗？国君好吗？"使者听了很不高兴，说道："我奉齐王使命出使到威太后您这里，可如今您不先问候

shǐ wēi hòu　　jīn bú wèn wáng　ér xiān wèn suì yǔ mín

使威后，今不问王，而先问岁与民，

齐王，倒先问年成与百姓，难道可以卑贱的居先、尊

qǐ xiān jiàn ér hòu zūn guì zhě hū　　wēi hòu yuē　　bù

岂先贱而后尊贵者乎？"威后曰："不

贵的反靠后吗？"威后道："不对。如果没有年成，哪

rán　gǒu wú suì　hé yǐ yǒu mín　gǒu wú mín　hé yǐ

然。苟无岁，何以有民？苟无民，何以

会有百姓？如果没有百姓，哪会有国君？所以我有这

① 齐王：名建，齐襄王之子。　问：聘问，当时诸侯间一种礼节性交往。　② 书：指齐王给赵威后的书信。　③ 亦：句中助词，无义。　恙：病，灾。　④ 说：同"悦"。

71

yǒu jūn　　gù yǒu wèn　shě běn ér wèn mò zhě yé

有君？故有问，舍本而问末者耶？"

样的问候次序，哪能撇开根本的倒来先问枝节呢？"

nǎi jìn ér wèn zhī yuē　　qí yǒu chǔ shì yuē zhōng lí zǐ　　wú yàng yé　　shì qí wéi rén

乃进而问之曰："齐有处士曰钟离子①，无恙耶？是其为人

于是赵威后又接着问使者道："齐国有位隐士叫钟离子的，他好吗？这个人的为人呀，让有粮食

yě　yǒu liáng zhě yì sì②　　wú liáng zhě yì sì　　yǒu yī zhě yì yì③　　wú yī zhě yì yì　　shì

也，有粮者亦食②，无粮者亦食；有衣者亦衣③，无衣者亦衣。是

的人有东西吃，对没粮食的人提供食物；让有衣服的人有衣穿，对没衣的人给衣服穿。这是一位帮助国

zhù wáng yǎng qí mín zhě yě　hé yǐ zhì jīn bú yè yě④　　　shè yáng zǐ wú yàng hū⑤　　shì qí wéi rén

助王养其民者也，何以至今不业也④？叶阳子无恙乎⑤？是其为人，

君抚养他的百姓的人，怎么到现在还不让他做官干番事业呢？叶阳子好吗？这个人的为人呀，同情

āi guān guǎ⑥　　xù gū dú　　zhèn kùn qióng⑦　　bǔ bù zú　　shì zhù wáng xī qí mín zhě yě⑧　　hé

哀鳏寡⑥，恤孤独，振困穷⑦，补不足。是助王息其民者也⑧，何

鳏夫寡妇，抚恤孤苦老幼，救济穷困潦倒的人，补助缺衣少食的人。这是一位帮助国君滋育他的百姓

yǐ zhì jīn bú yè yě　　běi gōng zhī nǚ yīng ér zǐ wú yàng yé⑨　　chè qí huán zhèn⑩　　zhì lǎo

以至今不业也？北宫之女婴儿子无恙耶⑨？撤其环瑱⑩，至老

的人，怎么到如今还没让他做官干大事呢？北宫家闺女叫婴儿子的，她好吗？她放弃首饰打扮，到老

bú jià　　yǐ yǎng fù mǔ　　shì jiē shuài mín ér chū yú xiào qíng zhě yě　　hú wèi zhì jīn bù cháo yě

不嫁，以养父母。是皆率民而出于孝情者也，胡为至今不朝也？

嫁，为的是奉养父母。她这样做都是给百姓们树立榜样，带他们尽孝心，为什么直到现在还没让她上

cǐ èr shì fú yè　　yì nǚ bù cháo　　hé yǐ wàng qí guó　　zǐ wàn mín hū　　wū líng zǐ zhòng shàng cún

此二士弗业，一女不朝，何以王齐国，子万民乎？於陵子仲尚存

朝给予表彰呢？这样的二位贤士还未做上官，一位孝女还未入朝受封，凭什么来统治齐国，抚育广

hū⑪　　shì qí wéi rén yě　　shàng bù chén yú wáng　　xià bú zhì qí jiā　　zhōng bù suǒ jiāo zhū hóu

乎⑪？是其为人也，上不臣于王，下不治其家，中不索交诸侯。

大百姓呢？於陵人子仲还活着吗？这个人的为人，上不向齐王称臣，下不搞好自己家庭，中不求与诸侯

cǐ shuài mín ér chū yú wú yòng zhě　　hé wèi zhì jīn bù shā hū

此率民而出于无用者，何为至今不杀乎？"

交往，这是给百姓作脱离社会混日子的榜样，为什么到现在还不杀了他呢？"

① **处士**：旧指有才能而隐居不仕者。 **钟离**：复姓。 ② **食**：拿食物给人吃。 ③ 此句前一"衣"是名词；后一"衣"作动词用，给衣服穿。 ④ **不业**：不使他成就功业。 ⑤ **叶阳子**：齐国处士。 **叶阳**，复姓。 ⑥ **鳏**：年老无妻者。 ⑦ **振**：同"赈"，救济。 ⑧ **息**：滋生养育。 ⑨ **北宫**：复姓。 **婴儿子**：人名。 ⑩ **环、瑱**：玉制耳环、耳垂，这里泛指首饰。 ⑪ **於陵**：齐邑名，位于山东原长山县西南。

（仓阳卿）

chù lóng shuì zhào tài hòu

触龙说赵太后

zhàn guó cè

《战国策》

zhào tài hòu xīn yòng shì　qín jí gōng zhī　zhào shì qiú jiù yú qí　qí yuē　bì yǐ
赵太后新用事①，秦急攻之。赵氏求救于齐②。齐曰："必以

> 赵太后刚执政，秦国就猛烈进攻赵国。赵国向齐国求救。齐国表示："必须用长安君作为人

cháng ān jūn wéi zhì　bīng nǎi chū　tài hòu bù kěn　dà chén qiǎng jiàn　tài hòu míng wèi zuǒ yòu
长安君为质③，兵乃出。"太后不肯，大臣强谏。太后明谓左右：

> 质，我们才能出兵。"太后不肯，大臣们竭力劝说。太后明白地告诉身边侍臣："有谁再敢说什么让长

yǒu fù yán lìng cháng ān jūn wéi zhì zhě　lǎo fù bì tuò qí miàn
"有复言令长安君为质者，老妇必唾其面！"

> 安君当人质的，老妇我必定吐他一脸唾沫！"

① **赵太后**：见《赵威后问齐使》题解。 **用事**：当权。 ② **赵氏**：指赵国。氏，一般指姓氏，也可置于国名、爵位、官职之后，合为一个名称。这里即为后一种用法。 ③ **长安君**：赵太后小儿子的封号。 **质**：抵押品，这里指人质。当时诸侯间缔盟，常以对方君主的弟兄或子孙作人质，以为执行盟约的保证。

zuǒ shī chù lóng yán yuàn jiàn tài hòu　　　　tài hòu shèng qì ér yī zhī　　　rù ér xú qū　　　zhì ér

左师触龙言愿见太后①，太后盛气而揖之②。入而徐趋③，至而

左师触龙求见赵太后，太后怒气冲冲地等着他。触龙上殿，以快步走的姿势缓缓挪步，到了

zì xiè　　yuē　lǎo chén bìng zú　zēng bù néng jí zǒu　　bù dé jiàn jiǔ yǐ　qiè zì shù　ér

自谢④，曰："老臣病足，曾不能疾走⑤，不得见久矣，窃自恕⑥，而

太后跟前谢罪道："老臣我的脚有毛病，一点也走不快，很久没能拜见您了，我私下里以脚病原谅自己，

kǒng tài hòu yù tǐ zhī yǒu suǒ xì yě　　gù yuàn wàng jiàn tài hòu　　　tài hòu yuē　lǎo fù shì niǎn

恐太后玉体之有所郄也⑦，故愿望见太后。"太后曰："老妇恃辇

然而放心不下太后贵体安康与否，所以希望能见到您。"太后说："我是靠坐车子行动。"触龙问："您每

ér xíng⑧　　yuē　　rì shí yǐn dé wú shuāi

而行⑧。"曰："日食饮得无衰

天的饮食该不会减少吧?"太后答道："就靠吃点

hū　　yuē　　shì zhōu ěr　　yuē　　lǎo chén

乎⑨?"曰："恃鬻耳⑩。"曰："老臣

粥罢了。"触龙道："我近来食欲很差，于是自己勉

jīn zhě shū bú yù shí　nǎi zì qiǎng bù　rì sān

今者殊不欲食，乃自强步，日三

强散散步，每天走上三四里路，稍微增加了一点

sì lǐ　shǎo yì shì shí　hé yú shēn　　tài

四里，少益嗜食⑪，和于身⑫。"太

胃口，身体也舒服些。"太后说："我可做不到。"太

hòu yuē　lǎo fù bù néng　　tài hòu zhī sè shǎo

后曰："老妇不能。"太后之色少

xiè

解⑬。

后脸上的怒容消解了一些。

① 左师：官名。一说，复姓。　触龙：人名。《战国策》今本有"左师触詟愿见太后"句，系刊刻时将"龙言"误合，故以往不少选本写作"触詟"。《史记·赵世家》及长沙马王堆三号墓出土帛书《战国纵横家书》，皆作"触龙"，今从之。　② 气：指怒气。　揖：揖让，古代宾主相见的礼节。《史记》、马王堆帛书均作"胥"。清人王念孙谓"揖"是"胥"的讹字。胥，同"须"，等待之意，义较胜。　③ 徐：缓、慢。　趋：小步急行，古人见尊长时表示的一种礼貌。触龙脚有病，走不快，只能装作"趋"的样子。　④ 谢：告罪，道歉。　⑤ 曾：乃，竟。　走：跑。　⑥ 窃：表示自己想法的谦词。　⑦ 郄：同"隙"，欠缺，不舒服。　⑧ 恃：凭，靠。　辇：人推挽的车。　⑨ 得：当，表猜度。　⑩ 鬻："粥"的本字。　⑪ 少：稍稍。　益：增。　⑫ 和：适。　⑬ 解：通"懈"，松弛，消解。

zuǒ shī gōng yuē　lǎo chén jiàn xī shū qí　　zuì shào　bú xiào　ér chén shuāi　qiè ài lián zhī

左师公曰："老臣贱息舒祺①，最少②，不肖。而臣衰，窃爱怜之。

左师公说："我那贱子舒祺，排行最小，不成器。而我已衰老，私心又疼爱他。希望能让他在黑衣侍卫

yuàn lìng dé bǔ hēi yī zhī shù　　　yǐ wèi wáng gōng, mò sǐ yǐ wén　　　tài hòu yuē　　jìng nuò
愿令得补黑衣之数③，以卫王宫，没死以闻④。"太后曰："敬诺。

队伍里凑个数，为保卫王宫出点力，我冒着死罪把这请求禀告太后。"太后说："行，我答应您。他年纪

nián jǐ hé yǐ　　duì yuē　　shí wǔ suì yǐ　　suī shào　yuàn jí wèi tián gōu hè ér tuō zhī
年几何矣？"对曰："十五岁矣。虽少，愿及未填沟壑而托之⑤。"

多大了？"回答说："十五岁了。虽然他年纪还小，但我希望趁自己还没死就把他托付给您。"太后问道：

tài hòu yuē　zhàng fū yì lián qí shào zǐ hū　　　duì yuē　shèn yú fù rén　　tài hòu
太后曰："丈夫亦爱怜其少子乎⑥？"对曰："甚于妇人。"太后

"男人家也疼爱自己的小儿子吗？"回答说："比妇人家更疼爱。"太后笑道："妇道人家对小儿子的疼爱

xiào yuē　fù rén yì shèn　　duì yuē　lǎo chén qiè yǐ wéi ǎo zhī ài yān hòu　　xián yú cháng ān
笑曰："妇人异甚。"对曰："老臣窃以为媪之爱燕后⑦，贤于长安

特别厉害。"触龙说道："我私下认为您老人家对女儿燕后的爱，胜过对小儿子长安君的爱。"太后道：

jūn　　yuē　jūn guò yǐ　　bú ruò cháng ān jūn zhī shèn　　zuǒ shī gōng yuē　fù mǔ zhī ài
君。"曰："君过矣⑧！不若长安君之甚。"左师公曰："父母之爱

"您错了！我对燕后远不如对长安君那般疼爱。"左师公说："父母爱子女，就要为他们考虑将来前途和

zǐ　zé wèi zhī jì shēn yuǎn　　ǎo zhī sòng yān hòu yě　chí qí zhǒng⑨　wèi zhī qì　niàn bēi qí yuǎn
子，则为之计深远。媪之送燕后也，持其踵⑨，为之泣，念悲其远

长远利益。当初您为燕后出嫁送行时，站在车下抱着她的脚，为她哭泣，惦念、悲怜她的远嫁，也是够伤

yě　yì āi zhī yǐ　　yǐ xíng　fēi fú sī yě　jì sì bì zhù zhī　zhù yuē　bì wù shǐ fǎn
也，亦哀之矣。已行，非弗思也，祭祀必祝之，祝曰：'必勿使反⑩。'

心的了。她走了以后，您并非不想她呀，每逢祭祀典礼时必定为她祝福，祈祷说：'一定别让她回来呀！'

qǐ fēi jì jiǔ cháng yǒu zǐ sūn xiāng jì wéi wáng yě zāi　　tài hòu yuē　rán
岂非计久长，有子孙相继为王也哉？"太后曰："然。"

这难道不是从长远考虑，希望她有子孙可以代代相继做燕王吗？"太后说："正是这样。"

①贱息：向人谦称自己子女。　息，子。　②少：小。　③黑衣：卫士甲衣装束，此指卫士。　④没死：冒死。　⑤及：乘。　填沟壑：原指尸骨填埋山沟，这里用作死的谦卑说法。　⑥丈夫：古时男子的通称。　⑦媪：对老年妇女的称呼，此指太后。　燕后：赵太后之女，嫁燕国君主为王后。　⑧过：错。　⑨踵：脚后跟。　⑩反：同"返"。古代远嫁他国的诸侯之女，除非遭废弃或遇亡国之祸等特殊事件，一般不回娘家。"必勿使反"，是赵太后祝愿女儿幸福，勿遇不祥之灾。

左师公曰："今三世以前①，至于赵之为赵②，赵王之子孙

左师公说："从距今三代算起，一直到赵氏建立赵国的时候，赵王子孙中封侯的，他们的继承

侯者，其继有在者乎？"曰："无有。"曰："微独赵③，诸侯有在

人可有至今还保住封爵的吗？"太后答道："没有。"触龙又问道："不仅赵国，其他诸侯子孙中封侯的，

者乎？"曰："老妇不闻也。""此其近者祸及身，远者及其子孙。

他们的继承人还有保住封爵的吗？"太后说："我没有听说过。"触龙说："这是因为封侯者近的灾祸

岂人主之子孙则必不善哉？位尊而无功，奉厚而无劳④，而

危及自身，隐患远祸累及他们的子孙。难道君主的子孙就一定不好吗？只是因为他们地位尊贵却没

挟重器多也⑤。今媪尊长安君之位，而封之以膏腴之地，

建立功勋，俸禄优厚却无劳绩贡献，无功无劳而拥有的权位太重财富太多啊。如今您使长安君的地

多予之重器，而不及今令有功于国。一旦山陵崩⑥，长安君

位尊贵，并把肥美的土地封给他，把大量珍宝赐给他，却不乘现在这个机会让他为国立功。有朝一日

何以自托于赵？老臣以媪为长安君

您老人家仙逝，长安君自己凭借什么在赵国立足存身呢？

计短也，故以为其爱不若燕后。"太后

我觉得您老人家为长安君考虑得太短浅了，所以认为您

曰："诺，恣君之所使之⑦。"于是

对长安君的疼爱还比不上对燕后的疼爱。"太后说："好

为长安君约车百乘⑧，质于齐。齐兵

吧，就听凭您的意思安排他。"于是为长安君备好了一百

乃出。

乘车马，到齐国作人质。齐国就出兵了。

① 三世：三代。父子相继为一世。
② 赵之为赵：赵氏建立赵国，指赵立国之时。赵氏原是晋国大夫，封于赵。公元前403年，赵烈侯与韩氏、魏氏三家分晋，成为三个诸侯国。　③ 微独：不仅。微，非。
④ 奉：通"俸"。　⑤ 重器：指象征国家权力和财富的器物，如钟鼎珍宝等。　⑥ 山陵崩：古代对君主之死的一种婉转说法。　⑦ 恣：任凭。　⑧ 约：治，备。乘：四马一车为一乘。

zǐ yì wén zhī yuē rén zhǔ zhī zǐ yě gǔ ròu zhī qīn yě

子义闻之①，曰："人主之子也，骨肉之亲也，

子义听到这件事，感叹道："君王的儿子，是君王的亲骨肉，尚且不

yóu bù néng shì wú gōng zhī zūn wú láo zhī fèng ér shǒu jīn yù zhī zhòng

犹不能恃无功之尊，无劳之奉，而守金玉之重

能凭仗没有功勋的高位，没有贡献的厚禄，而守住金玉重器啊，更何况做臣

yě ér kuàng rén chén hū

也，而况人臣乎！"

子的呢！"

① 子义：赵国
贤士。

（仓阳卿）

lǔ zhòng lián yì bú dì qín

鲁仲连义不帝秦

zhàn guó cè

《战国策》

qín wéi zhào zhī hán dān wèi ān xī wáng shǐ jiāng jūn jìn bǐ jiù zhào wèi qín zhǐ yú

秦围赵之邯郸①。魏安釐王使将军晋鄙救赵②，畏秦，止于

秦军围困赵国都城邯郸。魏安釐王派将军晋鄙领兵去救赵国，由于害怕秦国，魏军滞留在荡

dàng yīn bú jìn wèi wáng shǐ kè jiāng jūn xīn yuán yǎn jiàn rù hán dān yīn píng yuán jūn wèi zhào

荡阴③，不进。魏王使客将军辛垣衍间入邯郸④，因平原君谓赵

阴，不再前进。魏王派客将军辛垣衍从小路潜入邯郸，通过平原君对赵王说："秦军之所以加紧围困

wáng yuē qín suǒ yǐ jí wéi zhào zhě qián yǔ qí mǐn wáng zhēng qiáng wéi dì yǐ ér fù guī

王曰⑤："秦所以急围赵者，前与齐闵王争强为帝⑥，已而复归

赵国都城，是因为先前秦王与齐闵王争雄称帝，不久秦王又很不情愿地放弃西帝称号，是迫于齐闵

dì yǐ qí gù jīn qí mǐn wáng yǐ yì ruò fāng jīn wéi qín xióng tiān xià cǐ fēi bì tān hán

帝⑦，以齐故。今齐闵王已益弱⑧，方今唯秦雄天下，此非必贪邯

王先取消了东帝称号的缘故。如今齐国已趋衰弱，眼下只有秦国在诸侯中最为强大，这次军事行动

dān qí yì yù qiú wéi dì zhào chéng fā shǐ zūn qín zhāo wáng wéi dì qín bì xǐ bà bīng

郸，其意欲求为帝。赵诚发使尊秦昭王为帝⑨，秦必喜，罢兵

并非一定要攻取邯郸，秦国的真正意图是想求得帝号。赵国如能认真地派使者去尊秦王为帝，秦王

qù　　píng yuán jūn yóu yù wèi yǒu suǒ jué
去。"平原君犹豫未有所决。

必定高兴，就会撤兵离去。"平原君对此犹豫不决。

---

① 邯郸：赵国都城，故址在今河北邯郸西南。　② 魏安釐王：魏国国君，名圉，公元前276至前243年在位。此时魏都城已迁至大梁（今河南开封西北），所以魏又称梁。　③ 荡阴：魏邑，今河南汤阴，当时处魏、赵交界地。　④ 辛垣衍：复姓辛垣，也作新垣，名衍。他不是魏人而在魏国做将军，所以称"客将军"。　⑤ 因：凭借，通过。　平原君：名胜，赵武灵王子，在赵惠文王、孝成王时，三度为相。好蓄士养客，与魏信陵君、齐孟尝君、楚春申君并称战国四公子。　赵王：指赵孝成王，名丹，系惠文王子、平原君侄。公元前265至前245年在位。　⑥ 齐闵王：即齐湣王，名地，公元前323至前284年在位。公元前288年，齐闵王称东帝，秦昭襄王称西帝，互相争强。后来齐闵王放弃帝号，秦昭襄王也被迫终止帝号。　⑦ 归帝：归还帝号，是取消帝号的婉辞。　⑧ 今齐闵王已益弱：当时齐闵王已去世二十四年，"闵王"二字当系衍文，应作"今齐已益弱"，或作"今之齐较闵王时益弱"解。又，一本无"已"字。　益，更加。　⑨ 秦昭王：即秦昭襄王嬴则，公元前306至前251年在位，死后谥号"昭襄"。当时他既在位，辛垣衍也就不可能称"秦昭王"，故"昭"为衍文，或系后人整理文章时补入。

---

cǐ shí lǔ zhòng lián shì yóu zhào　　　huì qín wéi zhào　wén wèi jiàng yù lìng zhào zūn qín wéi dì
此时鲁仲连适游赵①，会秦围赵，闻魏将欲令赵尊秦为帝，

这时鲁仲连恰好来赵作客，正遇上秦军围攻邯郸，听说魏将想要赵国尊秦为帝，就去见平原

nǎi jiàn píng yuán jūn yuē　shì jiāng nài hé yǐ　píng yuán jūn yuē　shèng yě hé gǎn yán shì　bǎi
乃见平原君曰："事将奈何矣？"平原君曰："胜也何敢言事！百

君说："事情将怎么办呢？"平原君说："我赵胜怎敢对此事发表意见呢？赵国百万人马先已败亡在外，

wàn zhī zhòng zhé yú wài　　jīn yòu nèi wéi hán dān ér bú qù　wèi wáng shǐ kè jiāng jūn xīn yuán yǎn
万之众折于外②，今又内围邯郸而不去。魏王使客将军辛垣衍

现在秦又深入围困邯郸而不离去。魏王派遣客将军辛垣衍前来要赵尊秦为帝，现在那人正在这里。

lìng zhào dì qín　jīn qí rén zài shì　shèng yě hé gǎn yán shì　lǔ lián yuē　shǐ wú yǐ jūn wéi
令赵帝秦，今其人在是。胜也何敢言事！"鲁连曰："始吾以君为

我哪敢发表意见呢！"鲁仲连说："原先我把您看作是当今天下的贤公子，从现在起我才知道你并非

tiān xià zhī xián gōng zǐ yě　wú nǎi jīn rán hòu zhī jūn fēi tiān xià zhī xián gōng zǐ yě　liáng kè xīn yuán
天下之贤公子也，吾乃今然后知君非天下之贤公子也！梁客辛垣

是天下的贤公子呀！魏国客人辛垣衍在哪里？请允许我替您斥责他打发他回去。"平原君说："请允许

yǎn ān zài　　　wú qǐng wèi jūn zé ér guī zhī　　píng yuán jūn yuē　　shèng qǐng zhào ér jiàn zhī yú xiān sheng

衍安在？吾请为君责而归之。"平原君曰："胜请召而见之于先生。"

我让他来与您见面。"

①**鲁仲连**：一作鲁连，齐国人。　②**"百万"句**：指公元前260年秦赵长平大战。当时赵动员全国，号称百万之众，结果被秦将白起在长平打败，赵军投降而被坑者达四十余万人。

píng yuán jūn suì jiàn xīn yuán yǎn　　yuē　　dōng guó yǒu lǔ lián xiān sheng　　　qí rén zài cǐ　shèng

平原君遂见辛垣衍，曰："东国有鲁连先生①，其人在此，胜

平原君就去见辛垣衍，对他说："东方齐国有位鲁连先生，他正在这里，请让我替您介绍，

qǐng wèi shào jiè ér jiàn zhī yú jiāng jūn　　xīn yuán yǎn yuē　　　wú wén lǔ lián xiān sheng

请为绍介而见之于将军。"辛垣衍曰："吾闻鲁连先生，

让他与您见面。"辛垣衍道："我听说过鲁仲连先生大名，他是齐国的高士啊。我，是魏国

qí guó zhī gāo shì yě　　yǎn　rén chén yě　shǐ shì yǒu zhí　wú bú yuàn jiàn lǔ lián xiān sheng

齐国之高士也。衍，人臣也，使事有职，吾不愿见鲁连先生

的臣子，出使到赵国有自己的职责，我不想见鲁仲连先生。"平原君说："我已经把您来

yě　　píng yuán jūn yuē　　shèng yǐ xiè zhī yǐ　　　xīn yuán yǎn xǔ nuò

也。"平原君曰："胜已泄之矣。"辛垣衍许诺。

赵国的事情泄漏给他了。"辛垣衍只好答应下来。

①**东国**：指齐国，齐位于赵国东面。

lǔ lián jiàn xīn yuán yǎn ér wú yán　　xīn yuán yǎn yuē　　wú shì jū cǐ wéi chéng zhī zhōng

鲁连见辛垣衍而无言。辛垣衍曰："吾视居此围城之中

鲁仲连见了辛垣衍却一言不发。辛垣衍就说："我看住在这座围城里的，都是有求于平原君的人。

zhě　jiē yǒu qiú yú píng yuán jūn zhě yě　　jīn wú shì xiān sheng zhī yù mào　fēi yǒu qiú yú píng yuán

者，皆有求于平原君者也。今吾视先生之玉貌，非有求于平原

现在我观察先生尊容，却不是要寻求平原君帮助的人，为什么久久留在这座被围困的城里不离去呢？"

君者，曷为久居此围城之中而不去也①？"鲁连曰："世以鲍焦无

鲁仲连说："世人以为鲍焦由于器量狭窄而气死的，这些人的看法都是不正确的。现在很多人不理解他

从容而死者②，皆非也。今众人不知，则为一身。彼秦者，弃礼义

还以为他仅是为自身一人而死。那秦国，是抛弃礼义而崇尚按斩敌首级多少记功的国家，用权诈之术

而上首功之国也③，权使其士，虏使其民④。彼则肆然而为帝⑤，

役使士兵，把百姓当作奴隶呼来喝去。如果让秦肆无忌惮地自称为帝，甚至于统治天下，那么我鲁仲连

过而遂正于天下⑥，则连有赴东海而死耳，吾不忍为之民也。所

只有投东海而死罢了，是决不甘心做秦国臣民的啊！我之所以来会见将军您，是想助赵一臂之力。"

为见将军者，欲以助赵也。"辛垣衍曰："先生助之奈何？"鲁连曰：

辛垣衍说："先生怎么样来帮助赵国呢？"鲁仲连说："我准备让魏国和燕国帮助赵国，齐国、楚国本来就

"吾将使梁及燕助之，齐、楚则固助之矣⑦。"辛垣衍曰："燕则吾

已助赵了。"辛垣衍说："燕国嘛，我但愿让他听从您就是了。至于说魏国，我就是魏国使者，先生您

请以从矣。若乃梁⑧，则吾乃梁人也，先生恶能使梁助之耶⑨？"

怎么能叫魏国来助赵呢？"鲁仲连说："这是由于魏国没有看到秦国称帝的害处啊！假使魏国看清秦称

鲁连曰："梁未睹秦称帝之害故也！使梁睹秦称帝之害，则必

帝的危害，就必定会帮助赵国的。"辛垣衍说："秦称帝将有怎样的害处呢？"鲁仲连说："从前齐威王

助赵矣。"辛垣衍曰："秦称帝之害将奈何？"鲁仲连曰："昔齐

曾经施行仁义，倡导天下诸侯去朝见周天子。当时周室既贫又弱，诸侯没有一个去朝见周王的，唯有齐

威王尝为仁义矣⑩，率天下诸侯而朝周。周贫且微，诸侯莫朝

王去朝见。过了一年多，周烈王去世，诸侯都去吊唁，齐国去迟了。周室大怒，给齐国送去的讣告上说：

而齐独朝之。居岁余，周烈王崩⑪，诸侯皆吊，齐后往。周怒，赴于

'周天子逝世如同天崩地裂，继承大位的新天子移居草庐苫席守丧，东方藩属田婴齐竟敢吊丧迟到，罪该

齐曰⑫:'天崩地坼⑬,天

万死!'齐威王看了讣告勃然大怒,骂

子下席⑭,东藩之臣田

道:'呸! 你娘原是个卑贱丫头呀!'结

婴齐后至⑮,则斮之⑯。

果齐威王前恭后倨的言行成了天下

威王勃然怒曰:'叱

笑柄。所以齐威王在周天子活着的时

嗟⑰! 而母⑱,婢也!'卒为

候独自去朝见,周天子一死他就破口

天下笑⑲。故生则朝周,死

大骂,这实在是由于忍受不了天子的

则叱之,诚不忍其求也。

苛求啊! 他周天子本来就是如此,

彼天子固然,其无足怪。"

他无情无义作威作福是毫不足怪的。"

① 曷为:为何。 曷,何。 ② 鲍焦:春秋时隐士,因对时政不满,宁愿荷担采樵,拾橡子充饥,而不肯为诸侯帝王效力。《庄子·盗跖》云,"鲍焦饰行非,抱木而死",属于"离(利,看重)名轻死,不念本养寿命者"。按成玄英疏,子贡讥鲍焦,说他既不满周政,就不该生活在周朝土地上,于是鲍焦"抱木立枯焉"。 从容:这里是胸襟宽大的意思。 ③ 上首功:以斩首计功。 上,同"尚",崇尚。秦制,分爵为十二级,凡斩一敌首,赏爵一级,以此鼓励将士。 ④ 虏:俘虏,古以俘虏作奴隶。 ⑤ 则:假如。 ⑥ 过而:甚而,甚至于。 遂:竟。 正于天下:施政于天下,即统治天下。 正,同"政"。 ⑦ 固:原本。 ⑧ 若乃:至于。 ⑨ 恶:怎么。 ⑩ 齐威王:见《邹忌讽齐王纳谏》注。 ⑪ 崩:旧称帝王死为崩。 ⑫ 赴:同"讣",报丧。 ⑬ 天崩地坼:这里指周烈王死亡。 坼,裂。 ⑭ 天子:这里指周朝新君显王扁,系周烈王弟。 下席:指从宫室移居草庐苦席之上,是古代居丧时的一种礼节。 ⑮ 东藩:东方藩属,指齐国。古代分封诸侯,使之像藩篱一样拱卫王室,故称诸侯为藩国。 田婴齐:齐威王。 ⑯ 斮:同"斫",砍杀。 ⑰ 叱嗟:怒斥声。 ⑱ 而:同"尔",你。指周显王。 ⑲ 卒:终。

辛垣衍曰:"先生独未见夫仆乎? 十人而从一人者,宁力

辛垣衍说:"先生您难道没见过仆人吗? 十个奴仆听任一个主人支使,难道是十个奴仆的力量、

不胜、智不若耶①? 畏之也。"鲁仲连曰:"然。梁之比于秦,若仆

智慧比不上一个主人吗? 只是怕他呀!"鲁仲连说:"对,魏国对于秦国,不就像仆人对主子一样吗?"

古文观止

耶?"辛垣衍曰:"然。"鲁仲连曰:"然则吾将使秦王烹醢梁王[2]。"

辛垣衍说:"是这样。"鲁仲连说:"既然这样,我将叫秦王把魏王煮成肉酱!"辛垣衍显得很不高兴,

辛垣衍快然不悦,曰:"嘻!亦太甚矣,先生之言也!先生又恶能

说道:"咳,也太过份了,先生怎能这么说话呢!先生又怎么能让秦王将魏王煮成肉酱呢?"鲁仲连说:

使秦王烹醢梁王?"鲁仲连曰:"固也,待吾言之。昔者鬼侯、鄂

"当然能啊!请等我来说说其中的道理。从前,鬼侯、鄂侯、文王,是商纣王的三公。鬼侯有个女儿长得很

侯、文王[3],纣之三公也。鬼侯有子而好[4],故入之于纣,纣以为恶

美,所以把她献给纣王,纣王却觉得她丑,于是就将鬼侯剁成肉酱。鄂侯为此急忙谏争,为鬼侯辩护说

醢鬼侯。鄂侯争之急,辨之疾[5],故脯鄂侯[6]。文王闻之。喟然

得激烈了些,纣王就将鄂侯杀了,做成肉干。文王听到此事,长叹了一声,纣王就因此将他拘禁在牖里

而叹[7],故拘之于牖里之库百日[8],而欲令之死。曷为与人俱称帝

的监牢中,关了一百天,还想杀了他。为什么同别人一样具有称王称帝的条件,结果反而落到被人宰割

王,卒就脯醢之地也?齐闵王将之鲁[9],夷维子执策而从[10],谓

的地步呢?一度自称东帝的齐闵王要到鲁国去,夷维子拿着马鞭跟随前往,对鲁国人说:'你们准备用

鲁人曰:'子将何以待吾君?'鲁人曰:'吾将以十太牢待子之君[11]。

什么来款待我们的君王呢?'鲁国人说:'我们将用款待诸侯的十太牢来款待你们的国君。'夷维子说:

夷维子曰:'子安取礼而来待吾君?彼吾君者,天子也。天子巡狩,

'你们怎能用这样的礼节来接待我们君王呢?我们那位君王,是天子呀!天子来视察时,诸侯应离开自

诸侯避舍[12],纳于筦键[13],摄衽抱几[14],视膳于堂下;天子已食,

己居住的宫室,交出锁钥,设席捧几,站在堂下侍侯天子用膳。等天子用膳完毕,诸侯才告退下去,

退而听朝也。'鲁人投其籥[15],不果纳[16],不得入于鲁。将之薛[17],

听政办公。'鲁国人一听,便将自己城门紧闭落锁,不予接待,使得齐闵王不能进入鲁国。齐闵王打算

82

jiǎ tú yú zōu　　　　dāng shì shí　zōu jūn sǐ　mǐn wáng yù rù diào　　yí wéi zǐ wèi zōu zhī gū yuē

假涂于邹⑱。当是时，邹君死，闵王欲入吊。夷维子谓邹之孤曰⑲：

到薛国去，借道于邹。正当此时，邹国国君去世，齐闵王想进去吊丧。夷维子对已故邹国国君的儿子说：

tiān zǐ diào　zhǔ rén bì jiāng bèi bìn jiù　　shè běi miàn yú nán fāng　rán hòu tiān zǐ nán miàn diào yě

'天子吊，主人必将倍殡柩⑳，设北面于南方，然后天子南面吊也。'

'天子来吊唁，主人必须转个方向，背对灵柩，把灵柩搬到坐南朝北的位置上，然后天子才好面南行

zōu zhī qún chén yuē　　bì ruò cǐ　wú jiāng fú jiàn ér sǐ　　gù bù gǎn rù yú zōu　zōu lǔ zhī

邹之群臣曰：'必若此，吾将伏剑而死。'故不敢入于邹。邹、鲁之

吊。'邹国群臣说：'一定要这样做的话，我们就用剑自杀！'所以齐闵王也就不敢进入邹国。邹、鲁小国

chén shēng zé bù dé shì yǎng　sǐ zé bù dé fàn hán　　rán qiě yù xíng tiān zǐ zhī lǐ yú zōu

臣，生则不得事养，死则不得饭含㉑，然且欲行天子之礼于邹、

之臣，活着的时候没资格接近侍奉天子，死后也得不到隆重葬礼，然而齐闵王想要邹、鲁之臣用接待天

lǔ zhī chén　bù guǒ nà

鲁之臣，不果纳。

子的礼节来侍奉自己，结果被他们拒之门外。

---

①宁：难道。　②醢：剁肉成酱。　③鬼侯：《史记·殷本纪》作"九侯"，封地在今河北临漳境。　鄂侯：封地在今河南沁阳。　文王：即周文王姬昌。　④子：古代子女通称，此指女儿。　⑤辨：通"辩"。　疾：急，剧。　⑥脯：肉干。这里用作动词。　⑦喟然：叹息貌。　⑧牖里：一作"羑里"，故城在今河南汤阴北。　库：兵车库，这里指以库作囚室。　⑨之：至，往。　⑩夷维子：齐人，以邑为姓。夷维邑在今山东高密境。　策：马鞭。　⑪十太牢：款待诸侯之礼。　太牢，牛、羊、猪各一。　⑫舍：指诸侯住宿的宫室。　⑬纳：交纳。　于：疑是衍文。　筦键：锁钥。筦，同"管"。　⑭摄：持。　衽：衽席，朝堂宴享时所设的坐席。　几：古人用以倚靠身体的凭几。　⑮投其籥：指闭门下锁。　籥，通"钥"。　⑯果：表示成为事实。　纳：接纳。　⑰薛：在今山东滕州东南。　⑱假：借。　涂：通"途"。　邹：小国名，在今山东邹城。　⑲孤：指邹的新君，因父丧，故称孤。　⑳倍：同"背"，背对。　殡柩：灵柩，棺材。古代以坐北南为正位，故国君的灵柩置于北面，嗣君也南面受吊。天子下吊诸侯，天子应居于正位，坐北面南，这样嗣君就只得换方向，背向灵柩，面北而哭，好让天子面南行吊。　㉑饭含：古代殡殓时的一种仪式，将珠玉贝米之类放入死者口中。

jīn qín wàn shèng zhī guó　liáng yì wàn shèng zhī guó　jù jù wàn shèng zhī guó　jiāo yǒu

"今秦万乘之国①，梁亦万乘之国，俱据万乘之国，交有

"如今秦是拥有兵车万辆的大国，魏也是拥万辆兵车的大国，都是万辆兵车大国，彼此同样称

chēng wáng zhī míng　dǔ qí yī zhàn ér shèng　yù cóng ér dì zhī　shì shǐ sān jìn zhī dà chén

称王之名②，睹其一战而胜，欲从而帝之，是使三晋之大臣③，

王，仅仅看到秦国打了一次胜仗，便想就此尊秦为帝，这样看来，魏、赵、韩的大臣们，还不如邹、鲁小国

bù rú zōu lǔ zhī pú qiè yě　qiě qín wú yǐ ér dì　zé qiě biàn yì zhū hóu zhī dà chén bǐ

不如邹、鲁之仆妾也。且秦无已而帝④，则且变易诸侯之大臣。彼

之臣有骨气啊！再说贪心不止的秦王果真做了皇帝的话，那么他就要更换诸侯的大臣，剥夺他所认为

jiāng duó qí suǒ wèi bú xiào　ér yǔ qí suǒ wèi xián　duó qí suǒ zēng　ér yǔ qí suǒ ài bǐ yòu

将夺其所谓不肖，而予其所谓贤；夺其所憎，而予其所爱。彼又

不好的人权利，给予他认为好的人；惩罚他所厌恶的人，而赏赐他所喜欢的人。他还要让自己女儿和善

jiāng shǐ qí zǐ nǚ chán qiè　wéi zhū hóu fēi jī　chǔ liáng zhī gōng　liáng wáng ān dé yàn rán ér yǐ

将使其子女谗妾⑤，为诸侯妃姬，处梁之宫，梁王安得晏然而已

于播弄是非毁贤嫉能的妇人，去做诸侯的妃嫔，住在魏王宫中，魏王哪能还有一刻太平安逸呢？将军您

hū　ér jiāng jūn yòu hé yǐ dé gù chǒng hū

乎？而将军又何以得故宠乎？"

又怎么能维持以往那般宠幸呢？"

① 万乘之国：拥有兵车万辆的大
国。乘，一车四马。　② 交：交
互，彼此。　③ 三晋：指韩、赵、魏。
这三国是由晋国分裂出的。　④ 无
已：没有止境。　⑤ 谗妾：毁贤嫉
能播弄是非的女人。

yú shì xīn yuán yǎn qǐ　zài bài　xiè yuē　shǐ yǐ xiān sheng wéi yōng rén　wú nǎi jīn rì

于是辛垣衍起，再拜，谢曰："始以先生为庸人，吾乃今日

于是辛垣衍不由得站起身来，向鲁仲连拜了两拜，致歉道："起先错以为先生是平凡的人，今

ér zhī xiān sheng wéi tiān xià zhī shì yě　wú qǐng qù　bù gǎn fù yán dì qín　qín jiàng wén zhī

而知先生为天下之士也！吾请去，不敢复言帝秦。"秦将闻之，

天我才知道先生是天下难得的高士啊！请允许我告辞，从此不敢再说尊秦为帝的事了。"秦军主帅听

wèi què jūn wǔ shí lǐ　　shì huì wèi gōng zǐ wú jì duó jìn bǐ jūn yǐ jiù zhào jī qín　qín jūn
为却军五十里。适会魏公子无忌夺晋鄙军以救赵击秦①，秦军

到了这件事，就命军队后退五十里。这时恰巧遇上魏公子无忌夺得晋鄙兵权，统率魏军前来救赵攻

yǐn ér qù
引而去②。

击秦军，秦军只得撤退回国了。

---

① **无忌**：即信陵君，魏国公子，名无忌。他是魏安釐王的异母弟，赵国平原君的姻亲，门下食客三千。他求得魏王宠妃如姬的帮助，窃得了兵符，赶往晋鄙军中夺取兵权，解除了邯郸之围。　② **引**：撤退。

---

yú shì píng yuán jūn yù fēng lǔ zhòng lián　　lǔ zhòng lián cí ràng zhě sān　zhōng bù kěn shòu
于是平原君欲封鲁仲连，鲁仲连辞让者三，终不肯受。

于是平原君要封赏鲁仲连，鲁仲连再三辞谢推却，始终不肯接受。平原君就设酒宴款待。

píng yuán jūn nǎi zhì jiǔ　 jiǔ hān　 qǐ qián　 yǐ qiān jīn wèi lǔ lián shòu　 lǔ lián
平原君乃置酒。酒酣，起前，以千金为鲁连寿。鲁连

酒喝得正酣畅时，平原君起身上前，奉上千金为鲁仲连祝福。鲁仲连笑道："天下之

xiào yuē　 suǒ guì yú tiān xià zhī shì zhě　 wèi rén pái huàn shì nàn　 jiě fēn luàn
笑曰："所贵于天下之士者，为人排患释难，解纷乱

士被人们看重的，就在于他们能排忧解难、消除祸乱而不收取任何报酬。假如收受

ér wú suǒ qǔ yě　 jí yǒu suǒ qǔ zhě　 shì shāng gǔ zhī rén yě　 zhòng lián
而无所取也。即有所取者①，是商贾之人也，仲连

① **即**：如果。

了什么报酬，就成了做买卖的商人了，我鲁仲连可不愿这么做。"于是辞别平原君

bù rěn wéi yě　 suì cí píng yuán jūn ér qù　 zhōng shēn bú fù xiàn
不忍为也。"遂辞平原君而去，终身不复见。

离开了赵国，从此再也不露面。

（仓阳卿）

唐雎不辱使命
táng jū bù rǔ shǐ mìng

《战国策》
zhàn guó cè

秦王使人谓安陵君曰:"寡人欲以五百里之地易安陵①,
qín wáng shǐ rén wèi ān líng jūn yuē guǎ rén yù yǐ wǔ bǎi lǐ zhī dì yì ān líng

> 秦王派人告诉安陵君说:"我想用方圆五百里的土地来换取安陵,希望安陵君答应我的要求。"

安陵君其许寡人②。"安陵君曰:"大王加惠,以大
ān líng jūn qí xǔ guǎ rén ān líng jūn yuē dà wáng jiā huì yǐ dà

> 安陵君说:"大王给予恩惠,用大的来换小的,很好。虽说这是件好事,但是安

易小,甚善。虽然,受地于先王,愿终守之,弗敢
yì xiǎo shèn shàn suī rán shòu dì yú xiān wáng yuàn zhōng shǒu zhī fú gǎn

> 陵这块土地是我从先王那里继承下来的,我愿永远守住这份祖业,不敢交换。"

易。"秦王不说③。安陵君因使唐雎使于秦。
yì qín wáng bú yuè ān líng jūn yīn shǐ táng jū shǐ yú qín

> 秦王很不高兴。安陵君就派唐雎出使到秦国去。

> ① 易:换。
> ② 其:语助词,表推测、希望。
> ③ 说:同"悦"。

秦王谓唐雎曰:"寡人以五百里之地易安陵,安陵君不听
qín wáng wèi táng jū yuē guǎ rén yǐ wǔ bǎi lǐ zhī dì yì ān líng ān líng jūn bù tīng

> 秦王对唐雎说:"我用五百里土地来换安陵,安陵君却不听从我,为什么呀?再说我已经灭

寡人,何也?且秦灭韩亡魏,而君以五十里之地存者①,以君为
guǎ rén hé yě qiě qín miè hán wáng wèi ér jūn yǐ wǔ shí lǐ zhī dì cún zhě yǐ jūn wéi

> 掉了韩国、魏国,而安陵君凭着五十里地得以幸存,是因为我把他看作是谨厚长者,才没打他的主意。

长者②,故不错意也③。今吾以十倍之地请广于君④,而君逆寡
zhǎng zhě gù bú cuò yì yě jīn wú yǐ shí bèi zhī dì qǐng guǎng yú jūn ér jūn nì guǎ

> 现在我用十倍的土地让安陵君扩大地盘,可他竟违抗我的心意,岂不是在轻视我吗?"唐雎答道:"不,

人者,轻寡人与⑤?"唐雎对曰:"否,非若是也。安陵君受地于先
rén zhě qīng guǎ rén yú táng jū duì yuē fǒu fēi ruò shì yě ān líng jūn shòu dì yú xiān

> 不是这样。安陵君继承了先王土地并守住这份祖业,即使千里之地也不敢换,何况只

86

wáng ér shǒu zhī　suī qiān lǐ bù gǎn yì yě　qǐ zhí wǔ bǎi lǐ zāi
王而守之,虽千里不敢易也,岂直五百里哉⑥!"

是五百里呢!"

---

① 君:指安陵之君主。　② 长者:
年辈高而谨厚的人。　③ 错意:
置意。 错,同"措"。　④ 广:扩
充。　⑤ 与:同"欤",表疑问的语
助词。　⑥ 岂直:岂但。

---

qín wáng fú rán nù　　wèi táng jū yuē　gōng yì cháng wén tiān zǐ zhī nù hū　　táng jū
秦王怫然怒①,谓唐雎曰:"公亦尝闻天子之怒乎?"唐雎

秦王勃然大怒,对唐雎说道:"你可曾听说过天子动怒的情形吗?"唐雎答道:"我没有听说

duì yuē　chén wèi cháng wén yě　qín wáng yuē　tiān zǐ zhī nù　fú shī bǎi wàn　liú xuè qiān lǐ
对曰:"臣未尝闻也。"秦王曰:"天子之怒,伏尸百万,流血千里。"

过。"秦王说:"天子一发怒,能使百万尸首顿时横地,血流千里。"唐雎说:"大王可曾听说过平民发

táng jū yuē　dà wáng cháng wén bù yī zhī nù hū　　qín wáng yuē　bù yī zhī nù　yì miǎn guān
唐雎曰:"大王尝闻布衣之怒乎②?"秦王曰:"布衣之怒,亦免冠

怒的情形吗?"秦王说:"平民百姓发起怒来,也不过是甩掉帽子,光着脚,把头往地上撞罢了。"唐雎说:

tú xiǎn　yǐ tóu qiāng dì ěr　　táng jū yuē　cǐ yōng fū zhī nù yě　fēi shì zhī nù yě
徒跣③,以头抢地耳④。"唐雎曰:"此庸夫之怒也,非士之怒也。

"这是平庸无能的人发怒,并非智勇之士的发怒。那专诸行刺吴王僚时,彗星光尾横扫月亮;聂政行刺

fú zhuān zhū zhī cì wáng liáo yě　　huì xīng xí yuè　niè zhèng zhī cì hán guī yě　bái hóng guàn rì
夫专诸之刺王僚也⑤,彗星袭月⑥;聂政之刺韩傀也⑦,白虹贯日⑧;

韩傀时,一道白虹直穿太阳;要离行刺庆忌时,苍鹰扑击在宫殿上。这三位,都是布衣之士,他们满腔

yāo lí zhī cì qìng jì yě　cāng yīng jī yú diàn shàng　cǐ sān zǐ zhě　jiē bù yī zhī shì yě　huái
要离之刺庆忌也⑨,苍鹰击于殿上。此三子者,皆布衣之士也,怀

怒气还未迸发,上天就已降示预兆,如今加上我就要成为第四人了。布衣之士当真动怒的话,倒在地上的

nù wèi fā　xiū jìn jiàng yú tiān　　yú chén ér jiāng sì yǐ　ruò shì bì nù　fú shī èr rén　liú xuè

怒未发，休祲降于天⑩，与臣而将四矣。若士必怒，伏尸二人，流血

尸体只是两具，流血不过五步，可是天下的人都将穿起白色丧服。今天就要发生这样的事了！说完，手举

wǔ bù　tiān xià gǎo sù　　jīn rì shì yě　　tǐng jiàn ér qǐ

五步，天下缟素⑪，今日是也。”挺剑而起。

宝剑，跃起身来。

① 怫然：盛怒的样子。　② 布衣：平民百姓。古代没有官职的人穿粗布衣，故称。
③ 跣：光着脚。　④ 抢：撞。　⑤ 专诸：春秋吴人。　王僚：吴王僚。吴公子光（即阖闾，僚的伯父诸樊之子）欲夺僚王位，派专诸把匕首藏于鱼腹，以献鱼为名，刺杀僚。专诸当场也被王僚左右诛杀。　⑥ 彗星袭月：与下文"白虹贯日"、"苍鹰击殿"，都是古人出于天人感应观念的夸张附会说法。　彗星，俗称扫帚星。　⑦ 聂政：战国齐人。韩国大夫严遂（字仲子）与国相韩傀（一名侠累）争权结仇，就求请聂政至相府杀了韩傀，聂政也毁容自杀。　⑧ 贯：穿过。　⑨ 要离：春秋吴人。吴王阖闾（即公子光）为除后患，让要离自断右臂并杀妻，骗取已逃至卫国的吴王僚子庆忌的信任，乘机杀了庆忌。要离亦伏剑自杀。　⑩ 休祲：指吉凶的征兆。　休，美善，指吉兆。　祲，阴阳相侵而成之云气，指凶兆。　⑪ 缟素：白色丧服。　缟，白色生绢。

qín wáng sè náo　　cháng guì ér xiè zhī yuē　　xiān sheng zuò　hé zhì yú cǐ　guǎ rén yù

秦王色挠①，长跪而谢之曰②："先生坐，何至于此！寡人谕

秦王顿时显出沮丧屈服的样子，耸身而跪，向唐雎道歉说："先生请坐，何必如此啊！我现在

yǐ③　fú hán　wèi miè wáng　ér ān líng yǐ wǔ shí lǐ zhī dì cún zhě　tú yǐ yǒu xiān sheng yě

矣③，夫韩、魏灭亡，而安陵以五十里之地存者，徒以有先生也。"

明白了，之所以韩、魏灭亡，而安陵凭着五十里地照样存在，只因为安陵有您先生在啊！

① 色挠：因受挫折而神色沮丧。　挠，屈。　② 长跪：耸直上身而跪，以示庄重。古人席地而坐，两膝着地，臀部贴足跟。耸直上身，臀部离开足跟时，看上去身体比坐时长了些，故称。　谢：道歉。　③ 谕：同"喻"，明白。

（仓阳卿）

88

谏逐客书

jiàn zhú kè shū

李斯
lǐ sī

秦宗室大臣皆言秦王曰："诸侯人来事秦者，大抵为其主游间
qín zōng shì dà chén jiē yán qín wáng yuē zhū hóu rén lái shì qín zhě dà dǐ wèi qí zhǔ yóu jiàn

秦国的宗室大臣都对秦王说："各诸侯国的人前来事奉秦国，大都是替他们的君主游说、离间

于秦耳。请一切逐客①。"李斯议亦在逐中。斯乃上书曰：
yú qín ěr qǐng yí qiè zhú kè lǐ sī yì yì zài zhú zhōng sī nǎi shàng shū yuē

秦国罢了，请把全部客卿一律驱逐出境。"李斯也在计议驱逐之列。于是李斯上书秦王说：

"臣闻吏议逐客，窃以为过矣②。昔穆公求士③，西取由余于戎④，
chén wén lì yì zhú kè qiè yǐ wéi guò yǐ xī mù gōng qiú shì xī qǔ yóu yú yú róng

"我听说官吏们商议驱逐所有的客卿，我私下认为这种做法是错误的。从前秦穆公招纳贤士，从

东得百里奚于宛⑤，迎蹇叔于宋⑥，
dōng dé bǎi lǐ xī yú wǎn yíng jiǎn shū yú sòng

西方的戎地聘请了由余，从东方的宛地得到了百

求丕豹、公孙支于晋⑦。此五子
qiú pī bào gōng sūn zhī yú jìn cǐ wǔ zǐ

里奚，从宋国迎来了蹇叔，从晋国招来了丕豹、公

者，不产于秦，而穆公用之，并国
zhě bù chǎn yú qín ér mù gōng yòng zhī bìng guó

孙支。这五个人，都不是秦国人，可穆公任用他

二十⑧，遂霸西戎。孝公用商鞅
èr shí suì bà xī róng xiào gōng yòng shāng yāng

们，结果兼并了二十个小国，终于称霸西戎。秦孝

之法⑨，移风易俗，民以殷盛⑩，
zhī fǎ yí fēng yì sú mín yǐ yīn shèng

公采用商鞅的新法，移风易俗，人民因此富裕兴

国以富强，百姓乐用⑪，诸侯亲
guó yǐ fù qiáng bǎi xìng lè yòng zhū hóu qīn

旺，国家因此强盛，百姓乐于为国效力，各诸侯国

① **李斯**（？～前208），战国末期楚国人，得秦王嬴政信任，拜为长史、客卿。 **客**：客卿，指其他诸侯国在秦做官的人。 ② **窃**：私下，谦词。 ③ **穆公**：秦穆公，公元前659年至前621年在位，春秋五霸之一。因他能任用客卿，而使秦强大起来。 ④ **由余**：晋国人，原为戎王之臣，出使秦国，秦穆公设法使其投奔秦国，成为穆公谋臣。 **戎**：西戎，对西方少数民族的总称。 ⑤ **百里奚**：原为虞国大夫，虞亡于晋，他为晋所俘，作为秦穆公夫人（晋献公之女，嫁给穆公）的陪嫁的奴仆送入秦国，后逃至楚国。秦穆公用五张黑羊皮把他赎回，任为大夫。 **宛**：楚地，今河南省南阳市。 ⑥ **蹇叔**：岐州（今属陕西省）人，游于宋，因百里奚推荐，秦穆公以厚礼聘之为上大夫。 ⑦ **丕豹**：晋大夫丕郑之子，丕郑被晋惠公所杀，丕豹逃至秦国，穆公任以为将，领兵攻晋，生俘晋惠公。 **公孙支**：字子桑，岐州人，原住晋国，后投奔秦国，为秦大夫。 ⑧ **并国**：指并吞西戎各部落。

服⑫，获楚、魏之师⑬，举地千里，至今治强⑭。惠王用张仪之计⑮，拔三川之地⑯，西并巴、蜀⑰，北收上郡⑱，南取汉中⑲，包九夷⑳，制鄢、郢㉑，东据成皋之险㉒，割膏腴之壤㉓，遂散六国之众㉔，使之西面事秦，功施到今㉕。昭王得范雎㉖，废穰侯㉗，逐华阳㉘，强公室㉙，杜私门㉚，蚕食诸侯，使秦成帝业。此

都对秦国顺从听命，而且打败了楚国和魏国的军队，夺取了千里之地，直到今天国家仍然安定和强盛。秦惠王采用张仪的计策，攻取了三川一带的土地，西面吞并了巴、蜀，之地，北面收取了上郡，南面获得了汉中，兼并了九夷，控制了楚国的鄢、郢二城，东面占据了成皋的险要，割取了肥沃富饶的土地，于是拆散了六国的合纵联盟，使他们向西而来侍奉秦国，这功业一直延续到现在。秦昭王得到范雎，废掉穰侯，驱逐华阳君，加强了国君和朝廷的权力，堵塞削弱了

⑨孝公：秦孝公，公元前361年至前338年在位。他任用商鞅变法，使秦富强。　商鞅（？～前338）：姓公孙，名鞅，卫国人，因功封于商，称商鞅。他以法家之术游说孝公，被孝公任命为相。执政十九年，实行变法，奠定了秦国富强的基础。孝公死后他被诛杀。　⑩以：介词，因。后省略“之”，指变法。⑪乐用：乐于被使用。　⑫亲服：顺从听命。　⑬获楚、魏之师：指公元前340年（秦孝公二十二年），商鞅率兵击败魏军，虏获魏公子卬（áng昂），魏割河西之地以求和。同年秦军侵楚。　⑭治强：国治兵强。　⑮惠王：秦惠王，孝公儿子，名驷，公元前337年至前311年在位。　张仪（？～前310）：魏国人，秦惠王十年相秦，主张连横，设计拆散齐楚联盟，瓦解六国合纵，使秦能各个击破。　⑯三川之地：在今河南洛阳一带，以境内有黄河、洛水、伊水而得名。　⑰巴、蜀：今四川东部和西部一带。⑱上郡：在今陕西省北部，原属魏国。　⑲汉中：在今陕西省南部汉中一带，原为楚地。　⑳包：吞并。　九夷：泛指楚国境内的少数民族。九，虚指，表示多数。　㉑制：控制，威胁。　鄢、郢：地名。鄢在今湖北省宜城境内，郢在今湖北省江陵县西北。两地曾先后为楚国的都城。　㉒成皋：地名，又名虎牢，在今河南荥阳汜水镇。　㉓膏腴之壤：指土地肥沃的地区。　㉔众：一作“纵”，合纵，指六国结成联盟以抗秦的外交政策。　㉕施：延续。　㉖昭王：秦昭王，名则，公元前306年～前251年在位。　范雎：魏国人，秦昭王时为相，提出远交近攻策略。　㉗穰侯：即魏冉，秦昭王母宣太后的异父弟，曾四次出任秦国丞相，封于穰邑，又称穰侯。　㉘华阳：名芈（mǐ米）戎，宣太后的同父弟，封于华阳，称华阳君。他和穰侯倚仗宣太后，专权不法。后昭王用范雎之计，免除穰侯职务，把华阳君赶出国境。　㉙公室：这里指朝廷。　㉚私门：指贵戚王室的势力。　㉛向使：如果，假使。　却：拒绝。　内：同“纳”。

90

sì jūn zhě　jiē yǐ kè zhī gōng　yóu cǐ guān zhī　kè hé fù yú qín zāi　xiàng shǐ sì jūn què

四君者，皆以客之功。由此观之，客何负于秦哉？向使四君却

贵戚王宝的势力，蚕食吞并了诸侯各国，使秦国成就了帝王之业。这四位国君，都是凭借了客卿的功劳。由

kè ér bú nà㉛　shū shì ér bú yòng　shì shǐ guó wú fù　lì zhī shí　ér qín wú qiáng dà

客而不内㉛，疏士而不用，是使国无富利之实，而秦无强大

此看来，客卿哪里辜负了秦国呢？假使当初这四位君主都拒绝客卿而不肯接纳，疏远外来的贤士而不任用，

zhī míng yě

之名也。

这就会使国家没有富裕强盛的实力，因而秦国也就不会有强大的盛名了。

jīn bì xià zhì kūn shān zhī yù①　yǒu suí　hé zhī bǎo②　chuí míng yuè zhī zhū③　fú

"今陛下致昆山之玉①，有随、和之宝②，垂明月之珠③，服

"现在陛下您得到了昆仑山的美玉，有随侯珠、和氏璧之类稀世珍宝，身上垂挂着明月之珠，佩

tài ē zhī jiàn④　chéng xiān lí zhī mǎ⑤　jiàn cuì fèng zhī qí⑥　shù líng tuó zhī gǔ⑦　cǐ shù bǎo

太阿之剑④，乘纤离之马⑤，建翠凤之旗⑥，树灵鼍之鼓⑦。此数宝

戴着太阿宝剑，乘坐着纤离骏马，树立起翠凤旗帜，设置着灵鼍皮鼓。这几件宝物，秦国一种都不出产

zhě　qín bù shēng yī yān　ér bì xià yuè zhī⑧　hé yě　bì qín guó zhī suǒ shēng rán hòu kě

者，秦不生一焉，而陛下说之⑧，何也？必秦国之所生然后可，

然而陛下您却喜欢它们，这是为什么呢？如果一定要秦国所出产的然后才可以使用，那么这些夜光

zé shì yè guāng zhī bì⑨　bú shì cháo tíng　xī xiàng zhī qì⑩　bù wéi wán hào　zhèng wèi

则是夜光之璧⑨，不饰朝廷；犀、象之器⑩，不为玩好；郑、卫

之璧，就不能装饰在朝廷了；犀牛角和象牙制成的器物，就不会让您把玩赏识；郑国和卫国的美女，也

zhī nǚ⑪　bù chōng hòu gōng　ér jùn mǎ jué tí⑫　bù shí wài jiù⑬　jiāng nán jīn xī bù wéi

之女⑪，不充后宫；而骏马驶骙⑫，不实外厩⑬；江南金锡不为

就不会充实于您的后宫；而骏马驶骙，也不会饲养在您的马棚里；江南所产的金锡也就不能用来制作器具；

yòng　xī shǔ dān qīng bù wéi cǎi　suǒ yǐ shì hòu gōng chōng xià chén　yú xīn yì yuè ěr mù zhě⑮

用，西蜀丹青不为采⑭。所以饰后宫、充下陈、娱心意、说耳目者⑮，

巴蜀所产的丹青，就不能用来做染料。用来装饰后宫的珠宝、充满堂下的姬妾、娱乐心意的器物、悦人

bì chū yú qín rán hòu kě　zé shì yuān zhū zhī zān　fù jǐ zhī ěr　ē gǎo zhī yī　jǐn xiù zhī

必出于秦然后可，则是宛珠之簪、傅玑之珥、阿缟之衣、锦绣之

耳目的音乐绘画等，如果一定要秦国所出产然后才可以使用，那么这些嵌着宛珠的簪子、缀有珠子的

shì　　bú jìn yú qián　　ér suí sú yǎ huà　　jiā yě yǎo tiǎo zhào nǚ　　bú lì yú cè yě
饰⑯，不进于前；而随俗雅化、佳冶窈窕赵女⑰，不立于侧也。

耳环，东阿白绢织成的衣物，绵绣织成的装饰品，就不会进献到陛下您面前；而那些打扮入时，美貌艳

fú　jī wèng kòu fǒu　　tán zhēng bó bì　　ér gē hū wū wū　　kuài ěr mù zhě
夫击瓮叩缶⑱，弹筝搏髀⑲，而歌呼呜呜，快耳目者，

丽、体态优美的赵国女子，也不能侍立在您身旁了。再说敲打陶罐瓦器，弹奏古筝，拍打大腿伴奏，呜呜

zhēn qín zhī shēng yě　　zhèng wèi sāng jiān　　sháo yú　　wǔ xiàng zhě　　yì guó
真秦之声也。郑、卫桑间⑳，《韶虞》《武象》者㉑，异国

哇哇歌唱着来娱人耳目的，才真正是秦地的音乐呢。郑国、卫国、桑间的音乐，以及《韶虞》、《武象》，都是

zhī yuè yě　　jīn qì jī wèng kòu fǒu　　ér jiù zhèng wèi　　tuì tán zhēng ér qǔ sháo yú
之乐也。今弃击瓮叩缶而就郑、卫，退弹筝而取《韶虞》

异国的乐曲呢。现在陛下您不要听敲击陶瓷瓦器的音乐，而要听郑、卫二国的音乐，不听弹筝而听《韶虞》

ruò shì zhě hé yě　　kuài yì dāng qián　　shì guān ér yǐ yǐ　　jīn qǔ rén zé bù rán　　bú wèn kě fǒu
若是者何也？快意当前，适观而已矣。今取人则不然。不问可否，

之类的乐曲，像这样做的原因是什么呢？只不过是贪图一时的称心如意、宜于观赏罢了。如今您用人却

① 致：收罗。　昆山之玉：昆仑山北麓的和阗（今新疆和田），以产美玉著名，人称"和阗玉"或"昆山玉"。　② 随、和之宝：随侯珠和和氏璧，都是古时珍宝。传说随侯救了大蛇，后来大蛇衔来明珠报答他，即所谓随侯珠。和氏璧是楚人卞和献给楚王的美玉。　③ 明月之珠：一种名贵的珠子，夜间放光如明月。　④ 服：佩戴。　太阿之剑：古宝剑名，相传春秋时吴国名匠干将和越国名匠欧冶子所合铸。　⑤ 纤离：北方骏马名。　⑥ 建：树立。　翠凤之旗：用翠鸟羽毛装饰的旗子。　⑦ 树：设置。　灵鼍之鼓：用鳄鱼皮制成的鼓。鼍，鳄鱼的一种，也叫扬子鳄，皮坚厚，可蒙鼓。　⑧ 说：通"悦"，喜欢。　⑨ 夜光之璧：夜间能放光的玉璧。　⑩ 犀、象之器：用犀牛角和象牙制成的器物。　⑪ 郑、卫之女：相传郑、卫两国多美女，能歌善舞。　⑫ 驳騠：良马名。　⑬ 外厩：马棚。　⑭ 丹青：产于西蜀的红色和青色的颜料。　⑮ 下陈：即堂下，指侍妾站立或歌舞的地方。这里指宫中侍妾。　⑯ 宛珠之簪：用宛地所产的珍珠装饰的簪子。　傅玑之珥：缀有珠子的耳环。傅，同"附"。玑，不圆的珠子。珥，耳环。　阿缟之衣：用阿城出产的丝绸做成的衣服。　⑰ 随俗雅化：随着时尚变化装饰打扮。雅，闲雅。化，改变服饰。　佳冶窈窕：容貌艳丽，体态优美。赵女：古代赵国以出善舞的美女著称。　⑱ 击瓮叩缶：敲打瓦器。缶，一种腹大口小的瓦器，秦人用作打击乐器。　⑲ 弹筝搏髀：弹奏秦筝，手拍大腿。筝，古代秦地流行的一种弦乐器。髀，大腿。　⑳ 郑、卫桑间：泛指郑、卫一带民间音乐。桑间，卫国地名，在濮水之滨，是当时男女聚会唱歌的地方。　㉑《韶虞》：相传是虞舜时的乐曲名。　《武象》：周武王时的舞曲名。

bú lùn qū zhí　fēi qín zhě qù　wéi kè zhě zhú　rán zé shì suǒ zhòng zhě　zài hū sè yuè zhū yù
不论曲直，非秦者去，为客者逐。然则是所重者，在乎色乐珠玉；

不是这样。不问可用不可用，也不论曲直是非，不是秦国人都赶走，凡是客卿都驱逐。陛下这样做，表明

ér suǒ qīng zhě　zài hū rén mín yě　cǐ fēi suǒ yǐ kuà hǎi nèi　zhì zhū hóu zhī shù yě
而所轻者，在乎人民也。此非所以跨海内、制诸侯之术也。

您重视的只是声色珠宝；而所轻视的却是人民。这不是用来统一天下、制服诸侯所应采取的方法。

chén wén dì guǎng zhě sù duō　guó dà zhě rén zhòng bīng qiáng zé shì yǒng　shì yǐ tài shān bú ràng
"臣闻地广者粟多，国大者人众，兵强则士勇①。是以太山不让

"我听说土地辽阔，粮食才富足；国家强大，人民才众多；兵器精良，士兵就勇敢。因此，泰山不舍弃

tǔ rǎng　gù néng chéng qí dà　hé hǎi bù zé xì liú　gù néng jiù qí shēn　wáng zhě bú què zhòng shù
土壤②，故能成其大；河海不择细流，故能就其深；王者不却众庶③，

微小的泥土，所以能形成它的高大；河海不排除涓涓细流，所以能汇成它的深广；国君不拒绝所有的百姓，所以能

gù néng míng qí dé　shì yǐ dì wú sì fāng　mín wú yì guó　sì shí chōng měi　guǐ shén jiàng fú cǐ wǔ
故能明其德。是以地无四方，民无异国，四时充美④，鬼神降福，此五

显示他的恩德。因此，地不分东西南北，人不分国界，一年四季都富足美满，鬼神都来降福，这就是五帝和三王

dì　sān wáng zhī suǒ yǐ wú dí yě　jīn nǎi qì qián shǒu yǐ zī dí guó　què bīn kè yǐ yè zhū hóu
帝、三王之所以无敌也。今乃弃黔首以资敌国⑤，却宾客以业诸侯⑥，

无敌于天下的原因。现在陛下却抛弃百姓以资助敌国，驱逐宾客以成就别国诸侯的功业，使天下的贤士

shǐ tiān xià zhī shì　tuì ér bù gǎn xī xiàng　guǒ zú bú rù qín　cǐ suǒ wèi jiè kòu bīng ér jī dào liáng zhě
使天下之士，退而不敢西向，裹足不入秦，此所谓借寇兵而赍盗粮者

退缩不敢西来，裹足不敢入秦，这就叫做把武器借给敌寇，把粮食送给盗贼啊！物品不出产在秦国的，可是

yě　fú wù bù chǎn yú qín　kě bǎo zhě duō　shì bù chǎn yú qín ér
也⑦。夫物不产于秦，可宝者多；士不产于秦，而

其中宝物却很多；士人不出生于秦国的，可是愿意为秦国效忠的却很多。

① 兵：武器。 ② 太
山：即泰山。 ③ 众
庶：民众。 ④ 四时
充美：一年四季富足美
满。 ⑤ 黔首：秦时对
百姓的称呼。 ⑥ 业：
用作动词，成就功业。
⑦ 赍：馈赠。

yuàn zhōng zhě zhòng　jīn zhú kè yǐ zī dí guó　sǔn mín yǐ yì chóu nèi
愿忠者众。今逐客以资敌国，损民以益仇，内

现在驱逐客卿来帮助敌国，损害自己的人民来增加敌人的力量，结果使自己

zì xū ér wài shù yuàn yú zhū hóu　qiú guó wú wēi　bù kě dé yě
自虚而外树怨于诸侯，求国无危，不可得也。"

国内空虚，而对外又结怨于诸侯，这样做想想求得国家没有危险，是不可能的啊。

qín wáng nǎi chú zhú kè zhī lìng　fù lǐ sī guān
秦王乃除逐客之令，复李斯官。

秦王于是废除了驱逐客卿的命令，恢复李斯的官职。

（张国浩）

bǔ　　jū
卜　居

chǔ cí
《楚辞》

qū yuán jì fàng　sān nián bù dé fù jiàn　　jié zhì jìn zhōng ér　bì zhàng yú chán　xīn fán lǜ luàn
屈原既放，三年不得复见。竭智尽忠，而蔽障于谗①。心烦虑乱，

屈原已被放逐，三年不能再见楚怀王。他对国家竭忠尽智，但是却被谗言诽谤，把他与楚怀王遮蔽

bù zhī suǒ cóng　　nǎi wǎng jiàn tài bǔ zhèng zhān yǐn yuē　　yú yǒu suǒ yí　yuàn yīn xiān sheng jué zhī
不知所从。乃往见太卜郑詹尹曰②："余有所疑，愿因先生决之。"

阻隔。他心烦意乱，不知该怎么做才好。于是就去见太卜郑詹尹说："我对有些事疑惑不解，希望通过先生

zhān yǐn nǎi duān cè fú guī yuē　　jūn jiāng hé yǐ jiào zhī　qū yuán yuē　　wú nìng kǔn kǔn kuǎn kuǎn　　pǔ
詹尹乃端策拂龟曰③："君将何以教之？"屈原曰："吾宁悃悃款款④，朴

您的占卜来决定。"郑詹尹就摆正蓍草，拂去龟壳上的灰尘，问："先生您有何见教呢？"屈原说："我宁可诚

yǐ zhōng hū　　jiāng sòng wǎng láo lái　　sī wú qióng hū　　nìng zhū chú cǎo máo yǐ　lì gēng hū　　jiāng yóu dà rén
以忠乎？将送往劳来⑤，斯无穷乎⑥？宁诛锄草茅以力耕乎？将游大人

恳朴实以效忠心呢，还是迎来送往、巧于周旋来摆脱困境呢？宁可开荒锄草勤劳耕作呢，还是去游说达官贵

yǐ chéng míng hū　　nìng zhèng yán bú huì yǐ wēi shēn hū　　jiāng cóng sú fù guì yǐ tōu shēng hū　　nìng chāo rán gāo
以成名乎？宁正言不讳以危身乎？将从俗富贵以偷生乎？宁超然高

人沽名钓誉呢？宁可直言不讳使自己遭受危险呢，还是去顺从世俗贪图富贵而苟且偷安呢？宁可卓尔不群

jǔ yǐ bǎo zhēn hū　　jiāng zú zī lì sī⑦　　ō yī rú ér　　yǐ shì fù rén hū⑨　　nìng lián jié zhèng zhí yǐ zì
举以保真乎？将哫訾栗斯⑦，喔咿嚅唲⑧，以事妇人乎⑨？宁廉洁正直以自

以保持自己的操守呢，还是阿谀奉迎、强作笑颜，以侍奉楚怀王的宠妃呢？宁可廉洁正直以保持自己清白

qīng hū　　jiāng tū tī gǔ jī⑩　rú zhī rú wéi⑪　　yǐ xié yíng hū　　nìng áng áng ruò qiān lǐ zhī jū hū
清乎？将突梯滑稽⑩，如脂如韦⑪，以絜楹乎⑫？宁昂昂若千里之驹乎？

呢，还是迎合世俗，像油脂那样光滑、像兽皮那样柔软地去趋炎附势呢？宁可像千里马那样驱驰呢，还是像

jiāng fàn fàn ruò shuǐ zhōng zhī fú⑬　　yǔ bō shàng xià　　tōu yǐ quán wú qū hū　　nìng yǔ qí jì kàng è hū⑭
将氾氾若水中之凫⑬，与波上下，偷以全吾躯乎？宁与骐骥亢轭乎⑭？

浮在水中野鸭随波逐流，以保全自身呢？宁可与骏马并驾齐驱呢，还是追随那劣马的足迹呢？宁可与天鹅比

94

jiāng suí nú mǎ zhī jì hū　　nìng yǔ huáng hú bǐ yì hū　　jiāng yǔ jī wù zhēng shí hū　　cǐ shú jí shú

将随驽马之迹乎⑮？宁与黄鹄比翼乎⑯？将与鸡鹜争食乎⑰？此孰吉孰

翼齐飞呢，还是去和鸡鸭争食呢？上述这些，哪个是吉哪个是凶，我该舍弃什么跟随什么？现在的世道混浊

xiōng　　hé qù hé cóng　　shì hùn zhuó ér bù qīng　　chán yì wéi zhòng qiān jūn wéi qīng huáng zhōng huǐ qì wǎ

凶？何去何从？世溷浊而不清⑱，蝉翼为重，千钧为轻；黄钟毁弃，瓦

不清，以为蝉翼是重的，千钧是轻的；贵重的黄钟遭到毁坏舍弃，低贱的瓦釜却发出雷鸣般的声音；谗佞小

fǔ léi míng　　chán rén gāo zhāng xián shì wú míng　　xū jiē mò mò xī　shuí zhī wú zhī lián zhēn

釜雷鸣⑲；谗人高张，贤士无名。吁嗟默默兮，谁知吾之廉贞？"

人趾高气扬，贤明之士默默无闻。唉，还是沉默吧，有谁了解我的廉洁忠贞呢？"

①《楚辞》，西汉刘向辑，收录战国楚人屈原、宋玉及汉代淮南小山、东方朔、王褒、刘向、王逸等辞赋作品多篇。　蔽障：遮蔽阻隔。指屈原遭谗被楚怀王疏远隔绝。　②太卜：主管占卜的官名。③策：蓍(shī尸)草，用以筮。　龟：龟甲，用以卜。端策拂龟是占卜前表示虔诚的准备动作。④宁：表选择，宁可。　悃悃款款：诚实勤劳的样子。　⑤将：表选择，还是。　送往劳来：意谓随处周旋，巧于应酬。　⑥斯：连词，乃，则。　穷：困境。　⑦呫訾：以言献媚。　栗斯：阿谀奉承状。　栗，恭谨，恭敬。　斯，语助词。　⑧喔咿嚅唲：强颜欢笑的样子。　⑨妇人：指楚怀王宠姬郑袖，她与朝中重臣上官大夫等人联合排挤诬毁屈原。　⑩突梯滑稽：迎合世俗、态度圆滑貌。⑪如脂如韦：比喻处世圆转，如油脂般光滑，如兽皮般柔顺。　脂，油脂。　韦，熟牛皮。　⑫絜楹：指把方状物体做成屋的柱子，引申为削方为圆的处世之态。　絜，度量物体周围的长度。　楹，屋柱。　⑬氾氾：飘浮。　凫：野鸭。　⑭与骐骥亢轭：指与骏马齐驱。　亢轭，并驾。　轭，车辕前套在牲口颈上的曲木。　⑮驽马：劣马。　⑯黄鹄：天鹅。　⑰鹜：鸭。　⑱溷浊：浑浊。⑲"黄钟"两句：贵重的黄钟遭到毁坏遗弃，劣质的瓦器发出雷鸣般的声音，比喻黑白颠倒，小人得志。　黄钟，一种形体最大、声音最宏亮的乐器。　瓦釜，原始的瓦制击打乐器。

zhān yǐn nǎi shì cè ér xiè yuē　　fú chǐ yǒu suǒ duǎn　cùn yǒu suǒ cháng　wù yǒu

詹尹乃释策而谢曰："夫尺有所短，寸有所长；物有

郑詹尹于是放下蓍草，向屈原致歉说："尺比寸长，也有它的不足；寸比尺短，也有它的长

suǒ bù zú　　zhì yǒu suǒ bù míng　　shù yǒu suǒ bú dài　　shén yǒu suǒ bù tōng

所不足，智有所不明；数有所不逮①，神有所不通。

处。世间万物皆有不完善的地方，人的智慧也有不明了的时候；卦数有卜卦难解的问题，神灵

①数：术数。逮：及，到。

yòng jūn zhī xīn　　xíng jūn zhī yì　　guī cè chéng bù néng zhī cǐ shì

用君之心，行君之意。龟策诚不能知此事！"

有难以通达之处。请您按自己的心愿，照您的意志办事，我的龟壳和蓍草确实不能预知这些事。"

（张国浩）

95

sòng yù duì chǔ wáng wèn

宋玉对楚王问

chǔ cí
《楚辞》

chǔ xiāng wáng wèn yú sòng yù yuē xiān sheng qí yǒu yí xíng yú hé shì mín zhòng
楚襄王问于宋玉曰①："先生其有遗行与②？何士民众

楚襄王对宋玉问道："先生大概有失检的行为吧？为什么众多的士人百姓对你

shù bú yù zhī shèn yě
庶不誉之甚也③？"

非议很厉害呢？"

---

① 楚襄王：即楚顷襄王，名横，公元前298年～前263年在位。 宋玉：楚国人。
屈原学生，屈原后著名的辞赋家，著有《九辩》等作品。曾仕于顷襄王，官位不
高，很不得志。 ② 遗行：可遗弃的行为，指有失检点的行为与作风。 与：同
"欤"，疑问助词。 ③ 庶：众。 不誉：不称赞，非议。

---

sòng yù duì yuē wéi rán yǒu zhī yuàn dà wáng kuān qí zuì shǐ dé bì qí cí kè yǒu
宋玉对曰："唯，然，有之。愿大王宽其罪，使得毕其辞。客有

宋玉答道："是，是这样的，确实有这样的事。希望大王能宽恕我的罪错，使我把要说的话讲完

gē yú yǐng zhōng zhě qí shǐ yuē xià lǐ bā rén guó zhōng zhǔ ér hè zhě shù qiān rén
歌于郢中者①，其始曰《下里》、《巴人》②，国中属而和者数千人③；

有一位在郢都唱歌的客人，他开始唱的是《下里》、《巴人》，国都中聚在一起跟着唱的有几千人；当他唱

qí wéi yáng ē xiè lù guó zhōng zhǔ ér hè zhě shù bǎi rén qí wéi yáng chūn bái
其为《阳阿》、《薤露》④，国中属而和者数百人；其为《阳春》、《白

《阳阿》、《薤露》时，国都中聚在一起跟着唱的有几百人；当他唱《阳春》、《白雪》时，都城中聚集在一起

xuě guó zhōng zhǔ ér hè zhě bú guò shù shí rén yǐn shāng kè yǔ zá yǐ liú zhǐ guó zhōng
雪》⑤，国中属而和者不过数十人；引商刻羽，杂以流徵⑥，国中

跟着唱的不过几十人；当他唱歌时高引商声，刻画羽声，夹杂运用流动的徵声，国都中跟着唱的就不过

zhǔ ér hè zhě bú guò shù rén ér yǐ · shì qí qǔ mí gāo · qí hè mí guǎ · gù niǎo yǒu fèng ér yú

属而和者不过数人而已。是其曲弥高⑦，其和弥寡。故鸟有凤而鱼

几个人罢了。这就是说，他所唱的曲调愈高雅，能相唱和的人就愈少。所以鸟中有凤，鱼中有鲲。凤凰

yǒu kūn · fèng huáng shàng jī jiǔ qiān lǐ · jué yún ní · fù cāng tiān · zú luàn fú yún · áo xiáng hū yǎo

有鲲⑧。凤凰上击九千里，绝云霓，负苍天，足乱浮云，翱翔乎杳

击翅向上九千里，穿越云霓，背负苍天，用脚拨乱飘动的浮云，飞翔在极高远的天空。那跳跃于篱笆间

míng zhī shàng · fú fān lí zhī yàn · qǐ néng yǔ zhī liào tiān dì zhī gāo zāi · kūn yú zhāo fā kūn

冥之上⑨；夫藩篱之鷃⑩，岂能与之料天地之高哉？鲲鱼朝发昆

的鷃鸟，怎么能和凤凰鸟一样估量天地之高呢？鲲鱼清晨从昆仑山脚出发，中午在碣石山畔曝晒鱼鳍，日

lún zhī xū · pù qí yú jié shí · mù sù yú mèng zhū · fú chǐ zé zhī ní · qǐ néng yǔ zhī liáng

仑之墟⑪，暴鬐于碣石⑫，暮宿于孟诸⑬；夫尺泽之鲵⑭，岂能与之量

暮时住宿于孟诸泽。那尺把深小水塘中的小鲵鱼，怎么能与鲲鱼一样测量江海的广阔呢？所以，不独独

jiāng hǎi zhī dà zāi · gù fēi dú niǎo yǒu fèng ér yú yǒu kūn yě · shì yì yǒu zhī · fú shèng rén guī yì qí

江海之大哉？故非独鸟有凤而鱼有鲲也，士亦有之。夫圣人瑰意琦

只是鸟中有凤凰，鱼中有鲲鱼，士人中也有俊杰啊。圣人有宏大的志向和美好的品德，卓尔不群，那些世

xíng · chāo rán dú chǔ · fú shì sú zhī mín · yòu ān zhī chén zhī suǒ wéi zāi

行⑮，超然独处，夫世俗之民，又安知臣之所为哉？"

俗之人，又怎么能理解我的行为呢！"

---

① 郢：战国时楚国都城，所在何处学术界有争议，一般以为在今湖北江陵县北。 ②《下里》、《巴人》：均当时流行的民间俗曲。 ③国：国都。 属而和：聚在一起相应和唱。属，相聚。和，跟着唱和。 ④《阳阿》、《薤露》：当地较通俗的歌曲。《阳阿》，亦作"扬荷"。《薤露》，古代挽歌名。 ⑤《阳春》、《白雪》：古代楚国雅曲名。 ⑥"引商"二句：指讲究声律，有很高的音乐演唱技巧。古代有宫、商、角、徵、羽五音，商音凄凉，羽音慷慨，徵音凄厉。引，延长。刻，减损，此指刻画。 ⑦弥：更，越。 ⑧鲲：传说中的一种大鱼。《庄子·逍遥游》："北冥有鱼，其名为鲲，鲲之大，不知其几千里也。" ⑨杳冥：高远深邃，目力难及的高空。杳，高远。冥，深。 ⑩藩篱：篱笆。鷃：鷃雀，一种小鸟。 ⑪昆仑：我国西北部一座大山，西接帕米尔高原，东入青海省境内，层峰叠岭，势极高峻，古代有许多关于昆仑山的神话传说。墟：山脚下。 ⑫暴：晒。鬐：鱼脊。碣石：山名，在今河北省昌黎县境内，本在渤海中。 ⑬孟诸：古大泽名，故址在今河南商丘东北。 ⑭尺泽：一尺来宽的小水塘。鲵：小鱼。 ⑮瑰意琦行：指具有高洁美好的情操和行为。瑰、琦，奇伟美好之意。

（张国浩）

古文观止

卷 三

五帝本纪赞

wǔ dì běn jì zàn

《史记》
shǐ jì

太史公曰①:学者多称五帝②,尚矣③。然《尚书》独载尧以来④;
tài shǐ gōng yuē　xué zhě duō chēng wǔ dì　shàng yǐ　rán shàng shū　dú zǎi yáo yǐ lái

太史公说:学者们常常谈到五帝,这已经由来已久了。但是《尚书》只记载尧以来的史事;而诸子百

而百家言黄帝⑤,其文不雅驯⑥,荐绅先生难言之⑦。孔子所传《宰予
ér bǎi jiā yán huáng dì　qí wén bù yǎ xùn　jìn shēn xiān sheng nán yán zhī　kǒng zǐ suǒ chuán　zǎi yú

家提到黄帝,他们的记述不太正确可信,士大夫们对此多有诘责。孔子传下来的《宰予问五帝德》和《帝系

问五帝德》及《帝系姓》⑧,儒者或不传。余尝西至空桐⑨,北过涿鹿⑩
wèn wǔ dì dé　jí　dì xì xìng　rú zhě huò bù chuán　yú cháng xī zhì kōng tóng　běi guò zhuō lù

姓》,有的儒者并不传授学习。我曾西至崆峒山,北过涿鹿山,东到大海,南渡江淮,所碰到的老年长者都往

东渐于海⑪,南浮江淮矣,至长老皆各往往称黄帝、尧、舜之处⑫,
dōng jiàn yú hǎi　nán fú jiāng huái yǐ　zhì zhǎng lǎo jiē gè wǎng wǎng chēng huáng dì　yáo　shùn zhī chù

往谈到黄帝、唐尧、虞舜活动过的地方,但这些地方的风俗教化本来并不相同,总之以不背离古籍所记载的

风教固殊焉,总之不离古文者近是⑬。予观《春秋》、《国语》,其发明
fēng jiào gù shū yān　zǒng zhī bù lí gǔ wén zhě jìn shì　yú guān　chūn qiū　guó yǔ　qí fā míng

为接近正确。我读《春秋》、《国语》,它们阐述《五帝德》和《帝系姓》的内容是很明白的,不过只是没有深入考

《五帝德》、《帝系姓》章矣⑭,顾弟弗深考⑮,其所表见皆不虚⑯。《书》
wǔ dì dé　dì xì xìng zhāng yǐ　gù dì fú shēn kǎo　qí suǒ biǎo xiàn jiē bù xū　shū

察,但二书所记载的内容都是可信的。《尚书》残缺为时已久,它所散失的内容常常在其他著作中可以看到。

缺有间矣⑰,其轶乃时时见于他说。非好学深思,心知其意,固难为浅
quē yǒu jiān yǐ　qí yì nǎi shí shí jiàn yú tā shuō　fēi hào xué shēn sī　xīn zhī qí yì　gù nán wéi qiǎn

如果不是喜欢学习、深入思考,领会这些书的含义,当然就很难向见识浅薄、孤陋寡闻的人说清楚。我将有

见寡闻道也。余并论次⑱,择其言尤雅者,故著为本纪书首。
jiàn guǎ wén dào yě　yú bìng lùn cì　zé qí yán yóu yǎ zhě　gù zhù wéi běn jì shū shǒu

关五帝的材料综合起来论定编次,选择其中最为正确的说法,写成《五帝本纪》,作为全书的头一篇。

①《史记》，我国第一部纪传体通史，西汉司马迁著。　**太史公**：司马迁自称。司马迁曾任太史令。
②**五帝**：黄帝、颛顼、帝喾、唐尧、虞舜。　③**尚**：久远。　④《**尚书**》：上古政治文诰和部分追述古代
事迹著作的汇编书，亦称《书》、《书经》。　**尧**：即唐尧，传说中的远古帝王。　⑤**百家**：即诸子百
家。　**黄帝**：即轩辕氏，传说中的远古帝王，中原各族的共同祖先。　⑥**雅驯**：正确可信。　**雅**，正
确。　**驯**，同"训"，规范。　⑦**荐绅先生**：即士大夫。　**荐绅**，即搢绅，又作缙绅。古代官员上朝时
把手里拿着的手板（笏）插在腰带上，称为搢绅。**搢**，插。　**绅**，腰带。　⑧《**宰予问五帝德**》、《**帝系
姓**》：为《大戴礼记》及《孔子家语》中的篇名。有些儒者认为不是圣人之言，不可信，因而不传学。
⑨**空桐**：即崆峒山，在今甘肃平凉县西。传说黄帝曾到过此山。　⑩**涿鹿**：即涿鹿山，在今河北涿鹿
县东南。传说黄帝、尧、舜都曾在那里建都。　⑪**渐**：入，到。　⑫**长老**：年纪大的人。　⑬**古文**：
指用古文字（金文、战国文字、篆文）写成的典籍。　⑭**发明**：阐明。　**章**：明白。　⑮**顾**：不过。
弟：通"第"，只是。　⑯**见**：同"现"。　⑰**有间**：为时已久。　⑱**论次**：评论编次。

（田松青）

xiàng yǔ běn jì zàn
项羽本纪赞

《史记》 shǐ jì

太史公曰：吾闻之周生①，曰"舜目盖重瞳子"②，又闻项羽亦重

> 太史公说：我从周生那里，听说"舜的眼睛是重瞳子"，又听说项羽也是重瞳子。难道项羽是舜的后代

瞳子。羽岂其苗裔邪③？何兴之暴也④！夫秦失其政⑤，陈涉首难⑥，

> 吗？项羽的兴起是何等的突然而迅猛啊！秦朝的统治残暴混乱，陈涉便首先起义发难，当时的英雄豪杰纷纷

豪杰蜂起⑦，相与并争，不可胜数。然羽非有尺寸⑧，乘势起陇亩之

> 起来响应，相互争夺天下，人数多得数也数不清。然而项羽没有一点根基，趁着时势从民间兴起，不过三年

中⑨，三年，遂将五诸侯灭秦⑩，分裂天下，而封王侯，政由羽出⑪，

> 时间，便率领五国的义军灭亡了秦朝，随后分割天下，封授各路王侯，所有政令都由项羽发布，自号为"西楚

hào wéi bà wáng wèi suī bù zhōng   jìn gǔ yǐ lái wèi cháng yǒu yě   jí yǔ bèi guān huái chǔ

号为"霸王"，位虽不终^⑫，近古以来未尝有也。及羽背关怀楚^⑬，

霸王"。虽然他的王位没有坐到底，但自古以来像他这样的人物还不曾有过。等到项羽放弃关中，怀恋故乡

fàng zhú yì dì ér zì lì   yuàn wáng hóu pàn jǐ nán yǐ   zì jīn gōng fá   fèn qí sī zhì ér bù shī

放逐义帝而自立^⑭，怨王侯叛己，难矣。自矜功伐^⑮，奋其私智而不师

楚地，定都彭城，并流放义帝而自立为王，这时候再抱怨王侯们背叛自己，就太勉强了。自己夸耀功劳，独逞

gǔ   wèi bà wáng zhī yè   yù yǐ lì zhēng jīng yíng tiān xià   wǔ nián zú wáng qí guó shēn sǐ dōng

古^⑯，谓霸王之业，欲以力征经营天下^⑰，五年卒亡其国，身死东

个人的私欲而不师法古代帝王的行为事业，说什么霸王的业绩，想要通过武力征伐来统治天下，结果不过

chéng shàng bù jué wù ér bú zì zé   guò yǐ   nǎi yǐn tiān wáng wǒ fēi yòngbīng zhī zuì yě

城^⑱，尚不觉寤而不自责^⑲，过矣^⑳。乃引"天亡我，非用兵之罪也"^㉑

五年便使得自己的国家灭亡了，自己死在东城，但仍然没有觉醒，不肯自己责备自己，这显然是错误的！而

qǐ bú miù zāi

岂不谬哉！

且还借口说"这是上天要灭亡我，不是我用兵的过错"，难道不是很荒谬吗？

---

① 周生：名不详，当为司马迁同时代的儒生。　② 盖：表示不能肯定，可能是。　重瞳子：一只眼睛里有两颗眸子。后人谓重瞳为帝王之相。　③ 苗裔：后代子孙。　④ 兴：兴起。暴：突然。　⑤ 失政：政治混乱。　⑥ 陈涉首难：指秦末陈胜、吴广农民起义。详见《史记·陈涉世家》。　陈涉，陈胜字涉。　首难，首先发难、起义。　⑦ 蜂起：群蜂齐飞。喻众多。　⑧ 尺寸：一点点凭借，指土地或权力。　⑨ 陇亩：田间，民间。　⑩ 将：率领，带领。五诸侯：指当时齐、赵、韩、魏、燕五国的义军。　⑪ 政：政令。　⑫ 位：指西楚霸王的权势和地位。　⑬ 背关怀楚：放弃关中，怀恋楚地。指项羽放弃秦地，自立为西楚霸王，定都彭城。⑭ 放逐义帝：指项羽将义帝流放到长沙郴县（今湖南郴州市）。详见《本纪》。　义帝，徒有名义的假帝，指被项羽"尊为义帝"的楚怀王熊心。　⑮ 矜：自夸。　伐：功劳。　⑯ 奋：逞。私智：私心，私欲。　师古：师法古代帝王的行为事业。　⑰ 力征：用武力征伐。　经营：统治。　⑱ 东城：今安徽省定远县东南。项羽被汉军追杀，最后逃至东城。详见《本纪》。⑲ 寤：通"悟"。　⑳ 过：错。　㉑ 引：借口。

（田松青）

秦楚之际月表

《史记》

太史公读秦楚之际，曰：初作难①，发于陈涉②；虐戾灭秦③，自项氏④；拨乱诛暴⑤，平定海内，卒践帝祚⑥，成于汉家。五年之间⑦，号令三嬗⑧，自生民以来⑨，未始有受命若斯之亟也⑩。

> 太史公读了秦汉之际的历史，说：最早起事的是陈涉；用武力灭秦的是项羽；治理乱世、诛除暴虐，平定天下，最终登上帝位，完成这项功业的是汉家。五年之间，号召并指挥天下的权力就变换了三次，自有人类以来，帝王接受天命像这样急促的从来不曾有过。

---

① 作难：发难，起事。　② 陈涉：即陈胜（？～前208），字涉，阳城（今河南登封东南）人。秦末农民起义领袖。　③ 虐戾：残暴。此指项羽用武力灭秦并诛杀秦王子婴。　④ 项氏：即项羽。详见《项羽本纪赞》。　⑤ 拨乱：治理乱世。诛：治除。　⑥ 卒：最终。　践：登。　帝祚：帝位。　⑦ 五年之间：从前209年陈胜起义至前205年项羽派人杀义帝，共五年。　⑧ 号令：发号施令以指挥天下的权力。　嬗：转换，变更。　⑨ 生民：人类。　⑩ 受命：犹言接受天命，建立新朝。古代帝王统治者托神权以巩固统治，自称受命于天。　亟：急促，快。

昔虞、夏之兴①，积善累功数十年，德洽百姓②，摄行政事③，考之于天④，然后在位。汤、武之王⑤，乃由契、后稷修仁行义十余世⑥，不期而会孟津八百诸侯⑦，犹以为未可，其后

> 从前虞舜、夏禹的兴起，都经过了几十年的积累善行和功德，他们的恩德润泽百姓，代替上天管理政事，受到上天的考验，然后才登上帝位。商汤、周武称王，是由于从他们的祖先契、后稷开始就修积仁德、推行道义，经历了十几代，武王时未经预先邀约，就有八百诸侯会盟于孟津，他们还是认为时机未到，不可轻

nǎi fàng shì   qín qǐ xiāng gōng   zhāng yú wén   mù   xiàn xiào zhī hòu   shāo yǐ cán shí
乃放弑⑧。秦起襄公⑨，章于文、缪⑩，献、孝之后⑪，稍以蚕食

易夺取王位，直到后来才放逐了夏桀，诛杀了商纣。秦国从秦襄公立国，显赫于秦文公、秦穆公、秦献公、秦

liù guó   bǎi yòu yú zǎi   zhì shǐ huáng nǎi néng bìng guàn dài zhī lún   yǐ dé ruò bǐ
六国⑫，百有余载，至始皇乃能并冠带之伦⑬。以德若彼⑭，

孝公以后，逐步侵吞六国，经过一百多年，到了秦始皇才有能力兼并诸侯。像虞舜、夏禹、商汤、周武王那样

yòng lì rú cǐ   gài yì tǒng ruò sī zhī nán yě
用力如此⑮，盖一统若斯之难也。

实行德政，像秦国那样使用武力，统一天下竟然如此的艰难。

---

① 虞、夏：即虞舜和夏禹，传说中的远古帝王。　② 洽：润泽。　③ 摄：代理。　④ 考：验证，考验。
⑤ 汤：商汤，商朝的建立者。　武：周武王，周朝的建立者。　⑥ 契：传说中商的始祖。　后稷：传说中
周的始祖。　十余世：契传十四代至汤，后稷传十五代至武王，故云十余世。　⑦ "不期"句：相传周武王
伐纣时与八百诸侯会盟于孟津。　不期，没有约定。　孟津，黄河古渡，在今河南孟津县东北、孟县西南。
⑧ 放弑：指商汤放逐夏桀帝，周武王伐商纣帝。　⑨ 襄公：秦襄公，春秋时秦的创立者，公元前777年
至前766年在位。　⑩ 章：显扬，彰扬。　文：秦文公，公元前765年至前716年在位。　缪：秦穆公，公
元前659年至前621年在位。　缪，同"穆"。　⑪ 献：秦献公，公元前384年至前362年在位。　孝：秦
孝公，公元前361年至前338年在位。　⑫ 稍：逐渐。　蚕食：逐渐侵吞。　六国：指战国时与秦并立
的六个大国齐、楚、燕、韩、赵、魏。　⑬ 始皇：秦始皇嬴政，公元前246年至前221年为秦王，前221年至
前210年为秦始皇帝。　并：吞并。　冠带之伦：戴冠束带之流。此指六国诸侯。　冠带，本喻指官吏。
⑭ 以德：以德行感召天下。　彼：指前文中的虞、夏、汤、武。　⑮ 用力：用武力夺取天下。　此：指秦。

---

qín jì chēng dì   huàn bīng gé bù xiū   yǐ yǒu zhū hóu yě   yú shì wú chǐ tǔ zhī fēng   huī huài
秦既称帝，患兵革不休①，以有诸侯也②，于是无尺土之封③，堕坏

秦始皇称帝后，担心战争不止，因为是有诸侯存在的缘故，因此对功臣亲族没有尺寸土地的封赏，而

míng chéng   xiāo fēng dí   chū háo jié   wéi wàn shì zhī ān   rán wáng jì zhī xīng   qǐ yú lǘ xiàng
名城④，销锋镝⑤，钼豪桀⑥，维万世之安⑦。然王迹之兴⑧，起于闾巷⑨，

且毁坏有名的城池，销毁兵器，铲除各地的豪强势力，希图保持万世帝业的安定。但是，新的帝王事业兴起于

hé zòng tǎo fá   yì yú sān dài   xiàng qín zhī jìn   shì zú yǐ zī xián zhě wèi qū chú nán ěr   gù fèn
合从讨伐⑩，轶于三代⑪，乡秦之禁⑫，适足以资贤者为驱除难耳⑬。故愤

民间，天下豪杰联合攻秦，其声势超过了夏、商、周三代，过去秦朝的种种禁令，恰恰帮助了贤者为创业扫除

fā qí suǒ wéi tiān xià xióng   ān zài wú tǔ bú wàng   cǐ nǎi zhuàn zhī suǒ wèi dà shèng hū   qǐ fēi tiān
发其所为天下雄，安在无土不王⑭。此乃传之所谓大圣乎⑮？岂非天

了艰难。所以刘邦发愤而起，成为天下的英雄，怎么能说"没有封地就不能成为帝王"呢？这就是古代典籍所

zāi qǐ fēi tiān zāi   fēi dà shèng shú néng dāng cǐ shòu mìng ér   dì zhě hū
哉,岂非天哉! 非大圣孰能 当此受命而帝者乎?

谓的大圣人吧? 难道不是天意吗? 难道不是天意吗? 如果不是大圣人, 谁能在这乱世承受天命而成就帝业呢?

---

① **患**: 担心。 **兵革**: 战争。 ② **以**: 因为。 ③ **"于是"句**: 秦始皇统一天下后, 废除了封疆土、建诸侯的制度, 没有对功臣作过尺寸土地的封赏。 ④ **堕**: 通"隳", 毁坏。 ⑤ **销**: 销毁。 **锋镝**: 指各类兵器。 **锋**, 刀刃。 **镝**, 箭头。 ⑥ **钽**: 即 "锄", 铲除。 **桀**: 同"杰"。 ⑦ **维**: 通"惟"。思考, 计度。 ⑧ **王迹**: 王者创业 的功迹。 ⑨ **闾巷**: 街巷, 借指民间。此指刘邦出身微贱。 ⑩ **合从**: 本指战国后 期燕、齐、韩、赵、魏、楚六国联合抗秦的策略。此借用来表示联合。 **从**, 同"纵"。 ⑪ **轶**: 超过。 **三代**: 指夏、商、周。 ⑫ **乡**: 同"向", 从前。 **禁**: 指秦朝废除封建 等种种禁令。 ⑬ **适**: 正好, 恰好。 **资**: 帮助。 **贤者**: 指刘邦。 ⑭ **无土不王**: 当时流传的古语, 意谓没有封土就不能为王。 ⑮ **传**: 古文献。 **大圣**: 大圣人。

（田松青）

gāo   zǔ gōngchén hóu nián biǎo
高祖功臣侯年表

shǐ jì
《史记》

tài shǐ gōng yuē   gǔ zhě rén chéngōng yǒu wǔ pǐn   yǐ dé lì zōngmiào dìng shè jì yuē xūn
太史公曰: 古者人臣功有五品①, 以德立宗庙、定社稷曰勋②,

太史公说:古时候臣子的功劳有五个级别;凭借德行开创帝业、安邦定国的称作"勋";凭借出谋划策立

yǐ yán yuē láo   yòng lì yuē gōng   míng qí děng yuē fá   jī rì yuē yuè   fēng jué zhī shì yuē
以言曰劳③, 用力曰功④, 明其等曰伐⑤, 积日曰阅⑥。 封爵之誓曰:

功的称作"劳";凭借武力在征战中立功的称作"功";使其功劳等第显著的称作"伐";依靠逐日积累功绩的称

shǐ hé rú dài   tài shān ruò lì   guó yǐ yǒng níng   yuán jí miáo yì
"使河如带⑦, 泰山若厉⑧, 国以永宁⑨, 爰及苗裔⑩。"

作"阅"。当初封爵时的誓言说:"假使黄河变得像衣带一样窄,泰山变得像磨刀石一样小,封国也将永远安

shǐ wèi cháng bú yù gù qí gēn běn   ér zhī yè shāo líng yí shuāi wēi yě
始未尝不欲固其根本⑪, 而枝叶稍陵夷衰微也⑫。

宁,并一直传给子孙后代。"因而起初未尝不想使他们的根本牢固,没想到他们的枝叶却渐渐地颓败衰弱了。

① 五品：五个等级，即下文所说的勋、劳、功、伐、阅。 品，等级。 ② 立宗庙、定社稷：皆指开国创基的事业。 宗庙，古代帝王、诸侯或大夫、士祭祀祖宗的庙宇。此借指帝业。 社稷，土神和谷神，古代用以象征国家。 ③ 言：指为治国安邦提意见、出谋划策。 ④ 力：指用武力、征战。 ⑤ 明其等：彰显其功劳的等级。 ⑥ 积日：任事时间的积累，资历的长短。 ⑦ 使：假使。 河：黄河。 带：衣带。 ⑧ 厉：同"砺"，磨刀石。 ⑨ 国：指封国。 ⑩ 爱：乃。 ⑪ 根本：指功臣的封国。 ⑫ 枝叶：喻指所封功臣的后代子孙。 稍：逐渐。 陵夷：衰弱。

yú dú gāo zǔ hóu gōng chén   chá qí shǒu fēng   suǒ yǐ shī zhī zhě yuē
余读高祖侯功臣①，察其首封②，所以失之者，曰：

我阅读了高祖时被封为侯的功臣的史料，考察他们起初受封，后来之所以失去爵位的原因，说：这

yì zāi suǒ wén   shū yuē xié hé wàn guó   qiān yú xià shāng   huò shù
异哉所闻！《书》曰"协和万国"③，迁于夏、商④，或数

和我前面所说的誓词大不一样了。《尚书》上说"尧以前的许多封国和睦相处"，一直到夏、商，有的已经几千

qiān suì   gài zhōu fēng bā bǎi   yōu lì zhī hòu   jiàn yú chūn qiū
千岁。盖周封八百，幽、厉之后⑤，见于《春秋》。

年了。周朝分封了八百诸侯，经历了周幽王、周厉王的乱世，他们的后代在《春秋》一书中仍有记载。《尚书》

shàng shū yǒu táng yú zhī hóu bó   lì sān dài qiān yǒu yú zǎi   zì quán
《尚书》有唐、虞之侯伯⑥，历三代千有余载，自全

中记载的唐尧、虞舜时受封的侯伯，经历了夏、商、周三代，有一千多年，他们的后代尚能保全自己，并护卫

yǐ fān wèi tiān zǐ   qǐ fēi dǔ yú rén yì   fèng shàng fǎ zāi   hàn xīng
以蕃卫天子⑦，岂非笃于仁义⑧，奉上法哉⑨？汉兴，

着天子，难道不正是由于他们忠实仁义、遵奉天子的法令吗？汉朝建国的时候，功臣接受封爵的有一百多

gōng chén shòu fēng zhě bǎi yòu yú rén   tiān xià chū dìng   gù dà chéng míng dū sàn
功臣受封者百有余人⑩。天下初定，故大城名都散

人。当时天下刚刚平定，所以原来的大城市和著名的都会的人口流散逃亡，户口计算起来实际上只有十分

wáng   hù kǒu kě dé ér shù zhě shí èr sān   shì yǐ dà hóu bú guò wàn jiā
亡，户口可得而数者十二三，是以大侯不过万家，

之二、三，所以大侯的封邑不超过万家，小的只有五六百户。过了几代之后，老百姓都返回故乡，户口日益增

小者五六百户。后数世,民咸归

多,萧何、曹参、周勃、灌婴之类大侯的封邑,有的已

乡里,户益息⑪,萧、曹、

达四万户,小侯的封邑也已是初封时的一倍,其财

绛、灌之属或至四万⑫,小侯

富增长的情况也与此相称。他们的子孙便骄奢过

自倍⑬,富厚如之。子孙骄

度,忘记了他们祖先的创业艰难,行为放纵邪恶。

溢⑭,忘其先,淫嬖⑮。至太初

汉初到汉武帝太初年间,一百年的时间里,现存的

百年之间⑯,见侯五⑰,余皆坐

侯爵只有五个了,其他的都因为犯法而丧命,失去

法陨命亡国⑱,耗矣⑲。罔亦少

封国,全都完了。国家的法网对他们也稍微严密

密焉⑳,然皆身无兢兢于当世

了些,然而他们都是因为自身没有小心谨慎地遵

之禁云㉑。

守当时的法令。

① 侯:作动词,封赏。 ② 首:开始,起初。 ③《书》:指《尚书》。 协和万国:《尚书·尧典》原文作"协和万邦",汉代避刘邦讳,改"邦"为"国"。意谓尧以前所封的许多国家和睦相处。 ④ 迁:延续。 ⑤ 幽:周幽王,公元前781年至前771年在位。 厉:周厉王,公元前857年至前842年在位。幽、厉都为西周的暴君。 ⑥ 侯:古代五等爵位中的第二等。 伯:古代五等爵位中的第三等。 ⑦ 蕃卫:保卫。 蕃,同"藩",屏障。 ⑧ 笃:忠实。 ⑨ 上法:天子的法令。 ⑩ 百有余人:汉高祖共封功臣一百三十七人。 ⑪ 息:繁育。 ⑫ 萧:萧何,封酂侯。 曹:曹参,封平阳侯。 绛:绛侯周勃。 灌:灌婴,封颍阴侯。以上四人皆为汉初功臣。 ⑬ 自倍:为自己初封时户数的一倍。 ⑭ 溢:过度。 ⑮ 淫嬖:放纵邪恶。 ⑯ 太初:汉武帝年号(前104~前101)。 ⑰ 见侯五:指武帝时只剩下平阳侯、曲周侯、阳阿侯、戴侯、谷陵侯的后裔。 见,同"现",现存的。 ⑱ 坐法:因犯法被判罪。 陨命:丧命。 ⑲ 耗:同"耗",消耗。 ⑳ 罔:同"网",法网。 少:稍微。 ㉑ 兢兢:小心谨慎的样子。

居今之世,志古之道①,所以自镜也②,未必尽同。

处在当今的时代,要记取古代的道理,以此作为自己的借鉴,但不一定要和古人做得完全相同。做帝

dì wáng zhě　gè shū lǐ ér yì wù③　　yào yǐ chéng gōng wéi
帝王者，各殊礼而异务③，要以成功为

王的，有各不同的礼法，所作所为也各有差异，但重要的是把成就功业作为纲

tǒng jì④　qǐ kě gǔn hū⑤　guān suǒ yǐ dé zūn chǒng jí
统纪④，岂可绲乎⑤？观所以得尊宠，及

领，怎么可以要求他们完全一样呢？观察人臣之所以得到尊贵宠信，以及之所

suǒ yǐ fèi rǔ　yì dāng shì dé shī zhī lín yě⑥　hé bì jiù
所以废辱，亦当世得失之林也⑥，何必旧

以会被废弃侮辱的原因，这也是当世政治得失的经验所在，何必要依据旧时

wén　yú shì jǐn qí zhōng shǐ biǎo xiàn qí wén⑦　pō yǒu suǒ
闻？于是谨其终始，表见其文⑦，颇有所

的传闻呢？因此我认真地记载了他们的经历始末，用表格来反映文字记录，但

bú jìn běn mò⑧　zhù qí míng yí zhě quē zhī⑨　hòu yǒu
不尽本末⑧，著其明，疑者阙之⑨。后有

仍有许多事情的本末无法说得详尽，只记叙那些清楚显著的部分，有疑问的

jūn zǐ　yù tuī ér liè zhī dé yǐ lǎn yān
君子，欲推而列之，得以览焉。

就空缺着。如果后世有君子，想推究并列出他们的事迹，可以参阅这个表。

①志：记。　②镜：借鉴。　③务：致力，从事。　④统纪：纲领。　⑤绲：缝合。　⑥林：汇集。　⑦表见：用表格的形式反映(内容)。　⑧本末：事物的始终、原委。　⑨阙：同"缺"，空缺。

（田松青）

kǒng zǐ shì jiā zàn
孔 子 世 家 赞

shǐ jì
《史记》

tài shǐ gōng yuē　《shī》yǒu zhī①　　gāo shān yǎng zhǐ　jǐng háng xíng zhǐ②　suī bù néng zhì
太史公曰：《诗》有之①："高山仰止，景行行止②。"虽不能至，

太史公说：《诗经》中有这样的句子："一个人的品德像山一样高尚，人们就会敬仰他；一个人的行为

rán xīn xiàng wǎng zhī③　yú dú kǒng shì shū　xiǎng jiàn qí wéi rén　shì lǔ④　guān zhòng ní miào táng
然心乡往之③。余读孔氏书，想见其为人。适鲁④，观仲尼庙堂、

像大道一样光明正大，人们就会跟着他走。"我虽然不能达到这种境界，但是内心一直向往着。我读了孔子

chē fú lǐ qì zhū shēng yǐ shí xí lǐ qí jiā yú zhī huí liú zhī bù néng
车服、礼器⑤，诸生以时习礼其家⑥，余祇回留之⑦，不能

的书，便想见他的为人。后来我来到鲁地，参观了孔子的庙堂、车子、衣服和祭祀用的礼器，众儒生按时在他

qù yún tiān xià jūn wáng zhì yú xián rén zhòng yǐ dāng shí zé róng mò zé yǐ yān kǒng
去云。天下君王至于贤人众矣，当时则荣，没则已焉⑧。孔

家里演习礼仪，对此我恭敬地徘徊留恋，舍不得离去。天下的君王以至于历代贤人实在是很多，他们在世时

zǐ bù yī chuán shí yú shì xué zhě zōng zhī zì tiān zǐ wáng hóu zhōng guó yán liù
子布衣⑨，传十余世，学者宗之⑩。自天子王侯，中国言六

十分荣耀，死后则什么也没有了。孔子只是个平民，但他的学说已流传了十几代，读书人都尊崇他。上自天

yì zhě zhé zhōng yú fū zǐ kě wèi zhì shèng yǐ
艺者⑪，折中于夫子⑫，可谓至圣矣！

子王侯，中国讲说六艺的人，都以孔子的学说作为标准，孔子真可以说是至高无上的圣人了！

---

①《诗》：即《诗经》，我国最早的诗歌总集。　②"高山"二句：出自《诗经·小雅·车辖》。、高山，比喻品德高尚。　仰，仰望。　止，句尾语气词，表示决定。　景行，大道。比喻行为光明正大。　③乡：同"向"。　④适：到。　⑤礼器：祭祀用的器具。　⑥诸生：众儒生。　以时习礼：按时演习礼仪。　⑦祇回：心怀敬意而流连徘徊。　⑧没：死。　已：完。　⑨布衣：平民。　⑩宗：尊崇。　⑪六艺：即"六经"，指《诗》、《书》、《礼》、《乐》、《易》、《春秋》。　⑫折中：取正，用以断定事物正确与否的准则。　夫子：古代对男子的尊称。此专称孔子。

（田松青）

外戚世家序

wài qī shì jiā xù

shǐ jì
《史记》

zì gǔ shòu mìng dì wáng jí jì tǐ shǒu wén zhī jūn fēi dú nèi dé mào yě gài yì yǒu
自古受命帝王及继体守文之君①，非独内德茂也②，盖亦有

自古以来接受天命创业的帝王，以及继承先帝政体、遵守先帝成法的君主，不仅仅是因为他个人自身

107

^{wài qī zhī zhù yān} ^{xià zhī xīng yě yǐ tú shān} ^{ér jié zhī fàng yě yǐ mò xǐ} ^{yīn zhī xīng yě yǐ}

外戚之助焉。夏之兴也以涂山③，而桀之放也以末喜④。殷之兴也以

的德行秀茂，也有外戚对他的帮助。夏朝的兴起是因为夏禹娶了涂山氏之女，而夏桀被流放是因为宠爱妹喜。殷

^{yǒu sōng} ^{zhòu zhī shā yě bì dá jǐ} ^{zhōu zhī xīng yě yǐ jiāng yuán jí tài rèn} ^{ér yōu wáng zhī qín yě}

有娀⑤，纣之杀也嬖妲己⑥。周之兴也以姜原及大任⑦，而幽王之禽也

商殷的兴起是因为有了有娀氏之女简狄，商纣的兵败自杀是因为宠爱妲己。周朝的兴起是因为有姜嫄和太任，而

^{yín yú bāo sì} ^{gù yì jī qián kūn shī shǐ guān jū shū měi lí jiàng}

淫于褒姒⑧。故《易》基《乾》、《坤》⑨，《诗》始《关雎》⑩，《书》美厘降⑪，

周幽王被擒是因为嬖幸褒姒。所以《周易》以《乾》卦和《坤》卦为基础，《诗经》以《关雎》开篇，《尚书》赞美尧帝

^{chūn qiū} ^{jī bù qīn yíng} ^{fū fù zhī jì} ^{rén dào zhī dà lún yě} ^{lǐ zhī yòng} ^{wéi hūn yīn wéi jīng}

《春秋》讥不亲迎⑫。夫妇之际，人道之大伦也。礼之用⑬，唯婚姻为兢

亲自料理女儿的婚事，《春秋》讥讽不亲自迎娶。夫妇之间的关系，是人类道义中最重要的伦理。礼仪的施行，

^{jīng} ^{fú yuè tiáo ér sì shí hé} ^{yīn yáng zhī biàn} ^{wàn wù zhī tǒng yě} ^{kě bú shèn yú}

兢⑭。夫乐调而四时和，阴阳之变，万物之统也⑮。可不慎与⑯？

唯独在婚姻上要特别慎重。音乐协调了，四季才能谐和，阴阳的变化，是万物的纲领。怎么可以不慎重呢？

① 受命帝王：受天命的帝王。指创业的帝王。 继体：继承先帝的政体。 守文：遵守先帝留下的
成法。 ② 内德：自身的德行。 ③ 涂山：指夏禹之妻涂山氏。传说夏禹娶涂山氏的女子，生下夏
启。涂山为地名，即今安徽当涂山，或谓在浙江绍兴。 ④ 桀：夏桀，相传夏朝最后一个帝王，暴虐无
道。 放：夏亡，桀被商汤流放于南巢（今安徽巢县西南）。 末喜：即妹喜，夏桀的宠妃。相传夏桀
对她言听计从，后与桀都死于南巢。 ⑤ 殷：即商朝。 有娀：指有娀氏之女简狄，帝喾之次妃，传说
她吞玄鸟（燕）卵而有孕，生契，为殷之始祖。有娀为古国名，在今山西运城蒲州镇。 ⑥ 纣：商代的
最后一个帝王，性情残暴，后为周武王讨伐，兵败自杀。 嬖：宠爱。 妲己：有苏氏之女，商纣之宠
妃。传说她助纣为虐，纣王死后被杀。 ⑦ 姜原：又作姜嫄，有邰氏之女，帝喾之妃，传说她在荒野踏
巨人的足印而孕，生后稷，后稷为周的始祖。 大任：即太任，周文王之母。 ⑧ 幽王：即周幽王，西
周的最后一个帝王，公元前781年至前771年在位。 禽：同"擒"。 褒姒：周幽王的宠妃，褒国人，
姓姒。相传褒姒生来不爱笑，周幽王为博其一笑，妄举烽火，戏弄诸侯。后犬戎入侵，周幽王再举烽火
告急，诸侯都不响应，终被犬戎所杀，褒姒被虏。 ⑨《易》：即《周易》，相传为周人所作，通过八卦形
式推测社会和自然界的变化，认为阴阳两种势力的相互作用是产生万物的根源。 《乾》、《坤》：《周
易》中开头两卦的卦名，分别表示阳和阴、男和女等。 ⑩《关雎》：《诗经》的第一篇，旧说此诗的宗
旨是歌颂后妃之德的。 ⑪ 美：赞美。 厘降：《尚书·虞书·尧典》有"厘降二女于妫汭"语，指尧
亲自办理把自己的两个女儿下嫁给舜的婚事。 厘，料理。 降，下嫁。 ⑫ 讥不亲迎：《春秋·隐
公二年》有"纪裂繻来逆女"语，讥其始不亲迎。 亲迎，古代婚嫁，新婚必亲至女家迎娶。 ⑬ 用：
施行。 ⑭ 兢兢：小心谨慎之貌。 ⑮ 统：纲纪，准则。 ⑯ 与：同"欤"，句尾助词，表示疑问。

rén néng hóng dào

人能弘道①，无如命何。甚哉②，妃匹之爱③，

人能弘扬道义，但对天命却无可奈何。夫妇之间的爱超越了一切，

jūn bù néng dé zhī yú chén

君不能得之于臣，父不能得之于子，况卑下乎！

这种爱君王不能从臣下那里得到，父亲不能从儿子那里得到，何况那些地位

jì huān hé yǐ   huò bù néng chéng zǐ xìng   néng chéng zǐ xìng yǐ   huò bù néng

既驩合矣④，或不能 成子姓⑤；能 成子姓矣，或不能

和辈份都很低下的人呢？夫妻间欢爱融洽了，有的却没有子息；即使有子息

yāo qí zhōng   qǐ fēi mìng yě zāi   kǒng zǐ hǎn chēng mìng   gài nán yán zhī yě

要其终⑥：岂非命也哉？孔子罕称 命，盖难言之也。

后代，有的却不能求得善终，这难道不是天命吗？孔子很少谈到天命，大概是因

fēi tōng yōu míng zhī biàn   wū néng shí hū xìng mìng zāi

非通幽明之变⑦，恶能识乎性命哉⑧？

为很难说清楚吧。不通晓阴阳的变化，怎么能懂得人性和命运的复杂道理呢？

① 弘：弘扬，发扬。 ② 甚：超越一切的。③ 妃匹：配匹，配偶。 妃，同"配"。④ 驩合：欢爱融洽。驩，同"欢"。⑤ 子姓：子孙。姓，生息。⑥ 要：求得。⑦ 幽明：阴阳。⑧ 恶：怎么。性命：人性与命运。

（田松青）

伯 夷 列 传

bó yí liè zhuàn

shǐ jì

《史记》

fú xué zhě zǎi jí jí bó   yóu kǎo xìn yú liù yì   shī   shū suī quē   rán yú

夫学者载籍极博①，犹考信于六艺②。《诗》、《书》虽缺③，然虞、

有学问的人看到过的书籍极为广博，但还是用六艺去核实材料的可靠性。《诗经》、《尚书》虽然残缺

xià zhī wén kě zhī yě   yáo jiāng xùn wèi   ràng yú yú shùn shùn yǔ zhī jiān   yuè mù xián jiàn

夏之文可知也④。尧将逊位⑤，让于虞舜，舜、禹之间，岳牧咸荐⑥，

不全，但关于虞舜、夏禹的史迹记载还是可以见到的。尧帝将要退位的时候，把帝位禅让给舜，舜及后来的

nǎi shì zhī yú wèi   diǎn zhí shù shí nián   gōng yòng jì xīng   rán hòu shòuzhèng   shì tiān xià zhòng qì

乃试之于位，典职数十年⑦，功用既兴⑧，然后授政，示天下重器⑨。

禹在即位以前，都是有四岳和九牧一致的推荐，才试任官职，掌管执政几十年，功效已经显示出来了，然后

wáng zhě dà tǒng   chuán tiān xià ruò sī zhī nán yě   ér shuō zhě yuē   yáo ràng tiān xià yú xǔ yóu   xǔ

王者大统⑩，传天下若斯之难也。而说者曰⑪，尧让天下于许由⑫，许

才把帝位传给他们，表明政权是最珍贵的宝器。帝王是天下的主宰，传交政权是这样的难啊！然而一些诸子

yóu bú shòu   chǐ zhī táo yǐn   jí xià zhī

由不受，耻之逃隐。及夏之

杂说记载说，尧要把天下让给许由，许由不

shí   yǒu biàn suí   wù guāng zhě   cǐ

时，有卞随、务光者⑬。此

肯接受，并以此为耻辱而逃走隐居起来。到

hé yǐ chēng yān   tài shǐ gōng yuē

何以称焉⑭？太史公曰：

了夏朝的时候，又有卞随、务光这样的隐者。

yú dēng jī shān   qí shàng gài yǒu

余登箕山，其上盖有

这是根据什么而说的呢？太史公说：我登上

xǔ yóu zhǒng yún   kǒng zǐ xù liè

许由冢云⑮。孔子序列

箕山，山上据说有许由的坟墓。孔子评述古

gǔ zhī rén shèng xián rén   rú wú tài bó

古之仁圣贤人，如吴太伯、

代的仁人、圣人和贤士，像吴太伯、伯夷之

bó yí zhī lún xiáng yǐ   yú yǐ suǒ wén

伯夷之伦详矣⑯。余以所闻

类，是很详细的。我所听说的许由、务光德义

yóu guāng yì zhì gāo   qí wén cí bù

由、光义至高，其文辞不

至为高尚，但有关他们的文字在经书中却连

shāo gài jiàn   hé zāi

少概见⑰，何哉？

概略的记载也见不到，这是为什么呢？

①载籍：书籍，泛指各种图书资料。　②考信：通过检验而被确认。　六艺：即《诗》、《书》、《礼》、《乐》、《易》、《春秋》六部儒家经典。　③缺：残缺不全。　④虞、夏之文：指《尚书》中有关尧、舜、禹之间禅让的事迹的记载。　虞，虞舜。夏，夏禹。　⑤逊位：退位。　⑥岳牧：即四岳、九牧。传说中四方诸侯之首及九州行政长官。　⑦典职：任职管事。　⑧功用：功效。　⑨示：表明，显示。　天下：此指政权。　重器：宝器，大器。　⑩大统：大纲。主宰者。　⑪说者：指诸子杂记。　⑫许由：传说中尧时的隐士。相传尧要让位于他，他拒不接受，逃隐到箕山（在今河南登封南）。　⑬卞随、务光：《庄子·让王》中虚构的人物。据说商汤曾向他们请教有关伐桀的问题，他们不回答。汤灭桀后，想把天下让给他们，他们都气愤得投河而死。　⑭称：说。　⑮盖、云：语气助词，表示怀疑。　冢：坟墓。　⑯"孔子"二句：孔子评述吴太伯事见《论语·泰伯》："泰伯其可谓至德也矣，三以天下让，民无得而称焉。"孔子评述伯夷事见下文。　序列：评述。　序，通"叙"。　吴太伯：周朝祖先古公亶父的长子，让位于其弟季历（周文王之父），自己出走到吴地。　⑰不少：没有一点。　少，稍微。　概见：概略的记载。　概，梗概，概略。

kǒng zǐ yuē　　　　bó yí　shū qí　bú niàn jiù è　　yuàn shì yòng xī　　　　　qiú rén dé rén　yòu

孔子曰①："伯夷、叔齐，不念旧恶②，怨是用希③。""求仁得仁，又

孔子说："伯夷、叔齐，不记旧仇，因此少有怨恨。""他们追求的是仁德，得到的正是仁德，又有什么怨恨呢？

hé yuàn hū　　yú bēi bó yí zhī yì　dǔ yì shī kě yì yān　　　　　qí zhuàn yuē

何怨乎？"余悲伯夷之意，睹轶诗可异焉④。其传曰⑤：

我悲叹伯夷的意志，在看到他们散佚于《诗经》之外的《采薇》诗后感到诧异。有关他们俩的传记是这样说的：

bó yí　shū qí　gū zhú jūn zhī èr zǐ yě　　　fù yù lì shū qí　jí fù zú　shū qí ràng bó

伯夷、叔齐，孤竹君之二子也⑥。父欲立叔齐，及父卒，叔齐让伯

伯夷、叔齐，是孤竹国君的儿子。他们的父亲想立叔齐为国君，等到父亲死后，叔齐要让位于伯夷。伯

yí　bó yí yuē　　fù mìng yě　　suì táo qù　　shū qí yì bù kěn lì ér táo zhī　guó rén lì qí zhōng

夷。伯夷曰："父命也。"遂逃去。叔齐亦不肯立而逃之。国人立其中

夷说："这是父亲的决定。"于是就逃走了。叔齐也不肯继承王位而逃走了。国人只好立孤竹君的二儿子为

zǐ　　yú shì bó yí　shū qí wén xī bó chāng shàn yǎng lǎo　　gài wǎng guī yān　　jí zhì　xī bó zú

子⑦。于是伯夷、叔齐闻西伯昌善养老⑧，盍往归焉⑨。及至，西伯卒，

君。在这时伯夷、叔齐听说西伯姬昌能很好地奉养老者，于是投奔了姬昌。等他俩到了那里，姬昌已经死了，

wǔ wáng zǎi mù zhǔ　　hào wéi wén wáng dōng fá zhòu　　bó yí　shū qí kòu mǎ ér jiàn yuē　　　fù sǐ

武王载木主⑩，号为文王，东伐纣⑪。伯夷、叔齐叩马而谏曰⑫："父死

他的儿子武王用车载着姬昌的灵牌，尊其为文王，向东攻伐商纣。伯夷、叔齐拉住武王的坐骑进谏说："父亲

bú zàng　yuán jí gān gē　　kě wèi xiào hū　　yǐ chén shì jūn kě wèi rén hū　　zuǒ yòu yù bīng zhī　tài

不葬，爰及干戈⑬，可谓孝乎？以臣弑君，可谓仁乎？"左右欲兵之⑭。太

死了不去埋葬，就马上动起干戈来，这可以说是孝吗？身为臣子却去杀害君主，这可以说是仁吗？"武王身边

gōng yuē　　　cǐ yì rén yě　　fú ér qù zhī　　wǔ wáng yǐ píng yīn luàn tiān xià zōng zhōu　　ér bó yí

公曰⑮："此义人也。"扶而去之。武王已平殷乱，天下宗周⑯，而伯夷、

的人想杀死他俩，姜太公说："这两人是义士啊！"把他们搀扶起来，让他们走了。武王平定了商纣之乱后，天

shū qí chǐ zhī　　yì bù shí zhōu sù　　yǐn yú shǒu yáng shān　　cǎi wēi ér shí zhī　　jí è qiě sǐ　　zuò

叔齐耻之，义不食周粟，隐于首阳山⑰，采薇而食之⑱。及饿且死⑲，作

下都归从了周王室，但伯夷、叔齐以此为耻辱，坚持大义不吃周朝的粮食，隐居在首阳山中，采野菜充饥。待

gē　　qí cí yuē　　　dēng bǐ xī shān xī　　cǎi qí wēi yǐ　　yǐ bào yì bào xī　　bù zhī qí fēi yǐ　　shén

歌。其辞曰："登彼西山兮⑳，采其薇矣。以暴易暴兮，不知其非矣。神

到饿得将要死了的时候，作了一首歌。歌词说："登上那座首阳山啊，采食山上的野菜。用暴虐代替暴虐啊，

nóng yú xià hū yān mò xī　　wǒ ān shì guī yǐ　　　　xū jiē cú xī　　mìng zhī shuāi yǐ　　suì è sǐ

农、虞、夏忽焉没兮㉑，我安适归矣㉒？于嗟徂兮㉓，命之衰矣！"遂饿死

还不知道自己的错误。神农、虞舜、夏禹这样的圣君都匆匆消失了，我能回到哪里去呢？哎呀，我要死去了

111

yú shǒu yáng shān

于首阳山。

啊,命运是如此的衰薄!"终于饿死在首阳山。

yóu cǐ guān zhī　　yuàn yé fēi yé

由此观之,怨邪非邪?

由此看来,他们到底是有怨恨呢,还是没有怨恨呢?

---

① **孔子曰**:以下两句,前一句引自《论语·公冶长》,后一句引自《论语·述而》。　② **恶**:仇怨。　③ **是用**:即"用是",因此。　**希**:同"稀",少。　④ **轶诗**:散佚而未编入《诗经》中的诗歌,指下文的《采薇》诗。　**异**:诧异。因前文孔子曰"怨是用希"、"又何怨乎",而《采薇》诗中多有怨词,故司马迁感到诧异。　⑤ **传**:指《韩诗外传》及《吕氏春秋》等书的记载。　⑥ **孤竹君**:孤竹国国君,姓墨胎。　**孤竹**,商时诸侯国名,在今河北卢龙县南。　⑦ **中子**:排行在伯夷、叔齐之间的儿子。　⑧ **西伯昌**:即周文王姬昌。姬昌商时为西伯(西方诸侯之长),故称。　**养老**:收养老人,即招贤纳士之意。　⑨ **盍**:同"盖",于是。　**归**:投奔。　⑩ **武王**:即周文王之子姬发。　**木主**:木制灵牌。文王死后,武王载其父之灵牌伐纣,以示谨奉父命,行父之志。　⑪ **纣**:商代最后一位帝王。　⑫ **叩马**:勒住马。　⑬ **爰**:于是,就。　⑭ **兵之**:用兵器加害于他。　⑮ **太公**:即姜尚,字子牙,辅佐周武王伐纣,建立周朝。　⑯ **宗周**:服从于周室政权。　⑰ **首阳山**:说法不一。一说即今山西省永济附近的雷首山。一说即今河南省偃师西北的首阳山。　⑱ **薇**:也叫"蕨",野菜名。　⑲ **且**:将要。　⑳ **西山**:即首阳山。　㉑ **神农**:即神农氏,传说中的远古帝王。　**没**:完了,尽。　㉒ **安**:如何,哪里。　**适**:往。　㉓ **于嗟**:感叹词。　**于**,同"吁"。　**徂**:通"殂",死。

---

huò yuē　　　　tiān dào wú qīn　　cháng yǔ shàn rén　　　　ruò bó yí shū qí　　kě wèi shàn rén zhě fēi

或曰①:"天道无亲②,常与善人③。"若伯夷、叔齐,可谓善人者非

有的人说:"天道是没有偏私的,它总是向着善人的。"像伯夷、叔齐,可以称作善人呢,还是不算善人

yé　　　jī rén jié xíng rú cǐ ér è sǐ　　　qiě qī shí zǐ zhī tú　　zhòng ní dú jiàn yán yuān wéi hào xué

邪? 积仁絜行如此而饿死④! 且七十子之徒⑤,仲尼独荐颜渊为好学⑥。

呢? 像他们这样积累仁德、品行高洁的人竟然会饿死! 还有孔子的七十二贤徒当中,孔子唯独推举颜渊是最

rán huí yě lǚ kōng　　zāo kāng bú yàn　　ér zú zǎo yāo　　tiān zhī bào shī shàn rén　　qí hé rú zāi　　dào zhí

然回也屡空⑦,糟糠不厌⑧,而卒蚤夭⑨。天之报施善人⑩,其何如哉? 盗跖

好学的一个。但是颜渊却屡次遭受困厄,连吃糟糠都得不到满足,终于早早地夭亡了。天道对善人的报答酬

rì shā bù gū　　gān rén zhī ròu　　bào lì zì suī　　jù dǎng shù qiān rén　　héng xíng tiān xià　　jìng yǐ

日杀不辜⑪,肝人之肉⑫,暴戾恣睢⑬,聚党数千人⑭,横行天下,竟以

谢,又怎么样呢? 盗跖每天都杀害无辜的人,吃人的心肝,残暴凶狠,任意妄为,聚集了几千个同伙,横行天

shòuzhōng。shì zūn hé dé zāi ? cǐ qí yóu dà zhāng míng jiào zhù zhě yě。ruò zhì jìn shì, cāo xíng bù

寿终⑮。是遵何德哉⑯？此其尤大彰 明较著者也⑰。若至近世,操行不

下,竟然寿终正寝。他干了什么好事呢？这些都是特别重大而显著的例子。如果说到近世,有的人操守品行

guǐ zhuān fàn jì huì ér zhōng shēn yì lè fù hòu lěi shì bù jué huò zé dì ér dǎo zhī shí

轨⑱,专犯忌讳⑲,而终 身逸乐,富厚累世不绝⑳。或择地而蹈之㉑,时

不端正,专门违法犯纪,但终身安逸快乐,财产富厚,历经几代都用不完。有的人小心谨慎,选好了地方才出

rán hòu chū yán xíng bù yóu jìng fēi gōng zhèng bù fā fèn ér yù huò zāi zhě bù kě shèng shǔ yě

然后出言㉒,行不由径㉓,非公 正不发愤,而遇祸灾者,不可胜数也。

脚走路,看准了时机才说话,从不走邪路,不是公正的事情不肯发愤去做,反而遭受祸害,这样的人数不胜

yú shèn huò yān tǎng suǒ wèi tiān dào shì yé fēi yé

余甚惑焉,傥所谓天道㉔,是邪非邪?

数。我感到非常困惑不解,如果这就是所谓的天道,那么它究竟是对的呢,还是不对的呢?

①或曰:下句引自《老子》第七十九章。 ②亲:亲近,偏向。 ③与:帮助。
④絜:同"洁"。 ⑤七十子:指孔门弟子。相传孔子门下弟子三千,才德出众者
七十二人。此举其整数为"七十"。 ⑥颜渊:即颜回,字子渊,孔子的弟子。孔
子认为他最好学。 ⑦屡空:多次遭受困厄。 空,困厄。 ⑧不厌:无法满
足。 ⑨卒:终于。 蚤夭:早死。颜渊死时年仅三十二岁。 蚤,同"早"。
夭,夭折。 ⑩报施:报答,酬谢。 ⑪盗跖:相传为春秋时奴隶起义的领袖,历
史上被诬为大盗,名跖。 不辜:无辜,无罪之人。 ⑫肝人之肉:即《庄子·盗
跖》中所谓"脍人肝而铺之"。一说肝为"脍"字之讹。 ⑬暴戾:残暴凶狠。
戾,乖张。 恣睢:放任胡为。 ⑭党:同伙。 ⑮寿终:自然死亡。 ⑯遵何
德:犹言"干了什么好事"。 ⑰彰明:鲜明。 较著:明显。 较,明。 ⑱不
轨:不端,不走正道。 ⑲忌讳:指禁令。 ⑳累世:一连几代。 ㉑择地而蹈
之:看好了地方才下脚迈这一步。言其小心谨慎之状。 ㉒时然后出言:看准时
机合适再说话。语出《论语·宪问》:"夫子时然后言,人不厌其言。" ㉓行不由
径:走路不抄近道。语出《论语·雍也》:"有澹台灭明者,行不由径。" 径,小路。
㉔傥:同"倘",如果。

zǐ yuē dào bù tóng bù xiāng wéi móu yì gè cóng qí zhì yě gù yuē

子曰:"道不同不相为谋。①"亦各从其志也。故曰②:

孔子说:"主张见解不同,就无法一齐谋划事情。"这意思也是各自依照自己的意愿行事罢了。所以孔

"富贵如可求，虽执鞭之士③，吾亦为之。如不
fù guì rú kě qiú suī zhí biān zhī shì wú yì wéi zhī rú bù

子又说："富贵如能求得的话，即使做持鞭驾车的人，我也愿意干。如果富贵不

可求，从吾所好。""岁寒，然后知松柏之后
kě qiú cóng wú suǒ hào suì hán rán hòu zhī sōng bǎi zhī hòu

可以求得，那就按照我所喜好的去做。""岁月到了寒冷的季节，才知道松柏是

凋。"举世混浊，清士乃见④，岂以其重若彼，
diāo jǔ shì hún zhuó qīng shì nǎi xiàn qǐ yǐ qí zhòng ruò bǐ

最后凋零的。"整个世道都浑浊的时候，高洁之士便显现了出来。难道是

其轻若此哉？
qí qīng ruò cǐ zāi

因为他们把道德看得太重，或将富贵看得太轻吗？

① 该句引自《论语·卫灵公》。子，孔子。 ② 故曰：以下两句分别引自《论语·述而》和《论语·子罕》。 ③ 虽：即使。执鞭：持鞭驾车。指干低贱的事情。 ④ 清士：高洁的人。见：同"现"，显现。

"君子疾没世而名不称焉①。"贾子曰②："贪夫徇财③，烈士徇名④，
jūn zǐ jí mò shì ér míng bù chēng yān jiǎ zǐ yuē tān fū xùn cái liè shì xùn míng

"君子最怕死后名声不被传扬。"贾谊说："贪婪的人为财而死，壮烈刚强的人为名节而献身，自命不

夸者死权⑤，众庶冯生⑥。"同明相照，同类相求⑦。"云从龙，风从虎，
kuā zhě sǐ quán zhòng shù píng shēng tóng míng xiāng zhào tóng lèi xiāng qiú yún cóng lóng fēng cóng hǔ

凡的人为权势而亡，一般的老百姓则只贪求生存。"同样明亮的东西就互相辉映，同样种类的事物会彼此应

圣人作而万物睹⑧。"伯夷、叔齐虽贤，得夫子而名益彰⑨。颜渊虽笃
shèng rén zuò ér wàn wù dǔ bó yí shū qí suī xián dé fū zǐ ér míng yì zhāng yán yuān suī dǔ

求。"云随龙而生，风随虎而起，圣人出现则万物也因之而引人注目。"伯夷、叔齐虽然贤德，也是因为得到孔

学⑩，附骥尾而行益显⑪。岩穴之士⑫，趣舍有时若此⑬，类名堙灭而不
xué fù jì wěi ér xíng yì xiǎn yán xué zhī shì qū shě yǒu shí ruò cǐ lèi míng yān miè ér bù

子的赞扬而名声更加显扬。颜渊虽然好学，也是因为受到孔子的提携而德行越加显露。山野隐士，出仕和退

称⑭，悲夫！闾巷之人⑮，欲砥行立名者⑯，非附青云之士⑰，恶能施于
chēng bēi fú lú xiàng zhī rén yù dǐ xíng lì míng zhě fēi fù qīng yún zhī shì wū néng shī yú

隐都像他们这样依据时机，但他们大抵都声名湮没而不受称道，那就太可悲了！民间百姓，想要磨砺德行而

后世哉⑱？
hòu shì zāi

树立名声的，如果不依附像孔子之类德高望重的人，怎么能留名于后世呢？

① "君子"句：引自《论语·卫灵公》。　疾，恨。　没世，死。　② 贾子：即贾谊，汉初著名的文学家、政治家。下文引自贾谊《鵩鸟赋》。　③ 徇财：为财而死。徇，同"殉"。　④ 烈士：指坚贞不屈的刚强之士。　⑤ 夸者：好矜夸、好作威作福之人。　权：权势。　⑥ 众庶：老百姓。　冯生：贪生。冯，同"凭"，仗恃，这里引申为看重。　⑦ "同明"二句：语出《周易·乾卦》，原文为"同声相应，同气相求"。　⑧ "云从"三句：引自《周易·乾卦》。　⑨ 夫子：即孔子。　⑩ 笃学：勤学。　⑪ 附骥尾：蚊虻附在千里马的尾巴上也可以行千里。比喻普通人受到名人的提携。　骥，千里马。　⑫ 岩穴之士：指隐居之士。　⑬ 趣：通"趋"，指出仕。　舍：指退隐。　有时：依据时机。　⑭ 类：大抵。　埋灭：埋没。埋，通"湮"，淹没。　⑮ 闾巷：即里巷。泛指民间。　⑯ 砥行：磨砺行为，修养道德。　⑰ 青云之士：名望、地位极高的人。　⑱ 恶：哪里。施：延续。

（田松青）

管晏列传 guǎn yàn liè zhuàn

《史记》 shǐ jì

管仲夷吾者，颍上人也①。少时常与鲍叔牙游②，鲍叔知其贤。
guǎn zhòng yí wú zhě，yǐng shàng rén yě　　shào shí cháng yǔ bào shū yá yóu　　bào shū zhī qí xián

管仲，名夷吾，颍上人。他年轻时经常与鲍叔牙交往，鲍叔牙知道他有贤才。管仲家境贫困，常

管仲贫困，常欺鲍叔③，鲍叔终善遇
guǎn zhòng pín kùn cháng qī bào shū　　bào shū zhōng shàn yù

占鲍叔牙的便宜，但鲍叔牙始终对他很好，并不因此而有怨

之④，不以为言。已而鲍叔事齐
zhī　　bù yǐ wéi yán　　yǐ ér bào shū shì qí

之。后来鲍叔牙侍奉齐国公子小白，管仲侍

公子小白⑤，管仲事公子纠⑥。及小白
gōng zǐ xiǎo bái　　guǎn zhòng shì gōng zǐ jiū　　jí xiǎo bái

奉公子纠。到了小白被立为齐桓公后，公子纠被杀，管仲也

立为桓公，公子纠死，管仲囚
lì wéi huán gōng gōng zǐ jiū sǐ guǎn zhòng qiú

被囚禁起来。鲍叔牙于是向齐桓公推荐管

① 颍上：在今安徽颍上一带。
② 鲍叔牙：春秋时齐国大夫。
游：交游、交往。　③ 欺：欺骗。
④ 终：始终。　遇：对待。　⑤ 已而：后来。　公子小白：即后来的齐桓公，名小白，齐襄公之弟。公元前685年至前643年在位。　⑥ 公子纠：齐襄公之弟。襄公被杀后，与小白争夺君位，失败后被杀。
⑦ 进：举荐。　⑧ 合：会集。
⑨ 一匡：全部纳入正轨。匡，正。

yān　bào shū suì jìn guǎn zhòng　　guǎn zhòng jì yòng　rèn zhèng yú qí　qí huán gōng yǐ bà　　jiǔ hé zhū hóu
焉。鲍叔遂进管仲⑦。管仲既用,任政于齐,齐桓公以霸,九合诸侯⑧,

仲。管仲被起用以后,在齐国掌管政事,齐桓公因此而得成霸业,九次会集诸侯,使天下一切纳入正轨,

yì kuāng tiān xià　　guǎn zhòng zhī móu yě
一匡天下⑨,管仲之谋也。

都是管仲的计谋。

guǎn zhòng yuē　　wú shǐ kùn shí　cháng yǔ bào shū gǔ　　fēn cái lì
管仲曰①:"吾始困时,尝与鲍叔贾②,分财利

管仲说:"当初我贫困的时候,曾经和鲍叔牙一起做生意,分财产盈利时

duō zì yǔ　bào shū bù yǐ wǒ wéi tān　zhī wǒ pín yě　　wú cháng wèi bào
多自与,鲍叔不以我为贪,知我贫也。吾尝为鲍

自己常多拿,鲍叔牙不认为我贪财,知道我家中贫穷。我曾经替鲍叔牙谋划事情

shū móu shì ér gèng qióng kùn　bào shū bù yǐ wǒ wéi yú　zhī shí yǒu lì bú lì
叔谋事而更穷困,鲍叔不以我为愚,知时有利不利

却使他更加困,鲍叔牙不认为我愚笨,知道时机有利和不利。我曾经三次做官

yě　　wú cháng sān shì sān jiàn zhú yú jūn　bào shū bù yǐ wǒ wéi bú xiào
也③。吾尝三仕三见逐于君④,鲍叔不以我为不肖⑤,

但三次被君主免职,鲍叔牙不认为我没有才能,知道我没有遇上好时机。我曾

zhī wǒ bù zāo shí yě　　wú cháng sān zhàn sān zǒu　bào shū bù yǐ wǒ wéi qiè
知我不遭时也。吾尝三战三走⑥,鲍叔不以我为怯,

经三次打仗但三次战败逃跑,鲍叔牙不认为我胆小,知道我家中有老母。公子

zhī wǒ yǒu lǎo mǔ yě　　gōng zǐ jiū bài　shào hū sǐ zhī　　wú yōu qiú shòu
知我有老母也。公子纠败,召忽死之⑦,吾幽囚受

纠争夺王位失败,召忽因此而自杀,我却被囚禁起来受辱,鲍叔牙不认为

rǔ　bào shū bù yǐ wǒ wéi wú chǐ　zhī wǒ bù xiū xiǎo jié ér chǐ gōng míng bù xiǎn yú tiān xià yě
辱,鲍叔不以我为无耻,知我不羞小节而耻功名不显于天下也。

我不知羞耻,知道我不为小节感到羞耻而以功名没有显扬于天下为耻。生我的是父母,但了解我

shēng wǒ zhě fù mǔ　zhī wǒ zhě bào zǐ yě
生我者父母,知我者鲍子也!"

的是鲍叔牙啊!"

① 管仲曰:
下文引自《列
子·力命篇》。
② 贾:坐地经
商。 ③ 时:时
机。 ④ 见:
被。 ⑤ 不肖:
不才,没有才
能。 ⑥ 走:
跑。此指战败逃
走。 ⑦ 召忽:
齐人,与管仲同
事公子纠。纠
死,召忽自杀。
死之:因公子纠
被杀而自杀。

bào shū jì jìn guǎn zhòng yǐ shēn xià zhī　　zǐ sūn shì lù yú qí　　yǒu fēng yì
鲍叔既进管仲,以身下之①。子孙世禄于齐,有封邑

鲍叔牙推荐管仲以后,甘心位居管仲之下。鲍叔牙的子孙世代在齐国享受俸

zhě shí yú shì cháng wéi míng dà fū　　tiān xià bù duō guǎn zhòng zhī xián ér duō bào shū
者十余世,常为名大夫。天下不多管仲之贤而多鲍叔

禄,十几代人有封地,常常是著名的大夫。所以天下人不称赞管仲的贤能而称赞鲍叔

néng zhī rén yě②
能知人也②。

牙能够识别人才。

> ① 以身下
> 之:位居管
> 仲之下。
> ② 多:赞
> 扬。

guǎn zhòng jì rèn zhèng xiàng qí　　yǐ qū qū zhī qí zài hǎi bīn　　tōng huò jī cái　　fù guó qiáng
管仲既任政相齐,以区区之齐在海滨,通货积财①,富国强

管仲在齐国执政,担任齐相后,使地处海滨的小小齐国,流通货物,积蓄财产,国家富庶而军事强大,

bīng　　yǔ sú tóng hào wù　　gù qí chēng yuē　　cāng lǐn shí ér zhī lǐ jié　　yī shí zú ér zhī róng
兵,与俗同好恶。故其称曰②:"仓廪实而知礼节③,衣食足而知荣

与老百姓同好恶。所以管仲说:"粮仓满了,才能使百姓知道礼节;衣食富足了,才能使老百姓懂得荣誉和耻

rǔ　　shàng fú dù zé liù qīn gù　　　　sì wéi bù zhāng　　guó nǎi miè wáng　　xià lìng rú liú shuǐ
辱,上服度则六亲固④。""四维不张⑤,国乃灭亡。""下令如流水

辱;国君遵礼守法,才能使六亲之间亲密无间。""礼义廉耻得不到张扬,国家就要灭亡。""国家颁布的政令

zhī yuán　　lìng shùn mín xīn　　gù lùn bēi ér yì xíng⑦　　sú zhī suǒ yù　　yīn ér yǔ zhī　　sú zhī suǒ
之原⑥,令顺民心。"故论卑而易行⑦。俗之所欲,因而与之;俗之所

要像流水的源泉一样,畅流无阻,应使它顺乎民心。"所以政论平易浅近而易于推行,老百姓想获得的,就因

fǒu　　yīn ér qù zhī
否,因而去之。

势而给予;老百姓反对的,就因势而废除。

> ① **通货**:交换商货。　② **其称曰**:下文三句引自《管
> 子·牧民篇》,但与今本《管子》稍有出入。　③ **仓廪**:粮
> 仓。　**实**:充实。　④ **上**:国君。　**服度**:遵礼守法。　**六**
> **亲**:泛指内亲外戚。　⑤ **四维**:指礼、义、廉、耻。　**维**,纲
> 纪。　⑥ **原**:通"源",源泉。　⑦ **论卑**:政论卑下、浅近。

其为政也，善因祸而为福，转败而为功。贵轻重①，慎权衡②。桓
^{qí wéi zhèng yě　shàn yīn huò ér wéi fú　zhuǎn bài ér wéi gōng　guì qīngzhòng　shèn quán héng　huán}

管仲掌理政事，善于将灾祸转化为安福，将失败转化为成功。重视事情的轻急缓急，谨慎地权衡利害

公实怒少姬，南袭蔡③，管仲因而伐楚，责包茅不入贡于周室④。桓公
^{gōng shí nù shào jī　nán xí cài　guǎn zhòng yīn ér fá chǔ　zé bāo máo bú rù gòng yú zhōu shì　huán gōng}

得失。齐桓公实际上是恼恨少姬，南下攻打蔡国，管仲趁势讨伐楚国，指责楚国没有向周王室进贡包茅，齐

实北征山戎⑤，而管仲因而令燕修召公之政⑥。于柯之会，桓公欲背
^{shí běi zhēng shān róng　ér guǎn zhòng yīn ér lìng yān xiū shào gōng zhī zhèng　yú kē zhī huì　huán gōng yù bèi}

桓公实际上是北上讨伐山戎，而管仲趁势责令燕国实行召公的善政。在柯地与鲁国会盟，齐桓公想违背与

曹沫之约，管仲因而信之，诸侯由是归齐⑦。故曰："知与之为取，政
^{cáo mò zhī yuē　guǎn zhòng yīn ér xìn zhī　zhū hóu yóu shì guī qí　gù yuē　zhī yǔ zhī wèi qǔ　zhèng}

曹沫的盟约，管仲趁势使桓公树立信义，诸侯因此都归服齐国。所以说："懂得给予就是为了获取的道理，这

之宝也。"
^{zhī bǎo yě}

是治理政事的法宝啊。"

①轻重：本指钱币，此指轻重缓急之事。　②权衡：本指秤，此指得失。　③"桓公"二句：齐桓公二十九年（前657），桓公与夫人少姬戏于船中，少姬因晃荡船只，惊吓了桓公，桓公怒，将少姬送回蔡国。后蔡国将少姬另嫁，桓公恼怒，遂于三十九年（前646）伐蔡。少姬，桓公最年轻的姬妾，姓蔡。　蔡，国名，在今河南上蔡、安徽凤台一带。　④"责包茅"句：事详见本书《齐桓公伐楚盟屈完》。　包茅，古代祭祀时，用裹束着的青茅滤酒渣，故称此青茅为包茅。　⑤北征山戎：齐桓公二十三年（前663）山戎伐燕，齐桓公救燕而伐山戎。　山戎，古族名，又称北戎，春秋时分布在河北北部一带。　⑥召公：又称邵公、召康公，名奭，燕国始祖。周武王死后，与周公旦共辅成王，政绩卓著。　⑦"于柯"四句：齐桓公五年（前681），桓公与鲁庄公会盟于柯。鲁人曹沫以匕首挟持桓公，以逼其退还侵占的鲁地，桓公答允。不久，桓公又欲背约，管仲劝他践约，于是归还鲁地。　柯，地名，今山东东阿县西南。　曹沫，即曹刿，春秋时鲁国人。　信之，使（桓公）有信义。

管仲富拟于公室①，有三归、反坫②，齐人不以为侈。管仲卒，
^{guǎn zhòng fù nǐ yú gōng shì　yǒu sān guī　fǎn diàn　qí rén bù yǐ wéi chǐ　guǎn zhòng zú}

管仲的财富可以与诸侯王室相比，有三归台和反坫，但齐国人并不认为他奢侈。管仲死后，齐国仍然

qí guó zūn qí zhèng cháng qiáng yú
齐国遵其政，常强于

遵循他的政策法令，因此一直比其

zhū hóu
诸侯。

他诸侯强大。

hòu bǎi yú nián ér yǒu yàn
后百余年而有晏

管仲死后一百多年，齐国又

zǐ yān
子焉。

出了个晏子。

---

① 拟：比。　② 三归：说法不一。一说为台名，为管仲所筑，见刘向《说苑·善说》。一说为娶三姓女，《战国策·东周》："管仲故为三归之家。"注："妇人谓嫁曰归。"一说指市租常例之归之公者，语出《管子·山至数》："则民之三有归于上矣。"　反坫：反爵之坫。　坫，即放置酒杯的土台，在两楹之间。互相敬酒后，把空爵反置于坫上，为周时诸侯宴会之礼。管仲是大夫，按理不得享有反坫。

---

① 莱：古国名，公元前567年为齐所灭。　夷维：今山东高密。　② 齐灵公：名环，公元前581年至前554年在位。　庄公：即齐庄公，名光，公元前553年至前548年在位。　景公：即齐景公，名杵臼，公元前547年至前490年在位。　③ 力行：尽力而为。　重：受敬重。　④ 重肉：两道肉食、荤菜。　⑤ 危言：直言。　⑥ 危行：正直的行为。　⑦ 衡命：权衡利害得失而行动。　⑧ 三世：指齐灵公、庄公、景公。

yàn píng zhòng yīng zhě　lái zhī yí wéi rén yě
晏平仲婴者，莱之夷维人也①。

晏平仲，名婴，莱国夷维人。侍奉齐灵公、齐庄公、

shì qí líng gōng zhuāng gōng jǐng gōng　yǐ jié jiǎn lì
事齐灵公、庄公、景公②，以节俭力

齐景公，因为节约俭朴、做事尽力而为而受到齐国人的敬

xíng zhòng yú qí　jì xiàng qí shí bù chóng ròu　qiè
行重于齐③。既相齐，食不重肉④，妾

重。晏子担任齐相后，吃饭不吃两道荤菜，妻妾不穿丝绸

bú yì bó　qí zài cháo jūn yǔ jí zhī　jí wēi yán
不衣帛。其在朝，君语及之，即危言⑤；

衣服。他在朝廷上，国君提到的事，他就直言相告；国君没

yǔ bù jí zhī　jí wēi xíng　guó yǒu dào　jí shùn mìng　wú dào　jí héng mìng　yǐ cǐ sān shì xiǎn
语不及之，即危行⑥。国有道，即顺命；无道，即衡命⑦。以此三世显

有提到的事，他就公正地去处理。国君有道，他就服从命令；国君无道，他就权衡利害得失后再行动。因为这

míng yú zhū hóu
名于诸侯⑧。

样，在齐灵公、庄公、景公三代，他的名声显赫于诸侯之中。

yuè shí fù xián   zài léi xiè zhōng   yàn zǐ chū zāo zhī tú   jiě zuǒ cān shú zhī   zài guī

越石父贤①,在缧绁中②。晏子出,遭之涂③。解左骖赎之④,载归。

越石父有贤能,被拘捕。晏婴外出,在路上遇见他。晏婴解下马车左边的马将越石父赎了出来,载着

fú xiè   rù guī   jiǔ zhī   yuè shí fù qǐng jué   yàn zǐ jué rán   shè yī guān xiè yuē   yīng suī

弗谢⑤,入闺⑥,久之。越石父请绝⑦。晏子戄然⑧,摄衣冠谢曰⑨:"婴虽

他回到家中。晏子没有向越石父告辞,就进了内室,很久不出来。越石父请求与晏婴绝交。晏子很震惊,整理

bù rén   miǎn zǐ yú è   hé zǐ qiú jué zhī sù yě   shí fù yuē   bù rán   wú wén jūn zǐ chù yú

不仁,免子于厄⑩,何子求绝之速也?"石父曰:"不然。吾闻君子诎于

好衣冠道歉说:"我虽然没有仁德,但帮助您脱离了困境,您为什么这么快就要与我绝交呢?"越石父说:"话

bù zhī jǐ ér xìn yú zhī jǐ zhě   fāng wú zài léi xiè zhōng bǐ bù zhī wǒ yě   fū zǐ jì yǐ gǎn

不知己而信于知己者⑪。方吾在缧绁中,彼不知我也。夫子既已感

不能这么说。我听说君子在不是知己的人那里受到委屈,而在知己那里自由伸展。当我被拘捕时,那些人是

wù ér shú wǒ   shì zhī jǐ   zhī jǐ ér wú lǐ   gù bù rú zài léi xiè zhī zhōng   yàn zǐ yú shì

寤而赎我⑫,是知己;知己而无礼,固不如在缧绁之中。"晏子于是

不了解我。您既然了解我而把我赎出来,这就是我的知己;是我的知己却对我无礼,倒不如被拘捕。"晏子于

yán rù wéi shàng kè

延入为上客⑬。

是将他请进屋,奉为上宾。

---

① 越石父:齐国贤人。   ② 缧绁:拘系犯人的绳索。
此指拘禁。   ③ 涂:同"途"。   ④ 骖:一车套三马,
两旁的马叫"骖"。   ⑤ 谢:告辞。   ⑥ 闺:内室。
⑦ 绝:绝交。   ⑧ 戄然:震惊貌。   ⑨ 摄:提,整理。
谢:谢罪,道歉。   ⑩ 厄:困境。   ⑪ 诎:同"屈",委
屈。   信:同"伸",伸展。   ⑫ 感寤:即"感悟"。此
意为理解。   ⑬ 延:请。

---

yàn zǐ wéi qí xiàng chū   qí yù zhī qī cóng mén jiān ér kuī qí fū   qí fū wéi xiàng yù   yōng dà

晏子为齐相,出,其御之妻从门间而窥其夫①。其夫为相御,拥大

晏子担任齐相,一次外出,他的车夫的妻子从门缝间偷看她的丈夫。她的丈夫替宰相驾车,支着大车

gài   cè sì mǎ   yì qì yáng yáng shèn zì dé yě   jì ér guī   qí qī qǐng qù   fū wèn qí gù

盖②,策驷马③,意气扬扬,甚自得也。既而归,其妻请去④。夫问其故。

盖,赶着驾车的四匹马,意气昂扬,十分自得。车夫回家以后,他的妻子请求离去。车夫问她为什么。妻子说:

120

妻曰：“晏子长不满六尺，身相齐国，名显诸侯。今
qī yuē　　yàn zǐ cháng bù mǎn liù chǐ　shēn xiàng qí guó　míng xiǎn zhū hóu　jīn

"晏子身高不满六尺，却做了齐国的宰相，名声显赫于诸侯。今天我看见

者妾观其出，志念深矣⑤，常有以自下者⑥。今子长
zhě qiè guān qí chū　zhì niàn shēn yǐ　　cháng yǒu yǐ zì xià zhě　　jīn zǐ cháng

他出门，思虑深远，总是态度谦和。现在你身高八尺，却给别人当仆从车

八尺，乃为人仆御，然子之意自以为足，妾是以求去
bā chǐ　nǎi wéi rén pú yù　rán zǐ zhī yì zì yǐ wéi zú　qiè shì yǐ qiú qù

夫，而你的心意却自以为满足，所以我要求离去。"从此以后，她的丈夫就

也。”其后夫自抑损⑦。晏子怪而问之，御以实对。晏
yě　　qí hòu fū zì yì sǔn　　yàn zǐ guài ér wèn zhī　yù yǐ shí duì　yàn

变得谦卑起来了。晏子感到奇怪，就问他，车夫如实作了回答。晏子便推

子荐以为大夫。
zǐ jiàn yǐ wéi dà fū

荐他为大夫。

① 御：驾驶车马。这里指驾车的人。　② 盖：车盖，车上遮阳挡雨的大伞。
③ 策：鞭打。驷马：拉同一辆车的四匹马。
④ 去：离开。
⑤ 志念：思虑。
⑥ 自下：甘居人下。指态度谦和。　⑦ 抑损：谦卑，不自满。

①《牧民》、《山高》、《乘马》、《轻重》、《九府》：均为《管子》一书中的篇名。《管子》为后人托管仲之名的战国时齐国管子学派的著作。　②《晏子春秋》：书名，旧题晏婴撰，实系后人依托并采缀晏婴言行而作。　③ 次：编次。

太史公曰：吾读管氏《牧民》、《山高》、《乘马》、
tài shǐ gōng yuē　wú dú guǎn shì　mù mín　　shān gāo　　chéng mǎ

太史公说：我阅读了管仲的《牧民》、《山高》、《乘马》、《轻重》、《九府》，

《轻重》、《九府》①，及《晏子春秋》②，详哉其言之也。
qīng zhòng　　jiǔ fǔ　　jí　yàn zǐ chūn qiū　xiáng zāi qí yán zhī yě

以及《晏子春秋》，这些书中都说得很详细。读了他们的著作后，还想了解

既见其著书，欲观其行事，故次其传③。至其书，世
jì jiàn qí zhù shū　yù guān qí xíng shì　gù cì qí zhuàn　zhì qí shū　shì

他们所作所为，所以编写了他们的传记。至于他们的著作，世上多能看到，

多有之，是以不论，论其轶事。
duō yǒu zhī　shì yǐ bú lùn　lùn qí yì shì

所以不再论述，传文里只讲述他们的轶事。

guǎnzhòng shì suǒ wèi xián chén　rán kǒng zǐ xiǎo zhī　　qǐ yǐ wéi zhōu dào

管仲世所谓贤臣，然孔子小之①，岂以为周道

管仲是世人所说的贤臣，但孔子却小看他，难道孔子认为周室衰微，齐桓

shuāi wēi　huáng gōng jì xián　ér bù miǎn zhī zhì wáng　　nǎi chēng bà zāi　　　yǔ yuē

衰微，桓公既贤，而不勉之至王②，乃称霸哉？语曰

公既然很贤明，而管仲不劝勉他推行王道，却辅佐他称霸吗？《孝经》上说："顺势

jiāng shùn qí měi kuāng jiù qí è　gù shàng xià néng xiāng qīn yě　　　qǐ guǎn

"将顺其美，匡救其恶，故上下能相亲也"③。岂管

推广君主的美德，扶正补救君主的过错，所以君臣上下就能相亲近。"这难道不

zhòng zhī wèi hū

仲之谓乎？

是说的管仲吗？

> ① 孔子小之：
> 孔子小看管仲。
> 《论语·八佾》：
> "管仲之器小
> 哉！"小，小看。
> ② 至王：实行
> 王道。 ③ "语
> 曰"三句：引自
> 《孝经·事君》。
> 将顺，顺势助
> 成。 匡救，扶
> 正补救。

> ① "方晏子"二
> 句：事详见本书
> 《晏子不死君难》
> 一文。 ② 见
> 义不为无勇：引
> 自《论语·为政
> 篇》。 ③ 颜：
> 面容，脸色。
> ④ "进思"二句：
> 引自《孝经·事
> 君》。进，指出
> 仕。退，指在
> 野。 ⑤ 执鞭：
> 持鞭驾车。表示
> 对别人的敬仰。
> ⑥ 忻慕：高兴、
> 羡慕。忻，同
> "欣"，心喜。

fāng yàn zǐ fú zhuāng gōng shī kū zhī chéng lǐ rán hòu qù　　qǐ suǒ

方晏子伏庄公尸哭之，成礼然后去①，岂所

当晏子伏在齐庄公体上哭吊他，尽了君臣之礼然后离开，这岂不就

wèi　jiàn yì bù wéi wú yǒng　zhě yé　　zhì qí jiàn shuì fàn jūn zhī yán

谓"见义不为无勇"者邪②？至其谏说，犯君之颜③，

是所谓的"见义不为，就是没有勇气"的人吗？至于他直言进谏，敢于冒犯君王

cǐ suǒ wèi　　jìn sī jìn zhōng tuì sī bǔ guò zhě zāi　　jiǎ lìng yàn zǐ ér

此所谓"进思尽忠，退思补过"者哉④！假令晏子而

的威颜，这就是所谓的"在朝做官要尽忠，在野时要反思弥补过失"的人啊！假

zài　yú suī wèi zhī zhí biān　　suǒ xīn mù yān

在，余虽为之执鞭⑤，所忻慕焉⑥。

使让晏子活到现在，即使让我替他执鞭驾车，也是我所高兴和美慕的事。

（田松青）

屈 原 列 传

qū yuán liè zhuàn

《史记》
shǐ jì

屈原者，名平，楚之同姓也①。为楚怀王左徒②。博闻强志③，明于

屈原名平，与楚国的王族同姓。担任楚怀王的左徒。屈原学识广博，记忆力很强，通晓治理国家的道

治乱④，娴于辞令⑤。入则与王图议国事，以出号令；出则接遇宾客⑥

理，熟习外交辞令。在内与楚怀王谋划商议国家大事，发号施令；对外则接待他国的使节，应酬诸侯。楚怀王

应对诸侯。王甚任之⑦。

十分信任他。

> ① 楚之同姓：楚王族本姓芈（mǐ 米），楚武王之子瑕封于屈（相传在今湖北秭归东），其后遂以屈为姓。瑕为屈原的祖先。　② 楚怀王：名熊槐，公元前328年至前299年在位。　左徒：楚官名，其职位相当于上大夫而仅次于令尹。
> ③ 闻：学识。　志：记。　④ 治乱：政治安定和混乱，指治理国家的道理。
> ⑤ 娴：熟习。　辞令：指外交时应酬交际的语言。　⑥ 出：指对外与诸侯交往。　接遇：接见，招待。　宾客：别国的使节。　⑦ 任：信赖。

上官大夫与之同列①，争宠而心害其能②。怀王使屈原造为宪

上官大夫和屈原官位相同，想争得楚怀王的宠幸，心中嫉妒屈原的贤能。楚怀王派屈原制订国家法

令③，屈平属草稿未定④。上官大夫见而欲夺之，屈平不与，因谗之曰：

令，屈原起草的法令还没有定稿。上官大夫见了就想夺走它，屈原不给他，上官大夫因而向楚怀王毁谤屈原

"王使屈平为令，众莫不知，每一令出，平伐其功⑤，曰以为'非我莫

说："大王您让屈原制订法令，大家没有不知道的，每发出一项法令，屈原就夸耀自己的功劳，认为'除了我，

能为'也⑥。"王怒而疏屈平⑦。

没有人能做得到'。"楚怀王很生气，就疏远了屈原。

123

① 上官大夫：姓上官的大夫。 上官，复姓。 大夫，官名。 同列：同位。 ② 害：嫉妒。 ③ 造为宪令：制订国家法令。 ④ 属：写作。 ⑤ 伐：夸耀。 ⑥ 曰：此字疑为衍文。 ⑦ 疏：疏远。

qū píng jí wáng tīng zhī bù cōng yě　　chán chǎn zhī bì míng yě　　xié qū zhī hài gōng yě　　fāng zhèng

屈平疾王听之不聪也①，谗谄之蔽明也②，邪曲之害公也③，方正

屈原痛心于楚怀王听不进忠言，被诽谤和谄媚蒙蔽而所见不明，邪恶的小人陷害公正无私的人，端

zhī bù róng yě　　gù yōu chóu yōu sī ér zuò　　lí sāo　　　　lí sāo zhě　　yóu lí yōu yě　　fú tiān zhě　　rén

之不容也，故忧愁幽思而作《离骚》④。离骚者，犹离忧也。夫天者，人

方正直的人不为小人所容，所以忧愁苦闷而写下了《离骚》。"离骚"，就是离忧的意思。天，是人类的原始；父

zhī shǐ yě　　fù mǔ zhě　　rén zhī běn yě　　rén qióng zé fǎn běn　　gù láo kǔ juàn jí　　wèi cháng bù hū tiān

之始也；父母者，人之本也。人穷则反本⑤，故劳苦倦极⑥，未尝不呼天

母亲，是人的根本。人处境困顿就会追念本源，所以疲劳困惫时，没有不叫天的；心身痛苦时，没有不叫父母的

yě　　jí tòng cǎn dá　　wèi cháng bù hū fù mǔ yě　　qū píng zhèng dào zhí xíng　　jié zhōng jìn zhì yǐ shì qí

也；疾痛惨怛⑦，未尝不呼父母也。屈平正道直行⑧，竭忠尽智以事其

的。屈原端方正直，尽忠尽智为君主效力，而进谗言的小人从中挑拨离间，这处境可以说是很困窘的。诚信

jūn　　chán rén jiàn zhī　　kě wèi qióng yǐ　　xìn ér jiàn yí　　zhōng ér bèi bàng　　néng wú yuàn hū　　qū píng

君⑨，谗人间之⑩，可谓穷矣。信而见疑⑪，忠而被谤，能无怨乎？屈平

却被怀疑，忠实却被诽谤，能够没有怨恨吗？屈原之所以写《离骚》，就是由怨恨引起的。《国风》虽多描写男

zhī zuò　　lí sāo　　gài zì yuàn shēng yě　　guó fēng hào sè ér bù yín　　xiǎo yǎ　　yuàn fěi ér bú luàn

之作《离骚》，盖自怨生也。《国风》好色而不淫，《小雅》怨诽而不乱⑫。

女恋情但不过分，《小雅》虽多攻击指责政事但不宣扬作乱。像《离骚》，可是说兼有二者的特点。它于远古提

ruò　　lí sāo zhě　　kě wèi jiān zhī yǐ　　shàng chēng dì kù　　xià dào qí huán　　zhōng shù tāng　　wǔ

若《离骚》者，可谓兼之矣⑬。上称帝喾⑭，下道齐桓⑮，中述汤、武⑯，

到帝喾，近古提到齐桓公，中古提到商汤和周武王，以此来讥刺当时的政事。阐明了道德的重要性，治理国家

yǐ cì shì shì　　míng dào dé zhī guǎng chóng　　zhì luàn zhī tiáo guàn　　mǐ bú bì xiàn　　qí wén yuē

以刺世事⑰。明道德之广崇⑱，治乱之条贯⑲，靡不毕见⑳。其文约㉑，

的先后因果关系，这些道理无不完全表现出来。他的文字简炼，词意含蓄，他的心志高洁，行为不苟。《离骚》

其辞微^㉒，其志洁，其行廉。其称文小而其指极大^㉓，举类迩而见义

的用语虽然细碎，但作者的用意极其远大，所举的事例虽然浅近，但体现的道理十分深远。因为他心志高

远^㉔。其志洁，故其称物芳^㉕。其行廉，故死而不容^㉖。自疏濯淖污泥

洁，所以《离骚》中多用香草作比喻，因为行为正直，所以至死也不苟且取容。他自远于污泥浊水般的世界，

之中^㉗，蝉蜕于浊秽^㉘，以浮游尘埃之外^㉙，不获世之滋垢^㉚，皭然泥而

像蝉蜕皮般摆脱浊秽，因而超脱于尘世之外，不被黑色泥垢般的浊世所辱，保持皎洁的品德，出污泥而不

不滓者也^㉛。推此志也，虽与日月争 光可也。

染。可以推断，屈原的志向，即使和日月争辉，也是可以的。

① 疾：痛恨。 听之不聪：听觉不好。指听信谗言，不辨是非。 聪，听觉清楚。 ② 谗谄：毁谤和谄媚的行为。 明：视觉清楚。 ③ 邪曲：邪恶。 ④ 幽思：指内心苦闷，沉郁深思。《离骚》：屈原代表作，中国文学史上著名的浪漫主义抒情长诗。 离，一说通"罹"，遭受；一说为离别。 骚，忧患、忧愁。 ⑤ 穷：穷困，处境困难。 反：同"返"。 ⑥ 倦极：困惫。 极，作"病"解。 ⑦ 疾痛惨怛：身心痛苦。 疾痛，指人生理上的疼痛感觉。 惨怛，人心理上的痛苦悲伤。 怛，痛。 ⑧ 正道：秉持公心。 直行：行为正直。 ⑨ 事：侍奉。 ⑩ 谗人：进谗言的小人。 间：挑拨离间。 ⑪ 见：被。 ⑫《国风》二句：《论语·八佾》："《关雎》乐而不淫，哀而不伤。"盖此二句所本。 《国风》，《诗经》的组成部分之一，包括《周南》、《召南》等十五国的民间歌谣，共一百六十篇。 好色，指《国风》中所反映的男女恋情。 淫，过分。 《小雅》，《诗经》的组成部分之一，其中多为指斥朝政缺失，反映乱的政治诗，共七十四篇。 怨诽，抱怨诽谤。 乱，叛乱。 ⑬ 若《离骚》二句：班固《离骚序》："昔在孝武，博览古文。淮南王安叙《离骚传》，以'《国风》好色而不淫，《小雅》怨诽而不乱，若《离骚》者，可谓兼之。蝉蜕浊秽之中，浮游尘埃之外，皭然泥而不滓。推此志与日月争光，可也'。"则此二句与上文二句及下文"自疏"等几句，都是司马迁转引淮南王刘安《离骚传》之语。 ⑭ 帝喾：传说中的古帝王名，为黄帝曾孙，号高辛氏。《离骚》中有"凤皇既受诒兮，恐高辛之先我"句。 ⑮ 齐桓：即齐桓公，公元前685年至前643年在位，春秋五霸之一。《离骚》中有"宁戚之讴歌兮，齐桓闻以该辅"句。 ⑯ 汤、武：灭夏立商的商汤和灭商立周的周武王姬发。《离骚》中有"汤禹俨而祗敬兮，周论道而莫差"句。 ⑰ 刺：讥刺。 ⑱ 明：阐明。 道德：兼指举贤授能的实际措施和个人品德才艺的修养。 ⑲ 条贯：条理。 ⑳ 靡：无，没有。 见：同"现"。 ㉑ 约：简约，简炼。 ㉒ 微：深微，含蓄。 ㉓ 指：同"旨"，指文章的涵义。 ㉔ 类：事例。 迩：近。 义：道理。 ㉕ 称物芳：指《离骚》中多以香草为喻。 ㉖ 容：苟且取容。 ㉗ 疏：远离。 濯淖：浊水烂泥。 ㉘ 蜕：摆脱。 ㉙ 浮游：超脱。 ㉚ 获：被辱。 滋垢：浊黑，尘垢。此喻浊世。 ㉛ 皭然：洁白干净貌。 泥：用作动词。 滓：黑泥。

qū píng jì chù① qí hòu qín yù fá qí qí
屈平既绌①，其后秦欲伐齐，齐

屈原被罢了官，后来秦国想要攻打齐国，但齐国和楚国

yǔ chǔ zòng qīn huì wáng huàn zhī nǎi lìng zhāng yí
与楚从亲②，惠王患之③，乃令张仪

合纵亲善，秦惠文王对此感到忧虑，于是派张仪假装叛离秦

yáng qù qín hòu bì wěi zhì shì chǔ yuē qín shèn
详去秦④，厚币委质事楚⑤，曰："秦甚

国，带着重礼和信物侍奉楚怀王，说："秦国非常憎恨齐国，而

zēng qí qí yǔ chǔ zòng qīn chǔ chéng néng jué qí⑥ qín
憎齐，齐与楚从亲，楚诚能绝齐⑥，秦

齐国又与楚国合纵亲善，如果楚国真的能与齐国绝交，秦国愿

yuàn xiàn shāng wū zhī dì liù bǎi lǐ⑦ chǔ huái wáng
愿献商、於之地六百里⑦。"楚怀王

意献出商、於一带六百里土地。"楚怀王因贪心而听信了张仪

tān ér xìn zhāng yí suì jué qí shǐ shǐ rú qín shòu
贪而信张仪，遂绝齐，使使如秦受

的话，便与齐国绝交，派使者前往秦地接收土地。张仪欺骗使

dì⑧ zhāng yí zhà zhī yuē⑨ yí yǔ wáng yuē liù lǐ
地⑧。张仪诈之曰⑨："仪与王约六里，

者说："我和楚怀王约定的是六里，没听说有六百里。"楚国的

bù wén liù bǎi lǐ chǔ shǐ nù qù guī gào huái wáng
不闻六百里。"楚使怒去，归告怀王。

使者愤怒地离开了秦国，回到楚国报告了楚怀王。楚怀王大

huái wáng nù dà xīng shī fá qín qín fā bīng jī zhī
怀王怒，大兴师伐秦。秦发兵击之，

怒，出动大批军队攻打秦国。秦国出兵迎击，在丹江、淅水一带

dà pò chǔ shī yú dān xī zhǎn shǒu bā wàn lǔ chǔ
大破楚师于丹、淅⑩，斩首八万，虏楚

大败楚军，杀死楚兵八万人，停虏了楚将屈匄，随后夺取了楚

jiàng qū gài suì qǔ chǔ zhī hàn zhōng dì huái wáng nǎi xī fā guó zhōng bīng yǐ shēn rù jī qín
将屈匄⑪，遂取楚之汉中地⑫。怀王乃悉发国中兵以深入击秦，

国汉中一带的地方。楚怀王便征发国内所有的军队深入秦地攻打秦国，在蓝田与秦军大战一场。魏国听说了

---

① 绌：同"黜"，罢退。　② 从
亲：合纵结亲。从，同"纵"，
指两国合纵。亲，指两国结为
婚姻。　③ 惠王：即秦惠文王，
名驷，公元前337年至前331年
在位。　④ 张仪：魏人，著名的
纵横家，以连横学说事秦，时为
秦相。详：通"佯"，假装。
去：离开。　⑤ 厚币：重金，厚
礼。委质：进献信物。委，
呈献。质，通"贽"，信物。
⑥ 绝齐：与齐国断绝外交关
系。　⑦ 商、於：秦地名，其范
围约相当于今陕西商州至河南
内乡县一带地区。　⑧ 使使：
派使者。前一个"使"为动词。
如：往，去到。　⑨ 诈：欺骗。
⑩ 丹、淅：二水名，即丹江与淅
水。丹江发源于陕西商州西北，
东流入河南，经河南内乡、淅川
二县，东与淅水会合。淅水源出
河南卢氏县界，南流经内乡县西
南及淅川县东南，合于丹江。
⑪ 屈匄：楚将名。　⑫ 汉中：
郡名，在今陕西东南、湖北西北
一带。　⑬ 蓝田：秦县名。故
城在今陕西蓝田县西三十里。
⑭ 邓：本为古国名，战国时曾一
度属楚，即今河南邓县。

zhàn yú lán tián　　　wèi wén zhī　xí chǔ zhì dèng　　chǔ bīng jù　zì qín guī　　ér qí jìng nù bú

战于蓝田⑬。魏闻之，袭楚至邓⑭。楚兵惧，自秦归。而齐竟怒不

这个情况，偷袭楚国直打到邓城。楚军害怕了，从秦国撤兵回国。而齐国因恼恨楚国背信弃义，不发兵救楚

jiù chǔ　chǔ dà kùn

救楚，楚大困。

国，楚国因而陷入极大的困境中。

míng nián①　　qín gē hàn zhōng dì yǔ chǔ yǐ hé　　chǔ wáng yuē　　bú yuàn dé dì　yuàn dé zhāng yí

明年①，秦割汉中地与楚以和。楚王曰："不愿得地，愿得张仪

第二年，秦国割让汉中地区给楚国来讲和。楚怀王说："我不愿得到土地，希望得到张仪心里才痛

ér gān xīn yān②　　zhāng yí wén　nǎi yuē　　yǐ yì yí ér dàng hàn zhōng dì　chén qǐng wǎng rú chǔ　rú

而甘心焉②。"张仪闻，乃曰："以一仪而当汉中地，臣请往如楚。"如

快。"张仪听到了，说："能用我一个张仪来抵当汉中地区的话，我请求到楚国去。"到了楚国，又利用厚礼贿

chǔ　yòu yīn hòu bì yòng shì zhě chén jìn shàng③　　ér shè guǐ biàn yú huái wáng zhī chǒng jī zhèng xiù　huái wáng

楚，又因厚币用事者臣靳尚③，而设诡辩于怀王之宠姬郑袖。怀王

赂楚国当权的大臣靳尚，让靳尚在怀王的宠姬郑袖面前为自己诡辩。楚怀王竟然听信了郑袖的话，又把张

jìng tīng zhèng xiù　fù shì qù zhāng yí④　　shì shí qū píng jì shū　bú fù zài wèi　shǐ yú qí　gù fǎn⑤

竟听郑袖，复释去张仪④。是时屈平既疏，不复在位，使于齐，顾反⑤，

仪释放回国了。当时屈原已被怀王疏远，不再在朝中任职，出使到齐国去了，从齐国返回后，向楚怀王进谏

jiàn huái wáng yuē　hé bù shā zhāng yí　huái wáng huǐ　zhuī zhāng yí bù jí

谏怀王曰："何不杀张仪？"怀王悔，追张仪不及。

说："为什么不杀了张仪？"怀王很后悔，派人去追赶张仪，但已经追不上了。

---

① **明年**：第二年。即楚怀王十七年（前312）。
② **愿**：希望。**甘心**：心满意足，快意。　③ **因**：凭借，依靠。**用事者**：当权的人。**靳尚**：楚大夫，与张仪有私交，常受张仪的贿赂而出卖楚国的利益。　④ **"怀王"二句**：此二句所述之事，详见《史记》的《楚世家》和《张仪列传》二文。　⑤ **顾反**：回来。**顾**，还。**反**，同"返"，返回。

qí hòu zhū hóu gòng jī chǔ   dà pò zhī   shā qí jiàng táng mò
其后诸侯共击楚，大破之，杀其将唐眛①。

后来诸侯联合攻打楚国，大败楚军，杀死楚将唐眛。

① 唐眛：楚将名。又作"唐蔑"。

shí qín zhāo wáng yǔ chǔ hūn   yù yǔ huái wáng huì   huái wáng yù xíng   qū píng yuē   qín
时秦昭王与楚婚①，欲与怀王会。怀王欲行，屈平曰："秦，

这时秦昭王与楚国联姻，想与楚怀王会面。楚怀王打算前往，屈原说："秦国是像虎狼一样凶残的国

hǔ láng zhī guó   bù kě xìn   bù rú wú xíng   huái wáng zhì zǐ zǐ lán quàn wáng xíng   nài hé jué
虎狼之国，不可信，不如毋行。"怀王稚子子兰劝王行②："奈何绝

家，不能轻信，不如不去。"楚怀王的小儿子子兰劝怀王成行，说："为什么要断绝和秦国的良好关系！"楚怀

qín huān   huái wáng zú xíng   rù wǔ guān   qín fú bīng jué qí hòu   yīn liú huái wáng   yǐ qiú gē
秦欢！"怀王卒行③。入武关④，秦伏兵绝其后，因留怀王，以求割

王最终还是前往了。进入武关后，秦国的伏兵就断绝了怀王的后路，因而扣留了怀王，以此要挟楚国割让土

dì   huái wáng nù   bù tīng   wáng zǒu zhào   zhào bú nà   fù zhī qín   jìng sǐ yú qín ér guī
地。怀王怒，不听⑤。亡走赵⑥，赵不内⑦。复之秦，竟死于秦而归

地。怀王大怒，不答应。后来怀王逃亡到赵国，但赵国不收容他。怀王只得再回到秦国，最终死于秦国，尸体

zàng   zhǎng zǐ qǐng xiāng wáng lì   yǐ qí dì zǐ lán wéi lìng yǐn   chǔ rén jì jiù zǐ lán yǐ quàn
葬⑧。长子顷襄王立⑨，以其弟子兰为令尹⑩。楚人既咎子兰以劝

被运回楚国埋葬。怀王的长子顷襄王即位，任用他的弟弟子兰为令尹。楚国人都因为子兰劝怀王入秦而终

huái wáng rù qín ér bù fǎn yě
怀王入秦而不反也⑪。

于不归而抱怨子兰。

① 秦昭王：名则，公元前306年至前251年在位。　② 稚子：小儿子。　③ 卒：到底，终于。　④ 武关：在陕西原商县东一百八十五里，是秦国的南关。　⑤ 听：接受，听从。　⑥ 亡：逃跑，逃亡。　⑦ 内：同"纳"，接纳，收容。　⑧ 竟：终于。　⑨ 顷襄王：名横，公元前298年至前263年在位。　⑩ 令尹：楚官名，为楚国的最高行政长官。　⑪ 咎：憎恶，抱怨。　以：由于。　反：同"返"，返回。

qū píng jì jí zhī   suī fàng liú   juàn gù chǔ guó   xì xīn huái wáng   bú wàng yù fǎn
屈平既嫉之，虽放流①，眷顾楚国②，系心怀王，不忘欲反，

屈原也因为怨恨子兰，虽然放逐在外，但仍然怀恋楚国，心中挂念着怀王，念念不忘能再回到朝

jì xìng jūn zhī yí wù　　sú zhī yì gǎi yě　　　　qí cún jūn xīng guó ér yù fǎn fù zhī　　yì piān
冀幸君之一悟③，俗之一改也④。其存君兴国而欲反覆之⑤，一篇

中任职，心存侥幸地希望怀王能够醒悟，世俗能够改变。屈原关心国君，想振兴国家，希望能改变当时

zhī zhōng sān zhì zhì yān　　rán zhōng wú kě nài hé　　gù bù kě yǐ fǎn　　zú yǐ cǐ jiàn huái wáng
之中三致志焉。然终无可奈何，故不可以反⑥，卒以此见怀王

一蹶不振的国势，在他的每篇作品中，都再三地表达了这种意愿。但是终于无可奈何，所以也不能返

zhī zhōng bú wù yě　　　　rén jūn wú yú zhì xián bú xiào　　mò bú yù qiú zhōng yǐ zì wéi　　jǔ xián
之终不悟也⑦。人君无愚智贤不肖，莫不欲求忠以自为，举贤

回朝廷，由此最终可以看出怀王始终没有觉悟。国君无论愚笨或明智、贤明或昏庸，没有不想访求忠臣

yǐ zì zuǒ　　rán wáng guó pò jiā xiāng suí zhǔ　　ér shèng jūn zhì guó lěi shì ér bú xiàn zhě　　qí suǒ
以自佐，然亡国破家相随属⑧，而圣君治国累世而不见者⑨，其所

来帮助自己治理国家，选拔贤才来辅佐自己，但是国亡家破的事接连发生，而圣明君主治理好国家的

wèi zhōng zhě bù zhōng　　　ér suǒ wèi xián zhě bù xián yě　　huái wáng yǐ bù zhī zhōng chén zhī fèn　　gù
谓忠者不忠⑩，而所谓贤者不贤也。怀王以不知忠臣之分⑪，故

事多少世代也没有出现，是因为君主所谓的忠臣并不忠诚，所谓的贤臣并不贤明。怀王因为不明白忠

nèi huò yú zhèng xiù　　wài qī yú zhāng yí　　shū qū píng ér xìn shàng guān dà fū　　lìng yǐn zǐ lán　　bīng
内惑于郑袖，外欺于张仪，疏屈平而信上官大夫、令尹子兰。兵

臣应尽的职责本分，所以在内被郑袖所迷惑，在外被张仪所欺骗，疏远屈原而亲信上官大夫和令尹子兰。

cuò dì xuē　　wáng qí liù jùn　　shēn kè sǐ yú qín　　wéi tiān xià xiào　　cǐ bù zhī rén zhī huò yě
挫地削⑫，亡其六郡，身客死于秦⑬，为天下笑。此不知人之祸也。

战争失利，领土被侵占，丢失了六个郡，自己客死于秦国异地，被天下人耻笑。这是不了解人所招致的

yì yuē　　jǐng xiè bù shí　　wéi wǒ xīn cè　　kě yǐ jí　　wáng míng bìng shòu qí fú　　wáng
《易》曰："井泄不食，为我心恻。可以汲。王明，并受其福⑭。"王

祸害啊。《周易》说："把井疏浚干净了却没有人喝井里的水，让我心里很难过。因为井水原是供人汲取饮

zhī bù míng　　qǐ zú fú zāi
之不明，岂足福哉！

用的。如果君主圣明能任用贤才，那么天下将共同得到福佑。"君王如不圣明，哪里能得到他的福佑呢？

① **放流**：放逐迁徙。按，从"虽放流"至"岂足福哉"一段推测，屈原应于顷襄王之前已被放逐，而后又有"顷襄王怒而迁之"的话，则前后似乎不相联贯。所以后人（如顾炎武、梁玉绳）都疑此段置于"怒而迁之"一句之后。但即使前后文互相易置，语气仍觉不顺。郭沫若因此释"放流"为"放浪"意，即前文所谓"既疏"、"不复在位"，但文中又说"顾反"，则其已非"放浪"在外，故仍嫌欠通。故后人多谓此段文字有讹脱之处。　② **眷顾**：怀恋。
③ **冀幸**：心存万一的希望。　**君**：指怀王。　④ **俗**：指当时楚国贵族糜烂的生活习俗。
⑤ **存**：保护，关怀。　**反覆**：拨乱反正。　⑥ **反**：同"返"，指返回朝中为官。　⑦ **卒**：终于，到底。　⑧ **随属**：接连不断。　**属**，连。　⑨ **治国**：稳定、太平的国家。　**累世**：接连几代。　**世**，古称三十年为一世。　⑩ **其**：指上文的"人君"。　⑪ **分**：职责本分。
⑫ **挫**：失败。　⑬ **客死**：死在他乡。　⑭ **"井泄"五句**：引自《周易·井卦》。　**泄**，一作"渫"，淘去污泥。　**恻**，伤心貌。　**汲**，从下往上打水。

<small>lìng yǐn zǐ lán wén zhī dà nù　zú shǐ shàng guān dà fū duǎn qū</small>

令尹子兰闻之大怒，卒使上官大夫短屈

令尹子兰听说屈原怨恨自己后非常恼怒，终于让上官大夫在

<small>yuán yú qǐng xiāng wáng　qǐng xiāng wáng nù ér qiān zhī</small>

原于顷襄王①，顷襄王怒而迁之②。

顷襄王面前诋毁屈原，顷襄王大怒，因而放逐了屈原。

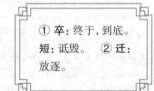

① **卒**：终于，到底。
短：诋毁。　② **迁**：放逐。

<small>qū yuán zhì yú jiāng bīn　pī fà xíng yín zé pàn　yán sè qiáo cuì　xíng róng kū gǎo　yú fǔ</small>

屈原至于江滨，被发行吟泽畔①。颜色憔悴，形容枯槁②。渔父

屈原来到江边，在水边披头散发，一边走一边吟咏。他面色憔悴，模样儿干枯瘦弱。渔父看见

<small>jiàn ér wèn zhī yuē　zǐ fēi sān lǘ dà fū yú　hé gù ér zhì cǐ　qū yuán yuē　jǔ shì hún</small>

见而问之曰："子非三闾大夫欤③？何故而至此？"屈原曰："举世混

屈原便问他："您不是三闾大夫吗？为什么来到这里？"屈原说："整个社会都是混浊的，只有我一个人

<small>zhuó ér wǒ dú qīng zhòng rén jiē zuì ér wǒ dú xǐng shì yǐ jiàn fàng　yú fǔ yuē　fú shèng rén</small>

浊而我独清，众人皆醉而我独醒，是以见放④。"渔父曰："夫圣人

清白廉洁，大家都昏醉了，只有我一个人头脑清醒，所以被放逐。"渔父说："圣贤之人，都能不拘泥客

<small>zhě　bù níng zhì yú wù ér néng yǔ shì tuī yí　jǔ shì hún zhuó　hé bù suí qí liú ér yáng qí bō</small>

者⑤，不凝滞于物而能与世推移⑥。举世混浊，何不随其流而扬其波？

观事物而能随着世俗而变化。整个社会都是混浊的，为什么不随大流而且推波助澜呢？大家都昏醉，

zhòng rén jiē zuì　hé bù bū qí zāo ér chuò qí lí

众人皆醉,何不铺其糟而啜其醨⑦?

为什么不马马虎虎跟着吃点酒糟喝点淡酒呢? 为

hé gù huái jǐn wò yú ér zì lìng jiàn fàng wéi　　qū

何故怀瑾握瑜而自令见放为⑧?"屈

什么要保持美玉般的操守而使自己被放逐呢?"

yuán yuē　wú wén zhī　xīn mù zhě bì tán guān　xīn

原曰:"吾闻之,新沐者必弹冠⑨,新

屈原说:"我听说,刚刚洗过头的人一定要弹去帽子

yù zhě bì zhèn yī　rén yòu shuí néng yǐ shēn zhī chá

浴者必振衣⑩,人又谁能以身之察

上的尘灰,刚刚洗过澡的人一定要抖掉衣服上的

chá　　shòu wù zhī mén mén zhě hū　nìng fù cháng liú

察⑪,受物之汶汶者乎⑫?宁赴常流

察, 有谁又愿意让自己洁净的身体去蒙受尘世外

ér zàng hū jiāng yú fù zhōng ěr　　yòu ān néng yǐ hào

而葬乎江鱼腹中耳⑬。又安能以皓

物的污染呢? 我宁愿投入江水葬身于鱼腹之中,又

hào zhī bái　ér méng shì sú zhī wēn huò hū

皓之白⑭,而蒙世俗之温蠖乎⑮!"

怎能让自己高洁的品质受到世俗尘滓重重的玷污

nǎi zuò　huái shā　zhī fù　　　yú shì huái shí

乃作《怀沙》之赋⑯。……于是怀石

呢? 于是屈原写下了《怀沙》赋。……这样,屈原就

suì zì chén mì luó yǐ sǐ

遂自沈汨罗以死⑰。

抱着石头,自投汨罗江而死。

① **被**:同"披"。　**行吟**:一边走一边吟咏。　② **形容枯槁**:身形面容十分瘦弱,像枯干的树干。　③ **三闾大夫**:楚官名,掌管楚国公族昭、屈、景三大姓的人事工作。　④ **见**:被。　⑤ **圣人**:泛指聪明圣哲之人。　⑥ **凝滞**:拘泥,固执。　**与世推移**:随着潮流转变作风。　⑦ **铺**:吃。　**糟**:酒糟,漉酒后剩下的渣滓。　**啜**:喝。　**醨**:淡酒。　⑧ **瑾、瑜**:皆为美玉。此喻人的高才美德。　**为**:疑问句的句末助词。　⑨ **沐**:洗头。　**弹冠**:用手弹去冠上的灰尘。　⑩ **振衣**:抖去衣上的尘土。　⑪ **察察**:清洁貌。　⑫ **物**:指外界污垢的事物。　**汶汶**:昏暗。　⑬ **常流**:江水。**常**,同"长"。　⑭ **皓皓**:皎洁貌。　⑮ **温蠖**:尘滓重积的样子。　**按**:以上屈原与渔父对答之词,又见于《楚辞·渔父》。　⑯ **《怀沙》**:屈原《九章》中的一篇,相传屈原投水以前的绝笔。　**怀沙**,一说即下文"怀石"之意。一说为怀念长沙,长沙是楚国的始封之地。　⑰ **沈**:同"沉"。　**汨罗**:江名,在湖南东北部,流经汨罗县入洞庭湖。

qū yuán jì sǐ zhī hòu　chǔ yǒu sòng yù　táng lè　jǐng cuō zhī tú zhě　jiē hào cí ér yǐ fù jiàn

屈原既死之后,楚有宋玉、唐勒、景差之徒者①,皆好辞而以赋见

屈原死了以后,楚国有宋玉、唐勒、景差等人都爱好文学创作,并以善于作赋而被人所称赏;但

chēng　　rán jiē zǔ qū yuán zhī cóng róng cí lìng　zhōng mò gǎn zhí jiàn　qí hòu chǔ rì yǐ xuē　shù shí nián

称②;然皆祖屈原之从容辞令③,终莫敢直谏。其后楚日以削,数十年

是他们只是摹仿屈原作品的辞令婉转的一面,毕竟没有人敢于直言劝谏君王。屈原死后,楚国的领土

131

jìng wéi qín suǒ miè

竟为秦所灭④。

一天比一天缩小，几十年后终于被秦国所灭。

①宋玉：相传为楚顷襄王时人，是屈原的弟子，辞赋家，但只有《楚辞》中保存的《九辩》一篇较为可信。　唐勒：与宋玉同时的辞赋家，曾为楚大夫，其作品今已不存。　景差：与宋玉同时的辞赋家，今《楚辞》中《大招》篇可能是他的作品。　②辞：文辞，此指文学。　③祖：摹仿，效法。　从容辞令：指文章委婉蕴藉，从容不迫。　④数十年：公元前223年秦灭楚，距顷襄王即位（前299年）共七十六年。

①贾生：即贾谊（前200～前168），洛阳（今河南洛阳东）人。西汉政论家、文学家。生平详见后《过秦论》题解。　②长沙王：指吴差，是汉朝开国功臣吴芮的玄孙。　太傅：官名，辅佐国君或教育太子。　③湘水：在今湖南省境内，流入洞庭湖。　④书：指贾谊所作的《吊屈原赋》。　吊：祭奠、悼念。

zì qū yuán chén mì luó hòu bǎi yǒu yú nián

自屈原沈汨罗后百有余年，

自从屈原自沉汨罗江后经过一百多年，汉代

hàn yǒu jiǎ shēng　wéi cháng shā wáng tài fù　guò

汉有贾生①，为长沙王太傅②，过

有位贾谊，担任长沙王的太傅，路过湘水，写了一篇

xiāng shuǐ　tóu shū yǐ diào qū yuán

湘水③，投书以吊屈原④。

《吊屈原赋》投入江水中，以此祭悼屈原。

tài shǐ gōng yuē　yú dú lí sāo　tiān wèn　zhāo hún　āi yǐng　bēi qí zhì　shì

太史公曰：余读《离骚》、《天问》、《招魂》、《哀郢》①，悲其志。适

太史公说：我读了屈原的《离骚》、《天问》、《招魂》、《哀郢》，为他的志向无法实现而悲伤。到了长

cháng shā　guān qū yuán suǒ zì chén yuān　wèi cháng bù chuí tì　xiǎng jiàn qí wéi rén　jí jiàn jiǎ shēng

长沙，观屈原所自沈渊，未尝不垂涕②，想见其为人。及见贾生

沙，经过屈原自沉的地方，未尝不留下眼泪，追怀屈原的为人。待看到贾谊祭悼他的文章，文中责怪屈原

diào zhī　yòu guài qū yuán yǐ bǐ qí cái　yóu zhū hóu　hé guó bù róng　ér zì lìng ruò shì　dú fú niǎo

吊之，又怪屈原以彼其材，游诸侯，何国不容，而自令若是。读《鵩鸟

如果凭他的才能去游说诸侯，哪个国家会不接纳他呢？却让自己落到这般地步！读了贾谊的《鵩鸟赋》，

fù　tóng shēng sǐ　qīng qù jiù　yòu shuǎng rán zì shī yǐ

赋》③，同生死④，轻去就⑤，又爽然自失矣⑥。

他把生和死看作是同样的事情，把做官和在野都等闲视之，我又感到惘然若失了。

①《天问》、《招魂》、《哀郢》：皆为屈原作品。《哀郢》为《九章》中的一篇。《招魂》一说为宋玉所作。 ②涕：眼泪。 ③《鹏鸟赋》：贾谊所作。 鹏，一写作"鵩"。 ④同生死：把生和死看作是同样的事情。 ⑤轻：看轻。 去：指放逐。 就：指在朝中任职。 ⑥爽然：惘然若失的样子。

（田松青）

酷吏列传序
kù lì liè zhuàn xù

《史记》
shǐ jì

孔子曰①："道之以政②，齐之以刑③，民免而无耻④。
kǒng zǐ yuē　dǎo zhī yǐ zhèng　qí zhī yǐ xíng　mín miǎn ér wú chǐ

孔子说："用政令来引导人民，用刑法来整治人民，人民虽能免于犯罪但无羞耻之心。用道德来引导

道之以德，齐之以礼，有耻且格⑤。"老氏称⑥："上德
dǎo zhī yǐ dé　qí zhī yǐ lǐ　yǒu chǐ qiě gé　lǎo shì chēng　shàng dé

人民，用礼义来整治人民，人民就懂得羞耻而且行为规矩端正。"老子说："最有道德的人从不标榜自己有

不德⑦，是以有德；下德不失德⑧，是以无德。"法令滋章⑨，
bù dé　shì yǐ yǒu dé　xià dé bù shī dé　shì yǐ wú dé　fǎ lìng zī zhāng

德，因此才真正具有道德；道德低下的人常标榜自己没有离失道德，所以他其实并不具有真正的道德。"法

盗贼多有。"太史公曰：信哉是言也！法令者治之具，而非
dào zéi duō yǒu　tài shǐ gōng yuē　xìn zāi shì yán yě　fǎ lìng zhě zhì zhī jù ér fēi

令越是繁多严酷，盗贼反而越多。"太史公说：这些话说得很对！法令是治理国家的工具，但并不是使天下大

制治清浊之源也。昔天下之网尝密矣⑩，然奸伪萌起⑪，
zhì zhì qīng zhuó zhī yuán yě　xī tiān xià zhī wǎng cháng mì yǐ　rán jiān wěi méng qǐ

治、扬清去浊的根本。从前秦朝时国家的法网曾相当严密，但奸诈欺伪之事接二连三，最为严重的时候，

133

qí jí yě　shàng xià xiāng dùn　　zhì yú bú zhèn　dāng shì zhī shí　lì zhì ruò jiù huǒ

其极也，上下相遁[12]，至于不振。当是之时，吏治若救火

上下互相推诿责任，以至于国家无法振兴。在当时，官吏用法治，如同负薪救火、扬汤止沸一样无济于事，不

yáng fèi　　fēi wǔ jiàn yán kù　　wū néng shèng qí rèn ér yú kuài hū　　yán dào dé

扬沸[13]，非武健严酷[14]，恶能胜其任而愉快乎[15]？言道德

采取强硬严酷的手段，怎么能胜任其职而心情愉快呢？在这种情况下一味讲求道德的人，就要失职了。所以

zhě　nì qí zhí yǐ　　gù yuē　tīng sòng wú yóu rén yě　　bì yě shǐ wú sòng hū

者，溺其职矣[16]。故曰："听讼吾犹人也，必也使无讼乎[17]。"

孔子说："审理案件我和别人一样，所不同的是我尽力使案件不要发生。"下愚的人听人说起道德就嘲笑

xià shì wén dào dà xiào zhī　　fēi xū yán yě　　hàn xīng pò gū ér wéi yuán

"下士闻道大笑之[18]"，非虚言也。汉兴，破觚而为圆[19]

他，这不是假话。汉朝初年，修改尖锐酷苛的刑法使之简约宽缓，铲除巧诈奸伪的恶俗使之返朴归真，法网

zhuó diāo ér wéi pǔ　　wǎng lòu yú tūn zhōu zhī yú　　ér lì zhì zhēng zhēng　bú zhì yú jiān

斫雕而为朴[20]，网漏于吞舟之鱼，而吏治烝烝[21]，不至于奸，

宽疏得可以漏掉吞舟的大鱼，但是官吏的政绩却很辉煌，使得人民不再有奸邪的行为，老百姓平安无事。由

lí mín yì ān　　yóu shì guān zhī　zài bǐ bú zài cǐ

黎民艾安[22]。由是观之，在彼不在此[23]。

此看来，治理国家关键在于道德而不是严酷的刑法。

---

① 以下引文见《论语·为政》。　② 道：同"导"，引导。后文"道之以德"的"道"字同此解。　③ 齐：整治。　④ 免：免于犯罪。　⑤ 格：纠正，规矩。　⑥ 老氏：即老子。以下引文见《老子》三十八章、五十七章。　⑦ 上德：最有德的人。　不德：不标榜自己有德。　⑧ 下德：最无德的人。　不失德：与"不德"相对，即标榜自己有德。　⑨ 滋：更加。　章：同"彰"，显明，这里是严酷的意思。　⑩ 昔：指秦始皇时。　网：法网。　⑪ 萌起：像草木初生那样接连不断的发生。　⑫ 遁：逃避。　⑬ 吏治：官吏统治人民的方法。　救火：即负薪救火。犹谓想消灭灾害，反使灾害扩大。　扬沸：即扬汤止沸，播扬开水，使沸腾暂时停息。比喻非治本之道。　⑭ 武健：勇武刚健。　⑮ 恶：怎么。　⑯ 溺其职：犹言失职，不尽职。　⑰ "听讼"二句：出自《论语·颜渊》。　听讼，听理诉讼，审理案件。　犹，像，如同。　⑱ "下士"句：出自《老子》第四十一章。　下士，愚下的人。　⑲ "破觚"句：把方形物的棱角去掉变成圆形。指把苛刻的法律改变得简约浑厚。　觚，有棱角的酒器。　圆，同"圆"。　⑳ "斫雕"句：把物件上雕刻的纹饰削去而使其回复原来的朴素之貌。即谓返朴归真。　斫，削，砍。　㉑ 烝烝：兴盛、美好的样子。此指政绩辉煌。　㉒ 黎民：百姓、民众。　艾安：治理安定，平安无事。　艾，通"乂"，治理。　㉓ "在彼"句："彼"指道德，"此"指刑法。

（田松青）

游侠列传序

shǐ jì
《史记》

韩子曰[1]:"儒以文乱法[2],而侠以武犯禁[3]。"二者皆讥,而

> 韩非子说:"儒者以文献扰乱国家的法度,而游侠用暴力来违犯国家的禁令。"这两种人都曾受到讥

学士多称于世云[4]。至如以术取宰相卿大夫,辅翼其世主,功名

> 评,而儒者还是多受到世人的称道。至于像那些靠权术谋取宰相、卿、大夫等高官的人,辅佐当世的君主,功

俱著于春秋[5],固无可言者。及若季次、原宪[6],闾巷人也[7],读书

> 名都已记载在史书上了,本来就不必多说什么。至于像季次、原宪二人,都是民间百姓,一心读书,谨守独善

怀独行君子之德[8],义不苟合当世[9],当世亦笑之。故季次、原宪

> 其身不随波逐流的君子节操,坚守正义,不与世俗苟合,而当世的人们也讥笑他们。所以季次、原宪一生都

终身空室蓬户[10],褐衣疏食不厌[11]。死而已四百余年,而弟子志

> 住在家徒四壁的蓬屋之中,连布衣粗食也得不到满足。他们死了已有四百多年了,但他们的弟子们依然不

之不倦[12]。今游侠,其行虽不轨于正义[13],然其言必信,其行必果[14],

> 断地纪念他们。如今的游侠,他们的行为虽然不合乎当时的国家法令,但他们说出话来就一定讲守用,他们

已诺必诚[15],不爱其躯,赴士之厄困[16],既已存亡死生矣[17],而不

> 办事一定很果决,已经答应别人的事情一定会兑现,不惜以自己的生命,去解救别人的危难,做到了使危难

矜其能[18],羞伐其德[19],盖亦有足多者焉[20]。

> 者获生、施暴者丧命,却从不炫耀自己的能耐,羞于自夸自己的功德,所以他们也有值得称颂的地方。

① **韩子**：即韩非子，战国时期法家代表人物，著有《韩非子》。以下引文出自《韩非子·五蠹》。
② **文**：著述文字，指儒家所推崇的典章制度。　③ **武**：暴力。　**禁**：法令，禁令。　④ **学士**：指儒家学者。　⑤ **"至如"三句**：指汉代公孙弘、张汤等人。公孙弘以儒术为武帝丞相，张汤为御史大夫，皆以阿谀人主而有名当世，为作者不满。二人事见《平津主父列传》、《酷吏列传》、《儒林列传》。　**春秋**，泛指史书。　⑥ **季次、原宪**：皆孔子弟子。季次名公皙哀，字季次，生平未曾出仕。原宪字子思，曾居于乱草穷巷而不以贫为耻。二人事见《史记·仲尼弟子列传》。
⑦ **闾巷**：里巷，指民间。　⑧ **独行君子**：指独守个人的节操而不随波逐流的人。　⑨ **苟**：随便。
⑩ **蓬户**：用蓬草编成的门户。　⑪ **褐衣**：粗布上衣。　**疏食**：粗食。　**厌**：通"餍"，满足。
⑫ **志**：怀念。　⑬ **轨**：合。　**正义**：此指国家法令。　⑭ **果**：坚定，不改变。　⑮ **已诺必诚**：已经答应人家的事情一定要兑现。　⑯ **厄困**：灾难，困境。　⑰ **存亡死生**：指打抱不平，使遇害将亡者得以生存，使仗势害人者死。　⑱ **矜**：炫耀。　⑲ **伐**：自夸。　⑳ **多**：赞美，称道。

qiě huǎn jí 　　　rén zhī suǒ shí yǒu yě 　　tài shǐ gōng yuē 　　xǐ zhě yú shùn jiǒng yú jǐng lǐn
且缓急①**，人之所时有也。太史公曰：昔者虞舜窘于井廪**②**，**

况且急难的情况，是人们所经常遭遇到的。太史公说："从前虞舜曾受困于井底粮仓，伊尹曾背着鼎锅、

yī yǐn fù yú dǐng zǔ 　　　fù yuè nì yú fù xiǎn 　　lǚ shàng kùn yú jí jīn 　　　yí wú zhì gù
伊尹负于鼎俎③**，傅说匿于傅险**④**，吕尚困于棘津**⑤**，夷吾桎梏**⑥**，**

砧板当过厨师，傅说曾隐没于傅险地方筑墙，吕尚曾受困于棘津，管仲曾遭到囚禁，百里奚曾喂过牛，孔子曾

bǎi lǐ fàn niú 　　zhòng ní wèi kuāng cài sè chén cài 　　cǐ jiē xué shì suǒ wèi yǒu dào rén rén yě
百里饭牛⑦**，仲尼畏匡，菜色陈、蔡**⑧**。此皆学士所谓有道仁人也，**

在匡地受惊吓，曾遭陈、蔡发兵围困而饿得面有菜色。这些人都是儒者所说的有道德的仁人，尚且遭受如此灾

yóu rán zāo cǐ zāi 　　　kuàng yǐ zhōng cái ér shè luàn shì zhī mò liú hū 　　qí yù hài hé kě shèng dào zāi
犹然遭此菑⑨**，况以中材而涉乱世之末流乎**⑩**？其遇害何可胜道哉**⑪**！**

难，何况一个只有中等才能的人又正处于乱世的最黑暗的时期呢？他们所遭受的灾祸怎么能说得完呢？

① 缓急：偏义复词，急难。　② 虞舜窘于井廪：指虞舜曾为其父瞽叟和其弟象所迫害，他们让舜修米仓，企图放火烧死舜；后又让舜挖井，二人填井害舜，但舜都逃脱了。　窘，困。　廪，粮仓。　③ "伊尹"句：伊尹为商汤时的贤臣。最初伊尹为了接近汤，曾到汤妻有莘氏家当奴仆，后以"媵臣"的身份，背着做饭用的锅和砧板见汤，以做菜的道理暗示其政见，终为汤重用。事见《史记·殷本纪》。　于，此处为求与他句齐整，无实义。　鼎，古代煮食的炊具。　俎，切肉的砧板。　④ "傅说"句：傅说为商代武丁时的名臣，其在未遇武丁时，是一个奴隶，在傅岩筑墙服役。　匿，隐没。　傅险，即傅岩（在今山西平陆东）。　⑤ "吕尚"句：吕尚即姜子牙，相传其七十岁时曾在棘津屠牛卖饭谋生。　棘津，古水名，故道在今河南省延津东北，已久湮。　⑥ "夷吾"句：事见本书《管晏列传》一文。夷吾，管仲字。　桎梏，脚镣与手铐。此指被囚禁。　⑦ "百里"句：百里即百里奚，春秋时秦国大夫，入秦前其曾卖身为奴，替人喂牛。　饭，作动词，喂的意思。　⑧ "仲尼"二句：孔子字仲尼，由卫国至陈国，路经匡，被匡人错认为曾经侵犯过他们的阳货，结果被围，险遭杀害。后孔子又想去楚国，陈、蔡两国怕孔子去楚于己不利，便发兵围之，使之绝粮七日。二事皆见《孔子世家》。　畏，受惊。　匡，春秋时卫国地名，在今河南长垣西南。　菜色，不吃粮食只吃野菜的饥饿面色。　⑨ 菑：同"灾"。　⑩ 中材：中等才智的人。　涉：经历。　⑪ 胜：尽。

　　bǐ rén yǒu yán yuē　　hé zhī rén yì　　yǐ xiǎng qí lì
　　鄙人有言曰①："何知仁义，已飨其利
　　乡下人有这样的话："谁知道什么仁义不仁义，给我以好处的人就

zhě wéi yǒu dé　　　　gù bó yí chǒu zhōu　　è sǐ shǒu yáng shān
者为有德②。"故伯夷丑周，饿死首阳山③，
是有道德的人。"所以伯夷耻事周朝，饿死于首阳山，但周文王、周武王的

ér wén　　wǔ bù yǐ qí gù biǎn wáng　　zhí　jué bào lì　　qí
而文、武不以其故贬王④；跖、𫏋暴戾⑤，其
声誉并没有因此而降低；盗跖、庄𫏋凶暴无常，他们的党徒却永远称颂他们

tú sòng yì wú qióng　　yóu cǐ guān zhī　　qiè gōu zhě zhū　　qiè guó
徒诵义无穷。由此观之，"窃钩者诛，窃国
的义气。由此看来，"偷衣带钩的被杀头，而窃国大盗却成为王侯，只有王

zhě hóu　　hóu zhī mén　　rén yì cún　　　　fēi xū yán yě
者侯，侯之门，仁义存⑥"，非虚言也。
侯的门庭之内，才有所谓的仁义"，这话一点也不假。

① 鄙人：居住在郊野的普通人。　② 已：通"以"。　飨：同"享"，受到，获得。　③ "故伯夷"二句：详见本书《伯夷列传》。　④ 文、武：周文王、周武王。　贬王：降低他们作为王者的声誉。　⑤ 跖、𫏋：即盗跖和庄𫏋，古时被诬为大盗的起义领袖。　暴戾：凶暴无常。　⑥ "窃钩"四句：引自《庄子·胠箧》。　钩，衣带钩。

今<ruby>拘<rt>jīn</rt></ruby>学或抱咫尺之义①，久孤于世，岂若卑论侪俗②，与世

如今那些拘泥于教条的学者死守着他们的狭隘教条，长期孤立于世俗之外，这怎么比得上降低论

沉浮而取荣名哉③！而布衣之徒，设取予然诺④，千里诵义，为

调，混同于流俗，与世同沉浮去猎取功名呢！而那些平民游侠，重视获取和给予的原则并信守诺言，义气

死不顾世⑤，此亦有所长，非苟而已也⑥。故士穷窘而得委命⑦，

传诵千里，为急人所难而不怕牺牲自己，不顾世人的议论，这也是他们的长处，不是随便就能做到的。所

此岂非人之所谓贤豪间者邪⑧？诚使乡曲之侠⑨，予季次、原

以有道之士在穷困之时，就把自己的命运委托给游侠了，那么这些游侠难道不是人们所说的贤人豪杰吗？

宪比权量力⑩，效功于当世⑪，不同日而论矣⑫。要以功见言

如果将乡间的游侠与季次、原宪比较他们的权威和影响力，及他们对当世作出的贡献，那么他们

信⑬，侠客之义又曷可少哉⑭！

就不能相提并论。如果从功效的显著和言语的信用来说，侠客的正义行为又怎么可以轻视呢！

---

① 拘学：拘泥于教条的学者。此指季次、原宪之类。以下的话是反话。 抱咫尺之义：指死守狭隘的教条。 咫尺，形容微小。 咫，古代长度单位，八寸为一咫。 ② 卑论：放低论调。 侪俗：混同于流俗。 侪，同类、同辈。 ③ 沉浮：随俗俯仰、进退。 ④ 设：建立。这里是重视的意思。 然诺：信守诺言。 ⑤ 为死不顾世：为急人所难而不怕牺牲自己，不顾世人的议论。 ⑥ 苟：随便。 ⑦ 委命：托身，依靠。 ⑧ 间者：杰出的人材。 ⑨ 乡曲：乡里。 ⑩ 予：通"与"。 比权量力：比较（儒者和侠者）双方的权威和影响力量。 ⑪ 效功：做出的功效。 ⑫ 同日而论：相提并论。 ⑬ 要：要之，总之。 见：通"现"，显著。 ⑭ 曷：何，怎么。 少：轻视，鄙视。

古布衣之侠，靡得而闻已①。近世延陵、孟尝、春申、平原、

古时候民间的侠士，已经无从知道。近代的延陵季子、孟尝君、春申君、平原君、信陵君等人，都

xìn líng zhī tú
信陵之徒②，皆因王者亲属，借于有土卿相之富厚③，招天下贤者，

因为是国君的亲属，凭借着有封地和卿相的地位等大量财产，招揽天下贤能之士，在诸侯之中名声显

xiǎn míng zhū hóu　　bù kě wèi bù xián zhě yǐ　　bǐ rú shùn fēng ér hū shēng fēi jiā jí　 qí shì jī yě
显名诸侯，不可谓不贤者矣。比如顺风而呼，声非加疾，其埶激也④。

赫，这不能说不算贤能的人。但这就好像顺风呼叫，声音本没有加快，只是风势激荡而已。至于民间的

zhì rú lǘ xiàng zhī xiá　　xiū xíng dǐ míng　　shēng yì yú tiān xià　　mò bù chēng xián　　shì wéi nán ěr
至如闾巷之侠，修行砥名⑤，声施于天下⑥，莫不称贤，是为难耳。

侠士，修养自身的品德，砥砺自己的名节，名扬天下，没有人不称赞他们的贤能，这是很不容易的。但是儒

rán rú　mò jiē pái bìn bù zǎi　　zì qín yǐ qián pǐ fū zhī xiá　yān miè bú jiàn　　yú shèn hèn zhī
然儒、墨皆排摈不载⑦。自秦以前，匹夫之侠，湮灭不见，余甚恨之⑧。

家、墨家都排斥游侠而不记载他们的事迹。秦代以前的民间的侠士们的事迹，都已埋没而无法见到，我非常

yǐ yú suǒ wén　　hàn xīng yǒu zhū jiā　　tián zhòng wáng gōng　 jù mèng guō jiě zhī tú　　suī shí hàn dāng shì
以余所闻，汉兴有朱家、田仲、王公、剧孟、郭解之徒⑨，虽时扞当世

遗憾。就我所知，汉朝建立以来有朱家、田仲、王公、剧孟、郭解等人，虽然时常触犯当世的法网，但他们个人

zhī wén wǎng　　rán qí sī yì lián jié tuì ràng　yǒu zú chēng zhě　　míng bù xū lì　shì bù xū fù
之文网⑩，然其私义廉洁退让，有足称者。名不虚立，士不虚附。

的品德廉洁谦让，有值得称道的地方。他们的名声不是凭空建立起来的，人们也不是凭空依附他们的。

zhì rú péng dǎng zōng qiáng bǐ zhōu　　shè cái yì pín　háo bào qīn líng gū ruò　　zì yù zì kuài　yóu
至如朋党宗强比周⑪，设财役贫⑫，豪暴侵凌孤弱，恣欲自快，游

至于像那些结党营私的人和豪强互相狼狈为奸，倚仗钱财奴役穷人，以野蛮的暴力侵害欺凌势单

xiá yì chǒu zhī　　yú bēi shì sú bù chá qí yì　　ér wěi yǐ zhū jiā　guō jiě děng lìng yǔ bào háo zhī
侠亦丑之。余悲世俗不察其意，而猥以朱家、郭解等令与暴豪之

力弱之辈，放纵私欲只图自身快乐，则游侠也是很憎恨这些丑行的。我悲叹世俗不了解游侠的心志，却

tú tóng lèi　ér gòng xiào zhī yě
徒同类而共笑之也⑬。

随随便便地把朱家、郭解等人与那些豪强横暴之徒视为同类而一起加以讥笑。

① 靡：不。　② 延陵：春秋时吴国公子季札，封于延陵（今江苏常州），又称延陵季子。详见本书《季札观周礼》一文。　孟尝：孟尝君，齐国贵族田文。　春申：春申君，楚考烈王的相黄歇。　平原：平原君，赵惠文王之弟赵胜。　信陵：信陵君，魏安釐王异母弟魏无忌。以上四人被称为"战国四公子"。　③ 土：封地。　④ 埶：同"势"。　⑤ 修：修养。　砥：磨炼。　⑥ 施：及。这里指传遍。　⑦ 排摈：排斥、摈弃。　⑧ 恨：遗憾。　⑨ 朱家、田仲、王公、剧孟、郭解：此五人皆为汉初著名的游侠，其事迹见传文。　⑩ 扞：同"捍"，触犯。　文网：法网。　⑪ 朋党：因共同利益而结伙。　宗强：豪族、豪强。　比周：狼狈为奸，互相勾结。　⑫ 设：利用。　⑬ 猥：随便。

（田松青）

滑 稽 列 传
gǔ jī liè zhuàn

《史记》
shǐ jì

孔子曰："六艺于治一也①，《礼》以节人②，《乐》以发和③，《书》
kǒng zǐ yuē liù yì yú zhì yī yě　lǐ yǐ jié rén　yuè yǐ fā hé　shū

孔子说："六经对于治理国家作用是一样的。《礼》是用来节制人的行为，《乐》是用来启发

以道事，《诗》以达意，《易》以神化，《春秋》以道
yǐ dào shì　shī yǐ dá yì　yì yǐ shén huà　chūn qiū yǐ dào

和合美好的情感，《书》是用来记述史事，《诗》是用来表达思想感情，《易》是

义。"太史公曰：天道恢恢④，岂不大哉！谈言微
yì　tài shǐ gōng yuē　tiān dào huī huī　qǐ bú dà zāi　tán yán wēi

用来表现事物的变化，《春秋》是用来阐明天下的义理。"太史公说：天道广阔

中，亦可以解纷。
zhòng　yì kě yǐ jiě fēn

无边，难道不算大吗？谈话含蓄微妙而中肯至理，同样可以排解纠纷。

① 六艺：即下文的《礼》、《乐》、《书》、《诗》、《易》、《春秋》六部儒家经典。
② 节：节制。
③ 发：启发。
④ 恢恢：宽广。

chún yú kūn zhě　　qí zhī zhuì xù yě　　cháng bù mǎn qī chǐ　　gǔ jī duō biàn　　shuò shǐ zhū hóu
淳于髡者①，齐之赘婿也②。长不满七尺，滑稽多辩③，数使诸侯，

淳于髡是齐国人的赘婿。他身高不满七尺，但诙谐善辩，多次出使诸侯，从未受过屈辱。当时齐

wèi cháng qū rǔ　　qí wēi wáng zhī shí xǐ yǐn　　hào wéi yín lè cháng yè zhī yǐn　　chén miǎn bú zhì
未尝屈辱。齐威王之时喜隐④，好为淫乐长夜之饮，沈湎不治⑤，

威王喜欢隐语，又喜好毫无节制地享乐和通宵达旦地饮酒，沉溺于酒色之中而不理朝政，将政事交托

wěi zhèng qīng dà fū　　bǎi guān huāng luàn　　zhū hóu bìng qīn　　guó qiě wēi wáng　　zài yú dàn mù　　zuǒ yòu mò
委政卿大夫。百官荒乱，诸侯并侵，国且危亡，在于旦暮，左右莫

给公卿大夫。于是百官政事荒废混乱，诸侯都来侵犯，国家的危亡就在朝暮之间，但左右的大臣都不

gǎn jiàn　　chún yú kūn shuì zhī yǐ yǐn yuē　　guó zhōng yǒu dà niǎo
敢谏。淳于髡说之以隐曰⑥："国中有大鸟，

敢进谏。淳于髡就用隐语来劝谏齐威王道："国都中有只大鸟，

zhǐ wáng zhī tíng　　sān nián bù fēi yòu bù míng　　wáng zhī cǐ niǎo hé
止王之庭，三年不蜚又不鸣⑦，王知此鸟何

栖息在大王的宫庭中，三年不飞也不叫，大王知道这只鸟为何

yě　　wáng yuē　　cǐ niǎo bù fēi zé yǐ　　yì fēi chōng tiān　　bù
也？"王曰："此鸟不飞则已，一飞冲天；不

如此？"齐威王说："这只鸟不飞则已，一飞就要冲上云霄；不鸣则

míng zé yǐ　　yì míng jīng rén　　yú shì nǎi cháo zhū xiàn lìng zhǎng qī
鸣则已，一鸣惊人。"于是乃朝诸县令长七

已，一鸣惊人。"于是齐威王就召集了各县的长官七十二人，当

shí èr rén　　shǎng yì rén　　zhū yì rén　　fèn bīng ér chū　　zhū
十二人⑧，赏一人⑨，诛一人⑩，奋兵而出。诸

众封赏一人，杀死一人，振奋军心，发兵出战。诸侯大为震惊，都归

hóu zhèn jīng　　jiē huán qí qīn dì　　wēi xíng sān shí liù nián　　yǔ zài
侯振惊，皆还齐侵地。威行三十六年。语在

还了所侵占的齐国土地。齐威王的声威持续了三十六年。这件事

tián wán shì jiā　　zhōng
《田完世家》中⑪。

记载在《田完世家》中。

① 淳于髡：人名。淳于为复姓。　② 赘婿：男子到女子家成婚。　③ 滑稽：能言善辩，言词机智、诙谐。　④ 齐威王：公元前356年至前320年在位。隐：隐语，谜语的古称。　⑤ 沈湎：即沉湎，沉溺。　⑥ 说：劝说、劝谏。　⑦ 蜚：通"飞"。　⑧ 朝：聚集，召集。　县令长：一县的长官。人口万户以上的大县的长官为令，万户以下的小县的长官为长。　⑨ 赏一人：指封赏了即墨大夫。　⑩ 诛一人：指烹死了阿大夫。　⑪《田完世家》：即《史记·田敬仲完世家》。

wēi wáng bā nián　　chǔ dà fā bīng jiā qí　　qí wáng shǐ chún yú kūn zhī zhào qǐng jiù bīng　　jī jīn bǎi
威王八年①，楚大发兵加齐②。齐王使淳于髡之赵请救兵，赍金百

齐威王八年，楚国发兵大举侵犯齐国。齐威王派淳于髡到赵国请求救兵，让他带黄金百斤和四匹马

斤③，车马十驷④。淳于髡仰天大笑，冠缨索绝⑤。王曰："先生少之

> 驾的车十辆作为赠礼。淳于髡仰天大笑，连系在颔下的帽带都全绷断了。齐威王说："先生认为礼物太

乎？"髡曰："何敢!"王曰："笑岂有说乎？"髡曰："今者臣从东方来，见

> 少了吗？"淳于髡说："岂敢!"齐威王说："大笑是什么道理？"淳于髡说："刚才我从东方来，看见路边有

道傍有禳田者⑥，操一豚蹄⑦，酒一盂，祝曰：'瓯窭满篝⑧，污邪满车⑨，

> 人在祭祀祈求丰收，他手拿一只小猪蹄和一壶酒，祷告说：'狭小的高坡上收成满笼，低洼的田地里谷

五谷蕃熟⑩，穰穰满家⑪。'臣见其所持者狭而所欲者奢，故笑之。"于是

> 物满车，庄稼茂盛成熟，丰收的粮食堆满家中。'我见他拿出的东西很少而想要得到的东西却很多，所

齐威王乃益赍黄金千镒⑫，白璧十双，车马百驷。髡辞而行，至赵。

> 以笑话他。"于是齐威王就又增加了黄金千镒，白璧十对，四匹马驾的车百辆作为赠礼。淳于髡告辞出发，

赵王与之精兵十万，革车千乘⑬。楚闻之，夜引兵而去。

> 来到赵国。赵王给他精兵十万，大战车一千辆。楚国听到这个消息，连夜领兵离去了。

---

① 威王八年：即公元前349年。 ② 加：侵陵，侵犯。 ③ 赍：赠送。
这里是"带着"的意思。 ④ 驷：四马驾一车。 ⑤ 冠缨：系在颔下的
帽带。 索：尽。 绝：断。 ⑥ 禳田：祭祀谷神、土地神以求丰收。
禳，祭祀祈福。 ⑦ 豚：小猪。 ⑧ 瓯窭：狭小的高地。 篝：竹笼。
⑨ 污邪：地势低洼的田地。 ⑩ 蕃：茂盛。 ⑪ 穰穰：谷物丰饶。
⑫ 益：增加。 镒：古代重量单位，二十两（一说二十四两）为一镒。
⑬ 革车：古代的一种大战车，又名重车，每车跟随步卒七十五人。

威王大说①，置酒后宫，召髡，赐之酒。问曰："先生能饮

> 齐威王大喜，在后宫摆设酒宴，召来淳于髡，赏给他酒喝。齐威王问淳于髡："先生能喝多少酒才

几何而醉？"对曰："臣饮一斗亦醉，一石亦醉②。"威王曰："先

> 会醉？"淳于髡回答说："我喝一斗酒会醉，喝一石酒也会醉。"齐威王说："先生喝一斗酒就醉，怎么能喝一

sheng yǐn yì dǒu ér zuì wū néng yǐn yí dàn zāi qí shuō kě dé wén hū kūn yuē cì jiǔ

生饮一斗而醉，恶能饮一石哉③！其说可得闻乎？"髡曰："赐酒

石酒呢？这里面的道理能说给我听吗？"淳于髡说："我在大王面前喝您赏赐的酒，旁边有执行酒令的官员，

dà wáng zhī qián zhí fǎ zài páng yù shǐ zài hòu kūn kǒng jù fǔ fú ér yǐn bú guò yì dǒu

大王之前，执法在傍④，御史在后⑤，髡恐惧俯伏而饮，不过一斗

后边有监察仪态的官员，我诚惶诚恐地低着头喝酒，喝不过一斗就醉了。如果双亲有尊贵的客人，我敛好

jìng zuì yǐ ruò qīn yǒu yán kè kūn juǎn gōu jū shì jiǔ yú qián shí cì yú lì fèng shāng

径醉矣⑥。若亲有严客⑦，髡帣韝鞠膝⑧，侍酒于前，时赐余沥⑨，奉觞

衣袖，弯身跽坐，在席前侍奉他们饮酒，有时他们赏些残酒给我，我便举杯祝寿，这样反复几次，喝不过二

shàng shòu shuò qǐ yǐn bú guò èr dǒu jìng zuì yǐ ruò péng yǒu jiāo yóu jiǔ bù xiāng jiàn cù

上寿⑩，数起，饮不过二斗径醉矣。若朋友交游，久不相见，卒

斗就醉了。如果是朋友交游，有很长时间没有见面了，突然间相见，欢快地谈起往事，互相倾诉衷情，这样

rán xiāng dǔ huān rán dào gù sī qíng xiāng yǔ yǐn kě wǔ liù dǒu jìng zuì yǐ ruò nǎi zhōu

然相睹⑪，欢然道故，私情相语，饮可五六斗径醉矣。若乃州

可以喝五六斗就醉了。如果是乡间集会，男的女的混杂着坐在一起，彼此敬酒，喝喝停停，玩六博、投壶的

lǘ zhī huì nán nǚ zá zuò xíng jiǔ jī liú liù bó tóu hú xiāng yǐn wéi cáo wò shǒu wú fá

闾之会⑫，男女杂坐，行酒稽留⑬，六博投壶⑭，相引为曹⑮，握手无罚，

游戏，互相招呼着称兄道弟，和妇女握握手不会受处罚，瞪眼直视妇女也不受禁止，眼前有掉落的耳饰，

mù chì bú jìn qián yǒu duò ěr hòu yǒu yí zān kūn qiè lè cǐ yǐn kě bā dǒu ér

目眙不禁⑯，前有堕珥⑰，后有遗簪，髡窃乐此，饮可八斗而

身后有丢失的发簪，我暗自喜爱这种场合，可以喝八斗酒而只有二三分醉意。到了傍晚酒宴将散，大家端

zuì èr sān rì mù jiǔ lán hé zūn cù zuò nán nǚ tóng xí lǚ xì jiāo cuò bēi pán

醉二参⑱。日暮酒阑⑲，合尊促坐⑳，男女同席，履舄交错㉑，杯盘

着酒杯相挨而坐，男女同席，众人的鞋子纵横交错，酒杯菜盘散乱而放，堂上的蜡烛熄灭了，主人送走客

láng jí táng shàng zhú miè zhǔ rén liú kūn ér sòng kè luó rú jīn jiě wēi wén xiāng zé dāng

狼藉，堂上烛灭，主人留髡而送客，罗襦襟解㉒，微闻芗泽㉓，当

人留下我再唱，有的女子把罗衫的衣襟解开了，能微微闻到她们身上的体香，这种时候，我心中最为欢喜，

cǐ zhī shí kūn xīn zuì huān néng yǐn yí dàn gù yuē jiǔ jí zé luàn lè jí zé bēi wàn shì

此之时，髡心最欢，能饮一石。故曰酒极则乱，乐极则悲；万事

就能喝下一石酒。所以说酒喝得太多了就会乱性，行乐太过分了就会引起悲哀；万事都这样，就是说不

jìn rán yán bù kě jí jí zhī ér shuāi yǐ fěng jiàn yān qí wáng yuē shàn nǎi bà cháng

尽然，言不可极，极之而衰。"以讽谏焉。齐王曰："善。"乃罢长

能到极点，到了极点就走向衰亡。"用这些话委婉地劝谏齐威王。齐威王说："很好。"于是取消了通宵达

143

yè zhī yǐn　　yǐ kūn wéi zhū hóu zhǔ kè　　　zōng shì zhì jiǔ　kūn cháng zài cè

夜之饮，以髡为诸侯主客㉔。宗室置酒，髡尝在侧㉕。

旦的宴饮，并任命淳于髡为接待诸侯的主客。每逢齐国宗室举行宴会，淳于髡也常常在旁边作陪。

①说：同"悦"。　②石：容量单位，十斗为一石。　③恶：怎么。　④执法：执法的官吏。　⑤御史：官名，主管纠察。执法和御史这里皆指执行酒令、监察失仪的人。　⑥径：即，就。　⑦亲：父母。　严：尊敬。　⑧帣：通"絭"，束衣袖。　韝：臂套。　鞠：弯曲。　䠆：同"跽"，小跪，双膝着地，上身挺直。　⑨余沥：残酒。　沥，清酒。　⑩奉觞：捧着酒杯。　觞，盛酒器。　上寿：祝寿。　⑪卒然：同"猝然"，突然。　睹：见。　⑫州闾：民间闾巷。　⑬稽留：停留。　⑭六博：又叫"陆博"。古代的赌博游戏，每人六棋，故名。　投壶：酒宴时的游戏，将箭投入酒壶口，以投中多少决胜负，负者须饮酒。　⑮引：牵拉，招呼。　曹：辈，同伴。　⑯目眙：瞪眼直视。　⑰珥：妇女的珠玉耳饰。　⑱二参：十有二三。　参，同"叁"，即三。　⑲酒阑：宴饮将散。　阑，尽。　⑳尊：同"樽"，酒杯。　促坐：紧挨而坐。　㉑履舄：鞋子。　㉒罗襦：女子丝织上衣。　㉓芗泽：香气。　芗，同"香"。　㉔诸侯主客：接待诸侯宾客的官吏。　主客，官名。　㉕尝：同"常"。

（田松青）

huò zhí liè zhuàn xù

货殖列传序

shǐ jì

《史记》

lǎo zǐ yuē　　　zhì zhì zhī jí　lín guó xiāng wàng　　jī gǒu zhī shēng xiāng wén　　mín gè gān qí

《老子》曰①："至治之极，邻国相望，鸡狗之声相闻，民各甘其

《老子》说："国家治理到最好的程度是，相邻国家的人民可以互相望见，鸡狗的叫声可以互相听见，而

shí měi qí fú　ān qí sú　lè qí yè　zhì lǎo sǐ bù xiāng wǎng lái　　bì yòng cǐ wéi wù　wǎn jìn shì

食，美其服，安其俗，乐其业，至老死不相往来。"必用此为务，挽近世

老百姓们各自认为自己的饮食甘美，自己的衣服漂亮，习惯于本地的风俗，喜爱自己的职业，以致到老死也

tú mín ěr mù　　zé jī wú xíng yǐ
涂民耳目②,则几无行矣。

不互相往来。"如果一定要以此作为追求的目标,想扭转近代的风俗,堵塞百姓的耳目,则几乎是行不通的。

①《老子》曰：以下引文引自《老子》第八十章,文字略有出入。　②涂：堵塞。

tài shǐ gōng yuē　　fú shén nóng yǐ qián①　　wú bù zhī yǐ　　zhì ruò shī　 shū　suǒ
太史公曰：夫神农以前①,吾不知已。至若《诗》、《书》所

太史公说：神农以前的事情,我不清楚了。至于像《诗经》、《尚书》里所记述的虞舜、夏禹以来,人们

shù yú　xià yǐ lái②　　ěr mù yù jí shēng sè zhī hǎo　kǒu yù qióng chú huàn zhī wèi　 shēn
述虞、夏以来②,耳目欲极声色之好,口欲穷刍豢之味③,身

总想使自己的耳朵和眼睛享受最好的音乐和美色,使自己的嘴巴享尽各种肉食美味,使自己的身体安于舒

ān yì lè　　ér xīn kuā jīn shì néng zhī róng　　shǐ sú zhī
安逸乐,而心夸矜埶能之荣④,使俗之

适、安乐的环境,而内心又夸耀有权势、有才干的光荣,并让这

jiàn mín jiǔ yǐ　　suī hù shuì yǐ miǎo lùn　　zhōng bù
渐民久矣⑤,虽户说以眇论⑥,终不

种风气浸染民心已经很久了,即使用《老子》这样曲折精妙的言

néng huà　　gù shàn zhě yīn zhī⑦　qí cì lì dǎo zhī⑧
能化。故善者因之⑦,其次利道之⑧,

论挨家挨户地去劝导,也终究不能改变过来。所以对于老百姓,

qí cì jiào huì zhī　qí cì zhěng qí zhī⑨　　zuì xià zhě
其次教诲之,其次整齐之⑨,最下者

最好的方法是顺其自然,其次是因势利导,其次是教导他们,其

yǔ zhī zhēng
与之争。

次是用法令整治约束他们,最差的办法是与老百姓争利。

① 神农：传说中的远古帝皇。此泛指远古。　②《诗》、《书》：泛指古老文献。　虞：虞舜。　夏：夏禹。　③ 刍豢：泛指牲畜。刍,指食草动物,如牛、羊。豢,指食谷动物,如猪、狗。　④ 埶能：权势、才能。埶,同"势"。⑤ 渐：浸染,潜移默化。⑥ 户说：挨家挨户劝说。眇论：曲折精妙的理论,指上述老子的言论。眇,微妙。　⑦ 因之：顺其变化。因,顺。　⑧ 道：同"导",引导。⑨ 整齐：用规章制度来加以限制。

145

夫山西饶材、竹、穀、纑、旄、玉石①；山东多鱼、盐、漆、丝、

崤山以西一带盛产木材、竹子、楮树、野麻、牦牛尾、玉石；崤山以东一带多产鱼、盐、漆、丝、歌伎舞

声色②；江南出楠、梓、姜、桂、金、锡、连、丹沙、犀、瑇瑁、珠玑

女；长江以南一带出产楠木、梓木、姜、桂、金、锡、铅矿石、朱砂、犀牛角、玳瑁、珍珠、象牙皮革；龙门山和碣

齿革③；龙门、碣石北多马、牛、

石山以北多出产马、牛、羊、毛毡和皮衣、兽筋和

羊、旃、裘、筋角④；铜、铁则千里

兽骨；而铜矿和铁矿则千里之内遍山都是，如棋

往往山出棋置⑤：此其

子密布：这是物产分布的大略情况。这些都是中

大较也⑥。皆中国人民所喜

国百姓所喜好的，是人们习惯用来作为穿衣吃

好，谣俗被服饮食奉生送

饭、养生送死所需要的东西。所以依靠农民种地

死之具也⑦。故待农而食之，

吃饭，依靠管理山林水泽的官员开产、运输物资，

虞而出之⑧，工而成之⑨，

依靠工匠制造器物，依靠商人使物产流通。这难

商而通之。此宁有政教发

道是靠发布政令、征调百姓定期会集做到的吗？每

征期会哉⑩？人各任其能，

个人各尽其能，竭尽其力，以此获得他们所想要得

① **山西**：指崤山以西，今陕西一带。 **饶**：富饶，盛产。 **材**：木材。 **穀**：木名，即楮，树皮可造纸。 **纑**：野麻，可以织布。 **旄**：牦牛尾巴，可以用作旌旗的装饰。 ② **山东**：指崤山以东，包括今河南、山东、河北南部、安徽、江苏北部等地区。 **声色**：指歌伎舞女。 ③ **江南**：指长江以南。 **桂**：木犀，珍贵的芳香植物。 **连**：同"链"，铅矿石。 **丹沙**：即丹砂，亦叫朱砂，矿物名。 **犀**：犀牛角。 **瑇瑁**：即玳瑁，海中动物，似海龟，甲壳可做珍贵的装饰品。 **珠玑**：泛指珍珠。玑，不圆的珍珠。 **齿革**：象牙、皮革。 ④ **龙门**：即龙门山，在今陕西省韩城东北。 **碣石**：即碣石山，在今河北昌黎县北。一说在今河北乐亭县西南。 **旃**：同"毡"，毛毡。 **裘**：皮衣。 **筋角**：皮条、兽角，可用来制造弓弩。 ⑤ **棋置**：像棋子那样密布。 ⑥ **大较**：大略，大概。 ⑦ **谣俗**：民间习俗。 **被服**：即穿戴。被，同"披"。 **奉生送死**：供养生者，礼葬死者。 ⑧ **虞**：官名，掌管山林水泽。 ⑨ **工**：工匠。 ⑩ **宁**：难道。 **政教**：政令。 **发征**：征调。 **期会**：定期而会。 ⑪ **"故物"二句**：谓此处物贱，则运往别处以求高价；此处物贵，则从别处贱价收购来此处贩卖。征，寻求。 ⑫ **劝**：勉，努力从事。 ⑬ **验**：证明。

竭其力，以得所欲。故物贱之征贵，贵之征贱⑪，各劝其业⑫，乐其事，

到的东西。所以此处物贱，他们就远往别处以求高价；此处物贵，他们就从别处贱价收购，运回出售，人们各

若水之趋下，日夜无休时，不召而自来，不求而民出之。岂非道

自勉力从事自己的职业，乐于从事自己的工作，就像水往低处流，日夜不停，不用召唤自己就来

之所符，而自然之验邪⑬？

了，各种物资不用去寻求人民就自己会生产出来。这难道不是与自然规律相符合，是顺应自然的验证吗？

《周书》曰①："农不出则乏其食，工不出则乏其事，商

《逸周书》上说："农民不种田，粮食就会缺乏；工匠不干活，器物就会短缺；商人不经营，粮食、器物、

不出则三宝绝②，虞不出则财匮少③。"财匮少而山泽不辟

物财这三宝就断了来源；管理山林水泽的人不出力，物财就会匮乏。"社会财富匮乏，山林水泽就得不到开

矣④。此四者，民所衣食之原也。原大则饶，原小则鲜⑤。上则

发。这四个方面是老百姓穿衣吃饭的来源。来源广就富饶，来源窄就贫乏。对上来说可以富国，对下来说可

富国，下则富家。贫富之道，莫之夺予⑥，而巧者有余，拙者不

以富家。贫富的法则，不是谁能够改变的，只是智巧的人能使自己富裕，笨拙的人常使自己衣食不足。所以

足。故太公望封于营丘⑦，地潟卤⑧，人民寡，于是太公劝其女

姜太公被封在营丘，那里的土地多是盐碱地无法耕种，人口稀少，于是姜太公就鼓励当地妇女从事纺织刺绣

功⑨，极技巧，通鱼盐，则人物归之，繦至而辐凑⑩。故齐冠带衣履

绣，并使女功的技巧精妙到极点，把鱼和盐贩运到别地，这样人民和财物尽归向齐国，钱财源源而至，归附

<ruby>天<rt>tiān</rt></ruby><ruby>下<rt>xià</rt></ruby>，<ruby>海<rt>hǎi</rt></ruby><ruby>岱<rt>dài</rt></ruby><ruby>之<rt>zhī</rt></ruby><ruby>间<rt>jiān</rt></ruby><ruby>敛<rt>liǎn</rt></ruby><ruby>袂<rt>mèi</rt></ruby><ruby>而<rt>ér</rt></ruby><ruby>往<rt>wǎng</rt></ruby><ruby>朝<rt>cháo</rt></ruby><ruby>焉<rt>yān</rt></ruby>⑪。<ruby>其<rt>qí</rt></ruby><ruby>后<rt>hòu</rt></ruby><ruby>齐<rt>qí</rt></ruby><ruby>中<rt>zhōng</rt></ruby><ruby>衰<rt>shuāi</rt></ruby>⑫，<ruby>管<rt>guǎn</rt></ruby><ruby>子<rt>zǐ</rt></ruby><ruby>修<rt>xiū</rt></ruby>

的人络绎不绝地聚集而来。所以齐国制造的衣服鞋帽遍布天下，从渤海到泰山一带的诸侯都恭敬地前来朝

<ruby>之<rt>zhī</rt></ruby>⑬，<ruby>设<rt>shè</rt></ruby><ruby>轻<rt>qīng</rt></ruby><ruby>重<rt>zhòng</rt></ruby><ruby>九<rt>jiǔ</rt></ruby><ruby>府<rt>fǔ</rt></ruby>⑭，<ruby>则<rt>zé</rt></ruby><ruby>桓<rt>huán</rt></ruby><ruby>公<rt>gōng</rt></ruby><ruby>以<rt>yǐ</rt></ruby><ruby>霸<rt>bà</rt></ruby>，<ruby>九<rt>jiǔ</rt></ruby><ruby>合<rt>hé</rt></ruby><ruby>诸<rt>zhū</rt></ruby><ruby>侯<rt>hóu</rt></ruby>，<ruby>一<rt>yì</rt></ruby><ruby>匡<rt>kuāng</rt></ruby><ruby>天<rt>tiān</rt></ruby><ruby>下<rt>xià</rt></ruby>⑮；<ruby>而<rt>ér</rt></ruby>

拜。后来齐国一度衰败，管仲重振姜太公的事业，设立调节物价的九个官职，于是齐桓公得以称霸，多次会

<ruby>管<rt>guǎn</rt></ruby><ruby>氏<rt>shì</rt></ruby><ruby>亦<rt>yì</rt></ruby><ruby>有<rt>yǒu</rt></ruby><ruby>三<rt>sān</rt></ruby><ruby>归<rt>guī</rt></ruby>⑯，<ruby>位<rt>wèi</rt></ruby><ruby>在<rt>zài</rt></ruby><ruby>陪<rt>péi</rt></ruby><ruby>臣<rt>chén</rt></ruby>⑰，<ruby>富<rt>fù</rt></ruby><ruby>于<rt>yú</rt></ruby><ruby>列<rt>liè</rt></ruby><ruby>国<rt>guó</rt></ruby><ruby>之<rt>zhī</rt></ruby><ruby>君<rt>jūn</rt></ruby>。<ruby>是<rt>shì</rt></ruby><ruby>以<rt>yǐ</rt></ruby><ruby>齐<rt>qí</rt></ruby><ruby>富<rt>fù</rt></ruby><ruby>强<rt>qiáng</rt></ruby>

盟诸侯，匡正天下；而管仲本人也拥有三归，虽然他的地位仅是个陪臣，却比各国的国君还要富有。因此齐

<ruby>至<rt>zhì</rt></ruby><ruby>于<rt>yú</rt></ruby><ruby>威<rt>wēi</rt></ruby>、<ruby>宣<rt>xuān</rt></ruby><ruby>也<rt>yě</rt></ruby>⑱。

国的富强局面一直维持到齐威王、齐宣王时期。

①《周书》：指《逸周书》，记周朝上起文王、武王，下至灵王、景王时事。以下引文今本《逸周书》无。　②三宝：指上两句中的"食"、"事"和下句中的"财"。　③匮少：缺乏。　④辟：开辟。　⑤鲜：少。　⑥夺：剥夺。　予：给予。　⑦太公望：即姜太公，吕氏，名望。周武王时的开国元勋，被封于齐。　营丘：在今山东省淄博市东北部，齐国的国都。⑧潟卤：不适宜耕种的盐碱地。　⑨劝：劝勉。　女功：妇女劳动，指刺绣纺织等事。⑩缯：穿钱的绳索。比喻接连不断。　辐凑：形容人或物聚集像车辐集中于车毂一样。辐，车轮中连接车毂和轮圈的直条。　凑，聚集。　⑪海岱之间：指山东半岛。海，指今渤海。　岱，泰山。　敛袂：整敛衣袖以示恭敬。　袂，衣袖。　⑫中衰：中途衰落。⑬管子：即管仲。见本书《管晏列传》。　⑭轻重九府：主管金融货币的官府。　轻重，权衡货物贸易关系的方法。　九府，指大府、玉府、内府、外府、泉府、天府、职内、职金、职币九种职官。　⑮"则桓公"三句：详见本书《管晏列传》注。　⑯三归：详见本书《管晏列传》注。　⑰陪臣：春秋时诸侯的大夫对周天子自称为陪臣。　⑱威、宣：指齐威王、齐宣王。

<ruby>故<rt>gù</rt></ruby><ruby>曰<rt>yuē</rt></ruby>①："<ruby>仓<rt>cāng</rt></ruby><ruby>廪<rt>lǐn</rt></ruby><ruby>实<rt>shí</rt></ruby><ruby>而<rt>ér</rt></ruby><ruby>知<rt>zhī</rt></ruby><ruby>礼<rt>lǐ</rt></ruby><ruby>节<rt>jié</rt></ruby>②，<ruby>衣<rt>yī</rt></ruby><ruby>食<rt>shí</rt></ruby><ruby>足<rt>zú</rt></ruby><ruby>而<rt>ér</rt></ruby><ruby>知<rt>zhī</rt></ruby><ruby>荣<rt>róng</rt></ruby><ruby>辱<rt>rǔ</rt></ruby>。"<ruby>礼<rt>lǐ</rt></ruby><ruby>生<rt>shēng</rt></ruby><ruby>于<rt>yú</rt></ruby><ruby>有<rt>yǒu</rt></ruby><ruby>而<rt>ér</rt></ruby><ruby>废<rt>fèi</rt></ruby><ruby>于<rt>yú</rt></ruby>

所以说："粮仓丰实了，百姓就会懂得礼节；衣食充足了，百姓就会知道荣辱。"礼义产生于富足而废

<ruby>无<rt>wú</rt></ruby>③。<ruby>故<rt>gù</rt></ruby><ruby>君<rt>jūn</rt></ruby><ruby>子<rt>zǐ</rt></ruby><ruby>富<rt>fù</rt></ruby>，<ruby>好<rt>hào</rt></ruby><ruby>行<rt>xíng</rt></ruby><ruby>其<rt>qí</rt></ruby><ruby>德<rt>dé</rt></ruby>；<ruby>小<rt>xiǎo</rt></ruby><ruby>人<rt>rén</rt></ruby><ruby>富<rt>fù</rt></ruby>，<ruby>以<rt>yǐ</rt></ruby><ruby>适<rt>shì</rt></ruby><ruby>其<rt>qí</rt></ruby><ruby>力<rt>lì</rt></ruby>。<ruby>渊<rt>yuān</rt></ruby><ruby>深<rt>shēn</rt></ruby><ruby>而<rt>ér</rt></ruby><ruby>鱼<rt>yú</rt></ruby><ruby>生<rt>shēng</rt></ruby><ruby>之<rt>zhī</rt></ruby>，<ruby>山<rt>shān</rt></ruby><ruby>深<rt>shēn</rt></ruby>

弃于贫穷。所以君子富有，就愿意去做仁德之事；小人富有，就会把精力用在适当的地方。潭水很深，就有鱼

^{ér shòu wǎng zhī} ^{rén fù ér rén yì fù yān} ^{fù zhě dé}
而兽往之，人富而仁义附焉。富者得

类生活；山林很深，野兽就会到那里去；人很富有，仁义也就归他所

^{shì yì zhāng} ^{shī shì zé kè wú suǒ zhī} ^{yǐ ér bú lè} ^{yí}
执益彰④，失执则客无所之，以而不乐。夷

有。富人得势就更加显赫，失势则宾客没处可去，因而心情不快乐。

^{dí yì shèn} ^{yàn yuē} ^{qiān jīn zhī zǐ} ^{bù sǐ yú shì}
狄益甚⑤。谚曰："千金之子，不死于市⑥。"

这种情况在夷狄之国更加厉害。谚语说："家有千金的富人子弟，

^{cǐ fēi kōng yán yě} ^{gù yuē} ^{tiān xià xī xī} ^{jiē wèi}
此非空言也。故曰："天下熙熙⑦，皆为

是不会因犯法而被处死在闹市中的。"这不是空话。所以说：

^{lì lái} ^{tiān xià rǎng rǎng} ^{jiē wèi lì wǎng} ^{fú qiān shèng}
利来；天下壤壤⑧，皆为利往。"夫千乘

"天下人熙熙攘攘，都是为利而来；天下人辛苦奔忙，都是为利而

^{zhī wáng} ^{wàn jiā zhī hóu} ^{bǎi shì zhī jūn} ^{shàng yóu}
之王⑨，万家之侯⑩，百室之君⑪，尚犹

往。"拥有千辆战车的国君，占有万户封地的诸侯，据有百室封邑的

^{huàn pín} ^{ér kuàng pǐ} ^{fū biān hù zhī mín hū}
患贫，而况匹夫编户之民乎⑫！

大夫，尚且担心贫穷，何况平民百姓呢！

---

① 故曰：以下引文出自《管子·牧民》。 ② 仓廪：粮仓。 ③ 有：富足。 无：贫穷。 ④ 执：同"势"。 ⑤ "夷狄"句：此句前后疑有脱误。夷狄，泛指少数民族。 ⑥ 不死于市：指不触犯刑法，不在街市上被处死。 ⑦ 熙熙：热闹的样子。 ⑧ 壤壤：同"攘攘"，纷乱的样子。 ⑨ 千乘之王：指国君，战国时诸侯国之小者拥有千辆战车。乘，一车四马的战车。 ⑩ 万家之侯：指有万户封邑的诸侯。 ⑪ 百室之君：指大夫。 ⑫ 匹夫：平民。编户之民：编入户籍的平民。

（田松青）

^{tài shǐ gōng zì xù}
太史公自序

^{shǐ jì} 《史记》

^{tài shǐ gōng yuē} ^{xiān rén yǒu yán} ^{zì zhōu gōng zú wǔ bǎi suì ér yǒu kǒng zǐ} ^{kǒng zǐ zú hòu}
太史公曰："先人有言①：'自周公卒五百岁而有孔子②。孔子卒后

太史公说："先父曾说过：'自从周公死后五百年而诞生了孔子。孔子死后至今也已五百年了，应该是

zhì yú jīn wǔ bǎi suì yǒu néng shào míng shì zhèng yì zhuàn jì chūn qiū běn shī

至于今五百岁，有能绍明世③，正《易传》④，继《春秋》⑤，本《诗》、

到了有人能继承圣明世代的事业，修正《易传》，续写《春秋》，探求《诗经》、《尚书》、《仪礼》、《乐经》的本原的

shū lǐ yuè zhī jì yì zài sī hū yì zài sī hū xiǎo zǐ hé gǎn ràng yān

《书》、《礼》、《乐》之际⑥。'意在斯乎！意在斯乎！小子何敢让焉。"

时候了。'他的意思就在这里吧！他的意思就在这里吧！我怎么敢推辞呢！"

① 先人：指作者的父亲司马谈。　② 周公：即姬旦，周武王之弟，周成王之叔。武王死时，成王尚年幼，于是周公摄政。周朝的礼乐制度相传为周公所制定。　③ 绍：继续。④《易传》：《周易》的组成部分，是儒家学者对古代占筮用《周易》所作的各种解释。　⑤《春秋》：春秋时鲁国的编年体史书。　⑥《诗》、《书》、《礼》、《乐》：即《诗经》、《尚书》、《仪礼》（一说三《礼》，即《礼记》、《仪礼》、《周礼》）、《乐经》，均为儒家经典。《乐》今已不传。

shàng dà fū hú suì yuē xī kǒng zǐ hé wèi ér zuò chūn qiū zāi tài shǐ gōng yuē

上大夫壶遂曰①："昔孔子何为而作《春秋》哉？"太史公曰：

上大夫壶遂说："当初孔子为什么写《春秋》呢？"太史公说："我听董仲舒先生说：'周朝的制度

yú wén dǒng shēng yuē zhōu dào shuāi fèi kǒng zǐ wéi lǔ sī kòu zhū hóu hài zhī dà fū

"余闻董生曰②：'周道衰废，孔子为鲁司寇③，诸侯害之④，大夫

衰落废弛，孔子担任鲁国司寇，诸侯忌恨他，大夫们压制他。孔子知道自己的意见不会被采用，自

yōng zhī kǒng zǐ zhī yán zhī bú yòng dào zhī bù xíng yě shì fēi èr bǎi sì shí èr nián zhī

壅之⑤。孔子知言之不用，道之不行也，是非二百四十二年之

己的主张无法推行，于是褒贬二百四十二年之间的历史，作为天下人行动的标准，贬责天子，

zhōng yǐ wéi tiān xià yí biǎo biǎn tiān zǐ tuì zhū hóu tǎo dà fū yǐ dá wáng shì ér yǐ

中⑥，以为天下仪表，贬天子，退诸侯，讨大夫，以达王事而已

斥责诸侯，声讨大夫，只是为了阐明王道罢了。'孔子说：'我想与其将我的观点用空话记载下来，

yǐ zǐ yuē wǒ yù zǎi zhī kōng yán bù rú xiàn zhī yú xíng shì zhī shēn qiè zhù míng

矣⑦。'子曰：'我欲载之空言⑧，不如见之于行事之深切著明

不如表现在具体事件中使之更为深刻明显。'《春秋》，对上阐明三王的治世之道，对下辨明为人

150

也⑨。'夫《春秋》,上明三王之道⑩,下辨人事之纪⑪,别嫌疑,明

处事的纲纪,辨别疑难事物,弄清是非界限,确定犹豫不决的问题,褒善抑恶,推崇贤人,鄙薄不肖,

是非,定犹豫,善善恶恶⑫,贤贤贱不肖,存亡国,继绝世,补敝起

存录已经灭亡的国家,延续已经断绝的世系,补救弊端,重振已经荒废的事业,这些都是王道的重要内容。

废,王道之大者也。《易》著天地阴阳四时五行⑬,故长于变;《礼》经

《易经》显示天地、阴阳、四季、五行的规律,所以长于变化;《礼》调整人与人之间的关系,所以长于引导人们

纪人伦⑭,故长于行;《书》记先王之事,故长于政;《诗》记山川溪谷

的行为;《尚书》记载古代帝王的事迹,所以长于指导政事;《诗经》记述山川、溪谷、禽兽、草木、牝牡、雌雄,所以

禽兽草木牝牡雌雄⑮,故长于风⑯;《乐》乐所以立⑰,故长于和;《春

长于教化;《乐经》使人乐在其中,所以长于调和性情;《春秋》明辨是非,所以长于治理百姓。因此《礼》用

秋》辨是非,故长于治人。是故《礼》以节人,《乐》以发和,《书》以道

来节制人们的言行,《乐经》用来启发和合美好的情感,《尚书》用来记述史实,《诗经》用来表达思想感情,

事,《诗》以达意,《易》以道化,《春秋》以道义⑱。拨乱世反之正⑲,莫近

《易经》用来表现事物的变化,《春秋》用来阐明天下的义理。治理乱世使之归于正轨,没有比《春秋》更为切

于《春秋》。《春秋》文成数万,其指数千⑳。万物之散聚皆在《春秋》。

近有效的了。《春秋》一书字数万余,所要说明的旨意有几千条。万事万物的成败聚散都在《春秋》之中。《春

《春秋》之中,弑君三十六,亡国五十二,诸侯奔走不得保其社稷者

秋》一书中,记载臣子杀死君主的有三十六起,国家灭亡的有五十二个,诸侯亡命逃走无法保全其封地权力

不可胜数。察其所以,皆失其本已。故《易》曰'失之豪厘,差以千

的不可胜数。观察他们之所以如此,都因失去了王道之本。所以《易经》上说:'失之毫厘,差之千里。'所以

里㉑'。故曰'臣弑君,子弑父,非一旦一夕之故也,其渐久矣㉒'。

说:'臣下杀害国君,儿子杀死父亲,这不是一朝一夕的缘故,是逐步发展很长时间了。'

① 上大夫壶遂：壶遂，天文学家，曾参与司马迁所主持的太初改律事。官至詹事，秩二千石，故称上大夫。　② 董生：即董仲舒，汉代儒学大师，司马迁曾向他学习《公羊春秋》。　生，尊称，即先生、老师之意。　③ 孔子为鲁司寇：春秋鲁定公十年（前500），孔子在鲁国由中都宰升任司空和大司寇。　司寇，掌握刑狱的官。　④ 害：忌恨。　⑤ 壅：阻塞，隔离。　⑥ "是非"句：指孔子以《春秋》这部书来褒贬评定整个春秋时代的各国大事。《春秋》记事上起鲁隐公元年（前722），下止于鲁哀公十四年（前481），共242年。　是非，褒贬。　⑦ 王事：此指王道。　⑧ 空言：空洞抽象的说教。　⑨ 行事：指具体的历史事件。　⑩ 三王：指夏禹、商汤、周文王周武王。　⑪ 纪：纲纪，伦理纲常。　⑫ 善善：表扬良善。前一"善"为动词，后一"善"为名词。后面的"恶恶"、"贤贤"同此。　⑬ 阴阳：古代以阴阳来解释世间的万物发展变化。　四时：四季。　五行：金、木、水、火、土五种基本元素。　⑭ 经纪：安排调整。　⑮ 牝：雌性的禽兽。　牡：雄性的禽兽。　⑯ 风：教化。　⑰ 乐所以立：意为以自己现有条件为乐，乐在其中。　⑱ "是故"六句：详见本书《滑稽列传》第一段的有关注释。　道化，讲究客观事物发展变化的道理。　⑲ 拨：治理。　反：同"返"。　⑳ 指：通"旨"，意旨，意向。　㉑ "失之"二句：引文不见今本《易经》，《易纬·通卦验》中有此句。　豪厘，即毫厘。　㉒ "臣弑"四句：引文出自《易·坤卦文言》。　渐，浸润，发展由来。

"故有国者不可以不知《春秋》，前有谗而弗见①，后有贼而不

"所以掌握政权的国君不可以不知晓《春秋》，否则眼前有进谗言的小人却视而不见，身后有奸贼却

知②。为人臣者不可以不知《春秋》，守经事而不知其宜③，遭变事

不知道。做人臣的不可以不知晓《春秋》，否则处理日常事务不知道恰当的办法，遇到意外的事变而不知道

而不知其权④。为人君父而不通于《春秋》之义者，必蒙首恶之

变通。作为国君或父亲不通晓《春秋》的要义，一定会蒙受首恶的名声。作为大臣或儿子不通晓《春秋》的要

名。为人臣子而不通于《春秋》之义者，必陷篡弑之诛，死罪之

义，一定会陷入到篡位弑父的法网中，落得该死的罪名。其实他们都以为自己在干好事，只是因为不懂礼

名。其实皆以为善，为之不知其义，被之空言而不敢辞⑤。夫不

义，受到舆论随意的谴责也不敢辩驳。由于不通晓礼义的要旨，以至于做国君的不像国君，做大臣的不像大

通礼义之旨，至于君不君，臣不臣，父不父，子不子。夫君不君

臣，做父亲的不像父亲，做儿子的不像儿子。而做国君的不像国君，大臣们就会犯上作乱；做大臣的不像

zé fàn　　chén bù chén zé zhū　　fù bú fù zé wú dào　　zǐ bù zǐ zé bú

则犯⑥，臣不臣则诛，父不父则无道，子不子则不

大臣，就会获罪被杀；做父亲的不像父亲，就是没有伦理道德；做儿子的不像儿

xiào　　cǐ sì xíng zhě　　tiān xià zhī dà guò yě　　yǐ tiān xià zhī dà guò

孝。此四行者，天下之大过也。以天下之大过

子，就是不孝敬父母。这四种行为，是天下最大的过错。把天下最大的过错加在

yǔ zhī　　zé shòu ér fú gǎn cí　　gù chūn qiū zhě　　lǐ yì zhī dà zōng

予之，则受而弗敢辞。故《春秋》者，礼义之大宗

这些人身上，他们也只能接受而不敢推辞。所以《春秋》这部书，是礼义的根本法

yě　　fú lǐ jìn wèi rán zhī qián　　fǎ shī yǐ rán zhī hòu　　fǎ zhī suǒ wéi

也。夫礼禁未然之前⑦，法施已然之后；法之所为

则。礼的作用是在坏事发生前就加以禁止，法的作用是在坏事发生后加以处置；

yòng zhě yì jiàn　　ér lǐ zhī suǒ wéi jìn zhě nán zhī

用者易见，而礼之所为禁者难知。”

法起的作用是比较容易看得见的，而礼起的防患作用就难以被人们所理解。”

① 谗：指进谗言的
人。　② 贼：指
叛逆作乱的人。
③ 守经事：处理
一般情况下的事
物。　经，平常，
经常。　④ 权：
随机应变。　⑤空
言：指随心所欲的
批评言论。　⑥犯：
指被臣下冒犯。
⑦ 未然：指尚未
出现的事。

hú suì yuē　　kǒng zǐ zhī shí　　shàng wú míng jūn　　xià bù dé rèn yòng

壶遂曰：“孔子之时，上无明君，下不得任用，

壶遂说：“孔子那个时候，上无圣明君主，下不被重用，所以写作《春秋》，

gù zuò chūn qiū　　chuí kōng wén yǐ duàn lǐ yì　　dāng yì wáng zhī fǎ　　jīn

故作《春秋》，垂空文以断礼义①，当一王之法。今

流传文章来判明什么是礼义，作为一个圣王的法典。现在你上遇圣明的君主，

fū zǐ shàng yù míng tiān zǐ　　xià dé shǒu zhí　　wàn shì jì jù　　xián gè xù

夫子上遇明天子②，下得守职，万事既具，咸各序

下有自己的官守职位，万事都已具备，各项事情按照适当的顺序进行，先生

qí yí　　fū zǐ suǒ lùn　　yù yǐ hé míng

其宜，夫子所论，欲以何明？”

您所论述的，是为了说明什么道理呢？”

① 垂：流传。　空
文：指文章。相对
于具体功业而言，
故云“空文”。
② 明天子：圣明
的天子，此指汉武
帝。

153

太史公曰：“唯唯①，否否，不然。余闻之先人曰：‘伏羲至纯

太史公说："对，对，您说得对，不过，不过，我不是这个意思。我听先父说过：'伏羲氏最为纯朴厚道，

厚②，作《易》八卦。尧、舜之盛③，《尚书》载之，礼乐作焉。汤、武

他创造了《周易》中的八卦。唐尧、虞舜时代的昌盛，《尚书》上有记载，礼乐就是那时制定的。商汤、周武王

之隆④，诗人歌之⑤。《春秋》采善贬恶，推三代之德，褒周室，非独

时代的兴隆，诗人在《诗经》中加以歌颂。《春秋》表彰善事，贬斥邪恶，推行三代的德政，褒扬周朝，并非只

刺讥而已也。'汉兴以来，至明天子，获符瑞⑥，建封禅⑦，改正朔⑧，

有讽刺讥评。'汉朝建立以来，直到当今的圣明天子，得到了上天的祥瑞，到泰山进行封禅典礼，更改了

易服色⑨，受命于穆清⑩，泽流罔极⑪，海外殊俗⑫，重译款塞⑬，请

历法，改换了车马服色，受命于上天，恩泽流布远方，海外的异族他邦，通过几重翻译前来叩关，请求前来

来献见者，不可胜道。臣下百官力诵圣德，犹不能宣尽其意。

进献物品和朝拜天子，这样的事情多得数不胜数。臣下百官极力称颂天子的圣德，也仍然不能完全表达

且士贤能而不用，有国者之耻；主上明圣而德不布闻，有司之过

自己的心意。况且士人贤能而不被任用，这是国君的耻辱；皇帝英明神圣而其德政没能广为流传，这是史

也⑭。且余尝掌其官，废明圣盛德不载，灭功臣世家贤大夫之

官的过错。何况我曾担任过太史令，如果废弃英明神圣的盛大美德不作记录，埋没功臣、贵族、贤大夫的

业不述，堕先人所言⑮，罪莫大焉。余所谓述故事，整齐其世传，

事迹不作记述，丢弃先生生前的嘱托，没有什么罪过比这更大的了。我所说的记述过去的事情，只是整理

非所谓作也，而君比之于《春秋》，谬矣。”

一下他们的世系传记，并不是所谓的创作，而您将它与孔子著《春秋》相提并论，这就错了。"

① 唯唯：恭敬而顺从的答应声。　② 伏羲：神话传说中的远古帝王，教民结网，从事渔猎畜牧，又曾制作八卦。　③ 尧、舜：皆为传说中的远古帝王。　④ 汤：商朝的建立者。　武：周武王，周朝的建立者。　⑤ 诗人歌之：指《诗经》中有《商颂》、《周颂》、《大雅》，其中有些篇是歌颂商汤、文武的。　⑥ 符瑞：吉祥的征兆，其实是汉代儒生为鼓吹天人感应而附会出来的一套东西。　⑦ 封禅：古代帝王在泰山举行的祭祀天地的仪式。登泰山撮土为坛以祭天曰"封"，在山南梁父山上辟基而祭地为"禅"。汉武帝曾举行过封禅。　⑧ 改正朔：指使用新历法。汉武帝时恢复使用夏历，即以夏历的正月为岁首，从此直至清末，历代沿用。　正朔，正月初一。　⑨ 易服色：改变车马、祭牲的颜色。秦汉时代，盛行"五德始终说"，认为每一朝代在五行中必定占据一德，与此相应，每一朝代都崇尚一种颜色。汉初沿用秦代历法，崇尚水德黑色，汉武帝时改历法，崇尚黄色。　⑩ 穆清：肃穆清和，指天。　⑪ 泽：皇帝的恩泽。　罔极：无穷尽。罔，无。　⑫ 殊俗：指异族异邦。　⑬ 重译：经过几重翻译的使者。　款塞：叩关。　⑭ 有司：政府主管部门的官吏，此指史官。　⑮ 堕：丢弃。

yú shì lùn cì qí wén
于是论次其文①。

qī nián ér tài shǐ gōng zāo lǐ líng zhī huò
七年而太史公遭李陵之祸②，

yōu yú léi xiè nǎi
幽于缧绁③。乃

于是编写《史记》。写了七年后，我因李陵事件而大祸临头，被囚禁在监狱中。于是喟然长叹道：

kuì rán ér tàn yuē　　shì yú zhī zuì yě fú　　shì yú zhī zuì yě fú　　shēn huǐ bú yòng yǐ　　tuì ér
喟然而叹曰："是余之罪也夫！是余之罪也夫！身毁不用矣。"退而

"这是我的罪过啊！这是我的罪过啊！身体已经残废，没有什么用了！"事后我仔细反思："《诗经》和《尚书》

shēn wéi yuē　　fú shī shū yǐn yuē zhě　　yù suì qí zhì zhī sī yě　　xī xī bó jū yǒu lǐ
深惟曰④："夫《诗》、《书》隐约者⑤，欲遂其志之思也。昔西伯拘羑里，

意旨隐微而文辞简约，是作者想表达内心的思考。从前周文王被囚禁在羑里，就推演出《周易》；孔子被困

yǎn zhōu yì　　kǒng zǐ è chén cài zuò chūn qiū　　qū yuán fàng zhú zhù lí sāo　　zuǒ qiū
演《周易》⑥；孔子厄陈、蔡，作《春秋》⑦；屈原放逐，著《离骚》⑧；左丘

于陈国和蔡国后，写出了《春秋》；屈原被放逐，就写了《离骚》；左丘明双眼失明，这才有了《国语》；孙膑

shī míng jué yǒu guó yǔ　　sūn zǐ bìn jiǎo ér lùn bīng fǎ　　bù wéi qiān shǔ shì chuán lǚ lǎn
失明，厥有《国语》⑨；孙子膑脚，而论兵法⑩；不韦迁蜀，世传《吕览》⑪；

遭受膑刑后，于是研究兵法；吕不韦被谪迁蜀地，世上才能够流传他的《吕氏春秋》；韩非被囚禁在秦国，

hán fēi qiú qín　　shuì nán　　gū fèn　　shī sān bǎi piān dà dǐ xián shèng fā fèn zhī suǒ wéi
韩非囚秦，《说难》、《孤愤》⑫；《诗》三百篇，大抵贤圣发愤之所为

《说难》、《孤愤》才产生；《诗经》三百余篇，大都是贤才圣人抒发内心的愤懑而写出来的。这是因为这些

zuò yě　cǐ rén jiē　yì yǒu suǒ yù jié　　bù dé tōng qí dào yě　　gù shù wǎng shì　sī lái zhě　　yú

作也。此人皆意有所郁结，不得通其道也，故述往事，思来者。”于

人都心意有所郁积，不能实现自己的主张，所以追述往事，期望于将来。”于是终于记述了唐尧以来的

shì zú shù táo táng yǐ lái　　zhì yú lín zhǐ　　zì huáng dì shǐ

是卒述陶唐以来⑬，至于麟止⑭，自黄帝始⑮。

历史，止于猎获白麟的元狩元年，而从黄帝开始。

① **论次**：评论编次。　② **七年**：司马迁于太初元年（前104）始著《史记》，至天汉三年（前98）遭李陵之祸而受宫刑，其间七年。　**李陵之祸**：李陵，陇西成纪（今甘肃秦安）人，李广之孙，汉武帝时官拜骑都尉。天汉二年（前99），汉武帝出兵三路攻打匈奴，以他的宠妃李夫人之弟、贰师将军李广利为主力，李陵为偏师。李陵率军深入腹地，遇匈奴主力而被围。李广利按兵不动，致使李陵兵败降胡。司马迁因为李陵辩护，竟被下狱问罪，处以宫刑。　③ **幽**：囚禁。　**缧绁**：捆绑犯人的绳索，借指监狱。　④ **深惟**：深思。　⑤ **隐约**：意旨隐微而文辞简约。　⑥ **"昔西伯"二句**：周文王被殷纣王拘禁在羑里（今河南汤阴县北），把上古时代的八卦推演成六十四卦，即后世《周易》的主干。　**西伯**，即周文王。　⑦ **"孔子"二句**：孔子为了宣传自己的政治主张，曾周游列国，但到处碰壁，在陈国和蔡国还遭受绝粮和被人围攻的困厄（详见本书《游侠列传》"菜色陈、蔡"句注）。其后孔子返回鲁国写作《春秋》。　**厄**，困厄。　⑧ **"屈原"二句**：详见本书《屈原列传》。　⑨ **"左丘"二句**：相传《国语》一书为春秋时鲁国的史官左丘明双眼失明后所作。　**左丘**，即左丘明。　⑩ **"孙子"二句**：孙膑，齐国人，曾与庞涓一起师从鬼谷子学兵法。后庞涓担任魏国大将，忌孙之才，把孙膑骗到魏国，处以膑刑。孙膑后为齐国军师，著有《孙膑兵法》。　**膑脚**，一种截去两腿膝盖上膑骨的刑法。　⑪ **"不韦"二句**：吕不韦，战国末韩国阳翟人，为秦相，召集宾客编《吕氏春秋》。后被秦始皇免职，迁往蜀郡，忧惧而自杀。《吕览》，因《吕氏春秋》中有《有始》、《孝行》等八"览"，故以《吕览》代指《吕氏春秋》。　⑫ **"韩非"二句**：韩非，战国时著名法家学派人物，因李斯推荐而入秦，后被李斯陷害，入狱而死。著有《韩非子》。　**《说难》、《孤愤》**，皆为《韩非子》的篇名。　⑬ **陶唐**：即唐尧。尧最初住在陶丘（今山东定陶南），后又迁往唐（今河北唐县），故称陶唐氏。《史记》列为五帝之一，详见《史记》首卷《五帝本纪》。　⑭ **至于麟止**：汉武帝元狩元年（前122），猎获白麟一只，《史记》记事即止于此年。鲁哀公十四年（前481），亦曾猎获麒麟，孔子听说后，停止了《春秋》的写作，后人称为"绝笔于获麟"。《史记》"至于麟止"，是有意仿效孔子"绝笔于获麟"。　⑮ **黄帝**：即轩辕氏，传说中的远古帝王，中原各族的共同祖先。

（田松青）

报任安书

司马迁

太史公牛马走司马迁再拜言①。少卿足下：曩者辱赐书②，教以

太史公、愿为您效犬马之劳的司马迁再拜陈述。少卿足下：以前承蒙惠赐书信，指教我谨慎处世，

慎于接物，推贤进士为务，意气勤勤恳恳，若望仆不相师用③，而流

以举荐贤良人才为己任，辞意和语言殷勤恳切，似乎抱怨我不听从采纳，却顺随世俗的偏见。其实我

俗人之言。仆非敢如是也。虽罢驽④，亦尝侧闻长者遗风矣⑤。顾

并不敢抱这样的态度。我虽然才能低下，但也曾听闻德高望重的长者风范。只是自己深感身体残缺，

自以为身残处秽⑥，动而见尤⑦，欲益反损，是以抑郁⑧，而无谁语。谚

地位下贱，动辄受到指责，想做好事反而导致不良结果，因此心情愁闷而无人诉说。谚语说："为谁去做？

曰："谁为为之？孰令听之？"盖钟子期死，伯牙终身不复鼓琴⑨。何

又让谁来听从？"钟子期死后，伯牙终身不再弹琴，这是为什么呢？因为士人只为知己者效力，女子只

则？士为知己用，女为说己容⑩。若仆大质已亏缺矣⑪，虽材怀随、和⑫，

为爱自己的人化妆。像我这样的人，身体已残缺，即使具有随珠、和璧似的才华，许由、伯夷那样的

行若由、夷⑬，终不可以为荣，适足以发笑而自点耳⑭。

高尚品德，终究不能自视为光彩，只会成为笑柄，自取污辱罢了。

① **司马迁**（前145～？）：西汉著名史学家、文学家、思想家，《史记》的作者。　**牛马走**：谦词，意为如牛马般供驱使。　**走**，犹言"仆"。　② **曩**：从前。　③ **望**：埋怨。　**师**：效法采纳。　④ **罢驽**：才能低拙。　**罢**，同"疲"。　**驽**，劣马。　⑤ **侧闻**：侧身倾听，谦词。　⑥ **顾**：只是。　**身残处秽**：指受腐刑。　⑦ **尤**：责怪。　⑧ **抑郁**：愁闷。　⑨ **"盖钟子期"二句**：钟子期、伯牙皆是春秋楚人。伯牙鼓琴，钟子期知音。子期死后，伯牙破琴绝弦，终身不复鼓琴。事见《吕氏春秋·本味》。　⑩ **"士为"二句**：见《战国策·赵策》。　**说**，同"悦"。　**容**，打扮。　⑪ **大质**：身体。　⑫ **随、和**：随侯珠、和氏璧，喻杰出才能。　⑬ **由、夷**：许由、伯夷，古代品德高尚的典范人物。　⑭ **点**：污辱。

shū cí yí dá　　huì dōng cóng shàng lái　　　yòu pò jiàn shì xiāng

书辞宜答，会东从上来①，又迫贱事，相

来函本应及时答复，不巧正值我侍从皇上东巡归来，又忙于琐

jiàn rì qiǎn　　　cù cù wú xū yú zhī xián dé jié zhǐ yì　　jīn shào

见日浅②，卒卒无须臾之闲得竭指意③。今少

碎事务，与您见面既少，匆忙间又无一点空暇尽抒胸怀。如今您蒙

qīng bào bú cè zhī zuì　　　shè xún yuè　pò jì dōng　　pú yòu bó cóng

卿抱不测之罪④，涉旬月，迫季冬⑤，仆又薄从

受不测之罪，再过一个月，就近冬末了，而我也接近随从皇上到雍

shàng yōng　　kǒng cù rán bù kě huì　　　shì pú zhōng yǐ bù dé shū fèn

上雍⑥，恐卒然不可讳⑦。是仆终已不得舒愤

地的出发日期，恐怕您突然遭到不幸。那样，使我最终不能向您抒

mèn yǐ xiǎo zuǒ yòu　　zé cháng shì zhě hún pò sī hèn wú qióng　　qǐng

懑以晓左右，则长逝者魂魄私恨无穷⑧。请

发愤懑的感情，而您在九泉之下一定会抱无穷的遗憾。请让我稍稍

lüè chén gù lòu⑨　　　　què rán jiǔ bú bào⑩　　　xìng wù guò⑪

略陈固陋⑨。阙然久不报⑩，幸勿过⑪。

陈述鄙陋的见解。长时间未能回信，希望您不要责怪。

① 东从上来：随汉武帝从东方归来。　② 浅：少。　③ 卒卒：匆忙仓促。卒，同"猝"。须臾：片刻，一会儿。竭指意：尽抒胸怀。　④ 不测之罪：死罪的婉称。　⑤ 季冬：冬末。　⑥ 薄：迫近。雍：地名，在今陕西凤翔县南，为武帝祭祀五帝之所。　⑦ 卒然：突然。卒，同"猝"。不可讳：处死的婉称。　⑧ 长逝者：指将被处死的任安。　⑨ 固陋：鄙陋，谦辞。　⑩ 阙：间隔。报：复信。　⑪ 幸：希望。

pú wén zhī　　　xiū shēn zhě zhì zhī fǔ yě　　ài shī zhě rén zhī duān yě　　　qǔ yǔ zhě yì zhī fú

仆闻之："修身者智之府也，爱施者仁之端也①，取予者义之符

我听说过这样的道理："加强自身修养是智慧的聚集，乐善好施是仁爱的开端，获取和给予合宜是

yě　　chǐ rǔ zhě yǒng zhī jué yě　　lì míng zhě xíng zhī jí yě　　　shì yǒu cǐ wǔ zhě　　rán hòu kě

也②，耻辱者勇之决也③，立名者行之极也④。"士有此五者，然后可

道义的标志，耻于被侮辱是具备勇敢的先决条件，建立功名是行动的终极目标。"士人具备这五种品德，然

yǐ tuō yú shì　　liè yú jūn zǐ zhī lín yǐ　　gù huò mò cǎn yú yù lì　　bēi mò tòng yú shāng xīn　xíng

以托于世，列于君子之林矣。故祸莫惨于欲利⑤，悲莫痛于伤心，行

后才可以寄身于世，进入君子的行列。所以灾祸没有比贪欲私利更悲惨的了，悲哀没比心灵创伤更痛苦的

mò chǒu yú rǔ xiān　　gòu mò dà yú gōng xíng　　xíng yú zhī rén　　wú suǒ bǐ shù　　fēi yí shì yě　suǒ

莫丑于辱先，诟莫大于宫刑。刑余之人，无所比数⑥，非一世也，所

了，行为没有比辱没祖先更难堪的了，耻辱没有比遭受宫刑更严重的了。受过宫刑的人，无法与常人相提并

158

cóng lái yuǎn yǐ　xī wèi líng gōng yú yōng qú tóng zài　kǒng zǐ shì chén　shāng yāng yīn jǐng jiàn jiàn

从来远矣。昔卫灵公与雍渠同载[7]，孔子适陈[8]；商鞅因景监见[9]，

论，不仅今世如此，很久以前就是这样了。往昔，卫灵公与雍渠同车，孔子就离开卫国前往陈国；商鞅靠景

zhào liáng hán xīn　tóng zǐ cān shèng　yuán sī biàn sè　zì gǔ ér chǐ zhī　fú zhōng cái zhī rén　shì

赵良寒心[10]；同子参乘[11]，爰丝变色[12]：自古而耻之。夫中材之人，事

监引荐而见秦孝公，赵良就因此而恐惧担心；赵谈陪同汉文帝乘车，爰丝因此而发怒：自古以来都是鄙

guān yú huàn shù　mò bù shāng qì　kuàng kāng kǎi zhī shì hū　rú jīn cháo tíng suī fá rén　nài hé

关于宦竖[13]，莫不伤气[14]，况慷慨之士乎！如今朝廷虽乏人，奈何

视宦官的。即使中等才能的人，只要事情同宦官有所关涉，就没有不垂头丧气的，何况慷慨激昂之士呢！

lìng dāo jù zhī yú jiàn tiān xià háo jùn zāi

令刀锯之余荐天下豪俊哉[15]！

当今朝廷即使缺乏之人才，又哪里用得着受过宫刑的人来推荐天下的英雄豪杰呢？

---

① 端：开端。　② 符：标志。　③ 决：先决条件。　④ 极：最高目标。　⑤ 憯：通"惨"。欲利：贪欲私利。　⑥ 比数：比较，类比。　⑦ 卫灵公：春秋时卫国君主。　雍渠：卫国的宦官。　⑧ 适：到。　⑨ 商鞅：战国卫人，入秦助孝公变法。　景监：秦孝公宠幸之宦官。　⑩ 赵良：秦贤臣。　⑪ 同子：汉文帝的宦官赵谈。因司马迁父名谈，此避父讳。　⑫ 爰丝：即爰盎，汉文帝时任郎中。丝是他的别号。　⑬ 竖：供役使的小臣。　⑭ 伤气：志气颓丧。　⑮ 刀锯之余：受宫刑之人。

---

pú lài xiān rén xù yè　dé dài zuì niǎn gǔ xià　èr shí yú nián yǐ　suǒ yǐ zì wéi　shàng

仆赖先人绪业[1]，得待罪辇毂下[2]，二十余年矣。所以自惟[3]：上

我依靠先辈的遗业，才得以在京师任职，至今已二十多年了。因此自思：对上，不能进

zhī　bù néng nà zhōng xiào xìn　yǒu qí cè cái lì zhī yù　zì jié míng zhǔ　cì zhī　yòu bù néng shí yí

之，不能纳忠效信，有奇策材力之誉，自结明主；次之，又不能拾遗

献忠信，获得奇计高才的美誉，而受英明君主的赏识；其次，又不能为皇上拾遗补缺，荐举贤

bǔ quē　zhāo xián jìn néng　xiǎn yán xué zhī shì　wài zhī　bù néng bèi háng wǔ　gōng chéng yě zhàn　yǒu zhǎn

补阙[4]，招贤进能，显岩穴之士[5]；外之，不能备行伍，攻城野战，有斩

能，使隐居的贤人显贵；对外，不能参加军队，攻城野战，建立斩将夺旗的功勋；再下，不能通

jiàng sāi qí zhī gōng   xià zhī   bù néng lěi rì jī láo   qǔ zūn guān hòu lù   yǐ wéi zōng zú jiāo yóu guāng
将塞旗之功⑥；下之，不能累日积劳，取尊官厚禄，以为宗族交游光

过长年功劳的积累，获取高官厚禄，为宗族、朋友增光。这四条没有一条实现，只是勉强容

chǒng   sì zhě wú yí suì⑦   gǒu hé qǔ róng   wú suǒ duǎn cháng zhī xiào   kě jiàn yú cǐ yǐ   xiàng zhě⑨
宠。四者无一遂⑦，苟合取容⑧，无所短长之效，可见于此矣。乡者⑨

身，并无尺寸之功，便由此可知了。过去，我也曾忝于下大夫之列，陪坐外廷发表一些意见。

pú yì cháng cè xià dà fū zhī liè⑩   péi wài tíng mò yì⑪   bù yǐ cǐ shí yǐn wéi gāng⑫   jìn sī lǜ
仆亦尝厕下大夫之列⑩，陪外廷末议⑪。不以此时引维纲⑫，尽思虑，

那时都没有伸张纲纪，竭尽思虑，如今身体已残缺，成为扫除的奴隶，处于卑贱之中，却想要

jīn yǐ kuī xíng wéi sǎo chú zhī lì   zài tà róng zhī zhōng⑬   nǎi yù áng shǒu shēn méi⑭   lùn liè shì fēi bú
今已亏形为扫除之隶，在阘茸之中⑬，乃欲印首信眉⑭，论列是非，不

昂头扬眉，评论是非，不也是轻慢朝廷、羞辱当今贤士吗？唉！唉！像我这样的人，还说什么

yì qīng cháo tíng   xiū dāng shì zhī shì yé   jiē hū   jiē hū   rú pú shàng hé yán zāi   shàng hé yán zāi
亦轻朝廷，羞当世之士邪！嗟乎！嗟乎！如仆，尚何言哉！尚何言哉！

呢？还说什么呢？

> ① 绪业：遗业。指父亲司马谈以前也任太史令。 ② 待罪辇毂
> 下：谦称在皇帝身边任职。 辇毂下，皇帝车驾左右。 ③ 惟：
> 思。 ④ 拾遗补阙：补正小的疏漏过失。 ⑤ 岩穴之士：隐士，
> 在野的贤人。 ⑥ 塞：拔取。 ⑦ 遂：成功。 ⑧ 苟合取容：勉
> 强求合以容身。 ⑨ 乡：同"向"，过去。 ⑩ 厕：忝列。 下大
> 夫：指太史令职，俸六百石。 ⑪ 外廷：朝中讨论疑难事务的场
> 所。 末议：微不足道的意见。 ⑫ 维纲：国家法令。 ⑬ 阘
> 茸：卑贱。 ⑭ 印：通"昂"。 信：通"伸"。

qiě shì běn mò wèi yì míng yě   pú shào fù bù jī zhī cái   zhǎng wú xiāng qū zhī yù   zhǔ
且事本末未易明也。仆少负不羁之才①，长无乡曲之誉②，主

况且事情的来龙去脉不容易说清。我少年时自恃有超凡的才华，成年后并没有在故乡获得好名声。

shàng xìng yǐ xiān rén zhī gù   shǐ dé zòu bó jì③   chū rù zhōu wèi zhī zhōng④   pú yǐ wéi dài pén hé
上幸以先人之故，使得奏薄技③，出入周卫之中④。仆以为戴盆何

幸亏皇上因为考虑我先辈效忠的缘故，使我得以奉献微薄的技艺，在宫廷里出入。我以为头上顶盆怎

yǐ wàng tiān⑤

以望天⑤，故绝宾客之知，忘室家之业，日

能同时望天？所以谢绝宾客的来往应酬，忘记了家庭的事务，

yè sī jié qí bú xiào zhī cái lì　wù yì xīn yíng zhí　yǐ qiú

夜思竭其不肖之才力，务壹心营职，以求

日日夜夜考虑竭尽自己并不出色的才能，努力专心尽职，以

qīn mèi yú zhǔ shàng　　ér shì nǎi yǒu dà miù bù rán zhě

亲媚于主上。而事乃有大谬不然者。

求得到皇上的信任与好感。然而事实与想象却截然不同。

> ① **负**：恃。　**不羁**：不受约束。　② **乡曲**：乡里。
> ③ **奏**：贡献。　**薄技**：小技艺。
> ④ **周卫**：皇帝身边周密的护卫。
> ⑤ **戴盆、望天**：指无法同时实现的一对矛盾，即专心公职，便不暇私交。

fú pú yǔ lǐ líng jù jū mén xià①　sù fēi xiāngshàn yě　qū shě yì lù②　wèi cháng xián bēi jiǔ

夫仆与李陵俱居门下①，素非相善也，趣舍异路②，未尝衔杯酒

我和李陵同在门下任职，平时并没有亲善交往，志趣追求也不相同，未曾有过一起饮酒联络

jiē yīn qín zhī huān　　rán pú guān qí wéi rén zì qí shì　shì qīn xiào　yǔ shì xìn　lín cái lián　qǔ yǔ

接殷勤之欢③。然仆观其为人自奇士，事亲孝，与士信，临财廉，取予

感情的聚会。然而我观察他的为人，确是一位奇士，孝敬父母，信交朋友，于钱财事务十分廉洁，

yì　fēn bié yǒu ràng　gōng jiǎn xià rén④　cháng sī fèn bú gù shēn yǐ xùn guó jiā zhī jí⑤　qí sù suǒ xù

义，分别有让，恭俭下人④，常思奋不顾身以徇国家之急⑤。其素所畜

获取和给予都合乎礼义，懂得尊卑而能礼让，恭敬谦虚自甘人下，常考虑奋不顾身勇赴国家急难。

jī yě　pú yǐ wéi yǒu guó shì zhī fēng⑥　fú rén chén chū wàn sǐ bú gù yì shēng zhī jì　fù gōng jiā zhī

积也，仆以为有国士之风⑥。夫人臣出万死不顾一生之计，赴公家之

从他平素修养品德来看，我认为他具有国士的风范。为人臣能出于宁肯万死不求一生的考虑，勇

nàn　sī yǐ qí yǐ　jīn jǔ shì yī bú dàng　ér quán qū bǎo qī zǐ zhī chén suí ér méi niè qí duǎn⑦　pú

难，斯已奇矣。今举事壹不当，而全躯保妻子之臣随而媒孽其短⑦，仆

赴国家的危难，这也是难能可贵了。如今他行事一有不当，那些平时只顾保全自己和家小的臣子马

chéng sī xīn tòng zhī　qiě lǐ líng tí bù zú bù mǎn wǔ qiān　shēn jiàn róng mǎ zhī dì　zú lì wáng tíng⑧

诚私心痛之。且李陵提步卒不满五千，深践戎马之地，足历王庭⑧

上就夸大他的过失，我的确深感悲哀。况且李陵率领的步兵不足五千，深入敌方阵营，到达单于驻

chuí ěr hǔ kǒu　héng tiǎo qiáng hú　yǎng yì wàn zhī shī⑨　yǔ chán yú lián zhàn shí yú rì⑩　suǒ shā guò dàng⑪

垂饵虎口，横挑强胡，印亿万之师⑨，与单于连战十余日⑩，所杀过当⑪。

地，如在虎口垂挂诱饵，强行向劲敌挑战，仰攻匈奴大军。与单于所率部队连战十多天，所杀敌人超

虏救死扶伤不给[12]，旃裘之君长咸震怖[13]，乃悉征左、右贤王[14]，举引
过自己军队的数目，敌人救死扶伤都来不及。匈奴君臣都震惊恐怖，于是征集了左、右贤王的全部

弓之民，一国共攻而围之。转斗千里，矢尽道穷，救兵不至，士卒死
军队，出动了所有能战斗的人员，全国动员围攻李陵。李陵转战千里，箭矢用尽，退路断绝，援兵不

伤如积。然陵一呼劳军，士无不起，躬自流涕，沬血饮泣[15]，张空
来，死伤士卒遍地皆是。但是，只要李陵一声呼唤鼓舞，士卒们没有一个不立即奋起，眼流热泪，以

拳[16]，冒白刃，北向争死敌。陵未没时，使有来报，汉公卿王侯皆奉
血洗面，泪流入口，拉着无箭的空弓，冒着敌人锋利的刀剑，争着向北拼死杀敌。当李陵军队未覆灭时，

觞上寿[17]。后数日陵败，书闻，主上为之食不甘味，听朝不怡。大臣
有信使来报战况，朝中公卿王侯都举杯祝捷。几天后李陵兵败，奏书传来，皇上为此食不甘味，上朝

忧惧，不知所出。仆窃不自料其卑贱，见主上惨凄怛悼[18]，诚欲效其
忧惧，不知所出。大臣们担心害怕，束手无策。我区区之心不考虑自己的卑贱，见皇上悲痛忧愁，确

款款之愚[19]。以为李陵素与士大夫绝甘分少[20]，能得人之死力，虽古名
实想尽恳切的愚忠。我认为李陵平常对将士总是先人后己，能获得他们的以死相报效，即使是古代

将不过也。身虽陷败彼，观其意，且欲得其当而报汉。事已无可奈何，
的名将也不能超过他。他虽兵败陷身匈奴，推测他的用意，是想等待时机来报效汉朝。兵败之事已

其所摧败，功亦足以暴于天下。仆怀欲陈之，而未有路。适会召问，即
无可挽救，但他曾击溃敌军，功劳也足于昭示天下了。我想将意见陈述出来，未遇有机会。恰值皇上召问，

以此指推言陵功，欲以广主上之意，塞睚眦之辞[21]。未能尽明，明主
就据上述意见推崇李陵的功劳，来宽舒皇上的胸怀，阻塞怨恨李陵的言论。我未能彻底表达清楚，圣

不深晓，以为仆沮贰师[22]，而为李陵游说，遂下于理[23]。拳拳之忠[24]，
明君主未能深入了解，反认为我诋毁贰师将军，替李陵游说开罪，于是我被送上法庭受审。我满怀

zhōng bù néng zì liè ㉕ yīn wèi wū shàng zú cóng lì yì jiā pín cái lù bù zú yǐ zì shú jiāo yóu mò

终不能自列㉕，因为诬上，卒从吏议。家贫，财赂不足以自赎，交游莫

拳拳之忠，却终于不能为自己辩白。于是根据欺君的罪名，司法官吏的判决也就被认准。我家境贫困，

jiù zuǒ yòu qīn jìn bú wèi yì yán shēn fēi mù shí dú yǔ fǎ lì wéi wǔ shēn yōu líng yǔ zhī zhōng

救，左右亲近不为壹言。身非木石，独与法吏为伍，深幽囹圄之中㉖，

钱财远不够赎罪，朋友没有人出面营救，皇上亲近的人也没有为我说句好话的。人并非无情感的木石，

shuí kě gào sù zhě cǐ zhèng shào qīng suǒ qīn jiàn pú xíng shì qǐ bù rán yé lǐ líng jì shēng xiáng tuí

谁可告愬者！此正少卿所亲见，仆行事岂不然邪？李陵既生降，隤

只身与执法官吏在一起，被关在严密深邃的牢房中，所受冤屈有谁可以诉说呢？这些正是您亲眼所见，

qí jiā shēng ㉗ ér pú yòu róng yǐ cán shì ㉘ zhòng wéi tiān xià guān xiào bēi fú bēi fú shì wèi

其家声㉗，而仆又茸以蚕室㉘，重为天下观笑。悲夫！悲夫！事未

我的情况难道不是这样吗？李陵已经活着投降匈奴，败坏了家声，而我又被关进蚕室，深为天下人

yì yī èr wèi sú rén yán yě

易一二为俗人言也。

嘲笑。可悲啊，可悲啊！这些事是不容易向俗人一一说明白的。

---

① 李陵：字少卿。原为汉将，后降匈奴。　门下：侍中曹（官署名），后世称门下省。　② 趣舍：趋向废弃。　趣，同"趋"。　③ 衔杯：饮酒。　④ 下人：将自己地位看在别人之下。　⑤ 徇：效力。　⑥ 国士：国内推重的人才。　⑦ 媒孽：亦作"媒蘖"，酿酒药。此指夸大其事。　⑧ 王庭：匈奴君主驻地。　⑨ 卬：仰攻。当时李陵被围于谷地。　卬，同"仰"。　⑩ 单于：匈奴君主的称呼。　⑪ 当：相当于己方的兵员数。　⑫ 不给：来不及。　⑬ 旃裘之君长：匈奴君主、官员。　旃，同"毡"。　⑭ 左、右贤王：仅次于单于的匈奴军事首领。　⑮ 沫血：血流满面。沫，以手掬水洗脸。　⑯ 弮：强弓。　⑰ 上寿：祝捷。　⑱ 怛：痛。　⑲ 款款：恳切忠实。　⑳ 绝甘分少：有美食推让给别人，分财物自己得最少的一份。　㉑ 睚眦：怒目而视，喻愤怒。　㉒ 沮：诋毁。　贰师：指李广利，时任贰师将军。他是汉武帝宠妃李夫人的哥哥，对李陵陷围兵败负有直接责任。　㉓ 理：法庭。　㉔ 拳拳：忠谨貌。　㉕ 列：陈述。　㉖ 囹圄：监牢。　㉗ 隤：败坏。　㉘ 茸：推置其中。　蚕室：受宫刑后所居温密之室。

---

pú zhī xiān rén fēi yǒu pōu fú dān shū zhī gōng ① wén shǐ xīng lì jìn hū bǔ zhù zhī jiān ② gù

仆之先人非有剖符丹书之功①，文史星历近乎卜祝之间②，固

我的先人并没有建立剖符丹书的功勋，太史公职掌文史星历，地位与卜祝之官近似，本来就

zhǔ shàng suǒ xì nòng chāng yōu xù zhī　liú sú zhī suǒ qīng yě　　jiǎ lìng pú fú fǎ shòu zhū　ruò jiǔ
主 上 所 戏 弄, 倡 优 畜 之, 流 俗 之 所 轻 也。 假 令 仆 伏 法 受 诛, 若 九

是皇上的玩物,如乐工、伶人一般养着,是被世俗所轻视的。假如我伏法而死,就天下而言,如九

niú wáng yì máo　　yǔ lóu yǐ hé yì　　　ér shì yòu bù yǔ néng sǐ jié zhě bǐ　　tè yǐ wéi zhì qióng
牛 亡 一 毛, 与 蝼 蚁 何 异? 而 世 又 不 与 能 死 节 者 比[3], 特 以 为 智 穷

牛失去一根毛,和杀死一只蝼蚁有什么不同?而世人又不会将我比之于坚持节操而死的人,只不过认为我

zuì jí　　bù néng zì miǎn　zú jiù sǐ ěr　　hé yě　sù suǒ zì shù lì shǐ rán　　rén gù yǒu yī
罪 极[4], 不 能 自 免, 卒 就 死 耳。 何 也? 素 所 自 树 立 使 然。 人 固 有 一

智力缺乏,罪大恶极,无法避免而终于接受死刑罢了。为什么呢?是由于自己平时所从事的职业使他们

sǐ　sǐ yǒu zhòng yú tài shān huò qīng yú hóng máo yòng zhī suǒ qū yì yě　　tài shàng bù rǔ xiān
死, 死 有 重 于 泰 山, 或 轻 于 鸿 毛, 用 之 所 趋 异 也[5]。 太 上 不 辱 先,

产生这样的想法。人本来就有一死,有的死重于泰山,有的死比鸿毛还轻,这是因为死的原因和目的不

qí cì bù rǔ shēn　qí cì bù rǔ lǐ sè　　qí cì bù rǔ cí lìng　qí cì qū tǐ shòu rǔ　qí
其 次 不 辱 身, 其 次 不 辱 理 色[6], 其 次 不 辱 辞 令, 其 次 诎 体 受 辱[7], 其

同。最重要的,是不辱没祖先;其次,不使身体受辱;其次,不在道理颜面上受辱;其次,不在言辞上受辱;

cì yì fú shòu rǔ　　qí cì guān mù suǒ　bèi chuí chǔ shòu rǔ　　qí cì tì máo fà　yīng jīn tiě shòu
次 易 服 受 辱[8], 其 次 关 木 索、 被 箠 楚 受 辱[9], 其 次 鬀 毛 发、 婴 金 铁 受

其次,被绑受辱;其次,穿上囚服受辱;其次,戴上多种刑具、被抽打受辱;其次,剃光头、套上铁链受辱;

rǔ　　qí cì huǐ jī fū　duàn zhī tǐ shòu rǔ　zuì xià fǔ xíng　jí yǐ　zhuàn yuē　xíng bù shàng
辱[10], 其 次 毁 肌 肤、 断 支 体 受 辱, 最 下 腐 刑, 极 矣。 传 曰 "刑 不 上

其次,毁坏肌肤、断残肢体受辱;而最下等的就是腐刑,受辱到了极点。古书上说:"刑罚不能施加于大

dà fū　　cǐ yán shì jié bù kě bù lì yě　　měng hǔ chǔ shēn shān　bǎi shòu zhèn kǒng　jí qí
大 夫[11]", 此 言 士 节 不 可 不 厉 也[12]。 猛 虎 处 深 山, 百 兽 震 恐, 及 其

夫以上的人。"这是说士大夫的节操不可不磨砺而使之受到尊重。猛虎在深山里,百兽都对它恐惧万分,

zài jǐng jiàn zhī zhōng yáo wěi ér qiú shí　jī wēi yuē zhī jiàn yě　　gù shì yǒu huà dì wéi láo shì
在 穽 槛 之 中, 摇 尾 而 求 食, 积 威 约 之 渐 也[13]。 故 士 有 画 地 为 牢 势

等到它落入陷阱、关进牢笼,就只会摇尾乞食,这是长期使用威力渐渐制约驯服它的结果。所以,士人

bù rù　　xiāo mù wéi lì yì bù duì　dìng jì yú xiān yě　　jīn jiāo shǒu zú　shòu mù suǒ　pù jī fū
不 入, 削 木 为 吏 议 不 对, 定 计 于 鲜 也[14]。 今 交 手 足, 受 木 索, 暴 肌 肤,

即使逢上画地为牢,也不肯进入,面对木削的狱吏,也不肯受讯,而是态度鲜明地决定不可受辱,宁可自

shòu bǎng chuí　yōu yú yuán qiáng zhī zhōng　　dāng cǐ zhī shí　jiàn yù lì zé tóu qiāng dì　shì tú
受 榜 箠, 幽 于 圜 墙 之 中[15]。 当 此 之 时, 见 狱 吏 则 头 枪 地[16], 视 徒

杀。如今手足交叉,枷锁绳绑,皮肉暴露,受着鞭抽杖打,幽禁在监牢之中。在此时,见到狱吏就以头触地,

lì zé xīn tì xī⑰　hé zhě？　jī wēi yuē zhī shì yě　jí yǐ zhì cǐ　yán bù rǔ zhě　suǒ wèi

隶则心惕息⑰。何者？ 积威约之势也。及已至此，言不辱者，所谓

看到狱卒就心惊胆战，为什么呢？ 也是长期受威力制约而造成的。已经到了这种地步，还要说不受辱，

qiǎng yán ěr　hé zú guì hū　qiě xī bó　bà yě　jū yǒu lǐ　lǐ sī xiàng yě　jù wǔ xíng

强颜耳，曷足贵乎！ 且西伯，伯也，拘牖里⑱；李斯，相也，具五刑⑲；

只是所谓的厚脸皮罢了，有什么可赞扬的呢？ 况且，西伯是一方霸主，却被拘禁在牖里；李斯，是堂堂丞

huái yīn⑳　wáng yě　shòu xiè yú chén　péng yuè　zhāng áo　nán xiàng chēng gū　xì yù jù zuì　jiàng hóu

淮阴⑳，王也，受械于陈；彭越、张敖，南乡 称孤㉑，系狱具罪；绛侯

相，却备受五刑；淮阴侯韩信，曾贵为楚王，却在陈地被拘捕；彭越、张敖，都曾南面称王，却被下狱判罪；

zhū zhū lǔ　quán qīng wǔ bà　qiú yú qǐng shì　wèi qí　dà jiàng yě　yì zhě　guān sān mù　jì bù

诛诸吕，权倾五伯，囚于请室㉒；魏其，大将也，衣赭、关三木㉓；季布

绛侯周勃有平定诸吕叛乱之功，权势超过春秋五霸，却被关进请室；魏其侯窦婴，身为大将，却成了囚犯，

wéi zhū jiā qián nú　guàn fū shòu rǔ jū shì　cǐ rén jiē shēn zhì wáng hóu jiàng xiàng shēng wén lín guó

为朱家钳奴㉔；灌夫受辱居室㉕。此人皆身至王侯将相，声闻邻国，

头颈手足都戴上刑具；季布卖身给朱家为奴；灌夫被关进居室受辱。这些人都贵为王侯将相，名声威震

jí zuì zhì wǎng jiā　bù néng yǐn jué zì cái　zài chén āi zhī zhōng　gǔ jīn yì tǐ　ān zài qí bù

及罪至罔加㉖，不能引决自财㉗，在尘埃之中。古今一体，安在其不

邻国，等到犯罪落入法网，不能果断自杀，结果落入尘埃之中。古今情况都是一样，哪有不受辱的呢？ 由此

rǔ yě　yóu cǐ yán zhī　yǒng qiè　shì yě　qiáng ruò　xíng yě　shěn yǐ㉘　hé zú guài hū　qiě rén

辱也！ 由此言之，勇怯，势也；强弱，形也。审矣㉘，曷足怪乎！ 且人

说来，勇敢和怯懦，是权势造成的；强与弱，是具体情况决定的。是十分清楚的了，有什么奇怪的呢？ 况且，

bù néng zǎo zì cái shéng mò zhī wài㉙　yǐ shāo líng yí㉚　zhì yú biān chuí zhī jiān　nǎi yù yǐn jié　sī

不能蚤自财绳墨之外㉙，已稍陵夷㉚，至于鞭箠之间，乃欲引节，斯

人不能及早自杀在法律制裁之前，已经渐渐颓唐，到了身受刑罚的时候，才想到以死殉节，这不也太

bú yì yuǎn hū　gǔ rén suǒ yǐ zhòng shī xíng yú dà fū zhě　dài wèi cǐ yě

不亦远乎！ 古人所以重施刑于大夫者，殆为此也。

迟了吗？ 古人之所以对施刑于士大夫的事十分慎重，大概就是因为这一点。

① 剖符：把竹符一剖为二，上书同样的誓词，意为永保立功大臣的爵位，君臣各执一片。　丹书：用丹砂写在铁契上的誓词，说明功臣子孙可以免罪。　② 文史星历：太史令掌管的文史历算之学。　卜祝：职掌卜筮祭祀的小官。　③ 死节：因坚持气节而死。　④ 特：只不过。　⑤ 用之：死，代词。　所趋：趋向。　⑥ 理色：道理颜面。　⑦ 诎体：屈体，指受缚。　⑧ 易服：换上囚服。　⑨ 关木索：戴枷锁、受绳绑。　被箠楚：受杖刑。　箠，杖。　楚，荆木。　⑩ 鬄：剃。　婴：环绕。　⑪ 刑不上大夫：刑罚不对大夫以上的人施用。语见《礼记·曲礼》。　⑫ 厉：磨砺。　⑬ 积威约之渐：长期的威力制约，逐渐使之驯服。　⑭ 定计于鲜：一旦得罪，就决定自杀。　鲜，态度明朗。　⑮ 圜墙：指监狱。　圜，同"圆"。　⑯ 枪：同"抢"，触。　⑰ 惕息：胆战心惊。　⑱ "且西伯"三句：西伯，周文王，殷商时为西伯。　伯，一方之长。　羑里，地名，又作"姜里"，在今河南汤阴。　⑲ "李斯"三句：李斯，秦始皇的丞相，二世时为赵高谗害，被腰斩。　五刑，指黥劓、斩左右趾、笞杀、枭首、菹其骨肉五种刑罚。见《汉书·刑法志》。　⑳ 淮阴：韩信，封淮阴侯。　㉑ "彭越"二句：彭越，汉初功臣，封梁王。曾称病，被囚至洛阳。　张敖，汉初袭父张耳封赵王，也曾因事被捕。　南乡称孤，指为一方之长。　乡，通"向"。　㉒ "绛侯"三句：绛侯，周勃，汉初功臣。　诛诸吕，平定吕后族人吕禄、吕产之乱。　倾，压倒。　请室，官署名，大臣犯罪等候审判的处所。　㉓ "魏其"三句：魏其，窦婴，封魏其侯。　衣赭，穿着囚衣。　关三木，颈、手、足三处都上刑具。　㉔ 季布：项羽部将，曾多次困辱刘邦。项羽败死，刘邦悬赏捉拿季布，季布改名卖身给鲁国侠客朱家为奴。　钳奴：以铁圈套颈并剃发的奴隶。　㉕ 灌夫：汉景帝时将领，因得罪丞相田蚡而被拘杀。　居室：少府所属官署名，又称保宫。　㉖ 罔：同"网"，法网。　㉗ 引决自财：自杀。　财，通"裁"。　㉘ 审：清楚。　㉙ 蚤：通"早"。　㉚ 稍：逐渐。　陵夷：衰落。

fú rén qíng mò bù tān shēng wù sǐ　niàn qīn qī　gù qī zǐ zhì jī yú yì lǐ zhě bù

夫人情莫不贪生恶死，念亲戚①，顾妻子，至激于义理者不

人之常情都是爱惜生命、厌恶死亡、顾念父母妻儿的，至于激于道义而行事的人就不是这样了，

rán　nǎi yǒu bù dé yǐ yě　jīn pú bú xìng　zǎo shī èr qīn　wú xiōng dì zhī qīn　dú shēn gū

然，乃有不得已也②。今仆不幸，蚤失二亲，无兄弟之亲，独身孤

因为他们无法遏止内心的冲动。如今我不幸父母早亡，又无同胞兄弟，孤身一人活在世上，你看我对

lì　shào qīng shì pú yú qī zǐ hé rú zāi　qiě yǒng zhě bú bì sǐ jié　qiè fū mù yì　hé chù

立，少卿视仆于妻子何如哉？且勇者不必死节，怯夫慕义，何处

于妻子儿女又会怎么样呢？况且勇敢的人不必以死殉节，懦夫如果仰慕节义，哪一处会没有学习的

bù miǎn yān　pú suī qiè ruǎn yù gǒu huó　yì pō shí qù jiù zhī fèn yǐ　hé zhì zì chén nì léi

不勉焉！仆虽怯懦欲苟活③，亦颇识去就之分矣④，何至自湛溺累

榜样呢？我虽然怯懦，想苟且偷生，但也还能识别该做、不该做的界限，怎么会走到自甘陷入监牢受

xiè zhī rǔ zāi　　qiě fú zāng huò bì qiè yóu néng yǐn jué　kuàng ruò
继之辱哉⑤！且夫臧获婢妾犹能引决⑥，况若

辱的地步呢？奴婢等下贱之人尚且能下决心自杀，何况我已处于激

pú zhī bù dé yǐ hū　　suǒ yǐ yǐn rěn gǒu huó　hán fèn tǔ zhī zhōng
仆之不得已乎！所以隐忍苟活，函粪土之中

愤不得已的境地呢？我之所以暗暗忍辱偷生，被关在污秽的牢房里

ér bù cí zhě　　hèn sī xīn yǒu suǒ bú jìn　bǐ mò shì ér wén cǎi
而不辞者⑦，恨私心有所不尽，鄙没世而文采

而不肯去死，就是因为尚有心愿未遂的遗憾，如果在屈辱中死去，我

bù biǎo yú hòu yě
不表于后也⑧。

的著作就不能流传于后世了。

---

① 亲戚：古指父母。

② 已：止。　③ 耎：古"软"字。　④ 去就：何去何从。　⑤ 湛：同"沉"。　累继：绑囚犯的绳索。累，通"缧"。　⑥ 臧获：古人对奴婢的称呼。

⑦ 函：被包围。　⑧ 没世：身死之后。

---

gǔ zhě fù guì ér míng mó miè　　bù kě shēng jì　wéi tì tǎng fēi cháng zhī rén chēng yān　gài xī
古者富贵而名摩灭①，不可胜记，唯俶傥非常之人称焉②。盖西

自古以来，生前富贵而死后姓名埋没不传的人，多得数不胜数，只有卓越豪迈、不同凡响的人

bó jū ér yǎn　zhōu yì　　zhòng ní è ér zuò　chūn qiū　　qū yuán fàng zhú　nǎi fù　lí sāo
伯拘而演《周易》③；仲尼厄而作《春秋》④；屈原放逐，乃赋《离骚》⑤；

才能名扬后世。西伯被拘囚而推演出《周易》，孔子屡受困厄而写成《春秋》；屈原被放逐，创作了《离骚》；

zuǒ qiū shī míng　jué yǒu　guó yǔ　　sūn zǐ bìn jiǎo　bīng fǎ　xiū liè　　bù wéi qiān shǔ　shì chuán
左丘失明，厥有《国语》⑥；孙子膑脚，《兵法》修列⑦；不韦迁蜀，世传

左丘明失明，著成《国语》；孙膑被剔去膝盖骨，修纂成《兵法》；吕不韦被贬蜀地，《吕氏春秋》流传于世；

lǚ lǎn　　hán fēi qiú qín　shuì nán　gū fèn　　shī sān bǎi piān dà dǐ xián shèng fā fèn
《吕览》⑧；韩非囚秦，《说难》、《孤愤》⑨。《诗》三百篇，大氐贤圣发愤

韩非在秦国被囚禁，《说难》、《孤愤》便创作出来。《诗经》三百篇，大都是圣贤抒发内心愤懑而创作的。

zhī suǒ wèi zuò yě　　cǐ rén jiē yì yǒu suǒ yù jié　bù dé tōng qí dào　gù shù wǎng shì　sī lái zhě
之所为作也⑩。此人皆意有所郁结，不得通其道，故述往事，思来者⑪。

这些人都是郁愤满怀，得不到排解抒泄，所以追述已往史事，启发后来之人。至于像左丘明视力全无，

jí rú zuǒ qiū míng wú mù　sūn zǐ duàn zú　zhōng bù kě yòng　tuì lùn shū cè　yǐ shū qí fèn　sī
及如左丘明无目，孙子断足，终不可用，退论书策，以舒其愤，思

孙膑断了双脚，终于无法被君主重用，就退而著书立说来宣泄其郁愤，想留下文章显名于后世。我私下

167

<ruby>垂<rt>chuí</rt></ruby><ruby>空<rt>kōng</rt></ruby><ruby>文<rt>wén</rt></ruby><ruby>以<rt>yǐ</rt></ruby><ruby>自<rt>zì</rt></ruby><ruby>见<rt>xiàn</rt></ruby>⑫。<ruby>仆<rt>pú</rt></ruby><ruby>窃<rt>qiè</rt></ruby><ruby>不<rt>bú</rt></ruby><ruby>逊<rt>xùn</rt></ruby>，<ruby>近<rt>jìn</rt></ruby><ruby>自<rt>zì</rt></ruby><ruby>托<rt>tuō</rt></ruby><ruby>于<rt>yú</rt></ruby><ruby>无<rt>wú</rt></ruby><ruby>能<rt>néng</rt></ruby><ruby>之<rt>zhī</rt></ruby><ruby>辞<rt>cí</rt></ruby>，<ruby>网<rt>wǎng</rt></ruby><ruby>罗<rt>luó</rt></ruby><ruby>天<rt>tiān</rt></ruby><ruby>下<rt>xià</rt></ruby><ruby>放<rt>fàng</rt></ruby><ruby>失<rt>yì</rt></ruby><ruby>旧<rt>jiù</rt></ruby>

里不自量力，最近依靠不高明的文辞，搜集天下散佚的遗闻旧说，以史实加以考证，总结历史上成败兴

<ruby>闻<rt>wén</rt></ruby>⑬，<ruby>考<rt>kǎo</rt></ruby><ruby>之<rt>zhī</rt></ruby><ruby>行<rt>xíng</rt></ruby><ruby>事<rt>shì</rt></ruby>，<ruby>稽<rt>jī</rt></ruby><ruby>其<rt>qí</rt></ruby><ruby>成<rt>chéng</rt></ruby><ruby>败<rt>bài</rt></ruby><ruby>兴<rt>xīng</rt></ruby><ruby>坏<rt>huài</rt></ruby><ruby>之<rt>zhī</rt></ruby><ruby>理<rt>lǐ</rt></ruby>⑭，<ruby>上<rt>shàng</rt></ruby><ruby>计<rt>jì</rt></ruby><ruby>轩<rt>xuān</rt></ruby><ruby>辕<rt>yuán</rt></ruby>⑮，<ruby>下<rt>xià</rt></ruby><ruby>至<rt>zhì</rt></ruby><ruby>于<rt>yú</rt></ruby><ruby>兹<rt>zī</rt></ruby>。<ruby>为<rt>wéi</rt></ruby>

衰的规律。上起黄帝轩辕氏，下到当代为止，写成表十篇，本纪十二篇，书八篇，世家三十篇，列传七

<ruby>十<rt>shí</rt></ruby><ruby>表<rt>biǎo</rt></ruby>，<ruby>本<rt>běn</rt></ruby><ruby>纪<rt>jì</rt></ruby><ruby>十<rt>shí</rt></ruby><ruby>二<rt>èr</rt></ruby>，<ruby>书<rt>shū</rt></ruby><ruby>八<rt>bā</rt></ruby><ruby>章<rt>zhāng</rt></ruby>，<ruby>世<rt>shì</rt></ruby><ruby>家<rt>jiā</rt></ruby><ruby>三<rt>sān</rt></ruby><ruby>十<rt>shí</rt></ruby>，<ruby>列<rt>liè</rt></ruby><ruby>传<rt>zhuàn</rt></ruby><ruby>七<rt>qī</rt></ruby><ruby>十<rt>shí</rt></ruby>，<ruby>凡<rt>fán</rt></ruby><ruby>百<rt>bǎi</rt></ruby><ruby>三<rt>sān</rt></ruby><ruby>十<rt>shí</rt></ruby><ruby>篇<rt>piān</rt></ruby>，<ruby>亦<rt>yì</rt></ruby><ruby>欲<rt>yù</rt></ruby>

十篇，共一百三十篇，也是想以此探究天道与人事之间的关系，揭示古今社会变化的规律，立一家之

<ruby>以<rt>yǐ</rt></ruby><ruby>究<rt>jiū</rt></ruby><ruby>天<rt>tiān</rt></ruby><ruby>人<rt>rén</rt></ruby><ruby>之<rt>zhī</rt></ruby><ruby>际<rt>jì</rt></ruby>，<ruby>通<rt>tōng</rt></ruby><ruby>古<rt>gǔ</rt></ruby><ruby>今<rt>jīn</rt></ruby><ruby>之<rt>zhī</rt></ruby><ruby>变<rt>biàn</rt></ruby>，<ruby>成<rt>chéng</rt></ruby><ruby>一<rt>yì</rt></ruby><ruby>家<rt>jiā</rt></ruby><ruby>之<rt>zhī</rt></ruby><ruby>言<rt>yán</rt></ruby>。<ruby>草<rt>cǎo</rt></ruby><ruby>创<rt>chuàng</rt></ruby><ruby>未<rt>wèi</rt></ruby><ruby>就<rt>jiù</rt></ruby>，<ruby>适<rt>shì</rt></ruby><ruby>会<rt>huì</rt></ruby><ruby>此<rt>cǐ</rt></ruby><ruby>祸<rt>huò</rt></ruby>

说。刚着手进行而未完成，正好遇上这场大祸，我为此书未能完成而惋惜，因此面对奇耻大辱的宫刑

<ruby>惜<rt>xī</rt></ruby><ruby>其<rt>qí</rt></ruby><ruby>不<rt>bù</rt></ruby><ruby>成<rt>chéng</rt></ruby>，<ruby>是<rt>shì</rt></ruby><ruby>以<rt>yǐ</rt></ruby><ruby>就<rt>jiù</rt></ruby><ruby>极<rt>jí</rt></ruby><ruby>刑<rt>xíng</rt></ruby><ruby>而<rt>ér</rt></ruby><ruby>无<rt>wú</rt></ruby><ruby>愠<rt>yùn</rt></ruby><ruby>色<rt>sè</rt></ruby>⑯。<ruby>仆<rt>pú</rt></ruby><ruby>诚<rt>chéng</rt></ruby><ruby>已<rt>yǐ</rt></ruby><ruby>著<rt>zhù</rt></ruby><ruby>此<rt>cǐ</rt></ruby><ruby>书<rt>shū</rt></ruby>，<ruby>藏<rt>cáng</rt></ruby><ruby>之<rt>zhī</rt></ruby><ruby>名<rt>míng</rt></ruby><ruby>山<rt>shān</rt></ruby>

而毫无怨怒之色。如果我能著成此书，就要把它珍藏在名山之中，传授给理解它的人，进而使之在人

<ruby>传<rt>chuán</rt></ruby><ruby>之<rt>zhī</rt></ruby><ruby>其<rt>qí</rt></ruby><ruby>人<rt>rén</rt></ruby>，<ruby>通<rt>tōng</rt></ruby><ruby>邑<rt>yì</rt></ruby><ruby>大<rt>dà</rt></ruby><ruby>都<rt>dū</rt></ruby>，<ruby>则<rt>zé</rt></ruby><ruby>仆<rt>pú</rt></ruby><ruby>偿<rt>cháng</rt></ruby><ruby>前<rt>qián</rt></ruby><ruby>辱<rt>rǔ</rt></ruby><ruby>之<rt>zhī</rt></ruby><ruby>责<rt>zhài</rt></ruby>⑰，<ruby>虽<rt>suī</rt></ruby><ruby>万<rt>wàn</rt></ruby><ruby>被<rt>bèi</rt></ruby><ruby>戮<rt>lù</rt></ruby>，<ruby>岂<rt>qǐ</rt></ruby><ruby>有<rt>yǒu</rt></ruby><ruby>悔<rt>huǐ</rt></ruby><ruby>哉<rt>zāi</rt></ruby>！<ruby>然<rt>rán</rt></ruby>

烟稠密的都市流传，那么我以前受辱的旧债就得到补偿了，即使死上一万次，又哪会后悔呢？然而，

<ruby>此<rt>cǐ</rt></ruby><ruby>可<rt>kě</rt></ruby><ruby>为<rt>wèi</rt></ruby><ruby>智<rt>zhì</rt></ruby><ruby>者<rt>zhě</rt></ruby><ruby>道<rt>dào</rt></ruby>，<ruby>难<rt>nán</rt></ruby><ruby>为<rt>wèi</rt></ruby><ruby>俗<rt>sú</rt></ruby><ruby>人<rt>rén</rt></ruby><ruby>言<rt>yán</rt></ruby><ruby>也<rt>yě</rt></ruby>。

这些话只能对智者倾诉，难以向俗人说清楚啊。

①摩：拭去。　②傲倪：卓越豪迈。　称：被颂扬。　③演《周易》：指周文王被拘牖里推演古代八卦为六十四卦，形成《周易》一书的框架。　演，推演。　④仲尼：孔子名丘，字仲尼。　厄：困厄。　《春秋》：记录春秋时代史实的著作。　⑤"屈原"二句：屈原：战国楚人，创制楚辞文体，《离骚》为其代表作。　⑥"左丘"二句：左丘，春秋鲁国史官。　《国语》，分国记言反映春秋时代史实的著作。左丘明著《国语》的记载仅见此处。　⑦"孙子"二句：孙子，孙膑。　膑脚，古代断足之刑。　《兵法》，即《孙膑兵法》，长久失传，1974年4月在临沂银雀山汉墓出土竹简中重新发现。　⑧"不韦"二句：不韦，吕不韦，秦始皇初年为相国。　《吕览》，即《吕氏春秋》，为吕不韦组织门客所著。　⑨"韩非"二句：韩非，战国末年韩国贵公子，游秦，被李斯谗害，下狱死。　《说难》、《孤愤》，《韩非子》中的两篇。　⑩氐：同"抵"。　⑪思：用如使动。　⑫垂：留。　见：同"现"。　⑬失：同"佚"。　⑭稽：考察。　⑮轩辕：即黄帝。《史记》第一篇《五帝本纪》首述黄帝轩辕氏。　⑯极刑：指宫刑。　愠：怨怒。　⑰责：通"债"。

报任安书

且负下未易居①，下流多谤议②。仆以口语遇遭此祸，重为乡

> 况且背负污辱之名的人不容易立身处世，地位低下的人多遭批评议论。我因为口头发表意见遭到

党戮笑③，污辱先人，亦何面目复上父母之丘墓乎？虽累百世，垢弥

> 这场灾祸，深为家乡的人耻笑，也使先人受辱，还有什么脸面再去父母的坟上呢？即使百世之后，这种耻

甚耳！是以肠一日而九回，居则忽忽若有所亡，出则不知所如往。

> 辱只有更加重啊！因此我整天愁肠百折，在家里恍恍忽忽若有所失，出门则不知要到哪里去。每当想到这

每念斯耻，汗未尝不发背沾衣也。身直为闺阁之臣④，宁得自引深

> 一耻辱，没有哪一回不是背上大汗淋漓沾湿了衣服。我简直已成了宦官，难道还能够自己引退成为深藏岩

藏于岩穴邪⑤！故且从俗浮沉，与时俯仰，以通其

> 穴的隐士吗？所以姑且混同时俗随波逐流，俯仰上下，以求从狂惑中自拔。如

狂惑。今少卿乃教以推贤进士，无乃与仆之私

> 今您却指教我推荐贤能，岂不是恰与我的想法违背吗？现在即使想要修饰一

指谬乎⑥？今虽欲自雕瑑⑦，曼辞以自解⑧，无益，于

> 番，用美妙言辞为自己开脱，也是无济于事，不会为世俗之人相信，只会自取侮

俗不信，只取辱耳。要之，死日然后是非乃定。书

> 辱罢了。关键的一点在于，到死后才能论定一个人的是非功过。一封信无法充

不能尽意，故略陈固陋。谨再拜。

> 分表达我的心意，所以只是约略陈述粗浅的看法。再次恭敬地向您致意。

① 负下：指负污辱之名。　② 下流：地位低下。
③ 戮笑：辱笑。
④ 闺阁之臣：指宦官。闺阁，宫中小门。
⑤ 深藏岩穴：指隐居。　⑥ 谬：相反。　⑦ 雕瑑：刻镂，琢磨。
⑧ 曼：美。

（李祚唐）

求 贤 诏

刘 邦

盖闻王者莫高于周文①，伯者莫高于齐桓②：皆待贤人

据说历来成就帝业的，没有谁能超过周文王；成就霸业的，没有谁能超过齐桓公：他们都是依靠贤

而成名③。今天下贤者智能④，岂特古之人乎⑤？患在人主

能的人而成就功名的。如果说到天下贤者的智慧才能，难道只存在于古代人身上吗？毛病就出在帝王不结

不交故也，士奚由进⑥？今吾以天之灵、贤士大夫定有天下

交他们，贤士通过什么途径来效力朝廷呢？现在，我依靠上天的灵佑、贤士大夫的才智，平定天下，取得政

以为一家，欲其长久，世世奉宗庙亡绝也⑦。贤人已与我共

权，完成统一大业，想让国家长治久安，世世代代奉祀宗庙延续不绝。贤人已与我共同平定了天下，却不和

平之矣，而不与吾共安利之，可乎？贤士大夫，有肯从我游者⑧，

我一起治理使其安定发展，怎么可以呢？贤士大夫有愿意跟我合力治理国家的，我能使他们官高位显。广泛

吾能尊显之。布告天下，使明知朕意。御史大夫昌下相国⑨，

地传告天下，使天下清楚地了解我的意图。御史大夫周昌把我求贤的诏令下达给丞相，丞相鄪侯萧何下达

相国鄪侯下诸侯王⑩，御史中执法下郡守⑪。其有意称明德者，

给诸侯王，御史中丞下达给各郡太守。如果有真正具备完美德性的贤士，各郡太守一定要亲自劝勉，替他安

必身劝为之驾⑫，遣诣相国府⑬，署行、义、年⑭。有而弗言，觉免⑮。

排车驾，送到相国府，并记录下他的表现、仪容和年龄。如果有贤人而官吏不举荐，一经发现，即行罢免官

年老癃病⑯，勿遣。

职。年老疲病的，则不必选送。

① 刘邦（前256～前195），西汉开国皇帝。　盖：发语词。　王：成就王业。　周文：周文王姬昌，在位时注重任用贤能，发展生产，国力大增，为其子武王伐纣灭商奠定了基础。　② 伯：通"霸"，为霸主。　齐桓：齐桓公小白，春秋五霸之首，曾九合诸侯，一匡天下，终其身为盟主。　③ 待：通"恃"，依靠。　④ 今：若。　⑤ 特：只，仅。　⑥ 奚：何。　⑦ 宗庙：天子祭祀祖先的处所。　亡：通"无"。　⑧ 从我游：意指跟我一起治理国家。　游，交友。　⑨ 御史大夫：官名，三公之一。　昌：周昌。《汉书·高帝纪》颜师古注云："臣瓒曰：周昌已为赵相，御史大夫是赵尧耳。"　相国：官名，即丞相，亦三公之一。　⑩ 酂侯：萧何，封酂侯。　酂，地名，在今南阳（据颜师古注）。　⑪ 御史中执法：官名，即御史中丞，御史大夫属官，掌对外郡的督察。　⑫ 身劝：亲自劝勉。　⑬ 诣：到。　⑭ 署行义年：记下他们的表现、仪容和年龄。　义，同"仪"。　⑮ 觉免：发觉即免官职。　⑯ 癃：疲病。

（李祚唐）

yì　zuǒ　bǎi　xìng　zhào

议佐百姓诏

liú　héng

刘　恒

jiàn zhě shù nián bǐ bù dēng　　yòu yǒu shuǐ hàn jí yì zhī zāi　zhènshèn yōu zhī　　yú ér bù míng

间者数年比不登①，又有水旱疾疫之灾，朕甚忧之。愚而不明，

近来，连续几年收成不好，加上自然灾害和疾病瘟疫流行，为此我十分忧虑。我鲁愚而不明智，不

wèi dá qí jiù　　yì zhě　zhèn zhī zhèng yǒu suǒ shī　　ér xíng yǒu guò yú　　nǎi tiān dào yǒu bú shùn　　dì

未达其咎。意者，朕之政有所失，而行有过与②？乃天道有不顺③，地

清楚哪里出了毛病。细想下来，是我的治理有失误，行动有过错呢？是天时不顺、不得地利、人事关系不协

lì huò bù dé　　rén shì duō shī hé　　guǐ shén fèi bù xiǎng yú　　hé yǐ zhì cǐ　jiāng bǎi guān zhī fèngyǎng

利或不得，人事多失和，鬼神废不享与④？何以致此？将百官之奉养

调、神灵抛弃我而不肯享用祭供呢？为什么会到这种地步？还是官员们的俸禄过于优厚，无效用的事办得太

huò fèi　　wú yòng zhī shì huò duō yú　　hé qí mín shí zhī guǎ fá yě　　fú duó tián fēi yì guǎ　　ér

或费⑤，无用之事或多与？何其民食之寡乏也？夫度田非益寡⑥，而

多太滥了呢？为什么人民的口粮如此缺少呢？经过丈量，土地并没有越来越少，经过统计，人口也没有越来

jì mín wèi jiā yì　　yǐ kǒu liàng dì　　qí yú gǔ yóu yǒu yú　　ér shí zhī shèn bù zú zhě　qí jiù ān

计民未加益，以口量地，其于古犹有余，而食之甚不足者，其咎安

越多，按人口均分土地，与古时相比还有所超过，供给的粮食却远远不够，毛病出在哪里？莫非是老百姓弃

zài　　wú nǎi bǎi xìng zhī cóng shì yú mò yǐ hài nóng zhě
在？无乃百姓之从事于末以害农者

地而做工经商耽误农事的人多了，酿酒而大量浪费粮食

fán　　 wéi jiǔ láo yǐ mí gǔ zhě duō　　 liù chù
蕃⑦，为酒醪以靡谷者多⑧，六畜

的情况多了，六畜饲养太多耗费了大量饲料。这些

zhī shí yān zhě zhòng yú　　 xì dà zhī yì，wú wèi
之食焉者众与⑨？细大之义，吾未

因素的轻重主次，我不能确定，所以和丞相、列侯、二千

néng dé qí zhōng，qí yǔ chéng xiàng liè hóu lì èr
能得其中，其与丞相、列侯、吏二

石俸禄的官吏、博士们商议这个问题。有能够帮助百

qiān dàn　　 bó shì yì zhī　　 yǒu kě yǐ zuǒ bǎi xìng
千石、博士议之⑩。有可以佐百姓

姓的，要认真深刻地思考，充分发表意见，不要有丝

zhě，shuài yì yuǎn sī　　 wú yǒu suǒ yǐn
者，率意远思⑪，无有所隐。

毫的隐瞒。

> ① 刘恒(前202～前157)，西汉文帝，刘邦之子。 **间者**：近来。 **比**：屡次。 **登**：谷物收成。 ② **与**：同"欤"，疑问语气词。后同。 ③ **天道**：天气，自然界的规律。 ④ **废**：抛弃，指神对人。 **享**：供奉祭品。 ⑤ **将**：抑，或者。 ⑥ **度**：计算，丈量。 **益**：更加。后同。 ⑦ **末**：指工商业，相对农业而言。 **蕃**：多。 ⑧ **醪**：浊酒，米酒。 **靡**：通"糜"，浪费。 ⑨ **六畜**：牛、马、羊、犬、豕(猪)、鸡。 ⑩ **列侯**：最高等级的侯爵。 **博士**：学术官员，兼参与政事讨论和出外巡行视察。 ⑪ **率意**：尽心。

（李祚唐）

lìng èr qiān dàn xiū zhí zhào
令二千石修职诏

liú qǐ
刘 启

diāo wén kè lòu　　 shāng nóng shì zhě yě　　 jǐn xiù zuǎn zǔ　　 hài nǚ gōng
雕文刻镂①，伤农事者也；锦绣纂组②，害女红

彩绘装饰，刻木镂金，是损害农业生产的事；刺绣花纹，编织绶带，是损害妇女劳作的事。农业

zhě yě　　 nóng shì shāng zé jī zhī běn yě　　 nǚ gōng hài zé hán zhī yuán yě　　 fú
者也③。农事伤则饥之本也；女红害则寒之原也。夫

生产受到损害，是缺粮饥饿的根源；妇女劳作受到损害，是少衣寒冷的根源。如果饥寒交迫，那么就很

jī hán bìng zhì ，ér néng wú wéi fēi zhě guǎ yǐ 。zhèn qīn gēng ，hòu qīn sāng ，yǐ fèng

饥寒并至，而能无为非者寡矣。朕亲耕，后亲桑，以奉

少有人能够不违法犯罪了。我亲自耕种田地，皇后亲自采桑养蚕，用来供奉宗庙中的祭品和祭服，做天

zōng miào zī chéng jì fú ④，wéi tiān xià xiān 。bú shòu xiàn ，jiǎn tài guān ⑤，shěng yáo fù ，

宗庙粢盛祭服④，为天下先。不受献，减太官⑤，省徭赋，

下百姓的表率。不接受各地贡品，降低膳食标准，减免徭役赋税，以求天下百姓专心务农养蚕，平时有

yù tiān xià wù nóng cán ，sù yǒu xù jī ⑥，yǐ bèi zāi hài 。qiáng wú rǎng ruò ⑦，zhòng wú

欲天下务农蚕，素有畜积⑥，以备灾害。强毋攘弱⑦，众毋

所储备，防备灾害的发生。要求强者不要掠夺弱者，势众者不要欺凌力薄的，让老年人能够长寿善终，

bào guǎ ，lǎo qí yǐ shòu zhōng ⑧，yòu gū dé suì zhǎng ⑨。jīn suì huò bù dēng ⑩，mín shí pō

暴寡，老耆以寿终⑧，幼孤得遂长⑨。今岁或不登⑩，民食颇

孤幼儿童能够顺利成长。然而现今收成有时仍不好，百姓粮食很缺乏，毛病出在什么地方呢？也许是奸

guǎ ，qí jiù ān zài ？huò zhà wěi wéi lì ，lì yǐ huò lù wéi shì ，yú duó bǎi xìng ⑪，qīn móu

寡，其咎安在？或诈伪为吏，吏以货赂为市，渔夺百姓⑪，侵牟

诈虚伪的人当了官吏，他们追求财货，行同商人，残酷掠夺百姓，侵害人民。县丞是县里众吏之长，却往

wàn mín ⑫。xiàn chéng zhǎng lì yě ⑬，jiān fǎ yǔ dào dào ⑭，shèn wú wèi yě 。qí lìng èr qiān dàn

万民⑫。县丞，长吏也⑬，奸法与盗盗⑭，甚无谓也。其令二千石

往知情不报，无异于因法作奸，助纣为盗，实在是违背了设县丞管束众吏的本意。今特令二千石的官员，

gè xiū qí zhí 。bú shì guān zhí ，mào luàn zhě ⑮，chéng xiàng yǐ wén ，qǐng qí zuì ⑯。bù gào tiān

各修其职。不事官职，耗乱者⑮，丞相以闻，请其罪⑯。布告天

各尽督察属下县丞的职能。二千石官员若不能克尽本职，昏暗而不能明察下属奸情的，丞相要及时上

xià ，shǐ míng zhī zhèn yì 。

下，使明知朕意。

报，追究他们的罪责。将此广泛地传告天下，让天下明白我的旨意。

---

① 刘启（前188～前141），汉景帝，与其父在位时期史称"文景之治"。 **雕文刻镂**：彩绘装饰，刻木镂金。 **雕**，彩画。 **文**，花纹。 ② **锦绣纂组**：织绣花纹，编织丝带。 **锦**，织彩为文。 **绣**，刺彩为文。 ③ **女红**：女工，妇女的手工活，如纺织、刺绣、缝纫等。 ④ **粢盛**：祭品。 ⑤ **太官**：主膳食的官。 ⑥ **畜**：同"蓄"。 ⑦ **攘**：取，夺。 ⑧ **耆**：古人六十岁为耆，泛指老年。 ⑨ **遂**：成。 ⑩ **登**：谷物收成。 ⑪ **渔**：残酷掠夺。 ⑫ **牟**：吃苗根的害虫，引申为贪取。 ⑬ **长吏**：指县丞为吏的首领。 ⑭ **奸法**：因法作奸。 **与盗盗**：和盗一起为盗。 ⑮ **耗**：通"眊"，不明。 ⑯ **请**：问，追究。

（李祚唐）

求茂才异等诏
qiú mào cái yì děng zhào

刘 彻
liú chè

盖有非常之功,必待非常之人①。故马或奔踶而致千里②,士或
gài yǒu fēi cháng zhī gōng bì dài fēi cháng zhī rén gù mǎ huò bēn dì ér zhì qiān lǐ shì huò

大凡要成就非同寻常的功业,必定要依靠非同寻常的优秀人才。所以,狂奔猛踢、难以驯服的马,往

有负俗之累而立功名③。夫泛驾之马④,跅驰之士⑤,亦在御之而
yǒu fù sú zhī lèi ér lì gōng míng fú fàn jià zhī mǎ tuò chí zhī shì yì zài yù zhī ér

往能日行千里;受到世俗讥论的人,往往能成就功名。那些不循轨辙的烈马,无视礼俗的狂士,也不过于

已。其令州郡察吏民有茂才异等可为将相及使绝国者⑥。
yǐ qí lìng zhōu jùn chá lì mín yǒu mào cái yì děng kě wéi jiàng xiàng jí shǐ jué guó zhě

驾驭、控制他们而已。命令各州郡官长,仔细考察属吏百姓中可任将相和出使外国的出类拔萃的优秀人才。

---

① 刘彻(前156~前87),汉武帝。在位期间,西汉政权至于极盛。 待:通"恃"。 ② 奔踶:乘则疾奔,立则踢人,指勇烈难驯之马。 踶,踢、蹋。 ③ 负俗:被世人讥论。 累:麻烦。 ④ 泛驾:马有逸气而不循轨辙。 泛,通"覆"。 ⑤ 跅驰:不受礼俗约束而放纵。 ⑥ 其:表命令语气词。 茂才:即秀才,避东汉光武帝刘秀的名讳而改。 茂,美,优秀。 异等:超等轶群。 绝国:极远之地,指本国疆土之外的国家。

(李祚唐)

过秦论(上)
guò qín lùn shàng

贾 谊
jiǎ yì

秦孝公据殽函之固①,拥雍州之地②,君臣固守,以窥周室,有席卷
qín xiào gōng jù xiáo hán zhī gù yōng yōng zhōu zhī dì jūn chén gù shǒu yǐ kuī zhōu shì yǒu xí juǎn

秦孝公依据殽山、函谷关的险固地势,拥有雍州的土地,君臣固守本土,暗中探察东周王室虚实,大

tiān xià bāo jǔ yǔ nèi náng kuò sì hǎi zhī yì
天下、包举宇内、囊括四海之意③，

有席卷天下、包举宇内、囊括四海的壮志，并吞八方的

bìng tūn bā huāng zhī xīn dāng shì shí yě shāng jūn
并吞八荒之心④。当是时也，商君

雄心。这一时期，商鞅辅佐秦孝公，对内建立法规制

zuǒ zhī nèi lì fǎ dù wù gēng zhī xiū shǒu zhàn
佐之⑤，内立法度，务耕织，修守战

度，鼓励男耕女织，修造用于攻守的战斗武器装备；对

zhī jù wài lián héng ér dòu zhū hóu yú shì qín rén
之具，外连衡而斗诸侯⑥。于是秦人

外实行连衡政策挑起诸侯间矛盾争斗。于是秦人轻而

gǒng shǒu ér qǔ xī hé zhī wài
拱手而取西河之外⑦。

易举地获取了西河以外大片土地。

① 贾谊（前201～前169），西汉洛阳人，年少即通诸子百家，文帝时为太中大夫，多有制度改革建议。 **秦孝公**：名渠梁，前361～前338年在位。 **崤**：山，在今河南省西部。 **函**：函谷关，在今河南灵宝西南，居崤山谷中。
② **雍州**：古九州之一，包括今陕西、甘肃、青海一带。 ③ **席卷、包举、囊括**：均为全部占有义。 ④ **八荒**：八方。 **荒**，远方。 ⑤ **商君**：即商鞅。
⑥ **连衡**：指秦分别与东方各国联合以达到各个击破的策略。 **斗诸侯**：使诸侯之间争斗。 **斗**，使动词。
⑦ **西河**：魏国在黄河以西的领土。

xiào gōng jì mò huì wén wǔ zhāo méng gù yè yīn yí cè nán qǔ hàn zhōng xī jǔ bā
孝公既没，惠文、武、昭蒙故业①，因遗策②，南取汉中，西举巴

秦孝公死后，惠文王、武王、昭襄王继承祖上的基业，遵循传统的策略，向南攻取了汉中，向西占领

shǔ dōng gē gāo yú zhī dì shōu yào hài zhī jùn zhū hóu kǒng jù huì méng ér móu ruò qín bú ài zhēn
蜀，东割膏腴之地，收要害之郡③。诸侯恐惧，会盟而谋弱秦，不爱珍

了巴蜀，向东割取了肥沃的土地和形势险要的州郡。各国诸侯因此而恐惧，集合结盟图谋削弱秦国，不惜用

qì zhòng bǎo féi ráo zhī dì yǐ zhì tiān xià zhī shì hé zòng dì jiāo xiāng yǔ wéi yī dāng cǐ zhī shí
器重宝肥饶之地，以致天下之士，合从缔交④，相与为一。当此之时，

珍奇器具、贵重宝物和富饶土地来罗致天下的贤才，以合纵策略结成同盟，相互联成一体。在这一时期，齐

qí yǒu mèng cháng zhào yǒu píng yuán chǔ yǒu chūn shēn wèi yǒu xìn líng cǐ sì jūn zhě jiē míng zhì ér
齐有孟尝，赵有平原，楚有春申，魏有信陵⑤。此四君者，皆明智而

国有孟尝君、赵国有平原君、楚国有春申君、魏国有信陵君。这四位都明智、忠贞而讲信用，宽厚仁爱，尊重

zhōng xìn kuān hòu ér ài rén zūn xián ér zhòng shì yuē zòng lí héng jiān hán wèi yān zhào sòng
忠信，宽厚而爱人，尊贤而重士，约从离横⑥，兼韩、魏、燕、赵、宋、

贤能人才，相约以合纵之策拆散连衡，联合了韩、魏、燕、赵、宋、卫、中山等国的军事力量。于是，六国的人

wèi　zhōngshān zhī zhòng　　yú shì liù guó zhī shì　　yǒu níng yuè　xú shàng sū qín　dù hè zhī shǔ wèi zhī

卫、中山之众。于是六国之士，有宁越、徐尚、苏秦、杜赫之属为之

才，其中有宁越、徐尚、苏秦、杜赫等人为之出谋划策；齐明、周最、陈轸、召滑、楼缓、翟景、苏厉、乐毅等人为

móu　 qí míng zhōu zuì　chénzhěn shào gǔ　lóu huǎn zhái jǐng　sū lì　　 yuè yì zhī tú tōng qí yì　wú

谋，齐明、周最、陈轸、召滑、楼缓、翟景、苏厉、乐毅之徒通其意，吴

之联络互通信息；吴起、孙膑、带佗、儿良、王廖、田忌、廉颇、赵奢等人为之统率军队。他们曾经以十倍于秦

qǐ　sūn bìn　dài tuó　ní liáng wáng liào　tián jì　lián pō　zhào shē zhī lún zhì qí bīng　　 cháng yǐ shí

起、孙膑、带佗、儿良、王廖、田忌、廉颇、赵奢之伦制其兵⑦。尝以什

国的土地为后盾，发百万大军，进逼函谷关攻打秦国。秦人开关迎战，九国的军队立即逃跑回避不敢进

bèi zhī dì　 bǎi wàn zhī zhòng　kòu guān ér gōng qín　　qín rén kāi guān ér yán dí　　 jiǔ guó zhī shī dùn táo ér

倍之地，百万之众，叩关而攻秦。秦人开关而延敌，九国之师遁逃而

兵。秦国未发一箭，天下诸侯就已陷入困境了。于是合纵离散，盟约解除，争着割让土地贿赂秦国。

bù gǎn jìn　　 qín wú wáng shǐ yí zú zhī fèi　　 ér tiān xià zhū hóu yǐ kùn yǐ　　 yú shì zòng sàn yuē jiě

不敢进⑧。秦无亡矢遗镞之费⑨，而天下诸侯已困矣。于是从散约解，

秦国更是行有余力，抓住各诸侯国的弱点，追逐败逃之兵，杀得积尸遍地，流的血把盾牌都漂浮

zhēng gē dì ér lù qín　　 qín yǒu yú lì ér zhì qí bì　　 zhuī wáng zhú běi　　 fú shī bǎi wàn　 liú xuè piāo

争割地而赂秦。秦有余力而制其弊，追亡逐北，伏尸百万，流血漂

起来了。秦国乘着胜利的条件和时机，割取天下土地，使诸侯国山河破碎。强国只能请求臣服于秦，弱

lǔ　　 yīn lì chéng biàn　 zǎi gē tiān xià　 fēn liè hé shān　 qiáng guó qǐng fú　 ruò guó rù cháo

橹⑩。因利乘便，宰割天下，分裂河山。强国请服，弱国入朝。

国则直接入朝拜服。

---

① 惠文、武、昭：指秦孝公之后的惠文王驷、武王荡、昭襄王则。　蒙：继承。　② 因：遵循。　③ 要害之郡：与前句"膏腴之地"，分指秦武王攻取韩宜阳，秦襄王时魏献其河东故都安邑。　④ 合从：即合纵，指六国联合抵御秦国的策略。　⑤ "齐有孟尝"四句：孟尝，孟尝君田文。　平原，平原君赵胜。　春申，春申君黄歇。　信陵，信陵君魏无忌。　⑥ 约从离横：相约合纵以抗击连衡。　⑦ 上列二十人，为当时谋略、外交、军事上的杰出人才，有些人事迹已不详。　⑧ 九国：指齐、楚、韩、魏、燕、赵、宋、卫、中山。　⑨ 镞：箭头。　⑩ 橹：大盾牌。

施及孝文王、庄襄王①，享
传国到孝文王、庄襄王，因为他们在位时间很短，

国之日浅②，国家无事。及至始皇，
没有重大事件可记。到了秦始皇时，他继承发扬了先辈六

奋六世之余烈③，振长策而御宇
世的功业，挥动长鞭驾驭天下，吞并东西二周，灭亡了

内④，吞二周而亡诸侯⑤，履至尊而
诸侯六国，登上至高无上的天子之位，统治了

制六合⑥，执敲扑以鞭笞天下⑦，威
上下四方，以高压残暴手段役使人民，威震四海。向南

振四海。南取百越之地⑧，以为桂
攻取百越领土，划为桂林郡、象郡。百越的君主低头受

林、象郡⑨。百越之君，俛首系颈⑩，
缚，听命于秦朝的官吏。于是派遣蒙恬在北方修筑长

委命下吏。乃使蒙恬北筑长城而守藩篱⑪，却匈奴七百余里⑫，胡人
城以守卫边疆，将匈奴击退七百余里，以致匈奴人不敢再南下放牧马群，匈奴军队也不敢挑

不敢南下而牧马，士不敢弯弓而报怨⑬。
起报复的战争。

① 施：延续。　② 浅：短。秦孝文王在位仅数日，庄襄王前249～前247年在位。　③ 余烈：遗留下的功业。　④ 策：马鞭。　⑤ 二周：指东周王朝周赧（nǎn 腩）王时分治的东、西周。西周灭于秦昭襄王五十一年（前256），东周灭于秦庄襄王元年（前249），其实与秦始皇无涉。　亡诸侯：指灭亡六国，在秦始皇二十六年（前223）。　⑥ 履：登上。　至尊：帝王之位。　六合：天地与四方。指整个中国。　⑦ 敲扑：用刑的杖，短曰敲，长曰扑。　⑧ 百越：亦作"百粤"，散居南方的越族总称。　⑨ 桂林、象郡：均为郡名，在今广西境。　⑩ 俛：同"俯"。　⑪ 蒙恬：秦名将。　⑫ 却：退，打退。　⑬ 报怨：报复和自己结怨的人。

于是废先王之道，燔百家之言①，以愚黔首②。隳名城③，杀豪俊，
于是抛弃古代先王的仁爱治国之道，焚烧诸子百家的著作以愚弄百姓。毁坏各诸侯国的名城大都，

shōu tiān xià zhī bīng　　jù zhī xián yáng　xiāo fēng dí　　zhù yǐ wéi jīn rén shí

收天下之兵④，聚之咸阳，销锋镝⑤，铸以为金人十

杀害豪杰之士，收缴全国的兵器，集中到咸阳，销熔刀箭，铸成十二个铜人，

èr　　yǐ ruò tiān xià zhī mín　　rán hòu jiàn huà wéi chéng　　yīn hé wéi chí

二，以弱天下之民。然后践华为城⑥，因河为池⑦；

以削弱天下百姓的反抗力量。然后足踏华山，把它当作城墙；依托黄河，把它

jù yì zhàng zhī chéng　lín bú cè zhī xī yǐ wéi gù　　liáng jiàng jìng nǔ　shǒu

据亿丈之城，临不测之溪以为固。良将劲弩，守

当作护城河。凭借着亿丈的高大城墙，下临深不可测的河流，自以为固若

yào hài zhī chù　xìn chén jīng zú　chén lì bīng ér shuí hē　tiān xià yǐ dìng

要害之处，信臣精卒，陈利兵而谁何⑧。天下已定，

金汤。良将手持硬弓，守卫着险要之地；亲信大臣率领精锐兵卒，手持锋利兵

shǐ huáng zhī xīn　　zì yǐ wéi guānzhōng zhī gù　　jīn chéng qiān lǐ　　zǐ sūn

始皇之心，自以为关中之固，金城千里⑨，子孙

刃盘问出入关卡的行人。天下已经平定，秦始皇的心里，自以为关中地位的

dì wáng wàn shì zhī yè yě

帝王万世之业也。

巩固，犹如千里铜墙铁壁，成为子孙后代万世称帝的基业。

边注：

① 燔：烧。

② 黔首：百姓。黔，黑色。

③ 隳：毁坏。

④ 兵：兵器。

⑤ 镝：通"镝"，箭头。 ⑥ 华：华山。 ⑦ 河：黄河。池：护城河。 ⑧ 谁何：指塞卒盘问出入关卡者身份。何，通"呵"，呵斥。

⑨ 金城：坚固的都城。

---

shǐ huáng jì mò　　yú wēi zhèn yú shū sú　　rán ér chén shè　wèng yǒu shéng shū zhī zǐ　méng lì zhī

始皇既没，余威震于殊俗①。然而陈涉，瓮牖绳枢之子，氓隶之

秦始皇死后，他的余威还震慑着边远地区。然而，陈涉这个赤贫子弟，低贱的种田人，后来又成为罚

rén　　ér qiān xǐ zhī tú yě　　cái néng bù jí zhōng yōng　　fēi yǒu zhòng ní　mò dí zhī xián　táo zhū

人，而迁徙之徒也②。材能不及中庸③，非有仲尼、墨翟之贤④，陶朱

罪到边境的役卒，才能及不上中等的平庸之辈，并非有孔子、墨子的贤能，范蠡、猗顿的财富，只是置身于军

yī dùn zhī fù　　niè zú háng wǔ zhī jiān　　miǎn qǐ qiān mò zhī zhōng　　shuài pí bì zhī zú　jiàng shù

猗顿之富⑤，蹑足行伍之间⑥，俛起阡陌之中⑦，率罢弊之卒⑧，将数

队的低层，奋起于村野之间，率领疲惫不整的兵卒，带着数百人的队伍，辗转推进，攻打秦朝。他们砍下树木

bǎi zhī zhòng zhuǎn ér gōng qín　　zhǎn mù wéi bīng　jiē gān wéi qí　tiān xià yún jí ér xiǎng yìng　yíng liáng

百之众，转而攻秦⑨。斩木为兵，揭竿为旗⑩，天下云集而响应，赢粮

当武器，举起竹竿作旗帜，天下百姓像云一样会聚，像回声一般响应，背着粮食影随而来。殽山以东的豪杰，

过秦论（上）

ér yǐng cóng　　shāndōng háo jùn　　　　suì bìng qǐ ér wáng qín zú yǐ
而景从⑪，山东豪俊⑫，遂并起而亡秦族矣。

就合力而起消灭秦朝了。

---

① 殊俗：指边远地区的民族。　② "然而"四句：陈涉，即陈胜，秦末农民起义领袖。　瓮牖绳枢：用瓦盆当窗，用绳子系门枢。喻极贫穷。牖，窗户。　迁徙之徒：罚罪到边远地区服役的人。　③ 中庸：中等。　④ 仲尼：孔子名丘，字仲尼。　墨翟：墨子名翟。　⑤ 陶朱：春秋越人范蠡辅佐越王勾践灭吴后，弃官至陶（今山东曹县）经商致富，称陶朱公。　猗顿：春秋鲁人，以经营畜牧及盐业，十年成巨富。　⑥ 蹑：践，履。　行伍：军队基层组织。　⑦ 俛：同"勉"。　⑧ 罢：同"疲"。　⑨ 转：辗转，指随地收兵马，辗转推进。　⑩ 揭：举。　⑪ 赢：担负。　景：同"影"。　⑫ 山东：崤山或华山以东，此指战国时秦国以外的六国。

---

qiě fú tiān xià fēi xiǎo ruò yě　yōngzhōu zhī dì　xiáo hán zhī gù　zì ruò yě　chén shè zhī wèi
且夫天下非小弱也，雍州之地，殽函之固，自若也①。陈涉之位，

秦朝的天下并没有缩小削弱，雍州的肥沃土地，殽函的险要地势，依然如故。陈涉的地位，并不比齐、

bù zūn yú qí chǔ yān zhào hán wèi sòng wèi zhōng shān zhī jūn yě　chú yōu jí qín　bù xiān yú
不尊于齐、楚、燕、赵、韩、魏、宋、卫、中山之君也；锄耰棘矜②，不铦于

楚、燕、赵、韩、魏、宋、卫、中山的国君尊贵；种田的锄头、木棍并不比钩戟长矛锋利；谪罪戍边的士卒，并非

gōu jǐ cháng shā yě　　zhé shù zhī zhòng fēi kàng yú jiǔ guó zhī shī yě　shēn móu yuǎn lǜ　xíng jūn yòng bīng
钩戟长铩也③；谪戍之众，非抗于九国之师也④；深谋远虑，行军用兵

有超过九国诸侯军队的战斗力；深谋远虑，行军用兵的策略，又比不上过去诸侯国的谋士。然而成败结果却

zhī dào　fēi jí xiǎng shí zhī shì yě　rán ér chéng bài yì biàn gōng yè xiāng fǎn　shì shǐ shān dōng zhī guó
之道，非及曩时之士也⑤。然而成败异变，功业相反。试使山东之国，

发生了变化，功业成就和所具备的智能实力恰恰相反。如果让殽山以东诸侯国和陈涉比较优长短缺，权力大

yǔ chén shè duó cháng xié dà　bǐ quán liàng lì　zé bù kě tóng nián ér yǔ yǐ　rán qín yǐ qū qū zhī
与陈涉度长絜大⑥，比权量力，则不可同年而语矣。然秦以区区之

小，那是不可同日而语的。但是，秦国凭借小小雍州作根据地，取得了帝王之权，招来八州的尊奉，使本与秦

179

dì　　zhì wàn shèng zhī quán　　zhāo bā zhōu ér cháo tóng liè　　bǎi yòu yú nián yǐ　　rán hòu yǐ liù hé wéi

地⑦，致万乘之权⑧，招八州而朝同列⑨，百有余年矣。然后以六合为

国同样的地位的诸侯入朝称臣，已经一百余年了。然后统一四海成一家天下，函谷关之内成为内宫。不料陈

jiā　xiáo hán wéi gōng　　yì fū zuò nàn ér qī miào huī　　shēn sǐ rén shǒu　wéi tiān xià xiào zhě　hé yě　　rén yì

家，殽函为宫。一夫作难而七庙隳⑩，身死人手，为天下笑者，何也？仁义

涉一人发难，秦王朝顷刻覆灭，国君死于他人之手，成为天下笑柄，这是为什么呢？是因为不施行仁义，攻守

bù shī　ér gōng shǒu zhī shì yì yě

不施，而攻守之势异也。

的形势发生了变化啊。

① 自若：和以前一样。　② 櫌：碎土的木棒。　棘矜：戟柄。　③ 铦：
锋利。　铩：长矛。　④ 抗：同"亢"，高出。　⑤ 曩：从前。
⑥ 絜：量物体的粗细。　⑦ 区区：小貌。　⑧ 万乘：指帝王之国。
⑨ 八州：指雍州以外的冀、豫、荆、扬、兖、徐、幽、营八州。古中国共分九
州。　朝：使入朝。　⑩ 七庙：古代天子设七庙供奉祖先。　隳：毁坏。

（李祚唐）

zhì　　ān　　cè　　yī

治 安 策（一）

jiǎ　　yì

贾　谊

fú shù guó gù　　bì xiāng yí zhī shì　　xià shù bèi qí yāng shàng shù shuǎng qí yōu

夫树国固①，必相疑之势②，下数被其殃，上数爽其忧③：

封立的诸侯国力量强大，必然形成与朝廷相互疑忌的局面。在下的诸侯国经常遭殃，在上的朝廷也

shèn fēi suǒ yǐ　ān shàng ér quán xià yě　　jīn huò qīn dì móu wéi dōng dì　　qīn xiōng zhī zǐ

甚非所以安上而全下也。今或亲弟谋为东帝④，亲兄之子⑤

经常十分担忧：这实在不是安定朝廷、保全诸侯的妥当办法。如今有皇上的胞弟图谋自立为"东帝"，亲兄之

xī xiàng ér jī　　jīn wú yòu jiàn gào yǐ　　tiān zǐ chūn qiū dǐng shèng　　xíng yì wèi guò

西乡而击⑥，今吴又见告矣⑦。天子春秋鼎盛⑧，行义未过，

子发兵向西攻击朝廷，眼下吴王抗拒朝廷法令的事又被告发上来了。皇帝正处在年富力强时期，处理得体

德泽有加焉，犹尚如是，况莫大

而无过失，恩德遍施于天下，尚且如此，更何况最大的

诸侯⑨，权力且十此者乎？然而天

诸侯国权力比上述各国要超过十倍呢？然而天下目前

下少安⑩，何也？大国之王幼弱未

还比较安定，是什么原因呢？是因为大国的诸侯王还幼

壮，汉之所置傅相方握其事⑪。数

小未成年，朝廷安插的傅相正掌握政事。几年之后，这

年之后，诸侯之王大抵皆冠，血气

些诸侯王大都成年了，血气方刚，朝廷派去的傅相则

方刚，汉之傅相称病而赐罢，彼

上了年纪，不得不称病请求免职。国中丞尉以上的职

自丞尉以上⑫，遍置私人，如此，有

位，都安排上诸侯王的亲信。这样，和淮南王、济北王

异淮南、济北之为邪？此时而欲为

的情况有什么两样呢？这时想要国治民安，即使尧舜

治安，虽尧舜不治。黄帝曰："日中必熭⑬，操刀必割。"今令此道

再世也无法实现。黄帝说："日上中天，一定要晒物件；持刀在手，一定要宰割牲畜。"如依此道理行

顺而全安甚易⑭。不肯早为，已乃堕骨肉之属而抗刭之⑮，岂有异秦

事，下安上全很容易做到。不肯及早行动，等到毁弃骨肉亲情而以兵刃加身的事情发生，难道和秦末之乱

之季世乎⑯？

有什么两样吗？

① 树国：建立诸侯国。 固：强大。 ② 相疑：指朝廷与所封诸侯国相互疑忌。 ③ "下数"二句：下、上，分别指诸侯国与汉室。 数：屡次。 爽：太，过甚。 ④ 亲弟：指淮南厉王刘长，文帝之弟。《汉书·五行志》载，刘长"谋逆乱，自称东帝"。 ⑤ 亲兄之子：指济北王刘兴居，文帝兄刘肥（齐悼惠王）之子。文帝三年（前177）谋反，袭荥阳，兵败被杀。 ⑥ 乡：通"向"。 ⑦ 吴：指吴王濞，当时他不循汉法而被人告发。 ⑧ 春秋鼎盛：年龄正轻。 鼎：方，正值。 ⑨ 莫大：最大。 ⑩ 少安：稍安。 ⑪ 傅相：朝廷派往诸侯国的辅佐官员。 ⑫ 丞尉：各级文武官员的副职。此泛指诸侯国官吏。 ⑬ 熭：晒干。 ⑭ 今：如果。 ⑮ 抗刭：举头而割。 ⑯ 季世：末世。

夫以天子之位，乘今之时，因天之助，尚惮以危为安，以乱为

身居天子之位，乘着现在有利的时机，靠着上天的帮助，尚且担心错把危机当

治。假设陛下居齐桓之处①，将不合诸侯而匡天下乎②？臣又知陛下

作安定，混乱当作清平。假使陛下处于齐桓公的地位，难道能不集合诸侯、匡正天下吗？我知

有所必不能矣。假设天下如曩时③，淮阴侯尚 王楚，黥布王淮南，彭

道陛下是一定不能的。假使天下像从前一样，淮阴侯韩信仍做楚王，黥布做淮南王，彭越做梁

越王梁，韩信王韩，张敖王赵，贯高为相，卢绾王燕，陈豨在代④，令

王，韩信做韩王，张敖做赵王，贯高任赵相，卢绾做燕王，陈豨任代相，如果上面六七位还在世，

此六七公者皆亡恙⑤，当是时而陛下即天子位，能自安乎？臣有以知

那时陛下登上帝位，能觉得安心吗？我有理由认为陛下是不能的。秦末天下大乱，高皇帝

陛下之不能也。天下殽乱⑥，高皇帝与诸公并起⑦，非有仄室之势以豫

和诸位英雄一同起义，他并没有像陛下一样有皇帝侧室之子的身份为资藉。和他一同起义的

席之也⑧。诸公幸者乃为中涓⑨，其次厪得舍人⑩，材之不逮至远也。高

诸位，幸运的才能成为中涓，其次的只能做舍人，是因为才能相差很远。高皇帝凭着圣明威武登上帝

皇帝以明 圣威武，即天子位，割膏腴之地，以王诸公，多者百余城，

位，划出肥沃的土地，封一同起义的诸位为王，封地多的有百余城，少的也有三四十县，恩德十分优厚。

少者乃三四十县，德至渥也⑪。然其后七年之间，反者九起。陛下之与

然而其后七年间，竟发生了九次反叛事件。陛下和如今的群臣关系，并非您亲自量才而给他们授职的，也是

诸公，非亲角材而臣之也⑫，又非身封王之也。自高皇帝不能以是一

是亲自分封他们为王的。连高皇帝都不能凭借亲自量才取用和分封他们以求一岁之安，所以我知道陛下也

岁为安，故臣知陛下之不能也。

①齐桓：春秋齐桓公小白，曾九合诸侯，一匡天下，为春秋五霸之首。　②匡：正。
③曩：从前。　④"淮阴侯"八句：淮阴侯：即韩信，曾封楚王。　王：作动词用。
后四句同此。　黥布：即英布，封淮南王。　彭越：封梁王。　韩信：即韩王信，战
国韩国后代，汉初封韩王。与淮阴侯韩信非一人。　张敖：赵王张耳之子，袭封赵
王。　贯高：赵国之相。　卢绾：封燕王。　陈豨：曾任代国之相。　⑤六七公：
上文述八人，此约略举之。　亡：同"无"。　⑥榖：杂。　⑦高皇帝：汉高祖刘
邦。　⑧仄室：侧室，此指庶子，非正妻所生之子。文帝是高祖薄姬（后为文帝太后）
所生。　席：凭藉。　⑨中涓：身边亲近之臣。　⑩厪：同"仅"。　舍人：此指门
客。　⑪渥：厚。　⑫角材：比较、衡量才能。　臣之：给他们封官。

rán shàng yǒu kě wěi zhě yuē shū
然 尚 有 可 诿 者 曰 疏①。

chén qǐng shì yán qí qīn zhě
臣 请 试 言 其 亲 者。

jiǎ lìng dào huì wáng wàng qí
假 令 悼 惠 王 王 齐，

但是还会有一种可以推诿的理由，说是与皇帝的关系疏远。那么，我就来说说皇室亲属吧。假使悼

yuán wáng wàng chǔ zhōng zǐ wàng zhào yōu wáng wàng huái yáng gōng wáng wàng liáng líng wáng
元 王 王 楚，中 子 王 赵，幽 王 王 淮 阳，共 王 王 梁，灵 王

惠王做齐王，元王做楚王，中子做赵王，幽王做淮阳王，共王做梁王，灵王做燕王，厉王做淮南王，这六七位

wàng yān lì wáng wàng huái nán liù qī guì rén jiē wú yàng dāng shì shí bì xià jí wèi néng wéi
王 燕，厉 王 王 淮 南②，六 七 贵 人 皆 亡 恙，当 是 时 陛 下 即 位，能 为**

贵人都还在世，这时陛下登上帝位，能够天下太平吗？我又知道陛下是不能的。像这几位诸侯王，虽然名义

zhì hū chén yòu zhī bì xià zhī bù néng yě ruò cǐ zhū wáng suī míng wéi chén shí jiē yǒu bù
治 乎？臣 又 知 陛 下 之 不 能 也。若 此 诸 王，虽 名 为 臣，实 皆 有 布

上是臣子，实际上都存在着与陛下只是如民间一样的兄弟亲属关系的想法，心中无不认为自己也可以行皇

yī kūn dì zhī xīn lǜ wú bù dì zhì ér tiān zǐ zì wéi zhě shàn jué rén shè sǐ zuì
衣 昆 弟 之 心③，**虑 亡 不 帝 制 而 天 子 自 为 者**④。**擅 爵 人**⑤，**赦 死 罪，**

帝之礼，做天子之事的。于是，擅自封人爵位，赦免死囚，严重的竟用起了皇帝的车盖仪仗，汉朝的法令在他

shèn zhě huò dài huáng wū hàn fǎ lìng fēi xíng yě suī xíng bù guǐ rú lì wáng zhě lìng zhī bù
甚 者 或 戴 黄 屋⑥，**汉 法 令 非 行 也。虽 行，不 轨 如 厉 王 者，令 之 不**

们身上行不通了。即使法令行得通，但像厉王那样的行为不轨，命令他改正都不肯听，召见他们，他们怎么

kěn tīng zhào zhī ān kě zhì hū xìng ér lái zhì fǎ ān kě dé jiā dòng yì qīn qī tiān xià yuán
肯 听，召 之 安 可 致 乎？幸 而 来 至，法 安 可 得 加？动 一 亲 戚，天 下 圜

会来呢？即使来了，又怎能绳之以法？如果触动一个亲戚，天下同姓的诸侯王就会怒目起视。陛下大臣

视而起[7]。陛下之臣，虽有悍如冯敬者[8]，适启其口，匕首已陷其
虽然有如冯敬这样勇敢的人，但刚一开口，利刀就插入他的胸膛了，陛下虽然贤明，又有谁为

胸矣。陛下虽贤，谁与领此[9]？故疏者必危，亲者必乱，已然之效
您收拾这种局面呢？所以异姓王必定引起危险，同姓王必定发生叛乱，是已经可见的事实。异姓王自

也[10]。其异姓负强而动者，汉已幸胜之矣[11]，又不易其所以然[12]。同
恃强力谋反的，朝廷已经侥幸战胜他们，却又不改变导致祸乱的分封制度。同姓诸侯王沿袭异姓

姓袭是迹而动[13]，既有征矣，其势尽又复然。殃祸之变，未知所移
王的行径而动，已经有迹象表明，情况和异姓王时又是一样了。灾祸的变化，不知会如何发展，圣明

明帝处之，尚不能以安，后世将如之何！
天子处于这种地位，尚且不能安宁，后世将怎么办呢？

①诿：推托。　②"假令"七句：悼惠王：刘肥，刘邦子，封齐王。　元王：刘交，刘邦弟，封楚王。　中子：刘如意，刘邦子，封赵王。　幽王：刘友，刘邦子，封淮阳王。　共王：刘恢，刘邦子，封梁王。　灵王：刘健，刘邦子，封燕王。　厉王：即淮南王刘长（厉为谥号），刘邦子。　③布衣昆弟：谓诸王认为与刘邦只是像在民间一样的兄弟关系，而不认为有君臣之分。　④亡：同"无"。　⑤爵人：封给人以爵位。　⑥黄屋：天子专用的黄缯车盖。　⑦圜：同"圆"，睁圆眼睛。　⑧冯敬：汉初御史大夫，曾奏刘长谋反，后为刺客所杀。　⑨领：治理。　⑩效：结果。　⑪幸：侥幸。　⑫所以然：指分封制度。　⑬同姓：即同姓王，刘氏宗族中封王者。此指淮南王刘长、济北王刘兴居。

屠牛坦一朝解十二牛[1]，而芒刃不顿者[2]，所排击剥割[3]，皆众
屠牛坦一天肢解十二头牛而刀刃不会变钝的原因，是由于他拆骨割肉都能沿着关节缝隙进刀。碰

理解也[4]。至于髋髀之所[5]，非斤则斧[6]。夫仁义恩厚，人主之芒刃也；
上髋髀等大骨头，不是用斤就是用斧。仁义恩厚，就好比君主的利刃；权势法制，就好比君主的斤斧。

<ruby>权<rt>quán</rt></ruby><ruby>势<rt>shì</rt></ruby><ruby>法<rt>fǎ</rt></ruby><ruby>制<rt>zhì</rt></ruby>，<ruby>人<rt>rén</rt></ruby><ruby>主<rt>zhǔ</rt></ruby><ruby>之<rt>zhī</rt></ruby><ruby>斤<rt>jīn</rt></ruby><ruby>斧<rt>fǔ</rt></ruby><ruby>也<rt>yě</rt></ruby>。<ruby>今<rt>jīn</rt></ruby><ruby>诸<rt>zhū</rt></ruby><ruby>侯<rt>hóu</rt></ruby><ruby>王<rt>wáng</rt></ruby>，<ruby>皆<rt>jiē</rt></ruby><ruby>众<rt>zhòng</rt></ruby><ruby>髋<rt>kuān</rt></ruby><ruby>髀<rt>bì</rt></ruby><ruby>也<rt>yě</rt></ruby>，<ruby>释<rt>shì</rt></ruby><ruby>斤<rt>jīn</rt></ruby><ruby>斧<rt>fǔ</rt></ruby><ruby>之<rt>zhī</rt></ruby><ruby>用<rt>yòng</rt></ruby>，<ruby>而<rt>ér</rt></ruby>

如今的诸侯王，都好比髋髀那样的大骨头，丢开斤斧不用，而想拿起利刃来劈开，我认为利刃不是产生缺口

<ruby>欲<rt>yù</rt></ruby><ruby>婴<rt>yīng</rt></ruby><ruby>以<rt>yǐ</rt></ruby><ruby>芒<rt>máng</rt></ruby><ruby>刃<rt>rèn</rt></ruby>⑦，<ruby>臣<rt>chén</rt></ruby><ruby>以<rt>yǐ</rt></ruby><ruby>为<rt>wéi</rt></ruby><ruby>不<rt>bù</rt></ruby><ruby>缺<rt>quē</rt></ruby><ruby>则<rt>zé</rt></ruby><ruby>折<rt>zhé</rt></ruby>。<ruby>胡<rt>hú</rt></ruby><ruby>不<rt>bú</rt></ruby><ruby>用<rt>yòng</rt></ruby><ruby>之<rt>zhī</rt></ruby><ruby>淮<rt>huái</rt></ruby><ruby>南<rt>nán</rt></ruby>、<ruby>济<rt>jǐ</rt></ruby><ruby>北<rt>běi</rt></ruby>？<ruby>势<rt>shì</rt></ruby><ruby>不<rt>bù</rt></ruby><ruby>可<rt>kě</rt></ruby><ruby>也<rt>yě</rt></ruby>。<ruby>臣<rt>chén</rt></ruby>

就是折断。为什么不对反叛的淮南王、济北王施以仁义恩厚呢？是因为形势不允许。我考察以前的事

<ruby>窃<rt>qiè</rt></ruby><ruby>迹<rt>jì</rt></ruby><ruby>前<rt>qián</rt></ruby><ruby>事<rt>shì</rt></ruby>⑧，<ruby>大<rt>dà</rt></ruby><ruby>抵<rt>dǐ</rt></ruby><ruby>强<rt>qiáng</rt></ruby><ruby>者<rt>zhě</rt></ruby><ruby>先<rt>xiān</rt></ruby><ruby>反<rt>fǎn</rt></ruby>。<ruby>淮<rt>huái</rt></ruby><ruby>阴<rt>yīn</rt></ruby><ruby>王<rt>wàng</rt></ruby><ruby>楚<rt>chǔ</rt></ruby><ruby>最<rt>zuì</rt></ruby><ruby>强<rt>qiáng</rt></ruby>，<ruby>则<rt>zé</rt></ruby><ruby>最<rt>zuì</rt></ruby><ruby>先<rt>xiān</rt></ruby><ruby>反<rt>fǎn</rt></ruby>；<ruby>韩<rt>hán</rt></ruby><ruby>信<rt>xìn</rt></ruby><ruby>倚<rt>yǐ</rt></ruby><ruby>胡<rt>hú</rt></ruby>⑨，

情，大抵是力量强大的先行反叛。淮阴侯韩信做楚王，最强大，就最先反叛；韩王信依仗匈奴支持，

<ruby>则<rt>zé</rt></ruby><ruby>又<rt>yòu</rt></ruby><ruby>反<rt>fǎn</rt></ruby>；<ruby>贯<rt>guàn</rt></ruby><ruby>高<rt>gāo</rt></ruby><ruby>因<rt>yīn</rt></ruby><ruby>赵<rt>zhào</rt></ruby><ruby>资<rt>zī</rt></ruby>，<ruby>则<rt>zé</rt></ruby><ruby>又<rt>yòu</rt></ruby><ruby>反<rt>fǎn</rt></ruby>；<ruby>陈<rt>chén</rt></ruby><ruby>豨<rt>xī</rt></ruby><ruby>兵<rt>bīng</rt></ruby><ruby>精<rt>jīng</rt></ruby>，<ruby>则<rt>zé</rt></ruby><ruby>又<rt>yòu</rt></ruby><ruby>反<rt>fǎn</rt></ruby>；<ruby>彭<rt>péng</rt></ruby><ruby>越<rt>yuè</rt></ruby><ruby>用<rt>yòng</rt></ruby><ruby>梁<rt>liáng</rt></ruby>，<ruby>则<rt>zé</rt></ruby><ruby>又<rt>yòu</rt></ruby><ruby>反<rt>fǎn</rt></ruby>；

接着又反叛；贯高凭借着赵国的实力，接着又反叛；陈豨兵马精锐，接着又反叛；彭越凭借梁国的实力，接

<ruby>黥<rt>qíng</rt></ruby><ruby>布<rt>bù</rt></ruby><ruby>用<rt>yòng</rt></ruby><ruby>淮<rt>huái</rt></ruby><ruby>南<rt>nán</rt></ruby>，<ruby>则<rt>zé</rt></ruby><ruby>又<rt>yòu</rt></ruby><ruby>反<rt>fǎn</rt></ruby>；<ruby>卢<rt>lú</rt></ruby><ruby>绾<rt>wǎn</rt></ruby><ruby>最<rt>zuì</rt></ruby><ruby>弱<rt>ruò</rt></ruby>，<ruby>最<rt>zuì</rt></ruby><ruby>后<rt>hòu</rt></ruby><ruby>反<rt>fǎn</rt></ruby>。<ruby>长<rt>cháng</rt></ruby><ruby>沙<rt>shā</rt></ruby><ruby>乃<rt>nǎi</rt></ruby><ruby>在<rt>zài</rt></ruby><ruby>二<rt>èr</rt></ruby><ruby>万<rt>wàn</rt></ruby><ruby>五<rt>wǔ</rt></ruby><ruby>千<rt>qiān</rt></ruby><ruby>户<rt>hù</rt></ruby><ruby>耳<rt>ěr</rt></ruby>⑩，

着又反叛；黥布凭借淮南国的实力，接着又反叛；卢绾的势力最弱，最后反叛。长沙王吴芮封地仅有二万

<ruby>功<rt>gōng</rt></ruby><ruby>少<rt>shǎo</rt></ruby><ruby>而<rt>ér</rt></ruby><ruby>最<rt>zuì</rt></ruby><ruby>完<rt>wán</rt></ruby>，<ruby>势<rt>shì</rt></ruby><ruby>疏<rt>shū</rt></ruby><ruby>而<rt>ér</rt></ruby><ruby>最<rt>zuì</rt></ruby><ruby>忠<rt>zhōng</rt></ruby>，<ruby>非<rt>fēi</rt></ruby><ruby>独<rt>dú</rt></ruby><ruby>性<rt>xìng</rt></ruby><ruby>异<rt>yì</rt></ruby><ruby>人<rt>rén</rt></ruby><ruby>也<rt>yě</rt></ruby>，<ruby>亦<rt>yì</rt></ruby><ruby>形<rt>xíng</rt></ruby><ruby>势<rt>shì</rt></ruby><ruby>然<rt>rán</rt></ruby><ruby>也<rt>yě</rt></ruby>。<ruby>曩<rt>nǎng</rt></ruby><ruby>令<rt>lìng</rt></ruby><ruby>樊<rt>fán</rt></ruby>、<ruby>郦<rt>lì</rt></ruby>、

五千户而已，功劳少却保全最为完好，与皇室关系疏远却最具忠心，不仅是因为禀性与众不同，也是所

<ruby>绛<rt>jiàng</rt></ruby>、<ruby>灌<rt>guàn</rt></ruby><ruby>据<rt>jù</rt></ruby><ruby>数<rt>shù</rt></ruby><ruby>十<rt>shí</rt></ruby><ruby>城<rt>chéng</rt></ruby><ruby>而<rt>ér</rt></ruby><ruby>王<rt>wáng</rt></ruby>⑪，<ruby>今<rt>jīn</rt></ruby><ruby>虽<rt>suī</rt></ruby><ruby>已<rt>yǐ</rt></ruby><ruby>残<rt>cán</rt></ruby><ruby>亡<rt>wáng</rt></ruby><ruby>可<rt>kě</rt></ruby><ruby>也<rt>yě</rt></ruby>。<ruby>令<rt>lìng</rt></ruby><ruby>信<rt>xìn</rt></ruby>、<ruby>越<rt>yuè</rt></ruby><ruby>之<rt>zhī</rt></ruby><ruby>伦<rt>lún</rt></ruby><ruby>列<rt>liè</rt></ruby><ruby>为<rt>wéi</rt></ruby><ruby>彻<rt>chè</rt></ruby><ruby>侯<rt>hóu</rt></ruby><ruby>而<rt>ér</rt></ruby>

处形势造成的。从前假使封给樊哙、郦商、周勃、灌婴几十城为王，如今就说他们家族已因此而衰亡了，也是

<ruby>居<rt>jū</rt></ruby>⑫，<ruby>虽<rt>suī</rt></ruby><ruby>至<rt>zhì</rt></ruby><ruby>今<rt>jīn</rt></ruby><ruby>存<rt>cún</rt></ruby><ruby>可<rt>kě</rt></ruby><ruby>也<rt>yě</rt></ruby>。

可能的；如果让韩信、彭越等人处于彻侯的地位，就说他们的子孙至今仍然存世繁衍，也是可能的。

① **屠牛坦**：春秋时人，名坦，屠牛为业。　② **芒刃**：利刃。　**顿**：同"钝"。
③ **排**：批，分开。　④ **理解**：关节处。　⑤ **髋髀**：大骨。　**髋**，组成骨盆的大骨。
髀，股骨。　⑥ **斤**：伐木之斧。　⑦ **婴**：触。　⑧ **迹**：考察，追寻。　⑨ **韩信倚胡**：指韩王信投降匈奴。　**倚**，依靠。　⑩ **长沙**：指长沙王。秦时吴芮为鄱阳令，入汉就其地封长沙王，子孙世袭，领土狭小。　⑪ **樊**：汉初名将樊哙。　**郦**：郦商，曾任右丞相。　**绛**：绛侯周勃，汉初名将。　**灌**：灌婴，汉初名将。　⑫ **彻侯**：侯爵中最高的一等，只享受封地的租税而无兵权。后避汉武帝刘彻讳改为通侯。

rán zé tiān xià zhī dà jì kě zhī yǐ　yù zhū wáng zhī jiē zhōng fù　zé mò ruò lìng rú cháng shā

然则天下之大计可知已。欲诸王之皆忠附，则莫若令如长沙

这样，那么治理天下的策略就可以知道了。想要诸侯王都忠诚顺附，就莫过于让他们像长沙王那

wáng　yù chén zǐ zhī wù zū hǎi　zé mò ruò lìng rú fán　lì děng　yù tiān xià zhī zhì ān　mò ruò

王；欲臣子之勿菹醢①，则莫若令如樊、郦等。欲天下之治安，莫若

样；想要大臣免杀身之祸，就莫过于让他们像樊哙、郦商那样。想要天下长治久安，莫过于多封诸侯国

zhòng jiàn zhū hóu ér shǎo qí lì　lì shǎo zé yì shǐ yǐ yì　guó xiǎo zé wú xié xīn　lìng hǎi nèi zhī

众建诸侯而少其力②。力少则易使以义，国小则亡邪心③。令海内之

而使每个诸侯国的力量减弱。力量弱就易于用道义教育管理，国土小就不会产生邪念。让天下的形势，

shì　rú shēn zhī shǐ bì　bì zhī shǐ zhǐ　mò bú zhì cóng　zhū hóu zhī jūn　bù gǎn yǒu yì xīn　fú còu

势，如身之使臂，臂之使指，莫不制从。诸侯之君，不敢有异心，辐凑

有如身体指挥臂膀，臂膀指挥手指，没有不受制服从的。各诸侯王不敢有异心，像辐条集中于轴心一样

bìng jìn　ér guī mìng tiān zǐ　suī zài xì mín　qiě zhī qí ān　gù tiān xià xián zhī bì xià zhī míng　gē

并进④，而归命天子。虽在细民，且知其安，故天下咸知陛下之明⑤。割

一同前进，都听命于天子。这样，即使是普通百姓，也知道国家能够安定，所以天下都知道陛下的英明。

dì dìng zhì　lìng qí zhào chǔ gè wéi ruò gān guó　shǐ dào huì wáng　yōu wáng　yuán wáng zhī zǐ sūn　bì

地定制⑥，令齐、赵、楚各为若干国，使悼惠王、幽王、元王之子孙，毕

分割土地定下诸侯国的大小规格，命令齐、赵、楚各分为若干小国，让悼惠王、幽王、元王的子孙们，全

yǐ cì gè shòu zǔ zhī fēn dì　dì jìn ér zhǐ　jí yān liáng tā guó jiē rán　qí fēn dì zhòng ér zǐ sūn

以次各受祖之分地，地尽而止。及燕、梁他国皆然。其分地众而子孙

都按次序分别继承祖先分封的土地，直到分完为止。至于燕、梁等其他诸侯国也都照样办理。那些分封

shǎo zhě　jiàn yǐ wéi guó　kōng ér zhì zhī　xū qí zǐ sūn shēng zhě　jǔ shǐ jūn zhī　zhū hóu zhī dì　qí

少者，建以为国，空而置之，须其子孙生者⑦，举使君之。诸侯之地，其

地大而子孙少的诸侯国，也分成若干小国，先空置在那里，等到有了子孙，全都让他们占一小国封王。诸侯

xuē pō rù hàn zhě　wèi xǐ qí hóu guó　jí fēng qí zǐ sūn yě　suǒ yǐ shù cháng zhī　yí cùn zhī

削颇入汉者⑧，为徙其侯国⑨，及封其子孙也，所以数偿之⑩。一寸之

王国的土地，因犯罪被削而划入朝廷管辖的，就迁移他们的国都，到封他们子孙为王时，再按削地的数

dì　yì rén zhī zhòng tiān zǐ wú suǒ lì yān chéng yǐ dìng zhì ér yǐ　gù tiān xià xián zhī bì xià zhī

地，一人之众，天子亡所利焉，诚以定治而已，故天下咸知陛下之

额补偿。一寸土地，一个百姓，天子都不占据图利，确实只以定国安邦为目的，所以天下都知道陛下的廉

lián　dì zhì yí dìng　zōng shì zǐ sūn　mò lù bù wàng xià wú bèi pàn zhī xīn　shàng wú zhū fá zhī zhì

廉。地制一定，宗室子孙，莫虑不王，下无倍畔之心⑪，上无诛伐之志，

洁。分封土地的制度一定，皇室子孙没有人担心做不上诸侯王，下面没有背叛之心，上面也没有诛伐之

gù tiān xià xián zhī bì xià zhī rén fǎ lì ér bú fàn

故天下咸知陛下之仁。法立而不犯，

意，所以天下都知道陛下的仁厚。法规制订了无人触法，

lìng xíng ér bú nì guàn gāo lì jǐ zhī móu bù

令行而不逆，贯高、利幾之谋不

命令颁布了无人违背，贯高、利幾反叛之心不会

shēng chái qí kāi zhāng zhī jì bù méng xì mín

生⑫，柴奇、开章之计不萌⑬，细民

产生；柴奇、开章的作乱阴谋也不会萌发，百姓向善，大臣

xiàng shàn dà chén zhì shùn gù tiān xià xián zhī bì xià

乡善⑭，大臣致顺，故天下咸知陛下

顺服，所以天下都知道陛下的以义服人。年幼皇

zhī yì wò chì zǐ tiān xià zhī shàng ér ān zhí yí

之义。卧赤子天下之上而安⑮，植遗

帝坐天下也会安定，扶立遗腹子为君，放置亡故君主的常

fù cháo wěi qiú ér tiān xià bú luàn dāng shí dà

腹⑯，朝委裘⑰，而天下不乱。当时大

服接受朝拜，天下也不会生乱。当代达到大治，

zhì hòu shì sòng shèng yí dòng ér wǔ yè fù bì

治，后世诵圣。一动而五业附⑱，陛

后世称诵圣明。一个举措而能成就明、廉、仁、义、圣五项

xià shuí dàn ér jiǔ bù wéi cǐ

下谁惮而久不为此⑲？

功业，陛下究竟顾忌什么而久久不这样做呢？

① 菹醢：执行死刑后剁为肉酱。
② 众建诸侯而少其力：多封诸侯国而减弱他们的势力。 ③ 亡：通"无"。 ④ 辐凑：车的辐条集中于轴心。 ⑤ 咸：都，全。
⑥ 定制：指定出一诸侯国领地面积大致规格。 ⑦ 须：等待。
⑧ 削颇入汉：指因有罪而被削地划入汉朝廷直接管辖。 ⑨ 徙：迁移。 ⑩ 所以数偿之：照削地的面积数量偿还给诸侯的子孙。
⑪ 倍畔：同"背叛"。 ⑫ 利幾：项羽部将，降汉封颍川侯，后反叛被杀。 ⑬ 柴奇、开章：两人皆参与淮南王刘长谋反。 ⑭ 乡：向。 ⑮ 赤子：婴儿。指幼小君主。 ⑯ 遗腹：遗腹子。 ⑰ 委裘：把亡君的常服放在宝座上。
⑱ 五业：指上文所说明、廉、仁、义、圣。 ⑲ 谁惮："惮谁"的倒装，怕什么的意思。

tiān xià zhī shì fāng bìng dà zhǒng yí jìng zhī dà jī rú yāo yì zhǐ zhī dà

天下之势，方病大瘇①。一胫之大几如要②，一指之大

目前天下的形势，正苦于诸侯国的规模过大，如人身严重浮肿一样。一条小腿几乎和腰一样粗，

jī rú gǔ píng jū bù kě qū shēn yī èr zhǐ chù shēn lǜ wú liáo shī jīn bú zhì

几如股③，平居不可屈信④，一二指搐，身虑无聊⑤。失今不治，

一个脚趾几乎像大腿一样粗，平时已无法屈伸，如果遇上一二个脚趾抽搐，就要担心整个身体无所

必为锢疾⑥。后虽有扁鹊⑦，不
依靠错过如今的机会不予治疗，一定会发展成顽

能为已。病非徒瘇也，又苦跤盭⑧。
症。日后即使有扁鹊那样的名医，也无济于事了。

元王之子⑨，帝之从弟也；
不仅是苦于严重浮肿，又苦于脚掌反扭而不能行

今之王者⑩，从弟之子也。惠
走。元王的儿子，是陛下的堂弟；现在继位的，是

王之子⑪，亲兄子也；今之王
堂弟的儿子。惠王的儿子，是陛下胞兄的儿子；现

者⑫，兄子之子也。亲者或
在继位的，是胞兄的孙子。皇室嫡系子孙还未得封

亡分地以安天下⑬，疏者或制大权以逼天子。臣故曰：
地以安定天下，而非嫡系子孙却大权在握对天子构成威胁。我所以要说不仅苦于浮肿，而且苦于脚

非徒病瘇也，又苦跤盭。可痛哭者⑭，此病是也。
掌反扭不能行走。我前面所说的可以为之痛哭的，就是这种病啊！

（李祚唐）

① 瘇：足肿。此泛指肿。 ② 胫：
小腿。 要：通"腰"。 ③ 股：
大腿。 ④ 信：同"伸"。
⑤ 聊：依靠。 ⑥ 锢疾：久治不愈
的顽症。 ⑦ 扁鹊：战国时名医。
⑧ 跤盭：同"蹜戾"，足掌反扭不能
行走。 ⑨ 元王之子：楚元王刘交
的儿子刘郢客。 ⑩ 今之王者：指
楚王刘戊。 ⑪ 惠王之子：齐悼
惠王刘肥的儿子刘襄。 ⑫ 今之
王者：指齐文王刘则。 ⑬ 亡：同
"无"。 ⑭ 可痛哭者：《治安策》
开头有"臣窃惟事势，可为痛哭者"
一语。

论贵粟疏

晁错

圣王在上而民不冻饥者，非能耕而食之、织而衣之也①，
圣明的君王在位之时，百姓不挨饿受冻，并不是因为君主耕种粮食给他们吃，纺织衣服给他们穿，

为开其资财之道也。故尧、禹有九年之水②，汤有七年之旱③，

而是由于他能为百姓开辟创造财富的道路。所以虽然唐尧、夏禹时代发生连续九年的水灾，商汤时代

而国无捐瘠者，以畜积多而备先具也④。今海内为一，土地

发生连续七年的旱灾，但是国内却没有因饿死而被丢弃和饿瘦的人，这是因为国家有充足的积蓄，事先作

人民之众不避禹、汤，加以亡天灾数年之水旱⑤，而畜积

了准备的缘故。如今国家统一，国土之大百姓之多并不亚于夏禹、商汤时代，再加上没有发生连续多年的

未及者，何也？地有余利，民有余力，生谷之土未尽垦，山泽

水旱灾害，然而国家的储备却比不上禹、汤之时，这是什么原因呢？这是因为土地还有余利没开发，百姓

之利未尽出也，游食之民未尽归农也。民贫则奸邪生。贫

还有余力没发挥，生产粮食的土地还未完全开垦，山林河川的资源还未全部开发出来，外出游荡求食的人

生于不足，不足生于不农，不农则不地着⑥，不地着则离乡

还没有全部回乡从事农业生产。百姓贫困了就会产生奸邪的念头。而贫困产生于不富足，不富足是由于不

轻家。民如鸟兽，虽有高城深池，严法重刑，犹不能禁也。

从事农业生产，不从事农业生产就不能安居乡土，不安居乡土就会离乡背井轻视家园。百姓们像鸟兽那样

夫寒之于衣，不待轻暖；饥之于食，不待甘旨⑦；饥寒至身，

四处奔散，即使有高峻的城墙深险的护城河，严厉的法令酷重的刑罚，还是不能禁止他们。人在寒冷时，对

不顾廉耻。人情，一日不再食则饥⑧，终岁不制衣则寒。夫腹

于衣着不会奢求轻暖舒适；在饥饿时，对于食物不会奢求鲜美可口；饥寒交迫，就不顾廉耻了。人之常情，一

饥不得食，肤寒不得衣，虽慈母不能保其子，君安能以有其民

天吃不上两顿饭就会感到饥饿，一年到头不添衣服就会感到寒冷。肚子饿了得不到食物，身上寒冷得不到

哉？明主知其然也，故务民于农桑，薄赋敛，广畜积，以实

衣服，即使是慈母也不能保全他的儿子，国君又怎么能保有他的百姓呢？贤明的君主明白这个道理，所以让

cāng lǐn　　bèi shuǐ hàn　　gù mín kě dé ér yǒu yě
仓廪[9]，备水旱，故民可得而有也。

百姓致力于种田养蚕，减轻赋税，增加储备，以充实粮仓，防备水旱灾害，因此就能得到民心而拥有人民。

---

① 晁错（前200～前154），西汉初著名的政治家。因"削藩"建议遭忌，于"七国之乱"中被杀。　食之：给他们吃。　食，作动词。　衣之：给他们穿。　衣，作动词。　② 尧、禹：传统中上古社会的两位部落联盟的首领。　水：水灾。　③ 汤：成汤，商朝开国君主。　④ 畜：同"蓄"。　⑤ 亡：同"无"。　⑥ 地着：附着于土地，不离开故乡。　⑦ 甘旨：味道鲜美。　⑧ 再食：吃两顿饭。　⑨ 廪：粮仓。

---

mín zhě　　zài shàng suǒ yǐ mù zhī　　qū lì rú shuǐ zǒu xià　　sì fāng wú zé yě　　fú zhū yù jīn
民者，在上所以牧之[1]。趋利如水走下，四方无择也。夫珠玉金

对于百姓，要看君主怎么样来管理他们。他们追逐利益，就如水往低处流，是不选择东南西北的。那

yín　jī bù kě shí　hán bù kě yī　　rán ér zhòng guì zhī zhě　　yǐ shàng yòng zhī gù yě　　qí wéi wù qīng
银，饥不可食，寒不可衣，然而众贵之者，以上用之故也。其为物轻

些珠玉金银，饿了不能当食物吃，冷了不能当衣服穿，然而大家都珍贵它，这是因为君主需要它的缘故。这

wēi yì cáng　zài yú bǎ wò　　kě yǐ zhōu hǎi nèi ér wú jī hán zhī huàn　　cǐ lìng chén qīng bèi qí zhǔ ér
微易藏，在于把握[2]，可以周海内而亡饥寒之患。此令臣轻背其主，而

些东西份量轻体积小，容易收藏，拿在手里，就可以周游天下而没有饥寒的威胁。这就使得臣子轻易地背弃

mín yì qù qí xiāng　dào zéi yǒu suǒ quàn　　wáng táo zhě dé qīng zī yě　　sù mǐ bù bó shēng yú dì
民易去其乡，盗贼有所劝[3]，亡逃者得轻资也。粟米布帛，生于地，

他的君主，百姓轻易地离开自己的家乡，盗贼受到鼓励，逃亡者有了便于携带的资财。粮食和布匹，生长在

zhǎng yú shí　jù yú lì　fēi kě yǐ rì chéng yě　　shù dàn zhī zhòng　　zhōng rén fú shèng　　bù wéi jiān
长于时，聚于力，非可一日成也。数石之重[4]，中人弗胜[5]，不为奸

土地里，要按季节成长，又要花很大气力，不是一天就能长成的。几担重的粮食，中等体力的是扛不动的，所

xié suǒ lì　　yí rì fú dé　ér jī hán zhì　　shì gù míng jūn guì wǔ gǔ ér jiàn jīn yù
邪所利。一日弗得，而饥寒至。是故明君贵五谷而贱金玉。

以它不被坏人所贪图。但是只要一天没有它，马上就要受饥寒之苦。因此贤明的君主贵重五谷而轻贱金玉。

---

① 牧：管理的意思。把管理百姓称为"牧"，反映了封建统治者对人民的轻贱。　② 把握：一把大小，意为可以握在手中。　③ 劝：鼓励，勉励。　④ 石：重量单位，一百二十斤。　⑤ 中人：中等体力的人。　弗胜：不能胜任，扛不动。

今农夫五口之家，其服役者不下二人，其能耕者不过百亩，百亩

如今农民五口之家，为公家服役的不少于两人，能耕种的田地不超过一百亩。一百亩的收成不超过

之收不过百石。春耕，夏耘，秋获，冬藏。伐薪樵，治官府，给徭役。春

一百担粮食。春季耕种，夏季耘田，秋季收获，冬季储藏。还要砍柴伐薪，修缮官府，供给徭役。春天不能

不得避风尘，夏不得避暑热，秋不得避阴雨，冬不得避寒冻，四时之

避风尘，夏天不能避暑热，秋天不能避阴雨，冬天不能避寒冻，一年四季，没有一天休息。其中还要应付私

间，无日休息。又私自送往迎来，吊死问疾，养孤长幼在其中①。勤苦

人之间的交际往来，吊祭死者，探望病人，赡养孤老，养育幼儿。如此辛勤劳苦，还要遭受水旱灾害，官府

如此，尚复被水旱之灾，急政暴虐，赋敛不时②，朝令而暮改。当其有

急征暴敛，不按时征收赋税，早上的命令晚上就更改。当农民有粮食时，只得半价卖出以缴税；当没有粮

者，半贾而卖③；亡者取倍称之息。于是有卖田宅、鬻子孙以偿债者

食时，又只好以加倍的利息去借贷纳税。于是就发生出卖田地房产、儿子孙子来还债的事情了。而那些

矣④。而商贾大者积贮倍息⑤，小者坐列贩卖，操其奇赢，日游都市，

商人，大的囤积货物牟取成倍的利润，小的开店设摊，赚取暴利，成天在集市逛游，乘朝廷需用急迫，所卖

乘上之急，所卖必倍。故其男不耕耘，女不蚕织，衣必文采，食必粱

货物必然加倍出售。因而他们男的不种田地，女的不养蚕织布，穿的一定是华美的衣服，吃的一定是细粮和

肉，亡农夫之苦，有阡陌之得⑥。因其富厚，交通王侯⑦，力过吏势，以

肉，没有农民的劳苦，却占有田地的收成。他们依仗钱财富厚，交结王侯，势力超过官吏，凭借资产相互倾

利相倾，千里游敖，冠盖相望⑧，乘坚策肥⑨，履丝曳缟⑩。此商人所

轧，千里之间四处遨游，一路之上冠服和车盖相望不绝，乘着坚固的车，骑着壮实的马，脚穿丝鞋，身披绸

以兼并农人，农人所以流亡者也。今法律贱商人，商人已富贵矣；

衣。上述就是商人掠夺农民，农民破产流亡的原因。而今的法律是轻贱商人，但商人已经富贵了；法律尊崇

zūn nóng fū nóng fū yǐ pín jiàn yǐ gù sú zhī suǒ guì zhǔ zhī suǒ jiàn yě lì zhī suǒ bēi fǎ zhī suǒ

尊农夫,农夫已贫贱矣。故俗之所贵,主之所贱也;吏之所卑,法之所

农民,但农民已经贫贱。所以世俗所尊贵的,正是君主所轻贱的;官吏所轻贱的,正是法律所尊贵的。朝廷所

zūn yě shàng xià xiāng fǎn hào wù guāi wǔ ér yù guó fù fǎ lì bù kě dé yě

尊也。上下相反,好恶乖迕⑪,而欲国富法立,不可得也。

世俗的想法完全相反,喜好和厌恶正相违背,在这种情况下,想要国家富强法律实施,是不可能的。

---

① 长:养育。　② 不时:不按时节。　③ 贾:同"价"。
④ 鬻:卖。　⑤ 贾:商人。　⑥ 阡陌:田界,东西称阡,南北称陌。
⑦ 交通:交结。　⑧ 冠盖:古代官吏的服饰和车乘。　冠,礼
帽。盖,车盖。　⑨ 乘坚策肥:乘坚固的车子,骑肥壮的马。
策,马鞭。　⑩ 履丝:穿丝织的鞋。　曳缟:披丝绸衣服。　曳,
拖着。缟,白细的丝制品。　⑪ 乖迕:相违背。

---

fāng jīn zhī wù mò ruò shǐ mín wù nóng ér yǐ yǐ yù mín wù nóng zài yú guì sù

方今之务,莫若使民务农而已矣。欲民务农,在于贵粟,

当今要做的事情,没有比促使百姓从事农业生产更重要的了。想让老百姓从事农业,关键是提高

guì sù zhī dào zài yú shǐ mín yǐ sù wéi shǎng fá jīn mù tiān xià rù sù xiàn guān dé

贵粟之道,在于使民以粟为赏罚。今募天下入粟县官①,得

粮食的身价,提高粮食身价的办法,在于让百姓可以用粮食来求赏免罚。现在募集天下人向官府交纳

yǐ bài jué dé yǐ chú zuì rú cǐ fù rén yǒu jué nóng mín yǒu qián sù yǒu suǒ xiè

以拜爵,得以除罪。如此,富人有爵,农民有钱,粟有所渫②

粮食,就能得到爵位,或是赎免罪行。这样一来,富人有爵位,农民有钱,粮食也能得到合理分散。那

fú néng rù sù yǐ shòu jué jiē yǒu yú zhě yě qǔ yú yǒu yú yǐ gōng shàng yòng zé

夫能入粟以受爵,皆有余者也。取于有余以供上用,则

些能够交纳粮食得到爵位的人,都是资财富裕的人。从富人那里索取粮食供朝廷使用,那么贫苦农民

pín mín zhī fù kě sǔn
贫民之赋可损③，所谓损有余，补不足，令出而

的赋税就能减轻，这就是人们所说的"损有余补不足"的办法。此令一出，

mín lì zhě yě shùn yú mín xīn suǒ bǔ zhě sān yī yuē zhǔ yòng zú
民利者也。顺于民心，所补者三：一曰主用足，

百姓就能得到好处。它顺应民心，对社会有三点补益：一是国君需用

èr yuē mín fù shǎo sān yuē quàn nóng gōng jīn lìng mín yǒu chē jì mǎ
二曰民赋少，三曰劝农功。今令民有车骑马

的物资充足，二是农民的赋税减少，三是鼓励人们从事农业生产。现在

yì pǐ zhě fù zú sān rén chē jì zhě tiān xià wǔ bèi yě gù wéi
一匹者，复卒三人④。车骑者，天下武备也，故为

下令规定，凡百姓有一匹马的，可以免除家中三个人的兵役。战马是国

fù zú shén nóng zhī jiào yuē yǒu shí chéng shí rèn tāng chí bǎi
复卒。神农之教曰⑤："有石城十仞⑥，汤池百

家的战备物资，所以可以免除兵役。神农氏教导说："有十仞高的石头

bù dài jiǎ bǎi wàn ér wú sù fú néng shǒu yě yǐ shì guān zhī
步，带甲百万，而亡粟，弗能守也。"以是观之，

城，有一百步宽的护城河，有一百万全副武装的士兵，但没有粮

sù zhě wáng zhě dà yòng zhèng zhī běn wù lìng mín rù sù shòu jué
粟者，王者大用，政之本务。令民入粟受爵，

食，还是守不住城市。"以此看来，粮食，是国君最重要的物资，国家政务

zhì wǔ dà fū yǐ shàng nǎi fù yì rén ěr cǐ qí yǔ jì mǎ zhī gōng xiāng qù yuǎn yǐ jué zhě
至五大夫以上⑦，乃复一人耳，此其与骑马之功相去远矣。爵者，

的根本所在。让百姓交纳粮食得到爵位，封到五大夫爵以上，才免除一个人的兵役，这与一匹战马的功

shàng zhī suǒ shàn chū yú kǒu ér wú qióng sù zhě mín zhī suǒ zhòng shēng yú dì ér bù fá fú dé
上之所擅，出于口而无穷；粟者，民之所种，生于地而不乏。夫得

用相比差得太远了。赐封爵位，是国君专有的权力，只要开口，就可以无穷尽地封给百姓；而粮食，由农民

gāo jué yǔ miǎn zuì rén zhī suǒ shèn yù yě shǐ tiān xià rén rù sù yú biān yǐ shòu jué
高爵与免罪，人之所甚欲也。使天下人入粟于边，以受爵

耕种，在土地里生长也不会缺乏。得到高的爵位和赎免罪行，是人们非常渴望的事。如果让全国百姓都

miǎn zuì bú guò sān suì sāi xià zhī sù bì duō yǐ
免罪，不过三岁，塞下之粟必多矣。

向政府交纳粮食用于边塞，以此取得爵位赎免罪行，那么，不超过三年，边塞的军粮就一定会多起来。

① 县官：官府。
② 渫：分散。
③ 损：减少。
④ 复卒：免除兵役。 ⑤ 神农：传说中上古社会的部落首领。
⑥ 仞：长度单位，七尺或八尺为一仞。 ⑦ 五大夫：汉承秦制，分为二十等爵，五大夫是第九等爵位。

（王根林）

狱中上梁王书

邹阳

邹阳从梁孝王游①。阳为人有智略,慷慨不苟合,介于

邹阳在梁孝王府中做门客。邹阳为人聪明有谋略,志气慷慨而不随便与人苟且迎合,同处于羊

羊胜、公孙诡之间②。胜等疾阳,恶之孝王。孝王怒,下

胜、公孙诡这些门客之间。羊胜等人嫉妒邹阳,在孝王面前诋毁他。孝王发怒,把邹阳交给狱吏定

阳吏,将杀之。阳乃从狱中上书曰:

罪,就要处死。邹阳就在狱中上书给孝王,说:

"臣闻'忠无不报,信不见疑',臣常以为然③,徒虚语耳。昔

"我听说'忠心不会得不到报答,诚实不会被怀疑',我曾经认为这话是对的,现在看来,这不过是句空话而

荆轲慕燕丹之义,白虹贯日④;太子畏之⑤。卫先生为秦画长平之

已。从前荆轲仰慕燕太子丹的义气,他的诚心感动上天,以致出现白虹穿过太阳的景象;而太子丹却要担心

事,太白食昴⑥;昭王疑之⑦。夫精变天地,而信不谕两主,岂不哀

他。卫先生为秦国谋画长平之役的战事,他的忠心使得上天出现太白星侵入昴宿的吉相;而秦昭王却要怀

哉!今臣尽忠竭诚,毕议愿知,左右不明,卒从吏讯,

疑他。他们的精诚变异天地,而两位君主还是不信任他们,不是很悲哀吗!现在我竭尽忠诚,把自己的意见

为世所疑。是使荆轲、卫先生复起,而燕、秦不寤也!愿大

全部说出来希望您理解,然而大王不能明鉴,终于听从狱吏的审讯,使我受到世人的怀疑。这是让荆轲

王熟察之。

和卫先生再生,而燕太子丹和秦昭王仍然不觉悟啊!希望大王深思明察。

① 邹阳(约前206～前129)，汉初人，以善为文有辩才著称。　梁孝王：汉文帝次子刘武，景帝的同母弟，被封梁王。　② 介于：处于，夹在。　羊胜、公孙诡：都是梁孝王的门客。　③ 常：通"尝"，曾经。　④ "昔荆轲"二句：战国末期，燕国太子丹曾在秦国为人质，秦王嬴政(即后来的秦始皇)不尊重他，太子丹逃回燕国后，厚养卫国侠士荆轲，让他去刺杀秦王。传说荆轲的精诚感动了上天，出现白虹穿过太阳的异常天象。　⑤ 太子畏之：荆轲临行前因等候朋友而未速行，太子丹曾担心荆轲中途变卦。　畏，怕，担心。　⑥ "卫先生"二句：公元前260年，秦将白起率军大破赵军于长平，打算乘胜消灭赵国，遂派谋士卫先生回国，请求秦昭王增援兵粮，但被秦相范雎从中阻挠。传说卫先生的诚心感动了上天，出现太白星侵入昴星座的异常天象。　画，谋画。　太白，金星。　昴，星宿名，二十八宿之一。　食，侵蚀。古人常以天象测人事，太白侵蚀昴宿，预示赵国将遭到军事失利。　⑦ 昭王疑之：秦昭王不信任卫先生，致使卫遭害死。

"昔玉人献宝，楚王诛之①；李斯竭忠，胡亥极刑②。是以箕子阳

"从前卞和向楚王进献宝玉，被楚王砍掉双脚；李斯为秦国竭尽忠心，被胡亥处以极刑。因此箕子

狂③，接舆避世④，恐遭此患也。愿大王察玉人、李斯之意，而后楚王、

假装疯癫，接舆隐居避世，是怕遭受这种祸害啊。希望大王能明察卞和、李斯的心意，而丢掉楚王和胡

胡亥之听，毋使臣为箕子、接舆所笑。臣闻比干剖心⑤，子胥鸱夷⑥，臣

亥的偏听偏信，不要使我被箕子、接舆嘲笑。我听说忠臣比干被挖心，功臣伍子胥的尸体被装进皮袋扔

始不信，乃今知之。愿大王熟察，少加怜焉。

到江中，开始我还不相信，现在才清楚了。希望大王深思明察，对我稍加怜惜。

① "昔玉人"二句：楚人卞和于楚山下得一璞石(蕴玉之石)献给楚武王，武王以为是块普通石头，便砍掉卞和左脚；文王即位后，卞和又献，文王又砍掉卞和右脚。后成王即位，卞和抱着璞石在楚山下哭了三天三夜，成王令玉匠凿开璞石，果然得到一块宝玉，世称"和氏璧"。　玉人，指卞和。　诛，惩罚，指砍脚。　② "李斯"二句：秦相李斯，曾在辅佐秦始皇统一中国大业中立下大功。始皇死，次子胡亥即位，荒淫无道，李斯尽忠进谏，反遭诬陷谋反，被腰斩于咸阳。　③ 箕子：商朝末代君主纣王的叔父。纣荒淫昏乱，箕子为避杀身之祸而假装疯癫。　阳，通"佯"。　④ 接舆：楚国隐士，人称"楚狂人"。　⑤ 比干：殷纣王叔父，因极谏纣王而被剖心而死。　⑥ 子胥：即伍子胥，名员，楚人，曾帮助吴王阖闾大破楚军。阖闾死，夫差即位，子胥因谏夫差停止北上伐齐和拒绝与越国议和而获罪，被夫差命令自杀。死后尸体被装入皮袋，抛入江中。　鸱夷：皮口袋。

"语曰：'有白头如新①，
"俗话说：'有的人相处到老相互还

倾盖如故②。'何则？知与不
是很陌生，有的人停车偶尔交谈一次就一见

知也。故樊於期逃秦
如故。'为什么呢？关键在于理解和不理解

之燕，借荆轲首以奉
啊！因此樊於期从秦国逃到燕国，把自己的

丹事③；王奢去齐之魏，
头借给荆轲来帮助太子丹完成刺秦王的大

临城自到，以却齐而
事；王奢离开齐国来到魏国，在城头自杀，来

存魏④。夫王奢、樊於期，
退却齐军保存魏国。王奢和樊於期对齐国和

非新于齐、秦，而故于燕、
秦国并不是新交，对燕国和魏国并不是旧

魏也，所以去二国死两
好，之所以离开齐秦二国而为燕丹和魏文侯

君者⑤，行合于志，慕义
报效以死，是因为他们与燕、魏国君的行为

无穷也。是以苏秦不信于天
和志向相合，仰慕道义之心无限深厚。所以

① **白头如新**：谓相互交往到头发都白
了，还是好像新认识的那样互相不了
解。 ② **倾盖如故**：谓二人在路上相
遇，初次见面就好像一见如故。 **盖**，
车上的伞盖。二车相遇，车主交谈，伞
盖就倾斜。 ③ **"故樊於期"二句**：
秦将樊於期因得罪秦王，逃到燕国，受
到太子丹的厚待。秦王下令以重金悬
赏，购求樊於期的头。太子丹派荆轲
刺杀秦王，荆轲建议献樊於期的头，
以取得秦王信任，樊於期知情，自刎而
死。 **之**，往，到。 ④ **"王奢"三句**：
齐国大臣王奢，以得罪齐王，逃到魏国。
后齐军攻打魏国，王奢不愿为顾惜自己
而连累魏国，登上城楼，在军前自刎而
死。 **去**，离开。 **却**，退却。 ⑤ **死
两君**：为两国君主而死。 ⑥ **苏秦**：战
国时纵横家，游说六国联合抵制秦国，
为纵约长。由于秦国的离间，苏秦失信
于诸国，只有燕昭王始终相信他。苏秦
亦因暗中助燕而终为齐国车裂。
⑦ **尾生**：鲁国人。他曾与一女子约于
桥下，女子没来，洪水涨起，尾生坚持不
离开，终于抱着桥柱被淹死，尾生由此
被人们视作遵守信用的典范。 ⑧ **"白
圭"二句**：战国时中山国大将白圭，在
战争中丢掉六座城池，国君要杀他，他
就逃到了魏国。魏文侯厚待他，后来
他帮助魏国消灭了中山国。 **亡**，丢
失。 ⑨ **食**：给人吃，作动词。 **骐
骥**：良马名。 ⑩ **浮辞**：没有根据的
流言。

下⑥，为燕尾生⑦；白圭战亡六城，为魏取中山⑧。何则？

苏秦不被天下各国信任，而对燕国却是像尾生那样极守信用；白圭作战中丢失六座城市，却帮助魏国夺取

诚有以相知也。苏秦相燕，人恶之燕王，燕王按剑而怒，

了中山国。为什么呢？确实是因为彼此相知的缘故啊！苏秦作燕国丞相时，有人对燕王说他的坏话，燕王手

食以䮽騠⑨。白圭显于中山，人恶之于魏文侯，文侯赐

按宝剑发怒，相反把良马䮽騠的肉赐给苏秦吃。白圭因攻取中山国而显贵于魏，有人对魏文侯说白圭的坏

以夜光之璧。何则？两主二臣，剖心析肝相信，岂移

话，魏文侯相反赐给白圭夜晚发光的璧玉。为什么呢？就是因为两位国君和两位大臣之间能够推心

于浮辞哉⑩！

置腹、肝胆相照，哪里会被没有根据的流言蜚语所动摇呢！

"故女无美恶，入宫见妒；士无贤不肖，入朝见嫉。昔司马喜膑

"所以女子不管美或丑，一入宫中就会受人嫉妒；士人不管贤不贤，一入朝廷就会遭到嫉恨。

脚于宋，卒相中山①；范雎拉胁折齿于魏，卒为应侯②。此二人

从前司马喜在宋国受过膑刑，最后做了中山国的丞相；范雎在魏国被打断肋骨折断牙齿，后来到秦

者，皆信必然之画，捐朋党之私③，挟孤独之交，故不能自免于

国被封应侯。这两个人，都坚信一定会成功的谋画，抛弃结党拉派的私情，以孤独清高的态度与人交

嫉妒之人也。是以申徒狄蹈雍之河④，徐衍负石入海⑤，不容于

往，因此很难避免成为受别人嫉妒的人。所以申徒狄跳进雍水漂到黄河，徐衍背着石头跳进大海，他们

世，义不苟取比周于朝⑥，以移主上之心。故百里奚乞食于道路，

不为世俗所容，却坚持正义，不肯苟且在朝廷结党来改变君主的主意。因此百里奚在路上行乞，

mù gōng wěi zhī yǐ zhèng　　　níng qī fàn niú chē xià　huán gōng rèn zhī yǐ guó　　　cǐ èr rén zhě　qǐ sù

缪公委之以政⑦；宁戚饭牛车下，桓公任之以国⑧。此二人者，岂素

秦穆公却把朝政委托给他；宁戚在车下喂牛，齐桓公却委任他治理国家。这两个人，难道是一向在朝

huàn yú cháo　　jiè yù yú zuǒ yòu　rán hòu èr zhǔ yòng zhī zāi　gǎn yú xīn　hé yú xíng　jiān rú jiāo

宦于朝⑨，借誉于左右，然后二主用之哉？感于心，合于行，坚如胶

廷做官，借助同僚们说好话，然后才得到两位国君重用的吗？心灵相互感应，行为相互符合，关系牢固

qī　kūn dì bù néng lí　qǐ huò yú zhòng kǒu zāi

漆，昆弟不能离，岂惑于众口哉！

如胶漆，就是亲兄弟也不能离间，哪里会被众人之口所迷惑呢？

---

①"昔司马喜"二句：战国时人司马喜，在宋国受到膑刑，后来先后三次作中山国的相。膑，古代肉刑之一，砍掉膝盖骨。　卒，最终。　②"范雎"二句：战国时魏国人范雎随中大夫出使齐国，回国后被怀疑向齐国泄密，而受毒刑拷打；以致肋骨和牙齿都被打断。范雎后来逃到秦国，被封为应侯。　拉，折断。　③捐：抛弃。　④申徒狄：古代贤人。　蹈雍之河：跳入雍水漂流到黄河。　蹈，跳，投入。　雍，黄河支流。　之，往，到。　河，黄河。　⑤徐衍：相传是周末人。　⑥比周：结党勾结。　⑦"故百里奚"二句：春秋时虞国人百里奚，听说秦缪公（缪又作穆）英明，就一路行乞投奔秦国，后来受到缪公重用，被任为相。　⑧"宁戚"二句：春秋时卫国人宁戚，到齐国经商，夜晚边喂牛边唱歌，被齐桓公听到，交谈后受到赏识，被任为大夫。　饭，作动词"喂"解。　⑨素宦：一向为官。

---

gù piān tīng shēng jiān　dú rèn chéng luàn　　xī lǔ tīng jì sūn zhī shuō zhú kǒng zǐ

"故偏听生奸，独任成乱。昔鲁听季孙之说逐孔子①，

"所以偏听偏信会产生奸邪，信任少数人会造成混乱。从前鲁国君主听信季孙的话而赶走了孔子，

sòng rèn zǐ rǎn zhī jì qiú mò dí　fú yǐ kǒng　mò zhī biàn　bù néng zì miǎn yú chán yú

宋任子冉之计囚墨翟②。夫以孔、墨之辩，不能自免于谗谀，

宋国君主采用子冉的计谋囚禁了墨子。以孔子、墨子的能言善辩，尚且不能免于谗言谀语的诬陷，致

ér èr guó yǐ wēi　hé zé　zhòng kǒu shuò jīn　jī huǐ xiāo gǔ yě　qín yòng róng rén yóu yú

而二国以危。何则？众口铄金，积毁销骨也。秦用戎人由余

使鲁国、宋国陷于危险的境地。这是为什么呢？众人的嘴足以使金子熔化，积年累月的诽谤足以使骨头

198

而伯中国③，齐用越人
销蚀啊。秦国重用戎人由余而称霸中
子臧而强威、宣④。此二
国，齐国重用越人子臧而成王、宣王
国岂系于俗，牵于世，系
强盛一时。这两个国家，哪里被俗见
奇偏之浮辞哉？公听并
所束缚，被世人所牵制，被片面不实
观，垂明当世。故意
的言论所左右呢？公正地听取意见，
合则吴、越为兄弟，由
全面地观察情况，就能为当世留下明
余、子臧是矣；不合则骨
智的典范。所以心意相合，吴国和越国
肉为仇敌，朱、象、管、
可以成为兄弟，由余、子臧就是例子；
蔡是矣⑤。今人主诚能用齐、秦之明，后宋、鲁之听，则五
心意不合，亲骨肉也会变成仇敌，丹朱、象、管叔、蔡叔就是例子。而今国君真能采取齐国、秦国君主的明智
伯不足侔⑥，而三王易为也⑦。
做法，而抛弃宋国、鲁国君主的偏听偏信，那么春秋五霸的事业不足以相比，三王的业绩也是不难做到的。

①"昔鲁"句：春秋时，齐国选送八十多名能歌善舞的美女给鲁定公，鲁大夫季孙接受了女乐，致使鲁定公怠于政事。时任代理国相的孔子，为此弃官离开鲁国。　②"宋任"句：本句所说之事不详。　墨翟，战国初期鲁国人，即墨子，墨家学派的创始人。　③"秦用"句：由余原是晋国人，早年逃到西戎，戎王派他到秦国考察，秦穆公看他是个人才，用计拉拢他为秦国效劳，后来靠他消灭许多国家，成就霸业。　伯，通"霸"。
④"齐用"句：本句所说之事不详。威、宣，指齐威王和齐宣王，是两位比较有作为的齐国君主。
⑤朱、象、管、蔡：指丹朱、象、管叔、蔡叔四个人。丹朱是尧的儿子，因不肖，尧不愿传位给他而禅位给舜。象是舜的后母弟，传说他曾想谋害舜。管叔、蔡叔都是周武王之弟，武王死，成王即位，周公摄政，他二人和商纣王之子武庚一起发动叛乱，后周公东征，诛杀武庚、管叔，放逐蔡叔。
⑥五伯：即春秋五霸，指齐桓公、晋文公、秦穆公、宋襄公、楚庄王。　侔：比并，相比。　⑦三王：指夏禹、商汤、周文王周武王。

　　　shì yǐ shèng wáng jué wù　juān zǐ zhī zhī xīn　　ér bú yuè tián cháng zhī xián　　fēng bǐ gān zhī

"是以圣王觉寤，捐子之之心①，而不说田常之贤②，封比干之

"因此圣明的君王醒悟到这一点，抛弃子之那样的'忠心'，也不喜欢田常那样的'贤能'，像周武王

hòu　xiū yùn fù zhī mù　　gù gōng yè fù yú tiān xià　hé zé　yù shàn wú yàn yě　fú jìn wén

后，修孕妇之墓③，故功业覆于天下。何则？欲善无厌也④。夫晋文

那样封赏比干的后代，为被残害的孕妇修建坟墓，所以功业覆盖天下。这是为什么呢？是因为他们向善

qīn qí chóu　qiáng bà zhū hóu　qí huán yòng qí chóu　ér yì kuāng tiān xià　hé zé　cí rén

亲其仇⑤，强伯诸侯；齐桓用其仇⑥，而一匡天下。何则？慈仁

之心永无满足的时候。晋文公亲近以前的仇人，终于称霸于诸侯；齐桓公重用以前的仇人，最终成就一

yīn qín chéng jiā yú xīn　bù kě yǐ xū cí jiè yě　zhì fú qín yòng shāng yāng zhī fǎ　dōng ruò hán

殷勤，诚加于心，不可以虚辞借也。至夫秦用商鞅之法，东弱韩、

匡天下的霸业。这是为什么呢？是因为他们慈善仁义情意恳切，心地真诚，不是用虚伪的言辞可以替代

wèi　lì qiáng tiān xià　zú chē liè zhī　　yuè yòng dà fū zhǒng zhī móu　qín jìng wú ér bà zhōng guó suì

魏，立强天下，卒车裂之⑦；越用大夫种之谋，禽劲吴而伯中国，遂

的。至于秦国采用商鞅变法，向东削弱韩国、魏国，很快成为天下的强国，但商鞅最终却被车裂而死；越

zhū qí shēn　　shì yǐ sūn shū áo sān qù xiàng ér bù huǐ　　wū líng zǐ zhòng cí sān gōng wèi rén guàn

诛其身⑧。是以孙叔敖三去相而不悔⑨，於陵子仲辞三公为人灌

国采用大夫文种的计谋，征服强劲的吴国而称霸中原，但文种本人最后却被诛杀。因此孙叔敖虽然

yuán　　jīn rén zhǔ chéng néng qù jiāo ào zhī xīn　huái kě bào zhī yì　pī xīn fù　xiàn qíng sù　huī

园⑩。今人主诚能去骄傲之心，怀可报之意，披心腹，见情素⑪，堕

三次被免去相位却不怨悔，於陵子仲推辞掉三公的高官而自愿去为人浇灌菜园。而今国君如果真能

gān dǎn　shī dé hòu　zhōng yǔ zhī qióng dá　wú ài yú shì　zé jié zhī quǎn kě shǐ fèi yáo　zhí

肝胆⑫，施德厚，终与之穷达⑬，无爱于士⑭，则桀之犬可使吠尧⑮，跖

够去掉骄横傲慢之心，胸怀令人愿意报效的诚意，坦露心迹，表现出真情，披肝沥胆，厚施恩德，始终与人同

zhī kè kě shǐ cì yóu　　hé kuàng yīn wàn shèng zhī quán　jiǎ shèng wáng zhī zī hū　rán zé kē zhàn qī

之客可使刺由⑯。何况因万乘之权⑰，假圣王之资乎？然则轲湛七

甘共苦，对士人无所吝惜，那么，就能让夏桀的狗冲着尧狂吠，盗跖的门客去刺杀许由。何况还依凭君主的

zú　yào lí fén qī zǐ　qǐ zú wèi dà wáng dào zāi

族⑱，要离燔妻子⑲，岂足为大王道哉！

权势，又借助圣王的地位呢？这样看来，荆轲被灭七族，要离烧死妻子儿女的事，还有必要对大王陈说吗！

① **子之**：战国时燕国的丞相，他曾骗得燕王哙的信任，使哙让王位给他，结果燕国大乱。　② **说**：通"悦"。　**田常**：即陈恒，春秋时齐国大臣，齐简公很赏识他，他却杀了简公，篡夺齐国政权。　③ **修孕妇之墓**：殷纣王残暴无道，曾剖孕妇之腹以观胎儿。周武王灭殷后，为被害孕妇修墓。　④ **厌**：满足，止境。　⑤ **晋文亲其仇**：晋文公重耳为公子时，宫中小臣勃鞮受晋献公之命杀害重耳，重耳跳墙逃脱，被勃鞮斩断衣袖。后来重耳回国即位，大臣吕甥、郤芮图谋杀文公，勃鞮请求见文公告密，文公不念旧恶，接见了他，及时识破吕甥、郤芮的阴谋。　⑥ **齐桓用其仇**：齐桓公为公子时，与异母兄弟公子纠争夺王位的继承权。时管仲为公子纠师傅，在交战中用箭射中桓公带钩。桓公即位后，听从鲍叔牙推荐，重用管仲，终于成就霸业。　⑦ **"至夫"四句**：商鞅是战国时魏国人，著名的法家代表人物。他辅佐秦孝公进行变法改革，使秦国强大起来。孝公死，他最终被宗室贵族陷害，车裂而死。　**车裂**，一种酷刑，俗称五马分尸。　⑧ **"越用"三句**：文种是战国时越国大夫，曾辅佐越王勾践击败吴国。后勾践疑忌文种功高望重，令其自杀。　**禽**，通"擒"。　⑨ **孙叔敖**：春秋时楚庄王的大臣，曾三次为相而又三次免职，他为相不喜，去相也不怨恨。　⑩ **於陵子仲**：即陈仲子，战国时齐国人，隐居不仕。楚王曾派使者以重金聘他为相，他却举家逃走去为人灌园。　**三公**，泛指朝廷要职。周代以太师、太傅、太保为三公，汉代以丞相、太尉、御史大夫为三公。　⑪ **见**：显露。　**情素**：即情愫，真诚的感情。　⑫ **堕**：通"隳"，毁坏。　⑬ **穷达**：指仕途的不顺和通达。　⑭ **爱**：吝惜。　⑮ **桀**：夏朝末代君主，昏庸残暴。　**尧**：传说中上古社会的贤明君主。　⑯ **跖**：春秋末鲁国人，相传为当时的大盗。　**由**：许由，古代的高人，相传尧要把天下禅让给他，被他拒绝。　⑰ **万乘**：一万辆战车。周制只有天子可拥有万辆战车，故以万乘代指帝王。　⑱ **轲**：即受燕太子丹指派去刺杀秦王的荆轲。　**湛**：同"沉"，消灭。　**七族**：从曾祖至曾孙。　⑲ **要离**：春秋时吴国人。吴王阖闾派他去刺杀庆忌，他为接近庆忌，让公子光斩断自己右手，烧死自己妻子儿女，假装犯罪逃走。　**燔**：焚烧。

chén wén míng yuè zhī zhū　yè guāng zhī bì　yǐ àn tóu rén yú dào　zhòng mò bú àn jiàn xiāng

"臣闻明月之珠，夜光之璧，以暗投人于道，众莫不按剑相

"我听说把明月珠、夜光璧在夜里扔到路上，人们没有不手按宝剑斜目而视的。这是为什么呢？是

miǎn zhě　　hé zé　　wú yīn ér zhì qián yě　pán mù gēn dǐ　lún qūn lí qí　ér wéi wàn shèng qì zhě

眄者①。何则？无因而至前也。蟠木根柢，轮囷离奇②，而为万乘器者，

由于它们无缘无故突然来到面前。弯曲的树枝树根，形状屈曲离奇，倒成为天子喜欢的器物，是因为君

以左右先为之容也③。故无因而至前，虽出随珠、和璧④，只怨结

主身边的人已经事先为它们修饰了一番。因此无缘无故来到面前，即使投出的是随侯珠、和氏璧那样

而不见德；有人先游⑤，则枯木朽株树功而不忘。今夫天下布衣

的宝贝，也只会结下怨仇而不会让人感恩；假如有人事先宣扬，那末即使是枯木朽株，也能建立功勋而

穷居之士，身在贫羸⑥，虽蒙尧、舜之术，挟伊、管之辩⑦，怀龙逢、

令人难忘。现在天下处于困窘境地的士人，又贫穷又有病，即使胸怀尧、舜的治国方略，拥有伊尹、管仲

比干之意⑧，而素无根柢之容，虽极精神，欲开忠于当世之君，则人

的辩才，怀有关龙逢、比干的忠心，但一向没有像树根那样经过装饰，尽管用尽精神，想向当代君主

主必袭按剑相眄之迹矣。是使布衣之士，不得为枯木朽株之资也。是

表达忠心，那么君主也一定会蹈袭按宝剑斜目看的态度来对待他们。这样就使得普通士人连枯木朽株

以圣王制世御俗，独化于陶钧之上⑨，而不牵乎卑乱之语，不夺

的资质也不如了。所以圣明的君王统治天下，要像陶工转钧那样独立操纵，而不被愚昧昏乱的议论所牵

乎众多之口。故秦皇帝任中庶子蒙嘉之言以信荆轲，而匕首窃

制，不为众说纷纭而动摇。所以秦始皇听信中庶子蒙嘉的话而信任荆轲，发生了被暗藏匕首行刺的事

发⑩；周文王猎泾、渭，载吕尚归，以王天下⑪。秦信左右而亡，周用

情；周文王在泾水、渭水间打猎，把吕尚带回国予以重用，因而称王于天下。秦王轻信左右近臣而亡国，

乌集而王⑫。何则？以其能越挛拘之语⑬，驰域外之议，独观乎昭旷之

周文王任用偶然相识的人，而称王天下。这是为什么呢？是因为周文王能够越过难以听清的方言，听取

道也。今人主沉谄谀之辞，牵帷廧之制⑭，使不羁之士，与牛骥同

中原以外的议论见解，独自看到了光明宽广的道路。而今君主沉湎在阿谀奉承的赞扬声中，受到妃妾近

皂⑮。此鲍焦所以愤于世也⑯。

侍的牵制，使得不受世俗束缚的人才与牛马同槽。这就是鲍焦之所以愤世嫉俗的缘故。

① 睨：斜视。　② 轮囷：盘绕屈曲的样子。　③ 容：装饰打扮。　④ 随珠：传说春秋时随侯曾救活一条受伤的大蛇，后来大蛇衔来一颗明珠来报答随侯，世称随珠，是极珍贵的宝贝。　和璧：即和氏璧，也是极珍贵的宝贝。　⑤ 游：游说，宣扬。　⑥ 羸：身体瘦弱。　⑦ 伊：指伊尹，商汤的贤相。管：指管仲，齐桓公的贤臣。　⑧ 龙逢：即关龙逢，夏朝的贤臣，因极谏夏桀而被囚杀。　⑨ 陶钧：陶工使用的转轮，比喻对事物的控制和调节。　⑩ "故秦皇帝"二句：荆轲受燕太子丹指使刺杀秦王（即后来的秦始皇），他到秦国后，先用重金厚礼行贿秦王的宠臣蒙嘉，遂被秦王引见，在朝廷用暗藏的匕首行刺秦王。　中庶子，官名，太子的属官。　⑪ "周文王"三句：周文王在泾水、渭水之间打猎，于渭水北岸遇到吕尚，交谈后知道吕尚很有治国才干，遂带回来予以重用，终于称王天下。　泾、渭，两条河流名，在今陕西省。　吕尚，姜姓，字子牙，号太公望。　王，作动词，成为天下之王。　⑫ 用：以，因为。　乌集：乌鸦聚集在一起，此指偶然相识。　⑬ 挛拘之语：卷着舌头说出的不易听清的话。指吕尚说的羌族方言。　⑭ 帷：床帐，借指宫妃。　庸：通"墙"，宫墙。借指近臣。　⑮ 皂：通"槽"，喂牛马的食槽。　⑯ 鲍焦：春秋时齐国人，廉洁的高士，耕田而食，穿井而饮，非妻所织不穿，愤世嫉俗，抱木而死。

chén wén shèng shì rù cháo zhě　bù yǐ sī wū yì　dǐ lì míng hào zhě　bù yǐ lì shāng xíng

"臣闻盛饰入朝者，不以私污义；底厉名号者①，不以利伤行。

"我听说衣着庄重上朝的大臣，不会以私情玷污道义；磨炼品德注重名声的人，不会因为贪图

gù lǐ míng shèng mǔ　zēng zǐ bú rù　yì hào zhāo gē　mò zǐ huí chē　jīn yù shǐ tiān xià

故里名'胜母'，曾子不入②；邑号'朝歌'，墨子回车③。今欲使天下

私利败坏操行。所以地名叫'胜母'，曾子便不进去；城邑称为'朝歌'，墨子就掉转车头。而今想让天

liáo kuò zhī shì　lǒng yú wēi zhòng zhī quán　xié yú wèi shì zhī guì　huí miàn wū xíng　yǐ shì chǎn yú

寥廓之士，笼于威重之权，胁于位势之贵，回面污行，以事谄谀

下志向高远的士人，被有权有势者所笼络，被地位显贵者所胁迫，改变面孔，玷污品行，去侍奉阿谀

zhī rén　ér qiú qīn jìn yú zuǒ yòu　zé shì yǒu fú sǐ kū xué yán sǒu zhī zhōng ěr　ān yǒu jìn zhōng

之人，而求亲近于左右，则士有伏死堀穴岩薮之中耳④，安有尽忠

奉承之人，来求得亲近君主，那么，士人只有隐居在山洞草泽之间直到老死而已了，哪里还会有人来

xìn ér qū què xià zhě zāi

信而趋阙下者哉⑤？"

向君主效忠竭诚投奔朝廷的呢？"

① 底厉：同"砥砺"，磨刀石，此作动词，磨炼修养的意思。　② "故里名"二句：曾子极为孝顺，有个地方叫"胜母"，他就过而不入。　曾子，即曾参，春秋时鲁国人，孔子的弟子。　③ "邑号"二句：墨子主张"非乐（音乐之乐）"，有次他驱车来到朝歌（今河南淇县），认为这个地名和自己的主张冲突，马上回车避开。　④ 堀：同"窟"。　薮：湖泽。　⑤ 阙下：宫墙下，借指君王。

（王根林）

上书谏猎
shàng shū jiàn liè

司马相如
sī mǎ xiàng rú

相如从上至长杨猎①。是时天子方好自击熊豕②，驰逐野兽。
xiàng rú cóng shàng zhì cháng yáng liè　shì shí tiān zǐ fāng hào zì jī xióng shǐ　chí zhú yě shòu

司马相如随从皇帝到长杨宫打猎。这时候天子正喜欢亲自搏击熊和野猪，驾车追逐野兽。司

相如因上疏谏曰：
xiàng rú yīn shàng shū jiàn yuē

马相如因而上疏进谏说：

"臣闻物有同类而殊能者③，故力称乌获④，捷言庆忌⑤，勇期
chén wén wù yǒu tóng lèi ér shū néng zhě　gù lì chēng wū huò　jié yán qìng jì　yǒng qī

"我听说事物中有虽属同类但能力却超常的情况，所以论力气要举出乌获，论快捷要说起庆忌，

贲、育⑥。臣之愚，窃以为人诚有之，兽亦宜然。今陛下好陵阻险，
bēn yù　chén zhī yú　qiè yǐ wéi rén chéng yǒu zhī　shòu yì yí rán　jīn bì xià hào líng zǔ xiǎn

论勇敢一定要数孟贲、夏育。我很愚蠢，私下认为人确实有这种情况，而野兽也应该是这样。而今陛下

射猛兽，卒然遇逸材之兽⑦，骇不存之地，犯属车之清尘⑧，舆不及
shè měng shòu　cù rán yù yì cái zhī shòu　hài bù cún zhī dì　fàn shǔ chē zhī qīng chén　yú bù jí

喜欢登涉险峻难行之地，射击猛兽，如果突然遭遇特别凶猛的野兽，它们在不能活命的处境中被惊骇，

还辕，人不暇施巧，虽有乌获、逢蒙之技不得用⑨，枯木朽株尽为
huán yuán　rén bù xiá shī qiǎo　suī yǒu wū huò　páng méng zhī jì bù dé yòng　kū mù xiǔ zhū jìn wéi

侵犯了圣驾，车子来不及掉头，卫士们顾不上施展本领，那时候，即使有乌获、逢蒙的本领也派不上用

nán yǐ　shì hú　yuè qǐ yú gǔ xià
难矣。是胡、越起于毂下⑩，

场，就连枯树朽枝也都要以您为难了。这就像胡人

ér qiāng　yí jiē zhěn yě　　qǐ bú dài zāi
而羌、夷接轸也⑪，岂不殆哉？

越人从车轮下窜出，羌人夷人紧跟在车子后面一

suī wàn quán ér wú huàn　rán běn fēi tiān zǐ zhī
虽万全而无患，然本非天子之

样，岂不危险吗？即使非常安全而没有危险，但是这

suǒ yí jìn yě
所宜近也。

种事情原来就不是天子应该接近的啊。

① 司马相如(前179~前117)，西汉著名的辞赋大家。　长杨：宫名，故址在今陕西周至。　② 豕：猪，此指野猪。　③ 殊能：超乎寻常的能力。　④ 乌获：战国时秦国的大力士，能力举千钧。　⑤ 庆忌：春秋时吴王僚之子，跑路极快，连马都追不上。　⑥ 期：推许。　贲、育：战国时卫国的勇士孟贲、夏育。　⑦ 卒然：突然。　卒，通"猝"。　逸材：能力超群之才。此指猛兽。　⑧ 属车：皇帝的随从车队。　⑨ 逢蒙：夏代善于射箭的武士。　⑩ 毂：车轮中心的圆木，此代指车。　⑪ 轸：车厢的底框，此代指车。

qiě fú qīng dào ér hòu xíng　zhōng lù ér chí　yóu shí yǒu xián jué zhī biàn　kuàng
"且夫清道而后行①，中路而驰，犹时有衔橛之变②。况

"再说清除道路之后出行，在大路中间驰驱，还常常会发生拉断马嚼、滑出车钩心之类的事故。

hū shè fēng cǎo　chěng qiū xū　qián yǒu lì shòu zhī lè　ér nèi wú cún biàn zhī yì　qí wéi hài
乎涉丰草，骋丘墟，前有利兽之乐，而内无存变之意，其为害

何况跋涉在丰密的草丛中，驰骋于高低不平的丘陵上，前面有猎获野兽的快乐引诱，而心里又没有

yě bù nán yǐ　fú qīng wàn shèng zhī zhòng　bù yǐ wéi ān　lè chū wàn yǒu yì wēi zhī tú
也不难矣。夫轻万乘之重③，不以为安，乐出万有一危之涂

应付变故的准备，这样就很容易造成灾难了。不以天子尊贵的地位为重，不安于此，却乐于外出到可能

yǐ wéi yú　chén qiè wéi bì xià bù qǔ　gài míng zhě yuǎn jiàn yú wèi méng　ér zhì zhě bì wēi yú
以为娱④，臣窃为陛下不取。盖明者远见于未萌，而知者避危于

发生危险的道路上去以为有趣，我私自以为陛下这样做是不可取的。大凡聪明的人在事情尚未萌发

wú xíng　huò gù duō cáng yú yǐn wēi　ér fā yú rén zhī suǒ hū zhě yě　gù bǐ yàn
无形⑤，祸固多藏于隐微，而发于人之所忽者也。故鄙谚

之时就能预见到，智慧的人在危害尚未形成时就能避开它。灾祸大都原来就潜藏在细小隐蔽之处，发生

yuē jiā lěi qiān jīn zuò bù chuí táng⑥   cǐ
曰:'家累千金,坐不垂堂⑥。'此

在人们疏忽大意之时。所以俗语说:'家积千金财产,

yán suī xiǎo kě yǐ yù dà   chén yuàn bì xià liú
言虽小,可以喻大。臣愿陛下留

就不坐在靠近屋檐的地方。'此话虽然说的是小事,却

yì xìng chá
意幸察。"

可以比喻大道理。我希望陛下能留心明察这一点。"

---

① 清道:古代天子出行,事先要派人清除道路,驱逐行人。 ② 衔:马嚼,放在马口内用来勒马的铁具。 橜:车钩心,固定车厢底部和车轴之间的木橜。 变:指出事故。 ③ 万乘:一万辆战车。古代只有天子可拥有万辆战车,此代指皇帝。 ④ 涂:通"途"。 ⑤ 知:同"智"。 ⑥ 垂堂:靠近屋檐下。屋顶瓦片有可能掉落,因此屋檐下是危险之地。 垂,接近。

（王根林）

---

dá sū wǔ shū
答 苏 武 书

lǐ líng
李 陵

zǐ qīng zú xià① qín xuān lìng dé②   cè míng qīng shí③   róng wén xiū chàng④   xìng shèn xìng shèn yuǎn
子卿足下①:勤宣令德②,策名清时③,荣问休畅④,幸甚,幸甚! 远

子卿足下:您辛勤地发扬美德,在政治清明的时世为官,美好的名声广泛传扬,非常值得庆幸,值得

tuō yì guó xǐ rén suǒ bēi
托异国,昔人所悲,

庆幸! 我流落在异国远方,这是

wàng fēng huái xiǎng néng bù yī
望风怀想,能不依

前人所感到悲伤的,遥望故国怀

yī⑤   xī zhě bù yí yuǎn
依⑤! 昔者不遗,远

念老友,怎能不令人依恋不舍! 以

---

① 李陵(?~前74),汉初名将李广之孙,后兵败被迫降匈奴。 子卿:苏武的字。 足下:古代对上级或同辈的敬称。周、秦时用以称君主,汉以后用来称同辈。 ② 令德:美德。 令,美好。 ③ 策名:古时官吏的姓名登录在官府的简策上,叫策名,即做官的意思。 清时:政治清明的时世。 ④ 荣问:好名声。 问,通"闻"。 休:美。 畅:畅通,流传。 ⑤ 依依:恋恋不舍的样子。 ⑥ 辱:书信中常用的谦词,承蒙的意思。

rǔ huán dá　　wèi huì qín qín　yǒu yú gǔ ròu　　líng suī bù mǐn　néng bù kǎi rán
辱还答⑥，慰诲勤勤，有逾骨肉。陵虽不敏，能不慨然！

前承蒙您不弃，从远方给我回信，谆谆地安慰教导我，情意超过了骨肉亲人。我虽然愚钝，哪能不感慨万端！

zì cóng chū xiáng　yǐ zhì jīn rì　shēn zhī qióng kùn　dú zuò chóu kǔ　zhōng rì wú dǔ　dàn jiàn
自从初降，以至今日，身之穷困，独坐愁苦。终日无睹，但见

我自从归降匈奴，直到今日，身处艰难困境，一人独坐，忧愁苦闷。成天看不到别的，只见到些异族

yì lèi　　wéi gōu cuì mù　　yǐ yù fēng yǔ　shān ròu lào jiāng　yǐ chōng jī kě　jǔ mù yán xiào
异类①。韦韝毳幕②，以御风雨；膻肉酪浆③，以充饥渴。举目言笑，

人。戴着皮袖套，住在毡帐里，来抵御风雨；吃膻腥的肉，喝牛羊的奶，来充饥解渴。放眼四望，和谁谈

shuí yǔ wéi huān　hú dì xuán bīng　biān tǔ cǎn liè　dàn wén bēi fēng xiāo tiáo zhī shēng　liáng qiū jiǔ
谁与为欢？胡地玄冰④，边土惨裂，但闻悲风萧条之声。凉秋九

笑欢乐呢？匈奴地方冰封雪积，边塞的土地冻得开裂，只能听到悲风萧瑟之声。凄凉的秋天九月，塞

yuè　sài wài cǎo shuāi　yè bù néng mèi　cè ěr yuǎn tīng　hú jiā hù dòng　mù mǎ bēi míng　yín
月，塞外草衰，夜不能寐，侧耳远听，胡笳互动⑤，牧马悲鸣，吟

外草木衰落凋零，夜晚无法安睡，侧耳远听，胡笳声此起彼落，牧马悲哀的嘶鸣，胡笳声、马叫声交织

xiào chéng qún　biān shēng sì qǐ　chén zuò tīng zhī　bù jué lèi xià　jiē hū zǐ qīng　líng dú hé
啸成群，边声四起。晨坐听之，不觉泪下。嗟乎子卿！陵独何

相混，在边塞的四面响起。清晨起床枯坐，听到这些声音，不知不觉流下泪水。唉，子卿！我难道有

xīn　néng bù bēi zāi
心，能不悲哉！

什么特别的心肠，对此能不感到悲伤吗？

---

① 异类：与自己不是同族的人，带有贬义，此指匈奴。　② 韦韝：皮革做的长袖套，用来束衣袖。　韦，皮革。　毳幕：毛毡做的帐篷。　③ 膻肉：带有腥骚气味的羊肉。　酪浆：牛羊的乳浆。　④ 玄冰：黑色的冰。冰层结得厚实，颜色就深，玄冰形容气候极寒。　玄，黑色。　⑤ 胡笳：古代北方民族吹奏的管乐器，其音悲凉。

与子别后，益复无聊。上念老母，临年被戮[1]；妻子无辜，并为鲸鲵[2]。身负国恩，为世所悲。子归受荣，我留受辱，命也何如！身出礼义之乡，而入无知之俗；违弃君亲之恩，长为蛮夷之域。伤已！令先君之嗣[3]，更成戎狄之族[4]，又自悲矣！功大罪小，不蒙明察，孤负陵心区区之意[5]。每一念至，忽然忘生。陵不难刺心以自明，刎颈以见志，顾国家于我已矣[6]，杀身无益，适足增羞，故每攘臂忍辱[7]，辄复苟活。左右之人，见陵如此，以为不入耳之欢，来相劝勉。异方之乐，只令人悲，增忉怛耳[8]！

与您分别以后，更加感到无聊。上念老母，在垂暮之年受到杀戮；妻子儿女是无罪的，也一起被杀害。我辜负国家的恩德，被世人悲叹。您回国后得到荣誉，我留在此地蒙受羞辱，这是命中注定的，有什么办法！我出身于礼义之邦，却来到愚昧无知的社会；背弃了国君和父母的恩德，一直住在蛮夷的地域。真是伤心啊！使得先父的后代，变成戎狄的族人，自己又怎能不感到悲痛。我功大罪小，可是不被明察，辜负了我一片诚挚的心意。每当想到这里，就一下子不想活了。我不难刺心来表明心迹，自刎来显示志向，然而我对国家已经绝望了，自杀没有好处，恰足以增加羞辱，所以经常愤慨地忍受侮辱，就又苟且地活在世上。周围的人，见我如此，就用不能入耳的欢乐曲调来劝告勉励我。但是异国的音乐，只能使我悲伤，增加我的忧愁而已。

① 临年：达到一定年龄，此指已至暮年。临，到。 ② 鲸鲵：鲸鱼，雄称鲸，雌称鲵。此作动词，被当作鲸鲵加以杀害的意思。 ③ 先君：称自己已故的父亲。嗣：后代。 ④ 戎狄：古代对少数民族的贬称，指匈奴。 ⑤ 孤负：同辜负。区区：微小，此作谦词解。 ⑥ 顾：表示转折，作然而、但是解。已矣：表示绝望。 ⑦ 攘臂：捋起袖子，露出手臂，振奋或发怒的样子。 ⑧ 忉怛：悲痛忧伤。

jiē hū zǐ qīng　rén zhī xiāng zhī　guì xiāng zhī xīn　qián shū cāng cù　wèi jìn suǒ huái　gù fù lüè

嗟乎子卿！人之相知，贵相知心。前书仓卒，未尽所怀，故复略

唉，子卿，人的相互理解，贵在相互知心。前一封信写得仓促，没能充分表达我的心情，所以再简略

ér yán zhī　xī xiān dì shòu líng bù zú wǔ qiān　chū zhēng jué yù　wǔ jiàng shī dào　líng dú yù zhàn　ér

而言之：昔先帝授陵步卒五千①，出征绝域，五将失道，陵独遇战。而

地说一说：先前先帝交给我五千步兵，出征极远的地方。五位将军迷失路途，只有我与匈奴军遭遇作

guǒ wàn lǐ zhī liáng shuài tú bù zhī shī　chū tiān hàn zhī wài②　rù qiáng hú zhī yù　yǐ wǔ qiān zhī

裹万里之粮，帅徒步之师，出天汉之外②，入强胡之域，以五千之

战。我带着远征万里的粮草，率领徒步行军的部队，越出国境以外，进入强大的胡人的地区；以五千人

zhòng　duì shí wàn zhī jūn　cè pí fá zhī bīng　dǎng xīn jī zhī mǎ③　rán yóu zhǎn jiàng qiān qí　zhuī

众，对十万之军，策疲乏之兵，当新羁之马③。然犹斩将搴旗④，追

之众，对付敌人十万大军，指挥疲惫的战士，抵挡敌人刚出营的骑兵。然而还是斩将拔旗，追逐败逃之敌。就

bēn zhú běi miè jì sǎo chén zhǎn qí xiāo shuài　shǐ sān jūn zhī shì shì sǐ rú guī　líng yě

奔逐北，灭迹扫尘，斩其枭帅⑤，使三军之士视死如归。陵也

像揩掉脚印扫除灰尘一样，斩了敌人骁勇的将领，使得我方三军将士视死如归。我没有什么才能，很少担任

bù cái　xī dāng dà rèn⑥　yì wèi cǐ shí　gōng nán kān yǐ　xiōng nú jì bài　jǔ guó xīng shī

不才，希当大任⑥，意谓此时，功难堪矣⑦。匈奴既败，举国兴师，

重任，心里想此役的战功，是其他情况下所难以相比的了。匈奴兵败以后，又全国动员，挑选精兵，人数超过

gèng liàn jīng bīng　qiáng yú shí wàn　chán yú lín zhèn⑧　qīn zì hé wéi　kè zhǔ zhī xíng　jì bù

更练精兵，强逾十万，单于临阵⑧，亲自合围。客主之形，既不

十万。单于临阵指挥，亲自对我军实行合围。客军与主军的对阵形势，既不能相比；步兵和骑兵的力量

xiāng rú⑨　bù mǎ zhī shì　yòu shèn xuán jué　pí bīng zài zhàn　yī yǐ dǎng qiān　rán yóu fú chéng

相如⑨，步马之势，又甚悬绝。疲兵再战，一以当千，然犹扶乘

对比，又十分悬殊。我方疲劳的战士连续作战，一个人要抵挡一千人，但仍然不顾伤痛，拼命争先。

chuāng tòng　jué mìng zhēng shǒu⑪　sǐ shāng jī yě　yú bù mǎn bǎi　ér jiē fú bìng　bú rèn gān gē⑫

创痛⑩，决命争首⑪。死伤积野，余不满百，而皆扶病，不任干戈⑫。

阵亡和受伤的遍地都是，剩下的还不足一百人，而且都是带着伤痛，已经没有力气拿起武器。但是，

rán líng zhèn bì yì hū chuāng bìng jiē qǐ　jǔ rèn zhǐ lǔ　hú mǎ bēn zǒu　bīng jìn shǐ qióng

然陵振臂一呼，创病皆起，举刃指虏，胡马奔走。兵尽矢穷，

只要我振臂一呼，带着伤痛的士兵又都振奋起来，拿起武器刺向敌人，打得匈奴骑兵狼狈逃窜。兵器耗尽，

rén wú chǐ tiě　yóu fù tú shǒu fèn hū　zhēng wéi xiān dēng　dāng cǐ shí yě　tiān dì wèi líng zhèn nù

人无尺铁，犹复徒首奋呼⑬，争为先登。当此时也，天地为陵震怒，

箭也射光，手无寸铁，仍然光着头高呼杀敌，争先恐后向前冲杀。在这个时候，真是天地为我愤怒，战

209

zhàn shì wèi líng yǐn xuè ⑭ chán yú wèi líng bù kě fù dé biàn yù yǐn huán ér zéi chén jiào zhī ⑮

战士为陵饮血⑭。单于谓陵不可复得，便欲引还。而贼臣教之⑮，

士们为我痛哭。匈奴单于认为不可能再俘获我，便打算退兵回去，但是叛臣管敢教匈奴继续进攻，于

suì shǐ fù zhàn gù líng bù miǎn ěr

遂使复战，故陵不免耳。

是重新开战，所以我终于不免被俘。

①**先帝**：已死的皇帝，指汉武帝。 ②**天汉**：指汉朝疆土。 ③**当**：抵
挡，抵御。 ④**搴**：拔取。 ⑤**枭帅**：骁勇的将帅。 ⑥**希**：同"稀"，
很少。 ⑦**堪**：能够相比。 ⑧**单于**：匈奴国君的称号。 ⑨**相如**：
相比。 ⑩**扶**：支持，支撑。 **乘**：凌驾，这里有不顾的意思。 ⑪**争
首**：争先。 ⑫**任**：胜任。 **干戈**：兵器。 ⑬**徒首**：光着头，不戴头
盔。 ⑭**饮血**：犹言饮泣，与后文泣血差不多意思。形容极度悲愤。
⑮**贼臣**：指叛徒管敢。管敢原为李陵部下的低级军官"军候"，李陵军
受到匈奴军重创，管敢投降了匈奴，把汉军情况泄露给匈奴单于，单于便
再度攻击李陵。

xī gāo huáng dì yǐ sān shí wàn zhòng kùn yú píng chéng ① dāng cǐ zhī shí měng jiàng rú yún móu chén

昔高皇帝以三十万众，困于平城①。当此之时，猛将如云，谋臣

从前高皇帝亲率三十万大军，被匈奴围困在平城。在那个时候，军中猛将如云，谋臣如雨，然而还

rú yǔ rán yóu qī rì bù shí jǐn nǎi dé miǎn kuàng dāng líng zhě ② qǐ yì wéi lì zāi ér zhí

如雨，然犹七日不食，仅乃得免。况当陵者②，岂易为力哉？而执

是被围七天断绝粮食，只不过勉强脱身。何况像我这样的人，怎能轻易有所作为呢？而当权者却议

shì zhě yún yún ③ gǒu yuàn líng yǐ bù sǐ ④ rán líng bù sǐ zuì yě zǐ qīng shì líng qǐ tōu shēng

事者云云③，苟怨陵以不死④。然陵不死，罪也。子卿视陵，岂偷生

论纷纷，只是埋怨我未能以死殉国。不过我没有以死殉国，确实有罪；但是，您看我这人，难道是苟

zhī shì ér xī sǐ zhī rén zāi nìng yǒu bèi jūn qīn juān qī zǐ ér fǎn wéi lì zhě hū rán líng bù

之士而惜死之人哉？宁有背君亲，捐妻子，而反为利者乎？然陵不

且偷生胆小怕死的人吗？哪里会有背弃国君、父母，抛弃妻子儿女，却认为是对自己有利的人呢？那么，

sǐ yǒu suǒ wéi yě gù yù rú qián shū zhī yán bào ēn yú guó zhǔ ěr chéng yǐ xū sǐ bù rú lì

死，有所为也。故欲如前书之言，报恩于国主耳。诚以虚死不如立

我之所以不死，是想有所作为啊。本来是想像前一封信所说，要向皇上报恩而已。实在是认为与其无

jié　miè míng bù rú bào dé yě　　xī fàn lǐ bú xùn
节,灭名不如报德也。昔范蠡不殉

谓地死,不如树立名节,身死名灭,不如报答恩德。从

kuài jī zhī chǐ　　cáo mò bù sǐ sān bài zhī rǔ
会稽之耻⑤,曹沫不死三败之辱⑥,

前范蠡不为会稽之耻而殉难,曹沫不因三战三败而

zú fù gōu jiàn zhī chóu bào lǔ guó zhī xiū　qū qū
卒复勾践之仇,报鲁国之羞。区区

自杀,最终范蠡为越王勾践复了仇,曹沫为鲁国雪了

zhī xīn　qiè mù cǐ ěr　hé tú zhì wèi lì ér yuàn
之心,窃慕此耳。何图志未立而怨

耻,我的一点心愿,就是仰慕他们的作为而已。哪里

yǐ chéng　jì wèi cóng ér gǔ ròu shòu xíng　cǐ
已成,计未从而骨肉受刑。此

想到志向还没实现就受到责怨,计划还没实行亲人

líng suǒ yǐ yǎng tiān chuí xīn ér qì xuě yě
陵所以仰天椎心而泣血也⑦。

就遭到刑戮,这就是我仰望苍天捶胸痛哭的原因。

①"昔高皇帝"二句:汉高帝七年(前200),高皇帝(即高祖刘邦)亲率三十万大军进驻平城(今山西大同),准备攻打匈奴,被冒顿单于率领四十万骑兵围困七日才解围。　②当:如,像。　③执事者:当权者,指汉朝廷大臣。　④苟:只是。　⑤"昔范蠡"句:春秋时,越王勾践被吴王夫差围困在会稽山,勾践派谋士范蠡作为人质,向吴国求和,越国争取到喘息机会,最终灭掉了吴国。　⑥"曹沫"句:春秋时,鲁庄公的大将曹沫与齐国作战,三战三败,只能割地求和。后来齐桓公与鲁庄公会盟,曹沫以匕首劫持齐桓公,迫使桓公归还侵占的鲁国土地。　⑦椎心而泣血:捶胸痛哭,流出血泪。

zú xià yòu yún　　hàn yǔ gōng chén bù bó　　zǐ wéi hàn chén　ān dé bù yún ěr hū　　xī xiāo
足下又云:"汉与功臣不薄。"子为汉臣,安得不云尔乎? 昔萧、

足下又说:"汉朝对待功臣不薄。"您身为汉臣,怎会不这么说呢? 从前萧何、樊哙被拘捕囚禁,韩信、

fán qiú zhī　hán péng zǔ hǎi　cháo cuò shòu lù　zhōu wèi jiàn gū　qí yú zuǒ mìng lì gōng zhī shì
樊囚絷①,韩、彭菹醢②,晁错受戮③,周、魏见辜④;其余佐命立功之士,

彭越被剁成肉酱,晁错被杀戮,周勃、魏其侯窦婴被判罪;其他辅佐汉朝立下功劳的人,如贾谊、周亚夫

jiǎ yì　yà fū zhī tú　jiē xìn mìng shì zhī cái　bào jiàng xiàng zhī jù　ér shòu xiǎo rén zhī chán
贾谊、亚夫之徒⑤,皆信命世之才⑥,抱将 相之具⑦,而受小人之谗,

这批人,都确实是当时杰出的人才,具备担任将相的才能,却受到小人的谗毁,都受到灾祸和失败的羞

bìng shòu huò bài zhī rǔ　zú shǐ huái cái shòu bàng　néng bù dé zhǎn　bǐ èr zǐ zhī xiá jǔ　shuí bú wèi
并受祸败之辱,卒使怀才受谤,能不得展。彼二子之遐举⑧,谁不为

辱,最终使得他们空怀才能受到诽谤,才能得不到施展。他们二人的去世,谁不为之痛心呢! 我已故的

211

zhī tòng xīn zāi　　líng xiān jiāng jūn　　gōng lüè gài tiān dì　　yì yǒng guàn sān jūn　　tú shī guì chén zhī yì　　jǐng
之痛心哉！陵先将军⑨，功略盖天地，义勇冠三军，徒失贵臣之意，到

祖父李广将军，功绩和谋略盖天地，忠义和勇敢在全军数第一，只不过因为不合当朝权贵的心意，结果自杀

shēn jué yù zhī biǎo　　cǐ gōng chén yì shì　　suǒ yǐ fù jǐ ér cháng tàn zhě yě　　hé wèi bù bó zāi
身绝域之表。此功臣义士，所以负戟而长叹者也⑩！何谓不薄哉？

在边远的疆场。这就是功臣义士扛着武器仰天长叹的原因啊！怎么能说汉朝对功臣不薄呢？

① 萧：即萧何，西汉开国功臣，任相国。他曾因向高祖刘邦建议向百姓开放皇家园林上林苑，而遭囚禁。　樊：即樊哙，汉初大将，曾因被人告发勾结吕氏家族谋反，被逮捕。　系：捆绑。　② 韩：即韩信，西汉开国功臣，战功显赫，被封楚王。后被怀疑反叛遭杀。　彭：即彭越，原是农民起义军首领，后归顺刘邦。多立战功，被封梁王。以谋反罪被杀。　菹醢：将尸体剁成肉酱，古代的一种酷刑。　③ 晁错：汉景帝的重要谋臣，官至御史大夫。他建议景帝对各诸侯国进行"削藩"，受到诸侯王忌恨。"吴楚七国之乱"中，吴王刘濞等人提出"请诛晁错以清君侧"，晁错被景帝诛杀。　④ 周：即周勃，汉初大将，有战功，被封绛侯。曾被诬谋反而下狱。　魏：即窦婴，西汉大臣，以破"吴楚七国之战"有功，封魏其侯。后以被诬诽谤君主遭杀。　见：被，受。　辜：罪。　⑤ 贾谊：汉初著名的文学家和政治家。文帝时为太中大夫，主张改革政治，遭到贵臣攻击诬陷，抑郁不得志而死。　亚夫：周亚夫，周勃之子，汉初大将，封条侯。景帝时任太尉，率师平定"吴楚七国之乱"。后以其子私买御物被捕下狱，绝食而死。　⑥ 信：确实。　⑦ 具：才能。　⑧ 彼二子：指贾谊和周亚夫。　遐举：远行，指死亡。　⑨ 陵先将军：指李陵已故的祖父李广。李广在景帝、武帝时多次击败匈奴军侵扰，时称"飞将军"。后随大将军卫青攻匈奴，以迷失道途贻误军机，被责自杀。卫青是汉武帝卫皇后的同母弟，卫青对他这次失误十分不满，所以后文有"失贵臣之意"的说法。　⑩ 戟：古代兵器。

qiě zú xià xī yǐ dān chē zhī shǐ　　shì wàn shèng zhī lǔ　　zāo shí bú yù　　zhì yú fú jiàn bù
且足下昔以单车之使，适万乘之虏①，遭时不遇，至于伏剑不

再说您从前只凭一辆车出使到兵力强大的敌国，因为时运不济，以至伏剑自杀也不在乎，颠

gù　　liú lí xīn kǔ　　jī sǐ shuò běi zhī yě　　dīng nián fèng shǐ　　hào shǒu ér guī　　lǎo mǔ zhōng táng
顾②，流离辛苦，几死朔北之野③。丁年奉使④，皓首而归，老母终堂，

沛流离，含辛茹苦，差点儿死在北方的荒野。丁壮之年奉命出使，头发白了才回来，老母亲在家

shēng qī qù wéi　　cǐ tiān xià suǒ xī wén　　gǔ jīn suǒ wèi yǒu yě　　mán mò zhī rén　　shàng yóu jiā zǐ
生妻去帷。此天下所希闻，古今所未有也。蛮貊之人⑤，尚犹嘉子

亡故，年轻的妻子改嫁，这是天下很少听到，从古到今所没有的事情。异族之人，尚且赞赏您的节

zhī jié　kuàng wéi tiān xià zhī zhǔ hū　líng wèi zú xià dāng xiǎng máo tǔ zhī jiàn　shòu qiān shèng zhī

之节，况为天下之主乎？陵谓足下当享茅土之荐⑥，受千乘之

操，何况身为天下之主的皇上呢？我认为您应当享受分封诸侯的待遇，得到千乘之国的赏赐。然

shǎng　wén zǐ zhī guī　cì bú guò èr bǎi wàn　wèi bú guò diǎn shǔ guó　wú chǐ tǔ zhī fēng　jiā

赏⑦。闻子之归，赐不过二百万，位不过典属国⑧，无尺土之封，加

而听说您回去以后，赏赐不过二百万，官位不过是典属国，并没有寸尺之土的封赏，来奖励您效忠国

zǐ zhī qín　ér fáng gōng hài néng zhī chén　jìn wéi wàn hù hóu　qīn qī tān nìng zhī lèi　xī wéi

子之勤⑨。而妨功害能之臣，尽为万户侯⑩；亲戚贪佞之类，悉为

家的功劳。而那些破坏功业、陷害能人的朝臣，都被封为万户侯；皇亲国戚和贪婪奸佞之徒，都做了

láng miào zǎi　zǐ shàng rú cǐ　líng fù hé wàng zāi

廊庙宰⑪。子尚如此，陵复何望哉？

朝廷的高官。您尚且如此，我还有什么指望呢？

> ① 适：到，来至。　万乘：一万辆兵车，古代只有天子可拥有一万辆兵车。这里指军事力
> 量强大。　② 伏剑：用剑自杀。此指苏武在匈奴时受审前曾引剑自杀的事。　③ 朔北：
> 北方，指匈奴国境。　④ 丁年：成丁的年龄，亦即成年。　⑤ 蛮貊：泛指少数民族。蛮为
> 南方少数民族，貊为东北方少数民族。　⑥ 茅土之荐：指赐土地，封诸侯。古代帝王社祭
> 之坛用五色土建成，分封诸侯则按方位取坛上一色土，包以茅草，授给受封的人，作为分得
> 土地的象征。　⑦ 千乘之赏：指封赏为诸侯。古代诸侯可以拥有一千辆兵车。　⑧ 典
> 属国：官名，掌管少数民族事务。苏武回国后被任此职。　⑨ 加：施，奖赏。　⑩ 万户
> 侯：食邑一万户之侯。　⑪ 廊庙：宫殿四周的廊和太庙，帝王与大臣议论国事的处所，因
> 此以廊庙代称朝廷。　宰：为首的官员。

qiě hàn hòu zhū líng yǐ bù sǐ　bó shǎng zǐ yǐ shǒu jié　yù shǐ yuǎn tīng zhī chén

且汉厚诛陵以不死，薄赏子以守节，欲使远听之臣，

况且汉朝仅仅因为我未以身殉国就对我施以严厉的惩罚，而对您的坚贞守节只给予微薄的奖赏，

wàng fēng chí mìng　cǐ shí nán yǐ　suǒ yǐ měi gù ér bù huǐ zhě yě　líng suī gū ēn①

望风驰命，此实难矣。所以每顾而不悔者也。陵虽孤恩①，

指望让远方听候命令的臣子急切地为朝廷投奔效命，这实在是太困难了。所以我常常回想往事

213

hàn yì fù dé　　xī rén yǒu yán　　suī zhōng bú liè　shì sǐ rú guī

汉亦负德。昔人有言："虽忠不烈，视死如归。"

并不觉得后悔。我虽然辜负了汉朝的恩情，但汉朝也辜负了我的功德。

líng chéng néng ān　ér zhǔ qǐ fù néng juàn juàn hū　nán ér shēng yǐ bù

陵诚能安，而主岂复能眷眷乎？男儿生以不

从前有人说过："有忠心而未能死节，也能做到视死如归。"我如果真的

chéng míng　sǐ zé zàng mán yí zhōng　shuí fù néng qū shēn qǐ sǎng　hái

成名，死则葬蛮夷中，谁复能屈身稽颡②，还

安心死节，但皇上难道还能怀念我吗？男子汉活的时候不能成就英名，

xiàng běi què　shǐ dāo bǐ zhī lì③　nòng qí wén mò yé　yuàn zú xià wù

向北阙，使刀笔之吏③，弄其文墨耶？愿足下勿

死了就让他葬在异族的土地里，谁还能再弯腰叩头，回到朝廷，让那些

fù wàng líng

复望陵。

刀笔吏舞文弄墨、罗织罪名呢？希望您不要再期望我返回汉朝了。

<table>
<tr><td>① 孤恩：辜负恩德。　② 稽颡：磕头，以额触地。　颡，面额。　③ 刀笔之吏：主办文案的官吏。刀笔都是书写工具，古代无纸，书写时或用刀刻于龟甲，或用笔写于竹木简上。</td></tr>
</table>

jiē hū zǐ qīng　fú fù hé yán　xiāng qù wàn lǐ　rén jué lù shū　shēng wéi bié shì zhī rén　sǐ

嗟乎子卿！夫复何言！相去万里，人绝路殊。生为别世之人，死

唉，子卿，还能说什么呢！相隔万里，人与人来往断绝，走的路也不同。我是生为另外一个世间的人，

wéi yì yù zhī guǐ　cháng yǔ zú xià　shēng sǐ cí yǐ　xìng xiè gù rén①　miǎn shì shèng jūn　zú xià yìn

为异域之鬼，长与足下，生死辞矣！幸谢故人①，勉事圣君。足下胤

死为异国之鬼，永远和您生离死别了！希望您代我向老朋友们致意，勉力事奉圣明的君主。您的公子安

zǐ wú yàng②　wù yǐ wéi niàn　nǔ lì zì ài　shí yīn běi fēng　fù huì dé yīn③　lǐ líng dùn shǒu

子无恙②，勿以为念，努力自爱。时因北风，复惠德音③。李陵顿首。

然无恙，不必挂念。希望您努力珍重。盼望您经常依托北风的方便，惠赐来信。李陵顿首。

<table>
<tr><td>① 幸：希望。　故人：老朋友。　② 胤子：儿子。　胤，后代。苏武曾娶匈奴女为妻，生子名通国，此时尚留在匈奴。　无恙：没病，平安的意思。　③ 惠：赐。　德音：对别人说话或来信的美称。</td></tr>
</table>

（王根林）

shàng dé huǎn xíng shū
尚德缓刑书

lù wēn shū
路温舒

zhāo dì bēng　　chāng yì wáng hè fèi　　xuān dì chū jí wèi　　　　lù wēn shū shàng shū　yán yí shàng
昭帝崩①，昌邑王贺废②，宣帝初即位③。路温舒上书，言宜尚

汉昭帝驾崩，昌邑王刘贺被废黜，汉宣帝刘询刚刚即皇帝位。路温舒呈上奏章，说应该崇尚仁德

dé huǎn xíng　　qí cí yuē
德缓刑。其辞曰：

放宽刑罚。其奏章说：

chén wén qí yǒu wú zhī zhī huò　　ér huán gōng yǐ xīng　　jìn yǒu lí jī zhī nàn　　ér wén
"臣闻齐有无知之祸，而桓公以兴④；晋有骊姬之难，而文

"我听说齐国因为有公孙无知的祸乱，才使桓公得以兴起；晋国因为有骊姬作难，才使文公得以

gōng yòng bà　　　jìn shì zhào wáng bù zhōng　zhū lǚ zuò luàn　　ér xiào wén wéi tài zōng　　　yóu shì
公用伯⑤。近世赵王不终，诸吕作乱，而孝文为太宗⑥。由是

称霸。近世的赵王不得善终，吕氏家族作乱，孝文帝才成为太宗。由此看来，祸乱的发生，是为圣明

guān zhī　　huò luàn zhī zuò　　jiāng yǐ kāi shèng rén yě　　gù huán　wén fú wēi xīng huài　zūn wén
观之，祸乱之作，将以开圣人也。故桓、文扶微兴坏，尊文、

君主的即将出现开创了条件。所以齐桓公、晋文公扶助弱小的国家，振兴衰败的国势，尊崇周文

wǔ zhī yè　　zé jiā bǎi xìng gōng rùn zhū hóu　　suī bù jí sān wáng　　tiān xià guī rén yān　　wén dì
武之业，泽加百姓，功润诸侯，虽不及三王⑦，天下归仁焉⑧。文帝

王、周武王的业绩，施恩泽于百姓，功业惠及诸侯，虽然还赶不上三王的业绩，但天下人都归服于他们

yǒng sī zhì dé　　yǐ chéng tiān xīn chóng rén yì　shěng xíng fá　tōng guān liáng　yǐ yuǎn jìn　jìng xián
永思至德⑨，以承天心，崇仁义，省刑罚，通关梁，一远近，敬贤

的仁德了。文帝拥有深远的思虑和崇高的道德，以秉承上天的旨意，崇尚仁义，减省刑罚，使关隘

rú dà bīn　　ài mín rú chì zǐ　　　nèi shù qíng zhī suǒ ān　　　ér shī zhī yú hǎi nèi　shì
如大宾，爱民如赤子⑩，内恕情之所安⑪，而施之于海内，是

和桥梁畅通，使远方和附近统一，尊敬贤人如同尊敬贵宾，爱护百姓如同爱护婴儿，用宽厚之心考虑觉得心

yǐ líng yǔ kōng xū　　tiān xià tài píng　　fú jì biàn huà zhī hòu　　bì yǒu yì jiù zhī ēn　cǐ xián
以囹圄空虚⑫，天下太平。夫继变化之后，必有异旧之恩，此贤

安的，再在四海之内施行，因此监狱内空虚无犯人，天下太平安宁。大凡紧接政局变动之后，一定要有与以

shèng suǒ yǐ zhāo tiān mìng yě
圣所以昭天命也。

往不同的恩惠加于百姓，这就是圣贤的君主用来昭示上天授予使命的途径。

① 路温舒，西汉人，出身贫寒，官至监淮太守，很有政绩。 **昭帝**：西汉昭帝刘弗陵，武帝少子。武帝死，大臣霍光，金日磾、上官桀等受遗诏辅佐刘弗陵即位。在位十三年。 **崩**：皇帝死叫作崩。 ② **昌邑王贺**：刘贺，武帝之孙，封昌邑王。昭帝死后无子，由刘贺继位。但他淫乱后宫，霍光奉太后命废之。 ③ **宣帝**：西汉宣帝刘询，武帝曾孙。刘贺被废，刘询即位。在位二十五年。 ④ **"臣闻"二句**：春秋时齐国公孙无知杀死齐襄公自立，不久被国人所杀，时襄公之弟小白流亡国外，遂回国即位，是为齐桓公，终为春秋五霸之一。以，以之，因此。 ⑤ **"晋有"二句**：春秋时晋献公的宠妃骊姬想让自己生的儿子继位，在献公面前谗毁公子重耳等人。重耳被迫流亡国外，后来在秦国的帮助下，重耳回国做了国君，是为晋文公，也是春秋五霸之一。 **用**，因而，因此。 **伯**，通"霸"。 ⑥ **"近世"三句**：赵王刘如意是汉高祖刘邦爱妃戚夫人的儿子，刘邦死后，吕后害死戚夫人，又用毒酒药死赵王刘如意。太后吕后专政，大封本家侄儿。吕后死，吕氏家族图谋作乱，太尉周勃、丞相陈平定叛乱，迎立代王刘恒即位，即是汉文帝。 **太宗**，汉文帝的庙号。 ⑦ **三王**：夏禹、商汤、周文王武王。为人们公认的有道君主。 ⑧ **天下归仁**：语出《论语·颜渊》："一日克己复礼，天下归仁焉。"意为天下人都归服于仁德，标志时世清明。 ⑨ **永思**：深思，深远的思虑。 **至德**：崇高的道德。 ⑩ **赤子**：初生之婴儿。 ⑪ **恕**：即恕思，用宽厚之心考虑。 ⑫ **图圄**：监狱。

wǎng zhě zhāo dì jí shì ér wú sì dà chén yōu qī jiāo xīn hé móu jiē yǐ chāng yì
"往者昭帝即世而无嗣①，大臣忧戚，焦心合谋，皆以昌邑

"先前昭帝去世后没有儿子，大臣们忧愁，焦急地共同商议，都认为昌邑王刘贺尊贵亲近，就

zūn qīn yuán ér lì zhī rán tiān bú shòu mìng yín luàn qí xīn suì yǐ zì wáng shēn chá huò biàn
尊亲，援而立之。然天不授命，淫乱其心，遂以自亡。深察祸变

引入宫来立为皇帝。但是上天不授予他帝王的使命，使他内心淫乱，于是自取灭亡。深入地考察发生

zhī gù nǎi huáng tiān zhī suǒ yǐ kāi zhì shèng yě gù dà jiāng jūn shòu mìng wǔ dì gǔ gōng hàn
之故，乃皇天之所以开至圣也。故大将军受命武帝②，股肱汉

祸乱的原因，乃是上天借此为最圣明君主的出现开创条件。所以大将军霍光接受武帝遗命，辅助汉朝

guó pī gān dǎn jué dà jì chù wú yì lì yǒu dé fǔ tiān ér xíng rán hòu zōngmiào yǐ ān
国③，披肝胆，决大计，黜亡义④，立有德，辅天而行，然后宗庙以安，

披肝沥胆，决定大计，废黜无义的人，拥立有德的明君，帮助上天行事，而后朝廷得以安定，天下全境

tiān xià xián níng
天下咸宁⑤。臣闻《春秋》正即位⑥，大

太平。我听说《春秋》上讲，帝王受天命即位就要改变历

yī tǒng ér shèn shǐ yě
一统而慎始也。陛下初登至尊，与

法，用意是使天下统一并谨慎地对待事业的开始。皇上现

tiān hé fú yí gǎi qián shì zhī shī zhèng shǐ shòu mìng zhī
天合符，宜改前世之失，正始受命之

在新登帝位，与天意相符，应该改正前代的失误，端正刚刚

tǒng dí fán wén chú mín jí cún wáng jì jué
统，涤烦文，除民疾，存亡继绝，

受命的国家纲纪，清除烦苛的法律条文，解除百姓的疾苦，

yǐ yìng tiān yì
以应天意。

使消亡的得到生存，断绝的得到延续，以顺应上天的旨意。

① 即世：逝世。 嗣：后代。
② 大将军：指霍光。汉武帝临终前任霍光为大司马大将军，辅佐年仅八岁的幼主昭帝即位。
③ 股肱：大腿和胳膊，辅助和捍卫的意思。 ④ 亡义：即无义。亡，无。 ⑤ 咸：都，全。 ⑥ 正即位：新的王朝建立之初，首先要改变历法，以表示承受天命。正，即一年开始的那个月，就是正月。汉高祖刘邦即位，承秦制，以建亥之月为岁首。武帝即位，改为以建寅之月为岁首，自此一直沿用到清朝灭亡。

chén wén qín yǒu shí shī qí yī shàng cún zhì yù zhī lì shì yě qín zhī shí xiū wén
"臣闻秦有十失，其一尚存，治狱之吏是也。秦之时，羞文

"我听说秦朝有十大过失，其中有一条现在仍然存在，那就是司法官吏的过失。秦朝的时候，看不

xué hào wǔ yǒng jiàn rén yì zhī shì guì zhì yù zhī lì zhèng yán zhě wèi zhī fěi bàng è guò
学，好武勇，贱仁义之士，贵治狱之吏，正言者谓之诽谤，遏过

起儒术，崇尚武勇，蔑视主张仁义的人士，尊崇主管刑狱的官吏，正直的言论被看作是诽谤，阻止错误

zhě wèi zhī yāo yán gù shèng fú xiān sheng bú yòng yú shì zhōng liáng qiè yán jiē yù yú xiōng yù
者谓之妖言。故盛服先生不用于世①，忠良切言皆郁于胸，誉

的话被当作是妖言。所以衣冠齐楚的儒者得不到任用，忠良切实的言论只能郁积在胸中，浮夸诡谀

yú zhī shēng rì mǎn yú ěr xū měi xūn xīn shí huò bì sè cǐ nǎi qín zhī suǒ yǐ wáng tiān xià yě
谀之声日满于耳，虚美熏心，实祸蔽塞。此乃秦之所以亡天下也。

的赞誉整天充斥君主的耳朵，虚假的美名熏陶着君主的心，实在的祸害却被掩盖住了。这些正是秦

fāng jīn tiān xià lài bì xià ēn hòu wú jīn gé zhī wēi jī hán zhī huàn fù zǐ fū qī lù
方今天下，赖陛下恩厚，亡金革之危、饥寒之患②，父子夫妻，戮

朝所以失去天下的原因。而今天下依赖陛下大恩，没有战争的危险和饥寒的忧患，父子夫妻，齐心协

217

力安家③。然太平未洽者④，狱乱

力治理家园。但是太平的世道之所以还不够美满，

之也。

那正是刑狱之灾乱加于人民的缘故。

① 盛服先生：衣冠齐楚的儒者。
② 金革：兵器甲胄，喻战争。
③ 戮力：齐心合力。 ④ 洽：协调，和美。

"夫狱者，天下之大命也。死者不可复生，绝者不

"要说刑狱，那可是主宰天下人性命的大事。处死的人不可能再活过来，断了的头不可能再接

可复属①。《书》曰：'与其杀不辜，宁失不经②。'今治狱吏则

起来。《尚书》上说：'与其错杀无罪的人，宁愿犯不按常规办事的过错。'而今管理刑狱的官吏可不

不然，上下相驱，以刻为明，深者获公名，平者多后患。故治狱

这样，他们上下相互催督，把苛刻当作廉明，判得重就获取公正的名声，判得公平反而留下后患。所以

之吏，皆欲人死。非憎人也，自安之道，在人之死。是以死人

管理刑狱的官吏，都想置人于死地。这不是因为他们特别憎恨谁，而是保全自己的途径，就在于判人

之血，流离于市，被刑之徒，比肩而立，大辟之计③，岁以万数，此

死刑。因此死人的血淋满于街市，被判刑的罪犯多得肩挨肩站立，统计死刑的罪犯，一年中要以万数，

仁圣之所以伤也。太平之未洽，凡以此也。夫人情安则

这是仁德圣明的圣主感到悲伤的原因。太平世道还不够完满，大都是因为这个缘故。人之常情，平安就

乐生，痛则思死。棰楚之下，何求而不得？故因人不胜痛，

欢喜活着，痛苦就想一死了之。在严刑拷打之下，有什么口供得不到呢？所以因犯经不起痛苦的折磨，

则饰辞以视之④；吏治者利其然，则
就编造假话招供；刑狱官觉得这样对自己有利，就引

指道以明之；上奏畏却，则锻炼而
导因犯明确自己的罪行；上奏后又怕被驳回来，就修

周内之⑤。盖奏当之成，虽咎繇听
饰文辞来罗织周密的罪状，让人陷入法网。当罪行定

之⑥，犹以为死有余辜。何则？成练
案以后，即使让皋陶来审讯决断，还会认为是死有余

者众，文致之罪明也。是以狱
辜。为什么呢？因为罗织成的罪状很多，玩弄法律条文

吏专为深刻，残贼而亡极⑦，
所定的罪名也很明确。所以司法官吏专做残酷苛刻

愉为一切⑧，不顾国患，此世之大贼也。故俗语曰：'画地为狱，议不
的事，无休止地残害别人，只顾苟且一时，不管国家的后患，这可是世上的大祸害啊！所以俗话说：'就

入⑨；刻木为吏，期不对⑩。'此皆疾吏之风，悲痛之辞也。故天下之
是在地上画一个牢，人们也不会考虑进去；就是木头刻的狱吏，人们也决不愿同他对质。'这都是痛恨

患，莫深于狱；败法乱正，离亲塞道，莫甚乎治狱之吏。此所谓
狱吏的民谣，悲伤痛苦的议论啊！所以天下的祸患，没有比刑狱更厉害的了；败坏法纪扰乱是非，离散

一尚存者也。
亲人堵塞道义，没有比司法官吏更厉害的了。这就是前文所说至今还存在的秦朝十大过失之一。

①属：接续。②"《书》曰"三句：见《尚书·大禹谟》。不辜，无罪的人。不经，不按常规办事。③大辟：死刑。④视：通"示"。这里作招供解。⑤锻炼：原意是冶炼金属，此作罗织罪状解。周内：使罪状周密陷人于罪。⑥咎繇：又写作皋陶，相传是帝舜时掌管刑法的官，以执法公正廉明称。听：审讯。⑦亡极：即无极。亡，无。⑧愉：通"偷"，苟且。⑨议：谋虑。⑩期：必定。

chén wén wū yuān zhī luǎn bù huǐ　　　ér hòu fèng huáng jí　　fěi bàng zhī zuì bù zhū　　ér hòu liáng

"臣闻乌鸢之卵不毁①，而后凤皇集；诽谤之罪不诛，而后良

"我听说树上乌鸦老鹰的蛋不被毁掉，然后凤凰才会飞来；犯有诽谤罪而不处死，然后才有人敢

yán jìn　　gù gǔ rén yǒu yán　　shān sǒu cáng jí　　chuān zé nà wū　　jǐn yú nì è　　guó jūn hán

言进。故古人有言②：'山薮藏疾③，川泽纳污；瑾瑜匿恶④，国君含

进谏良言。因此古人说：'深山草泽隐藏有害之物，江河湖沼容纳污泥浊水；美玉隐匿着缺陷，国君要能容

gòu　　wéi bì xià chú fěi bàng　　yǐ zhāo qiè yán　　kāi tiān xià zhī kǒu guǎng zhēn jiàn zhī lù　　sǎo wáng

诟⑤。'唯陛下除诽谤，以招切言，开天下之口，广箴谏之路⑥，扫亡

忍辱骂。'希望陛下革除诽谤的罪名，以招纳直切的言论，让天下都敢于说话，广开规劝诤谏的道路，扫除

qín zhī shī　　zūn wén wǔ zhī dé shěng fǎ zhì　　kuān xíng fá　　yǐ fèi zhì yù　　zé tài píng zhī fēng　　kě

秦之失，尊文武之德，省法制，宽刑罚，以废治狱。则太平之风，可

已经灭亡的秦朝的过失，尊崇周文王、周武王的德政，精简法律条文，放宽刑罚，以求废除刑狱。那么，太平

xīng yú shì　　yǒng lǚ hé lè　　yǔ tiān wú jí　　tiān xià xìng shèn

兴于世；永履和乐，与天亡极，天下幸甚！"

的风气可以在社会上兴盛起来；人们永远生活在安乐之中，与苍天一样长久无限。天下人将无比庆幸！"

shàngshàn qí yán

上善其言。

皇上认为路温舒的意见很好。

> ① 鸢：老鹰。卵：蛋。　② 古人：指春秋时晋国大夫伯宗。见《左传·宣公十五年》。　③ 薮：水浅草茂的湖泽。
> ④ 瑾瑜：美玉。　⑤ 诟：辱骂。　⑥ 箴：劝告，劝戒。

（王根林）

bào sūn huì zōng shū

报孙会宗书

yáng yùn

杨恽

yùn jì shī jué wèi jiā jū　　zhì chǎn yè　　qǐ shì zhái　　yǐ cái zì yú　　suì yú　　qí yǒu rén ān

恽既失爵位家居，治产业，起室宅，以财自娱。岁余，其友人安

杨恽失去爵位在家，便治理产业，建造住宅，以经营理财排遣自乐。过了一年多，他的朋友安定太

dìng tài shǒu xī hé sūn huì zōng　　　zhī lüè shì yě　　yǔ yùn shū　jiàn jiè zhī　　wèi yán dà chén fèi tuì
定太守西河孙会宗①，知略士也，与恽书，谏戒之。为言大臣废退，

守西河人孙会宗，一位有智谋的士人，写信给杨恽，对他进行劝戒。说作为大臣被免职后，应该关起门

dāng hé mén huáng jù　　wéi kě lián zhī yì　　bù dāng zhì chǎn yè　tōng bīn kè　yǒu chēng yù　yùn zǎi
当阖门惶惧②，为可怜之意；不当治产业，通宾客，有称誉。恽宰

来惶恐地思过，以博取人们的同情；而不应该治理产业，交结宾客，得到别人的赞誉。杨恽是丞相的儿子

xiàng zǐ　　shào xiǎn cháo tíng　yì zhāo àn mèi　yǔ yán jiàn fèi　nèi huái bù fú　bào huì zōng shū yuē
相子③，少显朝廷，一朝暗昧，语言见废，内怀不服。报会宗书曰：

年轻时就名扬朝廷，由于一时糊涂，说话不慎而被罢官免职，心里不服气。他回信给孙会宗说：

> ① 杨恽（？～前54），西汉人，一度名显朝廷，后因狂放不羁，蔑视权
> 贵遭谗被腰斩。　安定：郡名，治所在今宁夏固原。孙会宗：西河
> 郡人，官安定太守。杨恽被诛后，他受牵连罢官。　② 阖门：关门。
> ③ 宰相：指杨恽的父亲杨敞，汉昭帝时任丞相，娶司马迁之女为妻。

yùn cái xiǔ xíng huì　wén zhì wú suǒ dǐ　　xìng lài xiān rén yú yè　dé bèi sù wèi
"恽材朽行秽，文质无所底①，幸赖先人余业，得备宿卫。

"我资质朽烂，行为肮脏，外在表现和内在品质都达不到要求，只是侥幸地依赖先辈留下的功

zāo yù shí biàn　　yǐ huò jué wèi　　zhōng fēi qí rèn　zú yǔ huò huì　zú xià āi qí yú
遭遇时变②，以获爵位。终非其任，卒与祸会。足下哀其愚，

绩，才得以充当皇上的侍卫。由于遇到非常事变，因而获得官爵。但是这终究不是我所能胜任的，

méng cì shū　jiào dū yǐ suǒ bù jí　yīn qín shèn hòu　rán qiè hèn zú xià bù shēn wéi qí
蒙赐书，教督以所不及，殷勤甚厚。然窃恨足下不深惟其

因此最后还是遇到了灾祸。您哀怜我的愚昧，承蒙赐给我书信，教导监督我做得不够的地方，情意

zhōng shǐ　　ér wěi suí sú zhī huǐ yù yě④　　yán bǐ lòu zhī yú xīn　ruò nì zhǐ ér wén
终始③，而猥随俗之毁誉也④。言鄙陋之愚心，若逆指而文

十分恳切深厚。然而我私下却遗憾您没有进一步思考事情的原委，而轻易地跟随世俗之见对我进

guò⑤　　mò ér xī hū　kǒng wéi kǒng shì　gè yán ěr zhì　zhī yì　　gù gǎn lüè chén qí yú
过⑤；默而息乎，恐违孔氏'各言尔志'之义⑥。故敢略陈其愚，

行褒贬。要是陈说自己鄙俗浅陋的心里话吧，好像有意违拗您的旨意而文过饰非；要是保持沉默不

wéi jūn zǐ chá yān
唯君子察焉。

说吧，又恐怕违反了孔子'各言尔志'的教导。所以我才敢大略地陈述自己的愚见，希望您能明察。

① 底：通"抵"。引致，达到。　② 时变：指霍光子孙霍禹等人欲谋反事。　③ 惟：思考，谋虑。　④ 猥：随意，轻率。　⑤ 文过：掩饰过错。　⑥ 孔氏：指孔子。　　"各言尔志"：语出《论语·公冶长》："盍（何不）各言尔志？" 尔，你，你们。

"恽家方隆盛时，乘朱轮者十人①，位在列卿②，爵为通侯③，

"我家正在兴盛的时候，乘坐朱轮车的有十个人，我本人官位在九卿之列，爵位是通侯，统领

总领从官④，与闻政事。曾不能以此时有所建明⑤，以宣德化，

着宫内的侍从官，参与国家政事。我却不能在这个时候有所建树，来宣扬德政教化，又能和同

又不能与群僚同心并力，陪辅朝廷之遗忘，已负窃位素餐之责。

僚们同心协力，辅佐朝廷，补救考虑不周的地方，已经自身负窃踞官位白吃俸禄的指责很久了。由

久矣⑥。怀禄贪势，不能自退，遭遇变故，横被口语，身幽北阙⑦，

于怀恋俸禄贪恋权势，不能自动退职，于是遭到意外的变故，随意地受到指责，自身被拘禁在北阙，

妻子满狱。当此之时，自以夷灭不足以塞责，岂意得全首领⑧，

妻子儿女都关押在监狱。在这个时候，自己以为即使诛灭全家也不足以抵偿罪责，哪里想到能保住

复奉先人之丘墓乎？伏惟圣主之恩不可胜量。君子游道，乐以

性命，还能再去供奉祖宗的坟墓呢？惶恐地思忖，圣明君主的恩德真是没法计量啊！君子游遨在

忘忧；小人全躯，说以忘罪⑨。窃自私念，过已大矣，行已亏矣，

道义中，快乐地忘记了忧愁；小人能保全身躯，就高兴地忘记了罪过。我暗地思量，自己的罪过已经

长为农夫以没世矣。是故身率妻子，戮力耕桑⑩，灌园治产，

很大了，行为已经有了亏缺，就长期做个农夫到死算了。所以亲自率领妻子儿女，同心协力从事农

以给公上。不意当复用此为讥议也⑪。

桑，浇灌田园治理产业，来缴纳官府的赋税。没有想到，又因为这样做而受到人们的议论和讥笑。

222

> ① 朱轮：用红漆漆车轮的车子。汉制，公卿列侯及俸禄在二千石以上的官员才能乘朱轮车。　② 列卿：汉朝廷设有九卿，都是中央的高级官员。　③ 通侯：原称彻侯，为避汉武帝名(刘彻)讳改为通侯。为十二等爵中最高一级。　④ 从官：皇帝的侍从官。杨恽曾任光禄勋，管辖所有的侍从官。　⑤ 曾：而，乃，表示语气转折。　⑥ 素餐：语出《诗经·魏风·伐檀》："彼君子兮，不素餐兮。"白吃饭。　⑦ 北阙：宫殿北面的楼观，为臣子上书奏事的地方。　⑧ 首领：头颅。　⑨ 说：通"悦"。　⑩ 戮力：齐心协力。　⑪ 用：以，因。

"夫人情所不能止者，圣人弗禁。故君父至尊亲，送其终也①，

"人之常情所不能制止的事，圣人也是不禁止的。所以国君和父亲是最尊贵、最亲近的了，为他们送

有时而既②。臣之得罪已三年矣，田家作苦，岁时伏腊③，烹羊炰羔④，

终服丧，也有结束的时候。我从获罪至今已经三年了，农家耕种非常辛苦，伏日腊日按时祭祀，煮羊肉烤羊

斗酒自劳。家本秦也，能为秦声；妇赵女也，雅善鼓瑟⑤，奴婢歌者

羔，就喝上一壶酒自我慰劳一番。我出生在秦地，能唱秦地的歌谣；我妻子出生在赵地，一向善于弹瑟，

数人。酒后耳热，仰天拊缶⑥，而呼乌乌。其诗曰：'田彼南山，芜秽

奴婢中也有几个人会唱歌。喝酒后耳朵发热，仰起头拍打着瓦缶，就呜呜地唱起来。歌词是：'南山坡

不治；种一顷豆，落而为萁⑦。人生行乐耳，须富贵何时⑧？'是日

上来种田，田地荒芜无人管；当初种下一顷豆，豆子掉了只剩秆。人生在世为行乐，富贵等到哪一天？'在

也，拂衣而喜，奋袖低昂，顿足起舞，诚淫荒无度，不知其不可也。

这一天，我提起衣服兴高采烈，上上下下挥舞袖子，跺着脚跳起舞蹈，确实是纵情欢乐没有节制，并不知

恽幸有余禄，方籴贱贩贵⑨，逐什一之利⑩。此贾竖之事⑪，污辱之处，

道这样做有什么不可以。我家幸而有积余的俸禄，正在作贱买贵卖的生意，追求那十分之一的利润。这

223

yùn qīn xíng zhī　　xià liú zhī rén　zhòng huǐ suǒ guī　bù hán ér lì　suī yǎ zhī yùn zhě　yóu suí fēng

恽亲行之。下流之人，众毁所归⑫，不寒而栗。虽雅知恽者，犹随风

> 是低贱的商人干的事，是受污辱的地方，可我却亲自去做了。地位卑贱的人，大家都对他诋毁诽谤，真令人

ér mǐ　　shàng hé chēng yù zhī yǒu　　dǒng shēng bù yún hū　　míng míng qiú rén yì　cháng kǒng bù néng huà

而靡⑬，尚何称誉之有？董生不云乎⑭：'明明求仁义，常恐不能化

> 不寒而栗。即使是一向了解我的人，尚且跟着人们随风倒，哪里还会有人称赞我呢？董仲舒不是说过吗：'急

mín zhě　qīng dà fū yì yě　　míng míng qiú cái

民者，卿大夫意也；明明求财

> 切切追求仁义，常担心不能感化百姓的，是卿大

lì　shàng kǒng kùn fá zhě　shù rén zhī shì

利，尚恐困乏者，庶人之事

> 夫的想法；急切切追求财利，常担心贫穷困乏的，是

yě　　gù dào bù tóng bù xiāng wéi móu

也⑮。'故'道不同，不相为谋'⑯。

> 平民百姓的事情。'所以'信仰不同，相互间没

jīn zǐ shàng ān dé yǐ qīng dà fū zhī zhì ér

今子尚安得以卿大夫之制而

> 有什么可商量的'。现在您怎么还能用卿大夫的

zé pú zāi

责仆哉？

> 标准来责备我呢？

---

① 送其终：指为国君和父亲料理丧事。

② 既：完，结束。　③ 伏腊：秦汉时习俗，各选取夏天和冬天的一日进行祭祀。　伏，指夏至后第三个庚日。　腊，指冬至后第三个戌日。

④ 炰：裹起来烤。　羔：幼羊。　⑤ 雅：素来，一向。　⑥ 拊：拍打。　缶：瓦制乐器。　⑦ 萁：豆茎。⑧ 须：等待。⑨ 籴：买进粮食。　⑩ 什一：十分之一。　⑪ 贾竖：对商人的贱称。　⑫ "下流"二句：语出《论语·子张》："是以君子恶居下流，天下之恶皆归焉。"这里是说地位卑贱的人，大家都把坏事往他身上推。⑬ 靡：倒伏。　⑭ 董生：指汉代大儒董仲舒。⑮ "明明"六句：语出董仲舒《对贤良策》三，文字有所不同。《汉书·董仲舒传》"明明"作"皇皇"，"皇皇"即"遑遑"，急切的样子。　⑯ "道不同，不相为谋"：语出《论语·卫灵公》。

---

fú xī hé wèi tǔ　wén hóu suǒ xīng　yǒu duàn gān mù tián zǐ fāng zhī yí fēng　piāo rán

"夫西河魏土①，文侯所兴②，有段干木、田子方之遗风③，漂然

> "您的家乡西河郡原是魏国的土地，是魏文侯设置的，有着贤人段干木、田子方遗留下来的好风

jiē yǒu jié gài　zhī qù jiù zhī fèn　qǐng zhě　zú xià lí jiù tǔ　lín ān dìng　ān dìng shān

皆有节概④，知去就之分⑤。顷者⑥，足下离旧土，临安定。安定山

> 尚，他们都有高远的节操气概，懂得去留取舍的道理。近来您离开故乡，来到安定郡。安定郡地处山

gǔ zhī jiān　kūn róng jiù rǎng　zǐ dì tān bǐ　qǐ xí

谷之间，昆戎旧壤[7]，子弟贪鄙，岂习

谷之间，过去是昆戎族的地界，那里的人贪婪浅陋，难道

sú zhī yí rén zāi　yú jīn nǎi dǔ zǐ zhī zhì

俗之移人哉？于今乃睹子之志

是当地的习俗改变了您了吗？到今天我才看清了您

yǐ　fāng dāng shèng hàn zhī lóng　yuàn miǎn zhān

矣！方当盛汉之隆，愿勉旃[8]，

的志向！如今汉朝正处于鼎盛时期，希望您好自为之，

wú duō tán

毋多谈。"

不必多说了。"

① **西河**：西汉郡名，孙会宗出生地。但战国时魏国的西河，在今陕西东部黄河西岸地区，与西汉时不同。作者这样说，是为了讽刺孙会宗。　② **文侯**：魏文侯，战国时魏国君主。　③ **段干木、田子方**：魏国贤人。　④ **漂然**：高远的样子。　⑤ **去就**：去留，退进。　⑥ **顷者**：近来，近日。　⑦ **昆戎**：即西戎，古代西部的一个少数民族部落。　⑧ **旃**："之焉"的合音，语气词。

（王根林）

光武帝临淄劳耿弇

guāng wǔ dì lín zī láo gěng yǎn

hòu hàn shū

《后汉书》

chē jià zhì lín zī　zì láo jūn　qún chén dà huì　dì wèi yǎn yuē　xī hán xìn pò

车驾至临淄①，自劳军，群臣大会。帝谓弇曰②："昔韩信破

光武帝来到临淄，亲自慰劳军队，群臣都在这里集会。光武帝对耿弇说："过去韩信击破

lì xià yǐ kāi jī　jīn jiāng jūn gōng zhù ē yǐ fā jì　cǐ jiē qí zhī xī jiè　gōng zú

历下以开基③，今将军攻祝阿以发迹④。此皆齐之西界，功足

历下而开创汉朝的基业，而今将军你攻克祝阿而由此发迹。这两个地方都是齐国的西部地界，因此你的功劳

xiāng fāng　ér hán xìn xí jī yǐ xiáng　jiāng jūn dú bá qíng dí　qí gōng nǎi nán yú xìn

相方⑤。而韩信袭击已降，将军独拔勍敌⑥，其功乃难于信

是足以和韩信相比的。然而韩信袭击的是已经降服的对手，而将军你却是独立战胜强劲的敌人，

225

也。又田横烹郦生⑦，

取得这个功劳要比韩信困难。另外，当

及田横降，高帝诏卫尉，

初田横烹杀了郦食其，到田横投降的

不听为仇⑧。张步前亦

时候，高帝下诏给卫尉郦商，不允许他

杀伏隆⑨，若步来归命，

与田横为仇。张步以前也杀了伏隆，如

吾当诏大司徒释其

果张步来归降听命，我也要诏告大司

怨⑩，又事尤相类也。

徒伏湛，解除他和张步的冤仇，这两件

将军前在南阳⑪，建此

事又更加相似。将军你以前在南阳的

大策，常以为落落难

时候，就提出这项重大的计策，我曾经

合⑫，有志者事竟

以为这事无人理解难以实现，如今看

成也。”

来，真是有志者事竟成啊！”

①《后汉书》，记载东汉一代历史，是一部纪传体断代史。车驾：皇帝外出所乘之车。此指光武帝刘秀。　临淄：今山东省淄博市。　②弇：耿弇，字伯昭。东汉初随刘秀起兵，以功拜大将军。刘秀即位，又升建威大将军，封好畤侯，在平齐战争中大破张步军，占领全齐，立有大功。③韩信破历下：韩信是西汉初著名军事家，在楚汉战争中战功赫赫。曾率军攻破齐国历下，占领齐国都临淄。但此前刘邦已派郦食其与齐王讲和，齐王撤除了防务，韩信知道此事，仍然向齐进军，灭掉了齐国。　历下，在今山东省济南市东。　④祝阿：在山东省原历城县西南。耿弇攻击齐王张步，从攻打祝阿开始，所以说“发迹”于此。　⑤相方：相比。　⑥劲敌：劲敌，强敌。　⑦田横烹郦生：田横原为齐国贵族，楚汉战争中领兵击败项羽，收复齐地，立田广为齐王，自己为相国。韩信破齐后，田横认为郦食其欺骗了自己，便把郦食其烹死。郦生，郦食其，刘邦的谋士。　⑧“及田横”三句：汉军破齐后，田广被俘，田横率部下逃亡到海岛上，刘邦派人召田横归汉，田横说：“我烹死了陛下的使者郦食其，听说郦食其之弟郦商现任卫尉，所以不敢归汉。”刘邦就对郦商说：“如果田横归汉，谁敢伤害他就治谁灭族之罪。”但是田横却在距洛阳三十里的地方自杀了。　高帝，即汉高祖刘邦。　卫尉，官名，掌宫门警卫，统领宫廷卫兵。此指任卫尉的郦商。　听，允许。　⑨张步：齐琅玡人，刘秀起兵时张步在齐地拥兵自重。刘秀派伏隆使齐，拜他为东莱太守，后梁王刘永又派使立他为齐王，张步遂杀了伏隆。　⑩大司徒：官名，三公之一，相当于西汉的丞相。此指任大司徒的伏湛，他是伏隆的父亲。　⑪南阳：郡名，治所宛县在今河南南阳。　⑫常：通“尝”，曾经。

（王根林）

jiè xiōng zǐ yán dūn shū
诫兄子严敦书

mǎ yuán
马 援

yuán xiōng zǐ yán dūn   bìng xǐ jī yì   ér tōng qīng xiá kè   yuán qián zài jiāo zhǐ   huán shū jiè
援兄子严、敦①，并喜讥议，而通轻侠客。援前在交阯②，还书诫

马援哥哥的儿子马严、马敦，都喜欢讥笑议论别人，而且结交轻薄的侠客。马援以前在交阯的时

zhī yuē
之曰：

候，写回信训诫他们说：

wú yù rǔ cáo wén rén guò shī   rú wén fù mǔ zhī míng   ěr kě dé wén   kǒu bù kě
"吾欲汝曹闻人过失③，如闻父母之名，耳可得闻，口不可

"我希望你们听到别人的过失，就好像听到自己父母的名字一样，耳朵可以听，但嘴里不可说。

dé yán yě   hào yì lùn rén cháng duǎn   wàng shì fēi zhèng fǎ   cǐ wú suǒ dà wù yě   nìng sǐ bú
得言也。好议论人长短，妄是非正法，此吾所大恶也。宁死不

喜欢议论他人长短，乱评论褒贬国家的法制，这是我最痛恨的。宁死也不愿听到子孙有这种行为。

yuàn wén zǐ sūn yǒu cǐ xíng yě   rǔ cáo zhī wú wù zhī shèn yǐ   suǒ yǐ fù yán zhě   shī jīn jié
愿闻子孙有此行也！汝曹知吾恶之甚矣，所以复言者，施衿结

你们知道我对这种行为痛恨已极，之所以还要重复说，就像女儿出嫁时，父母为她系上衣带和佩巾，

lí   shēn fù mǔ zhī jiè   yù shǐ rǔ cáo bú wàng zhī ěr
缡④，申父母之戒，欲使汝曹不忘之耳。

又训诫她到夫家不要出差错一样，是想让你们不要忘记而已。

---

① **马援**（前14～49），东汉建武年间官至伏波将军，为著名将领。 **援兄**：马援的哥哥马余。 **严、敦**：马严、马敦，马余的儿子。 ② **交阯**：郡名，又作交趾，辖境在今越南北部。 ③ **汝曹**：你们。 **曹**，辈。多用于以尊长称小辈。 ④ **衿**：系衣服的带子。 **缡**：妇女用的佩巾。古代女子出嫁，临行前父母要给她系上带子，结好佩巾，嘱咐她到夫家要当好媳妇。

"龙伯高敦厚周慎①，口无择言，谦约节俭，廉公有威。吾

"龙伯高为人忠厚谨慎，嘴里不说可挑剔的话，谦虚平易，生活节俭，廉洁公正，很有威望。我喜欢

爱之重之，愿汝曹效之。杜季良豪侠好义②，忧人之忧，乐人之

他，敬重他，希望你们学习仿效他。杜季良豪放侠义，为别人的忧愁而担忧，为别人的快乐而高兴，

乐，清浊无所失，父丧致客，数郡毕至。吾爱之重之，不愿汝曹

不论贵贱，他都和他们交往，为父亲办丧事的时候，前来的宾客，几个郡的人全部都到了。我喜欢他，

效也。效伯高不得，犹为谨敕之士；所谓'刻鹄不成尚类鹜'

敬重他，但是不希望你们学习仿效他。学习伯高不成，还可以做一个谨慎严整的士人，正像人们所说

者也③。效季良不得，陷为天下轻薄子，所谓'画虎不成反类狗'

的'刻画天鹅不成反而像只鸭子'。学习季良不成，就会堕落为世上的轻薄子弟，正像人们所说的'描画老

者也。迄今，季良尚未可知。郡将下车

虎不成反而像条狗'。到现在，还不知道杜季良以后会怎么样。新来的太守一下车就

辄切齿④，州郡以为言，吾常为寒心，是

切齿痛恨他，州郡的官员告诉我这些情

以不愿子孙效也。"

况，我是经常为他心里发冷，所以不希望我的子孙学习他。"

（王根林）

① 龙伯高：名述，字伯高，京兆（今陕西西安）人。初为山都长，后刘秀看到马援的这封信，提升他为零陵太守。 ② 杜季良：名保，字季良，京兆人。官越骑校尉，后仇人上书告他"为行浮薄，乱群惑众"，被刘秀罢官。 ③ 鹄：天鹅。 鹜：鸭子。 ④ 郡将：即太守，一郡的行政军事长官。

前 出 师 表
qián chū shī biǎo

诸葛亮
zhū gě liàng

臣亮言：先帝 创 业未半①，而中 道崩殂②。今天下三分，益州
chén liàng yán   xiān dì chuàng yè wèi bàn   ér zhōng dào bēng cú   jīn tiān xià sān fēn   yì zhōu

臣诸葛亮呈表进言：先帝开创大业尚未完成一半，竟中途去世。如今天下三国鼎立，我蜀汉国力困

疲敝③，此诚危急存亡之秋也。然侍卫之臣不懈于内、忠志之士
pí bì   cǐ chéng wēi jí cún wáng zhī qiū yě   rán shì wèi zhī chén bú xiè yú nèi   zhōng zhì zhī shì

乏，民生凋敝，现在正处在生死存亡的危急关头！然而，朝廷上的官员，在内供职毫不懈怠，军队中的

忘身于外者④，盖追先帝之殊遇⑤，欲报之于陛下也。诚宜开张圣
wàng shēn yú wài zhě   gài zhuī xiān dì zhī shū yù   yù bào zhī yú bì xià yě   chéng yí kāi zhāng shèng

将士，在外作战舍生忘死，这都是在追念先帝对他们的大恩大德，想报答给陛下啊！陛下实在应该

听⑥，以光先帝遗德⑦，恢弘志士之气⑧。不宜妄自菲薄⑨，引喻失
tīng   yǐ guāng xiān dì yí dé   huī hóng zhì shì zhī qì   bù yí wàng zì fěi bó   yǐn yù shī

广开言路，听取群臣意见，以发扬光大先帝遗留下来的美德，振奋鼓舞志士们的勇气。不可随便地看

义⑩，以塞忠谏之路也。宫中府中⑪，俱为一体⑫，陟罚臧否⑬，不
yì   yǐ sè zhōng jiàn zhī lù yě   gōng zhōng fǔ zhōng   jù wéi yì tǐ   zhì fá zāng pǐ   bù

轻自己，言谈训谕有失道理，从而堵塞了忠诚进谏的道路。宫廷之中和丞相府中，全是一个整体，升贬

① 诸葛亮（181～234），字孔明，三国时代的杰出人物，为蜀国丞相。　先帝：指刘备。　② 崩殂：
皇帝死称作"崩"，又叫"殂"。　③ 益州：汉代州名。相当于今云贵川大部及甘肃、陕西部分地区。
当时蜀汉的疆域基本上是汉的益州，因此称蜀汉为益州。　疲敝：困乏，贫弱。　④ 侍卫之臣：指朝
廷官员。　内：指朝廷上。　忠志之士：指军中将士。　⑤ 追：追念，怀念。　殊遇：特殊待遇。
⑥ 开张圣听：扩大皇帝的听闻。意思是要刘禅广开言路，听取意见。　⑦ 光：发扬光大。　⑧ 恢
弘：扩大，振奋。　⑨ 妄自菲薄：随便地看轻自己。　⑩ 引喻：称引和比喻。　失义：失当，不合道
理。　⑪ 宫中：指皇帝宫中。　府中：指丞相府中。　⑫ 俱为一体：全是一个整体，意思是内廷外
廷要协同一致。　⑬ 陟罚：升迁和处罚。　臧否：赞扬和批评。　⑭ 异同：偏重在"异"，即"不一
致"。　⑮ 作奸犯科：做了坏事冒犯法律。　⑯ 有司：有关部门。　⑰ 昭：显明。　平明之理：公
正清明的治理。

^{yí yì tóng}
宜异同⑭。若有作奸犯科及为忠善者⑮，宜付有司⑯，论其刑赏，以

赏罚，赞扬批评，不应标准不同。如有干坏事犯法纪的，或尽忠心做善事的，应该一律交给主管部门评

^{zhāo bì xià píng míng zhī lǐ} ^{bù yí piān sī shǐ nèi wài yì fǎ yě}
昭陛下平明之理⑰，不宜偏私，使内外异法也。

定，加以处罚或奖赏，以显示陛下公正清明的治理，切不可有所偏袒，使得宫中府中法令不一。

^{shì zhōng shì láng guō yōu zhī fèi yī dǒng yǔn děng cǐ jiē liáng shí zhì lǜ zhōng chún}
侍中、侍郎郭攸之、费祎、董允等①，此皆良实，志虑忠纯，

侍中、侍郎郭攸之、费祎、董允等，这些都是善良诚实，心志忠贞，意念纯真的人，所以先帝选拔

^{shì yǐ xiān dì jiǎn bá yǐ wèi bì xià yú yǐ wéi gōng zhōng zhī shì shì wú dà xiǎo xī yǐ zī}
是以先帝简拔以遗陛下②。愚以为宫中之事，事无大小悉以咨

他们，留下来辅佐陛下。臣下认为宫内的事情，无论大小，都应该征询他们的意见，然后再去施行。

^{zhī rán hòu shī xíng bì néng bì bǔ quē lòu yǒu suǒ guǎng yì jiāng jūn xiàng chǒng xìng xíng shū jūn}
之，然后施行，必能裨补阙漏③，有所广益。将军向宠性行淑均④，

这样一定能够弥补疏漏，收到较好的效果。将军向宠，性情平和，办事公正，通晓军事，当初曾被任用

^{xiǎo chàng jūn shì shì yòng yú xī rì xiān dì chēng zhī yuē néng shì yǐ zhòng yì jǔ chǒng wéi dū}
晓畅军事，试用于昔日⑤，先帝称之曰能，是以众议举宠为督⑥。

过，先帝称赞他是个能人，所以经过大家评议推举他做中部督。臣下认为军中的事情，无论大小，都可

^{yú yǐ wéi yíng zhōng zhī shì shì wú dà xiǎo xī yǐ zī zhī bì néng shǐ háng zhèn hé mù yōu liè dé}
愚以为营中之事，事无大小悉以咨之，必能使行阵和睦，优劣得

以去征询他的意见，就一定能够使军队团结和睦，德才高低的人各有合适的安排。亲近贤臣，疏远小

^{suǒ qīn xián chén yuǎn xiǎo rén cǐ xiān hàn suǒ yǐ xīng lóng yě qīn xiǎo rén yuǎn xián chén cǐ hòu}
所⑦。亲贤臣，远小人，此先汉所以兴隆也；亲小人，远贤臣，此后

人，这是汉朝前期所以能够兴盛的原因；亲近小人，疏远贤臣，这是汉朝后期因此而衰败的缘故。

^{hàn suǒ yǐ qīng tuí yě xiān dì zài shí měi yǔ chén lùn cǐ shì wèi cháng bú tàn xī tòng hèn yú huán}
汉所以倾颓也。先帝在时，每与臣论此事，未尝不叹息痛恨于桓、

先帝在世的时候，每逢与臣下议论到这件事，没有一次不对桓、灵二帝的作为发出叹息，感到痛心和遗

^{líng yě shì zhōng shàng shū zhǎng shǐ cān jūn cǐ xī zhēn liàng sǐ jié zhī chén yuàn bì xià qīn}
灵也⑧。侍中、尚书、长史、参军⑨，此悉贞亮死节之臣⑩，愿陛下亲

憾。侍中郭攸之、费祎，尚书陈震，长史张裔，参军蒋琬，这些都是坚贞坦诚，能以死报国的臣子，诚愿陛下亲

zhī xìn zhī　 zé hàn shì zhī lóng　 kě jì rì ér dài yě
之信之，则汉室之隆，可计日而待也。

近他们，信任他们，这样汉王室的兴盛，就指日可待了。

---

① **侍中**：侍从皇帝左右，以备应对顾问的官员。　**侍郎**：宫廷近侍官。　② **简拔**：选拔。刘备立刘禅为太子时，以费祎、董允任舍人，同为太子属官。　③ **裨**：增益。　**阙**：通"缺"，缺点。　**漏**：疏漏，过失。　④ **向宠**：蜀汉大臣向朗的儿子。刘备时任牙门将，刘禅时任中部督和中领军。　**性行**：性格品行。　**淑**：善良。　**均**：公正。　⑤ **试用于昔日**：指向宠曾随刘备伐吴，秭归兵败，只有向宠的部队损失最小，营垒得以保全，刘备曾称赞他能干。　⑥ **督**：中部督，禁卫军的统帅。　⑦ **优劣得所**：才能高的和才能低的都得到合理的安排。　⑧ **桓、灵**：指东汉末年的桓帝刘志和灵帝刘宏。他们在位时宠幸宦官，朝政腐败。　⑨ **侍中**：指郭攸之和费祎。　**尚书**：主管朝廷政务的高级官员，指陈震。　**长史**：丞相府主要佐官，指张裔。诸葛亮出征，张裔统管丞相府事。　**参军**：丞相府中主管军务的佐官，指蒋琬。诸葛亮死后继为尚书令，统领国事。　⑩ **贞亮**：坚贞诚实，忠诚坦白。　**死节**：死于节义，意思是能以死报国。

---

chén běn bù yī　 gōnggēng yú nán yáng　 gǒu quán xìng mìng yú luàn shì　 bù qiú wén dá yú zhū hóu
臣本布衣，躬耕于南阳①，苟全性命于乱世，不求闻达于诸侯②。

臣下本是个平民，在南阳隆中务农耕种，在乱世间只求保全性命，不想在诸侯中求得显

xiān dì bù yǐ chén bēi bǐ　 wěi zì wǎng qū　 sān gù chén yú cǎo lú zhī zhōng　 zī chén yǐ dāng shì zhī
先帝不以臣卑鄙③，猥自枉屈，三顾臣于草庐之中，咨臣以当世之

赫的名声。先帝不嫌臣下出身卑微，见识浅陋，不惜屈尊，三顾茅庐看望臣下，征询臣下对天下

shì　 yóu shì gǎn jī　 suì xǔ xiān dì yǐ qū chí　 hòu zhí qīng fù　 shòu rèn yú bài jūn zhī jì　 fèngmìng
事。由是感激，遂许先帝以驱驰④。后值倾覆⑤，受任于败军之际，奉命

大事的看法。因此臣下深为感动，从而允诺为先帝驱遣效力。后来正遇战事失败，臣下在败亡之际，

yú wēi nàn zhī jiān　 ěr lái èr shí yòu yì nián yǐ　 xiān dì zhī chén jǐn shèn　 gù lín bēng jì chén yǐ dà shì
于危难之间，尔来二十有一年矣。先帝知臣谨慎，故临崩寄臣以大事

接受了挽救危局的重任，至今已有二十一年了。先帝深知臣下处事谨慎，所以在临终时把辅助陛下

yě　 shòu mìng yǐ lái　 sù yè yōu tàn　 kǒng tuō fù bú xiào　 yǐ shāng xiān dì zhī míng　 gù wǔ yuè
也⑥。受命以来，夙夜忧叹，恐托付不效，以伤先帝之明，故五月

兴复汉室的大事交付给臣下。臣下接受先帝遗命以来，日夜担忧兴叹，唯恐托付给臣下的大任不能

dù lú　　shēn rù bù máo　　jīn nán fāng yǐ dìng　bīng jiǎ yǐ zú　dāng jiǎng shuài sān jūn　běi dìng zhōng
渡泸⑦，深入不毛⑧。今南方已定，兵甲已足，当奖率三军，北定中

完成，从而有损先帝的英明。所以臣下五月率兵南渡泸水，深入荒芜之境。如今南方已经平定，军库

yuán　shù jié nú dùn　　rǎng chú jiān xiōng　xīng fù hàn shì　huán yú jiù dū　　cǐ chén zhī suǒ yǐ
原，庶竭驽钝⑨，攘除奸凶⑩，兴复汉室，还于旧都⑪。此臣之所以

兵器装备充足，应当鼓励和统率全军，北伐平定中原地区；希望竭尽自己有限的能力，扫除奸贼，

bào xiān dì ér zhōng bì xià zhī zhí fèn yě　　zhì yú zhēn zhuó sǔn yì　jìn jìn zhōng yán　zé yōu
报先帝而忠陛下之职分也。至于斟酌损益，进尽忠言，则攸

复兴汉朝王室，迁归旧日国都。这是臣下所要报答先帝，效忠陛下的职责本分。至于权衡得失，向陛下进

zhī yī yǔn zhī rèn yě
之、祎、允之任也。

献忠言，那是郭攸之、费祎、董允他们的责任了。

---

① 南阳：郡名。诸葛亮曾隐居于南阳隆中（今湖北襄阳市一带）。　② 闻：名声，出名。　达：显
达，显贵。　诸侯：指东汉末年割据四方的军阀和州郡长官。　③ 卑鄙：出身卑贱，见识浅陋。
④ 驱驰：奔走效劳。　⑤ 倾覆：指兵败。建安十三年（208）曹操追击刘备，在当阳长坂坡大败刘
军；诸葛亮奉命出使东吴，联合孙权于赤壁之战挫败曹军，才得以转危为安。　⑥ 寄：委托，托付。
这句指刘备东伐孙吴，被吴将陆逊击败，退居白帝。章武三年（223）四月，刘备病死永安宫，临终把
国家大事托付给诸葛亮，并对刘禅说："汝与丞相从事，事之如父。"　⑦ 泸：水名，即现在的金沙江。
⑧ 不毛：不生草木，指不长粮食的荒凉之地。当时西南少数民族地区经济文化相当落后。建兴三年
（225）诸葛亮率军南征，曾到泸水。　⑨ 庶：庶几，表示愿望。　竭：尽，用尽。　驽钝：以劣马和钝
刀比喻才能低下。　⑩ 奸凶：指曹魏。　⑪ 旧都：指东汉曾建都的洛阳。

---

yuàn bì xià tuō chén yǐ tǎo zéi xīng fù zhī xiào　bú xiào　zé zhì chén zhī zuì　yǐ gào xiān dì zhī
愿陛下托臣以讨贼兴复之效；不效，则治臣之罪，以告先帝之

祈望陛下把讨伐奸贼，兴复汉室的大任交付给臣下；如果不能成功，那就请治臣下失职的罪过，以

líng　ruò wú xīng dé zhī yán　zé zé yōu zhī　yī　yǔn děng zhī màn①　yǐ zhāng qí jiù　bì xià yì
灵。若无兴德之言，则责攸之、祎、允等之慢①，以彰其咎。陛下亦

禀告先帝在天之灵。如果没有劝勉陛下发扬圣德的忠言，那就请追究郭攸之、费祎、董允等人的怠

yí zì móu   yǐ zī zōu shàn dào   chá nà yǎ yán   shēn zhuī xiān dì
宜自谋,以咨诹善道②,察纳雅言,深追先帝

慢之罪,公布他们的过失。陛下也应该自己思虑谋划,征询治理国家的好办

yí zhào   chén bù shēng shòu ēn gǎn jī   jīn dāng yuǎn lí   lín biǎo tì
遗诏。臣不胜受恩感激。今当远离,临表涕

法,明察和采纳正直的进言,深切地追忆先帝的遗诏。臣下这就受恩、感

líng   bù zhī suǒ yán
零,不知所言。

激不尽了。而今即将远征,流着泪写了这篇表文,激动得不知说了些什么。

① 慢:怠
慢,失职。
② 咨诹:
询问。

（盖国梁）

hòu   chū   shī   biǎo
后 出 师 表

zhū gě liàng
诸葛亮

xiān dì lù hàn   zéi bù liǎng lì   wáng yè bù piān ān   gù tuō chén yǐ tǎo zéi
先帝虑汉、贼不两立①,王业不偏安②,故托臣以讨贼

先帝考虑皇汉和逆贼不可并存,王业不能偏处一隅而自安,所以委托臣下去讨伐曹贼。照先帝那

yě   yǐ xiān dì zhī míng   liáng chén zhī cái   gù zhī chén fá zéi   cái ruò dí qiáng yě
也。以先帝之明,量臣之才,固知臣伐贼,才弱敌强也。

样的明察,量度臣下的才干,本来就知道叫臣下去讨伐曹贼,是臣下的才能薄弱而敌人的势力强大。但是,

rán bù fá zéi   wáng yè yì wáng   wéi zuò ér dài wáng   shú yǔ fá zhī   shì gù tuō
然不伐贼,王业亦亡,惟坐而待亡,孰与伐之③? 是故托

不去讨伐曹贼,王业也是要衰亡的,与其坐而待毙,哪比得过争取主动去讨伐他们呢? 因此,毫无疑虑地把

chén ér fú yí yě   chén shòu mìng zhī rì   qǐn bù ān xí   shí bù gān wèi   sī wéi běi zhēng
臣而弗疑也④。臣受命之日,寝不安席,食不甘味,思惟北征,

讨贼兴汉的大业托付给臣下了。臣下自受命之时起,就每日睡不安稳,食无滋味。思虑北伐中原,应该先平

yí xiān rù nán   gù wǔ yuè dù lú   shēn rù bù máo   bìng rì ér shí   chén fēi bú zì xī
宜先入南⑤。故五月渡泸,深入不毛,并日而食⑥。臣非不自惜

定南方。所以五月率兵渡过泸水,深入不毛之地,两天只吃一日的军粮。臣下不是不爱惜自己,只是看到汉

233

yě gù wáng yè bù kě piān quán yú
也，顾王业不可偏全于

王室的大业不可能偏处于蜀地一隅而得以保全，所以

shǔ dū gù mào wēi nàn yǐ fèng xiān dì zhī
蜀都⑦，故冒危难，以奉先帝之

甘冒危险艰难，来实现先帝的遗愿，可是争议者却以

yí yì yě ér yì zhě wèi wéi fēi jì jīn
遗意也。而议者谓为非计⑧。今

为这并不是上策。当前曹贼恰好在西线疲于对付边县

zéi shì pí yú xī yòu wù yú dōng bīng fǎ
贼适疲于西，又务于东⑨，兵法

的叛乱，在东线又要竭力去应付孙吴的进攻，按照兵

chéng láo cǐ jìn qū zhī shí yě jǐn chén
乘劳⑩，此进趋之时也⑪。谨陈

法应当趁敌疲劳之时出击，现正是赶快进攻的好时

qí shì rú zuǒ
其事如左⑫：

机。臣下恭敬郑重地把对这事的看法陈述如下：

---

① 汉：指蜀汉。 贼：指曹魏。 ② 偏安：指偏处于蜀地一隅，自以为安。 ③ 孰与：哪比得过。 ④ 弗疑：不迟疑。 ⑤ 入南：指诸葛亮深入南中，平定四郡事。 ⑥ 并日而食：两天只吃一日的食粮。 ⑦ 顾：只是，但。 蜀都：此指蜀汉之境。 ⑧ 议者：指当时蜀国中对出师北伐持不同意见的官吏。 非计：不是上策。 ⑨"今贼"二句：建兴六年（228）初，诸葛亮初出祁山，魏西部南安、天水、安定三郡，叛魏应汉，关中震动，故称"贼适疲于西"。其年八月，东吴大将陆逊击败魏将曹休，斩获万余，故称"又务于东"。 ⑩ 兵法乘劳：兵书上说要趁敌人劳顿时去进攻。 ⑪ 进趋：赶快进兵。 ⑫ 如左：如下，古时从右至左竖排书写。

---

gāo dì míng bìng rì yuè móu chén yuān shēn rán shè xiǎn bèi chuāng wēi rán hòu ān jīn bì xià
高帝明并日月①，谋臣渊深，然涉险被创，危然后安②。今陛下

汉高帝的明智，可以和日月相比，他手下的谋臣见识广博，谋略深远，但还是要历经艰险，身遭

wèi jí gāo dì móu chén bù rú liáng píng ér yù yǐ cháng jì qǔ shèng zuò dìng tiān xià cǐ chén
未及高帝，谋臣不如良、平③，而欲以长计取胜④，坐定天下，此臣

创伤，遭遇危难然后才得以安定。如今陛下及不上高祖皇帝，谋臣也不如张良、陈平，而想要用长久

zhī wèi jiě yī yě
之未解一也⑤。

对峙的策略来取胜，坐等着平定天下，这是臣下未能理解的第一点。

234

① **高帝**：汉高祖刘邦。　**明并日月**：聪明智慧可比日月。　②**"然涉险"二句**：楚汉战争期间，刘邦数被楚军围困；高帝四年（前203）在广武被项羽的伏兵射伤胸部。汉朝建立初时，刘邦又先后率兵讨伐各地叛乱，前200年为韩王信所勾结的匈奴兵困于平城；前195年讨淮南王英布时，为流矢所伤。　③**良、平**：张良、陈平，高祖的著名谋士。　④**长计**：长期相持的战略。　⑤**未解**：不能理解。胡三省认为：解，读"懈"；未解，就是未敢懈怠。两说皆可通。

liú yáo　wáng lǎng　　gè jù zhōu jùn　lùn ān yán jì　dòng yǐn shèng rén　qún yí mǎn fù

刘繇、王朗①，各据州郡，论安言计，动引圣人，群疑满腹，

刘繇、王朗，各自占据州郡，谈论安定天下的计策，动辄引用古代圣贤之言，大家疑虑满腹，各种

zhòng nàn sè xiōng　　Jīn suì bú zhàn　míng nián bù zhēng　shǐ sūn cè zuò dà　　suì bìng jiāng dōng

众难塞胸②；今岁不战，明年不征，使孙策坐大③，遂并江东④，

非议充塞胸中。今年不出战，明年不出征，让孙策自然而然地强大起来，终于并吞了江东，这是臣

cǐ chén zhī wèi jiě èr yě

此臣之未解二也。

下未能理解的第二点。

① **刘繇**：字正礼，汉末任扬州刺史，因畏惮袁术，不敢赴州所。后南渡长江抵拒袁术。不久，被孙策攻破，退保豫章，后为豪强笮融所杀。《三国志·吴书》有传。　**王朗**：字景兴，汉末为会稽太守，孙策渡江略地，朗举兵与孙策战，兵败投降，后为曹操所征召，仕于魏。　②**难**：非议。　③**孙策**：孙权的长兄。父孙坚死后，借用袁术的兵力，兼并江南地区，为孙吴政权的建立打下基础，后遇刺身亡。　**坐大**：自然强大。　④**江东**：长江中下游地区。

cáo cāo zhì jì　　shū jué yú rén　　　qí yòngbīng yě　　făng fú sūn　wú　　　rán kùn yú nán yáng

曹操智计，殊绝于人①，其用兵也，仿佛孙、吴②。然困于南阳③，

曹操的智谋心计，高过常人。他在用兵方面，与古代孙子、吴起相仿。然而还被困在南阳，遇险于

xiăn yú wū cháo　　wēi yú qí lián　　bī yú lí yáng　　　jī bài běi shān　　dài sĭ tóng guān　　rán hòu

险于乌巢④，危于祁连⑤，偪于黎阳⑥，几败北山⑦，殆死潼关⑥，然后

乌巢，受危于祁连，被逼于黎阳，几乎败于北山，差一点死在潼关，然后才得僭称国号于一时。何况臣

wěi dìng yì shí ěr　　　kuàngchén cái ruò　　ér yù yǐ bù wēi ér dìng zhī　　cǐ chén zhī wèi jiě sān yě

伪定一时耳⑨。况臣才弱，而欲以不危而定之，此臣之未解三也。

下才能微弱，而想不冒危难而安定天下，这是臣下未能理解的第三点。

> ① **殊绝**：远远超出。　② **孙**：指孙武，中国历史上著名军事家，春秋时吴国将领，善用兵，著有《孙子兵法》十三篇。　**吴**：指吴起，战国时魏大将，著名的军事家。　③ **南阳**：东汉郡名，治所在宛城（今河南南阳）。建安二年（197），曹操与张绣战于宛城，军败，身中流矢，操的长子曹昂等战死。　④ **乌巢**：地在今河南延津东南。建安五年（200），袁绍重兵攻曹操，兵临官渡，在乌巢聚积大量军粮，准备与操相持。时曹军粮少兵疲，幸曹操率奇兵夜袭乌巢，继而在官渡大破袁军，才转危为安。　⑤ **祁连**：当指邺（今河北省磁县东南）附近的祁山。建安九年（204），曹操围邺，袁绍少子袁尚引兵还救，操击破之；袁尚败守祁山，操再破之，复引兵围邺，险被袁所审配的伏兵所射中。　⑥ **偪于黎阳**：建安七年（202），袁绍病死，其子袁谭、袁尚固守黎阳（今河南浚县东），操征之，连战不克。　**偪**，同"逼"。　⑦ **几败北山**：建安二十四年（219），曹操大将夏侯渊为蜀军所杀，操从长安出斜谷，与刘备争汉中，运粮经北山，被蜀将赵云袭击，曹军损失巨大。　⑧ **殆死潼关**：建安十六年（211），曹操讨马超、韩遂于潼关，在黄河边与马超军遭遇，曹操避入舟中，马超骑兵沿河追射，矢如雨下。　**殆**，几乎。　⑨ **伪定**：诸葛亮以蜀汉为正统，所以指曹魏为"伪"。这句意思是：曹操经历了许多危险，然后才得僭称国号于一时罢了。

cáo cāo wǔ gōngchāng bà bú xià　　　sì yuè cháo hú bù chéng　　　rèn yòng lǐ fú ér lǐ fú tú zhī

曹操五攻昌霸不下①，四越巢湖不成②，任用李服而李服图之③，

曹操五次攻打昌霸而未攻下，四次越渡巢湖都未成功。任用李服，而李服却图谋杀害他；委任夏

wěi rèn xià hóu ér xià hóu bài wáng　　　xiān dì měi chēng cāo wéi néng　　yóu yǒu cǐ shī　kuàngchén nú xià

委任夏侯而夏侯败亡④。先帝每称操为能，犹有此失，况臣驽下，

侯渊，而夏侯渊却战败身亡。先帝常常称赞曹操是个有才能的人，可还有这些失误，何况臣下才能

hé néng bì shèng　　cǐ chén zhī wèi jiě sì yě

何能必胜？此臣之未解四也。

低下，怎能必定取胜呢？这是臣下未能理解的第四点。

① **昌霸**：又称昌豨。建安四年（199），刘备袭取徐州，东海昌霸叛曹附刘备，曹操屡攻不下，后命于禁击杀之。　② **四越巢湖**：曹魏以合肥为军事重镇，相邻的巢湖与吴接界，时孙权常遣兵围合肥，曹操屡次从巢湖进击孙权，多无功而返。　③ **李服**：即王服。建安四年（199），汉献帝的亲信车骑将军董承带了密诏，与将军吴子兰、王服和刘备等计划杀害曹操，五年（200）春计划泄露，曹操捕杀董承、王服等人。　④ **夏侯**：指夏侯渊。曹操留夏侯渊守汉中，建安二十四年（219）为刘备部将黄忠杀于阳平定军山（陕西原沔县东南）。

zì chén dào hàn zhōng　　zhōng jiān jī nián ěr　　rán sàng zhào yún　yáng qún　mǎ yù yán

自臣到汉中①，中间期年耳②，然丧赵云、阳群、马玉、阎

自从臣下进驻汉中地区，已经有一年时间了。但是这期间丧失了赵云、阳群、马玉、

zhī dīng lì bái shòu liú hé dèng tóng děng jí qū zhǎng tún jiàng qī shí yú rén tū jiàng wú

芝、丁立、白寿、刘郃、邓铜等及曲长、屯将七十余人③，突将、无

阎芝、丁立、白寿、刘郃、邓铜等将领以及部曲将官、屯兵将官七十余人，突将、无前、賨叟、青羌、散

qián cóng sǒu qīng qiāng sǎn jì wǔ jì yì qiān yú rén cǐ jiē shù shí nián zhī nèi suǒ jiū hé

前、賨叟、青羌、散骑、武骑一千余人④。此皆数十年之内所纠合

骑、武骑等一千余人。这些都是几十年内从四方积集起来的精锐力量，不是我蜀地一州所

sì fāng zhī jīng ruì fēi yì zhōu zhī suǒ yǒu ruò fù shù nián zé sǔn sān fēn zhī èr yě dāng

四方之精锐，非一州之所有；若复数年，则损三分之二也，当

能拥有的；如果再过几年，就会损失三分之二了，那时当怎么去对付敌人？这是臣

hé yǐ tú dí cǐ chén zhī wèi jiě wǔ yě

何以图敌⑤？此臣之未解五也。

下未能理解的第五点。

① **汉中**：郡名，以汉水上流的沔水流经而得名。　② **期年**：一周年。诸葛亮以建兴五年（227）率军北驻汉中，至此时已一年多了。　③ **赵云、阳群等**：都是蜀汉名将。**曲长**：部曲中的将官。**屯将**：屯兵的将官。　④ **突将**：冲锋将士。**无前**：先锋将士。**賨叟、青羌**：蜀军中的两种西南少数民族将士。**散骑、武骑**：都是骑兵分部的名称。　⑤ **图**：对付。

jīn mín qióng bīng pí　　ér shì bù kě xī　　shì bù kě xī　　zé zhù yǔ
今民穷兵疲，而事不可息①；事不可息，则住与

现在百姓贫困，兵士疲惫，但战事不可能停息；战事不能停息，那么防守和

xíng　 láo fèi zhèng děng　　ér bù jí jīn tú zhī　 yù yǐ yì zhōu zhī dì　 yǔ
行，劳费正等②。而不及今图之，欲以一州之地，与

进攻所消耗的劳力和费用，实际上是相等的。如果不趁早策划去征讨敌人，

zéi chí jiǔ　 cǐ chén zhī wèi jiě liù yě
贼持久，此臣之未解六也。

想用一州之地来跟曹贼长久相峙，这是臣下未能理解的第六点。

① 事：指
战事。
② 劳费：
劳力和费
用。　正
等：正好
相等。

fú nán píng zhě　　 shì yě　 xī xiān dì bài jūn yú chǔ　 dāng cǐ shí　cáo cāo fǔ shǒu　 wèi tiān
夫难平者①，事也。昔先帝败军于楚②，当此时，曹操拊手③，谓天

所有事情中最难于判断的，是战事。当初先帝兵败于楚地当阳，那时候，曹操高兴地拍手称快，以为

xià yǐ dìng　　rán hòu xiān dì dōng lián wú　 yuè　 xī qǔ bā shǔ　 jǔ bīng běi zhēng　 xià hóu shòu shǒu
下以定④。然后先帝东连吴、越⑤，西取巴、蜀⑥，举兵北征，夏侯授首⑦；

天下已经平定了。但是，后来先帝东面与孙吴联合，西面取得了巴蜀之地，出兵北伐，斩了夏侯渊的头；这

cǐ cāo zhī shī jì　　ér hàn shì jiāng chéng yě　　rán hòu wú gèng wéi méng guān yǔ huǐ bài　　zǐ guī cuō
此操之失计，而汉事将成也。然后吴更违盟，关羽毁败⑧，秭归蹉

是曹操没算到的，眼看着复兴汉室的大业就要成功了。但是，后来孙吴又违背盟约，关羽战败身亡，先帝

① 平：同"评"，评论断定。　② 败军于楚：指刘备曾败于当阳长坂事。当阳属古
楚地。　③ 拊手：拍手，谓拍手称快。　④ 以定：已定。　以，同"已"。　⑤ 东
连吴、越：指建安十三年（208）连合孙吴在赤壁之战破曹兵事。　⑥ 西取巴、蜀：
指建安十六年（211）刘备率师入益州，攻下成都，益州牧刘璋投降，取得巴蜀地区。
⑦ 授首：交出头颅。指蜀将黄忠于阳平关定军山击杀夏侯渊事。　⑧ 关羽毁败：建
安二十四年（219）孙权用吕蒙计袭取荆州，击杀关羽父子。　⑨ 秭归：在今湖北宜
昌北。　蹉跌：失坠，喻失败。指章武二年（222）刘备因孙权背弃盟约，袭取荆州，
杀害关羽，就亲自率兵伐吴，在秭归被吴军所败。　⑩ 曹丕称帝：汉献帝延康元年
（220），曹操之子曹丕废去汉献帝，称尊号，即为魏文帝。　⑪ 利钝：顺利或困难。
⑫ 逆睹：预见，预料。

diē　cáo pī chēng dì　　fán shì rú shì　nán kě nì jiàn　　chén jū gōng jìn lì　sǐ ér hòu yǐ · zhì yú
跌⑨,曹丕称帝⑩;凡事如是,难可逆见。臣鞠躬尽力,死而后已。至于

伐吴又在秭归遭到挫败,而曹丕就此称帝。凡事都是这样,难以预料。臣下只有恭敬效劳,竭尽全力,到死方

chéng bài　lì dùn　　fēi chén zhī míng suǒ néng nì dǔ yě
成败利钝⑪,非臣之明所能逆睹也⑫。

休罢了。至于复兴大业究竟是成功是失败,是顺利还是困难,那绝不是臣下的聪明才智所能够预见的。

（盖国梁）

卷　五

陈　情　表

李密

臣密言：臣以险衅①，夙遭闵凶②。生孩六月，慈父见背③。行年四

> 臣李密呈言：臣由于命运乖违，很早就遭受不幸。生下只有六个月，父亲就去世了。长到四岁，舅舅

岁，舅夺母志④。祖母刘，愍臣孤弱⑤，躬亲抚养⑥。臣少多疾病，九岁不

> 就逼迫母亲改嫁。祖母刘氏可怜我孤苦弱小，就亲自加以抚养。臣从小经常生病，九岁还不能行走，始终孤

行，零丁孤苦⑦，至于成立⑧。既无叔伯，终鲜兄弟。门衰祚薄⑨，晚有

> 独无依，直到长大成人。既没有叔叔伯伯，也没有哥哥弟弟。家门衰落福分又浅，很晚才有了儿子。外面没有

儿息⑩。外无期功强近之亲⑪，内无应门五尺之童，茕茕孑立⑫，形影

> 关系比较亲近的亲戚，家内也没有看管门户的僮仆。一人孤单地独自生活，只有影子作伴。而祖母刘氏

相吊⑬。而刘夙婴疾病⑭，常在床蓐⑮。臣侍汤药，未尝废离。

> 很久前就身缠疾病，经常躺在床上不能起身。臣早晚服侍饮食药物，从来没有离开过。

---

① 李密（224～287），蜀汉时曾出仕为郎，后为晋武帝司马炎征召为太子洗马。为人正直有才，以孝心为世所称。　险衅：恶兆，厄运。　② 夙：早。闵凶：忧患。　③ 见背：犹相弃。　背，背离，此指去世。　④ 夺：逼迫改变。　志：指守节不嫁之志。　⑤ 愍：怜悯。　⑥ 躬亲：亲自。　⑦ 零丁：同"伶丁"，孤独无依的样子。　⑧ 成立：指长大成人。　⑨ 祚：福分。　⑩ 儿息：儿子。　⑪ 期功：古代两个服丧期，以亲戚亲疏定长短，服丧一年为期，五月为小功，九月为大功。　⑫ 茕茕：孤立无援的样子。　孑立：单独而立。　⑬ 吊：慰问。　⑭ 婴：纠缠。　⑮ 蓐：通"褥"，床垫，被褥。

dài fèng shèng cháo　　mù yù qīng huà　　　qián tài
逮奉圣朝①，沐浴清化②。前太

到了圣明的朝代，臣身受清明的教化。起初有

shǒu chén kuí　　chá chén xiào lián　　　hòu cì shǐ chén róng
守臣逵③，察臣孝廉④；后刺史臣荣⑤，

太守逵推选臣为孝廉，后来刺史荣又举荐臣为秀才。臣因

jǔ chén xiù cái　　chén yǐ gōng yǎng wú zhǔ　cí bú
举臣秀才⑥。臣以供养无主，辞不

没有人供养祖母，推辞没有遵命。朝廷便特下诏书，任

fù mìng　　zhào shū tè xià　　bài chén láng zhōng　　xún méng
赴命。诏书特下，拜臣郎中⑦。寻蒙

臣为郎中。不久又蒙受国恩，任臣为洗马官。以臣

guó ēn　　　chú chén xiǎn mǎ　　wěi yǐ wēi jiàn⑩
国恩⑧，除臣洗马⑨。猥以微贱⑩，

这样微贱的人去侍奉太子，这实在不是臣杀身捐躯所

dāng shì dōng gōng　　　fēi chén yǔn shǒu suǒ néng shàng
当侍东宫⑪，非臣陨首所能上

能报答的。对此臣都用表备述上陈，推辞不去就职。

bào　　　chén jù yǐ biǎo wén　　cí bú jiù zhí
报⑫。臣具以表闻⑬，辞不就职。

不料诏书急切严厉，责怪臣回避怠慢；郡县长官催促

zhào shū qiè jùn　　zé chén bū màn　　　jùn xiàn bī
诏书切峻⑭，责臣逋慢⑮；郡县逼

逼迫，令臣即刻启程；而州的长官也登门督促，比星

pò　　cuī chén shàng dào　　zhōu sī lín mén　　jí yú xīng
迫，催臣上道；州司临门⑯，急于星

火还要紧急。臣想手捧诏书马上赶路，但因

huǒ　chén yù fèng zhào bēn chí　zé yǐ liú bìng rì dǔ　　yù gǒu shùn sī qíng　　zé gào sù bù xǔ　chén zhī
火。臣欲奉诏奔驰，则以刘病日笃⑰；欲苟顺私情⑱，则告诉不许。臣之

刘氏的疾病却日重一日，就想姑且迁就自己的私情，但被告知不得准许。臣的处境进退两难，实在

jìn tuì　　shí wéi láng bèi⑲
进退，实为狼狈⑲。

狼狈不堪。

①逮：及至，到了。　圣朝：指晋
朝。　②沐浴：本指洗头洗澡，借
喻蒙受。　清化：清明的教化。
③逵：姓氏未详。　④察：考察，
举荐。　孝廉：当时推举人才的
一种科目，孝指孝顺，廉指廉洁。
⑤刺史：州郡地方长官。　荣：姓
氏未详。　⑥秀才：指有特出才能
者，与后世科举中的秀才科不同。
⑦拜：授官。　郎中：官名，朝廷各
部副官。　⑧寻：不久。　⑨除：
除去旧职授予新职。　洗马：官名，
太子属官，掌宫中图籍。　⑩猥：
辱，自谦词。　⑪东宫：太子所居，
此代指太子。　⑫陨首：掉头，指
丧生。　⑬具：备陈。　闻：告
知。　⑭切峻：急切严厉。　⑮逋
慢：回避怠慢。　⑯州司：州的长
官。　⑰笃：深重。　⑱苟顺：姑
且迁就。　⑲狼狈：困顿窘迫、左
右为难的样子。

fú wéi shèng cháo yǐ xiào zhì tiān xià fán zài gù lǎo yóu méng jīn yù kuàng chén gū kǔ tè

伏惟圣朝以孝治天下①，凡在故老②，犹蒙矜育③。况臣孤苦，特

圣明的朝代是以孝道来治理天下的，凡是老年人，尚且受到怜悯抚养。何况臣的孤苦，又特别严重呢？

wéi yóu shèn qiě chén shào shì wěi cháo lì zhí láng shǔ běn tú huàn dá bù jīn míng jié jīn chén wáng

为尤甚。且臣少仕伪朝④，历职郎署⑤，本图宦达⑥，不矜名节。今臣亡

而且臣年轻时曾在伪朝做官，历任郎官衙署之职，原来就希望仕途显达，不计较名气节操。现在臣身为亡国

guó jiàn fú zhì wēi zhì lòu guò méng bá zhuó chǒng mìng yōu wò qǐ gǎn pán huán yǒu suǒ xī jì

国贱俘，至微至陋，过蒙拔擢⑦，宠命优渥⑧，岂敢盘桓⑨，有所希冀？

之俘，实在微贱卑陋，却受到超常的提拔，恩惠的任命十分优厚，怎么还敢犹豫彷徨，别有所想呢？只是因为祖

dàn yǐ liú rì bó xī shān qì xī yǎn yǎn rén mìng wēi qiǎn zhāo bú lǜ xī chén wú zǔ mǔ wú yǐ

但以刘日薄西山⑩，气息奄奄⑪，人命危浅，朝不虑夕。臣无祖母，无以

母刘氏已像迫近西山的落日，只剩一缕将断的气息，生命十分危险，到了早晨不知傍晚的境地。臣没有祖

zhì jīn rì zǔ mǔ wú chén wú yǐ zhōng yú nián zǔ sūn èr rén gèng xiāng wéi mìng shì yǐ qū qū bù

至今日；祖母无臣，无以终余年。祖孙二人，更相为命，是以区区不

母，就不会活到现在；祖母没有了臣，也就不能安度余生。臣与祖母祖孙二人，此时更是相依为命，正是出于

néng fèi yuǎn chén mì jīn nián sì shí yòu sì zǔ mǔ liú jīn nián jiǔ shí yòu liù shì chén jìn jié yú bì

能废远⑫。臣密今年四十有四，祖母刘今年九十有六，是臣尽节于陛

这种内心的恳切之情才无法离去远行。臣李密今年四十四岁，祖母刘氏今年已九十六岁，因此臣为陛下效

xià zhī rì cháng bào liú zhī rì duǎn yě wū niǎo sī qíng yuàn qǐ zhōng yǎng

下之日长⑬，报刘之日短也。乌鸟私情⑭，愿乞终养。

劳尽节的时间方长，而报答刘氏的日子已经很短了。怀着乌鸟反哺的私情，希望能准许臣养老送终的恳求。

① 伏惟：旧时书奏中下级对上常用的敬词。 ② 故老：指老年人。
③ 矜：怜悯。 育：抚养。 ④ 伪朝：指蜀汉。 ⑤ 郎署：郎官衙
署。 ⑥ 宦达：为官显达。 ⑦ 过：超出常规。 拔擢：提升。
⑧ 宠命：特别恩惠的任命。 优渥：优厚。 ⑨ 盘桓：逗留，指辞
不赴命。 ⑩ 薄：迫近。 ⑪ 奄奄：呼吸微弱断而难续的样子。
⑫ 区区：犹拳拳，形容感情恳切。 废远：指离开远去。 ⑬ 陛
下：对帝王的尊称。 ⑭ 乌鸟私情：相传乌鸦能反哺，即幼鸟长成
后转而哺养老鸟。

chén zhī xīn kǔ　　fēi dú shǔ zhī rén shì jí　èr zhōu

臣之辛苦，非独蜀之人士及二州

臣的苦处，不单是蜀地人士和二州的长官所

mù bó suǒ jiàn míng zhī　　huáng tiān hòu tǔ　　shí suǒ gòng

牧伯所见明知①，皇天后土②，实所共

耳闻目睹，就是天地神明，也共同能看见的。祈愿陛

jiàn　　yuàn bì xià jīn mǐn yú chéng　　tīng chén wēi zhì　　shù

鉴。愿陛下矜愍愚诚③，听臣微志④，庶

下能体恤臣的愚拙和至诚，俯允臣微小的请求，

liú jiǎo xìng　　zú bǎo yú nián　　chén shēng dāng yǔn shǒu　sǐ

刘侥幸⑤，卒保余年。臣生当陨首，死

祖母刘氏或许能因此侥幸，最终得以安度余年。臣活着愿捐

dāng jié cǎo　　chén bù shēng quǎn mǎ bù jù zhī qíng　　jǐn

当结草⑥。臣不胜犬马怖惧之情⑦，谨

献生命，死后也应结草知恩图报。臣怀着犬马一样不胜恐惧

bài biǎo yǐ wén

拜表以闻。

的心情，谨用此表拜上禀知。

① 二州：指益州和梁州。二州辖地相当于蜀汉统治的范围。 牧伯：古代称州长官为牧或方伯，此代指刺史。 ② 皇天后土：即天地神明。 ③ 愚诚：愚拙和至诚。 ④ 听：允许，同意。 ⑤ 庶：庶几，或许。 ⑥ 结草：事见《左传·宣公十五年》：晋大夫魏武子临死嘱子魏颗杀其遗妾殉葬，魏颗没有照办，后与秦杜回作战，见一老人用草打结将杜绊倒。晚上魏颗梦见那老人自称是没有被杀的遗妾之父。后遂以此来作为报答恩人的典故。 ⑦ 犬马：古时臣对君的自称，表示卑谦。

（曹明纲）

lán　tíng　jí　xù

兰亭集序

wáng xī zhī

王羲之

yǒng hé jiǔ nián　　suì zài guǐ chǒu　　mù chūn zhī chū　　huì yú kuài jī shān yīn zhī lán tíng　　xiū xì

永和九年①，岁在癸丑②，暮春之初，会于会稽山阴之兰亭③，修禊

永和九年，正值癸丑，暮春三月初，我们会集在会稽郡山阴县的兰亭，举行修禊活动。

243

^{shì yě} ^{qún xián bì zhì} ^{shàozhǎng xián jí} ^{cǐ dì yǒu chóngshān jùn lǐng mào lín xiū zhú yòu yòu}
事也④。群贤毕至⑤，少长咸集⑥。此地有崇山峻岭，茂林修竹⑦，又有

一时间众多的贤士都到了，老老少少聚在一起。这里有高峻的山岭，茂盛的树木和高挺的翠竹

^{qīng liú jī tuān} ^{yìng dài zuǒ yòu} ^{yǐn yǐ wéi liú shāng qū shuǐ} ^{liè zuò qí cì} ^{suī wú sī zhú guǎn}
清流激湍⑧，映带左右⑨，引以为流觞曲水⑩，列坐其次⑪。虽无丝竹管

又有清澈的溪水湍急流淌，掩映挟带左右，被用来作为漂流酒杯的曲折水道。大家依次坐在它的边上，

^{xián zhī shèng} ^{yì shāng yì yǒng} ^{yì zú yǐ chàng xù yōu qíng} ^{shì rì yě} ^{tiān lǎng qì qīng} ^{huì fēng hé}
弦之盛，一觞一咏，亦足以畅叙幽情。是日也，天朗气清，惠风和

虽然没有乐器吹奏出美妙的音乐，那一杯酒一首诗，也足以畅述内心的衷情。这天天气清朗，和风舒畅。

^{chàng} ^{yǎngguān yǔ zhòu zhī dà} ^{fǔ chá pǐn lèi zhī shèng} ^{suǒ yǐ yóu mù chěng huái} ^{zú yǐ jí shì tīng}
畅⑫。仰观宇宙之大，俯察品类之盛⑬，所以游目骋怀⑭，足以极视听

抬头仰望宇宙空间的无限阔大，低首俯视万物品类的兴盛繁茂，借以放眼纵观舒展胸怀，

^{zhī yú} ^{xìn kě lè yě}
之娱⑮，信可乐也。

足以尽享耳闻目及的无穷乐趣，实在是很快活的。

---

① 王羲之(321～379)，东晋著名的书法家。　永和：东晋穆帝司马聃年号(345～356)。　九
年：公元353年。　② 癸丑：古人以天干地支相配纪年。永和九年正当干支癸丑。　③ 会稽：
东晋郡名，辖地今浙江北部及江苏东南部。　山阴：今浙江绍兴。　兰亭：在今绍兴西南兰渚。
④ 修禊：指三月上旬巳日(魏以后定为三月三日)古人临水行祭，以祓除不祥的活动。　⑤ 群
贤：指名流孙绰、谢安、支遁等人。　⑥ 少长：指年长的人和王氏兄弟。　咸：皆。　⑦ 修竹：
高耸的竹子。　⑧ 激湍：很急的水流。　⑨ 映带：掩映挟带。　⑩ 流觞：随水流动的酒杯。
曲水：环曲的水流。　⑪ 次：旁边，此指岸边。　⑫ 惠风：和煦的清风。　⑬ 品类：品种门
类。　⑭ 游目：纵目观望。　骋怀：舒展怀抱。　⑮ 极：尽。　视听之娱：指耳目所及的乐趣。

---

^{fú rén zhī xiāng yǔ} ^{fǔ yǎng yí shì} ^{huò qǔ zhū huái bào} ^{wù yán yí shì zhī nèi} ^{huò yīn jì}
夫人之相与①，俯仰一世②，或取诸怀抱，晤言一室之内③；或因寄

人的彼此相处，俯仰之间就过了一世。有的发掘内心的感悟，在一室内促膝倾谈；有的凭借外物的寄

^{suǒ tuō} ^{fàng làng xíng hái zhī wài} ^{suī qǔ shě wàn shū} ^{jìng zào bù tóng dāng qí xīn yú suǒ yù zàn}
所托④，放浪形骸之外⑤。虽趣舍万殊⑥，静躁不同，当其欣于所遇，暂

托，不拘形迹地外出游观。虽然取舍千差万别，沉静浮躁各不相同，当他们为自己的遭遇而高兴，自己暂有

dé yú jǐ kuài rán zì zú⑦ bù zhī lǎo zhī jiāng
得于己，快然自足⑦，不知老之将

所得，就欣喜万分自我满足，却不知人生的暮年已

zhì jí qí suǒ zhī jì juàn qíng suí shì qiān
至。及其所之既倦⑧，情随事迁，

将来到。到了对他们的所得感到厌倦，情怀就会随

gǎn kǎi xì zhī yǐ xiàng zhī suǒ xīn fǔ yǎng zhī
感慨系之矣⑨。向之所欣，俯仰之

着事物的变迁而变化，无限的感慨便会随之而生

jiān yǐ wéi chén jì yóu bù néng bù yǐ zhī xīng
间，已为陈迹，犹不能不以之兴

了。过去的欢乐，在顷刻之间，已成了过往的遗迹，

huái kuàng xiū duǎn suí huà zhōng qī yú jìn
怀⑩。况修短随化⑪，终期于尽。

对此尚且不能不深有感触；又何况人生的长短命由

gǔ rén yún sǐ shēng yì dà yǐ qǐ bú tòng
古人云："死生亦大矣⑫。"岂不痛

天定，最终都不免有穷尽之期。古人说："死生也是

zāi
哉！

人生大事啊。"这难道不悲痛吗！

①**相与**：相处。　②**俯仰**：低头抬头，喻指时间短促。　③**晤言**：面对面地谈话。《晋书》本传、《全晋文》作"悟言"，谓心领神会的妙言，亦通。　④**因寄**：有所依托。　⑤**放浪**：任性不受拘束。**形骸**：形体，身躯。　⑥**趣舍**：即取舍。**趣**，通"趋"。　⑦**快然**：喜出望外的样子。　⑧**所之**：指已得到的。　⑨**系之**：随之而来。　⑩**犹**：尚且。**兴怀**：引发感触。　⑪**修短**：指生命长短。**随化**：由天决定。**化**，造化，自然。　⑫**"死生"句**：语见《庄子·德充符》："仲尼曰：'死生亦大矣，而不得与之变。'"

měi lǎn xī rén xīng gǎn zhī yóu ruò hé yì qì wèi cháng bù lín wén jiē dào bù néng yù zhī yú
每览昔人兴感之由，若合一契①，未尝不临文嗟悼②，不能喻之于

每次观看前人兴怀抒感的缘由，好像符契一样相合，没有不对着文辞感叹悲伤的，心里却很难说清原

huái gù zhī yī sǐ shēng wéi xū dàn qí péngshāng wéi wàng zuò hòu zhī shì jīn yì yóu jīn zhī
怀③。固知一死生为虚诞④，齐彭殇为妄作⑤。后之视今，亦犹今之

因。我本知把死和生当作一回事是虚伪荒诞的，把长寿和短命视同无别是矫妄做作。后人的看待今天，也正

shì xī bēi fú gù liè xù shí rén lù qí suǒ shù suī shì shū shì yì suǒ yǐ xīnghuái qí zhì yī
视昔，悲夫！故列叙时人⑥，录其所述⑦。虽世殊事异，所以兴怀，其致一

像今人的看待过去，真是可悲啊！所以把这次与会者一一记下，登录他们所作的诗篇。虽然时代不同世事变

也^⑧。

yě

hòu zhī lǎn zhě　yì jiāng yǒu gǎn yú sī wén

后之览者，亦将有感于斯文。

化，但人们抒发情怀的原因，大致是相同的。后代的读者，也将会对这些诗文有所感叹。

---

① **契**：符契。古代用作凭证，由两半合成，双方各执一半以资取信。
② **临文**：看到文辞。　**嗟悼**：叹息哀念。　③ **喻**：明白、领悟。　**之**：指临文嗟悼之情。　④ **一死生**：语出《庄子·德充符》："以死生为一条"；《大宗师》："孰知生死存亡之一体者，吾与之为友矣。"　⑤ **齐彭殇**：把长寿与短命等量齐观。语出《庄子·齐物论》："莫寿于殇子，而彭祖为夭。"**彭**，彭祖，相传活了八百年。　**殇**，夭折的短命人。　⑥ **列叙时人**：一一记下当时的与会者。　⑦ **所述**：指与会者的诗作。　⑧ **致**：情怀兴致。

（曹明纲）

---

guī qù lái cí

归 去 来 辞

táo yuān míng

陶渊明

guī qù lái xī　tián yuán jiāng wú hú bù guī　jì zì yǐ xīn wéi xíng yì　xī chóuchàng ér dú

归去来兮，田园将芜胡不归^①！既自以心为形役^②，奚惆怅而独

归去了吧，田园就要荒了为什么还不回去！既然自己让心来为形体驱使，为什么还要胸怀惆怅独自

bēi　wù yǐ wǎng zhī bú jiàn　zhī lái zhě zhī kě zhuī　shí mí tú qí wèi yuǎn　jué jīn shì ér zuó fēi

悲^③！悟已往之不谏，知来者之可追^④，实迷途其未远，觉今是而昨非。

悲伤？我已深知过去的不可追回，而未来的还可以及时弥补。其实步入迷途并不很远，更感到现在正确而以

舟遥遥以轻飏⑤，风飘飘而吹衣。问征夫以前路⑥，恨晨光之熹微⑦。乃瞻衡宇⑧，载欣载奔⑨。僮仆欢迎，稚子候门。三径就荒⑩，松菊犹存。携幼入室，有酒盈樽⑪。引壶觞以自酌⑫，眄庭柯以怡颜⑬。倚南窗以寄傲⑭，审容膝之易安⑮。园日涉以成趣⑯，门虽设而常关。策扶老以流憩⑰，时矫首而遐观⑱。云无心以出岫⑲，鸟倦飞而知还。景翳翳以将入⑳，抚孤松而盘桓㉑。

往错误。船儿在水中轻轻地晃荡，风儿微微吹动着我的衣裳。向行人探询前去的道路，只恨晨光刚露还不明亮。一望见我那简陋的家门，又是兴奋又是奔跑。家中的僮仆笑脸相迎，年幼的孩子等在门道。院中的小路已经荒芜，往日的松菊犹存旧貌。挽着幼儿走进室内，尚有陈酒盛满樽瓢。取来壶杯自饮自酌，看着院树露出微笑。身倚南窗寄托傲岸的情怀，愈觉容膝之地可以安乐逍遥。每天在园内散步自有佳趣，虽设院门却长关不开。挂着手杖四处走走停停，不时抬头远望天外。空中的浮云悠闲地飘出山坳，飞倦的鸟儿知道自己回来。日光渐渐昏暗将要隐没，手抚着孤松久久逗留徘徊。

① 陶渊明（365～427），东晋人，是我国古代田园诗的创始者和奠基者，散文创作的杰出作家。 胡：何，为什么。 ② 心为形役：心为形体役使，即迫于生活而失去自由。 ③ 奚：为何。 ④ "悟已往"两句：语本《论语·微子》："往者不可谏，来者犹可追。" 谏，劝阻，挽回。 追，补救。 ⑤ 遥遥：即"摇摇"，船在水中晃动的样子。 飏：荡漾。 ⑥ 征夫：行人。 ⑦ 熹微：晓色微露。 熹，晨光。 ⑧ 衡宇：横木为门的房屋，此指陋室。 ⑨ 载：且。 欣：高兴。 ⑩ 三径：用汉代隐士蒋诩闭门不出，只在门前留三条小路与求仲、羊仲往来的典故，事见《三辅决录》。 ⑪ 樽：盛酒器皿。 ⑫ 觞：酒杯。 ⑬ 眄：斜视，闲看。 庭柯：庭院中的树木。 怡颜：犹解颐，脸露喜色。 ⑭ 寄傲：寄托傲世的情志。 ⑮ 审：领悟。 容膝：语出《韩诗外传》："所安不过容膝。"形容地方狭小只能容下双膝。 ⑯ 涉：涉足，漫步。 成趣：自然形成乐趣。 ⑰ 策：拄。 扶老：手杖。 流憩：流连休息。 ⑱ 矫首：抬头。 遐观：远望。 ⑲ 无心：无意间。 岫：山坳。 ⑳ 景：日光。 翳翳：昏暗不明的样子。 ㉑ 盘桓：逗留，徘徊。

归去来兮，请息交以绝游①。世与我而相违，复驾言兮焉
guī qù lái xī，qǐng xī jiāo yǐ jué yóu。shì yǔ wǒ ér xiāng wéi，fù jià yán xī yān

归去了吧，让我断绝与世俗的往来交游。混浊的世道既然与我的本性相违，再驾车外出又有什么

求②？悦亲戚之情话，乐琴书以消忧。农人告余以春及，
qiú？yuè qīn qī zhī qíng huà，lè qín shū yǐ xiāo yōu。nóng rén gào yú yǐ chūn jí

可求！开心地听听亲戚真情的话语，快乐地弹琴读书可以消除忧愁。农人告诉我春天到了，西边的田地

将有事于西畴③。或命巾车④，或棹孤舟⑤，既窈窕以
jiāng yǒu shì yú xī chóu。huò mìng jīn chē，huò zhào gū zhōu，jì yǎo tiǎo yǐ

将有事要预筹。有时乘上有蓬的小车，有时划着孤单的小舟。既攀援曲折幽深的山沟，也经过高低不平的山

寻壑⑥，亦崎岖而经丘⑦。木欣欣以向荣⑧，泉涓涓而始流，
xún hè，yì qí qū ér jīng qiū。mù xīn xīn yǐ xiàng róng，quán juān juān ér shǐ liú

丘。只见草木生机勃勃十分茂盛，泉水开始潺潺不息日夜涌流。真美慕自然界的万物正得其时，感叹自己的

善万物之得时⑨，感吾生之行休⑩。
shàn wàn wù zhī dé shí，gǎn wú shēng zhī xíng xiū

生命即将走向尽头。

已矣乎！寓形宇内
yǐ yǐ hū！yù xíng yǔ nèi

还是算了吧，人寄身在天地间

复几时⑪，曷不委心任
fù jǐ shí，hé bù wěi xīn rèn

又能有多久，为什么不随心所欲顺

去留⑫？胡为遑遑欲何
qù liú？hú wèi huáng huáng yù hé

其自然？为什么整天匆忙不安想要

之⑬？富贵非吾愿，帝乡
zhī？fù guì fēi wú yuàn，dì xiāng

怎样？荣华富贵不是我的意愿，仙境

不可期⑭。怀良辰以孤
bù kě qī。huái liáng chén yǐ gū

缥缈也不可期盼。遇上好时光就一

往，或植杖而耘耔⑮。
wǎng，huò zhí zhàng ér yún zǐ

人独自前往，或者插了手杖除草犁

① 息交：停止与世交往。　绝游：不再外出走动。
② 驾言：指驾车出游。语本《诗经·邶风·泉水》"驾言出游"。　言，语助词。　③ 事：指农事。　畴：田地。　④ 巾车：有帷之车。　⑤ 棹：船桨，此用作动词，犹划。　⑥ 窈窕：曲折幽深的样子。　寻：攀援。　⑦ 崎岖：高低不平的样子。　⑧ 欣欣：生机勃勃的样子。　荣：繁茂。　⑨ 善：倾慕。　⑩ 行休：行将结束。　⑪ 寓形：寄身。　宇内：指世上。　⑫ 曷：何。　委心：随心如意。　去留：既指隐仕，亦指生死。　⑬ 遑遑：匆忙不安的样子。　之：往，至。　⑭ 帝乡：指仙境。《庄子·天地》："乘彼白云，至于帝乡。"　期：指望。　⑮ "植杖"句：语本《论语·微子》言荷蓧丈人"植其杖而耘"。　植杖，把手杖插在地上。　耘，除草。　耔，壅苗。　⑯ 皋：水边高地。　舒啸：放声长啸。　啸，撮口发出响亮的长声。　⑰ 聊：姑且。　乘化：随着自然的变化。　归尽：走向人生的终点。　⑱ 乐夫天命：乐观地安于命运。语本《易·系辞》："乐天知命，故不忧。"

dēng dōng gāo yǐ shū xiào　　lín qīng liú ér fù shī　　liáo chéng huà yǐ guī jìn　　lè fú tiān mìng fù xī
登东皋以舒啸⑯，临清流而赋诗。聊乘化以归尽⑰，乐夫天命复奚

田。登上东面的高冈放声长啸，来到清澈的水边赋诗留连。姑且顺应自然走向归宿，乐天安命又有什么疑虑

yí
疑⑱？

抱怨！

（曹明纲）

táo　　huā　　yuán　　jì
桃 花 源 记

táo yuān míng
陶 渊 明

jìn tài yuán zhōng　　　wǔ líng rén bǔ yú wéi yè　　　yuán xī xíng wàng lù zhī yuǎn jìn　　hū féng
晋太元中①，武陵人捕鱼为业②。缘溪行，忘路之远近。忽逢

晋朝太元年间，有个以捕鱼为生的武陵人。沿着山间小溪前行，一时忘了路的远近。忽然遇到一处

táo huā lín　　jiā àn shù bǎi bù　　zhōng wú zá shù　　fāng cǎo xiān měi　　luò yīng bīn fēn　　yú rén shèn
桃花林，夹岸数百步，中无杂树，芳草鲜美，落英缤纷③。渔人甚

桃花林，夹岸而生，数百步之内没有一棵杂树，林下长着鲜嫩的芳草，上面铺满了美丽的落花。渔人见了非

yì zhī　　fù qián xíng　　yù qióng qí lín　　lín jìn shuǐ yuán　　biàn dé yì shān　　shān yǒu xiǎo kǒu　　fǎng fú
异之。复前行，欲穷其林。林尽水源，便得一山，山有小口，仿佛

常惊奇，又往前行，想穿过这片桃林。林的尽头是溪水的源头，那里有一座小山，山间有一个小口，看上去好

ruò yǒu guāng　　biàn shě chuán cóng kǒu rù　　chū jí xiá　　cái tōng rén　　fù xíng shù shí bù　　huò rán
若有光。便舍船从口入。初极狭，才通人；复行数十步，豁然

像有光亮。他于是就下船进入洞口。起初洞很狭窄，只好通过一人；又向前走了数十步，里面豁然开朗。只

kāi lǎng　　tǔ dì píng kuàng　　wū shè yǎn rán　　yǒu liáng tián　　měi chí　　sāng zhú zhī shǔ　　qiān mò
开朗。土地平旷，屋舍俨然④，有良田、美池、桑竹之属。阡陌

见那里土地平整广阔，房屋村舍整齐排列，有肥沃的良田、美丽的池水和桑树竹林之类。田间小道纵横贯

249

jiāo tōng　　jī quǎn xiāng wén　　　qí zhōng wǎng lái zhòng zuò　　nán nǚ yī zhuó　xī rú wài rén
交通⑤，鸡犬相闻。其中往来种作，男女衣着，悉如外人；

通，鸡鸣狗叫彼此相闻。其中人们来来往往忙于耕种，男男女女的服装和外面的人完全一样；年老的和年幼

huáng fà chuí tiáo　　bìng yí rán zì lè　　jiàn yú rén　nǎi dà jīng　wèn suǒ cóng lái　jù dá zhī
黄发垂髫⑥，并怡然自乐。见渔人，乃大惊，问所从来，具答之。

的一样自在逍遥。他们见了渔人，都十分惊讶，纷纷询问他从哪来，渔人都一一作了回答。他们便邀请他回

biàn yāo huán jiā　　shè jiǔ shā jī zuò shí　　cūn zhōng wén yǒu cǐ rén　xián lái wèn xùn　　zì yún xiān
便要还家⑦，设酒杀鸡作食。村中闻有此人，咸来问讯。自云先

到家里，端上酒杀了鸡来款待。村中听说有这样一个人，就都来向他打听消息。他们自说自从先辈为了躲避

shì bì qín shí luàn shuài qī zǐ yì rén　　lái cǐ jué jìng　　bú fù chū yān　suì yǔ wài rén jiàn
世避秦时乱，率妻子邑人⑧，来此绝境⑨，不复出焉，遂与外人间

秦时的战乱，带着妻儿和乡亲，一齐来到这个与世隔绝的地方，不再外出，于是就和外面的人隔绝了。问现

gé　　wèn jīn shì hé shì　nǎi bù zhī yǒu hàn　　wú lùn wèi jìn　cǐ rén yī yī wèi jù yán suǒ
隔。问今是何世，乃不知有汉⑩，无论魏晋。此人一一为具言所

在是什么朝代，他们竟然不知道有汉朝，就更不用说是魏和晋了。这个人就向他们一一讲述自己的所见所

wén　jiē tàn wǎn　　yú rén gè fù yán zhì qí
闻，皆叹惋。余人各复延至其

闻，他们听了都感到惊叹惋惜。其他的人又

jiā⑪　jiē chū jiǔ shí　tíng shù rì　cí qù
家⑪，皆出酒食。停数日，辞去。

各自把他请到家中，都拿酒饭招待他。渔人

cǐ zhōng rén yù yún　"bù zú wèi wài rén
此中人语云："不足为外人

在那里停留了几天，告辞而去。这里的人对

dào yě
道也。"

他说："不必要对外人说啊！"

① 太元：晋孝武帝司马曜年号（376～396）。② 武陵：晋郡名，治所在今湖南常德。③ 落英：落花。缤纷：繁多错杂的样子。④ 俨然：整齐分明的样子。⑤ 阡陌：田间小路，南北称阡，东西叫陌。⑥ 黄发：指老人。垂髫：指儿童。髫是古代小孩的发式。⑦ 要：通"邀"，约请。⑧ 邑人：同县人。⑨ 绝境：与外界隔绝的地方。⑩ 乃：竟然。⑪ 延：邀请。

jì chū dé qí chuán biàn fú xiàng lù chù chù zhì zhī jí jùn xià
既出，得其船，便扶向路①，处处志之②。及郡下③，

渔人出了洞，找到了他的船，于是就沿着来路而回，所经的地方处处作了标记。等到了郡所，就去

yì tài shǒu shuō rú cǐ tài shǒu jí qiǎn rén suí qí wǎng xún xiàng suǒ zhì
诣太守说如此④。太守即遣人随其往，寻向所志，

对太守说了这一经历。太守立即派人跟他一起前去，寻找以前留下的记号，然而却迷失了方向，

suì mí bú fù dé lù
遂迷，不复得路。

没有找到那条路。

---

① **扶**：遵循。　　**向路**：来时的路。
② **志**：作标记。　　③ **郡下**：指武陵郡。　　④ **诣**：到，去。　　**太守**：州郡长官。

---

nán yáng liú zǐ jì gāo shàng shì yě wén zhī xīn rán guī wǎng wèi guǒ xún bìng zhōng
南阳刘子骥①，高尚士也②。闻之，欣然规往③，未果④，寻病终⑤。

南阳的刘子骥，是个脱俗的读书人。他听了这件事，就高兴地准备前往，还没有成

hòu suì wú wèn jīn zhě
后遂无问津者⑥。

行，不久就得病去世了。以后便没有人再去探寻桃花源了。

---

① **南阳**：今属河南。　　**刘子骥**：即刘骥之，字子骥，《晋书》列入《隐逸传》。　　② **高尚士**：指不入俗流的读书人。　　③ **规**：规划，打算。　　④ **未果**：没能实现。　　⑤ **寻**：不久。　　⑥ **问津者**：问路人。　　**津**，渡口，此指道路。

（曹明纲）

五柳先生传

陶渊明

先生不知何许人也，亦不详其姓字，宅边有五柳树，因以为号

先生不知是什么地方人，也说不清他的姓和字，他的屋边有五棵柳树，就用来作为自己的称号。他为

焉。闲静少言，不慕荣利。好读书，不求甚解①，每有会意，便欣然忘

人闲静，很少说话，不贪图虚名浮利。他喜欢读书，却不拘泥于字句的穿凿附会，每有心得体会，便会高兴

食。性嗜酒，家贫，不能常得。亲旧知其如此，或置酒而招之。

得忘了吃饭。又生性偏爱喝酒，但家境贫困，不能经常有酒。亲戚和老朋友知道他这样，有时就备好酒请他去喝。

造饮辄尽②，期在必醉③；既醉而退，

他到后总把酒喝完，以求每次必醉。喝醉后就自己回去，

曾不吝情去留④。环堵萧然⑤，

从来不把顾惜挽留之情放在心上。家中四面墙壁空荡荡的，

不蔽风日；短褐穿结⑥，

不能遮蔽风吹日晒；身上粗劣的短布衣服除了空洞就是补丁，

箪瓢屡空⑦；晏如也⑧。

盛饭的箪和舀水的瓢常常是空的，他却毫不在意安闲如故。

常著文章自娱，颇示己志，

平时常写些文章来自我娱乐，很能以此表示一己的情志，

忘怀得失，以此自终。

忘掉世俗的利弊得失，就这样默默地过完了一生。

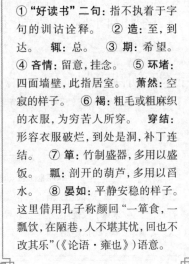

① "好读书"二句：指不执着于字句的训诂诠释。 ② 造：至，到达。 辄：总。 ③ 期：希望。 ④ 吝情：留意，挂念。 ⑤ 环堵：四面墙壁，此指居室。 萧然：空寂的样子。 ⑥ 褐：粗毛或粗麻织的衣服，为穷苦人所穿。 穿结：形容衣服破烂，到处是洞，补丁连结。 ⑦ 箪：竹制盛器，多用以盛饭。 瓢：剖开的葫芦，多用以舀水。 ⑧ 晏如：平静安稳的样子。这里借用孔子称颜回"一箪食，一瓢饮，在陋巷，人不堪其忧，回也不改其乐"(《论语·雍也》)语意。

zàn yuē   qián lóu zhī qī yǒu yán   bù qī qī yú pín jiàn   bù jí jí yú fù guì   qí

赞曰：黔娄之妻有言①："不戚戚于贫贱，不汲汲于富贵。"②其

赞语道：黔娄的妻子曾说过："对于贫困低贱不忧戚悲伤，对于荣华富贵不迫切追求。"

yán zī ruò rén zhī chóu hū   xián shāng fù shī   yǐ lè qí zhì   wú huái shì zhī mín yú

言兹若人之俦乎③！衔觞赋诗④，以乐其志，无怀氏之民欤？

她的话说的就是这一类人吧！手把酒杯吟咏诗篇，以此来愉乐自己的情志，他该是无怀氏时的人呢，还是葛

gě tiān shì zhī mín yú

葛天氏之民欤⑤？

天氏时的人？

---

① 黔娄：春秋时鲁国人，以清贫自守，不愿出仕。　② "不戚戚"
两句：语见刘向《列女传》引黔娄之妻语。　戚戚，悲伤忧怨的
样子。　汲汲，迫切忙碌的样子。　③ 其言：指上引黔娄妻语。
俦：同类。　④ 衔觞：犹"把酒"，手持酒杯。　⑤ 无怀氏、葛天
氏：均传说中的上古部落，其民安居乐业，无忧无虑。

（曹明纲）

bǎi   shān   yí   wén

北 山 移 文

kǒng zhì guī

孔稚珪

zhōngshān zhī yīng   cǎo táng zhī líng   chí yān yì lù   lè yí shān tíng

钟山之英，草堂之灵①，驰烟驿路②，勒移山庭③。

钟山的英魂，草堂的神灵，驾着云雾奔走在驿路上，要把这篇移文刻在山林。

253

fú yǐ gěng jiè bá sú zhī biāo　　xiāo sǎ chū chén zhī xiǎng　　duó bái xuě yǐ fāng jié　　gān qīng yún

夫以耿介拔俗之标④，萧洒出尘之想⑤，度白雪以方洁⑥，干青云

有些人用刚正秉直不同凡响的气节，豁达无拘超出流俗的思想，来与白雪的纯洁相比，高耸孤立青云

ér zhí shàng　　wú fāng zhī zhī yǐ　　ruò qí tíng tíng wù biǎo　　jiǎo jiǎo xiá wài　　jiè qiān jīn ér bú pàn

而直上⑦，吾方知之矣。若其亭亭物表⑧，皎皎霞外，芥千金而不盼⑨，

直上，我是知道他们的。像那些亭亭而立地超然物外，洁身自好地不入尘世，把千金视为小草而不屑一顾，

xǐ wàn shèng qí rú tuō　　wén fèng chuī

屣万乘其如脱⑩，闻凤吹

把万乘看作敝鞋而随手抛弃，在洛水之

yú luò pǔ　　zhí xīn gē yú yán lài

于洛浦⑪，值薪歌于延濑⑫，

滨听吹笙作凤鸣，在长河滩遇采薪人唱

gù yì yǒu yān　　qǐ qī zhōng shǐ cēn

固亦有焉。岂期终始参

歌，本来也是有的。却怎么也想不到有的

cī　　cāng huáng fǎn fù　　lèi dí zǐ

差⑬，苍黄反覆⑭，泪翟子

人前后不一，青黄变化，就像墨子见了练

zhī bēi　　tòng zhū gōng zhī kū

之悲⑮，恸朱公之哭⑯，

丝悲伤落泪，杨朱面对岔路痛哭而返，暂

zhà huí jì yǐ xīn rǎn　　huò xiān

乍回迹以心染⑰，或先

时避迹山林心又怫然而动，开始贞洁自

zhēn ér hòu dú　　hé qí miù zāi　　wū

贞而后黩⑱，何其谬哉！呜

守后却污浊不堪，那是多么荒谬啊！唉，

hū　　shàng shēng bù cún　　zhòng shì jì

呼，尚生不存⑲，仲氏既

尚子平已不复在，仲长统也已过去，这寂

wǎng　　shān ē jì liáo　　qiān zǎi shuí shǎng

往⑳，山阿寂寥，千载谁赏！

寞空阔的山丘啊，千年来谁还留连赏识！

---

① 孔稚珪（447～501），南朝齐文学家。　英、灵：均指山神。　草堂：周颙在钟山所建。　② 驰烟：腾云驾雾。　驿路：古代建有驿站的道路。　③ 勒：刻石。　移：移文。　④ 耿介：方正刚直。　标：气节。　⑤ 萧洒：即潇洒，豁达无拘。　⑥ 度：衡量。　方：比。　⑦ 干：冒犯，此指高耸。　⑧ 亭亭：独立不依的样子。　物表：万物之上。　⑨ 芥：小草，此用作动词，表轻蔑。　⑩ 屣：草鞋。用法如"芥"。　万乘：指天子。此极言至尊。　⑪ 凤吹：指吹笙如凤。　洛浦：洛水之滨。《列仙传》："周灵王太子晋吹笙作凤鸣，游于伊洛之间。"　⑫ 值：遇。　薪歌：樵歌。　延濑：长长的河滩。《文选》五臣注谓苏门先生曾游延濑，见一人采薪，就问他是否以此为终，那人答以"吾闻圣人无怀，以道德为心，何怪乎而为哀也"，并作歌二章而去。　⑬ 终始：指前后。　参差：不一致。　⑭ 苍黄：青色和黄色。此以染丝可成青成黄喻反覆变化。　⑮ 泪：落泪。　翟子：指墨子，名翟。　⑯ 恸：哀泣。　朱公：指杨朱。以上二句事见《淮南子·说林训》："杨子见歧路而哭之，为其可以南，可以北。墨子见练丝而泣之，为其可以黄，可以黑。"　⑰ 乍：暂时。　回迹：指避迹山林。　心染：指为世俗利禄所动。　⑱ 贞：清白。　黩：污浊。　⑲ 尚生：西汉末隐士尚子平，以采薪为生。　⑳ 仲氏：东汉末名人仲长统，州郡屡召，辄称疾不就。

254

shì yǒu zhōu zǐ　　jùn sú zhī shì　　jì wén jì bó　　yì xuán yì shǐ　　rán ér xué dùn dōng

世有周子①，俊俗之士②，既文既博③，亦玄亦史④。然而学遁东

现在世上有个姓周的人，是不同流俗的卓异之士，他有文才学问渊博，又通玄学和史学，却学颜

lǔ　　xí yǐn nán guō　　ǒu chuī cǎo táng　　làn jīn běi yuè　　yòu wǒ sōng guì　　qī wǒ yún hè　　suī jiǎ

鲁⑤，习隐南郭⑥，偶吹草堂⑦，滥巾北岳⑧，诱我松桂，欺我云壑⑨。虽假

闾通世东鲁，效子綦隐居南郭，混迹草堂滥竽充数，戴着头巾住在北山。以此来哄骗我山中的松桂，欺诈我

róng yú jiāng gāo　　nǎi yīng qíng yú hǎo jué

容于江皋⑩，乃缨情于好爵⑪。

境内的云壑。虽然装模作样地出入江边，心中却念念不忘高官厚禄。

qí shǐ zhì yě　　jiāng yù pái cháo fù　　lā xǔ yóu　　ào bǎi shì　　miè wáng hóu　　fēng qíng zhāng

其始至也，将欲排巢父⑫，拉许由⑬，傲百氏⑭，蔑王侯。风情张

他刚来时，像要排斥巢父，折辱许由，傲视诸子百家，轻蔑王侯贵族。高扬的风度情致遮天蔽日，

rì　　shuāng qì héng qiū　　huò tàn yōu rén cháng wǎng　　huò yuàn wáng sūn bù yóu　　tán kōng kōng yú shì

日⑮，霜气横秋⑯。或叹幽人长往，或怨王孙不游⑰。谈空空于释

凛然的心志意气严如秋霜。一会儿慨叹隐士久已不见，一会儿埋怨王孙不来游处。谈谈佛教经典的四大皆

bù　　hé xuán xuán yú dào liú　　wù guāng hé zú bǐ　　juān zǐ bù néng chóu

部⑱，核玄玄于道流⑲。务光何足比⑳，涓子不能俦㉑。

空，说说道家之流的玄之又玄，上古的务光怎能与他相比，连涓子都不能与他匹配。

---

① 周子：指周颙。　② 俊俗：卓异于流俗。　③ 既：已经。　④ 玄：指老庄之道。　史：史书。　⑤ 东鲁：指春秋时鲁国隐士颜阖。《庄子·让王》记鲁君使人礼聘于他，被他借故逃走。　⑥ 南郭：南郭子綦。《庄子·齐物论》："南郭子綦隐几而坐，仰天嗒然，似丧其偶。"　⑦ 偶吹：与他人一起吹奏，即滥竽充数之意。事见《韩非子·内储说》。　⑧ 滥巾：胡乱戴上隐士的头巾。　北岳：即北山。　⑨ 云壑：烟云弥漫的深谷。　⑩ 假容：装模作样。　江皋：江边。因钟山在长江边，故云。　⑪ 缨情：系情挂意。　爵：指名利，高官厚禄。　⑫ 排：排斥。　巢父：尧时隐士。　⑬ 拉：折辱。　许由：与巢父同为尧时隐士，见《高士传》。　⑭ 百氏：诸子百家。　⑮ 风情：风度情致。　张：扩大。　⑯ 霜气：喻志气凛然如秋霜。　⑰ 王孙：贵族子弟。此反用《楚辞·招隐士》"王孙游兮不归，春草生兮萋萋"语意。　⑱ 空空：指佛教义理。　释部：佛家典籍。　⑲ 核：审定。　玄玄：指道家义理。《老子》："玄之又玄，众妙之门。"　⑳ 务光：夏时高士。《列仙传》谓汤得天下以让光，光潜水而逃。　㉑ 涓子：齐人，隐居宕山，见《列仙传》。　俦：匹敌，相配。

及其鸣驺入谷①，鹤书赴陇②，形驰魄散，志变神动。尔乃眉轩席

到了使者的车马进入幽谷，天子的诏书传至山间，他立刻就神魂颠倒，得意忘形地改变了初衷。

次③，袂耸筵上④，焚芰制而裂荷衣⑤，抗尘容而走俗状⑥。风云凄其带

在宴请的席间不禁眉飞色舞，手舞足蹈，随即烧毁了芰荷制成的隐士服，露出一副庸俗不堪的嘴脸。这时

愤，石泉咽而下怆⑦，望林峦而有失，顾草木而如丧⑧。

凄楚的风云满怀悲愤，幽咽的石泉饱含怨怆，苍茫的林峦望去若有所失，低迷的草木看来黯然无色。

至其纽金章⑨，绾墨

等到他身上拴了铜印，系佩着黑色印

绶⑩，跨属城之雄⑪，冠百里

带，成了各属城的长官，位居一县之首，威风

之首⑫，张英风于海甸⑬，驰

很快传遍了海边，美名立时远播浙东。道家

妙誉于浙右⑭。道帙长殡⑮，

的经典久已抛弃，讲法的坐席也早被闲置。

法筵久埋⑯。敲扑喧嚣犯其

扰乱他思虑的是喧嚣的鞭打责罚，填充他胸

虑⑰，牒诉倥偬装其怀⑱。琴

怀的是烦乱的文书诉讼。弹琴作歌既已断

歌既断，酒赋无续。常绸缪

绝，饮酒赋诗也无法继续。平时常为综核赋

于结课⑲，每纷纶于折狱⑳。笼

税而殚精竭虑，天天为断案破案而奔走繁

① 鸣驺：指使者的车马。　鸣，官吏出行时的喝道。　驺，前后侍卫。　② 鹤书：即诏书，因诏所用书体如鹤头，故云。　陇：山阜。　③ 轩：高扬。　席次：座间。　④ 袂：衣袖。　⑤ 芰制、荷衣：指隐士服，语本《离骚》："制芰荷以为衣兮，集芙蓉以为裳。"　⑥ 抗：张扬。　走：奔逐。　⑦ 怆：埋怨愤懑的样子。　⑧ 丧：失落。　⑨ 纽：系。　金章：铜印。　⑩ 绾：拴系。　墨绶：黑色印带。　⑪ 跨：超越。　属城：郡下所属各县。　⑫ 百里：古时一县辖地约百里，因用作县的代称。　⑬ 海甸：海边。　⑭ 浙右：浙江之右，今绍兴一带。据《南齐书》本传载，周颙曾为山阴县令。　⑮ 道帙：道家经典。　殡：抛弃。　⑯ 法筵：讲法的坐席。　⑰ 敲扑：指鞭打拷问犯人。　犯：打扰。　⑱ 牒诉：文书和诉讼。　倥偬：事务繁忙紧迫的样子。　⑲ 绸缪：纠缠筹谋。结课：综核赋税。　⑳ 纷纶：纷繁忙乱的样子。折狱：断案。　㉑ 笼：盖过。　张、赵：指西汉能吏张敞和赵广汉。　往图：历来的记载。　㉒ 架：超越。　卓、鲁：指东汉循吏卓茂和鲁恭。　篆籍：簿籍。　㉓ 希踪：追慕踪迹。　三辅：汉代以京兆、左冯翊和右扶风为三辅。　豪：指能吏。　㉔ 驰声：远播声名。　九州牧：指治理天下各州的长官。

256

zhāng zhào yú wǎng tú
张、赵于往图^㉑，

jià zhuó lǔ yú qián lù
架卓、鲁于前箓^㉒，

xī zōng sān fǔ háo
希踪三辅豪^㉓，

chí shēng
驰声

忙。要超越以往记载中的张敞和赵广汉，胜过前代书录中的卓茂和鲁恭，一心追攀三辅之地的能吏，做个天

jiǔ zhōu mù
九州牧^㉔。

下驰名的州郡长官。

shǐ qí gāo xiá gū yìng míng yuè dú jǔ qīng sōng luò yīn bái yún shuí lǚ jiàn hù cuī jué wú yǔ
使其高霞孤映，明月独举，青松落阴，白云谁侣？涧户摧绝无与

这就使我山中的烟霞孤独地高映，明月形单影只地升起，青松空余绿阴，白云有谁为伴？涧间屋门破

guī shí jìng huāng liáng tú yán zhù zhì yú huán biāo rù mù xiě wù chū yíng huì zhàng kōng xī yè hú
归^①，石径荒凉徒延伫^②。至于还飙入幕^③，写雾出楹^④，蕙帐空兮夜鹄

残没人来归，荒凉的石径白白期盼等待。以至于回风吹入帷幕，迷雾泻出屋柱，夜间天鹅对着空空的蕙帐

yuàn shān rén qù xī xiǎo yuán jīng xī
怨^⑤，山人去兮晓猨惊^⑥。昔

声声哀唳，清晨山猿在居人去后阵阵悲啼。

wén tóu zān yì hǎi àn jīn jiàn jiě lán fù
闻投簪逸海岸^⑦，今见解兰缚

过去听说有人挂冠投簪逃逸海岸，现在见到

chén yīng yú shì nán yuè xiàn cháo běi lǒng
尘缨^⑧。于是南岳献嘲，北垄

有人解下兰蕙去受世俗束缚。因此南岳为之

téng xiào liè hè zhēng jī cuán fēng sǒng
腾笑，列壑争讥，攒峰竦

竞献嘲讽，北垄为之失声嗤笑，群谷争相讥

qiào kǎi yóu zǐ zhī wǒ qī bēi wú rén
诮^⑨。慨游子之我欺，悲无人

议，众峰耸然而诮。既慨叹我被那游子所欺，

yǐ fù diào gù qí lín cán wú jìn jiàn
以赴吊^⑩。故其林惭无尽，涧

又悲哀无人来此慰问。所以山林惭愧不尽，

① 涧户：指周颙建在山涧间的草堂。
摧绝：毁坏。 ② 延伫：久立等待。
③ 还飙：回风。 ④ 写：同"泻"，喷
吐。 楹：屋柱。 ⑤ 鹄：即天鹅，
群栖于湖畔泽地。 ⑥ 猨：即猿。
⑦ 投簪：指弃官。因簪为做官者用
以连结冠发的物品，故云。逸：隐
遁。 ⑧ 解兰：指放弃隐居。缚尘
缨：为世俗的绳缨所束缚。 ⑨ 攒：
密聚堆积。竦：耸动。诮：讥
笑。 ⑩ 吊：慰问。 ⑪ 萝：女萝，
一种草类植物。 ⑫ 骋：传播。逸
议：隐士的清议。 ⑬ 东皋：泛指隐
居地。皋，水边高地。素谒：贫
素有德之言。谒，告，此指议论。

257

kuì bù xiē qiū guì yí fēng chūn luó bà yuè chěng xī shān zhī yì yì chí dōng gāo

愧不歇，秋桂遗风，春萝罢月⑪，骋西山之逸议⑫，驰东皋

水涧羞耻不已，秋桂失去了香风，春萝辞别了月色，而西山间仿佛还传播着隐士的清议，东皋上还散布着

zhǐ sù yè

之素谒⑬。

德人的高论。

jīn yòu cù zhuāng xià yì làng yè shàng jīng suī qíng tóu yú wèi què huò jiè bù yú

今又促装下邑①，浪栧上京②。虽情投于魏阙③，或假步于

现在他又在县中整理行装，准备乘船来京城。虽然心中想的是朝廷，或许还会从山中经过。怎么能

shān jiōng qǐ kě shǐ fāng dù hòu yán bì lì wú chǐ bì lǐng zài rù dān yá chóng zǐ

山扃④。岂可使芳杜厚颜⑤，薜荔无耻⑥，碧岭再辱，丹崖重滓⑦，

使芳香的杜若老着脸皮，美丽的薜荔不知羞耻，青青的山岭再招侮辱，红红的山岩重被污染，使芳洁的兰

chén yóu zhú yú huì lù wū lù chí yǐ xǐ ěr yí jiōng xiù huǎng yǎn yún guān liǎn qīng

尘游躅于蕙路⑧，污渌池以洗耳⑨。宜扃岫幌⑩，掩云关⑪，敛轻

蕙之路蒙受世俗尘游的践踏，使因洗耳闻名的清池遭到污染。应当把山中的门户关上，用云为锁遮蔽起

wù cáng míng tuān jié lái yuán yú gǔ kǒu dù wàng pèi yú jiāo duān yú shì cóng tiáo

雾，藏鸣湍，截来辕于谷口⑫，杜妄辔于郊端⑬。于是丛条

来，收敛起轻盈的雾霭，藏匿好叮咚的泉流，在山谷口阻拦他的来车，在郊野外堵住他乱闯的马匹。这时密

chēn dǎn dié yǐng nù pò huò fēi kē yǐ zhé lún zhà dī zhī ér sǎo jì qǐng huí sú

瞋胆⑭，叠颖怒魄⑮，或飞柯以折轮⑯，乍低枝而扫迹⑰。请回俗

集的树丛气炸了胆，重叠的草芒愤怒填膺，有的猛然落下枝条折断车轮，有的骤然低垂枝叶遮挡道路。请

shì jià wèi jūn xiè bū kè

士驾，为君谢逋客⑱！

你这个凡夫俗子赶快回头，我们为山神拒绝逃客再次到来！

---

① 促装：束装，打点行李。 下邑：指原来作官的县邑。 ② 浪栧：鼓
棹，指驾舟。 上京：南朝齐京都建业（今南京）。 ③ 魏阙：指朝廷。
阙，宫门两边的门楼。 ④ 假步：借道。 山扃：山门，此指北山。
⑤ 芳杜：芳香的杜若草。 ⑥ 薜荔：香草名。 ⑦ 重滓：重被污染。

⑧ 尘：用作动词，使蒙尘。　蹢：足迹。　⑨ 渌池：清池。　洗耳：《高士传》载尧聘许由为九州长，许由听了就去颍水洗耳，恰逢巢父牵牛来饮，问知其故，以为"污我犊口"，遂于上游饮之。　⑩ 扄：关闭。岫幌：犹山的门户。　幌：帷幕。　⑪ 掩云关：指以云为关锁蔽掩之。　⑫ 截：阻拦。　辕：驾车之木，此指车乘。　⑬ 杜：堵塞。　妄辔：肆意乱闯的车马。　⑭ 条：枝条。　瞋：愤怒。　⑮ 颖：草尖。⑯ 柯：树枝。　⑰ 乍：骤然。　扫迹：遮挡道路。　⑱ 君：指山神。谢：拒绝。　逋客：逃客，指曾逃离北山的周颙。　逋，逃亡。

（曹明纲）

jiàn tài zōng shí sī shū
谏太宗十思疏

wèi zhēng
魏 徵

chén wén qiú mù zhī zhǎng zhě　　bì gù qí gēn běn　　yù liú zhī yuǎn zhě　bì jùn qí quán yuán
臣闻求木之长者①，必固其根本②；欲流之远者，必浚其泉源③；

臣听说，要求树木的成长，一定要巩固它的根干；想要流水的深远，一定要疏浚它的源头；谋求国家

sī guó zhī ān zhě　bì jī qí dé yì　　yuán bù shēn ér wàng liú zhī yuǎn　gēn bú gù ér qiú mù zhī zhǎng
思国之安者，必积其德义。源不深而望流之远，根不固而求木之长，

的安定，一定要积累道德信义。水源不深而希望水流长远，根干不牢而追求树木成长，德义不厚而谋求国

dé bú hòu ér sī guó zhī ān　　chén suī xià yú　zhī qí bù kě　ér kuàng yú míng zhé hū　　rén jūn dāng
德不厚而思国之安：臣虽下愚，知其不可，而况于明哲乎④！人君当

家安定：臣虽然是极其愚蠢的人，尚且知道这些都是不可能的，何况圣明通达的人呢！作为一国之君，担当

shén qì zhī zhòng   jū yù zhōng zhī dà   bú niàn jū ān sī wēi   jiè shē yǐ jiǎn   sī yì fá gēn yǐ

神器之重⑤，居域中之大⑥，不念居安思危，戒奢以俭⑦，斯亦伐根以

着帝王的重任，身处于天地间的尊位，倘若不思考在安乐的时候会出现危难，不用厉行节俭的办法去革除

qiú mù mào   sè yuán ér yù liú cháng yě

求木茂⑧，塞源而欲流长也。

奢侈，这也是砍伐树根而求树木繁茂，堵塞水源而要水流深远啊。

① 魏徵（580～643），唐太宗时官至左光禄大夫，封郑国公，以敢于直谏著称。 **木**：树。 **长**：生长；成长。 ② **根本**：植物的根干。
③ **浚**：疏通水道。 **泉源**：源头。 ④ **明哲**：明智的人。这里指唐太宗，含颂扬意。 ⑤ **当**：主持、掌握的意思。 **神器**：帝位。
⑥ **居域中之大**：《老子》第二十五章："道大，天大，地大，王亦大。域中有四大，而王居其一焉。" **居**，处于。 **域中**，天地间。 ⑦ **戒奢以俭**：用厉行节俭的办法来革除奢侈。 以，用。或把"以"解作"而"，亦通。 ⑧ **斯亦**：这也是。

fán xī yuán shǒu   chéng tiān jǐng mìng   shàn shǐ zhě shí fán   kè zhōng zhě gài guǎ

凡昔元首①，承天景命②。善始者实繁，克终者盖寡③。

大凡从古以来的帝王，承受了上天的大命，具有良好开端的确实很多，能够贯彻到底的大概很少。

qǐ qǔ zhī yì   zé zòng qíng yǐ ào wù   gài zài yīn yōu   bì jié chéng yǐ dài xià

岂取之易，守之难乎？盖在殷忧④，必竭诚以待下；

难道是取得天下容易，而守住天下困难吗？想必是在忧虑深重的时候，一定竭尽诚信对待下属；在已经得志

jì dé zhì   zé zòng qíng yǐ ào wù   jié chéng zé wú yuè wéi yì tǐ

既得志，则纵情以傲物⑤。竭诚，则吴越为一体⑥。

的时候，就放纵自己而傲视别人。竭尽诚信，那么像吴越那样的敌国也能够结为一体；傲视别人，即使是骨

ào wù   zé gǔ ròu wéi xíng lù   suī dǒng zhī yǐ yán xíng   zhèn zhī yǐ

傲物，则骨肉为行路⑦。虽董之以严刑⑧，振之以

肉般的亲属也可以视同陌路。虽然用严酷的刑罚来督责，用盛大的威势去镇慑，结果是众人只不过苟且求

wēi nù   zhōng gǒu miǎn ér bù huái rén   mào gōng ér bù xīn fú   yuàn bú zài

威怒，终苟免而不怀仁⑨，貌恭而不心服。怨不在

免于罪而并不怀念仁德，外貌表示恭顺而内心并不悦服。怨恨不在于事大，可怕的就在于民众。君主像船，

dà　　　　kě wèi wéi rén　　　zǎi zhōu fù zhōu　　　suǒ yí shēnshèn
大⑩，可畏惟人。载舟覆舟⑪，所宜深慎。

民众像水，水能承载船船，也能颠覆舟船，这是应当特别慎重对待的。

chéngnéng jiàn kě yù　　zé sī zhī zú yǐ zì jiè　将yǒu zuò　　zé sī zhī zhǐ yǐ ān rén
诚能见可欲⑫，则思知足以自戒；将有作⑬，则思知止以安人⑭；

果真能够做到：见到可以引起欲念的事物，就想到要知足而自己做戒；将要有所兴建，就想到要适可

niàn gāo wēi　　zé sī qiān chōng ér zì mù　　　jù mǎn
念高危，则思谦冲而自牧⑮；惧满

而止而让百姓安定；考虑到居高临险，就想谦虚而

yíng　　zé sī jiāng hǎi xià bǎi chuān　　lè
盈，则思江海下百川⑯；乐

加强自我修养；害怕骄傲自满，就想像江海那样

pán yóu　　zé sī sān qū yǐ wéi dù　　yōu xiè dài
盘游⑰，则思三驱以为度⑱；忧懈怠，

居于百川之下；喜欢打猎游乐，就想到一年

zé sī shèn shǐ ér jìng zhōng　　　lǜ yōng
则思慎始而敬终⑲；虑壅

以三次为限；担忧意志懈怠，就想到做事必始终

bì　　zé sī xū xīn yǐ nà xià　　jù chán xié zé
蔽⑳，则思虚心以纳下㉑；惧谗邪，则

谨慎；忧虑自己受到蒙蔽，就想到虚心接纳下面来

sī zhèng shēn yǐ chù è　　ēn suǒ
思正身以黜恶；恩所

的意见；害怕谗佞奸邪之人，就想到端正自身而斥

jiā　　zé sī wú yīn xǐ yǐ miù shǎng　fá suǒ jí　　zé
加，则思无因喜以谬赏；罚所及，则

退邪恶；加恩于人，就想不要因为一时高兴而

sī wú yǐ nù ér làn xíng zǒng cǐ
思无以怒而滥刑：总此

赏赐不当；责罚于人，就想不要由于正在震怒而滥施

shí sī hóng zī jiǔ dé　jiǎn néng ér rèn zhī　　zé
十思，宏兹九德㉒，简能而任之㉓，择

刑罚；综合上述十个方面的思考，扩充贤哲九种品德的

① 元首：指帝王。　② 承天景命：承受上天的大命。　景，大。旧时以为帝王是承受天命来统治天下的。

③ 克：能够。　④ 殷忧：深重的忧患。

⑤ 纵情：放纵自己。　傲物：傲气凌人。　物，这里指自己以外的人。

⑥ 吴越：春秋时两个互相敌对的诸侯国。　⑦ 骨肉：指亲属。　行路：路人，彼此没有关系的人。　⑧ 董：督责。之：指代人民。　⑨ 苟免：苟且求免于罪。　怀仁：怀念仁德。　⑩ 怨不在大：语出《尚书·康诰》："怨不在大，亦不在小。"谓人之怨恨不在事大，或由小事而起。这是说，使人民怨恨的事不可作。

⑪ 载舟覆舟：语出《荀子·王制》："君者，舟也；庶人者，水也。水则载舟，水则覆舟。"这是用舟和水的关系比喻君主和民众的关系，警戒君主要切实注意民心向背。　⑫ 诚：果真，表示假设。　可欲：指能引起自己欲念的事物，如美色、美酒之类。　⑬ 有作：指兴建宫苑等事。作，造作。　⑭ 知止：知道适可而止。安人：使人民待以安定，即不使人民过分劳累。　人，唐人避李世民的名讳，凡用"民"字处都改用"人"。

shàn ér cóng zhī   zé zhì zhě jìn qí móu, yǒng zhě jié qí lì,   rén zhě bō qí huì

善而从之，则智者尽其谋，勇者竭其力，仁者播其惠㉔，

修养，选拔有才能的人而加以任用，选择有益的意见而善于听从，那么，聪慧的人贡献他的智谋，勇敢的人竭

xìn zhě xiào qí zhōng   wén wǔ bìng yòng   chuí gǒng ér zhì。   hé bì láo shén kǔ sī， dài bǎi sī

信者效其忠；文武并用，垂拱而治㉕。何必劳神苦思，代百司

尽他的力量，仁爱的人广施他的恩惠，诚信的人献出他的忠心；文臣武将各得其所而同时进用，君主垂

zhī zhí yì zāi

之职役哉㉖！

衣敛手而天下平治。君主为什么一定要耗费精力，苦苦思索，代替百官去执行他的职务呢！

---

⑮ **冲**：虚。 **自牧**：自养其德。**牧**，养。 ⑯ **江海下百川**：语本《老子》第六十六章："江海所以能为百谷王者，以其善下之，故能为百谷王。"谓江海之所以巨大，是因为能居于百川之下。川，河流。 ⑰ **盘游**：盘乐游逸，这里指外出打猎。 ⑱ **三驱**：谓打猎时围合三面，前开一路，使被猎的禽兽可以逃出一些，以示好生之德。见《周易·比》孔颖达疏。另一说，打猎以一年三次为限度。见《汉书·五行志上》颜师古注（后面译文用此说，于文意较顺）。 ⑲ **敬**：慎重。 ⑳ **壅蔽**：堵塞遮蔽。 ㉑ **纳下**：接受下面的意见。 ㉒ **九德**：古谓贤人所具备的九种优良品德。具体内容，说法不一。《尚书·皋陶谟》说是"宽而栗，柔而立，愿而恭，乱而敬，扰而毅，直而温，简而廉，刚而塞，强而义"。《逸周书·常训》说是"忠、信、敬、刚、柔、和、固、贞、顺"。《左传·昭公二十八年》另有说法，文长不引。其实理解为泛指多种品德，亦可。 ㉓ **简**：挑选。 ㉔ **播其惠**：广施他们的恩惠。 ㉕ **垂拱而治**：谓君主垂衣敛手，不用自己处理政务而天下治理得很好。 ㉖ **百司**：百官。**职役**：职务。

（张㧑之）

为徐敬业讨武曌檄

wèi xú jìng yè tǎo wǔ zhào xí

luò bīn wáng
骆宾王

伪临朝武氏者①，性非和顺，地实寒微②。昔充太宗下陈③，曾以

> 那非法临朝执政的武氏其人，本性并不和顺，出身实属低微。过去充当太宗的下

更衣入侍④。洎乎晚节⑤，秽乱春宫⑥。潜隐先帝之私⑦，阴图后房之嬖⑧。

> 等妾侍，曾借侍候更衣而博得宠幸。及至后期，淫乱春宫。隐藏太宗宠爱之情，图谋皇帝后宫之

入门见嫉，蛾眉不肯让人⑨；掩袖工谗⑩，狐媚偏能惑主⑪。践元后于

> 爱。凡进宫的妃嫔都遭嫉妒，依仗美貌，不肯让人；如郑袖之善于进谗害人，卖弄妖媚，迷惑君主。

翚翟⑫，陷吾君于聚麀⑬。加以虺蜴为心⑭，豺狼成性，近狎邪僻⑮，残

> 套上了皇后华贵礼服，坑害得皇帝淆乱人伦。加之以蛇蝎心肠，豺狼性格，亲近邪恶之辈，残

害忠良⑯，杀姊屠兄⑰，弑君鸩母⑱。人神之所同嫉，天地之所不容。犹

> 残害忠良之臣，杀姊戮兄，弑君毒母。这样的人，百姓神灵，共同痛恨；皇天后土，

复包藏祸心，窥窃神器⑲。君之爱子，幽之于别宫⑳；贼之宗盟㉑，委之

> 实难容忍。她还要包藏祸心，图谋帝位。先帝的爱子，被囚禁在别处；逆贼的宗族，

以重任。

> 竟委托以重任。

---

① 骆宾王（约640～约684），初唐四杰之一。 临朝：御临朝廷，处理政事。特指皇太后当政称制。
武氏：指武则天（624～705），名曌，并州文水（今山西文水东）人。唐高宗的皇后，武周皇帝（公元690～705年在位）。她于永徽六年（655）立为皇后，参与朝政，权与高宗相等，并称"二圣"。弘道元年（683）十二月，高宗病卒，太子李显（中宗）即位，她临朝称制。次年，废中宗为庐陵王，册立李旦（睿宗）为帝，仍自握大权。九月，徐敬业在扬州起兵反对她。十一月，徐敬业败死。载初元年（690），废睿

宗，自称圣神皇帝，改国号为周，史称"武周"。神龙元年（705）正月，她年老病重，张柬之等拥中宗复位，上太后尊号为则天大圣皇帝，复国号为唐。十一月，武则天死，死后去帝号，称则天大圣皇后。 ②地：门第。 寒微：指出身贫微，家世卑微。按：武家不是很有地位的世家大族。武则天的父亲武士彟（huò获）是经营木材的富商，唐初官光禄大夫、工部尚书，封应国公；母亲杨氏是隋皇族的旁系后裔。 ③太宗：指唐太宗李世民。 下陈：古时殿堂下陈放礼品、罗列婢妾之处。借指后宫中地位低下的姬侍。武则天十四岁入宫，曾充唐太宗的才人。唐开元以前制度，宫中皇后之下，有贵妃、淑妃等，称四夫人；再下有昭仪、昭容等，称九嫔；再下才是婕妤、美人、才人。 ④更衣：换衣服。古人常用为宴会中离席或上厕所的婉辞。《汉书·外戚传》载：汉武帝的皇后卫子夫，出身微贱，为歌女，乘汉武帝更衣时入侍得幸。这里借指武则天以贱人得宠。 ⑤洎：及；到。 晚节：后期。 ⑥春宫：太子的宫，也指太子。这里说武则天与唐高宗李治未即位时即有暧昧关系。 ⑦潜隐：隐藏。 先帝：指唐太宗李世民。 私：宠幸。此指武则天在太宗死后曾一度出家为尼，是一种掩饰。 ⑧后房：后宫。 嬖：伺候而获宠爱，含下贱意。 ⑨"入门"两句：见嫉：被妒忌。这是指其他被选入后宫的嫔妃。 见，表示被动，相当于"被"。 蛾眉：蚕蛾的触须弯而细长，比喻女子的修长眉毛。借指美女。这里指武则天。 ⑩掩袖工谗：谓像郑袖教人掩袖那样善于进谗言。 谗，陷害人的坏话。《战国策·楚策四》载：楚王夫人郑袖对新入宫而受宠的美人说，楚王爱美人的容貌，但讨厌美人的鼻子，告诫美人以后见到楚王，要用袖子掩住自己的鼻子。美人照办，楚王见了问这是为什么，郑袖就说美人好像是嫌楚王口臭。楚王大怒，叫人割了美人的鼻子。这里借指武则天被唐高宗召入宫为昭仪时，生一女，王皇后曾去抱弄，武则天就把女婴窒息致死而嫁祸于王皇后，导致王皇后失宠而被废。见《新唐书·后妃传》。 ⑪狐媚：俗传狐狸善于以媚态迷惑人。 ⑫践：履践，引申为就职。 元后：正宫皇后。 翚翟：指皇后的礼服。 翚，五彩山雉；翟，长尾野雉。合指有雉羽色彩、花纹的衣服。 ⑬聚麀：几个公鹿和同一个母鹿相配。 麀，母鹿。语出《礼记·曲礼上》："夫惟禽兽无礼，故父子聚麀。"这里指唐太宗、唐高宗都同武则天有性关系。 ⑭虺蜴：毒蛇和蜥蜴，比喻用心险恶的人。 ⑮狎：亲近。 邪僻：邪曲，不正派。 ⑯忠良：指因反对武则天而被先后杀害的长孙无忌、褚遂良等人，都是当时的元老重臣。 ⑰杀姊屠兄：总指残害自己的亲属。《新唐书·后妃传》载：武则天为皇后之后，同父兄武元庆、元爽被贬谪死，先后杀姊女魏国夫人贺兰氏，又杀兄子惟良、怀运等。 ⑱弑君鸩母：君，指唐高宗。 母，指武则天之母杨氏。 弑，旧称臣子杀害君父。 鸩，传说中的一种鸟，羽有毒，引申指用鸩羽泡的毒酒杀人。 按：唐高宗病死于弘道元年（683），武母杨氏死于咸亨元年（670），均非被武则天谋杀或毒死，这里所说与史实有出入。 ⑲窥窃：暗图篡窃。 神器：帝位。 ⑳"君之爱子"两句：唐高宗死，第七子李显（中宗）即位，才四十多天，即被武则天废为庐陵王；另立第八子李旦（睿宗）为帝，但武则天仍临朝掌权，李旦实同囚禁。 ㉑贼：指武则天。 宗盟：指武氏族人武承嗣、武三思等。

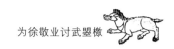

wū hū　huò zǐ mèng zhī bú zuò　　zhū xū hóu zhī yǐ wáng　　yàn zhuó huáng sūn

呜呼！霍子孟之不作①，朱虚侯之已亡②。燕啄皇孙，

可悲啊！霍光般的社稷重臣不再出现，刘章似的忠贞宗室已经没有。飞燕杀皇

zhī hàn zuò zhī jiāng jìn　　lóng chí dì hòu　shí xià tíng zhī jù shuāi　　jìng yè huáng táng

知汉祚之将尽③；龙漦帝后，识夏庭之遽衰④。敬业皇唐

孙，传为歌谣，推知汉朝国统将尽；龙涎生褒姒，成为皇后，标志夏代气运衰亡。

jiù chén　gōng hóu zhǒng zǐ⑤　　fèng xiān jūn zhī chéng yè⑥　　hè běn cháo zhī hòu ēn

旧臣，公侯冢子⑤。奉先君之成业⑥，荷本朝之厚恩。

我敬业是大唐的旧臣，公侯的长子，继承先人的事业，承受本朝的厚恩。像宋微

sòng wēi zǐ zhī xīng bēi⑦　liáng yǒu yǐ yě⑧　yuán jūn shān zhī liú tì⑨　qǐ tú rán zāi

宋微子之兴悲⑦，良有以也⑧；袁君山之流涕⑨，岂徒然哉！

子的兴故国之悲情，确实有其原由；如桓君山之流贬谪之涕泪，难道竟属徒然。

shì yòng qì fèn fēng yún　zhì ān shè jì⑩　　yīn tiān xià zhī shī wàng　shùn yǔ nèi zhī tuī xīn⑪

是用气愤风云，志安社稷⑩。因天下之失望，顺宇内之推心⑪，

因此气愤激荡风云，志在安定国家。乘举国失望之时机，顺天下人心之归向，于

yuán jǔ yì qí⑫　yǐ qīng yāo niè

爰举义旗⑫，以清妖孽。

是高举正义之旗，用以肃清妖孽之人。

① 霍子孟：霍光，字子孟，西汉大臣。他奉汉武帝遗诏辅佐幼主汉昭帝，任大司马大将军。昭帝死，他迎立昌邑王刘贺为帝；又以刘贺淫乱无度，废刘贺，迎立汉宣帝。　作：兴起。　② 朱虚侯：刘章，汉高祖刘邦之孙、齐惠王刘肥之子，封朱虚侯。高祖死后，吕后专政，重用吕氏族人。吕后死，诸吕谋为乱，他与丞相陈平、太尉周勃合谋，诛灭诸吕，迎立汉文帝，安定了刘氏政权。　③ "燕啄"二句：燕，指赵飞燕，西汉成帝之皇后。当时有童谣"燕飞来，啄皇孙"，见《汉书·五行志》。赵飞燕无子，又嫉妒别人，暗中杀害了许多皇子，汉成帝因而无后嗣。这两句借赵飞燕故事，影射武则天先后废杀太子李忠、李弘、李贤，使国统将要灭亡。汉祚，借指唐代帝位。　④ "龙漦"二句：相传夏王朝衰败时，有两条神龙降临宫中，自称褒之二君，夏帝占卜，说用木盒把龙的唾沫收藏起来，乃吉。夏亡，经殷商入西周，直到周厉王末年，才打开木盒，龙涎流溢，化为玄鼋，进入后宫，一宫女感而有孕，生一女即褒姒。后来周幽王以褒姒为后，废太子，招致犬戎之祸，西周灭亡，见《史记·周本纪》。漦，口水，唾沫。这两句借褒姒的传说喻武则天当上皇后，将使唐代衰亡。夏庭，借指唐朝廷。

⑤ "敬业"二句：这是徐敬业自报家门，表示自己既是大唐开国元勋的后嗣，又是公爵的嫡长子，具有像上文提到的西汉霍光、刘章那样的身份，有资格充当讨伐武则天而安定唐朝的领袖人物。 皇，大。 冢子，嫡长子。 ⑥ 先君：指徐敬业的祖父徐世勣(李勣)、父亲李震。 ⑦ 宋微子：西周宋国国君。子姓，名启，殷纣王的庶兄，封于宋，故称。 兴悲：兴起悲痛。微子降周，朝见周天子，路过荒废了的殷商旧都，志动心悲，作《麦秀歌》以寄托悲思，见《尚书大传》。这里是徐敬业自喻。 ⑧ 良：的确。 以：原由。 ⑨ 袁君山："袁"一本作"桓"，当是。桓谭，字君山，东汉人。官议郎给事中。因反对谶纬神学，几为光武帝所杀。贬为六安郡丞。徐敬业在起兵前以事贬为柳州司马，客居扬州，故借桓谭以自喻。 ⑩ 社稷：帝王祭祀的土神和谷神，借指国家。 ⑪ 宇内：天下。 推心，推诚心于人，含寄予信任之意。文中指对自己推重之心。 ⑫ 爰：于是。

南连百越①，北尽三河②，铁骑成群，玉轴相接③。海陵红粟④，仓
方今兴师，南连百越之地，北到三河诸郡，铁骑成群，战船相接。海陵红米积存，足见仓库军储之无穷
储之积靡穷；江浦黄旗⑤，匡复之功何远？班声动而北风起⑥，剑气
无尽；江岸黄旗高扬，显示光复天下之为期不远。萧萧马鸣，北风遮起；熠熠剑光，南斗为平。喑呜而怀怒气，
冲而南斗平。喑呜则山岳崩颓，叱咤则风云变色⑦。以此制敌，何敌不
山岳随之崩塌；叱咤而发怒声，风云因而变色。用这样的军威去制服敌人，还有什么敌人不能摧毁？靠这样
摧？以此图功，何功不克？公等或居汉地⑧，或叶周亲⑨，或膺重寄于
的军力去谋求功业，还有什么功业不会成就？诸公有的保有着朝廷封地，有的称得上皇室至亲，有的承受
话言⑩，或受顾命于宣室⑪。言犹在耳，忠岂忘心？一抔之土未干⑫，六
重托于口头训示，有的接受遗命于宫室之中。先帝的语音还在耳边，忠诚的赤心怎能忘却？先帝陵墓，泥土
尺之孤何托⑬！倘能转祸为福，送往事居⑭，共立勤王之勋⑮，无废大
尚未干燥；先帝遗孤，依托竟在何处？倘能改变祸患成为福祉，恭送先皇服事今上，我们共同立勤王的功勋
君之命⑯，凡诸爵赏，同指山河⑰。若其眷恋穷城⑱，徘徊歧路，坐昧
不忘记先帝的遗命，凡是有功之臣，都有封爵之赏，可以指泰山黄河为誓。假使还留恋着孤立无援的城邑

xiān jī zhī zhào　　bì yí hòu zhì zhī zhū

先幾之兆⑲，必贻后至之诛⑳。

徘徊于举棋不定的歧路，由于看不清事先的征兆，一定落得个迟到的征诛。

qǐng kàn jīn rì zhī yù zhōng jìng shì shuí jiā zhī tiān xià

请看今日之域中，竟是谁家之天下！

请看今天的国中，究是谁的天下！

① **百越**：亦作"百粤"。古族名。秦汉以前即已广泛分布于长江中下游以南，部落众多，故称"百越"或"百粤"。秦汉以后，逐渐与汉人融合。徐敬业起兵于扬州，借此泛指东南沿海地区。② **三河**：汉人称河东、河内、河南三郡，有"三河在天下之中，若鼎足，王者所更居也"之说，见《史记·货殖列传》。这里借指中原地区，是唐代政治中心所在。　③ **玉轴**：指战船。**轴**，通"舳"。一说，指战车。　④ **海陵**：古县名。治所在今江苏泰州，汉代曾在此置粮仓。唐代属扬州。　**红粟**：陈年的米，因储久而变红。这里借此形容起兵之地扬州，积储粮米极其丰足。⑤ **江浦**：江边沿岸地，此指扬州。　**黄旗**：黄色旗帜，古代军中为大将军旗，见《尉缭子·经卒令》。徐敬业起兵时自称匡复府上将、扬州大都督，故用此称。　⑥ **班声**：原指班马之声，此泛指马嘶。班马，指别离之马，见《左传·襄公十八年》。　⑦ **"喑呜"二句**：形容军队气势之盛。喑呜、叱咤，怒叫声。　⑧ **公等**：诸公，指檄文所要传示的对象。　**或**：有的。　**汉地**：借指唐代封地。　⑨ **叶**：同"协"。和治；相合。　**周亲**：至亲。　⑩ **膺**：承受。　⑪ **顾命**：帝王临终的命令。故称受遗诏辅佐新君的大臣为顾命大臣。　**宣室**：汉代未央宫正殿前室。汉文帝曾在此召见贾谊并加咨询。因指帝王郑重召问大臣之处。　⑫ **一抔之土**：一捧之土，指坟墓。此指唐高宗去世不久，他坟上的土也还没有干。　**抔**，以手捧持。　⑬ **六尺之孤**：未成年的孤儿。此指高宗留下的孤儿，指中宗李显，当时已被废为庐陵王而被软禁。　**按**：这两句用老皇帝去世不久，新皇帝又遭废黜的事，引起人们的正统观念和父子亲情，指责武则天不合为妻为母之道，煽动力很强。　⑭ **送往**：送走死去的(指高宗)。　**事居**：侍奉现存的(指中宗)。　⑮ **勤王**：古称天子蒙难，诸侯大臣起兵救助。　⑯ **大君**：指先君。　⑰ **同指山河**：指着泰山、黄河盟誓。汉初大封功臣，誓词云："使河如带，泰山若厉。国以永宁，爱及苗裔。"见《史记·高祖功臣侯者年表序》。⑱ **穷城**：孤立无援之城。此指不响应徐敬业军而据守之城。　⑲ **坐**：由于，因为。　**昧**：看不清。　**先幾之兆**：事先的征兆。　**幾**，迹象。　⑳ **贻**：留下。　**后至之诛**：指因迟不响应而后到者应受的诛戮。语见《周礼·大司马》"比军众，诛后至者"。

（张㧑之）

267

<ruby>滕<rt>téng</rt></ruby> <ruby>王<rt>wáng</rt></ruby> <ruby>阁<rt>gé</rt></ruby> <ruby>序<rt>xù</rt></ruby>

<ruby>王 勃<rt>wáng bó</rt></ruby>

<ruby>南昌故郡<rt>nán chāng gù jùn</rt></ruby>，<ruby>洪都新府<rt>hóng dū xīn fǔ</rt></ruby>①。<ruby>星分翼轸<rt>xīng fēn yì zhěn</rt></ruby>②，<ruby>地接衡庐<rt>dì jiē héng lú</rt></ruby>③。<ruby>襟三江而带五<rt>jīn sān jiāng ér dài wǔ</rt></ruby>

南昌，是过去豫章郡的治所；洪州，是当今都督府的所在。天星分野，对应着翼宿轸宿；地势形胜

<ruby>湖<rt>hú</rt></ruby>④，<ruby>控蛮荆而引瓯越<rt>kòng mán jīng ér yǐn ōu yuè</rt></ruby>⑤。<ruby>物华天宝<rt>wù huá tiān bǎo</rt></ruby>，<ruby>龙光射牛斗之墟<rt>lóng guāng shè niú dǒu zhī xū</rt></ruby>⑥；<ruby>人杰地<rt>rén jié dì</rt></ruby>

连接着衡山庐山。三江为衣襟，五湖为衣带；控制着荆楚，接引着瓯越。这里物有光华，天产珍宝，

<ruby>灵<rt>líng</rt></ruby>，<ruby>徐孺下陈蕃之榻<rt>xú rú xià chén fān zhī tà</rt></ruby>⑦。<ruby>雄州<rt>xióngzhōu</rt></ruby>

龙泉太阿，剑气直射牛斗二宿之区域；人多

<ruby>雾列<rt>wù liè</rt></ruby>⑧，<ruby>俊彩星驰<rt>jùn cǎi xīng chí</rt></ruby>⑨。<ruby>台隍枕<rt>tái huángzhěn</rt></ruby>

俊杰，地凝灵秀，高士徐稚，才德能下陈蕃高

<ruby>夷夏之交<rt>yí xià zhī jiāo</rt></ruby>⑩，<ruby>宾主尽东南之<rt>bīn zhǔ jìn dōng nán zhī</rt></ruby>

悬之坐榻。雄伟州城，如大雾之涨起；俊秀人

<ruby>美<rt>měi</rt></ruby>⑪。<ruby>都督阎公之雅望<rt>dū dū yán gōng zhī yǎ wàng</rt></ruby>⑫，<ruby>棨<rt>qǐ</rt></ruby>

才，像众星之飞驰。楼台池壕，正处于荆楚与

<ruby>戟遥临<rt>jǐ yáo lín</rt></ruby>⑬；<ruby>宇文新州之<rt>yǔ wén xīn zhōu zhī</rt></ruby>

扬州接壤；宾客主人，囊括了东南地区的美

<ruby>懿范<rt>yì fàn</rt></ruby>⑭，<ruby>襜帷暂驻<rt>chān wéi zàn zhù</rt></ruby>⑮。<ruby>十旬休<rt>shí xún xiū</rt></ruby>

材。都督阎公的崇高声望，仪仗远临；宇文新

<ruby>暇<rt>xiá</rt></ruby>⑯，<ruby>胜友如云<rt>shèng yǒu rú yún</rt></ruby>⑰；<ruby>千里逢<rt>qiān lǐ féng</rt></ruby>

州的美好风范，车驾暂停。正逢十天休假，胜

① 王勃（650～约676），初唐四杰之一，不到二十岁即官朝散郎。"南昌"二句：点出滕王阁所在之地——洪州。南昌旧为豫章郡治所，唐改豫章郡为洪州，在今江西南昌。故，旧。② 分：分属。翼轸：二十八宿中的二星。古人以天上二十八宿与地上州之位置相对应，叫某星在某地之分野。此指楚地之分野，洪州位于旧楚地，故称。③ 衡庐：衡，衡山，在今湖南。庐，庐山，在今江西。一说，衡，指代衡州（今湖南衡阳）；庐，指代江州（今江西九江）。④ 襟三江：以三江为襟。带五湖：以五湖为带。谓处于三江、五湖之间。三江、五湖，说法不一：实泛指长江中下游的江湖。⑤ 控：控制。蛮荆：指古楚地。蛮，古称南方少数族。引：引远就近。瓯越：指今浙江、福建等地，因东越王摇都东瓯而称。⑥ "物华"二句：写洪州有珍贵之物。相传晋代张华看到牛斗两星宿之间常有紫气，他派雷焕到丰城（属洪州）掘得双剑，一名龙泉，一名太阿，紫气即不再出现。后来，双剑入水化为双龙。龙光，指剑气。墟，地域。

yíng
迎⑱，高朋满座。

gāo péng mǎn zuò
腾蛟起凤，孟学士之词宗⑲；

téng jiāo qǐ fèng mèng xué shì zhī cí zōng
紫电清霜，王将军之武

zǐ diàn qīng shuāng wáng jiāng jūn zhī wǔ

友如云；迎接千里来宾，高朋满座。龙翔凤舞，孟学士是文坛宗匠；紫电清霜，王将军乃武库权威。

kù
库⑳。

jiā jūn zuò zǎi
家君作宰，路出名区㉑；

lù chū míng qū
童子何知㉒，

tóng zǐ hé zhī
躬逢胜饯㉓。

gōng féng shèng jiàn

家父远任县令，我因省亲而路过宝地；在下无知少年，却荣幸地躬逢盛会。

shí wéi jiǔ yuè
时维九月㉔，

xù zhǔ sān qiū
序属三秋㉕。

时令在九月，节序值深秋。积潦退

lǎo shuǐ jìn ér hán tán qīng
潦水尽而寒潭清㉖，

yān guāng níng
烟光凝

尽，寒潭清冽；烟霭凝聚，暮山绛紫。整治

ér mù shān zǐ
而暮山紫㉗。

yǎn cān fēi yú shàng
俨骖騑于上

车马，驰骋于大道；寻访美景，踯躅于高

lù
路㉘，

fǎng fēng jǐng yú chóng ē
访风景于崇阿㉙。

lín dì zǐ
临帝子

丘，身临帝子的长洲，得见仙人之故居。此

zhī cháng zhōu
之长洲㉚，

dé xiān rén zhī jiù guǎn
得仙人之旧馆㉛。

céng
层

地啊，楼阁高耸，仰看层叠的峰峦苍翠一

luán sǒng cuì
峦耸翠㉜，

shàng chū chóng xiāo
上出重霄㉝；

fēi gé
飞阁

片，向上直插重霄；阁道凌空，俯视流动的

liú dān
流丹㉞，

xià lín wú dì
下临无地㉟。

hè tīng fú
鹤汀凫

彩饰丹漆欲滴，向下不见地面。鹤立水汀

zhǔ
渚，

qióng dǎo yǔ zhī yíng huí
穷岛屿之萦回㊱；

guì diàn lán
桂殿兰

凫栖小洲，极尽岛屿纤曲回环之致；桂作

gōng
宫，

liè gāng luán zhī tǐ shì
列冈峦之体势㊲。

殿堂，兰建宫室，列出冈峦高低起伏之势。

---

⑦"人杰"二句：写洪州有杰出之人。 **徐孺**，徐稺，字孺子，东汉高士，豫章南昌人。 **陈蕃**，字仲举。为豫章太守，不接待宾客，但特为徐稺设一榻（床），徐稺来则放下，去则悬起。 **下**，使放下。这里称徐孺子为"徐孺"，是骈体文讲究上下句字数对称所致，下文称杨得意为"杨意"，称钟子期为"钟期"，均此。

⑧ **雄州**：指洪州。 **雄**，伟盛。 **雾列**：如雾之弥漫充塞。 ⑨ **俊彩**：俊才。 **彩**，通"寀"，僚属。 **星驰**：如星之流动飞驰。 ⑩ **台隍**：指洪州城池。 **枕**：据。 **夷夏**：指荆楚地区和扬州地区。谓地处要冲。 ⑪ **尽**：囊括。 **美**：此指俊才。 ⑫ **都督**：唐制，州设都督。 **阎公**：当时任洪州都督，名不详。或以为即阎伯屿，不可考。 **雅望**：崇高的名望。

⑬ **棨戟**：有衣套的戟，指高官的仪仗。 ⑭ **宇文**：复姓，此人名不详。或以为是宇文峤，无确证。 **新州**：今广东新兴。此称姓宇文而任新州刺史之人，古人常以任官之地名称呼某人，以示尊重。 **懿范**：美好的风范。 ⑮ **襜帷**：车上的帐幔，此借指车马。

⑯ **十旬**：十日为旬。唐制，官吏十日休沐一次。 ⑰ **胜友**：高尚的友人。 ⑱ **逢迎**：迎接。 ⑲"腾蛟"二句：此赞扬孟学士文采飞扬。《西京杂记》："董仲舒梦蛟龙入怀，乃作《春秋繁露》词。"因称有高才、能著述为"腾蛟起凤"。 **孟学士**，名不详。词宗，文章高手。 ⑳"紫电"二句：此赞扬王将军之武略。 **紫电**，宝剑名。 **清霜**，形容宝剑锋利。 **王将军**，名不详。 **武库**，兵器库，此借指富于谋略。

古文观止

㉑"家君"二句：点明路过滕王阁原由。　家君，对人称自己父亲，此王勃称王福畤。　作宰，任县令。　出，过。　名区，有名之地，此指洪州。　㉒童子：王勃自称，此自居幼小以示谦逊，并非实指少年儿童。　㉓躬：亲身。胜饯：盛大的送别宴会。　按：以上由洪州的地势与人才，叙及宴饯。　㉔维：助词。　九月：一说当作"九日"，指九月初九重阳节。　㉕序：时节。　三秋：秋季，包括孟秋、仲秋、季秋三个月。一说，指九月。　㉖潦水：积存之雨水。　寒潭：清凉的深池。　㉗凝：凝结不动。　㉘俨：整治。　骖騑：骖，车辕两旁的马；騑，又叫作骖。　上路：高而阔的路。　㉙崇阿：山陵。　崇，高。　㉚帝子：皇帝之子，此指滕王。　洲：水中陆地。　㉛仙人：此指滕王。　旧馆：犹故居，此指滕王阁。　㉜翠：指翠色。　㉝重霄：指天空。　㉞飞阁：飞举之楼阁。　丹：朱砂，此指朱漆。　㉟下临：往下看。　㊱萦回：纡回曲折。　㊲列：排列。　体势：此指起伏之状。　按：以上写时令节序和阁之形势。

pī xiù tà　fǔ diāo méng　　shān yuán kuàng qí yíng shì　　chuān zé xū qí hài zhǔ　　lú
披绣闼，俯雕甍①：山原旷其盈视②，川泽盱其骇瞩③。闾

推开精致的阁门，俯看雕饰的屋脊：山岭平原，尽入视野；河流湖泽，触目惊心。里巷房舍，遍布城郊，都

yán pū dì　zhōng míng dǐng shí zhī jiā　　gě jiàn mí jīn　qīng què huáng lóng zhī zhú　　hóng xiāo
阎扑地，钟鸣鼎食之家④；舸舰迷津，青雀黄龙之舳⑤。虹销

是钟鸣鼎食的人家；舟楫船舰，停满渡口，都是青雀黄龙的船首。彩虹消散，雨过天青；日光明彻，天空开朗。

yǔ jì　cǎi chè yún qú　　luò xiá yǔ gū wù qí fēi　　qiū shuǐ gòng cháng tiān yī sè　　yú
雨霁，彩彻云衢⑥。落霞与孤鹜齐飞⑦，秋水共长天一色。渔

晚霞飘浮，孤鹜上翔，仿佛在一起飞行；秋水清澈，长天明净，相映成水天一色。傍晚渔船传出歌声，音响直

zhōu chàng wǎn　xiǎng qióng péng lǐ zhī bīn　　yàn zhèn jīng hán　shēng duàn héng yáng zhī pǔ
舟唱晚，响穷彭蠡之滨⑧；雁阵惊寒，声断衡阳之浦⑨。

到鄱阳湖岸边；南飞群雁惊感天寒，一路飞鸣止息于衡阳水滨。

yáo yín fǔ chàng　yì xìng chuán fēi　　shuǎng lài fā ér qīng fēng shēng　　xiàn gē níng ér bái yún
遥吟俯畅，逸兴遄飞⑩。爽籁发而清风生⑪，纤歌凝而白云

遥望长吟，登高俯视而畅快；豪情雅兴，迅速翻腾而兴起。箫声吹起，清风徐来；歌声缭绕，白云停飞。

270

è　　suī yuán lǜ zhú　　qì líng péng zé zhī zūn　　　yè shuǐ zhū huá guāng zhào lín chuān zhī bǐ

遏⑫。睢园绿竹，气凌彭泽之樽⑬；邺水朱华，光照临川之笔⑭。

今日盛会，好比梁王睢园绿竹之会，酒量豪情，气势超过了陶彭泽；今日赋诗，好比曹植邺水朱华之作，文采

sì měi jù　　èr nán bìng　　qióng dì miǎn yú zhōng tiān　　jí yú yóu yú xiá rì　　tiān gāo

四美具⑮，二难并⑯。穷睇眄于中天⑰，极娱游于暇日⑱。天高

诗才，光辉照映于谢临川。良辰美景，赏心乐事，四美俱备，贤明主人，美好嘉宾，二难齐臻。放眼纵观，长天

dì jiǒng　　jué yǔ zhòu zhī wú qióng　　xìng jìn bēi lái　　shí yíng xū zhī yǒu shù　　wàng cháng ān

地迥⑲，觉宇宙之无穷；兴尽悲来，识盈虚之有数⑳。望长安

胜景历历在目；尽情娱游，休闲逸兴丝丝入扣。天高地远，觉得天地四方、往古来今之无有穷尽；兴尽悲来，

yú rì xià zhǐ wú kuài yú

于日下，指吴会于

知道事物变化、盛衰成败的自有定数。西

yún jiān　　dì shì jí ér nán

云间㉑。地势极而南

望长安，如在日下而遥远，东指吴郡，若

míng shēn tiān zhù gāo ér běi

溟深，天柱高而北

在云间而缥缈。地势尽于南方，南海深

chén yuǎn　　guān shān nán yuè

辰远㉒。关山难越㉓，

广；天柱耸于北方，北极迢遥。行路艰难，

shuí bēi shī lù zhī rén

谁悲失路之人㉔？

关山难以逾越，有谁同情失意之人？聚散

píng shuǐ xiāng féng　　jìn shì tā

萍水相逢㉕，尽是他

无定，萍水偶然相逢，都是飘泊他乡之

xiāng zhī kè huái dì hūn ér

乡之客。怀帝阍而

乡之客。一心思念朝廷而不能够觐见，渴望奉

bú jiàn　　fèngxuān shì yǐ hé nián

不见㉖，奉宣室以何年㉗！

召宣室却不知在哪年！

---

① 披：推开。 闼：阁门。 甍：屋脊。 ② 旷：远。
③ 盱：张目望。 瞩：注视。 ④ "闾阎"二句：谓遍地是富贵人家。 闾阎，里巷之门。 钟鸣鼎食：古代高官贵族敲钟奏乐，陈列盛馔而食。 ⑤ "舸舰"二句：谓渡头停满大船。 舸：大船。 舰：版屋船，即船四周围加木板以防矢石的。 青雀黄龙：指船身上的鸟、龙图案。 舳：船端，此指船只。 ⑥ 云衢：指高空。 ⑦ 鹜：野鸭。 ⑧ 响：回声。 彭蠡：鄱阳湖的古名。 ⑨ 断：止。 衡阳：今湖南衡阳。一说，指衡山之南，有回雁峰，相传雁飞至此而止，不再向南，待春而回。 浦：水滨。 按：以上写阁外之景。 ⑩ 逸兴：超逸的兴致。 遄：迅速。 飞：此指兴起。 ⑪ 爽籁：参差不齐的排箫。
⑫ 遏：阻止。 ⑬ "睢园"二句：谓宾客皆能饮酒。 睢园，指西汉梁孝王刘武之兔园，在今河南商丘南，园内有竹。 气，指豪气，形容酒量大。 凌，压倒。 彭泽，指陶渊明，曾任彭泽令，故称。 ⑭ "邺水"二句：谓宾客皆善赋诗。 邺，故城在今河北临漳，是曹魏兴起之地，曹操父子在此集中了许多文人。 朱华，指荷花。曹植在邺作《公宴诗》，有"朱华冒绿池"之句。 临川，指南朝诗人谢灵运，曾任临川内史，故称。 ⑮ 四美：指良辰、美景、赏心（欢快之情）、乐事（快乐之事）。 具：齐备。 ⑯ 二难：谓贤主人、佳宾客难得。 并：皆有。 ⑰ 穷：极。 睇眄：纵观。

⑱ 极：尽。　娱游：娱乐游玩。　⑲ 迥：远。　⑳ 盈虚：指盛衰、成败等。　数：定数。　㉑ "望长安"二句：谓西望长安，东指吴会，辽远开阔。　长安，唐代京都，今陕西西安。　日下，指京师。《世说新语·夙惠》："举目见日，不见长安。"　吴会，吴郡和会稽郡，今江浙一带。　云间，旧华亭县（今上海松江）的别称。《世说新语·排调》记晋代陆云（字士龙）自称"云间陆士龙"，陆，华亭人。此借指东南名胜之地。　㉒ "地势极"二句：谓南通南海，北仰北极，高远广大。　极，尽，远至。　南溟，南方之大海。　天柱，古代神话说昆仑山上有铜柱，高耸入天，即称天柱。　北辰，北极星。　㉓ 关山：关隘山川。　㉔ 悲：悲悯，同情。　失路：喻不得志。　㉕ 萍水：喻偶然相遇。　㉖ 怀：想念。　帝阍：帝居。　阍，守门者，此指宫门。　㉗ 奉：侍奉。　宣室：汉代未央宫前殿正室，汉文帝曾召见贾谊于此。此借用贾谊事表达自己希望出仕而一展长才之心。　按：以上因钱别诗酒之宴，而生出身世之感。

呜呼！时运不齐①，命途多舛②。冯唐易老③，李广难封④。

唉！人们时运不相同，有人命途多坎坷。像冯唐年华老大而不得高官，李广军功显赫而难封列侯。委

屈贾谊于长沙⑤，非无圣主；窜梁鸿于海曲⑥，

屈贾谊任职于长沙，并非没有圣明君主；逼迫梁鸿逃窜到海边，难道缺少清明时政？所可依仗的，有修养的

岂乏明时⑦？所赖君子安贫⑧，达人知命⑨。老当益

君子能安处于困厄的境地，通事理的人士能知道自己的命运。年纪老了应当越发壮健，怎么能在白

壮⑩，宁知白首之心⑪；穷且益坚⑫，不坠青云之志⑬。酌贪泉

头时改变心志？境遇困厄应当更加坚定，不可失落上干青云的气节。操守坚定的君子，虽然喝了贪

而觉爽⑭，处涸辙以犹欢⑮。北海虽赊，扶摇可接⑯；东

泉之水而仍旧保持廉洁；正在涸辙中的鲋鱼，虽然处于极其艰难之境而依然心情乐观。北海虽远，

yú yǐ shì sāng yú fēi wǎn   mèng cháng gāo jié kōng huái bào guó zhī xīn   ruǎn jí chāng kuáng
隅已逝，桑榆非晚⑰。孟尝高洁，空怀报国之心⑱；阮籍猖狂，

凭借大风还可以达到；早年已逝，指望将来尚可望有成。空有像性行高洁的孟尝那样的报国之心，岂

qǐ xiào qióng tú zhī kū
岂效穷途之哭⑲？

能学像不拘礼法的阮籍那样的穷途之哭？

① 时运：时机命运。　不齐：不同，言有好有坏。　② 命途：生命之路，前途。
舛：逆，乖违。　③ 冯唐易老：言少壮之时不长，怕年华老大而仍不得志。　冯
唐，西汉人，老年而仍作小官；汉武帝时求贤良，有人推荐他，但已九十多岁了。
④ 李广难封：言飞黄腾达，极其艰难。　李广，西汉名将，抗击匈奴屡立战功而
至死未得封侯。　⑤ 屈：委屈。　贾谊：西汉人，有高才而不得重用，被排挤出
为长沙王太傅。　⑥ 窜：放逐，此谓被迫出走。　梁鸿：东汉隐士，作《五噫歌》
讥讽朝政，被迫改名换姓，与妻逃至齐鲁一带，又转至吴地。　海曲：海滨僻远
处。　⑦ 明时：政治清明之时。　⑧ 安贫：安于贫贱的处境。　⑨ 达人：旷达
的人。　知命：能顺天命。　⑩ 益：更加。　⑪ 宁：岂，难道。　白首：老年。
⑫ 穷：境况困厄，不得志。《后汉书·马援传》："丈夫为志，穷当益坚，老当益壮。"
⑬ 青云之志：超凡的志向。　⑭ "酌贪泉"句：饮贪泉水而心境仍然清明。《晋
书·吴隐之传》记载：广州之北有贪泉，饮其水者则贪得无厌。吴隐之赴广州刺
史任，饮贪泉水，到任后操守愈严。　⑮ "处涸辙"句：处于极端困厄中仍能乐
观。　涸辙，水已干涸的车辙，喻困境。《庄子·外物》有涸辙中鲋鱼求斗升之水
以活命之寓言。　⑯ "北海"二句：谓北海虽远，乘风能到。　赊，远。　扶摇，
旋风，喻时机。见《庄子·逍遥游》。　⑰ "东隅"二句：谓旧日时光虽已过去，
将来仍有希望。《后汉书·冯异传》："可谓失之东隅，收之桑榆。"　东隅，日出之
地。　桑榆，日落之地。　⑱ "孟尝"二句：谓高洁如孟尝，有报国之心而不被重
用。　孟尝，字伯周，东汉人，操行高洁，曾任合浦太守，为民兴利除弊，后隐居耕
田，终不见用。王勃以孟尝自比，略含怨意。　⑲ "阮籍"二句：谓不当为失意而
悲伤。　阮籍，晋诗人，竹林七贤之一，字嗣宗。《晋书·阮籍传》记载他经常坐车
出游，不沿道路走，路不通则恸哭而返。　猖狂，放纵不拘。　效，仿效。　按：
以上为自勉自慰。

bó sān chǐ wēi mìng　　yí jiè shū shēng　　wú lù qǐng yīng　děng zhōng jūn zhī ruò guàn

勃三尺微命①，一介书生②。无路请缨，等终军之弱冠③；

> 我王勃不过是三尺绅带的一命卑官，无足轻重的一介书生。相等终军的弱冠之年而报国无门，

yǒu huái tóu bǐ　　mù zōng què zhī cháng fēng　　shě zān hù yú bǎi líng　fèng chén hūn yú wàn lǐ

有怀投笔，慕宗悫之长风④。舍簪笏于百龄，奉晨昏于万里⑤。

> 羡慕宗悫的长风之志而投笔有心。现在宁愿舍去一生功名利禄，跋涉万里长途去省视父亲。

① 三尺微命：绅（衣带）长三尺，官品卑微。三尺，指衣带下垂之长度。微命，周代任官自一命至九命，一命最低微。② 一介：一个，谦词。③ "无路"二句：谓自己与终军年龄相等，却没有请缨报国之机会。请缨，指请求赐予克敌建功之命令。《汉书·终军传》记载：汉武帝派终军与南越和亲，终军请求汉武帝赐他长缨，他要亲缚南越王而归。等，等于。终军，西汉人，字子云，死时年二十余岁。弱冠，二十岁。④ "有怀"二句：谓羡慕宗悫之壮志，有投笔从戎之心。投笔，指弃文就武。《后汉书·班超传》记载：班超家贫，为人抄书度日，曾投笔慨叹，说大丈夫当为国立功，岂可终日在笔砚间讨生活。《宋书·宗悫传》记载：南朝宋的宗悫少年时曾说，"愿乘长风破万里浪。"⑤ "舍簪笏"二句：谓舍去一生的功名利禄，到万里之外去侍奉父亲。簪笏，古代仕宦所用的冠簪和手版，借指官职。百龄，百年，一生。晨昏，早晨向父母问安，晚间为父母铺床。⑥ "非谢家"二句：谓自己并不是谢玄那样可以光耀门庭的才子，却有机会结识这些贤德之人。《世说新语·言语》记载：晋代谢安问子侄，人们何以希望子弟好，侄子谢玄答"譬如芝兰玉树，欲其生于庭阶耳"。因称谢玄为谢家宝树。孟氏之芳邻，借《列女传》所载孟母三迁故事，说此次宴会上所结交者皆有贤德之人。

fēi xiè jiā zhī bǎo shù　　jiē mèng shì zhī fāng lín

非谢家之宝树，接孟氏之芳邻⑥。

> 我不是如同谢玄那样的美好子弟，却幸而接触孟氏所

tā rì qū tíng　dāo péi lǐ duì

他 日 趋 庭，叨 陪 鲤 对⑦；

> 追求的芳邻嘉宾。过些日子将到父亲身边聆听教诲，今

jīn chénpěng mèi　　xǐ tuō lóng mén　　yáng yì bù

今 晨 捧 袂⑧，喜 托 龙 门⑨。杨 意 不

> 朝拜见阎公荣幸如登龙门。没遇到杨得意那样的荐举

féng　fǔ　líng yún　ér　zì xǐ　　zhōng qī

逢，抚 凌 云 而 自 惜⑩；钟 期

> 之人，只能抚凌云之赋而空自怜惜；既然有钟子期那样

jì　yù　zòu liú shuǐ yǐ hé cán

既 遇，奏 流 水 以 何 惭⑪？

> 的知音之士，奏出了流水之曲而有何羞惭？

wū hū　shèng dì bù cháng　　shèng yán nán

呜呼！胜 地 不 常⑫，盛 筵 难

> 唉！洪州名胜之地，不能常游，今日盛大筵

zài　　lán tíng yǐ yǐ　　zǐ zé qiū xū　lín bié

再⑬；兰亭已矣⑭，梓泽丘墟⑮。临别

> 席，难以再聚；兰亭雅集，已成过去，金谷名园，已为

zèng yán　xìng chéng ēn yú wěi jiàn　dēng gāo zuò

赠言，幸承恩于伟饯⑯；登高作

> 废墟。在此次盛会上，临别赠言，侥幸蒙受阎公之恩；

fù　shì suǒ wàng yú qún gōng　　gǎn jié bǐ

赋，是所望于群公⑰。敢竭鄙

> 登高赋诗，希望借重诸公之才。请允许我冒昧

chéng　　gōng shū duǎn yǐn　　　yì yán jūn fù　　sì yùn jù chéng

诚⑱,恭疏短引⑲；一言均赋,四韵俱成⑳:

地倾吐心意,恭敬地陈述短序。一说大家都请赋诗,四韵八句也就写成:

téngwáng gāo gé lín jiāng zhǔ　　pèi yù míng luán bà gē wǔ　　huà dòngzhāo fēi nán pǔ yún　　zhū lián mù

滕王高阁临江渚,佩玉鸣鸾罢歌舞。画栋朝飞南浦云,朱帘暮

高高的滕王阁耸立在江渚,佩玉声鸾铃声停止了歌舞。画栋雕梁早晨飞过南浦的云,朱红帘幕晚

juǎn xī shān yǔ　　xián yún tán yǐng rì yōu yōu　　wù huànxīng yí jǐ dù qiū　　gé zhōng dì zǐ jīn hé zài　　jiàn

卷西山雨。闲云潭影日悠悠,物换星移几度秋。阁中帝子今何在? 槛

上卷起西山雨雾。闲暇的云潭中日影晃晃悠悠,景物变换星斗转移几度春秋。阁中的皇子啊如今在哪里?

wài chángjiāngkōng zì liú

外长江空自流⑳!

槛外的赣江水啊空自奔流!

⑦ "他日"二句:谓将要到自己父亲那里聆听教诲。《论语·季氏》记载:孔子站在庭中,他的儿子孔鲤从庭前过,父子俩问答学诗学礼之事。　趋,小步快走,示恭敬。　叨陪,惭愧地跟随着做,谦词。　对,答话。　⑧捧袂:抬起衣袖,表示谒见时之恭谨。　⑨喜托龙门:谓以受到接待为荣幸。　龙门,在山西、陕西二省间黄河中。传说鲤鱼登龙门则化为龙。《后汉书·李膺传》记载:李膺有大名,士人得其接见称"登龙门"。此以李膺喻阎公,是恭维阎公。　⑩"杨意"二句:谓自己虽有才能而无人举荐,空自怜惜。《汉书·司马相如传》记载:汉武帝很赏识司马相如的《子虚赋》,但不知作者即当时人,杨得意告知武帝,司马相如遂蒙召见。后来又献《大人赋》,汉武帝非常高兴,"飘飘有凌云之气,似游天地之间"。杨意,即杨得意,任汉武帝狗监。　抚,抚弄。　凌云,指司马相如之《大人赋》,暗指王勃自己的文章。⑪"钟期"二句:谓既遇知音,即当放胆赋诗作文。《列子·汤问》记载:春秋时楚人伯牙,鼓琴,想念高山,钟子期说"善哉,峨峨兮若泰山";想念流水,钟子期说"善哉,洋洋兮若江河"。钟子期死后,伯牙不再鼓琴。　何惭,有什么惭愧。　按:以上为王勃自述。　⑫胜地:名胜之地,此指洪州。　不常:不能常游。　⑬盛筵:盛大的宴会。　⑭兰亭:在今浙江绍兴,东晋群贤在此宴集,王羲之作了《兰亭集序》。⑮梓泽:在今河南洛阳北,晋石崇之金谷园在此。　丘墟:荒地。　⑯"临别"二句:谓此次饯别盛会,以承阎公之恩得以参加为荣幸。　赠言,送别。《说苑·杂言》:"子路将行,辞于仲尼。曰:'赠汝以车乎?以言乎?'子路曰:'请以言。'"　⑰"登高"二句:谓至于赋诗,此乃在座诸公之事。　赋,作诗。《韩诗外传》卷七:"孔子曰:'君子登高必赋。'"　⑱敢竭鄙诚:写出鄙陋之心意。　敢,大胆地,谦辞。　⑲疏:陈述。　短引:小序。　⑳"一言"二句:谓写成四韵八句诗一首。　一言,一说。　均赋,请都写诗。㉑"滕王"八句:即上述四韵之诗。诗以两句为一韵,此为王勃所作《滕王阁》诗,诗为古体。

（张拗之）

与韩荆州书

李白

白闻天下谈士相聚而言曰[1]:"生不用封万户侯[2],但愿一识韩荆州[3]。"何令人之景慕[4],一至于此[5]!岂不以有周公之风[6],躬吐握之事[7],使海内豪俊[8],奔走而归之,一登龙门[9],则声价十倍。所以龙蟠凤逸之士[10],皆欲收名定价于君侯[11]。君侯不以富贵而骄之,寒贱而忽之,则三千之中有毛遂[12],使白得颖脱而出[13],即其人焉。

白,陇西布衣[14],流落楚汉[15]。十五好剑术[16],遍干诸侯[17];三十成文

> 我李白听说天下一些谈论世事的士人聚集在一起谈到:"人生不必封为万户侯,只愿意结识一下韩荆州。"为什么使人们景仰爱慕竟然到了这样的程度呢!岂不是有周公那样的风范,躬行吐哺握发之事,使海内豪杰俊秀之士都奔集到门下,一经接待,如登龙门,就声名大增,十倍于前吗!所以长才未展、蛰处待时的贤士,都希望在君侯处获得美名,确定评价。希望君侯不因为自己富贵而对他们骄傲,也不因他们寒贱而轻忽他们,那么众多的宾客中就会有毛遂那样的奇才,假使我李白能有脱颖而出的机会,我就是那样的人啊。

> 我李白是陇西平民,流落在楚地汉水一带。幼年即爱好剑术,拜见了许多地方长官;三十岁而诗文有

① 李白(701~762),唐代大诗人,字太白,号青莲居士。白:李白自称。古人写信,自称其名以示恭敬。 谈士:谈论世事的士人。
② 万户侯:汉代制度,诸侯食邑,大者万户。此取其官高爵显之意。
③ 韩荆州:韩朝宗。古时用某人任官的地名来称呼,以示尊重。后来用"识荆"比喻谒见贤者,作为对初见面者的恭维语,本此。 ④ 景慕:景仰爱慕。 ⑤ 一:竟然。
⑥ 周公:周文王之子姬旦,辅助武王灭纣,建立周王朝,封于鲁。武王死,成王年幼,周公摄政。

zhāng lì dǐ qīngxiàng suī cháng bù mǎn qī chǐ ér xīn xióng wàn fū jiē wánggōng dà rén xǔ yǔ qì

章,历抵卿相。虽长不满七尺⑱,而心雄万夫⑲。皆王公大人许与气

成就,晋谒了很多朝中贵显。虽然身高不满七尺,然而心志高超,过于万人。王公大人都赞许我有志节、

yì cǐ chóunǎng xīn jì ān gǎn bú jìn yú jūn hóu zāi

义⑳。此畴曩心迹㉑,安敢不尽于君侯哉!

讲道义。这是我过去的抱负和行事,怎么敢不尽情向您倾诉呢!

jūn hóu zhì zuò móu shén míng dé

君侯制作侔神明㉒,德

君侯的功业堪比神明,德行震动

xíng dòng tiān dì bǐ cān zào huà xué jiū

行动天地,笔参造化㉓,学究

天地;文笔阐明自然化育之大道,学问穷

tiān rén xìng yuàn kāi zhāng xīn yán bù

天人㉔。幸愿开张心颜㉕,不

究天道人事之精微。希望君侯推心相与,

yǐ cháng yī jiàn jù bì ruò jiē zhī yǐ

以长揖见拒㉖。必若接之以

和颜接待,不因为我以长揖之礼晋见而拒

gāo yàn zòng zhī yǐ qīng tán qǐng rì

高宴㉗,纵之以清谈㉘,请日

绝我。如若能用盛大的宴席接待,听任我

shì wàn yán yǐ mǎ kě dài jīn tiān xià

试万言,倚马可待㉙。今天下

纵情畅谈,那么请以日写万言来测试我,

yǐ jūn hóu wéi wén zhāng zhī sī mìng rén

以君侯为文章之司命㉚,人

我将手不停挥,倚马可待。如今天下文士

wù zhī quánhéng yì jīng pǐn tí biàn zuò

物之权衡㉛,一经品题,便作

都认为您是执掌诗文命运的星君,衡量人

jiā shì ér jūn hóu hé xī jiē qián yíng chǐ

佳士。而君侯何惜阶前盈尺

才高下的权威,一经您的品评,就是德才

⑦ 躬:亲自。 吐握:吐哺握发的缩略语。《史记·鲁周公世家》记载:周公不敢轻慢来访者而"一沐(洗头)三握发,一饭三吐哺(bǔ,嘴里嚼着的食物)",显示为招徕人才而操心。 ⑧ 豪俊:有才德的人。 ⑨ 登龙门:比喻得到有声望者的接见或援引。 ⑩ 龙蟠凤逸:比喻豪杰之士幽处待时,如龙之蛰伏深渊,一有时机,就像凤凰那样飞出去。 ⑪ 收名:获得美名。 定价:确定评价。 君侯:唐人对贵官的尊称。此指韩朝宗。 ⑫ 毛遂:相传战国时赵平原君有门客三千,毛遂在门客中是不被重视的。后秦围赵都邯郸,赵派平原君出使楚国求援,毛遂自荐同去,终于帮助平原君与楚国订立了盟约。事见《史记·平原君列传》。 ⑬ 颖脱:当毛遂自荐时,平原君用锥子在袋中为喻,说有才能的人早就像锥子那样显露出来了。毛遂回答:"臣乃今日请处囊中耳。使遂早得处囊中,乃颖(锥子头)脱而出,非特其末见而已。"意思是有了时机,贤士自会显示才能。 ⑭ 陇西:李白祖籍陇西成纪(今甘肃秦安北),故称。 布衣:平民,也指无官职的读书人。 ⑮ 楚汉:指古代楚国、汉水一带。当时李白正流浪于安陆、襄阳、江夏等处。 ⑯ 十五:指少年时期,不一定确指十五岁。 剑术:击剑之术。 ⑰ 遍干:普通接触。 干,原意为犯,引申为触及。 诸侯:此指出镇地方的高官。下文的"卿相",指在朝高官。

之地^㉜，不使白扬眉吐气，激昂青云耶^㉝！

> 兼美之士。那您何必爱惜庭阶前区区一尺之地，使我不能扬眉吐气、气宇昂扬于青云之上呢！

---

⑱ 七尺：古时尺短，不满七尺是指一般的中等身材。　⑲ 心雄万夫：心志比万夫都高。　⑳ 王公大人：即上文的"诸侯"、"卿相"。　许与：称许。　气义：雄伟的志节和正义的精神。　㉑ 畴曩：从前。　心迹：抱负和事迹。　㉒ 制作：此指制定典章的功业。　侔：等于，齐。　神明：天神。　㉓ 笔：文笔。　造化：创造化育万物。　㉔ 究：研究。　天人：天道和人事的深微处。　㉕ 幸愿：希望。　开张：展开。　心颜：心胸颜面。　㉖ 长揖：拱手自上而至极下，古时宾主以平等身份相见之礼。长揖与拜相比，则见贵官而行长揖之礼是高傲的表现。　㉗ 接：接待。　之：指代李白自己。下句中同。　高宴：盛大的宴席。　㉘ 纵：纵任。　清谈：本指玄谈，此指任情畅谈。　㉙ 倚马可待：形容文思敏捷。东晋桓温北征，袁宏倚马前草拟文告，顷刻成七纸。见《世说新语·文学》。　㉚ 司命：星名，即文昌星，相传主管世间文运。　㉛ 权衡：称量用具。　权，秤锤。　衡，秤杆。　㉜ 盈尺之地：满一尺之地，言其小。　㉝ 激昂青云：逞意气于青云之上。　激昂，激励奋发。

昔王子师为豫州^①，未下车^②，即辟荀慈明^③；既下车，又辟孔文

> 从前王允任豫州刺史，尚未到任就征辟荀爽；到任之后，又征辟孔融。山涛任冀州刺史，考察选

举^④。山涛作冀州^⑤，甄拔三十余人，或为侍中、尚书，先代所美。而君

> 拔了三十多人，其中有的人官至侍中、尚书，这都是前代人所称道赞美的。而君侯您也荐举过严协律，

侯亦一荐严协律^⑥，入为秘书郎^⑦；中间崔宗之、房习祖、黎昕、许莹之

> 进入朝廷任秘书郎；还有崔宗之、房习祖、黎昕、许莹等人，有的由于才干名声而得到了解，有的因为

徒^⑧，或以才名见知，或以清白见赏。白每观其衔恩抚躬^⑨，忠义奋

> 操行清白而获得赏识。李白从旁看到他们感戴恩德，常常省察自己，以忠义奋发自勉。李白也因此而

发。白以此感激^⑩，知君侯推赤心于诸贤之腹中^⑪，所以不归他人，而

> 心里感动，了解君侯以至诚待人，对贤士推心置腹，故而不归向别人，而愿意把身心命运付托给国中

愿委身国士^⑫。倘急难有用，敢效微躯^⑬。

> 才德至高的人。倘使君侯有什么紧急危难而要用我之处，我自当献身效命。

qiě rén fēi yáo shùn　shuí néng jìn shàn　bái mó yóu chóu huà　ān néng zì jīn　zhì yú zhì zuò

且人非尧舜⑭,谁能尽善? 白谟猷筹画⑮,安能自矜⑯? 至于制作⑰,

再说,人并不是尧舜那样的圣人,谁能十全十美呢? 李白我在谋略策画方面,怎么能自夸呢? 至

jī chéng juàn zhóu　zé yù chén huì shì tīng　kǒng diāo chóng xiǎo jì　bù hé dà rén　ruò cì

积 成 卷 轴⑱, 则 欲 尘 秽 视 听⑲, 恐 雕 虫 小 技⑳, 不 合 大 人。 若 赐

于我的诗文创作,已经积累成卷轴,却想呈请君侯抽眼过目,就怕雕虫小技,不能受到大人的赏识。

guān chú ráo　qǐng gěi zhǐ

观刍荛㉑,请给纸

倘蒙垂青,愿意看看拙作,

bǐ　jiān zhī shū rén

笔, 兼 之 书 人㉒。

那么, 请赏给纸笔, 还

rán hòu tuì sǎo xián xuān

然后退扫闲轩㉓,

有抄写的人。然后回去

shàn xiě chéng shàng　shù

缮写呈上㉔。庶

打扫安静的小屋,誊清呈上。

qīng píng jié lù zhǎng

青萍、结绿㉕, 长

希望青萍宝剑、结绿美玉,

jià yú xuē biàn zhī mén

价于薛、卞之门㉖。

能够在薛烛、卞和的门下,

xìng tuī xià liú dà

幸 推 下 流㉗, 大

增添身价。但愿君侯推恩于

kāi jiǎng shì wéi jūn hóu

开奖饰㉘。唯君侯

身处下位之人,大开嘉奖鼓

tú zhī

图之㉙!

励之门。还望君侯加以考虑。

① 王子师:东汉王允,字子师。汉灵帝时任豫州刺史。　② 下车:指官吏到任。　③ 辟:征召。　荀慈明:名爽,被征召为州从事。　④ 孔文举:孔融,亦被征召为州从事。　⑤ 山涛:字巨源,西晋人,竹林七贤之一,曾任冀州刺史。　⑥ 严协律:名不详。或以为指严武。　协律:协律郎,掌音乐之官。　⑦ 入:指入朝为官。　秘书郎:秘书省的郎官,掌图籍。　⑧ 崔宗之:崔日用之子,曾官侍御史,李白重要交游之一,杜甫《饮中八仙歌》称之为潇洒美少年。　房习祖、黎昕、许莹:事迹皆不详。　⑨ 衔恩:感恩。　抚躬:省察自己。　⑩ 感激:心里感动。　⑪ 推赤心于诸贤之腹中:谓以至诚对待贤人。《后汉书·光武帝纪》:"萧王(后为光武帝)推赤心置人腹中,安得不投死(效死力)乎?"　⑫ 委身:把身命付托给。　国士:国中才德至高之人。此指韩朝宗。　⑬ 敢效微躯:愿意贡献微贱之身。　⑭ 尧舜:皆上古帝王,此指圣人。　⑮ 谟猷筹画:谋画打算。指政治上的才能。　⑯ 安能自矜:怎能自夸。　⑰ 制作:此指诗文创作。　⑱ 卷轴:古代诗文写在长条纸上,一端有木轴,收藏时以木轴为中心卷起来,故称书册为卷轴。　⑲ 尘秽视听:谓自己诗文不好,会玷污读者耳目。自谦之辞。　尘,尘土。秽,杂草。此用作动词。　⑳ 雕虫小技:微不足道的技能。此指赋诗作文。扬雄《法言·吾子》:"或问'吾子少而好赋?'曰:'然。童子雕虫篆刻。'俄而曰:'壮夫不为也。'"　㉑ 刍荛:原意为割草、采薪者,引申为草野之民。此指自己的诗文,自谦不佳。　㉒ 兼:加上。　书人:抄写的人。　㉓ 轩:小屋。　㉔ 缮:誊抄。　㉕ 庶:庶几。表希望。　青萍、结绿:宝剑名和美玉名。李白以青萍、结绿比喻自己诗文,是自负十分可观。　㉖ 长价:增添身价。　薛、卞:薛烛,春秋时越人,善识剑。卞和,春秋时楚人,善识玉。此以喻韩朝宗,颂扬他有知人之明。　㉗ 幸推:希望推恩于。　下流:指处于下位之人。　㉘ 奖饰:称誉。　㉙ 唯:助词,表希望语气。　图:考虑。

(张㧑之)

春夜宴桃李园序

李白

夫天地者①，万物之逆旅②；光阴者，百代之过客③。而浮生若

天地是万物暂时歇息的旅馆，光阴是历代匆匆而去的过客。飘浮无定的人生，如同梦幻；欢会聚首

梦④，为欢几何？古人秉烛夜游，良有以也⑤！

的乐事，能有多少？古人点燃灯烛，连夜游乐，确实有他的道理啊！

况阳春召我以烟景⑥，

况且温暖和煦的春天用如烟美景召

大块假我以文章⑦。会桃李

唤我们，充满美妙声色的大自然把审美素材

之芳园，序天伦之乐事⑧。群

提供给我们。我们相会于桃李花园，叙说

季俊秀⑨，皆为惠连⑩；吾人

着天伦乐事。诸位弟弟英俊挺秀，个个好像

咏歌，独惭康乐⑪。幽赏未

谢惠连；而我自己的吟咏歌诗，自愧不如谢

已⑫，高谈转清。开琼筵以

灵运。对幽雅景色的欣赏情趣未了，高超议

坐花⑬，飞羽觞而醉月⑭。

论却转入了玄远清妙。摆开盛筵，坐在花间；

① **夫：**用在句首的助词，表示阐发议论的语气。　② **逆旅：**旅舍。逆，迎，迎止宾客之意。　③ **"光阴者"二句：**极力形容光阴迅速流逝，有如匆匆过客，衬托人生的短暂。　④ **浮生：**飘浮无定的人生。《庄子·刻意》："其生若浮，其死若休。"　⑤ **"古人秉烛"二句：**意谓古人及时行乐，确有道理。曹丕《又与吴质书》："古人思炳烛夜游，良有以也。"秉，通"炳"，点燃；又解为执持，亦通。良，的确，实在。以，道理，原因。　⑥ **阳春：**温暖的春天。**烟景：**艳丽的景色。　⑦ **大块：**大自然。《庄子·大宗师》："夫大块载我以形，劳我以生。"假，借。**文章：**错杂的色彩花纹。此指大自然中种种美好的形象声色。　⑧ **序：**通"叙"。叙说。**天伦：**指父子、兄弟等亲属关系。　⑨ **群季：**诸弟。古人以伯仲叔季作为兄弟间的排行，因以季指代弟。

bù yǒu jiā zuò hé shēn yǎ huái rú shī bù chéng fá yī jīn gǔ jiǔ shù
不有佳作,何伸雅怀⑮? 如诗不成,罚依金谷酒数⑯。

举杯如飞,醉于月下。如果没有好诗,怎能抒发高雅情怀? 如果赋诗不成,就依照金谷雅集之数罚酒。

---

⑩ **惠连**:南朝宋文学家谢惠连,幼而聪明,十岁能文,为族兄谢灵运所赏爱。此以谢惠连比喻诸从弟,夸奖他们有才。 ⑪ **康乐**:指南朝宋诗人谢灵运,名将谢玄之孙,袭封康乐公,故称。他以写作山水诗著名。此以谢灵运自比,又自愧不如,是谦辞。 ⑫ **幽赏**:谓对幽美景色的欣赏。 ⑬ **琼筵**:美好的筵席。琼,美玉。 ⑭ **飞**:形容不断地举杯。**羽觞**:古时饮酒用的两边有耳的杯子。 ⑮ **伸**:抒发。 ⑯ **金谷**:西晋石崇筑园于金谷涧,其地在今河南洛阳西北,世称金谷园。石崇常设宴赋诗于园中,有《金谷诗序》,说"遂各赋诗,以叙中怀,或不能者,罚酒三斗"。此用金谷酒数,指宴会上的罚酒之数。

(张扐之)

diào gǔ zhàn chǎng wén

吊古战场文

lǐ huá
李 华

hào hào hū píng shā wú yín xiòng bú jiàn rén hé shuǐ yíng dài qún shān jiū
浩浩乎! 平沙无垠①,敻不见人②。河水萦带,群山纠

浩浩瀚瀚啊! 平展展的沙漠,无边无际,极目远望,看不见一个人影。黄河的水像带子那样盘曲回

fēn③ àn xī cǎn cuì④ fēng bēi rì xūn⑤ péng duàn cǎo kū⑥ lǐn ruò shuāng chén
纷③。黯兮惨悴④,风悲日曛⑤。蓬断草枯⑥,凛若霜晨。

绕,成群的山峰错杂耸立。阴暗的天,愁惨的地,北风悲号,日色昏黄。飞蓬断落,杂草枯萎,寒气凛冽,

niǎo fēi bú xià shòu tǐng wáng qún⑦ tíng zhǎng gào yú yuē⑧ cǐ gǔ zhàn chǎng yě
鸟飞不下,兽铤亡群⑦。亭长告余曰⑧:"此古战场也。

就像严霜的早晨。飞鸟在空中盘旋,不肯落下;野兽在地上奔窜,失散了同伴。当地的亭长对我说:"这

281

cháng fù sān jūn⑨。 wǎng wǎng guǐ kū， tiān yīn zé wén。" shāng xīn zāi！ qín yú hàn
尝覆三军⑨。 往往鬼哭，天阴则闻。" 伤心哉！ 秦欤汉

是古战场呀，曾经覆没过多少军队。往往有鬼哭的声音，阴雨天就可以听见。"伤心啊！这是秦朝的，汉

yú？ jiāng jìn dài yú？
欤？ 将近代欤？

朝的？还是近代的呢？

wú wén fú qí wèi yáo shù， jīng hán zhào mù⑩。 wàn lǐ bēn zǒu， lián nián bào
吾闻夫齐魏徭戍，荆韩召募⑩。 万里奔走，连年暴

我听说：战国时代齐国、魏国征发士卒去守卫边境，楚国、韩国招募兵丁去从事征战。战士们跋涉长途，奔

lù。 shā cǎo chén mù， hé bīng yè dù。 dì kuò tiān cháng， bù zhī guī lù。 jì
露。 沙草晨牧，河冰夜渡。 地阔天长，不知归路。 寄

走万里，日晒雨淋，年复一年。早晨，在沙漠里寻找水草放牧；夜晚，在结了冰的黄河上渡过。地是这样的辽

shēn fēng rèn， bì yì shuí sù⑪？ qín
身锋刃，腷臆谁诉⑪？ 秦

阔，天是这样的高远，回家的路啊，又在哪里？性

hàn ér huán， duō shì sì yí⑫。
汉而还，多事四夷⑫。

命早已交给了刀剑，胸中的愁闷又向谁诉说？

zhōng zhōu hào dù⑬， wú shì wú zhī。
中州耗斁⑬，无世无之。

秦汉以来，四方边境战事频繁，中原地区受到破

gǔ chēng róng xià⑭， bú kàng wáng shī⑮
古称戎夏⑭，不抗王师⑮

坏，又是哪个朝代没有？古人说，戎狄和华夏，

wén jiào shī xuān⑯， wǔ chén yòng
文教失宣⑯， 武臣用

都不和帝王的大军对抗；到后来，文治教化不再

qí⑰。 qí bīng yǒu yì yú rén yì⑱，
奇⑰。 奇兵有异于仁义⑱，

宣扬，阴谋诡计是武将的主张。奇兵突击不同于

wáng dào yū kuò ér mò wéi⑲。 wū
王道迂阔而莫为⑲。 呜

仁义之师，王道仁政成为迂腐空疏的说教，

① 李华(约715～约744)，唐散文家。 **垠**：边际，界限。 ② **夐**：遥远。 ③ **纠纷**：杂乱交错。 ④ **黮**：阴暗。 **惨悴**：惨淡憔悴，形容景象萧条。 ⑤ **曛**：昏黑。 ⑥ **蓬**：草名，飞蓬。 ⑦ **铤**：快走的样子。 ⑧ **亭长**：秦汉时十里一亭，置亭长，掌治安、诉讼等。此指地方小吏。 ⑨ **尝**：曾经。 **三军**：泛指军队。 ⑩ **"吾闻夫"二句**：谓战国时代各诸侯国大量征发、召募士卒，戍边作战。 **荆**，即楚国。 **召募**，以钱物招募兵员。 ⑪ **腷臆**：亦作"愊忆"，烦闷。 **谁诉**：向谁诉说。 ⑫ **四夷**：四方边境的少数民族。 ⑬ **中州**：中原。 **耗斁**：损耗败坏。 ⑭ **戎**：泛指少数民族。 **夏**：华夏。 ⑮ **王师**：帝王的军队。 ⑯ **文教**：文治教化。 ⑰ **用奇**：用奇计。 ⑱ **奇兵**：出奇制胜的兵，指运用谋略，突然袭击等。 ⑲ **王道**：指以仁德服人的准则。 **迂阔**：迂腐空疏。

呼噎嘻！
hū yī xī

再没有人去实施。哎呀啊哎哟！

吾想夫北风振漠，胡兵伺便。主将骄敌，期门受战①。野竖
wú xiǎng fú běi fēng zhèn mò　hú bīng sì biàn　zhǔ jiàng jiāo dí　qī mén shòu zhàn　　yě shù

我想象：北风振动沙漠，胡兵乘机侵扰。主将轻敌，敌军到了营门，才仓卒应战。原野里军旗竖起，

旄旗②，川回组练③。法重心骇，威尊命贱。利镞穿骨，惊沙
máo qí　chuān huí zǔ liàn　fǎ zhòng xīn hài　wēi zūn mìng jiàn　lì zú chuān gǔ　jīng shā

平川上战士奔驰。军法如山，心惊胆战。锋利的箭镞穿透骨头，飞扬的沙砾扑入颜面。敌我双方肉搏奋

入面。主客相搏，山川震眩。声析江河④，势崩雷电。至若
rù miàn　zhǔ kè xiāng bó　shān chuān zhèn xuàn　shēng xī jiāng hé　shì bēng léi diàn　zhì ruò

战，山川也震动得头晕目眩。喊杀的声音撕裂了江河，冲杀的气势崩裂了雷电。至于在严寒的隆冬，彤

穷阴凝闭⑤，凛冽海隅⑥。积雪没胫，坚冰在须。鸷鸟休巢，
qióng yīn níng bì　lǐn liè hǎi yú　jī xuě mò jìng　jiān bīng zài xū　zhì niǎo xiū cháo

云凝集，滴水成冰，在瀚海之边。积雪掩没了小腿，冰凌结上了胡须。猛禽只能在巢中休息，战马也冻得

征马踯躅。缯纩无温⑦，堕指裂肤。当此苦寒，天假强胡，
zhēng mǎ chí chú　zēng kuàng wú wēn　duò zhǐ liè fū　dāng cǐ kǔ hán　tiān jià qiáng hú

踯躅不前。薄薄的绵衣，没有丝毫温暖，作战的人啊，手指冻掉，皮肤开裂。这严酷的冰雪苦寒，是老天

凭陵杀气⑧，以相剪屠。径截辎重⑨，横攻士卒。都尉新降⑩，
píng líng shā qì　yǐ xiāng jiǎn tú　jìng jié zī zhòng　héng gōng shì zú　dū wèi xīn xiáng

给强大的胡人的机会，凭借着肃杀之气，来对我们劫掠屠杀。直接袭击我们的军备，拦腰冲杀我们的部

将军覆没。尸踣巨港之岸⑪，血满长城之窟。无贵无贱，同
jiāng jūn fù mò　shī bó jù gǎng zhī àn　xuè mǎn cháng chéng zhī kū　wú guì wú jiàn　tóng

队。都尉刚刚投降，将军早已阵亡。尸体僵仆在大港沿岸，鲜血淌满了长城窟穴。不论高低贵贱，同样

为枯骨，可胜言哉⑫！
wéi kū gǔ　kě shēng yán zāi

都成为枯骨。哎呀！真是说不尽的凄惨！

鼓衰兮力尽，矢竭兮弦绝，白刃交兮宝刀折，两军蹙兮生死
gǔ shuāi xī lì jìn　shǐ jié xī xián jué　bái rèn jiāo xī bǎo dāo zhé　liǎng jūn cù xī shēng sǐ

鼓声微弱啊力气用尽，羽箭射完啊弓弦断绝，白刃相接啊宝刀断折，两军迫近啊生死立决！投降

决⑬。降矣哉，终身夷狄；战矣哉，骨暴沙砾。鸟无声兮山寂
jué　xiáng yǐ zāi　zhōng shēn yí dí　zhàn yǐ zāi　gǔ pù shā lì　niǎo wú shēng xī shān jì

吧，从此终身陷于夷狄；战斗吧，尸骨就暴露在沙砾。鸟也没有声音啊山峰寂寂，长

jì　yè zhèng cháng xī fēng xī xī　hún pò jié
寂，夜正长兮风渐渐。魂魄结

夜漫漫啊寒风渐渐。魂灵凝结啊天色沉

xī tiān chén chén　guǐ shén jù xī yún mì mì
兮天沉沉，鬼神聚兮云幂幂⑭。

沉，鬼神聚集啊阴云密密。日光惨淡啊草

rì guāng hán xī cǎo duǎn　yuè sè kǔ xī shuāng
日光寒兮草短，月色苦兮霜

枯短，月色凄苦啊霜惨白。人世间触目伤

bái　shāng xīn cǎn mù　yǒu rú shì yé
白。伤心惨目，有如是耶！

心的情景，竟有像这样的吗？

---

① 期门：军营之门。　② 旌旗：泛指旗帜。　③ 组练：组甲被练，两种士卒的衣甲。此借指军队。　④ 析：劈开。　⑤ 穷阴：指隆冬极寒之时。凝闭：指彤云凝聚密布。　⑥ 海隅：指西北极寒之地。海，瀚海。　⑦ 缯纩：此指冬衣。缯，丝织品的总称。纩，丝绵絮。　⑧ 凭陵：倚仗，凭借。杀气：隆冬肃杀之气。　⑨ 辎重：军用物资的总称。　⑩ 都尉：指职位低于将军的武官。　⑪ 踣：跌倒。踣，一本作"填"。　⑫ 胜：能够承担。　⑬ 蹙：迫近。　⑭ 幂幂：覆盖笼罩的样子。

---

wú wén zhī　mù yòng zhào zú　dà pò lín hú　kāi dì qiān lǐ　dùn táo xiōng nú　hàn qīng tiān
吾闻之：牧用赵卒，大破林胡，开地千里，遁逃匈奴①。汉倾天

我听说过：李牧统领赵国的士兵，大破林胡，开拓千里疆土，使匈奴望风而逃。汉朝倾尽天下之

xià　cái dān lì pū　rèn rén ér yǐ　qí zài duō hū　zhōu zhú xiǎn yǔn　běi zhì tài yuán　jì chéng shuò fāng
下，财殚力痡②。任人而已，其在多乎？周逐猃狁，北至太原③，既城朔方④，

力，攻打匈奴，反而民穷财尽，国力衰弱。关键在于用人是否得当，岂在于兵力的多少呢？周朝驱逐猃

quán shī ér huán　yǐn zhì cè xūn　hé lè qiě xián　mù mù dì dì　jūn chén zhī jiān　qín qǐ cháng
全师而还。饮至策勋⑤，和乐且闲，穆穆棣棣⑥，君臣之间。秦起长

狁，北到太原，在北方筑城之后，全军凯旋而还。祭祀宴饮，庆功授勋，和睦安适，端庄恭敬，这种气氛洋

chéng　jìng hǎi wéi guān　tú dú shēng líng　wàn lǐ zhū yān　hàn jī xiōng nú　suī dé yīn shān　zhěn hái
城，竟海为关，荼毒生灵⑦，万里朱殷⑧。汉击匈奴，虽得阴山，枕骸

溢于君臣之间。秦朝修长城，建造关塞直到海边，残害百姓，流血万里，又红又黑。汉朝攻打匈奴，虽然

biàn yě　gōng bù bǔ huàn
遍野，功不补患⑨。

得了阴山，但战死了无数将士，留下的尸骨枕藉原野，实在是功绩远远抵不上祸害。

cāng cāng zhēng mín⑩，shuí wú fù mǔ   tí xié pěng fù   wèi qí bú shòu   shuí wú xiōng dì   rú zú

苍苍蒸民⑩，谁无父母？提携捧负，畏其不寿。谁无兄弟？如足

天下众多的百姓，谁没有父母？从小牵着带着，抱着背着，就怕孩子长不大。谁没有兄弟？情谊如

rú shǒu   shuí wú fū fù   rú bīn rú yǒu   shēng yě hé ēn   shā zhī hé jiù   qí cún qí mò   jiā mò

如手。谁无夫妇？如宾如友。生也何恩？杀之何咎？其存其没，家莫

同手足。谁没有夫妻？相敬如同宾友。他们活着受到过什么恩惠？杀害他们，他们有什么过错？他们是活

wén zhī   rén huò yǒu yán   jiāng xìn jiāng yí   yuān yuān xīn mù   qǐn mèi jiàn zhī

闻知。人或有言，将信将疑。悁悁心目⑪，寝寐见之⑫。

着呢还是死了，家里没有人知晓。即或有人传来消息，也叫人将信将疑。忧愁苦闷，触目伤

bù diàn qīng shāng⑬，   kū wàng tiān

布奠倾觞⑬，哭望天

心，睡里梦里，似见亲人。摆酒遥祭，哭望天

yá   tiān dì wèi chóu   cǎo mù qī

涯。天地为愁，草木凄

涯。天地为之悲怆，草木为之哀恸。哭吊祭奠

bēi   diào jì bú zhì   jīng hún hé

悲。吊祭不至，精魂何

不能让死者感知，他们的灵魂归依何处？大战

yī⑭？   bì yǒu xiōng nián   rén qí liú

依⑭？必有凶年，人其流

之后，必有灾荒，苦难的人们，又将流离失所

lí⑮。   wū hū yī xī   shí yé mìng

离⑮。呜呼噫嘻！时耶命

哎呀哎哟！这是时势如此，还是命运不济？从

yé   cóng gǔ rú sī   wéi zhī nài hé

耶？从古如斯。为之奈何？

古以来，就是如此。怎么办，怎么办？只有广行

shǒu zài sì yí⑯

守在四夷⑯。

仁德，让四方各族都来为朝廷卫卫疆土。

（张拊之）

---

① "牧用赵卒"四句：谓战国赵将李牧大破匈奴。牧，李牧，赵之名将，守雁门，击败东胡，降服林胡（均匈奴所属部族）。其后十余年，匈奴不敢近赵境。事见《史记·廉颇蔺相如列传》。　② 弹：尽。　痡：极度倦苦。　③ "周逐猃狁"二句：周宣王时，猃狁南侵，宣王命尹吉甫率军抗击，逐至太原，不再穷追。见《汉书·匈奴传上》。　猃狁，周时北方少数族，即后来的匈奴。　太原，在今宁夏固原北。　④ 城：筑城。　朔方：北方。一说，指今宁夏灵武一带。　⑤ 饮至：古代征战、盟会归来，告祭于宗庙，举行宴饮，称"饮至"。　策勋：把功勋记载于简策。　⑥ 穆穆：仪表美好，容止庄敬，多用以形容天子。　棣棣：仪态文雅安和。　⑦ 荼毒：残害。　⑧ 朱殷：谓血赤黑色。　⑨ 功不补患：犹言得不偿失。　⑩ 苍苍：原谓草木繁盛，此取众多之意。　蒸民：众民。蒸，通"烝"，众多。　⑪ 悁悁：忧闷的样子。　⑫ 寝寐：睡梦中。　⑬ 布奠倾觞：把酒倒在地上祭奠死者。布，陈列。奠，祭祀。　⑭ 精魂：灵魂。　⑮ "必有凶年"二句：谓大战之后必有灾荒，人民将流离失所。《老子》："大军之后，必有凶年。"　⑯ 守在四夷：语出《左传·昭公二十三年》："古者天子守在四夷。"意谓古代天子行王道，施仁政，以德服人，四方各族心悦诚服，为天子各守其土，这就不会有征战了。

陋室铭
lòu shì míng

刘禹锡
liú yǔ xī

山不在高，有仙则名；水不在深，有龙则灵。斯是陋室①，惟吾德馨②。苔痕上阶绿，草色入帘青。谈笑有鸿儒③，往来无白丁④。可以调素琴⑤，阅金经⑥。无丝竹之乱耳⑦，无案牍之劳形⑧。南阳诸葛庐⑨，西蜀子云亭⑩。孔子云："何陋之有⑪？"

山不在于高，有仙人居处就会知名；水不在于深，有蛟龙潜藏就显威灵。这间简陋的居室，却有我德行芳馨。苔痕上庭阶，一片新绿；草色映帘栊，满室生青。到这里，谈谈笑笑的都是有学问的大儒，来来往往的决无没文化的白丁。可以随手抚弄朴素无华的琴，可以静心诵读金字书写的经。既没有繁弦促管来搅扰清静，也没有公事文书来烦心劳形。好比南阳诸葛庐，又像西蜀子云亭。正如孔子所说："有什么简陋呢？"

① 刘禹锡(772～842)，唐文学家、哲学家。　斯：这。　陋室：简陋狭小的居室。《韩诗外传》卷五："彼大儒者，虽隐居穷巷陋室，无置锥之地，而王公不能与之争名矣。"作者用"陋室"自名所居，可见抱负。　② 惟：犹"以"，强调原因。　德馨：德行馨香。《尚书·君陈》："黍稷非馨，明德惟馨。"馨，香气远闻；引申为美名播扬。　③ 鸿儒：大儒，泛指博学之士。　④ 白丁：平民，无功名者。此指无文化之人。　⑤ 调：协调，调和。此指和弦。　素琴：不加雕饰的琴。　⑥ 金经：泛指佛道经籍。　⑦ 丝竹：泛指弦乐和管乐。此指音乐之声。　乱耳：谓乐声扰人。

286

⑧ **案牍**：公事文书。此指办理公务。　**劳形**：谓公务累身。
⑨ **南阳诸葛庐**：东汉末诸葛亮出山之前，隐居于草庐，躬耕于南阳。　⑩ **西蜀子云亭**：西汉扬雄，字子云，西蜀（今四川成都）人，在居宅写成《太玄》。后称所居为"扬子宅"。子云亭，即此。铭文，多用韵语。　⑪ **何陋之有**：《论语·子罕》："子欲居九夷。或曰：'陋，如之何？'子曰：'君子居之，何陋之有？'"引用《论语》结束全文，隐含"君子居之"之意，又照应前文"惟吾德馨"。

（张拗之）

ē　páng　gōng　fù

阿 房 宫 赋

dù　mù

杜 牧

liù wáng bì① sì hǎi yī② shǔ shān wù③ ē páng chū④ fù yā sān bǎi yú lǐ⑤

六王毕①，四海一②，蜀山兀③，阿房出④。覆压三百余里⑤，

六国消灭，天下统一；蜀山光秃，阿房造出。阿房宫啊，掩盖了三百多里地，高耸的楼阁，遮天蔽日。

gé lí tiān rì⑥ lí shān běi gòu ér xī zhé⑦ zhí zǒu xián yáng èr chuān róng róng liú rù

隔离天日⑥。骊山北构而西折⑦，直走咸阳。二川溶溶⑧，流入

从骊山北边建起，延伸向西转折，直奔京都咸阳。渭水、樊川，水波荡漾，流入宫墙。五步一幢楼，十步一座

gōng qiáng wǔ bù yì lóu shí bù yì gé láng yāo màn huí yán yá gāo zhuó gè bào

宫墙。五步一楼，十步一阁；廊腰缦回⑨，檐牙高啄⑩；各抱

阁。连接楼阁的走廊，曲折回环；伸向青天的檐牙，像鸟嘴高啄。各趁地势，连绵起伏，纤曲如钩，如龙斗

dì shì gōu xīn dòu jiǎo pán pán yān qūn qūn yān fēng fáng shuǐ wō chù bù zhī qí jǐ

地势⑪，钩心斗角⑫。盘盘焉，囷囷焉⑬，蜂房水涡⑭，矗不知其几

角。盘结屈曲，密如蜂房，转如漩涡，高高耸立着，不知几千万个院落。人们惊讶：长长的桥横卧水上，没有

287

千万落[15]。长桥卧波，未云何龙？复道行空[16]，不霁何虹[17]？高低

风起云涌哪来的龙？高高的复道横贯空中，没有雨过新晴哪来的虹？高高低低，迷迷糊糊，叫人辨不清西

冥迷[18]，不知西东。歌台暖响，春光融融；舞殿冷袖，风雨凄凄。

还是东。台上歌声嘹亮，洋溢着温暖的气息，简直是春意融融；殿中舞袖飘拂，带来了凄清的寒意，似乎是

一日之内，一宫之间，而气候不齐[19]。

雨雨风风。一天之内，一宫之中，气候竟如此不同。

妃嫔媵嫱[20]，王子皇孙[21]，

六国的妃嫔宫人，王子皇孙，离开自家的楼

辞楼下殿，辇来于秦[22]。朝歌夜

阁殿庭，坐上辇子，被送入秦，朝朝暮暮，献歌

弦，为秦宫人。明星荧荧，开

奏琴，成为秦国的宫人。明星亮晶晶，是她们打

妆镜也[23]；绿云扰扰，梳晓鬟

开了梳妆镜；绿云浮朵朵，是她们在清晨梳发

也；渭流涨腻[24]，弃脂水也[25]；烟

髻理云鬓；渭水上平添一层油腻，是她们倾倒

斜雾横，焚椒兰也[26]。雷霆乍

的脂粉水；空气中弥漫轻烟香雾，是她们燃烧

惊，宫车过也；辘辘远听[27]，杳

花椒和芳兰。一阵雷声，令人一惊，是宫车驰

不知其所之也[28]。一肌一容，尽

过；辘辘车声，越听越远，不知前往何处。肌肤

① 杜牧（803～852），晚唐著名诗人，与李商隐齐名，人称"小杜"，以别与杜甫。六王：指战国时期韩、魏、赵、燕、齐、楚六国国君。　② 四海：指天下、全中国。一：统一。　③ 蜀山：泛指今四川一带的山。兀：高而上平，此形容山已光秃。④ 阿房：《汉书·贾山传》"又为阿房之殿"颜师古注："房字或作旁，说云始皇作此殿，未有名，以其去咸阳近，且号阿房。阿，近也。"旧时读"房"为"旁"。　出：出现，建成的意思。　⑤ 覆压：掩盖。⑥ 隔离天日：遮蔽了天日，形容宫殿楼阁之高大。　⑦ 北构：（从骊山）北边建筑起。　⑧ 二川：渭水和樊川。溶溶：河水盛大貌。⑨ 廊腰：高大建筑物之间连接的回廊，犹人之腰，故称。　缦：宽缓。回：曲折。⑩ 檐牙：屋檐的尖角。　高啄：如鸟嘴向空中啄物。⑪ 抱地势：就其地势高下的意思。⑫ 钩心斗角：谓廊腰互相连接，纡曲如钩；檐牙彼此相向，像螭龙斗角，形容宫殿的错综精密。

288

tài jí yán   màn lì yuǎn shì   ér wàng xìng yān   yǒu bù dé jiàn zhě sān shí liù nián   yān zhào zhī
态极妍㉙；缦立远视㉚，而望幸焉㉛。有不得见者三十六年㉜。燕、赵之

姿容，修饰得艳丽娇妍，久久地站着，远远地望着，盼望得到宠幸，有人从未见过皇帝，整整空等了三十六年！

shōucáng   hán wèi zhī jīng yíng   qí chǔ zhī jīng yīng   jǐ shì jǐ nián   qǔ lüè qí rén   yǐ dié rú
收藏㉝，韩、魏之经营，齐、楚之精英，几世几年，取掠其人㉞，倚叠如

燕国、赵国收藏的财宝，韩国、魏国营求的珠玉，齐国、楚国搜罗的奇珍，是他们经历了多少年代，剽窃掠夺，

shān   yí dàn bù néng yǒu   shū lái qí jiān   dǐngchēng yù shí   jīn kuài zhū lì   qì zhì lǐ yǐ
山㉟。一旦不能有㊱，输来其间㊲。鼎铛玉石，金块珠砾㊳，弃掷逦迤㊴，

取自人民，聚敛堆积，藏在宫廷。一旦国灭家亡，不能继续占有，通通运进了阿房。在这里，鼎被视同铁锅

qín rén shì zhī   yì bú shèn xī
秦人视之，亦不甚惜。

玉被看作石子，金子如同土块，珍珠就像沙子。这里那里，丢弃得到处都是，秦人看了，根本不当一回事。

---

⑬ **困困**：屈曲的样子。　⑭ **蜂房水涡**：谓楼阁如蜂房，如水涡。　⑮ **矗**：耸立。这里放在句首，形容建筑物高高耸立。　**落**：原义为居，引申为许多人聚集的居处如"村落"，再引申为院子。此指房屋单位，犹座、所。　⑯ **复道**：空中架木筑成的走道。　⑰ **霁**：雨过天晴。　**虹**：此比喻复道。　⑱ **冥迷**：迷惑，辨不清。　⑲ **不齐**：不同。　⑳ **妃嫔媵嫱**：指六国的妃嫔宫人。嫔、嫱是宫中女官，妃的等级比嫔、嫱高。媵是陪嫁女子，多为后妃之妹或侄女，也可能成为嫔、嫱。　㉑ **王子皇孙**：指六国国君的子女。　㉒ **辇**：帝王、皇后坐的车。此处用作动词，乘车。　㉓ **妆镜**：梳妆用的镜子。　㉔ **涨腻**：谓增添一层油腻。　㉕ **脂水**：指含有胭脂香粉的洗脸水。　㉖ **椒兰**：两种香料。　㉗ **辘辘**：车轮滚动声。　**远听**：听上去走远了。　㉘ **杳**：无声无响。此用在句首形容宫车已走远。　㉙ **尽态极妍**：谓极尽姿态之娇美。　㉚ **缦立**：长时间站立。　㉛ **幸**：封建时代，皇帝到某处称幸，妃嫔为皇帝所宠爱也叫幸。此处兼含两种意思。　㉜ **三十六年**：指秦始皇在位的实际年数。按：史书记载秦始皇死的那年是三十七年。这句谓六国宫妃在秦宫中，终始皇之世而不得见一面。但秦始皇立十七年始灭韩，至二十六年而尽灭六国，在此之前，六国宫妃并未入秦。只能视为强调夸张说法，不可拘泥。　㉝ **收藏**：与下两句中之"经营"、"精英"均指金玉珍宝。　㉞ **取掠**：一本作"剽掠"，抢夺取来。**人**：民。唐人避唐太宗李世民讳，以"人"代"民"。下文"人亦爱其家"、"六国各爱其人"、"秦复爱六国之人"各句中的"人"都是"民"，即人民。　㉟ **倚叠**：堆积。　㊱ **有**：保有，保持。　㊲ **输**：运输。　㊳ **"鼎铛玉石"二句**：谓把鼎看成锅子，把玉看成石头，把黄金当作土块，把珍珠当作石子。**铛**，平底锅。　㊴ **逦迤**：旁行连绵的样子，此处谓不止一处。

嗟乎！一人之心，千万人之心也。秦爱纷奢①，人亦念其家。奈何

可叹啊！一个人的心，也就是千万人的心。秦国人喜爱阔气奢华，老百姓也顾念自己的家。为什么搜

取之尽锱铢②，用之如泥沙？使负栋之柱③，多于南亩之农夫④；架梁之

刮百姓，锱铢必较，丝毫不放，而挥霍财物又如同泥沙？造起这样的宫殿，承载大梁的柱子，多于田野的农

椽⑤，多于机上之工女；钉头磷磷⑥，多于在庾之粟粒⑦；瓦缝参差，多

夫；架在梁上的椽子，多于织机上的织妇；建筑物上的一只只钉头，多于粮仓里的米粟；参差交错的一层层

于周身之帛缕；直栏横槛，多于九土之城郭⑧；管弦呕哑⑨，多于市人

瓦缝，多于衣服的丝缕；纵横连接的栏槛，多于九州的城区；管弦音乐的声音，多于市民的言语。这使天下的

之言语。使天下之人，不敢言而敢怒。独夫之心⑩，日益骄固⑪。戍卒

人们，嘴里不敢说，心里却忿怒！而那孤家寡人的心，竟一天比一天骄傲顽固。戍守边疆的士兵登高一呼，函

叫⑫，函谷举⑬；楚人一炬，可怜焦土⑭。

谷关就此守不住。楚国人进咸阳，放了一把火，可惜华丽的宫殿就成了一片焦土。

呜呼！灭六国者，六国也，非秦也；族秦者，秦也⑮，非天下也。嗟

哎呀！灭亡六国的是六国自己，而不是秦人；灭亡秦朝的是秦朝自己，而不是天下人。唉！假使六国各

夫！使六国各爱其人，则足以拒秦。秦复爱六国之人，则递三世可至万

自爱自己的人民，就足以抗拒秦人。如果秦国又能爱六国的人民，那就可以传到三世，甚至可以传到万世而

世而为君⑯，谁得而族灭也！秦人不暇自哀，

为秦君，还有谁能消灭秦国呢？秦人来不及为自己的灭亡自我哀叹，

而后人哀之；后人哀之而不鉴之⑰，亦使后人

只好让后世的人为他们哀叹；后世的人如果仅仅哀叹而不去吸取教训，

而复哀后人也⑱。

引为鉴戒，那么又只好让更后的人去哀叹那些后世人了。

① 纷奢：繁华奢侈。　② 锱铢：比喻细微之量。古代以十粒黍的重量为铢，六铢为一锱。　③ 负栋：承载屋栋。

④ **南亩**：泛指田亩。　⑤ **架梁**：架搁梁木。　**椽**：放在梁上支架屋面和瓦片的木条。　⑥ **磷磷**：本谓水中有石头突出，此形容砖木结构建筑物上突的钉头很多。　⑦ **庾**：粮仓。　⑧ **九土**：九州，指广大国土。　⑨ **管弦**：泛指乐器。　**呕哑**：乐声。　⑩ **独夫**：指秦始皇。含贬义，谓暴虐之君，众叛亲离。　⑪ **骄固**：骄傲顽固。　⑫ **戍卒**：戍守边疆的士卒。此指陈胜、吴广。　**叫**：呼喊。《史记·陈涉世家》："又间令吴广之次所旁丛祠中，夜篝火，狐鸣呼曰：'大楚兴，陈胜王。'"此处用"叫"形象地写出起义之声势。　⑬ **函谷**：函谷关。　**举**：拔，此处谓攻占。　⑭ **"楚人一炬"二句**：谓项羽一把大火，可怜阿房宫化为一片焦土。　**楚人**，指项羽，因他是楚将项燕的后代。公元前206年，项羽入咸阳，焚秦宫殿，大火三月不灭。　⑮ **族**：灭族，杀死全族人。此处指消灭。　⑯ **递三世可至万世**：《史记·秦始皇本纪》载秦始皇称帝时说："朕为始皇帝，后世以计数，二世、三世至千万世，传之无穷。"秦始皇死，子胡亥立，称二世，秦至二世而灭亡。　⑰ **鉴之**：借鉴，引以为戒。　⑱ **后人而复哀后人**：前一"后人"指"更后的人"，后一个"后人"是上文所说的"后人"。

（张扢之）

原　道

韩　愈

博爱之谓仁①，行而宜之之谓义②，由是而之焉之谓道③，足乎己

泛爱一切人，这叫做仁；履行仁道而合宜的，这叫做义；由此而前进，叫做道；自身具有的不求于

无待于外之谓德④。仁与义为定名⑤，道与德为虚位⑥。故道有君子小

外界，叫做德。仁和义是意义确定的名词，道和德是意义不确定的位子。所以道有君子之道和小人之

人，而德有凶有吉。老子之小仁义⑦，非毁之也，其见者小也。坐井而

道，德有吉德和凶德。老子小看仁义，并不是诋毁仁义，而是他的见识小。一个人，坐在井里看天，说天

291

guān tiān　yuē tiān xiǎo zhě　fēi tiān xiǎo yě　bǐ yǐ xù xù wéi rén　jié jié wéi yì　qí xiǎo zhī yě zé
观天,曰天小者,非天小也。彼以煦煦为仁⑧,子子为义⑨,其小之也则

很小,这并不是天小。那老子把和悦慈惠当作仁,把琐细微小当作义,那么他小看仁义是很自然的事。

yí　qí suǒ wèi dào　dào qí suǒ dào　fēi wú suǒ wèi dào yě　qí suǒ wèi dé　dé qí suǒ dé　fēi wú suǒ
宜。其所谓道,道其所道,非吾所谓道也。其所谓德,德其所德,非吾所

他所说的道,是把他的道当作道,并非我所说的道。他所说的德,是把他的德当作德,并非我所说的德。

wèi dé yě　fán wú suǒ wèi dào dé yún zhě　hé rén yǔ yì yán zhī yě　tiān xià zhī gōng yán yě　lǎo zǐ zhī
谓德也。凡吾所谓道德云者,合仁与义言之也,天下之公言也。老子之

凡是我所说的道德,都是和仁义相结合的,是天下的公论。老子所说的道德云云,是丢开了仁义说的,

suǒ wèi dào dé yún zhě　qù rén yǔ yì yán zhī yě　yì rén zhī sī yán yě
所谓道德云者,去仁与义言之也,一人之私言也。

只是他个人的说法。

① **韩愈**(768～824),唐文学家、哲学家。 **仁**:儒家孔子思想的理论核心。最初含义是指人与人的一种亲善关系。《论语·颜渊》:"樊迟问仁,子曰:'爱人。'"《孟子·离娄下》:"仁者爱人。" ② **义**:孟子发挥了孔子的思想,把仁同义联系起来,仁义成为儒家的道德准则。孟子所说的义,指正路。《孟子·离娄上》:"义,人之正路也。"《礼记·中庸》:"义者,宜也。"宜,适合。行而宜之,做起来与当时环境相适应。 ③ **道**:道路。《礼记·中庸》:"率性之谓道。"郑玄注:"循性行之谓道。"这里韩愈用来解释道德之道,说"由是而之焉",意谓从这里走到仁义的境界。 ④ **德**:《礼记·乐记》:"德者,得也。"事物言其所得,即指事物的特性,引申为人的行为规范。孔子思想强调德为天赋。《周礼·师氏》郑玄注:"在心为德。"所以韩愈说"足乎己",不必向外界去求。以上开头四句就用阐述内容的办法来说明"仁、义、道、德"。 ⑤ **定名**:确定的名称。谓仁义的内容是确定的,只能是好的,不能是坏的。 ⑥ **虚位**:空虚的位子。谓道德的内容是不确定的,可能是好的,也可能是坏的。 ⑦ **老子**:道家学派创始人。 **小**:小看,轻视。道家把仁义看得渺小,《老子》有"大道废,有仁义","绝仁弃义,民复孝慈"等语。 ⑧ **煦煦**:和好貌。 ⑨ **子子**:细小貌。这一段先揭示儒家仁义道德的涵义,又从辩老子的道德发起议论。

zhōu dào shuāi　kǒng zǐ mò　huǒ yú qín　huáng lǎo yú hàn　fó yú jìn　wèi　liáng　suí zhī

周道衰,孔子没①,火于秦①,黄老于汉②,佛于晋、魏、梁、隋之

周道衰落,孔子逝世,儒家诗书被焚于秦代,黄老学说盛行于汉代,佛教流行于晋、魏、梁、隋各代。

间^③。其言道德仁义者，不入于杨则入于墨^④；不入于老则入于佛。

那时候，谈起道德仁义的，不归入杨朱一派，就归入墨翟一派；不归入老子的道家，就归入佛教。归入那一

入于彼，必出于此。入者主之，出者奴之；入者附之，出者污之^⑤。

家，必然离开这一家。归入那一家，就尊崇那家为主；离开那一家，就轻蔑那家为奴；归入那一家，就附和

噫！后之人其欲闻仁义道德之说，孰从而听之？老者曰："孔子，吾

那一家；离开那一家，就污蔑那一家。唉！后世的人想要知道仁义道德的学说，究竟从谁那里听得到呢？学

师之弟子也^⑥。"佛者曰："孔子，吾师之弟子也^⑦。"为孔子者，习闻其

习老子道家的人说："孔子，是我们老师的学生。"学佛的人说："孔子，是我们老师的学生。"学习孔子学说

说，乐其诞而自小也，亦曰："吾师亦尝师之"云尔^⑧。不惟举之于其

的人，听惯了那些话，乐于听从那些荒诞之说而小看自己，也说"我们的老师也曾经向他们学习过"云云。

口，而又笔之于其书。噫！后之人虽欲闻仁义道德之说，其孰从而求

不但口头说，还写在他们的书上。唉！后世的人虽然想要知道仁义道德的学说，可是从谁那里求得真知呢？

之？甚矣，人之好怪也！不求其端，不讯其末，惟怪之欲闻。古之为民

太过分了，人们的喜好怪诞的心理！他们不去探求事情的开端，也不问讯事情的结果，惟有怪论才是爱听

者四，今之为民者六^⑨；古之教者处其一，今之教者处其三^⑩。农之家

的。古代，作为民众，只有四类，当今呢，民众有六类；古代，负有教民任务的，只有一类，当今呢，教民的有

一，而食粟之家六；工之家一，而用器之家六；贾之家一^⑪，而资焉之

三类。务农的只有一家，而食用粮食的有六家；做工的只有一家，而使用器皿的有六家；经商的只有一家，

家六^⑫。奈之何民不穷且盗也！

而取给于此的有六家。这种情况，又怎么能使民众不穷困不偷盗呢！

① 火：用火烧。此指秦始皇焚书。　② 黄老：指汉初的道家学派，把传说中的黄帝与老子同尊为道家始祖。　③ 佛：指佛教。这里谓佛教流行。　④ 杨：杨朱，战国时思想家，主张"重己"、"贵生"，不肯拔一毛以利天下。　墨：墨翟，战国时思想家，主张"兼爱""非攻"。儒家把杨朱、墨翟的学说视为异端。　⑤ "入者主之"四句：谓赞成某一家，就以那一家为主而去附和；反对某一家，就以那一家为奴而去诋毁。　⑥ "老者曰"三句：《庄子·德充符》："无趾语老聃曰：'孔子之于至人，其未邪！彼何宾宾以学子为？'"又《天运》："孔子行年五十有一而不闻道，乃南之沛见老聃。"是道家有孔子师从老子之说。　老者，学老子者。　⑦ "佛者曰"三句：佛教称孔子为儒童菩萨，说孔子亦佛之弟子。此说出《清净法行经》，释道安二教论引之，见释道宣《广弘明集》卷八。　⑧ "为孔子者"五句：意谓学习孔子的儒生也说孔子曾向老子学习过。《礼记·曾子问》中记载孔子与曾子问答，有"吾闻诸老聃"句。《孔子家语·观周》记孔子问礼于老聃。　⑨ "古之为民者四"二句：为民者四，指士、农、工、商；为民者六，士、农、工、商再加僧、道。　⑩ "古之教者处其一"二句：一，指士，实即儒生；三，指儒、释、道。　⑪ 贾：商人。　⑫ 资焉：取资于此。这一段感慨佛、道之为害儒家，又使民穷且盗。

古之时，人之害多矣。有圣人者立，然后教之以相生相养
古时候，人们遭受的灾害太多了。有圣人出现，才教给民众以相生相养的生活方式。圣人做他们的

之道。为之君，为之师，驱其虫蛇禽兽而处之中土。寒然后为之衣，
君主，当他们的师长。驱赶那些蛇虫禽兽，把民众安顿在中原地区；天气冷了，教他们做衣裳，肚子饿了，

饥然后为之食；木处而颠，土处而病也，然后为之宫室；为之工以
教他们煮食物；巢居在树木上容易掉下来，穴居在土窟里容易得病，就教他们营造房屋；教他做工来丰富

赡其器用，为之贾以通其有无；为之医药以济其夭死，为之葬埋
生活用具，教他们经商来互通有无；发明医药来救治那短命夭死的人，规定丧葬祭祀的办法来增长人与

祭祀以长其恩爱，为之礼以次其先后，为之乐以宣其湮郁①；为之
人之间的恩情，制定礼节来分清尊卑先后的秩序，创设音乐来宣泄人们心中的郁闷；实施政令来督率那

政以率其怠倦，为之刑以锄其强梗。相欺也，为之符玺斗斛权衡
怠惰懒散的人，建立刑法来铲除那强悍不驯之徒。人们互相欺诈，就制作出符节、玺印、斗斛、秤尺等作为

yǐ xìn zhī　　　　xiāng duó yě　　　wèi zhī chéng guō jiǎ bīng yǐ shǒu zhī　　hài zhì ér wèi zhī bèi　　huàn shēng ér

以信之②；相夺也，为之城郭甲兵以守之。害至而为之备，患生而

凭信；人们互相争夺，就设置城郭、盔甲、兵器来守卫。祸害将至，早作准备；忧患将生，及早预防。现在道

wèi zhī fáng　　　jīn qí yán yuē　　shèng rén bù sǐ　　dà dào bù zhǐ　　pōu dǒu zhé héng　　ér mín bù zhēng

为之防。今其言曰："圣人不死，大盗不止；剖斗折衡，而民不争③。"

家那些人说："圣人不死，大盗贼就不会止息。毁掉了升斗，折断了秤杆，人们就不会争夺。"唉！说这种话

wū hū　　qí yì bù sī ér yǐ yǐ　　rú gǔ zhī wú shèng rén　　rén zhī lèi miè jiǔ yǐ　　hé yě　　wú

呜呼！其亦不思而已矣！如古之无圣人，人之类灭久矣。何也？无

的人，都不过是不加思考而说说罢了。如果古代没有圣人，人类早已灭亡了。为什么呢？人类没有羽毛鳞

yǔ máo lín jiè yǐ jū hán rè yě　　wú zhǎo yá yǐ zhēng shí yě

羽毛鳞介以居寒热也，无爪牙以争食也。

甲来适应严寒酷暑，也没有坚硬的爪牙来夺取食物呀。

shì gù jūn zhě　　chū lìng zhě yě　　chén zhě　　xíng jūn zhī lìng ér zhì zhī mín zhě yě　　mín zhě　　chū sù

是故君者，出令者也；臣者，行君之令而致之民者也；民者，出粟

因此，君主，是发布命令的；臣子，是执行君主的命令并实施于民众的；民众，是生产粮食丝麻，制造

mǐ má sī　　zuò qì mǐn　　tōng huò cái yǐ shì qí shàng zhě yě　　jūn bù chū lìng　　zé shī qí suǒ yǐ wéi jūn

米麻丝，作器皿，通货财以事其上者也。君不出令，则失其所以为君；

器皿，交流货物钱财，来供奉居于上位的君臣的。君主不发布命令，就丧失了为君的权力；臣子不执行君

chén bù xíng jūn zhī lìng ér zhì zhī mín　　zé shī qí suǒ yǐ wéi chén　　mín bù chū sù mǐ má sī　　zuò qì

臣不行君之令而致之民，则失其所以为臣；民不出粟米麻丝，作器

主的命令并实施于民众，就丢掉了臣子的职责；民众不生产粮食丝麻，不制作器皿，不交流财货来供奉居

mǐn　　tōng huò cái yǐ shì qí shàng　　zé zhū　　　jīn qí fǎ yuē　　bì qì ěr jūn chén　　qù ěr fù zǐ　　jìn

皿，通货财以事其上，则诛。今其法曰："必弃而君臣④，去而父子，禁

于上位的君臣的，就要受到惩处。现今佛教却宣扬他们的法，说"一定要抛弃你们的君臣关系，抛弃你们

ér xiāng shēng xiāng yǎng zhī dào　　yǐ qiú qí suǒ wèi qīng jìng jì miè zhě　　wū hū　　qí yì xìng ér chū yú

而相生相养之道，以求其所谓清净寂灭者⑤。"呜呼！其亦幸而出于

的父子关系，禁止你们那种相生相养的办法，去追求那清净寂灭的彼岸境界"。哎哟！他们幸而出生在三

sān dài zhī hòu　　bú jiàn chù yú yǔ　　tāng wén wǔ　　zhōu gōng kǒng zǐ yě　　qí yì bú xìng ér bù chū yú

三代之后，不见黜于禹、汤、文、武、周公、孔子也；其亦不幸而不出于

代之后，才不为夏禹、商汤、周文王、周武王、周公、孔子所贬斥；他们也不幸而不出生在三代之前，没有得

sān dài zhī qián　　bú jiàn zhèng yú yǔ　　tāng wén wǔ　　zhōu gōng kǒng zǐ yě

三代之前，不见正于禹、汤、文、武、周公、孔子也。

到夏禹、商汤、周文王、周武王、周公、孔子的教诲和纠正。

① 湮郁：心中积闷。　② 符：符节。　玺：印信。　权衡：称物体重量的衡器。
③ "圣人不死"四句：见《庄子·胠箧》。韩愈引《庄子》语为例来攻击道家不仁。这一段认为人类的物质生活、社会生活和文化生活，都是"圣人"也就是儒家理想中的大人物所教的，并以为这就是"仁"的实施。　④ 而：汝，你。下两句中"而"同。　⑤ 清净寂灭：佛教语。　清净，指脱离一切恶行、烦恼和污垢。《俱舍论》十六："诸身语意三种妙行，名身语意三种清净，暂永远离一切恶行烦恼垢，故名为清净。"　寂灭，即涅槃，指超脱一切、进入不生不灭的境界。《无量寿经上》："诚谛以虚，超出世间，深乐寂灭。"后称佛或僧人死为寂灭或涅槃。这一段攻击佛教不义，破坏了儒家心目中"圣人"所教的社会秩序。

帝之与王，其号虽殊，其所以为圣一也。夏葛而冬裘，渴饮而饥

称为帝和称为王，他们的名号虽然不同，但是他们作为圣人是一样的。夏天穿葛衣，冬天穿皮裘，

食，其事虽殊，其所以为智一也。今其言曰："曷不为太古之无事？"是

渴了要饮水，饿了要吃饭，事情虽然不同，但作为人类发展所获得的智慧是一样的。现今道家的人说："为什

亦责冬之裘者曰："曷不为葛之之易也？"责饥之食者曰："曷不为饮

么不实行远古时代的无为而治呢？"这就如同责怪冬天穿皮裘的人说："为什么不过穿葛衣那样简易的生活

之之易也？"传曰："古之欲明明德于天下者，先治其国；欲治其国者，

呢？"责怪饿了进食的人说："为什么不过光喝水那样简易的生活呢？"传记里说："古代那些想要发扬光辉的

先齐其家；欲齐其家者，先修其身；欲修其身者，先正其心；欲正其

道德于天下的人，一定先治理好国家；要治理好国家的，一定先整顿好家庭；要整顿好家庭的，一定先修养

心者，先诚其意①。"然则古之所谓正心而诚意者，将以有为也。今也

自身；要修养自身的，一定先端正自己的心思；要端正心思的，一定先使自己具有诚意。"如此看来，古人所

欲治其心，而外天下国家，灭其天常②，子焉而不父其父，臣焉而不君

说正心和诚意，都是将要有所作为的。现在那些修养心性而把天下国家当作身外之物的人，他们灭绝天伦

其君，民焉而不事其事。孔子之作《春秋》也，诸侯用

做儿子的不把父亲当父亲，做臣子的不把君主当君主，做民众的不去从事他们该做的事。

夷礼则夷之，进于中国则

从前孔子修《春秋》，对于采用夷狄礼法

中国之③。经曰："夷狄之

的诸侯，就把他们列入夷狄，对于进化到

有君，不如诸夏之亡④。"

中原礼法的诸侯，就承认他们是中原先

《诗》曰："戎狄是膺，荆舒

进的人。儒家经书里说："夷狄的有君主，

是惩⑤。"今也举夷狄之

还不如中原的没有君主。"《诗经》里说：

法，而加之先王之教

"夷狄应当攻击，荆舒应当惩罚。"现在，

之上，几何其不胥而

却把夷狄的礼法，放到先王政教之上，那

为夷也⑥？

就几乎都要沦落为夷狄了。

①"传曰"以下十句：引自《礼记·大学》。 传，解释儒家经典的书。《大学》，当是战国时期儒家所作，着重阐述个人道德修养与社会治乱的关系，"明明德"等是修养目标，"诚意、正心、修身、齐家、治国、平天下"等是实现天下大治的步骤。认为关键在"修身"，即每个社会成员尤其是统治者道德修养的好坏，决定社会的治乱。《大学》所述，合理的一面是肯定道德在社会生活中的作用，但把道德作为决定因素是过分夸大了。韩愈引用《大学》，是正面提出儒家之道以辟佛、道。 ②天常：天伦。指儒家提倡的君臣、父子等伦理关系。 ③中国之：以之为中国。 中国，指中原地区。 ④"经曰"三句：引文见《论语·八佾》。谓夷狄虽有君长而无礼义，不如中原虽偶或无君，而礼义不废。 夷狄，古代对外族的通称。 诸夏，指中原地区诸侯国。 ⑤"《诗》曰"三句：引文见《诗·鲁颂·閟宫》。谓抗击戎狄，惩罚荆舒。 戎狄，古代泛指西部少数民族。 膺，攻击。 荆舒，泛指古代南部少数民族。荆，楚，舒，古代南方小国。 ⑥几何：相当于"几乎"。 胥：都。这一段先攻击道家，再攻击佛教，并正面提出了儒家关于修仁义以治天下的主张。

夫所谓先王之教者，何也？博爱之谓仁，行而宜之之谓义，由是

我所说的先王政教，是什么呢？泛爱一切人就叫仁，履行仁道而合宜就叫义，由此而前进就叫道，

而之焉之谓道，足乎己无待于外之谓德。其文《诗》、《书》、《易》、《春

自身具有而不求于外就叫德。讲仁义道德的文字是《诗经》、《尚书》、《易经》、《春秋》，体现仁义道德的

秋》，其法礼乐刑政，其民士农工贾，其位君臣、父子、师友、宾主、昆

法制是礼仪、音乐、刑法、政教，民众是士、农、工、商，位置秩序是君臣、父子、师友、宾主、兄弟、夫妇，衣

弟、夫妇，其服麻丝，其居宫室，其食粟米果蔬鱼肉：其为道易明，而

服是麻丝，住处是房屋，食物是粮食、蔬果、鱼肉：作为道理，简单明了；作为教令，简便易行。因此，用以

其为教易行也①。是故以之为己②，则顺而祥；以之为人，则爱而公；以

对待自己，就和顺而吉祥；用以对待民众，就博爱而公正；用以修心，就祥和而平静；用以治理天下国

之为心，则和而平；以之为天下国家，无所处而不当。是故生则得其

家，就没有地方是不适宜的。因而人活着就会感受到人与人之间的情谊，人死了就能得到按照礼法的

情③，死则尽其常④；郊焉而天神假，庙焉而人鬼飨⑤。曰："斯道也，何

安排；祭天就会有天神降临，祭祖就会使祖先来享。有人问："这种道，是什么道呢？"我说："这就是我所

道也？"曰："斯吾所谓道也，非向所谓老与佛之道也。"尧以是传之

说的道，而不是前面说的道家和佛家的道。"这个道，唐尧把它传给虞舜，虞舜传给夏禹，夏禹传给商

舜，舜以是传之禹，禹以是传之汤，汤以是传之文、武、周公，

汤，商汤传给周文王、周武王和周公，周文王、武王、周公传给孔子，孔子传给孟轲；孟轲死后，这个道就

文、武、周公传之孔子，孔子传之孟轲；轲之死，不得其传焉。荀与扬

没有传人。荀子、扬雄，从中选取了一些而选得不精到，论述过一些而说得不详备。从周公往上，继承道

也，择焉而不精，语焉而不详⑥。由周公而上，上而为君，故其事行；

统的都是在上为君的，所以儒道能够推行；从周公向下，传道的是在下为臣的，所以学说得以长久流

298

由周公而下，下而为臣，故其说

传。如此说来，怎么办才能行呢？我认为："不堵塞佛老

长。然则如之何而可也？曰："不

之道，儒道就不能流传；不禁止佛老之道，儒道就不能

塞不流；不止不行⑦。人其人⑧，火

推行。让那些僧道还俗为民，把佛经、道书烧掉，把佛

其书⑨，庐其居⑩，明先王之道以

寺、道观改为民居，阐明先王之道来教导民众，让鳏

道之。鳏寡孤独废疾者有养也，

夫、寡妇、孤儿、孤老和有残疾的人，都有所养，过安定

其亦庶乎其可也！"

的生活，这样，也就差不多可以了！"

（张㧑之）

①"博爱之谓仁"至"其为教易行也"：这一节重申前文，阐明先王之教的内容，强调儒家的正统地位。　②以之为己：用先王之教对待自己。下文"以之为人"，即对待别人；"为心"，即以先王之教作为心中理想。　③得其情：合乎情理。　④尽其常：谓按照伦常以礼丧葬。　⑤"郊焉而天神假"二句：谓祭天而天神降临，祭宗庙而祖先享受。　郊，祭天。　假，通"格"。至，到。　人鬼，指已故的祖先。　⑥"荀与扬也"三句：谓荀况的言论丰富而选择不精，扬雄的言论则简略而不详。韩愈认为荀子、扬雄，都不能算醇儒，见其《读荀子》一文。　⑦"不塞不流"两句：谓佛、道之说不堵塞、不制止，儒家之道（先王之教）就不能流传、不能推行。　⑧人其人：谓使僧道还俗为民。上一"人"字，当为"民"字，作动词用，使为民。下一"人"字，指僧道其人。　⑨火：烧。　书：指佛、道之书。　⑩庐其居：谓把佛寺道观改为民居。在这一段中，重申儒家仁义道德的观点和封建统治秩序的合理性，提出儒家道统，并隐隐然以道统继承人自居。

原 毁
yuán huǐ

韩 愈
hán yù

gǔ zhī jūn zǐ　　qí zé jǐ yě zhòng yǐ zhōu　　qí dài rén yě qīng yǐ yuē　　zhòng yǐ zhōu gù

古之君子，其责己也重以周①，其待人也轻以约②。重以周，故

古代的君子，他要求自己么，严格而全面，对待别人呢，宽容而简约。严格而全面，所以不敢

bú dài　　qīng yǐ yuē　　gù rén lè wéi shàn　　wén gǔ zhī rén yǒu shùn zhě　　qí wéi rén yě　　rén yì rén

不怠③；轻以约，故人乐为善。闻古之人有舜者，其为人也，仁义人

急惰；宽容而简约，所以人们乐于做好人好事。听说古代有个人叫舜，他的为人，是个仁义之人。探

yě　　qiú qí suǒ yǐ wéi shùn zhě　　zé yú jǐ yuē　　bǐ rén yě　　yú rén yě　　bǐ néng shì　　ér wǒ

也④。求其所以为舜者⑤，责于己曰："彼人也，予人也。彼能是，而我

求舜之所以成为仁义之人的原由，就责备自己说："他是个人，我也是个人；他能这样，我竟不能这

nǎi bù néng shì　　　　zǎo yè yǐ sī　　qù qí bù rú shùn zhě　　jiù qí rú shùn zhě　　wén gǔ zhī rén yǒu

乃不能是⑥！"早夜以思，去其不如舜者，就其如舜者。闻古之人有

样！"早上晚上都在思考，改掉那些不如舜的地方，靠拢那些像舜一样的地方。又听说古代有个人

zhōu gōng zhě　　qí wéi rén yě　　duō cái yǔ yì rén yě　　qiú qí suǒ yǐ wéi zhōu gōng zhě　　zé yú jǐ

周公者，其为人也，多才与艺人也⑦。求其所以为周公者，责于己

叫周公，他的为人，是个多才多艺的人。探究周公之所以成为多才多艺的人的原由，责备自己说：

yuē　　bǐ rén yě　　yú rén yě　　bǐ néng shì　　ér wǒ nǎi bù néng shì　　zǎo yè yǐ sī　　qù qí bù

曰："彼人也，予人也。彼能是，而我乃不能是！"早夜以思，去其不

"他是个人，我也是个人；他能这样，我竟不能这样！"早上晚上都在思考，改掉那些不如周公的地

rú zhōu gōng zhě　　jiù qí rú zhōu gōng zhě　　shùn　　dà shèng rén yě　　hòu shì wú jí yān　　zhōu gōng dà

如周公者，就其如周公者。舜，大圣人也，后世无及焉；周公，大

方，靠拢那些像周公一样的地方。舜是大圣人，后代没有能及得上他的；周公也是大圣人，后代也

shèng rén yě　　hòu shì wú jí yān　　shì rén yě　　nǎi yuē　　bù rú shùn　　bù rú zhōu gōng　　wú zhī bìng

圣人也，后世无及焉。是人也⑧，乃曰："不如舜，不如周公，吾之病

没有及得上他的。这些古代的君子说："及不上舜，及不上周公，是我的过错。"这不就是要求自己

yě　　　　shì bú yì zé yú shēn zhě　　zhòng yǐ zhōu hū　　qí yú rén yě　　yuē　　bǐ rén yě　　néng

也⑨。"是不亦责于身者，重以周乎！其于人也⑩，曰："彼人也，能

严格而全面吗？他们对待别人，说："那个人啊，能够有这么点，这就足以做个良好的人了；能够长

yǒu shì, shì zú wéi liáng rén yǐ; néng shàn shì,
有 是，是 足 为 良 人 矣；能 善 是，

于这些方面，这也足以算个有才能的人了。"肯定人家

shì zú wéi yì rén yǐ⑪。" qǔ qí yī bù zé qí
是 足 为 艺 人 矣⑪。" 取 其 一 不 责 其

某一方面，不去苛求第二方面；论人家现在

èr, jí qí xīn bù jiū qí jiù⑫。 kǒng kǒng rán wéi
二，即 其 新 不 究 其 旧⑫。 恐 恐 然 惟

的表现，不去计较人家的过去。谨慎待人，惟恐

jù qí rén zhī bù dé wéi shàn zhī lì⑬。 yī shàn yì
惧 其 人 之 不 得 为 善 之 利⑬。 一 善 易

人家得不到做好人好事的益处。一件好事，容易

xiū yě, yī yì yì néng yě, qí yú rén yě, nǎi
修 也，一 艺 易 能 也，其 于 人 也，乃

做到；一种技艺，也容易学到。他们对别人，却

yuē: "néng yǒu shì, shì yì zú yǐ。" yuē: "néng
曰："能 有 是，是 亦 足 矣。" 曰："能

说："能够有这些，这就够了。"又说："能够长于

shàn shì, shì yì zú yǐ。" bú yì dài yú rén zhě
善 是，是 亦 足 矣。" 不 亦 待 于 人 者

这一方面，也就够了。"这不是要求别人宽容而

qīng yǐ yuē hū
轻 以 约 乎？

简约吗？

jīn zhī jūn zǐ zé bù rán。 qí zé rén yě xiáng①， qí dài jǐ yě lián②。 xiáng, gù rén
今 之 君 子 则 不 然。 其 责 人 也 详①，其 待 己 也 廉②。 详，故 人

现今的君子可不一样啦。他们责备别人很周详，而要求于自己的么，就很少。周详，所以人家难以

nán yú wéi shàn, lián gù zì qǔ yě shǎo。 jǐ wèi yǒu shàn, yuē: "wǒ shàn shì, shì yì zú yǐ。"
难 于 为 善； 廉，故 自 取 也 少。 己 未 有 善，曰："我 善 是，是 亦 足 矣。"

做好事；少，所以自己获得进步也少。自己并没有什么好的地方，却说："我有这优点，这也足够了。"自己

jǐ wèi yǒu néng yuē wǒ néng shì shì yì zú yǐ wài yǐ qī yú rén nèi yǐ qī yú
已未有能，曰："我能是，是亦足矣。"外以欺于人，内以欺于

并没有什么才能，却说："我有这能耐，这也足够了。"表现于外是欺骗别人，反省于内是欺骗良心，还没有

xīn wèi shāo yǒu dé ér zhǐ yǐ bú yì dài qí shēn zhě yǐ lián hū qí yú rén yě yuē bǐ
心，未少有得而止矣。不亦待其身者已廉乎③！其于人也，曰："彼

些微的收获就停止不前，这不是对待自己要求太少太低吗？他们要求别人，说："那个人虽然能做这个，

suī néng shì qí rén bù zú chēng yě bǐ suī shàn shì qí yòng bù zú chēng yě jǔ qí yī bù
虽能是，其人不足称也；彼虽善是，其用不足称也。"举其一不

但他的为人不值得赞美；那个人虽然擅长这些，但是他的才用不值得称道。"他们是举出人家一点欠缺而

jì qí shí jiū qí jiù bù tú qí xīn kǒng kǒng rán wéi jù qí rén zhī yǒu wén yě shì bú yì
计其十，究其旧不图其新④。恐恐然惟惧其人之有闻也⑤。是不亦

不计算别的十点长处，追究人家的过去而不考虑人家新的当前的成就。他们惶惶不安，惟恐人家有好名

zé yú rén zhě yǐ xiáng hū fú shì zhī wèi bù yǐ zhòng rén dài qí shēn ér yǐ shèng rén
责于人者已详乎？夫是之谓不以众人待其身⑥，而以圣人

声。这岂不是要求别人太周全了吗？这就叫不用普通人的标准来要求自己，却用圣人的标准去希望别人，

wàng yú rén wú wèi jiàn qí zūn jǐ yě
望于人，吾未见其尊己也！

我看不出他们是在尊重自己啊。

---

① **详**：详备，全面。　② **廉**：少。此处意思为不严格。　③ **已廉**：太少。已，太。下文"责于人者已详"同。　④ **图**：考虑。　⑤ **闻**：名声。　⑥ **众人**：一般的人，普通人。**待其身**：要求自己。

---

suī rán wéi shì zhě yǒu běn yǒu yuán dài yǔ jì zhī wèi yě dài zhě bù néng xiū ér jì zhě
虽然①，为是者有本有原②，怠与忌之谓也③。怠者不能修，而忌者

虽说如此，做出这些行为来是有其根源的，这就是人们常说的懈怠和妒忌啊。懈怠的人自己不学

wèi rén xiū wú cháng shì zhī yǐ cháng shì yù yú zhòng yuē mǒu liáng shì mǒu liáng shì qí yìng zhě
畏人修。吾尝试之矣，尝试语于众曰："某良士，某良士。"其应者④，

习，而妒忌的人就怕人家学习。我曾经试验过，曾经对很多人说："某人是优秀的，某人是优秀的。"那些

bì qí rén zhī yǔ yě bù rán zé qí suǒ shū yuǎn bù yǔ tóng qí lì zhě yě bù rán zé qí wèi
必其人之与也⑤；不然，则其所疏远，不与同其利者也；不然，则其畏

应声附和的，一定是那个人的同伙；否则，就是他所疏远而没有什么相同的利害关系的；再不然，就是

也⑥。不若是，强者必怒于言，懦者必怒于色矣。又尝语于众曰："某

惧怕他的人。假如不是这样，强悍的人一定用言语来表示愤怒，懦弱的人一定在脸色上显露出不满。我

非良士，某非良士。"其不应者，必其人之与也；不然，则其所疏远，不

又曾经对好多人说："某人不是优秀的人，某人不是优秀的人。"那些不应声的，一定是那个人的同伙；

与同其利者也；不然，则其畏也。不若是，强者必说于言⑦，懦者必说

否则，是他所疏远而没有什么相同的利害关系的；再不然，就是惧怕他的人。假如不是这样，强悍的人

于色矣。是故事修而谤兴，德高而毁来。呜呼！士之处此世，而望名

一定在言语中表示高兴，懦弱的人一定在脸色上显露出喜欢。因此，事业成功，毁谤随之而生；德望高

誉之光⑧，道德之行，难已！

了，坏话跟着就来。唉呀！读书人处于当前这种环境中，要想光大名声，履行道德，真是难啊！

将有作于上者⑨，得吾说而存之，其国家可几而理欤⑩！

想要有所作为而居于上位的人，如能听取我的说法而牢记在心，那国家就差不多治理好了吧！

---

① 虽然：虽说如此。　② 原："源"的本字，根源。　③ 怠与忌：怠，懈怠，指对自己；忌，妒忌，指对别人。　④ 应：应和，呼应。　⑤ 与：党与，相结交的人。　⑥ 畏：指畏惧他的人。　⑦ 说：同"悦"，喜欢，高兴。下句"说"字同此。　⑧ 光：昭著，显著。　⑨ 有作于上者：居于上位的人。此指执政者。　⑩ 几：将近，差不多。　理：治理好。唐人避唐高宗李治讳，往往用"理"代替"治"字。

（张㧑之）

获 麟 解
huò   lín   jiě

hán   yù
韩   愈

lín zhī wéi líng zhāozhāo yě   yǒng yú shī   shū yú chūn qiū   zá chū yú zhuàn jì bǎi jiā
麟之为灵昭昭也①，咏于《诗》②，书于《春秋》③，杂出于传记百家

麒麟，作为一种灵异，是明明白白的，《诗经》里有歌咏，《春秋》里有记载，史传和百家之书里也屡

zhī shū   suī fù rén xiǎo zǐ   jiē zhī qí wéi xiáng yě
之书。虽妇人小子，皆知其为祥也。

屡提到。即使是妇女和小孩，也都知道它是吉祥的。

rán lín zhī wéi wù   bú xù yú jiā   bù héng yǒu yú tiān xià   qí wéi xíng yě bú lèi   fēi ruò
然麟之为物，不畜于家，不恒有于天下④；其为形也不类⑤，非若

然而麒麟这种动物，家里不蓄养，世上不常见；他的形状又难以归类，不像马、牛、狗、猪、豺、狼、

mǎ niú quǎn shǐ chái láng mí lù rán   rán zé suī yǒu lín   bù kě zhī qí wéi lín yě   jiǎo zhě
马、牛、犬、豕、豺、狼、麋、鹿然⑥。然则虽有麟，不可知其为麟也。角者

麋、鹿那样。这样，即使有麒麟，也不可能知道它是麒麟了。有角的，我知道它是牛，颈上有长毛的，我知

wú zhī qí wéi niú   liè zhě wú zhī qí wéi mǎ   quǎn shǐ chái láng mí   lù wú zhī qí wéi quǎn shǐ
吾知其为牛，鬣者吾知其为马，犬、豕、豺、狼、麋、鹿吾知其为犬、豕、

道它是马，狗、猪、豺、狼、麋、鹿，我知道它们是狗、猪、豺、狼、麋、鹿，只有麒麟啊，不可能知道。不知道，

chái láng mí lù   wéi lín yě bù kě zhī   bù kě zhī   zé qí wèi zhī bù xiáng yě yì yí
豺、狼、麋、鹿，惟麟也不可知。不可知，则其谓之不祥也亦宜⑦。

不认识，那么人们说它是不祥之物，也是应当的。

suī rán⑧   lín zhī chū   bì yǒu shèng rén zài hū wèi   lín wèi shèng rén chū yě   shèng rén zhě   bì zhī
虽然⑧，麟之出，必有圣人在乎位，麟为圣人出也。圣人者，必知

虽说如此，但是麒麟的出现，一定有圣人在位掌权，麒麟是为圣人而出现的啊。圣人，一定知道麒

lín   lín zhī guǒ bù wéi bù xiáng yě
麟。麟之果不为不祥也⑨。

麟，识得麒麟的。麒麟的确不是不祥之物啊。

yòu yuē   lín zhī suǒ yǐ wéi lín zhě   yǐ dé bù yǐ xíng   ruò lín zhī chū bú dài shèng rén   zé
又曰：麟之所以为麟者，以德不以形⑩。若麟之出不待圣人，则

再说，麒麟之所以为麒麟，是凭它的德性而不是根据它的外形。假使麒麟的出现，不能等到圣人在

wèi zhī bù xiáng yě　yì　yí

谓之不祥也亦宜。

位的时候，那么，被人们认为是不祥之物，也是应当的。

---

① 昭昭：明明白白。　② 咏于《诗》：《诗经》有《麟之趾》篇。　③ 书于《春秋》：在《春秋》中有记载。　④ 恒：常。　⑤ 不类：不好归类。意即不像这样，又不像那样。　⑥ 麇：兽名，即驼鹿。　⑦ 宜：应该，自然。　⑧ 虽然：虽说如此。　⑨ 果：果真。　⑩ 以：凭，根据。

（张拔之）

zá　　shuō　　yī

杂　说　一

hán　yù

韩　愈

lóng xū qì chéng yún　　yún gù fú líng yú lóng yě　　rán lóng chéng shì qì　máng yáng qióng hū xuán

龙嘘气成云①，云固弗灵于龙也②。然龙乘是气，茫洋穷乎玄

龙呼气，变成云，云原来并不比龙灵异。然而，龙乘着这气变成的云，在那辽阔无际的太

jiān　bó rì yuè　fú guāng yǐng　hàn zhèn diàn　shén biàn huà　shuǐ xià tǔ　gǔ líng gǔ　yún yì

间③，薄日月④，伏光景⑤，感震电⑥，神变化⑦，水下土⑧，汩陵谷⑨，云亦

空之中到处游动，迫近日月，掩盖光辉，震撼雷电，神奇变化，浸润土地，流动于陵谷，这云

líng guài yǐ zāi

灵怪矣哉！

也真是灵妙奇异的啦！

yún　lóng zhī suǒ néng shǐ wéi líng yě　　ruò lóng zhī líng　zé fēi yún zhī suǒ néng shǐ wéi líng yě　rán

云，龙之所能使为灵也⑩。若龙之灵，则非云之所能使为灵也。然

云，是龙能够使它变成灵异的。像龙那样的灵异，那就不是云所能够使它变成的。然而，龙得不到云，

lóng fú dé yún   wú yǐ shén qí líng yǐ   shī qí suǒ píng yī   xìn bù kě yú   yì zāi   qí suǒ

龙弗得云，无以神其灵矣⑪。失其所凭依，信不可欤⑫？异哉！其所

就无法显示出它的灵异了。失去其所依托凭藉的东西，是确确实实不可以的吗？怪哉！它所依托凭藉的，竟

píng yī   nǎi qí suǒ zì wéi yě   yì   yuē   yún cóng lóng   jì yuē lóng   yún cóng zhī yǐ

凭依，乃其所自为也。《易》曰："云从龙⑬。"既曰龙，云从之矣。

然是它自身制作出来的。《易经》中说："云从龙。"既然叫龙，云当然跟随着它啦。

---

① 嘘气：呼气。   ② 固：原来。   ③ 茫洋：辽阔无边际的样子。   玄间：太空之间。
玄，幽远。   ④ 薄：迫近。   ⑤ 伏：使隐匿。   光景：日光。   ⑥ 感：通"撼"。摇
动。   ⑦ 神：使神奇。   ⑧ 水：浸润之意。   下土：土地。   ⑨ 汩：水流不止。
⑩ 使为灵：使之为灵。"使"后省掉的"之"指代云。   ⑪ 神：显出的意思。   ⑫ 信：
确实。   ⑬ 云从龙：见于《易经·乾卦·文言》。   从，跟随。

（张扬之）

zá   shuō   sì

杂　说　四

hán   yù

韩　愈

shì yǒu bó lè   rán hòu yǒu qiān lǐ mǎ   qiān lǐ mǎ cháng yǒu   ér bó lè bù cháng yǒu

世有伯乐①，然后有千里马。千里马常有②，而伯乐不常有。

世上有了伯乐，然后才会有千里马。能日行千里的马是常有的，然而伯乐却不是常有的。因此，即

gù suī yǒu míng mǎ   zhǐ rǔ yú nú lì rén zhī shǒu   pián sǐ yú cáo lì zhī jiān   bù yǐ qiān

故虽有名马，只辱于奴隶人之手，骈死于槽枥之间③，不以千

使有了名马，也只能辱没于养马的奴仆之手，最后是接连不断地死在马厩之中，永远不能以日行千里

lǐ chēng yě

里称也。

而著名。

mǎ zhī qiān lǐ zhě yì shí huò jìn sù yí dàn   sì mǎ zhě bù zhī qí néng qiān lǐ ér sì yě

马之千里者,一食或尽粟一石④。食马者不知其能千里而食也⑤。

那些马中能日行千里的,吃一顿往往要吃完一石粟。可是饲养的人,不知道它能日行千里

shì mǎ yě suī yǒu qiān lǐ zhī néng shí bù bǎo lì bù zú cái měi bú wài xiàn

是马也,虽有千里之能,食不饱,力不足,才美不外见⑥,

而像普通马一样喂养它。这样的马,虽有日行千里的本领,但是吃不饱,力气不足,才干特长也就表现不出来,

qiě yù yǔ cháng mǎ děng bù kě dé ān qiú qí néng qiān lǐ yě   cè zhī bù yǐ qí dào

且欲与常马等不可得,安求其能千里也?策之不以其道⑦,

即使想求得与平常的马相等的地位都不可得,哪里还能要求它日行千里呢?那些饲养马的人,驾驭马

sì zhī bù néng jìn qí cái míng zhī ér bù néng tōng qí yì   zhí cè ér lín zhī yuē

食之不能尽其材,鸣之而不能通其意⑧。执策而临之曰:

时不能按照规律,喂养马又不尽其才能给足饲料,对马的哀鸣,又一点也不懂它的意思。他们还手执

tiān xià wú mǎ   wū hū qí zhēn wú mǎ yé qí zhēn bù zhī mǎ yě

"天下无马。"呜呼!其真无马邪,其真不知马也?

马鞭,居高临下地说什么"天下没有好马"。唉!是真的没有好马呢,还是确实不识好马呢?

---

① 伯乐:孙阳,字伯乐,春秋时秦人,善相马。伯乐识千里马事,见《战国策·楚策四》、《列子·说符》、《庄子·马蹄》诸篇,历来作为善于识拔人才的典故。
② 千里马:指具有日行千里之能而尚未被发现的好马。 ③ 骈死:相比连而死。 槽:盛饲料喂马的器具。 枥:马厩。 ④ 一食:吃一顿。 尽粟一石:吃完一石粟,极言好马食量大。 ⑤ 食马者:饲养马的人。 食,喂养。下文"食之不能尽其材"中"食"同。 ⑥ 才美:才具、长处。 见:同"现",呈现。 ⑦ 策:马鞭,此处用为动词,鞭策、驾驭的意思。 不以其道:不按照道理。 ⑧ 鸣之:马鸣叫。 不能通其意:养马人不懂马鸣叫的意思。

（张拃之）

卷 六

师说

韩愈

古之学者必有师①。师者,所以传道受业解惑也②。人非生而

古时求学的人一定有老师。老师,是传授道理、教授学业、解释疑难的人。人,不是生下来就懂道

知之者③,孰能无惑? 惑而不从师,其为惑也,终不解矣。生乎吾

理、有知识的,谁能没有疑难呢? 有了疑难,却不去从师学习,那些成为疑难的问题也就永远不会得到

前④,其闻道也⑤,固先乎吾⑥,吾从而师之;生乎吾后,其闻道也

解决了。生在我之前的人,他懂道理本来比我早,我就跟从他学习;生在我之后的人,他懂得道理也比

亦先乎吾,吾从而师之。吾师道也⑦。夫庸知其年之先后生于吾

我早,我也跟从他学习。我学习的是道理,哪里管他出生在我之前还是我之后呢? 因此,无论地位的

乎⑧? 是故无贵无贱⑨,无长无少,道之所存,师之所存也。

贵贱,也无论年龄的长幼,道理所在之处,也就是老师所在之处。

嗟乎! 师道之不传也久矣⑩,欲人之无惑也难矣。古之圣人,

唉! 从师学习的风尚,失传已经很久了,要想人们没有疑难也很困难了! 古代的圣人,远远超出一般

其出人也远矣⑪,犹且从师而问焉⑫;今之众人,其下圣人也亦远

常人,尚且跟从老师去请教问题;现在的一般常人,他们远远低于圣人,却以从师学习为耻。因此,圣人更

矣⑬,而耻学于师。是故圣益圣⑭,愚益愚。圣人之所以为圣,愚人

加圣明,愚人更加愚昧。圣人之所以成为圣人,愚人之所以成为愚人,大概都是由于这个缘故吧。有些人,

之所以为愚,其皆出于此乎? 爱其子,择师而教之;于其身也⑮,则

爱自己的孩子,就选择老师来教孩子;对于他自己呢,却以从师学习为耻,这真是令人大惑不解。那些

chǐ shī yān，huò yǐ　bǐ tóng zǐ zhī shī shòu zhī

耻师焉，惑矣。彼童子之师，授之

儿童的老师，是教他们书本上的内容和做断句

shū ér xí qí jù dòu zhě yě⑯，fēi wú suǒ

书而习其句读者也⑯，非吾所

练习的，不是我所说的传授道理、解释疑难的

wèi chuán qí dào　jiě qí huò zhě yě　jù dòu

谓传其道、解其惑者也。句读

人啊。不懂断句，疑难不得解决，有的从师学

zhī bù zhī，huò zhī bù jiě　huò shī yān huò

之不知，惑之不解，或师焉，或

习，有的却不去学习，学了小事，丢了大事，我

fǒu yān　xiǎo xué ér dà yí⑱　wú wèi jiàn

不焉⑰，小学而大遗⑱，吾未见

看不出他们是明白事理的。巫医乐师和各种手

qí míng yě⑲　wū yī yuè shī bǎi gōng zhī

其明也⑲。巫医乐师百工之

工业者，不以互相学习为耻。士大夫之类，一说

rén⑳，bù chǐ xiāng shī㉑　shì dà fū zhī

人⑳，不耻相师㉑。士大夫之

到"老师"、"弟子"，如此如此，就聚成一群，讥

zú　yuē shī yuē dì zǐ yún zhě㉒　zé qún jù

族，曰师曰弟子云者㉒，则群聚

笑人家。问他何以如此，就说："他和他年纪差

ér xiào zhī　wèn zhī　zé yuē bǐ yú bǐ

而笑之。问之，则曰："彼与彼

不多，知道的道理也相像。称地位低的人为师

nián xiāng ruò yě㉓，dào xiāng sì yě　wèi bēi

年相若也㉓，道相似也。位卑

则实在羞耻，称官职高的人为师则近乎谄谀。"

zé zú xiū　guān shèng zé jìn yú　wū hū

则足羞，官盛则近谀。"呜呼！

唉！从师学习的风尚不能恢复，从这里也可以

---

① **学者**：指求学的人。　② **所以**：表示用来做某事的。　**传道**：传授道理。韩愈说的道，当然是《原道》所说的儒家之道。　**受业**：教授学业。受，通"授"。　**解惑**：解释疑难。　③ **生而知之者**：生下来就懂道理、有知识的。《论语·季氏》："孔子曰：'生而知之者，上也；学而知之者，次也。'"韩愈在此处不承认有生而知之者。　④ **乎**：相当于"于"。

⑤ **闻道**：懂得道理。　⑥ **固**：本来。此处意谓确实。　⑦ **师道**：学习道理。师，动词，学。　⑧ **庸知其**：哪管他。庸，岂，哪里。　⑨ **无**：无论。　⑩ **师道**：从师学习的风尚。　⑪ **出人**：超过一般人。　⑫ **犹且**：尚且。　⑬ **下**：低于。　⑭ **圣益圣**：前一个"圣"指古之圣人，后一个"圣"指聪明懂道理。下一句中前一个"愚"指古之愚人，后一个"愚"指愚昧而不明事理。益，更加。　⑮ **于其身**：对于他自己。身，自身。　⑯ **授之书**：教他书本上的知识。　**习其句读**：学习书上的文句。读，文章中不足一句但是念起来要停顿之处。古书没有标点，所以老师教学时要教他断句，句用小圈，读用小点，也写作"逗"。　⑰ **不**：同"否"。这里指不从师学习。　⑱ **小**：小事，指不知句读。大：大事，指不明事理，有惑不解。遗：抛弃。　⑲ **明**：明白道理。　⑳ **巫医**：古代以祝祷、占卜等方式或兼用药物治疗疾病为业的人，连称巫医。当时被看作是低下的职业。　**百工**：泛指各种手工业工匠。　㉑ **相师**：互相从师，意即互相学习。　㉒ **云者**：如此这般的意思。　㉓ **年相若**：年龄差不多。若，似。　㉔ **师道**：从师学习的风尚。复：恢复。　㉕ **不齿**：不屑与之同列，羞与为伍之意。古时士大夫看不起巫医乐师百工之人。　㉖ **乃**：竟。

師道之不復可知矣[24]。巫醫樂師百工之人，君子不齒[25]。今其智乃反

了解其中的原由了。巫医乐师和各种手工业者，是上层君子羞与为伍的，现在他们的智慧反而是君子们及

不能及[26]，其可怪也欤！

不上的，岂不是怪事吗！

聖人無常師[1]。孔子師郯子、萇弘、師襄、老聃[2]。郯子之徒[3]，其

圣人没有固定不变的老师。孔子曾经向郯子、萇弘、師襄、老聃请教过。郯子这些人，他们的贤明不

賢不及孔子。孔子曰："三人行，則

如孔子。孔子说："三个人一起走，其中一定有可以

必有我師[4]"。是故弟子不必不如

让我师从学习的。"因此，弟子不一定不如老师，老

師，師不必賢於弟子。聞道有先

师也不一定要比弟子高明。明白道理有先有后，技

後，術業有專攻[5]，如是而已。

术业务各有专长，不过如此而已。

李氏子蟠[6]，年十七，好古

李家的名叫蟠的青年，今年十七岁，爱好

文，六藝經傳皆通習之[7]，不拘

古文，六经经传都在学习，不为时俗所拘束，

於時[8]，學於余。余嘉其能行古

来向我学习。我赞许他能够实行古代的正道

道[9]，作《師說》以貽之[10]。

写这篇《师说》来赠给他。

① 常师：固定的老师。《论语·子张》："夫子焉不学？而亦何常师之有？" ② 郯子：郯国国君，子爵，故称。孔子曾向郯子请教关于官名之事。见《左传·昭公十七年》。 萇弘：周敬王时大夫。孔子曾向他请教关于音乐的问题。见《孔子家语·观周》。 师襄：春秋鲁乐官，名襄。孔子曾向他学弹琴。见《史记·孔子世家》。 老聃：即老子。孔子曾向他问礼。见《孔子家语·观周》。 ③ 郯子之徒：郯子这些人。包括郯子在内。 ④ "三人行"二句：语出《论语·述而》："三人行，必有我师焉。择其善者而从之，其不善者而改之。"古人引书，往往与原文不完全一致。 ⑤ 术业：技术业务。 专攻：专门研究。 ⑥ 李氏子蟠：李蟠，《韩集》旧注谓于唐德宗贞元十九年（803）进士及第，《登科记考》卷十六谓唐宪宗元和元年（806）才识兼茂、明於体用科及第。生平事迹不详。 ⑦ 六艺经传：六艺的经文和传文。 六艺，指六经，即《诗》《书》《礼》《乐》《易》《春秋》。 传：解释经的著作。 通习：都在学习。 通，普遍。 ⑧ 不拘于时：不为时俗所拘束。 时，时俗，指当时耻于从师的流行习尚。 ⑨ 嘉：赞许。 古道：古人从师的正道。 ⑩ 贻：赠。

（张㧑之）

进 学 解
jìn xué jiě

韩 愈
hán yù

国子先生①，晨入太学②，招诸生立馆下③，诲之曰：

国子博士先生早晨走进太学，召集学生们站立在学舍之下，教导他们说："学业精进是由于勤勉，

"业精于勤荒于嬉，行成于思毁于随。方今圣贤相逢④，

而荒废则是由于玩乐游荡；德行有成是由于善于思索，而败坏则是由于因循随便。当前，圣主贤相，君臣遇

治具毕张⑤。拔去凶邪⑥，登崇俊良⑦。占小善者率以录⑧，

合，法令具备。除掉凶恶邪僻之辈，提拔重用才俊善良之人。有一些小小优点的都已经录用，有一技之长的

名一艺者无不庸⑨。爬罗剔抉⑩，刮垢磨光⑪。盖有幸而获选，

无不任用。选拔人才，经过搜罗抉择；造就人才，注意刮垢磨光。大概只有侥幸入选的，谁说多才多艺的人会

孰云多而不扬⑫？诸生业患不能精，无患有司之不明；行患

不被举荐呢？诸位，你们只怕自己学业不精进，不必担忧主管长官眼目不明；只怕自己德行

不能成，无患有司之不公⑬。"

没有成就，不必担忧主管长官态度不公平。"

言未既⑭，有笑于列者曰⑮："先生欺余哉！弟子事先生⑯，

先生的话还没有说完，有人在行列里发出笑声，说："先生在欺骗我们啊！我们这些学生，侍奉您先生也已经

于兹有年矣⑰。先生口不绝吟于六艺之文⑱，手不停披于百家

好几年了。先生嘴里不停地诵读六经文字，手中不停地翻阅诸子百家之书。对记事的书一定提炼其要点，立

之编⑲。纪事者必提其要，纂言者必钩其玄。贪多务得⑳，细大

论的书一定探究其妙理。不知满足，力求多得，不分小大，概不丢弃。点着灯烛，夜以继日，经常勤苦，直到

不捐㉑。焚膏油以继晷㉒，恒

年末。先生的从事于学业，可以说是勤奋的

兀兀以穷年㉓。先生之业，可

了。抵制抨击那些异端邪说，反对驳斥那佛

谓勤矣。抵排异端㉔，攘斥佛

家与道家。弥补儒家的疏失缺漏，发扬那精深

老㉕。补苴罅漏，张皇幽眇㉖。

微妙的道理。寻求渺茫的失传的儒家之道，

寻坠绪之茫茫㉗，独旁搜而远

独自广泛搜寻，远继前贤。堵住奔流的河川，

绍㉘。障百川而东之㉙，回

引导它们东流入海；挽回倾泻的狂波，尽管

狂澜于既倒㉚。先生之于

它们已经泛滥。先生的对于儒家，可以说有

儒，可谓有劳矣㉛，沉浸酴郁㉜，

功劳了。心思沉浸在浓厚芳香的气息之中，品

含英咀华㉝，作为文章㉞，其

味咀嚼着典籍的精华，写成文章，您的著作

书满家㉟。上规姚姒，浑浑无

堆满了家。向上规模前人，取法于虞夏时代

涯㊱；周诰、殷盘㊲，佶屈聱

的典章，深远博大，无边无沿；周代的《诰》和

① 国子先生：韩愈自称。唐代主管教育的国家机关是国子监，管理国子学、太学、广文馆、四门学、律学、书学、算学七个学。七学各置博士，即国子监博士（亦称国子博士），太学博士，四门博士等。 ② 太学：唐代国子学与太学分设，韩愈任国子博士而"晨入太学"，则此"太学"当指国子学，因唐代国子学相当于古代太学。 ③ 馆：指学舍。 ④ 圣贤相逢：圣君贤臣相会。这是恭维当时宪宗皇帝和宰相李吉甫、武元衡、李绛等的说法。 ⑤ 治具：指法令。 毕：完全。 张：举起，建立。 ⑥ 凶邪：凶恶邪僻之人。 ⑦ 登崇：提拔推重。 俊良：才俊善良之人。 ⑧ 占：具有。 率：都。 以：同"已"。 录：录用。 ⑨ 名：占有。 一艺：一技之长。 庸：用。 ⑩ 爬罗：整理搜罗。 剔抉：区别抉择。这是指选拔人才。 ⑪ 刮垢：刮除尘垢。 磨光：磨之使光。这是指造就人才。 ⑫ 扬：举。 ⑬ 有司：主管官署。 ⑭ 既：完毕。 ⑮ 列：行列。 ⑯ 弟子：学生。 事：侍奉。古时学生跟先生学习，也叫"事"。 ⑰ 有年：有几年。 ⑱ 六艺：六经，即《诗》、《书》、《礼》、《乐》、《易》、《春秋》。 ⑲ 披：翻动。 百家：指诸子，如孟子、荀子。 编：指著作。 ⑳ 务：追求。 得：收获。 ㉑ 捐：丢弃。 ㉒ 膏油：指油灯蜡烛。 晷：日影。 ㉓ 恒：长久。 兀兀：劳苦貌。 穷年：终年，一年到头。 ㉔ 抵排：抵制抨击。 异端：儒家称与其不合的学说。 ㉕ 攘斥：反对驳斥。 佛老：佛家和道家。 老，老子，道家。 ㉖ "补苴罅漏"二句：补充缺漏，阐扬精微。都指对儒家而言。 苴，本义是鞋垫，引申为填塞。 罅，裂缝。 张皇，张大。 幽眇，精深微妙。 ㉗ 坠：失落。 绪：事业，此指儒家道统。 ㉘ 旁：广泛。 绍：继承。韩愈所谓道统，见《原道》。 ㉙ 障：堤防，作动词，防堵。 百川：比喻百家之说。 东之：使向东流，比喻归入儒家。 ㉚ 回：挽转。 狂澜：来势很猛的波浪。 既：已经。 倒：倾泻。

牙^㊳;《春秋》谨严^㊴;《左氏》浮夸^㊵;《易》奇而法^㊶;《诗》正而葩^㊷;下逮

商代的《盘庚》,文辞古奥,读不顺口;《春秋》一字褒贬,准确严密;《左传》记事详赡,文辞铺张;《易经》变化

《庄》、《骚》,太史所录,子云、相如,同工异曲^㊸。先生之于文,可谓

奇妙,言有法则;《诗经》思想雅正,辞采华美;往下直到《庄子》、《离骚》,太史公的记录,扬雄、司马相如的创

闳其中而肆其外矣^㊹。少始知学,勇于敢为。长通于方^㊺,左右具

作,技艺相同而各有曲调。先生的文章,可以说是内容宏大而外表奔放了。先生年轻时就懂得学习,颇有

宜^㊻。先生之于为人,可谓成矣^㊼。然而公不见信于人,私不

勇气,敢作敢为;长大以后,明白道理,处理事情,左右得宜。先生的为人,可以说是很老成的了。然而您在

见助于友。跋前踬后,动辄得咎^㊽。暂为御史^㊾,遂窜南夷^㊿。三

公的方面,不为人们所信任;在私的方面,得不到朋友的帮助。处于进退两难的困境,动一动就会获罪遭灾。

㉛ 有劳:有劳绩。　㉜ 馥郁:浓厚芬芳的气息,指儒家典籍。　㉝ 含英咀华:含着咀嚼着(典籍的)精华。
㉞ 作为:写作。　㉟ 其书:指写作的那些文章。　㊱ "上规姚姒"二句:谓向上取法虞夏之书,深远无穷。
虞舜姓姚,夏禹姓姒,因以"姚姒"指《尚书》里的《虞书》、《夏书》。　㊲ 周诰:指《尚书·周书》中的《大
诰》、《康诰》、《酒诰》、《召诰》、《洛诰》。　殷盘:指《尚书·商书》中的《盘庚》。　㊳ 佶屈:屈曲。　聱
牙:不顺口。　㊴ 谨严:谓《春秋》文辞简而寓褒贬。　㊵ 浮夸:藻饰张大。形容《左传》记事详赡。(与
今含贬义之"浮夸"不同。)　㊶ 奇:奇妙,此指卦之变易而言。　法:有规律,此指所阐明的事理而言。
㊷ 正:思想内容雅正。　葩:文辞华美。　㊸ "下逮《庄》《骚》"四句:谓向下一直到《庄子》、《离骚》、《史
记》和扬雄、司马相如的作品,都是取法对象。　太史,指司马迁。　子云,扬雄。　相如,司马相如。　同
工异曲,谓乐工技艺相同而奏出的曲调不同。　㊹ 闳:大。　中:指文章的内容。　肆:放。　外:指文章
的形式。　㊺ 方:道理。　㊻ 具:全。　㊼ 成:完备。　㊽ "跋前踬后"两句:谓进退两难,一动就得罪。
传说狼前进就踩着它的胡(老狼颔下的垂肉),后退就倒在它的尾巴上。见《诗经·豳风·狼跋》。　跋,践
踏。　踬,跌倒。　辄,表示一来就如此。　咎,罪过。　㊾ 暂:时间短。　为御史:指韩愈任监察御史。
㊿ 窜:窜逐,指贬谪。　南夷:南方边远之地。韩愈于唐德宗贞元十九年(803)授四门博士,次年转监察御
史,冬,上书论宫市之弊,触怒德宗,贬为连州阳山令(在今广东)。　51 三年博士:做了三年博士。韩愈于唐
宪宗元和元年(806)六月至四年任国子博士。　52 冗:闲散。指博士是闲职,没有多少公事可办。　见:表
现。　治:治绩。　53 命:命运。　仇:仇敌。　谋:相谋,打交道。　54 头童:头秃。山不长草木曰童,此
比喻无头发。　齿豁:牙齿脱落,露出豁口。　55 竟:终。　裨:补益。　56 为:助词,表疑问。

nián bó shì⁵¹，rǒng bú xiàn zhì⁵²。mìng yǔ chóu móu⁵³，qǔ bài jǐ shí，dōng nuǎn ér ér háo

年博士⁵¹，冗不见治⁵²。命与仇谋⁵³，取败几时。冬暖而儿号

当上了很短一段时间的御史，就被贬谪到边远的南方。做了三年博士，被投闲置散，表现不出您的政绩。命

hán，nián fēng ér qī tí jī，tóu tóng chǐ huò⁵⁴，jìng sǐ hé bì⁵⁵。bù zhī lǜ cǐ，ér fǎn

寒，年丰而妻啼饥。头童齿豁⁵⁴，竟死何裨⁵⁵。不知虑此，而反

运与仇敌相谋，时不时遭受失败。和暖的冬天，但您的儿女叫喊寒冷；丰收的年头，而您的夫人啼哭饥饿。您

jiào rén wéi⁵⁶？

教人为⁵⁶？"

头也秃了，牙齿也掉了，就这样直到老死，有什么好处？您不去想想这些，反而来教训别人，这是何苦呢？"

xiān sheng yuē，xū，zǐ lái qián①！fú dà mù wéi máng，xì mù wéi jué②，fú lú zhù rú，wēi

先生曰："吁，子来前①！夫大木为宷，细木为桷②，欂栌侏儒，椳

先生说："唉！你过来！要知道大的木材做梁，小的木头做椽子，壁柱、斗拱、短椽、门臼、门橛、

niè diàn xiē，gè dé qí yí③，shī yǐ chéng shì zhě④，jiàng shì zhī gōng yě。yù zhá

阒扂楔，各得其宜③，施以成室者④，匠氏之工也。玉札

门闩、门柱，做成这些器物的木材，各自得到合适安排，用以造成宫室，这是木匠师傅的技艺。玉札、丹砂、

dān shā⑤，chì jiàn qīng zhī⑥，niú sōu mǎ bó⑦，bài gǔ zhī pí⑧，jù shōu bìng xù，

丹砂⑤，赤箭青芝⑥，牛溲马勃⑦，败鼓之皮⑧，俱收并蓄，

赤箭、青芝，同那牛溲、马勃、坏鼓的皮，兼收并蓄，等到需用时不会缺漏，这是医师的高明。提拔选用人

dài yòng wú yí zhě，yī shī zhī liáng yě。dēng míng xuǎn gōng⑨，zá jìn qiǎo zhuō⑩，yū

待用无遗者，医师之良也。登明选公⑨，杂进巧拙⑩，纡

才，贤明公正，乖巧的、钝拙的，都加引进，处事周备委婉为美好，才具超越群众为杰出，比较人才的优劣

yú wéi yán⑪，zhuó luò wéi jié⑫，jiào duǎn liáng cháng⑬，wéi qì shì shì zhě，zǎi xiàng zhī fāng yě⑭。

余为妍⑪，卓荦为杰⑫，校短量长⑬，惟器是适者，宰相之方也⑭。

长短，不论什么不同的能力、才干，全都安排合适，发挥作用，这是宰相的治国之术。从前孟轲喜欢辩论，

xī zhě mèng kē hào biàn，kǒng dào yǐ míng，zhé huán tiān xià⑮，zú lǎo yú xíng。xún qīng shǒu zhèng，

昔者孟轲好辩，孔道以明，辙环天下⑮，卒老于行。荀卿守正，

孔子之道得以阐明，他游历的车辙周遍天下，结果在忙碌奔走中老去了。荀卿恪守正道，伟大的理论得以

dà lùn shì hóng，táo chán yú chǔ，fèi sǐ lán líng。shì èr rú zhě，tǔ cí wéi jīng，jǔ zú

大论是弘，逃谗于楚，废死兰陵。是二儒者，吐辞为经，举足

弘扬，他为避谗毁而自齐国逃到楚国，最后被废而死在兰陵。这两位大儒，说出话来就成经典，一有举动

wéi fǎ ，jué lèi lí lún，yōu rù shèng yù，
为法⑯，绝类离伦⑰，优入圣域，

就成法则，远远超越了同类儒者，高明到足

qí yù yú shì hé rú yě jīn xiān sheng
其遇于世何如也⑱？今先生

以进入圣人的境界，可是他们活在世上的时

xué suī qín ér bù yóu qí tǒng yán suī
学虽勤而不由其统⑲，言虽

候的遭遇又怎样呢？现在，我作为先生，学业

duō ér bú yào qí zhòng wén suī qí ér
多而不要其中⑳，文虽奇而

虽然勤勉，还不能遵循道统；言论虽然很多，

bú jì yú yòng xíng suī xiū ér bù xiǎn yú
不济于用，行虽修而不显于

但不能切中要旨；文章虽然巧妙，却无益于

zhòng yóu qiě yuè fèi fèng qián suì mí lǐn
众。犹且月费俸钱，岁靡廪

实用；品德虽有修养，但还不够明显出众。就

sù zǐ bù zhī gēng fù bù zhī zhī
粟㉑。子不知耕，妇不知织㉒。

这样，尚且每个月耗费公家的俸钱，每年消

chéng mǎ cóng tú ān zuò ér shí zhǒng
乘马从徒，安坐而食㉓。踵

耗仓库中的粮食；儿子不懂耕地，妻子不懂

cháng tú zhī cù cù kuī chén biān yǐ dào
常途之促促㉔，窥陈编以盗

织布；出门有车马可乘，还有仆从跟随，安安

qiè rán ér shèng zhǔ bù jiā zhū zǎi
窃㉕。然而圣主不加诛㉖，宰

稳稳，坐吃俸禄。拘谨地按照常规道路前进，

chén bú jiàn chì zī fēi qí xìng yú
臣不见斥㉗，兹非其幸欤？

剽窃些旧书而并无创见。然而圣明的君主不

---

① 子：你，指弟子。　② 为：做。宗：梁。桷：椽子。　③ "榱栌"三句：榱：壁柱。栌：柱上短木，斗栱。侏儒：梁上短木。椳：门枢。阒：门中央所竖的短木。扂：户牡，门闩之类。楔：门两旁长木。以上都是用以比喻各种不同的人材。　④ 施：用。　⑤ 玉札：药名，即地榆。丹砂：朱砂。　⑥ 赤箭：药名，即天麻。青芝：药名。以上四种都是名贵药材。　⑦ 牛溲：牛尿。马勃：药名，属菌类。　⑧ 败鼓之皮：坏了的鼓的皮。与牛溲、马勃同为贱药。　⑨ 登：提拔。　⑩ 杂：一并。　⑪ 纡余：委曲周备貌。妍：美。　⑫ 卓荦：超绝貌。杰：高超。　⑬ 校、量：比较。短、长：劣优。　⑭ 方：指治术。　⑮ 辙：车迹。环：周。　⑯ 举足：指行为。法：法则。　⑰ 绝类离伦：超越同类。绝、离，超越。类、伦，指所有的同类儒者。　⑱ 遇：遭遇。　⑲ 先生：国子先生自称。统：指儒家统绪。　⑳ 要：求。中：中于理。　㉑ 靡：通"糜"，费。廪：粮仓。　㉒ "子不知耕"二句：谓靠俸禄养家，儿子、妻子无须耕织。　㉓ "乘马从徒"二句：谓靠俸禄自养。从徒，跟随的人。　㉔ 踵：跟着。促促：拘谨貌。　㉕ 窥：看。陈编：旧书。　㉖ 加：加以。诛：责罚。　㉗ 见：被。斥：指罢官。　㉘ 商：商量，讨论。财贿：财货利禄。　㉙ 计：计较。班资：班列资格，指官品。崇庳：高低。庳，同"卑"。　㉚ 量：分量，指才能高低。称：相称。　㉛ 指：指摘。前人：指在自己前边的人，即贵显者。瑕疵：毛病。　㉜ 诘：责问。匠：木工。杙：小木桩。楹：柱子。韩愈以杙自喻，谓材不堪大用。　㉝ 訾：讥评。昌阳：即菖蒲，古人以为菖蒲可以延年。引年：延长寿命。　㉞ 进：进用，使采用。豨苓：药名，也称猪苓，对延年无用。

dòng ér dé bàng　míng yì suí zhī　tóu xián zhì sǎn　nǎi fèn zhī yí　ruò fú shāng cái huì zhī
动 而 得 谤，名 亦 随 之。投 闲 置 散，乃 分 之 宜。若 夫 商 财 贿 之

加处罚，也没被宰相大臣所斥逐，这难道不是幸运吗？动一动就遭到毁谤，名声也随之而败坏，安置在闲散

yǒu wú ㉘　jì bān zī zhī chóng bēi ㉙　wàng jǐ liàng zhī suǒ chèn ㉚　zhǐ qián rén zhī xiá cī ㉛
有 亡 ㉘，计 班 资 之 崇 庳 ㉙，忘 己 量 之 所 称 ㉚，指 前 人 之 瑕 疵 ㉛，

地位，乃是分所应当。如若还讨论财物利禄的有无，计较班列资格的高低，忘记了自己的才能分量相称不相

shì suǒ wèi jié jiàng shì zhī bù yǐ　yì wéi yíng ㉜　ér zǐ yī shī yǐ chāng yáng yǐn nián ㉝　yù jìn qí
是 所 谓 诘 匠 氏 之 不 以 杙 为 楹 ㉜，而 訾 医 师 以 昌 阳 引 年 ㉝，欲 进 其

称，去指摘地位在我之前的人的毛病，这就是人们说的，责问木匠师傅为什么不用小木桩做柱子，批评医师

xī líng yě ㉞
豨 苓 也 ㉞。"

用菖蒲来延年益寿，却想叫人采用豨苓啊！"

（张扐之）

wū zhě wángchéng fú zhuàn

圬者王承福传

hán　yù
韩　愈

wū zhī wéi jì ①　jiàn qiě láo zhě yě　yǒu yè zhī　qí sè ruò zì dé zhě　tīng
圬 之 为 技 ①，贱 且 劳 者 也。有 业 之，其 色 若 自 得 者。听

涂墙作为一项技艺，是卑贱而劳苦的。有个以此为职业，而他的神态好像自我满足的人。听他的说

qí yán　yuē ér jìn　wèn zhī　wáng qí xìng chéng fú qí míng　shì wéi jīng zhào cháng ān
其 言，约 而 尽。问 之，王 其 姓，承 福 其 名。世 为 京 兆 长 安

话，简要而透彻。问他，说是姓王，名字叫承福，世代在京兆长安县做农夫。天宝之乱的时候，朝廷征募

①圬：原是涂抹的意思，这里指泥水匠的工作。　②京兆：府名，治所在长安（唐代首都，在今陕西西安）。　③天宝之乱：天宝十四载（755）冬，平卢、范阳、河东节度使安禄山起兵叛乱，次年进入长安。唐玄宗逃往四川，子肃宗在灵武（今属宁夏）即位。安禄山死后，其部将史思明继续叛乱，前后历时七年多，史称"安史之乱"。　④发：征发，招募。　⑤勋：唐制"勋"自柱国至武骑尉，凡十二转（级），授予有功者。　⑥镘：用泥土、石灰等物涂墙的工具。

农夫^②。天宝之乱^③，发人为兵^④，持弓矢十三年，有官勋^⑤，弃之

百姓当兵，他手持弓箭从军十三年，得到了官职与勋级，但他放弃官职勋级回到了故乡，原来耕种的

来归，丧其土田，手镘衣食^⑥。余三十年，舍于市之主人，而归

土地已经丧失，他拿起抹墙工具来谋取衣食生活资料。此后三十多年，他住在雇主的家里，而交付主

其屋食之当焉。视时屋食之贵贱，而上下其圬之佣以偿之。有

人适当的房租与伙食费。他参照当时房租和伙食费价格的涨落，来提高或降低抹墙的工价以偿付

余，则以与道路之废疾饿者焉。

食宿费用；有了剩余的钱，就拿来施给道路上那些残废、患病和挨饿的人。

又曰："粟，稼而生者也。若布与帛，必蚕绩而后成者

他还说："米粮，是经过种植才生长的。至于布和丝织品，是必须经过养蚕纺织才能制成的。其他用

也^①。其他所以养生之具，皆待人力而后完也。吾皆赖之。

来维持生活的东西，都是靠人的劳动才能完成。这些都是我所依赖的。但一个人不可能什么都去生产，

然人不可遍为，宜乎各致其能以相生也。故君者，理我所

应该各人贡献出自己的能力来相互供养。所以做君主的，是进行治理而使我们得以生活的；各级官吏，

以生者也^②；而百官者，承君之化者也。任有大小，惟其所能，

是奉行君主的教化法令的。责任有大有小，就根据各人的能力去承担，好像各种食品容器那样。白吃饭

若器皿焉^③。食焉而怠其事，必有天殃。故吾不敢一日舍镘

而懒于做他的职事，必遭天降的祸殃。所以我不敢一天丢开泥瓦刀而游荡。涂墙的手艺是容易学会的，

以嬉。夫镘易能，可力焉。又诚有功。取其直^④，虽劳无愧，

可以凭气力去做，也确实是有功效的。得到它的报酬，虽然劳苦却没有什么惭愧，我也心安理得。气力，

^{wú xīn ān yān} ^{fú lì yì qiǎng ér yǒu gōng yě} ^{xīn nán qiǎng ér yǒu zhì yě} ^{yòng lì zhě}
吾心安焉。夫力易强而有功也⑤，心难强而有智也。用力者
是容易努力用劲并得见功效的；心思，则难以勉强变得具有智慧。因此劳力者被人使用，劳心者使唤

^{shǐ yú rén} ^{yòng xīn zhě shǐ rén} ^{yì qí yí yě} ^{wú tè zé qí yì wéi ér wú kuì zhě qǔ}
使于人，用心者使人⑥，亦其宜也。吾特择其易为而无愧者取
别人，这也是应该的啊。我只不过是选择那种容易做并且于心无愧的事情去干而获取报酬罢了。唉！我

^{yān} ^{xī} ^{wú cāo màn yǐ rù fù guì zhī jiā yǒu nián yǐ} ^{yǒu yí zhì zhě yān} ^{yòu wǎng guò zhī}
焉⑦。嘻！吾操镘以入富贵之家有年矣。有一至者焉，又往过之，
拿着瓦刀工具而在富贵人家进进出出已有好多年了。有的人家我去过一次，再经过时就已经荒废了，

^{zé wéi xū yǐ} ^{yǒu zài zhì sān zhì zhě yān} ^{ér wǎng guò zhī} ^{zé wéi xū yǐ} ^{wèn zhī qí lín}
则为墟矣；有再至三至者焉，而往过之，则为墟矣。问之其邻，
有的人家去过两次三次的，后来再走过那里时，发现也已经成废墟了。询问他们的邻居，有的说：'唉！那

^{huò yuē} ^{yī} ^{xíng lù yě} ^{huò yuē} ^{shēn jì sǐ ér qí zǐ sūn bù néng yǒu yě} ^{huò}
或曰：'噫⑧！刑戮也。'或曰：'身既死，而其子孙不能有也。'或
房主已受到刑罚被处死了。'有的说：'房主已经死去，他的子孙不能保持家业啊。'有的说：'主人死了

^{yuē} ^{sǐ ér guī zhī guān yě} ^{wú yǐ shì guān zhī} ^{fēi suǒ wèi shí yān dài qí shì ér dé tiān}
曰：'死而归之官也。'吾以是观之，非所谓食焉怠其事而得天
房屋归公了。'我由此看到，这不就是所说的那种白吃饭而懒做他的职事所以受到天降祸殃的么？不就

^{yāng zhě yé} ^{fēi qiǎng xīn yǐ zhì ér bù zú} ^{bù zé qí cái zhī chèn fǒu ér mào zhī zhě yé} ^{fēi}
殃者邪？非强心以智而不足，不择其才之称否而冒之者邪⑨？非
是勉强使自己心思变得乖巧偏又够不上，不按照自己才能是否合适去选择职业而盲目冒进的么！不就

^{duō xíng kě kuì} ^{zhī qí bù kě ér qiǎng wéi zhī zhě yé} ^{jiāng fù guì nán shǒu} ^{bó gōng ér hòu xiǎng}
多行可愧，知其不可而强为之者邪？将富贵难守⑩，薄功而厚飨
是干了许多于心有愧之事，明知不行却硬要去做的么？或许是富贵难以保持，功劳微薄而享受优厚

^{zhī zhě yé} ^{yì fēng cuì yǒu shí} ^{yī qù yī lái ér bù kě cháng zhě yé} ^{wú zhī xīn mǐn yān}
之者邪⑪？抑丰悴有时⑫，一去一来而不可常者邪？吾之心悯焉，
吧？还是人生的盛衰有时运，一去一来而不能经常不变的吧？我心中对此伤感哀怜，因此只是选择自己

---

① 绩：缉麻线，这里指纺织。　② 理：治理。唐高宗名治，唐人避讳，常以"理"字代"治"字。　③ 器
皿：盛食的用具，如杯、盘、碗、碟及古代尊彝之类。　④ 直：通"值"。这里指工钱。　⑤ 强：勉强
⑥ "用力者"两句：《孟子·滕文公上》说，"劳心者治人，劳力者治于人"是"天下之通义"。《左传·襄
公九年》、《国语·鲁语》等也有"君子劳心、小人劳力"之说。　⑦ 特：只是，不过。　⑧ 噫：感叹词。
⑨ 称：适合。　⑩ 将：表示选择，抑或，还是。　⑪ 飨：通"享"。　⑫ 抑：也是表示选择，或是，还是。
丰悴：繁盛和衰弱。

shì gù zé qí lì zhī kě néng zhě xíng yān　　lè fù guì ér bēi pín jiàn　wǒ qǐ yì yú rén zāi

是故择其力之可能者行焉。乐富贵而悲贫贱,我岂异于人哉?"

力所能及的事去做。欢喜富贵而苦恼贫贱,这方面我哪里和别人有什么不同呢?"

yòu yuē　　　gōng dà zhě　　qí suǒ yǐ zì fèng yě bó　　qī yǔ zǐ jiē yǎng yú wǒ zhě yě　　wú

又曰:"功大者,其所以自奉也博。妻与子皆养于我者也,吾

他又说:"功劳大的人,他用来供养自己的东西就多。妻子与孩子都是要我养活的啊,我能力薄弱功

néng bó ér gōng xiǎo　　bù yǒu zhī kě yě　　yòu wú suǒ wèi láo lì zhě　ruò lì wú jiā ér lì bù

能薄而功小,不有之可也。又吾所谓劳力者,若立吾家而力不

劳又小,没有妻子孩子也可以吧。况且我是所谓的体力劳动者,如果建立了自己家庭而又力量不够,

zú　　zé xīn yòu láo yě　　yì shēn ér èr rèn yān　　suī shèng zhě bù kě wéi yě

足,则心又劳也。一身而二任焉,虽圣者不可为也。"

那就心思也得劳苦了。一个人而负担劳心、劳力双重任务,即使圣人也是不可能做到的啊。"

yù shǐ wén ér huò zhī　　yòu cóng ér sī zhī　　gài xián zhě yě　　gài suǒ wèi dú shàn qí shēn zhě yě

愈始闻而惑之,又从而思之,盖贤者也,盖所谓独善其身者也①。

我开始听到他的话感到疑惑不解,再按照他所说的进行思考,觉得他大概是位贤人吧!大概就是

rán wú yǒu jī yān②　谓其自为也过多,其为人

然吾有讥焉②,谓其自为也过多,其为人

古人所说独善其身的人吧!然而我还是对他有所批评的,是

yě guò shǎo　　qí xué yáng zhū zhī dào zhě yé③　　yáng zhī dào

也过少。其学杨朱之道者邪③? 杨之道,

说他为自己太多,而为别人太少了。他也许是学杨朱之道

bù kěn bá wǒ yì máo ér lì tiān xià④　　ér fú rén yǐ yǒu

不肯拔我一毛而利天下④。而夫人以有

的吧? 杨朱的学说,不肯拔自己一根毫毛去有利于天下,而

jiā wéi láo xīn　　bù kěn yī dòng qí xīn yǐ xù qí qī

家为劳心,不肯一动其心以畜其妻

那个人把有家庭为劳累心思,不肯动一下心思来供养他的妻

zǐ⑤　　qí kěn láo qí xīn yǐ wèi rén hū zāi　　suī rán　qí

子⑤,其肯劳其心以为人乎哉? 虽然,其

子孩子,他肯为别人而劳费自己的心思吗? 尽管这样,他的贤

① 独善其身:《孟子·尽心上》说:"穷则独善其身,达则兼善天下。"
② 讥:谴责、非议。　③ 杨朱:战国时思想家,相传他主张"贵生"、"重己"、"为我",但无著作流传。
④ "不肯拔"句:《孟子·尽心上》:"杨子取为我,拔一毛而利天下不为也。"　⑤ 畜:养。　⑥ 患不得之句:《论语·阳货》:"鄙夫可与事君也与(欤)哉! 其未得之也,患得之;既得之,患失之。苟患失之,无所不至矣。"是为成语"患得患失"的本源。

xián yú shì zhī huàn bù dé zhī ér huàn shī zhī zhě　　yǐ jì qí shēng zhī yù　tān xié ér wáng dào　yǐ

贤于世之患不得之而患失之者⑥，以济其生之欲，贪邪而亡道，以

德也许和世上那些患得患失，为了满足自己的生活欲望，贪求不止，走歪门邪道而丢掉道义以致丧失生命

sàng qí shēn zhě　qí yì yuǎn yǐ　yòu qí yán yǒu kě yǐ jǐng yú zhě　gù yú wèi zhī zhuàn ér zì jiàn yān

丧其身者，其亦远矣。又其言有可以警余者，故余为之传，而自鉴焉。

的人相比，是远远超过的！再加他的话中有些是可以警戒我的，所以我替他写了传记，自己从中得到借鉴。

（顾易生　徐粹育）

讳　辩
huì　　　　biàn

韩　愈
hán　yù

yù yǔ lǐ hè shū　　quàn hè jǔ jìn shì　　　hè jǔ jìn shì yǒu míng　　yǔ hè zhēng míng zhě

愈与李贺书①，劝贺举进士②。贺举进士有名，与贺争名者

我韩愈曾写信给李贺，劝勉他去参加进士科考试。李贺被推举去应考进士有了名声，和李贺争名的

huǐ zhī yuē　　hè fù míng jìn sù　hè bù jǔ jìn shì wéi shì　quàn zhī jǔ zhě wéi fēi　tīng zhě

毁之，曰："贺父名晋肃，贺不举进士为是，劝之举者为非。"听者

人就毁谤这件事道："李贺的父亲名叫晋肃，李贺不参加进士科考试是对的，劝他应举的是错误的。"听

bù chá yě　　hè ér chàng zhī　tóng rán

不察也，和而倡之③，同然

到这种言论的人不加察辨，随声附和，雷同地

yì cí　huáng fǔ shí yuē　　ruò bù

一辞。皇甫湜曰④："若不

唱着一个论调。皇甫湜说："如果不把这事情

míng bái zǐ yǔ hè qiě dé zuì　　yù

明白，子与贺且得罪。"愈

说清楚，您和李贺将要得到罪罚。"韩愈说：

yuē rán

曰："然。"

"是啊。"

① 李贺（790～816）：字长吉，唐皇室远支，家世早已没落，曾作奉礼郎。因避父亲晋肃名讳，被迫不得应进士考试。他的诗富有浪漫色彩，也有表现政治上不得志的苦闷，很受韩愈等的称赏。有《昌谷集》。　② 举进士：被推举去参加进士科考试。唐代科举取士，由地方举荐送中央考试，被举荐去应试的人通称举人。　③ 和：附和、和调。　倡：同"唱"。　④ 皇甫湜：中唐时期文学家，字持正，曾从韩愈学习古文。

320

律曰："二名不偏讳。"释之者
lù yuē èr míng bù piān huì shì zhī zhě

礼法规定说："两个字的名字不必对两个字都避讳。"解释这

曰："谓若言'徵'，不称'在'、言'在'不称
yuē wèi ruò yán zhēng bù chēng zài yán zài bù chēng

规定的人说："它说的就是像孔子因为母亲名徵在，在讲到'徵'时不

'徵'是也。"律曰："不讳嫌名。"
zhēng shì yě lù yuē bú huì xián míng

讲'在'、讲到'在'时不讲'徵'。"礼法规定说："和人名声音相近的

释之者曰："谓若'禹'与'雨'、'邱'
shì zhī zhě yuē wèi ruò yǔ yǔ yǔ qiū

字不避讳。"解释这规定的人说："它说的就是像夏禹的'禹'字和

与'蓲'之类是也①。"今贺父名晋
yǔ xū zhī lèi shì yě jīn hè fù míng jìn

'雨'字、孔邱的'邱'字和'蓲'字这类情况啊。"现在李贺的父亲名叫晋

肃，贺举进士，为犯二名律乎？为
sù hè jǔ jìn shì wéi fàn èr míng lù hū wéi

肃，李贺应举去参加进士科考试，算是违反了关于两个字的名字不

犯嫌名律乎？父名晋肃，子不
fàn xián míng lù hū fù míng jìn sù zǐ bù

必对两个字都避讳的礼法规定呢？还是违反了和人名声音相近的字

得举进士；若父名"仁"，子不
dé jǔ jìn shì ruò fù míng rén zǐ bù

不避讳的礼法规定呢？父亲名字叫晋肃，儿子就不能应举参加进士

得为人乎？
dé wéi rén hū

科考试；那么如果父亲名叫"仁"，儿子就不能做人了么？

① "律曰"八句：这里所引律文及其解释均见《礼记》及汉代郑玄的注释。《礼记·曲礼上》："礼不讳嫌名，二名不偏（遍）讳。"郑玄注："为其难辟（避）也。嫌名，谓音声相近。若'禹'（夏禹）与'雨'、'邱'（孔子名）与'蓲'也。偏，谓二名不一一讳也。孔子之母名徵在，言'在'不称'徵'，言'徵'不称'在'。"称说与名字中音近的字有称名之嫌，故叫嫌名。按《唐律·名例律》有"十恶"，"大不敬"为十恶之一，犯讳属大不敬。

夫讳始于何时？作法制以教天下者，非周公、孔子欤①？周
fú huì shǐ yú hé shí zuò fǎ zhì yǐ jiào tiān xià zhě fēi zhōu gōng kǒng zǐ yú zhōu

那避讳的规矩是什么时代开始的？制定礼法制度来教导天下人的，不就是周公、孔子么？然而周公

① **周公**：周文王子，周武王弟，周王朝开国大臣。相传周朝礼乐典章制度都是他主持制订的。　② **"周公作诗"句**：《诗经·周颂》中的《噫嘻》及《雝》，相传为周公所作，《噫嘻》中有"骏发尔私"句，《雝》中有"克昌厥后"句。"发"为周武王名，"昌"为周文王名，而周公都用在诗中，并不避讳。这里首举"周公作诗不讳"，反映作者对避讳礼法的合理性持怀疑态度。　③ **"孔子不偏讳"句**：如《论语·八佾》载孔子说："夏礼吾能言之，杞不足徵也。"《论语·卫灵公》载孔子说："某在斯。"都证明孔子分别说到了他母亲的名字"徵"和"在"。　④ **《春秋》不讥"句**：如卫桓公名完，"桓""完"同音，《春秋》并没有加以讽刺。　⑤ **"康王钊之孙"两句**：据《史记·周本纪》，周康王名钊，子为昭王。"钊""昭"同音。本文说昭王是康王之"孙"，或系作者误记。　⑥ **"曾参之父"两句**：曾参是孔子弟子，以孝行著称。他的父亲名点字皙。《论语·泰伯》载曾参有"昔者吾友"之语，"昔"与"皙"同音。　⑦ **骐期**：春秋时楚国人。　⑧ **杜度**：东汉章帝时人。　⑨ **"汉讳武帝名"句**：汉武帝姓刘名彻，为避他的名讳，"彻侯"改称"通侯"，"蒯彻"改名为"蒯通"。"彻"与"通"意思相通。　⑩ **"讳吕后名"句**：汉高祖刘邦后吕氏名雉(zhì志)。雉原是一种像鸡的鸟，汉人因避吕雉名讳，改称雉为"野鸡"。　⑪ **浒、势、秉、机**：唐太祖(唐高祖李渊之父)名虎，太宗名世民，世祖名炳，玄宗名隆基，"浒"、"势"、"秉"、"机"四字与"虎"、"世"、"炳"、"基"同音。　⑫ **谕**：与唐代宗之名"豫"同音。

公作诗不讳②，孔子不偏讳二

做诗并不避讳，孔子对母名中的两个字并不都避

名③，《春秋》不讥不讳嫌名④。康

讳，《春秋》对不避和名字读音相近之讳的现象并

王钊之孙，实为昭王⑤。曾参之

没有谴责。周康王名钊，他的孙子却谥为昭王。曾

父名皙，曾子不讳"昔"⑥。周之

参的父亲名叫皙，曾子并不避讳说"昔"字。周朝的

时有骐期⑦，汉之时有杜度⑧，此

时候有个叫骐期的人，汉朝的时候有个叫杜度的

其子宜如何讳？将讳其嫌，遂讳

人，这样他们的儿子应该怎样避讳呢？如果要讳

其姓乎？将不讳其嫌者乎？汉讳

避那声音相近的字，连同那个姓也得避讳么？还

武帝名"彻"为"通"⑨，不闻又讳

是不讳避那个声音相近的字呢？汉代回避汉武帝

车辙之"辙"为某字也；讳吕后

之名"彻"字的讳而把它改为"通"字，但不曾听说

名"雉"为"野鸡"⑩，不闻又讳治

再讳避车辙的"辙"字而把它改为别的字啊；回避

天下之"治"为某字也。今上章

吕后之名"雉"字之讳而把它改为"野鸡"，但却不

jí zhào bù wén huì hǔ shì bǐng jī yě wéi huàn guān gōng qiè nǎi bù gǎn

及诏，不闻讳"浒"、"势"、"秉"、"机"也⑪。惟宦官宫妾，乃不敢

曾听说再讳避治天下的"治"字而把它改为别的字啊。现在上呈给皇帝的奏章和皇帝的诏书中也不曾听说

yán yù jí jī yǐ wéi chù fàn shì jūn zǐ lì yán xíng shì yí hé suǒ fǎ shǒu yě jīn

言"谕"及"机"⑫，以为触犯。士君子立言行事，宜何所法守也？今

讳避"浒"、"势"、"秉"、"机"这些字啊。只有那些太监、宫妃才不敢说到"谕"和"机"等字，以为触犯皇帝名

kǎo zhī yú jīng zhì zhī yú lù jī zhī yǐ guó jiā zhī diǎn hè jǔ jìn shì wéi kě yé wéi

考之于经，质之于律，稽之以国家之典，贺举进士为可邪？为

讳。读书修德做官的人说话著文和做事，究竟应该遵照什么样的礼法呢？现在考据经书，查询律文，用国家

bù kě yé

不可邪？

法典来检核，李贺的应举参加进士考试是可以的呢，还是不可以呢？

fán shì fù mǔ dé rú zēng shēn kě yǐ wú jī yǐ zuò rén dé rú zhōu gōng kǒng zǐ yì kě

凡事父母，得如曾参，可以无讥矣。作人得如周公、孔子，亦可

大凡侍奉父母的，能够做到像曾参那样，应当没有什么可以非议的了。做人能够像周公、孔

yǐ zhǐ yǐ jīn shì zhī shì bù wù xíng zēng shēn zhōu gōng kǒng zǐ zhī xíng ér huì qīn zhī míng

以止矣。今世之士，不务行曾参、周公、孔子之行；而讳亲之名，

子那样，也可以算到达顶点了。现在社会上那些读书人，不努力实践曾参、周公、孔子的行为规范，却

zé wù shèng yú zēng shēn zhōu gōng kǒng zǐ yì jiàn qí huò yě fú zhōu gōng kǒng zǐ zēng shēn zú

则务胜于曾参、周公、孔子，亦见其惑也！夫周公、孔子、曾参卒

在对父亲名字的讳避方面力求胜过曾参、周公、孔子，由此也可以看到他们是多么糊涂啊！周公、孔子、

bù kě shèng shèng zhōu gōng kǒng zǐ zēng shēn nǎi bǐ yú huàn guān gōng qiè zé shì huàn guān gōng

不可胜。胜周公、孔子、曾参，乃比于宦官宫妾。则是宦官宫

曾参终究是不会被他们胜过的。要在避讳问题上胜过周公、孔子、曾参的，只不过向太监、宫妃的水平

qiè zhī xiào yú qí qīn xián yú zhōu gōng kǒng zǐ zēng shēn zhě yé

妾之孝于其亲，贤于周公、孔子、曾参者邪？

看齐。那么岂不是说太监、宫妃的孝敬他们的尊亲，比周公、孔子、曾参还做得好么？

（顾易生　徐粹育）

争臣论
zhèng chén lùn

韩 愈
hán yù

或问谏议大夫阳城于愈①："可以为有道之士乎哉?
huò wèn jiàn yì dà fū yáng chéng yú yù   kě yǐ wéi yǒu dào zhī shì hū zāi

有人向我韩愈问起谏议大夫阳城说:"阳城可算是有道德的人吧? 他学问广博见闻丰富, 又

学广而闻多, 不求闻于人也。行古人之道, 居于晋之鄙②,
xué guǎng ér wén duō   bù qiú wén yú rén yě   xíng gǔ rén zhī dào   jū yú jìn zhī bǐ

不求人们知道他的名声。他遵行古人的道义准则, 住在晋地的边区, 晋地边区的人受他的道德熏陶

晋之鄙人薰其德而善良者几千人③。大臣闻而荐之④, 天子
jìn zhī bǐ rén xūn qí dé ér shàn liáng zhě   jī qiān rén   dà chén wén ér jiàn zhī   tiān zǐ

而修行善良的几乎有千人之众。大臣听到后推荐他, 皇帝任用他为谏议大夫。人们都认为这是很荣

以为谏议大夫。人皆以为华, 阳子不色喜⑤。居于位五年矣, 视其
yǐ wéi jiàn yì dà fū   rén jiē yǐ wéi huá   yáng zǐ bú sè xǐ   jū yú wèi wǔ nián yǐ   shì qí

耀的, 阳先生却没有欣喜的表情。他担任这个职位五年了, 看他的品德好像和隐居在野时一样。他哪里

德如在野。彼岂以富贵移易其心哉?" 愈应之曰:"是《易》所
dé rú zài yě   bǐ qǐ yǐ fù guì yí yì qí xīn zāi   yù yìng zhī yuē   shì yì suǒ

会因富贵而改变自己的心志呢!"我回答道:"这就是《易经》所说的'永远保持一种操行准则而不知变

谓'恒其德贞'而'夫子凶'者也⑥。恶得为有道之士乎哉⑦?
wèi héng qí dé zhēn ér fū zǐ xiōng zhě yě   wū dé wéi yǒu dào zhī shì hū zāi

通, 对士大夫来说是有凶险的'啊, 哪里算得上是有道德的人士呢?《易经·蛊卦》的'上九'爻辞中说:'不

在《易·蛊》之上九云⑧:'不事王侯, 高尚其事。'《蹇》之六
zài yì gǔ zhī shàng jiǔ yún   bú shì wáng hóu gāo shàng qí shì   jiǎn zhī liù

侍奉王侯大人, 保持自己的操行高尚'; 而《蹇卦》的'六二'爻辞中又这么说:'做臣子的不避艰难去直言

二则曰⑨:'王臣蹇蹇, 匪躬之故⑩。'夫亦以所居之时不一
èr zé yuē   wáng chén jiǎn jiǎn   fēi gōng zhī gù   fú yì yǐ suǒ jū zhī shí bù yī

进谏尽忠于君主, 不是为了自身的缘故。'那就是因为所处的时间场合不一样, 所践行的准则也不同

而所蹈之德不同也⑪? 若《蛊》之上九, 居无用之地, 而
ér suǒ dǎo zhī dé bù tóng yě   ruò gǔ zhī shàng jiǔ   jū wú yòng zhī dì ér

么? 如像《蛊卦》的'上九'爻说的那样, 处于没有被任用的地位, 却去表示奋不顾身的节概; 再如《蹇卦》

争臣论

致匡躬之节；以《蹇》之六二，在王
臣之位，而高不事之心：则冒进之
患生，旷官之刺兴⑫，志不可则⑬，
而尤不终无也⑭。今阳子在位不为
不久矣，闻天下之得失不为不熟
矣，天子待之不为不加矣，而未尝
一言及于政。视政之得失，若越人
视秦人之肥瘠⑮，忽焉不加喜戚于
其心⑯。问其官，则曰谏议也；问其
禄，则曰下大夫之秩也⑰；问其政，
则曰我不知也。有道之士，固如是

的'六二'爻说的，处在君王之臣的职位，却把不事王
侯的情操当作高尚，那么冒求仕进的祸患便会发生，
旷废职守的指责也会兴起，这样的志向不当效法，而
且最后将不可避免获得罪过啊。现在阳先生担任职位
的时间不能算是不长久了，了解国政措施的正确与失
误不能算是不熟悉了，皇帝对待他不能算是不特别优厚
了，然而他却不曾说过一句关系国政的话。他看待国政
措施的正确和失误，好像越国人看待秦国人的发胖或
消瘦那样，漫不在意，一点不在心上增加喜悦或忧愁。
问他担任什么官职，就说是谏议大夫啊；问他有多少
俸禄，就说是下大夫的品级啊；问他国政情况，却说我

① 谏议大夫：官名，执掌议论政事，对皇帝进行规劝。　阳城（736～805）：原隐居中条山（在今山西南部），贞元四年（788），唐德宗召为谏议大夫。《旧唐书》卷一九二本传载他上任之后，其他谏官纷纷论事，细碎问题都上达到皇帝那里。阳城却与二弟及客人日夜痛饮，人们不测其意图。及贞元十一年德宗听信谗言，将处分贤相陆贽及任奸佞裴延龄为相，阳城拚死极谏，使事态有所改变。他则受到贬谪。　② 晋：周时古国名，辖境相当于今山西大部、河北西南部、河南北部及陕西一角。　鄙：边境。　③ 薰：以香气熏物，比喻风气影响。　几：将近，几乎。　④ 大臣：指李泌。《顺宗实录》载，德宗贞元三年六月，李泌为相，次年举阳城为谏议大夫。　⑤ 阳子：即阳城。　子，古代对男子的尊称。　⑥ 本句引文见《易》的《恒》卦："恒其德贞。妇人吉，夫子凶。"意思说，永远保持一种行为准则，对妇人来说是好事，对男子来说并不是好事。据封建教义，妇人应该从一夫而终身，而男子则应该因事制宜，有应变能力，不可一味顺从。　⑦ 恶：怎么。　⑧ 上九：《易经》六十四卦，每卦六爻，每爻有爻题和爻辞。爻题是两个字，一字表示爻的性质，阳爻用"九"，阴爻用"六"；另一字表示爻的次序，自下而上，为初、二、三、四、五、上。这里"上九"即爻题，指《蛊卦》自下而上第六个爻，即最上面的爻，为阳爻。下引"不事王侯，高尚其事"即该条爻辞。　⑨ 六二：指《易经》六十四卦之一《蹇卦》中自下而上第二个爻，为阴爻。

325

hū zāi　　qiě wú wén zhī　　yǒu guān shǒu zhě　　bù dé qí zhí zé qù　　yǒu yán zé zhě　　bù dé qí

乎哉？且吾闻之：有官守者，不得其职则去⑱；有言责者，不得其

不知道啊。有道德的人士，难道是这样的么？况且我听说过：有官位职守的人，不能履行职务就该辞退；有言

yán zé qù　　　jīn yáng zǐ yǐ wéi dé qí yán hū zāi　　　dé qí yán ér bù yán　　yǔ bù dé qí

言则去。今阳子以为得其言乎哉⑲？得其言而不言，与不得其

论责任的人，不能提出建议批评就该离去。如果阳先生认为能提出自己的建议批评，提过了没有呢？能提出

yán ér bú qù　　wú yī kě zhě yě　　yáng zǐ jiāng wèi lù shì hū　　gǔ zhī rén yǒu yún　　shì bù

言而不去，无一可者也。阳子将为禄仕乎？古之人有云：'仕不

建议批评而不提，和不能提出建议批评而不离去，这两种态度没有一种是对的啊。阳先生难道是为了俸禄

wèi pín　　ér yǒu shí hū wèi pín

为贫，而有时乎为贫。'

而做官的么？古人有这样的说法：'做官

wèi lù shì zhě yě　　yí hū cí

谓禄仕者也。宜乎辞

不是因为贫穷，然而有时却是因为贫

zūn ér jū bēi　　cí fù ér jū pín

尊而居卑，辞富而居贫，

穷。'这就是所谓为了俸禄而做官的啊；

ruò bào guān jī tuò zhě kě yě　　gài

若抱关击柝者可也。盖

这样的人，就应该推辞高位而就任低职，

kǒng zǐ cháng wéi wěi lì yǐ　　cháng

孔子尝为委吏矣，尝

推辞高薪而只取低俸，当个守门、巡夜之

wéi shèng tián yǐ　　yì bù gǎn kuàng

为乘田矣，亦不敢旷

类的差使就可以了。孔子曾做过管理粮

qí zhí　　bì yuē kuài jì dàng ér

其职，必曰'会计当而

仓的小吏，又曾做过管理畜牧的贱职，也

yǐ yǐ　　bì yuē niú yáng suì

已矣'，必曰'牛羊遂

不敢旷废他的职守，总是说'一定做到会

⑩ "王臣蹇蹇"两句：即《蹇卦》六二爻辞。意谓王臣不避艰险去解救君主的困难，绝不以个人利害为念。蹇蹇，多难的样子，后因用为进尽忠言之意，这里兼有这两层意思。　匪，通"非"。　躬，自身。　⑪ 蹈：践，这里是履行、实行的意思。　⑫ 旷：空缺、荒废。　刺：讥刺，指责。　⑬ 则：法则，这里是效法的意思。　⑭ 尤：过失。　⑮ 越、秦：周时两个诸侯国，相隔甚远。越在东南方，今浙江一带。秦在西北，今陕西一带。　⑯ 忽：轻忽，不在意。　⑰ 下大夫：周代官制，卿、大夫、士各有上、中、下三等。唐代谏议大夫为正五品，年俸二百石，品级相当于古代的下大夫。　秩：官吏的俸禄，也指品级。　⑱ "有官守者"四句：见《孟子·公孙丑下》。　⑲ 今：有"如果"的意思。　⑳ "古之人有云"十二句：摘引自《孟子·万章下》，原文是："仕非为贫也，而有时乎为贫。……为贫者，辞尊居卑，辞富居贫。辞尊居卑，辞富居贫，恶乎宜乎？抱关击柝。孔子尝为委吏矣，曰：'会计当而已矣。'尝为乘田矣，曰：'牛羊茁壮长而已矣。'位卑而言高，罪也；立乎人之本朝而道不行，耻也。"　抱关，守门。关是门闩。　击柝，打更，柝是打更用的梆子。　委吏，管理粮仓的小官。　乘田，管理畜牧的小官。　会计，管理计算财物的出纳。　当，合适、正确。　遂，成就，引伸为顺利成长。　㉑ 章章：明显的样子。

而已矣⑳'。若阳子之秩禄，不为卑且贫，章章明矣㉑，而如此，
计准确无误才算完成任务'，总是说'一定使得牛羊茁壮成长才算完成任务'。像阳先生的品级俸禄，不算低

其可乎哉？"
下和微薄，那是明明白白的了，可是他的行事却是这个样子，难道可以么？"

或曰："否，非若此也。夫阳子恶讪上者①，恶为人臣招其君之
有人说："不，不是这样的。阳先生是憎嫌诽谤皇上的人，厌恶那些作为臣下却用公开揭发他君主的

过而以为名者②。故虽谏且议，使人不得而知焉。《书》曰：'尔有嘉
过失来博取名声的人。所以他虽然向皇帝提了意见和建议，却不让别人知道。《尚书》中说：你有好的设想

谟嘉猷，则入告尔后于内，尔乃顺之
和计划，就进宫去告诉你的君王，而你在外面要附和、顺

于外，曰：斯谟斯猷，惟我后之
于外，说：这个设想、这个计划，都是我们君王的德政

德③'。夫阳子之用心，亦若此者。"愈
德③'。夫阳子之用心，亦若此者。"愈
阳先生的用意，也是像这样的。"韩愈回答说："如果阳先

应之曰："若阳子之用心如此，滋所谓
生的用意像这样的话，那他更加是所谓糊涂的人了。进宫

惑者矣④。入则谏其君，出不使人知
谏劝他的君主，出来不让别人知道的，是当大臣宰相的事，

者，大臣宰相者之事，非阳子之所宜
不是阳先生所应该做的啊。那阳先生，本来以平民的身份

① 恶：憎厌。　讪：毁谤，讥笑。《论语·阳货》："恶居下位而讪上者。"
② 招：提出，揭示。　③ "书曰"七句：见《尚书·周书·君陈》，文字稍有出入。嘉，美、善。谟，谋划。猷，谋划。后，君主。　④ 滋：更。
⑤ 布衣：平民。蓬蒿之下：犹言野草之中，指隐士所居山野。蓬蒿，茅草。
⑥ 谊：通"义"。　⑦ 擢：提升。
⑧ 骨鲠：喻刚直。　⑨ 僭：过分，差失。
⑩ 庶：庶几，也许可以，表示希望。岩穴之士：指隐居在山中的人。　⑪ 阙：古代宫门两旁的建筑物，原作望楼之用，也用以指皇帝所居之处，如宫阙。
⑫ 熙：光照。　鸿号：伟大的名声。
⑬ 君人者：做人们君主的人。

xíng yě　　fú yáng zǐ　　běn yǐ bù yī yǐn yú péng hāo zhī xià　　zhǔ shàng jiā qí xíng yì　　zhuó zài cǐ wèi　　guān

行也。夫阳子,本以布衣隐于蓬蒿之下⑤,主上嘉其行谊⑥,擢在此位⑦。官

隐居在草野之间,皇上赏识他的品行道义,提拔他担任这个职位。官位既用谏议作为名称,实在应该有所谏议来履

yǐ jiàn wéi míng chéng yí yǒu yǐ fèng qí zhí　　shǐ sì fāng hòu dài zhī cháo tíng yǒu zhí yán gǔ gěng zhī chén

以谏为名,诚宜有以奉其职,使四方后代知朝廷有直言骨鲠之臣⑧,

行他的责职,使得全国各地和子孙后代知道朝廷有直言无隐、刚正不屈的臣子,皇帝有不滥赐奖赏和听从

tiān zǐ yǒu bú jiàn shǎng cóng jiàn rú liú zhī měi　　shù yán xué zhī shì wén ér mù zhī　　shù dài jié fà

天子有不僭赏、从谏如流之美⑨。庶岩穴之士闻而慕之⑩,束带结发,

谏劝如同流水般畅快的美德。这就可能使山野间的隐士听到了而对此产生向慕之心,束好腰带,挽起发髻,

yuàn jìn yú què xià ér shēn qí cí shuō　　zhì wú jūn yú yáo shùn　　xī hóng hào yú wú qióng yě　　ruò

愿进于阙下而伸其辞说⑪,致吾君于尧舜,熙鸿号于无穷也⑫。若

愿意进身到宫门之下陈述他们的言论,致使我们的君主成为上古尧舜那样的圣君,使伟大的名声光辉照耀

shū suǒ wèi　　zé dà chén zǎi xiàng zhī shì　　fēi yáng zǐ zhī suǒ yí xíng yě　　qiě yáng zǐ zhī xīn jiāng shǐ

《书》所谓,则大臣宰相之事,非阳子之所宜行也。且阳子之心,将使

无有止境。像《尚书》所说的,那是大臣宰相的事,不是阳先生所应该做的啊。况且阳先生的想法,将会使

jūn rén zhě wù wén qí guò hū　　shì qǐ zhī yě

君人者恶闻其过乎⑬?是启之也。"

君主厌恶听到自己的过失吧?这是向这方面启导君主啊!"

huò yuē　　yáng zǐ zhī bù qiú wén ér rén wén zhī　　bù qiú yòng ér jūn yòng zhī　　bù

或曰:"阳子之不求闻而人闻之,不求用而君用之,不

有人说:"阳先生的情况是不求出名而人们知道了他,不求任用而君主任用了他,不得已才出来做

dé yǐ ér qǐ　　shǒu qí dào ér bú biàn　　hé zǐ guò zhī shēn yě　　yù yuē　　zì gǔ shèng

得已而起,守其道而不变,何子过之深也?"愈曰:"自古圣

官,保持他一贯的操行准则而不改变,为什么您对他责备得这样苛刻呢?"韩愈说:"从古以来的圣人贤士都

rén xián shì jiē fēi yǒu qiú yú wén yòng yě　　mǐn qí shí zhī bù píng rén zhī bú yì　　dé qí

人贤士皆非有求于闻用也,闵其时之不平、人之不乂①,得其

不是希求什么名声和官职的,他们悯怜自己所处的时代动荡、民生不安定,既然掌握了治理方法,就不敢

dào　　bù gǎn dú shàn qí shēn　　ér bì yǐ jiān jì tiān xià yě　　zī zī kǔ kǔ　　sǐ ér

道,不敢独善其身,而必以兼济天下也②,孜孜矻矻③,死而

满足于自身的良好修养,一定要用这方法来拯救天下,勤恳努力,终身不懈,到死才罢休。所以大禹在治理

hòu yǐ　　gù yǔ guò jiā mén bú rù　　kǒng xí bù xiá nuǎn　　ér mò tū bù dé qián　　bǐ èr

后已。故禹过家门不入④，孔席不暇暖，而墨突不得黔⑤。彼二

洪水的过程中，经过自己家门也不进去看一下；孔子周游列国，连座席也来不及坐热就又出门了；而墨翟从

shèng yì xián zhě　　qǐ bù zhī zì ān yì zhī wéi lè zāi　　chéng wèi tiān mìng ér bēi rén qióng

圣一贤者⑥，岂不知自安佚之为乐哉⑦？诚畏天命而悲人穷

不安居一地，所住之处灶上烟囱不曾熏黑便离开了。那两位圣人和一位贤人，难道不懂得自己过安逸生活

yě　　fú tiān shòu rén yǐ xián shèng cái néng　　qǐ shǐ zì yǒu yú ér yǐ　　chéng yù yǐ bǔ qí bù zú

也。夫天授人以贤圣才能，岂使自有余而已？诚欲以补其不足

的快乐么？实在是敬畏上天的旨意而且哀怜人民的困穷啊。上天把圣贤的德才和能力授予这些人，难道是

zhě yě　　ěr mù zhī yú shēn yě　　ěr sī wén ér mù sī jiàn　　tīng qí shì fēi　　shì qí xiǎn yì

者也。耳目之于身也，耳司闻而目司见，听其是非，视其险易，

让他们自己德才有余就算了么？实在是要使他们用来帮助那些德才不足的人啊。耳朵眼睛生在人身上，耳

rán hòu shēn dé ān yān　　shèng xián zhě　　shí rén zhī ěr mù yě　　shí rén zhě　　shèng xián zhī shēn yě

然后身得安焉。圣贤者，时人之耳目也；时人者，圣贤之身也。

朵管听而眼睛管看，听清关于自身的是非道理，观察自身面临的险易形势，这样身体才能平安。圣贤是当世

qiě yáng zǐ zhī bù xián　　zé jiāng yì yú xián yǐ

且阳子之不贤⑧，则将役于贤以

人们的耳朵眼睛，而当世人们则是圣贤的身体。再说

fèng qí shàng yǐ　　ruò guǒ xián　　zé gù wèi tiān

奉其上矣；若果贤，则固畏天

阳先生如果不是贤人，那就应该为贤人所遣使来侍奉

mìng ér mǐn rén qióng yě　　wū dé yǐ zì xiá

命而闵人穷也。恶得以自暇

他的上级；如果确实是贤人，那么本当敬畏上天意旨而

yì hū zāi

逸乎哉？"

悯怜人民困穷啊，怎么能够只顾自己闲适安逸呢？"

①闵：通"悯"。又：治理、安定。　②"不敢独善"二句：语本《孟子·尽心上》："穷则独善其身，达则兼善天下。"　③孜孜矻矻：勤奋不倦、努力不懈的样子。　④"禹过家门"句：传说上古时代夏禹率众人治理洪水，十三年中三次经过自己家门而不进去。　⑤"孔席不暇暖"两句：语本汉代班固《答宾戏》："孔席不暖，墨突不黔。"孔，指孔子。席，坐席。墨，墨翟。突，烟囱。黔，黑色。这两句形容孔、墨为了行道，周游列国，不安居一处。　⑥二圣：指夏禹和孔子。一贤：指墨翟。　⑦佚：通"逸"。　⑧之：犹"若"，假如、如果的意思。

或曰："吾闻君子不欲加诸
有人说："我听说君子不愿把自己意见强加到

人①，而恶讦以为直者②。若吾子
别人头上，并且憎恶那种把攻击别人当作正直的人。像

之论，直则直矣，无乃伤于德而费
您的议论，直率是够直率了，未免有点损害德行并且

于辞乎？好尽言以招人过③，国武
浪费口舌吧？喜欢无保留地说话去揭发别人的

子之所以见杀于齐也④，吾子其亦
子，那就是国武子在齐国被杀死的原因啊，您大概

闻乎？"愈曰："君子居其位，则思
也听说过吧？"韩愈说："君子处在他的官位上，就有

死其官；未得位，则思修其辞以
以身殉职的思想准备；没有得到官职，就考虑修饰文

① 君子不欲加诸人：语本《论语·公冶
长》："子贡曰：'我不欲人之加诸我也，
吾亦欲无加诸人。'" 加，侵凌、欺侮的
意思。 诸，相当于"之于"。 ② 恶
讦以为直：语本《论语·阳货》。 讦，
攻击别人短处和阴私。 ③ 尽言：说
话没有保留。 ④ 国武子：春秋时齐
国之卿。《国语·周语下》载，周单襄公
曾告诫国武子："立于淫乱之间，而好尽
言以招人之过，怨之本也。"鲁成公十八
年（前573），国武子因为直言指责齐灵
公之母与人私通之事，被齐灵公所杀。
⑤ "传曰"二句：见《国语·周语下》。
"传"是对"经"的解释。《国语》记载西
周末和春秋时期周、鲁等国贵族言论，相
传与《左传》同为左丘明作。汉以后，把
《左传》作为解释《春秋》的一部传，称
《春秋左氏传》。《国语》也有《春秋外传》
之称。

明其道。我将以明道也，非以为直而加人也。且国武子不能得善人而
辞来阐明他掌握的道理。我是要通过文辞来阐明道理，并不是自以为直率而去冒犯别人啊。何况当初

好尽言于乱国，是以见杀。《传》曰：'惟善人能受尽言⑤。'谓
武子没有能遇到德行善良的人却喜欢在政治混乱的国家中毫无保留地说话，所以被杀。《国语》上说：

其闻而能改之也。子告我曰：'阳子可以为有道之士也。'
'只有善人才能够接受无保留的批评。'这是说他听到批评意见而能够改过啊。您告诉我说：'阳先生可以算

今虽不能及已，阳子将不得为善人乎哉？
是有道德的人士啊。'现在虽然未能达到，阳先生难道还不能作为一位接受无保留批评的善人么？"

（顾易生　徐粹育）

后十九日复上宰相书
hòu shí jiǔ rì fù shàng zǎi xiàng shū

韩愈
hán yù

二月十六日，前乡贡进士韩愈①，谨再拜言相公阁下②：向上

二月十六日，前乡贡进士韩愈，恭敬地向宰相阁下再拜进言：前些日子曾给您呈上过一封书信和

书及所著文③，后待命凡十有九日，不得命。恐惧不敢逃遁，不

我所写的文章，从那以后，恭候您的回信已经有十九天了，却一直没有得到回音。心中惶恐不安又

知所为。乃复敢自纳于不测之诛④，以求毕其说⑤，而请命于左右⑥。

不敢离去，不知道该怎么办。于是宁愿蒙受那不可预料的罪责，以祈充分陈述我所要说的话，并向您请教。

---

① **乡贡**：唐代由州县荐举出来参加科举考试而考中进士的人，称为乡贡进士。　② **再拜**：一拜而又拜。用在书信中，表示对对方的尊敬。　**相公**：古代对宰相的一种称呼。　**阁下**：写信时对对方的尊称，谓不敢直指对方，只称他的阁下侍从的人。　③ **向**：以前。　④ **诛**：责备、处罚。　⑤ **毕**：全部、完全。这里作动词。　⑥ **左右**：书信中对对方的称呼。不直称某人，而称他左右执事的人表示尊敬。

愈闻之，蹈水火者之求免于人也①，不惟其父兄子弟之慈爱，

我听说，陷于水火之中的人在向他人求解救的时候，不只因为他和自己有父子兄弟般的慈爱，而

然后呼而望之也。将有介于其侧者②，虽其所憎怨，苟不至乎欲其

后才去呼唤并期望他来解救。如果有处在自己附近的人，即使与自己曾有过恨和怨，只要是还不至

死者，则将大其声，疾呼而望其仁之也③。彼介于其侧者，闻其声

于希望自己死掉的，那就会大声而急切地呼喊，盼望他发善心来救济自己。那个处在他附近的人，听到

ér jiàn qí shì bù wéi qí fù xiōng zǐ dì zhī cí ài rán
而见其事,不惟其父兄子弟之慈爱,然

这声音,看到这情形,也不只因为和他有父子兄弟般的慈爱,

hòu wǎng ér quán zhī yě suī yǒu suǒ zēng yuàn gǒu bú zhì
后往而全之也。虽有所憎怨,苟不至

而后才奔过去保全他。即使有过恨和怨,只要还不到盼望他死

hū yù qí sǐ zhě zé jiāng kuáng bēn jìn qì rú shǒu zú
乎欲其死者,则将狂奔尽气,濡手足④,

去的地步,就会拼命奔跑用尽气力,即使弄湿手足,烧焦毛发,去

jiāo máo fà jiù zhī ér bù cí yě ruò shì zhě hé zāi
焦毛发,救之而不辞也。若是者何哉?

救援他也不会推辞。这样做是为了什么呢?是由于这个人的

qí shì chéng jí ér qí qíng chéng kě bēi yě
其势诚急,而其情诚可悲也。

处境确实危急,而这个人的心情确实是值得悯怜的缘故啊。

① 蹈:踩、陷。
② 介:传宾主之言
的人。这里指在旁
边的人。 ③ 仁
之:对人发仁爱之
心和行仁爱之道。
④ 濡:沾湿。

yù zhī qiáng xué lì xíng yǒu nián yǐ yú bù wéi dào zhī xiǎn yí xíng qiě bù xī yǐ dǎo yú qióng
愈之强学力行有年矣。愚不惟道之险夷①,行且不息,以蹈于穷

我勤勉学习并身体力行已经好多年了。我愚蠢地不考虑道路的艰险与平坦,前进而不停止,以致

è zhī shuǐ huǒ qí jì wēi qiě jí yǐ dà qí shēng ér jí hū yǐ gé xià qí yì wén ér jiàn zhī
饿之水火,其既危且亟矣②,大其声而疾呼矣,阁下其亦闻而见之

陷入困窘饥饿的水深火热之中,又危险又急迫,我放大声音而急迫呼唤过了,您可能也是听到看到

yǐ qí jiāng wǎng ér quán zhī yú yì jiāng ān ér bú jiù yú yǒu lái yán yú gé xià zhě yuē yǒu
矣。其将往而全之欤?抑将安而不救欤③?有来言于阁下者曰:"有

了吧。您是准备前来保全我呢?还是安然坐视而不加救济呢?如果有人来向您说:"有人看到被水淹和

guān nì yú shuǐ ér ruò yú huǒ zhě yǒu kě jiù zhī dào ér zhōng mò zhī jiù yě gé xià qiě yǐ
观溺于水而爇于火者④,有可救之道而终莫之救也⑤,阁下且以

被火烧的人,有可以解救他的办法却终于没有去救他,您还认为这是个有仁心的人吗?"如果不这样

wéi rén rén hū zāi bù rán ruò yù zhě yì jūn zǐ zhī suǒ yí dòng xīn zhě yě
为仁人乎哉?"不然,若愈者,亦君子之所宜动心者也⑥。

认为,那么像我韩愈这样,也是有德行的大人先生所应该动仁心而给予同情的了。

> ① 惟：想到、考虑。　夷：平坦。　② 亟：急迫。　③ 抑：抑或，还是。
> ④ 溺：淹没。　爇：燃，焚烧。　⑤ 莫之救也：即"莫救之也"，意谓没有去救他。否定句代词作宾语，用在动词前。　⑥ 君子：古代君子有两层意思，一指地位高，一指有道德修养。

huò wèi yù　　zǐ yán zé rán yǐ　zǎi xiàng zé zhī zǐ yǐ　rú shí bù kě hé①　　yù
或谓愈："子言则然矣，宰相则知子矣，如时不可何^①？"愈

有人向我说："你的话是不错的，宰相也是了解你的，但是时机不允许怎么办呢？"我私下以为那是

qiè wèi zhī bù zhī yán zhě　chéng qí cái néng bù zú dāng wú xián xiàng zhī jǔ ěr　ruò suǒ
窃谓之不知言者，诚其材能不足当吾贤相之举耳。若所

个不懂说话道理的人，确实那个人的才能是不值得受到我们贤明宰相的推举了。至于所谓时机，本来就是

wèi shí zhě　gù zài shàng wèi zhě zhī wéi ěr　fēi tiān zhī suǒ wéi yě　qián wǔ liù nián shí
谓时者，固在上位者之为耳，非天之所为也。前五六年时，

处于高位的人的作为罢了，并不是上天的作为啊。前五、六年时，宰相向朝廷推荐人才，还有从平民中提拔

zǎi xiàng jiàn wén　shàng yǒu zì bù yī méng chōu zhuó zhě②　yǔ jīn qǐ yì shí zāi　qiě jīn jié dù
宰相荐闻，尚有自布衣蒙抽擢者^②，与今岂异时哉？且今节度、

出来的，那时与现在时机哪有什么不同呢？况且现在的节度使、观察使以及防御、营田等品位较低的官，还

guān chá shǐ jí fáng yù　yíng tián zhū xiǎo shǐ děng③　shàng dé
观察使及防御、营田诸小使等^③，尚得

可以自己选用判官，不用区分这个人原来有没有官职。更何况宰

zì jǔ pàn guān④　wú jiàn yú yǐ shì wèi shì zhě　kuàng
自举判官^④，无间于已仕未仕者。况

相是我们君主所尊敬的人，难道还能说不行吗？古时候推举、进

zài zǎi xiàng　wú jūn suǒ zūn jìng zhě　ér yuē bù kě hū
在宰相，吾君所尊敬者，而曰不可乎？

用人才的人，有的从盗贼中发现人才，有的从管仓库的人中推

gǔ zhī jìn rén zhě　huò qǔ yú dào⑤　huò jǔ yú
古之进人者，或取于盗^⑤，或举于

举贤才；现在我这个平民虽地位卑下，但还是足够和这些人相比

> ① 如……何：相当于说
> "……怎么办"。　② 抽擢：
> 提拔。　③ 节度：即节度使，
> 唐代各边疆地区掌握军政大
> 权的官。　观察使：唐代掌
> 管州县官吏政绩及民事的长
> 官。　防御：即防御使，设
> 于各军事要地，掌管军事，多
> 由刺史兼任。　营田：即营
> 田使，设于边区，专掌屯田事
> 务。　④ 判官：唐代节度使、
> 观察使、防御使等的属官。

333

^{guǎn kù} ^{jīn bù yī suī jiàn} ^{yóu zú yǐ fāng yú cǐ} ^{qíng}
管库⑥;今布衣虽贱,犹足以方于此⑦。情

> 的。情况窘迫,言辞急切,不知道该怎么斟酌,只是希望您稍

^{ài cí cù} ^{bù zhī suǒ cái} ^{yì wéi shāo chuí lián yān}
隘辞蹙⑧,不知所裁⑨,亦惟少垂怜焉⑩。

> 微向下面赐予一点爱惜之心。

^{yù zài bài}
愈再拜。

> 韩愈再拜。

（顾易生　李笑野）

---

⑤ 取于盗：从盗贼中录取官员。《礼记·杂记下》：“管仲遇盗,取二人焉,上以为公臣。” **⑥ 举于管库**：在管仓库的人中提拔。《礼记·檀弓下》：赵文子“所举于晋国管库之士,七十有余家”。韩愈用以上两个典故比喻要不拘一格用人才。 **⑦ 方**：比拟、相比。 **⑧ 隘**：窘迫。 **蹙**：急促。 **⑨ 裁**：剪裁。这里指文辞言语的斟酌考虑。 **⑩ 少**：稍。 **垂**：犹言“俯”,用为敬词。

---

^{hòu niàn jiǔ rì fù shàng zǎi xiàng shū}

后廿九日复上宰相书

^{hán yù}
韩愈

^{sān yuè shí liù rì qián xiāng gòng jìn shì hán yù jǐn zài bài yán xiàng gōng gé xià}
三月十六日,前乡贡进士韩愈,谨再拜言相公阁下:

> 三月十六日,前乡贡进士韩愈,恭敬地向宰相阁下再拜进言:

^{yù wén zhōu gōng zhī wéi fǔ xiàng qí jí yú jiàn xián yě fāng yì shí sān tǔ qí bǔ fāng}
愈闻周公之为辅相,其急于见贤也,方一食,三吐其哺;方

> 我听说周公辅佐君主做宰相的时候,他急忙于接见贤士,在吃一顿饭之时,三次吐出口中的食

^{yī mù sān wò qí fà dāng shì shí tiān xià zhī xián cái jiē yǐ jǔ yòng jiān xié chán nìng}
一沐,三握其发①。当是时,天下之贤才,皆已举用;奸邪谗佞

> 物;在洗一次头时,三次挽起已经解开的头发。在那时,天下的贤才都已举拔任用;奸诈邪恶、挑拨

^{qī fù zhī tú jiē yǐ chú qù sì hǎi jiē yǐ wú yú jiǔ yí bā mán zhī zài huāng fú zhī}
欺负之徒②,皆已除去;四海皆已无虞③;九夷八蛮之在荒服之

> 是非、花言巧语、反复无常、背信弃义的小人,都已被清除;天下已没有什么可忧虑的了;最为边远地

wài zhě jiē yǐ bīn gòng　　　tiān zāi shí biàn　　　kūn chóng cǎo mù zhī yāo　　jiē yǐ xiāo xī　tiān xià zhī

外者皆已宾贡④；天灾时变⑤，昆虫草木之妖⑥，皆已销息；天下之

区以外的诸种少数民族都来归顺和进献礼物；自然灾害和时令反常现象，昆虫草木等的为妖作怪，都已销

suǒ wèi lǐ yuè xíng zhèng jiào huà zhī jù　　jiē yǐ xiū lǐ　　fēng sú jiē yǐ dūn hòu　　dòng zhí zhī wù

所谓礼乐刑政教化之具⑦，皆已修理；风俗皆已敦厚；动植之物，

声匿迹；天下人所称道的礼制、音乐、刑法、政治、教化等各种制度，都已修明整治；民间风俗都已变得敦厚

fēng yǔ shuāng lù zhī suǒ zhān bèi zhě　　　jiē yǐ dé yí　　xiū zhēng jiā ruì　　lín fèng guī lóng zhī

风雨霜露之所沾被者⑧，皆已得宜；休征嘉瑞⑨，麟凤龟龙之

淳朴；天下万物，凡是受到风雨霜露滋润的，都已得其所宜；美好吉祥的征兆，麟、凤、龟、龙之类都已全部出

shǔ　　jiē yǐ bèi zhì　ér zhōu gōng yǐ shèng rén

属⑩，皆已备至。而周公以圣人

现。然而周公凭着他圣人的才能，凭着天子叔父的

zhī cái　píng shū fù zhī qīn　qí suǒ fǔ lǐ chéng

之才，凭叔父之亲，其所辅理承

至亲关系，辅助天子治理周朝，继承奉行先王的教

huà zhī gōng　　yòu jìn zhāng zhāng rú shì　qí

化之功⑪，又尽章章如是。其

化的功绩，又都是这样显著。那些请求进见周公的

suǒ qiú jìn jiàn zhī shì　qǐ fù yǒu xián yú zhōu

所求进见之士，岂复有贤于周

人，难道还有比周公更加贤能的吗？不仅不能超过

gōng zhě zāi　bù wéi bù xián yú zhōu gōng ér yǐ

公者哉？不惟不贤于周公而已，

周公，难道再有胜过当时百官办事人员的吗？难道

qǐ fù yǒu xián yú shí bǎi zhí zhī shì zhě zāi　qǐ

岂复有贤于时百执事者哉⑫？岂

还有什么计谋议论，可以对周公的政治教化有所

fù yǒu suǒ jì yì　néng bǔ yú zhōu gōng zhī huà

复有所计议，能补于周公之化

补助吗？然而周公求贤士却是这样的急迫，只怕自

zhě zāi　rán ér zhōu gōng qiú zhī rú cǐ qí jí

者哉？然而周公求之如此其急，

己耳目还有听不见、看不见的地方，考虑还有不周

①"愈闻周公"六句：周公，西周初年大政治家，姓姬，名旦，封地在周（今陕西岐山东北），故称周公。他是周武王弟、周成王叔，忠心辅佐成王，为周王朝创建和巩固立下大功，被后世视为宰相的楷模。　哺，咀嚼着的食物。　沐，洗头。据《史记·鲁世家》载，周公为接待求见的人，一顿饭未及吃完，多次把口中的食物吐出来，一次洗头多次把头发挽起来，不怠慢求见者。　②谗：说坏话挑拨离间。　佞：用花言巧语向人献媚。　③虞：忧虑。　④九夷八蛮：这里泛指少数民族。　夷，古代对东方少数民族的泛称。　蛮，对南方少数民族的泛称。　荒服：古代京畿之外，分地为五等，名为五服，每服距离五百里。荒服是五服之一，距京畿二千至二千五百里的地方，是最荒远的地方。　宾：客，这里有服从归顺的意思。　贡：向朝廷进献物品。　⑤时变：指大自然出现的与时令不符的反常现象。　⑥昆虫草木之妖：指昆虫草木等物的一些变异和反常现象。古人迷信，认为这些都是天上将要降下灾祸的不祥征兆，所以称为"妖"。　⑦具：这里有制度的意思。

335

wéi kǒng ěr mù yǒu suǒ bù wén jiàn　　sī lǜ yǒu suǒ wèi jí　　yǐ fù chéngwáng tuō zhōugōng zhī yì　　bù dé

惟恐耳目有所不闻见，思虑有所未及，以负成王托周公之意，不得

到之处，以致辜负成王委托自己的意思，不能合于天下民众的心意。按照周公的心思，假使那时辅佐天子治

yú tiān xià zhī xīn　　rú zhōugōng zhī xīn　　shè shǐ qí shí fǔ lǐ

于天下之心。如周公之心，设使其时辅理

理国家和继承奉行先王教化的功绩，没有这样充分显著地表现出

chéng huà zhī gōng　　wèi jìn zhāngzhāng rú shì　　ér fēi shèng rén zhī

承化之功，未尽章章如是，而非圣人之

来，而他既没有圣人的才能，又没有天子的叔父这种至亲关系，那

cái　　ér wú shū fù zhī qīn　　zé jiāng bù xiá shí yǔ mù yǐ　　qǐ

才，而无叔父之亲，则将不暇食与沐矣，岂

就要连吃饭和洗头都没有时间了，哪里只是吐哺握发这样的勤劳

tè tǔ bǔ wò fà wéi qín ér zhǐ zāi　　wéi qí rú shì　　gù

特吐哺握发为勤而止哉⑬！维其如是，故

就够了呢！正因为他是这样，所以，直到今天人们还不断地歌颂成

yú jīn sòngchéngwáng zhī dé　　ér chēngzhōugōng zhī gōng bù shuāi

于今颂成王之德，而称周公之功不衰⑭。

王的德行，并且不断地称赞周公的丰功伟绩而没有衰歇。

⑧ 沾：浸湿。　被：覆盖。
⑨ 休征嘉瑞：美好吉祥的征兆。　休、嘉，都是美善的意思。　瑞，征兆，多指吉祥的征兆。　⑩ 麟凤龟龙：《礼记·礼运》"麟凤龟龙，谓之四灵"。它们都是象征吉祥的动物。　属：类。　⑪ 辅理：辅助治理。唐避高宗李治讳，常用"理"字代替"治"字。　⑫ 百执事：这里指公卿百官。　百，言其多。　执事，执掌职事的人。　⑬ 特：只是。　⑭ 衰：消歇，减少或停止。

jīn gé xià wéi fǔ xiàng yì jìn ěr　　tiān xià zhī xián cái　　qǐ jìn jǔ yòng　　jiān xié chán nìng

今阁下为辅相亦近耳。天下之贤才，岂尽举用？奸邪谗佞

现在您作为辅佐君主的宰相，这同周公的地位相比也可算相近似了。天下的贤才，难道全都被举

qī fù zhī tú　　qǐ jìn chú qù　　sì hǎi qǐ jìn wú yú　　jiǔ yí bā mán zhī zài huāng fú

欺负之徒，岂尽除去？四海岂尽无虞？九夷八蛮之在荒服

拔任用？奸诈邪恶、挑拨是非、花言巧语、反复无常、背信弃义的小人难道都已清除掉？天下难道已完全没有

zhī wài zhě　　qǐ jìn bīn gòng　　tiān zāi shí biàn　　kūn chóng cǎo mù zhī yāo　　qǐ jìn xiāo xī　　tiān

之外者，岂尽宾贡？天灾时变，昆虫草木之妖，岂尽销息？天

什么可忧虑的了？最为边远地区以外的诸种少数民族难道都已归顺和进献礼物？自然灾害和时令反常现

xià zhī suǒ wèi lǐ yuè xíng zhèng jiào huà zhī jù　　qǐ jìn xiū lǐ　　fēng sú qǐ jìn dūn hòu

下之所谓礼乐刑政教化之具，岂尽修理？风俗岂尽敦厚？

象，昆虫草木等的为妖作怪，难道都已销声匿迹？天下人所称道的礼制、音乐、刑法、政治、教化等各种制度，

dòng zhí zhī wù　fēng yǔ shuāng lù zhī suǒ zhān bèi zhě　qǐ jìn dé yí　xiū zhēng jiā ruì
动植之物，风雨 霜 露之所沾被者，岂尽得宜？休征嘉瑞，

难道都已修明整治？民间风俗难道都已变得敦厚淳朴？天下万物，凡是受到风雨霜露滋润的，难道都已得其

lín fèng guī lóng zhī shǔ　qǐ jìn bèi zhì　qí suǒ qiú jìn jiàn zhī shì　suī bù zú yǐ xī wàng shèng
麟凤龟龙之属，岂尽备至？ 其所求进见之士，虽不足以希望盛

所宜？美好吉祥的征兆，麟、凤、龟、龙之类难道已全部出现？那些请求进见的人，虽然不能期望有您这样

dé　zhì bǐ yú bǎi zhí shì　qǐ jìn chū qí xià zāi　qí suǒ chēng shuō　qǐ jìn wú suǒ bǔ zāi　jīn
德，至比于百执事，岂尽出其下哉？ 其所称说，岂尽无所补哉？今

的道德完美，但和那些百官办事人员相比，难道德才都在他们之下吗？请求进见之人所称道论说的，难道对

suī bù néng rú zhōu gōng tǔ bǔ wò fà　yì yí yǐn ér jìn zhī　chá qí suǒ yǐ ér qù jiù zhī
虽不能如周公吐哺握发，亦宜引而进之，察其所以而去就之，

治理国家一点补益也没有吗？现在您即使不能像周公那样吐哺握发，也应该引进他们，考察他们的德才究

bù yí mò mò ér yǐ yě
不宜默默而已也。

竟如何然后决定取舍，而不应该采取不理不睬的冷漠态度。

yù zhī dài mìng　sì shí yú rì yǐ　shū zài shàng ér zhì
愈之待命，四十余日矣。书再上，而志

我等候您的指示，已经四十多天了。接连呈上了两封书信，可是我的心意仍

bù dé tōng①　zú sān jí mén ér hūn rén cí yān②　wéi qí
不得通①。足三及门，而阍人辞焉②。惟其

然不能使您了解。三次登门求见，都被府上看门的人挡住。只因为我生性糊涂愚钝，

hūn yú　bù zhī táo dùn③　gù fù yǒu zhōu gōng zhī shuō yān　gé xià qí yì chá zhī
昏愚，不知逃遁③，故复有周公之说焉。阁下其亦察之！

不知道离开避去，所以又有关于周公的一番议论。希望您也能够仔细地看看它。

① 通：上
达。② 阍
人：看门人。
③ 逃遁：这
里指擅自离
去，或不告
而行。

gǔ zhī shì　sān yuè bú shì zé xiāng diào　gù chū jiāng bì zài zhì①　rán suǒ yǐ zhòng yú
古之士，三月不仕则相吊，故出疆必载质①。然所以重于

古代的士人，三个月没有官职，就互相慰问，所以他们出国境一定要带上进见诸侯的礼物。但他

zì jìn zhě　yǐ qí yú zhōu bù kě　zé qù zhī lǔ　yú lǔ bù kě　zé qù zhī qí　yú
自进者，以其于周不可，则去之鲁；于鲁不可，则去之齐；于

们郑重于作自我推荐，因为若在周王朝不被任用，就到鲁国去；在鲁国不被任用，就到齐国去；在齐国

qí bù kě　zé qù zhī sòng　zhī zhèng　zhī qín　zhī chǔ yě　　jīn tiān xià yì jūn　sì hǎi yì guó　shě hū

齐不可,则去之宋、之郑、之秦、之楚也②。今天下一君,四海一国,舍乎

不被任用,就到宋国、到郑国、到秦国、到楚国去。而今普天之下只有一个君主,四海之内只是一个国家,离

cǐ　zé yí dí yǐ　　qù fù mǔ zhī bāng yǐ　　gù shì zhī xíng dào zhě　bù dé yú cháo　zé shān

此,则夷狄矣③,去父母之邦矣④。故士之行道者,不得于朝,则山

开这里就是夷狄那些地方了,离开自己的祖国了。所以,要求实现自己的抱负和主张的士人,不在朝廷上受

lín ér yǐ yǐ　shān lín zhě　shì zhī suǒ dú shàn zì yǎng　ér bù yōu tiān xià zhě zhī suǒ néng ān yě

林而已矣。山林者,士之所独善自养⑤,而不忧天下者之所能安也。

到任用,那就只有到山林间隐居去了。山林里边,是士人中那些独善其身、自我养生,不为天下担忧的人才

rú yǒu yōu tiān xià zhī xīn　zé bù néng yǐ　gù yù měi zì jìn ér bù zhī kuì yān　shū qì shàng　zú

如有忧天下之心,则不能矣。故愈每自进而不知愧焉,书亟上⑥,足

能安心居处的。如果怀有为天下担忧之心的人,就不能安居在山林里了。所以,我韩愈才经常自我推荐而不

shuò jí mén　ér bù zhī zhǐ yān　　nìng dú

数及门,而不知止焉。宁独

感到羞愧,信屡次呈上,脚步屡次到门上,也不

rú cǐ ér yǐ　zhuì zhuì yān wéi bù dé

如此而已,惴惴焉惟不得

知道停止。又哪里仅仅如此而已,我还惶恐地只

chū dà xián zhī mén xià shì jù　　yì wéi

出大贤之门下是惧⑦。亦惟

怕不能出身在您这样大贤人的门下。同时也盼

shǎo chuí chá yān　dú mào wēi zūn　huáng

少垂察焉! 渎冒威尊⑧,惶

望您稍微俯赐以审察! 亵渎冒犯了您的威严和

kǒng wú yǐ

恐无已。

尊贵,心中惶恐不已。

yù zài bài

愈再拜。

韩愈再拜。

---

①"古之士"三句: 吊,慰问。　疆,国境、边界。质,同"贽",古人初见面时所献礼物。士见诸侯求仕也须献贽。以上三句语本《孟子·滕文公下》:"孔子三月无君则皇皇如也,出疆必载质。""古之人三月无君则吊。""无君"犹"不仕"。《孟子》本章说明古人(包括孔子)是"急"于"仕"的,但又指出"君子之难仕也","恶(憎恶)不以其道"。本文下句"重于自进"云云,即承此意。　②"以其于周"九句: 周,周王朝。　之,往、到。　鲁、齐、宋、郑、秦、楚,都是东周(春秋)时诸侯国。曾国藩说:"鲁,同姓(与周王室同姓姬),礼义之邦,故次周后;齐,大国,次之;宋、郑,小国,次之;秦、楚,戎蛮,又次之。"(见《韩昌黎文集校注》引)揭示本文所列诸国次序并非随便泛指。　③狄: 古代对北方少数民族的泛称。④父母之邦: 自己生长的国家,犹祖国。　⑤独善:《孟子·尽心上》:"穷则独善其身。"　⑥亟: 屡次。⑦惴惴: 惶恐不安的样子。　⑧渎: 轻慢,无礼貌。

（顾易生　李笑野）

与于襄阳书
yǔ yú xiāng yáng shū

韩愈
hán yù

七月三日，将仕郎守国子四门博士韩愈①，谨奉书尚书阁下②：
qī yuè sān rì jiàng shì láng shǒu guó zǐ sì mén bó shì hán yù jǐn fèng shū shàng shū gé xià

七月三日，将仕郎兼国子监四门博士韩愈恭敬地将书信呈给尚书阁下：

士之能享大名、显当世者，莫不有先达之士③，负天下之
shì zhī néng xiǎng dà míng xiǎn dāng shì zhě mò bù yǒu xiān dá zhī shì fù tiān xià zhī

读书人能够享有盛名而显扬于当世的，没有不是依靠享有天下声望的前辈为他做先导引荐的。读

望者为之前焉。士之能垂休光、照后世者④，亦莫不有后进之
wàng zhě wèi zhī qián yān shì zhī néng chuí xiū guāng zhào hòu shì zhě yì mò bù yǒu hòu jìn zhī

书人能够流传美名，照耀后世，也没有不是依靠享有天下声望的后辈给他支持称颂的。没有人替后辈

士，负天下之望者为之后焉。莫为之前，虽美而不彰；莫为之后，
shì fù tiān xià zhī wàng zhě wèi zhī hòu yān mò wèi zhī qián suī měi ér bù zhāng mò wèi zhī hòu

做先导引荐，那后辈即使有美好的才华也不能显扬于世；没有人做前辈的后进，那前辈即使有丰功伟绩，

虽盛而不传。是二人者，未始不相须也⑤，然而千百载乃一相遇
suī shèng ér bù chuán shì èr rén zhě wèi shǐ bù xiāng xū yě rán ér qiān bǎi zǎi nǎi yì xiāng yù

也不会流传名声。这两种人，未尝不互相等待，然而千百年才能相遇一次。难道是上面没有可以攀援

焉。岂上之人无可援，下之人无可推欤？何其相须之殷⑥，而相
yān qǐ shàng zhī rén wú kě yuán xià zhī rén wú kě tuī yú hé qí xiāng xū zhī yīn ér xiāng

的人，下面没有可以推荐的人吗？为什么他们相互等待是如此地殷切，而相遇的机会却是如此地稀少

遇之疏也？其故在下之人负其能，不肯诣其上⑦；上之人负其
yù zhī shū yě qí gù zài xià zhī rén fù qí néng bù kěn chǎn qí shàng shàng zhī rén fù qí

呢？这原因在于在下的人自恃才能高，而不肯向上提出请求；在上的人自恃地位尊，而不肯对下照顾。所

位，不肯顾其下。故高材多戚戚之穷⑧，盛位无赫赫之光⑨。是二
wèi bù kěn gù qí xià gù gāo cái duō qī qī zhī qióng shèng wèi wú hè hè zhī guāng shì èr

以才能高的人多为穷困而忧愁，而地位显要的人也不能留传显赫的名声。这两种人的作为，都是错误

人者之所为，皆过也。未尝干之，不可谓上无其人；未尝求之，
rén zhě zhī suǒ wéi jiē guò yě wèi cháng gān zhī bù kě wèi shàng wú qí rén wèi cháng qiú zhī

的。没有向上去请求过，就不能说上面没有可以攀援的人；没有向下去寻求过，也不能说下面没有可以

bù kě wèi xià wú qí rén　　yù zhī sòng cǐ
不可谓下无其人。愈之诵此

推荐的人。我韩愈诵说这些话已经很久了,但

yán jiǔ yǐ　　wèi cháng gǎn yǐ wén yú rén
言久矣,未尝敢以闻于人。

未曾敢于冒昧地说给别人听过。

①**将仕郎**:官名,唐代的文职散官。　**守**:唐代品级较低的人担任较高的官叫守。　**国子**:见前韩愈《进学解》注。　②**尚书**:官名,这里指于襄阳。　**阁下**:对人的尊称,常用于书信中。　③**先达**:道德、学问、地位、名望显达的前辈。　④**休光**:盛美的光辉。　⑤**未始**:未尝。　**须**:等待。　⑥**殷**:恳切、深厚。　⑦**谄**:巴结、奉承。在这里有请求、干说的意思。　⑧**戚戚**:忧愁的样子。　⑨**赫赫**:显耀的样子。

cè wén gé xià bào bú shì zhī cái　　　tè lì ér dú xíng　　　dào fāng ér shì shí　juǎn
侧闻阁下抱不世之才①,特立而独行②,道方而事实,卷

我从旁听说您具有非常的才干,立身和操行卓然不凡,道德方正而处事务实,进退有度而不随时

shū bù suí hū shí　　wén wǔ wéi qí suǒ yòng　　qǐ yù suǒ wèi qí rén zāi　　yì wèi wén hòu jìn
舒不随乎时③,文武唯其所用。岂愈所谓其人哉!抑未闻后进

俗,对文武官员量才任用。难道您不就是我韩愈前面所说的那种先达之士吗?然而还不曾听说有什

zhī shì　　yǒu yù zhī yú zuǒ yòu　　huò lǐ yú mén xià zhě　　qǐ qiú zhī ér wèi dé yé　jiāng
之士④,有遇知于左右⑤,获礼于门下者⑥。岂求之而未得邪?将

么后进之士,为您所赏识而蒙您以礼相待的。难道是您寻求而未曾得到吗?还是由于您有志于建立

zhì cún hū lì gōng　　ér shì zhuān hū bào zhǔ　　suī yù qí rén　wèi xiá lǐ yé　hé qí yí wén
志存乎立功⑦,而事专乎报主,虽遇其人,未暇礼邪?何其宜闻

功业,把精力专注于报答君主,因而即使遇到合适的后进之士,也没有空闲以礼相待呢?为什么本应

ér jiǔ bù wén yě
而久不闻也!

听到您礼遇、引荐后进之士的事却长久没有听到呢?

①**侧闻**:从旁听说,"曾有所闻"的谦敬说法。　**不世**:不是每代都有的,即非常、非凡的意思。　②**特、独**:都是卓异、出众、不随波逐流的意思。　③**卷舒**:弯曲和伸展。这里指行动、地位的变化,退藏和进展。　④**抑**:表转折,然而。　⑤**遇知**:被赏识。　**左右**:旧时书信称对方,不称其本人,而称其左右执事的人,以示尊敬。　⑥**获礼**:得到以礼相待。　⑦**将**:表选择,还是。

yù suī bù cái　　qí zì chǔ bù gǎn hòu yú héng rén　　gé xià jiāng qiú zhī ér wèi dé yú

愈虽不材[1]，其自处不敢后于恒人[2]。阁下将求之而未得欤？

我虽然才能低下，但对自己的要求却不敢落后于一般人。您要寻求人才却还未得到吗？古人说

gǔ rén yǒu yán　　qǐng zì wěi shǐ　　yù jīn zhě wéi zhāo xī chú mǐ pú lìn zhī zī shì jí

古人有言："请自隗始[3]。"愈今者惟朝夕刍米仆赁之资是急[4]，

过："请从我郭隗开始。"我现在正为每天的柴草、粮食、仆役、租赁的费用着急，这些只不过花费您一

bú guò fèi gé xià yì zhāo zhī xiǎng ér zú yě　　rú yuē　　wú zhì cún hū lì gōng　　ér shì zhuān

不过费阁下一朝之享而足也[5]。如曰"吾志存乎立功，而事专

顿早饭的费用就够了。您如果说"我的志向在于建立功业，精力全用于报答君主，即使遇到了合适的

hū bào zhǔ　　suī yù qí rén　　wèi xiá lǐ yān　　zé fēi yù zhī suǒ gǎn zhī yě　　shì zhī chuòchuò zhě

乎报主，虽遇其人，未暇礼焉"，则非愈之所敢知也。世之龊龊者[6]，

后进之士，也没有空闲以礼相待"，那就不是我韩愈所敢知道的了。世上那些器量狭小的人，既不足

jì bù zú yǐ yù zhī　　lěi luò qí wěi zhī rén　　yòu bù néng tīng yān　　zé xìn hū mìng zhī qióng yě

既不足以语之[7]；磊落奇伟之人，又不能听焉。则信乎命之穷也[8]！

以向他们谈这些；心胸坦白、光明正大的奇特英伟人物，又不能听我的话。那么我的命运确实是该

jǐn xiàn jiù suǒ wéi wén yì shí bā shǒu　　rú cì lǎn guān　　yì zú zhī qí zhì zhī suǒ cún

谨献旧所为文一十八首，如赐览观，亦足知其志之所存。

当困穷了！谨献上我以前所做的文章十八篇，如承蒙赐予阅览，也足以知道我的志向所在。

yù kǒng jù zài bài

愈恐惧再拜。

韩愈诚惶诚恐，再拜。

---

① 不材：没有才能，是自谦之辞。　② 恒人：常人。　③ 请自隗始：意谓请先从我开始给予礼遇，以吸引其他贤士。　郭隗，战国时燕人。公元前311年，燕昭王即位后，为报齐国之仇打算招纳贤才，向郭隗请教。郭隗说："王必欲致士，先从隗始，况贤于隗者，岂远千里哉。"于是燕王就为郭隗筑宫而敬以为师，像乐毅等贤士果然源源而来。　④ 刍：喂牲口的草。　资：费用。　⑤ 一朝之享：一顿早餐的享用，比喻所费不多。　⑥ 龊龊：器量狭小，拘束于小节。　⑦ 语：告诉。　⑧ 信：确实，真是。

（顾易生　李笑野）

与陈给事书

韩愈

愈再拜：

韩愈再拜：

愈之获见于阁下有年矣。始者亦尝辱一言之誉。贫贱也，

我得以与您结识已经有很多年了。开始时也曾承蒙您的一些赞赏。我由于贫贱，为了生活东奔西

衣食于奔走①，不得朝夕继见②。其后阁下位益尊，伺候于门

走，所以不能早晚经常拜见。此后您的地位越来越尊贵，依附侍候在您门下的人一天天地增多。地位越来越

墙者日益进③。夫位益尊，则贱者日隔；伺候于门墙者日益进，

尊贵，跟贫贱的人就会一天天地疏远间隔；伺候在门下的人一天天地增加，那么您喜欢的人多了，而对旧友

则爱博而情不专。愈也道不加修，而文日益有名。夫道不加

的情意也就不专了。我在品德修养方面没有加强，而文章却一天比一天出名。在品德修养方面没有加强，那

修，则贤者不与④；文日益有名，则同进者忌。始之以日隔之疏，

么有贤德的人就不会赞赏；文章一天比一天出名，那么与我同路求进的人就会妒忌。起初，您我由于经常不

加之以不专之望⑤，以不与者之心，

相见而疏远，以后又加上对您感情不专的私下抱怨，而您

而听忌者之说。由是阁下之庭，无

又怀着不再赏识的情绪，并且听信妒忌者的闲话。因此

愈之迹矣。

阁下的门庭，便不再有我的足迹了。

①**衣食于奔走**：是"奔走于衣食"的倒装句。 ②**继**：连续。 ③**伺候**：等候，这里有"依附"的意思。 **门墙**：原指师门。这里泛指尊者的门下。 ④**贤者**：这里指陈给事。**与**：赏识，赞赏。 ⑤**望**：抱怨，不满。

342

去年春，亦尝一进谒于左右矣①，温
去年春天，我也曾经去拜见过您一次，您面色温和，好像是接待

乎其容，若加其新也②；属乎其言③，若闵其
新近结交的朋友；谈话持续而热情，好像是同情我穷困窘迫的处

穷也④。退而喜也，以告于人。其后如东京
境。从您那回来，心里非常高兴，并把这事告诉了别人。从那以

取妻子⑤，又不得朝夕继见。及其还也，
后，我到东京去接取妻子儿女，又不能够朝夕连续与您相见了。等

亦尝一进谒于左右矣。邈乎其容⑥，若不
到回来，也曾经拜访过您一次。您表情冷漠，好像是不体察我的

察其愚也⑦；悄乎其言⑧，若不接其情也。退而惧也，不敢复进。
私衷；沉默寡言，好像是不理会我的情意。告辞回来，感到非常不安，不敢再去拜访您了。

① 谒：拜见。　② 加：对
待。　新：新交。　③ 属：
连续不断。这里形容话
很多，很热情。　④ 闵：
同"悯"，怜惜。　⑤ 如：
到。　东京：指今河南洛
阳。唐时首都在长安(今
陕西西安)，而以洛阳为东
都，也称东京。　⑥ 邈：
远。这里指表情疏而冷
淡的样子。　⑦ 愚：谦
词，这里指自己的心情。
⑧ 悄：沉默，冷淡。

今则释然悟①，翻然悔曰②：其邈也，乃所以怒其来之不继
现在我才恍然醒悟，很快懊悔地说：您那种冷漠的表情，就是恨我不经常来拜见的缘故；您那种

也；其悄也，乃所以示其意也。不敏之诛③，无所逃避④。不敢遂进，
沉默寡言，就是暗示这种意思的缘故。对我生性不聪敏的责怪，我是无处可以逃避的。我不敢马上进

辄自疏其所以⑤，并献近所为《复志赋》以下十首为一卷，卷有
见，就自己写信分析和陈述事情的缘由，并且呈上近来做的《复志赋》以下十篇文章作为一卷，卷有标

标轴⑥。《送孟郊序》一首⑦，生纸写⑧，不加装饰。皆有揩字注
签和卷轴。《送孟郊序》一篇，用生纸写成，没加装饰。都有涂改添字的地方，因为我急于解释误会从而向

zì chù　　jí yú zì jiě ér xiè　　bù néng sì gèng xiě　　　gé xià qǔ qí yì　　ér lüè qí lǐ kě yě
字处⑨，急于自解而谢⑩，不能俟更写⑪。阁下取其意，而略其礼可也。

您道歉，所以等不及重新誊写清楚。希望您接受我的心意，而不计较我在礼节上的不周。

yù kǒng jù zài bài
愈恐惧再拜。

韩愈惶恐不安，再拜。

---

①释然：形容疑虑消除。　②翻然：也作"幡然"，形容很快转变。　③诛：责备。　④无所：没有什么地方、处所。　⑤辄：即，就。　疏：分条陈述。　⑥标轴：标签和卷轴。书画卷之端有棍杆为轴。　⑦孟郊：字东野，唐代诗人，韩愈的朋友。参看本书所选《送孟东野序》。　⑧生纸：未经加工精制的纸。宋邵博《邵氏闻见后录》卷二十八载："唐人有熟纸，有生纸。熟纸，所谓妍妙辉光者。其法不一。生纸非有丧故不用，退之与陈京书云《送孟郊序》用生纸写，言急于自解，不暇择耳。"　⑨揩字：涂去的字。　注字：添加的字。　⑩谢：道歉。　⑪俟：等待。

（顾易生　李笑野）

yìng kē mù shí yǔ rén shū
应科目时与人书

hán yù
韩愈

yuè rì　　yù zài bài①　tiān chí zhī bīn②　dà jiāng zhī fén③　yuē yǒu guài wù yān　gài fēi
月日，愈再拜①：天池之滨②，大江之渍③，曰有怪物焉；盖非

某月某日，韩愈再拜奉告：在大海的水边，大江的岸侧，传说有一个怪物；它不是一般生鳞长

cháng lín fán jiè zhī pǐn huì pǐ chóu yě　　qí dé shuǐ　biàn huà fēng yǔ　shàng xià yú tiān bù nán
常鳞凡介之品汇匹俦也④。其得水⑤，变化风雨，上下于天不难

甲之类水族所能相比相拟的。如果得到了水，它就会兴风作雨，上下于天空也不感到困难。如果得

yě　　qí bù jí shuǐ　gài xún cháng chǐ cùn zhī jiān ěr⑥　　wú gāo shān　dà líng　kuàng tú　jué xiǎn
也。其不及水，盖寻常尺寸之间耳⑥。无高山、大陵、旷途、绝险

不到水，就只能局限在短小狭窄的几尺几寸范围里了。尽管没有高山大岗、荒远路途、特别险阻成为它

wéi zhī guān gé yě ⑦，rán qí qióng hé bù néng zì zhì

为之关隔也⑦，然其穷涸不能自致

的障碍，然而它处在困窘枯竭的境地是无法自己找到水

hū shuǐ　wéi bīn tǎ zhī xiào zhě　　gài shí bā jiǔ

乎水⑧，为猿獭之笑者⑨，盖十八九

的，因而被水獭之类低等水生动物讥笑的事，大概十有

yǐ　rú yǒu lì zhě　āi qí qióng ér yùn zhuǎn zhī　gài

矣。如有力者，哀其穷而运转之，盖

八九会发生的。如果有力量的人同情它的困厄处境并把

yì jǔ shǒu　yì tóu zú zhī láo yě　rán shì wù yě

一举手、一投足之劳也。然是物也，

它转移到水中去，只不过是一抬手、一动脚的辛劳罢了。

fù qí yì yú zhòng yě　qiě yuē　làn sǐ yú shā

负其异于众也，且曰："烂死于沙

可是这个怪物，倚恃自己与众不同，却说："我宁可烂死

ní　wú nìng lè zhī　ruò fǔ shǒu tiē ěr　yáo wěi ér

泥，吾宁乐之。若俯首帖耳、摇尾而

在沙泥之中，也心甘情愿。像那些低下头颅、奔拉耳朵、

qǐ lián zhě　fēi wǒ zhī zhì yě　shì yǐ yǒu lì zhě

乞怜者⑩，非我之志也。"是以有力者

摇着尾巴去向人家乞求怜悯的做法，并不符合我的志趣

yù zhī　shú shì zhī ruò wú dǔ yě　qí sǐ qí

遇之⑪，熟视之若无睹也。其死其

啊。"因此有力量的人遇到它，虽然看到次数不少，却好

shēng gù bù kě zhī yě

生，固不可知也。

像没有看见一样。它是死是活，自然是无法预料了。

① 本句一作"应博学宏词前进士韩愈谨再拜上书舍人阁下"。
② **天池**：天然大池，指海。语出《庄子·逍遥游》："南冥者，天池也。"冥，通"溟"，解释为海。　③ **大江**：古时专指长江，后也泛指大江大河。浒：水边。　④ **常鳞凡介**：指普通的水生动物。鳞，有鳞的水族，如鱼、龙之类。介，有介甲的水族，如龟、鳖之类。品汇：品种类聚。匹俦：对手、同等。　⑤ **其**：这里和下面"其不得水"的"其"，均作"如果"解。　⑥ **寻常尺寸**：这里指很小的范围。古时以八尺为寻，二寻为常。　⑦ 陵：大土山。**绝险**：极险而不可逾越。**关隔**：关禁障碍的意思。　⑧ **穷**：困厄。**涸**：水干、枯竭。**乎**：作"于"用。　⑨ **猿獭**：水獭，半水栖兽类。猿，即獱，獭的一种。　⑩ **俯首帖耳**：形容卑屈、驯服的样子。**而**：表示目的，相当于现代汉语中的"去""来"。　⑪ **是以**：因此。

jīn yòu yǒu yǒu lì zhě dāng qí qián yǐ　liáo shì yǎng shǒu yì míng háo yān　yōng jù zhī yǒu

今又有有力者当其前矣，聊试仰首一鸣号焉，庸讵知有

如今又有一个有力量的人出现在它面前了，它姑且试着仰起头来鸣叫一声，怎么知道有力量的人

lì zhě bù āi qí qióng　　ér wàng yì jǔ shǒu yì tóu zú zhī láo　ér zhuǎn zhī qīng
力者不哀其穷①,而忘一举手一投足之劳,而转之清

也许不哀怜它的困窘,而忘掉一抬手、一动脚的辛劳来把它转移到清澄的波浪中去

bō hū　　qí āi zhī mìng yě　qí bù āi zhī mìng yě　zhī qí zài mìng ér qiě míng
波乎? 其哀之,命也;其不哀之,命也;知其在命而且鸣

呢? 有力量的人同情它,是命运安排的;不同情它,也是命运安排的;它明明知道这是

háo zhī zhě　yì mìng yě　yù jīn zhě shí yǒu lèi yú shì　shì yǐ wàng qí shū yú zhī
号之者,亦命也。愈今者实有类于是。是以忘其疏愚之

命运安排却仍然姑且鸣叫一声,这也是命运安排的啊。我现在的情况实在和它有相同

zuì　　ér yǒu shì shuō yān　　gé xià qí yì lián chá zhī
罪,而有是说焉。阁下其亦怜察之②!

之处。因此,不顾自己疏忽愚笨的过错,在这里说了这些话。希望您大概也会同情谅察我吧!

（顾易生　徐粹育）

sòng mèng dōng yě xù

送孟东野序

hán yù

韩 愈

dà fán wù bù dé qí píng zé míng　cǎo mù zhī wú shēng fēng náo zhī míng　shuǐ
大凡物不得其平则鸣。草木之无声,风挠之鸣①。水

一般说来事物失去它原有的平静就要发出鸣声。草木本来没有声音,风扰动它就发出响声。水

zhī wú shēng fēng dàng zhī míng　qí yuè yě huò jī zhī　qí qū yě huò gěng zhī　qí fèi
之无声,风荡之鸣。其跃也或激之②,其趋也或梗之,其沸

本来没有声音,风激荡它就发出响声。波浪腾跃是因为有什么东西在堵拦水势,水流湍急是因为有什

yě huò zhì zhī　jīn shí zhī wú shēng huò jī zhī míng　rén zhī yú yán yě yì rán　yǒu bù dé
也或炙之③。金石之无声,或击之鸣。人之于言也亦然,有不得

么东西在阻梗水道,水的沸腾是因为有什么东西在烧煮它。金属和石头制造的乐器本来没有声音,有

yǐ zhě ér hòu yán　qí gē yě yǒu sī　qí kū yě yǒu huái　fán chū hū kǒu ér wéi shēng zhě
已者而后言,其歌也有思,其哭也有怀。凡出乎口而为声者,

人敲击它就发出声音。人在语言方面也是这样,心里有了不得不说的话就要说出来,他们歌唱因为有

^{qí jiē yǒu fú píng zhě hū} ^{yuè yě zhě} ^{yù yú zhōng ér xiè yú wài zhě yě} ^{zé qí shàn míng zhě}

其皆有弗平者乎！乐也者，郁于中而泄于外者也，择其善鸣者

所思慕，他们哭泣因为有所怀念。凡是从口里发出来而形成声音的，大概都是存在不平的因素吧！音

^{ér jiǎ zhī míng④} ^{jīn shí sī zhú páo tǔ gé mù bā zhě⑤} ^{wù zhī shàn míng zhě}

而假之鸣④。金、石、丝、竹、匏、土、革、木八者⑤，物之善鸣者

乐这东西，是人们郁结在心中的感情抒发出来所形成的，人们选择那些善于发声的东西来借助它奏

^{yě} ^{wéi tiān zhī yú shí yě yì rán⑥} ^{zé qí shàn míng zhě ér jiǎ zhī míng} ^{shì gù yǐ niǎo}

也。维天之于时也亦然⑥，择其善鸣者而假之鸣。是故以鸟

鸣。金、石、丝、竹、匏、土、革、木八类乐器，就是器物中善于发声的东西。自然界在时令季候方面也

^{míng chūn yǐ léi míng xià yǐ chóng míng qiū yǐ fēng míng dōng sì shí zhī xiāng tuī duó⑦ qí bì yǒu}

鸣春，以雷鸣夏，以虫鸣秋，以风鸣冬。四时之相推夺⑦，其必有

是这样，选择那些善于发声的东西借助它发出声响，所以让鸟来鸣叫春天，让雷来轰鸣夏季，让虫来

^{bù dé qí píng zhě hū}

不得其平者乎？

唧吟秋令，让风来呼啸寒冬。四季气候的相互推移更换，想来一定有它不能平静的原因吧！

---

①挠：搅动，摇动。　②跃、激：语本《孟子·告子上》："今夫水，搏而跃之，可使过额；激而行之，可使在山。"激，阻遏水势。　③炙：烧煮。　④假：借助。　⑤金、石、丝、竹、匏、土、革、木：古代用这八种质料制成的各类乐器的总称，也称八音。如钟属金类，磬属石类，鼓属革类，枳（zhù助）属木类。匏，葫芦的一种。古乐器有以匏为座的，如笙。　⑥维：句首语气词。　⑦推夺：推易变化。　夺，互易的意思。

---

^{qí yú rén yě yì rán} ^{rén shēng zhī jīng zhě wéi yán} ^{wén cí zhī yú yán} ^{yòu qí jīng yě}

其于人也亦然。人声之精者为言，文辞之于言，又其精也，

这道理对于人来说也是一样的。人类声音的精华是语言，而文辞比起语言来，更是它的精华

^{yóu zé qí shàn míng zhě ér jiǎ zhī míng} ^{qí zài táng yú①} ^{gāo yáo yǔ qí shàn míng zhě yě②} ^{ér jiǎ}

尤择其善鸣者而假之鸣。其在唐虞①，咎陶、禹其善鸣者也②，而假

尤其要选择擅长文辞的人借助他们表达心声。在那唐尧、虞舜时代，咎陶和禹是那时代善于文辞的

^{yǐ míng} ^{kuí fú néng yǐ wén cí míng③} ^{yòu zì jiǎ}

以鸣。夔弗能以文辞鸣③，又自假

人，就通过他们来表达。夔不能用文辞来表达，他就

①唐：传说中上古帝尧时国号。　虞：传说中上古帝舜时国号。　②咎陶：相传为舜臣，也作皋陶、咎繇，主管司法。《尚书》有《皋陶谟》，传为他的言论。　禹：夏禹，夏朝第一代君主，相传原为舜臣，治理洪水有功，舜禅位给他。伪古文《尚书》有《大禹谟》，托为夏禹的言论。

^{yú sháo yǐ míng④} ^{xià zhī shí wǔ}

于《韶》以鸣④。夏之时，五

借助《韶》乐来抒发。夏朝的时候，太康的五个弟弟

子以其歌鸣⑤。伊尹
用他们的歌诗来吟唱。伊尹鸣殷

鸣殷⑥；周公鸣周⑦。
商之音；周公唱周朝之声。凡是

凡载于《诗》、《书》六
记载在《诗经》、《尚书》等"六经"

艺⑧，皆鸣之善者也。
之中的，都是歌咏心声的美好篇

周之衰，孔子之徒鸣
章。周朝衰落的时候，孔子和他

之⑨，其声大而远。
的门徒发出呼喊之声，他们的声

传曰⑩："天将以夫
音宏大而悠远。《论语》上说："上

子为木铎⑪。"其弗信
天将让孔子他老人家来作为传

矣乎？其末也，庄周
布大道的铃。"这难道不是真实

以其荒唐之辞鸣⑫。
可信的么！周朝末年，庄周用他

楚大国也，其亡也，
的汪洋恣肆的文辞来抒发。楚是

③ 夔：相传是舜的乐官。 ④《韶》：相传是舜时制的乐曲。 ⑤ 五子：相传是夏王太康的五个弟弟。太康游乐无度，因而失国，五弟作歌告诫，称"五子之歌"。今伪古文《尚书》有《五子之歌》，系伪托。 ⑥ 伊尹：相传他辅助商汤灭夏，建立商王朝。汤死后，汤孙太甲无道，伊尹把他放逐到桐，三年后太甲悔悟，伊尹又把他接回来统治国家。传说伊尹曾作《汝鸠》、《汝方》、《咸有一德》、《伊训》、《肆命》、《太甲》等文，均已亡佚。今伪古文《尚书》有《伊训》、《太甲》、《咸有一德》，系伪托。 殷：商朝在盘庚时迁都于殷，因此商也称为殷。 ⑦ 周公：周武王姬发之弟，名旦。周朝开国大臣，相传礼乐制度都是他制定的。《尚书》中的《金縢》、《大诰》等篇，相传为他所作。 ⑧《诗》、《书》六艺：指《诗》、《书》、《易》、《礼》、《乐》、《春秋》六部儒家经典，也称"六经"。其中《乐经》后世无传，或认为因秦焚书亡失，或认原无《乐经》，《乐》即包括在《诗》《礼》之中。 ⑨ 孔子之徒：相传孔子有弟子三千，其中贤者七十二。"六经"曾经孔子整理，并用以进行教学。《论语》出于孔子门徒的笔记。 ⑩ 传：原指阐述经义的文字，也指记载。这里指《论语》。《汉书·扬雄传赞》："传莫大于《论语》。" ⑪ "天将以夫子"句：语本《论语·八佾》：仪封人（仪地边防官）见孔子后对孔子的弟子们说："……天下之无道也久矣，天将以夫子为木铎。"夫子，老先生。这里指孔子。 木铎，铜质木舌的铃。古代有政令发布时，先摇木铎以引起注意，召集民众。 ⑫ 庄周：战国初期思想家，道家代表人物，著有《庄子》，特有浪漫精神。《庄子》中《天下篇》曾说庄周文章是"谬悠之说，荒唐之言，无端崖之辞"。 荒唐，广大空阔、没有边际的样子。 ⑬ "楚大国也"三句：楚国在春秋战国时期的领地比同时诸侯国大，几乎占有长江下游流域今五六个省的地区。 屈原，战国后期楚国大诗人，写下了《离骚》、《九章》、《天问》等大量辞赋，表达自己高远爱国理想与对现实的愤慨批判，富有浪漫色彩。参看本书所选传为其作的《卜居》及《史记·屈原列传》。

348

yǐ qū yuán míng
以屈原鸣⑬。臧孙辰、

一个大国，在它危亡的时候，由

mèng kē xún qīng yǐ dào míng
孟轲、荀卿⑭，以道鸣

屈原来歌吟。臧孙辰、孟轲、荀卿

zhě yě yáng zhū mò dí guǎn
者也。杨朱、墨翟、管

是用儒道来表达的，杨朱、墨翟、

yí wú yàn yīng lǎo dān shēn
夷吾、晏婴、老聃、申

管夷吾、晏婴、老聃、申不害、韩

bú hài hán fēi shèn dào tián
不害、韩非、慎到、田

非、慎到、田骈、邹衍、尸佼、孙

pián zōu yǎn shī jiǎo sūn wǔ
骈、邹衍、尸佼、孙武、

武、张仪、苏秦这些人，都是用他

zhāng yí sū qín zhī shǔ jiē
张仪、苏秦之属⑮，皆

们的学术来表达的。秦朝兴起

yǐ qí shù míng qín zhī xīng
以其术鸣⑯。秦之兴，

时，李斯为它颂唱。汉朝的时候，

lǐ sī míng zhī hàn zhī shí
李斯鸣之⑰。汉之时，

司马迁、司马相如、扬雄，是这时

sī mǎ qiān xiàng rú yáng
司马迁、相如、扬

代最善于表达的人。汉以后的魏

xióng zuì qí shàn míng zhě yě
雄⑱，最其善鸣者也。

晋时代，能咏唱表达的人及不上

⑭臧孙辰：臧文仲，春秋时鲁国大夫。他复姓臧孙，名辰，字仲，谥文。《左传·襄公二十四年》载穆叔说"鲁有大夫曰臧文仲，既殁，其言立"，当时曾有他的著作流传。《国语·鲁语》及《左传》中尚保存他的不少论说资料。　孟轲：战国前期儒家代表人物，他与其弟子著有《孟子》。　荀卿：名况，卿是尊称。战国后期儒家大师，著有《荀子》。　⑮杨朱：战国初哲学家，相传他主张"贵生"、"为我"，其学说当时影响很广，但无著作流传，其片断思想资料散见于《孟子》、《庄子》、《韩非子》、《吕氏春秋》等书中。《列子》中有《杨朱篇》，可能出于假托。　墨翟：春秋战国之际思想家，墨家学派创始人。《墨子》是该派著作的汇编。　管夷吾：字仲，春秋时政治家，曾辅佐齐桓公建立霸业。其学说保存于《管子》中。　晏婴：春秋时政治家，曾任齐景公的相，其言论保存于《晏子春秋》中。　老聃：春秋时思想家，道家学派创始人，著有《老子》，也称《道德经》。　申不害：战国时韩昭侯相，主张"术"治，著有《申子》，今佚，有辑本。　韩非：战国后期韩国公子，法家思想的集大成者，著有《韩非子》。　慎到：战国时赵人，强调"势"治。有《慎子》，已不全。　田骈：也作陈骈，战国时齐人，《吕氏春秋·不仁》说他学说"贵齐"（注："齐死生，等古今"）。著有《田子》。　邹衍：战国时齐人，阴阳家，著《邹子》已佚。相传"其语十余万言"，"闳大不经"。　尸佼：战国时鲁人，杂家，曾为商鞅师，著有《尸子》，已佚，有辑本。　孙武：战国时齐人，著名军事家，有《孙子》，为我国古代权威兵法书。　张仪、苏秦：战国时纵横家。南北为纵，东西为横。苏秦曾为燕、赵、韩、魏、齐、楚六国相，主张从北到南联合抗秦，称为"合从（纵）"；张仪曾为秦相，主张西方之秦与东方六国中某一国结成一线，拆散他们联盟，各个击破，称为"连横（衡）"。苏张均善于说辞，《汉书·艺文志》著录有《苏子》、《张子》，均佚。两人言辞散见《战国策》《史记》等。

<ruby>其<rt>qí</rt></ruby><ruby>下<rt>xià</rt></ruby><ruby>魏<rt>wèi</rt></ruby>、<ruby>晋<rt>jìn</rt></ruby><ruby>氏<rt>shì</rt></ruby>，<ruby>鸣<rt>míng</rt></ruby><ruby>者<rt>zhě</rt></ruby><ruby>不<rt>bù</rt></ruby><ruby>及<rt>jí</rt></ruby><ruby>于<rt>yú</rt></ruby><ruby>古<rt>gǔ</rt></ruby>，<ruby>然<rt>rán</rt></ruby><ruby>亦<rt>yì</rt></ruby><ruby>未<rt>wèi</rt></ruby><ruby>尝<rt>cháng</rt></ruby><ruby>绝<rt>jué</rt></ruby><ruby>也<rt>yě</rt></ruby>。<ruby>就<rt>jiù</rt></ruby><ruby>其<rt>qí</rt></ruby><ruby>善<rt>shàn</rt></ruby><ruby>者<rt>zhě</rt></ruby>，<ruby>其<rt>qí</rt></ruby><ruby>声<rt>shēng</rt></ruby><ruby>清<rt>qīng</rt></ruby><ruby>以<rt>yǐ</rt></ruby>

古代的水平，然而也没有断绝啊。就其中优秀的来说，他们的声音轻清而浮荡，音节繁密而迫促，辞藻靡丽

<ruby>浮<rt>fú</rt></ruby>，<ruby>其<rt>qí</rt></ruby><ruby>节<rt>jié</rt></ruby><ruby>数<rt>shuò</rt></ruby><ruby>以<rt>yǐ</rt></ruby><ruby>急<rt>jí</rt></ruby>⑲，<ruby>其<rt>qí</rt></ruby><ruby>辞<rt>cí</rt></ruby><ruby>淫<rt>yín</rt></ruby><ruby>以<rt>yǐ</rt></ruby><ruby>哀<rt>āi</rt></ruby>，<ruby>其<rt>qí</rt></ruby><ruby>志<rt>zhì</rt></ruby><ruby>弛<rt>chí</rt></ruby><ruby>以<rt>yǐ</rt></ruby><ruby>肆<rt>sì</rt></ruby>，<ruby>其<rt>qí</rt></ruby><ruby>为<rt>wéi</rt></ruby><ruby>言<rt>yán</rt></ruby><ruby>也<rt>yě</rt></ruby>，<ruby>乱<rt>luàn</rt></ruby><ruby>杂<rt>zá</rt></ruby><ruby>而<rt>ér</rt></ruby><ruby>无<rt>wú</rt></ruby><ruby>章<rt>zhāng</rt></ruby>。<ruby>将<rt>jiāng</rt></ruby>

而感伤，意志松弛而放纵，他们在语言表达上，杂乱而没有规则。这大概是上天认为这时代的道德风尚丑恶

<ruby>天<rt>tiān</rt></ruby><ruby>丑<rt>chǒu</rt></ruby><ruby>其<rt>qí</rt></ruby><ruby>德<rt>dé</rt></ruby><ruby>莫<rt>mò</rt></ruby><ruby>之<rt>zhī</rt></ruby><ruby>顾<rt>gù</rt></ruby><ruby>邪<rt>yé</rt></ruby>？<ruby>何<rt>hé</rt></ruby><ruby>为<rt>wéi</rt></ruby><ruby>乎<rt>hū</rt></ruby><ruby>不<rt>bù</rt></ruby><ruby>鸣<rt>míng</rt></ruby><ruby>其<rt>qí</rt></ruby><ruby>善<rt>shàn</rt></ruby><ruby>鸣<rt>míng</rt></ruby><ruby>者<rt>zhě</rt></ruby><ruby>也<rt>yě</rt></ruby>？

而不加照看吧？为什么不让那些善于表达的人来抒发呢？

⑯ **术**：学术。韩愈把儒家学说称为"道"，道是大道，意谓普遍真理。他把其他诸子学说称为"术"，意为一家之言。　⑰ **李斯**：秦王朝开国大臣，曾任秦始皇、二世的相，相传秦皇朝的政令、制度、刻石文辞多出其手。本书选有其《谏逐客书》。　⑱ **司马迁**：著有《史记》，是我国古代一部伟大的历史、文学名著。本书选有《史记》多篇及其《报任安书》。　**相如**：姓司马，名相如，西汉辞赋家，《子虚赋》、《上林赋》为其代表作。　**扬雄**：西汉辞赋家，学者。"扬"或作"杨"。代表作有《甘泉赋》、《羽猎赋》、《解嘲》等，又仿《论语》作《法言》、仿《周易》作《太玄》。　⑲ **数**：频繁。

<ruby>唐<rt>táng</rt></ruby><ruby>之<rt>zhī</rt></ruby><ruby>有<rt>yǒu</rt></ruby><ruby>天<rt>tiān</rt></ruby><ruby>下<rt>xià</rt></ruby>，<ruby>陈<rt>chén</rt></ruby><ruby>子<rt>zǐ</rt></ruby><ruby>昂<rt>áng</rt></ruby>、<ruby>苏<rt>sū</rt></ruby><ruby>源<rt>yuán</rt></ruby><ruby>明<rt>míng</rt></ruby>、<ruby>元<rt>yuán</rt></ruby><ruby>结<rt>jié</rt></ruby>、<ruby>李<rt>lǐ</rt></ruby><ruby>白<rt>bái</rt></ruby>、<ruby>杜<rt>dù</rt></ruby><ruby>甫<rt>fǔ</rt></ruby>、<ruby>李<rt>lǐ</rt></ruby><ruby>观<rt>guān</rt></ruby>①，<ruby>皆<rt>jiē</rt></ruby><ruby>以<rt>yǐ</rt></ruby><ruby>其<rt>qí</rt></ruby>

唐朝建立统治以来，陈子昂、苏源明、元结、李白、杜甫、李观都是凭他们才能抒唱心

<ruby>所<rt>suǒ</rt></ruby><ruby>能<rt>néng</rt></ruby><ruby>鸣<rt>míng</rt></ruby>。<ruby>其<rt>qí</rt></ruby><ruby>存<rt>cún</rt></ruby><ruby>而<rt>ér</rt></ruby><ruby>在<rt>zài</rt></ruby><ruby>下<rt>xià</rt></ruby><ruby>者<rt>zhě</rt></ruby>，<ruby>孟<rt>mèng</rt></ruby><ruby>郊<rt>jiāo</rt></ruby><ruby>东<rt>dōng</rt></ruby><ruby>野<rt>yě</rt></ruby><ruby>始<rt>shǐ</rt></ruby><ruby>以<rt>yǐ</rt></ruby><ruby>其<rt>qí</rt></ruby><ruby>诗<rt>shī</rt></ruby><ruby>鸣<rt>míng</rt></ruby>。<ruby>其<rt>qí</rt></ruby><ruby>高<rt>gāo</rt></ruby><ruby>出<rt>chū</rt></ruby><ruby>魏<rt>wèi</rt></ruby>、<ruby>晋<rt>jìn</rt></ruby>，<ruby>不<rt>bú</rt></ruby>

声的。生活在今天而地位低下的人中，孟郊开始用他的诗来唱叹。他的诗超过魏晋之作，刻苦锻炼而

<ruby>懈<rt>xiè</rt></ruby><ruby>而<rt>ér</rt></ruby><ruby>及<rt>jí</rt></ruby><ruby>于<rt>yú</rt></ruby><ruby>古<rt>gǔ</rt></ruby>，<ruby>其<rt>qí</rt></ruby><ruby>他<rt>tā</rt></ruby><ruby>浸<rt>jìn</rt></ruby><ruby>淫<rt>yín</rt></ruby><ruby>乎<rt>hū</rt></ruby><ruby>汉<rt>hàn</rt></ruby><ruby>氏<rt>shì</rt></ruby><ruby>矣<rt>yǐ</rt></ruby>②。<ruby>从<rt>cóng</rt></ruby><ruby>吾<rt>wú</rt></ruby><ruby>游<rt>yóu</rt></ruby><ruby>者<rt>zhě</rt></ruby>，<ruby>李<rt>lǐ</rt></ruby><ruby>翱<rt>áo</rt></ruby>、<ruby>张<rt>zhāng</rt></ruby><ruby>籍<rt>jí</rt></ruby><ruby>其<rt>qí</rt></ruby><ruby>尤<rt>yóu</rt></ruby><ruby>也<rt>yě</rt></ruby>③。

达到上古的水平，其他作品也出入汉诗的境界了。跟我交游的人中，李翱、张籍是最突出的。他们三

<ruby>三<rt>sān</rt></ruby><ruby>子<rt>zǐ</rt></ruby><ruby>者<rt>zhě</rt></ruby><ruby>之<rt>zhī</rt></ruby><ruby>鸣<rt>míng</rt></ruby><ruby>信<rt>xìn</rt></ruby><ruby>善<rt>shàn</rt></ruby><ruby>矣<rt>yǐ</rt></ruby>。<ruby>抑<rt>yì</rt></ruby><ruby>不<rt>bù</rt></ruby><ruby>知<rt>zhī</rt></ruby><ruby>天<rt>tiān</rt></ruby><ruby>将<rt>jiāng</rt></ruby><ruby>和<rt>hé</rt></ruby><ruby>其<rt>qí</rt></ruby><ruby>声<rt>shēng</rt></ruby>，<ruby>而<rt>ér</rt></ruby><ruby>使<rt>shǐ</rt></ruby><ruby>鸣<rt>míng</rt></ruby><ruby>国<rt>guó</rt></ruby><ruby>家<rt>jiā</rt></ruby><ruby>之<rt>zhī</rt></ruby><ruby>盛<rt>shèng</rt></ruby><ruby>邪<rt>yé</rt></ruby>？<ruby>抑<rt>yì</rt></ruby><ruby>将<rt>jiāng</rt></ruby>

位的文辞表达确实是美好的。但不知道上天将使他们的声音和谐，而让他们歌唱国家的昌盛呢？还

① 陈子昂（661～702）：唐代著名诗人，字伯玉。诗作质朴刚健，对唐代诗风的转变产生很大影响。他的散文也是唐代古文运动的前驱。韩愈《荐士》说"国朝文章盛，子昂始高蹈"，是兼指他的诗和文的。有《陈伯玉集》（或作《陈子昂集》）。　苏源明：唐文学家，著名于玄宗天宝年间，卒于代宗广德二年（764）。有诗文集，已散佚。《全唐文》载其文五篇，《全唐诗》载其诗二首。　元结（719～772）：唐文学家，字次山。其诗富有现实性，他的散文也是韩愈、柳宗元古文运动的前驱。有《元次山集》。　李观（766～794）：字元宾，唐散文家，文学主张与韩愈大致相近。有《李观集》，今传《李元宾文集》系清人辑录。　② 浸淫：水的渗透，这里比喻文章的造诣。　③ 李翱（772～836）：字习之，韩愈门人，著名散文家，有《李文公集》。　张籍（约767～约830）：字文昌，韩愈门人，著名诗人，有《张司业集》。　④ 江南：时孟郊为溧阳尉，溧阳在唐代属江南道。

穷饿其身，思愁其心肠，而使
是要使他们身遭穷困饥饿，使他们的心思愁
自鸣其不幸邪？三子者之命，
苦，而吟咏自身的不幸呢？三位的命运，就掌握
则悬乎天矣。其在上也，奚以
在上天手中了，那他们身居高位，又有什么值得
喜；其在下也，奚以悲？东野之
欣喜；沉沦在下面，又有什么可以悲伤的呢？孟东
役于江南也④，有若不释然者，
野将到江南去就职，心中好像有想不开的郁结，所
故吾道其命于天者以解之。
以我讲这些命运在天的道理来替他宽解。

（顾易生　徐粹育）

送李愿归盘谷序

韩愈

太行之阳有盘谷①。盘谷之间，泉甘而土肥，草木蘩茂②，居民鲜
太行山的南面有个盘谷。盘谷里面，泉水甜美而土地肥沃，草木繁密茂盛，居民稀少。有人说：因为
少。或曰：谓其环两山之
它环绕在两座山之间，所以叫做"盘"；

① 太行：太行山，在山西高原和河南、河北平原之间。　阳：山的南面。　盘谷：在今河南济源北。　② 蘩：同"丛"。　③ 盘旋：盘桓，逗留。

351

^{jiān} ^{gù} ^{yuē} ^{pán} ^{huò} ^{yuē} ^{shì} ^{gǔ} ^{yě} ^{zhái} ^{yōu} ^{ér} ^{shì} ^{zǔ} ^{yǐn} ^{zhě} ^{zhī} ^{suǒ} ^{pán} ^{xuán} ^{yǒu} ^{rén} ^{lǐ}

间，故曰"盘"。或曰：是谷也，宅幽而势阻，隐者之所盘旋③。友人李

有人说：这个山谷啊，位置幽深而地势险阻，是隐士盘桓游邀的地方。我的朋友李愿就住

^{yuàn} ^{jū} ^{zhī}

愿居之。

在这里。

^{yuàn} ^{zhī} ^{yán} ^{yuē} ^{rén} ^{zhī} ^{chēng} ^{dà} ^{zhàng} ^{fū} ^{zhě} ^{wǒ} ^{zhī} ^{zhī} ^{yǐ} ^{lì} ^{zé} ^{shī}

愿之言曰："人之称大丈夫者，我知之矣。利泽施

李愿的话这样说："人们称为大丈夫的人，我是知道的了。他把利益恩惠像雨露那样赐给别人，他

^{yú} ^{rén} ^{míng} ^{shēng} ^{zhāo} ^{yú} ^{shí} ^{zuò} ^{yú} ^{miào} ^{cháo} ^{jìn} ^{tuì} ^{bǎi} ^{guān} ^{ér} ^{zuǒ} ^{tiān} ^{zǐ} ^{chū}

于人，名声昭于时。坐于庙朝①，进退百官，而佐天子出

的名声显赫传播于当时。坐在朝廷上参与政事，任免升降百官，并辅助天子发号施令。他外出时，就竖起旗

^{lìng} ^{qí} ^{zài} ^{wài} ^{zé} ^{shù} ^{qí} ^{máo} ^{luó} ^{gōng} ^{shǐ} ^{wǔ} ^{fū} ^{qián} ^{hē} ^{cóng} ^{zhě} ^{sè}

令。其在外，则树旗旄②，罗弓矢，武夫前呵，从者塞

帜，排列着弓箭仪仗，武夫在前面吆喝开道，侍从塞满了道路，从事供给的人，各自拿着物品，在道路两边飞

^{tú} ^{gōng} ^{jǐ} ^{zhī} ^{rén} ^{gè} ^{zhí} ^{qí} ^{wù} ^{jiā} ^{dào} ^{ér} ^{jí} ^{chí} ^{xǐ} ^{yǒu} ^{shǎng} ^{nù} ^{yǒu} ^{xíng}

途，供给之人，各执其物，夹道而疾驰。喜有赏，怒有刑。

快地奔跑。他高兴的时候就给赏赐，发怒的时候就施刑罚。许多才俊之士聚满在他面前，说古道今赞美他

^{cái} ^{jùn} ^{mǎn} ^{qián} ^{dào} ^{gǔ} ^{jīn} ^{ér} ^{yù} ^{shèng} ^{dé} ^{rù} ^{ěr} ^{ér} ^{bù} ^{fán} ^{qū} ^{méi} ^{fēng} ^{jiá} ^{qīng} ^{shēng} ^{ér} ^{pián}

才畯满前③，道古今而誉盛德，入耳而不烦。曲眉丰颊，清声而便

的大德，这些话进入耳中不会觉得烦厌。那些眉毛弯弯而脸庞丰腴，声音清脆而体态轻盈，外貌秀丽而内心

^{tǐ} ^{xiù} ^{wài} ^{ér} ^{huì} ^{zhōng} ^{piāo} ^{qīng} ^{jū} ^{yì} ^{cháng} ^{xiù} ^{fěn} ^{bái} ^{dài} ^{lù} ^{zhě} ^{liè} ^{wū} ^{ér}

体④，秀外而惠中⑤，飘轻裾⑥，翳长袖⑦，粉白黛绿者⑧，列屋而

巧慧，飘动着薄薄衣襟，掩饰着长长衣袖，脸搭白粉、眉画黛绿的美女们，在一排排房屋中闲住着，妒忌别人

^{xián} ^{jū} ^{dù} ^{chǒng} ^{ér} ^{fù} ^{shì} ^{zhēng} ^{yán} ^{ér} ^{qǔ} ^{lián} ^{dà} ^{zhàng} ^{fū} ^{zhī} ^{yù} ^{zhī} ^{yú} ^{tiān} ^{zǐ}

闲居，妒宠而负恃，争妍而取怜。大丈夫之遇知于天子，

得宠而自恃容貌，争艳竞美来博取主人的怜爱。这就是受到皇帝信任重用，掌握大权而施展抱负于当代的

^{yòng} ^{lì} ^{yú} ^{dāng} ^{shì} ^{zhě} ^{zhī} ^{suǒ} ^{wéi} ^{yě} ^{wú} ^{fēi} ^{wù} ^{cǐ} ^{ér} ^{táo} ^{zhī} ^{shì} ^{yǒu} ^{mìng} ^{yān}

用力于当世者之所为也。吾非恶此而逃之⑨，是有命焉，

大丈夫的所作所为啊。我并不是厌恶这些而躲开它，这是由命运安排的，不能侥幸得到的啊。过着贫寒生

bù kě xìng ér zhì yě　qióng jū ér yě chǔ shēng gāo
不可幸而致也。穷居而野处，升高

活，住在山林草野，登上高处眺望远方，闲坐在茂盛的树下

ér wàng yuǎn　zuò mào shù yǐ zhōng rì　zhuó qīng quán yǐ
而望远，坐茂树以终日，濯清泉以

度过整天，在清澈的泉水中洗涤使得自身净洁。从山上采摘

zì jié⑩　cǎi yú shān měi kě rú　diào yú shuǐ xiān
自洁⑩。采于山，美可茹；钓于水，鲜

果蔬，甜美可吃；从水中钓获鱼虾，新鲜入味。日常作息没有

kě shí　qǐ jū wú shí　wéi shì zhī ān　yǔ qí yǒu
可食。起居无时，惟适之安。与其有

限定时刻，只要舒适便安然处之。与其当面受到赞誉，怎比

yù yú qián shú ruò wú huǐ yú qí hòu　yǔ qí yǒu lè
誉于前，孰若无毁于其后；与其有乐

得上背后不被谤毁；与其身体享受欢乐，怎比得上心中没有

yú shēn shú ruò wú yōu yú qí xīn　chē fú bù wéi⑪
于身，孰若无忧于其心。车服不维⑪，

忧虑。既不受职官用车与服饰的约束，也不遭刑法刀锯的处

dāo jù bù jiā　lǐ luàn bù zhī　chù zhì bù wén⑫
刀锯不加，理乱不知，黜陟不闻⑫，

分，既不去了解政局的治乱盛衰，也不听到百官升降进退的

dà zhàng fū bú yù yú shí zhě zhī suǒ wéi yě　wǒ zé
大丈夫不遇于时者之所为也，我则

消息，这就是遭遇不合于时世的大丈夫所作所为啊，我就

xíng zhī　cì hòu yú gōng qīng zhī mén　bēn zǒu yú xíng shì zhī tú　zú jiāng jìn ér zī jū⑬ kǒu jiāng
行之。伺候于公卿之门，奔走于形势之途，足将进而趑趄⑬，口将

这样去做。那些伺候在公卿大官的门下，奔走在权势竞逐的路上，将要举足前进又踟蹰畏缩，想要开口说

yán ér niè rú⑭　chǔ wū huì ér bù xiū　chù xíng pì ér zhū lù⑮　jiǎo xìng yú wàn yī　lǎo sǐ
言而嗫嚅⑭，处污秽而不羞，触刑辟而诛戮⑮，侥幸于万一，老死

话又吞吐犹豫，身处卑贱污辱而不感觉惭愧羞耻，触犯刑律法制而受到处罚杀戮，希图着万分之一的侥幸

ér hòu zhǐ zhě　qí yú wéi rén xián bú xiào hé rú yě
而后止者，其于为人贤不肖何如也？"

机会，一直到老死方才罢休的人，这样的做人究竟算是好呢还是不好呢？"

① **庙朝**：宗庙和朝廷，指中央政府。　② **旄**：用旄（牦牛）尾装饰的一种旗帜。　③ **晙**：同"俊"。　④ **便**：形容体态轻盈、合宜。　⑤ **惠中**：内心聪慧。惠，通"慧"。⑥ **裾**：衣襟。　⑦ **翳**：遮蔽、掩蔽。⑧ **黛**：青黑色颜料，古代用以画眉。⑨ **恶**：厌恶、憎恨。⑩ **濯**：洗涤。　⑪ **车服**：车马和服饰。古代君主对有功之臣，赐以车服，官吏所用车服因职位高低而不同。　**维**：维系。⑫ **黜陟**：降职和升官。《尚书·舜典》"黜陟幽明"句注："黜退其幽者，升进其明者。"　⑬ **趑趄**：要走又不敢走的样子。⑭ **嗫嚅**：想说又不敢说的样子。⑮ **辟**：法。　**诛**：惩罚，杀戮。

chāng lí hán yù wén qí yán ér zhuàng zhī　　yǔ zhī jiǔ　　ér wèi zhī gē yuē pán
昌黎韩愈闻其言而壮之①，与之酒，而为之歌曰："盘

昌黎韩愈听了李愿这番话而佩服他的气魄豪壮，替他斟酒，并为他作歌道："盘谷的中间，就是您

zhī zhōng wéi zǐ zhī gōng pán zhī tǔ kě yǐ gǔ pán zhī quán kě zhuó kě yán pán zhī
之中，维子之宫；盘之土，可以稼②；盘之泉，可濯可沿；盘之

的居室。盘谷的土地，可以种五谷。盘谷的水，可以洗涤也可以沿着游览。盘谷险阻，有谁来争

zǔ shuí zhēng zǐ suǒ　　yǎo ér shēn kuò qí yǒu róng liáo ér qū rú wǎng ér fù jiē
阻，谁争子所？窈而深③，廓其有容④；缭而曲，如往而复。嗟

夺您的居所？幽远而又深邃，旷阔而又涵容。山谷回环曲折，像是走了过去却又回复相逢。叹息

pán zhī lè xī lè qiě wú yāng hǔ bào yuǎn jì xī jiāo lóng dùn cáng guǐ shén shǒu hù xī
盘之乐兮，乐且无央。虎豹远迹兮，蛟龙遁藏；鬼神守护兮，

盘谷中的快乐啊，而且快乐得无尽无穷。虎豹远远离开啊，蛟龙逃避躲藏；鬼神守卫保护这儿啊，呵

hē jìn bù xiáng yǐn qiě shí xī shòu ér kāng wú bù zú xī xī suǒ wàng gāo wú chē xī
呵禁不祥；饮且食兮寿而康，无不足兮奚所望？膏吾车兮

斥禁止不祥事物的来往；有饮有食啊长寿而且健康，没有什么不满足啊还有什么奢望？给我的车

mò wú mǎ cóng zǐ yú pán xī zhōng wú shēng yǐ chángyáng
秣吾马⑤，从子于盘兮，终吾生以徜徉⑥。"

辆加油膏啊喂饱我的马匹，我要跟随您到盘谷中去啊，尽我的一生这么逍遥游逛。"

---

①　昌黎：韩愈自称郡望昌黎（今河北卢龙）。　②　稼：播种五谷。"稼"与上句"土"押韵。顾炎武《诗本音》："稼，古音'古'。"　③　窈：幽深的样子。④　廓：广阔的样子。　其：犹"而"。　⑤　膏：油脂，用作车辆的润滑剂。⑥徜徉：自由自在地来往游荡。

（顾易生　徐粹育）

送董邵南序
sòng dǒng shào nán xù

韩 愈
hán yù

燕、赵古称多感慨悲歌之士①。董生举进士②，连不得志于有
yān zhào gǔ chēng duō gǎn kǎi bēi gē zhī shì　dǒng shēng jǔ jìn shì　lián bù dé zhì yú yǒu

自古称说燕、赵一带多有慷慨仗义、悲壮高歌的豪杰之士。董生参加进士考试，接连几次未被主考

司③，怀抱利器④，郁郁适兹土。吾知其必有合也。董生勉乎哉！
sī huái bào lì qì　yù yù shì zī tǔ　wú zhī qí bì yǒu hé yě　dǒng shēng miǎn hū zāi

官录取，怀抱优异的才能，心情抑郁地要到这个地方去。我料知他此去一定会遇到知己的。董生努力吧！

> ① 燕、赵：原是周朝两个诸侯国，战国时属于七个强国中的两个，古代以多刺客侠义之士著
> 称。燕的领地在今河北北部一带。赵的领地包括今河北南部、山西东部和河南、山东黄河以
> 北地区。在唐代相当于河北道一带的地方。　② 生：旧时对读书人的通称。　举进士：指
> 乡贡（地方推荐）到京城参加进士科考试。　③ 有司：古代设官分职，各有所司，故称官吏为
> "有司"。这里指主考官吏。　④ 利器：锋利的兵器。这里比喻优异的才能。《三国志·曹植
> 传》："植常自愤怨抱利器而无所施。"

夫以子之不遇时，苟慕义强仁者①，皆爱惜焉。矧燕、赵之
fú yǐ zǐ zhī bú yù shí　gǒu mù yì qiǎng rén zhě　jiē ài xī yān　shěn yān zhào zhī

像您这样没有遭逢时运，即使一般仰慕正义而勉力行仁的人都会同情爱惜您的。何况燕赵地带的

士②，出乎其性者哉！然吾尝闻风俗与化移易，吾恶知其今不异于
shì　chū hū qí xìng zhě zāi　rán wú cháng wén fēng sú yǔ huà yí yì　wú wū zhī qí jīn bú yì yú

豪杰之士，他们的行仁仗义是出于本性的呢！然而我曾听说过社会风气习俗是随着教化而转变的，我哪里

古所云邪③？聊以吾子之行卜之也④。董生勉乎哉！
gǔ suǒ yún yé　liáo yǐ wú zǐ zhī xíng bǔ zhī yě　dǒng shēng miǎn hū zāi

知道那边今天的社会风俗和古代所说的没有差异呢？姑且通过您的这番旅行去加以验证罢。董生努力吧！

> ① 强：勉力。　② 矧：况且。　③ 恶：何，怎么。
> 邪：通"耶"。　④ 吾子：表示亲昵的对称敬词。

wú yīn zhī yǒu suǒ gǎn yǐ   wèi wǒ
吾因之有所感矣。为我

我因为您的这次行程而产生一些感想。请

diào wàng zhū jūn zhī mù   ér guān yú qí shì
吊望诸君之墓①，而观于其市，

您替我凭吊一下望诸君乐毅的坟墓，并且到那里的

fù yǒu xī shí tú gǒu zhě hū   wèi wǒ
复有昔时屠狗者乎②？为我

集市去看看，还有过去时代屠者高渐离一类的豪

xiè yuē míng tiān zǐ zài shàng   kě yǐ chū
谢曰："明天子在上③，可以出

杰人物吗？替我向他们致意道："圣明天子在上面当

ér shì yǐ
而仕矣！"

政，可以出来做官为国家效力了！"

① **望诸君**：乐毅。参看本书前选《国策·乐毅报燕王书》。据《元和郡县志》等载，乐毅墓在邯郸（今属河北）西南。乐毅被迫离开燕而不背燕，当是韩愈要董邵南去凭吊其墓的原因。
② **屠狗者**：指战国时燕国侠士高渐离。高以屠狗为业，善击筑，曾于易水边送别赴秦国去刺秦王的刺客荆轲。荆轲行刺失败被杀，高欲为荆复仇，也被杀死。这里泛指隐于市井的感慨悲歌之士。　③ **明天子**：指唐宪宗。他即位后，采取积极措施平定了一些割据势力，受到韩愈的拥护。

（顾易生　徐粹育）

sòng yáng shào yǐn xù
送杨少尹序

hán yù
韩 愈

xī shū guǎng shòu èr zǐ yǐ nián lǎo   yì zhāo cí wèi ér qù   yú shí gōng qīng shè
昔疏广、受二子以年老①，一朝辞位而去。于时公卿设

从前疏广、疏受叔侄两位先生因为年老的缘故，在某一天一同辞去官职，离开朝廷。这时候，朝

gòng zhàng   zǔ dào dū mén wài   chē shù bǎi liàng   dào lù guān zhě   duō tàn xī qì xià gòng
供张②，祖道都门外③，车数百两④。道路观者，多叹息泣下，共

中高级官员们在城门外设帐摆宴为他们饯行，车子多到好几百辆。在路旁观看的人，大多为之赞叹流

yán qí xián   hàn shǐ jì zhuàn qí shì   ér hòu shì gōng huà zhě   yòu tú qí jì   zhì jīn zhào rén
言其贤。汉史既传其事⑤，而后世工画者⑥，又图其迹，至今照人

泪，共同称颂他们的贤德。汉代的史书已经记下了他们的事迹，后代擅长绘图画的人，又描画了他

送杨少尹序

ěr mù　hè hè ruò qián rì shì　　guó zǐ sī yè yáng jūn jù yuán　　fāng yǐ néng shī xùn hòu jìn

耳目，赫赫若前日事⑦。国子司业杨君巨源⑧，方以能诗训后进⑨，

们的故事，到现在还光彩照耀人们的耳目，显耀得就像前几天发生的事一样。国子监司业杨巨源先

yí dàn yǐ nián mǎn qī shí　　yì bái chéng xiàng qù guī qí xiāng　　shì cháng shuō gǔ jīn rén bù xiāng jí

一旦以年满七十，亦白丞相去归其乡。世常说古今人不相及，

生，正当以擅长诗学教导后辈的时候；一到年满七十岁，也禀告宰相请求离开朝廷返归他的故乡。世

jīn yáng yǔ èr shū　qí yì qǐ yì yě

今杨与二疏，其意岂异也？

人常说今人不能和古人相比，如今杨先生和两位疏先生，他们的心意难道有什么两样吗？

① 疏广、受：疏广和疏受，西汉东海兰陵（今山东枣庄东）人。宣帝时，疏广为太子
太傅，疏受是疏广的侄子，同时为太子少傅。在职五年，疏广对疏受说："知足不辱，
知止不殆。宦成名立，如此不去，惧有后悔。"于是同时称病告退，事见《汉书》本
传。 子：古代对男子的尊称。 ② 公卿：公和卿是古代朝廷两种最高官衔，有
"三公九卿"之称。这里泛指高级官员。 供张：也作"供帐"，陈设帷帐等用具。
供，陈设。 张，即"帐"。 ③ 祖道：古代在道旁设宴饯行的一种仪式。 祖，祭
祀道神。《汉书·疏广传》载："公卿大夫故人邑子设祖道，供张都门外。" ④ 两：
古"辆"字。 ⑤ 汉史：指《汉书·疏广传》。 ⑥ 工：擅长。 ⑦ 赫赫：显耀盛
大的样子。 ⑧ 国子：即国子监，古代国家的最高教育机构。 司业：官名。国子
监的副主管，帮助最高长官祭酒教授学生。 ⑨ 方：正，始。

yú tiǎn zài gōng qīng hòu　　yù bìng bù néng chū　　bù zhī yáng hóu qù shí　　chéng mén wài sòng

予忝在公卿后①，遇病不能出。不知杨侯去时②，城门外送

我惭愧地附在公卿之列的后面，当时因为碰上生病不能前去送行。不知道杨君离开的时候，

zhě jǐ rén chē jǐ liàng mǎ jǐ pǐ　　dào biān guān zhě yì yǒu tàn xī zhī qí wéi xián yǔ fǒu

者几人，车几两，马几匹，道边观者亦有叹息知其为贤与否？

到城门外送行的有多少人，车有多少辆，马有多少匹，在道旁观看的人是不是也有知道他是贤人而

ér tài shǐ shì yòu néng zhāng dà qí shì　　wéi zhuàn jì èr shū zōng jì fǒu　　bú luò mò fǒu

而太史氏又能张大其事③，为传继二疏踪迹否？不落莫否④？

加以赞叹的？而史官是不是对这件事大加宣扬，为他立传来继续两位疏先生的遗事？不至于让他冷

357

jiàn jīn shì wú gōng huà zhě　　ér huà yǔ bú huà gù bú lùn yě　　rán wú wén yáng hóu zhī qù
见今世无工画者⑤，而画与不画固不论也⑥。然吾闻杨侯之去，

落吧？现今世上没有擅长绘画的人，但画或者不画暂且不必去管它了。不过，我听说杨君离开的时候，宰相

chéng xiàng yǒu ài ér xī zhī zhě　bái yǐ wéi qí dū shào yǐn　　bù jué qí lù　　yòu wéi gē shī
丞　相有爱而惜之者，白以为其都少尹⑦，不绝其禄。又为歌诗

有爱惜他的意思，就禀告皇帝，任命他担任家乡河中府的少尹，不中断他的俸禄。还作了诗来勉励他。京城

yǐ quàn zhī　jīng shī zhī cháng yú shī zhě　　yì zhǔ ér
以劝之。京师之长于诗者⑧，亦属而

中擅长写诗的人，也跟着作诗应和。我又不知当时两位

① 忝：谦词，有愧于。韩愈当时为吏部侍郎，所以说"忝在公卿后"。
② 侯：古代士大夫之间的尊称。
③ 张大：广泛宣扬。　④ 落莫：冷落，寂寞。莫，通"寞"。　⑤ 见：同"现"。　⑥ 固：先，姑且。　⑦ 都：指河中府，治河东（今山西永济蒲州），唐时一度建号称"中都"。　少尹：官名，相当于州府的副职。　⑧ 京师：京都，唐时以长安（今陕西西安）为首都。
⑨ 属：接连，跟着。　和：应和。

hè zhī　⑨　　yòu bù zhī dāng shí èr shū zhī qù yǒu shì
和之⑨。又不知当时二疏之去有是

疏君辞官离去的时候是不是也有这样的事？古人和今人

shì fǒu　gǔ jīn rén tóng bù tóng wèi kě zhī yě
事否？古今人同不同未可知也。

究竟相同还是不相同，看来还是不能确切知道的。

zhōng shì shì dà fū　　yǐ guān wéi jiā　　bà zé wú suǒ yú guī　　yáng hóu shǐ guàn　jǔ yú
中世士大夫①，以官为家，罢则无所于归②。杨侯始冠③，举于

中古时候的士大夫们，往往以官为家，一旦去职就无处可归。杨君刚成年时，就通过乡试中举，

qí xiāng　④　gē lù míng ér lái yě⑤　　jīn zhī guī　zhǐ qí shù yuē　　mǒu shù wú xiān rén zhī
其乡④，歌《鹿鸣》而来也⑤。今之归，指其树曰："某树吾先人之

参加了鹿鸣宴然后前来京城做官。现在回去，可以指着家乡的树说："某株树是我的先辈种的，某条河

suǒ zhòng yě　　mǒu shuǐ mǒu qiū　wú tóng zǐ shí suǒ diào yóu yě　　xiāng rén mò bú jiā jìng jiè
所种也⑥，某水某丘，吾童子时所钓游也。"乡人莫不加敬，诫

流、某座小山，是我童年时钓鱼玩耍过的地方。"家乡的人没有哪一个不倍加尊敬他，并且告诫自己的

zǐ sūn yǐ yáng hóu bú qù qí xiāng wéi fǎ　　gǔ zhī suǒ wèi xiāng xiān sheng　　mò ér kě jì yú
子孙以杨侯不去其乡为法⑦。古之所谓乡先生⑧，没而可祭于

子孙要把杨君不离开故乡做为学习的榜样。古时所说的"乡先生"，死后能够在社庙里享受祭祀的，

shè zhě　　qí zài sī rén yú　　qí zài sī rén yú

社者⑨，其在斯人欤⑩！其在斯人欤！

大概就是指这样的人吧？大概就是指这样的人吧？

> ① **中世**：中古时候。　**士大夫**：古代对官僚阶层的称呼。　② **于**：动词词头，凑足一个音节，无实义。《诗经·周南·桃夭》："之子于归，宜其室家。"故后常以"于归"两字连用。　③ **冠**：《礼记·曲礼》载："二十曰弱，冠。"古代男子在十九岁足龄后的一个月举行冠礼，表示成年。　④ **举**：参加科举考试，也指考中。　**乡**：指乡试。　⑤**《鹿鸣》**：《诗经·小雅》中的一篇，是宴享宾客时所用的诗歌。唐代乡举考试后，州县长官宴请中举的人，宴会上歌唱《鹿鸣》之诗，后因称"鹿鸣宴"。　⑥ **先人**：指死去的父、祖辈。　⑦ **法**：楷模。　⑧ **乡先生**：古时称辞官乡居或在乡任教的老年士人。　⑨ **没**：通"殁"，死。　**社**：土地神，这里指祭祀社神的地方。　⑩ **欤**：疑问语气词。这里与句首"其"相应，构成"其……欤"句式，表示推测、估计的语气。

（顾易生　李笑野）

sòng shí chǔ shì xù

送石处士序

hán yù

韩愈

hé yáng jūn jié dù　　yù shǐ dà fū wū gōng　　wéi jié dù zhī sān yuè　　qiú shì yú

河阳军节度、御史大夫乌公①，为节度之三月，求士于

河阳军节度使、御史大夫乌公，就任节度使后的第三个月，就在僚属中贤能的人中访求贤才。

cóng shì zhī xián zhě　　yǒu jiàn shí xiān sheng zhě　　gōng yuē　　xiān sheng hé rú　　yuē　xiān

从事之贤者②。有荐石先生者③。公曰："先生何如？"曰："先

有人推荐石先生。乌公问："石先生为人怎么样？"回答说："石先生深居于嵩、邙二山和瀍、穀两水之间，

sheng jū sōng máng chán gǔ zhī jiān　　dōng yì qiú　　xià yì gě　　shí zhāo xī fàn

生居嵩、邙、瀍、穀之间④，冬一裘⑤，夏一葛⑥，食朝夕，饭

冬天穿一件毛皮衣服，夏天穿一件葛布粗衫，早晚用餐，只是一碗饭、一盘蔬菜。人家给他钱，他辞

一盂⑦，蔬一盘。人与之钱，则辞⑧；请与出游，未尝以事

谢不受；请他一道出去游玩，他从未借故推脱过；劝他出去做官，却总不答应。坐在一间屋子里，左右两旁都

免⑨；劝之仕，不应。坐一室，左右图书⑩。与之语道理，辨古今

是图书。和他谈论道理，辨析古今事情的正确与否，评论人物德才的高下，事情的结局是成功还是失败，他

事当否，论人高下，事后当成败，若河决下流而东注；若

的话如同黄河下流冲决向东倾注那样滔滔不绝；就像四匹马驾着轻车走在熟悉的道路上，而又是王良、造

驷马驾轻车就熟路⑪，而王良、造父为之先后也⑫，若烛照数

父那样的驾驭高手在前后驾车；又好比用烛光照耀般明察幽微，用数理计算般析理精确，用龟甲占卜般预

计而龟卜也⑬。"大夫曰：

见得准确灵验。"乌大夫说："石先生有

"先生有以自老，无求于

志甘愿隐居到老，对别人没有什么企

人，其肯为某来邪⑭？"从

求，他会肯为我而出山来吗？"僚属说：

事曰："大夫文武忠孝，

"大夫您文武全才、忠孝兼备，是为国家

求士为国，不私于家⑮。方

访求贤才，不是为自家图谋私利。现在

今寇聚于恒⑯，师环其

贼寇集结在恒州，军队环布在它的疆界

疆，农不耕收，财粟殚

周围，农民无法耕种收获，钱财粮食都

① 河阳军：河阳军节度使官署所在地，在河南原孟县南，唐代节度使的辖区多建军号，所以称"军"。节度：节度使的省称。唐时于重要地区设节度使，总揽一区军、民、财政。御史大夫：官名，主管弹劾、纠察以及掌管图籍秘书。乌公：名重胤，元和五年四月任河阳节度使，御史大夫是其兼职。公，对有名望有地位人的敬称。② 士：指有节操、有学问的人。从事：古时由州府长官自行招募任免的僚属称"从事"。③ 石先生：指石洪。他字浚川，这时隐居洛水北岸。称"先生"是对他的尊重，韩愈在《寄卢仝》诗中称他为"水北山人"。石洪于元和七年去世，韩愈曾作有《祭石君文》、《集贤校理石君墓志铭》，可见两人有一定交谊。④ 嵩：即嵩山，古名嵩高，五岳的中岳，在河南登封北。邙：山名，在河南西部。瀍：水名，即瀍河。源出河南洛阳市西北榖城山，入洛水。榖：水名。源出河南原陕县东部，在洛阳西南与洛水会合。⑤ 裘：毛皮衣服。⑥ 葛：这里指用葛织布做的夏衣。在古代葛是平民穿的粗衣。⑦ 盂：盛食物的圆口器皿。⑧ 辞：谢绝。⑨ 免：这里指推脱。⑩ 左右：指两旁。⑪ 驷马：古代一车套四匹马，称为"驷马"。⑫ 王良、造父：王良是春秋时晋国大夫，造父是周穆王时人。两人都是驭马的能手。

wú wú suǒ chǔ dì guī shū zhī tú zhì fǎ
亡⑰。吾所处地，归输之涂⑱，治法

已用尽。我们所处的地方，是军队往来和物资转运的重

zhēng móu yí yǒu suǒ chū xiān sheng rén qiě yǒng
征谋，宜有所出。先生仁且勇，

要通道，不论是政治上的办法还是军事上的计谋，都应

ruò yǐ yì qǐng ér qiǎng wěi zhòng yān qí hé shuō
若以义请而强委重焉，其何说

当有出主意的人。石先生仁爱并且勇敢，假如凭借大义

zhī cí? yú shì zhuàn shū cí jù mǎ bì
之辞?"于是撰书词，具马币⑲，

之辞，去聘请，并将重任委派给他，他还能用什么话推辞呢?"

bǔ rì yǐ shòu shǐ zhě qiú xiān sheng zhī lú ér
卜日以受使者⑳，求先生之庐而

于是写好聘请的书信，备办齐全马匹及币帛等礼物，选

qǐng yān
请焉。

择了个好日子，交给使者，找到石先生的住处去聘请他。

⑬ 龟卜：古人用灼烧龟甲来占卜，依据它的裂纹推测吉凶。这里比喻善于推断因而富有预见。　⑭ 其：表示揣度的语气词。　⑮ "求士为国"两句：古时大夫所领属的称"家"，诸侯所领属的称"国"，天子所领属的称"天下"。天子领属的也可以称"国"，这里的国指唐王朝，家指乌重胤家。　⑯ 寇聚于恒：寇，指的是成德节度使王承宗。恒，恒州，今河北正定，唐时名成德军。唐元和四年，王承宗叛乱，朝廷派兵讨伐，没有成功。元和五年七月王承宗遣使上表自首。朝廷加以赦免，复其官爵。石洪赴河阳军事在这年六月，时战事尚在进行，故云"寇聚"。　⑰ 殚：尽。亡：通"无"。　⑱ 涂：古〈途〉字，道路。　⑲ 币：帛。古人常用以相互赠送，因作为礼物的通称。　⑳ 受：通"授"。

xiān sheng bú gào yú qī zǐ bù móu yú péng yǒu guàn dài chū jiàn kè bài shòu
先生不告于妻子，不谋于朋友，冠带出见客，拜受

石先生不告诉家里人，也没有跟朋友商量，就戴冠结带穿著得整整齐齐地出来会见客人，在屋里

shū lǐ yú mén nèi xiāo zé mù yù jiè xíng lǐ zài shū cè wèn dào suǒ yóu gào xíng
书礼于门内。宵则沐浴，戒行李①，载书册，问道所由，告行

恭敬地接受了聘书和礼物。当天晚上洗头洗澡，准备行李，装载好书籍，问清路上经过的地方，并向经

yú cháng suǒ lái wǎng chén zé bì zhì zhāng shàng dōng mén wài jiǔ sān xíng qiě qǐ yǒu
于常所来往。晨则毕至，张上东门外②。酒三行且起③，有

常往来的朋友告别。第二天，朋友们一清早就都来到上东门外为他设宴饯行。酒喝过三巡，石先生将要动

zhí jué ér yán zhě yuē dà fū zhēn néng yǐ yì qǔ rén xiān sheng zhēn néng yǐ dào zì
执爵而言者曰④："大夫真能以义取人，先生真能以道自

身的时候，有人端着酒杯说道："乌大夫真正能以大义访求人才，石先生也真正能以道义作为自己的责

rèn　jué qù jiù　wèi xiān sheng bié　　yòu zhuó
任，决去就。为先生别。"又酌

任，从而决定自己的离去或者就职。这杯酒为先生

ér ér zhù yuē　fán qù jiù chū chù hé cháng
而祝曰："凡去就出处何常？

您送别。"又斟了一杯酒祝愿说："凡是隐居或做

wéi yì zhī guī⑤　　suì yǐ wèi xiān sheng shòu
惟义之归⑤。遂以为先生寿。"

官，哪有什么一成不变的规定？只以道义为依归。

yòu zhuó ér zhù yuē　shǐ dà fū héng wú biàn
又酌而祝曰："使大夫恒无变

我就用这杯酒向先生祝寿。"又斟了杯酒祝愿

qí chū　wú wù fù qí jiā ér jī qí shī，
其初，无务富其家而饥其师，

说："希望乌大夫永远不要改变他的初衷，不去做

wú gān shòu nìng rén ér wài jìng zhèng shì⑥　wú
无甘受佞人而外敬正士⑥，无

那种专使自家富裕发财而让士兵缺乏军粮忍饥挨

mèi yú chǎn yán⑦　wéi xiān sheng shì tīng　yǐ néng yǒu chéng gōng　bǎo tiān zǐ zhī chǒng mìng　yòu zhù
昧于谄言⑦，惟先生是听。以能有成功，保天子之宠命。"又祝

饿的事，不要内心喜爱那些善于阿谀奉承的人而只在表面上敬重正直之士，也不要被讨好奉承话所

yuē　shǐ xiān sheng wú tú lì yú dà fū ér sī biàn qí shēn tú　xiān sheng qǐ bài zhù cí
曰："使先生无图利于大夫，而私便其身图。"先生起拜祝辞，

蒙蔽，只愿他听从石先生的意见。从而能获成功，保天子加恩特赐的光荣任命。"又祝愿说："希望石

yuē　gǎn bú jìng zǎo yè yǐ qiú cóng zhù guī⑧　yú shì dōng dū zhī rén shì⑨　xián zhī dà
曰："敢不敬蚤夜以求从祝规⑧！"于是东都之人士⑨，咸知大

先生别在乌大夫那里图谋私利，有私下方便自身的打算。"石先生起身拜谢这番祝辞说："我怎敢不恭敬

fū yú xiān sheng guǒ néng xiāng yǔ yǐ yǒu chéng yě　suì gè wéi gē shī liù yùn⑩　qiǎn yù wèi
夫与先生果能相与以有成也。遂各为歌诗六韵⑩，遣愈为

小心地从早到晚都按诸位祝愿和规劝的话去做呢！"因此，东都洛阳的人士全都料定乌大夫和石先生一

zhī xù yún⑪
之序云⑪。

定能够彼此配合而有所成就。于是大家各自作了一首六个韵脚十二句的诗，派我韩愈为它写了这篇序文。

①　戒：准备。　②　张：供张。为饯别
在郊野设置的宴席。　上东门：洛阳
城门。　③　三行：三巡，行酒三遍。古
人宴会，一般以三次斟酒为度，以免饮
酒过度宾主失仪。　④　爵：酒器。
⑤　归：归向，依据。　⑥　佞人：指善于
巧言献媚的人。　⑦　昧：昏暗，引申
为心不明。　谄言：巴结、奉承的话。
⑧　蚤：通"早"，早晨。　祝规：祝愿和
规劝。　⑨　东都：唐朝建都长安，以洛
阳为东都。　⑩　六韵：六个韵脚。旧
体诗一般两句押一个韵，六韵是十二
句。韩愈有《送石处士赴河阳幕》诗，
即此时所作。　⑪　云：用在全篇最后
一句的末尾，表示全篇的结束。

（顾易生　李笑野）

送温处士赴河阳军序
sòng wēn chǔ shì fù hé yáng jūn xù

韩愈
hán yù

bó lè yí guò jì běi zhī yě　　ér mǎ qún suì kōng　　fú jì běi mǎ duō tiān xià　bó lè
伯乐一过冀北之野①，而马群遂空。夫冀北马多天下，伯乐

伯乐一经过冀北的原野，那里的马群就空了。天下数冀北的马产量多，伯乐虽然善于识马，怎么能

suī shàn zhī mǎ　ān néng kōng qí qún yé　jiě zhī zhě yuē　　wú suǒ wèi kōng　fēi wú mǎ yě
虽善知马，安能空其群邪？解之者曰："吾所谓空，非无马也，

使那里的马群都空了呢？解释这个问题的人说："我所说的'空'，不是指没有马，而是说没有良马

wú liáng mǎ yě　　bó lè zhī mǎ　　yù qí liáng　zhé qǔ
无良马也。伯乐知马，遇其良，辄取

啊。伯乐善于识马，只要一碰见马群中良种，就把它挑走

> ① 伯乐：传说是春秋中期秦穆公时人，以善相马著称。　冀北：冀州的北部，今河北、山西一带地方，相传冀州出产良马。　② 苟：如果，假使。

zhī　qún wú liú liáng yān　　gǒu wú liáng　　suī wèi wú
之，群无留良焉。苟无良②，虽谓无

马群中就没有留下良马了。假使没有了良马，就说那里没

mǎ　　bù wéi xū yǔ yǐ
马，不为虚语矣。"

有马，也不能算是虚妄之谈了。"

dōng dū　　gù shì dà fū zhī jì běi yě　　shì cái néng shēn cáng ér bú shì zhě　　luò zhī
东都①，固士大夫之冀北也。恃才能深藏而不市者②，洛之

东都洛阳，本来就是士大夫集中的地方，犹如多产良马的冀北之野。身具真才实学而隐居不

běi yá yuē shí shēng　　qí nán yá yuē wēn shēng　　dà fū wū gōng yǐ fǔ yuè zhèn hé yáng zhī sān
北涯曰石生③，其南涯曰温生。大夫乌公以铁钺镇河阳之三

出来做官的，住在洛水北岸的一位叫做石先生，住在洛河南岸的一位叫做温先生。御史大夫乌公以节

yuè　　yǐ shí shēng wéi cái　　yǐ lǐ wéi luó　luó ér zhì zhī mù xià　　wèi shù yuè yě　yǐ
月④，以石生为才，以礼为罗⑤，罗而致之幕下⑥。未数月也，以

度使的身份镇守河阳的第三个月，认为石先生是位人才，就用礼节作为招聘的手段，将他罗致到幕府中。

wēn shēng wéi cái　　yú shì yǐ shí shēng wéi méi　　yǐ lǐ wéi luó　yòu luó ér zhì zhī mù xià
温生为才，于是以石生为媒⑦，以礼为罗，又罗而致之幕下。

没过几个月，又认为温先生是位人才，于是通过石先生介绍，用礼节作为招聘的手段，又把温先生罗

dōng dū suī xìn duō cái shì⑧　　zhāo qǔ yì rén yān　bá qí yóu⑨　mù qǔ yì rén yān　bá qí yóu　zì jū
东都虽信多才士⑧，朝取一人焉，拔其尤⑨；暮取一人焉，拔其尤。自居

致到了幕府之中。东都虽然确有很多真才实学之士，但早晨选取一人，拔走其中特出的；晚上选取

shǒu hé nán yǐn⑩　　yǐ jí bǎi sī zhī zhí shì⑪　　yǔ wú bèi èr xiàn zhī dà fū⑫　zhèng yǒu suǒ
守河南尹⑩，以及百司之执事⑪，与吾辈二县之大夫⑫，政有所

一人，拔走其中特出的。这样一来，从东都留守、河南尹起，直到各部门的主管和我们这些洛阳、河南两县

bù tōng　shì yǒu suǒ kě yí　xī suǒ zī ér chǔ yān⑬　　shì dà fū zhī qù wèi ér xiàng chǔ zhě　shuí
不通，事有所可疑，奚所咨而处焉⑬？士大夫之去位而巷处者，谁

的官吏，如果碰到不好处理的政事，或者办理事情遇到可疑之处，又到哪里去请教、商量从而得到处理

yǔ xǐ yóu　　xiǎo zǐ hòu shēng　yú hé kǎo dé ér wèn yè yān　jìn shēn zhī dōng xī xíng guò shì dū
与嬉游？小子后生，于何考德而问业焉？缙绅之东西行过是都

呢？离去官职而处在里巷家中的士大夫，同谁去娱乐交游呢？年青的后辈，又到哪里去考核德行并请教

zhě⑭　　wú suǒ lǐ yú qí lú⑮　　ruò shì ér chēng yuē　dà fū wū gōng yì zhèn hé yáng　ér dōng dū
者⑭，无所礼于其庐⑮。若是而称曰："大夫乌公一镇河阳，而东都

学业呢？东西往来路过这东都洛阳的官员，也无法到他们的住处去行拜访之礼。像这样，那么说："御

chǔ shì zhī lú wú rén yān　　qǐ bù kě yě
处士之庐无人焉。"岂不可也？

史大夫乌公一镇守河阳，东都隐居贤士的住处就没有人了。"难道不可以吗？

---

①**东都**：指洛阳。唐代首都长安，以洛阳为东都。　②**市**：买卖，这里指求官。　③**洛**：即洛河。**涯**：边际。　**石生**：即石洪，韩愈好友。　**生**，知识分子的通称，是"先生"两字的简称。　④**乌公**：乌重胤，元和五年（810）任河阳军节度使、御史大夫。知人善任，征聘温造、石洪二人于其幕府。　**铁钺**：同"斧钺"，本是古代的两种兵器，后成为象征道义，具有刑罚、杀戮之权的标志。这里指节度使的身份。　⑤**罗**：罗网，这里用来比喻招聘贤士的手段。　⑥**幕下**：即幕府中。军队出征，施用帐幕，所以古代将帅的官署叫"幕府"。　⑦**媒**：媒介，中介。　⑧**信**：的确、确实。　⑨**尤**：特异的、突出的。　⑩**居守**：留守，这里指东都留守。　**河南尹**：河南府的长官。　⑪**司**：官署。　⑫**二县**：指东都所属的洛阳、河南二县。　**大夫**：这里指县官。韩愈当时为河南县令。　⑬**奚所**：哪里，什么地方。　**咨**：商量、询问。　⑭**缙绅**：也作"搢绅"。古代官员插笏于绅带间。这里指官员。　⑮**礼**：这里指谒见，拜访。

夫南面而听天下①，其所托重而

皇帝朝南坐而处理天下大事，他所委以重任而依靠其力量

恃力者，惟相与将耳。相为天子得人

的，就只是宰相和大将了。宰相为皇帝搜罗人才到朝廷，大将

于朝廷，将为天子得文武士于幕下，

为天子选取文人武士到幕府中，如果这样，想使国家内外

求内外无治，不可得也。愈縻于兹②，不

治理不好，那是不可能的了。我羁留在这里任职，不能自己

能自引去③，资二生以待老④。今皆为有

引退，借助二位先生的谋划以等待老年到来。现在他们全

力者夺之，其何能无介然于怀邪⑤？生

都被有力的人物夺走了，又怎么能使我不耿耿于怀呢？温先

既至，拜公于军门⑥，其为吾以前所称，

生到后，在军门拜见乌公的时候，希望把我前面所说的，

为天下贺；以后所称，为吾致私怨于

替天下人祝贺；把我后面所说的，替我对选尽人才这件事表示

尽取也⑦。留守相公首为四韵诗歌其

私人的抱怨。东都留守相公，首先作了一首四韵的诗来赞

事⑧，愈因推其意而序之。

颂这件事，我就推衍他的诗意而作了这篇序文。

① 南面：这里指皇帝。古代以坐北朝南为尊位，所以皇帝见群臣时面向南而坐。 听：决断，处理。 ② 縻：束缚，羁留。 ③ 引去：引退，辞去。 ④ 资：依赖，借助。 ⑤ 介然：耿耿于心。 ⑥ 军门：军营的门，指幕府。 ⑦ 致：转达，表示。 ⑧ 留守相公：指当时的东都留守郑余庆。 相公，指宰相。郑余庆曾两次做过宰相。 四韵：旧体诗一般隔句押韵，四韵为八句。

（顾易生 李笑野）

祭十二郎文

jì shí èr láng wén

韩愈

hán yù

年月日^①，季父愈闻汝丧之七日^②，乃能衔哀致诚，使建中

某年某月某日，小叔叔韩愈在听到你去世消息后的第七天，才能含着悲痛来向你表达心意，派

远具时羞之奠^③，告汝十二郎之灵。

遣建中从远路置办了时鲜美味祭品，祭告你十二郎的灵前。

> ① 年月日：《文苑英华》此处作"贞元十九年五月二十六日"。按本文中说曾得老成六月十七日书，祭文又作于得其死讯后七天，不可能作于五月二十六日，"五"字当误。　② 季父：最小的叔父。　③ 建中：当是韩愈家中仆人名。羞："馐"的本字。美味食品。奠：以酒肉祭死者，这里指祭品。

呜呼！吾少孤^①，及长，不省所怙^②，惟兄嫂是依。中年，兄殁

唉！我从小失去父亲，等到长大，不知道父亲的样子，只有依靠着哥哥嫂嫂。哥哥中年时在南方去

南方^③，吾与汝俱幼，从嫂归葬河阳^④。既又与汝就食江南^⑤，零

世，那时我和你都还年幼，跟随着嫂嫂送哥哥的灵柩回河阳安葬。随后又和你一起到江南度日，孤苦

丁孤苦，未尝一日相离也。吾上有三兄^⑥，皆不幸早世。承先

零丁，未曾一天相互分离过啊。我上面有三位哥哥，都不幸很早逝世了。继承已故上辈的后代，在孙子

人后者，在孙惟汝，在子惟吾，两世一身，形单影只。嫂尝抚汝指

辈里只有你，在儿子辈里只有我，两代都仅剩下一个人，形影孤孤单单。我嫂嫂曾经一面抚摸着你一面

wú ér yán yuē　　　　hán shì liǎng shì　wéi cǐ ér yǐ　　rǔ shí yóu xiǎo　dāng bú fù jì yì　wú shí

吾而言曰："韩氏两世，惟此而已！"汝时尤小，当不复记忆。吾时

指着我说："韩家两代，只有你们这两个人了！"那时你比我更小，大概已不再记得了。我那时虽然能够

suī néng jì yì　　yì wèi zhī qí yán zhī bēi yě　　wú nián shí jiǔ　shǐ lái jīng chéng　qí hòu sì nián　ér guī

虽能记忆，亦未知其言之悲也！吾年十九，始来京城。其后四年，而归

记忆，却也没有懂得她的话中的悲辛啊！我十九岁时，初次来到京城。此后过了四年，才回家看望你。

shì rǔ⑦　　yòu sì nián　wú wǎng hé yáng xǐng fén

视汝⑦。又四年，吾往河阳省坟

又过了四年，我往河阳拜谒先人坟墓，遇到你

mù⑧　　yù rǔ cóng sǎo sàng lái zàng⑨　　yòu èr

墓⑧，遇汝从嫂丧来葬⑨。又二

捧着我嫂嫂的灵柩来安葬。再过两年，我在汴

nián　wú zuǒ dǒng chéng xiàng yú biàn zhōu⑩　rǔ

年，吾佐董丞相于汴州⑩，汝

州做幕僚辅佐董丞相，你来看望我，住了一年，

lái xǐng wú　zhǐ yí suì　qǐng guī qǔ qí

来省吾，止一岁，请归取其

你要求回去接家眷来。次年，董丞相逝世了，

nú⑪　　míng nián　chéng xiàng hōng⑫　wú qù biàn

孥⑪。明年，丞相薨⑫，吾去汴

我离开了汴州，你终于没有来成。这年，我去

zhōu　rǔ bù guǒ lái　shì nián　wú zuǒ róng xú

州，汝不果来。是年，吾佐戎徐

徐州助理军务，派去接你的人刚启程，我又

zhōu⑬　shǐ qǔ rǔ zhě shǐ xíng　wú yòu bà

州⑬，使取汝者始行，吾又罢

被罢职离开徐州，你又没有来成。我想你

qù⑭　rǔ yòu bù guǒ lái　wú niàn rǔ cóng yú

去⑭，汝又不果来。吾念汝从于

如跟随我来到东方，东方也是客地啊，不

dōng⑮　dōng yì kè yě　bù kě yǐ jiǔ　tú

东⑮，东亦客也，不可以久，图

能够永久住下来。从长远打算，不如回到

① 孤：幼年丧父。韩愈父仲卿卒于唐代宗大历五年(770)，《新唐书·韩愈传》："愈生三岁而孤，随伯兄韩会贬官岭表。会卒，嫂郑鞠(抚养)之。"　② 省：知道。怙：依靠。《诗经·小雅·蓼莪》："无父何怙，无母何恃。"后世因用"所怙"代父，"所恃"代母，丧父叫"失怙"。
③ "中年"两句：大历十二年(777)，韩会由起居舍人贬为韶州(今广东韶关)刺史，次年死于任所，年四十二岁，故称"中年"。　④ 河阳：在河南原孟县西，韩愈祖坟所在地。　⑤ 就食江南：韩氏有别业在宣州(今安徽宣城)，德宗建中二年(781)，中原兵祸不息，韩愈随嫂移家前往。
⑥ 三兄：指韩会、韩介和另一个早死的哥哥。　⑦ "吾年十九"四句：德宗贞元二年(786)，韩愈十九岁，自宣州游长安，应进士举，至八年春始登进士第，中间曾回宣州一次。又据韩愈《答崔立之书》，至长安为二十岁，则是贞元三年；《欧阳生哀辞》也说："贞元三年，余始至京师举进士。"与本篇所记相差一年。　视，探望。上对下叫视。　⑧ 省：多指对长辈的探望。
⑨ 嫂丧：韩愈嫂郑氏卒于贞元九年。

367

jiǔ yuǎn zhě　mò rú xī guī　jiāngchéng jiā ér zhì rǔ　wū hū　shú wèi rǔ jù qù wú ér mò hū　wú
久远者，莫如西归⑯，将成家而致汝。呜呼！孰谓汝遽去吾而殁乎？吾

西边，我准备安顿好家庭然后接你去。唉！谁知你竟会突然匆促地离开我而去世呢？我和汝都还年

yǔ rǔ jù shào nián　yǐ wéi suī zàn xiāng
与汝俱少年，以为虽暂相

轻，以为虽然暂时分别，终究会长久

bié　zhōngdāng jiǔ xiāng yǔ chǔ　gù shě
别，终当久相与处，故舍

地相处在一起的，所以离开你到京师

rǔ ér lǚ shí jīng shī　yǐ qiú dǒu hú
汝而旅食京师，以求斗斛

去旅居谋生，以便求得几斗几斛的微

zhī lù　chéng zhī qí rú cǐ　suī wàn
之禄⑰。诚知其如此，虽万

薄俸禄。如果知道真的会这样，即使

shèng zhī gōngxiàng　wú bù yǐ yí rì
乘之公相⑱，吾不以一日

有万乘车辆的公卿宰相职位，我一天也

chuò rǔ ér jiù yě
辍汝而就也！

不会丢下你而去上任的！

⑩ 董丞相：指董晋。贞元十二年七月，董晋以检校尚书左仆射、同中书门下平章事出任宣武军节度使，汴、宋、亳、颍等州观察使。韩愈在他属下任节度推官。　汴州：宣武军节度使驻地，治所在今河南开封。　⑪ 孥：妻子和儿女的统称。　⑫ 薨：周朝诸侯死叫薨，唐朝三品以上大官死亡也叫薨。贞元十五年二月，董晋卒于汴州任所，韩愈随丧西行。离开后第四天，汴州发生兵变。　⑬ 佐戎：辅助军事工作。贞元十五年秋，宁武军节度使张建封任韩愈为节度推官。　徐州：宁武军节度使驻地，今属江苏。　⑭ 吾又罢去：贞元十六年五月十三日张建封卒。韩愈于十四日有《题李生壁》云："是来也，余黜于徐州。"那么韩愈的罢职，或在张建封去世之前。　⑮ 东：指汴州、徐州，都在河阳之东。　⑯ 西：指河阳。　⑰ 斛：古时十斗为斛。韩愈离开徐州后，在贞元十六年冬至长安选官，无所成而归。十七年冬再往，至十八年春始有四门博士之授。十九年迁监察御史。　⑱ 万乘：周朝制度，封国大小，以兵赋计算。战国时，凡地方千里的大国，称为万乘之国，意思是出兵车万乘。这里"万乘"形容最大俸禄。

qù nián　mèngdōng yě wǎng　wú shū yǔ rǔ yuē　wú nián wèi sì shí　ér shì mángmáng
去年①，孟东野往②，吾书与汝曰："吾年未四十③，而视茫茫，

去年，孟东野前往江南，我写了一封信托他带给你说："我年龄还不到四十岁，却已视力模糊，

ér fà cāngcāng　ér chǐ yá dòngyáo　niàn zhū fù yǔ zhū xiōng　jiē kāngqiáng ér zǎo shì　rú wú zhī
而发苍苍，而齿牙动摇。念诸父与诸兄④，皆康强而早世⑤；如吾之

头发灰白，牙齿松动。想到我的几位父辈和几位兄长，都是健康壮盛时便过早去世；像我这样衰弱的身

shuāi zhě　qí néng jiǔ cún hū　wú bù kě qù　rǔ bù kěn lái　kǒng dàn mù sǐ　ér rǔ bào wú yá zhī
衰者，其能久存乎？吾不可去，汝不肯来，恐旦暮死，而汝抱无涯之

体，怎么能长久地活着呢？我不能离开这儿，你又不肯来，只怕我早晚死了，你就要怀着无穷的悲哀了！"

qī yě　　shú wèi shào zhě mò ér zhǎng zhě cún　qiáng zhě yāo ér bìng zhě quán hū　　wū hū　　qí xìn rán

戚也。"孰谓少者殁而长者存，强者夭而病者全乎？呜呼！其信然

谁知年少的去世了而年长的还存活着，强壮的早死而病弱的却反得保全呢？唉！这难道是真的么？难道是

yé　　qí mèng yé　qí chuán zhī fēi qí zhēn yé　　xìn yě　　wú xiōng zhī shèng dé ér yāo qí sì hū

邪⑥？其梦邪？其传之非其真邪？信也，吾兄之盛德而夭其嗣乎？

作梦么？难道是传来消息不确实么？如果是真的，为什么我哥哥有这样美好品德而老天反使他的后嗣早

rǔ zhī chún míng ér bú kè méng qí zé hū　　shào zhě qiáng zhě ér yāo mò　zhǎng zhě shuāi zhě ér cún quán

汝之纯明而不克蒙其泽乎？少者强者而夭殁，长者衰者而存全

死呢？你这样纯朴聪明却不能承受他的遗惠呢？为什么年少身强的反而早死，年长身弱的反而生存保全

hū　　wèi kě yǐ wéi xìn yě　　mèng yě　chuán zhī fēi qí zhēn yě　　dōng yě zhī shū　gěng lán zhī bào

乎？未可以为信也。梦也，传之非其真也，东野之书，耿兰之报⑦，

呢？不该当作是真的吧。这是在作梦吧，是传来消息不确实吧，但是孟东野的信，耿兰的报丧，又为什么

hé wéi ér zài wú cè yě　　wū hū　　qí

何为而在吾侧也？呜呼！其

在我身边呢？唉！这大概是当真的了，我哥

xìn rán yǐ　　wú xiōng zhī shèng dé ér yāo

信然矣！吾兄之盛德而夭

哥品德美好而他的后嗣却早死了，你这

qí sì yǐ　rǔ zhī chún míng yí yè qí

其嗣矣，汝之纯明宜业其

样纯朴聪明理应继承他的家风的，竟不

jiā zhě　bú kè méng qí zé yǐ　　suǒ wèi

家者，不克蒙其泽矣！所谓

能蒙受他的遗惠了！所谓天公实在难以

tiān zhě chéng nán cè　ér shén zhě chéng nán

天者诚难测，而神者诚难

测料，而神灵也实在难以明白呀！所谓

míng yǐ　　suǒ wèi lǐ zhě bù kě tuī

明矣！所谓理者不可推，

事理实在难以推究，而寿命也是不可料

ér shòu zhě bù kě zhī yǐ　　suī rán　wú

而寿者不可知矣！虽然，吾

知呀！尽管这样，我从今年以来，灰白的头

① 去年：指贞元十八年。　② 孟东野：即孟郊。孟郊这时从长安选官，出任溧阳尉，溧阳离宣州不远，故托他带书信。参看本书前选韩愈《送孟东野序》。　③ 吾年未四十：贞元十八年（802）韩愈三十五岁。　④ 诸父：伯父、叔父的统称。韩愈父仲卿有兄弟四人，仲卿为长，次为少卿、云卿、绅卿。　⑤ 康强：无病强壮。　早世：早死。　⑥ 其：犹"岂"，难道。　⑦ 耿兰：韩家在宣州别业中的仆人。　⑧ "动摇者"句：韩愈诗文中嗟叹自己牙齿摇落者甚多，其《落齿》云："去年落一牙，今年落一齿。俄然落六七，落势殊未已。余者皆动摇，尽落应始止。"当也作于贞元十九年。　⑨ 汝之子始十岁：韩老成有二子，长韩湘，次韩滂，韩滂出嗣老成兄百川子。这里"始十岁"当指韩湘。一本作"始一岁"，则当指韩滂。滂出生于贞元十八年。　⑩ 吾之子始五岁：韩愈长子韩昶，贞元十五年生于徐州的符离，小名叫符。　⑪ 孩提：指幼儿。

369

古文观止

zì jīn nián lái　cāng cāng zhě huò huà ér wéi bái yǐ　dòng yáo zhě huò tuō ér luò yǐ　máo xuè rì yì

自今年来，苍苍者或化而为白矣，动摇者或脱而落矣⑧。毛血日益

发有的变成全白了，松动的牙齿有的掉落下来了。毛发血脉一天比一天衰退，神志精神一天比一天减弱，要

shuāi zhì qì rì yì wēi　jǐ hé bù cóng rǔ ér sǐ yě　sǐ ér yǒu zhī　qí jǐ hé lí　qí wú zhī

衰，志气日益微，几何不从汝而死也。死而有知，其几何离；其无知，

不了多少时间就会跟着你而死去！如果死后仍有知觉，那我们分离的日子不会有多久了；如果死后没有知觉，

bēi bù jǐ shí　ér bù bēi zhě wú qióng qī yǐ　rǔ zhī zǐ shǐ shí suì　wú zhī zǐ shǐ wǔ suì

悲不几时，而不悲者无穷期矣！汝之子始十岁⑨，吾之子始五岁⑩，

那我也悲伤不了多少时候，而没有悲伤的日子却将是无穷无尽的了！现在你的儿子才十岁，我的儿子刚五岁，

shào ér qiáng zhě bù kě bǎo　rú cǐ hái tí zhě　yòu kě jì qí chéng lì yé　wū hū āi zāi　wū

少而强者不可保，如此孩提者⑪，又可冀其成立邪？呜呼哀哉！呜

年轻而壮盛的人都不能保全，像这样需要提抱的孩子，又怎么能希望他们长大呢？唉，真悲哀啊！唉，真

hū āi zāi

呼哀哉！

悲哀啊！

rǔ qù nián shū yún　bǐ dé ruǎn jiǎo bìng　wǎng wǎng ér jù　wú yuē　shì jí yě　jiāng

汝去年书云："比得软脚病①，往往而剧。"吾曰："是疾也，江

你去年的信中说："近来得了脚气病，时常发作得很厉害。"我说："这种病啊，江南的人是常常有

nán zhī rén cháng cháng yǒu zhī　wèi shǐ yǐ wéi yōu yě　wū hū　qí jìng yǐ cǐ ér yǔn qí

南之人，常常有之。"未始以为忧也。呜呼！其竟以此而殒其

的。"并不曾把它当作可忧虑的事啊。唉！难道你竟然因为它而丧失你的生命么？还是另有其他疾

shēng hū　yì bié yǒu jí ér zhì sī hū　rǔ zhī shū　liù yuè shí qī rì yě　dōng yě yún

生乎②？抑别有疾而致斯乎③？汝之书，六月十七日也。东野云

病而发展到这地步呢？你的信，是六月十七日发的。孟东野说，你是六月二日去世的；耿兰的报丧

rǔ mò yǐ liù yuè èr rì　gěng lán zhī bào wú yuè rì　gài dōng yě zhī shǐ zhě　bù zhī wèn jiā

汝殁以六月二日；耿兰之报无月日。盖东野之使者，不知问家

没有写明你去世的月日。大概孟东野的使者，不知道向你家人询问你去世月日；而像耿兰那样报

370

rén yǐ yuè rì　　rú gěng lán zhī bào　bù zhī dāng yán yuè rì　　dōng

人以月日；如耿兰之报，不知当言月日。东

丧，不懂得应该说明你去世的月日。或是孟东野给我写信时，

yě yǔ wú shū　nǎi wèn shǐ zhě　shǐ zhě wàng chēng yǐ yìng

野与吾书，乃问使者，使者妄称以应

才问了使者，使者就胡乱说个日期来应付他罢了。大概是这样的吧，

zhī ěr　　qí rán hū　　qí bù rán hū

之耳。其然乎？其不然乎？

或者不是这样的吧？

① 比：近来。
软脚病：即脚气病。这种病从脚起，足胫肿大，浑身软弱无力。
② 殁：死亡。
③ 抑：表选择，或者，还是。

jīn wú shǐ jiàn zhōng jì rǔ　　diào rǔ zhī gū yǔ rǔ zhī rǔ mǔ　　bǐ yǒu shí kě shǒu yǐ dài zhōng

今吾使建中祭汝，吊汝之孤与汝之乳母。彼有食可守以待终

现在我派建中来祭你，慰问你的孤儿和你的奶妈。他们的生活供应可以守你的灵到丧期终了，那

sāng①　zé dài zhōng sāng ér qǔ yǐ lái　rú bù néng shǒu yǐ zhōng sāng　zé suì qǔ yǐ lái　qí yú nú

丧①，则待终丧而取以来；如不能守以终丧，则遂取以来。其余奴

就等到丧期终了再接他们到我这里来；如果不能守满丧期，那就把他们立即接过来。其他奴婢，都叫他们守

bì bìng lìng shǒu rǔ sāng　wú lì néng gǎi zàng zhōng zàng rǔ yú xiān rén zhī zhào　rán hòu wéi qí suǒ yuàn

婢，并令守汝丧。吾力能改葬，终葬汝于先人之兆②，然后惟其所愿。

你的丧。如果我有能力给你迁葬，最终一定把你葬到河阳祖先的墓地里，此后这些奴婢的去留听其自愿。

wū hū　　rǔ bìng wú bù zhī shí　rǔ mò wú bù zhī rì　shēng bù néng xiāng yǎng yǐ gòng jū　mò

呜呼！汝病吾不知时，汝殁吾不知日，生不能相养以共居，殁

唉！你生病我不知道时间，你去世我不知道日期，你活着我不能和你生活在一起相互照顾，你去世

bù néng fǔ rǔ yǐ jìn āi　liǎn bù píng qí guān　biǎn bù lín qí xué　　wú xíng fù shén míng

不能抚汝以尽哀，敛不凭其棺③，窆不临其穴④。吾行负神明，

我没能抚摸你的遗体充分表达我的哀思，你入殓时我没能在你的棺木旁凭吊，你落葬时我没能亲临你

ér shǐ rǔ yāo　bú xiào bù cí　ér bù dé yǔ rǔ xiāng yǎng yǐ shēng　xiāng shǒu

而使汝夭，不孝不慈，而不得与汝相养以生，相守

的墓穴。我的行为对不起神明，因而使得你早死，我对上不孝顺对下不慈爱，不能和你

yǐ sǐ　　yī zài tiān zhī yá　yī zài dì zhī jiǎo　shēng ér yǐng bù yǔ wú xíng

以死。一在天之涯，一在地之角，生而影不与吾形

相互照顾一起生活，相互厮守一直到死。如今我们一个在天边，一个在地角，活着的时候你的

xiāng yī sǐ ér hún bù yǔ wú mèng xiāng jiē wú shí
相依，死而魂不与吾梦相接，吾实

身影不和我的形体相依偎，死后你的灵魂也不和我梦中相聚会。

wéi zhī qí yòu hé yóu bǐ cāng zhě tiān hé qí yǒu jí
为之，其又何尤？彼苍者天，曷其有极⑤！

这实在是我造成的，又能怨谁呢？那苍苍的上天啊，我的悲痛哪里

zì jīn yǐ wǎng wú qí wú yì yú rén shì yǐ dāng qiú
自今以往，吾其无意于人世矣！当求

有尽头呢！从今以后，我对人世间的事情再也没有什么心思去

shù qǐng zhī tián yú yī yǐng zhī shàng yǐ dài yú nián jiào
数顷之田于伊颍之上⑥，以待余年。教

考虑了。我将在伊水、颍水之畔买几顷田地，来度过我的晚年。

wú zǐ yǔ rǔ zǐ xìng qí chéng zhǎng wú nǚ yǔ rǔ
吾子与汝子，幸其成；长吾女与汝

教育我的儿子和你的儿子，期望他们成长；养育我的女儿和

nǚ dài qí jià rú cǐ ér yǐ wū hū yán yǒu qióng
女，待其嫁，如此而已。呜呼！言有穷

你的女儿，等到她们出嫁，就这样罢了。唉！言语有说完的时候

ér qíng bù kě zhōng rǔ qí zhī yě yé qí bù zhī yě yé wū hū āi zāi shàng xiǎng
而情不可终，汝其知也邪？其不知也邪？呜呼哀哉！尚飨⑦。

而哀伤之情绵绵无有终绝，你是知道呢？还是不知道呢？唉，真悲哀啊！希望你享用祭品吧。

① 终丧：古礼，父丧三年除服，称为终丧。 ② 兆：墓地。 ③ 敛：通"殓"。为死者更衣叫小殓，将尸体入棺叫大殓。 ④ 窆：落葬，下棺入土。 ⑤ "彼苍者天"两句：《诗经·秦风·黄鸟》："彼天者，歼我良人。"《诗经·唐风·鸨羽》："悠悠苍天，曷其有极。" 曷，何，什么。 ⑥ 顷：一百亩。 伊、颍：伊水，颍水，都在河南，借指韩愈故乡。 ⑦ 尚飨：古代祭文结尾用语，也作"尚享"，意思是希望死者来享用祭品。

（顾易生　徐粹育）

jì è yú wén
祭鳄鱼文

hán yù
韩愈

wéi nián yuè rì cháo zhōu cì shǐ hán yù shǐ jūn shì xián tuī qín jì yǐ yáng yī zhū yī
维年月日①，潮州刺史韩愈，使军事衙推秦济②，以羊一、猪一，

某年某月某日，潮州刺史韩愈，派遣军事衙推秦济，用一头羊、一头猪，投入恶溪的深水之中，把它

tóu è xī zhī tán shuǐ　yǐ yǔ è yú shí　ér gào zhī yuē

投恶溪之潭水③，以与鳄鱼食，而告之曰：

给鳄鱼吃，并向鳄鱼宣告道：

① 维年月日：维，句首语气词，无义，常用于祭文开端。本句一作"维元和十四年四月二十四日"。 ② 军事衙推：州刺史的属官。 ③ 恶溪：在今广东潮安境内。潭：深水处。

xī xiān wáng jì yǒu tiān xià　liè shān zé　wǎng shéng chù rèn　yǐ chú chóng shé è wù wéi

昔先王既有天下①，列山泽②，罔绳擉刃③，以除虫蛇恶物为

从前上古帝王掌管天下之后，放烈火在山野水泽焚烧，用绳网罗捕、用利刀刺杀，来消除那些虫蛇

mín hài zhě　qū ér chū zhī sì hǎi zhī wài　jí hòu wáng dé bó　bù néng yuǎn yǒu　zé jiāng hàn zhī

民害者，驱而出之四海之外④。及后王德薄⑤，不能远有，则江汉之

恶物等造成人民危害的东西，把它们驱逐到四海以外去。后来的君王德政衰微，不能统治管辖远方，即

① 先王：古代的帝王，一般指上古唐尧、虞舜及夏禹、商汤及周朝的文王、武王等。 ② 列：通"烈"，火猛，这里作动词用。《孟子·滕文公上》："舜使益（人名）掌火，益烈山泽而焚之，禽兽逃匿。" ③ 罔：同"网"。《周易·系辞下》：伏羲氏"作结绳而为罔罟，以佃（捕捉猛兽）以渔。" 擉：刺。 ④ 四海：古人以为中国四面由大海环绕。"四海之外"指国境以外。 ⑤ 后王：指东周以后的王，其时周王朝统治衰落。 ⑥ 江汉：长江和汉水。 ⑦ 蛮夷：古代对边远地区少数民族的统称。具体说来，在东方的叫夷，在南方的叫蛮。 楚越：楚是南方诸侯国，东周时国势强大，据有长江、汉水流域的大部分地区。越是东方诸侯国，在今浙江一带，东周时强大起来。当时中原国家视楚越为蛮夷，楚越也不接受周王朝的统治。 ⑧ 岭海之间：岭，指越城、都庞、萌渚、骑田、大庾五岭，绵延在今湖南、江西、广东、广西边境。海，指南海。潮州在五岭之南、南海之北，故称"岭海之间"。

jiān　shàng jiē qì zhī yǐ yǔ mán yí chǔ

间⑥，尚皆弃之以与蛮夷楚

使长江、汉水之间地区，也都放弃给南方东

yuè　kuàng cháo lǐng hǎi zhī jiān　qù jīng

越⑦，况潮岭海之间⑧，去京

方一些部族，何况潮州处在五岭与南海之

shī wàn lǐ zāi　è yú zhī hán yān luǎn yù

师万里哉！鳄鱼之涵淹卵育

间，离开京城有万里之遥呢！鳄鱼潜伏生息

yú cǐ　yì gù qí suǒ　jīn tiān zǐ sì táng

于此，亦固其所。今天子嗣唐

这里，确实也是它的适合场所。当今天子继

wèi　shén shèng cí wǔ　sì hǎi zhī wài

位⑨，神圣慈武，四海之外，

承唐朝皇帝之位，他神圣而仁慈威武，四海以

liù hé zhī nèi　jiē fǔ ér yǒu zhī kuàng

六合之内⑩，皆抚而有之；况

外，普天之下，都在他安抚和领属之下；何况潮

禹迹所揜⑪，扬州之近地⑫，刺史、县令

州是属于夏禹足迹所到过的，是古扬州靠近中原的地区，是

之所治⑬，出贡赋以供天地宗庙百

国家地方行政官吏刺史和县令治理的区域，是交纳进贡物

神之祀之壤者哉？鳄鱼其不可与刺

品和赋税来供应皇帝祭祀天地、祖先宗庙和各种神灵的地

史杂处此土也⑭！

方呢？鳄鱼是不可以和刺史一同居处在这块土地上的啊！

⑨ 今天子：指唐宪宗李纯，公元806～820年在位。 ⑩ 六合：天地上下和四方（东南西北），犹普天之下。⑪ 禹迹：相传夏禹为了治理洪水，足迹遍于当时中国，并把它划为冀、豫、雍、扬、兖、徐、梁、青、荆九州。《左传·襄公四年》："芒芒禹迹，画（划）为九州。"古代常以"禹迹"、"九州"泛指中国地域。揜：通"掩"。⑫ 扬州：九州之一。据《尚书·禹贡》，古扬州在淮河到海一带，潮州在此地区中。 ⑬ 刺史、县令：唐代行政区划分州、县两级，刺史是州的长官，县令是县的长官。 ⑭ 其：用在谓语之前，表示祈使、命令语气。本文中多处"其"字用法同此。

刺史受天子命，守此土，治此民，而鳄鱼睅然不安溪潭①

刺史接受天子的命令，来镇守这块土地，治理这里的人民，然而鳄鱼竟然恶狠狠地瞪出眼睛，不安

据处食民畜熊豕鹿獐，以肥其身，以种其子孙，与刺史亢拒②，

处于溪水深处，盘据在这里吃掉百姓的牲畜、熊、猪、鹿、獐，来养胖它们自己的身体，来繁衍自己的后

争为长雄。刺史虽驽弱③，亦安肯为鳄鱼低首下心，伈伈睍睍④，为

代，公然和刺史抗拒，争当一方的雄豪。刺史虽然平庸而力量薄弱，也怎么肯向鳄鱼低头降服，胆怯

民吏羞，以偷活于此邪！且承天子命以来为吏，固其势不得不与

害怕不敢正视，给人民和官吏丢脸，苟且偷活在此地呢！况且刺史是奉了天子的命令来当官吏的，这

鳄鱼辨。鳄鱼有知，其听刺史言：

形势自然不得不和鳄鱼辨说清楚。鳄鱼如有灵性的话，希望听我刺史的话：

祭鳄鱼文

① 睅然：瞪出眼睛，凶狠的样子。　② 亢：抵御。
③ 驽：弱马，比喻能力不强的人。　④ 伈伈：恐惧的
样子。　睍睍：不敢正视的样子，形容胆怯。

潮之州，大海在其南，鲸鹏之大①，虾蟹之细，无不容归，以

潮州这地区，大海在它的南面，大至鲸鱼、鹏鸟，小至虾、蟹，没有不能容纳的，可以在那里繁殖

生以食，鳄鱼朝发而夕至也。今与鳄鱼约：尽三日，其率丑

和生存，这是鳄鱼早上出发晚上就可以到达的啊。现在刺史和鳄鱼约定：三天之内必须带领你那伙

类南徙于海②，以避天子之命吏。三日不能至五日，五日不能

丑恶同类南迁到大海去，来回避天子任命的官吏。三天做不到就宽延到五天，五天办不到就宽延到

至七日。七日不能，是终不肯徙也。是不有刺史听从其言也。

七天。七天还做不到，这是说明最终不肯迁移的了。这说明不把刺史放在眼里而决意不听他的话

不然，则是鳄鱼冥顽不灵，刺史虽有言，不闻不知也。夫傲

了。假如不是这样，那就是鳄鱼愚蠢顽固没有灵性，虽刺史用言语相告，也听不进、不理解啊。凡是对

天子之命吏，不听其言，不徙以避之，与冥顽不灵而为民物

天子任命的官吏傲慢无礼，不听他的话，不肯迁移来回避他，以及愚蠢顽固没有灵性又成为人民生命

害者皆可杀。刺史则选材技吏民，操强弓毒矢，以与鳄鱼从

财产祸害的东西，都应该处死。刺史就要挑选有才干技能的官吏和民众，拿着硬弓毒箭，来和鳄鱼

事，必尽杀乃止，其

对干一场，一定把你们杀尽才罢

无悔。

休，但愿不要后悔莫及啊！

① 鹏：传说中一种大鸟。《庄子·逍遥游》说："北冥"（北
海）有一种大鱼叫"鲲"，变化为鸟，叫做"鹏"，"鹏之背不知
其几千里也"。　② 徙：迁移。

（顾易生　徐粹育）

liǔ zǐ hòu mù zhì míng
柳子厚墓志铭

hán yù
韩愈

zǐ hòu huì zōng yuán　　　　qí shì zǔ qìng　wéi tuò bá wèi shì zhōng fēng jǐ yīn gōng　　zēng bó
子厚讳宗元①。七世祖庆，为拓跋魏侍中，封济阴公②。曾伯

子厚名叫宗元。他的七世祖柳庆做过北魏的侍中，受封为济阴公。曾伯祖柳奭担任过

zǔ shì　　wéi táng zǎi xiàng　　yǔ chǔ suí liáng　hán yuàn jù dé zuì wǔ hòu　　sǐ gāo zōng cháo　　　huáng kǎo huì
祖奭，为唐宰相，与褚遂良、韩瑗俱得罪武后，死高宗朝③。皇考讳

唐朝的宰相，同褚遂良、韩瑗都因为得罪武后，在唐高宗朝时被处死。他父亲名叫

zhèn　yǐ shì mǔ qì tài cháng bó shì　　qiú wéi xiàn lìng jiāng nán④　　　qí hòu yǐ bù néng mèi quán guì　　shī
镇，以事母弃太常博士，求为县令江南④。其后以不能媚权贵，失

而放弃太常博士的职位，请求到江南去做县官。以后又因为不能讨好权贵人物，丢掉了御史的

yù shǐ　quán guì rén sǐ　nǎi fù bài shì yù shǐ⑤　　hào wéi gāng zhí　suǒ yǔ yóu　jiē dāng shì míng rén⑥
御史。权贵人死，乃复拜侍御史⑤。号为刚直，所与游，皆当世名人⑥。

官职。当权的贵人死了，才又被任命做侍御史。柳镇以刚强正直著称，同他交往的，都是当代的知名人士。

①讳：避，这里是"名"的意思，古时对尊长不直接称其名，叫做避讳。在人死后称其名时，名前加"讳"字以示尊敬。　②"七世祖庆"三句：柳宗元的七世祖柳庆，曾为北魏侍中，入北周，被封为平齐县公。南北朝时魏的国君姓拓跋（跋又作拔），故称"北魏"或"拓拔魏"，与三国时曹氏之魏相区别。　侍中，官名，北魏时同宰相。据柳宗元《先侍御史府君神道表》，他的六世祖柳旦是周中书侍郎，封济阴公。本文称柳庆封济阴公，当属误记。　③"曾伯祖奭"四句：奭，柳旦之孙，柳宗元高祖柳子夏之兄，当为"高伯祖"。柳奭是唐高宗王皇后的舅父，高宗永徽三年（652）为中书令（宰相）。王皇后被废，武则天立为皇后，柳奭被贬，不久被杀。褚遂良、韩瑗，都是唐高宗时大臣，因反对武则天被贬而死。　武后，即武则天，名曌（zhào照），唐高宗永徽六年立为皇后。公元690年称帝。公元705年唐中宗复位，为她上尊号为则天大圣皇帝。④"皇考讳镇"三句：皇考，对已死父亲的尊称。《楚辞·离骚》王逸注："皇，美也；父死称考。"据柳宗元《先侍御史府君神道表》，唐肃宗时柳镇在守母丧期满后，被命为太常博士（太常寺的属官，掌管宗庙礼仪等事），他因"有尊老孤弱在吴"，愿为宣城（今属安徽）县令。本文说柳镇"以事母，弃太常博士"，与事实稍有出入。⑤"其后"四句：权贵，指窦参。唐德宗朝柳镇初升为殿中侍御史（御史台属官，掌管纠察百官，审讯案件）。这时御史中丞卢佋和宰相窦参共同诬陷侍御史穆赞。柳镇为穆赞平反冤狱，因被窦参借他事陷害，贬为夔州司马。贞元八年（792），窦参获罪，柳镇再度任侍御史。　⑥"所与游"两句：柳宗元有《先君石表阴先友记》，载述其父柳镇之友六十七人姓名，包括韩愈的大哥韩会，并说："先君之所与友，凡天下善士举集焉。"

zǐ hòu shào jīng mǐn　wú bù tōng dá　dài qí fù

子厚少精敏，无不通达。逮其父

子厚年轻时就精练敏捷，没有什么事理不通晓。

shí　suī shào nián yǐ zì chéng rén　néng qǔ jìn shì

时，虽少年已自成人，能取进士

当他父亲还在世的时候，他虽然年轻但已自立成才，能

dì　zhǎn rán xiàn tóu jiǎo　zhòng wèi liǔ shì yǒu

第，崭然见头角①，众谓柳氏有

考取进士等次，显露了出众的才能；大家都说柳家有个

zǐ yǐ　qí hòu yǐ bó xué hóng cí　shòu jí xián

子矣。其后以博学宏词②，授集贤

好儿子了。此后他因为考取博学宏词科，被任命为集贤

diàn zhèng zì　jùn jié lián hàn　yì lùn zhèng jù

殿正字③。俊杰廉悍④，议论证据

殿正字。他英俊杰出，方正勇敢，讨论起问题来引古证

jīn gǔ　chū rù jīng shǐ bǎi zǐ　chuō lì fēng fā

今古，出入经史百子，踔厉风发⑤，

今，融会贯通经籍、史书和诸子百家的著述，见识高超敏

shuài cháng qū qí zuò rén　míng shēng dà zhèn　yì

率常屈其座人⑥，名声大振，一

锐而辩说气势纵横，经常驳倒在座的人。子厚名声大振，

shí jiē mù yǔ zhī jiāo　zhū gōng yào rén zhēng yù lìng

时皆慕与之交。诸公要人争欲令

当时人们都希慕和他交往。许多显要的大人物争着要招

chū wǒ mén xià　jiāo kǒu jiàn yù zhī

出我门下，交口荐誉之⑦。

致子厚做自己的门生，你一言我一语地推荐称赞他。

①"逮其父时"四句：柳镇卒于唐德宗贞元九年五月，柳宗元是在这年他父亲还活着的时候考中进士的，年二十一岁。　逮，到。　崭然，高峻突出的样子。见，通"现"。　②博学宏词：唐朝制度，进士及第，再参加博学宏词科考试被录取后便得授官职。　③集贤殿：全称集贤殿书院，是收藏整理图书的官署。　正字：校正书籍的官。④廉：堂屋的侧边，引申为品行方正。　⑤踔：远。　厉：高。　风发：风卷起劲吹，比喻议论的有气势与滔滔不绝。⑥率：每每，常常。　⑦交口：众口一辞。

zhēn yuán shí jiǔ nián　yóu lán tián wèi bài jiān chá yù shǐ　shùn zōng jí wèi　bài lǐ bù yuán

贞元十九年，由蓝田尉拜监察御史①。顺宗即位，拜礼部员

贞元十九年，子厚从蓝田县尉升任监察御史。顺宗登上皇帝位，委任他为礼部员外郎。遭逢有关的

^{wài láng}
外郎。^{yù yòng shì zhě dé zuì}遇用事者得罪，^{lì chū wéi cì shǐ}例出为刺史。^{wèi zhì}未至，^{yòu lì biǎn zhōu sī mǎ}又例贬州司马②。^{jū}居

当权人物得了罪，他也按例被牵连外放为州刺史。还没到任，又与其他同时被外放者一律再贬为州

^{xián yì zì kè kǔ}闲益自刻苦③，^{wù jì lǎn}务记览，^{wéi cí zhāng fàn làn tíng xù}为词章泛滥停蓄，^{wéi shēn bó wú yá sì}为深博无涯涘④，^{ér zì sì}而自肆

司马。处在闲散的境地他更加刻苦用功，努力地记诵和阅览，写作诗文像大水那样汪洋浩荡、汇集

^{yú shān shuǐ jiān}
于山水间。

积蓄，渊深宽广得无边无际，同时尽情地自我消遣于大自然的山光水色之间。

① 蓝田：县名，今属陕西。　尉：县的属官，管理治安。　拜：古时以一定礼节授予官职或某种名义称拜。　监察御史：御史台属官，掌纠察工作。按柳宗元这时为监察御史里行（见习员）。　② **"顺宗即位"六句**：唐顺宗于公元805年正月即位，改元永贞，任用王叔文进行政治改革，柳宗元被升为礼部员外郎，积极参与改革的谋划与活动。同年八月，唐宪宗即位，王叔文被贬官，后又处死。柳宗元与其集团中成员刘禹锡等八人一起被贬，初贬为州刺史，又都贬为州司马，历史上称为"八司马"。柳宗元初贬为邵州刺史，行至半路，又贬为永州（在今湖南南部）司马。　③ **居闲**：州司马名义上是州刺史属下掌管军事的副职，但在唐时实为闲职，常以处置贬谪的人员。　④ 涯涘：水的边际。

^{yuán hé zhōng cháng lì zhào zhì jīng shī}
元和中，尝例召至京师，^{yòu xié chū wéi cì shǐ}又偕出为刺史，^{ér zǐ hòu dé liǔ}而子厚得柳

元和年间，子厚曾按例被召回京城，又和其他的人一起外放为刺史，子厚被派到柳州。到任之后，

^{zhōu}州①。^{jì zhì}既至，^{tàn yuē}叹曰：^{shì qǐ bù zú wéi zhèng yé}"是岂不足为政邪？"^{yīn qí tǔ sú}因其土俗，^{wèi shè jiào jìn}为设教禁，

他叹息道："这里难道不值得做出政绩么！"于是他依据当地人们的风俗，来替他们设置教化措施并制定

^{zhōu rén shùn lài}州人顺赖。^{qí sú yǐ nán nǚ zhì qián}其俗以男女质钱，^{yuē bù shí shú}约不时赎，^{zǐ běn xiāng móu}子本相侔②，^{zé mò wéi nú}则没为奴

禁令，为柳州人民所遵从信赖。那里有把儿子女儿作抵押去借钱的陋俗，约定到期限不去赎回，利息和

^{bì}婢。^{zǐ hòu yǔ shè fāng jì}子厚与设方计，^{xī lìng shú guī}悉令赎归。^{qí yóu pín lì bù néng zhě}其尤贫力不能者，^{lìng shū qí yōng zú}令书其佣，足

本金相等时，人质就被没入收为奴婢。子厚替欠债人想方设法，让他们把质押出去的子女全部赎回来。那

xiāng dāng　zé shǐ guī qí zhì　guān chá shǐ xià qí
相当，则使归其质。观察使下其

些特别贫困没有能力去赎的，就命令记下子女在质押时期

fǎ yú tā zhōu③　bǐ yī suì　miǎn ér guī
法于他州③，比一岁，免而归

做工的工钱，工资数达到足够抵销债务时，就使债主归还

zhě qiě qiān rén　héng xiāng yǐ nán wéi jìn shì
者且千人。衡湘以南为进士

那些人质。观察使把这办法推广到所属其他的州，实行到

zhě　jiē yǐ zǐ hòu wéi shī　qí jīng chéng zǐ
者，皆以子厚为师。其经承子

一年，获得解免而回家的将近一千人。衡山、湘江以南从事

hòu kǒu jiǎng zhǐ huà wéi wén cí zhě　xī yǒu
厚口讲指画为文词者，悉有

进士考试准备的，都把子厚当作老师。那些经过子厚亲自

fǎ dù kě guān
法度可观。

讲授指点的人所写的文章，都合乎规范值得观览。

① "元和中"四句：唐宪宗元和十年（815），王叔文集团成员被贬八人中，两人已死，一人已上调，其余柳宗元等五人，已十年没有调动。这时把他们召到京城来，结果仍改派他们出去做更远地区的州刺史。　柳州，今属广西。　② 子本：指利息和本钱。　倅：等。　③ 观察使：又称观察处置使，是唐朝中央派到各地区掌管监察的官，考察州县官吏政绩。当时全国分十五个监察区，称为"道"。柳州属桂管道。

qí zhào zhì jīng shī ér fù wéi cì shǐ yě　zhōng shān liú mèng dé yǔ xī yì zài qiǎn zhōng①
其召至京师而复为刺史也，中山刘梦得禹锡亦在遣中①，

当子厚被召回京城而又外派为刺史的时候，中山人刘梦得（禹锡）也在被派遣之列，应当到播州

dāng yì bō zhōu②　zǐ hòu qì yuē　bō zhōu fēi rén suǒ jū　ér mèng dé qīn zài táng　wú bù rěn
当诣播州②。子厚泣曰："播州非人所居，而梦得亲在堂，吾不忍

去。子厚流着泪说："播州不是中原人所能居住的地方，况且刘梦得还有母亲在家，我不忍心看到梦得

mèng dé zhī qióng　wú cí yǐ bái qí dà rén　qiě wàn wú mǔ zǐ jù wǎng lǐ　qǐng yú cháo jiāng
梦得之穷，无辞以白其大人，且万无母子俱往理。"请于朝，将

的困窘，他没法把这事来告诉他的老母，再说绝没有让母子一起去的道理。"他向朝廷请求，准备递呈奏

bài shū③　yuàn yǐ liǔ yì bō　suī chóng dé zuì④　sǐ bú hèn　yù yǒu yǐ mèng dé shì bái shàng
拜疏③，愿以柳易播，虽重得罪④，死不恨。遇有以梦得事白上

章，情愿拿柳州来换播州，虽然罪上加罪，死也不感遗憾。正碰上有人把刘梦得的情况告诉了皇上，梦

者⑤，梦得于是改刺连州⑥。呜呼！士穷乃见节义。今夫平居里巷

得因此改任为连州刺史。唉！士人在穷困中才显现出气节道义。如今那些日常无事共居街坊相互称慕悦

相慕悦，酒食游戏相征逐⑦，诩诩强笑语以相取下⑧，握手

爱的人，一起吃喝玩乐相互邀请应酬，相互吹捧讨好并且各自假惺惺地笑着表示愿处在对方之下，手拉手

出肺肝相示，指天日涕泣，誓生死不相背负，真若可信。一旦临

好像掏出肺肝来给对方看，指着苍天白日眼泪直淌，发誓不论生死都不相背弃，简直像真的一样可信。有朝

小利害，仅如毛发比，反眼若不相识；落陷阱，不一引手救，反挤

一日碰到小小的利害冲突，仅仅像汗毛头发那样微不足道，便翻脸白眼相看如同不曾认识过；对方落入陷

之又下石焉者，皆是也。此宜禽兽夷狄所不忍为，而其人自视以

阱之中，不伸一下手救援，反倒推挤对方并往下扔石头的人，到处都是这样啊。这些事情实在连禽兽动物和

为得计。闻子厚之风，亦可以少愧矣。

野蛮人都不忍心做的，然而那些人却自以为很有办法呢。他们听到子厚的风概，也该稍微有点惭愧了吧。

①中山刘梦得禹锡：刘禹锡（772～842），字梦得，自言系出中山（今河北定州），唐代著名文学家、哲学家，柳宗元的好友，同为王叔文集团的重要成员，当时从朗州（今湖南常德）司马任上召回京师。　②诣：往。　播州：在今贵州遵义一带。　③疏：奏疏，向皇帝陈述意见的文书。　④重：再一次。
⑤"遇有"句：据新、旧《唐书》刘禹锡本传载：当时御史中丞裴度向宪宗说，播州西南极远荒僻之地，刘虽有罪，他的老母八十多岁一定不能去，恐怕这会有损皇上的"孝理（治）之风"。　⑥连州：治所在今广东连州。　⑦征：召，邀约。　逐：追随。　⑧诩诩：讨好取媚的样子，原为北方口语。　强：勉强，做作。

zǐ hòu qián shí shào nián　yǒng yú wèi rén　bú zì guì zhòng gù jí　wèi gōng yè kě lì jiù

子厚前时少年，勇于为人，不自贵重顾藉，谓功业可立就，

子厚当初年纪轻，勇于帮助别人，自己不珍重顾惜自己，认为功业可以立刻成就，所以受到牵连

gù zuò fèi tuì　jì tuì　yòu wú xiāng zhī yǒu qì lì dé wèi zhě tuī wǎn　gù zú sǐ yú qióng

故坐废退。既退，又无相知有气力得位者推挽，故卒死于穷

而遭到废弃贬谪。被贬退以后，又没有熟识而有力量和权位的人推举和拉他一把，所以终于死在荒僻边

yì①　cái bù wéi shì yòng　dào bù xíng yú shí yě　shǐ zǐ hòu zài tái shěng shí②　zì chí qí

裔①，材不为世用，道不行于时也。使子厚在台省时②，自持其

远地方，才干不能被社会重用，政治主张不能在当时推行。假使子厚在中央王朝的台、省部门做官时，能够

shēn　yǐ néng rú sī mǎ　cì shǐ shí　yì zì bú chì　chì shí yǒu rén lì néng jǔ zhī　qiě bì fù

身，已能如司马、刺史时，亦自不斥。斥时有人力能举之，且必复

约束自身，已像在作司马、刺史的时候那样，也自然不会被贬斥。贬斥之后如有个有力量的人能推举他，将

yòng bù qióng　rán zǐ hòu chì bù jiǔ　qióng bù jí　suī yǒu chū yú rén　qí wén xué cí zhāng　bì

用不穷。然子厚斥不久，穷不极，虽有出于人，其文学辞章，必

必定重被起用而不穷困。然而子厚的贬斥不长久，穷困不到极端，即使会出人头地，他的文章学术言辞作

bù néng zì lì yǐ zhì bì chuán yú hòu rú jīn　wú yí yě　suī shǐ zǐ hòu dé suǒ yuàn　wéi jiàng

不能自力以致必传于后如今，无疑也。虽使子厚得所愿，为将

品，必定不能自我努力以达到像今天那样必然能够流传后世的水平，这是毫无疑问的啊。即使让子厚得到

xiàng yú yì shí　yǐ bǐ yì cǐ　shú dé shú shī　bì yǒu néng biàn zhī zhě

相于一时，以彼易此，孰得孰失，必有能辨之者。

他所愿望的，在一个时期内做到将军宰相，拿那个来换这个，什么算得，什么算失，必定有能够辨别它的人。

① 裔：边缘。　② 台省："台"和"省"都是唐中央政府官署的名称。柳宗元曾官监察御史里行属御史台，礼部员外郎属尚书省。

zǐ hòu yǐ yuán hé shí sì nián shí yī yuè bā rì zú①　nián sì shí qī　yǐ shí wǔ nián qī

子厚以元和十四年十一月八日卒①，年四十七。以十五年七

子厚在元和十四年十一月八日去世，终年四十七岁。在元和十五年七月十日，灵柩运回落葬

yuè shí rì　guī zàng wàn nián xiān rén mù cè②　zǐ hòu yǒu zǐ nán èr rén　zhǎng yuē zhōu liù　shǐ

月十日，归葬万年先人墓侧②。子厚有子男二人：长曰周六，始

在万年县祖先坟墓的旁边。子厚有两个儿子：大的叫周六，才四岁；小的叫周七，子厚死后才出生。

四岁；季曰周七③，子
两个女儿，都还幼小。他的灵柩能

厚卒乃生。女子二
够回乡落葬，费用都是观察使河

人，皆幼。其得归葬
东人裴行立先生资助的。行立为

也，费皆出观察使河
人有气节风概，重视答应的话，

东裴君行立④。行立有节概，重然诺⑤，与子厚结交，子厚亦为之尽，竟
和子厚结为朋友，子厚也为他极尽心力，最终竟靠他帮助办理后事。把子厚落葬在万年墓地的是

赖其力。葬子厚于万年之墓者，舅弟卢遵⑥。遵，涿人⑦，性谨慎，学问
他的表弟卢遵。卢遵是涿州人，性格谨慎，求学问永不满足。自从子厚被贬斥，卢遵跟着他并且移家在

不厌。自子厚之斥，遵从而家焉，逮其死不去。既往葬子厚，又将经
那里，直到他去世也不离去。他安葬好子厚，还将安排料理子厚的家属，应该算得上是个有始有

纪其家，庶几有始终者。
终的人了。

铭曰①：是惟子厚之室，既固既安，以利其嗣人②。
铭曰：这就是子厚居室，既牢固又安稳，会得有利于他的后代人。

① **十一月八日**：《旧唐书·柳宗元传》作"十月五日"。　② **万年**：唐县名，在今陕西西安，据柳宗元《先侍御史府君神道表》载，他的父亲柳镇葬在万年县的楼风原。　③ **周七**：据后人考证，名告，字用益。　④ **河东**：唐道名，治所在今山西永济蒲州镇。**裴君行立**：裴行立，元和十二年(817)任桂管观察使，事迹附见《新唐书》他的祖父《裴守真传》。　⑤ **然诺**：都是答应的声音。　⑥ **舅弟卢遵**：柳宗元母家姓卢。卢遵是柳宗元舅父的儿子。　⑦ **涿**：唐州名。州治在今河北涿州。

① **铭**：是一种文体，古人常刻写在碑版或器物上表示称颂、感念等意。一般用韵语，本篇却是散文，为作者的变体。　② **嗣人**：后嗣，后代。

（顾易生　徐粹育）

卷 七

bó fù chóu yì
驳 复 仇 议

liǔ zōng yuán
柳宗元

chén fú jiàn tiān hòu shí ① yǒu tóng zhōu xià guī rén xú yuán qìng zhě fù shuǎng wéi
臣伏见天后时①，有同州下邽人徐元庆者②，父爽为

臣见到史载在则天皇帝时，有个同州下邽人叫徐元庆的，他父亲徐爽被县尉师韫所杀，但他终

xiàn wèi zhào shī yùn suǒ shā zú néng shǒu rèn fù chóu shù shēn guī zuì dāng shí jiàn chén
县尉赵师韫所杀③，卒能手刃父仇，束身归罪。当时谏臣

于能亲手杀掉他的杀父仇人，然后自捆双手去投案自首。当时的谏臣陈子昂建议处死徐元庆，然后在徐家

chén zǐ áng jiàn yì zhū zhī ér jīng qí lǘ qiě qǐng biān zhī yú lìng yǒng wéi guó diǎn
陈子昂建议诛之而旌其闾④，且请"编之于令，永为国典"。

的巷口立牌坊挂匾额予以表彰；并且要求把处理这案件的结果编进法令，永远作为国家的典章法制。臣个

chén qiè dú guò zhī ⑤
臣窃独过之⑤。

人私下认为陈子昂这主张是不对的。

---

① 柳宗元(773～819)，唐代著名的文学家和政治家。 **伏见**：看到。"伏"是俯伏在地之意，和下文的"窃"都是旧时下对上书面所用的敬词。 **天后**：武曌。
② **同州**：唐州名，辖区相当今陕西渭水以北、洛水以东、黄梁河以南地区。 **下邽**：今陕西渭南东北，当时是同州属县。 ③ **县尉**：主管一县军事、治安的长官。赵师韫杀徐爽时任下邽县尉，被徐元庆刺死时已升任为御史。 ④ **谏臣**：陈子昂在武则天时曾任右拾遗之职，其职责是向皇帝提出批评建议，进行劝谏，故称谏臣。 **陈子昂**(661～701)：字伯玉，梓州射洪(今四川射洪)人。唐初著名文学家、诗人。 **旌**：表彰。 **闾**：里巷的大门。 ⑤ **过**：过错。这里作动词用。

chén wén lǐ zhī dà běn，yǐ fáng luàn yě，ruò yuē wú wéi zéi nüè① fán wéi

臣闻礼之大本，以防乱也，若曰无为贼虐①，凡为

臣听说礼制的根本作用，是在于防止社会秩序混乱。譬如说不许随便逞凶杀人，凡是做儿子的不该

zǐ zhě shā wú shè② xíng zhī dà běn，yì yǐ fáng luàn yě，ruò yuē wú wéi zéi nüè

子者杀无赦②；刑之大本，亦以防乱也，若曰无为贼虐，

报仇却为双亲报仇而杀人的都不可赦罪。刑法的根本作用，也是用来防止社会秩序混乱的。譬如说不许随

fán wéi zhì zhě shā wú shè③ qí běn zé hé，qí yòng zé yì

凡为治者杀无赦③。其本则合，其用则异，

便逞凶杀人，凡是治理百姓的官吏无辜杀人的都不可赦免。礼和刑的根本作

jīng yǔ zhū mò dé ér bìng yān zhū qí kě jīng zī wèi làn

旌与诛莫得而并焉。诛其可旌，兹谓滥，

用是相同的，使用的方法则不一样，表彰和诛杀是不能同时并用的。杀掉那应

dú xíng shèn yǐ④ jīng qí kě zhū zī wèi jiàn huài lǐ shèn

黩刑甚矣④；旌其可诛，兹谓僭⑤，坏礼甚

予表彰的人，这叫做滥杀，那用刑就太轻率过分了。表彰那应该处死的人，这

yǐ guǒ yǐ shì shì yú tiān xià chuán yú hòu dài qū yì

矣。果以是示于天下，传于后代，趋义

叫做失误越轨，是对礼法的最大破坏。果真把这样的处理方法颁示全国，传于

zhě bù zhī suǒ yǐ xiàng wéi hài zhě bù zhī suǒ yǐ lì yǐ shì

者不知所以向，违害者不知所以立，以是

后世，那么追求正义的人就不知何去何从，躲避灾害的人也会无所措手足，把

wéi diǎn kě hū

为典，可乎？

这作为法典，可以吗？

① 贼虐：逞凶害
人。 ②"凡为子
者"句：意为凡是
做儿子的不应报
仇却为双亲报仇
而杀人的不可赦
罪。 ③"凡为
治者"句：意为凡
是治理人民的官
吏无辜杀人的不
能赦罪。 ④ 黩
刑：滥用刑罚。
⑤僭：非法，差失。

gài shèng rén zhī zhì qióng lǐ yǐ dìng shǎng fá běn qíng yǐ zhèng bāo biǎn tǒng yú

盖圣人之制，穷理以定赏罚，本情以正褒贬，统于

古代圣人之所以订立规矩，无非是彻底推究事理以定赏罚，本着人之常情以明确褒贬，使礼和刑的

yī ér yǐ yǐ① xiàng shǐ cì àn qí chéng wěi② kǎo zhèng qí qū zhí yuán shǐ

一而已矣①。向使刺谳其诚伪②，考正其曲直，原始

目的与效果归于一致罢了。假如能审讯判定案件的真伪，考定其是非曲直，推究他一开始为什么会犯罪的

ér qiú qí duān③，zé xíng、lǐ zhī yòng，pàn rán lí yǐ④。hé zhě？ruò yuán qìng zhī fù，
而求其端③，则刑、礼之用，判然离矣④。何者？若元庆之父，

缘由，那么刑和礼的应用，就能明显地区别开来了。为什么这样说呢？如果徐元庆的父亲并未触犯国法

bú xiàn yú gōng zuì，shī yùn zhī zhū，dú yǐ qí sī yuàn，fèn qí lì qì⑤，
不陷于公罪，师韫之诛，独以其私怨，奋其吏气⑤，

获罪，赵师韫之所以杀他完全是出于私怨，滥施他当官的气焰，残害无罪之人，而州官却不知将他治罪

nüè yú fēi gū⑥，zhōu mù bù zhī zuì，xíng guān bù
虐于非辜⑥，州牧不知罪，刑官不

刑官也不加过问，上下相互包庇，对黎民百姓的呼吁号叫

zhī wèn，shàng xià méng mào，yù háo bù wén
知问，上下蒙冒，吁号不闻；

充耳不闻；而徐元庆则把不共戴天的父仇未报视为奇耻

ér yuán qìng néng yǐ dài tiān wéi dà chǐ⑦，zhěn gē
而元庆能以戴天为大耻⑦，枕戈

大辱，把念念不忘报仇认为是合乎礼教的事，一直处心积

wéi dé lǐ⑧，chǔ xīn jī lù，yǐ chōng chóu rén zhī
为得礼⑧，处心积虑，以冲仇人之

虑地想要戳穿仇人的胸膛，坚决相信必能实现自己的目的，

xiōng，jiè rán zì kè⑨，jí sǐ wú hàn，shì shǒu lǐ
胸，介然自克⑨，即死无憾，是守礼

即使牺牲自己的生命也毫无遗憾，这正是遵守礼法而施行

ér xíng yì yě。zhí shì zhě yí yǒu cán sè，jiāng xiè
而行义也。执事者宜有惭色，将谢

孝义啊。当官的对此理应感到惭愧脸红，将对他认错赔罪还

zhī bù xiá，ér yòu hé zhū yān？
之不暇，而又何诛焉？

来不及，又为什么要处死他呢？

① 统于一：指使礼和刑的目的
与效果归于一致。　② 向使：
假使。　刺谳：侦查审讯定罪。
诚伪：真假。　③ 原始：推究。
端：头绪、缘由。　④ 判然：明
白地。　离：区别。　⑤ 奋：
施展。　吏气：当官的气焰。
⑥ 非辜：无辜。　⑦ 以戴天为
大耻：把和仇人共同生活在一片
天底下视为奇耻大辱，即不共戴
天之意。　⑧ 枕戈：睡觉时头下
枕着兵器。指时刻不忘报仇。
⑨ 介然：坚贞的样子。　自克：
自我实现、自己能完成。

qí huò yuán qìng zhī fù，bù miǎn yú zuì，shī yùn zhī zhū，bù qiān yú fǎ①，shì fēi sǐ
其或元庆之父，不免于罪，师韫之诛，不愆于法①，是非死

或许徐元庆的父亲确系违法犯罪，赵师韫的处死他并不违背法律，那么他并不是死在官吏之手，而是

yú lì yě, shì sǐ yú fǎ yě。 fǎ qí kě chóu hū? chóu tiān zǐ zhī fǎ, ér qiāng fèng fǎ
于吏也，是死于法也。法其可仇乎？仇天子之法，而戕奉法

死在触犯刑法上面。国法是可以仇视的吗？仇视天子治国的法律，而去杀害执行法律的官吏，这是桀骜不

zhī lì②, shì bèi ào ér líng shàng yě③。 zhí ér zhū zhī, suǒ yǐ zhèng bāng diǎn
之吏②，是悖骜而凌上也③。执而诛之，所以正邦典，

驯犯上作乱。把这种人抓起来处以死刑，正是为了明正典刑，又为什么还要表彰他呢？而且陈子昂的《复

ér yòu hé jīng yān? qiě qí yì yuē④："rén bì yǒu zǐ, zǐ bì
而又何旌焉？且其议曰④："人必有子，子必

仇议》中还说："凡是人一定都有儿子，做儿子的一定也有双亲，各人为了

yǒu qīn, qīn qīn xiāng chóu⑤, qí luàn shuí jiù?" shì huò yú lǐ yě
有亲，亲亲相仇⑤，其乱谁救？"是惑于礼也

爱自己的双亲而互相仇杀，这种混乱的情况由谁来制止？"这是对礼的莫

shèn yǐ。 lǐ zhī suǒ wèi chóu zhě, gài qí yuān yì chén tòng, ér háo
甚矣。礼之所谓仇者，盖其冤抑沉痛，而号

大误解。礼法上所说的复仇，指的是冤沉海底沉痛万分，而却叫天不应求

wú gào yě; fēi wèi dǐ zuì chù fǎ, xiàn yú dà lù⑥。 ér yuē
无告也；非谓抵罪触法，陷于大戮⑥。而曰

告无门；并不是指触法抵罪被处死刑的那种情况。现在却说"他杀了人，

bǐ shā zhī, wǒ nǎi shā zhī, bú yì qū zhí, bào guǎ xié ruò
"彼杀之，我乃杀之"，不议曲直，暴寡胁弱

所以我就要杀他"，这种不论是非曲直的做法，不过是侵害孤寡威胁弱小

ér yǐ⑦。 qí fēi jīng bèi shèng bú yì shèn zāi?
而已⑦。其非经背圣，不亦甚哉？

罢了。其违背圣贤经传的教导，岂不是太过分了吗？

① 愆：失误。 ② 戕：
杀害。③ 悖骜：桀骜
不驯。 ④ 议：指陈
子昂写的《复仇议》。
⑤ 亲亲相仇：指各人
为爱自己的双亲而相
互报仇。前一"亲"字
是动词，亲近爱护之
意。后一"亲"指双亲
或亲人。 ⑥ 大戮：
指死刑。 ⑦ 暴寡
胁弱：侵害孤寡威胁
弱小。

zhōu lǐ: tiáo rén①, zhǎng sī wàn rén zhī chóu。 fán shā rén ér yì zhě,
《周礼》："调人①，掌司万人之仇。""凡杀人而义者，

《周礼》上说："调人，职掌万民冤仇之事。""凡是杀人而合情合理的，要告诫被杀者的子弟不许复

令勿仇，仇之则死。""有反杀者②，邦国交仇之。"又安得亲

仇，如果复仇的话就处死。""有反过来再去杀人的，全国人人共诛之。"这样又怎么会有为爱自己的亲人而

亲相仇也？《春秋公羊传》曰："父不受诛③，子复仇可也。父

互相杀人的事呢？《春秋公羊传》里说："父亲未犯死罪却被处死，做儿子的可以复仇；父亲犯了死罪而被杀，

受诛，子复仇，此推刃之道④，复仇不除害⑤。"今若取此以断

儿子再去复仇，这是为往来相杀不止开了先河，这样的复仇行为并不能消祸除害。"现在如果根据这原则来

两下相杀，则合于礼矣。

判断赵师韫与徐元庆双方相互杀戮的是非，那就合乎礼法的规定了。

> ① 调人：周代官名，主管司法。　② 反杀：指别人有正当的理由杀死自己的亲人，自己还要反过来去杀死别人。　③ 不受诛：未犯死罪却被处死。　④ 推刃：往来相杀不止。　⑤ 复仇不除害：指这样的复仇行为并不能消祸除害。

且夫不忘仇，孝也；不爱死①，义也。元庆能不越于

况且不忘报父之仇，这是尽孝道；不惜牺牲自己的生命，这是坚持义气。徐元庆能按照礼法，克尽

礼，服孝死义，是必达理而闻道者也。夫达理闻道之人，

孝道，为义而死，那他一定是个通晓事理懂得圣贤之道的人。一个明理闻道的人，难道会把王法视为仇敌

岂其以王法为敌仇者哉？议者反以为戮，黩刑坏礼，其不

的吗？而陈子昂等议论此事的人反而将徐元庆处死，这种滥用刑法破坏礼教的做法，完全不可以当作法

kě yǐ wéi diǎn míng yǐ
可以为典，明矣。

典，这是显而易见的了。

qǐng xià chén yì   fù yú lìng   yǒu duàn sī yù zhě
请下臣议，附于令②，有断斯狱者，

请将臣的议论附在法令之后颁布天下。今后凡有审

bù yí yǐ qián yì cóng shì   jǐn yì
不宜以前议从事。谨议。

判这类案件的，不该再依从前陈子昂的意见处理。敬议。

（汪贤度）

tóng yè fēng dì biàn
桐叶封弟辨

liǔ zōng yuán
柳宗元

gǔ zhī zhuàn zhě yǒu yán   chéng wáng yǐ tóng yè yǔ xiǎo ruò dì   xì yuē   yǐ fēng rǔ
古之传者有言①，成王以桐叶与小弱弟②，戏曰："以封汝。"

古代编撰史书的人记述说，周成王把梧桐叶子剪成玉圭的形状递给小弟弟，戏弄他说："这个封

zhōu gōng rù hè   wáng yuē   xì yě   zhōu gōng yuē   tiān zǐ bù kě xì   nǎi fēng xiǎo ruò
周公入贺③。王曰："戏也。"周公曰："天子不可戏。"乃封小弱

给你。"周公听到这件事就进宫向成王表示祝贺。成王说："我是开玩笑啊。"周公说："天子不可以开玩

dì yú táng
弟于唐④。

笑。"于是成王就封小弟弟叔虞于唐。

① 传者：指编撰史书的人。　② 成王：周武王之子，姓姬名诵。　桐叶：据说周成王用梧桐叶子剪成玉圭的形状送给小弟叔虞，说："这个封给你。"圭是一种上尖下方的扁长条形玉器，古代帝王分封臣下时作凭证使用。时成王年幼，故作此游戏。　小弱弟：年少的小弟弟。　弱，年少。　③ 周公：周文王之子，周武王之弟，姓姬名旦。武王死后，成王继位，因年幼，由周公辅佐侄儿治理国家。周公被后代儒家尊为圣人。　④ 唐：古国名，在今山西翼城县西。

wú yì bù rán　wáng zhī dì dāng fēng yé　zhōu gōng yí yǐ shí yán yú wáng　bú dài qí
吾意不然。王之弟当封邪？周公宜以时言于王，不待其

我认为不是那样。成王的弟弟应当封么？周公就应该及时对成王说，而不能等到成王开了那样

xì ér hè yǐ chéng zhī yě　bù dāng fēng yé　zhōu gōng nǎi chéng qí bú zhòng zhī xì　yǐ dì yǐ
戏而贺以成之也。不当封邪？周公乃成其不中之戏①，以地以

的玩笑以后才去祝贺以促成此事；不应当封吗？周公却促成了成王那不恰当的玩笑成为事实，把土地

rén yǔ xiǎo ruò dì zhě wéi zhī zhǔ　qí dé wéi shèng hū　qiě zhōu gōng yǐ wáng zhī yán bù kě gǒu yān
人与小弱弟者为之主，其得为圣乎？且周公以王之言不可苟焉

和百姓交给年幼的孩子，让他成为一国之主，这样做能被称得上是圣人吗？或者周公认为成王的话不

ér yǐ　bì cóng ér chéng zhī yé　shè yǒu bú xìng　wáng yǐ tóng yè xì fù　sì　yì jiāng jǔ ér cóng
而已，必从而成之邪？设有不幸，王以桐叶戏妇、寺②，亦将举而从

能随便说过就算，一定要顺从促成它吧？那如果不幸成王把桐叶开玩笑封给妃嫔、太监之流，是不是也

zhī hū　fán wáng zhě zhī dé　zài xíng zhī hé ruò　shè wèi dé qí dàng
之乎？凡王者之德，在行之何若。设未得其当，

打算完全照他的意思去办呢？凡是帝王的德行，在于他的话实行以后的效果如

suī shí yì zhī bù wéi bìng　yào yú qí dàng　bù kě shǐ yì yě
虽十易之不为病。要于其当③，不可使易也，

何。假如实行起来很不得当，那么即使改变十次也不算错。总之是在于恰当，而

ér kuàng yǐ qí xì hū　ruò xì ér bì xíng zhī　shì zhōu gōng jiāo wáng
而况以其戏乎！若戏而必行之，是周公教王

不能轻率从事，更何况把君王开玩笑的话当作正经事去办呢！如果开玩笑的话

① 不中：不恰当。② 妇、寺：指帝王身边的妇人（妃嫔等）和宫中的太监（宦官）。③ 要：总之。④ 遂过：铸成过错。

suì guò yě
遂过也④。

也一定要付诸实行，那就是周公在教君王犯错误了。

wú yì zhōu gōng fǔ chéng wáng　yí yǐ dào　cōng róng yōu lè
吾意周公辅成王，宜以道，从容优乐，

我认为周公辅佐成王应该用正道，使他的言行举止和戏耍游

yào guī zhī dà zhōng ér yǐ　　bì bù féng qí shī ér wèi zhī cí
要归之大中而已①，必不逢其失而为之辞②。

乐都能恰如其分罢了，决不会去迎合他的过失并替他巧言粉饰。也不

yòu bù dāng shù fù zhī　chí zhòu zhī　shǐ ruò niú mǎ rán　jí zé
又不当束缚之，驰骤之，使若牛马然③，急则

该对他管束太严，驱使他，好像使唤牛马那样，急于使他成长反而会

bài yǐ　qiě jiā rén fù zǐ shàng bù néng yǐ cǐ zì kè　kuàng hào
败矣。且家人父子尚不能以此自克④，况号

坏事。并且家庭父子之间也不能用这种办法来自我约束，何况那些

wéi jūn chén zhě yé　shì zhí xiǎo zhàng fū quē quē zhě zhī shì
为君臣者邪？是直小丈夫缺缺者之事⑤，

君臣名份的人呢！这只是识见不高爱耍小聪明的人所干的事，决不是

fēi zhōugōng suǒ yí yòng　gù bù kě xìn
非周公所宜用，故不可信。

周公所该做的，所以古书上所记此事并不可信。

huò yuē　fēng táng shū　shǐ yì chéng zhī
或曰：封唐叔⑥，史佚成之⑦。

也有人说：成王封唐叔的事，是太史尹佚促成的。

① 大中：一种既不
过头又不是不及、
恰到好处的境界。
② 逢：逢迎、迎合。
辞：指用好话粉饰。
③ 使：驱使、使唤。
④ 克：克制、约束。
⑤ 直：只是。 缺缺：
小聪明。 ⑥ 唐
叔：叔虞封于唐，故
简称唐叔。 ⑦ 史
佚：周朝的史官尹
佚。据《史记·晋
世家》记载，是史佚
促成周成王封叔虞
于唐。而《吕氏春
秋·审应览·重言
篇》及《说苑·君道
篇》中均说是周公促
成此事。

（汪贤度）

箕子碑

jī zǐ bēi

liǔ zōng yuán

柳宗元

fán dà rén zhī dào yǒu sān　　yī yuē zhèng méng nàn　　èr yuē fǎ shòu shèng sān yuē huà jí

凡大人之道有三①：一曰正蒙难②，二曰法授圣，三曰化及

凡是道德高尚的人，他的处世方法有三种：一是蒙受患难而仍能坚持正道，二是把法典传授给圣君，

mín　yīn yǒu rén rén yuē jī zǐ shí jù zī dào yǐ lì yú shì　gù kǒng zǐ shù liù jīng zhī zhǐ

民。殷有仁人曰箕子，实具兹道，以立于世。故孔子述六经之旨③，

三是用王道教化人民。殷代有个仁人叫箕子，他确实是具备了这些处世之道而立身于世的。所以孔子在

yóu yīn qín yān

尤殷勤焉④。

阐述六经大义时，曾特别热情地提到他。

dāng zhòu zhī shí　　dà dào bèi luàn　tiān wēi zhī dòng bù néng jiè　　shèng rén zhī yán

当纣之时⑤，大道悖乱，天威之动不能戒⑥，圣人之言

在纣王当政的时候，大道颠倒混乱，上天的震怒不能引起他的警戒，圣人的话对他也不起作用。在这

wú suǒ yòng　　jìn sǐ yǐ bǐng mìng　chéng rén yǐ　wú yì wú sì　gù bù wéi　wěi shēn

无所用。进死以并命⑦，诚仁矣，无益吾祀，故不为；委身

种情况下，臣下拼死进谏，确实是够仁爱了，但是对延续殷商的国运没有什么益处，所以箕子不这样做。托

yǐ cún sì chéng rén yǐ　yù wáng wú guó　gù bù rěn　jù shì èr dào yǒu xíng zhī

以存祀，诚仁矣，与亡吾国⑧，故不忍。具是二道，有行之

身于新的王朝以保存殷商的宗祀，也确实是够仁爱了，但这等于参与了灭亡自己国家的行动，所以箕子不

zhě yǐ　shì yòng bǎo qí míng zhé　yǔ zhī fǔ yǎng huì shì mó fàn⑩ rǔ yú qiú nú

者矣。是用保其明哲⑨，与之俯仰，晦是谟范⑩，辱于囚奴，

忍心这样做。这两条道路，都有人走过了。因此，箕子保持了自己的明智，与纣王周旋；隐藏起自己的谋略，

hūn ér wú xié tuí ér bù xī　gù zài yì yuē jī zǐ zhī míng yí　zhèng

昏而无邪，陨而不息⑪。故在《易》曰："箕子之明夷⑫。"正

暂且忍受被囚禁、做奴隶的屈辱；处于黑暗的环境中而不走邪路，跌倒了仍努力向前。所以《易经》中说："箕

méng nàn yě　jí tiān mìng jì gǎi shēng rén yǐ zhèng nǎi chū dà fǎ yòng wéi shèng shī

蒙难也。及天命既改，生人以正，乃出大法，用为圣师，

子处于不能显其明智的环境中。"但他却能在蒙受患难时坚持正道。等到天运改变、商灭周兴以后，周用正

zhōu rén dé yǐ xù yí lún ér lì dà diǎn   gù zài shū yuē yǐ jī zǐ guī zuò

周人得以序彝伦而立大典⑬。故在《书》曰:"以箕子归,作

道教化人民,箕子便献出他那宏伟的大法,因而成为圣君的老师,周人因此得以整顿伦常纲纪,建立国家的

hóng fàn   fǎ shòushèng yě

《洪范》⑭。"法授圣也。

典章制度。所以《尚书》中说:"因为箕子归来,才作了《洪范》这部著作。"这就是把法典传授给圣君。

---

① **大人**:指道德高尚的人。　② **正蒙难**:蒙受患难而能坚持正道。　③ **六经**:指《诗》、《书》、《易》、《礼》、《乐》、《春秋》六部儒家经典著作。其中《诗》、《书》、《易》都有关于箕子的记载。　④ **殷勤**:情意深切的样子。　⑤ **纣**:纣王,名辛,商朝末代君主,历史上有名的暴君。　⑥ **天威之动**:泛指天文、气象方面的异常现象。　⑦ **并**:通"屏",舍弃。　⑧ **与**:参与。　**亡**:灭亡。　⑨ **是用**:因此。　⑩ **晦**:昏暗,引申为隐藏。　**谟**:谋略。　**范**:法则。　⑪ **隮**:跌倒。　⑫ **明夷**:六十四卦之一。此卦施之于人事,象征昏君在上,明臣在下,不敢显其明智。　⑬ **彝伦**:即伦常,指封建社会中人与人之间的道德关系。　⑭ **《洪范》**:《尚书》篇名,旧传为箕子向周武王陈述的"天地之大法";近人或疑为战国时期的作品。内容是关于帝王统治人民的各项政治经济原则。

---

jí fēng cháo xiǎn   tuī dào xùn sú   wéi dé wú lòu   wéi rén wú yuǎn   yòng guǎng yīn sì

及封朝鲜,推道训俗,惟德无陋①,惟人无远,用广殷祀,

等到箕子在朝鲜受封以后,他便推行王道教化人民,人不分尊卑,居无论远近,都不能例外,以此

bǐ yí wéi huá   huà jí mín yě   shuài shì dà dào   cóng yú jué gōng   tiān dì biàn huà   wǒ

俾夷为华,化及民也。率是大道②,丛于厥躬③,天地变化,我

来延续殷商的宗祀,使边远地区的少数民族和华夏民族相同。这就是用王道教化人民。大致这些处世原则,

dé qí zhèng qí dà rén yú

得其正,其大人欤!

都集中体现在箕子的身上,无论天地如何变化,他始终能坚持正道,他真是一位伟大的人啊!

wū hū   dāng qí zhōu shí wèi zhì   yīn sì wèi tiǎn   bǐ gān yǐ sǐ   wēi zǐ yǐ qù   xiàng shǐ zhòu

於虖! 当其周时未至,殷祀未殄④,比干已死,微子已去。向使纣

唉! 当周朝还没有建立,殷商还没有灭亡的时候,比干已死,微子也已经离去。假使纣王还没有恶

è wèi rěn ér zì bì   wǔ gēng niàn luàn yǐ tú cún   guó wú qí rén shuí yǔ xīng lǐ   shì gù rén shì

恶未稔而自毙⑤,武庚念乱以图存⑥,国无其人,谁与兴理? 是固人事

贯满盈而自己死去,他的儿子武庚想发动叛乱以图谋复辟,这时国内没有贤明的人,谁来辅佐治理呢? 这

<ruby>之<rt>zhī</rt></ruby> <ruby>或<rt>huò</rt></ruby> <ruby>然<rt>rán</rt></ruby> <ruby>者<rt>zhě</rt></ruby> <ruby>也<rt>yě</rt></ruby>　<ruby>然<rt>rán</rt></ruby> <ruby>则<rt>zé</rt></ruby> <ruby>先<rt>xiān</rt></ruby> <ruby>生<rt>sheng</rt></ruby> <ruby>隐<rt>yǐn</rt></ruby> <ruby>忍<rt>rěn</rt></ruby> <ruby>而<rt>ér</rt></ruby> <ruby>为<rt>wéi</rt></ruby> <ruby>此<rt>cǐ</rt></ruby>　<ruby>其<rt>qí</rt></ruby> <ruby>有<rt>yǒu</rt></ruby> <ruby>志<rt>zhì</rt></ruby> <ruby>于<rt>yú</rt></ruby> <ruby>斯<rt>sī</rt></ruby> <ruby>乎<rt>hū</rt></ruby>

之或然者也。然则先生隐忍而为此,其有志于斯乎?

本来是人事中可能出现的情况。那么先生忍辱负重地这样做,大概是想在这方面有所作为吧?

<ruby>唐<rt>táng</rt></ruby> <ruby>某<rt>mǒu</rt></ruby> <ruby>年<rt>nián</rt></ruby>　<ruby>作<rt>zuò</rt></ruby> <ruby>庙<rt>miào</rt></ruby> <ruby>汲<rt>jí</rt></ruby> <ruby>郡<rt>jùn</rt></ruby>　<ruby>岁<rt>suì</rt></ruby> <ruby>时<rt>shí</rt></ruby> <ruby>致<rt>zhì</rt></ruby> <ruby>祀<rt>sì</rt></ruby>　<ruby>嘉<rt>jiā</rt></ruby> <ruby>先<rt>xiān</rt></ruby> <ruby>生<rt>sheng</rt></ruby> <ruby>独<rt>dú</rt></ruby> <ruby>列<rt>liè</rt></ruby> <ruby>于<rt>yú</rt></ruby>　<ruby>易<rt>yì</rt></ruby>　<ruby>象<rt>xiàng</rt></ruby>

唐某年,作庙汲郡⑦,岁时致祀。嘉先生独列于《易·象》,

唐朝某年,在汲郡建了一座箕子庙,每年按时祭祀。我钦佩先生的行为独能列于《周易》的卦象中,

<ruby>作<rt>zuò</rt></ruby> <ruby>是<rt>shì</rt></ruby> <ruby>颂<rt>sòng</rt></ruby> <ruby>云<rt>yún</rt></ruby>

作是颂云。

便写了这篇颂辞。

---

① 陋:卑贱。　② 率:大致。　③ 丛:聚集。　厥:其,他的。　躬:身体。　④ 殄:灭绝。　⑤ 向使:假如。　稔:庄稼成熟。此为引申义,指罪恶发展到极点。　⑥ 武庚:纣王之子。商亡后封为殷君,后因反叛,被周公所杀。　⑦ 汲郡:原名卫州,治所在今河南省淇县,唐天宝年间改为汲郡。

（胡士明）

<ruby>捕<rt>bǔ</rt></ruby>　<ruby>蛇<rt>shé</rt></ruby>　<ruby>者<rt>zhě</rt></ruby>　<ruby>说<rt>shuō</rt></ruby>

捕 蛇 者 说

<ruby>柳<rt>liǔ</rt></ruby> <ruby>宗<rt>zōng</rt></ruby> <ruby>元<rt>yuán</rt></ruby>

柳宗元

<ruby>永<rt>yǒng</rt></ruby> <ruby>州<rt>zhōu</rt></ruby> <ruby>之<rt>zhī</rt></ruby> <ruby>野<rt>yě</rt></ruby> <ruby>产<rt>chǎn</rt></ruby> <ruby>异<rt>yì</rt></ruby> <ruby>蛇<rt>shé</rt></ruby>　<ruby>黑<rt>hēi</rt></ruby> <ruby>质<rt>zhì</rt></ruby> <ruby>而<rt>ér</rt></ruby> <ruby>白<rt>bái</rt></ruby> <ruby>章<rt>zhāng</rt></ruby>　<ruby>触<rt>chù</rt></ruby> <ruby>草<rt>cǎo</rt></ruby> <ruby>木<rt>mù</rt></ruby>　<ruby>尽<rt>jìn</rt></ruby> <ruby>死<rt>sǐ</rt></ruby>　<ruby>以<rt>yǐ</rt></ruby> <ruby>啮<rt>niè</rt></ruby> <ruby>人<rt>rén</rt></ruby>　<ruby>无<rt>wú</rt></ruby> <ruby>御<rt>yù</rt></ruby>

永州之野产异蛇,黑质而白章①。触草木,尽死;以啮人,无御

永州的野外出产一种奇异的蛇,全身黑色但长有白色的花纹。它接触到草木,草木就全都枯死;

<ruby>之<rt>zhī</rt></ruby> <ruby>者<rt>zhě</rt></ruby>　<ruby>然<rt>rán</rt></ruby> <ruby>得<rt>dé</rt></ruby> <ruby>而<rt>ér</rt></ruby> <ruby>腊<rt>xī</rt></ruby> <ruby>之<rt>zhī</rt></ruby> <ruby>以<rt>yǐ</rt></ruby> <ruby>为<rt>wéi</rt></ruby> <ruby>饵<rt>ěr</rt></ruby>　<ruby>可<rt>kě</rt></ruby> <ruby>以<rt>yǐ</rt></ruby> <ruby>已<rt>yǐ</rt></ruby> <ruby>大<rt>dà</rt></ruby> <ruby>风<rt>fēng</rt></ruby>　<ruby>挛<rt>luán</rt></ruby> <ruby>踠<rt>wǎn</rt></ruby>　<ruby>瘘<rt>lòu</rt></ruby>　<ruby>疬<rt>lì</rt></ruby>　<ruby>去<rt>qù</rt></ruby> <ruby>死<rt>sǐ</rt></ruby> <ruby>肌<rt>jī</rt></ruby>　<ruby>杀<rt>shā</rt></ruby>

之者。然得而腊之以为饵②,可以已大风、挛踠、瘘、疬③,去死肌,杀

咬到人,就无法医治。但是捉到它,杀了风干,做成药丸子,却可以治愈麻风、关节病、颈部肿痛、毒疮,

sān chóng　　qí shǐ　tài yī yǐ yǐ wáng mìng jù zhī　suì fù qí èr　mù yǒu néng bǔ zhī zhě dàng qí
三虫④。其始，太医以王命聚之，岁赋其二⑤；募有能捕之者，当其

去除坏死的肌肉，杀死人体内的寄生虫。起初，太医奉皇帝之命征收这种蛇，每年征收两次；还招募能

zū rù　 yǒng zhī rén zhēng bēn zǒu yān
租入。永之人争奔走焉。

捕这种蛇的人，可以用蛇抵他应缴的租税。于是，永州的人都争着去捕蛇。

---

① 质：质地。　章：花纹。　② 腊：风干。　饵：指药丸。　③ 已：止，治愈。　大风：即麻风。《素问·长刺节论》："骨节重，须眉堕，名曰大风。"　挛踠：手脚关节障碍，不能伸屈自如。　瘘：颈子肿大。　疠：恶疮。　④ 三虫：道家把人的头、胸、腹三部称为"三尸"，三虫就是使"三尸"得病的虫。　⑤ 赋：征收，敛取。

---

yǒu jiǎng shì zhě zhuān qí lì sān shì yǐ　　wèn zhī　zé yuē　wú zǔ sǐ yú shì wú
有蒋氏者，专其利三世矣①。问之，则曰："吾祖死于是，吾

有个姓蒋的，享有捕蛇免租的好处已经三代了。我问他这件事，他说："我祖父死于捕蛇，我父

fù sǐ yú shì　jīn wú sì wéi zhī shí èr nián　jī sǐ zhě shù yǐ　yán zhī mào ruò shèn qī zhě
父死于是，今吾嗣为之十二年②，几死者数矣。"言之，貌若甚戚者。

亲也死于捕蛇，如今我继承祖业捕蛇已经十二年，有好几次差点送命。"说着，露出很悲伤的神色。我很

yú bēi zhī　qiě yuē　ruò dú zhī hū　yú jiāng gào yú lì shì zhě　gēng ruò yì　fù ruò fù
余悲之，且曰："若毒之乎③？余将告于莅事者④，更若役，复若赋，

同情他，并且说："你憎恨捕蛇这差事吗？我准备去告诉主管政事的地方官，更换你的差事，恢复你的赋税，

zé hé rú　 jiǎng shì dà qī　 wāng rán chū tì yuē　 jūn jiāng āi ér shēng zhī hū　 zé wú sī
则何如？"蒋氏大戚，汪然出涕曰⑤："君将哀而生之乎？则吾斯

你觉得怎么样？"姓蒋的一听更加伤心，眼泪汪汪地说："你是可怜我，想让我活下去吗？那么我这个差

yì zhī bù xìng　wèi ruò fù wú fù bú xìng zhī shèn yě　 xiàng wú bù wéi sī yì　zé jiǔ yǐ bìng
役之不幸，未若复吾赋不幸之甚也。向吾不为斯役，则久已病

事的不幸，还不像恢复我的赋税的不幸那样厉害呢。假使当初我不做这捕蛇的差事，那早就贫困不堪了。

yǐ　 zì wú shì sān shì jū shì xiāng　 jī yú jīn liù shí suì yǐ　 ér xiāng lín zhī shēng rì cù
矣⑥。自吾氏三世居是乡，积于今六十岁矣，而乡邻之生日蹙⑦，

从我家三代住在这里以来，算起来已经有六十年了，可是乡邻们的生活一天比一天困难，他们把土地

^{dān} ^{qí} ^{dì} ^{zhī} ^{chū}   ^{jié} ^{qí} ^{lú} ^{zhī} ^{rù}   ^{háo} ^{hū} ^{ér} ^{zhuǎn} ^{xǐ}   ^{jī} ^{kě} ^{ér} ^{dùn} ^{bó}   ^{chù} ^{fēng} ^{yǔ}

殚其地之出⑧，竭其庐之入，号呼而转徙，饥渴而顿踣⑨，触风雨，

上生产出来的东西都拿出去了，把家里所有的收入都上缴了，哭哭啼啼地背井离乡，饥饿劳累得倒在地上。

^{fàn} ^{hán} ^{shǔ}   ^{hū} ^{xū} ^{dú} ^{lì}   ^{wǎng} ^{wǎng} ^{ér} ^{sǐ} ^{zhě} ^{xiāng} ^{jiè} ^{yě}   ^{nǎng} ^{yǔ} ^{wú} ^{zǔ} ^{jū} ^{zhě}   ^{jīn}

犯寒暑，呼嘘毒疠⑩，往往而死者相藉也⑪。曩与吾祖居者⑫，今

他们顶着风雨，冒着严寒酷暑，呼吸着毒气，常常因此而死亡的人横七竖八地躺在路边。从前和我祖父

^{qí} ^{shì} ^{shí} ^{wú} ^{yī} ^{yān}   ^{yǔ} ^{wú} ^{fù} ^{jū} ^{zhě}   ^{jīn} ^{qí} ^{shì} ^{shí} ^{wú} ^{èr} ^{sān} ^{yān}   ^{yǔ} ^{wú} ^{jū} ^{shí} ^{èr} ^{nián} ^{zhě}

其室十无一焉；与吾父居者，今其室十无二三焉；与吾居十二年者，

住在这里的人，现在十家中不到一家了；和我父亲住在这里的人，现在十家中不到两三家了；和我一起

^{jīn} ^{qí} ^{shì} ^{shí} ^{wú} ^{sì} ^{wǔ} ^{yān}   ^{fēi} ^{sǐ} ^{zé} ^{xǐ} ^{ěr}   ^{ér} ^{wú} ^{yǐ} ^{bǔ} ^{shé} ^{dú} ^{cún}   ^{hàn} ^{lì} ^{zhī} ^{lái} ^{wú}

今其室十无四五焉：非死则徙尔。而吾以捕蛇独存。悍吏之来吾

住了十二年的，现在十家中不到四五家了：不是死了，就是搬走了。而只有我凭着捕蛇，才活了下来。

^{xiāng}   ^{jiào} ^{xiāo} ^{hū} ^{dōng} ^{xī}   ^{huī} ^{tū} ^{hū} ^{nán} ^{běi}   ^{huá} ^{rán} ^{ér} ^{hài} ^{zhě}   ^{suī} ^{jī} ^{gǒu} ^{bù} ^{dé} ^{níng} ^{yān}

乡，叫嚣乎东西，隳突乎南北⑬，哗然而骇者，虽鸡狗不得宁焉。

那些凶狠的差役来我们乡里时，到处狂喊乱叫，到处骚扰毁坏，吓得人们大呼小叫，连鸡狗都不得安宁。

^{wú} ^{xún} ^{xún} ^{ér} ^{qǐ}   ^{shì} ^{qí} ^{fǒu}   ^{ér} ^{wú} ^{shé} ^{shàng} ^{cún}   ^{zé} ^{chí} ^{rán} ^{ér} ^{wò}   ^{jǐn} ^{sì} ^{zhī}   ^{shí}

吾恂恂而起⑭，视其缶⑮，而吾蛇尚存，则弛然而卧⑯。谨食之⑰，时

我小心翼翼地起来，看看那个装蛇的瓦罐，捕的蛇还在里面，就放心地又躺下了。我小心地饲养它，到

^{ér} ^{xiàn} ^{yān}   ^{tuì} ^{ér} ^{gān} ^{shí} ^{qí} ^{tǔ} ^{zhī} ^{yǒu}   ^{yǐ} ^{jìn} ^{wú} ^{chǐ}   ^{gài} ^{yī} ^{suì} ^{zhī} ^{fàn} ^{sǐ} ^{zhě} ^{èr} ^{yān}   ^{qí}

而献焉。退而甘食其土之有，以尽吾齿。盖一岁之犯死者二焉，其

规定缴纳的时间就献上去。平时回家，就有滋味地吃着那田地里出产的东西，这样来安度天年。一年中

^{yú} ^{zé} ^{xī} ^{xī} ^{ér} ^{lè}   ^{qǐ} ^{ruò} ^{wú} ^{xiāng} ^{lín} ^{zhī} ^{dàn} ^{dàn} ^{yǒu} ^{shì} ^{zāi}   ^{jīn} ^{suī} ^{sǐ} ^{hū} ^{cǐ}   ^{bǐ} ^{wú} ^{xiāng}

余则熙熙而乐，岂若吾乡邻之旦旦有是哉！今虽死乎此，比吾乡

冒生命危险的时候只有两次，其余的时间都生活得很快活，哪像我的乡邻们天天担惊受怕呢！现在，我

^{lín} ^{zhī} ^{sǐ} ^{zé} ^{yǐ} ^{hòu} ^{yǐ}   ^{yòu} ^{ān} ^{gǎn} ^{dú} ^{yé}

邻之死则已后矣，又安敢毒邪？"

即使死在捕蛇这件事上，比起我乡邻的死，已经晚得多了，又怎么敢憎恨呢？"

^{yú} ^{wén} ^{ér} ^{yù} ^{bēi}   ^{kǒng} ^{zǐ} ^{yuē}   ^{kē} ^{zhèng} ^{měng} ^{yú} ^{hǔ} ^{yě}   ^{wú} ^{cháng} ^{yí} ^{hū} ^{shì}   ^{jīn} ^{yǐ}

余闻而愈悲。孔子曰："苛政猛于虎也⑱。"吾尝疑乎是，今以

我听了姓蒋的一番话，心里更加悲伤。孔子说："暴政比老虎更加凶狠啊。"我曾怀疑过这句话，

^{jiǎng} ^{shì} ^{guān} ^{zhī}   ^{yóu} ^{xìn}   ^{wū} ^{hū}   ^{shú} ^{zhī} ^{fù} ^{liǎn} ^{zhī} ^{dú}   ^{yǒu} ^{shèn} ^{shì} ^{shé} ^{zhě} ^{hū}   ^{gù} ^{wéi} ^{zhī} ^{shuō}

蒋氏观之，犹信。呜呼！孰知赋敛之毒，有甚是蛇者乎！故为之说⑲，

现在从姓蒋的遭遇来看，这话是千真万确的。唉！谁知道苛捐杂税会比毒蛇更厉害呢！所以我写了这篇文章，

yǐ sì fú guān rén fēng zhě dé yān
以俟夫观人风者得焉⑳。

留待那些考察民情风俗的官吏参考。

---

① 专其利：独享这种好处。指捕蛇上缴可不纳应完的租税。 ② 嗣：继承。 为之：操捕蛇这种职业。 ③ 若：你。 毒：憎恨。 ④ 莅事者：管这事的人，指地方官。莅，临。 ⑤ 汪然：泪水满眶的样子。 ⑥ 病：困苦。 ⑦ 蹙：穷困。 ⑧ 殚：尽。 ⑨ 顿踣：因劳累而倒下。 顿，困顿。 踣，僵仆。 ⑩ 毒疠：毒气。 疠，一种容易使人得病的瘴气。 ⑪ 相藉：形容死人极多。 藉，纵横交错。 ⑫ 曩：从前。 ⑬ 隳：毁坏。 ⑭ 恂恂：小心谨慎的样子。 ⑮ 缶：瓦罐。 ⑯ 弛然：放心的样子。 弛，放松，不紧张。 ⑰ 食：饲养。 ⑱ 苛政猛于虎：语出《礼记·檀弓》，意谓苛酷的统治比老虎还要凶。 ⑲ 说：一种叙事兼议论的文体。 ⑳ 夫：助词，近于"那"。 人风：民风，民情。

（胡士明）

---

zhòng shù guō tuó tuó zhuàn

种 树 郭 橐 驼 传

liǔ zōng yuán
柳宗元

guō tuó tuó   bù zhī shǐ hé míng   bìng lóu   lóng rán fú xíng   yǒu lèi tuó tuó zhě   gù xiāng
郭橐驼①，不知始何名，病偻②，隆然伏行③，有类橐驼者，故乡

郭橐驼，不知他原来叫什么名字。因为生伛偻病，驼着背低头弯腰地走路，有点像骆驼一样，所

rén hào zhī   tuó   tuó wén zhī yuē   shènshàn   míng wǒ gù dàng   yīn shě qí míng   yì zì wèi tuó
人号之"驼"。驼闻之曰："甚善，名我固当。"因舍其名，亦自谓"橐

以村里人都叫他郭橐驼。他听了说："很好嘛！这样叫我正合适。"于是丢掉原来的名字，也自称为橐

^{tuó} ^{yún} ^{qí} ^{xiāng} ^{yuē} ^{fēng} ^{lè} ^{xiāng} ^{zài} ^{cháng} ^{ān} ^{xī}
驼"云。其乡曰丰乐乡,在长安西。

驼了。他所住的地方叫丰乐乡,在长安西郊。

> ① 橐驼:骆驼。
> ② 偻:伛偻病。
> ③ 隆然:指背部隆起。 伏行:低头俯身而行。 ④ 观游:指供赏玩游览的园林。 ⑤ 蕃:多。 ⑥ 窥伺效慕:偷看模仿。

^{tuó} ^{yè} ^{zhòng} ^{shù} ^{fán} ^{cháng} ^{ān} ^{háo} ^{jiā} ^{fù} ^{rén} ^{wéi} ^{guān} ^{yóu} ^{jí} ^{mài}
驼业种树,凡长安豪家富人为观游及卖

郭橐驼以种树为业,凡是长安豪门富户要修建园林及经营水果买

^{guǒ} ^{zhě} ^{jiē} ^{zhēng} ^{yíng} ^{qǔ} ^{yǎng} ^{shì} ^{tuó} ^{suǒ} ^{zhòng} ^{shù} ^{huò} ^{qiān} ^{xǐ}
果者④,皆争迎取养。视驼所种树,或迁徙,

卖的,都争相召请雇用他。看郭橐驼栽种或移植的树木,没有一棵不成活

^{wú} ^{bù} ^{huó} ^{qiě} ^{shuò} ^{mào} ^{zǎo} ^{shí} ^{yǐ} ^{fán} ^{tā} ^{zhí} ^{zhě} ^{suī} ^{kuī} ^{sì} ^{xiào}
无不活,且硕茂,早实以蕃⑤。他植者虽窥伺效

的,而且长得高大茂盛,果子结得又早又多。其他种树的人虽然偷看仿效

^{mù} ^{mò} ^{néng} ^{rú} ^{yě}
慕⑥,莫能如也。

他的方法,但都不如他种得好。

^{yǒu} ^{wèn} ^{zhī} ^{duì} ^{yuē} ^{tuó} ^{tuó} ^{fēi} ^{néng} ^{shǐ} ^{mù} ^{shòu} ^{qiě} ^{zī} ^{yě} ^{néng} ^{shùn} ^{mù} ^{zhī} ^{tiān}
有问之,对曰:"橐驼非能使木寿且孳也①,能顺木之天②,

有人问他有什么诀窍,他说:"我郭橐驼并不能使树木长生、茂盛,只能顺着树木生长规

^{yǐ} ^{zhì} ^{qí} ^{xìng} ^{yān} ^{ěr} ^{fán} ^{zhí} ^{mù} ^{zhī} ^{xìng} ^{qí} ^{běn} ^{yù} ^{shū} ^{qí} ^{péi} ^{yù} ^{píng} ^{qí} ^{tǔ} ^{yù} ^{gù}
以致其性焉尔③。凡植木之性,其本欲舒④,其培欲平,其土欲故⑤,

律让它照自己的习性发展罢了。大凡种树的特性:树根要舒展,培土要均匀,要保留熟土,

^{qí} ^{zhù} ^{yù} ^{mì} ^{jì} ^{rán} ^{yǐ} ^{wù} ^{dòng} ^{wù} ^{lǜ} ^{qù} ^{bú} ^{fù} ^{gù} ^{qí} ^{shí} ^{yě} ^{ruò} ^{zǐ} ^{qí}
其筑欲密⑥。既然已,勿动勿虑,去不复顾。其莳也若子⑦,其

树根处的泥土要捣实。种好后,不要再动它担心它,尽可以走开不管。总之,栽种时要像育子

^{zhì} ^{yě} ^{ruò} ^{qì} ^{zé} ^{qí} ^{tiān} ^{zhě} ^{quán} ^{ér} ^{qí} ^{xìng} ^{dé} ^{yǐ} ^{gù} ^{wú} ^{bú} ^{hài} ^{qí} ^{zhǎng} ^{ér} ^{yǐ} ^{fēi} ^{yǒu}
置也若弃,则其天者全而其性得矣。故吾不害其长而已,非有

一样小心,种好后完全可以置之不理,那样就能让树木按自己的本性生长了。所以我只是

^{néng} ^{shuò} ^{mào} ^{zhī} ^{yě} ^{bú} ^{yì} ^{hào} ^{qí} ^{shí} ^{ér} ^{yǐ} ^{fēi} ^{yǒu} ^{néng} ^{zǎo} ^{ér} ^{fán} ^{zhī} ^{yě} ^{tā} ^{zhí} ^{zhě}
能硕茂之也;不抑耗其实而已⑧,非有能早而蕃之也。他植者

不去妨碍树木生长,并没有使它长得高大茂盛的好办法;只是不去抑制减少它挂果结实,

zé bù rán　gēn quán ér tǔ yì　qí péi zhī yě　ruò bú guò yān zé bù jí　gǒu yǒu néng fǎn

则不然，根拳而土易⑨，其培之也，若不过焉则不及。苟有能反

并没有使它既早又多地结果实的诀窍。别的植树人却不是这样，种时树根卷曲，把熟土都换上生泥，

shì zhě　zé yòu ài zhī tài yīn　yōu zhī tài qín　dàn shì ér mù fǔ　yǐ qù ér fù gù shèn

是者，则又爱之太殷，忧之太勤，旦视而暮抚，已去而复顾，甚

培土时，不是过多，就是不足。即使有和上述情况相反者，却又对树苗爱得过分，担心得太多余，早上看看，

zhě zhǎo qí fū yǐ yàn qí shēng kū　yáo qí běn yǐ guān qí shū mì　ér mù zhī xìng rì yǐ

者爪其肤以验其生枯⑩，摇其本以观其疏密，而木之性日以

晚上摸摸，走开了又回过来再瞧瞧。有些更过分的竟用指甲抠开树皮检验它究竟是死是活，摇摇树干看它种

lí yǐ　suī yuē ài zhī　qí shí hài zhī　suī yuē yōu zhī　qí shí chóu zhī　gù bù wǒ ruò

离矣。虽曰爱之，其实害之；虽曰忧之，其实仇之。故不我若

得牢固还是疏松，经这样折腾，树木的活力就一天比一天差了。这种做法，虽说爱它，其实恰恰害了它，虽

yě　wú yòu hé néng wéi zāi

也。吾又何能为哉！"

说担心它，其实恰恰是仇视它。所以他们种的树都不如我的。我又有什么别的本领呢？"

---

① 莳：滋长繁茂。　② 天：天性。指树木的自然生长规律。　③ 致其

性：让它尽性发展。　④ 本：树根。　⑤ 故：指树木根部原有的熟土。

⑥ 筑：捣。　⑦ 莳：移栽或分种。　⑧ 抑耗其实：抑制减少它结果

实。　⑨ 拳：卷曲。　易：更换。　⑩ 爪：抓。　肤：指树皮。

---

wèn zhě yuē　yǐ zǐ zhī dào　yí zhī guān lǐ　kě hū　tuó yuē　wǒ zhī zhòng shù ér

问者曰："以子之道，移之官理①，可乎？"驼曰："我知种树而

问他的人说："把你种树的道理用到当官理政上去，可以吗？"郭橐驼说："我只知道种树罢了，治民

yǐ　guān lǐ fēi wú yè yě　rán wú jū xiāng　jiàn zhǎng rén zhě hào fán qí lìng　ruò shèn lián yān　ér

已，官理非吾业也。然吾居乡，见长人者好烦其令②，若甚怜焉，而

理政可不是我的行业。不过我居住在乡下，见当官的总喜欢不断地发号施令，好像是很爱护百姓似的，最

zú yǐ huò　dàn mù lì lái ér hū yuē　guān mìng cù ěr gēng　xù ěr zhí　dū ěr huò　zǎo sāo ér

卒以祸。旦暮吏来而呼曰：'官命促尔耕，勖尔植③，督尔获，早缫而

终却给百姓带来了灾难。官吏们一天到晚跑来吆喝：'长官命令你快耕田，劝你们快下种，催你们快收割，

xù zǎo zhī ér lǚ zì ér yòu hái suì ér jī tún míng gǔ ér jù zhī jī mù

绪④，早织而缕⑤，字而幼孩⑥，遂而鸡豚⑦。'鸣鼓而聚之，击木

早些煮茧缫丝，早些纺线织布，抚养好你们的孩子，喂大你们的鸡和猪。'一会儿击鼓集合百姓，一会儿又敲

ér zhào zhī wú xiǎo rén chuò sūn yōng yǐ láo lì zhě qiě bù dé xiá yòu hé yǐ fán wú shēng

而召之⑧。吾小人辍飧饔以劳吏者⑨，且不得暇，又何以蕃吾生

梆子召集大家，弄得我们小百姓为招待官吏连吃饭也没工夫，又靠什么让我们人丁兴旺生活安定呢？所以

ér ān wú xìng yé gù bìng qiě dài ruò shì zé yǔ wú yè zhě qí yì yǒu lèi hū

而安吾性邪？故病且怠⑩。若是，则与吾业者其亦有类乎？"

老百姓都十分困苦疲累了。像这样治民的办法，同我那些种树同行的做法不是也有些类似吗？

wèn zhě yuē xī bú yì shàn fú

问者曰："嘻，不亦善夫！

问的人说："哈，这不是很好嘛！我问植

wú wèn yǎng shù dé yǎng rén shù zhuàn

吾问养树，得养人术⑪。"传

树的道理，却得到了治民的办法。"于是就记下

qí shì yǐ wéi guān jiè yě

其事以为官戒也⑫。

这件事，以供当官的鉴戒。

① 官理：当官治理政事。　② 长人
者：做官的。　③ 勖：勉励。　④ 绪：
丝头。　⑤ 缕：线。　⑥ 字：抚养。
⑦ 遂：生长。豚：猪。　⑧ 击木：指
敲梆子。　⑨ 飧：晚饭。饔：早饭。
⑩ 病：困苦。怠：疲乏。　⑪ 养人术：
指治民的办法。　⑫ 传：记载。

（汪贤度）

zǐ rén zhuàn

梓 人 传

liǔ zōng yuán

柳宗元

péi fēng shū zhī dì zài guāng dé lǐ yǒu zǐ rén kòu qí mén yuàn yōng xì

裴封叔之第①，在光德里②。有梓人款其门③，愿佣隙

裴封叔的住宅，在京城光德里。一天，有一个木匠敲门求见，想在裴家租一间空屋居住。他所从

yǔ ér chǔ yān④　　suǒ zhí xún yǐn　guī jǔ　shéng mò⑤　　jiā bù jū lóng zhuó zhī qì⑥

宇而处焉④。所职寻引、规矩、绳墨⑤，家不居砻斫之器⑥。

事的职业工具只有量尺寸的寻引、画方圆的规矩和弹墨线的墨斗等，家中不备磨刀石和刀斧之类的用

wèn qí néng　yuē　wú shàn duó cái⑦　　shì dòng yǔ zhī zhì　gāo shēn　yuán fāng　duǎn cháng

问其能，曰："吾善度材⑦，视栋宇之制、高深，圆方、短长

具。问他会干什么活，他说："我擅长测算材料，根据房子的规模、高深，选用各类圆方得体、长短合适

zhī yí　wú zhǐ shǐ ér qún gōng yì yān　　shě wǒ　zhòng mò néng jiù yì yǔ⑧　　gù shí yú

之宜，吾指使而群工役焉。舍我，众莫能就一宇⑧。故食于

的木料，就指挥工匠们干活。如果没有我，他们连一间房子也造不成。所以我到官府里去干活，所得的

guān fǔ　wú shòu lù sān bèi　zuò yú sī jiā　wú shōu qí zhí tài bàn yān⑨　　tā rì

官府，吾受禄三倍；作于私家，吾收其直太半焉⑨。"他日，

工资等于一般木工的三倍；给私人干活，我拿的工价要占众人工资的一大半。"有一天，我走进他的卧房，

rù qí shì　qí chuáng quē zú ér bù néng lǐ⑩　　yuē　jiāng qiú tā gōng　　yú shèn xiào

入其室，其床阙足而不能理⑩，曰："将求他工。"余甚笑

见他的床架缺了一条腿他却不会修理他说："打算请别的木匠来修。"我觉得非常好笑，认为他是一个

zhī　wèi qí wú néng ér tān lù shì huò zhě⑪

之，谓其无能而贪禄嗜货者⑪。

没有什么本领而只知道贪钱爱财的人。

---

① **裴封叔**：裴瑾，字封叔，河东闻喜（今山西闻喜）人。柳宗元的二姊夫。裴瑾于唐德宗贞元三年中进士，曾任京兆府参军、太常寺主簿、殿中侍御史、比部员外郎、万年令等职。　**第**：居所。　② **光德里**：唐代长安城中居民区共划分为一百一十个坊（或称里），光德里靠近皇城西南角。　③ **梓人**：木工。　**款**：通"叩"，敲击。④ **佣**：雇。这里指租赁。　**隙宇**：空屋。　**处**：居住。　⑤ **寻**：八尺。　**引**：十丈。寻引指量长度的工具。　**规**：校正圆形的工具。　**矩**：画方形的工具，即今木工的曲尺。　**绳墨**：画直线的工具。　⑥ **居**：置备。　**砻**：磨。　⑦ **度**：计量、测算。　⑧ **就**：造成。　⑨ **直**：通"值"。　**太半**：大半。　⑩ **阙**：通"缺"。⑪ **嗜货**：爱财。

---

qí hòu　jīng zhào yǐn jiāng shì guān shǔ①　　yú wǎng guò yān　　wěi qún cái②　　huì zhòng

其后，京兆尹将饰官署①，余往过焉。委群材②，会众

后来，京兆尹要修理官署，我去那里瞧瞧。见那儿已堆放着许多建筑材料，聚集了许多工匠。他们

工。或执斧斤③，或执刀锯，皆环立向之。梓人左持引，右

有的手握斧子，有的拿刀操锯，都围着那木匠等候使唤。那木匠左手拿着引绳，右手执一根木杖，站在当中。

执杖，而中处焉。量栋宇之任，视木之能，举挥其杖曰：

他测量好栋梁的长短大小，又看准木料是否合用，然后举起木杖指挥说："用斧子！"那持斧的工匠立刻奔向

"斧！"彼执斧者奔而右；顾而指曰："锯！"彼执锯者趋而

右边；他回头又指着另一段木料说："用锯子！"那拿锯的立刻奔向左边。一会儿众工匠刀砍斧削地动起手

左。俄而斤者斫，刀者削，皆视其色，俟其

来，一个个都看他的眼色、等他的号令行事，没有一个敢自作主张的。有些

言，莫敢自断者。其不胜任者，怒而退之，

不能胜任的工匠，被他怒喝退在一旁，也不敢恼恨抱怨。他又在墙上画了房

亦莫敢愠焉。画宫于堵④，盈尺而曲尽其

子的图样，虽只有一尺见方却全面周详，根据图上缩小的尺寸比例而造出高

制⑤，计其毫厘而构大厦，无进退焉⑥。既成，

楼大厦，竟完全合乎设计而不增减分毫。房子造后，他在大梁上写上"某

书于上栋曰"某年某月某日某建"，则其姓

年某月某日某某造"，这某某就是他的姓名，而凡是持刀斧操作的众工匠

字也。凡执用之工不在列。余圜视大骇⑦，然

的名字却一个也不写上。我在房子周围审视一番以后不禁大吃一惊，这才

后知其术之工大矣。

知道这木匠的技艺确实非常高明。

继而叹曰：彼将舍其手艺①，专其心智，而能知体要者

接着我叹息道：他或许是抛开自己的手艺，专门运用自己的心思智慧，而能掌握事物的总体要领的

① 京兆尹：唐代以长安及其周围地区为京兆府，京兆尹是京兆府的行政长官。 ② 委：积聚。 ③ 斧斤：斧头。 ④ 宫：指房屋的平面图。堵：墙。 ⑤ 曲尽：全面周详。 ⑥ 进退：指增减。 ⑦ 圜视：环视。

欤②？吾闻劳心者役人，劳力者役于人③。彼其劳心者欤？能者

人么？我听说劳心的人使唤别人，劳力的人被人使唤，他可能是一位劳心的人吧？有能力的人献本领，有智慧

用而智者谋，彼其智者欤？是足为佐天子、相天下法矣④！物

的人出计谋，他大概是一位有智慧的人吧？这完全可以给辅佐天子、治理天下的宰相效法了。事情再没有比

莫近乎此也。彼为天下者本于人。其执役者⑤，为徒隶⑥，为

这两者更相似了。那治理天下的人他的出发点是人。那些供职服役的有的为徒隶，有的当乡师、里胥；再高一

乡师⑦、里胥⑧；其上为下士⑨，又其上为中士、为上士；又其上为大

点的是下士，再上面是中士、上士；再上层是大夫、卿、公。合并起来为吏、户、礼、兵、刑、工六部，下面又细分

夫、为卿、为公⑩。离而为六

成百职千役。从中原直到四方海滨，有方

职⑪，判而为百役⑫。外薄四

伯、连帅。郡有郡守，县有县令，他们都有

海⑬，有方伯、连率⑭。郡有

协助自己理政的副手僚属。郡守县令下面

守，邑有宰⑮，皆有佐政⑯。

有管文牍的小吏，再下面还有啬夫、版尹

其下有胥吏⑰，又其下皆有

各司其职，就好像众工匠各凭自己的手艺

啬夫、版尹⑱，以就役焉，犹

吃饭一样。那辅佐天子治理天下的宰相，

众工之各有执技以食力

选拔人才委以官职，指使号令他们，梳理

① **将**：或许。　② **体要**：总体要领。　③ **"劳心者"两句**：这两句话出自《孟子·滕文公上》，原文为"劳心者治人，劳力者治于人"。意思是用心思的人管理别人，出劳力的人被别人管理。　④ **相天下**：当宰相治理天下百姓。　⑤ **执役**：服役，供职。　⑥ **徒隶**：因犯罪而服劳役的人。泛指奴隶及下级差役。　⑦ **乡师**：一乡之长。　⑧ **里胥**：一里之长。唐代以一百户为里，以五里为一乡。　⑨ **士**：商、周时最低一级的贵族。春秋时，士一般为卿大夫的家臣，分有田地，或以俸禄为生。　⑩ **大夫、卿、公**：古代在国君之下有卿、大夫、士三级。公是爵位名，为公、侯、伯、子、男五等爵位的第一等，亦为诸侯国君之通称。　⑪ **离**：相并列。　**六职**：即六官、六卿。古时把执政大臣分为吏、户、礼、兵、刑、工六部尚书，各司其职。　⑫ **判**：分。　⑬ **薄**：迫近、靠近。　⑭ **方伯**：一方诸侯的领袖。　**连率**：即连帅，十国诸侯的领袖。

yě　bǐ zuǒ tiān zǐ xiàng tiān xià zhě　jǔ ér jiā yān　zhǐ ér shǐ yān　tiáo qí gāng jì ér yíng suō yān

也。彼佐天子相天下者，举而加焉⑲，指而使焉，条其纲纪而盈缩焉⑳，

纲纪而适时加以增损修改，统一法制而经常进行整顿检查，就好像那木匠有规矩绳墨来确定法式尺寸一样。

qí qí fǎ zhì ér zhěng dùn yān　yóu zǐ rén zhī yǒu guī jǔ shéng mò yǐ dìng zhì yě　zé tiān xià zhī shì

齐其法制而整顿焉，犹梓人之有规矩、绳墨以定制也。择天下之士，

宰相挑选天下有用的人才，让他们各称其职；抚育天下的子民百姓，使他们安居乐业。治理得好坏与否，只要

shǐ chèn qí zhí　jū tiān xià zhī rén　shǐ ān qí yè　shì dū zhī yě　shì yě zhī guó　shì guó zhī tiān

使称其职；居天下之人，使安其业。视都知野㉑，视野知国，视国知天

看看都市的情况就可以推知农村，看看农村就可以推知一国，看看一国的情况就可以推知整个天下，它的远

xià　qí yuǎn ěr xì dà　kě shǒu jù qí tú ér jiū yān　yóu zǐ rén huà gōng yú dǔ ér jì yú chéng

下，其远迩细大㉒，可手据其图而究焉，犹梓人画宫于堵而绩于成

近大小，可以手按地图查考清楚，就像那木匠把房子的图样画在墙上而最终建成房子一样。有才能的人，宰

⑮邑：县的别称。　宰：指县令。　⑯佐政：辅佐正职理政的官，如长史、司马、县尉等。　⑰胥吏：官府中办理文书等事务的小吏。　⑱啬夫：古时有吏啬夫，为检查约束群吏之官；有人啬夫，为检查约束百姓之官。　版尹：掌管户籍的官吏。　⑲举而加焉：选拔出来而加以任命。　⑳纲纪：纲要。　盈缩：指调整增减。　㉑都：古代行政区划名。《周礼·地官·小司徒》："九夫为井，四井为邑，四邑为丘，四丘为甸，四甸为县，四县为都。"这里泛指大城市。　野：郊野。　㉒迩：近。　㉓由：用。　㉔衒：炫耀。　㉕矜：夸耀。　㉖不亲小劳：不亲自去做细小具体的事务。　㉗不侵众官：不越俎代庖代替百官行使职权。　㉘伐：自我夸耀。　㉙伊：商初大臣伊尹，协助商汤攻灭夏桀建立商朝。　傅：商代后期商王武丁的大臣傅说，助商王治国，中兴商朝。　周：周武王之弟周公姬旦。武王死后，他辅佐成王，平息内乱，建立典章制度，巩固周朝的统治。　召：召公姬奭，曾助武王灭商，被封于燕。成王时与周公一同辅政。

yě　néng zhě jìn ér yóu zhī　shǐ wú

也。能者进而由之㉓，使无

相就进用他，让他不致于感恩戴德；无能

suǒ dé　bù néng zhě tuì ér xiū zhī　yì

所德；不能者退而休之，亦

的人即予罢黜回乡，他也不敢怨恨。做宰

mò gǎn yùn　bú xuàn néng　bù jīn

莫敢愠。不衒能㉔，不矜

相的不炫耀自己的才能，不卖弄自己的名

míng　bù qīn xiǎo láo　bù qīn zhòng

名㉕，不亲小劳㉖，不侵众

声，不亲自去做琐碎小事，不代替百官去

guān　rì yǔ tiān xià zhī yīng cái tǎo lùn

官㉗，日与天下之英才讨论

行使职权，每天只是和天下的杰出英才讨

qí dà jīng　yóu zǐ rén zhī shàn yùn zhòng

其大经，犹梓人之善运众

论治国的大纲，就像那木匠善于运用众工

gōng ér bù fá yì yě　fú rán hòu xiàng

工而不伐艺也㉘。夫然后相

匠的力量而自己不去逞能一样。只有这样

dào dé ér wàn guó lǐ yǐ　　xiàng dào jì dé　wàn guó jì lǐ　tiān xià jǔ shǒu ér wàng yuē　wú

道得而万国理矣。相道既得，万国既理，天下举首而望曰："吾

才算是掌握了做宰相的道理从而可治理好天下万国了。为相之道已经掌握，天下万国已安定太平，普天之

xiàng zhī gōng yě　　hòu zhī rén xún jì ér mù yuē　bǐ xiàng zhī cái yě　　shì huò

相之功也。"后之人循迹而慕曰："彼相之才也。"士或

人就都会仰头称颂说："这是我们宰相的功劳啊。"后世的人追念先人的事迹也会仰慕地说："这是那宰相的

tán yīn　zhōu zhī lǐ zhě　yuē yī　fù　zhōu shào　qí bǎi zhí shì zhī qín láo ér bù dé

谈殷、周之理者，曰伊、傅、周、召㉙，其百执事之勤劳而不得

才能出众啊。"人们有时谈起殷、周二朝的治理政绩，都会说这是伊尹、傅说、周公、召公的功劳，而他们手下

jì yān　yóu zǐ rén zì míng qí gōng ér zhí yòng zhě bú liè yě　　dà zāi xiàng hū　tōng shì dào zhě

纪焉，犹梓人自名其功而执用者不列也。大哉相乎！通是道者，

文武百官的勤苦辛劳却毫无记载，就好像那木匠把自己的名字题在大梁上表功而那些动手操作的众工匠却

suǒ wèi xiàng ér yǐ yǐ　　qí bù zhī tǐ yào zhě fǎn cǐ　　yǐ kè qín wéi gōng　　yǐ bù

所谓相而已矣。其不知体要者反此。以恪勤为功㉚，以簿

榜上无名一样。宰相的作用真大啊！懂得这道理的人，才是所谓的宰相了。而那些不知大体不懂要领的人却

shū wéi zūn㉛　xuàn néng jīn míng　qīn xiǎo láo　qīn zhòng guān　qiè qǔ liù zhí bǎi yì zhī

书为尊㉛，衒能矜名，亲小劳，侵众官，窃取六职百役之

与此相反，他们以为只要办事谨慎小心勤勤恳恳就是功绩，以为整天埋头案卷文牍最为重要，炫耀自己的才

shì　yín yín yú fǔ tíng　　ér yí qí dà zhě　yuǎn zhě yān　suǒ wèi bù tōng shì dào zhě yě

事，听听于府庭㉜，而遗其大者、远者焉，所谓不通是道者也。

能和名声，亲自去做琐碎小事，包办代替百官的职责，把六部尚书和百官吏胥的本职工作都揽在自己手里，

yóu zǐ rén ér bù zhī shéng mò zhī qū zhí　guī jǔ zhī fāng yuán　xún yǐn zhī duǎn cháng　gū

犹梓人而不知绳墨之曲直、规矩之方圆、寻引之短长，姑

在州府厅堂上大声争论，却忘掉国家的长远大计，这就叫做不懂得为相之道。就好像那木匠竟不知墨线的曲

duó zhòng gōng zhī fǔ jīn dāo jù yǐ zuǒ qí yì　yòu bù néng bèi qí gōng　yǐ zhì bài jì yòng

夺众工之斧斤刀锯以佐其艺，又不能备其工，以至败绩用

直、规矩的方圆、尺丈的短长，只得硬夺过众匠人的斧凿刀锯去帮助他们施工，然而又不能样样都会，结果终

ér wú suǒ chéng yě　　bú yì miù yú

而无所成也。不亦谬欤？

不免一败涂地毫无所成。这岂不很荒唐吗？

㉚ 恪：谨慎。　㉛ 簿书：官署中的文书簿册。这里指处理公文案牍。　㉜ 听听：张口微笑的样子。据清人研究，"听听"应作"龂龂"，争斗的样子。

或曰："彼主为室者，傥或发其私智①，牵制梓人之虑，夺其世守

或许有人会说："那造房子的主人，假如自作主张，处处牵制木匠的规划打算，不用他世代相传的经验技

而道谋是用②，虽不能成功，岂其罪邪？亦在任之而已。"余曰：不然。

艺，却听从采纳过路人的意见，那么房子虽然造不成功，这难道是木匠的过错吗？归根结底还是在于主人的信任

夫绳墨诚陈，规矩诚设，高者不可抑而下也，狭者不可张而广也。

他与否。"我说：不对。只要长短尺寸已经确定，规矩式样已经确立，那么高的就不可以压低，狭的地方也不可以把

由我则固，不由我则圮③。彼将乐去固而就圮也，则卷其术，默其智，悠

它放阔。照我木匠的设计去做房子就牢固，不照我的设计去做房子就会倒塌。如果房主愿意房子不牢固而喜欢倒

尔而去④，不屈吾道，是诚良梓人耳。其或嗜其货利，忍而不能舍也，

塌，那么木匠就收起自己的技艺和智谋，扬长而去，坚持自己的主张毫不屈服，这才是真正的好木匠啊。或者有些

丧其制量，屈而不能守也，栋桡屋坏⑤，则曰："非我罪也。"可乎哉？可

木匠贪图钱财，忍气吞声甘受牵制而不得离去，丧失自己的规划标准，屈从他人而不能坚持自己的主张，终于

乎哉？

造成梁弯屋塌的后果，却说："这不是我的过错。"这怎么可以呢？这怎么可以呢？

余谓梓人之道类于相，故书而藏之。梓人，盖古之审曲面势

我以为做木匠的道理类似当宰相的道理，所以把此事写下来收藏着。木匠，就是古时审察木

者⑥，今谓之"都料匠"云⑦。余所遇者，杨氏，潜其名。

料曲直、大小、长短等势态的人，今天称为"总工匠"。我所遇到的这位木匠姓杨，名字是潜。

①傥或：如果、倘若。　私智：个人的见解主张。　②道谋：即筑室道谋，意为造房子时请教往来
过路之人，必然因人多意见不一，房子也造不成。　③圮：倒塌。　④悠尔：悠闲自在的样子。
⑤桡：弯曲而不平直。　⑥审曲面势：指审察木材的曲直、大小、长短等势态。　⑦都料匠：负责房
屋建筑的设计和指挥任务的总工匠。

（汪贤度）

愚溪诗序
yú xī shī xù

liǔ zōng yuán
柳宗元

guàn shuǐ zhī yáng yǒu xī yān dōng liú rù yú xiāo shuǐ huò yuē rǎn shì cháng jū yě
灌水之阳①，有溪焉，东流入于潇水②。或曰："冉氏尝居也，

灌水的北面有一条溪，向东流入潇水。有人说："过去曾有一家姓冉的住在这溪边，所以把这条溪

gù xìng shì xī wéi rǎn xī huò yuē kě yǐ rǎn yě míng zhī yǐ qí néng gù wèi zhī rǎn xī
故姓是溪为冉溪③。"或曰："可以染也，名之以其能，故谓之染溪。"

叫作冉溪。"也有人说："这溪里的水可以用来漂染丝帛，用它的功能来命名，所以称它为染溪。"我因为愚

yú yǐ yú chù zuì zhé xiāo shuǐ shàng ài shì
余以愚触罪，谪潇水上，爱是

昧而犯了罪，被贬谪到潇水之滨，爱这条小溪的景色，

xī rù èr sān lǐ dé qí yóu jué zhě jiā
溪，入二三里，得其尤绝者家

沿溪水走进去二三里，发现一处景色特别好的地方就

yān gǔ yǒu yú gōng gǔ jīn yú jiā
焉④。古有愚公谷⑤，今余家

安下家来。古代有个愚公谷，如今我住在这条溪边，而

shì xī ér míng mò néng dìng tǔ zhī jū zhě
是溪，而名莫能定，土之居者

溪水的名字一直未定下来，当地的居民对它究竟该叫

yóu yín yín rán bù kě yǐ bù gēng yě gù
犹断断然⑥，不可以不更也，故

冉溪还是染溪至今争论不休，看来溪名不改是不行的

gēng zhī wéi yú xī
更之为愚溪。

了，所以就替它改名叫愚溪。

① **灌水**：湘江的支流，源出广西灌阳县西南，北流经全州注入湘江。**阳**：河流的北面。　② **潇水**：在今湖南道县北，因源出潇山，故称潇水。　③ **是溪**：这条溪。**是**，指示代词。下文"爱是溪"同此解。　④ **家焉**：在此安家。**家**，作动词用。下文"家是溪"同此解。　⑤ **愚公谷**：在今山东临淄西。据刘向《说苑·政理》篇记载，齐桓公外出打猎，进入一山谷，见一老翁，便问那山谷叫什么名称。老翁说，叫愚公谷。齐桓公问为什么叫愚公谷？老翁说，因为我叫愚公，所以给它起这个名称。　⑥ **断断然**：争辩的样子。

406

yú xī zhī shàng mǎi xiǎo qiū wéi yú qiū zì yú qiū dōng běi xíng liù shí bù dé quán yān

愚溪之上，买小丘，为愚丘。自愚丘东北行六十步，得泉焉，

我在愚溪边上买了一个小山丘，取名愚丘。从愚丘向东北走六十步，发现有一处泉水，也把它买

yòu mǎi jū zhī wéi yú quán yú quán fán liù xué jiē chū shān xià píng dì gài shàng chū yě

又买居之，为愚泉。愚泉凡六穴①，皆出山下平地，盖上出也②。

了下来，取名为愚泉。愚泉总共有六个泉眼，都是从山下平地流过来的，泉水汩汩不停地上涌。六股泉水

hé liú qū qū ér nán wéi yú gōu suì fù tǔ lěi shí sè qí ài wéi

合流屈曲而南，为愚沟。遂负土累石，塞其隘，为

汇合后弯弯曲曲地向南流去，我称之为愚沟。于是就堆土垒石，将愚沟狭窄的地方

① 凡：共
② 上出：
向上喷涌
而出。

yú chí yú chí zhī dōng wéi yú táng qí nán wéi yú tíng chí zhī zhōng wéi

愚池。愚池之东为愚堂，其南为愚亭，池之中为

堵住，形成愚池。愚池的东面建了愚堂，南面盖起愚亭，愚池当中是愚岛。在这些

yú dǎo jiā mù yì shí cuò zhì jiē shān shuǐ zhī qí zhě yǐ yú gù xián

愚岛。嘉木异石错置，皆山水之奇者，以余故，咸

地方参差错落地点缀着美树奇石，都是奇丽的山水胜景，却因为我的缘故，都蒙

yǐ yú rǔ yān

以愚辱焉。

上了"愚"的坏名声。

fú shuǐ zhì zhě yào yě jīn shì xī dú jiàn rǔ yú

夫水，智者乐也①。今是溪独见辱于

流水，是聪明智慧的人所喜爱的。唯独这条溪水今天却被愚字玷辱，

yú hé zāi gài qí liú shèn xià bù kě yǐ guàn gài yòu jùn jí

愚，何哉？盖其流甚下，不可以灌溉；又峻急，

这是什么缘故呢？因为它的水位很低，不能用来灌溉；水流又很湍急，突出水

① 乐：喜欢、爱
好。这句出自
《论语·雍也》：
"仁者乐山，智者
要水。" ② 坻
石：凸出水面的
石头。 ③ 适
类：正好相像。

duō chí shí② dà zhōu bù kě rù yě yōu suì qiǎn xiá jiāo lóng bù

多坻石②，大舟不可入也；幽邃浅狭，蛟龙不

面的石块很多，大船驶不进去；溪身幽深浅狭，蛟龙也不屑一顾，因为不能

xiè bù néng xīng yún yǔ wú yǐ lì shì ér shì lèi yú yú③

屑，不能兴云雨。无以利世，而适类于余③，

在浅水中兴云雨。这条溪对世人毫无益处，却正好和我相似，那么，虽然

rán zé suī rǔ ér yú zhī kě yě

然则虽辱而愚之，可也。

用愚字来玷辱它，也是可以的。

宁武子"邦无道则愚"①，智而为愚者也；颜子"终日不

宁武子"在国家混乱的时候就像个愚笨的人"，那是聪明人故意装愚；颜回"整天不提相反的看法，

违如愚"②，睿而为愚者也③。皆不得为真愚。今余遭有道④，

好像很笨"，那是智商很高而表面上看去像一个笨伯。他们都不能算是真愚。我今天碰上清明的时世，

而违于理，悖于事⑤，故凡为愚者，莫我若也⑥。夫然，则天下

却违背常理，做了蠢事，所以凡是愚蠢的人，再也没有比我更愚蠢的了。正因为如此，所以天下没有任何

莫能争是溪，余得专而名焉。

人能同我争这条溪，只有我可以单独占有它并给它取这个名字了。

---

① 宁武子：春秋时卫国大夫宁俞，"武"字是他死后的谥号。　邦无道则愚：
国家混乱时就装得像个愚人。语出《论语·公冶长》，孔子说："宁武子，邦
有道则智，邦无道则愚。其智可及也，其愚不可及也。"　② 颜子：孔子的学
生颜回。　不违如愚：语出《论语·为政》，孔子说："吾与回言终日，不违如
愚。退而省其私，亦足以发，回也不愚。" 意思是说孔子给颜回讲学，颜回从
来不提问题，好像很愚笨。可是过后考察他私下的言行，发现他不但完全理
解孔子的话，而且能有所发挥，所以说颜回不愚。　③ 睿：明智、有智慧。
④ 有道：指政治清明安定的时代。　⑤ 悖：违背。　⑥ 莫我若："莫若我"
的倒装，意为没有比我（更愚蠢的了）。

溪虽莫利于世，而善鉴万类①，清莹秀澈，锵鸣金石②，能

这溪虽然对世人没有可以利用之处，但它能映照万物，那清明澄澈的溪水，那敲金击石的铿锵流

使愚者喜笑眷慕，乐而不能去也。余虽不合于俗，亦颇以文

水声，能使愚人笑逐颜开，留恋爱慕，乐而忘返。我虽然同世俗格格不入，也颇能用题诗作文来宽慰自己，

mò zì wèi　　shù dí wàn wù　　　　láo lóng bǎi tài　　　　ér wú suǒ bì zhī　　yǐ yú cí gē yú xī

墨自慰，漱涤万物③，牢笼百态④，而无所避之。以愚辞歌愚溪，

我所描写的万事万物如用水洗涤过一样地鲜明生动，事物的千姿百态在我笔下都无所遁形。用我愚拙的

zé máng rán ér bù wéi　　hūn rán ér tóng guī　　chāo hóng méng　　　hùn xī yí　　　jì liáo ér mò wǒ

则茫然而不违，昏然而同归，超鸿蒙⑤，混希夷⑥，寂寥而莫我

文辞来歌颂愚溪，便觉得茫茫然与愚溪合而为一，昏昏然与愚溪融为一体，简直超脱于元气之外，溶化在

zhī yě　　yú shì zuò bā yú shī　　jì yú xī shí shàng

知也。于是作《八愚诗》，记于溪石上。

寂寥无垠的太空之中，达到形神俱忘、空虚无我的境界。于是便写了一首《八愚诗》，刻在溪边的石壁上。

---

① 鉴：照。　② 锵鸣金石：像敲钟（金）击磬（石）一样发出清脆悦耳的声音。　③ 漱涤：洗涤。　④ 牢笼：包罗、概括。　⑤ 鸿蒙：指宇宙形成以前的混沌状态，也指元气。　⑥ 希夷：指空虚寂静，人们无法感知的一种境界。语出《老子》："视之不见名曰夷，听之不闻名曰希。"

（汪贤度）

永州韦使君新堂记

yǒngzhōu wéi shǐ jūn xīn táng jì

liǔ zōng yuán

柳宗元

jiāng wéi qióng gǔ　　kān yán　　yuān chí yú jiāo yì zhī zhōng　　zé bì niǎn shān shí

将为穹谷、嵌岩、渊池于郊邑之中①，则必辇山石②，

如果要在城郊或城里用人工造出幽谷、高岩、深池，就一定得运来山石，挖掘溪涧深沟，经历艰

gōu jiàn hè　　líng jué xiǎn zǔ　　pí jí rén lì　　nǎi kě yǐ yǒu wéi yě　　rán ér qiú tiān zuò

沟涧壑，陵绝险阻，疲极人力，乃可以有为也。然而求天作

难险阻，费尽劳力人工，才可以获得成功。但是要求它完全像天造地设自然生成般模样，那是根本办不到

409

dì shēng zhī zhuàng xián wú dé yān   yì qí rén   yīn qí dì   quán qí tiān
地生之状，咸无得焉。逸其人，因其地，全其天，

的。让人民轻松安逸，依据本地原有的地形，保持天然的原貌，这在从前是难以做到

xī zhī suǒ nán   jīn yú shì hū zài
昔之所难，今于是乎在。

的，今天在永州就有这样的事。

① 夸谷：
深谷。　嵁
岩：高岩。
②輂：载运。

yǒngzhōu shí wéi jiǔ yí zhī lù   qí shǐ duó tǔ zhě   huánshān wéi chéng   yǒu shí yān   yì yú
永州实惟九疑之麓①。其始度土者②，环山为城。有石焉，翳于

永州地处九疑山的山脚。那最初在这里测量土地的人，围绕着山而建造县城。城里有许多石块，

ào cǎo   yǒu quán yān   fú yú tǔ tú   shé
奥草③；有泉焉，伏于土涂④。蛇

掩埋在深草丛中；也有泉水，隐伏在泥土之下。那儿是

huì zhī suǒ pán   lí shǔ zhī suǒ yóu   mào shù
虺之所蟠⑤，狸鼠之所游，茂树

毒蛇害虫盘踞之处，野猫硕鼠出没之地，美树与丑木

è mù   jiā pā dú huì   luàn zá ér zhēng zhí
恶木，嘉葩毒卉⑥，乱杂而争植，

同生，好花和毒草共长，杂乱无章地竞生争发，人们都

hào wéi huì xū
号为秽墟。

称之为垃圾场。

① 九疑：九疑山，又名苍梧山，在湖
南宁远县南。　②度：计量、测算。
③翳：遮蔽。　奥：深。　④涂：泥。
⑤虺：毒蛇、毒虫。　蟠：盘踞。
⑥葩：花。　卉：草的总称。

wéi gōng zhī lái jì yú yuè   lǐ shèn wú shì   wàng qí dì   qiě yì zhī   shǐ
韦公之来既逾月，理甚无事。望其地，且异之。始

韦公来永州上任一个多月，政治清明太平无事。他考察了那垃圾场，因城里居然有这样的地方而

mìng shān qí wú   xíng qí tú   jī zhī qiū rú②   jiàn zhī liú rú③   jì fén jì shī④
命芟其芜①，行其涂，积之丘如②，蠲之浏如③，既焚既酾，

觉得很怪。于是便叫人铲除杂草，挖去污泥，将挖出的泥堆成小山丘，把沟渠池沼整治得清澈明净，焚烧

奇 势 迭 出，清 浊 辨 质，美 恶 异 位。 视 其 植，则 清 秀 敷 舒；

掉野树荒草，疏通了溪涧河道，那奇妙的形势便层见迭出，清清流水取代了污泥浊水，丑恶不堪的垃圾场

视 其 蓄，则 溶 漾 纡 余。 怪 石 森 然，周 于 四 隅，或 列 或 跪，

变成美丽的园林。看那儿所种的树木，无不清秀葱茏枝叶扶疏；看那池沼溪涧，无不碧波荡漾曲折潆洄。四

或 立 或 仆，窍 穴 逶 邃⑤，堆 阜 突 怒。 乃 作 栋 宇，以 为 观 游。

周围怪石耸立，有的并肩而列，有的低头下跪，有的昂首直立，有的匍匐在地，玲珑透剔的石洞曲折幽深。

凡 其 物 类，无 不 合 形 辅 势，效 伎 于 堂 庑 之 下⑥。 外 之 连 山

高低错落的土丘拔地而起。于是便在其中建起了亭台楼阁，用来作为游观的场所。所有的景物，无不顺应

高 原，林 麓 之 崖，间 厕 隐 显⑦；迤 延 野 绿，远 混 天 碧，咸 会

自然的形势，在厅堂下争奇斗妍。从厅堂极目远眺，远处青山连着高原，森林山麓山崖，间见杂出时隐时

于 谯 门 之 内⑧。

现；近处一片绵延绿野，远望无际连天碧色，全都聚集在城楼之内一望之中。

---

① 芟：铲除杂草。 ② 丘如：像山的样子。 ③ 矏：通“涓”，清洁。 浏如：水流清澈的样子。 ④ 釃：分流、疏导。 ⑤ 逶邃：曲折幽深。 ⑥ 庑：厅堂周围的走廊。 ⑦ 间厕：参差错杂。 ⑧ 谯门：城楼。

已 乃 延 客 入 观，继 以 宴 娱。 或 赞 且 贺 曰："见 公 之 作，知 公 之 志。

以后请宾客入内观看，接着设宴娱乐。有人赞美并祝贺说："见了韦公的行事，就知道韦公的志趣。

公 之 因 土 而 得 胜，岂 不 欲 因 俗 以 成 化？ 公 之 释 恶 而 取 美，岂 不 欲 除

明公因地制宜而得到一处风景胜地，岂不是想借民间习俗以教化百姓吗？明公弃恶而取美，岂不是想除

cán ér yòu rén gōng zhī juān zhuó ér liú qīng qǐ bú yù fèi tān ér lì lián gōng zhī jū gāo yǐ wàngyuǎn

残而佑仁？公之蠲浊而流清，岂不欲废贪而立廉？公之居高以望远，

去残暴而保佑仁德吗？明公的除污清流，岂不是想废斥贪婪而倡导清廉吗？明公的登高而望远，岂不是想安

qǐ bú yù jiā fǔ ér hù xiǎo fú rán zé shì táng yě qǐ dú cǎo

岂不欲家抚而户晓？夫然，则是堂也，岂独草

抚百姓使之家喻户晓吗？这样的话，那么这处园林，哪里仅仅是草木、土石、水

mù tǔ shí shuǐ quán zhī shì yú shān yuán lín lù zhī guān yú

木、土石、水泉之适欤？山、原、林麓之观欤？

泉的适合人们游赏，青山、高原、森林的可供人们观览呢？这儿将使继韦公治理

jiāng shǐ jì gōng zhī lǐ zhě shì qí xì zhī qí dà yě

将使继公之理者，视其细，知其大也。"

此州的人，从这细小之处看到韦公的大志啊。"

zōng yuán qǐng zhì zhū shí cuò zhū bì biān yǐ wéi èr qiān

宗元请志诸石，措诸壁①，编以为二千

宗元请求将此事刻上石碑，嵌置在厅壁之上，编入典册作为郡守刺史

dàn kǎi fǎ

石楷法②。

学习的楷模。

① 措：安置。
② 二千石：汉代郡守的年俸为粮食二千石。后即以二千石作为郡太守的代称。唐代州刺史相当于郡守，所以也用二千石称之。楷法：典范，楷模。

（汪贤度）

gǔ mǔ tán xī xiǎo qiū jì

钴铒潭西小丘记

liǔ zōng yuán

柳宗元

dé xī shān hòu bā rì xún shān kǒu xī běi dào èr bǎi bù yòu dé gǔ mǔ tán xī

得西山后八日，寻山口西北道二百步①，又得钴铒潭。西

找到西山后的第八天，沿着山口向西北走两百步，又找到了钴铒潭。离潭西二十五步，正当水深流

èr shí wǔ bù dāng tuān ér jùn zhě wéi yú liáng liáng zhī shàng yǒu qiū yān shēng zhú shù
二十五步，当湍而浚者为鱼梁②。梁之上有丘焉③，生竹树。

急的地方是一道拦水坝。坝上有一个小丘，上面长着竹子和树木。小丘上的石头，有的突出高起，有的屈曲

qí shí zhī tū nù yǎn jiǎn fù tǔ ér chū zhēng wéi qí zhuàng zhě dài bù kě shù qí qīn
其石之突怒偃蹇④，负土而出⑤，争为奇状者，殆不可数⑥。其嵌

俯伏，都露在泥土外面，争奇斗怪的，几乎多得数不清。那些倾斜重叠俯向下面的，好像牛马在小溪中喝水

rán xiāng lěi ér xià zhě ruò niú mǎ zhī yǐn yú xī qí chōng rán jiǎo liè ér shàng zhě ruò xióng
然相累而下者⑦，若牛马之饮于溪；其冲然角列而上者⑧，若熊

那些高耸突出、如兽角斜列往上冲的，好像熊罴在登山。这小丘小得不到一亩，简直可以把它装在笼子

pí zhī dēng yú shān qiū zhī xiǎo bù néng yì mǔ kě yǐ lóng ér yǒu zhī wèn qí zhǔ yuē
罴之登于山。丘之小不能一亩⑨，可以笼而有之⑩。问其主，曰：

里提着。我打听它的主人是谁，有人说："这是唐家不要的地方，想卖掉，却没人要。"问这小丘的价钱，

táng shì zhī qì dì huò ér bú shòu wèn qí jià yuē zhǐ sì bǎi yú lián ér shòu zhī
"唐氏之弃地，货而不售⑪。"问其价，曰："止四百。"余怜而售之⑫。

说："只要四百金。"我喜欢它，就把它买了下来。李深源、元克己这时和我一起游览，都非常高兴，觉得这

lǐ shēn yuán yuán kè jǐ shí tóng yóu jiē dà xǐ chū zì yì wài jí gēng qǔ qì yòng chǎn yì
李深源、元克己时同游⑬，皆大喜，出自意外。即更取器用⑭，铲刈

是个意外的收获。我们就轮流拿着镰刀、锄头，铲除杂草，砍掉那些乱七八糟的树，点一把大火把它们统

huì cǎo fá qù è mù liè huǒ ér fén zhī jiā mù lì měi zhú lù qí shí xiǎn yóu qí zhōng
秽草⑮，伐去恶木，烈火而焚之。嘉木立，美竹露，奇石显。由其中

统烧掉。好看的树木挺立着，漂亮的竹子显露着，奇巧的石头也显现出来了。站在土丘中间眺望，只见山

yǐ wàng zé shān zhī gāo yún zhī fú xī zhī liú diǎo shòu zhī áo yóu jǔ xī xī rán huí qiǎo
以望，则山之高，云之浮，溪之流，鸟兽之遨游，举熙熙然回巧

是高高的，云在飘浮，溪水在流动，飞禽走兽在自由自在地飞翔走动，全都和谐快乐地运用技巧，呈献绝

xiàn jì yǐ xiào zī qiū zhī xià zhěn xí ér wò zé qīng líng zhī zhuàng yǔ mù móu yíng yíng zhī
献技⑯，以效兹丘之下⑰。枕席而卧，则清泠之状与目谋⑱，潆潆之

技，在小丘前表演，为小丘增色。就着小丘枕石席地而卧，那清凉的景色使我眼目舒适，回旋的水声分外

shēng yǔ ěr móu yōu rán ér xū zhě yǔ shén móu yuān rán ér jìng zhě yǔ xīn móu bù zā xún ér
声与耳谋⑲，悠然而虚者与神谋⑳，渊然而静者与心谋㉑。不匝旬而

悦耳，悠远开阔、深邃幽静的境界使人心旷神怡。不满十天，就得到了两个风景优美的地方，即使是古

dé yì dì zhě èr suī gǔ hào shì zhī shì huò wèi néng zhì yān
得异地者二㉒，虽古好事之士，或未能至焉。

代爱好山水的人，或许也不能达到这样理想的境地呢。

① 寻:沿着。 道:步行。 ② 当湍而浚者:在水深流急的地方。 湍,急流。 浚,深。 鱼梁:石砌的拦水坝,中间留有空洞,以便鱼往来。 ③ 丘:小的土堆。 ④ 突怒:突出高起。 偃蹇:屈曲俯伏。 ⑤ 负土而出:背着土耸出土面。 负,背。 ⑥ 殆:几乎。 ⑦ 嵚然:倾斜的样子。 相累:重叠。 下:其势向下。 ⑧ 冲然:向前耸起的样子。 角列:突出成行。 上:其势向上。 ⑨ 不能:不足。 ⑩ 笼而有之:整个地占有它,形容其小。 笼,包举。 ⑪ 货而不售:出卖而卖不掉。 货,卖。 售,卖出。 ⑫ 怜:爱惜。 售:买进。 ⑬ 李深源、元克己:作者友人,生平不详。 ⑭ 更取:轮换拿着。 器用:指锄、镰一类器具。 ⑮ 刈:割去。 秽:杂。 ⑯ 举:全部。 熙熙然:和乐的样子。 回巧献技:运用技巧,呈献绝技。 回,运用。 ⑰ 效:效力,指为小丘效劳,使之增色。 兹:此,这。 ⑱ 清泠之状:指清凉的景色。 与目谋:与眼睛相接触。 谋,合。 ⑲ 潆潆之声:形容水流回旋的声音。 ⑳ 悠然而虚者:广大而开阔的境界。 ㉑ 渊然而静者:深邃而幽静的境界。 ㉒ 不匝旬:不满十天。 匝,经过一周。 旬,十天。 得异地者二:得到两处奇境。一指西山,一指钻鉧潭及潭西的小丘。

噫!以兹丘之胜,致之沣、镐、鄠、杜①,则贵游之士争买者②,日

唉!把这个小丘的优美景色放到京城附近的沣、镐、鄠、杜等地,那么,豪门贵族为了争着买到它,即

增千金而愈不可得。今弃是州也,农夫渔父过而陋之③,价四百,连

使日增千金,也不一定能得到。如今被抛弃在这荒僻的永州,连农民、渔夫走过也看不上眼,售价只四百,连

岁不能售④。而我与深源、克己独喜得之,是其果有遭乎⑤?书于石,

年,却一连几年卖不出去。而我与深源、克己偏偏高兴地找到了它,这个小丘难道果真有了机遇吗?我把

所以贺兹丘之遭也。

这篇文章写在石碑上,用来祝贺这个小丘碰上了好运气。

① 致:搬到,放到。 沣:地名,在陕西省原户县东。 镐:地名,在今陕西省西安市西南。 鄠:地名,在陕西省原户县。 杜:杜曲,在今陕西省西安市东南。以上四个地方都是当时的名胜之地。 ② 贵游之士:指豪门贵族。 ③ 陋之:瞧不上它。 ④ 连岁:连年。 ⑤ 其:岂,难道。 遭:遇合,机遇。

（胡士明）

小石城山记

柳宗元

自西山道口径北，逾黄茅岭而下，有二道：其一西出，寻之无

从西山道口一直朝北走，越过黄茅岭往下走，有两条路：一条向西，走过去寻找，却没有遇见什么风

所得；其一少北而东，不过四十丈，土断而川分，有积石横当其

景；另一条稍为偏北而向东，走不到四十丈远，路就被一条河流隔断了，有一座石山横挡在路的旁边。石

垠①。其上为睥睨梁欐之形②，其旁出堡坞③，有若

山顶部的形状像城墙和房屋的栋梁，旁边凸出的一块好像堡垒，有一个洞像

门焉。窥之正黑，投以小石，洞然有水声，其响

门。往洞里看去，一片漆黑。投一块小石头进去，咚的一下有水的响声，那

之激越，良久乃已。环之可上，望甚远。无土

响亮的声音好久才停止。石山有小道，可以盘绕着登到山顶，站在上面能

壤而生嘉树美箭④，益奇而坚，其疏数偃仰⑤，

望得很远。石山上没有泥土，却生长着好树美竹，形状非常奇特而且质地

类智者所施设也。

坚硬，它们分布得疏密有致、高低参差，好像是聪明的巧匠精心布置的。

> ① 垠：边，岸。
> ② 睥睨：城上短墙，又称女墙。
> 梁欐：房屋的大梁。 ③ 堡坞：此指堡坞形的石头。 堡，小城。 坞，防卫用的障蔽小屋。
> ④ 美箭：美竹。
> ⑤ 数：密。 偃：仰卧，引申为倒下、卧倒。 仰：抬头。

噫！吾疑造物者之有无久矣①。及是，愈以为诚

唉！我怀疑上帝的有无已经很久了。等到看见这一切，更相信上帝是确实有的了。但又奇怪他为

yǒu yòu guài qí bù wéi zhī yú zhōng zhōu ér liè shì yí dí gēng qiān bǎi nián bù dé

有。又怪其不为之于中州，而列是夷狄，更千百年不得

什么不把这座小石城山布置到人烟稠密的中原地区去，而把它放在荒凉僻远的夷狄之地，即使经过千百

yí shòu qí jì^② shì gù láo ér wú yòng shén zhě tǎng bù yí rú shì^③ zé qí guǒ

一售其伎^②，是固劳而无用，神者傥不宜如是^③。则其果

年也不能显现一下自己的奇异景色，这真是费力而毫无用处，上帝似乎是不会这样做的。这样看来又好

wú hū huò yuē yǐ wèi fú xián ér rǔ yú cǐ zhě huò yuē qí qì zhī líng

无乎？或曰："以慰夫贤而辱于此者。"或曰："其气之灵，

像确实是没有上帝的吧？有人说："这是用来安慰那些蒙受屈辱被贬到此的贤人的。"也有人说："这个地方

bù wéi wěi rén ér dú wéi shì wù gù chǔ zhī nán shǎo rén ér duō shí shì èr

不为伟人，而独为是物，故楚之南少人而多石。"是二

的灵气没能造就出伟人，而独独聚集成如此优美的山水，所以楚地的南部少出人材而多产奇峰怪石。"这两

zhě yú wèi xìn zhī

者，余未信之。

种说法，我都不相信。

---

① 造物者：指天。古人认为万物都是天创造的，故称天为"造物者"。　② 更：经历。　伎：同"技"，技艺。　③ 傥：倘或。

（胡士明）

---

hè jìn shì wáng cān yuán shī huǒ shū

贺进士王参元失火书

liǔ zōng yuán

柳宗元

dé yáng bā shū^① zhī zú xià yù huǒ zāi^② jiā wú yú chǔ^③ pú shǐ wén ér hài^④ zhōng ér yí

得杨八书^①，知足下遇火灾^②，家无余储^③。仆始闻而骇^④，中而疑，

收到杨八的信，得知你家遇到火灾，家中烧得一无所有。我开始听到这消息时吃了一惊，接着产生

zhōng nǎi dà xǐ   gài jiāng diào ér gēng yǐ hè yě   dào yuǎn yán lüè   yóu wèi néng jiū zhī qí zhuàng

终乃大喜，盖将吊而更以贺也⑤。道远言略⑥，犹未能究知其状，

怀疑，最后却感到非常高兴，于是把向你表示慰问改为向你祝贺。我与杨八相隔遥远，信中所谈的火灾情

ruò guǒ dàng yān mǐn yān ér xī wú yǒu   nǎi wú suǒ yǐ yóu hè zhě yě

若果荡焉泯焉而悉无有⑦，乃吾所以尤贺者也⑧。

况又很简略，还不了解具体灾情，如果真是完全烧光，那我就更要向你祝贺了。

① 杨八：杨敬之，柳宗元的亲戚，王参元的好友。唐人对人常称排行，杨敬之在同辈兄弟中排行第八，故称"杨八"。 ② 足下：称人的敬辞。古代上对下或同辈之间都可称"足下"。这里是指王参元。王参元，唐代濮阳（今属河南）人，有文才，其父王栖曜，官至节度使，有战功。 ③ 余储：指火灾后烧剩的财物。 ④ 仆：称自己的谦辞。 ⑤ 盖：连词，相当于"于是"。 吊：对遭遇不幸者的慰问。 更：改变。 ⑥ 道远言略：指杨八与作者相隔遥远，无由面陈，而信中所述火灾事又很简略。 ⑦ 悉：全部，完全。 ⑧ 尤：更。

zú xià qín fèng yǎng   níng zhāo xī   wéi tián ān wú shì shì wàng yě   nǎi jīn yǒu fén yáng

足下勤奉养，宁朝夕①，唯恬安无事是望也②。乃今有焚炀

你尽心侍奉父母，早晚省视双亲，只希望安静平安地过日子。现在却发生了一场大火灾，使你受

hè liè zhī yú   yǐ zhèn hài zuǒ yòu   ér zhī gāo xiū suǐ zhī jù   huò yǐ bù jǐ wú shì yǐ

赫烈之虞③，以震骇左右④，而脂膏滫瀡之具⑤，或以不给，吾是以

到惊吓，而且日常生活用品也许都很缺乏，因此我开始听到你家失火的消息感到吃惊。人们都说，盛衰祸

shǐ ér hài yě   fán rén zhī yán   jiē yuē yíng xū yǐ fú   qù lái zhī bù kě cháng   huò jiāng

始而骇也。凡人之言，皆曰盈虚倚伏、去来之不可常⑥。或将

福都不是固定不变而是互相依存、互相转化的。或许将会大有作为，才在开始时使人艰难困顿，担惊

dà yǒu wéi yě   nǎi shǐ è kùn zhèn jì   yú shì yǒu shuǐ huǒ zhī niè   yǒu qún xiǎo zhī yùn   láo kǔ

大有为也，乃始厄困震悸，于是有水火之孽，有群小之愠，劳苦

受怕，于是便有水火带来的灾害，有小人们的怨怒，操劳辛苦，流离颠沛，然后就能出现光明，古代的人

biàn dòng   ér hòu néng guāng míng   gǔ zhī rén jiē rán   sī dào liáo kuò dàn màn   suī shèng rén

变动，而后能光明，古之人皆然。斯道辽阔诞谩⑦，虽圣人

都是这样的。这种说法不着边际，荒诞不经，即使是圣人，也不会因此而必定实现，所以我接着产生了

417

bù néng yǐ shì bì xìn　　shì gù zhōng ér yí yě　　yǐ zú xià dú gǔ rén shū　wéi wén zhāng

不能以是必信⑧，是故中而疑也。以足下读古人书，为文章，

怀疑。你读古人的书，会写文章，通晓文字学，如此多才多艺，而做官却不能超出众人之上，得到显贵

shàn xiǎo xué　　qí wéi duō néng ruò shì　　ér jìn bù néng chū qún shì zhī shàng　yǐ qǔ xiǎn guì zhě

善小学⑨，其为多能若是，而进不能出群士之上，以取显贵者，

的地位，这没有其他的原因。京城里许多人都说你家积了很多财产，那些爱护廉洁名声的士大夫都

wú tā gù yān　　jīng chéng rén duō yán zú xià jiā yǒu jī huò　　shì zhī hào lián míng zhě　jiē wèi jì

无他故焉。京城人多言足下家有积货，士之好廉名者，皆畏忌，

害怕、忌讳和你交往，不敢称道你的长处，只是自己看了藏在心中，忍住不说出口，因为公理难以申张，

bù gǎn dào zú xià zhī shàn　　dú zì dé zhī　　xīn xù zhī　　xián rěn ér bù chū zhū kǒu　yǐ gōng dào

不敢道足下之善，独自得之，心蓄之，衔忍而不出诸口，以公道

而社会上又有很多人爱猜疑。话一出口，那么那些爱讥笑别人的人便以为是受了你丰厚的贿赂。我从

zhī nán míng　　ér shì zhī duō xián yě　　yì chū kǒu　zé chī chī zhě yǐ wéi dé zhòng lù

之难明，而世之多嫌也。一出口，则嗤嗤者以为得重赂⑩。

贞元十五年就看到了你的文章，一直把对你的看法放在心中，大概有六七年都没有说过。这是我为了

pú zì zhēn yuán shí wǔ nián jiàn zú xià zhī

仆自贞元十五年见足下之

替自己打算而长久违背公道，不仅仅是对

wén zhāng　xù zhī zhě gài liù qī nián wèi

文章，蓄之者盖六七年未

不起你。当我担任监察御史、尚书礼部员

cháng yán　　shì pú sī yì shēn ér fù gōng

尝言。是仆私一身而负公

外郎时，自以为有幸成了皇帝身边的臣

dào jiǔ yǐ　　fēi tè fù zú xià yě　　jí

道久矣，非特负足下也。及

子，得到了积极向皇帝进言的机会，便想

wéi yù shǐ shàng shū láng⑪　zì yǐ xìng

为御史、尚书郎⑪，自以幸

趁此机会阐明你的郁郁不得志。然

wéi tiān zǐ jìn chén　dé fèn qí shé　sī

为天子近臣，得奋其舌，思

而当我有时在同事中称道你时，还有一些

① 宁：省视。　② 恬：安静。　③ 焚炀赫烈：烈火燃烧。**炀**，火旺，引申为焚烧。**赫**，火光。　④ 左右：旧时书信中称对方不直称其人，而称"左右"，以示尊敬。　⑤ 脂膏潾澼之具：泛指日常生活用品。**脂膏**，油脂。**潾**，淘米水。**澼**，淘洗使之柔滑。　⑥ 盈虚倚伏、去来之不可常：化用《老子》"祸兮福所倚，福兮祸所伏"句意，意谓贫富不可能永久，兴旺中包含着败落的危险，衰败中寄托着复兴的可能。　⑦ 斯：这。**道**：指人在"大有为"之前必得受尽各种磨难的说法。**辽阔**：不着边际。**诞谩**：荒诞不经。　⑧ 必信：必定能实现。**信**，守信，引申为实现。　⑨ 小学：原指文字学，后又扩大为文字学、训诂学、音韵学的总称。　⑩ 嗤嗤：轻蔑冷笑的样子。　⑪ 御史、尚书郎：柳宗元于贞元十九年由监察御史转尚书礼部员外郎。　⑫ 郁塞：指怀才不遇，其才能不为天下所知。

yǐ fā míng zú xià zhī yù sè　　　　　　rán shí chēng dào yú háng liè　　　yóu yǒu gù shì ér qiè xiào zhě　pú liáng

以发明足下之郁塞⑫。然时称道于行列⑬，犹有顾视而窃笑者，仆良

人会相顾而视并暗暗发笑的。我深恨自己的品德修养不到家，声誉还没有建立起来，因而遭到社会上疑

hèn xiū jǐ zhī bú liàng　　　sù yù zhī bú lì　　　ér wéi shì xián zhī suǒ jiā　cháng yǔ mèng jǐ dào yán ér

恨修己之不亮⑭，素誉之不立⑮，而为世嫌之所加，常与孟几道言而

心重的人的猜忌，我常和孟几道说起这事并且对这种情况感到痛心。现在幸好你家被天火烧得一无

tòng zhī　　　nǎi jīn xìng wéi tiān huǒ zhī suǒ dí dàng　fán zhòng zhī yí lǜ　jǔ wéi huī āi　qián qí lú　zhě

痛之⑯。乃今幸为天火之所涤荡，凡众之疑虑，举为灰埃。黔其庐⑰，赭

所剩，凡是众人所疑虑的东西，全部变成了灰尘。你家的房子烧得焦黑，你家的墙壁烧得红赤，这说明

qí yuán　　　yǐ shì qí wú yǒu　　ér zú xià zhī cái néng nǎi kě xiǎn bái ér bù wū　qí shí chū yǐ　　shì

其垣⑱，以示其无有，而足下之才能乃可显白而不污。其实出矣⑲，是

你家里什么都没有了，而你的才能才可以明白地显露出来而不被辱没。你的才能得到显露，是火神祝

zhù róng　huí lù zhī xiàng wú zǐ yě　　zé pú yǔ jǐ dào shí nián zhī xiàng zhī　bú ruò zī huǒ yì xī zhī

祝融、回禄之相吾子也⑳。则仆与几道十年之相知，不若兹火一夕之

融、回禄在帮助你啊！由此看来，我和孟几道与你十年相知，还不如这把火，一个晚上帮你造成了声誉。

wèi zú xià yù yě　　yòu ér zhāng zhī　　shǐ fú xù yú xīn zhě　　xián dé kāi qí huì　　fā cè jué kē

为足下誉也。宥而彰之㉑，使夫蓄于心者㉒，咸得开其喙㉓，发策决科

这样人们就可以放心地表彰你的才学，使那些把话藏在心底里的人，都能够开口说话，主持科举考试

zhě　　shòu zǐ ér bú lì　

者㉔，授子而不栗，

的人，也能把官职授于你而不

suī yù rú xiàng zhī xù suō shòu

虽欲如向之蓄缩受

再有所顾虑，到了这种时候，

wǔ　qí kě dé hū　yú zī

侮，其可得乎？于兹

即使要想像从前那样躲避和

wú yǒu wàng hū ěr　　shì yǐ

吾有望乎尔㉕！是以

被人侮辱，还能做得到吗？从

zhōng nǎi dà xǐ yě　　gǔ zhě

终乃大喜也。古者

此我对你的前程就充满希望

⑬ **行列**：同位者，指作者同僚。　⑭ **修己之不亮**：指自己修养不到家，还不能取信于人。　**亮**，信实。　⑮ **素誉**：指靠道德学问树立的声誉。　⑯ **孟几道**：孟简，字几道，平昌人。工诗，尚节义，为政严峭，累官至户部侍郎、御史中丞。⑰ **黔其庐**：房子烧得焦黑。　**黔**，黑色。　⑱ **赭其垣**：墙壁烧得红赤。　**赭**，赤色。　⑲ **实**：实质，指王参元的才能。⑳ **祝融、回禄**：都是传说中的火神，这里作火灾的代称。**相**：助。　㉑ **宥而彰之**：意谓王参元从财富的牵累中解脱出来，大家就可以放心表彰他的才学了。　**宥**，宽赦。　㉒ **夫**：那些，代词。　㉓ **喙**：鸟兽的嘴，这里借指口。　㉔ **发策决科者**：吏部主持任官考试的人。　**发策**，出试题。　**决科**，评定等第。　㉕ **于兹**：从此。　**望**：希望。指王参元将来能仕途通达。

419

liè guó yǒu zāi　tóng wèi zhě jiē xiāng diào　xǔ bú diào zāi　jūn zǐ wù zhī　　jīn wú zhī suǒ chén ruò

列国有灾，同位者皆相吊；许不吊灾，君子恶之㉖。今吾之所陈若

了！因此最后我感到非常高兴。古代各国如果发生火灾，其他诸侯国都要表示慰问。一次许国不去慰问，

shì yǒu yǐ yì hū gǔ　　gù jiāng diào ér gēng yǐ hè yě　　yán zēng zhī yǎng　　qí wéi lè yě dà

是，有以异乎古，故将吊而更以贺也。颜、曾之养㉗，其为乐也大

君子都厌恶它。现在我所说的这些话，和古人的看法很不相同，所以把本要慰问的却改为祝贺了。你现

yǐ㉘，yòu hé quē yān㉙？

矣㉘，又何阙焉㉙？

在和颜回、曾参一样清贫，却其乐无穷，还有什么欠缺的呢？

㉖"许不吊灾"两句：语出《左传·昭公十八年》："宋、卫、陈、郑灾，陈不救火，许不吊灾，君子是以知陈、许之亡也。"两句意谓：人遇灾而不吊，是失礼的行为，君子对此是厌恶的。　㉗颜、曾：颜回和曾参。两人都是孔子的学生。　养：这里有自处和奉养的意思。　㉘"其为乐"句：意谓颜渊、曾参节操高尚，虽贫穷而仍不改其乐。　㉙阙：通"缺"。

（胡士明）

dài lòu yuàn jì

待 漏 院 记

wáng yǔ chēng

王禹偁

tiān dào bù yán①　　ér pǐn wù hēng、suì gōng chéng zhě②　　hé wèi yě　　sì shí zhī lì③　　wǔ xíng zhī

天道不言①，而品物亨、岁功成者②，何谓也？四时之吏③，五行之

天道并不说话，而万物却顺利生长，每年都有收成，这是为什么呢？那是因为掌管四季、五行的天神

zuǒ xuān qí qì yǐ⑤　　shèng rén bù yán⑥　　ér bǎi xìng qīn、wàn bāng níng zhě　　hé wèi yě　　sān gōng lùn

佐④，宣其气矣⑤。圣人不言⑥，而百姓亲、万邦宁者，何谓也？三公论

疏导万物的"气"使它们自然运转的结果。皇帝并不说话，而百姓和睦相亲、四方万国安宁，这是为什么呢？

dào⑦，liù qīng fēn zhí⑧、zhāng qí jiào yǐ⑨　　shì zhī jūn yì yú shàng chén láo yú xià　fǎ hū tiān yě⑩

道⑦，六卿分职⑧、张其教矣⑨。是知君逸于上，臣劳于下，法乎天也⑩。

那是因为三公讨论治国之道，六卿职责分明，发扬教化的结果。由此可知，国君在上清闲安逸，臣属在下

gǔ zhī shàn xiàng tiān xià zhě　　zì gāo　kuí zhì fáng　wèi　　kě shǔ yě　　shì bù dú yǒu qí dé　yì jiē

古之善相天下者⑪,自咎、夔至房、魏⑫,可数也。是不独有其德,亦皆

勤劳国事,这是取法于天道。古代善于辅助国君治理天下的大臣,从皋陶、后夔到房玄龄、魏徵,是屈指可数

wù yú qín ěr　　kuàng sù xīng yè mèi　　yǐ shì yì rén　　qīng dà fū yóu rán　　kuàng zǎi xiàng hū

务于勤耳。况夙兴夜寐⑬,以事一人⑭,卿大夫犹然⑮,况宰相乎!

的。他们不但有德行,而且都勤于职守。早起晚睡,为国君效力,连卿大夫们都应当是这样,何况是宰相呢!

① 王禹偁(954～1001),宋太宗时任翰林学士等官,敢言直谏。是北宋初
年先起来反对绮靡文风的优秀作家。　天道:天之道,这里指天,即大自
然。　② 品物:万物。　亨:通达,这里指万物的顺利成长。　岁功:一年
中的农业收获。　③ 四时之吏:掌管四季的天神。上古设官,以四时为名,
有春官、夏官、秋官、冬官,分掌教育、军事、司法、财政等。　④ 五行之佐:掌
管五行(金、木、水、火、土)的天神。　佐,辅助。古代阴阳家认为四时的变
化是由于五行"相生"的结果。　⑤ 宣其气矣:古人认为万物的成长、四时
的运转都由于一种内在的"气"的促动。这里是说,使万物、四时顺乎自然的
规律成长和运转。　宣,疏导。　⑥ 圣人:指皇帝。　⑦ 三公:泛指中央政
府的最高长官。　论道:讨论治国的大道。　⑧ 六卿:中央各部的长官。
⑨ 张其教:发扬教化。　⑩ 法乎天:取法于天道。　⑪ 相天下:辅助(国
君)治理天下。　⑫ 咎、夔:皋陶和后夔,舜时贤臣。　咎,通"皋"。　房、
魏:房玄龄和魏徵,唐朝名相。他们都是封建时代奉为典范的杰出政治家。
⑬ 夙兴夜寐:早起晚睡。　⑭ 一人:指皇帝。　⑮ 卿大夫:即指上言"三
公"、"六卿"等朝廷大臣。

cháo tíng zì guó chū yīn jiù zhì　　shè zǎi xiàng dài lòu yuàn yú dān fèng mén zhī yòu　　shì qín zhèng yě

朝廷自国初因旧制①,设宰相待漏院于丹凤门之右②,示勤政也。

朝廷从建国初就沿袭唐朝旧制,在丹凤门右边设立宰相待漏院,以表示对勤勉政务的崇尚。当皇帝

nǎi ruò běi què xiàng shǔ　　dōng fāng wèi míng　xiàng jūn qǐ xíng　　huáng huáng huǒ chéng　　xiàng jūn zhì zhǐ　huì

乃若北阙向曙③,东方未明,相君启行④,煌煌火城⑤。相君至止,哕

议政的宫殿刚映出一线曙光,东方还未放明时,宰相就开始起行,列烛繁多辉煌,犹如"火城"。宰相驾到,

huì luán shēng　　jīn mén wèi pì　　yù lòu yóu dī　　chè gài xià chē　　yú yān yǐ xī

哕鸾声⑥。金门未辟⑦,玉漏犹滴⑧。撤盖下车⑨,于焉以息⑩。

马车铃声叮当作响。宫门尚未开启,玉漏声残,夜还没有过去。撩开帷篷下车,就在此暂候休息。

① 因旧制：沿袭唐朝的旧制(待漏院是从唐朝开始设置的)。　② 待漏院：百官早晨到皇宫等候上朝时休息的地方。漏，古代计时工具。此代称时间。　丹凤门：宋朝皇城的正南门。　③ 北阙：指皇帝接见群臣议政的宫殿。阙，宫门前的望楼。　向曙：天快亮了。　④ 相君：宰相。　⑤ 煌煌：光亮的样子。　火城：封建时代每次朝会，百官先集，宰相后到，列烛达数百炬，叫做火城。　⑥ 哕哕：形容铃声。　鸾声：铃声。　⑦ 金门：宫门。　未辟：还没有开。　⑧ 玉漏犹滴：指夜还没有过去，漏壶中水仍在滴滴。　⑨ 盖：车篷。　⑩ 于焉：在此。

dài lòu zhī jì　xiàng jūn qí yǒu sī hū①　qí huò zhào mín wèi ān②　sī suǒ tài zhī③　sì yí wèi

待漏之际，相君其有思乎①：其或兆民未安②，思所泰之③；四夷未

在等待上朝的时候，宰相大概有所思考吧：或是在想万民尚未安宁，考虑怎样使他们安泰；四境的

fù④　sī suǒ lái zhī⑤　bīng gé wèi xī⑥　hé yǐ mǐ zhī⑦　tián chóu duō wú⑧　hé yǐ pì zhī⑨

附④，思所来之⑤；兵革未息⑥，何以弭之⑦；田畴多芜⑧，何以辟之⑨；

少数民族尚未归顺，考虑怎样招徕安抚他们；战事未停，怎样使它平息；田地荒芜，怎样开辟垦殖它们；

xián rén zài yě　wǒ jiāng jìn zhī　nìng rén lì cháo⑩　wǒ jiāng chì zhī　liù qì bù hé⑪　zāi shēng jiàn

贤人在野，我将进之；佞人立朝⑩，我将斥之；六气不和⑪，灾眚荐

贤士还在草野，我怎样推荐进用他们；奸邪小人在朝，我怎样斥退他们；天时不调，灾祸丛生，我愿意

zhì⑫　yuàn bì wèi yǐ ráng zhī⑬　wǔ xíng wèi cuò⑭　qī zhà rì shēng　qǐng xiū dé yǐ lí zhī⑮

至⑫，愿避位以禳之⑬；五刑未措⑭，欺诈日生，请修德以厘之⑮。

解去官职来祈求上天消灾去祸；各种刑法不能废止，欺诈行为不断发生，我要修养德行加以纠正。深怀

yōu xīn chōng chōng⑯　dài dàn ér rù　jiǔ mén jì qǐ⑰　sì cōng shèn ěr⑱　xiàng jūn yán yān　shí jūn

忧心忡忡⑯，待旦而入。九门既启⑰，四聪甚迩⑱。相君言焉，时君

忧虑不安，等待天明进宫。宫门开后，善听各方意见的皇帝离得很近。宰相一一进言，皇帝一一采纳

nà yān⑲　huáng fēng yú shì hū qīng yí⑳　cāng shēng yǐ zhī ér fù shù　ruò rán　zé zǒng bǎi guān㉑

纳焉⑲。皇风于是乎清夷⑳，苍生以之而富庶。若然，则总百官㉑，

于是政治风气清明安定，百姓因此富裕。如是这样，那么宰相统率百官，享用优厚俸禄，就不是侥幸所得，

shí wàn qián　　fēi xìng yě　　　yí yě
食万钱,非幸也㉒,宜也。

而是理应如此的了。

---

① **其**:大概。　② **兆民**:百姓。　③ **泰之**:使(百姓)安泰。　④ **四夷**:四方少数民族。　⑤ **来**:招徕、安抚。　⑥ **兵革**:指战争。　**兵**,兵器;革,盔甲。　⑦ **弭**:平息。　⑧ **田畴**:田地。　⑨ **辟**:开辟垦殖。　⑩ **佞人**:奸邪小人。　⑪ **六气**:阴、阳(晴)、风、雨、晦(昏暗)、明六种自然现象。　⑫ **灾眚**:灾祸。　**荐至**:一次又一次地发生。　⑬ **愿避位以禳之**:愿意解去官职来祈求上天消除灾殃。　⑭ **五刑**:轻重不等的五种刑法。　**措**:废止。　⑮ **厘**:整理,矫正。　⑯ **忡忡**:忧虑不安的样子。　⑰ **九门**:泛指宫门。　⑱ **四聪**:指能听到四面八方反映的人(这里是指国君)。　**迩**:近。　⑲ **纳**:接受。　⑳ **皇风**:国家的政治风气。　**清夷**:清明平静。　㉑ **总**:统辖。　㉒ **幸**:侥幸。

---

qí huò sī chóu wèi fù　　sī suǒ zhú zhī　　jiù ēn wèi bào　　sī suǒ róng zhī　　zǐ nǚ yù bó　　hé yǐ
其或私仇未复,思所逐之;旧恩未报,思所荣之;子女玉帛,何以

或是在想私仇未报,考虑怎样赶走仇人;旧恩未酬,考虑怎样使恩人获得荣华富贵;美女宝玉丝绸

zhì zhī　　chē mǎ wán qì　　hé yǐ qǔ zhī　　jiān rén fù shì　　wǒ jiāng zhì zhī　　zhí shì kàng yán　　wǒ
致之①;车马玩器,何以取之;奸人附势,我将陟之②;直士抗言③,我

等物,怎样才能取得;车马玩物,怎样才能到手;奸邪小人依附我的权势,我要提升他们;正直之士

jiāng chù zhī　　sān shí gào zāi　　shàng yǒu yōu sè　　gòu qiǎo cí yǐ yuè zhī　　qún lì nòng fǎ　　jūn wén yuàn yán
将黜之;三时告灾④,上有忧色,构巧词以悦之;群吏弄法,君闻怨言,

直言指谪,我要贬抑他们;三时农忙季节各地报告灾情,皇帝忧愁,我便编造巧言来取悦他;众吏枉弄

jìn chǎn róng yǐ mèi zhī　　sī xīn tāo tāo　　jiǎ mèi ér zuò　　jiǔ mén jì kāi　　chóng tóng lǚ huí　　xiàng
进谄容以媚之。私心慆慆⑤,假寐而坐⑥。九门既开,重瞳屡回⑦。相

国法,皇帝听到怨言,我便装出奉承的脸色向他献媚。个人的盘算没完了,勉强坐着打个瞌睡。宫门开后,

jūn yán yān　shí jūn huò yān　　zhèng bǐng yú shì hū huī zāi　　dì wèi yǐ zhī ér wēi yǐ　　ruò rán　zé

君言焉，时君惑焉⑧。政柄于是乎隳哉⑨，帝位以之而危矣。若然，则

皇帝屡屡顾视。宰相一一进言，皇帝却被他蒙蔽。国家政权由此毁坏，皇位由此岌岌可危。如是这样，

sǐ xià yù　　tóu yuǎn fāng　　fēi bú xìng yě　　yì yí yě

死下狱，投远方，非不幸也，亦宜也。

那么宰相被打入死牢，或是流放远方，也不是不幸，而是理应如此的了。

> ① 致之：取得这些东西（美女、宝玉、丝绸）。　② 陟之：使（奸人）能爬到高位。　陟，
> 提升。　③ 直士抗言：正直的人直言指谪。　④ 三时：指春、夏、秋三个农忙季节。
> ⑤ 私心慆慆：个人打算没完。　慆慆，放纵无度。　⑥ 假寐：打盹儿。　⑦ 重瞳：相
> 传舜的眼睛有两个瞳子，这里泛指皇帝的眼睛。　屡回：屡屡顾视。　⑧ 惑：被（宰相
> 之言）迷惑。　⑨ 政柄：指国家政权。　隳：毁坏。

shì zhī yì guó zhī zhèng　wàn rén zhī mìng　xuán yú zǎi

是知一国之政，万人之命，悬于宰

由此可知一国的政治，百姓的命运，都系于宰相手

xiàng　kě bú shèn yú　　fù yǒu wú huǐ wú yù

相，可不慎欤？复有无毁无誉，

中，难道可以不谨慎从事吗？还有一类宰相，他们没有恶

lǚ jìn lǚ tuì　　qiè wèi ér gǒu lù　　bèi yuán ér quán shēn

旅进旅退①，窃位而苟禄②，备员而全身

名也没有美名，只是跟随众人进退，窃取高位苟求厚禄，虚占

zhě　　yì wú suǒ qǔ yān

者③，亦无所取焉。

职位保全身家，这也是不足取的。

> ① 旅进旅退：随众人进
> 退。　② 窃位而苟禄：
> 窃取高位，苟求厚禄。
> ③ 备员而全身：虚充职
> 位，保全身家。　④ 棘
> 寺：大理寺（管理司法
> 的中央机关）的别称。
> 小吏：谦词，当时王禹
> 偁是大理寺的官员。
> ⑤ 用：以。　规：劝诫。

jí sì xiǎo lì wáng yǔ chēng wéi wén　　qǐng zhì yuàn

棘寺小吏王禹偁为文④，请志院

大理寺小吏王禹偁撰写此文，请求把它刊记在待漏院的

bì　yòng guī yú zhí zhèng zhě

壁，用规于执政者⑤。

墙壁上，用来劝诫执政的大臣。

（王水照）

黄冈竹楼记
huáng gāng zhú lóu jì

wáng yǔ chēng
王禹偁

黄冈之地多竹①，大者如椽②。竹工破之，
huánggāng zhī dì duō zhú　dà zhě rú chuán　zhú gōng pò zhī

黄冈这地方盛产竹子，大的粗如屋椽。竹匠把它剖开，挖去里面

刳去其节③，用代陶瓦，比屋皆然④，
kū qù qí jié　yòng dài táo wǎ　bǐ wū jiē rán

的竹节，用它代替陶质瓦片，家家户户都是这样，因为它的价钱便宜，

以其价廉而工省也。
yǐ qí jià lián ér gōngshěng yě

而制作又少用工力。

> ① 黄冈：即今湖北省黄冈。　② 椽：椽子，屋顶结构中放在横木上支架屋顶和瓦片的木条。　③ 刳：挖去。　④ 比屋：家家户户。

子城西北隅①，雉堞圮毁②，蓁莽荒秽③，因作小楼二间，与月波楼
zǐ chéng xī běi yú　zhì dié pǐ huǐ　zhēnmǎnghuāng huì　yīn zuò xiǎo lóu èr jiān　yǔ yuè bō lóu

内城的西北角，城上的矮墙已经塌坏，密生着小树野草，荒凉肮脏，因此我修筑了两间小竹楼，与月波

通④。远吞山光⑤，平挹江濑⑥，幽阒辽夐⑦，不可具状。夏宜急雨，有瀑
tōng　yuǎn tūn shānguāng　píng yì jiāng lài　yōu qù liáo xiòng　bù kě jù zhuàng　xià yí jí yǔ　yǒu pù

楼相通。远望山色，平视江边沙石上的流水，寂静遥远，无法完全描写出来。夏天适宜碰上急雨，听来像

布声；冬宜密雪，有碎玉声。宜鼓琴，琴调虚畅；宜咏诗，诗韵清绝；
bù shēng　dōng yí mì xuě　yǒu suì yù shēng　yí gǔ qín　qín diào xū chàng　yí yǒng shī　shī yùn qīng jué

瀑布声；冬天适宜遇到大雪，如闻碎玉声音。这里适宜弹琴，琴声冲虚闲畅；适宜咏诗，诗的韵味清雅妙绝；

> ① 子城：指附属大城的小城，如内城及城门外的套城。　② 雉堞：城上矮墙。 圮毁：塌坏。　③ 蓁莽：密生的树木和野草。 荒秽：荒凉肮脏。　④ 月波楼：黄冈县的一座城楼，也是王禹偁修筑的。　⑤ 吞：实指望见。　⑥ 挹：汲取，这里也指望见。 濑：沙上的流水。　⑦ 阒：寂静。 夐：遥远。　⑧ 丁丁：象声词。　⑨ 投壶：古代的一种游戏，用箭状的筹棒去投长颈形的壶，按投中次数来分胜负。

yí wéi qí　zǐ shēng dīng dīng rán　yí tóu hú　shǐ shēng zhēng zhēng rán　jiē zhú lóu zhī suǒ zhù yě
宜围棋，子声丁丁然⑧；宜投壶⑨，矢声铮铮然：皆竹楼之所助也。

适宜下围棋，棋子声叮叮作响；适宜玩投壶游戏，投箭铮铮有声：这都是竹楼所助成的。

gōng tuì zhī xiá　pī hè chǎng　dài huà yáng jīn　shǒu zhí　zhōu yì　yī juàn　fén xiāng mò zuò
公退之暇①，被鹤氅②，戴华阳巾③，手执《周易》一卷，焚香默坐，

办完公务后的余暇时，身披用鸟羽织成的裘衣，头戴道士的帽子，手拿《周易》一册，到楼上焚香默坐，

xiāo qiǎn shì lù　jiāng shān zhī wài　dì jiàn fēng fān shā niǎo　yān yún zhú shù ér yǐ　dài qí jiǔ lì xǐng
消遣世虑④。江山之外，第见风帆沙鸟、烟云竹树而已⑤。待其酒力醒，

排遣世俗的杂念。江水山色之外，所见的只有风帆沙鸟、烟云竹树罢了。等到酒醒之后，茶上轻烟也已

chá yān xiē　sòng xī yáng　yíng sù yuè　yì zhé jū zhī shèng gài yě
茶烟歇，送夕阳，迎素月，亦谪居之胜概也⑥。

消散，送走落日，迎来清月，这也是谪居生活中的佳境了。

---

① 公退：办完公务以后。　② 被：披。　鹤氅：用鸟羽织成的裘。　③ 华
阳巾：道士的一种帽子。　④ 世虑：世俗的念头。　⑤ 第：但，只。　⑥ 胜
概：佳境。　概，有"状况"的意思。

---

bǐ qí yún　luò xīng　gāo zé gāo yǐ　jǐng hán　lì qiáo　huá zé huá yǐ　zhǐ yú zhù jì nǚ
彼齐云、落星①，高则高矣；井幹、丽谯②，华则华矣。止于贮妓女，

那齐云楼、落星楼，高是算高的了；那井幹楼、丽谯楼，华丽也算是华丽的了，可是只用来蓄养妓女，

cáng gē wǔ　fēi sāo rén zhī shì　wú suǒ bù qǔ
藏歌舞③，非骚人之事④，吾所不取。

安顿歌儿舞女，而不是诗人们的风流雅事，我是不赞许的。

---

① 齐云：齐云楼，在苏州（今江苏苏州），相传是五代时韩浦建造。　落星：
落星楼，在南京（今江苏南京）东北，三国时吴国孙权建造。　② 井幹：井
幹楼，汉武帝（刘彻）所建。　丽谯：丽谯楼，魏武帝（曹操）所建。　③ 歌
舞：指能歌舞的人。　④ 骚人：诗人。

wú wén zhú gōng yún　　zhú zhī wéi wǎ　jǐn shí rěn　ruò chóng fù zhī　dé èr shí rěn　yī

吾闻竹工云:"竹之为瓦,仅十稔①,若重覆之,得二十稔。"噫!

我听竹匠说:"竹制的瓦,只能用十年;如果重新更换,能用二十年。"唉! 我从至道元年由

wú yǐ zhì dào yǐ wèi suì　zì hàn lín chū chú shàng　bǐng shēn yí guǎng líng　dīng yǒu yòu rù xī yè

吾以至道乙未岁②,自翰林出滁上③。丙申移广陵④,丁酉又入西掖⑤。

翰林学士贬往滁州任知州,二年调往扬州,三年回京进中书省任职,咸平元年除夕那天,又接到

wù xū suì chú rì　　yǒu qí ān zhī mìng

戊戌岁除日⑥,有齐安之命⑦。

贬往黄州的命令,今年咸平二年闰三

jǐ hài rùn sān yuè　　dào jùn　sì nián zhī

己亥闰三月⑧,到郡。四年之

月到达黄州。四年当中,奔波从未停止;

jiān　bēn zǒu bù xiá　wèi zhī míng nián yòu zài

间,奔走不暇,未知明年又在

不知明年又到什么地方,难道还怕竹楼

hé chù　qǐ jù zhú lóu zhī yì xiǔ hū　　xìng

何处,岂惧竹楼之易朽乎? 幸

容易朽坏吗? 希望我的继任者能跟我志

hòu zhī rén yǔ wǒ tóng zhì　sì ér qì

后之人与我同志⑨,嗣而葺

趣相同,而继续修它,使这座竹楼不

zhī　　shù sī lóu zhī bù xiǔ yě

之⑩,庶斯楼之不朽也⑪。

要朽坏啊。

① 十稔:十年。　② 至道:宋太宗年号(995～997)。乙未岁:指至道元年(995)。　③ 翰林:王禹偁做过翰林学士。出:贬谪。滁上:滁州,今安徽滁县。这年王禹偁从翰林学士被贬为滁州刺史。　④ 丙申:宋太宗至道二年(996)。广陵:今江苏扬州。　⑤ 丁酉:宋太宗至道三年(997)。西掖:中央最高行政机关中书省的别称。这年王禹偁在中书省任知制诰。　⑥ 戊戌:宋真宗咸平元年(998)。除日:旧历除夕,大年三十。　⑦ 齐安:指黄州,郡治在今湖北黄冈。王禹偁这年因编写《太祖实录》,直书史事,为宰相所不满,被贬。　⑧ 己亥:宋真宗咸平二年(999)。　⑨ 同志:志同道合的人。　⑩ 嗣:继续。葺:修理。　⑪ 庶:表示希望的虚词。斯:这个。

(王水照)

shū luò yáng míng yuán jì hòu
书洛阳名园记后

lǐ gé fēi
李格非

luò yáng chǔ tiān xià zhī zhōng xiá xiáo miǎn zhī zǔ dāng qín lǒng zhī jīn hóu ér zhào wèi zhī zǒu
洛阳处天下之中，挟殽、渑之阻①，当秦、陇之襟喉②，而赵、魏之走

洛阳地处中国的中心，挟持崤山、渑池的险阻，正当秦川、陇地的咽喉，又是通往赵、魏两地的交通

jí gài sì fāng bì zhēng zhī dì yě tiān xià dāng wú shì zé yǐ yǒu shì zé luò yáng bì xiān shòu bīng
集③，盖四方必争之地也。天下当无事则已，有事则洛阳必先受兵④。

要冲，可说是四方必争之地了。中国若是平安无事也就算了；一旦发生战乱，那么洛阳一定首先遭受兵祸。

yú gù cháng yuē luò yáng zhī shèng shuāi tiān xià zhì luàn zhī hòu yě
予故尝曰："洛阳之盛衰，天下治乱之候也⑤。"

因而我曾经说过："洛阳的兴盛和衰败，就是中国安定和战乱的征兆啊！"

① 李格非：宋朝著名女词人李清照的父亲，著名学者。 挟：挟持，靠着。 殽：山名，一称嵚
崟山，主峰在今河南灵宝东南。 渑：古时"九塞"之一，在今河南渑池。 阻：险阻。 ② 当：
正处于。 秦：指秦地，今陕西省一带。 陇：指今陕西西部和甘肃一带。 襟喉：衣襟和咽
喉，比喻地势险要（洛阳是通往秦、陇的要道）。 ③ 赵、魏：指赵地和魏地，在今河北、山西、河
南接邻地区。 走集：原指边境上的堡垒。因地处险要，是往来必经之地，所以叫"走集"。这
里是说洛阳是通往赵、魏之地的交通要冲。 ④ 受兵：遭遇战事。 ⑤ 候：征兆，标志。

fāng táng zhēn guān kāi yuán zhī jiān gōng qīng guì qī kāi guǎn liè dì yú dōng dū zhě hào qiān yòu
方唐贞观、开元之间①，公卿贵戚开馆列第于东都者②，号千有

在唐朝贞观、开元年间，公卿贵戚们在东都洛阳建造馆舍、设置府第的，号称有一千多家。等到遭遇

yú dǐ jí qí luàn lí jì yǐ wǔ jì zhī kù qí chí táng zhú shù bīng chē róu jiàn fèi ér wéi
余邸③。及其乱离④，继以五季之酷⑤，其池塘竹树，兵车蹂践，废而为

战乱、流离失所，接着又是梁、唐、晋、汉、周五代的惨重兵祸，洛阳馆舍府第中的池塘竹树，被兵车蹂躏

qiū xū gāo tíng dà xiè yān huǒ fén liáo huà ér wéi huī jìn yǔ táng gòng miè ér jù wáng wú yú
丘墟；高亭大榭⑥，烟火焚燎，化而为灰烬，与唐共灭而俱亡，无余

践踏，变成了废墟；高大的亭子、宽敞的台榭，也被烟火焚烧，化为灰烬，跟唐朝一起灭亡，不剩一处了。

_{chù yǐ} _{yú gù cháng yuē} _{yuán yòu zhī xīng fèi} _{luò yáng shèng shuāi zhī hòu yě}

处矣。予故尝曰："园囿之兴废，洛阳盛衰之候也。"

因而我曾经说过："园林的兴盛和衰败，就是洛阳繁盛和衰败的征兆啊！"

---

① 方：当。　贞观：唐太宗年号(627～649)。　开元：唐玄宗年号(713～741)。
② 开、列：建造，设置。东都：唐朝以长安为国都，洛阳为东都(陪都)。　③ 邸：指官员的住宅。　④ 乱离：遭乱而流离失所。　⑤ 五季：五代，即梁、唐、晋、汉、周。酷：指惨重的兵祸。　⑥ 榭：建造在高台上的敞屋。

_{qiě tiān xià zhī zhì luàn} _{hòu yú luò yáng zhī shèngshuāi ér zhī} _{luò yáng zhī shèngshuāi} _{hòu yú yuán yòu}

且天下之治乱，候于洛阳之盛衰而知①；洛阳之盛衰，候于园囿

既然中国的安定和战乱，可从洛阳的兴盛和衰败中测知；洛阳的繁盛和衰败，又可从园林的兴盛和

_{zhī xīng fèi ér dé} _{zé míngyuán jì zhī zuò} _{yú qǐ tú rán zāi}

之兴废而得。则《名园记》之作，予岂徒然哉？

衰败中测知；那么我写这篇《洛阳名园记》，难道是白费笔墨的吗？

---

① 候：作动词用，预测。

---

① 进：进用。　② 放：放纵。　自为：随心所欲，爱干什么就干什么。　③ 治忽：指国家政治的好或坏。忽，怠忽，轻慢怠惰。④ 退：退隐不做官。

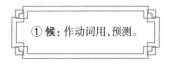

_{wū hū} _{gōngqīng dà fū fāng jìn yú cháo} _{fàng hū yì jǐ zhī}

呜呼！公卿大夫方进于朝①，放乎一己之

唉！公卿士大夫们正当进用于朝廷的，大都放纵自己的私欲，为

_{sī yì yǐ zì wéi} _{ér wàng tiān xià zhī zhì hū}

私意以自为②，而忘天下之治忽③，

所欲为，而忘记国家政治的好坏，又想在告老退休后能享受园林之乐，

_{yù tuì xiǎng cǐ lè} _{dé hū} _{táng zhī mò lù shì yǐ}

欲退享此乐④，得乎？唐之末路是矣。

这能得到吗？唐朝灭亡的情况就是这样的啊！

（王水照）

古文观止

严先生祠堂记
yán xiān sheng cí táng jì

范仲淹
fàn zhòng yān

先生①，光武之故人也②，相尚以道。及帝握《赤符》③，乘六龙④，
xiān sheng guāng wǔ zhī gù rén yě xiāngshàng yǐ dào jí dì wò chì fú chéng liù lóng

严光先生，是汉朝光武帝的老朋友，他们以道义相结交。等到光武帝赤符在握，当了皇帝，顺时应变，

得圣人之时⑤，臣妾亿兆⑥，天下孰加焉⑦？惟先生以节高之⑧。既而
dé shèng rén zhī shí chén qiè yì zhào tiān xià shú jiā yān wéi xiān sheng yǐ jié gāo zhī jì ér

统治的臣民，天下有谁能超过他呢？只有严光先生凭他高尚的气节超过了他。接着严光先生与光武帝

动星象⑨，归江湖⑩，得圣人之清⑪。泥涂轩冕⑫，天下孰加焉？
dòng xīng xiàng guī jiāng hú dé shèng rén zhī qīng ní tú xuān miǎn tiān xià shú jiā yān

同床而卧动了星象，后来又回到富春江畔隐居，清操自守，鄙弃禄位，天下有谁能够超过他呢？

惟光武以礼下之⑬。
wéi guāng wǔ yǐ lǐ xià zhī

只有光武帝能以礼敬重他。

在《蛊》之上九⑭，众方有为，而独不事王侯，高尚其事。先生
zài gǔ zhī shàng jiǔ zhòng fāng yǒu wéi ér dú bú shì wáng hóu gāo shàng qí shì xiān sheng

在《易经》蛊卦上九的文辞中说，大家正当有为的时候，只有他不去侍奉王侯，以高尚的节操自守。

①范仲淹（989～1052），北宋政治家、文学家，通六经，长于《易》，能词。　**先生**：指严光。今浙江桐庐富春江畔有严子陵钓台遗迹。　②**光武**：即东汉光武帝刘秀。西汉末年，王莽篡位，湖北、河南等地爆发了大规模农民起义。刘秀乘机崛起，加入了义军，并逐渐壮大力量。昆阳一战，刘秀大破王莽军，遂于公元25年称帝。　③《**赤符**》：即赤伏符。据《后汉书·光武纪》载：公元25年，刘秀行至鄗，儒生强华自关中奉赤符来见。符上的谶文写道："刘秀发兵捕不道，四夷云集龙斗野，四七之际火为主。"刘秀遂以此为天降祥瑞的征兆，奉天命即皇帝位。　④**乘六龙**：《易·乾》象辞云："时乘六龙以御天。"乾卦六爻以龙为象，列叙潜、见、惕、跃、飞、亢等六种升降变化的状态。这些状态概括了世间万物的变化，故"乘六龙"即是凭借龙的六种不同变化，以驾驭天地万物。　⑤**"得圣人"句**：语见《孟子·万章下》："孔子，圣之时者也。"谓孔子是能够顺天应时的圣人。此指光武帝能不失时机地顺应时势，建立东汉。　⑥**臣妾**：作动词用，意为统治、役使。　**亿兆**：指广大百姓。　⑦**加**：超过。　⑧**以节高之**：谓光武即帝位，天下慑伏，只有严光以气节相高，保持独立的人格。　⑨**动星象**：据《后汉书·逸民传》载：严光与光武帝"共偃卧，光以足加帝腹上。明日，太史奏：客星犯御座甚急。帝笑曰：'朕与故人严子陵共卧耳。'"客星指严光，御座指光武帝。

430

以之^⑮。在《屯》之初九^⑯，阳德方亨，而能以贵下贱，大得民也。

严先生正是这样做的。在《易经》屯卦初九的爻辞中说，在帝德正亨通的时候，却能以尊贵的身份去敬重

光武以之。盖先生之心，出乎日月之上；光武之量，包乎天地之外。

卑贱的人，这是大得民心的。光武帝正是这么做的。因为严先生的心，比日月还要光明；光武帝的气度，

微先生不能成光武之大^⑰，微光武岂能遂先生之高哉^⑱？而使

比天地还要广阔。没有严先生不能成就光武帝的博大，没有光武帝又怎能成全严先生的清高呢？而严先生

贪夫廉，懦夫立，是大有功于名教也^⑲。

的德行能使贪婪者清廉，怯懦者自立，这对于名教是大大有功的。

仲淹来守是邦^⑳，始构堂而奠焉。乃复为其后者四家^㉑，

仲淹来睦州任太守，开始建造祠堂祭祀先生。于是又免除严先生后代子孙四家的赋税徭役，让他们

以奉祠事，又从而歌曰："云山苍苍，江水泱泱^㉒。先生之风^㉓，

去奉行祭祀的事。还作了一首短歌云："云山苍茫一片，江水浩大无边。先生的高风亮节，就像山一样

山高水长。"

崇高水一样长远。"

⑩归江湖：指严光离开洛阳后去富春江畔隐居。　⑪"得圣人"句：语见《孟子·万章下》："伯夷，圣之清者也。"此谓严光像让国的伯夷一样，也是清高的圣人。　⑫泥涂轩冕：谓视官爵如同粪土。泥涂，污泥。轩冕，原指前高而有帷幕的车子和礼帽，此借指官爵。　⑬以礼下之：谓刘秀做了皇帝后仍像昔日那样礼待严光。　⑭"在《蛊》"句：蛊是《周易》的卦名，上九指该卦第六爻。蛊卦前五爻的爻辞都是说消除灾祸，整治积弊，故下文作者云"众方有为"。蛊卦第六爻的爻辞是"不事王侯，高尚其事"，谓退居在野，洁身自守。　⑮以之：这样做。　⑯"在《屯》"句：屯是《周易》卦名，初九指该卦第一爻阳爻。该爻的位置在下卦震体的两个阴爻之下，故《象》称："上贵下贱。"此谓初九阳爻本是乾阳尊贵之体，却能居下位，谦卑自处，这样就能得到百姓的拥护。　⑰微：不是，没有。　⑱遂：成就，完成。　⑲名教：纲常，教化。　⑳是邦：指睦州。　㉑复：免除徭役。后：后人。　㉒泱泱：水深广貌。　㉓风：风范。

（王兴康）

岳阳楼记
yuè yáng lóu jì

范仲淹
fàn zhòng yān

庆历四年春①，滕子京谪守巴陵郡②。越明年③，政通人和，百废
qìng lì sì nián chūn　téng zǐ jīng zhé shǒu bā líng jùn　yuè míng nián　zhèng tōng rén hé bǎi fèi

> 庆历四年春天，滕子京被贬到岳州作知州。到了第二年，一切政务办得很顺利，人心和睦，原来被

俱兴。乃重修岳阳楼，增其旧制④，刻唐贤、今人诗赋于其上，属予
jù xīng　nǎi chóng xiū yuè yáng lóu　zēng qí jiù zhì　kè táng xián　jīn rén shī fù yú qí shàng zhǔ yú

> 废弃的许多事业一齐兴办起来。于是他就重新修建了岳阳楼，扩大原来的规模，把唐朝名人和当代的

作文以记之。
zuò wén yǐ jì zhī

> 诗赋刻在上面，并嘱托我写篇文章来记叙这件事。

> ① 庆历四年：公元1044年。庆历，宋仁宗年号（1041～1048）。 ② 滕子京：名宗谅。当时他因政敌诬告，被贬为岳州巴陵郡（郡治在岳阳）知州。 ③ 越明年：到了第二年。 ④ 增：扩建。 旧制：原来的规模。

予观夫巴陵胜状①，在洞庭一湖。衔远山，吞长江，浩浩汤汤②，
yú guān fú bā líng shèng zhuàng　zài dòng tíng yì hú　xián yuǎn shān　tūn cháng jiāng　hào hào shāng shāng

> 我看那岳州美好的景致，都集中在洞庭湖上。这湖迎着远山，吸纳长江，浩瀚宽阔，无边无际；早晨的

横无际涯；朝晖夕阴③，气象万千。此则岳阳楼之大观也，前人之述
héng wú jì yá　zhāo huī xī yīn　qì xiàng wàn qiān　cǐ zé yuè yáng lóu zhī dà guān yě　qián rén zhī shù

> 阳光和傍晚的暮霭，气象景色真是千变万化。这些就是岳阳楼的雄伟景观，以前的人已经说得很详尽了。

备矣④。然则北通巫峡⑤，南极潇、湘⑥，迁客骚人⑦，多会于此，览物
bèi yǐ　rán zé běi tōng wū xiá　nán jí xiāo　xiāng　qiān kè sāo rén　duō huì yú cǐ　lǎn wù

> 那么，我想说的是此湖北通长江巫峡，南达潇水、湘水，那些贬官外调的官吏和诗人，大多来这里聚会，

432

zhī qíng　dé wú yì hū

之情，得无异乎？

他们观览景物的心情，只怕因景物的不同也会有所不同吧？

> ① 胜状：美好的景色。　② 浩浩汤汤：形容水大的样子。　③ 朝晖夕阴：早晨的阳光和傍晚的昏暗，泛指一天中天气的变化。　④ 前人之述：指上面说到的"唐贤、今人诗赋"。　备：详尽。　⑤ 巫峡：长江三峡之一，在湖北巴东县西。　⑥ 极：远通。　潇、湘：潇水和湘水。潇、湘合流后，又北入洞庭湖。　⑦ 迁客：贬职外调的官吏。

ruò fú yín yǔ fēi fēi　　lián yuè bù kāi　　yīn fēng nù háo　zhuó làng pái kōng　rì xīng yǐn yào

若夫霪雨霏霏①，连月不开②，阴风怒号，浊浪排空，日星隐耀③，

在那阴雨连绵不断，接连几月不晴的日子里，阴风怒吼，浊浪冲腾天空；太阳和星辰隐没了光辉，

shān yuè qián xíng　　　shāng lǚ bù xíng　qiáng qīng jí

山岳潜形④，商旅不行，樯倾楫

山岳掩没了形体；商人和旅客不能上路，船桅倾倒船

cuī⑤　　bó mù míng míng⑥　　hǔ xiào yuán tí

摧⑤，薄暮冥冥⑥，虎啸猿啼。

桨摧折；傍晚一片昏暗，虎在咆哮，猿在哀啼。

dēng sī lóu yě⑦　　zé yǒu qù guó huái xiāng⑧　　yōu

登斯楼也⑦，则有去国怀乡⑧，忧

这时登上这座岳阳楼啊，就觉得离开京城，怀念故

chán wèi jī　mǎn mù xiāo rán⑩　gǎn jí ér

谗畏讥⑨，满目萧然⑩，感极而

乡，担心受诽谤，害怕被讥笑，满目萧条凄凉，

bēi zhě yǐ

悲者矣。

不禁感慨万分而悲哀无限了。

> ① 霪雨：连绵不断的雨。
> ② 不开：不放晴。　③ 隐耀：隐没了光辉。　④ 潜形：被淹没了形体。
> ⑤ 樯：船桅。　倾倒。　楫：船桨。　摧：断。　⑥ 薄暮：傍晚。
> ⑦ 斯：此。　⑧ 去国：离开京城。　国，国都。
> ⑨ 忧谗：担心受到诽谤。
> ⑩ 萧然：萧条凄凉的样子。

433

zhì ruò chūn hé jǐng míng　　 bō lán bù jīng　　shàng xià tiān guāng　 yí bì wàn qǐng　 shā ōu

至若春和景明①，波澜不惊②，上下天光，一碧万顷③，沙鸥

至于到了春光和煦、阳光晴明的时节，湖上风平浪静，天光水色互映，阔大的江面一派碧绿；沙鸥

xiáng jí　　 jǐn lín yóu yǒng　　 àn zhǐ tīng lán　　 yù yù qīng qīng　　 ér huò cháng yān yì kōng

翔集④，锦鳞游泳⑤，岸芷汀兰⑥，郁郁青青⑦。而或长烟一空，

有时飞翔，有时停止聚集，美丽的鱼来游去；岸上的芷草和水边的兰花，香气浓郁，花叶茂盛。有时满天

hào yuè qiān lǐ　　 fú guāng yào jīn　　 jìng yǐng chén bì　　 yú gē hù dá cǐ lè hé jí

皓月千里，浮光耀金⑧，静影沉璧⑨，渔歌互答，此乐何极！

烟雾消散一空，明亮的月光普照千里，浮动着的波光像黄金那样耀眼，静静的月影映在水中犹如璧玉沉

dēng sī lóu yě　　 zé yǒu xīn kuàng shén yí　　 chǒng rǔ jiē wàng bǎ jiǔ lín fēng　 qí xǐ yáng yáng

登斯楼也，则有心旷神怡，宠辱皆忘，把酒临风，其喜洋洋

在水底；渔夫的歌声此唱彼和，这乐趣真是无穷无尽！这时登上这座岳阳楼啊，就觉得心胸开朗，

zhě yǐ

者矣。

精神畅快，恩宠和耻辱全忘，迎风捧起酒杯，真是喜气洋洋啊！

---

① 春和景明：春天天气暖和，阳光明媚。　景，日光。　② 不惊：平静。　③ 万顷：形容
江面阔大。　④ 翔集：有时飞翔，有时停下聚集。　⑤ 锦鳞：鱼的代称。　锦，形容鱼鳞
光彩鲜明。　⑥ 岸芷汀兰：岸上的香芷和岸边香兰。　汀，岸边平地。　⑦ 郁郁：形容香
气很浓。　青青：茂盛的样子。　⑧ 浮光耀金：浮动着的波光，像黄金那样耀眼。　⑨ 沉
璧：指月影犹如璧玉沉在水底。

---

jiē fú　　 yú cháng qiú gǔ rén rén zhī xīn　　 huò yì èr zhě zhī wéi　 hé zāi　 bù yǐ wù xǐ

嗟夫！予尝求古仁人之心①，或异二者之为。何哉？不以物喜，

啊，我曾经探索过古代品德高尚的人的心态，或者不同于上述两种精神状态的。是什么呢？他们不因

bù yǐ jǐ bēi　　 jū miàotáng zhī gāo　　 zé yǒu qí mín　　 chǔ jiāng hú zhī yuǎn　　 zé yǒu qí jūn　　 shì jìn

不以己悲。居庙堂之高②，则忧其民；处江湖之远③，则忧其君。是进

外物而喜乐，也不因自己的遭遇而悲伤。他们身居朝廷高位，就为百姓担忧；退处僻远乡间，就为国君担忧。

yì yōu　　　 tuì yì yōu　　 rán zé hé shí ér lè yé　　 qí bì yuē xiān tiān xià zhī yōu ér yōu

亦忧④，退亦忧⑤。然则何时而乐耶？其必曰"先天下之忧而忧⑥，

这样进用也担忧，退居也担忧。那么什么时候才会快乐呢？想来他们必定会说"忧在天下人之先，

hòu tiān xià zhī lè ér lè yú yǐ wēi sī rén wú shuí yǔ guī
后天下之乐而乐"欤！噫！微斯人⑦，吾谁与归⑧！

乐在天下人之后"吧！唉！如果不是这样的人，我能与谁在一起呢？

> ① 尝：曾经。 求：探索。 仁人：泛指爱国爱民、品德高尚的人。
> ② 庙堂：代指朝廷。 ③ 江湖：代指民间。 ④ 进：进用。 ⑤ 退：
> 退隐。 ⑥ 天下：指天下的人。 ⑦ 微：不是。 斯人：这样的人，指
> "古仁人"。 ⑧ 归：同一趋向。

（王水照）

jiàn yuàn tí míng jì
谏院题名记

sī mǎ guāng
司马光

gǔ zhě jiàn wú guān zì gōng qīng dà fū zhì yú gōng shāng wú bù dé jiàn zhě hàn xīng yǐ lái
古者谏无官，自公卿大夫至于工商，无不得谏者。汉兴以来，

古时候没有谏官，自公卿大夫以至百工商贾，没有不能进谏的。自汉朝建立以后，才开始设置谏官。

shǐ zhì guān fú yǐ tiān xià zhī zhèng sì hǎi zhī zhòng dé shī lì bìng cuì yú yì guān shǐ yán zhī
始置官①。夫以天下之政，四海之众，得失利病，萃于一官使言之②，

朝廷把国家的大政，四海的百姓，政教的得失和利弊，都集中在谏官身上由他进谏，谏官的责任也够

qí wéi rèn yì zhòng yǐ jū shì guān zhě cháng zhì qí dà shě qí xì xiān qí jí hòu qí huǎn
其为任亦重矣。居是官者，常志其大，舍其细；先其急，后其缓；

重的了！做谏官的人，应当牢牢把握住国家的大计方针，放弃一些细枝末节；先考虑最要紧的事，后考虑

zhuān lì guó jiā ér bú wèi shēn móu bǐ jí jí yú míng zhě yóu jí jí yú lì yě qí jiān xiāng qù
专利国家而不为身谋。彼汲汲于名者③，犹汲汲于利也，其间相去

不很要紧的事；一心一意有利于国家而不为自身利益考虑。那些热衷于名的人，就和那些热衷于利的

hé yuǎn zāi
何远哉？

人一样，他们距谏官的标准有多么远啊！

tiān xǐ chū　　zhēnzōngzhào zhì jiàn guān liù yuán　　zé qí zhí shì　qìng lì zhōng　qián jūn shǐ shū qí
天禧初④，真宗诏置谏官六员⑤，责其职事。庆历中⑥，钱君始书其

天禧初年，真宗皇帝下诏设置六名谏官，规定了他们的职责范围。庆历年间，钱君开始将谏官的名字

míng yú bǎn　　guāngkǒng jiǔ ér màn miè　　jiā yòu bā nián　　kè zhù yú shí　hòu zhī rén jiāng lì zhǐ qí míng
名于版⑦。光恐久而漫灭⑧，嘉祐八年⑨，刻著于石。后之人将历指其名

写在木板上。我怕时间长了木板上的字模糊消失，嘉祐八年，就将名字刻于石上。后来者将依次指点着

ér yì zhī yuē　　mǒu yě zhōng mǒu yě zhà　mǒu yě zhí　mǒu yě qū　　wū hū　kě bú jù zāi
而议之曰：某也忠，某也诈，某也直，某也曲。呜呼，可不惧哉？

石上的姓名评说道：某某人忠诚，某某人奸诈，某某人正直，某某人邪曲。啊，这能不叫人惧怕吗？

---

① 司马光（1019～1086），字君实，北宋大臣、史学家，编年体通史《资治通鉴》撰者。　始置
官：东汉班固《白虎通·谏诤》："君至尊，故设辅弼谏官。"　② 萃：集中。　③ 汲汲：心情
急切、努力追求貌。　④ 天禧：宋真宗年号（1017～1021）。　⑤ "真宗诏置"句：《宋史·真
宗纪》：天禧元年二月，"置谏官、御史各六员。每月一员奏事。有急务，听非时入对。"　⑥ 庆
历：宋仁宗年号（1041～1048）。　⑦ 钱君：疑指钱明逸，字子飞，钱塘人。庆历四年为右正
言，供职谏院；六年擢知谏院。　⑧ 漫灭：磨蚀消失。　⑨ 嘉祐：宋仁宗年号（1056～1063）。

（王兴康）

义　田　记
yì　　tián　　jì

qián gōng fǔ
钱公辅

fàn wén zhèng gōng　　　sū rén yě　　píng shēng hào shī yǔ　zé qí qīn ér pín　shū ér xián zhě
范文正公①，苏人也。平生好施与，择其亲而贫、疏而贤者，

范文正公，是苏州人。他平生很乐意给人以财物上的帮助，选择了关系亲近却很贫苦、关系疏远却

xián shī zhī
咸施之。

很贤能的人，都给他们以接济。

fāng guì xiǎn shí　　zhì fù guō cháng rěn zhī tián qiān mǔ②　hào yuē　yì tián　　yǐ yǎng jì qún zú
方贵显时，置负郭常稔之田千亩②，号曰"义田"，以养济群族

当他做大官的时候，购置了一千亩近郊良田，取名"义田"，用来养活救济全族的人。每天都发放粮食

之人。日有食,岁有衣,嫁娶凶葬皆有赡③。择族之长而贤者

^{zhī rén} ^{rì yǒu shí} ^{suì yǒu yī} ^{jià qǔ xiōng zàng jiē yǒu shàn} ^{zé zú zhī zhǎng ér xián zhě}

每年都发放衣服,嫁女儿、娶媳妇、办丧事的人家都给资助。他选择了族中年长而又贤能的人来主持

主其计,而时共出纳焉④。日食,人一升;岁衣,人一缣⑤;嫁女者

此事,随时管理出入的账目。每天的口粮,一人发一升米;每年的衣服,一人给一段绸。嫁女儿的人家给

五十千⑥,再嫁者三十千;娶妇者三十千;再娶者十五千;葬者如

五十钱,嫁第二个女儿的人家给三十千钱;娶儿媳的人家给三十千钱,娶第二个儿媳的人家给十五千钱;

再嫁之数,葬幼者十千。族之聚者九十口,岁入给稻八百斛⑦。

办丧事的人家所给钱数同嫁第二个女儿的人家一样,死者如是幼儿则给十千钱。族中聚居在一起的一共

以其所入,给其所聚,沛然有余而无穷⑧。屏而家居俟代者与焉⑨,

有九十口人,义田每年的收入有八百斛稻子。将义田的收入,给予聚居的族人,绰绰有余而不会用完。

仕而居官者罢莫给。此其大较也。

曾经出仕而暂居家中等待补缺的人给予帮助,而一旦做官在职就停发不给。这是义田大致的情况。

初,公之未贵显也,尝有志于是矣⑩,而力未逮者二十年⑪。既而

当初,文正公还没有显达的时候,就有志于这一义举,然而心有余而力不足的状况一直延续了二十年。

为西帅⑫,及参大政⑬,于是始有禄赐之入,而终其志。公既殁,

后来他当了征西的统帅,并且参与了国家大政,于是才有俸禄及赏赐等收入,这才完成了他的心愿。

---

① **钱公辅**,字君倚,进士及第,宋神宗时,因忤王安石,出知江宁府,徙扬州,后因病辞官。　**范文正公**:范仲淹,字希文,卒谥文正。　② **负郭**:靠近城郭。　**负**,背倚。　**常稔之田**:常熟之田,良田。　**稔**,谷熟。　③ **赡**:补助。　④ **出纳**:指收付财物。　⑤ **缣**:细密之绢。　⑥ **千**:犹言贯。古代一千钱为一贯。　⑦ **斛**:古代量器名,以十斗为一斛。　⑧ **沛然**:充裕貌。　⑨ **屏**:指罢官或离职。　⑩ **是**:指"养济群族之人"。　⑪ **逮**:及。　⑫ **西帅**:宋仁宗庆历二年,西夏元昊谋逆,范仲淹为陕西路安抚经略招讨使,又为陕西宣抚使。　⑬ **参大政**:指范仲淹任枢密副使、参知政事。　⑭ **修其业**:指主持义田之事。　⑮ **敛**:为死者易衣为小敛,死者入棺为大敛。　**敛**,与殓同。

hòu shì zǐ sūn xiū qí yè　　chéng qí zhì　　rú gōng zhī cún yě　　gōng suī wèi chōng lù hòu　　ér pín zhōng

后世子孙修其业⑭，承其志，如公之存也。公虽位充禄厚，而贫终

文正公死后，由他的后世子孙主持义田之事，继承了文正公的遗志，就像他活着的时候一样。

qí shēn　　mò zhī rì　　shēn wú yǐ wéi liàn　　zǐ wú yǐ wéi sāng　　wéi yǐ shī pín huó zú zhī yì

其身。殁之日，身无以为敛⑮，子无以为丧。惟以施贫活族之义，

文正公居高位、得厚禄以后，却贫穷终身。在他死的时候，连寿衣、棺材都买不起，儿子们也没钱为父亲

yí qí zǐ ér yǐ

遗其子而已。

办丧事。文正公只是把接济穷亲戚、养活族中人的义举传给他的儿子了。

xī yàn píng zhòng bì chē léi mǎ①　　huán zǐ yuē②　　shì yǐn jūn zhī cì yě　　yàn zǐ yuē

昔晏平仲敝车羸马①，桓子曰②："是隐君之赐也。"晏子曰：

昔日晏子乘着破车骑着瘦马，桓子见了就说："晏子这样做是隐匿了君王对他的赏赐。"晏子说：

zì chén zhī guì　　fù zhī zú　　wú bù chéng chē zhě　　mǔ zhī zú　　wú bù zú yú yī shí zhě　　qī zhī zú

"自臣之贵，父之族，无不乘车者；母之族，无不足于衣食者；妻之族，

"自从我显贵以后，父亲的族人，没有不乘车的；母亲的族人，没有衣食不足的；妻子的族人，没有受冻

wú dòng něi zhě　　qí guó zhī shì　　dài chén ér jǔ huǒ zhě sān bǎi yú rén　　rú cǐ　　ér wéi yǐn jūn zhī

无冻馁者；齐国之士，待臣而举火者三百余人。如此，而为隐君之

挨饿的；齐国的士人，等我的资助才能生火做饭的有三百多人。像我这样，能说是隐匿君王的赏赐吗？

cì hū　　zhāng jūn zhī cì hū③　　yú shì qí hóu yǐ yàn zǐ zhī shāng ér shāng huán zǐ④　　yú cháng ài

赐乎？彰君之赐乎③？"于是齐侯以晏子之觞而觞桓子④。予尝爱

或者能说是张扬君王的赏赐吗？"于是齐侯就拿晏子的酒杯罚桓子喝酒。我曾经很钦佩晏子的爱好仁德，

yàn zǐ hào rén　　qí hóu zhī xián　　ér huán zǐ fú yì yě⑤　　yòu ài yàn zǐ zhī rén yǒu děng jí　　ér yán

晏子好仁，齐侯知贤，而桓子服义也⑤；又爱晏子之仁有等级，而言

齐侯的赏识贤才，以及桓子的服从正义；又钦佩晏子的仁德分有等级，而表述时又有先后的次序。

yǒu cì dì yě　　xiān fù zú　　cì mǔ zú　　cì qī zú　　ér hòu jí qí shū yuǎn zhī xián　　mèng zǐ yuē

有次第也。先父族，次母族，次妻族，而后及其疏远之贤。孟子曰：

先说父族，次说母族，再次说妻族，而后说到关系较疏远的贤才。孟子说："亲爱亲人而后才能施仁爱

qīn qīn ér rén mín　　rén mín ér ài wù⑥　　yàn zǐ wéi jìn zhī　　jīn guān wén zhèng gōng zhī yì tián

"亲亲而仁民，仁民而爱物⑥。"晏子为近之。今观文正公之义田，

于人民，施仁爱于人民然后才能爱护万物。"晏子的言行与孟子的要求很接近。今天我看文正公的义田

xián yú píng zhòng　　qí guī mó yuǎn jǔ　　yòu yí guò zhī

贤于平仲；其规模远举，又疑过之。

比晏子的做法高明，而义田的规模之大和影响之久远，似乎又超过了晏子。

wū hū shì zhī dū sān gōng wèi xiǎng wàn zhōng lù qí dǐ dì zhī xióng chē yú zhī shì
呜呼！世之都三公位⑦，享万钟禄⑧，其邸第之雄，车舆之饰，

唉！世上那些居三公高位、享受万钟俸禄的人，他们住的宅邸很雄伟，乘的车舆很华丽，

shēng sè zhī duō qī nú zhī fù zhǐ hū yì jǐ ér yǐ ér zú zhī rén bù dé qí mén zhě qǐ shǎo
声色之多，妻孥之富⑨，止乎一己而已，而族之人不得其门者，岂少

声色犬马很多，妻子儿女享用的东西很富足，一切仅供他一家人享用。而族中不能进他家门的人，

yě zāi kuàng yú shī xián hū qí xià wéi qīng wéi dà fū wéi shì lǐn shāo zhī chōng fèng yǎng zhī hòu
也哉？况于施贤乎？其下为卿、为大夫、为士，廪稍之充⑩，奉养之厚，

难道还算少吗？更何况是接济关系疏远的贤人呢？其次为卿、为大夫、为士的人，俸禄充足，奉养丰厚，

zhǐ hū yì jǐ ér yǐ ér zú zhī rén cāo hú piáo wéi gōu zhōng jí zhě yòu qǐ shǎo zāi kuàng yú
止乎一己而已，而族之人，操壶瓢为沟中瘠者⑪，又岂少哉？况于

一切仅供一人享用，而族中手拿瓢囊乞讨、最后饿死在沟中的人，难道算少吗？更何况接济其他人呢？

tā rén hū shì jiē gōng zhī zuì rén yě
他人乎？是皆公之罪人也。

这些人都是文正公的罪人啊。

gōng zhī zhōng yì mǎn cháo tíng shì
公之忠义满朝廷，事

文正公的忠义事迹传遍朝廷，事业

yè mǎn biān yú gōng míng mǎn tiān
业满边隅，功名满天

布满边境，功名响彻天下，后代必有史

xià hòu shì bì yǒu shǐ guān shū
下，后世必有史官书

官记载他的事迹，我可以省略不说。我

zhī zhě yú kě wú lù yě dú gāo qí
之者，予可无录也。独高其

只是推崇他的道义，因此写了这篇记来

yì yīn yǐ yí qí shì yún
义，因以遗其世云。

使之流传于世。

① **晏平仲**：即晏婴，春秋时齐国大夫。所传《晏子春秋》是战国时人搜集他的有关言行编辑而成。　**赢马**：瘦马。　② **桓子**：田（陈）无宇，齐景公时大夫，卒谥桓。　③ **彰**：彰显。④ **"于是"句**：谓齐侯罚桓子酒。　**觞**，古代酒器。　**齐侯**，齐景公。　⑤ **服义**：指桓子受觞不辞，乃心服于义。　⑥ **"孟子曰"三句**：引文见《孟子·尽心上》。　⑦ **都**：居。　**三公**：汉时以丞相、太尉、御史大夫为三公。此泛指居高位的官吏。　⑧ **万钟禄**：优厚的俸禄。　**钟**，量器名。　⑨ **孥**：子女。　⑩ **廪稍**：官府发的粮食。　⑪ **沟中瘠者**：因贫穷而饿死在荒野的人。

（王兴康）

古文观止

yuán zhōu zhōu xué jì
袁州州学记

李觏
lǐ gòu

huáng dì èr shí yòu sān nián zhì zhào zhōu xiàn lì xué wéi shí shǒu lìng yǒu zhé yǒu yú
皇帝二十有三年①，制诏州县立学②。惟时守令③，有哲有愚④；

皇帝二十三年，下诏要各州县设立学校。不过当时的太守和县令，有贤明的也有愚昧的；

yǒu qū lì dān lǜ zhī shùn dé yì yǒu jiǎ guān jiè shī gǒu jù wén shū huò lián shù chéng
有屈力殚虑⑤，祗顺德意⑥；有假官借师⑦，苟具文书⑧。或连数城，

有的殚尽心力，恭敬地执行天子的意图；有的徒有官员、教师的名义，徒具公文。有些地方或者接连数城，

wú sòng xián shēng chàng ér bù hé jiào nǐ bù xíng
亡诵弦声⑨。倡而不和，教尼不行⑩。

听不见鼓琴诵读的声音。朝廷提倡而州县不响应，教化就阻碍重重无法推行。

sān shí yòu èr nián fàn yáng zǔ jūn wú zé zhī yuán zhōu shǐ zhì jìn zhū shēng zhī xué
三十有二年，范阳祖君无泽⑪，知袁州⑫。始至，进诸生，知学

三十二年，范阳祖无泽任袁州太守。他刚上任，就召见儒生，知道了学宫残破的状况。他非常担心人材

gōng què zhuàng dà jù rén cái fàng shī rú xiào kuò shū wú yǐ chèn shàng yì zhǐ tōng pàn yǐng chuān
宫阙状，大惧人材放失，儒效阔疏，亡以称上意旨。通判颍川

的流失，和儒教作用的削弱，不能符合圣上的旨意。袁州通判颍川人陈优，听说后深以为然，经讨论后意见

chén jūn xiǎn wén ér shì zhī yì yǐ kè hé xiàng jiù fū zǐ miào xiá ài bù zú gǎi wéi
陈君侁⑬，闻而是之，议以克合⑭。相旧夫子庙⑮，狭隘不足改为，

很一致。他们察看了旧有的夫子庙，发现面积狭隘无法改建，于是在州城的东面建造学宫。那里土地

nǎi yíng zhì zhī dōng jué tǔ zào gāng jué wèi miàn yáng jué cái kǒng liáng diàn táng mén wǔ
乃营治之东⑯。厥土燥刚⑰，厥位面阳⑱，厥材孔良⑲。殿堂门庑，

干燥坚硬，房舍方向朝南，用的材料优良。殿堂内和门庑上，涂上了黑、红色的漆和白色的石灰，所施都

yǒu è dān qī jǔ yǐ fǎ gù shēng shī yǒu shè páo lǐn yǒu cì bǎi ěr qì bèi bìng shǒu xié zuò
黝垩丹漆⑳，举以法。故生师有舍，庖廪有次㉑。百尔器备，并手偕作。

合乎法度。所以学生老师都有了安身之所，厨房和粮仓也有了安排之处。各种器具准备好了，于是大家

gōng shàn lì qín chén yè zhǎn lì yuè míng nián chéng
工善吏勤，晨夜展力，越明年成。

一起动手建造。工匠的技艺精良而官吏的督促也勤快，大家没日没夜地加紧建造，过了一年校舍就建成了。

① 李觏(1009~1059)，北宋著名哲学家，文学上主张经世致用，所作文章大多弘扬儒教、宣传教化主义。"皇帝"句：指宋仁宗即位的第二十三年，即庆历四年(1044)。　② "制诏"句：据《宋史·职官志七》记载，庆历四年三月，朝廷采纳范仲淹、宋祁等人建议，诏天下州县皆立学。　③ 守令：指州太守和县令。④ 哲：智。　⑤ 屈力：竭力。　殚：竭尽。　⑥ 祗：敬。　⑦ 假官借师：犹言徒有官、师之名而无其实。⑧ 苟：苟且。　⑨ 亡：通"无"。　诵弦声：弦歌之声与诵读之声。此指学校里传出的声音。　⑩ 尼：止，受阻。　⑪ 范阳：郡名。治所在今河北涿州。宋无范阳郡，此以古地名指当时地名。　祖君无泽：即祖无泽，字择之，上蔡（今属河南）人。以进士高第，累官知制诰，历典大州。　⑫ 袁州：治所在今江西宜春。⑬ 通判：官名。宋初欲削藩镇之权，命朝臣通判州府军事，与知州、知府共治政事。　颍川：郡名。治所在今河南禹州。　陈君佖：即陈佖，福建长乐人，道学家。　⑭ 议以克合：谓陈佖之意见与祖无泽一致。⑮ 相：视，察看。　⑯ 治：指州衙所在地。　⑰ 厥：其。　⑱ 面阳：朝南。　⑲ 孔：甚，很。　⑳ 黝垩丹漆：谓殿堂之墙涂泛青黑色的白土，门窗上涂红漆。　垩，白土。　㉑ 庖：厨房。　廪：粮仓。

shè cài qiě yǒu rì　　xū jiāng lǐ gòu shěn yú zhòng yuē　　wéi sì dài zhī xué　kǎo zhū jīng kě jiàn
舍菜且有日①，**盱江李觏谂于众曰**②："**惟四代之学，考诸经可见**
在即将开学时，盱江人李觏对众人说道："虞、夏、商、周四代的学校，其情形只要考索儒家的经书

yǐ　　qín yǐ shān xī áo liù guó　　yù dì wàn shì　　liú shì yī hū ér guān mén bù shǒu
已③。**秦以山西鏖六国**④，**欲帝万世**⑤，**刘氏一呼而关门不守**⑥，
就可以知道。秦始皇凭藉殽山以西之地与六国鏖战，想要万世称帝，结果刘邦振臂一呼函谷关的大门就

wǔ fū jiàn jiàng　mài xiáng kǒng hòu　hé yé　　shī shū zhī dào fèi　　rén wéi jiàn lì ér bù wén
武夫健将，卖降恐后，何耶？《诗》《书》**之道废**⑦，**人惟见利而不闻**
守不住了，秦国的武官和战将们，争先恐后地献关投降。这是为什么呢？这是因为秦国废弃了《诗》《书》

yì yān ěr　　xiào wǔ chéng fēng fù　　shì zǔ chū róng háng　　jiē zī zī xué shù　sú huà zhī hòu
义焉耳。孝武乘丰富⑧，**世祖出戎行**⑨，**皆孜孜学术**⑩。**俗化之厚，**
教化之道，人们只看到'利'之所在而不知道'义'之所在。汉武帝即位于天下太平富足之时，汉光武帝

yán yú líng xiàn　　cǎo máo wēi yán zhě　zhé shǒu ér bù huǐ　　gōng liè zhèn zhǔ zhě　wén mìng ér shì bīng
延于灵、献⑪。**草茅危言者，折首而不悔**⑫；**功烈震主者，闻命而释兵**⑬。
出身于行伍之中，他俩都尽心竭力地推崇学术。汉朝风俗教化的淳厚一直延续到灵帝、献帝时期。当时

qún xióng xiāng shì　bù gǎn qù chén wèi　shàng shù shí nián　　jiào dào zhī jié rén xīn rú cǐ
群雄相视，不敢去臣位，尚数十年⑭。**教道之结人心如此。**
那些在野而敢于直言进谏者，即使杀头也不后悔；那些功勋卓著可震撼人主者，一旦接到诏命即交出兵权。

jīn dài zāo shèng shén　　ěr yuán dé shèng jūn　　bǐ ěr yóu xiáng xù jiàn gǔ rén zhī jì　　tiān xià zhì
今代遭圣神，尔袁得圣君，俾尔由庠序践古人之迹⑮。**天下治，**
各路诸侯眼盯着皇帝的宝座，但仍不敢去掉臣子的名号而称帝，这也持续了数十年。教化之道维系人心的

则谭礼乐以陶吾民⑯；一有不幸,尤当仗大节⑰,为臣死忠,
<small>zé tán lǐ yuè yǐ táo wú mín　　　yì yǒu bú xìng　yóu dāng zhàng dà jié　　wéi chén sǐ zhōng</small>

作用竟如此之大。如今幸逢圣明天子之时,而你们袁州人又有一位贤明的太守,让你们通过学校教育追踪

为子死孝。使人有所赖,且有所法。是惟朝家教学之意。
<small>wéi zǐ sǐ xiào　　shǐ rén yǒu suǒ lài　qiě yǒu suǒ fǎ　　shì wéi cháo jiā jiào xué zhī yì</small>

古代圣贤的踪迹。如果天下太平,则传授礼乐以陶冶百姓的性情;一旦遭逢变故,尤其应当坚持节操,做臣

若其弄笔墨以徼利达而已⑱,岂徒二三子之羞⑲？抑亦为国者
<small>ruò qí nòng bǐ mò yǐ yāo lì dá ér yǐ　　qǐ tú èr sān zǐ zhī xiū　　yì yì wéi guó zhě</small>

子的为皇上尽忠,做儿子的为父亲尽孝,使人精神上有支撑,行动上有法度。这就是朝廷倡导教学的

之忧。"
<small>zhī yōu</small>

目的。如果进州学只是为了舞弄笔以求名利,这样岂止是你们个人的羞辱？这也是治理国家者所忧虑的。"

---

① 舍菜：即释菜。《周礼·春官·大胥》："春入学,舍采合舞。"古代入学之始,学生须执芹藻之类祀先圣先师。 舍,陈设。 菜,指芹藻之类的祭祀物。 ② 盱江：即建昌江,又名汝水,在今江西东部。 谂：规戒。 ③ "惟四代"两句：《孟子·滕文公上》："设为庠序学校以教之。庠者,养也;校者,教也;序者,射也。夏曰校,殷曰序,周曰庠,学则三代共之。" ④ 山西：指殽山(今河南洛宁县北)以西,即战国时秦国所在地。 鏖：激战。 六国：指战国时除秦之外的楚、齐、燕、韩、魏、赵六国。 ⑤ "欲帝"句：谓帝王的基业要世世代代传下去。《史记·秦始皇本纪》："朕为始皇帝,后世以计数,二世、三世至于万世,传之无穷。" ⑥ 刘氏：指汉高祖刘邦。公元前206年,刘邦率兵攻入咸阳,覆灭了秦王朝。 关门：指函谷关。 ⑦《诗》《书》之道废：指秦始皇曾下令焚书坑儒,严禁国中士人传授儒家《诗经》、《尚书》等典籍。 ⑧ 孝武：汉武帝刘彻,谥孝武。 乘丰富：谓汉武帝即位时,国家经过文帝和景帝两朝的发展,经济上获得很大成功。 ⑨ 世祖：汉光武帝刘秀,庙号世祖。刘秀是西汉皇族,西汉末加入绿林起义军,以恢复汉家制度为号召,最后登上帝位。 ⑩ 皆孳孳学术：史载,汉武帝采纳了董仲舒"罢黜百家,独尊儒术"的建议,设太学,置五经博士。汉光武常引公卿、郎官于辍朝后讲论经理,自谓"乐此不疲"。孳孳,同孜孜,勤勉不懈。 学术,此指儒家学说。 ⑪ 灵、献：指汉末的灵帝刘宏和献帝刘协。 ⑫ "草茅"二句：指东汉末年如李膺、陈蕃、范滂、张俭等人因反对宦官专权而被杀。 草茅,指无官位者。《仪礼·士相见》："在野则曰草茅之臣。" 危言,直言。 折首,砍头。 ⑬ "功烈"二句：似指董卓。灵帝中平六年(189),诸侯杀十常侍。汉少帝及后来的汉献帝逃出洛阳,董卓带兵往迎。"帝诏却兵,卓遂不敢越礼"(《资治通鉴》卷五十九)。 ⑭ "群雄"三句：指曹操等割据势力谁也不敢称帝。《三国志》载,孙权请曹操称帝,操云："是儿(指孙权)欲踞我著炉火上耶?"后陈郡等又劝进,操曰："若天命在吾,吾其为周文王矣。"不肯称帝。 ⑮ 庠序：学校。史载,夏曰校,殷曰序,周曰庠。 ⑯ 陶：陶冶。 ⑰ 仗大节：谓为大节而死。 大节,指死生危难之际的操守。 ⑱ 徼：通"邀",要求。 利达：指牟利和做官。 ⑲ 二三子：此指各位学生。《论语·述而》："二三子以我为隐乎? 吾无隐乎尔。"原意指学生。

（王兴康）

朋党论

péng dǎng lùn

ōu yáng xiū

欧阳修

chén wén péng dǎng zhī shuō　zì gǔ yǒu zhī　wéi xìng rén

臣闻朋党之说①，自古有之，惟幸人

据我所知，有关朋党的说法，从古就有，只是希望君主能

jūn biàn qí jūn zǐ xiǎo rén ér yǐ　dà fán jūn zǐ yǔ jūn

君辨其君子小人而已②。大凡君子与君

辨别是君子还是小人就好了。大抵说来，君子与君子，因志趣一

zǐ　yǐ tóng dào wéi péng　xiǎo rén yǔ xiǎo rén　yǐ tóng

子，以同道为朋③；小人与小人，以同

致而结为朋党；小人与小人，则因私利相同而结

lì wéi péng　cǐ zì rán zhī lǐ yě

利为朋。此自然之理也。

为朋党。这是自然的道理。

① 欧阳修（1007～
1072），宋朝第一个在散
文、诗、词各方面都卓有
成就的杰出作家，是当
时公认的文坛领袖，领
导了北宋的诗文革新运
动。　朋党：人们因某
种相同的目的而聚合在
一起。　② 幸：希望。
③ 同道为朋：在道义
一致的基础上结合成
朋党。

rán chén wèi xiǎo rén wú péng　wéi jūn zǐ zé yǒu zhī　qí gù hé zāi　xiǎo rén suǒ hào zhě lì lù

然臣谓小人无朋，惟君子则有之。其故何哉？小人所好者利禄

然而我却以为小人并无朋党，只有君子才有。其原因是什么呢？小人所喜爱的是薪俸，所贪图的是

yě　suǒ tān zhě huò cái yě　dāng qí tóng lì zhī shí　zàn xiāng dǎng yǐn yǐ wéi péng zhě　wěi yě　jí

也①，所贪者货财也，当其同利之时，暂相党引以为朋者②，伪也；及

财物，当他们私利相同的时候，暂时互相勾结而形成朋党，那是虚假的；等到他们见到实利便争先恐后，

qí jiàn lì ér zhēng xiān　huò lì jìn ér jiāo shū　zé fǎn xiāng zéi hài　suī qí xiōng dì qīn qī　bù néng

其见利而争先，或利尽而交疏，则反相贼害③，虽其兄弟亲戚，不能

或者一旦利益已尽而交情疏远，就会反过来互相残害；即使是兄弟亲戚，也不会互相保全。所以我以为小

xiāng bǎo　gù chén wèi xiǎo rén wú péng　qí zàn wéi péng zhě　wěi yě　jūn zǐ zé bù rán　suǒ shǒu zhě

相保。故臣谓小人无朋，其暂为朋者，伪也。君子则不然：所守者

人并无朋党，他们暂时结为朋党是虚假的。君子就不是这样了：他们所信奉的是道义，所履行的是忠信，

dào yì
道义④，所行者忠信，所惜者名节⑤。以之修身，

所珍惜的是名誉气节。用这些来修养自身，就能志趣一致而相互补益；用这

zé tóng dào ér xiāng yì   yǐ zhī shì guó   zé tóng xīn ér gòng jì
则同道而相益；以之事国，则同心而共济⑥；

些来服务于国家，就能同心协力把事办成；自始至终一贯如此，这就是

zhōng shǐ rú yī   cǐ jūn zǐ zhī péng yě
终始如一，此君子之朋也。

君子的朋党了。

① 好：喜爱。
② 党引：勾结。
③ 贼害：伤害。
④ 守：信奉，坚持。
⑤ 名节：名誉气节。
⑥ 济：救助。

gù wéi rén jūn zhě   dàn dāng tuì xiǎo rén zhī wěi péng   yòng jūn zǐ zhī zhēn péng
故为人君者，但当退小人之伪朋①，用君子之真朋，

所以做君主的，只应当摈斥小人的假朋党，信任君子的真朋党，那天下

zé tiān xià zhì yǐ
则天下治矣②。

就能大治了。

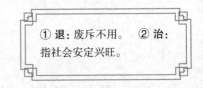

① 退：废斥不用。　② 治：指社会安定兴旺。

yáo zhī shí   xiǎo rén gòng gōng huān dōu děng sì rén wéi yì péng   jūn zǐ bā yuán   bā kǎi shí
尧之时①，小人共工、驩兜等四人为一朋②，君子八元、八恺十

唐尧时，小人共工、驩兜等四人结成一党，君子八元、八恺等十六人结成一党。舜辅助尧

liù rén wéi yì péng   shùn zuǒ yáo   tuì sì xiōng xiǎo rén zhī péng   ér jìn yuán   kǎi jūn zǐ zhī péng
六人为一朋③。舜佐尧④，退四凶小人之朋，而进元、恺君子之朋，

摈斥四凶的小人朋党，起用八元、八恺十六人的君子朋党，唐尧的天下得到大治。等到虞舜自

yáo zhī tiān xià dà zhì   jí shùn zì wéi tiān zǐ   ér gāo kuí   jì   qì děng èr shí èr rén bìng liè yú
尧之天下大治。及舜自为天子⑤，而皋、夔、稷、契等二十二人并列于

己做了天子，皋陶、后夔、后稷、后契等二十二人，同时在朝廷列位任职，相互称赞，相互谦让，

cháo　gèngxiāngchēng měi　gèngxiāng tuī ràng　fán èr shí èr rén wéi yì péng　ér shùn jiē yòng zhī　tiān xià

朝⑥，更相称美，更相推让，凡二十二人为一朋，而舜皆用之，天下

一共二十二人结为一党，而虞舜都任用他们，天下也得到大治。《尚书》说："商纣王有亿万名臣子，

yì dà zhì　shū　yuē　　　zhòu yǒu chén yì wàn　　wéi yì wàn xīn　zhōu yǒu chén sān qiān　wéi yì xīn

亦大治。《书》曰⑦："纣有臣亿万⑧，惟亿万心；周有臣三千，惟一心。"

是亿万条心；周武王有三千名臣子，却是一条心。"纣王时，亿万臣子各怀异心，说得上是不结

zhòu zhī shí　yì wàn rén gè yì

纣之时，亿万人各异

朋党了，然而纣王却因此亡国。周

xīn　kě wèi bù wéi péng yǐ　rán

心，可谓不为朋矣，然

武王的臣子三千人结为一个大党，

zhòu yǐ wáng guó　　zhōu wǔ wáng zhī

纣以亡国。周武王之

周朝却因此而兴盛。东汉献

chén sān qiān rén wéi yí dà péng

臣三千人为一大朋，

帝时，将天下所有名士都逮捕监禁

ér zhōuyòng yǐ xīng　　hòu hàn xiàn

而周用以兴⑨。后汉献

起来，把他们看作同党的人。等到

dì shí⑩　　jìn qǔ tiān xià míng shì

帝时⑩，尽取天下名士

黄巾贼寇造反，汉王朝大乱，

qiú jìn zhī　mù wéi dǎng rén⑪

囚禁之，目为党人⑪。

这才后悔醒悟，把党人都免罪释

jí huáng jīn zéi qǐ　　hàn shì dà

及黄巾贼起⑫，汉室大

放，然而已无法挽救了。唐朝末年，

luàn　hòu fāng huǐ wù　jìn jiě dǎng

乱，后方悔悟，尽解党

逐渐掀起了朋党之争。到昭

① 尧：和下文中的舜、周武王都是儒家推崇的古代贤君。
② 共工、驩兜：尧时被称为"四凶"中的两个。　③ 八元：指上古高辛氏的八个儿子。　八恺指上古高阳氏的八个儿子。元、恺都是善良的意思。　④ 佐：辅助。　⑤ 及：等到。　⑥ 皋、夔、稷、契：都是舜时贤臣，分别被舜委任为管理刑法、音乐、农事和教育的长官。　⑦《书》：《尚书》，收录上古时代的政府文告。下引四句语见《周书·泰誓篇》，这是周武王伐纣，会师于孟津时发表的誓师词。
⑧ 纣：商朝亡国之君帝辛。　亿万：指人数众多。
⑨ 用：因此。　⑩ 献帝：刘协，汉朝亡国之君（189～220在位）。　⑪"尽取"二句：汉桓帝（147～167在位）时，宦官专权，一些名士如李膺、杜密、陈寔、范滂等都被诬为营私结党，逮捕入狱，后赦免，但终身不许做官。到了灵帝（168～189在位）时，宦官曹节等，杀死窦武、陈蕃和李膺等一百多人。文中说是献帝时的事，当系作者误记。　⑫ 黄巾：东汉末年农民起义军，用黄巾为标志。　贼：封建统治者对农民起义军污蔑的说法。　⑬"唐之"二句：唐穆宗长庆初年（821），以牛僧孺、李宗闵为首和以李德裕为首的官僚集团，各树朋党，展开斗争。这次党争一直延续到文宗（827～840在位）、武宗（841～846在位）、宣宗（847～859在位）时代，历时近四十年。史称"牛李党争"。　⑭ 昭宗：李晔，889～904在位。　⑮ 此辈清流，可投浊流：昭宣帝天佑二年（905），李振唆使权臣朱全忠诱杀当时士大夫裴枢等三十余人说："此辈常自谓清流，直投入黄河，使为浊流！"朱全忠竟然这样干了。文中说是昭宗时的事，也系作者误记。

rén ér shì zhī   rán yǐ wú jiù yǐ   táng zhī wǎn nián   jiàn qǐ péngdǎng zhī lùn   jí zhāozōng shí   jìn shā
人而释之，然已无救矣。唐之晚年，渐起朋党之论⑬。及昭宗时⑭，尽杀

宗时，竟把当朝名士全部杀害，或者被投进黄河，有人还说："这批人自命清流，应当投进浑浊
cháo zhī míng shì   huò tóu zhī huáng hé   yuē   cǐ bèi qīng liú   kě tóu zhuó liú   ér táng suì wáng yǐ
朝之名士，或投之黄河，曰："此辈清流，可投浊流⑮。"而唐遂亡矣。

的黄河中去！"唐朝也就灭亡了。

fú qián shì zhī zhǔ   néng shǐ rén rén yì xīn bù wéi péng   mò rú zhòu   néng jìn jué shàn rén wéi péng
夫前世之主，能使人人异心不为朋，莫如纣；能禁绝善人为朋，

前代的君主中，能使臣子人人各怀异心而不结党，没有比得上纣王的；能禁止贤士结为朋党，
mò rú hàn xiàn dì   néng zhū lù qīng liú zhī péng   mò rú táng zhāozōng zhī shì   rán jiē luàn wáng qí guó
莫如汉献帝；能诛戮清流之朋，莫如唐昭宗之世，然皆乱亡其国。

没有比得上汉献帝的；能杀戮清流党人，没有比得上唐昭宗时期，然而他们的国家都招致混乱灭亡。
gèngxiāngchēng měi   tuī ràng ér bú zì yí   mò rú shùn zhī èr shí èr chén   shùn yì bù yí ér jiē yòng zhī
更相称美、推让而不自疑，莫如舜之二十二臣；舜亦不疑而皆用之。

相互称赞、谦让而不自相疑忌的，没有比得上虞舜的二十二位臣子；虞舜也不加猜疑而都任用他们。
rán ér hòu shì bú qiào shùn wéi èr shí èr rén péngdǎng suǒ qī   ér chēng shùn wéi cōng míng zhī shèng zhě
然而后世不诮舜为二十二人朋党所欺①，而称舜为聪明之圣者，

然而后世并没有讥责虞舜被二十二人朋党所蒙骗，反而称赞虞舜是英明的圣君，就是由于他能分辨
yǐ néng biàn jūn zǐ yǔ xiǎo rén yě   zhōu wǔ zhī shì   jǔ qí guó zhī chén sān qiān rén
以能辨君子与小人也。周武之世，举其国之臣三千人

君子和小人。周武王时期，全国所有的臣子三千人共同结为一个朋党，自古以来结党
gòng wéi yì péng   zì gǔ wéi péng zhī duō qiě dà mò rú zhōu   rán zhōuyòng cǐ yǐ xīng
共为一朋，自古为朋之多且大莫如周，然周用此以兴

人数之多，规模之大，没有比得上周朝的，然而周朝却因此而兴盛，贤士再多也
zhě   shàn rén suī duō ér bú yàn yě
者，善人虽多而不厌也。

不嫌多啊！

fú xīngwáng zhì luàn zhī jì   wéi rén jūn zhě kě yǐ jiàn yǐ
夫兴亡治乱之迹，为人君者可以鉴矣！

这些天下兴盛衰亡、太平混乱的史迹，做君主的可以作为借鉴的啊。

①诮：
责备。

（王水照）

纵 囚 论

zòng qiú lùn

欧阳修

ōu yáng xiū

信义行于君子,而刑戮施于小人。刑入于死者,乃罪大恶极,此又

对君子要讲信用和礼义,而对小人则要施加刑罚和诛戮。所受之刑罚至于死刑者,一定罪大恶极,

小人之尤甚者也。宁以义死,不苟幸生①,而视死如归,此又君子之

这种人又是小人中尤其坏的人。宁可为了信义而死,也不苟且侥幸以生,而且还视死如归,这又是君子也

尤难者也。

很难做到的啊。

方唐太宗之六年②,录大辟囚三百余人③,纵使还家④,约其自归

唐太宗贞观六年,挑选了死囚犯三百多人,放他们回家,并且同他们讲定时间自己回来接受死刑。

以就死。是以君子之难能,期小人之尤者以必能也。

这是用君子都难以做到的事,来希望最坏的小人一定做到。那些死囚犯们到

其囚及期,而卒自归无后者⑤。是君子之所难,而小

了日期,都自觉地归来无人逾期,这便是君子难以做到的事,而小人居然容易

人之所易也。此岂近于人情哉?或曰:罪大恶极,

地做到了。这种事难道合乎人之常情吗?有人说:罪大恶极,确实是小人了,等

诚小人矣,及施恩德以临之,可使变而为君子。

到把恩德施加到他们身上时,就可以使他们变成君子。这是因为恩德能深入

盖恩德入人之深,而移人之速,有如是者矣。

人心,并迅速地改变人,就会有这种情况。

① 苟:苟且。
幸:侥幸。
② 唐太宗之六年:指唐太宗贞观六年,即公元632年。
③ 录:登录于册,录取。大辟:死刑。
④ 纵:释放。
⑤ 无后者:指没有囚犯超过期限。

曰：太宗之为此，所以求此名也。然安知夫纵之去也，不意其

我说：唐太宗做这件事，就为了求取好名声。然而谁能肯定唐太宗释放死囚时，没有预料到他们

必来以冀免^①，所以纵之乎？又安知夫被纵而去也，不意其自归而

必定会回来以求赦免，所以才放他们的呢？谁又能确定死囚被释放出去，不是料定自动回来一定能够

必获免，所以复来乎？夫意其必来而纵之，是上贼下之情也^②；意其

获得赦免，所以才又回来的呢？唐太宗料定囚犯们必定会回来这才放他们走，这是在上者窥探到了在

必免而复来，是下贼上之心也。吾见上下交相贼以成此名也^③。

下者的心思；死囚犯们料定自己必定会获赦免才回来，这是在下者窥探到了在上者的心思。我只见

乌有所谓施恩德与夫知信义者哉^④？不然，太宗施德于天下，于兹六

到上下互相窥探心思以成就好名声，哪里有什么施予恩德和懂得信义的事呢？不然的话，唐太宗施行

年矣，不能使小人不为极恶大罪；而一日之恩，能使视死如归，而

恩德于天下，至当时已经六年了，仍不能使小人不犯极恶的大罪；而他对死囚犯一天的恩德，却能使他

存信义，此又不通之论也。

们视死如归，而又心里想着信义，这又是讲不通的道理。

然则何为而可？曰：纵而来归，杀之无赦；而又纵之，而又来，

至于怎样做才好呢？我说：释放的死囚又回来了，把他们杀掉一个也不赦免；而后再释放一批死囚，

则可知为恩德之致尔。然此必无之事也。若夫纵而来归而赦之^⑤，

而他们又回来了，则可知他们是受了恩德的感化才回来的。然而这样的事是必定没有的。如果将死囚

可偶一为之尔。若屡为之，则杀人者皆不死，是可为天下之常法乎？

释放而回来后赦免他们，这样的事可偶而为之。如果多次这样做，那么杀人者都不处死，这样可以成为

不可为常者，其圣人之法乎？是以尧、舜、三王之治，必本于人情，

天下通行的法律吗？如果不可成为天下通行的法律，那它算是圣人之法吗？所以尧、舜、三王治理天下，

bú lì yì yǐ wéi gāo　　　bú nì qíng yǐ gān yù

不立异以为高⑥，不逆情以干誉⑦。

必以人之常情为根本，不标新立异以显示高尚，也不违背情理以求取名誉。

---

① 冀：希望。　② 贼：盗窃。此指窥察。　③ 此名：指"恩德入人深"之名声。　④ 施恩德：指唐太宗释死囚之死。　知信义：指死囚犯们自动归来。　⑤ 若夫：至于。　⑥ 立异：指建立"不常之法"。　⑦ 逆情：违背人情。　干誉：求取名誉。

（王兴康）

shì mì yǎn shī jí xù

释秘演诗集序

ōu yáng xiū

欧阳修

yú shào yǐ jìn shì yóu jīng shī　　　　　　yīn dé jìn jiāo dāng shì zhī xián háo　　　　rán yóu yǐ wèi guó jiā chén

予少以进士游京师①，因得尽交当世之贤豪。然犹以谓国家臣

我年轻时考中进士后寄居京城，因而能够遍交当时的贤士豪杰。然而我还是认为，国家统一四海臣

yī sì hǎi　　xiū bīng gé　　yǎng xī tiān xià yǐ wú shì zhě sì shí nián　　ér zhì móu xióng wěi fēi cháng zhī

一四海②，休兵革③，养息天下以无事者四十年④，而智谋雄伟非常之

服，战争止息，百姓休养生息以至天下太平的日子长达四十年，而有智有谋、有雄才大略的不寻常之人，没

shì　wú suǒ yòng qí néng zhě　wǎng wǎng fú ér bù chū　shān lín tú fàn　　bì yǒu lǎo sǐ ér shì mò jiàn

士，无所用其能者，往往伏而不出；山林屠贩⑤，必有老死而世莫见

有地方可发挥他们的才能，就往往蛰伏不出，或隐居山林或从事屠宰贩运货物，他们中一定有老病至死而

zhě　yù cóng ér qiú zhī bù kě dé　　qí hòu dé wú wáng yǒu shí màn qīng　　màn qīng wéi rén　kuò rán yǒu dà

者，欲从而求之不可得。其后得吾亡友石曼卿⑥。曼卿为人，廓然有大

不被世人发现的。我想因此而访求他们却不能如愿。此后我结交了我的亡友石曼卿。曼卿的为人，胸怀开

zhì　　　　shí rén bù néng yòng qí cái　　màn qīng yì bù qū yǐ qiú hé　　wú suǒ fàng qí yì　zé wǎng wǎng cóng
志⑦。时人不能用其材，曼卿亦不屈以求合。无所放其意，则往往从

阔而又有大志。人们不能用他的才能，而曼卿也不肯委屈自己来迁就别人的意志。他没有地方实现志向，就

bù yī yě lǎo　hān xī lín lí　diān dǎo ér bú yàn　　yú yí suǒ wèi fú ér bú jiàn zhě　shù jǐ xiá ér
布衣野老，酣嬉淋漓⑧，颠倒而不厌⑨。予疑所谓伏而不见者，庶几狎而

常常同布衣、村民一起，饮酒嬉戏尽情尽意，直至神志模糊、七倒八歪也不满足。我猜想所谓隐伏而不露面

dé zhī　　gù cháng xǐ cóng màn qīng yóu　　yù yīn yǐ yīn qiú tiān xià qí shì
得之⑩，故尝喜从曼卿游，欲因以阴求天下奇士⑪。

的人，或许会在亲密的交往中发现，所以我曾经喜欢与石曼卿交游，想借此在暗中访求天下的奇士。

---

① 京师：京城。此指北宋都城汴京（今河南开封）。　② 以谓：以为。臣一：臣服统
一。四海：指全国各地。古人以为中国处在四海之中，故称。　③ 兵革：代指战争。
兵，兵器。革，作战用的甲盾。　④ 养息天下：让天下百姓休养生息。无事：指无兵革
之事。　⑤ 山林屠贩：指隐居山林者和屠夫、商贩。　⑥ 石曼卿：名延年（994～1041），
字曼卿。宋州宋城（今河南商丘）人。北宋文学家。累举进士不第，真宗时为大理寺丞。喜
剧饮，人称"酒仙"。与欧阳修交厚。他死后，欧阳修作《石曼卿墓表》和《祭石曼卿文》。
⑦ 廓然：宽阔旷达貌。　⑧ 酣嬉淋漓：指尽情喝酒游玩。　⑨ 颠倒：谓酒醉后神志恍惚，
身体七倒八歪。　⑩ 庶几：大概，也许。狎：亲近，亲热。　⑪ 阴：暗地里。

---

fú tú mì yǎn zhě　　　yǔ màn qīng jiāo zuì jiǔ　　yì néng yí wài shì sú　　yǐ qì jié zì gāo
浮屠秘演者①，与曼卿交最久，亦能遗外世俗②，以气节自高。

和尚秘演，与曼卿结交的时间最长，也能够超脱世俗，以气节自负。他们两人相处融洽没有

èr rén huān rán wú suǒ jiàn　　màn qīng yǐn yú jiǔ　mì yǎn yǐn yú fú tú　jiē qí nán zǐ yě　rán
二人欢然无所间③。曼卿隐于酒，秘演隐于浮屠，皆奇男子也。然

隔阂。曼卿寄隐于酒，秘演寄隐于佛门，两人都是奇男子。然而秘演喜欢写诗歌以自寻乐趣。每当他

xǐ wéi gē shī yǐ zì yú　　dāng qí jí yǐn dà zuì　gē yín xiào hū　yǐ shì tiān xià zhī lè　hé qí
喜为歌诗以自娱。当其极饮大醉，歌吟笑呼，以适天下之乐，何其

开怀畅饮酩酊大醉时，就唱歌吟诗，又笑又叫，以享受天下最大的快乐，这是多么豪迈啊！当时的贤士

zhuàng yě　　yì shí xián shì jiē yuàn cóng qí yóu　yú yì shí zhì qí shì　shí nián zhī jiān　mì yǎn běi
壮也！一时贤士皆愿从其游，予亦时至其室。十年之间，秘演北

都愿意与他交游，我也经常到他的屋里去。十年之间，秘演北渡黄河，东至济州、郓州，没有找到志趣

渡河④，东之济、郓⑤，无所合，困而归。曼卿已死，秘演亦老病。嗟夫！

投合的朋友，困顿而归。这时曼卿已经死了，秘演也年老多病了。唉！这两个人，我竟目睹了他们的

二人者，予乃见其盛衰⑥，则予亦将老矣。夫曼卿诗辞清绝，尤称

兴盛和衰落，那么我自已也快老了啊！曼卿的诗清妙绝伦，可他尤其称赞秘演的诗作，以为他的作品

秘演之作，以为雅健有诗人之意。秘演状貌雄杰，其胸中浩然。

清雅劲健有古典诗人的意趣。秘演的相貌雄伟杰出，胸有浩然之气。他既已钻研佛学，可是没有施展，

既习于佛，无所用，独其诗可行于世，而懒不自惜。已老，胠其橐⑦，

唯独他的诗作可以流传于世，然而他又懒散而不自爱惜。进入老年后，他打开箱子，还留下三四百篇

尚得三、四百篇，皆可喜者。

诗，都是让人读后感到喜欢的诗。

曼卿死，秘演漠然无所向。闻东南多山水，其巅崖崛峍⑧，江

曼卿死后，秘演感到寂寞而无处可去。他听说东南一带多有山水胜景，那里的山峰高峻悬崖陡峭，

涛汹涌，甚可壮也，遂欲往游焉。足以知其老而志在也。于其将行，

江中的浪涛汹涌澎湃，非常壮观，便想到那儿去游玩。这就足以说明他人虽老了而志向尚存。在他即将

为叙其诗，因道其盛时以悲其衰。

启程的时候，我为他的诗集作序，于是说到他的壮年并为他的衰老而悲哀。

① 浮屠：也作浮图。佛教中和尚的译名。　秘演：生平未详。《宋史·艺文志》载《僧秘演诗集》二卷。《宋诗纪事》卷九十一录秘演诗三首。题称"释秘演"。　② 遗外：犹抛开。
③ 间：隔阂。　④ 河：黄河。　⑤ 济、郓：指宋代的济州（治所在今山东巨野南）和郓州（治所在今山东东平）。　⑥ 盛衰：指盛年和衰年。　⑦ 胠其橐：谓打开箱箧。胠，打开。　橐，袋子，引伸指箱箧。　⑧ 崛峍：高峻陡峭。

（王兴康）

卷 八

méi shèng yú shī jí xù
梅圣俞诗集序

ōu yáng xiū
欧阳修

予闻世谓诗人少达而多穷①，夫岂然哉②？盖世所传诗者，

> 我听世人说诗人很少显达大多穷困，难道真是这样吗？一般说世上流传的诗，多数是出于古代穷

多出于古穷人之辞也。凡士之蕴其所有③，而不得施于世者，

> 困不得志诗人的文辞。凡是士人怀抱才学和理想，却不能在社会上施展的人，都喜欢独自放浪于山水

多喜自放于山巅水涯之外，见虫鱼草木风云鸟兽之状类，

> 之间，看到虫鱼、草木、风雪、鸟兽等物类形态，常常要探究它们的奇特之处；他们内心都积着忧思和

往往探其奇怪；内有忧思感愤之郁积，其兴于怨刺④，以道羁臣

> 愤慨，就会寄兴于诗歌的怨恨讽刺，以表达宦游外地的官吏和孤守空房的寡妇的哀叹，抒写人们难以

寡妇之所叹⑤，而写人情之难言；盖愈穷则愈工。然则非诗之

> 说出的情怀；大致说来，诗人境遇愈是困顿，诗愈能写得好。这样说来，并不是写诗能使人困顿，恐怕

能穷人，殆穷者而后工也。

> 是诗人处于困境之后，诗才会写得好。

---

① 达：显达。　穷：穷困不得志。　② 夫岂然哉：难道真是这样吗？　夫，语首助词。　③ 士：读书人。　蕴其所有：这里指有才学、有抱负。　蕴，蓄聚。　④ 兴于怨刺：产生怨恨、讽刺的念头。《汉书·礼乐制》："周道始缺，怨刺之诗起。"　⑤ 道：表达出。　羁臣：在外地宦游的官吏。

yú yǒu méi shèng yú　shào yǐ yìn bǔ wéi lì　　lěi jǔ jìn shì　zhé yì yú yǒu sī　kùn yú zhōu
予友梅圣俞，少以荫补为吏①，累举进士，辄抑于有司②，困于州
我的朋友梅圣俞，年轻时靠了叔父的功勋而得官，多次参加进士科考试，一直被主考官压制，只在州县做

xiàn　fán shí yú nián　nián jīn wǔ shí　yóu cóng pì shū　wéi rén zhī zuǒ　　yù qí suǒ xù bù dé fèn
县③，凡十余年。年今五十，犹从辟书，为人之佐④。郁其所蓄，不得奋
小官，共计十多年。现在五十岁了，还得接受招聘去做别人的僚属。他怀抱才学和理想，不能在事业上充分

jiàn yú shì yè　qí jiā wǎn líng　yòu xí yú shī　zì wéi tóng zǐ　chū yǔ yǐ jīng qí zhǎng lǎo　　jì
见于事业。其家宛陵⑤，幼习于诗，自为童子，出语已惊其长老。既
发挥出来。他的老家在宛陵，从小练习写诗，自从孩童时起，写出的诗已使长辈们惊叹。长大后，又学习《六

zhǎng xué hū　liù jīng　rén yì zhī shuō　qí wéi wén zhāng　jiǎn gǔ chún cuì　bù qiú gǒu yuè yú shì　shì
长，学乎《六经》仁义之说，其为文章，简古纯粹，不求苟悦于世。世
经》中仁义的学说，他写的文章，简朴古雅，纯正精粹，不以苟且迎合的态度去讨取世人的欢心。因此，世人

zhī rén tú zhī qí shī ér yǐ　　rán shí wú xián yú　yǔ shī zhě bì qiú zhī shèng yú　shèng yú yì zì
之人徒知其诗而已。然时无贤愚，语诗者必求之圣俞；圣俞亦自
仅仅知道他会写诗而已。然而，当代不论贤士愚人，只要是谈论诗歌都必然会向圣俞去请教；圣俞也乐意将

yǐ qí bù dé zhì zhě　lè yú shī ér fā zhī　gù qí píng shēng suǒ zuò　yú shī yóu duō　shì jì zhī zhī
以其不得志者，乐于诗而发之，故其平生所作，于诗尤多，世既知之
他不得志的心情，在诗中抒发出来，所以他平素写的作品，在诗歌方面尤其多。世人既知道他的诗名，却

yǐ　ér wèi yǒu jiàn yú shàng zhě　　xī wáng wén kāng gōng cháng jiàn ér tàn yuē　èr bǎi nián wú cǐ zuò
矣，而未有荐于上者。昔王文康公尝见而叹曰⑥："二百年无此作
没有人推荐给朝廷。从前王文康公读过他的作品，曾赞叹说："二百年来没有出现这样的作品了！"

yǐ　suī zhī zhī shēn　yì bù guǒ jiàn yě　　ruò shǐ qí xìng dé yòng yú cháo tíng　zuò wéi　yǎ
矣！"虽知之深，亦不果荐也⑦。若使其幸得用于朝廷，作为《雅》、
虽然对梅圣俞深表赏识，最终也没有推荐他。假如他有幸被朝廷任用，写出《雅》、《颂》一类的诗歌，

sòng　yǐ gē yǒng dà sòng zhī gōng dé　jiàn zhī qīng miào　ér zhuī shāng　zhōu　lǔ sòng zhī zuò
《颂》，以歌咏大宋之功德，荐之清庙⑧，而追《商》、《周》、《鲁颂》之作
来歌颂大宋王朝的功德，把它奉献在宗庙，以追随《商颂》、《周颂》、《鲁颂》的作者，难道不是很了不起吗！

zhě　qǐ bù wěi yú　　nài hé shǐ qí lǎo bù dé zhì　ér wéi qióng zhě zhī shī　nǎi tú fā yú chóng yú wù
者，岂不伟欤！奈何使其老不得志，而为穷者之诗，乃徒发于虫鱼物
怎么让他到老还不能实现理想，仍写些不得志的诗篇，徒然去描述虫鱼一类物态、抒发羁愁感叹

lèi　jī chóu gǎn tàn zhī yán　shì tú xǐ qí gōng　bù zhī qí qióng zhī jiǔ ér jiāng lǎo yě　kě bù xī zāi
类、羁愁感叹之言。世徒喜其工，不知其穷之久而将老也！可不惜哉！
的情怀？世人只喜欢他的诗写得好，而不知道他穷困潦倒已经很久、而且快衰老了！能叫人不为之惋惜吗？

① **荫补为吏**：靠了祖先的功勋而得官。梅尧臣荫袭他叔父梅询的官爵，出任河南主簿。　② **辄**：每每。　**抑于有司**：被主考官所压制。　**有司**，负有专责的官吏，这里指主考官。　③ **困于州县**：指只在州县做小官。梅尧臣做过三任主簿，一任知县。　④ **"年今"三句**：今：这里是"即"、"即将"、"快要"的意思，为"现在"的引申义。　**辟书**：聘请书。庆历八年（1048），梅尧臣年四十七岁，应晏殊召聘，赴签书陈州镇安军节度判官任。以后嘉祐二年（1057），梅尧臣五十六岁时，欧阳修知贡举，曾辟梅为参详官。　**佐**：辅佐，指僚属。　⑤ **宛陵**：宣城的旧县名，在今安徽宣城。　⑥ **王文康公**：王曙，宋仁宗时的宰相，谥文康。　⑦ **果**：成为事实。　⑧ **清庙**：宗庙。

---

shèng yú shī jì duō bú zì shōu shí   qí qī zhī xiōng zǐ xiè jǐng chū

圣俞诗既多，不自收拾。其妻之兄子谢景初，

圣俞的诗很多，自己没有搜集整理。他妻兄的儿子谢景初，担心他作品数

jù qí duō ér yì shī yě qǔ qí zì luò yáng zhì yú wú xīng yǐ lái suǒ zuò

惧其多而易失也，取其自洛阳至于吴兴以来所作①，

量很多容易散失，把他从洛阳到吴兴这段时间所作的诗歌，

cì wéi shí juàn   yú cháng shì shèng yú shī   ér huàn bù néng jìn dé zhī

次为十卷②。予尝嗜圣俞诗，而患不能尽得之，

编为十卷。我曾酷爱圣俞的诗，而遗憾不能全部得到，谢氏能将它分类编排，

jù xǐ xiè shì zhī néng lèi cì yě   zhé xù ér cáng zhī

遽喜谢氏之能类次也③，辄序而藏之。

我顿感高兴，就写了这篇序，并把它收藏起来。

右栏注释：

① **吴兴**：在今浙江湖州。梅尧臣曾先后到洛阳、吴兴两地居留。
② **次**：编。
③ **遽**：立刻、顿时。
类次：分类编排。

---

qí hòu shí wǔ nián   shèng yú yǐ jí zú yú jīng shī   yú jì kū ér míng zhī   yīn suǒ yú qí

其后十五年①，圣俞以疾卒于京师，余既哭而铭之②，因索于其

以后过了十五年，圣俞因病死在京城，我已哭吊并为他写了墓志铭，就向他的家人索求诗篇，得到他

jiā dé qí yí gǎo qiān yú piān bìng jiù suǒ cáng duō qí yóu zhě liù bǎi qī shí qī piān wéi yī shí wǔ

家，得其遗稿千余篇，并旧所藏，掇其尤者六百七十七篇③，为一十五

的遗稿一千多篇，连同先前所藏的作品，从中选取最出色的共六百七十七篇，编为十五卷，唉！我对圣俞的

454

^{juàn} ^{wū hū} ^{wú yú shèng yú shī lùn zhī xiáng yǐ} ^{gù bú fù yún} ^{lú líng ōu yáng xiū xù}
卷。呜呼！吾于圣俞诗论之详矣④，故不复云。庐陵欧阳修序⑤。

诗已经评论得很详细了，所以不再重复。庐陵欧阳修序。

①其后十五年：指宋仁宗嘉祐五年（1060）。 ②铭之：替他做了一篇墓志铭。欧阳修有《梅圣俞墓志铭》。 ③掇：采取。 其尤者：其中最优异的。 ④"吾于"句：欧阳修在他的《书梅圣俞稿后》等文和《六一诗话》里，都曾论及梅尧臣的诗歌成就。 ⑤据清沈德潜《唐宋八家文读本》云：此文前三段（从开头到"辄序而藏之"）作于梅尧臣生时；"其后十五年"一段乃是欧阳修在梅氏死后的补笔。细审前三段的语气（如"不知其穷之久而将老也"等），沈德潜的说法似可据信。补作当在嘉祐六年（1061）。

（王水照）

送 杨 寘 序
^{sòng yáng zhì xù}

欧阳修
^{ōu yáng xiū}

^{yú cháng yǒu yōu yōu zhī jí} ^{tuì ér xián jū} ^{bù néng zhì yě} ^{jì ér xué qín yú yǒu rén sūn dào}
予尝有幽忧之疾①。退而闲居，不能治也。既而学琴于友人孙道

我曾经一度患上了忧郁症。虽然辞去职务闲居在家调养，仍然不能治好。后来到友人孙道滋那里学琴，学会

^{zī} ^{shòu gōng shēng shù yǐn} ^{jiǔ ér lè zhī} ^{bù zhī qí jí zhī zài tǐ yě} ^{fú qín zhī wéi jì}
滋②，受宫声数引③。久而乐之，不知其疾之在体也。夫琴之为技

了几支曲子。过了一些时候我感到弹琴很快乐，居然忘记了有病在身。琴作为一种技艺是微不足道的。但

^{xiǎo yǐ} ^{jí qí zhì yě} ^{dà zhě wéi gōng} ^{xì zhě wéi yǔ} ^{cāo xián zhòu zuò} ^{hū rán biàn zhī}
小矣，及其至也，大者为宫，细者为羽④。操弦骤作，忽然变之。

当技艺精湛时，高一点的声音就是宫调，低一点的声音就是羽调。按着琴弦骤然弹奏起来，琴声忽然会随感

^{jí zhě qī rán yǐ cù} ^{huǎn zhě shū rán yǐ hé} ^{rú bēng yá liè shí} ^{gāo shān chū quán ér fēng}
急者凄然以促，缓者舒然以和。如崩崖裂石、高山出泉而风

情的变化而变化。急促的琴声给人以凄然促迫的感觉，和缓的琴声给人以舒展和顺的感觉。琴声有时会像

455

yǔ yè zhì yě　　rú yuàn fū guǎ fù zhī tàn xī　　cí xióngyōngyōng zhī xiāngmíng yě　　　qí yōu shēn sī yuǎn
雨夜至也，如怨夫寡妇之叹息、雌雄雍雍之相鸣也⑤。其忧深思远，

山崩石裂、高山涌泉、风雨夜来，有时又会像旷夫寡妇的哀怨叹息、雌鸟雄鸟的和睦相鸣。当琴声表现深远

zé shùn yǔ wén wáng kǒng zǐ zhī yí yīn yě　　bēi chóu gǎn fèn　　zé bó qí gū zǐ　　qū yuánzhōngchén zhī
则舜与文王、孔子之遗音也⑥；悲愁感愤，则伯奇孤子、屈原忠臣之

的忧思时，简直是虞舜、周文王、孔子之遗音；当琴声表现悲哀、忧愁、感慨、愤激之情时，简直是孤儿伯奇、

suǒ tàn yě　　xǐ nù āi lè　dòng rén bì shēn　　ér chún gǔ dàn bó　　yǔ fú yáo shùn sān dài zhī yán yǔ
所叹也⑦。喜怒哀乐，动人必深。而纯古淡泊，与夫尧舜三代之言语、

忠臣屈原发出的感叹。其喜怒哀乐之情，感动人的心灵一定很深刻。至于琴声所表现的纯厚古朴与淡泊，与

kǒng zǐ zhī wén zhāng　　yì　　zhī yōu huàn　　shī　　zhī yuàn cì wú yǐ yì　　　qí néng tīng zhī yǐ ěr　yìng
孔子之文章、《易》之忧患、《诗》之怨刺无以异⑧。其能听之以耳，应

尧舜及夏、商、周三代时的语言、孔子的文章、《周易》中的忧患之思、《诗经》中的怨恨和讽刺没有什么不同。

zhī yǐ shǒu　qǔ qí hé zhě　dǎo qí yān yù　　xiè qí yōu sī　　zé gǎn rén zhī jì　yì yǒu
之以手，取其和者，道其湮郁⑨，写其幽思⑩，则感人之际，亦有

这些感情能被耳朵听出，能被得心应手地弹出，采用其中和顺的音调，疏导心中的郁积，宣泄心中的忧思，

zhì zhě yān
至者焉。

则在感动人的方面，也有很深的作用。

---

① 幽忧之疾：指过度忧伤而成之病。又指忧郁症。　② 孙道滋：生平未详。　③ 宫声：我国古代为五声音阶：宫、商、角、徵、羽。宫为五声之一。此泛指五声，以代指音乐。　引：琴曲体裁名。　④ 羽：五声之一。　⑤ 怨夫：即旷夫，成年而无妻的男子。　雍雍之相鸣：《诗经·邶风·匏有苦叶》："雍雍鸣雁。"　雍雍，和谐，和睦。　⑥ 舜与文王、孔子之遗音：相传舜弹五弦之琴以歌《南风》，周文王作琴曲《文王操》，孔子常"弦歌不绝"。此三人都善于用琴来表达思想，抒发情感。　⑦ 伯奇孤子：伯奇是周朝人，周宣王大臣尹吉甫之子。其母死后，其父听从后妻之言，怒而逐之。伯奇清晨履霜而行，自怨无罪被逐，遂弹琴作《履霜操》，后投河而死。　屈原忠臣：屈原，楚国大臣，诗人。因忠谏被逐，自投汨罗江而死。　⑧ 尧舜三代之言语：指《尚书》所收关于尧、舜和夏、商、周三代的文章。　孔子之文章：指《春秋》。相传《春秋》为孔子作。《易》之忧患：《易·系辞》："《易》之兴也，其于中古乎？作《易》者，其有忧患乎？"相传文王被殷纣王拘于羑里，遂作《拘幽操》，演《易》。　《诗》之怨刺：《毛诗大序》："乱世之音怨以怒。"又："上以风化下，下以风刺上。"　⑨ 道：通"导"，疏导。　湮郁：阻塞。　⑩ 写：通"泻"。

予友杨君①，好学有文，累以进士举，不得志。及从荫调②，为尉

我的朋友杨君，喜欢研究学问，很会写文章。他多次参加进士考试，但都不得志。后来依靠祖上的官

于剑浦③。区区在东南数千里外④，是其心固有不平者。且少又多疾，而

爵，调到剑浦做了县尉。这么一个小官又在东南方数千里之外，他的内心一定会有不平的。而且杨君年少

南方少医药，风俗饮食异宜。以多疾之体，有不平之心，居异宜之俗，

多病，南方又缺医少药，风俗和饮食习惯都不适宜。以一个多病的身体，又怀有不平的心情，居住在风俗不

其能郁郁以久乎？然欲平其心以养其疾，

适应的地方，怎么能闷闷不乐地支持很久呢？然而要他平心静气以调养疾病，

于琴亦将有得焉。故予作琴说以赠其行，

这对于琴技也将会有所得益。所以我写了这篇关于琴的文章来为他送行。

且邀道滋酌酒，进琴以为别。

并且邀请道滋一起饮酒，弹琴为他送别。

> ① 杨君：即杨寘，字审贤，生平未详。 ② 荫调：因先代的官爵而受封为官。 ③ 剑浦：县名。今福建南平。 ④ 区区：指卑微的官职。

（王兴康）

五代史伶官传序

欧阳修

呜呼！盛衰之理，虽曰天命，岂非人事哉！原庄宗之所以得天

唉！国家盛衰的原因，虽说是天命，难道不是出乎人为的吗？推考后唐庄宗所以取得天下，以及他失去天下

下①，与其所以失之者，可以知之矣。世言晋王之将终也，以三矢赐

的原因，就可以明白这个道理了。世人传说晋王临死时，拿三支箭赐给庄宗，并告诫他说："梁国，是我的仇

zhuāng zōng　　ér gào zhī yuē　　liáng　wú chóu yě　　　yān wáng　wú suǒ lì　　　qì dān　　yǔ wú yuē wéi xiōng

庄宗，而告之曰："梁，吾仇也②；燕王，吾所立③；契丹，与吾约为兄

敌；燕王，是我扶助建立功业的；契丹，原先与我结盟为兄弟，可是燕和契丹都背叛我们晋国而归附了梁国

dì　　ér jiē bèi jìn yǐ guī liáng　cǐ sān

弟④，而皆背晋以归梁。此三

这三件事是我的遗恨啊。给你三支箭，你不要

zhě wú yí hèn yě　　yǔ ěr sān shǐ　ěr qí

者吾遗恨也。与尔三矢，尔其

忘了你父亲的心愿。"庄宗接受了箭而把它珍

wú wàng nǎi fù zhī zhì⑤　　zhuāng zōng shòu ér

无忘乃父之志⑤！"庄宗受而

藏在太庙里。以后出兵作战，

cáng zhī yú miào　qí hòu yòng bīng　zé qiǎn

藏之于庙⑥，其后用兵，则遣

就派遣侍从官用猪牛祭品上供，

cóng shì yǐ yí shào láo gào miào

从事以一少牢告庙⑦，

到太庙向晋王祷告，请出箭来，

qǐng qí shǐ　chéng yǐ jǐn náng　fù ér qián

请其矢⑧，盛以锦囊，负而前

装在织锦的袋里，让人背着走在队伍的前面

qū　jí kǎi xuán ér nà zhī

驱，及凯旋而纳之。

等到胜利归来再把箭放回庙里。

①原：考察，推究。　庄宗：指五代后唐庄宗李存勖（xù序），西突厥沙陀族人。其祖助唐有功，赐姓李。其父李克用，因镇压黄巢起义军有功，封陇西郡王，后又封晋王。李存勖袭封王位，灭后梁称帝，建立后唐。后因贪图游乐，招致覆灭。　②梁，吾仇也：朱温原是黄巢起义军的将领，后降唐。唐朝赐名"全忠"，封梁王。后篡唐自立，建立后梁。他曾企图谋害李克用，因而结下世仇。　③"燕王"句：指燕王刘守光的父亲刘仁恭。李克用曾向唐朝保荐他为卢龙节度使，又帮助他击退敌军，他却拒绝李克用征兵的要求，发生武装冲突。他战胜李克用后，依附于后梁。后刘守光兵力渐强，自称大燕皇帝。　④"契丹"句：指公元907年，李克用曾与契丹首领耶律阿保机拜为兄弟，结成军事同盟，约定联合灭梁，但后来阿保机背约投向梁朝。　⑤其：副词，加强语气，相当于"一定"。　⑥庙：宗庙。下文"太庙"意同。　⑦从事：原指州刺史（地方长官）辖下地位较低的僚属，这里泛指一般僚属随从。　少牢：古代祭祀，牛、羊、猪全备的叫太牢，只有羊、猪而无牛，叫少牢。告庙：祷告于宗庙。　⑧请其矢：请出那些箭来。

fāng qí jì yān fù zǐ yǐ zǔ①　hán liáng jūn chén zhī shǒu②　　rù yú tài miào　huán shǐ xiān wáng　ér

方其系燕父子以组①，函梁君臣之首②，入于太庙，还矢先王，而

当庄宗用绳子捆上燕王父子，用匣子盛着梁国君臣的首级，送进太庙，把箭放回先王灵位之前，向他

gào yǐ chéng gōng　qí yì qì zhī shèng kě wèi zhuàng zāi　jí chóu chóu yǐ miè　tiān xià yǐ dìng　yì fū yè

告以成功。其意气之盛，可谓壮哉！及仇雠已灭，天下已定，一夫夜

报告成功消息的时候，他意气的旺盛，可说豪壮极了！等到仇敌已经消灭，天下已经平定时，一个人在夜里

hū　luàn zhě sì yìng　cāng huáng dōng chū　wèi jí jiàn zéi　ér shì zú lí sàn　jūn chén xiāng gù bù zhī suǒ

呼，乱者四应，仓皇东出，未及见贼，而士卒离散。君臣相顾不知所

一呼喊，叛乱的人就四处响应，庄宗慌慌张张向东逃走，还没遇到叛军，士兵们就已溃散了。君臣们互相看

guī zhì yú shì tiān duàn fà　　qì xià zhān jīn　　hé qí shuāi yě　　qǐ dé zhī nán ér shī zhī yì yú　　yì
归，至于誓天断发，泣下沾襟，何其衰也③！岂得之难而失之易欤？抑

着而不知投奔何处，以至于割下头发，对天盟誓，眼泪流湿衣襟，这又是多么衰弱啊！难道是因为得天下艰

běn qí chéng bài zhī jì　　ér jiē zì yú rén yú　　shū yuē　　mǎn zhāo sǔn　　qiān shòu yì
本其成败之迹④，而皆自于人欤？《书》曰⑤："满招损，谦受益。"

难，失天下容易吗？还是推究他由成而败的事迹，都是由于人为的原因呢？《尚书》上说："自满招致损失，谦

yōu láo kě yǐ xīng guó　　yì yù kě yǐ wáng shēn　　zì rán zhī lǐ yě　　gù fāng qí shèng yě
忧劳可以兴国，逸豫可以亡身⑥，自然之理也。故方其盛也，

虚得到益处。"忧虑勤劳可以使国家兴盛，安逸享乐可以使自己丧命，这是自然的道理。所以当庄宗强盛的

jǔ tiān xià zhī háo jié mò néng yǔ zhī zhēng　　jí qí shuāi yě　　shù shí líng rén kùn zhī ér shēn sǐ guó miè
举天下之豪杰莫能与之争；及其衰也，数十伶人困之而身死国灭⑦，

时候，普天下的豪杰都不能跟他抗争；等到他衰败了，几个乐工就能挟持他而导致身死国亡，被天下人

wéi tiān xià xiào　　fú huò huàn cháng jī yú hū wēi　　ér zhì yǒng duō kùn yú suǒ nì　　qǐ dú líng rén
为天下笑。夫祸患常积于忽微⑧，而智勇多困于所溺⑨，岂独伶人

所耻笑。看来祸患常从细小的事情里发展起来，聪明勇敢的人多被自己溺爱的人和事所累，难道仅仅是

yě zāi　　zuò líng guān zhuàn
也哉！作《伶官传》。

乐工的事吗？为此作《伶官传》。

①"方其"句：公元913年，李存勖的大将周德威打败刘守光，俘获刘守光父子。　方，正当。　系，捆绑。　组，原为丝带或丝绳，这里指绳索。　②函梁君臣之首：公元923年，李存勖领兵攻梁，梁末帝朱友贞（朱温之子），为避免死于仇敌之手，让部下皇甫麟杀死他。皇甫麟也刎颈自杀。李存勖攻入梁都，割二人首级归。　函，用木匣装。　③"一夫"九句：史载公元926年，李存勖妻刘皇后听信宦官诬告，杀死大臣郭崇韬，一时谣言纷起，人心惶惶。不久，邺都发生兵变，李存勖派李嗣源（李克用养子）前往镇压，不料李嗣源反被部下推为皇帝，联合邺都乱兵，向京城（洛阳）进军。李存勖仓皇进兵汴京，又被迫折回。归途中满目凄凉，精神沮丧。随从他的部将元行钦等百余人，断发向天立誓，表示忠于后唐，君臣相对大哭。　④本：考察原因。　⑤《书》：《尚书》，收录中国上古时代的政府文告。下引"满招损，谦受益"出《大禹谟》。　⑥逸豫：安乐。　⑦"数十"句：李存勖灭梁以后，骄傲自满，纵情声色，宠信乐工、宦官。李嗣源兵反，乐官郭从谦作乱，李存勖中流矢而死。　⑧忽微：细小。　⑨溺：溺爱，嗜好。

（王水照）

wǔ dài shǐ huàn zhě zhuàn lùn
五代史宦者传论

ōu yáng xiū
欧阳修

zì gǔ huàn zhě luàn rén zhī guó　　qí yuán shēn yú nǚ huò　　nǚ sè ér yǐ huàn zhě zhī

自古宦者乱人之国①，**其源深于女祸。女，色而已，宦者之**

自古以来宦官搞乱国家，其祸害的根源要比女色之祸深。妇人，不过以美色惑乱帝王而已；而宦官的

hài fēi yì duān yě　　gài qí yòng shì yě jìn ér xí qí wéi xīn yě zhuān ér rěn néng yǐ xiǎo

害，非一端也。盖其用事也近而习，其为心也专而忍，能以小

害，就不止一方面了。这是因为宦官日常行事在帝王身边且和帝王关系亲密，其用心专一而残忍，能用小

shàn zhòng rén zhī yì　　xiǎo xìn gù rén zhī xīn　　shǐ rén zhǔ bì xìn ér qīn zhī dài qí yǐ xìn

善中人之意②，**小信固人之心，使人主必信而亲之。待其已信，**

小的善言善行去迎合人意，能用小小的信义去使人深信不疑，从而使帝王对他既信任又亲近。等到帝王已

rán hòu jù yǐ huò fú ér bǎ chí zhī　　suī yǒu zhōng chén shuò shì liè yú cháo tíng ér rén

然后惧以祸福而把持之③。**虽有忠臣硕士列于朝廷**④，**而人**

经信任他们了，然后再用祸福等利害去吓唬他并从而掌握他。这时虽然有忠臣贤士在朝廷之上，而帝王以

zhǔ yǐ wéi qù jǐ shū yuǎn bú ruò qǐ jū yǐn shí qián hòu zuǒ yòu zhī qīn wéi kě shì yě

主以为去己疏远，不若起居饮食、前后左右之亲为可恃也。

为与自己关系疏远，不像那些起居饮食和自己在一起、经常在自己前后左右的关系很亲近的宦官那样可

gù qián hòu zuǒ yòu zhě rì yì qīn zé zhōng chén shuò shì rì yì shū ér rén zhǔ zhī shì rì yì

故前后左右者日益亲，则忠臣硕士日益疏，而人主之势日益

靠。所以帝王与经常在前后左右的宦官关系更加亲密，则与忠臣贤士的关系就更加疏远了，而帝王所处的

gū shì gū zé jù huò zhī xīn rì

孤。势孤，则惧祸之心日

形势也更加孤立。帝王形势更加孤立，则害怕灾祸的

yì qiè ér bǎ chí zhě rì yì láo ān

益切，而把持者日益牢。安

心情就更加迫切，于是控制他的宦官的地位就更加

wēi chū qí xǐ nù huò huàn fú yú

危出其喜怒，祸患伏于

危固。帝王的安危系于宦官的喜怒，国家的祸患潜

---

① 宦者：宦官。 ② 中：合，迎合。 ③ 把持：谓专权揽政，不让他人干预。 ④ 硕士：贤士。 ⑤ 帷闼：此指宫禁之内。帷，帷幕。闼，门屏。 ⑥ 向：以前。 ⑦ 亲近：此指整天在皇帝周围的宦官。 ⑧ 挟人主以为质：即指唐昭宗谋诛宦官，而反被宦官幽禁事。 ⑨ 抉：取。

^{wéi tā} 帷闼⑤，^{zé xiàng zhī suǒ wèi kě shì zhě}则向之所谓可恃者⑥，^{nǎi suǒ yǐ wéi huàn yě}乃所以为患也。^{huàn yǐ shēn ér jué}患已深而觉

伏于宫闱之内，于是过去所谓可以依靠的宦官，现在竟成了祸患者。为害既深帝王才发觉，于是就同关系疏

^{zhī} 之，^{yù yǔ shū yuǎn zhī chén tú zuǒ yòu zhī qīn jìn}欲与疏远之臣图左右之亲近⑦。^{huǎn zhī zé yǎng huò ér yì shēn jí}缓之则养祸而益深，急

远的大臣们一起计划铲除一直在自己左右且同自己关系亲近的宦官。如果下手迟缓，则是培养祸患而使

^{zhī zé xié rén zhǔ yǐ wéi zhì} 之则挟人主以为质⑧。^{suī yǒu shèng zhì}虽有圣智，^{bù néng yǔ móu}不能与谋。^{móu zhī ér bù kě wéi}谋之而不可为，

之根源更深；如果下手急切，则会导致宦官们挟帝王做人质。此时即便有极高智慧的人，也无法为帝王出

^{wéi zhī ér bù kě chéng zhì qí shèn} 为之而不可成，至其甚，^{zé jù shāng ér liǎng bài}则俱伤而两败。^{gù qí dà zhě wáng guó qí}故其大者亡国，其

谋。即使为帝王出了计谋而事实上无法付诸实施，即使付诸实施也无法取得成功。到了形势严重的时刻，

^{cì wáng shēn ér shǐ jiān háo dé jiè yǐ wéi zī ér qǐ zhì jué qí zhǒng lèi} 次亡身，而使奸豪得借以为资而起，至抉其种类⑨，

则会双方两败俱伤。所以最严重的结果是亡国，其次是死人，从而导致奸雄得以乘机起事篡政，直至捕捉

^{jìn shā yǐ kuài tiān xià zhī xīn ér hòu yǐ cǐ qián shǐ suǒ zǎi huàn zhě zhī huò cháng rú} 尽杀以快天下之心而后已。此前史所载宦者之祸，常如

那些宦官及同党，把他们全部杀死以使天下人心感到痛快而后止。从前历史上记载的宦官之祸，情形常常

^{cǐ zhě fēi yī shì yě} 此者，非一世也。

如此，并不是一朝一代的事了。

^{fú wéi rén zhǔ zhě fēi yù yǎng huò yú nèi ér shū zhōngchén shuò shì} 夫为人主者，非欲养祸于内，而疏忠臣、硕士

做帝王的人，本意不会想在宫廷之内培养祸患，而在宫廷之外疏远忠臣、贤士，

^{yú wài gài qí jiàn jī ér shì shǐ zhī rán yě fú nǚ sè zhī huò} 于外，盖其渐积而势使之然也。夫女色之惑，

祸害都是渐渐累积起来且形势使然的。帝王对女色的迷惑，如果不幸而不能醒悟，

^{bú xìng ér bú wù zé huò sī jí yǐ shǐ qí yī wù zuó ér} 不幸而不悟，则祸斯及矣①。使其一悟，揍而

那么祸患马上就要临头了。假如他一旦醒悟，揍住她把她赶走就可以了。

① 斯：连词，就，乃。
② 揍：揪住。③ 唐昭宗之事：见题解。

_{qù zhī kě yě} _{huàn zhě zhī wéi huò} _{suī yù huǐ wù} _{ér shì yǒu bù dé ér qù yě}
去之可也②。宦者之为祸，虽欲悔悟，而势有不得而去也，

至于宦官的祸患，帝王即使想悔悟，而受形势的制约往往不能将他们除去，唐昭宗的事

_{táng zhāo zōng zhī shì shì yǐ} _{gù yuē} _{shēn yú nǚ huò} _{zhě wèi cǐ yě} _{kě bú jiè zāi}
唐昭宗之事是已③。故曰"深于女祸"者，谓此也，可不戒哉？

就是这样。因此说宦官之祸"深于女祸"，就是这个道理。帝王难道可以不以此为戒吗？

（王兴康）

_{xiàng zhōu zhòu jǐn táng jì}
相州昼锦堂记

_{ōu yáng xiū}
欧阳修

_{shì huàn ér zhì jiàng xiàng} _{fù guì ér guī gù xiāng} _{cǐ rén qíng zhī suǒ róng} _{ér jīn xī zhī suǒ tóng}
仕宦而至将相，富贵而归故乡，此人情之所荣，而今昔之所同

做官做到出将入相，取得了富贵又回归故乡，这是人们普遍感到光荣的事，而今人和古人的感受都

_{yě} _{gài shì fāng qióng shí} _{kùn è lǘ lǐ} _{yōng rén rú zǐ} _{jiē dé yì ér wǔ zhī} _{ruò jì zǐ bù lǐ}
也。盖士方穷时，困厄闾里①，庸人孺子，皆得易而侮之②。若季子不礼

如此。大凡士人正穷厄的时候，困顿于乡里，世俗之人和不懂事的孩子，都可以不把他放在眼里而侮辱他

_{yú qí sǎo} _{mǎi chén jiàn qì yú qí qī} _{yí dàn gāo chē sì mǎ} _{qí máo dǎo qián} _{ér qí zú yōng}
于其嫂③，买臣见弃于其妻④。一旦高车驷马⑤，旗旄导前⑥，而骑卒拥

就像落泊时的苏秦受嫂嫂的无礼冷遇，贫贱时的朱买臣被妻子抛弃。而一旦坐上四马拉的华贵车子，旌旗

_{hòu} _{jiá dào zhī rén xiāng yǔ pián jiān lěi jì} _{zhān wàng zī jiē} _{ér suǒ wèi yōng fū yú fù zhě bēn zǒu}
后，夹道之人，相与骈肩累迹⑦，瞻望咨嗟⑧，而所谓庸夫愚妇者，奔走

在前面开道，骑兵在后面簇拥，街道两边的人摩肩接踵，争相观望赞叹，而那些无能平庸之辈和愚蠢的妇

_{hài hàn} _{xiū kuì fǔ fú} _{yǐ zì huǐ zuì yú chē chén mǎ zú zhī jiān} _{cǐ yī jiè zhī shì} _{dé zhì yú}
骇汗，羞愧俯伏，以自悔罪于车尘马足之间⑨：此一介之士⑩，得志于

人，则惊惶奔走、浑身冒汗，羞愧得俯伏于地，在车尘和马足间自悔过去的罪过：这是一个平凡的士人，志得

_{dāng shí} _{ér yì qì zhī shèng xī rén bǐ zhī yǐ jǐn zhī róng zhě yě}
当时，而意气之盛，昔人比之衣锦之荣者也。

意满的时刻，而他意气高昂，前人将此比作"衣锦之荣"。

① 闾里：乡里。　② 易：轻视。　③ "若季子"句：据《战国策·秦策一》记载，苏秦游说秦惠王，失意而归。"归至家，妻不下纴(此指织布机)，嫂不为炊，父母不与言。" 季子，苏秦字。　④ "买臣"句：《汉书·朱买臣传》记载，朱买臣，西汉吴县人，"家贫，好读书，不治产业……妻羞之，求去。买臣笑曰：'我年五十当富贵，今已四十余矣。女(汝)苦日久，待我富贵报女功。'妻恚怒曰：'如公等，饿死沟中耳，何能富贵？'买臣不能留，即听去。" 后得庄助之荐，拜中大夫，历任会稽太守、丞相长史等职。
⑤ 高车驷马：指用四匹马拉、车盖高敞的车。《华阳国志》载司马相如出蜀过升迁桥，曾题柱云："不乘驷马高车，不过此桥。" 后即以"驷马高车"代指高官厚禄。　⑥ 旄：古代旗杆上用牛尾做成的装饰。
⑦ 骈肩：并肩。骈，连。累迹，足迹重叠。　⑧ 咨嗟：赞叹。　⑨ "奔走"三句：指苏秦之嫂和朱买臣之故妻在苏秦和朱买臣富贵后俯伏迎接的情状。　⑩ 一介：一个。有轻视或自谦之意。

wéi dà chéngxiàng wèi guó gōng zé bù rán　gōng xiàng rén yě①　shì yǒu lìng dé　wéi shí míngqīng②

惟大丞相魏国公则不然。公，相人也①。世有令德，为时名卿②。

只有大丞相魏国公却不是这样。魏国公，相州人。他的先世有美德，是当时著名的公卿。国公从年轻

zì gōngshào shí　yǐ zhuó gāo kē　dēng xiǎn shì④　hǎi nèi zhī shì　wén xià fēng ér wàng yú guāng zhě⑤　gài

自公少时，已擢高科③，登显士④。海内之士，闻下风而望余光者⑤，盖

时起，已经高中科第，登上显赫的官位。天下的士人，仰闻他的风气、瞻望他的余光，至今也已有好多年了。

yì yǒu nián yǐ　suǒ wèi jiàngxiàng ér fù guì　jiē gōng suǒ yí sù yǒu　fēi rú qióng è zhī rén　jiǎo xìng dé

亦有年矣。所谓将相而富贵，皆公所宜素有。非如穷厄之人，侥幸得

所谓出将入相和富贵荣华，都是魏国公历来就有的，不像穷厄困顿之人，凭侥幸得志于一时，使无能平庸

① 相：相州。　② "世有"二句：指韩琦的祖先已富贵。他父亲韩国华，真宗时为谏议大夫。　③ "自公"二句：韩琦于天圣年间举进士第二，年仅二十左右。擢，考中。　④ 显士：显贵的官。　⑤ 闻下风：闻风钦佩之意。《左传·僖公十五年》："群臣敢在下风。" 望余光：求益之意。《史记·甘茂列传》："子可分我余光。"　⑥ 高牙大纛：用象牙装饰的大旗。　⑦ 桓圭：刻有四棱的玉制礼器。衮裳：古代三公穿戴的礼服。　⑧ 勒：雕刻。金石：金属器物和石碑。

志于一时，出于庸夫愚妇之不意，以惊骇而夸耀之也。然则高牙大

之人和愚蠢的妇人大出意外，以此来吓唬他们、夸耀自己。然而出行时仪仗队的高大旗帜，不足以显示魏国

纛⑥，不足为公荣；桓圭衮裳⑦，不足为公贵；惟德被生民，而功施社

公的荣耀；玉圭华服，不足以显示魏国公的贵显；只有以恩德施予百姓和以功业报效国家，把它镌刻在金石

稷，勒之金石⑧，播之声诗，以耀后世而垂无穷，此公之志，而士亦以

之上，写入诗篇之中，使其传于后世而无穷，这才是魏国公的志向，而士人也是这样寄希望于国公的。哪里

此望于公也。岂止夸一时而荣一乡哉？

只是为了夸耀一时、荣耀一乡呢？

公在至和中①，尝以武康之节②，来治于

魏国公在至和年间，曾经以武康节度使的身份来治理过

相，乃作昼锦之堂于后圃。

相州，于是在后花园内造了昼锦堂。然后又把写的诗刻

既又刻诗于石，以遗相人③。其言以快恩仇、

在石上，送给相州的百姓。他在诗中鄙薄那种做了故乡的

矜名誉为可薄，盖不以昔人所夸者为荣，

长官就报恩泄愤、夸耀名誉的行为。他不把过去为人夸耀的

而以为戒。于此见公之视富贵为何如，

事引为荣耀，而是引以为鉴戒。于此可见魏国公对待富贵是怎样一种

而其志岂易量哉？故能出入将相，勤劳王

态度，而他志向的远大难道能轻易估量吗？所以他能出将入相，

① 至和：宋仁宗年号（1054～1056）。 ② 武康之节：至和二年二月，韩琦因病自请以并州武康节度使知相州。 ③ 遗：赠给，留给。 ④ 临大事，决大议：韩琦曾提出立英宗、神宗，并调解英宗和太后间的对立关系，筹划、处理西夏等事务。 ⑤ 绅：衣带。笏：朝板，即古代大臣上朝时记事备忘、执于手中的手板，用木或玉制成。 ⑥ 铭彝鼎而被弦歌：即上文"勒之金石，播之声诗"之意。

家，而夷险一节。至于临大事，决大议④，垂绅正笏⑤，不动

为朝廷辛勤操劳，而不管平安还是艰险节操始终如一。至于面临重大事件，作出重大决议时，

声色，而措天下于泰山之安，可谓社稷之臣矣。

国公公垂衣带、手执朝板，面不改色，而把天下的大事安排得像泰山那样安稳，堪称国家的

其丰功盛烈，所以铭彝鼎而被弦歌者⑥，乃邦家之光，

栋梁之臣了。他的丰功伟绩，因此而铭刻在彝鼎之上、流传于弦歌之中，这是国家的光荣，而

非闾里之荣也。

不仅仅是乡里的荣耀。

余虽不获登公之堂，幸尝窃诵公之诗，乐公之志有成，而喜为

我虽然没有到过魏国公的昼锦堂，却曾经有幸诵读过他写的诗，很高兴他的志向能够实现，因此乐

天下道也，于是乎书。

意向天下人说明，于是写了这篇记文。

（王兴康）

丰 乐 亭 记

欧阳修

修既治滁之明年①，夏始饮滁水而甘。问诸滁人，得于州南百步

我治理滁州的第二年，夏天饮水才觉得甘美。向滁州人询问，得知此水取自州城以南百步附近

之近。其上则丰山②，耸然而特立；下则幽谷，窈然而深藏③；中有清

水源之上是丰山，高耸突立；水源之下是幽谷，深远而不可测；中间有一股清泉，向上喷涌而出

465

quán wěng rán ér yǎng chū　　　　fǔ yǎng zuǒ yòu　　gù ér lè zhī　　yú shì　shū quán záo shí　pì dì yǐ wéi

泉,滃然而仰出④。俯仰左右,顾而乐之。于是,疏泉凿石,辟地以为

环视前后左右,看了非常快乐。于是疏导泉水开凿岩石,辟出一块空地建造亭子,与滁州士人一起去

tíng　ér yǔ chú rén wǎng yóu qí jiān

亭,而与滁人往游其间。

那里游玩。

chú yú wǔ dài gān gē zhī jì　　yòng wǔ zhī dì yě　xǐ tài zǔ huáng dì　cháng yǐ zhōu shī pò

滁于五代干戈之际⑤,用武之地也。昔太祖皇帝⑥,尝以周师破

滁州在五代战乱之际,是陈兵打仗的地方。昔日大宋太祖皇帝,曾经率领后周军队在清流山下

lǐ jǐng bīng shí wǔ wàn yú qīng liú shān xià　shēng qín qí jiànghuáng fǔ huī　yáo fèng yú chú dōng mén zhī wài

李景兵十五万于清流山下,生擒其将皇甫晖、姚凤于滁东门之外⑦

击败南唐李景十五万大军,在滁州城东门外活捉南唐将领皇甫晖、姚凤,于是平定了滁州。我曾

suì yǐ píng chú　xiū cháng kǎo qí shānchuān　àn qí tú jì　shēng gāo yǐ wàngqīng liú zhī guān　yù qiú

遂以平滁。修尝考其山川,按其图记,升高以望清流之关⑧,欲求

经考察滁州的山川,按照地图和文字记载,登高眺望清流关,想寻找皇甫晖、姚凤被活捉的地方。然

huī fèng jiù qín zhī suǒ　　ér gù lǎo jiē wú zài zhě　gài tiān xià zhī píng jiǔ yǐ　zì táng shī qí zhèng hǎi

晖、凤就擒之所。而故老皆无在者,盖天下之平久矣。自唐失其政,海

而当年知道此事的老人都不在了,这是因为天下平定已经很久了。自从唐皇朝政治失修以来,国家

nèi fēn liè　háo jié bìng qǐ ér zhēng suǒ zài wéi dí guó zhě　hé kě shēng shǔ　jí sòngshòu tiān mìng shèng

内分裂,豪杰并起而争,所在为敌国者,何可胜数?及宋受天命,圣

分裂,豪杰之士群起争夺,各地互为敌国,怎能数得清?到宋皇朝承受天命,圣人出世天下统一。过去

① 滁:滁州(今安徽滁州)。　② 丰山:在滁州西南。　③ 窈然:幽暗深远貌。　④ 滃然:水大貌。　⑤ 五代:指后梁、后唐、后晋、后汉、后周五代,历时五十三年。　⑥ 太祖皇帝:指宋代开国皇帝赵匡胤。　⑦ "尝以"二句:据《资治通鉴·后周纪三》载:显德三年(956),"上(指后周世宗柴荣)命太祖皇帝(指赵匡胤)倍道袭清流关。皇甫晖等阵于山下,方与前锋战,太祖皇帝引兵出山后,晖等大惊,走入滁州,欲断桥自守。太祖皇帝跃马麾兵涉水,直抵城下。……晖整众而出,太宗皇帝拥马颈突阵而入,大呼曰:'吾止取皇甫晖,他人非吾敌也!'手剑击晖中脑,生擒之,并擒姚凤,遂克滁州。"李景,原名璟,因避后周庙讳而名璟。南唐中主。周师南征滁州,景惧,对周称臣。　清流山,在今安徽滁县西北二十五里,山上有关。　皇甫晖、姚凤,皆南唐大将。　⑧ 清流之关:清流关在清流山上,即赵匡胤率后周军队大破南唐军队的地方。　⑨ 圣人:对帝王的尊称。此指宋太祖赵匡胤。　⑩ 向:过去。　⑪ 漠然:安静貌。　⑫ 遗老:此指经历过后周与南唐战事的老人。　⑬ 江、淮:指长江和淮河。　⑭ 畎亩:田地。　畎,田间水沟。　⑮ 乐生送死:指养生送死,过太平日子。　⑯ 涵煦:滋润教化。

丰乐亭记

人出而四海一⑨。向之凭恃险阻⑩，铲削消磨。百年之间，漠然徒见山

凭藉以御敌的险要阻碍，都被铲除消灭。这一百年来，人们在漠然中只看见山高水清。要询问昔日

高而水清⑪。欲问其事，而遗老尽矣⑫。今滁介江、淮之间⑬，舟车商

战乱之事，当年的遗老已经没了。现在滁州地处长江、淮河之间，车船、商人，四方宾客都不来。百姓

贾，四方宾客之所不至。民生不见外事，而安于畎亩衣食⑭，以乐生

们见不到外界的事，而安心地在田间从事衣食生产，快乐地生活平静地死去，又有谁知道皇上的功

送死⑮，而孰知上之功德，休养生息，涵煦于百年之深也⑯？

德，与民休养生息，百年来养育教化恩德的深厚呢？

修之来此，乐其地僻而事简，又爱其俗之安闲。既得斯泉于山谷

我来到此地，喜欢这里地处偏僻、公务简单，又爱此地风俗的安闲自在。我既已在山谷间找到了这条泉

之间，乃日与滁人仰而望山，俯而听泉，掇幽芳而荫乔木①，风霜

水，就天天和滁州士人仰头观看山景，俯首聆听泉声，春天拾取幽雅的香花而夏天庇荫于树木之下，秋有

冰雪，刻露清秀②，四时之景无不可爱。又幸其民乐其岁物之丰成，

风霜冬有冰雪，雕琢出清丽灵秀，四季的景象没有不可爱的。又庆幸当地人乐得年成丰收，而喜欢与我一起

而喜与予游也。因为本其山川，道其风俗之美，

游赏。因此我依据当地的山川，称道此间风俗的美好，使百姓知道之所以

使民知所以安此丰年之乐者，幸生无事之时也。

能安享丰年之乐，是因为有幸生活在没有战乱的太平时代。

夫宣上恩德，以与民共乐，刺史之事也。遂

宣扬朝廷的恩德，与民同乐丰年，这都是刺史的职责。于是写下此

书以名其亭焉。

文为亭命名。

① 掇：拾，取。

② 刻露清秀：
指秋冬季节草
枯叶落，巉岩
毕露。

（王兴康）

zuì wēng tíng jì 醉翁亭记

ōu yáng xiū
欧阳修

huán chú jiē shān yě　　qí xī nán zhū fēng　　lín hè yóu měi　　wàng zhī wèi rán ér shēn xiù zhě　　láng
环滁皆山也。其西南诸峰,林壑尤美①。望之蔚然而深秀者②,琅

环绕滁州城的都是山。其中西南面的几座山峰,树林和山谷尤其美丽。远远望去,草木葱郁、幽深秀

yá yě　　shān xíng liù qī lǐ　　jiàn wén shuǐ shēng chán chán　　ér xiè chū yú liǎng fēng zhī jiān zhě　　niàng quán yě
玡也③。山行六七里,渐闻水声潺潺,而泻出于两峰之间者,酿泉也。山

丽的,那是琅玡山。进山步行六七里,渐渐听到潺潺流水声,从两座山峰之间倾泻而出的溪流,那是酿泉。山

fēng huí lù zhuǎi　　yǒu tíng yì rán lín yú quán shàng zhě　　zuì wēng tíng yě　　zuò tíng zhě shuí　　shān zhī sēng zhì xiān
峰回路转,有亭翼然临于泉上者,醉翁亭也。作亭者谁? 山之僧智仙

势回环,山路也跟着转弯,有座亭子四角上翘像鸟展翅欲飞,紧靠泉边,那就是醉翁亭。建造这亭子的是谁?

yě　　míng zhī zhě shuí　　tài shǒu zì wèi yě　　tài shǒu yǔ kè lái yǐn yú cǐ　　yǐn shǎo zhé zuì　　ér nián yòu
也④。名之者谁? 太守自谓也。太守与客来饮于此,饮少辄醉,而年又

是山里的和尚智仙。亭子的名称是谁的? 是太守自己的称号。太守和宾客来这里喝酒,稍许喝点就醉了,而

zuì gāo　　gù zì hào yuē zuì wēng yě　　zuì wēng zhī yì bú zài jiǔ　　zài hū shān shuǐ zhī jiān yě　　shān shuǐ zhī
最高,故自号曰醉翁也。醉翁之意不在酒,在乎山水之间也。山水之

且年岁又最大,所以自号为"醉翁"。其实,醉翁的心意并不在喝酒,而在欣赏山水的美景。游山玩水的乐

lè　　dé zhī xīn ér yù zhī jiǔ yě
乐,得之心而寓之酒也。

趣,心领神会而又付托于酒。

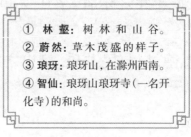

① **林壑**:树林和山谷。
② **蔚然**:草木茂盛的样子。
③ **琅玡**:琅玡山,在滁州西南。
④ **智仙**:琅玡山琅玡寺(一名开化寺)的和尚。

ruò fú rì chū ér lín fēi kāi

若夫日出而林霏开①，云归而岩穴暝②，

至于说太阳升起后林间雾气消散，云烟聚集岩洞里幽暗莫

huì míng biàn huà zhě shān jiān zhī zhāo mù yě yě fāng fā ér yōu

晦明变化者③，山间之朝暮也。野芳发而幽

辨，这种明暗的交替变化，那是山间的早晨和黄昏。野花开放发出

xiāng jiā mù xiù ér fán yīn fēng shuāng gāo jié shuǐ luò ér

香④，佳木秀而繁阴⑤，风霜高洁⑥，水落而

清香，树木茂盛枝叶浓密。风气高爽，霜色洁白，溪水低落，石块显

shí chū zhě shān jiān zhī sì shí yě zhāo ér wǎng mù ér guī sì

石出者，山间之四时也。朝而往，暮而归，四

露，那是山间的四季变化。清晨进山，至晚归来，四季的景象都不相

shí zhī jǐng bù tóng ér lè yì wú qióng yě

时之景不同，而乐亦无穷也。

同，游赏的乐趣也无穷无尽。

① 若夫：至于。 林霏：指林间雾气。 ② 云归而岩穴暝：云烟聚集，山谷就昏暗了。 归，原指云回到山中（古人认为云是出自山中的）。 暝，昏暗。 ③ 晦明变化：暗明交替变化，指早晨由暗而明，傍晚由明而暗。 ④ 野芳：野花。 ⑤ 秀：植物生长茂盛。 繁阴：浓密的树荫。 ⑥ 风霜高洁：即风高霜洁。风高，实指天空高旷。

zhì yú fù zhě gē yú tú xíng zhě xiū yú shù qián zhě hū hòu zhě yìng yǔ lǚ tí xié wǎng

至于负者歌于途，行者休于树，前者呼，后者应，伛偻提携①，往

至于背扛肩挑的人在路上歌唱，行路的人在树下休息，前面的人招呼，后面的人应答，老老少少，来往

lái ér bù jué zhě chú rén yóu yě lín xī ér yú xī shēn ér yú féi niàng quán wéi jiǔ quán xiāng ér

来而不绝者，滁人游也。临溪而渔，溪深而鱼肥；酿泉为酒，泉香而

不断的，是滁州百姓来这里游玩。到溪边捕鱼，溪水深沉而鱼肥；用酿泉水酿酒，水香甜因而酒味清醇；山中

① 伛偻：俯身曲背的样子，即驼背，这里指老年人。 提携：挽领，这里指小孩。 ② 洌：清醇。此句有人认为欧阳修原本作"泉洌而酒香"，苏轼书写《醉翁亭记》碑文时改为"泉香而酒洌"。 ③ 山肴野蔌：泛指乡间的野味、野菜。 ④ 非丝非竹：丝竹，泛指音乐。 丝，为弦乐器，如琴、瑟之类。 竹，为管乐器，如箫、笛之类。 ⑤ 射：指古代一种叫"投壶"的游戏。用箭状的筹棒去投长颈形的壶，根据投中的次数来分胜负。 ⑥ 觥：用犀角做的一种酒器。 筹：酒筹，用来行酒令或饮酒计数的签子。 ⑦ 颓然：形容酒后昏沉欲倒的样子。

酒洌②；山肴野蔌③，杂然而前陈者，太守宴也。宴酣之乐，非丝非竹④；

的野味野菜，交错摆在面前的，是太守的筵席。宴饮酣畅的乐趣，不在于琴弦箫管；投壶的投中了，下棋的得

射者中⑤，弈者胜；觥筹交错⑥，起坐而喧哗者，众宾欢也。苍颜白

胜了；但见酒杯和酒筹交互错杂，站起来坐下去大声喧闹的，是宾客们的欢乐。有个人苍颜白发，昏昏沉沉

发，颓然乎其间者⑦，太守醉也。

地坐在宾客中的，那是太守醉了。

已而夕阳在山①，人影散乱，太守归而宾客从也。树林阴翳②，鸣

不久夕阳挂在山边，人影绰绰散乱，那是太守回城而宾客们也跟着同归。树林遮蔽成荫，鸟声高低上

声上下，游人去而禽鸟乐也。然而禽鸟知山林之乐，而不知人之乐；

下，那是游人走后鸟儿的欢乐。然而鸟儿只知生活在山林里的快乐，却不知道人们的快乐；人们只知道跟随

人知从太守游而乐，而不知太

太守游玩而感到快乐，而不知道太守为他们的快

守之乐其乐也③。醉能同其乐，

乐而感到快乐。酒醉时能与人们一起快乐，酒醒后

醒能述以文者，太守也。太守谓

又能写文章描述这种快乐的，那是太守。太守是

谁④？庐陵欧阳修也⑤。

谁？是庐陵的欧阳修。

> ① 已而：随后。　② 阴翳：树荫覆盖着。翳，遮蔽。　③ "人知"二句：谓作者为山中人们的快乐而感到快乐。乐其乐，前一"乐"字作动词用。　④ 谓：这里同"为"。　⑤ 庐陵：今江西吉安，欧阳修族籍庐陵，故自称庐陵人。

（王水照）

470

qiū shēng fù
秋 声 赋

ōu yáng xiū

欧阳修

ōu yáng zǐ fāng yè dú shū　　wén yǒu shēng zì xī nán lái zhě　sǒng rán ér tīng zhī　　yuē　　yì

欧阳子方夜读书①，闻有声自西南来者，悚然而听之②，曰："异

欧阳子夜间正在读书，听到有声音从西南方传来，吃惊地倾听，自语说："好奇怪啊！"它初来时淅沥萧

zāi　　chū xī lì yǐ xiāo sà　　　hū bēn téng ér pēng pài　　rú bō tāo yè jīng　fēng yǔ zhòu zhì　　qí chù yú

哉！"初淅沥以萧飒③，忽奔腾而砰湃④，如波涛夜惊，风雨骤至。其触于

飒，忽然间奔腾澎湃，就像波涛在夜里翻滚，风雨突然来临。它碰到物体，铮铮铮铮，发出如同铜铁金属的撞

wù yě　cōng cōng zhēng zhēng　　jīn tiě jiē míng　yòu rú fù dí zhī bīng　xián méi jí zǒu　　bù wén hào lìng

物也，铮铮铮铮⑤，金铁皆鸣；又如赴敌之兵，衔枚疾走⑥，不闻号令，

击声；又好像奔袭敌人的士兵，口衔短枚快跑，听不见号令声，只听见人马行进的声音。我问书童说：

dàn wén rén mǎ zhī xíng shēng　yú wèi tóng zǐ　　cǐ hé shēng yě　rǔ chū shì zhī　tóng zǐ yuē　　xīng

但闻人马之行声。予谓童子⑦："此何声也？汝出视之。"童子曰："星

"这是什么声音？你出去看看。"书童回来说："月亮洁白晶莹，银河悬在天空，四周没有人声，奇怪的声

yuè jiǎo jié　míng hé zài tiān　　sì wú rén shēng shēng zài shù jiān

月皎洁，明河在天⑧。四无人声，声在树间。"

音来自树枝之间。"

---

① 欧阳子：作者自称。　② 悚然：吃惊的样子。
③ 淅沥以萧飒：风雨交杂的声响。　淅沥，象声
词，这里指雨声。　以，而。　萧飒，这里指风
声。　④ 砰湃：波涛汹涌声。　⑤ 铮铮铮铮：金
属相击的声音。　⑥ 衔枚：枚是一种筷形小棒，
两端有带，可以系在颈上。古代行军时，常命令
士兵衔在口里，防止喧哗，以保守行军的秘密。
⑦ 童子：指幼仆。　⑧ 明河：指银河。

yú yuē   yī xī   bēi zāi   cǐ qiū shēng yě   hú wèi hū lái zāi   gài fú qiū zhī wéi zhuàng yě
予曰："噫嘻,悲哉! 此秋声也,胡为乎来哉? 盖夫秋之为状也①:

我说:"啊呀,好悲伤啊! 这是秋声呀,它为什么来到人间呢? 要说秋天的情状是这样的:

qí sè cǎn dàn   yān fēi yún liǎn   qí róng qīng míng   tiān gāo rì jīng   qí qì lì liè   biān rén jī gǔ
其色惨淡,烟霏云敛②;其容清明,天高日晶③;其气栗冽④,砭人肌骨⑤;

它的颜色惨淡,烟雾纷扬云气聚集;它的容貌清明,天空高旷阳光灿烂;秋气凛冽,刺人肌

qí yì xiāo tiáo   shān chuān jì liáo   gù qí wéi shēng yě   qī qī qiè qiè   hū háo fèn fā   fēng cǎo lǜ rù
其意萧条,山川寂寥。故其为声也,凄凄切切,呼号奋发。丰草绿缛

骨;秋意萧疏,山水寂寞冷落。所以它发出的声音,凄凄切切,呼叫发怒。绿草繁密蓬勃生

ér zhēng mào   jiā mù cōng lóng ér kě yuè   cǎo fú zhī ér sè biàn   mù zāo zhī ér yè tuō   qí suǒ yǐ
而争茂⑥,佳木葱茏而可悦⑦;草拂之而色变,木遭之而叶脱。其所以

长,好树茂盛逗人喜爱;可是草接触它就会变色,树碰到它就会落叶。这能使草木摧折凋零的,

cuī bài líng luò zhě   nǎi yī qì zhī yú liè
摧败零落者,乃一气之余烈⑧。

就是秋气的余威。

---

①状:情状。 ②烟霏云敛:烟纷飞、云密聚,指天气阴暗。 霏,纷
扬。 敛,聚集。 ③日晶:阳光灿烂。 ④栗冽:寒冷。 ⑤砭:
刺。原指古代用以刺穴治病的石针。 ⑥缛:丰茂。 ⑦葱茏:草
木青翠茂盛的样子。 ⑧一气:指秋气。 余烈:余威。

---

fú qiū   xíng guān yě   yú shí wéi yīn   yòu bīng xiàng yě   yú xíng wéi jīn   shì wèi tiān dì
"夫秋,刑官也①,于时为阴②;又兵象也③,于行为金④。是谓天地

"秋天,是刑罚之官,在季节上属阴;又是用兵的象征,在五行中属金;它被称作天地间的义气,常常

zhī yì qì   cháng yǐ sù shā ér wéi xīn   tiān zhī yú wù   chūn shēng qiū shí   gù qí zài yuè yě   shāng
之义气⑤,常以肃杀而为心⑥。天之于物,春生秋实。故其在乐也,商

怀着严酷杀伐的本心。上天对于生物,春天让它生长,秋天让它结实。所以秋天在音乐中是商声,商声是代

472

shēng zhǔ xī fāng zhī yīn⑦，夷则
声主西方之音⑦，夷则

表西方的乐调，夷则是

wéi qī yuè zhī lǜ⑧。 shāng shāng
为七月之律⑧。商，伤

和七月相配的音律。商，就是

yě， wù jì lǎo ér bēi shāng⑨
也，物既老而悲伤⑨；

悲伤，生物衰老就会悲伤；

yí lù yě wù guò shèng ér dāng
夷，戮也，物过盛而当

夷，就是杀戮，生物过盛就会

shā⑩
杀⑩。

被杀戮。

① "夫秋"二句：上古设官，以四时为名，掌管刑法的司寇为秋官。　② 于时为阴：古人以春夏为阳，秋冬为阴。《汉书·律历志》："秋为阴中，万物以成。"　③ 又兵象也：古代征伐多在秋天，所以称为"兵象"。　④ 行：五行，金、木、水、火、土。古人认为四季变化是五行"相生"的结果，并把五行分配于四季，秋属金。　⑤ 天地之义气：指刚正之气。《礼记·乡饮酒义第四十五》说："天地严凝之气，始于西南而盛于西北，此天地之尊严气也，此天地之义气也。"由西南至西北方，正是秋的方位。本文开头讲秋声来自西南，即本此。　⑥ 心：指用心、目的。　⑦ "商声"句：商声代表西方之音。商声是五声（宫、商、角、徵、羽）之一。五声也分配于四时，商属秋；又五声和五行相配，商声属金，主西方之音。　⑧ "夷则"句：夷则是十二律（黄钟、大吕、太簇、夹钟、姑洗、仲吕、蕤宾、林钟、夷则、南吕、无射、应钟）之一。　律，本是正音器具，后配十二月，以占气候。　七月，正相当于十二律中的夷则。《礼记·月令》："孟秋之月，其音商，律中夷则。"　⑨ "商，伤也"三句：古人常以同声通训，"商"与"伤"音同义近，物类既衰老就悲伤。　⑩ "夷，戮也"三句："夷"的原意是杀戮诛锄，物类过盛就该消灭。

jiē hū cǎo mù wú qíng yǒu shí piāo líng rén wéi dòng wù wéi wù zhī líng bǎi yōu gǎn qí xīn
"嗟乎！草木无情，有时飘零，人为动物，惟物之灵，百忧感其心，

"啊！草木没有感情，尚且不免按时飘落凋零，人作为动物，乃是万物中最有灵性的，种种忧愁触及他

wàn shì láo qí xíng yǒu dòng yú zhōng bì yáo qí jīng ér kuàng sī qí lì zhī suǒ bù jí
万事劳其形，有动于中，必摇其精①。而况思其力之所不及，

的心灵，种种事情劳累他的身体，心中有所触动，一定会损伤他的精神。何况要去思索他力所不及的事情，

yōu qí zhì zhī suǒ bù néng yí qí wò rán dān zhě wéi gǎo mù yì rán hēi zhě wéi xīng xīng
忧其智之所不能，宜其渥然丹者为槁木②，黟然黑者为星星③；

忧愁那些智力不能解决的问题，这就必然使他红润的容貌变得如同枯木，乌黑的头发变得斑斑点点；

473

nài hé yǐ fēi jīn shí zhī zhì　　yù yǔ cǎo mù ér zhēngróng　　niàn shuí wéi zhī qiāng zéi　　yì hé hèn hū qiū

奈何以非金石之质④,欲与草木而争荣! 念谁为之戕贼,亦何恨乎秋

为什么要用并非金石的身躯,去跟草木竞争荣盛! 应想想自己究竟为谁摧残,又怎能去怨恨

shēng

声⑤?"

那并不相关的秋声?"

> ① 摇:指消损。　精:精气。　② 渥然丹者:指容貌红润,比喻年轻力壮。渥然,滋
> 润的样子。语出《诗经·秦风·终南》:"颜如渥丹。"　槁木:枯木,指衰老。　③ 黟
> 然黑者:指乌亮的鬓发,比喻年轻。黟然,乌黑的样子。　星星:形容鬓发花白。
> ④ 金石之质:指坚固不坏的质地。《古诗十九首》:"人生非金石,焉能长寿考。"　⑤ "念
> 谁"二句:大意是人的衰颓是自己忧劳的结果,怎好怨恨秋声凄切呢?　戕贼,伤害。

tóng zǐ mò duì　chuí tóu ér shuì　　chuí wén sì bì chóngshēng jī jī　　rú zhù yú zhī tàn xī

童子莫对,垂头而睡。但闻四壁虫声唧唧,如助余之叹息。

书童没有回答,已低着头睡去,只听见四周墙下虫声唧唧鸣叫,好像在帮助我的叹息。

(王水照)

jì shí màn qīng wén

祭石曼卿文

ōu yáng xiū

欧阳修

wéi zhì píng sì nián qī yuè rì　　　jù guān ōu yáng xiū jǐn qiǎnshàng shū dū shěng lìng shǐ lǐ yì zhì yú

维治平四年七月日①,具官欧阳修谨遣尚书都省令史李敭至于

治平四年七月某日,某官欧阳修郑重地派尚书省令史李敭到太清乡,

tài qīng　　yǐ qīngzhuó shù xiū zhī diàn　　zhì jì yú wáng yǒu màn qīng zhī mù xià　　ér diào zhī yǐ wén yuē

太清②,以清酌庶羞之奠③,致祭于亡友曼卿之墓下,而吊之以文曰:

以美酒和各种美食为祭品,拜祭于亡友曼卿的墓前,并宣读祭文吊唁说:

474

① 维：发语词。　治平：宋英宗年号（1064～1067）。　② 具官：官爵品级的省写。欧阳修当时的官职为观文殿学士、刑部尚书、知亳州军、州事。　尚书都省：管理全国行政的衙门。　令史：管理文书工作的官。　李敭：生平事迹不详。　太清：在今河南商丘南，石曼卿的故乡墓地。　③ 清酌：美酒。庶羞：肴馔。语出《仪礼·公食大夫礼》："上大夫庶羞二十。"　奠：祭品。

wū hū màn qīng　shēng ér wéi yīng　sǐ ér wéi líng　qí tóng hū wàn wù shēng sǐ　ér fù guī
"呜呼曼卿！生而为英①，死而为灵②！其同乎万物生死，而复归

"唉，曼卿！生时是英杰，死后成神灵！那跟万物一样有生有死，而最后化为乌有的，是你由精气暂时聚

yú wú wù zhě　zàn jù zhī xíng　bù yǔ wàn wù gòng jìn　ér zhuó rán qí bù xiǔ zhě　hòu shì zhī míng
于无物者，暂聚之形③；不与万物共尽，而卓然其不朽者④，后世之名。

合的身躯；那不跟万物同归于尽，而出类拔萃永垂不朽的，是你流传后世的名声。这是自古以来的圣贤，都

cǐ zì gǔ shèng xián　mò bù jiē rán　ér zhù zài jiǎn cè zhě　zhāo rú rì xīng
此自古圣贤，莫不皆然；而著在简册者⑤，昭如日星。

是如此的；这些已载入史书，就像太阳星辰一样明显。

① 英：不平凡的人才。《礼记·礼运》："大道之行也，与三代之英。"郑玄注："英，俊选之尤者。"　② 灵：神灵。《尸子》："天神曰灵。"　③ 暂聚之形：临时聚合的形体。　④ 卓然：出类拔萃的样子。　⑤ 简册：指史书。　简，古时用来写字的板。

wū hū màn qīng　wú bú jiàn zǐ jiǔ yǐ　yóu néng fǎng fú zǐ zhī píng shēng　qí xuān áng lěi luò
"呜呼曼卿！吾不见子久矣①，犹能仿佛子之平生②。其轩昂磊落，

"唉！曼卿！我不见你已很久了，但还能大致记得你过去的一切。你气度轩昂不凡，心地光明坦荡，

tū wù zhēng róng　ér mái cáng yú dì xià zhě　yì qí bú huà wéi xiǔ rǎng　ér wéi jīn yù zhī jīng　bù
突兀峥嵘④，而埋藏于地下者，意其不化为朽壤，而为金玉之精；不

才华特异优秀，而你那埋入地下的遗体，想来也不会变成烂泥，而会成为金玉的精粹；不然的话，也会长出

rán　shēng cháng sōng zhī qiān chǐ　chǎn líng zhī ér jiǔ jīng　nài hé huāng yān yě màn　jīng jí zòng héng fēng
然，生长松之千尺，产灵芝而九茎⑤。奈何荒烟野蔓，荆棘纵横，风

高耸千尺的苍松，孕育并列九茎的灵芝。可是，怎奈竟是荒烟野草，荆棘纵横，冷风凄清寒露普降，鬼火闪走

475

qī lù xià, zǒu lín fēi yíng⑥, dàn jiàn mù tóng qiáo sǒu,
凄露下，走磷飞萤⑥，但见牧童樵叟，

萤虫飞窜，只见放牛的小孩、砍柴的老人，哼着山

gē yín ér shàng xià⑦; yǔ fú jīng qín hài shòu bēi
歌吟而上下⑦；与夫惊禽骇兽，悲

歌在墓地来回走动；还有那惊慌的飞禽和野兽，在那

míng zhí zhú ér yī yīng⑨。 jīn gù rú cǐ, gèng qiān qiū
鸣踯躅而咿嘤⑨。今固如此，更千秋

里鸣咽悲啼、徘徊号叫。眼下就已如此情景，再经历千

ér wàn suì xī, ān zhī qí bù xué cáng hú hé yǔ wú
而万岁兮，安知其不穴藏狐貉与鼯

秋万代呢？哪知道不会有狐狸、鼯鼪之类在这里打洞

shēng, cǐ zì gǔ shèng xián yì jiē rán xī, dú bú jiàn
鼪⑩？此自古圣贤亦皆然兮，独不见

藏身？这是自古以来圣贤也是如此的啊，难道不曾看见

fú lěi lěi hū kuàng yě yǔ huāng chéng
夫累累乎旷野与荒城⑪！

那接连不断的旷野和坟茔？

---

① 子：你，指石曼卿。　② 仿佛：依稀记得。　平生：指石曼卿过去一切。　③ 轩昂：形容人的气度不凡。　磊落：心地光明坦率。　④ 突兀峥嵘：高而不平。这里指人才特异优秀。　⑤ 灵芝：菌类，古人把它看作表示吉祥神异之物。　九茎：形容灵芝的茎很多。《汉书·武帝纪》：“芝生殿房中，九茎。”　⑥ 走磷：旧时指鬼火，实是夜空中磷氧化而产生的青光。　⑦ 上下：在墓前来回地走。　⑧ 与夫：连接词，以及，还有。　⑨ 踯躅：徘徊不前。　咿嘤：哭声，这里指禽兽悲鸣的声音。　⑩ 貉：一种像狐狸的野兽。　鼯：飞鼠。　鼪：黄鼠狼。　⑪ 累累：重叠相连的样子。　城：这里指坟墓。

---

wū hū màn qīng! shèng shuāi zhī lǐ, wú gù zhī qí rú cǐ, ér gǎn niàn chóu xī, bēi liáng qī
“呜呼曼卿！盛衰之理，吾固知其如此，而感念畴昔①，悲凉凄

“唉，曼卿！人生兴盛衰败的道理，我本已知道就是这个样子，但感念过去，悲凉伤感，

chuàng bù jué lín fēng ér yǔn tì zhě②, yǒu kuì hū tài shàng zhī wàng qíng③ shàng xiǎng④!”
怆，不觉临风而陨涕者②，有愧乎太上之忘情③！尚飨④！”

不觉当风落泪，愧对那些达观忘情的圣人！就请你享用祭品吧！”

---

① 畴昔：从前。　② 陨涕：落泪。　③ 太上之忘情：典出《世说新语·伤逝篇》。晋人王戎死了儿子，山简前去慰问，见他悲痛欲绝，就说：“孩，抱中物，何至于此？”王戎说：“圣人忘情，最下不及情，情之所钟，正在吾辈。”　太上，最上，指圣人。指圣人能达到不动感情的境界。　④ 尚飨：祭文的套语，意思是，请享用祭品吧。

（王水照）

泷 冈 阡 表
shuāng gāng qiān biǎo

欧阳修
ōu yáng xiū

呜呼！惟我皇考崇公①，卜吉于泷冈之六十年②，其子修始克表
wū hū wéi wǒ huáng kǎo chóng gōng bǔ jí yú shuāng gāng zhī liù shí nián qí zǐ xiū shǐ kè biǎo

唉！先父崇国公，选择吉日在泷冈安葬的六十年之后，他的儿子欧阳修，才撰表立碑于墓前。这并非

于其阡③。非敢缓也，盖有待也。
yú qí qiān fēi gǎn huǎn yě gài yǒu dài yě

敢故意拖延，而是因为有所期待啊。

修不幸，生四岁而孤④。太夫人守节自誓⑤，居穷，自力于衣食，以
xiū bú xìng shēng sì suì ér gū tài fū rén shǒu jié zì shì jū qióng zì lì yú yī shí yǐ

我很不幸，生下来才四岁就失去了父亲。母亲立志守节，家境贫寒，亲自操持衣食，来抚养我教育我，

长以教，俾至于成人。太夫人告之曰："汝父为吏⑥，廉而好施与，喜宾
zhǎng yǐ jiào bǐ zhì yú chéng rén tài fū rén gào zhī yuē rǔ fù wéi lì lián ér hào shī yǔ xǐ bīn

使我能够成人。母亲告诉我说："你父亲当官清廉，又乐意帮助别人，还喜欢结交宾客。他的俸禄虽少，还常

客，其俸禄虽薄，常不使有余⑦，曰：'毋以是为我累。'故其亡也，无一
kè qí fèng lù suī bó cháng bù shǐ yǒu yú yuē wú yǐ shì wéi wǒ lèi gù qí wáng yě wú yī

常不肯有积余。他说：'不要因为这些财物使我受累。'所以他死的时候，家中没有一片瓦可以容身，一亩地

瓦之覆、一垄之植，以庇而为生⑧，吾何恃而能自守耶？吾于汝父，知
wǎ zhī fù yì lǒng zhī zhí yǐ bì ér wéi shēng wú hé shì ér néng zì shǒu yé wú yú rǔ fù zhī

可以种植，以此维持生计，我凭什么能够守节呢？我对你的父亲，约略有所了解，因而对你有所期望啊。自从

其一二，以有待于汝也。自吾为汝家妇，不及事吾姑⑨，然知汝父之能
qí yī èr yǐ yǒu dài yú rǔ yě zì wú wéi rǔ jiā fù bù jí shì wú gū rán zhī rǔ fù zhī néng

我成了你家的媳妇，没赶上侍奉婆婆，然而我却知道你父亲是能够孝顺父母的。你当初没了父亲年纪又小，

养也。汝孤而幼，吾不能知汝之必有立，然知汝父之必将有后也。吾之
yǎng yě rǔ gū ér yòu wú bù néng zhī rǔ zhī bì yǒu lì rán zhī rǔ fù zhī bì jiāng yǒu hòu yě wú zhī

我不能知道你日后事业必定有成，然而我却知道你父亲必定会有好的后代。我刚嫁来时，你父亲脱去母亲的

始归也⑩，汝父免于母丧方逾年⑪。岁时祭祀，则必涕泣曰：'祭而丰，不
shǐ guī yě rǔ fù miǎn yú mǔ sāng fāng yú nián suì shí jì sì zé bì tì qì yuē jì ér fēng bù

丧服才一年多。逢年过节时祭祀，你父亲一定哭着说：'身后祭品丰盛，不如生前微薄奉养。'偶而用些酒菜，

477

rú yǎng zhī bó yě　　jiàn yù jiǔ shí　　zé yòu tì qì yuē　　xī cháng bù zú　　ér jīn yǒu yú　　qí hé

如养之薄也。'间御酒食⑫，则又涕泣曰：'昔常不足，而今有余，其何

就又哭着说：'以前常常钱不够，而今有了剩余，可是来不及奉养父母了！'我开始时见了一二次，以为他新

jí yě　　wú shǐ yī èr jiàn zhī　　yǐ wéi xīn miǎn yú sāng shì rán ěr　　jì ér qí hòu cháng rán　　zhì qí

及也！'吾始一二见之，以为新免于丧适然耳⑬。既而其后常然，至其

近脱了丧服才偶而这样的。然而他后来经常这样，直到去世也没有改变。我虽然没能侍奉婆婆，却因此知道

zhōngshēn wèi cháng bù rán　　wú suī bù jí shì gū　　ér yǐ cǐ zhī rǔ fù zhī néngyǎng yě　　rǔ fù wéi lì

终身未尝不然。吾虽不及事姑，而以此知汝父之能养也。汝父为吏，

你父亲是很孝顺父母的。你父亲做官时，曾深夜秉烛处理案卷，多次停下叹息。我问他，他回答说：'这是一

cháng yè zhú zhì guān shū　　lǚ fèi ér tàn⑮　　wú wèn zhī　　zé yuē　　cǐ sǐ yù yě　　wǒ qiú qí shēng bù

尝夜烛治官书⑭，屡废而叹⑮。吾问之，则曰：'此死狱也，我求其生不

件判死刑的案子，我想为他找条生路，却找不到啊。'我说：'生路可以找到吗？'你父亲说：'我想为他找条生

dé ěr　　wú yuē　　shēng kě qiú hū　　yuē　　qiú qí shēng ér bù dé　　zé sǐ zhě yǔ wǒ jiē wú hèn

得尔。'吾曰：'生可求乎？'曰：'求其生而不得，则死者与我皆无恨

路却办不到，那么死者和我就都没有遗憾了。况且确实有时是能够找到生路的呢？因为能够找到生路，所以

yě　　shěn qiú ér yǒu dé yé　　yǐ qí yǒu dé　　zé zhī bù qiú ér sǐ zhě yǒu hèn yě　　fú cháng qiú qí

也。矧求而有得耶⑯？以其有得，则知不求而死者有恨也。夫常求其

知道不为他寻求生路而死的人是有遗憾的。我常这样为死囚们寻求生路，他们还不免要被处死，

shēng yóu shī zhī sǐ　　ér shì cháng qiú qí sǐ yě　　huí gù rǔ zhě bào rǔ ér lì yú páng yīn zhǐ ér

生，犹失之死，而世常求其死也？'回顾乳者抱汝而立于旁，因指而

何况世间的官吏常常要他们死呢！'你父亲回头看见奶妈抱着你立在旁边，就指着你叹息道：'算命

tàn yuē　　shù zhě wèi wǒ suì xíng zài xū jiāng sǐ⑰　　shǐ qí yán rán　　wú bù jí jiàn ér zhī lì yě　　hòu

叹曰：'术者谓我岁行在戌将死⑰。使其言然，吾不及见儿之立也，后

的人说我将死于岁星运行到戌的那年，假如他的话应验，我就见不到儿子成人这一天了，日后你要

dāng yǐ wǒ yǔ gào zhī　　qí píng jū jiào tā zǐ dì⑱　　cháng yòng cǐ yǔ　　wú ěr shóu yān　　gù néng xiáng

当以我语告之。'其平居教他子弟⑱，常用此语。吾耳熟焉，故能详

把我的话告诉他。'你父亲平时教导其他子弟，也常常用这些话。我耳朵里听熟了，所以能记得详细

yě　　qí shī yú wài shì　　wú bù néng zhī　　qí jū yú jiā　　wú suǒ jīn shì　　ér suǒ wéi rú cǐ　　shì zhēn

也。其施于外事，吾不能知；其居于家，无所矜饰⑲，而所为如此，是真

他在外面做的事，我没法知道；他居家时，没有一点做作虚伪，而他的行为如此，这是真正

fā yú zhōng zhě yé　　wū hū　　qí xīn hòu yú rén zhě yé　　cǐ wú zhī rǔ fù zhī bì jiāng yǒu hòu yě　　rǔ

发于中者耶⑳！呜呼，其心厚于仁者耶！此吾知汝父之必将有后也。汝

发自内心的呀！唉，他的心地是那样仁厚！因此我知道你父亲必定会有很好的后代，你要

qí miǎn zhī　　　　　fú yǎng bú bì fēng　　yào yú xiào　　　　lì suī bù dé bó yú wù　　yào qí xīn zhī hòu yú rén
其勉之。夫养不必丰,要于孝㉑;利虽不得博于物,要其心之厚于仁。

勉励自己啊! 奉养长辈不一定要很丰厚,重要的是要孝顺;恩惠和好处虽然不能遍及每个人,重要的是

wú bù néng jiào rǔ　　cǐ rǔ fù zhī zhì yě　　　　xiū qì ér zhì zhī bù gǎn wàng
吾不能教汝,此汝父之志也。"修泣而志之不敢忘。

要心地仁厚。我没有能力教育你,这是你父亲的志向。"我流着眼泪记下这些话,不敢遗忘。

---

① 惟:发语词,无实义。　皇考:父死曰"考"母死曰"妣"。"皇"是尊称。　崇公:作者的父亲欧阳观死后追封崇国公。　② 卜吉:选择吉日。此指选择吉日埋葬。欧阳观死于大中祥符三年,次年葬于泷冈。　③ 克:能够。　表于其阡:指在墓前树立墓碑。　④ 孤:年幼丧父曰孤。　⑤ 太夫人:指欧阳修的母亲。古代列侯之妻称夫人,列侯死,子称其母为太夫人。　⑥ 吏:低级官吏称吏。欧阳观生前只做过几任州、县的推官、判官等辅佐官,故称"吏"。　⑦ "廉而"四句:作者《七贤画序》云:"某为儿童时,先妣尝与某曰:'吾归汝家时极贫,汝父为吏至廉,又於物无所嗜,喜宾客,又不计其家有以具酒食。在绵州三年,他人皆多买蜀物以归,汝父不营一物,而俸禄待宾客亦无余。'"　⑧ "无一瓦"二句:言无屋可居,无亩可耕,生计艰难。　垄:田埂。　庇:庇护。　⑨ 姑:古代妻子称丈夫之母曰姑。　⑩ 始归:刚出嫁。　⑪ 免于丧:指母亲死后,守丧期满。　⑫ 间:间或,偶而。　御:进用。　⑬ 适然:方才这样。　⑭ 官书:官府的文书。此指有关刑狱的公文。　⑮ 废:停止。　⑯ 矧:何况,况且。　⑰ 术者:指算命者。　岁行在戌:指岁星(木星)运行到戌年。欧阳观死于宋真宗大中祥符三年庚戌(1010),与算命者的话巧合。　⑱ 平居:平时,平日。　⑲ 矜饰:夸张做作。　⑳ 中:内心。　㉑ 要:关键。

---

xiān gōng shǎo gū lì xué　　xián píng sān nián jìn shì jí dì①　　wéi dào zhōu pàn guān②　　　sì　mián èr zhōu
先公少孤力学,咸平三年进士及第①,为道州判官②,泗、绵二州

先父小时死了父亲却勤奋学习,咸平三年考取进士,做过道州判官,泗州、绵州二州

tuī guān③　　yòu wéi tài zhōu pàn guān④　　xiǎng nián wǔ shí yòu jiǔ　zàng shā xī zhī shuāng gāng　tài fū rén xìng zhèng
推官③,又为泰州判官④,享年五十有九,葬沙溪之泷冈。太夫人姓郑

的推官,又做过泰州判官,他活到五十九岁,葬在沙溪的泷冈。先母姓郑,她的父亲名德仪

shì　kǎo huì dé yí⑤　　shì wéi jiāng nán míng zú　　tài fū rén gōng jiǎn rén ài ér yǒu lǐ　　chū fēng fú chāng xiàn
氏,考讳德仪⑤,世为江南名族。太夫人恭俭仁爱而有礼,初封福昌县

世代为江南名族。先母为人处世恭敬、节俭、仁厚、慈爱而又注重礼节,起初被封为福昌县太

tài jūn⑥　　jìn fēng lè ān　ān kāng　péng chéng sān jùn tài jūn⑦　　zì qí jiā shǎo wēi shí⑧　　zhì qí jiā yǐ
太君⑥,进封乐安、安康、彭城三郡太君⑦。自其家少微时⑧,治其家以

君,后又进封乐安、安康、彭城三郡的太君。从我家早年贫困时起,先母就节俭持家,

jiǎn yuē qí hòu cháng bù shǐ guò zhī yuē wú ér bù néng gǒu hé yú shì jiǎn bó suǒ yǐ jū huàn nàn
俭约,其后常不使过之,曰:"吾儿不能苟合于世,俭薄所以居患难

此后便不许越过这个标准。她说:"我儿不能苟且以迎合世俗,只有节俭才能使你度过患

yě qí hòu xiū biǎn yí líng⑨ tài fū rén yán xiào zì ruò yuē rǔ jiā gù pín jiàn yě wú chǔ zhī yǒu
也。"其后修贬夷陵⑨,太夫人言笑自若,曰:"汝家故贫贱也,吾处之有

难。"后来修被贬往夷陵,先母谈笑自如,说:"你家本来就贫困,我早已过惯了。

sù yǐ⑩ rǔ néng ān zhī wú yì ān yǐ
素矣⑩。汝能安之,吾亦安矣。"

你能够安心,我也就安心了。"

---

① 咸平三年:即公元1000年。咸平为宋真宗年号。　② 道州:治所在今湖南道县。　判官:为州长官的僚属,掌管文书事务。　③ 泗、绵二州:泗州,治所在今安徽泗县。　绵州,治所在今四川绵阳。推官:州长官的僚属,掌管刑罚。　④ 泰州:治所在今江苏泰州市。　⑤ 讳:生时曰"名",死后曰"讳"。　⑥ 福昌县太君:福昌,古县名。　县太君,宋制,朝廷卿、监和地方上知州等官的母亲封县太君;朝廷侍郎、学士和地方观察、留后等官的母亲封郡太君。　⑦ "进封"句:乐安、安康、彭城均为古郡名,这些郡在宋代已不存在。因此,"县太君"和"郡太君"不是实封其地,而是名义上的赠封而已。⑧ 少微时:早年贫贱时。　⑨ 夷陵:县名。今湖北宜昌。景祐三年,作者因与高若讷书事被贬为夷陵令,其母曾随行。　⑩ 素:向来。此处意为习惯。

---

zì xiān gōng zhī wáng èr shí nián xiū shǐ dé lù ér yǎng⑪ yòu shí yòu èr nián liè guān yú cháo
自先公之亡二十年,修始得禄而养⑪。又十有二年,列官于朝,

自从先父逝世后二十年,我才得到俸禄能够奉养母亲。又过了十二年,我在朝廷

shǐ dé zèng fēng qí qīn⑫ yòu shí nián xiū wéi lóng tú gé zhí xué shì shàng shū lì bù láng zhōng liú shǒu
始得赠封其亲⑫。又十年,修为龙图阁直学士、尚书吏部郎中、留守

中做官,这才能使父母得到封赠。又过了十年,我任龙图阁直学士、尚书吏部郎中、

nán jīng⑬ tài fū rén yǐ jí zhōng yú guān shè⑭ xiǎng nián qī shí yòu èr yòu bā nián xiū yǐ fēi cái
南京⑬。太夫人以疾终于官舍⑭,享年七十有二。又八年,修以非才

留守南京。这一年先母因病在官舍逝世,享年七十二岁。又过了八年,我以平庸的才能

rù fù shū mì⑮ suì cān zhèng shì⑯ yòu qī nián ér bà⑰ zì dēng èr fǔ⑱ tiān zǐ tuī ēn bāo
入副枢密⑮,遂参政事⑯。又七年而罢⑰。自登二府⑱,天子推恩,褒

入京任枢密院副使,于是任参知政事。又过了七年才解职。自从我进入中书省和枢密

其三世。盖自嘉祐以来⑲,逢

院二府之后,天子推广恩泽,褒奖我的

国大庆,必加宠锡⑳。皇曾

三世先人。自从嘉祐年间以来,每

祖府君㉑,累赠金紫光禄大

逢国家大庆,一定特加赏赐。先曾祖

夫、太师、中书令㉒。曾祖妣㉓,

父,累赠为金紫光禄大夫、太师、

累封楚国太夫人。皇祖府

先曾祖母,累封为楚国太夫

君㉔,累赠金紫光禄大夫、

人。先祖父,累赠为金紫光禄大

太师、中书令,兼尚书令㉕。

夫、太师、中书令兼尚书令。先祖母,

祖妣,累封吴国太夫人。

累封吴国太夫人。先父崇国公,累赠

皇考崇公,累赠金紫光禄

为金紫光禄大夫、太师、中书令,兼

大夫、太师、中书令,兼尚书

尚书令。先母,累封为越国太夫人。

令。皇妣,累封越国太夫人。

当今皇上即位后初行郊祀典礼,又赠

⑪"修始得"句:作者于宋仁宗天圣八年(1030)考取进士,后授将仕郎、试秘书省校书郎、充西京留守推官。 ⑫"又十"三句:作者于仁宗康定元年(1040)被召回京,历任馆阁校勘、太子中允。庆历元年(1041),祀南郊,加骑都尉,改集贤校理。封赠事可能即在是年。 ⑬龙图阁直学士:龙图阁为宋代管理文献典籍的官署,设学士、直学士、待制、直阁等官。这些官衔,多是加给皇帝侍从官的荣誉头衔。 **直学士**,初入值馆阁,称直学士。 **尚书**:指尚书省,下统吏、户、礼、兵、刑、工六部。 **吏部郎中**:吏部,掌管全国官吏的任免、考课、升降、调动等事务,长官为吏部尚书,下设郎中四人,各司其职。 **留守南京**:宋真宗时,升宋州(今河南商丘)为应天府,建为南京。皇祐二年(1050),作者以龙图阁直学士知应天府兼南京留守司事,转吏部郎中,加轻骑都尉。 ⑭"太夫人"句:作者之母死于皇祐四年(1052)。 ⑮入副枢密:进入朝廷担任枢密副使。宋代的枢密院掌管全国的军事。 ⑯参政事:任参知政事,即为副宰相,事在嘉祐六年。 ⑰又七年而罢:宋英宗治平四年(1067),作者被罢免参知政事。 ⑱二府:宋制,中书省和枢密院分掌政务和军事,号称"二府"。 ⑲嘉祐:宋仁宗年号(1056～1063)。 ⑳宠锡:特别赏赐。**锡**,同"赐"。 ㉑皇:尊称。 **府君**:子孙对祖先的敬称。作者之曾祖名彬。 ㉒累赠:累加的最后封赠。 **金紫光禄大夫**:金紫,金章紫绶。 **光禄大夫**,战国时置中大夫,汉武帝时改光禄大夫。掌顾问应对。宋代为散官,加金章紫绶的,称金紫光禄大夫。 **太师**:官名。始设于周朝,为辅佐国君的官。后世以太师、太傅、太保为三公。宋承唐制,三公均为封赠官名,以示恩宠,并无实职。 **中书令**:中书省长官,唐时为宰相,宋代为封赠之官。 ㉓曾祖妣:指已故的曾祖母。 ㉔皇祖府君:指作者的祖父,名偃。 ㉕尚书令:尚书省长官。魏晋以来,事实上为宰相。宋代为加官和赠封之官,班次在太师之上。 ㉖今上:当今皇上,指宋神宗赵顼。 **初郊**:初次在郊外行祭天之礼。**郊**,郊祀,祭天。

今上初郊㉖，皇考赐爵为崇国公，太夫人进号魏国。

先父为崇国公，先母进号为魏国太夫人。

于是小子修泣而言曰：呜呼！为善无不报，而迟速有时，此理之

于是我哭着说道：唉！做善事没有不受报答的，但是时间有迟缓和迅速的不同，这是常理。

常也。惟我祖考，积善成德，宜享其隆，虽不克有于其躬①，而赐

我的祖先，积累善行而成仁德，应当享受丰厚的报答。他们虽然不能在活着时享有，但身后受赐爵位接受

爵受封，显荣褒大，实有三朝之锡命②，是足以表见于后世，而庇赖其

封赠，显扬荣光嘉奖大德，终于得到三朝的赏赐。这就足以使他们的德行表现于后世，并庇荫于他们的

子孙矣。乃列其世谱，具刻于碑。既又载我皇考崇公之遗训，太夫

子孙了。于是我列出世代的族谱，一一刻在碑上。然后又记载先父崇国公的遗训，以及

人之所以教而有待于修者，并揭于阡③，俾知夫小子修之德薄能鲜，

先母对我的教诲和期望，一并刻在碑上，使人们知道我道德浅薄又少才能，不过

遭时窃位④，而幸全大节，不辱其先者，其来有自。

遭遇时机窃居高位，而能够幸运地保全大节，不致辱没先人，实在是有原因的。

熙宁三年⑤，岁次庚戌，四月辛酉朔⑥，十有五日乙亥⑦，男推诚保

熙宁三年，岁星至于庚戌，四月初一辛酉，十五日乙亥，子推诚保德

德崇仁翊戴功臣⑧，观文殿学士⑨，特进⑩，行兵部尚书⑪，知青州军

崇仁翊戴功臣，观文殿学士，特进，行兵部尚书，知青州军州事，兼管内

州事⑫，兼管内劝农使⑬，充京东路安抚使⑭，上柱国⑮，乐安郡开国

劝农使，充京东东路安抚使，上柱国，乐安郡开国公，食邑四千三百户，食实封

公⑯，食邑四千三百户⑰，食实封一千二百户⑱，修表。

一千二百户，欧阳修撰写此表。

① 躬：身体。引申为亲自、自身。　② 三朝：指宋仁宗、英宗、神宗三朝。　锡命：指皇帝赐封的诏书。　锡，通"赐"。　③ 揭：记载。　阡：墓道。　④ 遭时窃位：作者自谦之词，谓并无才德却幸逢时机而侥幸做了大官。　⑤ 熙宁三年：公元1070年，该年干支为庚戌。　⑥ 辛酉朔：为这年四月初一日的干支。　朔，农历每月初一。　⑦ 乙亥：为是年四月十五日的干支。　⑧ 男：儿子对父母的自称。　推诚保德崇仁翊戴功臣：宋帝赐予作者的荣誉头衔。　⑨ 观文殿学士：宋代为优礼大臣而赠的荣誉官衔，且非曾任执政者不授。　宋制，诸殿学士为皇帝侍从顾问，虽无实权，而地位很高。　⑩ 特进：官名。汉时列侯中有特殊地位的授特进。宋代为文职散官的第二级，相当于正二品。　⑪ 行兵部尚书：大官兼任小官称行某官。兵部为六部之一，掌军事。尚书为其长官。　⑫ 知青州军州事：宋制，朝臣为知州，号权知军州事，兼掌军、政大权。　青州，治所在今山东益都。　⑬ 内劝农使：官名，掌劝励农桑事宜。宋制以知州兼职。　⑭ 京东路：宋代分全国行政区域为十五路，下设州、县。熙宁七年，分京东路为京东东路、京东西路。　安抚使：官名，主持一路军政事务，多为知州兼任。　⑮ 上柱国：官名，战国时楚国始置。唐以后为勋官的称号。　⑯ 乐安郡：古代郡国名，始设于东汉，在山东境内，隋初废。　开国公：宋代赐予臣下的第六等爵位。　⑰ 食邑：亦称"采邑"、"封地"。食邑制始于周朝，封地内所收租税为食邑者的俸禄。　⑱ 食实封：指实封的食邑。宋制，食邑自二百户至一万户，食实封自一百户至一千户，有时可以特加。但这些在宋代只是一种褒奖的名誉，与春秋时代的诸侯真的享受几千户、几万户租税的情况不同。以上是作者当时拥有的所有官职和封爵。

（王兴康）

guǎn zhòng lùn
管　仲　论

sū xún
苏　洵

guǎnzhòngxiàng wēi gōng　bà zhū hóu　rǎng yí dí　zhōng qí shēn qí guó fù qiáng　zhū hóu bù gǎn
管仲相威公①，霸诸侯，攘夷狄②，终其身齐国富强，诸侯不敢

管仲帮助齐桓公，称霸诸侯，攘除夷狄，在他活着的时候齐国一直富强，各国诸侯不敢背叛。管仲一

pàn　guǎnzhòng sǐ　shù diāo　yì yá　kāi fāngyòng　wēi gōnghōng yú luàn　wǔ gōng zǐ zhēng lì　qí huò màn
叛。管仲死，竖刁、易牙、开方用③。威公薨于乱，五公子争立，其祸蔓

死，竖刁、易牙、开方受到重用。于是桓公死于内乱，五位公子争夺王位，这一祸患蔓延开去，一直延续到简

yán　qì jiǎn gōng　qí wú níng suì
延，讫简公，齐无宁岁④。

公时，齐国没有安宁的日子。

① 苏洵（1009～1066），号老泉，与其子苏轼、苏辙并称"三苏"，又同为"唐宋八大家"之一。　管仲（？～前645）：名夷吾，字仲，颍上（颍水之滨）人，春秋初期晋国政治家。初由挚友鲍叔牙推荐，被齐桓公任命为卿，尊为"仲父"。他在齐国推行一系列政治措施，建立了一套行之有效的政治、经济和人才选拔制度，使齐国国力大增，并帮助齐桓公成为春秋时期的第一个霸主。　威公：即齐桓公（？～前643），因避宋钦宗讳而改。桓公姜姓，名小白，齐襄公之弟。襄公被杀后，他回国取得政权，在管仲的辅佐下使国家富强。　② 攘夷狄：指齐桓公以"尊王攘夷"为号召，成功地遏止了戎狄等对中原地区的进攻。　③ 竖刁：桓公近臣，寺人。管仲死后，他与易牙、开方专权。桓公死后，诸子争夺皇位，他便与易牙等杀害群臣，立公子无诡为君，太子昭出奔宋，齐国由此大乱。　易牙：桓公宠幸的近臣。因擅长烹调、善于逢迎得宠，相传他曾把亲生儿子烹成羹进献桓公。　开方：卫国公子。　④ "威公"五句：据《史记·齐太公世家》记载："桓公病，五公子各树党争立。及桓公卒，遂相攻，以故宫中空，莫敢棺。桓公尸在床上六十七日！尸虫出于户。"桓公死后，无诡、孝公、昭公、懿公、惠公、顷公、灵公、庄公、景公、悼公、简公各朝，国中内乱不止。简公以后，齐政权事实上已为田氏掌握。至田和，终于夺取齐政权。　薨，诸侯或大夫死称薨。

fú gōng zhī chéng　　fēi chéng yú chéng zhī　rì　　gài bì yǒu suǒ yóu qǐ　　huò zhī zuò　bú zuò yú zuò

夫功之成，非成于成之日，盖必有所由起；祸之作，不作于作

要说功业的成就，不是成就于成就之日，而是必定有其成就的原由；祸患的形成，不是形成于形成之

zhī　rì　　yì bì yǒu suǒ yóu zhào　　gù qí zhī zhì yě　　wú bù yuē guǎnzhòng　ér yuē bào shū　　jí qí luàn

之日，亦必有所由兆。故齐之治也，吾不曰管仲，而曰鲍叔①。及其乱

日，也必定有其形成的征兆。因此齐国的安定和兴盛，我不认为是管仲的功劳，而认为是鲍叔的功劳。

yě　wú bù yuē shù diāo　yì yá kāi fāng　ér yuē guǎnzhòng hé zé　shù diāo　yì yá　kāi fāng sān zǐ

也，吾不曰竖刁、易牙、开方，而曰管仲。何则？竖刁、易牙、开方三子，

至于齐国的混乱，我不认为是竖刁、易牙、开方引起的，而认为是管仲引起的。为什么呢？竖刁、易牙、开

bǐ gù luàn rén guó zhě　　gù qí yòng zhī zhě　wēi gōng yě　　fú yǒu shùn ér hòu zhī fàng sì xiōng　　yǒu zhòng

彼固乱人国者，顾其用之者，威公也。夫有舜而后知放四凶②，有仲

方这三个人，他们固然是祸乱国家的奸人，但重用他们的，是齐桓公啊。有舜这样的贤臣而后才

ní ér hòu zhī qù shàozhèngmǎo　bǐ wēi gōng hé rén yě　　gù qí shǐ wēi gōng dé yòng sān zǐ zhě　guǎnzhòng

尼而后知去少正卯③。彼威公何人也？顾其使威公得用三子者，管仲

知道放逐四凶，有孔子这样的圣人而后才知道除掉少正卯。他桓公是怎样的人呢？观察使桓公

yě zhòng zhī jí yě gōng wèn zhī xiàng dāng shì shí yě wú yì yǐ zhòng qiě jǔ tiān xià

也。仲之疾也，公问之相。当是时也，吾意以仲且举天下

得以重用这三个人的人，正是管仲啊。管仲生病的时候，桓公问他谁能接替他为相。在这种情况下，

zhī xián zhě yǐ duì ér qí yán nǎi bú guò yuē shù diāo yì yá kāi fāng sān zǐ fēi rén qíng

之贤者以对，而其言乃不过曰竖刁、易牙、开方三子非人情

我心里以为管仲将推举天下的贤能之士来答复，而他的回答不过说竖刁、易牙、开方这三个人没有人

bù kě jìn ér yǐ

不可近而已。

情不能亲近他们而已。

wū hū zhòng yǐ wéi wēi gōng guǒ néng bú yòng sān zǐ yǐ hū zhòng yǔ wēi gōng chǔ jǐ nián yǐ yì zhī

呜呼，仲以为威公果能不用三子矣乎？仲与威公处几年矣，亦知

唉！管仲以为桓公果真能够不重用这三个人吗？管仲与桓公相处已经多年了，也应该了解桓公的为

wēi gōng zhī wéi rén yǐ hū wēi gōng shēng bù jué yú ěr sè bù jué yú mù ér fēi sān zǐ zhě zé wú yǐ

威公之为人矣乎？威公声不绝于耳，色不绝于目，而非三子者，则无以

人吧！桓公的耳朵离不开声乐，眼睛离不开美色，而如果不重用这三个人，就无法满足他的欲望。他起初之

suì qí yù bǐ qí chū zhī suǒ yǐ bú yòng zhě tú yǐ yǒu zhòng yān ěr yí rì wú zhòng zé sān zǐ zhě

遂其欲。彼其初之所以不用者，徒以有仲焉耳。一日无仲，则三子者，

所以没有重用这三人，只是因为有管仲在朝中啊。一旦朝中没有了管仲，则这三人就该弹冠相庆了。管仲以

kě yǐ tán guān ér xiāng qìng yǐ④ zhòng yǐ wéi jiāng sǐ zhī yán kě yǐ zhì wēi gōng zhī shǒu zú yé⑤ fú

可以弹冠而相庆矣④。仲以为将死之言，可以絷威公之手足耶⑤？夫

为他临死时说的话，能约束桓公的行为吗？对齐国来说不怕有这三个奸人，就怕没有管仲。有了管仲，则这

qí guó bú huàn yǒu sān zǐ ér huàn wú zhòng yǒu zhòng zé sān zǐ zhě sān pǐ fū ěr bù rán tiān xià

齐国不患有三子，而患无仲。有仲，则三子者，三匹夫耳。不然，天下

三个人不过是三个匹夫而已。不然的话，天下难道还少像这三个人那样的坏人吗？即使桓公侥幸听从了管

qǐ shǎo sān zǐ zhī tú zāi suī wēi gōng xìng ér tīng zhòng zhū cǐ sān rén ér qí yú zhě zhòng néng xī shù

岂少三子之徒哉？虽威公幸而听仲，诛此三人，而其余者，仲能悉数

仲的告诫，杀死了这三个人，而其余的奸人，管仲能全部除去吗？唉！管仲可说是不懂得事情的根本了。由于

ér qù zhī yé wū hū zhòng kě wèi bù zhī běn zhě yǐ yīn wēi gōng zhī wèn jǔ tiān xià zhī xián zhě yǐ

而去之耶？呜呼，仲可谓不知本者矣！因威公之问，举天下之贤者以

桓公的问话，乘机推举天下贤人来接替自己，则管仲虽然死了，而齐国并未失去管仲。何必要担心这三个人

zì dài zé zhòng suī sǐ ér qí guó wèi wéi wú zhòng yě fú hé huàn sān zǐ zhě bù yán kě yě

自代，则仲虽死，而齐国未为无仲也。夫何患三子者？不言可也。

呢？其中的道理不说也可以了。

① 鲍叔：即鲍叔牙，春秋时齐国大夫，以知人重义著称。早年与管仲友善。后因齐国内乱，随公子小白出奔莒，而管仲随公子纠出奔鲁。齐襄公被杀后，纠和小白争夺王位。小白获胜，即位为桓公。桓公任命鲍叔为宰相，鲍叔辞谢，却保举管仲出任。后管仲辅佐桓公完成霸业。　② **"夫有舜"句**：舜是传说中父系氏族社会后期的部落联盟领袖。相传因四岳推举，受尧之命摄政。舜摄政后巡行四方，除掉鲧、共工、驩兜和有苗"四凶"。尧去世后，舜继位。　③ **"有仲尼"句**：仲尼，孔子名丘，字仲尼。　**少正卯**，姓少正，名卯。一说少正为官名。据说他有一套学说，很受欢迎，使"孔子之门三盈三虚"（《论衡·讲瑞》）。孔子出任鲁国司寇，"三月而诛少正卯"（《史记·孔子世家》）。　④ **弹冠**：掸去帽上的灰尘。《汉书·王吉传》："吉与贡禹为友，世称'王阳在位，贡公弹冠'，言其取舍同也。"此指将做官而互相庆贺。　⑤ **絷**：捆缚。

五伯莫盛于威、文①。文公之才，不过威公；其臣又皆不及仲②。

> 春秋五霸中，国势的强盛没有能超过齐桓公、晋文公的。晋文公的才能，超不过齐桓公，他的大

灵公之虐③，不如孝公之宽厚④。文公死，诸侯不敢叛晋。晋袭文公之

> 臣又都比不上管仲。晋灵公的暴虐，不如齐孝公的宽厚。晋文公死后，诸侯们不敢背叛晋国，而晋国承

余威，犹得为诸侯之盟主百余年⑤。何者？其君虽不肖⑥，而尚有老成

> 袭文公的余威，还能做诸侯联盟的盟主达一百多年。这是为什么呢？晋国的国君虽然不贤明，而朝廷

人焉⑦。威公之薨也，一败涂地，无惑也。彼独恃一管仲，而仲则死

> 中还有贤人在。齐桓公一死，齐国马上一败涂地，这是毫无疑问的。齐国只依靠一个管仲，然而管仲已

矣。

> 经死了。

夫天下未尝无贤者，盖有有臣而无君者矣。威公在焉，而曰天下

> 天下未尝没有贤人，只是有贤臣却没有明君去重用他。桓公在时，就说天下不再有管仲那样的贤人，

不复有管仲者，吾不信也。仲之书⑧，有记其将死，论鲍叔、宾胥无

> 我是不相信的。管仲写的书，有一段记载他将死的时候，评论鲍叔、宾胥无的为人，而且分别指出他们的短

486

zhī wéi rén ， qiě gè shū qí duǎn ⑨ 。 shì qí xīn yǐ wéi shù zǐ zhě ， jiē bù zú yǐ tuō guó 。 ér yòu nì zhī

之为人，且各疏其短⑨。是其心以为数子者，皆不足以托国。而又逆知

处。这说明他内心以为这几个人，都不足以把国家的重任托付给他们。同时又预料他自己将要

qí jiāng sǐ ⑩ ， zé qí shū dàn màn bù zú xìn yě ⑪ 。 wú guān shǐ qiū ⑫ ， yǐ bù néng jìn qú bó yù ér tuì

其将死⑩，则其书诞谩不足信也⑪。吾观史鳅⑫，以不能进蘧伯玉而退

死了，这样说管仲的书便诞妄欺诳不足信了。我看史鳅这人，因为不能荐举蘧伯玉、斥退弥子瑕，

mí zǐ xiá ⑬ ， gù yǒu shēn hòu zhī jiàn ⑭ ； xiāo hé qiě sǐ ， jǔ cáo shēn yǐ zì dài ⑮ 。 dà chén zhī yòng xīn

弥子瑕⑬，故有身后之谏⑭；萧何且死，举曹参以自代⑮。大臣之用心，

所以有死后以尸谏主的举措；萧何将死的时候，推举曹参代替自己。大臣的用心，本来理应

gù yí rú cǐ yě 。 fú guó yǐ yì

固宜如此也。夫国以一

如此。国家因为一人而兴盛，也

rén xīng ， yǐ yì rén wáng 。 xián zhě bù

人兴，以一人亡。贤者不

因为一人而衰亡。贤人不为他自

bēi qí shēn zhī sǐ ， ér yōu qí guó

悲其身之死，而忧其国

己的死而悲哀，而为他的国家衰

zhī shuāi ， gù bì fù yǒu xián zhě ， ér

之衰，故必复有贤者，而

落而担忧，所以必须再找到贤者，然后

hòu kě yǐ sǐ 。 bǐ guǎn zhòng zhě ，

后可以死。彼管仲者，

才可以死去。那个管仲，他怎么能就这

hé yǐ sǐ zāi ？

何以死哉？

样死去了呢？

① 五伯：即五霸，指春秋时先后称霸的五个诸侯：齐桓公、晋文公、楚庄王、吴王阖闾、越王勾践。另一说指齐桓公、晋文公、秦穆公、宋襄公、楚庄王。 文：指晋文公重耳，五霸之一。 ② 其臣：指晋文公的大臣如狐偃、赵衰、先轸、阳处父等。 ③ 灵公：指晋灵公，名夷皋，晋文公之孙。 ④ 孝公：指齐孝公，名昭，齐桓公之子。 ⑤ 盟主：即诸侯盟会之主，霸主。 ⑥ 不肖：不贤明，不成器。 ⑦ 老成人：指年高有德之臣。 ⑧ 仲之书：指管仲的著作《管子》。今托名管仲著《管子》系伪作。 ⑨ "有记"三句：据《管子》云："管子寝，疾病，对桓公曰：'鲍叔为人也，好直而不能以国强；宾胥无之为人也，好善而不能以国绌。'"宾胥无，齐国贤大夫。 ⑩ 逆知：预知。 ⑪ 诞谩：诞妄欺诳。 ⑫ 史鳅：即史鱼，春秋时卫国大夫。 ⑬ 蘧伯玉：名瑗，春秋时卫国贤大夫。 弥子瑕：卫灵公宠臣。 ⑭ 身后之谏：谓陈尸牖下，以尸为谏。《家语》载："史鱼病，将卒，命其子曰：'吾在卫朝，不能进蘧伯玉，退弥子瑕而远之。'" ⑮ "萧何"二句：汉丞相萧何素不与曹参友善。萧何病重时，惠帝亲往探视，问："君即百岁后，谁可代君者？"对曰："知臣莫如主。"惠帝说："曹参如何？"何顿首曰："帝得之矣！臣死不恨矣！"（《史记·萧相国世家》）

（王兴康）

辨 奸 论
biàn jiān lùn

苏 洵
sū xún

事有必至，理有固然。惟天下之静者①，乃能见微而知著。
shì yǒu bì zhì　　lǐ yǒu gù rán　　wéi tiān xià zhī jìng zhě　　nǎi néng jiàn wēi ér zhī zhù

> 事情有它必定要达到的地步,道理有它本该如此的规律。只有天下心境静穆的人,才能够从微小的

月晕而风②，础润而雨③，人人知之。人事之推移，理势之相
yuè yùn ér fēng　　chǔ rùn ér yǔ　　rén rén zhī zhī　　rén shì zhī tuī yí　　lǐ shì zhī xiāng

> 迹象中预知日后将会发生的大变化。月亮四周出现光环,预示着天要刮风;柱石返潮湿润,表示天要下雨,

因④，其疏阔而难知⑤，变化而不可测者，孰与天地阴阳之
yīn　　qí shū kuò ér nán zhī　　biàn huà ér bù kě cè zhě　　shú yǔ tiān dì yīn yáng zhī

> 这是人人都知道的。至于世间人事的变化,情理形势的因果关系,它们抽象渺茫而难以理解,千变万化而不

事⑥？而贤者有不知⑦，其故何也？好恶乱其中，而利害夺其
shì　　ér xián zhě yǒu bù zhī　　qí gù hé yě　　hào wù luàn qí zhōng　　ér lì hài duó qí

> 可预测,又怎么能与天地阴阳的变化相比呢?而即使贤能的人对此也有不知道的,这是什么原因呢?就因为

外也。
wài yě

> 喜爱和憎恶扰乱了他心中的主见,而利害得失又左右着他的行动啊。

---

① **静者**：指静心观察事物的有识之士。　② **月晕而风**：月亮周围出现白色的光带，便预示天要起风了。　③ **础润而雨**：房中柱下的基石潮湿了，便预示着天要下雨了。　**础**，房柱下的基石。　④ **理势**：情理和形势。　**相因**：相互承袭。　⑤ **疏阔**：久远。　⑥ **天地阴阳之事**：指上文所言"月晕而风，础润而雨"一类自然现象。古人认为风雨雷电等自然现象，都是阴阳二气交互作用的结果。　⑦ **贤者**：旧说以为是指欧阳修。《宋史·王安石传》记载，曾巩曾经把王安石的文章推荐给欧阳修，欧阳修很赞赏，并将他"擢进士上第"。

昔者山巨源见王衍①，曰："误天下苍生者，必此人也②！"郭汾阳

从前山涛见到王衍，说："日后给天下百姓带来灾难的，一定是这个人！"汾阳王郭子仪见到卢杞，

见卢杞③，曰："此人得志，吾子孙无遗类矣④。"自今而言之，其理固有

说："此人一旦得志，我的子孙就要被杀光了！"从今天来说，其中的道理固然可以预见。依我看来，王衍

可见者。以吾观之，王衍之为人，容貌言语，固有以欺世而盗名者，然

的为人，不论是容貌还是谈吐，本有用以欺世盗名的条件，然而他的为人不嫉妒不贪污，追随大流。假

不忮不求⑤，与物浮沉。使晋无惠帝⑥，仅得中主，虽衍百千，何从而乱

如晋朝不是惠帝当政，只要是一个中等才能的君主，即使有成百上千个王衍，又怎么能扰乱天下呢？像

天下乎？卢杞之奸，固足以败国，然而不学无文，容貌不足以动人，言

卢杞那样的奸臣，固然足以使国家败亡，然而此人不学无术，容貌不足以动人，言谈不足以影响社会。

① **山巨源**：山涛，字巨源，西晋河内怀县（今河南武陟西南）人。魏末隐居不仕。入晋后曾任吏部尚书、太子太傅、右仆射等职。为"竹林七贤"之一。他选拔人材，都亲作评论，时称"山公启事"。　　**王衍**：字夷甫，西晋琅邪临沂（今属山东）人，曾任中书令、尚书令等职。衍才华出众，常自比子贡，名震一时；又善玄谈，随便更改义理，人称"口中雌黄"。刘渊举兵，衍当重任而专谋自保。后兵败为刘渊所杀。　　②**"误天下"二句**：王衍面貌姣好，神清目秀。少时，山涛见到他，就说："何物老姥，生宁馨儿！然误天下苍生者，未必非此人也！"　　③**郭汾阳**：唐朝大将郭子仪。安史之乱时，郭子仪任朔方节度使，在河北击败史思明。肃宗即位后，又配合回纥兵收复长安、洛阳。后封汾阳郡王。德宗时，尊为尚父，削去兵权。　　**卢杞**：字子良，滑州灵昌（今河南滑县西南）人。唐建中初年任宰相，陷害杨炎、颜真卿等；又对百姓大肆搜刮，民怨鼎沸。后被贬职，死于沣州。　　④**"此人"二句**：据《新唐书·卢杞传》记载，郭子仪病重，百官前往探视，姬妾不避。等卢杞到了，就命姬妾退下。家人问其故，郭答：卢杞形貌丑陋而又心地险恶，姬妾们见了一定会发笑，"若此人得权，即吾族无类矣！"　　**遗类**，犹言后代。
⑤ **不忮不求**：语出《诗经·邶风·雄雉》："不忮不求，何用不臧？"意谓不嫉恨，不贪求。　　⑥**惠帝**：指晋惠帝司马衷，晋武帝司马炎之子，以痴呆著名，导致政治昏昧，权在人臣，最终酿成"八王之乱"。
⑦ **眩**：通"炫"。惑乱。　　⑧**德宗之鄙暗**：唐德宗李适信用卢杞，曾问左右人："人皆言卢杞奸邪，朕独不觉，何也？"为人猜忌刻薄，黜退忠良，紊乱朝纲。后终于被藩镇势力胁迫，离京逃命。　　**鄙暗**，指性格阴狭。　　⑨**二公**：指山涛和郭子仪。　　**二子**：指王衍和卢杞。　　⑩**容**：或许。

yǔ bù zú yǐ xuàn shì　　　fēi dé zōng zhī bǐ àn　　　yì hé cóng ér yòng zhī　　　yóu shì yán zhī　　è gōng zhī
语不足以眩世⑦。非德宗之鄙暗⑧，亦何从而用之？由是言之，二公之

如果不是唐德宗的鄙陋昏庸，又怎能受到重用呢？从这一点来说，山涛和郭子仪对王衍和卢杞的预料，

liào è zǐ　　　yì róng yǒu wèi bì rán yě
料二子⑨，亦容有未必然也⑩。

也许有不完全正确的地方。

jīn yǒu rén　　　kǒu sòng kǒng lǎo zhī yán　　shēn lǚ yí qí zhī xíng　　shōu zhào hào míng zhī shì　bù
今有人①，口诵孔、老之言，身履夷、齐之行②，收召好名之士，不

现在有人嘴里吟诵着孔子和老子的话，身体力行伯夷、叔齐的清高行为，收罗了一批追求名声的读

dé zhì zhī rén　xiāng yǔ zào zuò yán yǔ　　sī lì míng zì　　yǐ wéi yán yuān mèng kē fù chū　　　ér yīn zéi
得志之人，相与造作言语，私立名字，以为颜渊、孟轲复出③。而阴贼

书人和都都不得志的人，相互勾结，制造舆论，私下里互相标榜，自以为是颜回、孟子再世。但实际上阴险凶

xiǎn hěn　　yǔ rén yì qù　　shì wáng yǎn　lú qǐ hé ér wéi yì rén yě　　qí huò qǐ kě shèng yán zāi　　fú miàn
险狠，与人异趣。是王衍、卢杞合而为一人也，其祸岂可胜言哉？夫面

狠，与一般的人志趣不同。这真是把王衍和卢杞集合于一身了，他酿成的灾祸难道能说得完吗？脸上脏了

gòu bú wàng xǐ　　　yī gòu bú wàng huàn　　cǐ rén zhī zhì qíng yě　　jīn yě bù rán　　yì chén lǔ zhī yī shí
垢不忘洗，衣垢不忘浣④，此人之至情也。今也不然，衣臣虏之衣，食

忘洗脸，衣服脏了不忘洗衣，这是人之常情。现在这个人却不是这样，他穿着罪犯的衣服，吃猪狗吃的食物，

quǎn zhì zhī shí　　qiú shǒu sāng miàn　ér tán shī　　shū　cǐ qǐ qí qíng yě zāi　　fán shì zhī bú jìn rén
犬彘之食⑤，囚首丧面，而谈《诗》《书》，此岂其情也哉？凡事之不近人

头发乱得像囚犯，面孔哭丧像家里死了人，却大谈《诗》《书》，这难道合乎情理吗？凡是做事不近人情的，很少

qíng zhě　xiǎn bù wéi dà jiān tè　　shù diāo　yì yá　kāi fāng shì yě　　　yǐ gài shì zhī míng ér jì qí wèi
情者，鲜不为大奸慝⑥，竖刁、易牙、开方是也⑦。以盖世之名，而济其未

有不是大奸大恶的，竖刁、易牙、开方就是这种人。此人借助当世最高的名声，来掩盖尚未暴露的祸患，虽然

xíng zhī huàn　　suī yǒu yuàn zhì zhī zhǔ　hào xián zhī xiàng　yóu jiāng jǔ　ér yòng zhī　　zé qí wéi tiān xià huàn bì
形之患，虽有愿治之主，好贤之相，犹将举而用之。则其为天下患，必

有愿意治理好国家的皇帝，敬重贤才的宰相，还是会推举、任用这个人的。这样，他是天下的祸患就必定无疑了，

rán ér wú yí zhě　　fēi tè è zǐ zhī bǐ yě
然而无疑者，非特二子之比也。

而决非仅仅王衍、卢杞二人可比。

490

① **今有人**：一说指王安石。　② **履**：实行。　**夷、齐**：伯夷和叔齐，商朝末年孤竹国国君的两个儿子。孤竹君死后，二人都不肯继位做国君，逃入山中。入周后，又反对武王伐商，商朝灭亡后不食周粟而死，被古人视为德行高尚的典范。　③ **颜渊**：名回，孔子最得意的学生，以德行优秀著称。　**孟轲**：即孟子，孔子之后儒家学说的继承人。后世尊为"亚圣"。据洪迈《夷坚志》等记载，宋神宗元丰年间，确有封王安石为舒王，入孔庙配享之事，其位居孟子之上。　④ **浣**：洗衣服。　⑤ **彘**：猪。　⑥ **鲜**：少。　**慝**：邪恶。　⑦ **竖刁、易牙、开方**：春秋时齐桓公的三个近臣。管仲死，三人专权，齐国大乱。桓公也为其囚禁，卒于寿宫。　⑧ **孙子**：名武。春秋时著名军事家，著有《孙子兵法》十三篇。　⑨ **"善用"二句**：不见于今本《孙子兵法》。《孙子兵法·形篇》："善战者之胜也，无智名，无勇功。"曹操注："敌兵形未成，胜之，无赫赫之功也。"　⑩ **斯人**：即上文所言"今有人"。　⑪ **被**：遭受。　⑫ **知言之名**：能知人和预言的名声。

sūn zǐ yuē　　shàn yòng bīng zhě
孙子曰⑧："善用兵者，
孙子说："善于用兵的人，没有

wú hè hè zhī gōng　　shǐ sī rén ér bú
无赫赫之功⑨。"使斯人而不
显赫的功勋。"假如这个人没有被重用，

yòng yě　　zé wú yán wéi guò　ér sī rén
用也⑩，则吾言为过，而斯人
那么我的话说错了，而此人就会发出不遇

yǒu bú yù zhī tàn　　shú zhī huò zhī zhì yú
有不遇之叹。孰知祸之至于
明主的慨叹。谁又能够知道灾祸会达到

cǐ zāi　　bù rán　tiān xià jiāng bèi
此哉！不然，天下将被
这种地步呢？不然，天下将蒙受他的祸害，

qí huò　　ér wú huò zhī yán zhī míng
其祸⑪，而吾获知言之名⑫，
而我也将获得有远见的名声，那就太

bēi fú
悲夫！
可悲了！

（王兴康）

xīn　shù
心　术

sū xún
苏　洵

wéi jiàng zhī dào　dāng xiān zhì xīn　　tài shān bēng yú qián ér sè bú biàn　mí lù xīng yú zuǒ ér mù bú
为将之道，当先治心。泰山崩于前而色不变，麋鹿兴于左而目不
做将领的原则，应当先修养内心。要做到泰山在面前崩塌而脸色不变，麋鹿在旁边跳跃而眼睛不眨，

shùn　rán hòu kě yǐ zhì lì hài　kě yǐ dài dí
瞬①，然后可以制利害②，可以待敌。
然后才能把握利害关系，才可以对付敌人。

fán bīng shàng yì　bú yì　suī lì wù dòng　　fēi yí dòng zhī wéi lì hài　ér tā　rì jiāng yǒu suǒ

凡兵上义③；不义，虽利勿动④。非一动之为利害，而他日将有所

大凡用兵打仗都崇尚正义；如果不是出于正义，即使有利益也不要行动。这倒并非因为一旦行动就会

bù kě cuò shǒu zú yě　　fú wéi yì kě yǐ nù shì　　shì yǐ yì nù　kě yǔ bǎi zhàn

不可措手足也。夫惟义可以怒士⑤，士以义怒，可与百战。

有害，而是因为以后会有无法处置的局面出现。只有正义可以激怒兵士，兵士被正义激怒，就可以身经百战了。

fán zhàn zhī dào　　wèi zhàn yǎng qí cái　jiāng zhàn yǎng qí lì　　jì zhàn yǎng qí qì　jì shèng

凡战之道：未战养其财，将战养其力，既战养其气，既胜

大凡作战的原则：战前要积蓄战时所需的财物，临战时要养精蓄锐，已经交战要保护好士气，取胜

yǎng qí xīn　jǐn fēng suì⑥　yán chì hòu⑦　　shǐ gēng zhě wú suǒ gù jì　suǒ yǐ yǎng qí cái　fēng kào

养其心。谨烽燧⑥，严斥堠⑦，使耕者无所顾忌，所以养其财；丰犒

后要引导好士兵的心态。小心守好烽火台，严密布置哨兵，使耕种田地的人没有后顾之忧，这就是积蓄财物

ér yōu yóu zhī⑧　　suǒ yǐ yǎng qí lì　xiǎo shèng yì jí　xiǎo cuò yì lì　suǒ yǐ yǎng qí qì　yòng

而优游之⑧，所以养其力；小胜益急，小挫益厉，所以养其气；用

的方法；给士兵以丰厚的犒赏并让他们放松休息，这就是养精蓄锐的方法；遇到小胜利更加急切地督责，遇

rén bú jìn qí suǒ yù wéi　　suǒ yǐ yǎng qí xīn　　gù shì cháng xù qí nù　huái qí yù ér bú jìn

人不尽其所欲为，所以养其心。故士常蓄其怒，怀其欲而不尽。

到小挫折更予以激励，这就是保护好士气的方法；用人不要完全满足他想要得到的，这就是引导好兵士心

nù bú jìn zé yǒu yú yǒng⑨　yù bú jìn zé yǒu yú tān⑩　gù suī bìng tiān xià⑪　ér shì bú

怒不尽则有余勇⑨，欲不尽则有余贪⑩，故虽并天下⑪，而士不

态的方法。所以士兵要经常让他们积累对敌人的义愤，怀有欲望而未能满足。怀有义愤没有完全发泄就有

yàn bīng⑫　cǐ huáng dì zhī suǒ yǐ qī shí zhàn ér bīng bú dài yě⑬　　bù yǎng qí xīn　yí zhàn

厌兵⑫，此黄帝之所以七十战而兵不殆也⑬。不养其心，一战

使不完的勇敢；欲望没有完全满足就有进取之心，所以虽已并吞了天下，而士兵仍不厌战，这就是黄帝经历

ér shèng　bù kě yòng yǐ

而胜，不可用矣。

了七十多次战役而士兵仍不懈怠的原因。不培养引导军心，打了一次胜仗，便不能再打了。

fán jiāng yù zhì ér yán　fán shì yù yú　zhì zé bù kě cè　yán zé bù kě fàn　gù shì jiē wěi

凡将欲智而严，凡士欲愚。智则不可测，严则不可犯，故士皆委

大凡将领要有智谋和威严，兵士要愚蠢。将领有智谋则令人深不可测，有威严则士兵不敢冒犯，所以

jǐ ér tīng mìng　fú ān dé bù yú　　fú wéi shì yú　ér hòu kě yǔ zhī jiē sǐ

己而听命，夫安得不愚？夫惟士愚，而后可与之皆死。

士兵都把生命交给将领而听从他的命令，这样怎能不愚蠢呢？只有士兵愚蠢了，而后可以和他们同生共死。

fán bīng zhī dòng　zhī dí zhī zhǔ　　zhī dí zhī jiàng　ér hòu kě yǐ dòng yú xiǎn　dèng ài zhuì

凡兵之动，知敌之主⑭，知敌之将，而后可以动于险。邓艾缒

大凡军队要采取行动，要先了解敌方的首领，了解敌方的将领，而后可以冒险行动。三国时邓艾用

bīng yú shǔ zhōng　fēi liú shàn zhī yōng　zé bǎi wàn zhī shī kě yǐ zuò fù　bǐ gù yǒu suǒ wǔ

兵于蜀中⑮，非刘禅之庸⑯，则百万之师可以坐缚⑰，彼固有所侮

绳子把魏兵缒入蜀国，如果不是刘禅的昏庸，那么即使百万大军也能轻而易举地把他们捆缚住，邓艾他们

ér dòng yě　　gù gǔ zhī xián jiàng　néng yǐ bīng cháng dí　　ér yòu yǐ dí zì cháng gù qù jiù

而动也⑱。故古之贤将，能以兵尝敌⑲，而又以敌自尝，故去就

原本就轻视刘禅这才冒险行动的。所以古代的贤将，既能以兵力去试探敌人，又能利用敌人来检验自己的

kě yǐ jué

可以决⑳。

军队，所以或离开或进攻就可以决定了。

fán zhǔ jiàng zhī dào　zhī lǐ ér hòu kě yǐ jǔ bīng　zhī shì ér hòu kě yǐ jiā bīng　zhī jié ér

凡主将之道，知理而后可以举兵㉑，知势而后可以加兵㉒，知节而

大凡当将领的关键，知道用兵打仗的原理然后可以兴兵，知道敌我双方的大势然后可以出兵，知

hòu kě yǐ yòng bīng　zhī lǐ zé bù qū　zhī shì zé bù jǔ　zhī jié zé bù qióng　jiàn xiǎo lì bú

后可以用兵㉓。知理则不屈，知势则不沮㉔，知节则不穷㉕。见小利不

道有所节制然后可以用兵。知道原理就不会屈服，知道形势就不会灰心，知道节制就不会困窘。见到小利不

---

① 麋：鹿之一种，俗称四不像。　瞬：眨眼。　② 制：控制。　③ 上义：崇尚正义。上，通"尚"。　④ 虽：即使。　⑤ 怒士：谓激起兵士的愤怒。　⑥ 谨烽燧：谓认真做好警戒。　烽，烽火。　燧，烽烟。　⑦ 严斥堠：谓加强对敌情的瞭望。斥堠，古代供士兵居住并瞭望敌情的亭堡。　⑧ 优游之：使之优游。　优游，悠然自得。之，指代兵士。　⑨ 有余勇：谓勇气未用尽。　⑩ 有余贪：谓欲望尚未满足仍有追求。　⑪ 并：吞并，统一。　⑫ 厌兵：厌恶战争。　⑬ 黄帝：姬姓，号轩辕氏，又号有熊氏。相传黄帝和炎帝为中华民族共同的祖先。据传说，黄帝和炎帝之间曾发生三次大的战争。黄帝一方历经七十余战而士气旺盛。　殆：懈怠。　⑭ 主：首领。　⑮ "邓艾"句：邓艾，字士载，三国魏棘阳人，任魏镇西将军。景元四年（263），邓艾选择了一条险路攻蜀。魏军自阴平行无人之地七百余里，凿山通道。因山高艰险，魏军将士都缘木攀崖，还用绳索捆住身体坠向山谷。至江油，蜀守将马邈投降。至成都，蜀后主刘禅投降。　⑯ 刘禅：三国时蜀后主。先主刘备之子，小字阿斗。炎兴元年降魏。　⑰ 百万之师：指邓艾指挥的灭蜀魏军。　⑱ 侮：轻慢，看不起。　⑲ 尝敌：试探敌人。

dòng jiàn xiǎo huàn bú bì xiǎo lì xiǎo huàn bù zú yǐ rǔ wú
动,见小患不避。小利小患,不足以辱吾
要妄动,见到小患不要躲避,这是因为小利和小患,不值得我们去

jì yě fú rán hòu yǒu yǐ zhī dà lì dà huàn fú
技也㉖。夫然后有以支大利大患㉗。夫
施展手段,这样才可以正确处置大利大患。只有胸怀谋略智慧而又

wéi yǎng jì ér zì ài zhě wú dí yú tiān xià gù yì
惟养技而自爱者,无敌于天下。故一
懂得珍爱的人,才能无敌于天下。所以一个"忍"字可以对付各种无

rěn kě yǐ zhī bǎi yǒng yí jìng kě yǐ zhì bǎi dòng
忍可以支百勇,一静可以制百动。
谋的勇敢,一个"静"字可以制服各种轻率的举动。

㉚ **去就**:指率军离开或者进击。 ㉑ **理**:此指战争的基本规律。 ㉒ **势**:指战争中敌我双方的形势。 ㉓ **节**:指节度、分寸、时机。 ㉔ **沮**:指因失败而沮丧。 ㉕ **穷**:指陷入困境。 ㉖ **"不足"句**:谓小利小患不值得使之煞费心思,兴师动众。 ㉗ **支**:撑,对付。

bīng yǒu cháng duǎn dí wǒ yī yě gǎn wèn wú zhī suǒ cháng wú chū ér yòng zhī bǐ jiāng bù yǔ
兵有长短,敌我一也。敢问:"吾之所长,吾出而用之,彼将不与
军队都有长处和短处,敌我双方都一样。请问:"我方的长处,我方展示出来利用它,对方将不同我

wú jiào wú zhī suǒ duǎn wú bì ér zhì zhī bǐ jiāng qiáng yǔ wú jué nài hé yuē wú zhī suǒ
吾校①;吾之所短,吾蔽而置之,彼将强与吾角②,奈何?"曰:"吾之所
们较量;我方的短处,我方隐蔽起来放在一边,对方将强迫与我们较量,怎么办?"答案:"我方的短处,我方

duǎn wú kàng ér pù zhī shǐ zhī yí ér què wú zhī suǒ cháng wú yīn ér yǎng zhī shǐ zhī xiá ér duò
短,吾抗而暴之③,使之疑而却;吾之所长,吾阴而养之④,使之狎而堕
故意暴露出来,使对方因疑虑而却步;我方的长处,我方暗暗地保存起来,使对方因掉以轻心而上当。这就是

qí zhōng cǐ yòng cháng duǎn zhī shù yě
其中⑤,此用长短之术也⑥。"
使用了长短之术。"

shàn yòng bīng zhě shǐ zhī wú suǒ gù yǒu suǒ shì wú suǒ gù zé zhī sǐ zhī bù zú xī
善用兵者,使之无所顾,有所恃。无所顾,则知死之不足惜;
善于用兵的人,既要使兵士无所顾虑,又要有所依靠。无所顾虑,则懂得死不足惜;有所依靠,则

yǒu suǒ shì zé zhī bú zhì yú bì bài chǐ chuí dāng měng hǔ fèn hū ér cāo jī tú shǒu yù
有所恃，则知不至于必败。尺箠当猛虎[7]，奋呼而操击；徒手遇

知道不至于一定失败。人手握尺长木棍面对猛虎，会高呼着向猛虎进击；人空手遇到蜥蜴，会吓得脸上变色

xī yì biàn sè ér què bù rén zhī qíng yě zhī cǐ zhě kě yǐ jiàng yǐ tǎn xī ér àn jiàn
蜥蜴[8]，变色而却步，人之情也。知此者，可以将矣。袒裼而案剑[9]，

而不敢举步，这是人之常情。知道这点的人，可以当将领了。人赤露着上身手持宝剑，那么乌获那样的勇士

zé wū huò bù gǎn bī guàn zhòu yì jiǎ jù bīng ér qǐn zé tóng zǐ wān gōng shā zhī yǐ
则乌获不敢逼[10]；冠胄衣甲，据兵而寝[11]，则童子弯弓杀之矣[12]。

都不敢靠近；人戴头盔穿铠甲，手握兵器睡觉，那么小孩子也会弯弓把他射杀。所以善于用兵的人要表现出

gù shàn yòng bīng zhě yǐ xíng gù fú néng yǐ xíng gù zé lì yǒu yú yǐ
故善用兵者以形固。夫能以形固[13]，则力有余矣。

阵容的强大以巩固自己。能够凭借强大阵容以巩固自己，那么战斗的力量就绰绰有余了。

---

① 校：对抗，较量。　② 角：争斗。　③ 抗而暴之：谓将我方的短处暴露出来。　抗，举。
暴，暴露。　④ 阴而养之：谓将我方的长处隐蔽起来加以培养。　⑤ 狎：轻视。　⑥ 长
短之术：原指政治上的谋略。唐赵蕤撰有《长短经》九卷，书中皆谈王霸权谋之要略，辨
析形势。又《战国策》多载各种谋略，又称《短长》、《长短》、《长短术》。　⑦ 箠：木棍。
⑧ 蜥蜴：爬虫类动物。形似蛇而有脚，俗称"四脚蛇"。　⑨ 袒裼：赤身露臂。　⑩ 乌
获：相传为战国时秦武王的勇士，力大无穷，能举千钧之重。　⑪ 据兵：拿着或靠着兵
器。　兵，兵器。　⑫ 弯弓：拉开弓。　⑬ 以形固：以军队外在的形态使阵地巩固。

（王兴康）

zhāng yì zhōu huà xiàng jì
张益州画像记

sū xún
苏洵

zhì hé yuán nián qiū shǔ rén chuán yán yǒu kòu zhì biān biān jūn yè hū yě wú jū rén yāo yán
至和元年秋[1]，蜀人传言，有寇至边。边军夜呼，野无居人[2]。妖言

至和元年秋天，蜀人中传说，有侬智高的叛兵到了边界。边防军的将士夜间惊呼，野外的村落没有人

流闻^③，京师震惊。方命择帅，天子曰："毋养乱，毋助变。众言朋兴^④，

敢住。妖言四处传播，使京城也因之震惊。朝廷在选择统帅的时候，皇上说："不要姑息养成大乱，也不要妄

朕志自定^⑤。外乱不足，变且中起^⑥。既不可以文令^⑦，又不可以武竞^⑧，

动加剧事变。尽管群言蜂起，我的志意早已决定。外乱还不会形成，事变将在内部发生。既不可通过文书命令

惟朕一二大吏，孰为能处兹文武之间，其命往抚朕师。"乃推曰："张

又不可以武力激化事态。惟有我的一二个大臣，谁能才兼文武，将命他前往安抚我的军队。"众臣于是推举道：

公方平其人^⑨。"天子曰："然。"公以亲辞^⑩，不可，遂行。冬十一月，至

"张方平正是这样的人。"皇上说："是的。"张方平以父母亲为由推辞，朝廷不同意，于是就动身上路了。这年冬

蜀。至之日，归屯军，撤守备^⑪。使谓郡县："寇来在吾，无尔劳苦。"明

天十一月，张方平到了蜀中。到的那天，他就让戍守的军队回归原处，撤去守备的人员和设施，并派人通知下属

年正月朔旦^⑫，蜀人相庆如他日，遂以无事。又明年正月，相告留公

的郡县说："如果盗寇来了有我对付，不用你们操心劳苦。"第二年正月初一，蜀人像往常一样庆贺新年，从此就

像于净众寺^⑬，公不能禁。

平安无事了。又过了一年的正月，蜀人商量着要把张方平的画像留在净众寺中，张方平也没法禁止。

① 至和元年：公元1054年。至和，宋仁宗年号（1054～1056）。　② "蜀人"四句：《宋史·张方平传》记载："或扇言侬智高在南诏将入寇，摄守㹉调兵筑城，日夜不得息，民大惊扰。"③ 妖言：荒诞不经、蛊惑人心的言论。　④ 众言朋兴：指各种说法同时兴起。　⑤ 朕：先秦为第一人称代词。秦始皇以后为皇帝的自称。　⑥ 且：将。　⑦ 以文令：指颁布公文命令制止骚乱。　⑧ 以武竞：指动用军队平定骚乱。　⑨ 张公方平：张方平，字安道，宋南京（今河南商丘）人。举茂才异等，为校书郎，知昆山县。又中贤良方正，选迁著作佐郎，通判睦州。上《平戎》十策。神宗时，累官参知政事，御史中丞。　⑩ 亲：指父母亲。　⑪ "归屯军"二句：张方平在赴益州任途中，即将援军遣归，上任后又撤去守备，从而未动干戈就使局势很快稳定下来。⑫ 朔旦：指农历每月初一日。　⑬ 净众寺：又名万福寺，在成都西北。

méi yáng sū xún yán yú zhòng yuē　　　　wèi luàn yì zhì yě　jì luàn yì zhì yě　　yǒu luàn zhī méng wú

眉阳苏洵言于众曰①："未乱易治也，既乱易治也。有乱之萌，无

眉山苏洵对众人说："没乱的时候容易治理，已经乱了也容易治理。有了乱的萌芽，但还没有形成动乱，

luàn zhī xíng　shì wèi jiāng luàn　jiāng luàn nán zhì　　bù kě yǐ yǒu luàn jí　　yì bù kě yǐ wú luàn chí　wéi shì

乱之形，是谓将乱，将乱难治。不可以有乱急，亦不可以无乱弛。惟是

这就叫将乱，将乱最难治理。既不可以因有动乱的萌芽而操之过急，也不可因动乱还未形成而放松警惕。至

yuán nián zhī qiū　rú qì zhī qī　　wèi zhuì yú dì　　wéi ěr zhāng gōng　ān zuò yú qí páng　yán sè bú

元年之秋，如器之攲②，未坠于地。惟尔张公，安坐于其旁，颜色不

和元年的秋天，蜀中的形势就像器物已经倾斜，但还未掉到地上。只有你们的张公，安稳地坐在旁边，脸色不

biàn　xú qǐ ér zhèng zhī　　jì zhèng yóu rán ér tuì　wú jīn róng　　wèi tiān zǐ mù xiǎo mín bú juàn　wéi

变，徐起而正之。既正，油然而退③，无矜容④。为天子牧小民不倦，惟

变，缓缓地站起身来将它扶正。扶正以后，他从容自然地引身而退，脸上毫无骄矜之色。为皇上治理百姓

ěr zhāng gōng　ěr yī yǐ shēng　　wéi ěr fù mǔ　qiě gōng cháng wèi wǒ yán　mín wú cháng xìng　wéi shàng

尔张公。尔繄以生⑤，惟尔父母。且公尝为我言：'民无常性，惟上

而不知疲倦，只有你们的张公。你们因张公而生，他就是你们的父母。而且张公曾对我说：'百姓没有长久不

suǒ dài　rén jiē yuē　shǔ rén duō biàn　yú shì dài zhī yǐ dài dào zéi zhī yì　ér shéng zhī yǐ shéng dào zéi

所待。人皆曰，蜀人多变。于是待之以待盗贼之意，而绳之以绳盗贼

变的性情，就看当官的怎样对待他们。人们常说：蜀人的性情经常变化。于是当官的就以对待盗贼的态度对

zhī fǎ　chóng zú bǐng xī zhī mín　ér yǐ zhēn fǔ lìng　　yú shì mín shǐ rěn yǐ qí fù mǔ qī zǐ zhī suǒ

之法。重足屏息之民⑥，而以砧斧令⑦，于是民始忍以其父母妻子之所

待他们，又以制裁盗贼的法律制裁他们。对那些胆小怕事、大气不敢出的百姓，竟以严酷的刑法约束他们。

yǎng lài zhī shēn　ér qì zhī yú dào zéi　gù měi měi dà luàn　fú yuē zhī yǐ lǐ　qū zhī yǐ fǎ　wéi shǔ

仰赖之身，而弃之于盗贼，故每每大乱。夫约之以礼，驱之以法，惟蜀

于是百姓才忍心让父母妻儿所依赖的身体，沉沦为与盗贼为伍，所以蜀中常常大乱。以礼义来约束百姓，以

rén wéi yì　zhì yú jí zhī ér shēng biàn　suī qí lǔ yì rán　wú yǐ qí lǔ dài shǔ rén　ér shǔ rén yì

人为易。至于急之而生变，虽齐鲁亦然⑧。吾以齐鲁待蜀人，而蜀人亦

法律来驱使百姓，只有蜀中的百姓最容易治理。至于为政操之过急而导致变乱，即使是齐、鲁那样的礼义之

zì yǐ qí lǔ zhī rén dài qí shēn　ruò fú sì yì yú fǎ lǜ zhī wài　yǐ wēi jié qí mín　wú bù rěn

自以齐鲁之人待其身。若夫肆意于法律之外，以威劫齐民⑨，吾不忍

邦也会这样。我以对待齐、鲁百姓的方法对待蜀中百姓，而蜀中百姓也就会把自己看成齐、鲁百姓。如果说

wéi yě　wū hū　ài shǔ rén zhī shēn　dài shǔ rén zhī hòu　zì gōng ér qián　wú wèi shǐ jiàn yě　jiē

为也。'呜呼！爱蜀人之深，待蜀人之厚，自公而前，吾未始见也。"皆

要在法律的规定之外为所欲为，以淫威压迫平民，我不忍心这样做啊。'唉！爱蜀中百姓这样深切，待蜀中百

zài bài qǐ shǒu yuē　　　rán
再拜稽首曰⑩："然。"

姓这样仁厚,在张公之前的历任官员中,我还没见过。"众人再次行礼叩首说:"是这样的。"

---

① 眉阳:指眉山之阳。山南曰阳。苏洵原籍眉山(今属四川)。　② 欹:倾侧,不平。　③ 油然而退:此指不声张,很自然地退去。　④ 矜容:指居功自傲的神态。　⑤ 繄:是。　⑥ 重足屏息:指因恐惧叠足而立不敢移动,不敢呼吸。　⑦ 砧斧:砧板和斧钺。　⑧ 齐鲁:指春秋时的齐国和鲁国,均在今山东境内。相传两地百姓尤其注重礼义,被称为"礼义之邦"。　⑨ 齐民:指平民百姓。　⑩ 稽首:叩头至地。

---

sū xún yòu yuē　　　gōng zhī ēn zài ěr xīn　　ěr sǐ　zài ěr zǐ sūn　　qí gōng yè zài shǐ guān　wú
苏洵又曰:"公之恩在尔心。尔死,在尔子孙。其功业在史官,无

苏洵又说:"张公的恩情记在你们的心中。你们死了,记在你们子孙的心中。他的功业由史官记载,

yǐ xiàng wéi yě　　　qiě gōng yì bú yù　rú hé　　jiē yuē　　gōng zé hé shì yú sī　　　suī rán　yú wǒ xīn
以像为也。且公意不欲,如何?"皆曰:"公则何事于斯①? 虽然,于我心

不必画像了。再说张公心里不希望这样,你们看怎么办呢?"众人都说:"张公怎么会在意这些呢?

yǒu bú shì yān　　　jīn fū píng jū wén yí shàn　　bì wèn qí rén zhī xìng míng　yǔ qí lín lǐ zhī suǒ zài
有不释焉②。今夫平居闻一善③,必问其人之姓名,与其邻里之所在,

尽管如此,我们心中还是过意不去。如今平时听说有人做了一件善事,一定会询问那个人的姓名,

yǐ zhì yú qí cháng duǎn xiǎo dà měi è zhī zhuàng shèn zhě　　huò jié qí píng shēng suǒ shì hào　yǐ
以至于其长短小大美恶之状。甚者,或诘其平生所嗜好④,以

和他住在哪里,以至于那人的身材高矮、年龄大小、容貌美丑等情况。更有甚者,还会追问那人

xiǎng jiàn qí wéi rén　　　ér shǐ guān yì shū zhī yú qí zhuàn　yì shǐ tiān xià
想见其为人。而史官亦书之于其传,意使天下

的生平嗜好,以揣摩他的为人。而史官也会把这些写入他的传记,用意在

zhī rén　sī zhī yú xīn　zé cún zhī yú mù　　cún zhī yú mù　gù qí
之人,思之于心,则存之于目。存之于目,故其

于使天下之人,能铭记于心中,显现在眼前。能够显现于他们的目前,所

sī zhī yú xīn yě gù　gù　yóu cǐ guān zhī　xiàng yì bù wéi wú zhù　sū
思之于心也固。由此观之,像亦不为无助。"苏

以他们心中的思念就牢固了。由此看来,画像也不能说没用。"苏洵无法

---

① 何事于斯:意谓对画像一事不怎么在意。　② 不释:放不下。　③ 平居:平时。　④ 诘:盘问。　⑤ 诘:反驳。

xún wú yǐ jié　　suì wéi zhī jì
洵无以诘⑤，遂为之记。

辩驳，于是撰写了这篇记文。

gōng nán jīng rén　　wéi rén kāng kǎi yǒu dà jié　　yǐ dù liàngxióng tiān xià　　tiān xià yǒu dà shì gōng
公南京人①，为人慷慨有大节，以度量雄天下②。天下有大事，公

张公是南京人，为人意气慷慨又有高尚节操，以器度宽宏闻名天下。天下发生了重大的事情，张公是

kě zhǔ　　xì zhī yǐ shī yuē　　tiān zǐ zài zuò　　suì zài jiǎ wǔ　　xī rén chuán yán　　yǒu kòu zài
可属③。系之以诗曰："天子在祚④，岁在甲午⑤。西人传言⑥，有寇在

可以委以重任的。文末附诗一首云："大宋天子坐皇位，当时正是甲午年。蜀人谣言纷纷起，说是有寇在边

yuán　　tíng yǒu wǔ chén móu fū rú yún　　tiān zǐ yuē xī　　mìng wǒ zhānggōng　　gōng lái zì dōng qí dào
垣⑦。庭有武臣，谋夫如云⑧。天子曰嘻⑨，命我张公。公来自东，旗纛

关。朝廷之上有武将，文臣谋士多如云。英明天子发圣旨，命我张公去赴任。公从东方来赴任，大旗猎猎

shū shū　　xī rén jù guān　　yú xiàng yú tú　　wèi gōng jì jì　　gōng lái yú yú　　gōng wèi xī rén　ān
舒舒⑩。西人聚观，于巷于途。谓公暨暨⑪，公来于于⑫。公谓西人：安

迎风扬。蜀人聚集睹风采，挤满道路挤满巷。都说张公貌刚毅，行动优雅又从容。张公劝谕蜀中人：好好

ěr shì jiā　　wú gǎn huò é　　é yán bù xiáng wǎng jí ěr cháng　　chūn ěr tiáo sāng　　qiū ěr dí chǎng
尔室家，无敢或讹⑬。讹言不祥，往即尔常。春尔条桑⑭，秋尔涤场⑮。

安居自己家，不要再去传谣言。谣言不是吉祥物，回去照常过日子。春天动手剪桑枝，秋天清扫打谷场。蜀

xī rén qǐ shǒu　　gōng wǒ fù xiōng　　gōng zài xī yòu　　cǎo mù pián pián　　gōng yàn qí liáo　　fá gǔ yuānyuān
西人稽首：公我父兄。公在西囿，草木骈骈⑯。公宴其僚，伐鼓渊渊⑰。

人叩首拜张公：公似父母又如兄。公在蜀中西囿里，花草树木郁葱葱。宴请部下文武官，击鼓之声响咚咚。

xī rén lái guān　　zhù gōng wàn nián　　yǒu nǚ juān juān　　guī tà xián xián　　yǒu tóng wā wā　　yì jì néng
西人来观，祝公万年。有女娟娟⑱，闺闼闲闲⑲。有童哇哇⑳，亦既能

蜀人都来看热闹，祝公之寿万年长。蜀中少女多窈窕，长在闺阁多娴静。蜀中儿童咿呀语，亦能仿佛对人

yán　　xī gōng wèi lái　　qī rǔ qì juān　　hé má péngpéng　　cāng yǔ chóngchóng　　jiē wǒ fù zǐ lè cǐ
言。昔公未来，期汝弃捐。禾麻芃芃㉑，仓庾崇崇㉒。嗟我妇子，乐此

言。昔日张公未来蜀，你们就像被抛弃了一样，无法安居乐业。如今禾麻多茂盛，粮仓高耸堆满谷。感慨

suì fēng　　gōng zài cháo tíng tiān zǐ gǔ gōng　　tiān zǐ yuē guī　　gōng gǎn bù chéng　　zuò táng yán yán　　yǒu
岁丰。公在朝廷，天子股肱㉓。天子曰归，公敢不承㉔？作堂严严㉕，有

蜀中妇与子，欢欢喜喜庆丰足。张公本在朝廷中，天子视为股肱臣。天子降旨回朝廷，张公岂能不答应？造

庑有庭^㉖。公像在中，朝服冠缨。西人相告，无敢逸荒^㉗。公归

wǔ yǒu tíng　　gōng xiàng zài zhōng cháo fú guān yīng　　xī rén xiāng gào　wú gǎn yì huāng　　gōng guī

起殿堂真庄严，既有廊房又有庭。公像挂在殿堂中，身穿朝服冠结缨。蜀中之人相告诫，不敢懒惰耽放荡。

京师，公像在堂。"

jīng shī　　gōng xiàng zài táng

张公已经归京城，张公画像挂在堂。"

① 南京：北宋时的南京在今河南商丘南。　② 度量：指胸襟、气量。　③ 属：托付。　④ 祚：指皇位。　⑤ 岁在甲午：指甲午年，即宋仁宗至和元年(1054)。　⑥ 西人：指蜀人。因北宋的四川路(治所益州)在京城汴梁以西，故称。　⑦ 垣：墙。此指边境。　⑧ 谋夫：出谋划策的人。　⑨ 嘻：感叹词，表示赞美。　⑩ 纛：古代军中或仪仗队中的大旗。　舒舒：形容军旗飘扬貌。　⑪ 暨暨：果断刚毅貌。　⑫ 于于：行动舒缓从容貌。　⑬ 讹：假。此指谣言。　⑭ 条桑：修剪桑树。　⑮ 涤场：打扫打谷场。　⑯ 骈骈：草木并生繁茂貌。　⑰ 伐鼓：击鼓。　渊渊：形容鼓声平和。　⑱ 娟娟：美好貌。　⑲ 闺闼：女子居住的内屋。　闼，夹室。　闲闲：从容自得貌。　⑳ 哇哇：指幼童呀呀学语声。　㉑ 芄芄：植物茂盛貌。　㉒ 庾：露天谷仓。　崇崇：高耸貌。　㉓ 股肱：指皇帝左右得力的大臣。　股，大腿。　肱，手臂从肘至腕一段。　㉔ 承：承担，接受。　㉕ 严严：庄严肃穆貌。　㉖ 庑：堂周围的廊屋。　㉗ 逸荒：安逸放荡。

（王兴康）

刑赏忠厚之至论

xíng shǎng zhōng hòu zhī zhì lùn

苏轼

sū shì

尧、舜、禹、汤、文、武、成、康之际^①，何其爱民之深，忧民之切，而

yáo shùn yǔ tāng wén wǔ chéng kāng zhī jì　　hé qí ài mín zhī shēn yōu mín zhī qiè ér

唐尧、虞舜、大禹、商汤、周文王、武王、成王、康王的时候，他们爱民多么深厚，忧民多么急切，而且

待天下以君子长者之道也^②！有一善，从而赏之，又从而咏歌嗟叹

dài tiān xià yǐ jūn zǐ zhǎng zhě zhī dào yě　　yǒu yí shàn cóng ér shǎng zhī yòu cóng ér yǒng gē jiē tàn

用君子长者的忠厚德行来对待天下百姓！百姓有一善举，就奖赏他，接着又歌咏赞叹他；以此来为他有良

500

① **苏轼**(1037～1101),字子瞻,号东坡居士,北宋文学家、书画家,其在诗、词和散文等方面的表现,都代表着北宋文学的最高成就。 **尧、舜、禹**:唐尧、虞舜、夏禹,传说中的上古治世君主。 **汤**:商汤,商代开国君主。 **文**:周文王,周朝的奠基者。 **武**:周武王,他灭商纣王而有天下,在位十九年。 **成**:周成王。 **康**:周康王。 ②**"而待天下"句**:用君子长者的德行来对待天下人。 ③ **哀矜**:怜悯。 **惩创**:惩戒。 ④ **吁**:表示不以为然的感叹声。 **俞**:表示赞许、应允的声音。 ⑤ **虞、夏、商、周之书**:指《尚书》。《尚书》中有《虞书》、《夏书》、《周书》等篇,都是记载从帝尧到周朝的典章训诰的。

之,所以乐其始而勉其终;有一

好开端而高兴,并勉励他善始善终。有一不好的

不善,从而罚之,又从而哀矜惩

行为,就惩罚他,接着又怜悯警戒他;以此来

创之③,所以弃其旧而开其新。

都助他摒弃旧错,并开导他走向自新。

故其吁俞之声④,欢休惨戚,

所以他们叹惜赞许的声音,欢欣忧戚的样子,

见于虞、夏、商、周之书⑤。

都反映在虞书、夏书、商书、周书中了。

成、康既没,穆王立①,而周道始衰,然犹命其臣吕侯,而告之以

成王、康王逝世后,穆王即位,而周朝王道开始衰落,但仍命令大臣吕侯整理刑法,并告诫他要善于

祥刑②。其言忧而不伤,威而不怒,慈爱而能断③,恻然有哀怜无辜之

用刑。穆王的话忧戚而不悲伤,威严而不愤怒,慈爱而能决断,悲天悯人,有哀怜无罪者的心肠,所以孔子对

心,故孔子犹有取焉。《传》曰④:"赏疑从与,所以广恩也;罚疑从

他还有所肯定。《尚书·孔安国传》说:"欲赏有疑,宁可给予,以推广恩泽;欲罚有疑,宁可舍去,以表示谨慎

去,所以慎刑也⑤。"

用刑。"

① **穆王**：周穆王，康王孙，在位五十五年，喜游乐，周朝开始衰落。　② **"然犹命"二句**：**吕侯**：即甫侯，周穆王时司寇。穆王采纳吕侯的建议，修正先代刑法，布告天下。《尚书·吕刑》即记载此事。　**祥刑**：善于用刑。**祥**：善。　③ **断**：决断。　④**《传》**：解说经义的文字，这里特指《尚书·孔安国传》。　⑤ **"赏疑"四句**：大意是说，欲赏有疑，宁可给予，以推广恩泽；欲罚有疑，宁可舍去，以表示谨慎用刑。**与**，给予。孔安国《传》原文："刑疑附轻，赏疑从重，忠厚之至。"

<small>dāng yáo zhī shí　　gāo yáo wéi shì　　　jiāng shā rén　gāo yáo yuē　　shā zhī　sān　yáo yuē　　yòu</small>

当尧之时，皋陶为士①。将杀人，皋陶曰："杀之。"三。尧曰："宥

在唐尧时，皋陶做执法官。将要执行死刑时，皋陶说："杀掉他。"共说了三次。唐尧说："赦免他。"也说

<small>zhī　　sān　　gù tiān xià wèi gāo yáo zhī　fǎ zhī jiān　　ér　lè yáo yòng xíng zhī kuān　　sì yuè yuē　　　gǔn kě</small>

之。"三②。故天下畏皋陶执法之坚，而乐尧用刑之宽。四岳曰③："鲧可

了三次。所以天下人畏惧皋陶执法的坚毅强硬，而喜欢唐尧用刑的宽大。四方诸侯说："鲧可以任用。"唐尧

<small>yòng　　　yáo yuē　　bù kě　　gǔn fāng mìng pǐ zú　　　jì ér yuē　　shì zhī　　hé yáo zhī bù tīng gāo</small>

用④。"尧曰："不可。鲧方命圮族⑤。"既而曰："试之。"何尧之不听皋

说："不行！鲧违反命令，残害同类。"过了一会儿又说："试试看吧！"为什么唐尧不听任皋陶去处死犯人，而

① **皋陶**：亦作"咎繇"，据《书·舜典》，他是舜时任掌管刑法之官。苏轼误为帝尧之臣。　**士**：执法官。　② **杀之三、宥之三**：当时主考官欧阳修曾就此事出处问苏轼，苏轼答云："何须出处。"欧阳修颇欣赏他的豪迈不羁。《礼记·王制》："大司寇以狱成告于王，王命三公参听之。三公以狱之成告于王，王三又（同"宥"），然后制刑。"三次宽宥然后处刑，当是周代的制度，史籍未载尧舜时如此。　**三**，三次。**宥**，赦免，宽恕。　③ **四岳**：四方诸侯之长，实为四方部落首领。　④ **鲧**：禹之父，被四岳推举，奉尧命治水。他筑堤防水，没有成功，被舜杀死在羽山。　⑤ **方命圮族**：违反命令，残害同类。语出《尚书·尧典》。　**方**，违，抗。**圮**，毁。　⑥**《书》**：指《尚书》。　⑦ **"罪疑"四句**：大意是，罪有疑处时，从轻处置；功有疑处时，从重奖赏。与其杀无辜的人，宁可失刑，不合常规。**经**，常规。语出《尚书·大禹谟》。　⑧ **尽**：详尽。

<ruby>陶<rt>yáo</rt></ruby> <ruby>之<rt>zhī</rt></ruby> <ruby>杀<rt>shā</rt></ruby> <ruby>人<rt>rén</rt></ruby>，<ruby>而<rt>ér</rt></ruby> <ruby>从<rt>cóng</rt></ruby> <ruby>四<rt>sì</rt></ruby> <ruby>岳<rt>yuè</rt></ruby> <ruby>之<rt>zhī</rt></ruby> <ruby>用<rt>yòng</rt></ruby> <ruby>鲧<rt>gǔn</rt></ruby> <ruby>也<rt>yě</rt></ruby>？<ruby>然<rt>rán</rt></ruby> <ruby>则<rt>zé</rt></ruby> <ruby>圣<rt>shèng</rt></ruby> <ruby>人<rt>rén</rt></ruby> <ruby>之<rt>zhī</rt></ruby> <ruby>意<rt>yì</rt></ruby>，<ruby>盖<rt>gài</rt></ruby> <ruby>亦<rt>yì</rt></ruby> <ruby>可<rt>kě</rt></ruby> <ruby>见<rt>jiàn</rt></ruby> <ruby>矣<rt>yǐ</rt></ruby>。《<ruby>书<rt>shū</rt></ruby>》<ruby>曰<rt>yuē</rt></ruby>⑥：

陶之杀人，而从四岳之用鲧也？然则圣人之意，盖亦可见矣。《书》曰⑥：

听从四方诸侯的意见去任用鲧呢？如此看来，圣人的用意是可见的。《尚书》说："罪行有疑问时，从轻处置，

<ruby>罪<rt>zuì</rt></ruby> <ruby>疑<rt>yí</rt></ruby> <ruby>惟<rt>wéi</rt></ruby> <ruby>轻<rt>qīng</rt></ruby>，<ruby>功<rt>gōng</rt></ruby> <ruby>疑<rt>yí</rt></ruby> <ruby>惟<rt>wéi</rt></ruby> <ruby>重<rt>zhòng</rt></ruby>。<ruby>与<rt>yǔ</rt></ruby> <ruby>其<rt>qí</rt></ruby> <ruby>杀<rt>shā</rt></ruby> <ruby>不<rt>bù</rt></ruby> <ruby>辜<rt>gū</rt></ruby>，<ruby>宁<rt>nìng</rt></ruby> <ruby>失<rt>shī</rt></ruby> <ruby>不<rt>bù</rt></ruby> <ruby>经<rt>jīng</rt></ruby>⑦。" <ruby>呜<rt>wū</rt></ruby> <ruby>呼<rt>hū</rt></ruby>！<ruby>尽<rt>jìn</rt></ruby> <ruby>之<rt>zhī</rt></ruby> <ruby>矣<rt>yǐ</rt></ruby>⑧。

"罪疑惟轻，功疑惟重。与其杀不辜，宁失不经⑦。"呜呼！尽之矣⑧。

功勋有疑问时，从重奖赏。与其杀无辜者，宁可失刑，不合常规。"唉！《尚书》的论述已很详尽了。

<ruby>可<rt>kě</rt></ruby> <ruby>以<rt>yǐ</rt></ruby> <ruby>赏<rt>shǎng</rt></ruby>，<ruby>可<rt>kě</rt></ruby> <ruby>以<rt>yǐ</rt></ruby> <ruby>无<rt>wú</rt></ruby> <ruby>赏<rt>shǎng</rt></ruby>，<ruby>赏<rt>shǎng</rt></ruby> <ruby>之<rt>zhī</rt></ruby> <ruby>过<rt>guò</rt></ruby> <ruby>乎<rt>hū</rt></ruby> <ruby>仁<rt>rén</rt></ruby>；<ruby>可<rt>kě</rt></ruby> <ruby>以<rt>yǐ</rt></ruby> <ruby>罚<rt>fá</rt></ruby>，<ruby>可<rt>kě</rt></ruby> <ruby>以<rt>yǐ</rt></ruby> <ruby>无<rt>wú</rt></ruby> <ruby>罚<rt>fá</rt></ruby>，<ruby>罚<rt>fá</rt></ruby> <ruby>之<rt>zhī</rt></ruby> <ruby>过<rt>guò</rt></ruby> <ruby>乎<rt>hū</rt></ruby>

可以赏，可以无赏，赏之过乎仁；可以罚，可以无罚，罚之过乎

在可以奖赏又可以不奖赏的时候，奖赏了，就过于仁慈了；在可以惩罚又可以不惩罚的时候，惩罚

<ruby>义<rt>yì</rt></ruby>。<ruby>过<rt>guò</rt></ruby> <ruby>乎<rt>hū</rt></ruby> <ruby>仁<rt>rén</rt></ruby>，<ruby>不<rt>bù</rt></ruby> <ruby>失<rt>shī</rt></ruby> <ruby>为<rt>wéi</rt></ruby> <ruby>君<rt>jūn</rt></ruby> <ruby>子<rt>zǐ</rt></ruby>；<ruby>过<rt>guò</rt></ruby> <ruby>乎<rt>hū</rt></ruby> <ruby>义<rt>yì</rt></ruby>，<ruby>则<rt>zé</rt></ruby> <ruby>流<rt>liú</rt></ruby> <ruby>而<rt>ér</rt></ruby> <ruby>入<rt>rù</rt></ruby> <ruby>于<rt>yú</rt></ruby> <ruby>忍<rt>rěn</rt></ruby> <ruby>人<rt>rén</rt></ruby>①。<ruby>故<rt>gù</rt></ruby> <ruby>仁<rt>rén</rt></ruby> <ruby>可<rt>kě</rt></ruby> <ruby>过<rt>guò</rt></ruby> <ruby>也<rt>yě</rt></ruby>，<ruby>义<rt>yì</rt></ruby>

义。过乎仁，不失为君子；过乎义，则流而入于忍人①。故仁可过也，义

了，就超出了义法。过于仁慈，还不失是一个君子；超出了义法，就流为残忍的人了。所以，仁慈是可以过分

<ruby>不<rt>bù</rt></ruby> <ruby>可<rt>kě</rt></ruby> <ruby>过<rt>guò</rt></ruby> <ruby>也<rt>yě</rt></ruby>。<ruby>古<rt>gǔ</rt></ruby> <ruby>者<rt>zhě</rt></ruby> <ruby>赏<rt>shǎng</rt></ruby> <ruby>不<rt>bù</rt></ruby> <ruby>以<rt>yǐ</rt></ruby> <ruby>爵<rt>jué</rt></ruby> <ruby>禄<rt>lù</rt></ruby>，<ruby>刑<rt>xíng</rt></ruby> <ruby>不<rt>bù</rt></ruby> <ruby>以<rt>yǐ</rt></ruby> <ruby>刀<rt>dāo</rt></ruby> <ruby>锯<rt>jù</rt></ruby>。<ruby>赏<rt>shǎng</rt></ruby> <ruby>之<rt>zhī</rt></ruby> <ruby>以<rt>yǐ</rt></ruby> <ruby>爵<rt>jué</rt></ruby> <ruby>禄<rt>lù</rt></ruby>，<ruby>是<rt>shì</rt></ruby> <ruby>赏<rt>shǎng</rt></ruby> <ruby>之<rt>zhī</rt></ruby> <ruby>道<rt>dào</rt></ruby>

不可过也。古者赏不以爵禄，刑不以刀锯。赏之以爵禄，是赏之道

的，义法是不可超出的。古人不用官位俸禄来奖赏，不用刀锯等刑具来施刑。用官位俸禄来奖赏，那么奖赏

<ruby>行<rt>xíng</rt></ruby> <ruby>于<rt>yú</rt></ruby> <ruby>爵<rt>jué</rt></ruby> <ruby>禄<rt>lù</rt></ruby> <ruby>之<rt>zhī</rt></ruby> <ruby>所<rt>suǒ</rt></ruby> <ruby>加<rt>jiā</rt></ruby>，<ruby>而<rt>ér</rt></ruby> <ruby>不<rt>bù</rt></ruby> <ruby>行<rt>xíng</rt></ruby> <ruby>于<rt>yú</rt></ruby> <ruby>爵<rt>jué</rt></ruby> <ruby>禄<rt>lù</rt></ruby> <ruby>之<rt>zhī</rt></ruby> <ruby>所<rt>suǒ</rt></ruby> <ruby>不<rt>bù</rt></ruby> <ruby>加<rt>jiā</rt></ruby> <ruby>也<rt>yě</rt></ruby>②；<ruby>刑<rt>xíng</rt></ruby> <ruby>以<rt>yǐ</rt></ruby> <ruby>刀<rt>dāo</rt></ruby> <ruby>锯<rt>jù</rt></ruby>，<ruby>是<rt>shì</rt></ruby> <ruby>刑<rt>xíng</rt></ruby> <ruby>之<rt>zhī</rt></ruby> <ruby>威<rt>wēi</rt></ruby>

行于爵禄之所加，而不行于爵禄之所不加也②；刑以刀锯，是刑之威

的作用只限于能给予官位俸禄的范围之内，而不能推行到不能给予官位俸禄的其他方面。用刀锯施刑，那

<ruby>施<rt>shī</rt></ruby> <ruby>于<rt>yú</rt></ruby> <ruby>刀<rt>dāo</rt></ruby> <ruby>锯<rt>jù</rt></ruby> <ruby>之<rt>zhī</rt></ruby> <ruby>所<rt>suǒ</rt></ruby> <ruby>及<rt>jí</rt></ruby>，<ruby>而<rt>ér</rt></ruby> <ruby>不<rt>bù</rt></ruby> <ruby>施<rt>shī</rt></ruby> <ruby>于<rt>yú</rt></ruby> <ruby>刀<rt>dāo</rt></ruby> <ruby>锯<rt>jù</rt></ruby> <ruby>之<rt>zhī</rt></ruby> <ruby>所<rt>suǒ</rt></ruby> <ruby>不<rt>bù</rt></ruby> <ruby>及<rt>jí</rt></ruby> <ruby>也<rt>yě</rt></ruby>③。<ruby>先<rt>xiān</rt></ruby> <ruby>王<rt>wáng</rt></ruby> <ruby>之<rt>zhī</rt></ruby> <ruby>天<rt>tiān</rt></ruby> <ruby>下<rt>xià</rt></ruby> <ruby>之<rt>zhī</rt></ruby> <ruby>善<rt>shàn</rt></ruby> <ruby>不<rt>bù</rt></ruby>

施于刀锯之所及，而不施于刀锯之所不及也③。先王知天下之善不

么刑罚的威力只限于刀锯所及的方面，而影响不到刀锯所不及的方面。古代君王知道天下的善行赏不胜

---

① 忍人：残忍之人。　② "赏之"三句：意思说，以爵禄为赏赐，那么赏赐的作用只限于能给予爵禄的限度之内，而不能推行到不能给予爵禄的其他方面。　③ "刑以"三句：大意是，以刀锯为刑罚，那么刑罚的威力只限于刀锯所及的方面，而不能影响到刀锯所达不到的方面。　④ 劝：劝勉，鼓励。　⑤ 相率：一个跟着一个。

shèng shǎng ér jué lù bù zú yǐ quàn yě　　zhī tiān xià zhī è bù shèng xíng ér dāo jù bù zú yǐ cái yě

胜赏,而爵禄不足以劝也④;知天下之恶不胜刑,而刀锯不足以裁也。

赏,而官位俸禄不足以用来劝勉从善;知道天下的恶事罚不胜罚,而刀锯刑具不足以用来制裁。所以赏罚有

shì gù yí zé jǔ ér guī zhī yú rén　　yǐ jūn zǐ zhǎng zhě zhī dào dài tiān xià　　shǐ tiān xià xiāng shuài ér guī

是故疑则举而归之于仁,以君子长者之道待天下,使天下相率而归

疑问时,就一律以仁慈为宗旨去处置。用君子长者的忠厚德行来对待天下百姓,使天下百姓都接连不断地

yú jūn zǐ zhǎng zhě zhī dào　　gù yuē zhōng hòu zhī zhì yě

于君子长者之道⑤,故曰忠厚之至也。

仿效君子长者的忠厚德行,所以说是忠厚到极点了。

shī yuē　jūn zǐ rú zhǐ luàn shù chuán yǐ　jūn zǐ rú nù luàn shù chuán jǔ　fú jūn zǐ

《诗》曰:"君子如祉,乱庶遄已。君子如怒,乱庶遄沮①。"夫君子

《诗经》说:"君子喜纳贤人之言,乱事大概快要停止了;君子怒责谗人之言,乱事大概快要终止了。"

zhī yǐ luàn　qǐ yǒu yì shù zāi　zhì qí xǐ nù ér wú shī hū rén ér yǐ yǐ　chūn qiū zhī yì

之已乱②,岂有异术哉?制其喜怒,而无失乎仁而已矣。《春秋》之义

君子平息动乱,哪里有特别的办法?控制他们的喜怒之情,而不失去仁慈之心罢了。《春秋》的主旨是

lì fǎ guì yán ér zé rén guì kuān yīn qí bāo biǎn zhī yì yǐ zhì shǎng fá yì zhōng hòu

立法贵严,而责人贵宽,因其褒贬之义③,以制赏罚④,亦忠厚

立法规时贵在严厉,而责罚时贵在宽大。依照《春秋》的褒贬大义,来控制赏罚的尺度,也是忠厚到极点

zhī zhì yě

之至也。

了。

> ① "君子"四句:大意是,君子喜纳贤人之言,怒责谗人之言,那么乱事大概可以停止了。　祉,喜欢。　庶,大概。　遄,速。　已,止。　沮,终止。语出《诗经·小雅·巧言》,句序稍有不同。　② 已乱:平息动乱。　③ 因:依。　褒贬之义:即所谓春秋大义。指《春秋》以儒家伦理道德标准,对历史人物和事件,用隐微的字句进行褒贬。　④ 制:控制。

（王水照）

fàn zēng lùn
范 增 论

sū shì
苏 轼

hàn yòng chén píng jì jiàn shū chǔ jūn chén xiàng yǔ yí fàn zēng yǔ hàn yǒu sī shāo duó qí
汉用陈平计①，间疏楚君臣②。项羽疑范增与汉有私③，稍夺其

汉王刘邦采用陈平的计谋，离间、疏远西楚的君臣关系。项羽果然怀疑范增与汉王暗中勾结，便逐渐

quán zēng dà nù yuē tiān xià shì dà dìng yǐ jūn wáng zì wéi zhī yuàn cì hái gǔ guī zú wǔ
权。增大怒曰：“天下事大定矣，君王自为之，愿赐骸骨归卒伍④。”

削夺他的权力。范增非常恼怒地说：“天下大事已经定局了，以后君王自己去治理吧！希望赏赐我这把老骨

guī wèi zhì péng chéng jū fā bèi sǐ sū zǐ yuē zēng zhī qù shàn yǐ bú qù yǔ bì shā zēng
归未至彭城，疽发背死⑤。苏子曰⑥：增之去善矣。不去，羽必杀增。

头回老家去。”回乡时还没到彭城，就因脊背上所患毒疮发作而死去。苏子说：范增离去得对啊！不离去，项

dú hèn qí bù zǎo ěr rán zé dāng yǐ hé shì qù zēng quàn yǔ shā pèi gōng yǔ bù tīng zhōng yǐ
独恨其不早耳。然则当以何事去？增劝羽杀沛公⑦，羽不听，终以

羽一定会杀死他的。只恨他没有早些离开罢了。那末他该因何事离去呢？范增劝项羽杀刘邦，项羽没听他

cǐ shī tiān xià dāng yú shì qù yé yuē fǒu zēng zhī yù shā pèi gōng rén chén zhī fèn yě yǔ zhī
此失天下，当于是去耶？曰：否。增之欲杀沛公，人臣之分也；羽之

的，最终由此失去天下，范增因此该离开吗？回答说：不是。范增要杀刘邦，是尽臣子的职责；项羽不杀刘邦，

bù shā yóu yǒu jūn rén zhī dù yě zēng hé wèi yǐ cǐ qù zāi yì yuē zhī jī qí shén
不杀，犹有君人之度也。增曷为以此去哉？《易》曰：“知幾其神

说明他还有一个君主的气度。范增为什么要为这事离开呢？《周易》上说：“能够发现事物微小变化的，才是

hū shī yuē xiàng bǐ yù xuě xiān jí wéi xiàn zēng zhī qù dāng yú yǔ shā qīng zǐ
乎⑧！”《诗》曰：“相彼雨雪，先集维霰⑨。”增之去，当于羽杀卿子

最聪明者。”《诗经》里讲：“看那天要下雪了，先凝结降落的总是小雪珠。”范增的离开，应当在项羽杀害卿子

guàn jūn shí yě
冠军时也⑩。

冠军的时候。

① 汉：指汉王刘邦。　陈平：阳武（今河南原阳东南）人，汉初政治家。楚汉相争时，先为项羽部属，任都尉，曾从项羽入关；后奔刘邦，任护军中尉，为刘邦重要谋臣。汉朝建立，封为曲逆侯，历任惠帝、吕后、文帝丞相。　② 楚：指项羽的西楚。　③ 项羽：名籍，秦末楚国贵族。公元前209年在陈胜影响下，跟从叔父项梁起义。梁死，籍为统帅。秦亡后，项羽自称西楚霸王，据有西楚、东楚与梁地共九郡，建都彭城（今江苏徐州），分封诸侯，公元前206年，封刘邦为汉王。随后与刘展开激烈的争夺统治权斗争。最后项羽失败，自刎而死。　范增：居郧（安徽原巢县西南）人，秦汉之际，为西楚霸王项羽谋士，被尊为亚父。曾屡劝项羽杀掉刘邦，项羽不听。后项羽中陈平反间计，渐削范增权力，范增忿而离去，途中背上毒疮痈疽发作而死。　④ 骸骨：多指尸骨。赐骸骨，退休回家。　卒伍：秦时乡里基层组织，此指家乡。　⑤ 疽：毒疮。　⑥ 苏子：作者苏轼自称。　⑦ 沛公：即汉高祖刘邦。公元前209年响应陈胜起义于沛（今江苏沛县东），被立为沛公。　⑧ 幾：微小。引文见《周易·系辞》。　⑨ "相彼"二句：引文见《诗经·小雅·頍弁》。　相，视、看。　霰，小雪珠。　⑩ 卿子冠军：即宋义。卿子是当时对人的尊称；冠军，指地位在其他将领之上的上将。为义帝所封，被项羽所杀。

·

陈涉之得民也①，以项燕、扶苏②。项氏之兴也，以立楚怀王孙心③。

陈胜起义能得到百姓拥护，是因为借用了楚将项燕、秦公子扶苏的名义；项家的兴起，是因为拥立了

而诸侯叛之也，以弑义帝④。且义帝之立，增为谋主矣。义帝之存

楚怀王孙子熊心为义帝的缘故。而以后诸侯背叛项羽，也正因为他杀害了义帝。况且义帝的拥立，范增是主

亡，岂独为楚之盛衰，亦增之所与同祸福也。未有义帝亡而增独能

谋。义帝的生死存亡，何止关系到楚国的兴衰成败，也是和范增的祸福密切相关的。不会有义帝被推翻了而

久存者也。羽之杀卿子冠军也，是弑义帝之兆也。其弑义帝，是疑增

范增却能长久生存的道理。项羽杀卿子冠军宋义，是杀义帝的先兆。项羽杀害义帝，就是怀疑范增的开始，

之本也，岂必待陈平哉？物必先腐也，而后虫生之；人必先疑也，而

哪里一定要等到陈平使用反间计呢？物体一定是先坏了，然后才会生虫；人一定是先有了疑心，然后才能听

后谗入之。陈平虽智，安能间无疑之主哉？吾尝论义帝天下之贤主

得进别人的谗言。陈平虽然极为聪明，又怎么能够离间得了不疑心下臣的君主呢？我曾经评论义帝，认为他

yě　dú qiǎn pèi gōng rù guān　　　bù qiǎn xiàng yǔ　　shí qīng zǐ guàn jūn　yú chóu rén zhī zhōng　ér zhuó yǐ wéi

也。独遣沛公入关⑤，不遣项羽；识卿子冠军于稠人之中，而擢以为

是天下的贤君明主。他偏偏派刘邦带兵打函谷关，而不派项羽；能够在众多的武将中特别赏识宋义，而提升

shàng jiàng　bù xián ér néng rú shì hū　　yǔ jì jiǎo shā qīng zǐ guàn jūn　yì dì bì bù néng kān　　fēi

上将⑥。不贤而能如是乎？羽既矫杀卿子冠军⑦，义帝必不能堪⑧。非

他为上将。不贤明能够这样做吗？项羽已经假托义帝的命令杀了宋义，义帝一定忍受不了。不是项羽谋害义

yǔ shì dì zé dì shā yǔ　bú dài zhì zhě ér hòu zhī yě　　zēng shǐ quàn xiàng liáng lì yì dì　zhū hóu yǐ

羽弑帝，则帝杀羽。不待智者而后知也。增始劝项梁立义帝⑨，诸侯以

帝，就是义帝杀死项羽。这是用不着聪明人才能明白的事。范增当初劝项梁拥立义帝，诸侯因此服从指挥；

cǐ fú cóng　zhōng dào ér shì zhī　fēi zēng zhī yì yě　　fú qǐ dú fēi qí yì　jiāng bì lì zhēng ér bù tīng

此服从；中道而弑之，非增之意也。夫岂独非其意，将必力争而不听

中途谋杀义帝，不是范增的意思。非但不是他的意思，而且一定会极力反对，而项羽不听。不听范增的主张，

yě　bú yòng qí yán ér shā qí suǒ lì　yǔ zhī yí zēng　bì zì shì shǐ yǐ　fāng yǔ shā qīng zǐ guàn jūn

也。不用其言而杀其所立，羽之疑增，必自是始矣。方羽杀卿子冠军，

而杀掉他所拥立的义帝，项羽怀疑范增，一定从这时就开始了。当项羽杀卿子冠军宋义时，范增与项羽还是

---

① 陈涉：名胜字涉，秦末农民起义首领。起义时曾打着项燕、扶苏的旗号，用来争取民心。　② 项燕：战国末年楚国名将，项羽的祖父。　扶苏：秦始皇长子。始皇焚书坑儒，扶苏极力劝谏，始皇怒，打发他去北方监蒙恬军。始皇死，宦官赵高主谋，诈称始皇之命，令扶苏自杀。③ 楚怀王孙心：楚怀王的孙子熊心。秦末，秦国将楚怀王骗去杀死，楚国灭亡后，熊心隐藏在民间替人牧羊。公元前208年，范增向项羽的叔父项梁献计，拥立楚怀王的后代，并仍称怀王，以争取民心。项梁听从范增，在民间找到熊心，拥立之。后项梁战死，项羽自立为西楚霸王，尊楚怀王熊心为义帝。　④ 弑：古时称臣杀君、子杀父为"弑"。　义帝：即楚怀王熊心。　⑤ 关：指关中之地，义帝命宋义、项羽救赵，而命刘邦攻打咸阳，并与诸将约定，先达关中灭秦者为王。　⑥ 擢：提拔。　⑦ 矫杀：此处指项羽诈称义帝命令杀卿子冠军宋义。　⑧ 堪：忍受。　⑨ 项梁：楚名将项燕之子，项羽叔父，始立楚怀王熊心者。⑩ 比肩：并肩，这里比喻地位相当。　⑪ 陋：学识疏浅。

zēng yǔ yǔ bǐ jiān ér shì yì dì　　　 jūn chén zhī fèn wèi dìng yě　　　 wèi zēng jì zhě　　 lì néng zhū yǔ zé zhū
增与羽比肩而事义帝⑩，君臣之分未定也。为增计者，力能诛羽则诛

并肩同位替义帝做事的臣属，君臣的名分还没有确立。替范增着想，有力量杀掉项羽就果断地杀掉他；

zhī　 bù néng zé qù zhī　　 qǐ bú yì rán dà zhàng fū yě zāi　　 zēng nián yǐ qī shí　 hé zé liú　 bù hé zé
之，不能则去之，岂不毅然大丈夫也哉？增年已七十，合则留，不合则

行，就干脆离开他。这样做，不是一个果敢像样的大丈夫吗？范增已是七十岁了，能与项羽相合就留下，合不

qù　　 bù yǐ cǐ shí míng qù jiù zhī fèn　 ér yù yī yǔ yǐ chénggōngmíng　 lòu yǐ
去。不以此时明去就之分，而欲依羽以成功名，陋矣⑪！

来就离去。不在这个时候明确该走该留，却还想依靠项羽来成就自己的功名，真是见识太浅陋了啊！

suī rán　 zēng　 gāo dì zhī suǒ wèi yě　　 zēng bú qù　 xiàng yǔ bù wáng
虽然，增，高帝之所畏也①。增不去，项羽不亡。

话虽这样说，范增毕竟是汉高祖所害怕的人物。范增不走，项羽不会灭亡。

wū hū　 zēng yì rén jié yě zāi
呜呼！增亦人杰也哉！

唉！范增也确实是个杰出的人才啊！

①高帝：
汉高祖
刘邦。

（萧善芗）

liú　　　 hóu　　　 lùn
留　侯　论

sū　 shì
苏　轼

gǔ zhī suǒ wèi háo jié zhī shì　 bì yǒu guò rén zhī jié　　 rén qíng yǒu suǒ bù néng rěn zhě　 pǐ fū
古之所谓豪杰之士，必有过人之节①。人情有所不能忍者，匹夫

古代所说的英雄豪杰人物，必定有超出凡人的节操。人在感情上总有无法忍耐的事，一个普通人受

① 节：节操、操守。 ② 匹夫见辱：普通人受辱。 ③ 卒然：突然。卒，同"猝"。 ④ 挟持：指抱负。

jiàn rǔ bá jiàn ér qǐ tǐng shēn ér dòu cǐ bù zú wéi yǒng yě tiān xià

见辱②，拔剑而起，挺身而斗，此不足为勇也。天下

到了欺辱，就会拔出刀剑，挺身搏斗，这算不上是勇敢。天下有真正勇敢的人，

yǒu dà yǒng zhě cù rán lín zhī ér bù jīng wú gù jiā zhī ér bú nù cǐ

有大勇者，卒然临之而不惊③，无故加之而不怒，此

他突然遇到变故而不惊慌，无故受到触犯而不愤怒，这是因为他的抱负极大

qí suǒ xié chí zhě shèn dà ér qí zhì shèn yuǎn yě

其所挟持者甚大④，而其志甚远也。

而他的志向深远的缘故。

fú zǐ fáng shòu shū yú yǐ shàng zhī lǎo rén yě qí shì shèn guài rán yì ān zhī qí fēi qín zhī

夫子房受书于圯上之老人也①，其事甚怪②。然亦安知其非秦之

张良从桥上的老人那儿得到兵书，这件事非常怪异。但也哪里知道那不是秦朝隐居的高士，出来试探

shì yǒu yǐn jūn zǐ zhě chū ér shì zhī guān qí suǒ yǐ wēi xiàn qí yì zhě jiē shèng xián xiāng yǔ jǐng jiè

世有隐君子者③，出而试之？观其所以微见其意者④，皆圣贤相与警戒

张良的呢？观察那老人稍稍显露出的用意，都含有圣人贤士相互警告劝戒之义，但世人不细察，以为那老人

zhī yì ér shì bù chá yǐ wéi guǐ wù yì yǐ guò yǐ qiě qí yì bú zài shū dāng hán zhī wáng

之义，而世不察，以为鬼物⑤，亦已过矣⑥。且其意不在书⑦。当韩之亡，

是鬼怪，这也已是不对的了。况且老人的用意并不在于授予兵书这件事上。当韩国已经灭亡，秦国正在兴盛

qín zhī fāng shèng yě yǐ dāo jù dǐng huò dài tiān xià zhī shì qí píng jū wú zuì yí miè zhě bù kě

秦之方盛也，以刀锯鼎镬待天下之士⑧，其平居无罪夷灭者⑨，不可

时，秦始皇用残酷的刑法对待普天下的士人，那些平时无罪而被杀戮的人多得不可计数，即使像孟贲、夏育

shēng shǔ suī yǒu bēn yù wú suǒ huò shī fú chí fǎ tài jí zhě qí fēng bù kě fàn ér qí mò kě

胜数。虽有贲、育⑩，无所获施。夫持法太急者，其锋不可犯，而其末可

那样的勇士都无能为力。秦朝实行的刑法太峻严，锋芒不可触犯，但当它锋芒过后就有可乘之机了。张良不

chéng zǐ fáng bù rěn fèn fèn zhī xīn yǐ pǐ fū zhī lì ér chěng yú yì jī zhī jiān dāng cǐ zhī

乘⑪。子房不忍忿忿之心，以匹夫之力，而逞于一击之间⑫。当此之

能克制愤怒的情绪，想凭一人的力量逞强击杀秦始皇。在这个时候，张良能脱险不死与遭险而死，当中只差

shí zǐ fáng zhī bù sǐ zhě qí jiān bù néng róng fà gài yì yǐ wēi yǐ qiān jīn zhī zǐ bù sǐ yú

时，子房之不死者，其间不能容发⑬，盖亦已危矣。千金之子⑭，不死于

一根头发的间隙，这也已是很危险了。富贵人家的子弟不会死于干盗贼之类的事。为什么呢？因为他的身体

dào zéi　　hé zhě　　　qí shēn kě ài　　　ér dào zéi zhī bù zú yǐ sǐ yě　　zǐ fáng yǐ gài shì zhī cái　bù

盗贼⑮。何者？其身可爱，而盗贼之不足以死也。子房以盖世之才，不

值得珍惜，而不值得为干盗贼之类的事而去死。张良凭着他压倒世人的才华，不去策划伊尹、姜太公之类安

wéi yī yǐn　　tài gōng zhī móu　　ér tè chū yú jīng kē　　niè zhèng zhī jì　　yǐ jiǎo xìng yú bù sǐ　cǐ

为伊尹、太公之谋⑯，而特出于荆轲、聂政之计⑰，以侥幸于不死，此

邦定国的谋略，而只想出荆轲、聂政这种行刺的计谋，靠着侥幸而不死，这就是桥上老人为他深深痛惜的原

yǐ shàng zhī lǎo rén suǒ wèi shēn xī zhě yě　　　shì gù jù ào xiǎn tiǎn ér shēn zhé zhī　　bǐ qí néng yǒu suǒ

圯上之老人所为深惜者也。是故倨傲鲜腆而深折之⑱，彼其能有所

因啊。因此老人用傲慢无礼来狠狠挫辱张良，张良如果能够忍耐的话，然后才能成就大事。所以老人说："这

rěn yě　　rán hòu kě yǐ jiù dà shì　　gù yuē　　　rú zǐ kě jiào yě

忍也，然后可以就大事，故曰："孺子可教也。"

孩子是可以教育的。"

①圯：桥。　老人：指黄石公。据《史记·留侯世家》载，张良年轻时，曾漫游至下邳（今江苏睢宁北）的一座桥上，遇一老人。老人故意把鞋扔到桥下，让张良捡来给他穿上，张良照办了。老人说："孺子可教矣。"约张良五日后一早来见。但张良前两次都比老人迟到，受到老人责备。第三次提前于半夜等在桥上，老人大喜，送他一部《太公兵法》，告诉他："读此则为王者师矣。"　②其事甚怪：圯上老人曾对张良说："谷城山下黄石即我矣。"则老人乃是黄石化身。"怪"即指此。　③隐君子：隐居的高士。指圯上老人。　④见：同"现"，显露。　⑤以为鬼物：王充《论衡·自然》载，当时人们认为上天佐汉诛秦，故"命令神石为鬼书授人"。黄石授书，是妖气化为人形的鬼，传达上天旨意，以预兆汉兴。　⑥过：错。　⑦"其意"句：指圯上老人的立意不在表面向张良传书一事。　⑧刀锯鼎镬：古代残酷的刑具，借指残酷的刑法。　⑨夷灭：消灭，杀戮。　⑩贲、育：孟贲、夏育，古传说中的勇士。　⑪"夫持法"三句：大意是：秦朝持法太严，锋芒不可触犯，而当锋芒一过，就有可乘之机。　末，末势。　⑫逞于一击：快意之一击。据载，张良为报秦灭韩之仇，在秦始皇东巡至博浪沙时，派刺客用铁椎击杀始皇，未获成功。张良匿名逃亡下邳。　⑬"其间"句：遭险与脱险，当中只有一根头发的间隙。比喻情势危急。　⑭千金之子：旧时称富贵子弟。　⑮"不死"句：不死在干盗贼一类事上。　⑯伊尹、太公之谋：指安邦定国的计谋。　伊尹，名伊，尹是官名，商朝开国大臣。太公，即吕尚，周朝开国功臣。　⑰特：只。　荆轲、聂政之计：指行刺的计谋。　荆轲，为燕太子刺始皇。聂政，为严仲子刺杀韩相侠累。两事均见《史记·刺客列传》。　⑱倨：傲慢。　鲜腆：无礼、厚颜。　鲜，少。　腆，惭愧。　折：摧折，侮辱。

chǔ zhuāng wáng fá zhèng zhèng bó ròu tǎn qiān yáng yǐ yíng zhuāng wáng yuē qí zhǔ néng xià rén bì
楚 庄 王伐郑,郑伯肉袒牵羊以迎,庄王曰:"其主能下人,必

楚庄王讨伐郑国,郑国国君袒露胸脯牵着羊来迎接,庄王说:"那里的国君能屈居人下,一定能让他的

néng xìn yòng qí mín yǐ suì shě zhī① gōu jiàn zhī kùn yú kuài jī ér guī chén qiè yú wú zhě sān nián
能信用其民矣。"遂舍之①。勾践之困于会稽,而归臣妾于吴者,三年

百姓信任、服从。"于是就撤兵而去。越王勾践在会稽山上被吴国围困,就率臣下妻子投降吴国,做吴王的奴

ér bú juàn② qiě fú yǒu bào rén zhī zhì③ ér bù néng xià rén zhě shì pǐ fū zhī gāng yě fú lǎo rén
而不倦②。且夫有报人之志③,而不能下人者,是匹夫之刚也。夫老人

仆侍妾,长达三年而没有倦怠之意。况且有报仇的志向,而不能屈己下人的,这不过是普通人的刚烈。而老

zhě yǐ wéi zǐ fáng cái yǒu yú ér yōu qí dù liàng zhī bù zú gù shēn zhé qí shào nián gāng ruì zhī qì shǐ
者,以为子房才有余而忧其度量之不足,故深折其少年刚锐之气,使

人认为张良才华有余而担忧他度量不足,所以狠狠挫辱他年轻人刚强锐利的习气,使他能忍住小愤怒而成

zhī rěn xiǎo fèn ér jiù dà móu hé zé fēi yǒu píng shēng zhī sù cù rán xiāng yù yú cǎo yě zhī jiān ér
之忍小忿而就大谋。何则?非有平生之素④,卒然相遇于草野之间,而

就大谋略。为什么这样说呢?老人与张良向来不认识,突然在野外相遇了,就让张良做捡鞋穿鞋这类奴仆婢

mìng yǐ pú qiè zhī yì⑤ yóu rán ér bú guài zhě cǐ gù qín huáng zhī suǒ bù néng jīng ér xiàng jí zhī suǒ
命以仆妾之役⑤,油然而不怪者,此固秦 皇之所不能惊,而项籍之所

妾的差事,而张良也自然而然地顺从去做而不以为怪,这正是秦始皇不能使他惊慌,而项羽不能使他暴怒

bù néng nù yě
不能怒也。

的原因。

> ①"楚庄王"六句:据史书载,楚庄王伐郑,将攻入郑国都城。郑襄公肉袒牵羊来迎接庄王。楚庄王说:"郑君为人谦卑,必能取信于他的百姓。我哪敢奢望得到郑国的土地!"于是退兵而返。 **郑伯**,郑襄公。 **肉袒**,袒露身体,表示请罪。 ②"勾践"三句:据史书载,吴王夫差攻败越国,越王勾践带领五千甲兵,躲在会稽山上,派大夫文种入吴为臣,后亲自与大夫范蠡入吴为臣,以妻为吴王妾,三年才得归国。 **会稽**,指会稽山,在今浙江绍兴。归臣妾于吴,归降吴国为其臣妾。 ③**报**:报仇。 ④**"非有"句**:指向来不认识。 ⑤**仆妾之役**:指老人让张良捡鞋、穿鞋一事。

guān fú gāo zǔ zhī suǒ yǐ shèng　　ér xiàng jí zhī suǒ yǐ bài zhě　　zài néng rěn yǔ bù néng rěn zhī

观夫高祖之所以胜①，而项籍之所以败者，在能忍与不能忍之

考察汉高祖刘邦得胜的原因和项羽失败的原因，就在于他们能忍耐和不能忍耐的区别而已。项羽只因

jiān ér yǐ yǐ　　xiàng jí wéi bù néng rěn　　shì yǐ bǎi zhàn bǎi shèng ér qīngyòng qí fēng　　gāo zǔ rěn zhī yǎng

间而已矣。项籍唯不能忍，是以百战百胜而轻用其锋②；高祖忍之，养

不能忍耐，所以他百战百胜，而轻易地使用他的锋芒、随意出兵；而刘邦善于保存实力，等待对方疲惫之机，

qí quánfēng ér dài qí bì　　cǐ zǐ fáng jiāo zhī yě　　dāng huái yīn pò qí ér yù zì wàng gāo zǔ fā nù

其全锋而待其敝③，此子房教之也。当淮阴破齐而欲自王，高祖发怒，

这是张良教他的方法。当淮阴侯韩信攻破齐国想自立为齐王时，刘邦发怒，表现在言语和脸色上。由此看

jiàn yú cí sè　　yóu shì guān zhī　　yóu yǒu gāngqiáng bù néng rěn zhī qì　　fēi zǐ fáng qí shuí quán zhī

见于词色④。由是观之，犹有刚强不能忍之气，非子房其谁全之！

来，刘邦还有刚强不能忍耐的习气，不是张良，谁能保全汉室呢？

---

① 高祖：指汉高祖刘邦。　② 轻用其锋：指项羽迷信武力，随意出兵。　③ "养其"句：指刘邦善于保存实力，等待对方疲惫之机。　④ "当淮阴"三句：据史书载，汉四年，刘邦被困荥阳，情势危急。此时韩信已灭齐，便派使者向刘邦请求立为假王。刘邦大怒，骂韩信乘机要挟，张良、陈平马上踩刘邦的脚，并耳语提醒他不能得罪韩信。刘邦亦醒悟，改口道："大丈夫定诸侯，即为真王，何以假为！"于是派张良前去册立韩信为齐王。　淮阴，指淮阴侯韩信。

---

tài shǐ gōng yí zǐ fáng yǐ wéi kuí wú qí wěi　　ér qí zhuàngmào nǎi rú fù rén nǚ zǐ　　bú chèn qí

太史公疑子房以为魁梧奇伟，而其状貌乃如妇人女子，不称其

太史公司马迁对张良有点疑问，认为张良应是体格魁梧壮伟的人，但画像中的状貌如同妇人女子，

zhì qì　　wū hū　　cǐ qí suǒ yǐ wéi zǐ fáng yú

志气。呜呼！此其所以为子房欤！

与他的志气不相称。唉，这也许正是之所以为张良的原因吧！

（王水照）

贾 谊 论
jiǎ yì lùn

苏 轼
sū shì

fēi cái zhī nán　suǒ yǐ　zì yòng zhě shí nán　　xī hū　　jiǎ shēng　wáng zhě zhī zuǒ　ér bù néng

非才之难，所以自用者实难①。惜乎！贾生②，王者之佐，而不能

不是培养才能困难，怎样发挥自己的才能实在不容易。可惜啊！贾谊，作为君王的辅佐，却不能发挥

zì yòng qí cái yě

自用其才也。

自己的才能。

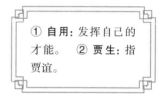

① **自用**：发挥自己的
才能。　② **贾生**：指
贾谊。

fú jūn zǐ zhī suǒ qǔ zhě yuǎn　zé bì yǒu suǒ dài　suǒ jiù zhě dà　zé bì yǒu suǒ rěn　gǔ zhī

夫君子之所取者远，则必有所待；所就者大，则必有所忍。古之

君子想要实现远大目标，就必须等待时机；要想成就伟大事业，就必须有所忍耐。古时候的贤能人士，

xián rén　jiē fù kě zhì zhī cái　ér zú bù néng xíng qí wàn yī zhě　wèi bì jiē qí shí jūn zhī zuì　huò

贤人，皆负可致之才①，而卒不能行其万一者，未必皆其时君之罪，或

都具备建功立业的才能，但最终却不能发挥其才能万分之一的，并不一定都是当时君主的过错，有的是他

zhě qí zì qǔ yě　yú guān jiǎ shēng zhī lùn　rú qí suǒ yán　suī sān dài hé yǐ yuǎn guò　dé jūn rú hàn

者其自取也。愚观贾生之论，如其所言，虽三代何以远过②？得君如汉

们自己造成的。我看过贾谊的议论，如像他所说的那样，即便夏、商、周三代又怎能超过？贾谊遇到的是像汉

wén　　yóu qiě yǐ bú yòng sǐ　rán zé shì tiān xià wú yáo　shùn zhōng bù kě yǒu suǒ wéi yé　zhòng ní

文③，犹且以不用死。然则是天下无尧、舜，终不可有所为耶？仲尼

文帝那样的贤明君主，尚且因未被重用抑郁而死。那么如果天下没有唐尧、虞舜那样的君主，许多贤能之

shèng rén　lì shì yú tiān xià　gǒu fēi dà wú dào zhī guó　jiē yù miǎnqiǎng fú chí　shù jǐ yí rì dé

圣人④，历试于天下，苟非大无道之国，皆欲勉强扶持，庶几一日得

士，就终究不可能有所作为了吗？孔仲尼是位圣人，曾周游列国，多次试图被任用，只要不是过于无道的国

xíng qí dào　jiāng zhī jīng　xiān zhī yǐ rǎn yǒu　shēn zhī yǐ zǐ xià　jūn zǐ zhī yù dé qí jūn rú

行其道⑤。将之荆⑥，先之以冉有⑦，申之以子夏。君子之欲得其君，如

家，他都想尽力扶持它，希望有朝一日能够推行自己治理国家的政治主张。他将要去楚国的时候，先派学生

此其勤也。孟子去齐，三宿而后出昼⑧，犹曰："王其庶几召我。"

舟有去联系，表明自己的想法，接着又派学生子夏去重申自己的意思。君子希望被贤明的君主所任用，是这

君子之不忍弃其君，如此其厚也。公孙丑问曰："夫子何为不

样的努力辛勤！孟子离开齐时，在齐国边境昼地住了三夜后才走，还说："齐王可能还会来召见我。"君子不

豫⑨？"孟子曰："方今天下，舍我其谁哉？而吾何为不豫？"君子之

忍心离开自己的君主，是这样的情意深厚。公孙丑问他说："先生为什么不高兴？"孟子回答说："当今世上，

爱其身，如此其至也。夫如此而不用，然后知天下果不足与有

除了我还有谁能把天下治理得好呢？我为什么要不高兴呢？"君子自爱自重其身，是这样周到啊！如果做到

为，而可以无憾矣。若贾生者，非汉文之不能用生，生之不能

这种程度，仍然得不到重用，那么就明白天下真的不值得自己去做什么，也能够由此毫无遗憾了。像贾谊这

用汉文也。

样，并不是汉文不重用他，而是他本人不能让汉文帝很好使用。

---

① 致：指成就功业。　② 三代：指夏、商、周三个朝代。　③ 汉文：汉文帝刘恒，公元前179年至前157年在位。统治期间提倡农耕，发展经济，政治稳定，被史家称为明君。　④ 仲尼：孔丘，字仲尼。儒家学说的创始人，被后代奉为"孔圣人"。　⑤ 庶几：也许可以，表示希望。　⑥ 荆：楚国。　⑦ 冉有：与下文的子夏都是孔子的学生。　⑧ 昼：地名。春秋战国时属齐。在今山东淄博临淄西北。　⑨ "公孙丑"二句：公孙丑，战国时齐人，孟子的学生。　豫，高兴，快乐。事见《孟子·公孙丑下》。

夫绛侯亲握天子玺而授之文帝①，灌婴连兵数十万②，以决刘、吕

绛侯周勃亲手捧着皇帝的印玺交给文帝，灌婴联合几十万兵力，用来决定刘、吕两家的胜败，他们又都

之雌雄，又皆高帝之旧将，此其君臣相得之分，岂特父子骨肉手足

是汉高祖的老部属，那种君臣间的情分，亲密程度，难道只有父子骨肉兄弟间才能有的吗？贾谊只是个洛阳

哉？贾生，洛阳之少年。欲使其一朝之间，尽弃其旧而谋其新，亦已

城里的年轻人，却想让汉文帝在一天内全部放弃原有的政策而制定新的，这也太难了。作为贾谊本人，应该

难矣。为贾生者，上得其君，下得其大臣，如绛、灌之属，优游浸渍而

先做到上得文帝的信任，下得大臣们的支持，像绛侯、灌婴这些人，须好好地慢慢地同他们搞好关系，结成

深交之③，使天子不疑，大臣不忌，然后举天下而唯吾之所欲为，不过

知心朋友，使得皇帝不猜疑，大臣不忌恨，然后才能使整个国家按照自己的主张去治理，不超过十年，就能

十年，可以得志。安有立谈之间④，而遽为人"痛哭"哉⑤！观其过湘为

实现自己的理想。哪里有在短时间的交谈后，就迫不及待地对人家"痛哭"的道理呢？我看他路过湘水时所

赋以吊屈原⑥，萦纡郁闷⑦，趯然有远举之志⑧。其后以自伤哭泣，至

作凭吊屈原的辞赋，就蕴结着忧郁苦闷，大有马上远走的意思。这以后，又因自怨自艾，常常悲伤哭泣，终于

于夭绝。是亦不善处穷者也。夫谋之一不见用，则安知终不复用也？

过早地死了。这也是由于不善于正确对待逆境的缘故啊。自己的谋略，一次没有被采用，怎么知道就永远

不知默默以待其变，而自残至此。呜呼！贾生志大而量小，才有余而

再被采用了呢？不懂得默默地耐心地等待形势的变化，却自我摧残到这般地步。唉！贾谊真是志气远大而气

识不足也。

量狭小，才能有余但见识不足啊。

① 绛侯：周勃，沛（今江苏沛县东）人。西汉初年大臣。秦末从刘邦起事，多有军功。汉王朝建立后被封于绛（今山西曲沃县西南），称绛侯。刘邦死后，吕氏掌权，大力培植吕家势力。吕氏死，诸吕企图夺取刘氏政权，以周勃、灌婴、陈平为首的刘邦老臣，平定了诸吕叛乱，立代王刘恒为帝。周勃在刘恒回京途中，向他献上天子印玺。　② 灌婴：睢阳（今河南商丘南）人。西汉初大臣。曾随刘邦转战各地，辅助刘邦平定天下。汉王朝建立后，封于颍阴（今河南许昌），称颍阴侯。诸吕作乱，齐王襄举兵讨伐，吕禄派灌婴迎击。灌婴率兵到荥阳，与齐哀王连和，平定诸吕，拥立文帝。　③ 优游：从容不迫的样子。　浸渍：渐渐渗透。　④ 立谈之间：形容时间短暂。　⑤ 遽：急，突然。　痛哭：指贾谊《治安策》："臣窃惟事势，可为痛哭者一，可为流涕者二，可为长太息者六。"　⑥ 吊屈原：贾谊被贬长沙就任太傅，在路过湘水时曾作《吊屈原赋》。　⑦ 萦纡：曲折缠绕。这里指赋中反映出的感情委婉复杂。　⑧ 趯然：形容心绪激荡的样子。　远举：原指高飞，这里指退隐。贾谊《吊屈原赋》："风缥缥其高逝兮，夫固自引而远去。"

gǔ zhī rén, yǒu gāo shì zhī cái, bì yǒu yí sú zhī lèi. shì gù fēi cōng míng
古之人，有高世之才，必有遗俗之累。是故非聪明
古代的人，如有出类拔萃的才能，就必有鄙弃世俗而带来的不幸。所以不是非常英明有远

ruì zhì bú huò zhī zhǔ, zé bù néng quán qí yòng. gǔ jīn chēng fú jiān dé wáng měng yú
睿智不惑之主①，则不能全其用。古今称苻坚得王猛于
见，不受他人蒙蔽的君主，就不能充分使用这些人的才能。自古到今，人们称赞苻坚在草野中发现王

cǎo máo zhī zhōng, yī zhāo jìn chì qù qí jiù chén, ér yǔ zhī móu. bǐ qí pǐ fū
草茅之中②，一朝尽斥去其旧臣，而与之谋。彼其匹夫
猛这个人才，在极短的时间内撤开他原来的臣属，而和王猛一起谋画治理国家的大事。本是普通

lüè yǒu tiān xià zhī bàn, qí yǐ cǐ zāi! yú shēn bēi shēng zhī zhì, gù bèi lùn zhī.
略有天下之半③，其以此哉！愚深悲生之志，故备论之。
人的苻坚占据了近半个天下，其原因就在这里啊！我深深地惋惜贾谊未能实现自己的志向，所以

yì shǐ rén jūn dé rú jiǎ shēng zhī chén, zé zhī qí yǒu juàn jiè zhī cāo
亦使人君得如贾生之臣，则知其有狷介之操④，
对他作了详尽的评论。也想使当君主的明白，假如得到像贾谊这样的臣子，就应该理解他孤高耿介的操

yì bú jiàn yòng, zé yōu shāng bìng jǔ, bù néng fù zhèn. ér wéi jiǎ shēng zhě,
一不见用，则忧伤病沮⑤，不能复振。而为贾生者，
守，一旦不被重用，就会忧郁感伤乃至沮丧颓废，再也振作不起来。而像贾谊这样的人，也应

yì jǐn qí suǒ fā zāi
亦谨其所发哉⑥！
慎重地发表自己的政见。

① **睿智**：英明有远见。　② **苻坚**：氐族人，北朝十六国前秦之帝，公元338年至385年在位。　**王猛**：字景略。年轻时贩卖畚箕，隐居华山，后受苻坚征召，执掌政权，悉心辅佐，官至丞相。宗戚旧臣大为不满，尚书仇腾、丞相席宝几次攻击王猛，苻坚大怒，贬黜二人，于是上下皆服。　③ **匹夫**：平凡的人，这里指苻坚。　**略**：夺取，引申为占有。　④ **狷介**：性情正直偏急，难以变通。　⑤ **病沮**：灰心丧气。　⑥ **所发**：所作所为，引申为处世。

（萧善芗）

晁　错　论

苏　轼

天下之患，最不可为者，名为治平无事，而其实有不测之忧。坐

> 天下的祸患，最难处理的，是社会表面上太平无事，实际上潜伏着不可预测的隐患。眼看着它的发展，

观其变，而不为之所，则恐至于不可救。起而强为之，则天下狃于治

> 而不采取相应对付措施，那就恐怕会发展到不可挽救的地步。要是起来坚决制止它，又担心天下人已经习

平之安①，而不吾信。惟仁人君子豪杰之士，为能出身为天下犯大难，

> 惯当前那种表面的太平生活，而不信任我们。只有仁人君子、豪杰这类人，才做得到挺身而出为国家的长治

以求成大功。此固非勉强期月之间②，而苟以求名之所能也。天下治

> 久安冒大风险，以求得成就伟大功业。这本来就不是靠一个来月的短期努力，又企图从中求得个人名利所

平，无故而发大难之端，吾发之，吾能收之，然后有辞于天下。事至

> 能做到的。天下安定太平，无缘无故引发大祸的爆发，要做到我能发起它，我又能制止它，然后才能有理由

而循循焉欲去之③，使他人任其责，则天下之祸，必集于我。昔者晁错

> 说服天下人。事到临头却想循规蹈矩地躲避开它，让别人来承担它的责任，那末天下的灾祸，必定会集中到

尽 忠 为 汉④，谋 弱 山 东 之 诸 侯⑤。
jìn zhōng wèi hàn móu ruò shān dōng zhī zhū hóu

自己身上。当年晁错忠心耿耿为汉王朝服务，谋划削弱

山 东 诸 侯 并 起，以 诛 错 为 名。
shān dōng zhū hóu bìng qǐ yǐ zhū cuò wéi míng

山东各国诸侯王的力量。山东诸侯王合力起兵，以诛杀肇事者

而 天 子 不 之 察，以 错 为 之 说⑥。
ér tiān zǐ bù zhī chá yǐ cuò wéi zhī yuè

晁错为借口。汉景帝不曾洞察到他们的险恶用心，以杀晁错

天 下 悲 错 之 以 忠 而 受 祸，
tiān xià bēi cuò zhī yǐ zhōng ér shòu huò

的办法来取悦于诸侯王。天下人悲痛晁错因忠君而遭杀身

不 知 错 有 以 取 之 也。
bù zhī cuò yǒu yǐ qǔ zhī yě

之祸，却不明白这是晁错自取其咎啊。

① 狃：习以为常。　② 期月：一个月。这里形容时间短促。
③ 循循：循序渐进的样子。
④ 晁错：西汉政治家，颍川（今河南禹州）人。汉文帝时，为太子家令，号为"智囊"。太子即位为景帝，被任为御史大夫。他建议削夺诸侯王国封地，以巩固中央集权制度，被景帝采用。后在七国叛乱的军事压力和政敌的中伤下被景帝所杀。　⑤ 山东：秦汉时称崤山或华山以东地区。
⑥ 说：通"悦"。这里为使动用法。即使七国诸侯满意。

古 之 立 大 事 者，不 惟 有 超 世 之 才，亦 必 有 坚 忍 不 拔 之 志。昔
gǔ zhī lì dà shì zhě bù wéi yǒu chāo shì zhī cái yì bì yǒu jiān rěn bù bá zhī zhì xī

自古以来成就大事业的人，不仅有出类拔萃的才能，也一定有坚韧不拔的意志。从前大禹治理洪水，

禹 之 治 水①，凿 龙 门②，决 大 河③，而 放 之 海。方 其 功 之 未 成 也，盖
yǔ zhī zhì shuǐ záo lóng mén jué dà hé ér fàng zhī hǎi fāng qí gōng zhī wèi chéng yě gài

凿开龙门，疏导黄河，让洪水东流入海。当他治水功业还未完成时，大概也存在着堤防被冲毁、洪水奔腾泛

亦 有 溃 冒 冲 突 可 畏 之 患④，惟 能 前 知 其 当 然，事 至 不 惧 而 徐 为 之
yì yǒu kuì mào chōng tū kě wèi zhī huàn wéi néng qián zhī qí dāng rán shì zhì bú jù ér xú wéi zhī

滥那种可怕的灾祸，只是他能够预料到这些可能发生的情况，当灾难来临时，毫不惊慌失措，而能从从容容

图⑤，是 以 得 至 于 成 功。夫 以 七 国 之 强，而 骤 削 之，其 为 变 岂 足 怪
tú shì yǐ dé zhì yú chéng gōng fú yǐ qī guó zhī qiáng ér zhòu xuē zhī qí wéi biàn qǐ zú guài

设法解决它，所以终于取得了成功。以七国的强大，而想突然削弱它们，它们起来反抗，发动叛乱，难道还足

哉？错 不 于 此 时 捐 其 身，为 天 下 当 大 难 之 冲 而 制 吴、楚 之 命，乃
zāi cuò bù yú cǐ shí juān qí shēn wèi tiān xià dāng dà nàn zhī chōng ér zhì wú chǔ zhī mìng nǎi

以奇怪吗？晁错不在这时候拼出自己的性命，为天下人站到抵当大难的最前头，消灭吴、楚等国的力量，控

为 自 全 之 计，欲 使 天 子 自 将 而 已 居 守。且 夫 发 七 国 之 难 者 谁 乎？
wéi zì quán zhī jì yù shǐ tiān zǐ zì jiàng ér jǐ jū shǒu qiě fú fā qī guó zhī nàn zhě shuí hū

制它们的命运，却设法保全自己，让汉景帝率军出征抵敌，自己留守京城。再说，挑起七国叛乱的是谁呢？自

<ruby>己<rt>jǐ</rt></ruby> <ruby>欲<rt>yù</rt></ruby> <ruby>求<rt>qiú</rt></ruby> <ruby>其<rt>qí</rt></ruby> <ruby>名<rt>míng</rt></ruby>，<ruby>安<rt>ān</rt></ruby> <ruby>所<rt>suǒ</rt></ruby> <ruby>逃<rt>táo</rt></ruby> <ruby>其<rt>qí</rt></ruby> <ruby>患<rt>huàn</rt></ruby>？ <ruby>以<rt>yǐ</rt></ruby> <ruby>自<rt>zì</rt></ruby> <ruby>将<rt>jiàng</rt></ruby> <ruby>之<rt>zhī</rt></ruby> <ruby>至<rt>zhì</rt></ruby> <ruby>危<rt>wēi</rt></ruby>，<ruby>与<rt>yǔ</rt></ruby> <ruby>居<rt>jū</rt></ruby> <ruby>守<rt>shǒu</rt></ruby> <ruby>之<rt>zhī</rt></ruby> <ruby>至<rt>zhì</rt></ruby> <ruby>安<rt>ān</rt></ruby>，

已既想求得效忠汉室的美名，又怎能逃脱由此带来的祸患呢？面对亲自带兵抵敌那样极端危险，与留守京

<ruby>己<rt>jǐ</rt></ruby> <ruby>为<rt>wéi</rt></ruby> <ruby>难<rt>nàn</rt></ruby> <ruby>首<rt>shǒu</rt></ruby>，<ruby>择<rt>zé</rt></ruby> <ruby>其<rt>qí</rt></ruby> <ruby>至<rt>zhì</rt></ruby> <ruby>安<rt>ān</rt></ruby>，<ruby>而<rt>ér</rt></ruby> <ruby>遗<rt>yí</rt></ruby> <ruby>天<rt>tiān</rt></ruby> <ruby>子<rt>zǐ</rt></ruby> <ruby>以<rt>yǐ</rt></ruby> <ruby>其<rt>qí</rt></ruby> <ruby>至<rt>zhì</rt></ruby> <ruby>危<rt>wēi</rt></ruby>，<ruby>此<rt>cǐ</rt></ruby> <ruby>忠<rt>zhōng</rt></ruby> <ruby>臣<rt>chén</rt></ruby>

城那样十分安全，自己又是引发这场祸乱的主要人物，却选择最安稳的事做，把最危险的事留给汉景帝

<ruby>义<rt>yì</rt></ruby> <ruby>士<rt>shì</rt></ruby> <ruby>所<rt>suǒ</rt></ruby> <ruby>以<rt>yǐ</rt></ruby> <ruby>愤<rt>fèn</rt></ruby> <ruby>怨<rt>yuàn</rt></ruby> <ruby>而<rt>ér</rt></ruby> <ruby>不<rt>bù</rt></ruby> <ruby>平<rt>píng</rt></ruby> <ruby>者<rt>zhě</rt></ruby> <ruby>也<rt>yě</rt></ruby>。<ruby>当<rt>dāng</rt></ruby> <ruby>此<rt>cǐ</rt></ruby> <ruby>之<rt>zhī</rt></ruby> <ruby>时<rt>shí</rt></ruby>，<ruby>虽<rt>suī</rt></ruby> <ruby>无<rt>wú</rt></ruby> <ruby>袁<rt>yuán</rt></ruby> <ruby>盎<rt>àng</rt></ruby>⑥，<ruby>亦<rt>yì</rt></ruby> <ruby>未<rt>wèi</rt></ruby> <ruby>免<rt>miǎn</rt></ruby> <ruby>于<rt>yú</rt></ruby> <ruby>祸<rt>huò</rt></ruby>

去担当，这正是使忠臣义士感到极其愤恨不平的原因。在那个时候，即使没有袁盎，晁错也免不了被杀之

<ruby>何<rt>hé</rt></ruby> <ruby>者<rt>zhě</rt></ruby>？ <ruby>己<rt>jǐ</rt></ruby> <ruby>欲<rt>yù</rt></ruby> <ruby>居<rt>jū</rt></ruby> <ruby>守<rt>shǒu</rt></ruby>，<ruby>而<rt>ér</rt></ruby> <ruby>使<rt>shǐ</rt></ruby> <ruby>人<rt>rén</rt></ruby> <ruby>主<rt>zhǔ</rt></ruby> <ruby>自<rt>zì</rt></ruby> <ruby>将<rt>jiàng</rt></ruby>，<ruby>以<rt>yǐ</rt></ruby> <ruby>情<rt>qíng</rt></ruby> <ruby>而<rt>ér</rt></ruby> <ruby>言<rt>yán</rt></ruby>，<ruby>天<rt>tiān</rt></ruby> <ruby>子<rt>zǐ</rt></ruby> <ruby>固<rt>gù</rt></ruby> <ruby>已<rt>yǐ</rt></ruby> <ruby>难<rt>nán</rt></ruby> <ruby>之<rt>zhī</rt></ruby> <ruby>矣<rt>yǐ</rt></ruby>

祸。这是什么缘故呢？因为晁错想自己留守，却让天子亲自带兵出征，从情理上说，皇帝对此本来已经很难

<ruby>而<rt>ér</rt></ruby> <ruby>重<rt>chóng</rt></ruby> <ruby>违<rt>wéi</rt></ruby> <ruby>其<rt>qí</rt></ruby> <ruby>议<rt>yì</rt></ruby>，<ruby>是<rt>shì</rt></ruby> <ruby>以<rt>yǐ</rt></ruby> <ruby>袁<rt>yuán</rt></ruby> <ruby>盎<rt>àng</rt></ruby> <ruby>之<rt>zhī</rt></ruby> <ruby>说<rt>shuō</rt></ruby> <ruby>得<rt>dé</rt></ruby> <ruby>行<rt>xíng</rt></ruby> <ruby>于<rt>yú</rt></ruby> <ruby>其<rt>qí</rt></ruby> <ruby>间<rt>jiān</rt></ruby>。<ruby>使<rt>shǐ</rt></ruby> <ruby>吴<rt>wú</rt></ruby>、<ruby>楚<rt>chǔ</rt></ruby> <ruby>反<rt>fǎn</rt></ruby>

忍受了，加上许多大臣一次次议论晁错的错误，所以袁盎的挑拨之辞就在其中起了作用。假如在吴、楚叛乱

<ruby>错<rt>cuò</rt></ruby> <ruby>以<rt>yǐ</rt></ruby> <ruby>身<rt>shēn</rt></ruby> <ruby>任<rt>rèn</rt></ruby> <ruby>其<rt>qí</rt></ruby> <ruby>危<rt>wēi</rt></ruby>，<ruby>日<rt>rì</rt></ruby> <ruby>夜<rt>yè</rt></ruby> <ruby>淬<rt>cuì</rt></ruby> <ruby>砺<rt>lì</rt></ruby>⑦，<ruby>东<rt>dōng</rt></ruby> <ruby>向<rt>xiàng</rt></ruby> <ruby>而<rt>ér</rt></ruby> <ruby>待<rt>dài</rt></ruby> <ruby>之<rt>zhī</rt></ruby>⑧，<ruby>使<rt>shǐ</rt></ruby> <ruby>不<rt>bú</rt></ruby> <ruby>至<rt>zhì</rt></ruby> <ruby>于<rt>yú</rt></ruby> <ruby>累<rt>lèi</rt></ruby> <ruby>其<rt>qí</rt></ruby> <ruby>君<rt>jūn</rt></ruby>，

发生后，晁错自己担当最危险的任务，日夜不停地作好应战准备，率领军队向东进发，等待狙击敌人，使叛

<ruby>则<rt>zé</rt></ruby> <ruby>天<rt>tiān</rt></ruby> <ruby>子<rt>zǐ</rt></ruby> <ruby>将<rt>jiāng</rt></ruby> <ruby>恃<rt>shì</rt></ruby> <ruby>之<rt>zhī</rt></ruby> <ruby>以<rt>yǐ</rt></ruby> <ruby>为<rt>wéi</rt></ruby> <ruby>无<rt>wú</rt></ruby> <ruby>恐<rt>kǒng</rt></ruby>。<ruby>虽<rt>suī</rt></ruby> <ruby>有<rt>yǒu</rt></ruby> <ruby>百<rt>bǎi</rt></ruby> <ruby>盎<rt>àng</rt></ruby>，<ruby>可<rt>kě</rt></ruby> <ruby>得<rt>dé</rt></ruby> <ruby>而<rt>ér</rt></ruby> <ruby>间<rt>jiàn</rt></ruby> <ruby>哉<rt>zāi</rt></ruby>？

乱不至于连累皇帝，那末天子就会感觉到有恃无恐。这样即使有一百个袁盎，哪里能得到机会进行离间呢？

<ruby>嗟<rt>jiē</rt></ruby> <ruby>夫<rt>fú</rt></ruby>！ <ruby>世<rt>shì</rt></ruby> <ruby>之<rt>zhī</rt></ruby> <ruby>君<rt>jūn</rt></ruby> <ruby>子<rt>zǐ</rt></ruby> <ruby>欲<rt>yù</rt></ruby> <ruby>求<rt>qiú</rt></ruby> <ruby>非<rt>fēi</rt></ruby> <ruby>常<rt>cháng</rt></ruby> <ruby>之<rt>zhī</rt></ruby> <ruby>功<rt>gōng</rt></ruby>，<ruby>则<rt>zé</rt></ruby> <ruby>无<rt>wú</rt></ruby> <ruby>务<rt>wù</rt></ruby> <ruby>为<rt>wéi</rt></ruby> <ruby>自<rt>zì</rt></ruby> <ruby>全<rt>quán</rt></ruby> <ruby>之<rt>zhī</rt></ruby> <ruby>计<rt>jì</rt></ruby>。<ruby>使<rt>shǐ</rt></ruby> <ruby>错<rt>cuò</rt></ruby> <ruby>自<rt>zì</rt></ruby> <ruby>将<rt>jiàng</rt></ruby> <ruby>而<rt>ér</rt></ruby>

唉！世上的君子，企求获得特殊的功业，那就必不可作保全自己生命的打算。假如晁错自己率军讨伐

<ruby>讨<rt>tǎo</rt></ruby> <ruby>吴<rt>wú</rt></ruby>、<ruby>楚<rt>chǔ</rt></ruby>，<ruby>未<rt>wèi</rt></ruby> <ruby>必<rt>bì</rt></ruby> <ruby>无<rt>wú</rt></ruby> <ruby>功<rt>gōng</rt></ruby>。<ruby>惟<rt>wéi</rt></ruby> <ruby>其<rt>qí</rt></ruby> <ruby>欲<rt>yù</rt></ruby> <ruby>自<rt>zì</rt></ruby> <ruby>固<rt>gù</rt></ruby> <ruby>其<rt>qí</rt></ruby> <ruby>身<rt>shēn</rt></ruby>，<ruby>而<rt>ér</rt></ruby> <ruby>天<rt>tiān</rt></ruby> <ruby>子<rt>zǐ</rt></ruby> <ruby>不<rt>bú</rt></ruby> <ruby>悦<rt>yuè</rt></ruby>，<ruby>奸<rt>jiān</rt></ruby> <ruby>臣<rt>chén</rt></ruby> <ruby>得<rt>dé</rt></ruby> <ruby>以<rt>yǐ</rt></ruby> <ruby>乘<rt>chéng</rt></ruby> <ruby>其<rt>qí</rt></ruby>

吴、楚七国，未必不能成功。只是他想保全自身，而使天子不高兴，才给奸臣以离间的可乘之机。晁错用来保

<ruby>隙<rt>xì</rt></ruby>。<ruby>错<rt>cuò</rt></ruby> <ruby>之<rt>zhī</rt></ruby> <ruby>所<rt>suǒ</rt></ruby> <ruby>以<rt>yǐ</rt></ruby> <ruby>自<rt>zì</rt></ruby> <ruby>全<rt>quán</rt></ruby> <ruby>者<rt>zhě</rt></ruby>，<ruby>乃<rt>nǎi</rt></ruby> <ruby>其<rt>qí</rt></ruby> <ruby>所<rt>suǒ</rt></ruby> <ruby>以<rt>yǐ</rt></ruby> <ruby>自<rt>zì</rt></ruby> <ruby>祸<rt>huò</rt></ruby> <ruby>欤<rt>yú</rt></ruby>！

全自身的打算，正是他遭到杀身之祸的原因啊！

① 禹：相传为上古夏后氏部落首领，奉部落联盟领袖虞舜的命令治理洪水，有功而被选为舜的继承人。　② 龙门：在山西原河津县西北。《书·禹贡》："导河积石，至于龙门。"　③ 大河：即黄河。　④ 溃冒冲突：洪水冲破堤防，奔腾泛滥。　⑤ 徐：缓慢。这里有从容之意。　⑥ 袁盎：字丝，楚人。历任齐相、吴相。素与晁错不和。因与吴王刘濞有关系，曾被晁错告发，贬为庶人。七国反叛时，袁盎通过贵戚窦婴见景帝，说吴反是被晁错所逼，只有速斩晁错，吴王才会退兵。于是景帝令晁错穿朝服至东市受斩。　⑦ 淬：铸造刀剑时把刀剑烧红，浸入水中，使之坚韧。　砺：磨刀剑。　⑧ 东向：指七国都在京城长安之东或东南方向。

（萧善芗）

卷 九

shàng méi zhí jiǎng shū

上梅直讲书

苏 轼
sū shì

shì měi dú shī zhì chī xiāo　　dú shū zhì jūn shì　　cháng qiè bēi zhōu gōng
轼每读《诗》至《鸱鸮》①，读《书》至《君奭》②，常窃悲周公

我每次读《诗经》读到《鸱鸮》，读《尚书》读到《君奭》时，常常私下悲叹周公不被人了解。到

zhī bú yù　　jí guān shǐ　　jiàn kǒng zǐ è yú chén cài zhī jiān　　ér xián gē zhī shēng bù jué
之不遇。及观《史》③，见孔子厄于陈、蔡之间，而弦歌之声不绝④，

阅读《史记》时，看见孔子在陈国、蔡国之间受困，但弹琴声唱歌声不断，颜渊、仲由等弟子与孔

yán yuān zhòng yóu zhī tú xiāng yǔ wèn dá　　fū zǐ yuē　　fēi sì fēi hǔ　shuài bǐ kuàng yě
颜渊、仲由之徒相与问答⑤。夫子曰："'匪兕匪虎，率彼旷野⑥。'

子互相问答。孔子说："'不是犀牛，不是虎，却奔走在旷野里。'我的道不对吗？为什么我会落

wú dào fēi yé　　wú hé wèi yú cǐ　　yán yuān yuē　　fū zǐ zhī dào zhì dà　　gù tiān xià mò néng
吾道非耶？吾何为于此？"颜渊曰："夫子之道至大，故天下莫能

到这步田地？"颜渊说："老师的道太伟大了，所以天下不能容纳；即使这样，不被容纳又有什么

róng　　suī rán　　bù róng hé bìng⑦　　bù róng rán hòu jiàn jūn zǐ　　fū zǐ yóu rán ér xiào yuē⑧
容；虽然，不容何病⑦？不容然后见君子。"夫子油然而笑曰⑧：

可怨恨的呢？不被容纳，然后才能显出君子的本色。"孔子禁不住笑了，说："颜回！假使你有很

huí　　shǐ ěr duō cái　　wú wéi ěr zǎi⑨　　fū tiān xià suī bù néng róng　　ér qí tú zì zú yǐ xiāng
"回，使尔多财，吾为尔宰⑨。"夫天下虽不能容，而其徒自足以相

多财产，我来做你管家。"虽然天下不能容纳，但他们师徒却这样自足共同快乐。所以，我今天才

lè rú cǐ　　nǎi jīn zhī zhōu gōng zhī fù guì　　yǒu bù rú fū zǐ zhī pín jiàn　　fū yǐ shàogōng zhī xián
乐如此。乃今知周公之富贵，有不如夫子之贫贱。夫以召公之贤，

明白周公的富贵有不如孔子贫贱的地方。凭召公的贤能，凭管叔、蔡叔的血缘之亲，而不懂周

yǐ guǎn cài zhī qīn　　ér bù zhī qí xīn　　zé zhōu gōng shuí yǔ lè qí fù guì　　ér fū zǐ zhī suǒ
以管、蔡之亲⑩，而不知其心，则周公谁与乐其富贵？而夫子之所

公的用心，那么周公与谁一起享受富贵快乐呢？与孔子共度贫贱的人都是天下的贤人才士，那

yǔ gòng pín jiàn zhě　　jiē tiān xià zhī xián cái　　zé yì zú yǐ lè hū cǐ yǐ
与共贫贱者，皆天下之贤才，则亦足以乐乎此矣。

么为此也足以有共同快乐了。

①《鸱鸮》:《诗经·豳风》篇名之一。据《毛诗序》载,周公平乱,被周成王怀疑有野心,因而作此诗以鸟托志,诉说其处境艰难。 鸱鸮,一种鹰类猛禽。 ②《君奭》:《尚书》篇名之一。据《君奭》序载,召公误信周公篡位的谣言,周公作此文自辩,兼以互勉。 奭,召公的字。 ③《史》:指《史记》。 ④"见孔子"二句:据《史记·孔子世家》载,孔子曾被陈、蔡的大夫们围困在郊外,断粮少食,但仍与其弟子作歌奏乐。 厄,困。 ⑤颜渊、仲由:均为孔子的弟子。 颜渊,名回。 仲由,字子路。 ⑥"匪兕"二句:语出《诗经·小雅·何草不黄》。 匪,同"非",不是。 兕,一种野牛。 率,沿,引申为来回奔走。 ⑦病:怨恨。 ⑧油然:自然而然的样子。 ⑨宰:掌管。这两句说假使你有了很多财产,我来为你掌管。这是孔子与弟子玩笑话,以见孔子师徒虽处困境而仍"相乐"。 ⑩管、蔡:即管叔、蔡叔,均是周公之弟,他们散布周公将要篡位的流言。

shì qī bā suì shí　shǐ zhī dú shū　wén jīn tiān xià yǒu ōu yáng gōng zhě　qí wéi rén rú gǔ mèng

轼七八岁时,始知读书。闻今天下有欧阳公者①,其为人如古孟

我七八岁时,才知道读书学习。听说当今天下有位欧阳公,他的为人像古时孟轲、韩愈一类

kē hán yù zhī tú　ér yòu yǒu méi gōng zhě　cóng zhī yóu　ér yǔ zhī shàng xià qí yì lùn　qí hòu

轲、韩愈之徒;而又有梅公者②,从之游③,而与之上下其议论④。其后

人;还有位梅公,同欧阳公交游,而且与他一起互相讨论,或发挥,或商榷。后来长

yì zhuàng shǐ néng dú qí wén cí　xiǎng jiàn qí wéi rén　yì qí piāo rán tuō qù shì sú zhī lè ér zì lè

益壮,始能读其文词,想见其为人,意其飘然脱去世俗之乐而自乐

大一些了,开始能读懂他们的文章,想象得出他们的为人,认为他们飘逸挥洒,摆脱了世俗

qí lè yě　fāng xué wéi duì ǒu shēng lù zhī wén　qiú shēng dǒu zhī lù　zì duó wú yǐ jìn jiàn yú zhū gōng

其乐也。方学为对偶声律之文⑤,求升斗之禄,自度无以进见于诸公

的快乐,而自得其乐。我当时正在学做讲究对仗声律的诗赋,去谋求一点官俸,自己估计没有

zhī jiān　lái jīng shī yú nián⑥　wèi cháng kuī qí mén⑦　jīn nián chūn tiān xià zhī shì qún zhì yú lǐ bù

之间。来京师逾年⑥,未尝窥其门⑦。今年春,天下之士群至于礼部⑧,

拜见各位先生的资格。到京城一年多,还不敢上门拜师。今年春天,天下的读书人都汇聚

zhí shì yǔ ōu yáng gōng shí qīn shì zhī　chéng bú zì yì huò zài dì èr　jì ér wén zhī rén　zhí shì ài

执事与欧阳公实亲试之,诚不自意获在第二⑨。既而闻之人⑩,执事爱

到礼部,实是您和欧阳公亲自主持考试,我实在没有想到能获得第二名。后来听人说,您喜

qí wén [11]，yǐ wéi yǒu mèng kē zhī fēng，ér ōu yáng gōng yì yǐ qí néng bù wéi shì sú zhī wén yě ér

其文[11]，以为有孟轲之风，而欧阳公亦以其能不为世俗之文也而

欢我的文章，认为有孟轲的文风，而欧阳公也认为我能不写世俗那样的文章而录取我。因此在这件事

qǔ yān。shì yǐ zài cǐ，fēi zuǒ yòu wèi zhī xiān róng[12]，fēi qīn jiù wèi zhī qǐng zhǔ[13]，ér xiàng zhī shí

取焉。是以在此，非左右为之先容[12]，非亲旧为之请属[13]，而向之十

上，并没有左右的人先为我打通关节，也没有亲朋故旧为我请求嘱托，而过去十几年来我只听到其名

yú nián jiān[14]，wén qí míng ér bù dé jiàn zhě，yì zhāo wéi zhī jǐ。tuì ér sī zhī，rén bù kě yǐ gǒu

余年间[14]，闻其名而不得见者，一朝为知己。退而思之，人不可以苟

而不见其面的人，竟一下成为知己。我退下后思考这事，人不能苟且贪图富贵，也不可以白白地忍受

fù guì[15]，yì bù kě yǐ tú pín jiàn[16]。yǒu dà xián yān ér wéi qí tú[17]，zé yì zú shì yǐ[18]。gǒu

富贵[15]，亦不可以徒贫贱[16]。有大贤焉而为其徒[17]，则亦足恃矣[18]。苟

贫贱。有大贤大德的人在而能做他们的弟子，就足以有依托了！如果得到一时的侥幸做了大官，出入时

qí jiǎo yì shí zhī xìng[19]，cóng chē jì

其侥一时之幸[19]，从车骑

后面跟随着几十位骑兵侍从，让街

shù shí rén，shǐ lú xiàng xiǎo mín jù

数十人，使闾巷小民聚

巷中的百姓围观赞叹，又怎能替换

guān ér zàn tàn zhī，yì hé yǐ yì

观而赞叹之，亦何以易

这种相知的快乐呢！《论语》说：

cǐ lè yě[20]！《zhuàn》yuē[21]“bù

此乐也[20]！《传》曰[21]“不

"不抱怨天，不怨恨人"，大概是

yuàn tiān，bù yóu rén[22]”，gài“yōu

怨天，不尤人[22]”，盖“优

因为"悠悠自得，可以度完岁月"

zāi yóu zāi，kě yǐ zú suì[23]”。

哉游哉，可以卒岁[23]”。

吧。您的名声传遍天下，而官位

zhí shì míng mǎn tiān xià，ér wèi bù

执事名满天下，而位不

不超过五品，您的脸色温和而没有

① 欧阳公：指欧阳修。　② 梅公：指梅尧臣。　③ 从之游：同欧阳修交游。　④ 与：参与。上下：原指增减，这里指相互讨论，或发挥，或商榷。　⑤ 方：正当。为：做。对偶声律之文：指诗、赋。　⑥ 来京师逾年：苏轼于嘉祐元年五月抵京师（开封）；九月参加举人考试，获中；次年春，参加进士考试。逾，超过。　⑦ 未尝窥其门：意思是还不敢拜梅尧臣为师。　⑧ 礼部：六部之一。主管礼制、科举、学校等事。　⑨ 诚不自意：实在没有想到。　⑩ 闻之人：从别人处听说。　⑪ 其：我的。　⑫ 左右：指欧、梅身边亲近的人。之：代词，指自己。先容：先为推荐，打通关节。　⑬ 属：同"嘱"，嘱托。　⑭ 向：从前。　⑮ 苟富贵：苟且于富贵之中。　⑯ 徒贫贱：徒然安于一般庸碌的贫贱处境。　⑰ 大贤：这里指欧、梅。徒：门徒。　⑱ 恃：依托，依靠。　⑲ 苟：如果。侥一时之幸：得到一时的侥幸。　⑳ 易：替换。　㉑《传》：指《论语》。　㉒ "不怨"二句：语出《论语·宪问》。尤，怨恨。　㉓ "优哉"二句：语出《左传·襄公二十一年》引《诗经》句。卒，度完。　㉔ 温然：温和的样子。

guò wǔ pǐn　　qí róng sè wēn rán ér bú nù　　qí wén zhāng kuān hòu dūn pǔ ér wú yuàn yán　　cǐ bì yǒu

过五品，其容色温然而不怒㉔，其文章宽厚敦朴而无怨言，此必有

怒气，文章宽厚淳朴而没有怨恨之语。这一定是在"道"这方面得到了快乐，我愿意听听

suǒ lè hū sī dào yě　　shì yuàn yǔ wén yān

所乐乎斯道也。轼愿与闻焉。

您的见解。

（王水照）

xǐ　　yǔ　　tíng　　jì

喜 雨 亭 记

sū　　shì

苏 轼

tíng yǐ yǔ míng　zhì xǐ yě　　gǔ zhě yǒu xǐ　zé yǐ míng wù　shì bú

亭以雨名，志喜也①。古者有喜，则以名物，示不

亭子用"雨"来命名，是为了纪念及时下雨的欢乐。古人有了喜庆的事，就用以命名事物，表示永

wàng yě　　zhōu gōng dé hé　yǐ míng qí shū　　hàn wǔ dé dǐng　yǐ míng qí nián

忘也。周公得禾，以名其书②；汉武得鼎，以名其年③；

不忘记。周公得到成王赏赐的嘉禾，就以它为自己文章的篇名；汉武帝在汾阴得到宝鼎，就

shū sūn shèng dí　yǐ míng qí zǐ　　qí xǐ zhī dà xiǎo bù qí　qí shì

叔孙胜狄，以名其子④。其喜之大小不齐，其示

拿它作自己的年号；叔孙得臣战胜长狄，就用狄人首领侨如为自己儿子的名字。这些喜事，

bú wàng yī yě

不忘，一也。

虽然大小不同，但用它来表示永不忘记的心意却是一致的。

---

① 志：记。　② "周公"二句：周公，西周初期的政治家。据《尚书·周书·微子之命》记载，唐叔得到一种两株苗合生一穗的禾，献给周成王，成王赐予周公，周公感激作《嘉禾》。今已佚，《尚书》仅存篇名。　③ "汉武"二句：据《史记·孝武本纪》记载，汉武帝元狩七年（前316）在汾水得一鼎，于是改年号为元鼎。　④ "叔孙"二句：叔孙得臣战胜了长狄，俘虏长狄首领侨如，就以"侨如"作他儿子的名字。　叔孙，指叔孙得臣，春秋时鲁国人。

yú zhì fú fēng zhī míng nián   shǐ zhì guān
予至扶风之明年①，始治官

我到扶风府的第二年，开始建造官府房舍。在

shè   wéi tíng yú táng zhī běi   ér záo chí qí nán
舍。为亭于堂之北，而凿池其南，

正堂的北面，建了一座亭子，并在亭子的南边，开凿

yǐn liú zhòng shù   yǐ wéi xiū xī zhī suǒ   shì suì zhī
引流种树，以为休息之所。是岁之

了一口池塘，引来流水，种植树木，作为休息的场所。

chūn   yù mài yú qí shān zhī yáng   qí zhān wéi yǒu
春，雨麦于岐山之阳②，其占为有

这年春天，在岐山的南面下了一场"麦雨"，占卜的结

nián   jì ér mí yuè bú yù   mín fāng yǐ wéi
年③。既而弥月不雨④，民方以为

果，显示将会有个丰收年。随后整整一个月没有下

yōu   yuè sān yuè   yǐ mǎo nǎi yù   jiǎ zǐ yòu
忧。越三月，乙卯乃雨⑤，甲子又

雨，老百姓为此担忧了。过了三月份，四月初二才下

yù   mín yǐ wéi wèi zú   dīng mǎo dà yù   sān rì nǎi zhǐ   guān lì xiāng yǔ qìng yú tíng shāng
雨，民以为未足。丁卯大雨，三日乃止。官吏相与庆于庭，商

了雨，十一日又下了雨，老百姓认为还没有下足。十四日天降大雨，连下三天才停。官吏们在衙门内一起

gǔ xiāng yǔ gē yú shì⑥   nóng fū xiāng yǔ biàn yú yě⑦   yōu zhě yǐ xǐ bìng zhě yǐ yú⑧   ér
贾相与歌于市⑥，农夫相与忭于野⑦，忧者以喜，病者以愈⑧，而

庆贺，商人们在集市上一同歌唱，农民们在田野里一起欢笑，忧愁的人因此而高兴，有病的人因

wú tíng shì chéng
吾亭适成。

此而快乐，而我的亭子也恰好在这时候建成了。

① "予至"句：苏轼于宋仁宗嘉祐六年十二月到凤翔府任签书判官。　扶风：即宋代凤翔府，治所在今陕西凤翔。
② 雨麦：下麦雨。风将地面的麦子卷上空中又下落而产生的现象，古人把它看作怪异之事。　雨，用作动词，即下雨。岐山：在凤翔东北。　阳：山南。
③ 占：占卜。　有年：指丰收年。
④ 弥月：整月。　弥，满的意思。
⑤ 乙卯：与下文的甲子、丁卯均为记日的干支数。这里分别指嘉祐七年四月初二、十一及十四日。　⑥ 商贾：即商人。
⑦ 忭：欢乐。　⑧ 愈：同"愉"，愉悦，快乐。

yú shì jǔ jiǔ yú tíng shàng yǐ zhǔ kè   ér gào zhī yuē   wǔ rì bú yù kě hū
于是举酒于亭上以属客①，而告之曰："五日不雨可乎？"

我于是在亭子上举起酒杯请客，并对他们说："再过五天不下雨可以吗？"大家说："五天再不下雨，

曰："五日不雨则无麦。""十日不雨可乎？"曰："十
yuē wǔ rì bú yù zé wú mài　shí rì bú yù kě hū　yuē shí

就收不到麦子了。""过十天不下雨可怎么样呢？"大家说："过十天不下

日不雨则无禾。""无麦无禾，岁且荐饥②，狱讼
rì bú yù zé wú hé　wú mài wú hé　suì qiě jiàn jī　yù sòng

雨就收不到谷子了。""收不到麦子和稻谷，就会连年饥荒，诉讼案件就

繁兴而盗贼滋炽。则吾与二三子，虽欲优游以乐
fán xīng ér dào zéi zī chì　zé wú yǔ èr sān zi　suī yù yōu yóu yǐ lè

会增多，而强盗、窃贼会愈加猖獗。那末，我与诸位即使想悠闲自在地在

于此亭③，其可得耶？今天不遗斯民，始旱而赐之
yú cǐ tíng　qí kě dé yé　jīn tiān bù yí sī mín　shǐ hàn ér cì zhī

这个亭子里聚会欢乐，能做得到吗？现在苍天不遗弃这里的百姓，刚显

以雨。使吾与二三子得相与优游而乐于此亭
yǐ yǔ　shǐ wú yǔ èr sān zi dé xiāng yǔ yōu yóu ér lè yú cǐ tíng

旱象，就赐降大雨。使我能够与诸位一起在这个亭子里悠悠自在地玩乐，

者，皆雨之赐也。其又可忘耶？"
zhě　jiē yǔ zhī cì yě　qí yòu kě wàng yé

都是这场大雨赐予的啊！这又怎么能够忘记呢？"

> ① 属客：注酒劝客。　② 荐饥：连年饥荒。荐，接连，屡次。　③ 优游：悠闲自得的样子。

既以名亭，又从而歌之，曰："使天而雨珠，寒者不得以为襦①；
jì yǐ míng tíng yòu cóng ér gē zhī yuē shǐ tiān ér yù zhū hán zhě bù dé yǐ wéi rú

给亭子命名之后，又接着作歌，歌词说："假如上天降下珠宝，受冻的人不能用它来做短袄；假如上

使天而雨玉，饥者不得以为粟。一雨三日，伊谁之力②？民曰太
shǐ tiān ér yù yù　jī zhě bù dé yǐ wéi sù　yì yǔ sān rì　yī shuí zhī lì　mín yuē tài

天降下美玉，挨饿的人不能把它当作粮食。一场大雨连下三天，这是谁的力量啊？百姓说是太守，太守

守，太守不有；归之天子，天子曰
shǒu　tài shǒu bù yǒu　guī zhī tiān zǐ　tiān zǐ yuē

不能承受；把它归功皇帝，皇帝也说不是；把它归

不然；归之造物，造物不自以为
bù rán　guī zhī zào wù　zào wù bú zì yǐ wéi

功于造物主，造物主又不认功劳；而把它归功太

> ① 襦：短袄。　② 伊：语助词，无实义。　③ 冥冥：深远的样子。

<ruby>功<rt>gōng</rt></ruby>；<ruby>归<rt>guī</rt></ruby><ruby>之<rt>zhī</rt></ruby><ruby>太<rt>tài</rt></ruby><ruby>空<rt>kōng</rt></ruby>，<ruby>太<rt>tài</rt></ruby><ruby>空<rt>kōng</rt></ruby><ruby>冥<rt>míng</rt></ruby><ruby>冥<rt>míng</rt></ruby>③，<ruby>不<rt>bù</rt></ruby><ruby>可<rt>kě</rt></ruby><ruby>得<rt>dé</rt></ruby><ruby>而<rt>ér</rt></ruby><ruby>名<rt>míng</rt></ruby>。<ruby>吾<rt>wú</rt></ruby><ruby>以<rt>yǐ</rt></ruby><ruby>名<rt>míng</rt></ruby><ruby>吾<rt>wú</rt></ruby><ruby>亭<rt>tíng</rt></ruby>。"

空，太空深远缥缈，探问不到结果。我便用'雨'来命名我的亭子。"

（萧善芗）

凌 虚 台 记

líng xū tái jì

苏 轼

sū shì

<ruby>国<rt>guó</rt></ruby><ruby>于<rt>yú</rt></ruby><ruby>南<rt>nán</rt></ruby><ruby>山<rt>shān</rt></ruby><ruby>之<rt>zhī</rt></ruby><ruby>下<rt>xià</rt></ruby>①，<ruby>宜<rt>yí</rt></ruby><ruby>若<rt>ruò</rt></ruby><ruby>起<rt>qǐ</rt></ruby><ruby>居<rt>jū</rt></ruby><ruby>饮<rt>yǐn</rt></ruby><ruby>食<rt>shí</rt></ruby><ruby>与<rt>yǔ</rt></ruby><ruby>山<rt>shān</rt></ruby><ruby>接<rt>jiē</rt></ruby><ruby>也<rt>yě</rt></ruby>。<ruby>四<rt>sì</rt></ruby><ruby>方<rt>fāng</rt></ruby><ruby>之<rt>zhī</rt></ruby><ruby>山<rt>shān</rt></ruby>，<ruby>莫<rt>mò</rt></ruby><ruby>高<rt>gāo</rt></ruby>

在终南山下面建城，饮食起居等日常生活应该和山的接触多一些。四周的山，没有比终南山

<ruby>于<rt>yú</rt></ruby><ruby>终<rt>zhōng</rt></ruby><ruby>南<rt>nán</rt></ruby>，<ruby>而<rt>ér</rt></ruby><ruby>都<rt>dū</rt></ruby><ruby>邑<rt>yì</rt></ruby><ruby>之<rt>zhī</rt></ruby><ruby>丽<rt>lì</rt></ruby><ruby>山<rt>shān</rt></ruby><ruby>者<rt>zhě</rt></ruby>②，<ruby>莫<rt>mò</rt></ruby><ruby>近<rt>jìn</rt></ruby><ruby>于<rt>yú</rt></ruby><ruby>扶<rt>fú</rt></ruby><ruby>风<rt>fēng</rt></ruby>③。<ruby>以<rt>yǐ</rt></ruby><ruby>至<rt>zhì</rt></ruby><ruby>近<rt>jìn</rt></ruby><ruby>求<rt>qiú</rt></ruby><ruby>最<rt>zuì</rt></ruby><ruby>高<rt>gāo</rt></ruby>，<ruby>其<rt>qí</rt></ruby><ruby>势<rt>shì</rt></ruby>

更高的，而城郭靠着终南山的，也没有比扶风更近的了。以距离最近的地方，寻求山的最高处，这种

<ruby>必<rt>bì</rt></ruby><ruby>得<rt>dé</rt></ruby>。<ruby>而<rt>ér</rt></ruby><ruby>太<rt>tài</rt></ruby><ruby>守<rt>shǒu</rt></ruby><ruby>之<rt>zhī</rt></ruby><ruby>居<rt>jū</rt></ruby>，<ruby>未<rt>wèi</rt></ruby><ruby>尝<rt>cháng</rt></ruby><ruby>知<rt>zhī</rt></ruby><ruby>有<rt>yǒu</rt></ruby><ruby>山<rt>shān</rt></ruby><ruby>焉<rt>yān</rt></ruby>。<ruby>虽<rt>suī</rt></ruby><ruby>非<rt>fēi</rt></ruby><ruby>事<rt>shì</rt></ruby><ruby>之<rt>zhī</rt></ruby><ruby>所<rt>suǒ</rt></ruby><ruby>以<rt>yǐ</rt></ruby><ruby>损<rt>sǔn</rt></ruby><ruby>益<rt>yì</rt></ruby>，<ruby>而<rt>ér</rt></ruby><ruby>物<rt>wù</rt></ruby><ruby>理<rt>lǐ</rt></ruby>

机会一定有的。可是太守住在这里，却不曾知道有山。这虽然不与做事的好坏有关，但从事理来说却

<ruby>有<rt>yǒu</rt></ruby><ruby>不<rt>bù</rt></ruby><ruby>当<rt>dāng</rt></ruby><ruby>然<rt>rán</rt></ruby><ruby>者<rt>zhě</rt></ruby>④。<ruby>此<rt>cǐ</rt></ruby><ruby>凌<rt>líng</rt></ruby><ruby>虚<rt>xū</rt></ruby><ruby>之<rt>zhī</rt></ruby><ruby>所<rt>suǒ</rt></ruby><ruby>为<rt>wèi</rt></ruby><ruby>筑<rt>zhú</rt></ruby><ruby>也<rt>yě</rt></ruby>。

是不应该的。这就是建造凌虚台的原因。

> ① **国**：指都城。这里用作动词，为"筑都城"。 **南山**：即终南山，秦岭山峰之一，主峰在今西安市南。
> ② **丽**：依附，靠着。 ③ **扶风**：即凤翔府，治所在今陕西凤翔。 ④ **物理**：事物的道理。

fāng qí wèi zhù yě　　tài shǒu chén gōng zhàng lǚ xiāo yáo yú qí xià　　jiàn shān zhī chū yú lín mù
方其未筑也，太守陈公杖履逍遥于其下①，见山之出于林木

当凌虚台还没有建造的时候，太守陈公拄着手杖，穿着履，逍遥自在地在山下游玩，看到高出林

zhī shàng zhě　　lěi lěi rú rén zhī lǚ xíng yú qiáng wài ér jiàn qí jì yě　　yuē　　shì bì yǒu yì
之上者，累累如人之旅行于墙外而见其髻也②，曰：“是必有异。”

木之上的山峰，重叠连接，就像行人走在墙外而只见他们的发髻，便说：“这里一定有奇特的景色。”

shǐ gōng záo qí qián wéi fāng chí　　yǐ qí tǔ zhù tái　　gāo chū yú wū zhī
使工凿其前为方池，以其土筑台，高出于屋之

于是就派工匠在山前开凿一口方形的池塘，用挖出的泥土筑起一座亭

yán ér zhǐ　　rán hòu rén zhī zhì yú qí shàng zhě huǎng rán bù zhī tái
檐而止。然后人之至于其上者，恍然不知台

台，高度以高出屋檐为限。然后登上高台的人，恍恍惚惚不知道台高，

zhī gāo　　ér yǐ wéi shān zhī yǒng yuè fèn xùn ér chū yě　　gōng yuē
之高，而以为山之踊跃奋迅而出也。公曰：

而以为是山峦突然间跳跃出来的。陈公说：“这座高台

shì yí míng líng xū　　yǐ gào qí cóng shì sū shì
"是宜名凌虚③。"以告其从事苏轼④，

应该命名为‘凌虚’。”又把这事告诉他的佐吏苏轼，

ér qiú wén yǐ wéi jì
而求文以为记。

并请他写文章来记述它。

> ① 杖履：手
> 持杖，足着
> 履。　② 累
> 累：重叠连
> 接的样子。
> ③ 凌虚：升
> 越天空之
> 意。　④ 从
> 事：辅佐官
> 吏。

shì fù yú gōng yuē　　wù zhī fèi xīng chéng huǐ　　bù kě dé ér zhī yě　　xī zhě huāng cǎo
轼复于公曰："物之废兴成毁，不可得而知也。昔者荒草

苏轼回复陈公说："事物的废兴成毁，是无法预测得到的。从前这里是荒草丛生

yě tián shuāng lù zhī suǒ méng yì　　hú huǐ zhī suǒ cuàn fú　　fāng shì shí　　qǐ zhī yǒu líng xū
野田，霜露之所蒙翳①，狐虺之所窜伏②。方是时，岂知有凌虚

的野地，被霜露覆盖遮蔽，为狐类、毒蛇盘踞出没。在那个时候，哪里会料到有凌虚台呢？

tái yé　　fèi xīng chéng huǐ　　xiāng xún yú wú qióng　　zé tái zhī fù wéi huāng cǎo yě tián　　jiē bù kě
台耶？废兴成毁，相寻于无穷，则台之复为荒草野田，皆不可

事物的兴废成毁，相互交替循环以至无穷，那么这座高台又重新变成荒草野田，都是无法预知

知也。尝试与公登台而望，其东则秦穆之祈年、橐泉也③，其南

的。我曾经和您登台远眺，它的东面是秦穆公的祈年宫、橐泉宫；南面是汉武帝的长杨宫、

则汉武之长杨、五柞④，而其北则隋之仁寿、唐之九成也⑤。计其

五柞宫；而北面是隋文帝的仁寿宫、唐太宗的九成宫。估量它们当年的兴盛状况，结构宏伟

一时之盛，宏杰诡丽，坚固而不可动者，岂特百倍于台而已哉⑥！

奇丽，坚固而不可动摇的，岂止只是超过这座台的一百倍呢！但是，几个世代之后，要想找

然而数世之后，欲求其仿佛，而破瓦颓垣无复存者，既已化为禾

到它们的大概样子，连破碎瓦砾和倒塌垣墙都不再存在了，已经变成长满庄稼的田地和荆

黍荆棘丘墟陇亩矣⑦，而况于此台

棘丛生的荒丘，更何况这座台呢！这座台尚且不能依靠坚

欤！夫台犹不足恃以长久，而况

固而长久存在，何况是人事的得失

于人事之得丧、忽往而忽来者欤？

忽去忽来而无法捉摸呢！如果有人要想以筑台来夸耀于

而或者欲以夸世而自足，则过矣。盖

世，而自我满足，那就错了。世上是有足以依靠的东西的，

世有足恃者，而不在乎台之存亡也。"

但并不在于台的存在或消失。"

既以言于公，退而为之记。

我将这些话对陈公说后，回来就写了这篇记文。

① 蒙翳：蒙盖遮蔽。　② 虺：毒

蛇。　③ 秦穆：春秋时秦国国君秦

穆公。公元前659年至前621年在

位，春秋五霸之一。　祈年：宫名。

秦孝公时又称橐泉宫。相传秦穆公

的坟墓在橐泉宫下。　④ 汉武：汉

武帝刘彻。公元前140年至前87年

在位。　长杨：汉代宫名。旧址在

今陕西周至县东南。本为秦旧宫，因

宫中有垂柳数亩，故名。　五柞：宫

名。旧址也在今陕西周至县东南，

为汉代离宫，因宫中有五株柞树，故

名。　⑤ 仁寿：宫名。隋文帝杨坚

时建造。　九成：宫名。唐代贞观五

年改仁寿宫为九成宫。　⑥ 岂特：

岂止，岂但。　⑦ 陇：通"垄"。

（萧善芗）

超然台记

苏轼

凡物皆有可观。苟有可观,皆有可乐,非必怪奇伟丽者也。

世上所有的事物都有值得观赏的地方。只要值得观赏,就都会使人得到快乐,不一定怪异、稀奇、

馂糟啜醨①,皆可以醉,果蔬草木,皆可以饱。推此类也,吾安往而

雄伟、瑰丽才这样的。食酒糟、饮淡酒,都可以使人醉倒,瓜果蔬菜、野草树皮,也都可以充饥果腹。

不乐?

以此类推,我们到哪里会感到不快乐呢?

> ① 馂:食。糟:酒渣。啜:饮。与"歠"通。醨:淡酒。《楚辞·渔父》:"众人皆醉,何不馂其糟而歠其醨。"此即用其意。

夫所为求福而辞祸者,以福可喜而祸可悲也。人之所欲无穷,

那些为了求幸福而躲避祸患的人,认为幸福令人高兴而祸患使人悲哀。人的欲望没有止境,但能够

而物之可以足吾欲者有尽。美恶之辨战于中①,而去取之择交乎前,

满足我们欲望的东西却是有限的。对美好、丑恶的辨别常在心中斗争,而放弃和取求的选择又交替出现

则可乐者常少,而可悲者常多,是谓求祸而辞福。夫求祸而辞福,

在眼前,那末可以快乐的就很少,可以悲哀的就很多。这就叫做求取祸患而舍弃幸福。但求取祸患而

岂人之情也哉?物有以盖之矣②。彼游于物之内,而不游于物之外。

舍弃幸福,哪里是人之常情呢?这是心灵被外物遮蔽的缘故。那些人只在外物之内活动,而不到外物之外

物非有大小也,自其内而观之,未有不高且大者也。彼挟其高大

去求取。外物本身并没有大小之别,从它的内部来看,没有不既高且大的。它挟持着高大之势向下俯视

以临我③，则我常眩乱反复④，如隙中之观斗，又乌知胜负之

我们，就使我们常常头晕目眩犹豫反复。好像从缝隙中观看别人争斗，又怎能明白胜负的原因呢？这样

所在⑤？是以美恶横生，而忧乐出焉，可不大哀乎！

美好与邪恶就交错产生，忧愁和喜乐夹杂出现，那可不是极大的悲哀吗！

> ① 中：指内心。　② 盖：遮蔽。　③ 临：这里指
> 居高下看。　④ 眩乱：迷乱，迷惑。　眩，原意为
> 两眼昏黑发花。　⑤ 乌：何。

予自钱塘移守胶西①，释舟楫之安，而服车马之劳；去雕墙

我从钱塘调任密州知府后，失去了江河乘船的安逸，而承受坐车骑马的辛苦；离开雕墙画栋华丽的

之美，而庇采椽之居②；背湖山之观，而行桑麻之野。始至之日，

住宅，而栖身于粗木建造的陋室；离开赏心悦目的湖光山色，而奔走在种植桑麻的荒郊僻野。刚到的时候，

岁比不登③，盗贼满野，狱讼充斥④，而斋厨索然⑤，日食杞菊⑥，

庄稼连年歉收，盗贼遍地，诉讼案件繁多，而厨房里也是空荡荡的，每天只吃些枸杞菊花之类的野菜，人们

人固疑予之不乐也。处之期年⑦，而貌加丰，发之白者日以反黑。

自然会疑虑我不会有什么快乐了。但在这里住了一年，我的面容却丰腴起来，白头发也日见变黑。我已经

予既乐其风俗之淳，而其吏民亦安予之拙也。于是治其园圃⑧，

很喜欢这里淳朴的风土人情，这里的官属和百姓，也都习惯于我的笨拙了。于是我便整修园林菜圃，清扫

洁其庭宇，伐安丘、高密之木⑨，以修补破败，为苟完之计。

庭舍屋宇，砍伐安丘、高密山的树木，用来修补破损之处，做暂时修治的打算。在园子的北边，原来靠城墙

而园之北，因城以为台者旧矣，稍葺而新之⑩。时相与登览，

建造的高台已经破旧了，就略加修理，使它焕然一新。我时常和友人一起登台，放眼远眺，毫无拘束地开怀

fàng yì sì zhì yān　nán wàng mǎ ěr cháng shān　chū mò yǐn xiàn　ruò jìn ruò yuǎn　shù jǐ yǒu yǐn

放意肆志焉。南望马耳、常山⑪，出没隐见，若近若远，庶几有隐

抒情言志。从台上向南望去，马耳山、常山在云雾中忽隐忽现，若近若远，这里也许隐居着德才兼备的君子

jūn zǐ hū　ér qí dōng zé lú shān　qín rén lú áo zhī suǒ cóng dùn yě　xī wàng mù líng

君子乎？而其东则庐山⑫，秦人卢敖之所从遁也⑬。西望穆陵⑭，

吧！而在高台东面，有庐山，那是秦朝博士卢敖逃匿隐藏的地方。向西眺望穆陵关，隐隐约约像座城郭，当年

yǐn rán rú chéng guō　shī shàng fù

隐然如城郭，师尚父、

姜太公、齐桓公留下的赫赫功业，在这

qí wēi gōng zhī yí liè yóu yǒu cún

齐威公之遗烈犹有存

里还保存着遗迹。向北俯瞰潍水，不由

zhě　běi fǔ wéi shuǐ　kǎi rán tài

者⑮。北俯潍水⑯，慨然大

感慨万千，大为叹息，追思淮阴侯韩信当

xī　sī huái yīn zhī gōng　ér diào

息⑰，思淮阴之功⑱，而吊

年巨大的战功，悼惜他竟然没有得到善

qí bù zhōng　tái gāo ér ān　shēn

其不终。台高而安，深

终的下场。台子既高又稳固，既深广又明

ér míng　xià liáng ér dōng wēn　yǔ xuě

而明，夏凉而冬温，雨雪

亮，冬暖夏凉，在那雨洒雪飘的清晨，风

zhī zhāo　fēng yuè zhī xī　yú wèi

之朝，风月之夕，予未

清月明的夜晚，我没有不来这里的，客

cháng bú zài　kè wèi cháng bù cóng

尝不在，客未尝不从。

人也没有不跟着我一起来的。平时，我

xié yuán shū　qǔ chí yú　niàng shú

撷园蔬⑲，取池鱼，酿秫

们摘采园里的蔬菜，捕捞池中的鲜鱼，拿

① 钱塘：县名，宋时为两浙路治所。即今杭州市。苏轼于熙宁四年至七年（1071～1074）通判杭州。　胶西：指山东胶河以西地区。这里指密州，治所在山东诸城。　② 采椽：采伐的木椽，不加雕饰。此指简陋的房屋。　③ 岁比：连年。登：庄稼成熟。　④ 狱讼：指诉讼案件。　⑤ 斋厨：厨房。　⑥ 杞菊：枸杞和菊花。嫩苗都可食。这里泛指野菜。　⑦ 期年：整整一年。　⑧ 园圃：养植花木蔬菜的园地。　⑨ 安丘：县名，在山东原潍县南。高密：县名，在山东原胶县西北。　⑩ 葺：修理。　⑪ 马耳：山名，在今山东诸城南五里。　常山：山名，在今山东诸城南二十里。　⑫ 庐山：山名，在今山东诸城南三十里。本名故山，因卢敖而得名。　⑬ 卢敖：燕国人。秦始皇时博士。秦始皇命其入海求仙药，不得，逃避到密州东部的故山隐居。　⑭ 穆陵：关名，故址在今山东临朐东南大岘山上。春秋时为齐国南境，山谷峻狭，素有"齐南天险"之称。　⑮ 师尚父：吕尚，即姜太公。商末周初人，曾辅周文王、周武王灭商，建立周王朝。被尊称为师尚父，封于齐。　齐威公：即齐桓公，齐国国君，春秋五霸之一。　⑯ 潍水：即今潍河。源出山东箕屋山，流经诸城高密等地，至昌邑入海。汉将韩信破齐，楚使龙且来救，韩信在潍水两岸破龙且军二十万。　⑰ 大息：太息，叹息。　⑱ 淮阴：指西汉淮阴侯韩信。淮阴人，曾辅佐刘邦有功，封为楚王，后有人告其谋反，被降为淮阴侯。公元前196年，被吕后以叛逆罪诛杀。　⑲ 撷：采摘。　⑳ 秫酒：黄米酒。秫，黏性谷物的通称。　㉑ 瀹：这里是煮的意思。　脱粟：脱去皮壳，未曾精制的小米。

酒⑳，瀹脱粟而食之㉑，曰："乐哉！游乎！"

出自己酿造的米酒，煮熟刚脱粒的小米饭，大家边品尝边赞叹道："多快乐啊，像这样自由自在的游玩！"

方是时，予弟子由适在济南①，闻而赋之②，且名其台曰

在那时，我的弟弟子由恰巧在济南为官，听到这件事便作了一篇赋，还把这座高台取名为

"超然"。以见予之无所往而

"超然"。因为看到我无论到哪里都不会不快

不乐者，盖游于物之外也。

乐，大概因为我能超然于物外吧。

> ① 子由：苏辙，字子由，苏轼之弟，当时为齐州（今山东济南）掌书记。 ② 闻而赋之：苏辙作有《超然台赋》，见《栾城集》卷十七。

（萧善芗）

放鹤亭记

苏 轼

熙宁十年秋①，彭城大水②。云龙山人张君之草堂③，水及其

熙宁十年的秋天，彭城一带发大水。云龙山人张君的草房，大水淹到大门一半高的地方。第二年春

半扉④，明年春，水落，迁于故

居之东，东山之麓⑤。升高而

天，水退了，他便把家搬到原来住处的东面，东山的山脚下。登高远眺，发现一处风景特异的

望，得异境焉，作亭于其上。

地方，就在那上面建造了一所亭子。

> ① 熙宁十年：即公元1077年。 熙宁，宋神宗年号（1068～1077）。 ② 彭城：县名。治所在今江苏徐州市。熙宁十年秋，黄河澶渊（今河南濮阳西）决口，洪水灌入巨野、淮泗，徐州城下水深二丈八尺，七十余日不退。 ③ 云龙山：在今徐州市南。此山南北耸立，长约两公里，峰峦起伏如龙状，故名。 山人：隐士的称号。 张君：指张天骥，因隐居云龙山，故称云龙山人。 ④ 扉：门扇。 ⑤ 麓：山脚。

péng chéng zhī shān　gāng lǐng sì hé　　yǐn rán rú dà huán　dú quē qí xī shí èr　　ér shān rén

彭城之山，冈岭四合，隐然如大环，独缺其西十二①，而山人

彭城的山，山岭围绕在四周，隐隐约约像个大玉环，唯独缺掉了西边的一个角，而云龙山老人

zhī tíng　shì dāng qí quē　　chūn xià zhī jiāo　cǎo mù jì tiān　　qiū dōng xuě yuè　qiān lǐ yí sè　　fēng yǔ

之亭，适当其缺。春夏之交，草木际天；秋冬雪月，千里一色；风雨

所筑之亭正好对着那个缺口。春夏之交，花草繁茂，树木参天；秋天月明之夜，冬季雪飘之后，千里一片

huì míng zhī jiān　　fǔ yǎng bǎi biàn　　shān rén yǒu èr hè　shèn xùn ér shàn fēi②　　dàn zé wàng xī shān

晦明之间，俯仰百变。山人有二鹤，甚驯而善飞②。旦则望西山

银白色；刮风、下雨，天色或阴或明的时候，俯视仰望山间的景象，更是瞬息万变。山人饲养了两只仙鹤

zhī quē ér fàng yān　　zòng qí suǒ rú　　huò lì yú bēi tián③　　huò xiáng yú yún biǎo　　mù zé sù dōng shān

之缺而放焉，纵其所如，或立于陂田③，或翔于云表，暮则傃东山

训练得很驯服又善于飞翔。清晨向西山那个缺口处放出去，任凭它们自由飞翔，有时停立在水边的

ér guī④　　gù míng zhī yuē　　fàng hè tíng

而归④，故名之曰"放鹤亭"。

田地里，有时翱翔在云天上，傍晚便向东山飞回，所以把这座亭子叫做"放鹤亭"。

---

① "独缺"句：只缺西边的一小块。　十二，十分之二。
或作"独缺其西一面"。从上下文看，此说似不确。本文
末句为"西山不可以久留"，如已"缺其西一面"，又何来
"西山"？　② 驯：驯顺。　③ 陂：水边。　④ 傃：向。

---

jùn shǒu sū shì①　　shí cóng bīn zuǒ liáo　lì wǎng jiàn shān rén②　　yǐn jiǔ yú sī tíng ér lè zhī

郡守苏轼①，时从宾佐僚吏往见山人②，饮酒于斯亭而乐之。

郡守苏轼，时常带着宾客僚属前去看望云龙山老人，在放鹤亭里饮酒，感到十分快乐。曾斟酒举杯

yì shān rén ér gào zhī yuē　　zi zhī yǐn jū zhī lè hū　　suī nán miàn zhī jūn　wèi kě yǔ yì yě

挹山人而告之曰："子知隐居之乐乎？虽南面之君，未可与易也。

向山人敬酒，并对他说："您知道隐居的乐趣吗？虽是面南而坐的帝王，也无法与他交换的。《易经》上讲

yì　　yuē　　míng hè zài yīn　qí zǐ hè zhī③　　shī　　yuē　　hè míng yú jiǔ gāo　shēng wén yú

《易》曰：'鸣鹤在阴，其子和之。'③《诗》曰：'鹤鸣于九皋，声闻于

'鹤在幽深隐蔽处鸣叫，它的小鹤便应和着一起鸣叫。'《诗经》上也说：'鹤在沼泽处鸣叫，声音可以直传

^{tiān} ^{gài qí wéi wù qīng yuǎn xián fàng chāo rán yú chén āi zhī wài gù yì shī rén yǐ}

天。'④ 盖其为物清远闲放，超然于尘埃之外，故《易》、《诗》人以

到天上。'大概是因为仙鹤这种鸟，清高旷远，悠闲自在，超然于尘世之外，所以《易经》《诗经》的作者，

^{bǐ xián rén jūn zǐ yǐn dé zhī shì xiá ér wán zhī yí ruò yǒu yì ér wú sǔn zhě rán wèi yì gōng}

比贤人君子。隐德之士，狎而玩之⑤，宜若有益而无损者，然卫懿公

都用它来比喻贤人君子。隐居的有德之士，亲近它，玩赏它，应该是有益无害的，但是春秋时卫懿公却

^{hào hè zé wáng qí guó zhōugōng zuò jiǔ gào wèi wǔ gōng zuò yì jiè yǐ wéi huāng huò}

好鹤则亡其国⑥。周公作《酒诰》⑦，卫武公作《抑戒》⑧，以为荒惑

因为喜爱仙鹤而使自己的国家灭亡。周公作《酒诰》，卫武公作《抑戒》，都认为使事业荒误，性情迷惑，

^{bài luàn wú ruò jiǔ zhě ér liú líng ruǎn jí zhī tú yǐ cǐ quán qí zhēn ér míng hòu shì jiē fú}

败乱，无若酒者。而刘伶、阮籍之徒⑨，以此全其真而名后世。嗟夫！

道德败坏，祸患产生，没有比酒更厉害的东西了。可是魏晋时的刘伶、阮籍这些人，却以酗酒保全真情，

^{nán miàn zhī jūn suī qīng yuǎn xián fàng rú hè zhě yóu bù dé hào hào zhī zé wáng qí guó ér shān lín}

南面之君，虽清远闲放如鹤者，犹不得好，好之则亡其国。而山林

从而名传后世。唉！至尊的帝王，即使是清远闲放像仙鹤那样的鸟也不能喜好，喜好它便会亡国。但是

^{dùn shì zhī shì suī huāng huò bài luàn rú jiǔ zhě yóu bù néng wéi hài ér kuàng yú hè hū yóu cǐ}

遁世之士，虽荒惑败乱如酒者，犹不能为害，而况于鹤乎？由此

隐居山林远离尘世的人，即使是酒那种能使人荒惑败乱的东西，却不能对他们构成危害，更何况像鹤那样

^{guān zhī qí wéi lè wèi kě yǐ tóng rì ér yǔ yě shān rén xīn rán ér xiào yuē yǒu shì zāi}

观之，其为乐未可以同日而语也。"山人欣然而笑曰："有是哉！"

美好的飞禽呢？由此看来，隐居的乐趣和做帝王的乐趣，是截然不同，不能相提并论的。"云龙山老人高兴

^{nǎi zuò fàng hè zhāo hè zhī gē yuē hè fēi qù xī xī shān zhī quē gāo xiáng ér xià lǎn xī zé}

乃作放鹤、招鹤之歌曰："鹤飞去兮西山之缺，高翔而下览兮择

地笑着说："真有这样的道理啊！"于是我便作了放鹤、招鹤的歌。歌词是："仙鹤飞去啊，飞向那西山的

^{suǒ shì fān rán liǎn yì wǎn jiāng jí xī hū hé suǒ jiàn jiǎo rán ér fù jī dú zhōng rì yú jiàn gǔ}

所适。翻然敛翼，宛将集兮，忽何所见，矫然而复击。独终日于涧谷

缺口，翱翔在高高的蓝天，向下俯览啊，选择最好的地方去休憩。翻过身来收起翅膀，好像准备降落了啊，

^{zhī jiān xī zhuó cāng tái ér lǚ bái shí hè guī lái xī dōng shān zhī yīn qí xià yǒu rén xī}

之间兮⑩，啄苍苔而履白石。鹤归来兮东山之阴，其下有人兮，

忽然发现了什么，又矫健地搏击长空。独自整天在山涧峡谷中来回啊，嘴啄青苔脚踩白石。仙鹤飞回来

^{huángguān cǎo lǚ gě yī ér gǔ qín gōnggēng ér shí xī qí yú yǐ rǔ bǎo guī lái guī lái xī}

黄冠草履⑪，葛衣而鼓琴⑫。躬耕而食兮，其余以汝饱。归来归来兮，

啊，回到东山的北面。山下有人啊，他戴着黄色的帽子，踏着草编的鞋子，身上穿着粗布衣服，正在弹琴。

535

^{xī shān bù kě yǐ jiǔ liú}
西山不可以久留。”

他亲自耕作，收获粮食以自给啊，把多余的用来喂养你。飞回来飞回来啊，西山不可以长久地停留下去。”

---

① **郡守**：郡的最高长官。　② **宾佐僚吏**：这里泛指宾客僚属。　③ **《易》曰**三句：见《易经·中孚·九二爻辞》。　④ **《诗》曰**三句：见《诗经·小雅·鹤鸣》。　**九皋**，深泽。　⑤ **狎**：亲近。　⑥ **卫懿公**：春秋时卫国国君。他平时很喜欢鹤，甚至给鹤封爵，让鹤乘大夫车。后来狄人攻打卫国，卫国士兵因国君爱鹤甚于爱民，都不愿出战，卫遂亡。事见《左传·鲁闵公二年》。　⑦ **《酒诰》**：《尚书》篇名。相传周武王以商旧都封康叔，当地百姓都嗜酒。周公作《酒诰》告诫康叔约束邦民不要酗酒。　⑧ **卫武公**：西周时卫国国君。　**《抑戒》**：即《诗·大雅·抑》篇。相传为卫武公作，用以自我警戒。其中第三章中有"颠覆厥德，荒湛于酒"句。　⑨ **刘伶、阮籍**：西晋时"竹林七贤"中的两个人物。他们处在魏晋易代之际，崇尚自然，蔑视礼法，以对抗当时司马氏提倡的虚伪礼教和黑暗政治，又担心遭受祸害，故常纵酒取醉，以隐蔽自己的政治态度，保全性命。　⑩ **涧**：两山之间的水流。　⑪ **黄冠**：黄色帽子，古时为道士所戴。　⑫ **葛衣**：用藤本植物葛的纤维织布做成的衣服，较粗劣。

（萧善芗）

^{shí zhōng shān jì}
石 钟 山 记

^{sū shì}
苏 轼

^{shuǐ jīng yún　　péng lǐ zhī kǒu yǒu shí zhōng shān yān　　lì yuán yǐ wéi xià lín shēn tán}
《水经》云①："彭蠡之口有石钟山焉②。"郦元以为下临深潭③，

《水经》上说："鄱阳湖的出口处有座石钟山。"郦道元认为这座山下对深潭，微风吹起水浪，水石两

^{wēi fēng gǔ làng　　shuǐ shí xiāng bó　　shēng rú hóng zhōng　　shì shuō yě　　rén cháng yí zhī　　jīn yǐ zhōng qìng}
微风鼓浪，水石相搏，声如洪钟。是说也，人常疑之。今以钟磬

相撞击，发出的声音像洪钟一般，所以得名。这种说法，人们常常怀疑它。如今拿钟磬之类可以击响的东

置水中④，虽大风浪不能鸣也，而况石乎！至唐李渤始访其遗踪⑤，

西放在水里，虽然有大风大浪也不能使它们发出响声来，又何况是石头呢？到了唐朝，李渤才去寻访它的遗

得双石于潭上，扣而聆之⑥，南声函胡⑦，北音清越⑧，枹止响腾⑨，

迹。在潭上找到两块石头，敲击它听它发出的声音，南边的那块声音厚重，北边的那块声音清亮高扬，鼓槌

余韵徐歇⑩。自以为得之矣。然是说也，余尤疑之。石之铿然有声者，

停止敲击，而响声仍在升腾，余韵慢慢地才消逝。李渤自以为找到了"石钟"命名的原由了。但是这种说法，

所在皆是也，而此独以钟名，何哉？

我对它更加怀疑。石头被敲击，能够发出铿锵声音的，到处都是，但这里偏偏要用"钟"来命名，是什么道理呢？

①《水经》：我国古代一部专记水流河源的地理著作，作者今已不可确知。　②彭蠡：湖名，即今江西鄱阳湖。　石钟山：在今江西湖口县鄱阳湖畔。　③郦元：即郦道元，字善长，南北朝时北魏范阳涿鹿（今属河北）人。是我国古代杰出的地理学家，曾为《水经》作注，称《水经注》，共四十卷，在地理学和文学上都很有价值。　④磬：古代一种石制的打击乐器。寺庙中拜神时所用由铜或铁铸成的钵形敲击物，亦称磬。　⑤李渤：字濬之，唐代洛阳人。宪宗元和年间任江州刺史。曾写过一篇《辩石钟山记》。　⑥扣：打，击。　聆：听。　⑦函胡：同"含糊"，模糊不清。这里指声音厚重。　⑧清越：清亮高扬。　⑨枹：鼓槌。　⑩徐歇：慢慢地消逝。

元丰七年六月丁丑①，余自齐安舟行适临汝②，而长子迈将赴

元丰七年六月初九，我从齐安乘船去临汝，同时大儿子苏迈要到饶州德兴县去任县尉，我送他到

饶之德兴尉③，送之至湖口④，因得观所谓石钟者。

石钟山的所在地湖口县，由此能够看到人们所说的那个"石钟"。

sì sēng shǐ xiǎo tóng chí fǔ yú luàn shí jiān zé qí yī èr kòu zhī kōng kōng rán yú gù xiào
寺僧使小童持斧，于乱石间择其一二扣之，硿硿然⑤。余固笑

庙里的和尚叫一个小童，拿着斧子在乱石堆里挑出一二块石头敲打着，发出硿硿的响声。我只笑

ér bú xìn yě zhì qí yè yuè míng dú yǔ mài chéng xiǎo zhōu zhì jué bì xià dà shí cè lì qiān chǐ
而不信也。至其夜月明，独与迈乘小舟至绝壁下。大石侧立千尺，

笑，不相信就是这么回事。到了夜晚月色明亮时，我单独地和儿子苏迈乘小船来到陡峭的山壁下。向上看去，

rú měng shòu qí guǐ sēn rán yù bó rén ér shān shàng qī hú wén rén shēng yì jīng qǐ zhé zhé
如猛兽奇鬼，森然欲搏人；而山上栖鹘⑥，闻人声亦惊起，磔磔

高达千尺的巨大岩石，倾斜地耸立着，好像凶猛的野兽、奇特的鬼怪，阴森森地要向我们搏过来抓人

yún xiāo jiān yòu yǒu ruò lǎo rén ké qiě xiào yú shān gǔ zhōng zhě huò yuē cǐ guàn hè yě
云霄间⑦；又有若老人欬且笑于山谷中者，或曰："此鹳鹤也⑧"。

似的；而山上栖息着的鹘鸟，听到人的声音，也惊恐地飞起来，磔磔地在云霄里鸣叫；又有像老人在山谷中

yú fāng xīn dòng yù huán ér dà shēng fā yú shuǐ shàng chēng hóng rú zhōng gǔ bù jué zhōu rén dà
余方心动欲还，而大声发于水上，噌吰如钟鼓不绝⑨。舟人大

边咳嗽边笑的声音，有人说："这是鹳鹤鸟。"我心里有些害怕，正想返程回去，这时在水面上发出一种

kǒng xú ér chá zhī zé shān xià jiē shí xué xià bù zhī qí qiǎn shēn wēi bō rù yān hán dàn
恐。徐而察之，则山下皆石穴罅⑩，不知其浅深，微波入焉，涵澹

巨大的声音，轰隆隆地像钟鼓的响声，久久不停。船夫十分害怕。我慢慢地察看，发觉山下全是石头洞和

péng pài ér wéi cǐ yě zhōu huí zhì liǎng shān jiān jiāng rù gǎng kǒu yǒu dà shí dāng zhōng liú
澎湃而为此也⑪。舟回至两山间⑫，将入港口⑬，有大石当中流，

石头缝隙，不知道它们有多深，微小的波浪冲进去，在里面流转回荡，形成了这种声音。船转回到上钟山

kě zuò bǎi rén kōng zhōng ér duō qiào yǔ fēng shuǐ xiāng tūn tǔ yǒu kuǎn kǎn tāng tà zhī shēng
可坐百人，空中而多窍⑭，与风水相吞吐，有窾坎镗鞳之声⑮，

和下钟山之间，将要进入湖水的分流处，有块大石头挡在水流中央，上面大约可坐百把人。这块大石

yǔ xiàng zhī chēng hóng zhě xiāng yìng rú yuè zuò yān yīn xiào wèi mài yuē rǔ shí zhī hū chēng hóng zhě
与向之噌吰者相应，如乐作焉。因笑谓迈曰："汝识之乎？噌吰者，

中间是空的，四周有许多小孔，与风和水相互吞吐，发出窾坎镗鞳的声音，与刚才听到的轰隆之声相呼应，

zhōu jǐng wáng zhī wú yì yě kuǎn kǎn tāng tà zhě wèi zhuāng zǐ zhī gē zhōng yě gǔ zhī rén bù yú
周景王之无射也⑯；窾坎镗鞳者，魏庄子之歌钟也⑰。古之人不余

便好像奏乐一般。我因此笑着对迈儿说："你知道这些了吗？轰隆隆的声音，像是周景王无射钟所发出的

qī yě
欺也！"

声音；窾坎镗鞳的声音，像是魏庄子的歌钟所发出的声音。古人并没有欺骗我们啊！"

① 元丰：宋神宗年号(1078～1085)。 丁丑：记日的干支。六月丁丑，即六月初九日。
② 齐安：即黄州，今湖北黄冈。 适：去，往。 临汝：即汝州，今属河南。元丰三年苏轼贬官到齐安，元丰七年移贬至临汝。 ③ 迈：苏迈，苏轼长子，字伯达，善为文。 饶：饶州，治所在今江西鄱阳。 德兴：县名，属饶州，今江西德兴。 ④ 湖口：县名，今属江西，石钟山所在地。 ⑤ 硿硿：原为石落声，这里形容石被击后所发之声。 ⑥ 鹘：一种凶猛的鸟。 ⑦ 磔磔：鹘鸟的惊叫声。 ⑧ 鹳鹤：一种状如仙鹤的水鸟，但无红顶，全身灰白，又称灰鹤。 ⑨ 噌吰：拟声词，形容一种宏亮而沉重的钟声。 ⑩ 穴：大洞。 罅：裂缝。 ⑪ 涵澹：水旋转流动的样子。 ⑫ 两山：石钟山分南北两山。南称上钟山，北称下钟山。 ⑬ 港口：水的分流处。 ⑭ 窍：小孔。 ⑮ 窾坎：击物声。 镗鞳：钟鼓声。 ⑯ 周景王：东周国君，公元前544年至前520年在位。 无射：钟名。据《国语·周语下》记载，周景王二十四年(前521)铸成大钟无射。 ⑰ 魏庄子：即魏绛，庄子为其谥号。春秋时晋国大夫。据《左传·襄公十一年》和《国语·晋语》记载，晋侯曾以郑国进献的歌钟等乐器之半赐赠魏绛。 歌钟：即编钟，乐器的一种。

shì bú mù jiàn ěr wén ér yì duàn qí yǒu wú kě hū lì yuán zhī suǒ jiàn wén dài yǔ yú
事不目见耳闻而臆断其有无，可乎？郦元之所见闻殆与余

凡事不亲自眼见耳闻，便凭想象来判断它的有没有，可以吗？郦道元所见到和听到的，大概和我

tóng ér yán zhī bù xiáng shì dà fū zhōng bù kěn yǐ xiǎo zhōu yè bó jué bì zhī xià gù mò néng
同①，而言之不详；士大夫终不肯以小舟夜泊绝壁之下，故莫能

相同，可是讲得不详细；一般读书做官的人总是不愿深夜乘小船来到绝壁之下，所以无法知道底细；

zhī ér yú gōng shuǐ shī suī zhī ér bù néng yán cǐ shì suǒ yǐ bù chuán yě ér lòu zhě nǎi yǐ fǔ jīn
知；而渔工水师虽知而不能言，此世所以不传也。而陋者乃以斧斤

而渔人船夫，虽然知道却不能讲出来。这就是石钟山命名的真实原因世上不能相传的道理。而知识

kǎo jī ér qiú zhī zì yǐ wéi dé qí shí yú shì yǐ jì zhī gài tàn lì yuán zhī jiǎn ér xiào
考击而求之②，自以为得其实。余是以记之，盖叹郦元之简，而笑

浅薄的人竟拿着斧头敲击来探求真相，自认为得到了真实结果。我因此把这一情况记下来，既叹惜

lǐ bó zhī lòu yě
李渤之陋也。

郦道元所言的简略，又讥笑李渤所说的浅陋。

① 殆：大概。 ② 斧斤：斧头之类的工具。 考击：敲击。

（萧善芗）

潮州韩文公庙碑

sū shì
苏 轼

匹夫而为百世师①，一言而为天下法，是皆有以参天地之化，

> 一个普通人而能成为百世师表，他的片言只语可以为天下仿效，这都是由于这人有与天地共同

关盛衰之运②。其生也有自来，其逝也有所为。故申、吕自岳降③，

> 化育万物的能力，并与国家盛衰命运紧密相关。他的出生也有来历，他去世后仍有所作为。所以申伯

傅说为列星④，古今所传，不可诬也⑤。孟子曰⑥："我善养吾

> 吕侯出生高山降神，传说死后化为星辰，这是古今相传的事，不能抹杀的呀。孟子说："我善于涵养我的

浩然之气⑦。"是气也，寓于寻常之中，而塞乎天地之间。卒然

> 至大至刚之气。"这种"气"，寄寓在平常事物中，而充溢在天地之间。突然遇上这种气，王公贵族就会失去

遇之⑧，则王公失其贵，晋、楚失其富⑨，良、平失其智⑩，贲、育失

> 他们的高贵，晋国、楚国就会失去他们的富饶，张良、陈平就会失去他们的智谋，孟贲、夏育就会失去他们

其勇⑪，仪、秦失其辩⑫。是孰使之然哉？其必有不依形而立，不恃力

> 的勇气，张仪、苏秦就会失去他们善辩的口才。是什么原因使他们这样的呢？那一定有不依靠形体而

而行，不待生而存，不随死而亡者矣。故在天为星辰，在地为

> 站立、不借助力量而运行、不依靠活着而存在、不随着死亡而消逝的东西。所以有这种"气"的人在天上为

河岳，幽则为鬼神⑬，而明则复为人⑭。此理之常，无足怪者。

> 化为星辰，在地上化为河山，在阴间化为鬼神，在人间又化为人。这是很平常的道理，不值得奇怪的。

① **匹夫**：普通人。　② **"是皆有"二句**：意谓有与天地共同化育万物的能力，并与国家盛衰命运紧密相关。　**参天地之化**，指与天、地一齐化育万物，并立为三。　③ **申、吕**：申伯、吕侯（甫侯），周宣王、周穆王时大臣，相传他们出生时有高山降神的预兆。参见《诗·大雅·崧高》。**岳**：高山。　④ **傅说**：殷高宗武丁的宰相。相传他死后飞升上天，与众星并列。　⑤ **诬**：抹杀。　⑥ **孟子**：孟轲，邹（今属山东）人，战国时代大哲学家。　⑦ **浩然之气**：至大至刚之气。语出《孟子·公孙丑上》。　⑧ **卒然**：突然。　**卒**，同"猝"。　⑨ **晋、楚**：春秋时两个富庶的国家。　⑩ **良、平**：张良、陈平，辅佐汉高祖刘邦的开国功臣，都以足智多谋著称。　⑪ **贲、育**：孟贲、夏育，皆为传说中古代勇士。　⑫ **仪、秦**：张仪、苏秦，战国时的纵横家，都以善辩著称。　⑬ **幽**：指幽冥之处。　⑭ **明**：指人世间。

zì dōng hàn yǐ lái，dào sàng wén bì　yì duān bìng qǐ　lì táng zhēn guān，kāi yuán zhī shèng
自东汉以来，道丧文弊①，**异端并起**②，**历唐贞观、开元之盛**③，

从东汉以来，儒家之道沦丧、文章凋敝，异端学说纷纷而起。经历了唐代贞观、开元的盛世，

fǔ yǐ fáng dù yáo sòng　ér bù néng jiù　dú hán wén gōng qǐ bù yī
辅以房、杜、姚、宋④，**而不能救**⑤。**独韩文公起布衣**⑥，

有房玄龄、杜如晦、姚崇、宋璟等名相的辅佐，然而也不能挽回这样的局面。只有韩文公以平民身份挺身

tán xiào ér huī zhī　tiān xià mǐ rán cóng gōng　fù guī yú zhèng　gài sān bǎi nián yú cǐ yǐ
谈笑而麾之⑦，**天下靡然从公**⑧，**复归于正**⑨，**盖三百年于此矣**⑩。

而出，谈笑之间挥手号召，天下人都一齐倒向了他听从了他，文与道又归正统，到现在约有三百年了。

wén qǐ bā dài zhī shuāi　ér dào jì tiān xià zhī nì　zhōng fàn rén zhǔ zhī nù
文起八代之衰⑪，**而道济天下之溺**⑫，**忠犯人主之怒**⑬，

韩文公的文章把八代衰颓的文风振作了起来，他提倡的儒道拯救了沉溺于佛老思想的人们，他的忠谏敢

ér yǒng duó sān jūn zhī shuài　cǐ qǐ fēi cān tiān dì　guān shèng shuāi hào rán ér dú cún
而勇夺三军之帅⑭，**此岂非参天地、关盛衰、浩然而独存**

触怒皇帝，他的勇气可以制服三军的统帅，这难道就不是能与天地共同化育万物、与国家盛衰命运紧密

zhě hū

者乎！

相关而独立存在的至大至刚之气吗！

① 道：指儒道。 文弊：文章凋敝。 ② 异端：此指汉魏以来兴盛的黄老之学和佛教。 ③ 贞观：唐太宗李世民年号(627～649)。 开元：唐玄宗李隆基年号(713～741)。这两个时期是封建社会中的"治平盛世"。 ④ 房、杜：房玄龄、杜如晦，唐太宗时的贤相。 姚、宋：姚崇、宋璟，唐玄宗时名相。 ⑤ 救：挽回(局面)。 ⑥ 布衣：指没有官职的人。 ⑦ 麾：同"挥"，指挥，号召。 ⑧ 靡然：倒下的样子。 ⑨ 正：正统。 ⑩ 三百年：指从韩愈至苏轼相距约三百年。 ⑪ 八代：指东汉、魏、晋、宋、齐、梁、陈、隋八个朝代。 ⑫ "道济"句：提倡儒道以拯济沉溺于佛老思想的人们。济，拯救。 ⑬ "忠犯"句：因忠谏而触怒了皇帝。这里指唐宪宗(李纯)迎佛骨入宫，排场奢侈，韩愈上表极谏，触怒宪宗，几被处死。人主，皇帝。 ⑭ "勇夺"句：这里指唐穆宗(李恒)时，镇州(今河北正定)发生兵变，韩愈奉命前去宣抚，用一席话说服了作乱的将士。

gài cháng lùn tiān rén zhī biàn yǐ wèi rén wú suǒ bú zhì wéi tiān bù róng wěi zhì kě yǐ

盖尝论天人之辨①：以谓人无所不至②，惟天不容伪；智可以

我曾经论析过天与人的区别：认为人为了争权夺利，手段无所不用其极，唯有上天不容忍诈伪

qī wáng gōng bù kě yǐ qī tún yú lì kě yǐ dé tiān xià bù kě yǐ dé pǐ fū pǐ fù zhī xīn

欺王公，不可以欺豚鱼③；力可以得天下，不可以得匹夫匹妇之心。

之行；人的智慧可用来欺骗王公，但不可用来欺骗纯任天性的小动物；人的力量可用来夺取天下，但不可

gù gōng zhī jīng chéng néng kāi héng shān zhī yún ér bù néng huí xiàn zōng zhī huò néng xùn è yú zhī

故公之精诚④，能开衡山之云⑤，而不能回宪宗之惑⑥；能驯鳄鱼之

用来夺得普通男女的心。所以韩公的专一诚挚的心意，可以拨开衡山重重的云雾，但不能劝回宪宗的

bào ér bù néng mǐ huáng fǔ bó lǐ féng jí zhī bàng néng xìn yú nán hǎi zhī mín miào shí

暴⑦，而不能弭皇甫镈、李逢吉之谤⑧；能信于南海之民⑨，庙食

迷惑；能驯服鳄鱼残暴性情，而不能消除皇甫镈、李逢吉的诽谤；能取信于潮州的百姓，世世代代享受后人

bǎi shì ér bù néng shǐ qí shēn yī
百世⑩，而不能使其身一

的立庙祭祀，但不能使自己在朝廷上

rì ān yú cháo tíng zhī shàng gài gōng
日安于朝廷之上。盖公

有一天的安稳。这是因为韩文公所能

zhī suǒ néng zhě tiān yě
之所能者，天也；

够做的，是尽天道；所不能够

qí suǒ bù néng zhě rén yě
其所不能者，人也⑪。

做的，是屈从人意。

① 尝：曾经。　**天人之辨**：天与人的区别，是中国古代关于天道与人世关系的哲学命题。　② **人无所不至**：人为了争权夺利，手段无所不用其极。　③ **"不可"句**：《周易·中孚》："信及豚鱼。"古人认为"天不容伪"，忠诚者对豚鱼之类也要讲信用。　**豚鱼**，泛指纯任天性的小动物。**豚**，小猪。　④ **精诚**：专一诚挚的心意。　⑤ **"能开"句**：据韩愈《谒衡山南岳庙》诗云，一次他路过衡山，正碰上秋天昏暗的日子，他默然祷告，忽然云开天晴，得以饱览山景。　**衡山**，"五岳"中的南岳，在今湖南境内。　⑥ **回**：劝回。　**宪宗之惑**：指宪宗迎佛骨入京一事。　**惑**，迷惑。　⑦ **驯鳄鱼之暴**：韩愈初到潮州时，溪中鳄鱼扰民，韩愈作《祭鳄鱼文》，令鳄鱼迁走。据说，当天晚上鳄鱼果然离去。　⑧ **弭**：消除。　**皇甫镈**：唐宪宗时宰相，曾对韩愈加以弹劾罢斥。　**李逢吉**：唐穆宗时宰相，曾挑拨韩愈与李绅的关系，使他们产生矛盾，双方都受到损害。　⑨ **南海**：郡名。这里指潮州。　⑩ **庙食**：接受后世的立庙祭祀。　⑪ **"盖公"四句**：大意是，韩愈所能够做的是尽天道；所不能做的是屈从人意。

shǐ cháo rén wèi zhī xué gōng mìng jìn shì zhào dé wéi zhī shī zì shì cháo zhī shì
始潮人未知学，公命进士赵德为之师①，自是潮之士，

起初潮州人不懂读书学习，韩文公命令进士赵德做他们的老师。从此潮州的士人都专注于文章

jiē dǔ yú wén xíng yán jí qí mín zhì yú jīn hào chēng yì zhì xìn hū kǒng zǐ zhī yán
皆笃于文行②，延及齐民③，至于今，号称易治。信乎孔子之言：

和品行，教化普及到平民。这种情况一直延续到今天，潮州号称是容易治理的地方。孔子说得真不错：

jūn zǐ xué dào zé ài rén xiǎo rén xué dào zé yì shǐ yě cháo rén zhī shì gōng yě
"君子学道则爱人，小人学道则易使也④。"潮人之事公也⑤，

"君子学了道德就有仁爱之心，老百姓学了道德就容易差使。"潮州百姓侍奉韩文公，每顿饭必祭奠他，

<ruby>饮<rt>yǐn</rt></ruby><ruby>食<rt>shí</rt></ruby><ruby>必<rt>bì</rt></ruby><ruby>祭<rt>jì</rt></ruby>，<ruby>水<rt>shuǐ</rt></ruby><ruby>旱<rt>hàn</rt></ruby><ruby>疾<rt>jí</rt></ruby><ruby>疫<rt>yì</rt></ruby>，<ruby>凡<rt>fán</rt></ruby><ruby>有<rt>yǒu</rt></ruby><ruby>求<rt>qiú</rt></ruby><ruby>必<rt>bì</rt></ruby><ruby>祷<rt>dǎo</rt></ruby><ruby>焉<rt>yān</rt></ruby>。<ruby>而<rt>ér</rt></ruby><ruby>庙<rt>miào</rt></ruby><ruby>在<rt>zài</rt></ruby><ruby>刺<rt>cì</rt></ruby><ruby>史<rt>shǐ</rt></ruby><ruby>公<rt>gōng</rt></ruby><ruby>堂<rt>táng</rt></ruby><ruby>之<rt>zhī</rt></ruby><ruby>后<rt>hòu</rt></ruby>⑥，

饮食必祭，水旱疾疫，凡有求必祷焉。而庙在刺史公堂之后⑥，

遇到水旱、疾病瘟疫等灾祸，凡有什么需求一定向他祈祷。韩文公庙在刺史公堂的后面，百姓们认为进出

<ruby>民<rt>mín</rt></ruby><ruby>以<rt>yǐ</rt></ruby><ruby>出<rt>chū</rt></ruby><ruby>入<rt>rù</rt></ruby><ruby>为<rt>wéi</rt></ruby><ruby>艰<rt>jiān</rt></ruby>⑦，<ruby>前<rt>qián</rt></ruby><ruby>太<rt>tài</rt></ruby><ruby>守<rt>shǒu</rt></ruby><ruby>欲<rt>yù</rt></ruby><ruby>请<rt>qǐng</rt></ruby><ruby>诸<rt>zhū</rt></ruby><ruby>朝<rt>cháo</rt></ruby><ruby>作<rt>zuò</rt></ruby><ruby>新<rt>xīn</rt></ruby><ruby>庙<rt>miào</rt></ruby>⑧，<ruby>不<rt>bù</rt></ruby><ruby>果<rt>guǒ</rt></ruby>。<ruby>元<rt>yuán</rt></ruby><ruby>祐<rt>yòu</rt></ruby><ruby>五<rt>wǔ</rt></ruby><ruby>年<rt>nián</rt></ruby>⑨

民以出入为艰⑦，前太守欲请诸朝作新庙⑧，不果。元祐五年⑨

很不方便，前任刺史想请求朝廷新建一座庙，没有成功。元祐五年，朝散郎王涤君来这里做知州，他用来

<ruby>朝<rt>cháo</rt></ruby><ruby>散<rt>sǎn</rt></ruby><ruby>郎<rt>láng</rt></ruby><ruby>王<rt>wáng</rt></ruby><ruby>君<rt>jūn</rt></ruby><ruby>涤<rt>dí</rt></ruby><ruby>来<rt>lái</rt></ruby><ruby>守<rt>shǒu</rt></ruby><ruby>是<rt>shì</rt></ruby><ruby>邦<rt>bāng</rt></ruby>⑩，<ruby>凡<rt>fán</rt></ruby><ruby>所<rt>suǒ</rt></ruby><ruby>以<rt>yǐ</rt></ruby><ruby>养<rt>yǎng</rt></ruby><ruby>士<rt>shì</rt></ruby><ruby>治<rt>zhì</rt></ruby><ruby>民<rt>mín</rt></ruby><ruby>者<rt>zhě</rt></ruby>，<ruby>一<rt>yī</rt></ruby><ruby>以<rt>yǐ</rt></ruby><ruby>公<rt>gōng</rt></ruby><ruby>为<rt>wéi</rt></ruby><ruby>师<rt>shī</rt></ruby>。

朝散郎王君涤来守是邦⑩，凡所以养士治民者，一以公为师。

培养士人、治理百姓的方法，一律以韩文公为榜样。在百姓们对他的治理心悦诚服以后，他就发布命令

<ruby>民<rt>mín</rt></ruby><ruby>既<rt>jì</rt></ruby><ruby>悦<rt>yuè</rt></ruby><ruby>服<rt>fú</rt></ruby>，<ruby>则<rt>zé</rt></ruby><ruby>出<rt>chū</rt></ruby><ruby>令<rt>lìng</rt></ruby><ruby>曰<rt>yuē</rt></ruby>：“<ruby>愿<rt>yuàn</rt></ruby><ruby>新<rt>xīn</rt></ruby><ruby>公<rt>gōng</rt></ruby><ruby>庙<rt>miào</rt></ruby><ruby>者<rt>zhě</rt></ruby>⑪，<ruby>听<rt>tīng</rt></ruby>⑫。”<ruby>民<rt>mín</rt></ruby><ruby>欢<rt>huān</rt></ruby><ruby>趋<rt>qū</rt></ruby><ruby>之<rt>zhī</rt></ruby>，<ruby>卜<rt>bǔ</rt></ruby><ruby>地<rt>dì</rt></ruby><ruby>于<rt>yú</rt></ruby>

民既悦服，则出令曰：“愿新公庙者⑪，听⑫。”民欢趋之，卜地于

说：“愿意重建韩庙的人，我同意他去做。”百姓们高兴地争相去做，在州城的南边七里之处占卜选了

<ruby>州<rt>zhōu</rt></ruby><ruby>城<rt>chéng</rt></ruby><ruby>之<rt>zhī</rt></ruby><ruby>南<rt>nán</rt></ruby><ruby>七<rt>qī</rt></ruby><ruby>里<rt>lǐ</rt></ruby>⑬，<ruby>期<rt>jī</rt></ruby><ruby>年<rt>nián</rt></ruby><ruby>而<rt>ér</rt></ruby><ruby>庙<rt>miào</rt></ruby><ruby>成<rt>chéng</rt></ruby>⑭。

州城之南七里⑬，期年而庙成⑭。

一块地，过了一年庙就建成了。

①"公命"句：据载，韩愈曾推荐赵德任海阳县尉，主持州学，教授生徒。赵德，号天水先生，通经能文，与韩愈交善，曾辑韩愈文为《文录》。　②笃于：忠实于。　③延及齐民：(教化)普及到平民。　④小人：指老百姓。　易使：容易差使。这两句见《论语·阳货》。　⑤事：侍奉。　⑥刺史公堂：州官办公的厅堂。　⑦艰：这里是"不方便"的意思。　⑧作：建造。　⑨元祐五年：公元1090年。　元祐，宋哲宗赵煦的年号(1086～1094)。　⑩朝散郎：宋时用以表示品位、俸禄等级的官阶之一。　⑪新：作动词用，意为重建。　⑫听：任其自为，同意。　⑬卜地：占卜选择基地。　⑭期年：经过一年。

<ruby>或<rt>huò</rt></ruby><ruby>曰<rt>yuē</rt></ruby>：“<ruby>公<rt>gōng</rt></ruby><ruby>去<rt>qù</rt></ruby><ruby>国<rt>guó</rt></ruby><ruby>万<rt>wàn</rt></ruby><ruby>里<rt>lǐ</rt></ruby><ruby>而<rt>ér</rt></ruby><ruby>谪<rt>zhé</rt></ruby><ruby>于<rt>yú</rt></ruby><ruby>潮<rt>cháo</rt></ruby>①，<ruby>不<rt>bù</rt></ruby><ruby>能<rt>néng</rt></ruby><ruby>一<rt>yī</rt></ruby><ruby>岁<rt>suì</rt></ruby><ruby>而<rt>ér</rt></ruby><ruby>归<rt>guī</rt></ruby>②。<ruby>没<rt>mò</rt></ruby><ruby>而<rt>ér</rt></ruby><ruby>有<rt>yǒu</rt></ruby><ruby>知<rt>zhī</rt></ruby>③，

或曰：“公去国万里而谪于潮①，不能一岁而归②。没而有知③，

有人说："韩文公离开京城万里之远而谪居潮州，不到一年又回去了。如果他死后有知，他对潮州

<ruby>其<rt>qí</rt></ruby><ruby>不<rt>bú</rt></ruby><ruby>眷<rt>juàn</rt></ruby><ruby>恋<rt>liàn</rt></ruby><ruby>于<rt>yú</rt></ruby><ruby>潮<rt>cháo</rt></ruby><ruby>也<rt>yě</rt></ruby><ruby>审<rt>shěn</rt></ruby><ruby>矣<rt>yǐ</rt></ruby>④。”<ruby>轼<rt>shì</rt></ruby><ruby>曰<rt>yuē</rt></ruby>：“<ruby>不<rt>bù</rt></ruby><ruby>然<rt>rán</rt></ruby>。<ruby>公<rt>gōng</rt></ruby><ruby>之<rt>zhī</rt></ruby><ruby>神<rt>shén</rt></ruby><ruby>在<rt>zài</rt></ruby><ruby>天<rt>tiān</rt></ruby><ruby>下<rt>xià</rt></ruby><ruby>者<rt>zhě</rt></ruby>，<ruby>如<rt>rú</rt></ruby><ruby>水<rt>shuǐ</rt></ruby><ruby>之<rt>zhī</rt></ruby><ruby>在<rt>zài</rt></ruby>

其不眷恋于潮也审矣④。"轼曰："不然。公之神在天下者，如水之在

没有眷恋之情也是很显然的。"我说："不对，韩文公的神灵在天底下，就像水在地层中一样，无论到哪里

dì zhōng wú suǒ wǎng ér bú zài yě　　ér cháo rén dú xìn zhī shēn　sī zhī zhì　xūn hāo qī chuàng

地中，无所往而不在也。而潮人独信之深，思之至，焄蒿凄怆⑤，

都有。而只有潮州人深深地信任他，无限地怀念他，祭祀的香气缭绕不绝，人们的感情凄怆真挚，好像又

ruò huò jiàn zhī　　pì rú záo jǐng dé quán　ér yuē shuǐ zhuān zài shì　qǐ lǐ yě zāi

若或见之。譬如凿井得泉，而曰水专在是，岂理也哉？”

看见了韩文公。譬如挖井挖出泉水，而说水只在这里有，难道有这样的道理吗！”

①去国：离开京城。　国，国都。　②"不能"句：指韩愈在潮州只待了七个月。　③没：同"殁"，死。　④审：明白。　⑤焄蒿凄怆：描写潮州人祭韩愈时感情凄怆真挚。　焄蒿，指祭祀时香气缭绕的样子，代指祭祀。　焄，香气。　蒿，气蒸出的样子。

yuán fēng yuán nián　　zhào fēng gōng chāng lí bó　　gù bǎng yuē　　chāng lí bó hán wén gōng

元丰元年①，诏封公昌黎伯②，故榜曰③："昌黎伯韩文公

元丰元年，皇帝下诏追封韩文公为昌黎伯，所以庙中的匾额上写的是："昌黎伯韩文公之庙。"

zhī miào　　cháo rén qǐng shū qí shì yú shí　yīn zuò shī yǐ wèi zhī　　shǐ gē yǐ sì gōng

之庙。"潮人请书其事于石，因作诗以遗之④，使歌以祀公。

潮州人请我把他的事迹写在碑石上，我因此又写了一首诗送给他们，让他们歌唱着来祭祀韩文公。

qí cí yuē

其辞曰：

诗的文辞说：

①元丰元年：当作元丰七年，公元1084年。　②昌黎：韩愈原籍昌黎（今属河北）。　伯：伯爵，爵位的一种。　③榜：匾额。这里用作动词，写在匾额上。　④遗：送。

gōng xī qí lóng bái yún xiāng　　　　shǒu jué yún hàn fēn tiān zhāng　　　tiān sūn wèi zhī yún jǐn cháng

公昔骑龙白云乡①，手抉云汉分天章②，天孙为织云锦裳③。

您当年在白云乡骑龙来往，亲手在银河中选取天上的彩章，织女为您编织华美的

piāo rán chéng fēng lái dì páng　　xià yǔ zhuó shì sǎo bǐ kāng　　　　xī yóu xián chí lüè fú sāng

飘然乘风来帝旁，下与浊世扫秕糠④。西游咸池略扶桑⑤，

云锦衣裳。飘荡乘风来到皇帝身旁，降临污浊的人间扫除秕糠。西游咸池东巡扶桑，

cǎo mù yī bèi zhāo huí guāng　　　zhuī zhú lǐ dù sān áo xiáng　　　hàn liú jí shí zǒu qiě jiāng

草木衣被昭回光⑥。追逐李、杜参翱翔⑦，汗流籍、湜走且僵⑧，

草木承受着您的灿烂光芒。跟随李白、杜甫三人一同翱翔，张籍、皇甫湜汗流奔跑也赶您不上，

miè mò dào yǐng bù néng wàng　　　zuò shū dǐ fó jī jūn wáng　　yào guān nán hǎi kuī héng xiāng

灭没倒影不能望⑨。作书诋佛讥君王⑩，要观南海窥衡、湘，

就像水中倒影，难以仰望。上书诋毁佛教讥讽君王，准备游览衡山和湘江，经过九嶷山凭吊

①"公昔"句：意谓韩愈是仙人，骑龙在仙乡中漫游。　白云乡，仙乡。　②抉：挑选。　云汉：指银
河。　分：分出。　天章：天上的文采，即彩云。　③天孙：指织女星。传说织女是天帝的孙女。
④下：降下，作动词用。　秕糠：这里指导端邪说。　⑤"西游"句：形容韩愈像屈原那样东奔西
跑，努力不懈。屈原《离骚》："饮余马于咸池兮，总余辔乎扶桑。"咸池，传说太阳沐浴之处。　略，行
到。　扶桑，神木名，传说太阳从此处升起。　⑥"草木"句：比喻韩愈的道德文章犹如日月光照大
地，泽及草木。　草木衣被，即衣被草木。　衣被，加惠、恩泽的意思。昭回光，普照的光辉。　⑦追
逐李、杜：韩愈《调张籍》："李杜文章在，光焰万丈长。""我愿生两翅，捕逐出八荒。"　参翱翔：意思
是说韩愈与李、杜齐驾并驱。　参，同"叁"，并立为三。　⑧"汗流"句：指张籍、皇甫湜远远比不上
韩愈。　汗流、湜走且僵，形容赶不上。　⑨"灭没"句：指张籍、皇甫湜像倒影一样容易消失，难以
仰望韩愈的重大成就。　⑩诋：诋毁。　⑪"要观"二句：大意是，韩愈贬潮州，得以看到沿途的衡
山、湘江，可以经过葬舜的九嶷山，凭吊娥皇、女英。　要观，准备前去观赏，这里是"贬谪"的讳称。
⑫"祝融"二句：祝融远走，海若躲藏，管束凶恶的鳄鱼就像驱赶羊一样容易。比喻韩愈一到潮州，
就使人民免遭自然灾害。　祝融，南海之神。　先驱，早已逃走。　海若，海神。　⑬钧天：中央之
天。　无人：缺少像韩愈这样的人。　帝：指天帝。　⑭遣巫阳：指派巫阳招韩愈之魂。　巫阳，神
巫名。宋玉《招魂》中载，天帝让巫阳招下界人的魂。　⑮牷牲：牦牛（一种高背的野牛）。以牦牛作
祭品，表示隆重。　鸡卜：古人以鸡骨占卜，其法是取鸡眼之骨，煮熟后，视其裂纹，像人形者为吉，否
则为凶。　羞我觞：献酒。　羞，同"馐"，进献食品。　觞，酒杯。　⑯於：感叹词。　粲：色彩鲜
明的样子。　荔丹：红色荔枝。　蕉黄：黄色香蕉。　⑰滂：形容泪水涌流。　⑱"翩然"句：大意
是韩愈之神灵翩然地离开人世而去。　翩然，轻快飞翔的样子。　被，同"披"。　下大荒，进入大荒
山。　大荒山，传说日月降入之所。

lì shùn jiǔ yí diào yīng huáng　　　　zhù róng xiān qū hǎi ruò cáng　　yuē shù jiāo è rú qū yáng
历舜九嶷吊英、皇⑪。祝融先驱海若藏，约束蛟鳄如驱羊⑫。

女英娥皇。祝融远逃海若躲藏，管束蛟龙鳄鱼易如赶羊。天宫无人天帝悲伤，唱着神曲派遣

jūn tiān wú rén dì bēi shāng　　　ōu yín xià zhāo qiǎn wū yáng　　　bào shēng jī bǔ xiū wǒ shāng
钧天无人帝悲伤⑬，讴吟下招遣巫阳⑭。犦牲鸡卜羞我觞⑮，

巫阳。祭卜牛鸡我把酒献上，红荔黄蕉请您品尝。您不肯停留我们泪水直淌，披散头发您轻快地

wū càn lì dān yǔ jiāo huáng　　　gōng bù shǎo liú wǒ tì páng　　piān rán pī fà xià dà huāng
於粲荔丹与蕉黄⑯。公不少留我涕滂⑰，翩然被发下大荒⑱。

飞入大荒。

（王水照）

qǐ jiào zhèng lù zhì zòu yì jìn yù zhá zǐ
乞校正陆贽奏议进御札子

sū shì
苏轼

chén děng wěi yǐ kōng shū　　　bèi yuán jiǎng dú　　shèng míng tiān zòng　　xué wèn rì xīn
臣等猥以空疏①，备员讲读。圣明天纵②，学问日新。

臣等耻以疏浅的才学，充任侍讲、侍读的行列。皇上的聪明睿智是上天赐予的，因此学问日益

chén děng cái yǒu xiàn ér dào wú qióng　xīn yù yán ér kǒu bú dài③　　yǐ cǐ zì kuì
臣等才有限而道无穷，心欲言而口不逮③，以此自愧，

长进。臣等才学有限而圣人所述的道理却是无穷无尽的，我们常常心里想说而辞不达意，因此自感惭愧，

mò zhī suǒ wéi　　qiè wèi rén chén zhī nà zhōng　pì rú yī zhě zhī yòng yào　yào suī jìn yú yī shǒu
莫知所为。窃谓人臣之纳忠，譬如医者之用药。药虽进于医手，

不知道怎样做才好。我们认为臣子向皇上敬献忠言，犹如医生用药。药虽然是从医生手里献上的，药方

fāng duō chuán yú gǔ rén　　ruò yǐ jīng xiào yú shì jiān　bú bì jiē cóng yú jǐ chū
方多传于古人。若已经效于世间，不必皆从于己出。

却大多是从古人那里传下来的。如果这些药方已经在人世间产生了良好效应，就不一定都要从自己手里

fú jiàn táng zǎi xiàng lù zhì　　cái běn wáng zuǒ　xué wéi dì shī　　lùn shēn qiè yú shì qíng
伏见唐宰相陆贽，才本王佐，学为帝师。论深切于事情，

开出。我们觉得唐朝宰相陆贽，论才能可以辅佐帝王，论学问可当皇帝的老师。他议论事理深刻中肯，

yán bù lí yú dào dé　zhì rú zǐ fáng ér wén zé guò④　biàn rú jiǎ yì ér shù bù shū⑤

言不离于道德。智如子房而文则过④，辨如贾谊而术不疏⑤。

言语不偏离道德规范。聪明智慧如同汉代张良而文学才华却超过了他，明辨是非像汉代的贾谊但又不

shàng yǐ gé jūn xīn zhī fēi⑥　xià yǐ tōng tiān xià zhī zhì　dàn qí bú xìng shì bú yù shí

上以格君心之非⑥，下以通天下之志。但其不幸，仕不遇时。

疏忽策略方式。对上能够纠正君主思想上的错误，对下能够沟通天下人的心意。可是他不幸，没有遇上好

dé zōng yǐ kē kè wéi néng⑦　ér zhì jiàn zhī yǐ zhōng hòu　dé zōng yǐ cāi jì wéi shù　ér zhì quàn zhī

德宗以苛刻为能⑦，而贽谏之以忠厚；德宗以猜忌为术，而贽劝之

时机。唐德宗对人以苛刻为能事，陆贽就用忠厚之道来劝谏他；德宗以怀疑妒忌为手段，陆贽就用推心

yǐ tuī chéng　dé zōng hào yòng bīng　ér zhì yǐ xiāo bīng wéi xiān　dé zōng hào jù cái　ér zhì yǐ

以推诚；德宗好用兵，而贽以消兵为先；德宗好聚财，而贽以

置腹、开诚布公来规劝他；德宗喜欢动用武力，而陆贽则把消除战争作为当务之急；德宗喜欢聚敛钱财，

sàn cái wéi jí　zhì yú yòng rén tīng yán zhī fǎ　zhì biān yù jiàng zhī fāng　zuì jǐ yǐ shōu rén xīn

散财为急。至于用人听言之法，治边御将之方，罪己以收人心，

而陆贽把散发钱财当作迫切的事情。至于任用人材听取意见的方法，安定边疆使用将领的策略，用责备

gǎi guò yǐ yìng tiān dào　qù xiǎo rén yǐ chú mín huàn

改过以应天道，去小人以除民患，

自己来争取人心，改正过失以顺应天道，排斥小人以

xī míng qì yǐ dài yǒu gōng⑧　rú cǐ zhī liú

惜名器以待有功⑧，如此之流，

消除民患，珍惜爵位礼仪来封赏有功的人。像这样一

wèi yì xī shù　kě wèi jìn kǔ kǒu zhī yào shí⑨

未易悉数。可谓进苦口之药石⑨，

类的奏议，无法全部列举。可以说是进献苦口的良

zhēn hài shēn zhī gāo huāng⑩　shǐ dé zōng jìn yòng qí

针害身之膏肓⑩。使德宗尽用其

药，治疗危害身体的重症。倘使德宗能够全部采用

yán　zé zhēnguān kě dé ér fù⑪

言，则贞观可得而复⑪。

他的意见，那么"贞观之治"的盛世就可以重新出现。

① 猥：鄙贱。有自谦之意。　② 天纵：上天所赐。　③ 逮：及,达。　④ 子房：西汉张良，字子房。　⑤ 贾谊：西汉文学家、政治家。　⑥ 格：正。　⑦ 德宗：唐德宗李适(kuò括)。公元780年至805年在位。　⑧ 名器：古代表示统治者等级地位及其使用的车舆服装。　⑨ 石：砭石，古代治病用的石针。　⑩ 针：治疗。作动词。膏肓：古代医学把心尖脂肪称为膏，心脏和隔膜之间称肓，认为是药物无法达到的地方。这里指严重疾病。　⑪ 贞观：唐太宗李世民的年号(627～649)。这一时期由于采取了一系列有利于发展社会生产的措施，出现了经济繁荣、政治清明的局面，史称"贞观之治"。

臣等每退自西阁^①，即私相告言，以陛下圣明，必喜赞议论。

臣等每次从西阁退出，便私下相互谈论，认为陛下英明无比，一定会喜欢陆贽的议论。

但使圣贤之相契^②，即如臣主之同时。昔冯唐论颇、牧之贤^③，

只要圣主和贤人的意见相合，那末远隔百年的臣子与当今的君主就好像同处一个时代。从前冯唐谈论

则汉文为之太息^④。魏相条晁、董之对^⑤，则孝宣以致中兴^⑥。

廉颇、李牧的贤能，汉文帝因此为他们叹息。魏相列举晁错、董仲舒的对策，孝宣帝采用后使西汉得到

若陛下能自得师，则莫若近取诸贽。夫六经三史^⑦，诸子百家^⑧，

中兴。如果陛下能自己求得老师，那末没有比就近从陆贽奏议里获取教益更合适了。六经三史、

非无可观，皆足为治。但圣言幽远^⑨，末学支离^⑩，譬如山海之

诸子百家，不是没有可观之处，都足以用来治理国家。可是圣人的言论深邃奥妙，史书、诸子理论

崇深，难以一二而推择。如贽之论，开卷了然，聚古今之精英，

支离破碎，这些都像山和海那样崇高深沉，很难从中选择一二。像陆贽的议论，翻开书就一目了然。

实治乱之龟鉴^⑪。臣等欲取其奏议，稍加校正，缮写进呈。

里面集聚了古往今来的精华，实在可作国家治乱的借鉴。臣等想取出他的奏议，稍微加以校正，誊写清楚

愿陛下置之坐隅^⑫，如见贽面，反复熟读，如与贽言。必能

后献给皇上。希望陛下把它放在座椅旁，就像见到陆贽一样，反反复复地熟读，好像和陆贽交谈一样。

发圣性之高明，成治功于岁月。

这样就一定能够启迪陛下圣明的天性，在短期内成就天下大治的功业。

臣等不胜区区之意，取进止^⑬。

臣等表达不尽诚挚的心意，取舍听候陛下裁处。

① 西阁：宋朝皇帝听讲的地方。　② 契：合。　③ 冯唐：西汉文帝时任中郎署长。　颇：廉颇，战国时赵国名将，屡次战胜齐、魏等国。　牧：李牧，战国时赵国名将，长期防守赵国北境，屡次击退东胡、林胡匈奴的骚扰。　④ 汉文：汉文帝刘恒。冯唐曾向汉文帝称道廉颇和李牧，汉文帝听后慨叹地说："嗟乎！吾独不得廉颇、李牧为吾将。"事见《史记·冯唐列传》。　⑤ 魏相：曾任西汉宣帝丞相，封高平侯。主张整顿吏治，考核实效。奏章中常引用晁错、董仲舒等言论。　条：列举。　晁：晁错，汉景帝时有名的政治家，文帝时任太常掌故，景帝时任御史大夫。　董：董仲舒，汉武帝时有名的思想家。曾建议汉武帝"罢黜百家，独尊儒术"。　⑥ 孝宣：西汉宣帝刘询。公元前72年至前49年在位。他在丞相霍光辅佐下，整顿吏治，任用贤能，发展农业，巩固边防，社会经济有所发展，与前汉昭帝时期政治、经济局面相较，有明显不同，史称"中兴"。　⑦ 六经：指《书》、《诗》、《易》、《礼》、《春秋》、《乐》六部儒家经典。　三史：指《史记》、《汉书》、《后汉书》三部史学著作。　⑧ 诸子百家：指先秦时孔丘、孟轲、庄周、老聃、墨翟、韩非、荀子等人的著作，和儒、道、墨、名等各种流派的学说。　⑨ 圣言：圣人之言，指《六经》。　⑩ 末学：指史学与子书。　⑪ 龟鉴：借鉴。龟，古代用龟甲占卜，龟即卜卦。鉴，即镜子。　⑫ 坐：通"座"。　隅：角，边。　⑬ 取进止：听从裁处。取，听任。进止，进退。

（萧善芗）

qián chì bì fù前 赤 壁 赋

sū shì苏 轼

rén xū zhī qiū　qī yuè jì wàng　sū zǐ yǔ kè fàn zhōu yóu yú chì bì zhī xià　qīng fēng
壬戌之秋①，七月既望②，苏子与客泛舟游于赤壁之下③。清风

壬戌年的秋天，七月十六日，我和客人在赤壁之下的江面上划船游玩。清凉的风徐徐吹来，

xú lái　shuǐ bō bù xīng　jǔ jiǔ zhǔ kè　sòng míng yuè　zhī shī　gē yǎo tiǎo　zhī zhāng
徐来，水波不兴④。举酒属客⑤，诵《明月》之诗⑥，歌《窈窕》之章⑦。

江面上不起波浪。我举起酒杯，向客人敬酒，吟诵起《月出》诗里的《窈窕》一章。一会儿，月亮从东山

shǎo yān　yuè chū yú dōng shān zhī shàng　pái huái yú dǒu　niú zhī jiān　bái lù héng jiāng　shuǐ guāng
少焉⑧，月出于东山之上，徘徊于斗、牛之间⑨。白露横江⑩，水光

升起，在斗宿和牛宿之间踌躇不前。白茫茫的水气横浮在江上，江水反射的月光与天空连成一片。

接天。纵一苇之所如⑪，凌万顷之茫然⑫。浩浩乎如冯虚御风⑬，

我们任凭苇叶似的小船随处漂荡，越过茫茫无边的江面。江面多么的浩瀚啊，船儿像腾空驾风飞行，

而不知其所止；飘飘乎如遗世独立⑭，羽化而登仙⑮。

不知道将要飞向何方；我们多么飘然超忽，像是抛开人世，了无牵挂，成了神仙，飞升仙境。

---

① **壬戌**：宋神宗元丰五年(1082)。　② **既望**：阴历每月十六日。
既，过了。　**望**，阴历每月十五日。　③ **苏子**：苏轼自称。　**泛舟**：
荡船。　④ **兴**：起。　⑤ **举酒属客**：举起酒杯，向客人敬酒。　**属**，
祝酒劝饮的意思。　⑥ **《明月》之诗**：指《诗经·陈风·月出》篇。
⑦ **《窈窕》之章**：指《月出》诗的第一章，其中有"月出皎兮，佼人
僚兮，舒窈纠兮"的句子。　**窈窕**，即窈纠。　⑧ **少焉**：一会儿。
⑨ **徘徊**：踌躇不前的样子。　⑩ **斗、牛**：星宿名，即斗宿、牛宿。
⑩ **白露横江**：白茫茫的水气横浮江上。　**露**，指水气。　⑪ **纵**：听
任。　**一苇**：比喻小船。语出《诗经·卫风·河广》："谁谓河广，一
苇杭(航)之。"　**所如**：所去之处。　**如**，往，到。　⑫ **凌**：越过。
万顷：形容江面宽广。　**茫然**：指江面旷远迷茫的样子。　⑬ **浩
浩乎**：水大的样子。　**冯虚御风**：腾空驾风而行。　**冯**，同"凭"。
⑭ **遗世独立**：抛开人世，了无牵挂。　⑮ **羽化**：道家用语，指成仙。
登仙：飞入仙境。

于是饮酒乐甚，扣舷而歌之①。歌曰："桂棹兮兰桨②，

这时，我们喝酒喝得很快乐，就敲击船舷唱起歌来。歌词说："桂木做的棹啊，兰木做的桨，击打着

击空明兮溯流光③。渺渺兮予怀④，望美人兮天一方⑤。"客有

清澈的江水，船在浮动着月光的水面上逆流而进。我的情怀啊，深远无穷！遥望美人啊，在天的另一方。"

吹洞箫者⑥，依歌而和之。其声呜呜然⑦，如怨如慕⑧，如泣

客人中有位能吹洞箫的，按着歌声吹箫伴奏。那箫声呜呜地响，像是哀怨，又像是眷恋，像哭泣，又像倾诉，

rú sù　yú yīn niǎo niǎo　　bù jué rú
如诉，余音袅袅⑨，不绝如
吹完后，余音悠扬，宛如细丝一样延绵不

lǚ　wǔ yōu hè zhī qián jiāo　qì gū
缕⑩，舞幽壑之潜蛟⑪，泣孤
断。这箫声能使潜伏在深渊中的蛟龙跳起

zhōu zhī lí fù
舟之嫠妇⑫。
舞来，使孤舟上的寡妇为之哭泣。

① 扣舷：敲击船边。这里是打节拍的意思。
② 棹：划船工具，前推的叫桨，后推的叫棹。
桂、兰：都是美称。　③ 击空明：指船桨击打着清澈的江水。　空明，水清见底，月照水中宛如透明。　溯流光：指船在浮动着月光的水面上逆流而进。　④ 渺渺：形容情怀深远无穷。
⑤ 美人：古人常用来作为贤君圣主或美好理想的象征。　天一方：指"美人"在遥远的地方。
⑥ 客：指道士杨世昌，四川绵竹人，识音律，善吹箫。　⑦ 呜呜然：形容箫声的吞吐、凄凉。
⑧ 如怨如慕：像是哀怨，又像是眷恋。　⑨ 袅袅：形容声音悠扬不绝。　⑩ 不绝如缕：余音不断，宛如细丝一般。　⑪ "舞幽壑"句：指（箫声）使潜伏在深渊里的蛟龙飞舞起来。　幽壑，深谷，这里指深渊。　⑫ "泣孤舟"句：（箫声）使孤舟上的寡妇哭泣起来。　嫠妇，寡妇。

sū zǐ qiǎo rán　　zhèng jīn wēi zuò ér wèn kè yuē　hé wèi qí rán yě
苏子愀然①，正襟危坐而问客曰："何为其然也？"
我顿时忧愁改容，理直衣襟，端正地坐着，问客人说："箫声为何如此悲凉呢？"

kè yuē　　yuè míng xīng xī　wū què nán fēi　cǐ fēi cáo mèng dé zhī shī hū　xī wàng xià
客曰："'月明星稀，乌鹊南飞'，此非曹孟德之诗乎②？西望夏
客人说："'月明星稀，乌鹊南飞'，这不是曹操的诗句吗？从这儿向西望到夏口，向东望到武昌，

kǒu③　dōng wàng wǔ chāng④　shān chuān xiāng liáo⑤　yù hū cāng cāng　cǐ fēi mèng dé zhī kùn yú zhōu láng zhě
口③，东望武昌④，山川相缪⑤，郁乎苍苍，此非孟德之困于周郎者
山水相互盘绕，草木茂盛苍翠，这不就是曹操被周瑜围败的地方吗？当曹操占领荆州，攻下江陵，

hū⑥　fāng qí pò jīng zhōu　xià jiāng líng　shùn liú ér dōng yě⑦　zhú lú qiān lǐ⑧　jīng qí bì kōng shī jiǔ
乎⑥？方其破荆州、下江陵、顺流而东也⑦，舳舻千里⑧，旌旗蔽空，酾酒
顺着长江东进的时候，战船千里相连，旗帜遮蔽天空，他面对长江斟酒痛饮，横执长矛吟咏诗歌，

lín jiāng　héng shuò fù shī⑨　gù yī shì zhī xióng yě⑩　ér jīn ān zài zāi　kuàng wú yǔ zǐ yú qiáo yú jiāng
临江，横槊赋诗⑨，固一世之雄也⑩，而今安在哉？况吾与子渔樵于江
真是一代英雄啊！而现在却在哪里呢？何况我和您只是在江边沙洲打鱼砍柴，与鱼虾作伴、同麋鹿为友，

zhǔ zhī shàng lǚ yú xiā ér yǒu mí lù jià yí yè zhī piān zhōu jǔ páo zūn yǐ xiāng zhǔ jì

渚之上⑪，侣鱼虾而友麋鹿⑫，驾一叶之扁舟⑬，举匏樽以相属⑭。寄

驾着一叶小船，举着葫芦做成的酒杯互相劝酒。我们像蜉蝣那么短促地寄生在天地之间，渺小得如同

fú yóu yú tiān dì miǎocāng hǎi zhī yí sù āi wú shēng zhī xū yú xiàn cháng jiāng zhī wú qióng xié

蜉蝣于天地⑮，渺沧海之一粟⑯，哀吾生之须臾⑰，羡长江之无穷。挟

沧海中的一颗小米。哀叹我们生命的短促，美慕长江的无穷。希望拉着神仙一起遨游，抱着明月一起

fēi xiān yǐ áo yóu bào míng yuè ér cháng zhōng zhī bù kě hū zhòu dé tuō yí xiǎng yú bēi fēng

飞仙以遨游，抱明月而长终⑱。知不可乎骤得，托遗响于悲风⑲。"

长存。明知道这是不可能马上实现的，只好把这箫声托付给悲凉的秋风。"

---

① 愀然：忧愁变容的样子。　② "月明"三句：前两句是曹操《短歌行》中的诗句。　孟德：曹操的字。　③ 夏口：城名，故址在今武汉黄鹄山上，相传为三国吴孙权所建。　④ 武昌：今湖北鄂城。　⑤ 缪：连结，盘绕。　⑥ 困于周郎：被周郎打败。　周郎，即周瑜，三国时孙吴名将。　⑦ 方：当。破荆州、下江陵，顺流而东：指曹操在荆州降服刘琮，攻占江陵，向东进军赤壁。　荆州，郡名，治所在今湖北襄阳。　江陵，今属湖北。　⑧ 舳舻：长方形大船。千里：形容船多，前后相衔，千里不绝。　⑨ 酾酒：斟酒。　横槊：横执长矛。　⑩ 固：真是。　⑪ 渔樵：打渔砍柴。　江渚：江中小洲。　⑫ "侣鱼虾"句：与鱼虾作伴，同麋鹿为友。　侣、友，名词活用为动词。　⑬ 扁舟：小船。　⑭ 匏樽：葫芦做的酒器。　⑮ "寄蜉蝣"句：像蜉蝣那么短促地寄生在天地之间。　蜉蝣，昆虫名，夏秋之交生于水边，传说早晨生、晚上死，存活时间很短。　⑯ "渺沧海"句：渺小得如同沧海中的一粒小米。　沧海，大海。　⑰ 须臾：片刻。　⑱ "挟飞仙"二句：意思是希望同神仙一起游玩，与明月一起长存。　挟，挟带。　⑲ 遗响：余音。

---

sū zǐ yuē kè yì zhī fú shuǐ yǔ yuè hū shì zhě rú sī ér wèi cháng wǎng yě

苏子曰："客亦知夫水与月乎①？逝者如斯，而未尝往也②；

我对客人说："您也理解那江水和月亮的道理吗？像这江水不断地流淌，而实际上并没有流去；

yíng xū zhě rú bǐ ér zú mò xiāo zhǎng yě gài jiāng zì qí biàn zhě ér guān zhī zé tiān dì zēng

盈虚者如彼，而卒莫消长也③。盖将自其变者而观之，则天地曾

像那月亮时圆时缺，而到底没有一点增减。如果从变化的一面来看，那么天地间的事物连一眨眼的工夫

_{bù néng yǐ yí shùn zì qí bú biàn zhě ér guān zhī   zé wù yǔ wǒ jiē wú jìn yě   ér yòu hé}
不能以一瞬；自其不变者而观之，则物与我皆无尽也④，而又何

都不能保持原样；从那不变的一面来看，那么万物和我们都是永恒不灭的，那又为什么要羡慕它们呢？

_{xiàn hū   qiě fú tiān dì zhī jiān   wù gè yǒu zhǔ   gǒu fēi wú zhī suǒ yǒu   suī yì háo ér mò qǔ}
羡乎？且夫天地之间⑤，物各有主；苟非吾之所有，虽一毫而莫取⑥。

再说天地之间，事物都各有主人；假如不是我所有的东西，即使一丝一毫也不能取用。只有江上的清风，

_{wéi jiāng shàng zhī qīng fēng   yǔ shān jiān zhī míng yuè   ěr dé zhī ér wéi shēng mù yù zhī ér chéng sè}
惟江上之清风，与山间之明月，耳得之而为声，目遇之而成色，

和山间的明月，耳朵听到它就成为悦耳的声音，眼睛看到它就成为悦目的颜色，取用它们没有谁禁止，

_{qǔ zhī wú jìn   yòng zhī bù jié   shì zào wù zhě zhī wú jìn zàng yě   ér wú yǔ zǐ zhī suǒ gòng shì}
取之无禁，用之不竭，是造物者之无尽藏也⑦，而吾与子之所共适⑧。

享用它们也不会用完，这是大自然无穷无尽的宝藏啊，是我和您所能共同享用的。"

> ① 夫：语助词。　② "逝者"二句："逝者如斯"语出《论语·子罕》："子在
> 川上曰：'逝者如斯夫。'"此二句意为像这江水不断地流淌，而实际上并没
> 有流去。　斯，这，指江水。　③ "盈虚者"二句：像那月亮时圆时缺，而
> 到底没有一点增减。　彼，那，指月亮。　卒，最终。　④ 无尽：永恒无
> 尽。　⑤ 且夫：发语词，况且。　⑥ 虽：即使。　⑦ 造物者：指大自然。
> 藏：宝藏。　⑧ 共适：共同赏玩适意。

_{kè xǐ ér xiào   xǐ zhǎn gēng zhuó   yáo hé jì jìn   bēi pán láng jí   xiāng yǔ zhěn jiè hū}
客喜而笑，洗盏更酌①，肴核既尽②，杯盘狼藉③。相与枕藉乎

客人高兴地笑了，洗了酒杯重新斟酒，菜肴和果品都吃完了，酒杯菜盘放得乱七八糟。我们互相

_{zhōu zhōng   bù zhī dōng fāng zhī jì bái}
舟中④，不知东方之既白⑤。

靠着睡在船中，不知不觉东方已经发白。

> ① 洗盏更酌：洗杯重饮。　② 肴核：菜肴和果
> 品。　③ 狼藉：杂乱。　④ 相与枕藉：互相靠着
> 睡觉。　枕，枕头；藉，垫褥。这里的"枕藉"用作
> 动词。　⑤ 既：已经。

（王水照）

后赤壁赋
hòu chì bì fù

苏轼
sū shì

是岁十月之望①，步自雪堂②，将归于临皋③。二客从予，
（shì suì shí yuè zhī wàng　bù zì xuě táng　jiāng guī yú lín gāo　èr kè cóng yú）

> 这年十月十五日，我从雪堂走出，将要回到临皋亭去。两位客人跟随我，同过黄泥坂。

过黄泥之坂④。霜露既降，木叶尽脱，人影在地，仰见明月，
（guò huáng ní zhī bǎn　shuāng lù jì jiàng　mù yè jìn tuō　rén yǐng zài dì　yǎng jiàn míng yuè）

> 这时霜露已经降下，树叶全部凋落，人影倒映在地，抬头望见明月。环顾四周心里非常快乐，

顾而乐之，行歌相答⑤。
（gù ér lè zhī　xíng gē xiāng dá）

> 我们边走边唱相互应答。

---

① 是岁：指宋神宗元丰五年(1082)。　望：阴历每月十五日。
② 雪堂：苏轼在黄州时建造的自住厅堂。因在雪天落成，并四壁绘有雪景，故名。　③ 临皋：亭名。在今湖北黄冈南长江旁。苏轼家居于此。　④ 黄泥之坂：即"黄泥坂"，山坡名，是从雪堂到临皋的必经之路。　坂，斜坡。　⑤ 行歌：边走边唱。

已而叹曰①："有客无酒，有酒无肴。月白风清，如此良夜何②！"
（yǐ ér tàn yuē　yǒu kè wú jiǔ　yǒu jiǔ wú yáo　yuè bái fēng qīng　rú cǐ liáng yè hé）

> 过了一会儿，我感叹说："有客却没有酒，有酒却没有菜。月色皎洁清风习习，我们怎样

客曰："今者薄暮③，举网得鱼，巨口细鳞，状如松江之鲈④。
（kè yuē　jīn zhě bó mù　jǔ wǎng dé yú　jù kǒu xì lín zhuàng rú sōng jiāng zhī lú）

> 度过这个美好的夜晚呢？"客人说："今天傍晚，撒网捕到一条鱼，嘴大鳞细，形状就像吴淞江的鲈鱼，

顾安所得酒乎⑤？"归而谋诸妇⑥。妇曰："我有斗酒，藏之久矣，
（gù ān suǒ dé jiǔ hū　guī ér móu zhū fù　fù yuē　wǒ yǒu dǒu jiǔ　cáng zhī jiǔ yǐ）

> 但是从什么地方去弄到酒呢？"我回家和妻子商量此事。妻子说："我有一斗酒，已存了很久，以备您

yǐ dài zǐ bù shí zhī xū
以待子不时之需⑦。"

临时的需要。"

---

① 已而：过了一会儿。　② "如此" 句：谓如何度过这个良夜。
③ 薄暮：傍晚。　薄，迫近。　④ 松江之鲈：松江（流经今江苏
和上海一带）盛产的四鳃鲈，长仅五六寸，味极鲜美。　⑤ 顾：
但是。　安所：从什么地方。　⑥ 谋诸妇：和妻子商量这事。
诸，之于。　⑦ 子：您。古时对男子的尊称或通称。　不时之
需：随时的需要。

---

yú shì xié jiǔ yǔ yú　　fù yóu yú chì bì zhī xià　　jiāng liú yǒu shēng duàn àn qiān chǐ
于是携酒与鱼，复游于赤壁之下①。江流有声，断岸千尺②，

就这样带着酒和鱼，我们再次到赤壁下游玩。长江的流水发出声响，陡峭的江岸高耸千尺，

shān gāo yuè xiǎo　shuǐ luò shí chū　　céng rì yuè zhī jǐ hé　　ér jiāng shān bù kě fù shí yǐ
山高月小，水落石出。曾日月之几何③，而江山不可复识矣！

山峦很高月亮很小，水位降落礁石露出。才相隔了几天，而上次所见的江景山色再也认不出来了。

yú nǎi shè yī ér shàng　　lǚ chán yán　pī méng róng　jù hǔ bào　dēng qiú lóng　pān qī hú
予乃摄衣而上④，履巉岩⑤，披蒙茸⑥，踞虎豹⑦，登虬龙⑧，攀栖鹘

我就撩起衣裳上岸，踏着险峻的山岩，拨开稠密纷繁的山草，蹲坐在形似虎豹的山石上，攀着像虬龙

zhī wēi cháo　　fǔ píng yí zhī yōu gōng　　gài èr kè bù néng cóng yān　　huá rán cháng xiào
之危巢⑨，俯冯夷之幽宫⑩。盖二客不能从焉⑪。划然长啸⑫，

一样弯曲的古木，手扳着鹘鸟栖宿的高巢，俯视水神冯夷的深宫，这时两位客人已不能跟我爬山了。

cǎo mù zhèn dòng　shān míng gǔ yìng　fēng qǐ shuǐ yǒng　　yú yì qiǎo rán ér bēi　　sù rán ér kǒng
草木震动，山鸣谷应，风起水涌。予亦悄然而悲⑬，肃然而恐，

我一声长啸，草木也被震动，高山共鸣深谷回应，风吹起来，浪涌起来。我也不禁寂寞悲哀，紧张恐惧，

lǐn hū qí bù kě liú yě　　fǎn ér dēng zhōu　fàng hū zhōng liú　　tīng qí suǒ zhǐ ér xiū yān
凛乎其不可留也⑭。返而登舟，放乎中流⑮，听其所止而休焉。

感到害怕而不敢停留了。我又返回岸边，登上小船，放船到江心，随它漂流到哪里，就在哪里停泊下来。

shí yè jiāng bàn　sì gù jì liáo　　shì yǒu gū hè　héng jiāng dōng lái　chì rú chē lún　xuán cháng
时夜将半，四顾寂寥⑯。适有孤鹤，横江东来，翅如车轮，玄裳

这时已快到半夜，四下环顾寂静无声。正好有只孤独的鹤鸟，横穿长江从东面飞来。翅膀像车轮一般大，

gǎo yī jiá rán chángmíng lüè yú zhōu ér xī yě

缟衣⑰,戛然长鸣⑱,掠予舟而西也⑲。

如同穿着黑裙白衣,戛戛地拖长声音叫着,擦过我们的船向西飞去。

---

① 复游:这年七月苏轼曾游过赤壁,见《前赤壁赋》,这次是再度游览。　② 断岸:陡峭的江岸。　③ "曾日月"句:才隔了几天。曾,才,刚刚。　④ 摄衣而上:撩起衣裳,登上岸石。　⑤ 巉岩:险峻的山石。　⑥ 蒙茸:草木繁盛的样子。　⑦ 踞虎豹:蹲坐在形似虎豹的(山石)上。　⑧ 登虬龙:攀着像虬龙一样弯曲的(古木)。虬龙,古代传说中一种有角的小龙。　⑨ 栖:宿息。鹘:一种凶猛的鸟。危巢:高高的鸟巢。　⑩ 俯:俯视。冯夷:水神名。幽宫:深宫。　⑪ 盖:连接词,有提起下文的作用。　⑫ 划然:形容长啸的声音。　⑬ 悄然:忧愁的样子。　⑭ "凛乎"句:感到害怕,不敢停留。凛乎,恐惧的样子。　⑮ 中流:指江心。　⑯ 寂寥:安静、冷清。　⑰ 玄:黑色。裳:下裙。缟:白色丝织品。衣:上衣。　⑱ 戛然:形容鹤叫的尖厉声。　⑲ 掠:擦过。

---

xū yú kè qù yú yì jiù shuì mèng yí dào shì yǔ yī piān xiān guò lín gāo zhī xià

须臾客去①,予亦就睡。梦一道士,羽衣翩跹②,过临皋之下,

不久客人离去,我也入睡了。梦见一位道士,穿着鸟羽制成的衣服,飘然轻快,来到临皋亭下,

yī yú ér yán yuē chì bì zhī yóu lè hū wèn qí xìng míng fǔ ér bù dá wū hū yī xī

揖予而言曰③:"赤壁之游乐乎?"问其姓名,俯而不答。"呜呼噫嘻④!

向我拱手作揖说:"赤壁的游玩快乐吗?"我问他的姓名,他低头不答。"哦哦,嘻嘻,我明白了。昨天夜里,

wǒ zhī zhī yǐ chóu xī zhī yè fēi míng ér guò wǒ zhě fēi zǐ yě yé dào shì gù xiào

我知之矣!畴昔之夜⑤,飞鸣而过我者,非子也耶?"道士顾笑⑥,

飞叫着经过我船的,不就是您吗?"道士回头笑了起来,我也被惊醒了。开门一看,却看不到他在

yú yì jīng wù   kāi hù shì zhī   bú jiàn qí chù

予亦惊寤⑦。开户视之,不见其处。

什么地方了。

> ① 须臾:片刻。 ② 羽衣:用羽毛制成的衣服。后称道士所
> 穿的衣服为羽衣。这里的道士是鹤化成的,穿"羽衣"更确
> 切。 翩跹:飘然轻快的样子。 ③ 揖予:向我拱手施礼。
> ④ 呜呼噫嘻:感叹词。 ⑤ 畴昔:往昔,从前。 畴,语助词,
> 无实在意义。 ⑥ 顾:回头看。 ⑦ 寤:醒。

(王水照)

sān   huái   táng   míng

三 槐 堂 铭

sū   shì

苏 轼

tiān kě bì hū   xián zhě bú bì guì   rén zhě bú bì shòu   tiān bù kě bì hū   rén zhě bì

天可必乎?贤者不必贵,仁者不必寿。天不可必乎?仁者必

能说天意是必然的吗?但是贤明的人却不一定显贵,仁慈的人也不一定长寿。能说天意不是

yǒu hòu   èr zhě jiāng ān qǔ zhōng zāi

有后。二者将安取衷哉①?

必然的吗?但是仁慈的人一定会有好的后代。这两种说法该怎样来论定是正确的呢?

wú wén zhī shēn bāo xū yuē   rén dìng zhě shèng tiān   tiān dìng yì néng shèng rén   shì zhī

吾闻之申包胥曰②:"人定者胜天,天定亦能胜人③。"世之

我听说申包胥说过:"人坚持自己的意志就可以胜过天,天遵循自己的意愿也能胜过人。"

lùn tiān zhě   jiē bú dài qí dìng ér qiú zhī   gù yǐ tiān wéi máng máng   shàn zhě yǐ dài   è zhě

论天者,皆不待其定而求之,故以天为茫茫④。善者以怠,恶者

世上谈论天的人,都不等到天意最终显示出来就去验证它,所以认为天是渺茫不可捉摸的。善良的人

yǐ sì   dào zhí zhī shòu   kǒng yán zhī è   cǐ jiē tiān zhī wèi dìng zhě yě   sōng bǎi shēng yú

以肆。盗跖之寿⑤,孔、颜之厄⑥,此皆天之未定者也。松柏生于

由此而懈怠,邪恶的人由此而放纵。盗跖的长寿,孔子、颜回的困厄,这都是天意没有最终显示出来的

shān lín　qí shǐ yě　kùn yú péng hāo　è yú niú yáng　ér qí zhōng yě　guàn sì shí　yuè qiān suì ér

山林,其始也,困于蓬蒿,厄于牛羊,而其终也,贯四时、阅千岁而

缘故。松柏生长在山林,它开始时,被困在蓬蒿之下,遭牛羊践踏;而它最终贯穿四季,经历千年而

bù gǎi zhě　qí tiān dìng yě　shàn è zhī bào　zhì yú zǐ sūn　zé qí dìng yě jiǔ yǐ　wú yǐ

不改者⑦,其天定也。善恶之报,至于子孙,则其定也久矣。吾以

挺立不变,这是天意的最终显示。人的善恶报应,直到子孙,那是天意早就定下的。我用自己见到和

suǒ jiàn suǒ wén kǎo zhī　ér qí kě bì yě shěn yǐ

所见所闻考之,而其可必也审矣⑧。

听到的事来考察,说天意是必然的是很清楚的。

---

① 衷: 通"中",此为正确之意。　② 申包胥: 春秋时楚国大夫,姓公孙,名包
胥,因其封地在申,故称申包胥。　③ "人定者"二句: 语出《史记·伍子胥
传》,原文为:"人众者胜天,天定亦能破人。"　人定,人的意志。　天定,天的
意志。　④ 茫茫: 渺茫。此为不可捉摸之意。　⑤ 盗跖: 传为春秋末期奴隶
起义领袖。名跖,"盗"是奴隶主贵族对他的蔑称。　⑥ 孔: 即孔子。　颜: 颜
渊,字回。孔子的弟子。　⑦ 贯: 贯穿。　阅: 经历。　⑧ 审: 清楚,明白。

---

guó zhī jiāng xīng　bì yǒu shì dé zhī chén hòu shī ér bù shí qí bào　rán hòu qí zǐ sūn néng

国之将兴,必有世德之臣厚施而不食其报,然后其子孙能

国家将要兴盛起来,一定有世代积德的臣属,做了很多善事而没有享受应有的回报,以后他的

yǔ shǒu wén tài píng zhī zhǔ gòng tiān xià zhī fú　gù bīng bù shì láng jìn guó wáng gōng　xiǎn yú hàn

与守文太平之主共天下之福。故兵部侍郎晋国王公①,显于汉、

子孙能与遵循成法的太平盛世的国君共同享受天下之福。所以已去世的兵部侍郎、晋国公王祐先生

zhōu zhī jì　lì shì tài zǔ　tài zōng　wén wǔ zhōng xiào　tiān xià wàng yǐ wéi xiàng　ér gōng zú yǐ

周之际,历事太祖、太宗②,文武忠孝,天下望以为相,而公卒以

在后汉、后周之间就已显贵,前后侍奉太祖、太宗,能文能武,又忠又孝,天下人都希望他当宰相,可是

zhí dào bù róng yú shí　gài cháng shǒu zhí sān huái yú tíng　yuē　wú zǐ sūn bì yǒu wéi sān gōng zhě

直道不容于时。盖尝手植三槐于庭,曰:"吾子孙必有为三公者③。"

他最终因正直而不被当时朝廷容纳。他在庭院里曾亲手种了三株槐树,说:"我的子孙一定会有做

559

yǐ ér qí zǐ wèi guó wén zhèng gōng xiàng zhēn
已而其子魏国文正公④，相真

三公的。"后来，他的儿子魏国文正公，在真宗皇帝景

zōng huáng dì yú jǐng dé xiáng fú zhī jiān
宗皇帝于景德、祥符之间⑤。

德、大中祥符年间当了宰相。朝廷政治清明，天下

cháo tíng qīng míng tiān xià wú shì zhī shí xiǎng qí
朝廷清明、天下无事之时，享其

太平无事的时候，享受福禄荣耀名声十八年。如今把

fú lù róngmíng zhě shí yòu bā nián jīn fú yù wù
福禄荣名者十有八年。今夫寓物

东西寄放在别人那里，第二天就去拿回，有拿得到

yú rén míng rì ér qǔ zhī yǒu dé yǒu fǒu ér
于人，明日而取之，有得有否。而

也有拿不到的。然而晋国公自身修养德行，以求上天

jìn gōng xiū dé yú shēn zé bào yú tiān qǔ bì yú
晋公修德于身，责报于天，取必于

的报应，在几十年之后得到上天的报应，就好像拿

shù shí nián zhī hòu rú chí zuǒ qì jiāo shǒuxiāng
数十年之后，如持左契⑥，交手相

着契约的左半，一手交契一手拿回所得，我由此知

fù wú shì yǐ zhī tiān zhī guǒ kě bì yě
付。吾是以知天之果可必也。

道天是必然要显示自己意愿的。

① 晋国王公：即王祐，一作王祐，字景叔。五代末至宋初时人。后汉、后周时，曾任司户参军、县令等职，宋初任潞州知州，后任兵部侍郎，死后封晋国公。 ② 太祖：即宋太祖赵匡胤，公元960年至975年在位。太宗：即宋太宗赵匡义，即位后改名炅，公元976年至997年在位。 ③ 三公：西汉时称丞相、太尉、御史大夫为三公。宋时仍沿袭旧称，但已无实际职务。这里泛指朝廷的高级官员。 ④ 魏国文正公：即王旦，字子明。王祐次子。宋太宗太平兴国年间进士。真宗时历任同知枢密院事、参知政事、工部尚书、同中书门下平章事等职。死后封魏国公，谥文正。 ⑤ 真宗：即宋真宗赵恒，公元998年至1022年在位。 景德、祥符：宋真宗年号。 景德，自公元1004年至1007年。 祥符，大中祥符的省称，自公元1008年至1016年。 ⑥ 左契：古代契约分为左右两联，立契双方各执一联。左契即左联，为索偿的凭据。

wú bù jí jiàn wèi gōng ér jiàn qí zǐ yì mǐn gōng yǐ zhí jiàn shì rén zōng huáng dì
吾不及见魏公，而见其子懿敏公①。以直谏事仁宗皇帝②，

我没能够见到国国公，但是看到了他的儿子懿敏公。他以直言极谏侍奉仁宗皇帝，在朝内外跟随

chū rù shì cóng jiàng shuài sān shí yú nián wèi bù mǎn qí dé tiān jiāng fù xīng wáng shì yě yú hé qí
出入侍从将帅三十余年，位不满其德。天将复兴王氏也欤？何其

将领统帅三十多年，地位比不上他的品行。天意将要振兴王家吧？怎么他的子孙有那么多贤人呢？世上

zǐ sūn zhī duō xián yě shì yǒu yǐ jìn gōng bǐ lǐ qī yún zhě qí xióng cái zhí qì zhēn bù
子孙之多贤也？世有以晋公比李栖筠者③，其雄才直气，真不

有人把晋国公比作李栖筠的，他们才干杰出，性格刚直，确实不相上下。而栖筠的儿子吉甫、孙子德裕，

相上下。而栖筠之子吉甫④、其孙德裕⑤，功名富贵略与王氏等，

获得的功名富贵差不多和王家相似，但忠恕仁厚，不如魏国公父子。由此看来，王家的福分，大概还没有

而忠恕仁厚，不及魏公父子。由此观之，王氏之福，盖未艾也⑥。

终结。

---

① **懿敏公**：即王素，字仲仪，王旦之子。赐进士出身。累官至工部尚书。为官敢于断事，议论不避权势，颇受时人称道。死后谥懿敏。　② **仁宗**：即宋仁宗赵祯，公元1023年至1063年在位。　③ **李栖筠**：唐朝大臣。字贞一。唐肃宗时，累官给事中，有宰相声望。后为元载所忌，出任常州刺史，以治绩又任浙西观察使。唐代宗欲用为宰相，因惧元载而罢。其为人有远度，庄重寡言，喜欢奖拔贤才，又乐于别人给自己提意见，颇为天下敬重。　④ **吉甫**：李栖筠之子，字弘宪。唐宪宗时两次出任宰相，曾策划讨平藩镇叛乱，并更换三十六个藩镇长官，裁减冗官冗员，对维护中央集权起了重要作用。　⑤ **德裕**：李吉甫之子，字文饶。唐武宗时累官至宰相。力主削弱藩镇势力，加强中央集权统治。唐宣宗时遭人谗害，贬崖州（治今海南琼山东南）司户而死。　⑥ **艾**：止，绝。

懿敏公之子巩与吾游①，好德而文，以世其家，吾是以录之。

懿敏公的儿子王巩和我有交往，他注重品行修养而又善于诗文，这样来继承他世代的家风，

铭曰："呜呼休哉②！魏公之业，与槐俱萌，封植之勤，必世乃成。

我因此作铭记叙。铭文说："啊呀这多么好啊！魏国公的功德，和槐树一起萌兴。浇灌培植的辛勤，

既相真宗，四方砥平③。归视其家，槐阴满庭。吾侪小人④，朝不及

必经世代才成。做了宰相辅佐真宗，天下平定安稳。回来探望自己的家，槐荫遮满庭院。我们这些无德才

夕，相时射利，皇恤厥德⑤，庶几侥幸，不种而获。不有君子，

之辈，早上不顾晚上，寻找时机谋取好处，哪里顾及品德修养，只希望有意外的机会，不耕作就有收获。

其何能国？王城之东，晋公所庐，郁郁三槐，惟德之符。

没有贤德的人，怎么能治理国家？在京城的东面，是晋国公的家园，葱郁茂盛的三株槐树，就是善德的

wū hū xiū zāi
呜呼休哉!"

象征。啊呀这多么好啊!"

① 巩:即王巩,字定国,自号清虚先生。有俊才,擅于作诗。因豪放傲世,终身未做大官。 ② 呜呼休哉:表示感叹、赞颂之意。 ③ 砥平:像磨刀石一样平稳。这里指国家安定。 砥,磨刀石。 ④ 侪:类,辈。 ⑤ 皇恤:皇,通"遑",怎能。 恤,忧虑。

（曾维华）

fāng shān zǐ zhuàn
方 山 子 传

sū shì
苏 轼

fāng shān zǐ guāng huáng jiān yǐn rén yě shào shí mù zhū jiā guō jiě wéi rén lǘ lǐ
方山子①,光、黄间隐人也②。少时慕朱家、郭解为人③,闾里

方山子是光州、黄州一带的隐士。他年轻时仰慕朱家、郭解这些侠士的为人,乡里侠士都崇拜他。

zhī xiá jiē zōng zhī shāo zhuàng zhé jié dú shū yù yǐ cǐ chí chěng dāng shì rán zhōng bú yù
之侠皆宗之④。稍壮,折节读书⑤,欲以此驰骋当世⑥,然终不遇。

稍稍长大后,他改变志向开始读书,想凭学问在当代施展怀抱,但始终不被了解、重用。于是晚年就隐居

wǎn nǎi dùn yú guāng huáng jiān yuē qí tíng ān jū shū shí bù yǔ shì xiāng wén qì chē mǎ
晚乃遁于光、黄间,曰岐亭⑦。庵居蔬食,不与世相闻。弃车马、

在光州、黄州之间一个叫岐亭的地方。住在茅草房中吃素食,不与世人来往。抛弃车马、毁掉帽子礼服,

huǐ guān fú tú bù wǎng lái shān zhōng rén mò shí yě jiàn qí suǒ zhuó mào fāng wū ér gāo yuē
毁冠服,徒步往来山中,人莫识也。见其所着帽,方屋而高⑧,曰:

徒步来来往往,山中人没有认识他的。人们见他戴的帽子,方形高高耸起,就说:"这不就是古代'方山冠'

cǐ qǐ gǔ fāng shān guān zhī yí xiàng hū yīn wèi zhī fāng shān zǐ
"此岂古方山冠之遗像乎⑨?"因谓之方山子。

的样式吗?"于是就叫他"方山子"。

① **方山子**：陈慥，字季常，号方山子，终身不仕。苏轼在凤翔任签判时即与他交往。　② **光、黄**：光州（治所在今河南潢川）、黄州（治所在今湖北黄冈）。　③ **朱家、郭解**：汉初著名游侠。　**朱家**，鲁（今山东曲阜一带）人。　**郭解**，字翁伯，河内轵（今河南济源）人。事见《史记·游侠列传》。　④ **闾里**：乡间。　**宗**：崇拜。　⑤ **折节**：改变过去的志向、行为。　⑥ **驰骋当世**：在当代施展抱负。　⑦ **岐亭**：镇名，在今湖北麻城西南。　⑧ **方屋**：方形帽顶。　**屋**，帽顶。　⑨ **方山冠**：汉代祭祀宗庙时乐人所戴，唐宋时为隐士所用。

yú zhé jū yú huáng　guò qí tíng　shì jiàn yān　yuē　wū hū　cǐ wú gù rén
余谪居于黄，过岐亭，适见焉①。曰："呜呼！此吾故人
我贬居黄州，路过岐亭，恰巧遇到他。我说："唉！这是我的老友陈慥季常啊，

chén zào jì cháng yě　hé wèi ér zài cǐ　fāng shān zǐ yì jué rán wèn yú suǒ yǐ zhì cǐ zhě
陈慥季常也，何为而在此？"方山子亦矍然问余所以至此者②。
为什么你在这里呢？"方山子也惊奇地问我为什么到这里来。我告诉他原因，

yú gào zhī gù　fǔ ér bù dá　yǎng ér xiào　hū yú sù qí jiā　huán dǔ xiāo rán
余告之故。俯而不答，仰而笑，呼余宿其家，环堵萧然③，
他低头不回答，接着仰面一笑，叫我住他家。他家里四壁空空，但妻子、儿女、奴婢，都显出自得其乐的

ér qī zǐ nú bì jiē yǒu zì dé zhī yì
而妻子奴婢皆有自得之意。
神态。

yú jì sǒng rán yì zhī　dú niàn fāng shān zǐ shào shí　shǐ jiǔ hào jiàn　yòng cái rú fèn tǔ
余既耸然异之④，独念方山子少时，使酒好剑⑤，用财如粪土。
我已是惊讶万分，暗自回想起方山子年少时，喝酒使性，喜欢舞弄刀剑，用起钱财来如同粪土

qián shí jiǔ nián⑥　yú zài qí xià⑦　jiàn fāng shān zǐ cóng liǎng jì⑧　xié èr shǐ⑨　yóu xī shān
前十九年⑥，余在岐下⑦，见方山子从两骑⑧，挟二矢⑨，游西山，
一样。十九年前我在凤翔，看见方山子身后跟随着两位骑手侍从，手挟两张弓在西山游猎，一只鹊鸟

què qǐ yú qián　shǐ jì zhú ér shè zhī　bú huò　fāng shān zǐ nù mǎ dú chū⑩　yì fā dé zhī
鹊起于前，使骑逐而射之，不获，方山子怒马独出⑩，一发得之。
在他前面飞起，他命令骑手去追射，却没有射中，方山子策马独自向前，一箭便射中。于是他和我就在

yīn yǔ yú mǎ shàng lùn yòng bīng jí gǔ jīn chéng bài　　zì wèi yí shì háo shì　　jīn jǐ rì ěr

因与余马上论用兵及古今成败，自谓一世豪士。今几日耳，

马背上谈论用兵之法及古今成败的缘由，自称是一代豪士。这事到现在好像才过几天，他那精明剽悍的

jīng hàn zhī sè　　yóu jiàn yú méi jiān　　ér qǐ shān zhōng zhī rén zāi

精悍之色，犹见于眉间，而岂山中之人哉？

神色，仍然显露在眉宇之间，这怎么会是隐居山中的人呢？

① "余谪居"三句：指元丰三年（1080）正月，苏轼前往黄州贬所，途经岐亭，遇陈慥，停留五天才离去。　② 矍然：惊奇相视的样子。　③ 环堵萧然：形容住所简陋，空无一物。堵，墙壁。萧然，空寂的样子。　④ 耸然：形容程度之深。　⑤ 使酒：喝酒使性。　⑥ 前十九年：嘉祐八年（1063）苏轼任凤翔签判时，陈希亮继任知府。苏轼即与其幼子陈慥订交，至此正好十九年。　⑦ 岐下：即凤翔，境内有岐山，故称。　⑧ 从两骑：两位骑手跟随在后。骑，一人一马称为骑。　⑨ 矢：箭。这里泛指弓箭。　⑩ 怒马：犹言策马，使马怒而急奔。

rán fāng shān zǐ shì yǒu xūn fá　　dāng dé guān　　shǐ cóng shì yú qí jiān　　jīn yǐ xiǎn wén

然方山子世有勋阀①，当得官②，使从事于其间，今已显闻③。

但方山子家世世代代有功勋，应当荫补得官，假使他能做官参与政事的话，现在早已名声显赫了。

ér qí jiā zài luò yáng　　yuán zhái zhuàng lì　　yǔ gōng hóu děng　　hé běi yǒu tián　　suì dé bó qiān pǐ

而其家在洛阳，园宅壮丽，与公侯等。河北有田④，岁得帛千匹，

而他的老家在洛阳，宅邸壮丽，与公侯家一样。在黄河的北岸有田产，每年能获得价值千匹帛的收入，

yì zú yǐ fù lè　　jiē qì bù qǔ　　dú lái qióng shān zhōng cǐ qǐ wú dé ér rán zāi

亦足以富乐。皆弃不取，独来穷山中，此岂无得而然哉？

也足以过富贵快乐的日子。但都抛弃不要，偏偏来到穷山荒谷之中，难道不是别有所得他能这样吗？

① 世有勋阀：世代有功勋。勋阀，功臣门第。　② 当得官：应当荫补得官。陈慥父陈希亮（字公弼），进士出身，苏轼在《陈公弼传》中说陈希亮有荫补子弟的机会，常让给族中子弟，因此陈慥反而未能得官。　③ "使从事"二句：假如陈慥做官的话，现在已是名声显著了。　④ 河：指黄河。

yú wén guāng huáng jiān duō yì rén wǎng wǎng yáng kuáng gòu wū bù kě dé ér jiàn

余闻光、黄间多异人①，往往佯狂垢污②，不可得而见，

我听说光州、黄州一带多有奇异的人，他们往往涂满脏物假装癫狂，常人是看不到他们，方山子

fāng shān zǐ tǎng jiàn zhī yú

方山子傥见之欤③?

或许偶然见过他们吧?

① 异人：有特别才能或性格的人。　② 佯狂：假装癫狂。　垢污：涂抹脏物。　③ 傥见：偶然相见。　傥，同"倘"。

（王水照）

liù　　　guó　　　lùn

六　国　论

sū　zhé

苏 辙

cháng dú liù guó shì jiā qiè guài tiān xià zhī zhū hóu yǐ wǔ bèi zhī dì shí bèi zhī zhòng

尝读六国世家①，窃怪天下之诸侯②，以五倍之地，十倍之众，

我曾经阅读《史记》中的六国世家，私下感到奇怪的是，天下的诸侯用五倍于秦国的土地，十倍于

fā fèn xī xiàng yǐ gōng shān xī qiān lǐ zhī qín ér bù miǎn yú miè wáng cháng wèi zhī shēn sī yuǎn lǜ

发愤西向，以攻山西千里之秦③，而不免于灭亡。常为之深思远虑，

秦国的人口，发愤向西进兵，去攻打崤山以西方圆千里的秦国，却竟然不能免于灭亡。我常常对这个问题

yǐ wéi bì yǒu kě yǐ zì ān zhī jì gài wèi cháng bú jiù qí dāng shí zhī shì lǜ huàn zhī shū

以为必有可以自安之计。盖未尝不咎其当时之士④，虑患之疏，

作认真深入的思考，认为一定有可以使六国保全自己的计策。因此未曾不责怪当时六国的谋士，对于

ér jiàn lì zhī qiǎn qiě bù zhī tiān xià zhī shì yě

而见利之浅，且不知天下之势也。

祸患考虑的粗疏，而谋求利益的眼光浅薄，并且不明白天下的形势。

① 苏辙(1039～1112)，字子由，苏轼之弟，北宋散文家。政治主张与其兄一致，文学成就不如其兄。　六国世家：指《史记》中记载齐、楚、燕、赵、韩、魏六个诸侯国事迹的部分。　世家，《史记》中传记的一体，主要叙述世袭封国的诸侯的事迹。　② 窃：私下。用作表示个人意见的谦词。　天下之诸侯：指秦以外的六国诸侯。　③ 山西：战国时称崤山(在今河南省西部)以西地区。秦国地处崤山以西。　④ 咎：责怪。

fú qín zhī suǒ yǔ zhū hóu zhēng tiān xià zhě   bú zài qí chǔ yān zhào yě   ér zài hán wèi zhī

夫秦之所与诸侯争天下者，不在齐、楚、燕、赵也，而在韩、魏之

> 秦国所要与诸侯争夺天下的地方，不在齐、楚、燕、赵，而是在韩、魏的国土；诸侯所要与秦国争夺

jiāo   zhū hóu zhī suǒ yǔ qín zhēng tiān xià zhě   bú zài qí chǔ yān

郊①；诸侯之所与秦争天下者，不在齐、楚、燕、

> 天下的地方，也不在齐、楚、燕、赵，而是在韩、魏的领地。韩、

zhào yě   ér zài hán wèi zhī yě   qín zhī yǒu hán wèi   pì rú rén

赵也，而在韩、魏之野。秦之有韩、魏，譬如人

> 魏的存在对于秦国来说，就好比人有心腹之患。韩、魏阻塞

zhī yǒu fù xīn zhī jí yě   hán wèi sè qín zhī chōng   ér bì

之有腹心之疾也。韩、魏塞秦之冲②，而蔽

> 着秦国的交通要道，而且掩护了崤山以东的各诸侯国，所以

shān dōng zhī zhū hóu   gù fú tiān xià zhī suǒ zhòng zhě   mò rú hán

山东之诸侯③，故夫天下之所重者，莫如韩、

> 天下最重要的地方，没有比得上韩、魏的。从前范雎为秦国重用就建

wèi yě   xī zhě fàn jū yòng yú qín ér shōu hán   shāng yāng yòng yú

魏也。昔者范雎用于秦而收韩④，商鞅用于

> 议收服韩国，商鞅为秦国重用就建议收服魏国。秦昭王没

qín ér shōu wèi   zhāowáng wèi dé hán wèi zhī xīn   ér chū bīng yǐ

秦而收魏⑤。昭王未得韩、魏之心⑥，而出兵以

> 有得到韩、魏的归顺，却出兵攻打齐国的刚、寿地区，范雎就

gōng qí zhī gāng shòu   ér fàn jū yǐ wéi yōu   rán zé qín zhī suǒ

攻齐之刚、寿⑦，而范雎以为忧，然则秦之所

> 认为这是值得担忧的，那末秦国所顾忌的是什么，就可

jì zhě kě jiàn yǐ

忌者可见矣。

> 以知道了。

① 郊：与下文"韩、魏之野"的"野"同义，泛指国土。　② 冲：交通要道。　③ 山东之诸侯：指齐、楚、燕、赵四个诸侯国。　山东，指崤山以东地区。　④ 范雎：魏国人。入秦后任秦相，向秦昭王提出远交近攻的策略，先取韩国，再逐步吞并其他五国，以使秦国强大起来。　⑤ 商鞅：卫国人，姓公孙，名鞅。入秦后，佐秦孝公变法，奠定了秦国富强的基础。因战功封商(今陕西商县东南)，号商君，因称商鞅。他曾建议孝公伐魏。　⑥ 昭王：指秦昭王，公元前306年至前251年在位。　⑦ "而出兵"句：秦昭王三十七年(前270)，秦攻齐，取齐邑刚、寿。　刚，在今山东宁阳东北。　寿，在今山东东平西南。

qín zhī yòng bīng yú yān zhào qín zhī wēi shì yě yuè hán guò wèi ér gōng rén zhī guó dū yān

秦之用兵于燕、赵，秦之危事也。越韩过魏而攻人之国都，燕、

秦国对燕、赵用兵，对秦国来说是一件危险的事。因为穿越韩国经过魏国而去攻打他人的国都，

zhào jù zhī yú qián ér hán wèi chéng zhī yú hòu cǐ wēi dào yě ér qín zhī gōng yān zhào wèi cháng

赵拒之于前，而韩、魏乘之于后，此危道也。而秦之攻燕、赵，未尝

燕国、赵国将会在前面抵抗，而韩国、魏国又会乘机在后面攻打，这是一条危险的道路。然而秦国攻打

yǒu hán wèi zhī yōu zé hán wèi zhī fù qín gù yě fú hán wèi zhū hóu zhī zhàng ér shǐ qín rén

有韩、魏之忧，则韩、魏之附秦故也。夫韩、魏，诸侯之障，而使秦人

燕国、赵国，却不曾有韩、魏袭击的忧虑，这是因为韩、魏都已归附了秦国的缘故。韩国和魏国，是各

dé chū rù yú qí jiān cǐ qǐ zhī tiān xià zhī shì yě wěi qū qū zhī hán wèi yǐ dāng qiáng hǔ láng

得出入于其间，此岂知天下之势耶？委区区之韩、魏①，以当强虎狼

诸侯国的屏障，却让秦国人能够往来其间，这难道是明白天下的形势吗？丢下小小的韩、魏，让它们去

zhī qín bǐ ān dé bù zhé ér rù yú qín zāi hán wèi zhé ér rù yú qín rán hòu qín rén dé

之秦，彼安得不折而入于秦哉②？韩、魏折而入于秦，然后秦人得

抵挡虎狼一样凶猛的秦国，它们怎能不屈服而落入秦国手中呢？韩、魏屈服而落入秦国手中，然后秦国人

tōng qí bīng yú dōng zhū hóu ér shǐ tiān xià biàn shòu qí huò

通其兵于东诸侯，而使天下遍受其祸。

就能够在东方各诸侯国家通行无阻地用兵，从而使天下各国遍受它的祸害。

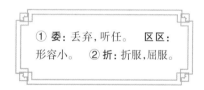

① 委：丢弃，听任。 区区：
形容小。 ② 折：折服，屈服。

fú hán wèi bù néng dú dāng qín ér tiān xià zhī zhū hóu jiè zhī yǐ bì qí xī gù mò rú

夫韩、魏不能独当秦，而天下之诸侯借之以蔽其西，故莫如

韩、魏不能独自抵挡秦国，然而天下的诸侯却要凭借韩、魏来作为他们西方的屏障，所以不如

hòu hán qīn wèi yǐ bìn qín qín rén bù gǎn yú hán wèi yǐ kuī qí chǔ yān zhào zhī guó

厚韩亲魏以摈秦①。秦人不敢逾韩、魏以窥齐、楚、燕、赵之国②，

优待、亲近韩、魏来排斥秦国。秦国人不敢越过韩、魏来窥伺齐、楚、燕、赵等国，因而齐、楚、燕、赵等

ér qí chǔ yān zhào zhī guó yīn dé yǐ zì wán yú qí jiān yǐ yǐ sì wú shì zhī guó

而齐、楚、燕、赵之国，因得以自完于其间矣。以四无事之国，

国就能凭借这种形势来保全自己了。由四个没有战事的国家，来帮助面对敌寇的韩、魏，使韩、魏

zuǒ dāng kòu zhī hán、wèi　　shǐ hán、wèi wú dōng gù zhī yōu　　ér wèi tiān xià chū shēn yǐ dāng qín bīng

佐当寇之韩、魏③，使韩、魏无东顾之忧，而为天下出身以当秦兵。

没有东顾之忧，而为天下的诸侯挺身而出抵挡秦兵。让两个国家来对付秦国，而另外四国在后方

yǐ èr guó wěi qín　　ér sì guó xiū xī yú nèi　　yǐ yīn zhù qí jí　　ruò cǐ kě yǐ yìng fú wú qióng

以二国委秦④，而四国休息于内，以阴助其急。若此可以应夫无穷，

休养生息，在暗中帮助解决韩、魏的急难。如此就可以应付一切情况，那秦国还能有什么作为呢？

bǐ qín zhě jiāng hé wéi zāi　　bù zhī chū cǐ　　ér nǎi tān jiāng yì chǐ cùn zhī lì　　bèi méng bài yuē

彼秦者将何为哉！不知出此，而乃贪疆埸尺寸之利⑤，背盟败约，

不知道运用这个策略，却贪图边界上的一点点利益，背弃、毁坏盟约，以至于自相残杀，

yǐ zì xiāng tú miè　　qín bīng wèi chū　　ér tiān xià zhū hóu yǐ zì kùn yǐ　　zhì yú qín rén dé sì qí xì

以自相屠灭。秦兵未出，而天下诸侯已自困矣。至于秦人得伺其隙，

秦兵还未出动，而天下的诸侯已经自己陷入困境了。致使秦国人得以钻他们的空子，来夺取他们的国家，

yǐ qǔ qí guó　　kě bù bēi zāi

以取其国，可不悲哉！

能不令人悲叹吗！

> ① 摈：排斥，弃绝。　② 窥：窥伺，窥探，
> 等待时机。　③ 寇：敌寇。这里指秦国。
> ④ 委：对付。　⑤ 疆埸：疆界。　埸，田
> 界，疆界。　尺寸：形容数量很小。

（高克勤）

shàng shū mì hán tài wèi shū

上枢密韩太尉书

sū　zhé

苏 辙

tài wèi zhí shì　　　zhé shēng hào wéi wén，sī zhī zhì shēn　　yǐ wéi wén zhě，qì zhī suǒ xíng

太尉执事①：辙生好为文，思之至深。以为文者，气之所形②；

太尉执事：我苏辙生性喜好写作，对此思考很深。我认为所谓文章，就是作者气质的显现；然而

rán wén bù kě yǐ xué ér néng，qì kě yǐ yǎng ér zhì　　mèng zǐ yuē：wǒ shàn yǎng wú hào rán

然文不可以学而能，气可以养而致③。孟子曰："我善养吾浩然

文章不是通过学习就能写好的，气质却可以通过修养而得到。孟子说："我善于培养我的浩然之气。"现在

zhī qì　　　jīn guān qí wén zhāng　kuān hòu hóng bó　chōng hū tiān dì zhī jiān　chèn qí qì zhī xiǎo dà

之气④。"今观其文章，宽厚宏博，充乎天地之间，称其气之小大⑤。

看他的文章，宽厚宏博，充塞于天地之间，与他气概的大小相称。太史公走遍天下，遍观四海名山大川，

tài shǐ gōng xíng tiān xià　　zhōu lǎn sì hǎi míng shān dà chuān　yǔ yān　zhào jiān háo jùn jiāo yóu

太史公行天下⑥，周览四海名山大川，与燕、赵间豪俊交游⑦，

与燕、赵之间的豪士俊杰交游，所以他的文章疏放跌宕，颇有奇伟的气概。这两个人，难道是曾经拿笔

gù qí wén shū dàng　　pō yǒu qí qì　cǐ èr zǐ zhě　qǐ cháng zhí bǐ xué wéi rú cǐ zhī wén zāi

故其文疏荡⑧，颇有奇气，此二子者，岂尝执笔学为如此之文哉？

学习过写作这样的文章吗？这是因为他们的浩气充满在他们的胸中而流露在他们的形貌之外，体现在

qí qì chōng hū qí zhōng ér　yì hū qí mào dòng hū qí yán ér xiàn hū qí wén　　ér bú zì zhī yě

其气充乎其中而溢乎其貌，动乎其言而见乎其文⑨，而不自知也。

他们的言语间而表现在他们的文章中，而他们自己却并没有意识到。

① 执事：指侍从左右的人。旧时书信中常用"执事"或"左右"称对方，意谓不敢直陈，只能向左右执事人员陈述，以示尊敬。　② 形：显现。　③ 致：得到。
④ "我善养"句：语出《孟子·公孙丑上》。　浩然之气，指刚正博大之气。
⑤ 称：相称，符合。　⑥ 太史公：指司马迁。　⑦ 燕、赵：指战国时的燕国、赵国地区，在今河北、山西等地。古称燕、赵多慷慨之士。　⑧ 疏荡：疏放跌宕。指文风纵横恣肆而不受检束。　⑨ 动乎其言：即发于言的意思。　见：同"现"。

zhé shēng shí yòu jiǔ nián yǐ　　qí jū jiā　suǒ yǔ yóu zhě bú guò qí lín lǐ xiāng dǎng zhī rén

辙生十有九年矣。其居家，所与游者不过其邻里乡党之人①；

我苏辙出生已经十九年了。我住在家中时，所交游的不过是自己邻里和乡间的人；所看到的

suǒ jiàn bú guò shù bǎi lǐ zhī jiān　wú gāo shān dà yě kě dēng lǎn yǐ zì guǎng　　bǎi shì zhī shū

所见不过数百里之间，无高山大野可登览以自广②；百氏之书③，

不过是几百里之间的事物，没有高山旷野可供登临观览以开阔自己的胸襟；诸子百家的书，虽然无所

suī wú suǒ bù dú　rán jiē gǔ rén zhī chén jì　bù zú yǐ jī fā qí zhì qì　　kǒng suì gǔ mò

虽无所不读，然皆古人之陈迹，不足以激发其志气。恐遂汩没④，

不读，然而其中记的都是古人的陈迹，不足以激发我的志气。恐怕因此埋没了自己，所以毅然离开了

故_{gù}决_{jué}然_{rán}舍_{shě}去_{qù}，求_{qiú}天_{tiān}下_{xià}奇_{qí}闻_{wén}壮_{zhuàng}观_{guān}，以_{yǐ}知_{zhī}天_{tiān}地_{dì}之_{zhī}广_{guǎng}大_{dà}。过_{guò}秦_{qín}、汉_{hàn}之_{zhī}故_{gù}都_{dū}⑤，

故乡，去寻求天下的奇闻壮观，以了解天地的广大。我经过了秦、汉的故都，尽情观赏了终南山、嵩山、

恣_{zì}观_{guān}终_{zhōng}南_{nán}、嵩_{sōng}、华_{huà}之_{zhī}高_{gāo}⑥，北_{běi}顾_{gù}黄_{huáng}河_{hé}之_{zhī}奔_{bēn}流_{liú}⑦，慨_{kǎi}然_{rán}想_{xiǎng}见_{jiàn}古_{gǔ}之_{zhī}豪_{háo}杰_{jié}。

华山的高峻，北望黄河的奔腾巨流，感慨地想起了古代的豪士俊杰。到了京城，瞻仰了天子宫殿的雄伟，

至_{zhì}京_{jīng}师_{shī}⑧，仰_{yǎng}观_{guān}天_{tiān}子_{zǐ}宫_{gōng}阙_{què}之_{zhī}壮_{zhuàng}，与_{yǔ}仓_{cāng}廪_{lǐn}、府_{fǔ}库_{kù}、城_{chéng}池_{chí}、苑_{yuàn}囿_{yòu}之_{zhī}富_{fù}且_{qiě}

以及粮仓、府库、城池、园林的富丽和巨大，然后才知道天下的宏伟和壮丽。见到了翰林学士欧阳公

大_{dà}也_{yě}⑨，而_{ér}后_{hòu}知_{zhī}天_{tiān}下_{xià}之_{zhī}巨_{jù}丽_{lì}。见_{jiàn}翰_{hàn}林_{lín}欧_{ōu}阳_{yáng}公_{gōng}⑩，听_{tīng}其_{qí}议_{yì}论_{lùn}之_{zhī}宏_{hóng}辨_{biàn}

听了他宏大而雄辩的议论，见了他清秀而俊伟的容貌，与他的门生贤士大夫交往，然后才知道天下的

① 乡党：泛指乡里。相传周朝的制度以五百家为党，一万二千五百家为乡。

② 自广：指开阔自己的胸襟。　③ 百氏：指诸子百家。　④ 泪没：沉沦，埋没。

⑤ 秦、汉之故都：秦都咸阳（故址在今陕西西安市东），西汉都长安（今陕西西安），东汉都洛阳（今河南洛阳）。　⑥ 恣：放纵，尽情。　终南：终南山，在今陕西西安市南。　嵩：嵩山，在今河南登封。　华：华山，在今陕西华阴。　⑦ 顾：观望。

⑧ 京师：京城。北宋建都汴京，在今河南开封。　⑨ 仓廪：粮仓。　苑囿：园林。囿，古代帝王畜养禽兽的园林。　⑩ 翰林欧阳公：即欧阳修。他曾任翰林学士。

⑪ 四夷：指四方各少数民族。　发：指侵扰。　⑫ 周公、召公：均为周文王之子、周武王之弟。周公姓姬名旦，召公姓姬名奭。武王死后，他们辅助幼主成王，政绩卓著。

⑬ 方叔、召虎：均为周宣王时大臣，都曾征战有功。

观_{guān}其_{qí}容_{róng}貌_{mào}之_{zhī}秀_{xiù}伟_{wěi}，与_{yǔ}其_{qí}门_{mén}人_{rén}贤_{xián}士_{shì}

文章都聚集在这里。太尉您以雄才大略称

大_{dà}夫_{fū}游_{yóu}，而_{ér}后_{hòu}知_{zhī}天_{tiān}下_{xià}之_{zhī}文_{wén}章_{zhāng}聚_{jù}

冠天下，天下百姓依仗您而平安无忧，四方各

乎_{hū}此_{cǐ}也_{yě}。太_{tài}尉_{wèi}以_{yǐ}才_{cái}略_{lüè}冠_{guàn}天_{tiān}下_{xià}，天_{tiān}

族惧怕您而不敢侵扰；您在内政方面就如同

下_{xià}之_{zhī}所_{suǒ}恃_{shì}以_{yǐ}无_{wú}忧_{yōu}，四_{sì}夷_{yí}之_{zhī}所_{suǒ}惮_{dàn}以_{yǐ}

周公、召公那样辅佐君王，在领兵方面就

不_{bù}敢_{gǎn}发_{fā}⑪；入_{rù}则_{zé}周_{zhōu}公_{gōng}、召_{shào}公_{gōng}⑫，出_{chū}

如同方叔、召虎那样御侮安边，然而我苏辙至今还

则_{zé}方_{fāng}叔_{shū}、召_{shào}虎_{hǔ}⑬，而_{ér}辙_{zhé}也_{yě}未_{wèi}之_{zhī}见_{jiàn}焉_{yān}

未曾见到您。

qiě fú rén zhī xué yě　bú zhì qí dà①　suī duō ér hé wéi　zhé zhī lái yě　yú shān
且夫人之学也，不志其大①，虽多而何为？辙之来也，于山

况且人在学习方面，如果没有远大的志向，即使学得很多又有什么用呢？我苏辙这一次来，

jiàn zhōng nán　sōng　huà zhī gāo　yú shuǐ jiàn huáng hé zhī dà qiě shēn　yú rén jiàn ōu yáng gōng
见终南、嵩、华之高，于水见黄河之大且深，于人见欧阳公，

于山见到了终南山、嵩山、华山的高峻，于水见到了黄河的巨大和深广，于人见到了欧阳公，

ér yóu yǐ wéi wèi jiàn tài wèi yě　gù yuàn dé guān xián rén zhī guāng yào　wén yì yán yǐ zì zhuàng
而犹以为未见太尉也。故愿得观贤人之光耀②，闻一言以自壮，

但是仍然以没有拜见过太尉您而感到遗憾。所以希望能够看到贤人的风采，听到一句话以使自己

rán hòu kě yǐ jìn tiān xià zhī dà guān　ér wú hàn zhě yǐ
然后可以尽天下之大观，而无憾者矣。

志气壮大，这样就可以说是尽览了天下的壮观，而没有什么遗憾了。

① 志：有志于。　② 光
耀：指人的风采。

zhé nián shào　wèi néng tōng xí lì shì xiàng zhī lái①　fēi yǒu qǔ
辙年少，未能通习吏事。向之来①，非有取

我苏辙还年轻，未能遍学做官应知道的事情。先前来京应试，并

yú dǒu shēng zhī lù②　ǒu rán dé zhī　fēi qí suǒ lè　rán xìng dé
于斗升之禄②。偶然得之，非其所乐。然幸得

非是为了谋取微薄的俸禄。偶然得到了，也不是我所喜欢的。然而有幸

cì guī dài xuǎn③　shǐ dé yōu yóu shù nián zhī jiān④　jiāng yǐ yì zhì qí
赐归待选③，使得优游数年之间④，将以益治其

得到恩赐回家等待朝廷选拔，使我能够在几年之间悠闲地度过，我将

wén⑤　qiě xué wéi zhèng　tài wèi gǒu yǐ wéi kě jiào ér rǔ jiào
文⑤，且学为政。太尉苟以为可教而辱教

进一步钻研文章之道，并且学习如何从政。太尉如果认为我还可以

zhī⑥　yòu xìng yǐ⑦
之⑥，又幸矣⑦！

教而屈尊指教我的话，就更使我感到荣幸了。

① 向之来：指先前来
京应试。　向，以前。
② 斗升之禄：指很微
薄的俸禄。　③ 待
选：等待朝廷选拔。作
者当时已进士及第，取
得做官的资格，还须
参加吏部考试，取中
后才能授官。　④ 优
游：悠闲。　⑤ 治：研
究。　⑥ 辱教：屈尊
指教。　辱，谦词，承
蒙的意思。　⑦ 幸：
幸运。

（高克勤）

huángzhōu kuài zāi tíng jì
黄州快哉亭记

sū zhé
苏 辙

jiāng chū xī líng　　shǐ dé píng dì　　qí liú bēn fàng sì dà　　nán hé xiāng yuán　　běi hé hàn
江出西陵①，始得平地，其流奔放肆大②。南合湘、沅③，北合汉、

长江从西陵峡流出，方始进入平旷的原野，其江流就变得奔放浩大。在南面汇合了湘水与沅水，

miǎn　　qí shì yì zhāng　　zhì yú chì bì zhī xià　　bō liú jìn guàn　　yǔ hǎi xiāng ruò
沔④，其势益张⑤；至于赤壁之下，波流浸灌，与海相若⑥。

在北面汇合了汉水和沔水，水势越加盛壮；流到赤壁之下，波流浸积灌注，犹如大海一样。清河人张梦得

qīng hé zhāng jūn mèng dé zhé jū qí ān　　jí qí lú zhī xī nán wéi tíng　　yǐ lǎn guān jiāng liú
清河张君梦得谪居齐安⑦，即其庐之西南为亭，以览观江流

君贬官后居住在齐安，在他住宅的西南面修建了一座亭子，用来览观江流的胜景，而我的兄长子瞻命名

zhī shèng　　ér yú xiōng zǐ zhān míng zhī yuē　　kuài zāi
之胜，而余兄子瞻名之曰"快哉"⑧。

这座亭子为"快哉"。

① 江：长江。　西陵：西陵峡，长江三峡之一，在今湖北宜昌西北。
② 肆大：浩大。　③ 湘、沅：湘水和沅水，都在今湖南境内。　④ 汉、沔：本是一条河流，北源出自今陕西留坝西一名沮水者为沔水，西源出自今宁强北者为汉水，两源合流后通称沔水或汉水，流经湖北，在武汉入长江。　⑤ 张：开廓，盛大。　⑥ 若：似。　⑦ 清河：今河北清河。张梦得：字怀民，元丰年间谪居黄州，与苏轼交游。　齐安：古代郡名，即黄州。　⑧ 子瞻：苏轼的字。

gài tíng zhī suǒ jiàn　　nán běi bǎi lǐ　　dōng xī yí shè　　tāo lán xiōng yǒng　　fēng yún kāi hé
盖亭之所见，南北百里，东西一舍①。涛澜汹涌，风云开阖②。

大概登亭可见的范围，在南北百里，东西三十里。江面波涛汹涌起伏，江上风云变幻，时而

zhòu zé zhōu jí chū mò yú qí qián　　yè zé yú lóng bēi xiào yú qí xià　　biàn huà shū hū
昼则舟楫出没于其前③，夜则鱼龙悲啸于其下。变化倏忽④，

风起云涌，时而风散云消。白天有船只出没在眼前，晚上则有鱼龙在身下悲鸣。景色变化瞬息之间，

dòng xīn hài mù　　bù kě jiǔ shì　　jīn nǎi dé wán zhī jǐ xí zhī shàng　　jǔ mù ér zú　　xī wàng
动心骇目，不可久视。今乃得玩之几席之上⑤，举目而足。西望

动人心魄，惊人眼目，使人不能长久地观赏。如今却可以在亭中凭几而坐，尽情赏玩，一抬眼就可以

wǔ chāng zhū shān　gāng líng qǐ fú　cǎo mù háng liè　yān xiāo rì chū　yú fū　qiáo fù zhī shè
武昌诸山⑥，冈陵起伏⑦，草木行列，烟消日出，渔夫、樵父之舍，
看个够。向西遥望武昌一带的群山，山陵起伏，草木成行成列，当烟霭消散、太阳升起时，渔人和

jiē kě zhǐ shǔ　　cǐ qí suǒ yǐ wéi kuài zāi zhě yě　　zhì yú cháng zhōu zhī bīn　gù chéng
皆可指数⑧。此其所以为"快哉"者也。至于长洲之滨⑨，故城
樵夫的房舍，都可以一一指点出来。这就是将亭子命名为"快哉"的原因吧。至于那长洲沿岸

zhī xū　cáo mèng dé　sūn zhòng móu zhī suǒ pì nì　zhōu yú　lù xùn zhī suǒ chí wù　qí liú fēng
之墟⑩，曹孟德、孙仲谋之所睥睨⑪，周瑜、陆逊之所驰骛⑫，其流风
旧城废墟，曹操、孙权曾经窥视谋夺的地方，周瑜、陆逊曾经率兵驰骋的疆场，那些遗风故迹，也足以使

yí jì　yì zú yǐ chēng kuài shì sú
遗迹，亦足以称快世俗。
世俗之人称快。

① 舍：三十里。古时行军以三十里为一舍。　② 阖：关闭。　③ 舟楫：泛指船只。　楫，桨。　④ 倏忽：转眼之间。　⑤ 玩之几席之上：指在亭中的几席之上赏玩风光。　⑥ 武昌：今湖北鄂州。　⑦ 冈陵：山陵。　冈，山脊。　陵，大土山。　⑧ 指数：一一指点出来。　⑨ 长洲：泛指江中长形沙洲。　滨：水边。　⑩ 故城：旧城。　墟：废墟。　⑪ 曹孟德：即曹操，孟德是其字。　孙仲谋：即孙权，仲谋是其字。　睥睨：侧目窥察。　⑫ 周瑜：字公瑾，东吴主将，曾在赤壁大破曹操军队。　陆逊：字伯言，东吴名将，曾在彝陵（今湖北宜昌东）等地大破蜀军。后任荆州牧，久驻武昌。官至丞相。　驰骛：即驰骋。

xī chǔ xiāng wáng cóng sòng yù　jǐng cuō yú lán tái zhī gōng　yǒu fēng sà rán zhì zhě
昔楚襄王从宋玉、景差于兰台之宫①，有风飒然至者②，
从前楚襄王让宋玉、景差跟随着游兰台宫，有一阵风飒飒吹来，楚王敞开衣襟，迎着风说："痛快啊，

wáng pī jīn dāng zhī　yuē　kuài zāi cǐ fēng　guǎ rén suǒ yǔ shù rén gòng zhě yé　sòng yù
王披襟当之③，曰："快哉此风！寡人所与庶人共者耶④？"宋玉
这阵风！这是我和百姓共享的吗？"宋玉说："这只是大王的雄风，百姓怎么能共享它呢！"宋玉的话，

yuē　cǐ dú dà wáng zhī xióng fēng ěr　shù rén ān dé gòng zhī　　yù zhī yán　gài yǒu fěng yān
曰："此独大王之雄风耳，庶人安得共之！"玉之言，盖有讽焉⑤。
大概有着讽谏的意味。风并没有雌雄的差异，而人有遇时和不遇时的变化。楚王之所以感到快乐，

fú fēng wú xióng cí zhī yì　ér rén yǒu yù bù yù zhī biàn　chǔ wáng zhī suǒ yǐ wéi lè　yǔ shù rén
夫风无雄雌之异，而人有遇不遇之变。楚王之所以为乐，与庶人
与百姓之所以感到忧愁，这就是人所处环境的变化，与风又有什么相干呢？士人生活在世间，

_{zhī suǒ yǐ wéi yōu} _{cǐ zé rén zhī biàn yě} _{ér fēng hé yù yān} _{shì shēng yú shì} _{shǐ qí zhōng bú}
之所以为忧，此则人之变也，而风何与焉？士生于世，使其中不

假如他心中不悠然自得，那么到哪里才会不感到不舒服呢？假如他心中达观坦荡，不因外物的影响

_{zì dé} _{jiāng hé wǎng ér fēi bìng} _{shǐ qí zhōng tǎn rán} _{bù yǐ wù shāng xìng} _{jiāng hé shì ér}
自得⑥，将何往而非病？使其中坦然，不以物伤性，将何适而

而伤害自己的性情，那么无论到哪里不都会感到快乐吗？现在张君不把贬官当作灾难，利用管理事务的

_{fēi kuài} _{jīn zhāng jūn bù yǐ zhé wéi huàn} _{qiè kuài jì zhī yú gōng} _{ér zì fàng shān shuǐ zhī jiān}
非快⑦？今张君不以谪为患，窃会计之余功⑧，而自放山水之间，

余暇，让自己放任在山水之间，这表明他的心中应该有超过常人的地方。即使用蓬草编门，用破瓮作窗，

_{cǐ qí zhōng yí yǒu yǐ guò rén zhě} _{jiāng péng hù wèng yǒu} _{wú suǒ bú kuài} _{ér kuàng hū zhuó cháng jiāng}
此其中宜有以过人者。将蓬户瓮牖⑨，无所不快；而况乎濯长江

他生活在其中也不会感到不快乐的；更何况他能在长江的清流中洗濯，览观西山的白云，尽情让耳目

_{zhī qīng liú} _{yì xī shān zhī bái yún} _{qióng ěr mù zhī shèng yǐ zì shì yě zāi} _{bù rán lián shān}
之清流⑩，挹西山之白云⑪，穷耳目之胜以自适也哉⑫！不然，连山

得到美妙的享受以求得自己的舒心快乐呢！如果不是这样的话，连绵的山峰，幽绝的沟壑，成片的树林，

_{jué hè cháng lín gǔ mù} _{zhèn zhī yǐ qīng fēng} _{zhào zhī yǐ míng yuè} _{cǐ jiē sāo rén sī shì zhī suǒ yǐ}
绝壑，长林古木，振之以清风⑬，照之以明月，此皆骚人思士之所以

高大的古树，清风在其间回旋，明月朗照在上空，这些都是失意的文人士大夫之所以悲伤憔悴而感到

_{bēi shāng qiáo cuì ér bù néng shèng zhě} _{wū dǔ qí wéi kuài yě zāi}
悲伤憔悴而不能胜者⑭，乌睹其为快也哉⑮！

不能忍受的景色，哪里看得出它们是令人畅快的呢？

---

① **楚襄王**：即楚顷襄王，公元前298年～前263年在位。　**宋玉、景差**：皆为楚国大夫、辞赋家。这里襄王与宋玉的对话即出自宋玉《风赋》。　**兰台**：楚国宫苑名，旧址在今湖北钟祥东。　② **飒然**：形容风声。　③ **披襟**：敞开衣襟。　④ **寡人**：古代诸侯对下的自称。　**庶人**：指百姓。　⑤ **讽**：指用委婉的语言劝谏。　⑥ **中**：心中。　⑦ **适**：往。　⑧ **窃会计之余功**：意谓利用管理事务的余暇。**窃**，偷，这里是偷闲的意思。　**会计**，指掌管征收赋税钱谷等事务。　⑨ **蓬户瓮牖**：用蓬草编门，用破瓮作窗，喻指贫穷人家的住所。　**牖**，窗。　⑩ **濯**：洗涤。　⑪ **挹**：舀取。这里为尽情览观的意思。　⑫ **穷**：尽。　**胜**：美妙。　**适**：舒适，畅快。　⑬ **振**：动。这里指因风吹而抖动。　⑭ **骚人**：诗人。这里指失意的文人。　**思士**：这里指心怀忧思的士大夫。　⑮ **乌睹**：哪里看得出。　**乌**，何，哪里。

（高克勤）

寄欧阳舍人书

jì ōu yáng shè rén shū

曾 巩
zēng gǒng

qù qiū rén huán ① méng cì shū jí suǒ zhuàn xiān dà fù mù bēi míng ② fǎn fù guān sòng
去秋人还①，蒙赐书及所撰先大父墓碑铭②。反复观诵，

去年秋天我派去的人回来，承蒙您赐予书信及为先祖父撰写的墓碑铭。我反复读诵，心头真是

gǎn yǔ cán bìng
感与惭并。

感激与惭愧交集。

> ① **曾巩**(1019～1083)，字子固，北宋著名散文家，"唐宋八大家"之一。 **去秋人还**：庆
> 历六年(1046)夏，曾巩曾派人送信给欧阳修，请他为其祖父撰碑铭。当年秋，欧阳修写好
> 后，仍请曾巩的使者带回。文中之"人"，即指曾巩使者。 ② **赐书**：指欧阳修《与曾巩
> 论氏族书》，其中云："遣专人惠书，示及见托撰次碑文事。" **先大父**：指曾巩已故的祖父
> 曾致尧。曾致尧，字正臣，宋太宗太平兴国八年(983)进士，历任秘书丞、转运使、尚书户
> 部郎中等职。卒赠右谏议大夫。《宋史》卷441有传。 **墓碑铭**：指欧阳修所撰《尚书户
> 部郎中赠右谏议大夫曾公神道碑铭》。神道碑铭是刻在墓道前石碑上的铭，亦称墓碑铭。

fú míng zhì zhī zhù yú shì ① yì jìn yú shǐ ② ér yì yǒu yǔ shǐ yì zhě gài shǐ
夫铭志之著于世①，义近于史②，而亦有与史异者。盖史

铭志的著称后世，是因为它的意义与史传相接近，但也有与史传不同的地方。大概史传对人的

zhī yú shàn è wú suǒ bù shū ér míng zhě gài gǔ zhī rén yǒu gōng dé cái xíng zhì yì
之于善恶无所不书，而铭者，盖古之人有功德、材行、志义

善恶没有不加以记载的，而铭呢，大概是古代功勋道德卓著、才能操行出众、志气道义高尚的人，怕后世

zhī měi zhě jù hòu shì zhī bù zhī zé bì míng ér xiàn zhī huò nà yú miào huò cún yú
之美者，惧后世之不知，则必铭而见之③，或纳于庙④，或存于

人不知道，就一定要刻铭来显扬，有的置于家庙里，有的存放在墓中，其用意是一样的。如果那是个恶人，

mù yī yě gǒu qí rén zhī è zé yú míng hū hé yǒu cǐ qí suǒ yǐ yǔ shǐ yì yě
墓，一也。苟其人之恶，则于铭乎何有？此其所以与史异也。

那么在铭中有什么好刻的呢？这就是铭与史传不同的地方。铭文的撰写，为的是使死者没有什么可

qí cí zhī zuò suǒ yǐ shǐ sǐ zhě wú yǒu suǒ hàn shēng zhě dé zhì qí yán   ér shàn rén xǐ yú

其辞之作，所以使死者无有所憾，生者得致其严⑤。而善人喜于

遗憾的地方，生者得以表达自己的尊敬之情。而行善的人喜欢自己的言行得到流传，就发奋有所建树；

jiàn chuán zé yǒng yú zì lì è rén wú yǒu suǒ jì zé yǐ kuì ér jù zhì yú tōng cái dá shí

见传，则勇于自立；恶人无有所纪，则以愧而惧。至于通材达识⑥，

作恶的人没有什么可以记载下来的，就会感到惭愧和恐惧。至于博学多才、见识通达的人，忠义刚烈、

yì liè jié shì jiā yán shàn zhuàng jiē jiàn yú piān zé zú wéi hòu fǎ   jǐng quàn zhī dào

义烈节士，嘉言善状，皆见于篇，则足为后法⑦。警劝之道⑧，

节操高尚之士，他们美好的言语和善良的行为，都表现在铭文里，就足以为后人所效法。铭文警戒和

fēi jìn hū shǐ qí jiāng ān jìn

非近乎史，其将安近⑨？

劝勉的作用，不与史传相近，那么又与什么相近呢？

---

① 铭志：墓铭和墓志。　② 义：意义。　③ "而铭者"四句：《礼记·祭统》云："铭者，自名也，自名以称扬其先祖之美，而明著之后世者也。为先祖者，莫不有美焉，莫不有恶焉，铭之义，称美而不称恶，此孝子孝孙之心也。" 见，同"现"，显现。　④ 纳于庙：何焯《义门读书记》云："碑本以丽牲，故曰'或纳于庙'。" 丽，系也。古代碑制有两种。一种本是用作测量日影的，在祭祀时牵牛羊等牺牲入庙，即系缚于碑。这是庙碑之始。另一种是墓碑，棺木入土时作为下葬用。　⑤ 致其严：《孝经·纪孝行》云："祭则致其严。" 致，表达。严，尊敬。　⑥ 通材达识：博学多才、见识通达的人。　⑦ 法：效法。　⑧ 警劝：警戒和劝勉。　⑨ 安：何。

---

jí shì zhī shuāi wéi rén zhī zǐ sūn zhě yí yù bāo yáng qí qīn ér bù běn hū lǐ gù suī

及世之衰①，为人之子孙者，一欲褒扬其亲而不本乎理。故虽

到了世风衰微的时候，为人子孙的，一味地只要褒扬他们死去的亲人而不顾事理。所以即使是

è rén jiē wù lè míng yǐ kuā hòu shì lì yán zhě jì mò zhī jù ér bù wéi yòu yǐ qí zǐ sūn

恶人，皆务勒铭以夸后世②。立言者既莫之拒而不为，又以其子孙

恶人，都一定要立碑刻铭，用来向后人夸耀。撰写铭文的人既不能拒绝而不写，又因为死者的子孙的

zhī qǐng yě shū qí è yān zé rén qíng zhī suǒ bù dé yú shì hū míng shǐ bù shí hòu zhī zuò míng

之请也，书其恶焉，则人情之所不得，于是乎铭始不实。后之作铭

请托，如果直书死者的恶行，就不合人之常情，这样铭文就开始有不实之辞。后代要撰写碑铭的人，

576

zhě chángguān qí rén　　gǒu tuō zhī fēi rén　　zé shū zhī fēi gōng yǔ shì

者，常观其人。苟托之非人，则书之非公与是③，

常要观察一下作者的为人。如果请托的人不适当，那么他写的铭文就不会

zé bù zú yǐ xíng shì ér chuán hòu　　gù qiān bǎi nián lái　gōngqīng dà fū zhì

则不足以行世而传后。故千百年来，公卿大夫至

公正和正确，就不足以流行于世而传之后代。所以千百年来，尽管上自公卿

yú lǐ xiàng zhī shì mò bù yǒu míng　　ér chuán zhě gài shǎo　　qí gù fēi tā

于里巷之士莫不有铭④，而传者盖少。其故非他，

大夫下至里巷小民死后无不有碑铭，但流传于世的很少。这个原因不是别的，

tuō zhī fēi rén　shū zhī fēi gōng yǔ shì gù yě

托之非人，书之非公与是故也。

正是请托了不适当的人，撰写的铭文不公正、不正确的缘故。

> ① 世：世道，世
> 风。 衰：衰微。
> ② 勒铭：把铭文
> 刻在碑上。 勒，
> 刻。 ③ 公：公
> 正。 是：正确。
> ④ 公卿大夫：
> 泛指达官贵人。
> 里巷之士：指平
> 民。

rán zé shú wéi qí rén ér néng jìn gōng yǔ shì yú　　fēi xù dào dé ér néng wén zhāng zhě wú yǐ

然则孰为其人而能尽公与是欤？非畜道德而能文章者无以

然而怎样的人才能做到完全公正与正确呢？不是有道德而且善于写文章的人是做不到的。

wéi yě　　　　gài yǒu dào dé zhě zhī yú è rén zé bú shòu ér míng zhī　　yú zhòng rén zé néng biàn yān

为也①。盖有道德者之于恶人则不受而铭之，于众人则能辨焉②。

因为有道德的人对于恶人就不会接受请托而撰写铭文，对于平常人则能加以辨别。而人们的品行，

ér rén zhī xíng　yǒu qíng shàn ér jì fēi　yǒu yì jiān ér wài shū　　yǒu shàn è xiāngxuán ér bù kě yǐ

而人之行，有情善而迹非，有意奸而外淑③，有善恶相悬而不可以

有内心善良而表现不这样的，有内心奸恶而外表善良的，有善行恶行相差悬殊而不可以确指的，

shí zhǐ　yǒu shí dà yú míng　yǒu míng chǐ yú shí　　yóu zhī yòng rén　fēi xù dào dé zhě　wū néng biàn

实指，有实大于名，有名侈于实④。犹之用人，非畜道德者，恶能辨

有实际大过名声的，有名过其实的。好比用人，不是有道德的人怎么能辨别清楚而不受迷惑，议论公允而

zhī bú huò　yì zhī bù xún　bú huò bù xún　zé gōng qiě shì yǐ　ér qí cí zhī bù gōng

之不惑⑤，议之不徇⑥？不惑不徇，则公且是矣。而其辞之不工，

不徇私情呢？不受迷惑，不徇私情，就能公正和正确了。但是如果铭文的文词不精美，那么仍然不会

zé shì yóu bù chuán　yú shì yòu zài qí wén zhāng jiān shèng yān　gù yuē fēi xù dào dé ér néng wén zhāng

则世犹不传，于是又在其文章兼胜焉。故曰非畜道德而能文章

流传于世，这样又要求铭文的文词也要美好。所以说不是有道德而且善于写文章的人是做不到的，

zhě wú yǐ wéi yě　qǐ fēi rán zāi
者无以为也,岂非然哉?

难道不是这样吗?

> ① 畜:同"蓄",积聚,包蕴。这里是"富有"的意思。　② 众人:一般的人。　辨:辨别。
> ③ 淑:善良。　④ 侈:过分。　⑤ 恶:怎,如何。　⑥ 徇:曲从,偏私。

rán xù dào dé ér néng wén zhāng zhě　suī huò bìng shì ér yǒu　yì huò shù shí nián huò yī èr
然畜道德而能文章者,虽或并世而有,亦或数十年或一二

但是有道德而且善于写文章的人,虽然有时会同时出现,但也许有时几十年或一二百年才出现

bǎi nián ér yǒu zhī　qí chuán zhī nán rú cǐ　qí yù zhī nán yòu rú cǐ　ruò xiān sheng zhī dào dé
百年而有之。其传之难如此,其遇之难又如此。若先生之道德

一个。铭文的流传其难如此,遇上理想的铭文作者其难又是如此。像先生这样的道德文章,固然是所说的

wén zhāng　gù suǒ wèi shù bǎi nián ér yǒu zhě yě　xiān zǔ zhī yán xíng zhuó zhuó　xìng yù ér dé míng
文章,固所谓数百年而有者也。先祖之言行卓卓①,幸遇而得铭,

几百年才出现的。先祖的言行不同于众,有幸遇上先生而得以写成碑铭,铭文的公正与正确,它将流传

qí gōng yǔ shì　qí chuán shì xíng hòu wú yí yě　ér shì zhī xué zhě　měi guān zhuàn jì suǒ shū gǔ rén
其公与是,其传世行后无疑也。而世之学者,每观传记所书古人

当代和后世是毫无疑问的。而世上的学者,每当阅读传记所载古人事迹的时候,看到其中的感人之处,

zhī shì　zhì qí suǒ kě gǎn　zé wǎng wǎng xì rán bù zhī tì zhī liú luò yě
之事,至其所可感,则往往盡然不知涕之流落也②,

就往往感伤痛苦得不知不觉地流下了眼泪,何况是死者的子孙呢?又何况是我

> ① 卓卓:突出的样子。
> ② 盡然:伤痛的样子。
> ③ 睎:仰慕。
> ④ 三世:指祖、父与自己三代。

kuàng qí zǐ sūn yě zāi　kuàng gǒng yě zāi　qí zhuī xī zǔ dé ér sī suǒ yǐ
况其子孙也哉? 况巩也哉? 其追睎祖德而思所以

曾巩呢?我追怀先祖的德行而想到碑铭所以能传之后世的原因,就知道先生

chuán zhī zhī yóu　zé zhī xiān sheng tuī yī cì yú gǒng ér jí qí sān shì
传之之由③,则知先生推一赐于巩而及其三世④。

惠赐我一篇碑铭而恩泽推及到我家祖孙三代。这感激与报答之情,我应该怎样

qí gǎn yǔ bào　yí ruò hé ér tú zhī
其感与报,宜若何而图之?

来期望表示呢?

抑又思^①，若巩之浅薄滞拙，而先生进之；先祖之屯蹶否塞

yì yòu sī　　若 gǒng zhī qiǎn bó zhì zhuō　　ér xiān sheng jìn zhī　xiān zǔ zhī tún jué pǐ sè

我又想，像我曾巩这样学识浅薄、才能庸陋的人，而先生还鼓励我；我先祖这样频受挫折困厄

以死^②，而先生显之。则世之魁闳豪杰不世出之士^③，其谁不愿

yǐ sǐ　　ér xiān sheng xiǎn zhī　　zé shì zhī kuí hóng háo jié bú shì chū zhī shì　　qí shuí bú yuàn

到死的人，而先生还写了碑铭来显扬他。那么世上的俊伟豪杰、世不经见之士，他们谁不愿意投入您的

进于门？潜遁幽抑之士^④，其谁不有望于世？善谁不为，而恶谁不愧

jìn yú mén　　qián dùn yōu yì zhī shì　　qí shuí bù yǒu wàng yú shì　　shàn shuí bù wéi　ér è shuí bú kuì

门下；避世隐居、抑郁不得志之士，他们谁不希望名声流传于世？好事谁不想做，而做恶事谁不感到羞愧

以惧？为人之父祖者，孰不欲教其子孙？为人之子孙者，孰不欲

yǐ jù　　wéi rén zhī fù zǔ zhě　　shú bú yù jiào qí zǐ sūn　　wéi rén zhī zǐ sūn zhě　shú bú yù

恐惧？做人父亲、祖父的，谁不要教育好自己的子孙？做人子孙的，谁不想荣耀显扬自己的父祖？这件件

宠荣其父祖？此数美者，一归于先生。既拜赐之辱^⑤，且敢进其

chǒng róng qí fù zǔ　　cǐ shù měi zhě　　yì guī yú xiān sheng　　jì bài cì zhī rǔ　qiě gǎn jìn qí

美事，应当全归功于先生。我已荣幸地得到了您的赐予，并且冒昧地向您陈述自己所以感激的道理。来信

所以然^⑥。所谕世族之次^⑦，敢不承教而加详焉？愧甚，不宣。

suǒ yǐ rán　　suǒ yù shì zú zhī cì　　gǎn bù chéng jiào ér jiā xiáng yān　　kuì shèn bù xuān

所论及的我的家族世系，我怎敢不听从您的教诲而加以究察呢？惭愧之至，书不尽怀。

---

① 抑：作语助，用在句首，无义。　② 屯蹶：艰难颠仆、频受挫折的样子。　屯，《周易》卦名，表示艰难。　蹶，颠仆，引申为遭受挫败。　否塞：困厄不得志。　否，《周易》卦名，表示困顿，不通达。　塞，困厄。按，曾致尧生前一再遭黜，仕途上颠连困顿，终生不得志，故云。　③ 魁闳：俊伟。　不世出：不常出现，世不经见。　④ 潜遁：避世隐居。　幽抑：抑郁不得志。　⑤ 拜赐：指接受赐予书信及碑文。　辱：有辱于赐者，意为对受赐者来说是荣幸。古人书信中常用作谦词。　⑥ 敢：不敢、岂敢的省词。古人书信中常用作谦词。　⑦ 所谕世族之次：指欧阳修《与曾巩论氏族书》中对曾氏家族的世次等的疑问与推断。

（高克勤）

赠黎安二生序
zèng lí ān èr shēng xù

曾 巩
zēng gǒng

赵郡苏轼①，余之同年友也②。自蜀以书至京师遗余③，称蜀
zhào jùn sū shì　　yú zhī tóng nián yǒu yě　　zì shǔ yǐ shū zhì jīng shī wèi yú　　chēng shǔ

> 赵郡人苏轼，是我同科中试的好友。他从蜀地写了一封信带到京城送给我，称赞蜀地的读书人

之士曰黎生、安生者。既而黎生携其文数十万言，安生携其文
zhī shì yuē lí shēng ān shēng zhě　　jì ér lí shēng xié qí wén shù shí wàn yán　ān shēng xié qí wén

> 黎生和安生。不久黎生带着他的文章几十万字，安生也带着他的文章几千字，屈驾来访问我。我读

亦数千言，辱以顾余④。读其文，诚闳壮隽伟⑤，善反复驰骋，
yì shù qiān yán　　rǔ yǐ gù yú　　dú qí wén　chéng hóng zhuàng jùn wěi　　shàn fǎn fù chí chěng

> 他们的文章，确实是气魄宏大言辞隽伟，善于上下反复纵横驰骋，详尽透彻地说明事理，而他们

穷尽事理，而其材力之放纵，若不可极者也。二生固可谓魁奇特
qióng jìn shì lǐ　　ér qí cái lì zhī fàng zòng　　ruò bù kě jí zhě yě　　èr shēng gù kě wèi kuí qí tè

> 才力的奔放恣肆，仿佛没有尽头一样。这两位确实称得上是奇伟卓越的人士，而苏君确实称得上是

起之士，而苏君固可谓善知人者也。
qǐ zhī shì　ér sū jūn gù kě wèi shàn zhī rén zhě yě

> 善于了解人的人。

---

① **赵郡**：治所在今河北赵县。苏轼的祖先为赵郡栾城（今河北栾城）人，故文中称"赵郡苏轼"。　② **同年**：旧称同科考中的人为同年。曾巩与苏轼同为嘉祐二年（1057）进士，故称。　③ **"自蜀"句**：苏轼于治平三年（1066）丁父忧归蜀，至熙宁二年（1069）还朝。写此信时在蜀，故云。**遗**，给。　④ **辱**：谦词，有"承蒙"、"屈驾"之意。**顾**：过访。　⑤ **闳壮**：宏大。

顷之，黎生补江陵府司法参军①，将行，请余言以为赠。余曰：

不久，黎生补官为江陵府司法参军，将要出发，请我写几句话作为赠言。我说："我对你的了解，已

"余之知生，既得之于心矣，乃将以言相求于外邪②？"黎生曰：

经存在心里了，难道还要求我用外在的言语表达出来吗？"黎生说："我与安生学习古文，乡里的人都嘲笑我

"生与安生之学于斯文③，里之人皆笑以为迂阔④。今求子之言，

们不切实际。现在请求您的赠言，是为了解除乡里人的困惑。"我听了这话，自己看着好笑。要说世上的

盖将解惑于里人。"余闻之，自顾而笑。夫世之迂阔，孰有甚于余

不切实际，还有谁比我更严重的呢？我只知道相信古代的东西，而不知道同于当世；只知道有志于道义，而

乎？知信乎古，而不知合乎世⑤；知志乎道，而不知同乎俗，此余所以

不知道与世俗一致，这就是我所以窘迫于当世却自己还不领悟的原因。世上的不切实际，还有谁比我更

困于今而不自知也⑥。世之迂阔，孰有甚于余乎？今生之迂，特以文

严重的呢？现在你们的不切实际，只是因为所写的文章与世俗不相近，这是不切实际的小的表现，所担心的

不近俗⑦，迂之小者耳，患为笑于里之人⑧。若余之迂大矣，使生持

不过是为乡里人所嘲笑。像我的不切实际这样严重，假使你们把我的话带着回去，将招致更多的指责，

吾言而归，且重得罪⑨，庸讵止于笑乎⑩？然则若余之于生，将

哪里只是遭到嘲笑而已呢？但是我对你们将说些什么话呢？如果说我的不切实际是好事，那么就会有这样

何言哉？谓余之迂为善，则其患若此；谓为不善，则有以合乎世

的害处；如果说我的不切实际是不好的，那么就迎合世情，但必然违背古人的信条，和世俗相同，但必然

必违乎古，有以同乎俗，必离乎道矣。生其无急于解里人之惑⑪，

背离道义的准则。请你们不要急于为乡里人解除困惑，那么在这方面，就必然会做出选择和取舍。

则于是焉，必能择而取之。遂书以赠二生，并示苏君，以为何如也。

我就把这些话写下来赠给两位，并请给苏君一看，认为我的看法如何。

① 补：旧指官吏有缺额时选员补充。　江陵府：治所在今湖北江陵。　司法参军：负责狱讼的地方低级官员。　② 乃：岂，难道。　③ 斯文：指当时欧阳修、苏轼等所倡导的古文。　④ 迂阔：不切实际。　⑤ 合：同。　⑥ 困：窘迫，不通达。　⑦ 特：只，仅。　⑧ 患：担心。与下文"其患若此"之"患"作"祸害"讲不同。　⑨ 且：将。　重：更加。　⑩ 庸讵：岂，何。　⑪ 其：助词，有"请"、"希望"之意。

（高克勤）

dú mèng cháng jūn zhuàn
读孟尝君传

wáng ān shí
王安石

shì jiē chēng mèng cháng jūn néng dé shì　　shì yǐ gù guī zhī　　ér zú lài qí lì yǐ tuō yú
世皆称孟尝君能得士①，士以故归之②，而卒赖其力以脱于

世人都称道孟尝君能够得到士人的欢心，士人因此而投奔他，而他也因此终于依靠士人们的

hǔ bào zhī qín　　jiē hū　　mèng cháng jūn tè jī míng gǒu dào zhī xióng ěr　　qǐ zú yǐ
虎豹之秦③。嗟乎！孟尝君特鸡鸣狗盗之雄耳④，岂足以

力量从虎豹一样凶暴的秦国逃脱出来。唉！孟尝君只不过是那些鸡鸣狗盗之徒的首领罢了，哪里说得上

yán dé shì　　bù rán　　shàn qí zhī qiáng⑤　　dé yī shì yān　　yí kě yǐ nán miàn ér zhì qín
言得士？不然，擅齐之强⑤，得一士焉，宜可以南面而制秦⑥，

能够得到士人呢？不是这样的话，他据有齐国强大的力量，只要得到一个士人，就应该并且可以使秦

shàng hé qǔ jī míng gǒu dào zhī lì zāi　　fú jī míng gǒu dào zhī chū qí mén　　cǐ shì zhī suǒ yǐ
尚何取鸡鸣狗盗之力哉⑦？夫鸡鸣狗盗之出其门，此士之所以

国君来向齐国国君朝拜称臣，哪里还要用那些鸡鸣狗盗之徒的力量呢？那些鸡鸣狗盗之徒在他的门下

^{bú zhì yě}
不至也。

出入，这就是士人所以不去投奔他的原因。

> ① 王安石（1021～1086），字介甫，北宋著名诗人和散文家，"唐宋八大家"之一。宋神宗时推行新法，进行改革，以失败告终。　**得士**：指孟尝君能"礼贤下士"，与士相得。据《史记·孟尝君列传》记载，孟尝君在他的封地招致食客数千人，无论贵贱，给他们以与自己相同的优厚待遇。　② **归**：投奔，归顺。　③ **卒**：终于。　**脱**：逃脱。　**虎豹**：形容凶暴。不少封建史学家笼统地把秦国称为"暴秦"，王安石沿袭了这一观点。　④ **特**：只，不过。　**鸡鸣狗盗**：据《史记·孟尝君列传》记载，秦昭王听说孟尝君很贤能，请他作秦相，后因遭谗被囚。孟尝君派人向秦昭王的宠妃求救。那位宠妃要他拿早已送给秦昭王的一件价值千金的狐裘作为报酬。孟尝君手下一个会学狗叫的门客，夜入秦宫盗取狐裘，献给了那位宠妃，才使他们得释逃走。他们一行逃至函谷关时正值夜半，按规定关门要等鸡啼时才开。而这时后面追兵将到，又有门客学鸡叫，骗得开启关门，他们一行才逃回齐国。　**雄**：首领。　⑤ **擅**：据有。　⑥ **宜**：应该。　**南面**：居帝位。古代以面向南为尊位。帝王的座位面向南，故称居帝位为南面。　**制秦**：降服秦国。意谓使秦国国君向齐国国君朝拜称臣。　⑦ **尚**：还。

（高克勤）

^{tóng xué yì shǒu bié zǐ gù}
同学一首别子固

^{wáng ān shí}
王安石

^{jiāng zhī nán yǒu xián rén yān}　　　　　^{zì zǐ gù}　　^{fēi jīn suǒ wèi xián rén zhě}　^{yú mù ér yǒu zhī}
江之南有贤人焉①，字子固，非今所谓贤人者，予慕而友之。

江南有一位贤人，字子固，不是现在通常所说的那种贤人，我仰慕他并以他为朋友。

^{huái zhī nán yǒu xián rén yān}　　　^{zì zhèng zhī}　　^{fēi jīn suǒ wèi xián rén zhě}　^{yú mù ér yǒu zhī}
淮之南有贤人焉②，字正之③，非今所谓贤人者，予慕而友之。

淮南有一位贤人，字正之，不是现在通常所说的那种贤人，我仰慕他并以他为朋友。这两位贤人，

^{èr xián rén zhě}　^{zú wèi cháng xiāng guò yě}　^{kǒu wèi cháng xiāng yǔ yě}　^{cí bì wèi cháng xiāng jiē yě}
二贤人者，足未尝相过也，口未尝相语也，辞币未尝相接也④。

足不曾登门相访，口不曾相互交谈，书信、礼物也不曾交换过。他们的老师和朋友，难道都相同吗？

^{qí shī ruò yǒu} ^{qǐ jìn tóng zāi} ^{yú kǎo qí yán xíng} ^{qí bù xiāng sì zhě hé qí shǎo yě}
其师若友⑤，岂尽同哉？予考其言行⑥，其不相似者何其少也！

我观察他们的言行，彼此不相同的地方是多么的少呀！我说：这是学习圣人的结果罢了。

^{yuē} ^{xué shèng rén ér yǐ yǐ} ^{xué shèng rén} ^{zé qí shī ruò yǒu bì xué shèng rén zhě} ^{shèng rén zhī}
曰：学圣人而已矣。学圣人，则其师若友必学圣人者。圣人之

学习圣人，那么他们的老师和朋友必定也是学习圣人的。圣人的言行，难道会有两样的吗？他们的

^{yán xíng} ^{qǐ yǒu èr zāi} ^{qí xiāng sì yě shì rán}
言行，岂有二哉？其相似也适然⑦。

相似也是当然的了。

---

①江：指长江。　②淮：指淮河。　③正之：即孙侔，字正之，一字少述，吴兴（今属浙江）人。一生隐逸不仕。　④辞：书信。　币：缯帛，古人常用作礼物。　⑤若：和。　⑥考：查核，引申为考察、观察。　⑦适然：应该，恰好。

---

^{yú zài huái nán} ^{wèi zhèng zhī dào zǐ gù} ^{zhèng zhī bù yú yí yě} ^{huán jiāng nán} ^{wèi zǐ gù}
予在淮南，为正之道子固，正之不予疑也①，还江南，为子固

我在淮南，向正之介绍子固，正之不怀疑我说的话。回到江南，向子固介绍正之，子固也认为我的

^{dào zhèng zhī} ^{zǐ gù yì yǐ wéi rán} ^{yú yòu zhī suǒ wèi xián rén zhě} ^{jì xiāng sì yòu xiāng xìn bù yí yě}
道正之，子固亦以为然。予又知所谓贤人者，既相似又相信不疑也。

话对。我又由此知道被称为贤士的人，既相似又互相信任不疑。

---

① 不予疑："不疑予"的倒装。

---

^{zǐ gù zuò} ^{huái yǒu} ^{yì shǒu wèi yú} ^{qí dà lüè yù xiāng pān yǐ zhì hū zhōng yōng ér hòu}
子固作《怀友》一首遗予①，其大略欲相扳以至乎中庸而后

子固作了一篇《怀友》送给我，文章的大意是要互相援引以期最终达到中庸之道的境界。正之也

^{yǐ} ^{zhèng zhī gài yì cháng yún ěr} ^{fú ān qū xú xíng} ^{lìn zhōng yōng zhī tíng} ^{ér zào yú qí}
已②。正之盖亦尝云尔。夫安驱徐行③，辚中庸之庭④，而造于其

曾经这样说过。驾车稳稳地行进，通过中庸的厅堂，然后到达它的内室，除了这两位贤人之外还有谁能

shì shě èr xián rén zhě ér shuí zāi　　yú xī fēi gǎn zì bì qí yǒu zhì yě　　yì yuàn cóng shì yú
室⑤，舍二贤人者而谁哉？予昔非敢自必其有至也⑥，亦愿从事于

做到呢？我从前不敢肯定自己能够达到中庸之道的境界，却也愿意跟随他们去做，在他们的帮助下

zuǒ yòu yān ěr　　fǔ ér jìn zhī　　qí kě yě
左右焉尔，辅而进之，其可也。

朝着这个方向前进，也就可以了。

---

① 遗：赠送。　② 扳：通"攀"，援引。　中庸：不偏为中，不变为庸，
即不偏不倚，循常守则。这是儒家奉行的道德标准。　③ 安驱徐行：稳
步前进的意思。　驱，行进。　徐，缓。　④ 辅：车轮，这里用作动词。
⑤ 造于其室：《论语·先进》："子曰：'由也升堂矣，未入于室也'。"后世
便以升堂入室比喻学习由浅入深的两个阶段。王安石在这里化用其意。
造，到。　⑥ 必：肯定。

---

yī　　guān yǒu shǒu　　sī yǒu xì　　huì hé bù kě yǐ cháng yě　　zuò tóng xué　　yì shǒu
噫！官有守①，私有系②，会合不可以常也。作《同学》一首

啊！做官有典守的岗位，私人有羁绊的琐事，友朋间的相聚不可以经常得到。作《同学》一首

bié zǐ gù　　yǐ xiāng jǐng qiě xiāng wèi yún
别子固，以相警且相慰云③。

留别子固，用来互相勉励并互相安慰。

---

① 守：工作岗位。　② 私：私人。　系：
牵制，指系念的琐事。　③ 警：警策，勉
励。　云：句末助词。

（高克勤）

585

yóu bāo chán shān jì

游褒禅山记

wáng ān shí

王安石

bāo chánshān yì wèi zhī huā shān　　táng fú tú huì bāo shǐ shè yú qí zhǐ　　ér zú zàng zhī　　yǐ
褒禅山亦谓之华山。唐浮图慧褒始舍于其址①，而卒葬之②，以

> 褒禅山也叫作华山。唐代和尚慧褒当初在这山脚下盖房居住，而且最后又埋葬在这里，因为

gù qí hòu míng zhī yuē　　bāo chán　　jīn suǒ wèi huì kōng chán yuàn zhě　　bāo zhī lú zhǒng yě
故其后名之曰"褒禅③"。今所谓慧空禅院者，褒之庐冢也④。

> 这个缘故，在慧褒之后人们就称呼它叫"褒禅山"。现在所谓的慧空禅院，是慧褒的庐舍和坟墓。距离

jù qí yuàn dōng wǔ lǐ　　suǒ wèi huā shān dòng zhě　　yǐ qí nǎi huā shān zhī yáng míng zhī yě
距其院东五里。所谓华山洞者，以其乃华山之阳名之也⑤。

> 这院子东面五里，有个叫"华山洞"的地方，因它在华山的南面，所以这样命名。距离洞口一百多步，

jù dòng bǎi yú bù　　yǒu bēi pū dào　　qí wén màn miè　　dú qí wéi wén yóu kě shí　　yuē
距洞百余步⑥，有碑仆道⑦，其文漫灭⑧，独其为文犹可识，曰

> 有块石碑倒在路旁，碑文已经模糊不清，只有碑文残存字迹中还可辨认，叫做"花山"。现在念"华"为

huā shān　　jīn yán huā rú huá shí zhī huá zhě gài yīn miù yě
"花山"。今言"华"如"华实"之"华"者，盖音谬也。

> "华实"的"华"，大概是读音错了。

---

① 浮图：印度古文字梵文的译音，也译作"浮屠"，有佛、佛教徒或佛塔等不同意义。这里指佛教徒（和尚）。　慧褒：唐朝著名的和尚。他因喜爱含山县北的山格之美，遂筑室定舍。　址：基址，引申为山脚。　② 卒：最后。　③ 禅：原为梵文"禅那"的省称，后来泛指与佛教有关的人和物，如禅寺、禅院等。　④ 庐冢：庐舍（禅房）和坟墓。　⑤ 阳：古称山的南面为阳。上句"华山洞"，疑应作"华阳洞"。　⑥ 步：古代一种长度单位，旧制以营造尺五尺为步。这里泛指脚步的步。　⑦ 仆道：倒在路上。　⑧ 文：碑文。下句"其为文"的"文"，指碑上残存的文字。　漫灭：指碑文剥蚀，模糊不清。

qí xià píng kuàng   yǒu quán cè chū   ér jì yóu zhě shèn zhòng   suǒ wèi   qián dòng   yě

其下平旷，有泉侧出，而记游者甚众①，所谓"前洞"也。

洞下地势平坦旷阔，有股泉水从侧壁流出，而且游人的题字很多，这就是人们所说的"前洞"。

yóu shān yǐ shàng wǔ liù lǐ   yǒu xué yǎo rán   rù zhī shèn hán   wèn qí shēn   zé qí hào yóu zhě

由山以上五六里，有穴窈然②，入之甚寒，问其深，则其好游者

沿山而上五六里，有一个幽深的洞穴，走进洞里觉得很冷，问这洞的深度，就是那些喜好游玩的人

bù néng qióng yě   wèi zhī   hòu dòng   yú yǔ sì rén yōng huǒ yǐ rù   rù zhī yù shēn

不能穷也③，谓之"后洞"。予与四人拥火以入④，入之愈深，

也不能走到尽兴，人们称之为"后洞"。我与同游的四个人举着火把进去，越到深处，前进就越发困难，

qí jìn yù nán   ér qí jiàn yù qí   yǒu dài ér yù chū zhě   yuē   bù chū   huǒ qiě jìn

其进愈难，而其见愈奇。有怠而欲出者⑤，曰："不出，火且尽。"

然而看见的景致就越加奇妙。有一个退缩了而想出去的人说："如不出去，火把就快要烧完了。"

suì yǔ zhī jù chū   gài yú suǒ zhì   bǐ hào yóu zhě shàng bù

遂与之俱出。盖予所至，比好游者尚不

大家就与他一起出来了。大概我所到达的地方，比起喜好游玩的

néng shí yī   rán shì qí zuǒ yòu   lái ér jì zhī zhě yǐ shǎo

能十一⑥，然视其左右，来而记之者已少。

人还不到十分之一，然而看山洞的左右壁，到过这里并记下姓名

gài qí yòu shēn   zé qí zhì yòu jiā shǎo yǐ   fāng shì shí   yú

盖其又深，则其至又加少矣。方是时⑦，予

的人已经很少了。大概洞越深，来的人就越少了。当这时候，我的

zhī lì shàng zú yǐ rù   huǒ shàng zú yǐ míng yě   jì qí

之力尚足以入，火尚足以明也⑧。既其

体力还足以前进，火把还足以照明。已经退出洞后，就有人责怪那

chū   zé huò jiù qí yù chū zhě   ér yú yì huǐ qí suí zhī

出，则或咎其欲出者⑨，而予亦悔其随之，

个提议出去的人，而我也后悔随他们一道退出，而不能尽情享受

ér bù dé jí fú yóu zhī lè yě

而不得极夫游之乐也⑩。

这次游玩的快乐。

① 记游者：指在洞壁上题字留念的人。 ② 窈然：幽深的样子。
③ 穷：尽，这里指走到洞的尽头。
④ 拥火：举着火把。 ⑤ 怠：怠惰，这里指倦于前进。
⑥ 不能十一：不到十分之一。 ⑦ 方是时：当这个时候。指当从洞里退出的时候。 ⑧ 明：照明。 ⑨ 咎：责怪。 ⑩ 极：尽，这里是尽兴的意思。

587

yú shì yú yǒu tàn yān　　gǔ rén zhī guān yú tiān dì　shān chuān cǎo mù chóng yú　niǎo shòu
于是予有叹焉。古人之观于天地、山川、草木、虫鱼、鸟兽，

于是我深有感叹。古人观察天地、山川、草木、虫鱼、鸟兽，往往有心得，这是因为他们思考问题

wǎng wǎng yǒu dé　　yǐ qí qiú sī zhī shēn ér wú bú zài yě　　fú yí yǐ jìn　　zé yóu zhě zhòng
往往有得①，以其求思之深而无不在也②。夫夷以近③，则游者众；

深刻而且处处都能如此的缘故。道路平坦而距离又近，那么游人就多；道路艰难而距离又远，

xiǎn yǐ yuǎn　zé zhì zhě shǎo　　ér shì zhī qí wěi　guī guài　fēi cháng zhī guān　cháng zài yú xiǎn yuǎn
险以远，则至者少。而世之奇伟、瑰怪、非常之观④，常在于险远，

那么到的人就少。然而世上的奇特雄伟、壮丽怪异、不同寻常的景象，常常是在艰险遥远，

ér rén zhī suǒ hǎn zhì yān　gù fēi yǒu zhì zhě　bù néng zhì yě　yǒu zhì yǐ　bù suí yǐ zhǐ yě
而人之所罕至焉。故非有志者，不能至也；有志矣，不随以止也；

而又是人们很少到达的地方。所以缺乏意志的人，是不能到达的；有意志，不随着别人中途停止，

rán lì bù zú zhě　　yì bù néng zhì yě　　yǒu zhì yǔ lì　ér yòu bù suí yǐ dài　zhì yú yōu àn
然力不足者，亦不能至也；有志与力，而又不随以怠，至于幽暗

然而体力不足的人，也是不能到达的；有意志和体力，并且又不随人松劲后退，到了幽深昏暗的地方而

hūn huò ér wú wù yǐ xiàng zhī　　yì bù néng zhì yě　　rán lì zú yǐ zhì yān　　yú rén wéi kě jī
昏惑而无物以相之⑤，亦不能至也。然力足以至焉⑥，于人为可讥，

没有东西来帮助辨路，也是不能到达的。然而能力足够到达而没有到达，在别人看来是可以讥笑的，

ér zài jǐ wéi yǒu huǐ　　jìn wú zhì yě ér bù néng zhì zhě　kě yǐ wú huǐ yǐ　qí shú néng jī zhī
而在己为有悔；尽吾志也而不能至者，可以无悔矣，其孰能讥之

而自己也是感到后悔的；尽了我的努力也还是不能到达，那就没有什么可以后悔的了，谁又能来讥笑呢？

hū　　cǐ yú zhī suǒ dé yě
乎？此予之所得也。

这就是我的心得。

---

① 得：心得。　② 求思：探求、思索。　③ 夷：平坦。
以：连词，相当于“而且”。　④ 瑰怪：壮丽奇异。　非
常之观：平时很难看到的景观。　⑤ 相：辅助。　⑥ 然
力足以至焉：疑这句下面省去“而不能至”之类的话。

yú yú pū bēi   yòu yǐ bēi fú gǔ shū zhī bù cún   hòu shì zhī miù qí chuán ér mò néng míng
予于仆碑，又以悲夫古书之不存①，后世之谬其传而莫能名

我对于那块倒在路上的石碑，又因此而感叹古代典籍的遗失，后代人以讹传讹而不能弄清真相

zhě   hé kě shēng dào yě zāi   cǐ suǒ yǐ xué zhě bù kě yǐ bù shēn sī ér shèn qǔ zhī yě
者②，何可胜道也哉③！此所以学者不可以不深思而慎取之也④。

的事情，哪里能说得完呢！这就是读书人不可以不深刻思考并慎重采用的道理。

① 以：因。 悲：感叹。 ② 传：流传。 ③ 胜：尽，完全。 ④ 慎取：慎重采用。

sì rén zhě   lú líng xiāo jūn guī jūn yù   cháng lè wáng huí shēn fù   yú dì ān guó píng fù
四人者：庐陵萧君圭君玉①，长乐王回深父②，予弟安国平父、

同游的四个人是：庐陵人萧君圭字君玉，长乐人王回字深父，我的弟弟安国字平父、

ān shàngchún fù
安上纯父③。

安上字纯父。

① 庐陵：今江西吉安。 萧君圭：字君玉，事迹不详。 ② 长乐：郡治在今福建闽侯。 王回：字深父，北宋学者。 ③ 安国：王安国，字平父，王安石的长弟。 安上：王安上，字纯父，王安石的幼弟。

（高克勤）

tài zhōu hǎi líng xiàn zhǔ bù xǔ jūn mù zhì míng
泰州海陵县主簿许君墓志铭

**wáng ān shí
王安石**

jūn huì píng zì bǐng zhī xìng xǔ shì yú cháng pǔ qí shì jiā suǒ wèi jīn tài zhōu
君讳平，字秉之，姓许氏。余尝谱其世家①，所谓今泰州

君名平，字秉之，姓许。我曾经为他的家族世系编撰过家谱，他就是家谱上所载的现任

hǎi líng xiàn zhǔ bù zhě yě jūn jì yǔ xiōng yuán xiāng yǒu ài chēng tiān xià ér zì shào zhuó luò
海陵县主簿者也。君既与兄元相友爱称天下②，而自少卓荦

泰州海陵县主簿的人。许君既与他的哥哥许元以互相友爱而著称于天下，又自小卓越特出、

bù jī shàn biàn shuō yǔ qí xiōng jù yǐ zhì lüè wéi dāng shì dà rén suǒ qì bǎo yuán shí
不羁③，善辨说，与其兄俱以智略为当世大人所器④。宝元时⑤，

不受拘束，善于辨析论说，与他的哥哥都以智谋才略为当时德高望重的贵人所器重。宝元年间，

cháo tíng kāi fāng lüè zhī xuǎn yǐ zhāo tiān xià yì néng zhī shì ér shǎn xī dà shuài fàn wén zhèng gōng
朝廷开方略之选⑥，以招天下异能之士，而陕西大帅范文正公、

朝廷开设"方略"的制举科目，用来招纳天下具有特殊才能的人，而陕西大帅范仲淹、郑戬争先将

zhèng wén sù gōng zhēng yǐ jūn suǒ wéi shū yǐ jiàn yú shì dé zhào shì wéi tài miào zhāi láng
郑文肃公争以君所为书以荐⑦，于是得召试，为太庙斋郎⑧，

许君所写的文章向皇上推荐，于是许君得以被召应试，任命为太庙斋郎，不久被选任为

yǐ ér xuǎn tài zhōu hǎi líng xiàn zhǔ bù guì rén duō jiàn jūn yǒu dà cái kě shì yǐ shì bù yí
已而选泰州海陵县主簿。贵人多荐君有大才⑨，可试以事，不宜

泰州海陵县主簿。达官贵人大多推荐许君有大才，可任以大事，不应该把他抛弃埋没在州县任上，

qì zhī zhōu xiàn jūn yì cháng kǎi rán zì xǔ yù yǒu suǒ wéi rán zhōng bù dé yī yòng qí zhì
弃之州县；君亦尝慨然自许⑩。欲有所为，然终不得一用其智

许君也常常激昂慷慨地称许自己，想要有所作为，然而终于没能得到施展他才智的机会就死去了。

néng yǐ zú yī qí kě āi yě yǐ
能以卒。噫！其可哀也已。

唉！多么可悲啊。

① "余尝"句：指王安石曾撰有《许氏世谱》一文。　世家，家族世系。　② 元：指许元，字子春，曾历知扬、越、泰州。《宋史》卷二九九有传。　③ 卓荦：特出。　不羁：不受拘束。　④ 大人：对德高望重者的称呼。这里也指权贵人士。　器：器重。　⑤ 宝元：宋仁宗赵祯的年号（1038～1039）。　⑥ 方略之选：宋代为选拔具有治国用兵才能的人而设置的一项临时制举科目，须经近臣推荐方能应试。　⑦ 范文正公：范仲淹，字希文，北宋著名政治家，曾任陕西经略安抚副使等职，卒谥文正。　郑文肃公：郑戬，字天休，北宋大臣，曾任陕西四路都总管兼经略招讨使，卒谥文肃。　⑧ 太庙斋郎：在皇帝的祖庙中掌管祭祀的小官。据《续资治通鉴长编》卷一四一载，庆历三年（1043）五月，以试方略人许平为太庙斋郎。　⑨ 贵人：指大官要人。　⑩ 自许：称许自己。指自负而又自信。

shì gù yǒu lí shì yì sú　dú xíng qí yì　mà jī xiào wǔ　kùn rǔ ér bù huǐ
士固有离世异俗①，独行其意，骂讥笑侮，困辱而不悔。

士人中本来就有超脱尘世、不同凡俗，只按自己意愿行事，遭到谩骂、讥讽、嘲笑和轻侮，

bǐ jiē wú zhòng rén zhī qiú　ér yǒu suǒ dài yú hòu shì zhě yě③　qí jǔ yǔ gù yí④
彼皆无众人之求②，而有所待于后世者也③。其龃龉固宜④。

困窘受屈而不悔恨的人。他们都是没有一般人的那些对于功名富贵的追求，而期望流芳于后世的人。

ruò fú zhì móu gōng míng zhī shì⑤　kuī shí fǔ yǎng⑥　yǐ fù shì lì zhī huì⑦　ér zhé bù yù zhě⑧
若夫智谋功名之士⑤，窥时俯仰⑥，以赴势利之会⑦，而辄不遇者⑧，

他们与时不合乃是必然的。至于那些有智谋、有功名心的士人，窥测时机，随机应变，奔走从事于势利的

nǎi yì bù kě shēng shǔ　biàn zú yǐ yí wàn wù⑨　ér qióng yú yòng shuì zhī shí⑩　móu zú yǐ duó
乃亦不可胜数。辩足以移万物⑨，而穷于用说之时⑩；谋足以夺

场合，却总是得不到机遇的人，竟也不可尽数。辩说足以感化万物，却在看重游说的时代遭到困窘；

sān jūn⑪　ér rǔ yú yòu wǔ zhī guó⑫　cǐ yòu hé shuō zāi　jiē hū　bǐ yǒu suǒ dài ér bù huǐ zhě
三军⑪，而辱于右武之国⑫。此又何说哉？嗟乎！彼有所待而不悔者，

智谋足以降服三军，却在崇尚武力的国家受到屈辱。这又怎样解释呢？唉！那些有所期望而不悔恨的人，

qí zhī zhī yǐ
其知之矣！

大概是悟透了其中的道理吧！

① **固**：本来。　**离世异俗**：超脱尘世，不同凡俗。　② **众人**：指一般人。　③ **有所待于后世者**：指期望流芳于后世。　④ **龃龉**：上下齿不相合。此处比喻与时不合。**宜**：当然，应该。　⑤ **若夫**：至于。　⑥ **窥时俯仰**：指窥测时机，随机应变。　⑦ **赴**：奔走以从事。　**势利之会**：权势和财利的场合。　⑧ **辄**：总是，每每。　⑨ **移**：改变。这里引申为感化。　⑩ **穷**：困。　**说**：游说，指劝说别人听从自己的意见。　⑪ **三军**：全军，古代军队分为左、中、右三军。　⑫ **右武之国**：崇尚武力的国家。

jūn nián wǔ shí jiǔ　yǐ jiā yòu mǒu nián mǒu yuè mǒu jiǎ zǐ　zàng

君年五十九，以嘉祐某年某月某甲子①，葬

许君享年五十九岁，于嘉祐某年某月某日，安葬在真州的扬子县

zhēn zhōu zhī yáng zǐ xiàn gān lù xiāng mǒu suǒ zhī yuán　　fū rén lǐ shì

真州之扬子县甘露乡某所之原②。夫人李氏。

甘露乡某处的墓地。夫人姓李。儿子许瓛，没有做官；许璋，

zǐ nán guī　bú shì　zhāng　zhēn zhōu sī hù cān jūn　　qí tài miào zhāi láng

子男瓛，不仕；璋，真州司户参军③；琦，太庙斋郎；

任真州司户参军；许琦，任太庙斋郎；许琳，为进士出身。

lín　jìn shì　nǚ zǐ wǔ rén　yǐ jià èr rén　jìn shì zhōu fèng xiān　tài

琳，进士。女子五人，已嫁二人：进士周奉先、泰

女儿五人，已出嫁的二人；分别嫁给进士周奉先和泰州泰兴县令

zhōu tài xīng lìng táo shùn yuán

州泰兴令陶舜元④。

陶舜元。

① **嘉祐**：宋仁宗赵祯的年号（1056～1063）。**某甲子**：即某日。古以干支记日。② **真州之扬子县**：真州时属淮南路，州治扬子县（今江苏仪征）。**原**：墓地。③ **司户参军**：州郡的佐吏，主管民户。④ **泰兴**：今江苏泰兴。

míng yuē　yǒu bá ér qǐ zhī　　mò jǐ ér zhǐ zhī zhī　wū hū xǔ jūn　ér yǐ yú sī

铭曰：有拔而起之①，莫挤而止之②。呜呼许君！而已于斯③。

铭文说：有人提拔并起用他，没人排挤并阻止他。唉，许君！你却终止在这个官职上。是谁使你

shuí huò shǐ zhī

谁或使之？

落得这样的结局呢？

① **拔**：提拔。　**起**：起用。
② **挤**：排挤。　**止**：阻止。
③ **斯**：代词，指主簿这个小官。

（高克勤）

卷　十

送天台陈庭学序
sòng tiān tāi chén tíng xué xù

宋　濂
sòng　lián

西南山水，惟川蜀最奇①。然去中州万里②，陆有剑阁栈道之
xī nán shān shuǐ　wéi chuān shǔ zuì qí　rán qù zhōng zhōu wàn lǐ　lù yǒu jiàn gé zhàn dào zhī

> 西南地区的山水，惟独四川境内最为奇特。但它相距中原有万里之遥，陆路有剑阁和栈道那样的险地，水路有

险③，水有瞿唐滟滪之虞④。跨马行篁竹间⑤，山高者，累旬日不见其
xiǎn　shuǐ yǒu qú táng yàn yù zhī yú　kuà mǎ xíng huáng zhú jiān　shān gāo zhě　lěi xún rì bú jiàn qí

> 瞿塘峡和滟滪堆那样的险滩。骑马行走在密密的竹林间，山势高峻，连行数十天都看不到山峦的峰巅。站在

巅际。临上而俯视，绝壑万仞，杳莫测其所穷，肝胆为之掉栗⑥。水行
diān jì　lín shàng ér fǔ shì　jué hè wàn rèn　yǎo mò cè qí suǒ qióng　gān dǎn wéi zhī diào lì　shuǐ xíng

> 山上向下望去，眼前是万丈深渊，幽深而不见底，让人胆颤心惊。走水路溯行，长江中的礁石尖硬锐利，波涛

则江石悍利，波恶涡诡，舟一失势尺寸，辄糜碎土沉，下饱鱼鳖。其难
zé jiāng shí hàn lì　bō è wō guǐ　zhōu yì shī shì cùn　zhé mí suì tǔ chén　xià bǎo yú biē　qí nán

> 汹涌，漩流诡谲莫测，舟船行驶时稍有一点偏差，往往粉身碎骨，像泥土沉入水里那样，人也掉进江中成为

至如此。故非仕有力者，不可以游；非才有文者，纵游无所得；非壮
zhì rú cǐ　gù fēi shì yǒu lì zhě　bù kě yǐ yóu　fēi cái yǒu wén zhě　zòng yóu wú suǒ dé　fēi zhuàng

> 鱼鳖之食。到达那里是如此艰难啊！因此，不是做官有权有势的，不能去那里游览；不是有才学的饱学之士，即使

强者，多老死于其地。嗜奇之士恨焉。
qiáng zhě　duō lǎo sǐ yú qí dì　shì qí zhī shì hèn yān

> 游览了也不会有收获；不是身强体壮者，多半要老死在那个地方。酷爱奇山异水的士子对此常怀遗憾之心。

---

① 宋濂（1310～1381），明初一代文宗，其散文简洁，有《宋学士文集》。　川蜀：四川古为蜀国，秦置
蜀郡，三国时又为蜀汉地，故称"川蜀"。　② 中州：泛指中原。　③ 剑阁：县名，在四川省北部，剑
门关矗立县北，自古以"剑门天下险"闻名。　栈道：又称"阁道"、"复道"等。古代在川、陕、甘诸省
境内峭岩陡壁上凿孔架桥连阁而成的一种道路。　④ 瞿唐：瞿塘峡，长江三峡之一，在四川奉节县与
巫山县之间，长八公里，江面最狭处仅百余米。江流湍急，山势陡峻，号称"天堑"。　滟滪：即滟滪
堆，瞿塘峡江口突起的礁石，旧时是长江三峡著名的险滩。　⑤ 篁竹：竹林。　⑥ 掉栗：抖动，颤抖。

tiān tāi chén jūn tíng xué　　　néng wéi shī　　yóu zhōng shū zuǒ sī yuàn　　lǚ cóng dà jiàng běi zhēng
天台陈君庭学①，能为诗，由中书左司掾②，屡从大将北征

天台的陈庭学君，工于诗，以中书左司掾的身份，多次跟随大将北征，建有功劳，被提升为四

yǒu láo　　zhuó sì chuān dū zhǐ huī sī zhào mó　　yóu shuǐ dào zhì chéng dū　　chéng dū　chuān shǔ
有劳③，擢四川都指挥司照磨④，由水道至成都。成都，川蜀

川都指挥司照磨，从水道去成都赴任。成都，是四川的重镇要地，也是扬雄、司马相如、诸葛亮曾

zhī yào dì　　yáng zǐ yún　　sī mǎ xiàng rú　　zhū gě wǔ hóu zhī suǒ jū　　yīng xióng jùn jié zhàn gōng
之要地，扬子云、司马相如、诸葛武侯之所居⑤；英雄俊杰战攻

经居住过的地方。历史上的英雄豪杰们战斗和驻守的遗迹，诗人文士们游览眺望、饮酒投壶、吟

zhù shǒu zhī jì　　shī rén wén shì yóu tiào　　yǐn shè
驻守之迹，诗人文士游眺、饮射、

诗作歌的场所，庭学没有不去游览的。观览后

fù yǒng　　gē hū zhī suǒ　　tíng xué wú bú lì lǎn
赋咏、歌呼之所，庭学无不历览。

必定要抒发感想吟为诗篇，记述那里的风光

jì lǎn bì fā wéi shī　　yǐ jì qí jǐng wù shí shì
既览必发为诗，以纪其景物时世

景物与时世的变迁，因此他的诗也越写越好。过了

zhī biàn　　yú shì qí shī yì gōng　　yuè sān nián
之变，于是其诗益工。越三年，

三年，他依照朝廷规定请求免职回乡，在京师和

yǐ lì zì miǎn guī　　huì yú yú jīng shī　　qí
以例自免归，会予于京师⑥。其

我相见。他的精神更加饱满，他的话语更加豪壮，

qì yù chōng　　qí yǔ yù zhuàng　　qí zhì yì yù
气愈充，其语愈壮，其志意愈

他的志向更加高远，是因为他从山水方面得到的

gāo　　gài dé yú shān shuǐ zhī zhù zhě chǐ yǐ
高，盖得于山水之助者侈矣⑦。

帮助很多吧。

yú shèn zì kuì　　fāng yú shào shí　　cháng yǒu
予甚自愧，方予少时，尝有

我自己很觉惭愧，当我年轻时，曾经立志

① 天台：县名，今属浙江省。
② 中书左司掾：明初中书省左司的属官。中书左司领吏、户、礼三部，任监督稽核之责。 ③ "屡从"句：明初朱元璋为统一北方，多次派遣大将徐达、常遇春、李文忠等北征，进军漠北，征伐蒙元残余军队。陈庭学曾经从军。
④ 都指挥司照磨：明代于每一行省设都指挥使司，掌一方军政，直属兵部，照磨为其属官，负责文卷工作。 ⑤ 扬子云：名雄，字子云，蜀郡成都（今属四川）人，西汉文学家。 司马相如：字长卿，蜀郡成都人，西汉辞赋家。 诸葛武侯：名亮，字孔明，琅玡阳都（今山东沂南南）人。三国蜀汉丞相，辅佐刘备建立蜀汉政权，建都成都，封武乡侯。 ⑥ 京师：今南京市，明洪武元年（1367）建都。
⑦ 侈：广，多。

zhì yú chū yóu tiān xià　gù yǐ xué wèi chéng ér bù xiá　jí nián zhuàng kě chū
志于出游天下，顾以学未成而不暇。及年壮可出，
要出外游遍天下名山大川，只是由于学业还没有成就而得不到空闲。

ér sì fāng bīng qǐ① 　wú suǒ tóu zú　dài jīn shèng zhǔ xīng ér yǔ nèi dìng②
而四方兵起①，无所投足。逮今圣主兴而宇内定②，
等到壮年能外出时，却是四处战乱，没有地方可以落脚。直到今天圣明的天子出现，天下

jí hǎi zhī jì　hé wéi yì jiā　ér yú chǐ yì jiā mào yǐ③ 　yù rú tíng xué zhī yóu
极海之际，合为一家，而予齿益加耄矣③。欲如庭学之游，
安定，四海之内，都统一为一个国家，可是我的年纪已经越来越大了。希望像庭学那样的游览，还能做

shàng kě dé hū　rán wú wén gǔ zhī xián shì　ruò yán
尚可得乎？然吾闻古之贤士，若颜
到吗？但是，我听说古代的贤能之士，如颜回、原宪，都是长

huí yuán xiàn④ 　jiē zuò shǒu lòu shì péng
回、原宪④，皆坐守陋室，蓬
年安居在简陋的破房，野草遮没了门户，

hāo mò hù　ér zhì yì cháng chōng rán　yǒu ruò náng kuò
蒿没户，而志意常充然，有若囊括
可是他们的志向精神总是充实饱满，就像能囊括天地一样。

yú tiān dì zhě　cǐ qí gù hé yě　dé wú
于天地者。此其故何也？得无
这是什么缘故呢？是不是他们的修养有

yǒu chū yú shān shuǐ zhī wài zhě hū　tíng xué qí shì guī
有出于山水之外者乎？庭学其试归
超出山水景色之外的呢？庭学回乡后可否尝试寻求一下

ér qiú yān　gǒu yǒu suǒ dé　zé yǐ gào yú
而求焉？苟有所得，则以告予，
这其中的道理？如果有了什么心得，就请告诉我，

yú jiāng bù yī kuì ér yǐ yě
予将不一愧而已也。
我将不会只是惭愧一下就算了啊！

① **四方兵起**：指元末群雄并起。　② **"逮今"句**：意为朱元璋统一天下，建立明朝。　**圣主**，指明太祖朱元璋。　③ **齿**：代指年龄。　**耄**：年老。《礼记·曲礼上》："八十、九十曰耄。"《盐铁论·孝养》："七十曰耄。"　④ **颜回、原宪**：都是孔子弟子。　**颜回**（前521～前490），字子渊，春秋末鲁国人，贫居陋巷，好学忘忧。孔子赞扬他："贤哉回也！一箪食，一瓢饮，在陋巷，人不堪其忧，回也不改其乐。"　**原宪**（约前515～？），字子思，鲁国人。孔子死后，原宪隐居乡野，安于贫贱，拒不出仕。后代常以颜回、原宪比喻贫穷而不改操守的读书人。

（张国浩）

阅江楼记

宋濂

金陵为帝王之州①，自六朝迄于南唐②，类皆偏据一方，

> 金陵是帝王建都的地方，然而从六朝至于南唐，大都是偏安一隅，无法与金陵周围的山水所

无以应山川之王气③。逮我皇帝定鼎于兹④，始足以当之。

> 呈现的帝王之气相适应。直到我朝皇帝在这里建国定都，才完全与它相称。从此，圣朝声威教化所

由是声教所暨，罔间朔南⑤；存神穆清⑥，与天同体。虽一豫

> 之地，不分北方和南方。皇上修炼养性，承受天地清和之气，与宇宙天体融为一体。即使是一次娱乐

一游⑦，亦可为天下后世法。京城之西北，有狮子山⑧，自卢

> 一次巡游，也可以成为天下后世的楷模。京城的西北方有一座狮子山，它从卢龙山蜿蜒曲折地

龙蜿蜒而来⑨，长江如虹贯，蟠绕其下。上以其地雄胜，

> 伸展过来，长江如彩虹横贯，盘绕于它的山麓。皇上因为此地形势雄伟壮观，就下旨在山顶建楼，

诏建楼于巅，与民同游观之乐，遂锡嘉名为"阅江"云⑩。

> 和老百姓共同享受游玩观景之乐，并给楼赐一美名叫"阅江"。

---

① **金陵**：今江苏南京市。谢朓《入朝曲》云："江南佳丽地，金陵帝王州。" ② **六朝**：指三国吴、东晋、南朝的宋、齐、梁、陈，它们都以建康（今南京）为都。 **南唐**：五代十国之一，亦建都金陵。 ③ **"无以"句**：旧时迷信说法，以为帝王受于天命，有统治天下气运，谓之王气。 ④ **定鼎**：即建都。传说夏禹铸九鼎以象征天下九州，夏、商、周三代把九鼎作为传国重器，鼎之所在，即王都之所在，故后人称建都为"定鼎"，引申为建立王朝。 ⑤ **罔**：无。 **间**：分隔、隔开。 **朔**：北方。 ⑥ **穆清**：指天地清和之气，古代专用以称颂皇帝。《史记·太史公自序》："汉兴以来，至明天子，获符瑞，建封禅，受命于穆清。"集解引如淳曰："受天地清和之气。" ⑦ **豫、游**：同义反复，即娱乐、巡游之意。 ⑧ **狮子山**：在今南京挹江门外。 ⑨ **卢龙**：卢龙山，在今江苏江宁县西北。 ⑩ **锡**：赐。 **嘉名**：美名。 **云**：句末语助词。

登览之顷，万象森列，千载之秘，一旦轩露。岂非天造

当登楼放眼之际，景色万千呈现眼前，宇宙天地间隐藏千年的秘密，顿时显露出来。这难道不是

地设，以俟大一统之君，而开千万世之伟观者欤？当风日

天地神灵有意安排，以等待统一天下的圣明君主，从而展现千世万代的宏伟奇观吗？在风和日丽的时候，

清美，法驾幸临①，升其崇椒②，凭阑遥瞩，必悠然而动

皇上御驾亲临，登上山顶，倚着阑干远望，心中必然会悠闲地产生深远的思想。看见长江、汉水滚滚东

遐思。见江汉之朝宗③，诸侯之述职，城池之高深，关阨之

流奔向大海，四方诸侯到京城报告工作，那城墙和护城河又高又深，关隘坚固，皇上必定会说："这是我

严固④，必曰："此朕栉风沐雨，战胜攻取之所致也。"中夏

沐风栉雨，攻城陷地，夺取天下才获得的啊。"因而想到华夏大地辽阔，更加思考怎样长久平安地保护它。

之广，益思有以保之。见波涛之浩荡，风帆之上下，番舶接迹

看见长江波浪滔滔，帆船来来往往，外国航船相继前来朝见，各邦使者携带珍宝竞相进献，皇上必定会说：

而来庭，蛮琛联肩而入贡⑤，必曰："此朕德绥威服，覃及内外之

"这是我以恩德感化，以威力慑服，影响波及国内外才达到的。"因而想到边远四方的民族，更加思考怎样

所及也⑥。"四陲之远⑦，益思有以柔之。见两岸之间、四郊之上，

长久地怀柔抚慰他们。看见长江两岸之间，四方郊野之上，农夫们有夏日冒着炎日、冬天手足冻裂的辛劳，

耕人有炙肤皲足之烦⑧，农女有捋桑行馌之勤⑨，必曰："此朕

农家女有采桑养蚕、田头送饭的劳累，皇帝必定会说："这是我把他们从水火之中拯救出来，使他们能

拔诸水火，而登于衽席者也⑩。"万方之民，益思有以安之。

安稳地睡在枕席之上。"因而想到天下的百姓，更加思考怎样长久地使他们安居乐业。联系到相类的事

触类而思，不一而足。臣知斯楼之建，皇上所以发舒精神，

物展开想象，浮想联翩，不可胜数。我知道这座高楼的建造，是皇上用来调剂精神，由眼前的景致引起感慨，

yīn wù xīng gǎn wú bú yù qí zhì zhì zhī sī   xī zhǐ yuè fú cháng jiāng ér yǐ zāi

因物兴感,无不寓其致治之思,奚止阅夫长江而已哉⑪!

无不寄托着皇上治理天下的思想,哪里只是观赏长江的景色就完了呢?

①法驾:皇帝的车驾。 幸:指皇帝驾临。 ②崇椒:高山。 椒,山顶。 ③江汉:长江
和汉水。 朝宗:指长江、汉水入海。 ④阨:险要之地。 ⑤蛮琛:泛指四方的进贡物
品。 蛮,古代对南方民族的称呼。 琛,珍宝。 ⑥覃:延及。 ⑦陲:边疆。 ⑧皲:
手足受冻开裂。 ⑨饁:给耕作者送饭。 ⑩衽:床席。 ⑪奚止:何止。

bǐ lín chūn jié qǐ   fēi bù huá yǐ   qí yún luò xīng   fēi bù gāo yǐ   bú guò lè guǎn xián

彼临春、结绮①,非不华矣;齐云、落星②,非不高矣。不过乐管弦

那临春阁和结绮阁,并不是不华丽;齐云观和落星楼,也并不是不高大。可那些不过是演奏繁

zhī yín xiǎng cáng yān zhào zhī yàn jī   yì xuán zhǒng jiān ér gǎn kǎi xì zhī   chén bù zhī qí wéi hé

之淫响,藏燕、赵之艳姬③,一旋踵间而感慨系之④,臣不知其为何

弦急管的淫艳曲调,隐藏燕、赵之地娇娃美女的场所,因此转瞬间就烟消云散令人感慨万分,我不知道

shuō yě   suī rán cháng jiāng fā yuán mín shān   wēi yí qī qiān yú lǐ ér rù hǎi bái yǒng bì fān

说也。虽然,长江发源岷山⑤,委蛇七千余里而入海,白涌碧翻。

该怎么解释这些啊。虽然是这样,长江从岷山发源,曲折盘旋七千余里,汇入大海,白浪滚滚,碧波翻卷。

liù cháo zhī shí wǎng wǎng yǐ zhī wéi tiān qiàn   jīn zé nán běi yì jiā shì wéi ān liú wú suǒ shì hū

六朝之时,往往倚之为天堑。今则南北一家,视为安流,无所事乎

六朝的时候,往往倚仗它成为天然的屏障。今天是南北统一为一个国家,人们把它视作平静的江流,而

zhàn zhēng yǐ   rán zé guǒ shuí zhī lì yú   féng yè zhī shì   yǒu dēng sī lóu ér yuè sī jiāng zhě dāng

战争矣。然则果谁之力欤?逢掖之士⑥,有登斯楼而阅斯江者,当

不再用于战争目的。那么,这究竟是靠谁的力量呢?那些穿着宽袖衣服的儒生,有登上这座楼观览长江的,

sī shèng dé rú tiān dàng dàng nán míng   yǔ shén yǔ shū záo zhī gōng tóng yì wǎng jí   zhōng jūn bào shàng

思圣德如天,荡荡难名,与神禹疏凿之功同一罔极。忠君报上

应当回想皇上的恩德浩荡如天,广阔高远,难以形容,同大禹疏导洪水的功绩一样无边无际。对皇上尽

zhī xīn   qí yǒu bù yóu rán ér xīng zhě yé

之心,其有不油然而兴者耶?

忠报答之心,难道不会油然而生吗?

① 临春、结绮：南朝陈后主建造的楼阁名。高几十丈，窗户栏杆皆用檀香木制，上用金玉珠翠装饰。微风吹拂，香飘数里。　② 齐云、落星：楼名。　齐云楼，又名飞云阁，唐代曹恭王所建，故址在江苏原吴县境。　落星楼，三国吴嘉禾元年（232）建，故址在今南京市东北落星山上，共三层，北临长江。
③ 燕、赵：战国时诸侯国。　燕，今河北北部和辽宁西端。　赵，今山西中部、陕西东北角、河北西南部。相传燕赵一带女子多美貌，故燕赵艳姬代指美貌的宫女。　④ 一旋踵：转一下足后跟，形容时间快。　踵，足后跟。
⑤ 岷山：在今四川北部，是长江、黄河分水岭，古人误以为长江发源于此。
⑥ 逢掖：古代儒士所穿宽袖服装，这里代指读书人。

chén bù mǐn，fèng zhǐ zhuàn jì　yù shàng tuī xiāo gàn tú
臣不敏，奉旨撰记。欲上推宵旰图

我不聪慧，奉圣旨撰写此文。心中想到皇上昼夜辛劳、

zhì zhī gōng zhě　　lè zhū zhēn mín　　tā ruò liú lián
治之功者①，勒诸贞珉②。他若留连

励精图治的功德，把它铭刻在美玉般的碑石上。至于其他如留

guāng jǐng zhī cí　jiē lüè ér bù chén，jù xiè yě
光景之辞，皆略而不陈，惧亵也。

连风光美景的话，都省略不再叙述，惟恐玷污了皇上的圣意。

① 宵旰："宵衣旰食"的简称。意谓天未明即穿衣起身，傍晚才进食，比喻勤于政务。　② 贞珉：即贞石，碑石的美称。

（张国浩）

sī mǎ jì zhǔ lùn bǔ

司马季主论卜

liú　　jī
刘　基

dōng líng hóu jì fèi　　　guò sī mǎ jì zhǔ ér bǔ yān
东陵侯既废①，过司马季主而卜焉②。

秦东陵侯召平被汉朝废黜成为平民之后，访问司马季主，请他占卜。

jì zhǔ yuē jūn hóu hé bǔ yě dōng líng hóu yuē jiǔ wò zhě sī qǐ jiǔ zhé zhě sī qǐ
季主曰："君侯何卜也？"东陵侯曰："久卧者思起，久蛰者思启③，

季主问："君侯您要占卜什么呢？"东陵侯说："睡得太久的人就想起身，屋里呆得太久的人就想把

jiǔ mèn zhě sī tì wú wén zhī xù jí zé xiè bì jí zé dá rè jí zé fēng yōng jí zé tōng
久懑者思嚏④。吾闻之：蓄极则泄，闷极则达⑤，热极则风，壅极则通。

门窗打开，鼻子塞久了的人就想打喷嚏。我听说，水积满了就会溢出来，气憋久了就会透出来，热得过头

yì dōng yì chūn mí qū bù shēn yì qǐ yì fú wú wǎng bú fù pú qiè yǒu yí yuàn shòu jiào yān
一冬一春，靡屈不伸⑥；一起一伏，无往不复。仆窃有疑，愿受教焉。"

就会刮风，堵塞得过分就会流通。有一个冬天就有一个春天，没有总是屈伏而不伸直的；有一起就有一伏，

jì zhǔ yuē ruò shì zé jūn hóu yǐ yù zhī yǐ yòu hé bǔ wéi dōng líng hóu yuē pú wèi jiū qí
季主曰："若是，则君侯已喻之矣，又何卜为？"东陵侯曰："仆未究其

没有只去不来的。我心里对自己前途有怀疑，希望得到您的指点。"季主说："照这么说，君侯您已懂得了

ào yě yuàn xiān sheng zú jiào zhī
奥也，愿先生卒教之⑦。"

这个道理了，又何必占卜呢？"东陵侯说："我还没有完全弄清它的奥秘，希望先生能透彻地开导我。"

---

① 刘基（1311～1375），字伯温，明朝"开国元勋"之一，元末明初一代文宗。 东陵侯：即召平，秦时为东陵侯。秦灭，为布衣。在长安城东种瓜，瓜美，世称之为"东陵瓜"。事见《史记·萧相国世家》。 ② 司马季主：西汉时楚人，曾游学长安，善卜。 ③ 蛰：藏伏。 ④ 懑：烦闷。嚏：喷嚏。 ⑤ 闷：闭。 ⑥ "一冬"两句：意谓有一个冬天就有一个春天，没有只屈伏而不伸展的。 靡，无，没有。 ⑦ 卒：尽，彻底。

---

jì zhǔ nǎi yán yuē wū hū tiān dào hé qīn wéi dé zhī qīn guǐ shén hé líng yīn rén ér líng
季主乃言曰："呜呼！天道何亲？惟德之亲；鬼神何灵？因人而灵。

于是季主说道："唉！天道和什么人亲近呢？只有和有德之人亲近；鬼神有什么灵验呢？只有有缘的

fú shī kū cǎo yě guī kū gǔ yě wù yě rén líng yú wù zhě yě hé bú zì tīng ér tīng yú
夫蓍①，枯草也；龟②，枯骨也，物也。人，灵于物者也，何不自听而听于

人才能得到鬼神的灵佑。占卜用的蓍草，不过是几根枯草；龟甲也只是一块枯骨，它们都是物啊。人比物

wù hū qiě jūn hóu hé bù sī xī zhě yě yǒu xī zhě bì yǒu jīn rì shì gù suì wǎ tuí yuán xī rì
物乎？且君侯何不思昔者也③？有昔者必有今日④。是故碎瓦颓垣，昔日

更灵慧聪明，您为什么不听信自己，倒去信那些物呢？再说，君侯为什么不想想过去呢？有过去就一定有

zhī gē lóu wǔ guǎn yě huāng zhēn duàn gěng⑤ xī rì zhī qióng ruí yù shù yě⑥ lù chài fēng chán⑦ xī rì

之歌楼舞馆也；荒榛断梗⑤，昔日之琼蕤玉树也⑥；露蚕风蝉⑦，昔日

现在。所以，现在的破瓦残墙，就是过去的歌楼舞馆；现在的荒草野木，就是过去的琼花玉树；那露水中蟋

zhī fèng shēng lóng dí yě⑧ guǐ lín yíng huǒ⑨ xī rì zhī jīn gāng huá zhú yě⑩ qiū tú chūn jì⑪ xī rì zhī

之凤笙龙笛也⑧；鬼磷萤火⑨，昔日之金缸华烛也⑩；秋荼春荠⑪，昔日之

蝉的叫声和风中的蝉声，就是过去的凤笙和龙笛吹奏出的音律；现在的磷火和萤光，就是过去的金灯彩烛；

xiàng bái tuó fēng yě⑫ dān fēng bái dí⑬ xī rì zhī shǔ jǐn qí wán yě⑭ xī rì zhī suǒ wú jīn rì yǒu

象白驼峰也⑫；丹枫白荻⑬，昔日之蜀锦齐纨也⑭。昔日之所无，今日有

现在秋天的苦菜和春天的荠菜，就是过去的象脂和驼峰；现在的红枫叶和白荻花，就是过去的蜀锦和齐绢，

① 蓍：草名，俗称锯齿草，古人取其茎作占
筮用。　② 龟：指龟甲。古人用火烤龟的
腹甲，根据龟甲的裂纹卜测行事的吉凶。
③ 昔者：过去，此指为官之时。　④ 今日：现
在，此指被废弃之日。　⑤ 榛：草木丛生。
⑥ 琼蕤玉树：奇花异木。　琼蕤，美玉制成
的草木景物。　⑦ 露蚕：露水中的蟋蟀。
蚕，蟋蟀的别名。　风蝉：风中鸣叫的蝉。
⑧ 凤笙：乐器，其形像凤鸟。　龙笛：马融
《长笛赋》："龙鸣水中不见己，截竹吹之声相
似。"故又称笛为龙笛。又笛名，笛管首端以
龙头为饰。　⑨ 鬼磷：鬼火。实为动物腐朽
后骨骼中磷质氧化闪光所致。　⑩ 缸：亦作
釭，灯。　⑪ 荼：苦菜。　荠：荠菜。荼、荠
嫩的皆可食用。　⑫ 象白：象的脂肪，一说
象鼻。　驼峰：骆驼背上的肉峰。相传象白、
驼峰味极美，都是名贵食品。　⑬ 荻：多年
生禾本植物，秋季开白花，生于路旁和水边。
⑭ 蜀锦：四川出产的锦缎。　齐纨：山东产
的细绢。蜀锦、齐纨皆为古代著名的锦、绢。
⑮ 浚谷：深谷。

zhī bù wéi guò xī rì zhī suǒ yǒu

之不为过；昔日之所有，

过去没有的，现在有了不算是过分；

jīn rì wú zhī bù wéi bù zú

今日无之不为不足。

过去有的，现在没有了也不算是不足。

shì gù yí zhòu yí yè huā kāi

是故一昼一夜，华开

所以，白昼过去是黑夜，花开了便会

zhě xiè yì qiū yì chūn wù gù

者谢；一秋一春，物故

凋谢；秋天过去春天来，万物枯萎又

zhě xīn jī tuān zhī xià bì yǒu

者新。激湍之下，必有

重新焕发生机。飞湍的急流之下，一定

shēn tán gāo qiū zhī xià bì yǒu jùn

深潭；高丘之下，必有浚

有深深的水潭；高高的峰巅下，一定

gǔ⑮ jūn hóu yì zhī zhī yǐ hé yǐ

谷⑮。君侯亦知之矣，何以

有深深的峡谷。君侯您已明白了这个

bǔ wéi

卜为？"

道理，何必还要占卜呢？"

（张国浩）

卖柑者言
mài gān zhě yán

liú jī
刘 基

háng yǒu mài guǒ zhě, shàn cáng gān, shè hán shǔ bú kuì, chū zhī yè rán, yù

杭有卖果者①，善藏柑②，涉寒暑不溃③。出之烨然④，玉

杭州城有个卖水果的，很会保存柑子，经过严冬酷暑都不烂不坏。拿出来还是水亮光鲜，玉石一样

zhì ér jīn sè。 pōu qí zhōng gān ruò bài xù。 yú guài ér wèn zhī yuē ruò suǒ shì yú

质而金色⑤。剖其中，干若败絮。予怪而问之曰："若所市于

地滋润，黄金一样灿烂。可是把它剖开来，里面干枯得像破烂的棉絮。我感到奇怪，就责问他："你卖给别

rén zhě jiāng yǐ shí biān dòu fèng jì sì gōng bīn kè hū jiāng xuàn wài yǐ huò yú gǔ hū

人者，将以实笾豆⑥，奉祭祀，供宾客乎？将衒外以惑愚瞽乎⑦？

人的柑子，是准备让人装上盆盘，去供奉祭祀、接待宾客呢，还是炫示它的外表去蒙混傻子瞎子呢？你骗

shèn yǐ zāi wéi qī yě

甚矣哉为欺也！"

人的手段也太过分啦！"

① 杭：今浙江省杭州市。　② 柑：果名。形状
似桔而体积较大，橙黄色。　③ "涉寒暑"句：经
过一冬一夏也不腐烂。　涉，经历。　④ 烨然：
灿烂鲜艳的样子。　⑤ 玉质而金色：柑子质地
像玉石一样润泽，颜色像黄金一样晶亮。　⑥ 笾
豆：古代礼器。笾用竹制，盛果脯等；豆用木（或
陶、铜）制，盛鱼肉等物；供祭祀或宴会之用。
⑦ 衒：同"炫"。炫耀。　瞽：瞎子。

mài zhě xiào yuē wú yè shì

卖者笑曰："吾业是

卖柑的人笑道："我干这个行当

yǒu nián yǐ wú yè lài shì yǐ sì

有年矣①，吾业赖是以食

有好多年了，我靠它来养活自己。我卖

wú qū wú shòu zhī rén qǔ zhī wèi wén yǒu yán ér dú bù zú zǐ suǒ

吾躯②。吾售之，人取之，未闻有言，而独不足子所

柑子，人家买它，从来没有听说有意见的，却偏偏不合你的心意吗？人

hū shì zhī wéi qī zhě bù guǎ yǐ ér dú wǒ yě hū wú zǐ wèi zhī sī yě jīn fú pèi hǔ fú

乎③？世之为欺者不寡矣，而独我也乎？吾子未之思也④。今夫佩虎符、

世间弄虚作假的不算少呀，难道只有我一人吗？只不过先生你没有想过这个问题。现在那些

zuò gāo pí zhě　　guāngguāng hū gān chéng zhī jù yě　　guǒ néngshòu sūn　wú zhī lüè yé　　é dà guān

坐皋比者⑤，洸洸乎干城之具也⑥，果能授孙、吴之略邪⑦？峨大冠、

佩戴着兵符、坐虎皮椅子的人，耀武扬威地真像是保卫国家的人才，他们果真能拿出孙武和吴起的韬略吗？

tuō chángshēn zhě　　áng áng hū miàotáng zhī qì yě　　guǒ néng jiàn yī　gāo zhī yè yé　　dào qǐ ér bù

拕长绅者⑧，昂昂乎庙堂之器也⑨，果能建伊、皋之业耶⑩？盗起而不

那些头戴高高的官帽、腰上垂着长长的衣带的人，气宇轩昂真像是朝廷的重臣，他们果真能建立起伊尹和

zhī yù　mín kùn ér bù zhī jiù　lì jiān ér bù zhī jìn　fǎ dù ér bù zhī lǐ　　zuò mí lǐn sù ér

知御，民困而不知救，吏奸而不知禁，法斁而不知理⑪，坐糜廪粟而

皋陶的功业吗？盗贼兴起，不知道怎样防御；百姓穷困，不知道怎样救济；官吏贪赃枉法，不知道怎样禁止；

bù zhī chǐ　　guān qí zuò gāo táng　qí dà mǎ　zuì chún lǐ ér yù féi xiān zhě　　shú bù wēi wēi

不知耻⑫。观其坐高堂，骑大马，醉醇醴而饫肥鲜者⑬，孰不巍巍

法度败坏，不知道怎样整顿，坐在那里白白地消耗国家的俸禄却不知道羞耻。看他们坐在高堂之上，骑着大

hū kě wèi　hè hè hū kě xiàng yě　　yòu hé wǎng ér bù jīn yù qí wài bài xù

乎可畏，赫赫乎可象也⑭？又何往而不金玉其外、败絮

马，醉饮美酒，饱吃鱼肉的样子，哪一个不是威风凛凛令人望而生畏，气势显赫让人美慕效法呢？可是，又有

qí zhōng yě zāi　　jīn zǐ shì zhī bù chá　ér yǐ chá wú gān

其中也哉？今子是之不察，而以察吾柑！"

哪一个不是金玉般的外壳、破棉絮的内里呢？现在，你不究责这些，却来究责我的柑子！"

①业是：此为业。　有年：有好多年。　②食：喂饱，供养。　③子所：你这儿。　④未之思：宾语前置，"未思之"的倒文。　⑤虎符：虎形兵符。古代朝廷用以调兵遣将的凭证。　皋比：虎皮，此指虎皮椅。　⑥洸洸：威武的样子。　干城：本义是捍卫城池，后用以代指保国御侮的将领。　具：才能，这里指人才。　⑦孙、吴：指孙武和吴起。孙武，春秋时齐人，为吴将，西破强楚，北威齐晋，著《孙子兵法》。吴起，战国时名将，为楚相，行新法，著《吴子》。　⑧峨：高耸，用作动词。　大冠：指官帽。　拕：同"拖"。　绅：古代士大夫束在腰间的带子。　⑨昂昂：态度轩昂的样子。　庙堂之器：治国安邦的人才。　庙堂，宗庙之堂，代指朝廷。　⑩伊、皋：伊尹和皋陶。伊尹，商汤的大臣。曾辅佐成汤攻灭夏桀。皋陶，相传禹舜时执掌刑法的大臣。两人都被后世当作贤臣的代表。　⑪斁：败坏。　⑫糜：耗费。　廪：仓库。　⑬醇醴：味厚的酒。　醇，质地纯厚。　醴，甜酒。　饫：饱食。　⑭赫赫：气势壮盛貌。　象：效法。

yú mò mò wú yǐ yìng　　tuì ér sī qí yán　lèi dōng fāng shēng
予默默无以应。退而思其言，类东方生

我沉默了，没有话回答他。回来再想想他这番话，觉得他像是东

gǔ jī zhī liú①　　qǐ qí fèn shì jí xié zhě yé　　ér tuō yú gān yǐ
滑稽之流①。岂其忿世嫉邪者耶？而托于柑以

方朔一类滑稽机警的人物。难道他是愤世嫉俗的人吗？是借用柑子来

fěng yé
讽耶？

讽刺世事吗？

> ① 东方生：东方
> 朔，字曼倩，汉武
> 帝时人。常以诙
> 谐滑稽的言谈讽
> 谏皇帝。事见
> 《史记·滑稽列
> 传》。 滑稽：诙
> 谐机智。

（张国浩）

shēn　　lǜ　　lùn
深 虑 论

fāng xiào rú
方孝孺

lǜ tiān xià zhě　cháng tú qí suǒ nán　ér hū qí suǒ yì　bèi qí suǒ kě wèi　ér yí
虑天下者，常图其所难，而忽其所易；备其所可畏，而遗

思考治理天下存亡的人，常常谋求解决那些难以处理的事情，而忽略了那些容易处理的事情；防

qí suǒ bù yí　rán ér huò cháng fā yú suǒ hū zhī zhōng　ér luàn cháng
其所不疑。然而祸常发于所忽之中，而乱常

备那些可怕的事情，而遗漏了那些不被怀疑的事情。可是，祸患常常在被忽略的

qǐ yú bù zú yí zhī shì　qǐ qí lǜ zhī wèi zhōu yú　gài lǜ zhī suǒ
起于不足疑之事。岂其虑之未周与？盖虑之所

事情之中发生，动乱常常发生于不被怀疑的事情上。这难道是他们考虑还不

néng jí zhě　rén shì zhī yí rán　ér chū yú zhì lì zhī suǒ bù jí zhě
能及者，人事之宜然，而出于智力之所不及者，

周全吗？这是由于考虑所能作用到的，是人事上应有的情形，而出于智力所不

tiān dào yě①
天道也①。

能达到的地方，那是天意。

> ① "盖虑之"四
> 句：认为人的智
> 力只及人事，无
> 法谋天，即"谋
> 事在人，成事在
> 天"之意。

当秦之世，而灭诸侯，一天下①，而其心以为周之亡在

秦国强盛的时候，消灭了诸侯，统一了天下。秦始皇以为周朝的灭亡在于诸侯势力的强大，于是

乎诸侯之强耳，变封建而为郡县②。方以为兵革可不复用，

改变分封诸侯的做法而代之以郡县制。正当他以为从此可以不再动用武力，皇位可以世代相传时，却不

天子之位可以世守，而不知汉帝起陇亩之中，而卒亡秦之

料汉高祖刘邦崛起于田野之中，最终推翻了秦朝。西汉高祖鉴于秦朝王族势孤力单，于是大封诸子及兄

社稷③。汉惩秦之孤立④，于是大建庶孽而为诸侯⑤，以为同

弟为诸侯王，以为同姓血缘亲族可以世代相传不会有变故了，却没有想到吴楚等七个诸侯国产生了篡位

姓之亲可以相继而无变，而七国萌篡弑之谋⑥。武、宣以后⑦，

弑君的图谋。西汉武帝、宣帝以后，逐渐割解各诸侯王的土地，削弱分散了他们的势力，以为这样天下太

稍剖析之而分其势，以为无事矣，而王莽卒移汉祚⑧。光武之

平无事了，可是王莽终于夺走了汉朝政权。汉光武帝借鉴汉哀帝、汉平帝灭亡的祸患，曹魏政权借鉴

惩哀、平⑨，魏之惩汉⑩，晋之惩魏⑪，各惩其所由亡而为之备，

汉朝的灭亡，晋朝又借鉴曹魏政权的灭亡，他们各自借鉴了前朝灭亡的缘由，制定了防备的措施，然而，

---

① 方孝孺（1357～1402），宋濂弟子。燕王发动"靖难之役"时，不肯为其起草登极诏书，遂被灭十族。主张著文要"明道立政"。　一天下：统一天下。　② 封建：周朝分封疆土的制度。周天子把爵位、土地赐给亲属及臣下，让他们在封定的区域内建立诸侯国。　郡县：指秦始皇统一中国后，废除分封制，把全国分为三十六郡，下设县，郡县长官由中央任免，实行中央集权制度。　③ "而不知"二句：指汉高祖刘邦出身低微，但最后推翻了秦朝。　汉帝，汉高祖刘邦。　起陇亩之中，刘邦出身农家，起兵反秦前，只作过"泗水亭长"（乡村小吏）。　陇亩，犹田野。　社稷，指国家政权。　社，土神；稷，谷神。都是古代帝王、诸侯必须祭祀的神灵，象征着国家政权。　④ 惩：警戒，以过去的失败作为教训。　⑤ 大建庶孽：指刘邦即位后分封燕、代、齐等十个同姓王。　庶孽，本指姬妾生的子女，这里泛指亲属。　⑥ 七国：指汉景帝时，以吴王刘濞为首的吴、楚、赵、胶东、胶西、济南、临淄七个同姓诸侯王，以诛晁错为名，举兵叛乱，后被汉景帝平叛。　弑：古时称臣杀君、子杀父母为"弑"。

ér qí wáng yě　jiē chū yú suǒ bèi zhī

而其亡也，皆出于所备之

他们的灭亡，都超出了所防备的范围

wài　táng tài zōng wén wǔ shì zhī shā

外。唐太宗闻武氏之杀

以外。唐太宗听说有个姓武的人，将来

qí zǐ sūn　qiú rén yú yí sì zhī

其子孙，求人于疑似之

要杀害他的子孙，就寻找那些有嫌疑的

jì ér chú zhī　ér wǔ shì rì shì

际而除之，而武氏日侍

人，尽数除掉，然而武则天日日在他

qí zuǒ yòu ér bú wù　sòng tài zǔ

其左右而不悟⑫。宋太祖

身边侍候，却没有被觉察。宋太祖看到

jiàn wǔ dài fāng zhèn zhī zú yǐ zhì qí

见五代方镇之足以制其

五代时各方藩镇势力膨胀足以挟制

jūn　jìn shì qí bīng quán　shǐ lì

君，尽释其兵权⑬，使力

君主，就全部解除了武将们的兵权，使

ruò ér yì zhì　ér bù zhī zǐ sūn zú

弱而易制，而不知子孙卒

他们势力变小，容易控制，然而，没有

kùn yú dí guó　cǐ qí rén jiē yǒu

困于敌国⑭。此其人皆有

想到他的子孙，终于遭受敌国的逼迫。

chū rén zhī zhì　gài shì zhī cái　qí

出人之智、盖世之才，其

这些帝王都有超出常人的智慧，冠盖

yú zhì luàn cún wáng zhī jī　sī zhī

于治乱存亡之幾⑮，思之

一代的才能，他们对于治乱存亡的征候，

⑦ 武、宣：指汉武帝刘彻和汉宣帝刘询。武帝公元前141年至前87年在位，他进一步加强中央集权，削弱了诸侯国势力。宣帝公元前74年至前49年在位。　⑧ 王莽：西汉末年外戚，逐渐掌权称帝，改国号为新，后世又称其为"新莽"。　祚：皇位，国统。　⑨ 光武：光武帝刘秀，公元25年至57年在位，东汉开国皇帝。　哀、平：西汉末二帝。哀帝刘欣，公元前6年至前1年在位。平帝刘衎，公元元年至5年在位。

⑩ 魏：指三国魏。公元220年曹丕代汉称帝，国号魏，史称曹魏。　⑪ 晋：指西晋。公元265年司马炎代魏称帝，国号晋，史称西晋。　⑫ "唐太宗"三句：唐贞观二十二年，民间流传："唐三世之后，女主武氏代有天下。"太宗与太史令李淳风商量，欲将"疑似者尽杀之"。然而，当时武则天就在身旁侍驾，太宗却置若罔闻。　唐太宗，李世民，公元626年至649年在位。　武氏，武则天，名曌，十四岁入宫，高宗时为皇后，后废中宗、睿宗，自称圣神皇帝，改国号为周。　⑬ "宋太祖"二句：指宋太祖赵匡胤建立宋朝后，吸取了五代时方镇势力膨胀挟制君王的教训，召集将领宴会，劝他们多置田地房产，以享天年，将领们闻之大惊，提出辞职。　五代方镇，指后梁、后唐、后晋、后汉、后周五代时，藩镇势力膨胀，尾大不掉。　⑭ "而不知"句：指宋太祖解除武将兵权，中央权力高度集中，造成北宋兵不识将、积弱积贫，屡被西夏、辽、金、元等侵扰，后北宋被金所灭，南宋被元所灭。

⑮ 幾：迹象、预兆。　⑯ 审：周密。　⑰ 巫：古代以为人求神祈福为职的人。

xiáng ér bèi zhī shěn yǐ　　 lǜ qiè yú cǐ ér huò xīng yú bǐ　 zhōng zhì luàn wáng zhě hé zāi　 gài zhì

详而备之审矣⑯。虑切于此而祸兴于彼，终至乱亡者何哉？盖智

想得很详尽，防备得十分周密。但是，他们在这方面考虑详尽周密，却在那方面发生祸患，终于发生战乱

kě yǐ móu rén　　 ér bù kě yǐ móu tiān　 liáng yī zhī zǐ duō sǐ yú bìng　 liáng wū zhī zǐ

可以谋人，而不可以谋天。良医之子多死于病，良巫之子

直至灭亡，这是为什么呢？因为人的智慧只可以谋求人事的成功，却不能用它来谋求天意啊。良医的

duō sǐ yú guǐ⑰　 bǐ qǐ gōng yú huó rén ér zhuō yú huó jǐ zhī zǐ zāi　　 nǎi gōng yú móu rén ér zhuō yú

多死于鬼⑰，彼岂工于活人而拙于活己之子哉？乃工于谋人而拙于

儿女，大多死于疾病；良巫的儿女，大多死于魔障。难道他们善于救活他人却拙于救活自己的儿女吗？

móu tiān yě

谋天也。

这是因为他们只善于谋求人事而拙于谋求天意啊。

gǔ zhī shèng rén　　 zhī tiān xià hòu shì zhī biàn fēi zhì lǜ zhī suǒ néngzhōu　 fēi fǎ shù zhī suǒ néng zhì

古之圣人，知天下后世之变非智虑之所能周，非法术之所能制，

古代的圣明君主，他们懂得天下后世的变化，不是人的智慧谋略所能周全，不是法令权术所能控

bù gǎn sì qí sī móu guǐ jì　 ér wéi jī zhì chéng yòng dà dé yǐ jié hū tiān xīn　 shǐ tiān juàn qí dé

不敢肆其私谋诡计，而唯积至诚、用大德以结乎天心，使天眷其德，

制的，因此不敢肆无忌惮地使用阴谋诡术，而是积聚最大的诚心，使用崇高的品德联结天意，使上天眷顾

ruò cí mǔ zhī bǎo chì zǐ ér bù rěn shì　 gù qí zǐ sūn suī yǒu zhì yú bú xiào zhě zú yǐ wáng guó

若慈母之保赤子而不忍释。故其子孙虽有至愚不肖者足以亡国，

他们的德行，就像慈母保护乳儿一样，不忍心撒手不管。因此，他们的子孙中，虽然有极其愚笨不成器而

ér tiān zú bù rěn jù wáng zhī①　 cǐ lǜ zhī yuǎn zhě yě　 fú gǒu bù néng zì

而天卒不忍遽亡之①，此虑之远者也。夫苟不能自

足以亡国的，而上天终于不忍心立刻让他们的国家灭亡，这就是他们思虑深远

jié yú tiān　 ér yù yǐ qū qū zhī zhì lǒng luò dāng shì zhī wù②　 ér bì hòu

结于天，而欲以区区之智笼络当世之务②，而必后

的地方。如果自己不能感动上天，而想凭借小小的智慧，驾驭控制人事，还想一

shì zhī wú wēi wáng　 cǐ lǐ zhī suǒ bì wú zhě yě　 ér qǐ tiān dào zāi

世之无危亡，此理之所必无者也，而岂天道哉！

定使自己的后代不发生危亡，这在情理上都说不通，又哪里能符合天意呢？

> ① 遽：马上，立即。② 笼络：指当权者用权术谋略驾驭、拉拢人。

（张国浩）

豫 让 论
yù ràng lùn

方孝孺
fāng xiào rú

士君子立身事主，既名知己①，则当竭尽智谋，忠告善道②，
shì jūn zǐ lì shēn shì zhǔ　jì míng zhī jǐ　　zé dāng jié jìn zhì móu　zhōng gào shàn dào

君子修养立身，侍奉君主，既然已被称作是君主的知己，就应当竭尽自己的聪明才智，向君主提出

销患于未形，保治于未然③，俾身全而主安④。生为名臣，死为
xiāo huàn yú wèi xíng　bǎo zhì yú wèi rán　　bǐ shēn quán ér zhǔ ān　　shēng wéi míng chén　sǐ wéi

忠诚的劝告，并善意地劝说他，把祸患消除在尚未形成之时，在天下太平尚未被破坏时尽力维护它，从而

上鬼，垂光百世，照耀简策⑤，斯为美也。苟遇知己，不能扶危于
shàng guǐ　chuí guāng bǎi shì　zhào yào jiǎn cè　　sǐ wéi měi yě　　gǒu yù zhī jǐ　bù néng fú wēi yú

使自身得以保全，使君主平安无事。活着时是有名节的臣子，死后成为不朽的英灵，英名垂范百世，事迹

未乱之先，而乃捐躯殒命于既败之后，钓名沽誉，眩世炫俗⑥，由
wèi luàn zhī xiān　　ér nǎi juān qū yǔn mìng yú jì bài zhī hòu　diào míng gū yù　xuàn shì xuàn sú　　yóu

照耀青史，这才是值得称道赞美的。假使遇上了知己的君主，不能在没有发生变乱前辅助他消除危机，却

君子观之，皆所不取也。
jūn zǐ guān zhī　jiē suǒ bù qǔ yě

在已经失败之后为主君去死，沽名钓誉，迷惑世俗之人。这种行为，从君子看来，都是不足取的。

---

① 名：被称为。　② 忠告善道：诚恳地告诫，善意地劝说。《论语·颜渊》："忠告而善道之。"　③ 未然：事情尚未发生。　④ 俾：使。　⑤ 简策：指史籍。　简，竹简，连编诸简，谓之策。古无纸笔，用刀将文字刻于竹片或木片上。　⑥ 眩世炫俗：迷惑、吓唬世俗之人，引申为欺世盗名之意。

盖尝因而论之①。豫让臣事智伯②，及赵襄子杀智伯③，让为之
gài cháng yīn ér lùn zhī　　yù ràng chén shì zhì bó　　jí zhào xiāng zǐ shā zhì bó　　ràng wèi zhī

我曾经按照这个标准来评说豫让。豫让做智伯的家臣，等到赵襄子杀了智伯以后，豫让要为智伯

<ruby>报<rt>bào</rt></ruby><ruby>仇<rt>chóu</rt></ruby>，<ruby>声<rt>shēng</rt></ruby><ruby>名<rt>míng</rt></ruby><ruby>烈<rt>liè</rt></ruby><ruby>烈<rt>liè</rt></ruby>，<ruby>虽<rt>suī</rt></ruby><ruby>愚<rt>yú</rt></ruby><ruby>夫<rt>fū</rt></ruby><ruby>愚<rt>yú</rt></ruby><ruby>妇<rt>fù</rt></ruby>④，<ruby>莫<rt>mò</rt></ruby><ruby>不<rt>bù</rt></ruby><ruby>知<rt>zhī</rt></ruby><ruby>其<rt>qí</rt></ruby><ruby>为<rt>wéi</rt></ruby><ruby>忠<rt>zhōng</rt></ruby><ruby>臣<rt>chén</rt></ruby><ruby>义<rt>yì</rt></ruby><ruby>士<rt>shì</rt></ruby><ruby>也<rt>yě</rt></ruby>。<ruby>呜<rt>wū</rt></ruby><ruby>呼<rt>hū</rt></ruby>！<ruby>让<rt>ràng</rt></ruby>

复仇，忠义的名声显赫如火，即使是愚昧无知的百姓，也没有不知道他是忠臣义士的啊。唉！豫让的死

<ruby>之<rt>zhī</rt></ruby><ruby>死<rt>sǐ</rt></ruby><ruby>固<rt>gù</rt></ruby><ruby>忠<rt>zhōng</rt></ruby><ruby>矣<rt>yǐ</rt></ruby>，<ruby>惜<rt>xī</rt></ruby><ruby>乎<rt>hū</rt></ruby><ruby>处<rt>chǔ</rt></ruby><ruby>死<rt>sǐ</rt></ruby><ruby>之<rt>zhī</rt></ruby><ruby>道<rt>dào</rt></ruby><ruby>有<rt>yǒu</rt></ruby><ruby>未<rt>wèi</rt></ruby><ruby>忠<rt>zhōng</rt></ruby><ruby>者<rt>zhě</rt></ruby><ruby>存<rt>cún</rt></ruby><ruby>焉<rt>yān</rt></ruby>。<ruby>何<rt>hé</rt></ruby><ruby>也<rt>yě</rt></ruby>？<ruby>观<rt>guān</rt></ruby><ruby>其<rt>qí</rt></ruby><ruby>漆<rt>qī</rt></ruby><ruby>身<rt>shēn</rt></ruby><ruby>吞<rt>tūn</rt></ruby><ruby>炭<rt>tàn</rt></ruby>⑤，

自然称得上是忠诚了，只可惜他死的方式也有不够忠诚的地方。为什么这样说呢？我们看他用漆涂身改变

<ruby>谓<rt>wèi</rt></ruby><ruby>其<rt>qí</rt></ruby><ruby>友<rt>yǒu</rt></ruby><ruby>曰<rt>yuē</rt></ruby>："<ruby>凡<rt>fán</rt></ruby><ruby>吾<rt>wú</rt></ruby><ruby>所<rt>suǒ</rt></ruby><ruby>为<rt>wéi</rt></ruby><ruby>者<rt>zhě</rt></ruby><ruby>极<rt>jí</rt></ruby><ruby>难<rt>nán</rt></ruby>，<ruby>将<rt>jiāng</rt></ruby><ruby>以<rt>yǐ</rt></ruby><ruby>愧<rt>kuì</rt></ruby><ruby>天<rt>tiān</rt></ruby><ruby>下<rt>xià</rt></ruby><ruby>后<rt>hòu</rt></ruby><ruby>世<rt>shì</rt></ruby><ruby>之<rt>zhī</rt></ruby><ruby>为<rt>wéi</rt></ruby><ruby>人<rt>rén</rt></ruby><ruby>臣<rt>chén</rt></ruby><ruby>而<rt>ér</rt></ruby><ruby>怀<rt>huái</rt></ruby><ruby>二<rt>èr</rt></ruby><ruby>心<rt>xīn</rt></ruby><ruby>者<rt>zhě</rt></ruby>

容貌，吞食炭块以改变声音，对友人说："我做的这些都是常人难以做到的，我这么做是为了让天下后世作

<ruby>也<rt>yě</rt></ruby>。"<ruby>谓<rt>wèi</rt></ruby><ruby>非<rt>fēi</rt></ruby><ruby>忠<rt>zhōng</rt></ruby><ruby>可<rt>kě</rt></ruby><ruby>乎<rt>hū</rt></ruby>？<ruby>及<rt>jí</rt></ruby><ruby>观<rt>guān</rt></ruby><ruby>斩<rt>zhǎn</rt></ruby><ruby>衣<rt>yī</rt></ruby><ruby>三<rt>sān</rt></ruby><ruby>跃<rt>yuè</rt></ruby>⑥，<ruby>襄<rt>xiāng</rt></ruby><ruby>子<rt>zǐ</rt></ruby><ruby>责<rt>zé</rt></ruby><ruby>以<rt>yǐ</rt></ruby><ruby>不<rt>bù</rt></ruby><ruby>死<rt>sǐ</rt></ruby><ruby>于<rt>yú</rt></ruby><ruby>中<rt>zhōng</rt></ruby><ruby>行<rt>háng</rt></ruby><ruby>氏<rt>shì</rt></ruby><ruby>而<rt>ér</rt></ruby><ruby>独<rt>dú</rt></ruby>

人臣却不忠诚的人感到羞愧啊。"可以说他不够忠诚吗？及至他对赵襄子的衣服三跃而刺，赵襄子指责他

<ruby>死<rt>sǐ</rt></ruby><ruby>于<rt>yú</rt></ruby><ruby>智<rt>zhì</rt></ruby><ruby>伯<rt>bó</rt></ruby>⑦，<ruby>让<rt>ràng</rt></ruby><ruby>应<rt>yìng</rt></ruby><ruby>曰<rt>yuē</rt></ruby>："<ruby>中<rt>zhōng</rt></ruby><ruby>行<rt>háng</rt></ruby><ruby>氏<rt>shì</rt></ruby><ruby>以<rt>yǐ</rt></ruby><ruby>众<rt>zhòng</rt></ruby><ruby>人<rt>rén</rt></ruby><ruby>待<rt>dài</rt></ruby><ruby>我<rt>wǒ</rt></ruby>，<ruby>我<rt>wǒ</rt></ruby><ruby>故<rt>gù</rt></ruby><ruby>以<rt>yǐ</rt></ruby><ruby>众<rt>zhòng</rt></ruby><ruby>人<rt>rén</rt></ruby><ruby>报<rt>bào</rt></ruby><ruby>之<rt>zhī</rt></ruby>；<ruby>智<rt>zhì</rt></ruby><ruby>伯<rt>bó</rt></ruby>

不去为中行氏去死，偏偏为智伯送死时，豫让回答说："中行氏以常人的礼节对待我，所以我用常人的礼节

<ruby>以<rt>yǐ</rt></ruby><ruby>国<rt>guó</rt></ruby><ruby>士<rt>shì</rt></ruby><ruby>待<rt>dài</rt></ruby><ruby>我<rt>wǒ</rt></ruby>⑧，<ruby>我<rt>wǒ</rt></ruby><ruby>故<rt>gù</rt></ruby><ruby>以<rt>yǐ</rt></ruby><ruby>国<rt>guó</rt></ruby><ruby>士<rt>shì</rt></ruby><ruby>报<rt>bào</rt></ruby><ruby>之<rt>zhī</rt></ruby>。"<ruby>即<rt>jí</rt></ruby><ruby>此<rt>cǐ</rt></ruby><ruby>而<rt>ér</rt></ruby><ruby>论<rt>lùn</rt></ruby>，<ruby>让<rt>ràng</rt></ruby><ruby>有<rt>yǒu</rt></ruby><ruby>余<rt>yú</rt></ruby><ruby>憾<rt>hàn</rt></ruby><ruby>矣<rt>yǐ</rt></ruby>。

回报他；智伯用国士的礼节对待我，所以我用国士的礼节回报他。"就从这点来说，豫让有让人遗憾的地方。

---

① 因：根据。　② 智伯：晋大夫，名瑶。曾联合韩、赵、魏三家吞并了范氏、中行氏两家土地，后又向韩、赵、魏索地，被韩、赵、魏三家吞灭，并三分其地。　③ 赵襄子：即赵孟，晋国贵族赵简之子。与韩康子、魏桓子共败智伯军，杀智伯而灭其族，尽分其地。
④ 愚夫愚妇：指普通老百姓，古代统治阶级对劳动人民的蔑称。　⑤ 漆身吞炭：豫让欲谋刺赵襄子，为智伯报仇，乃漆身变容，吞炭变音。　⑥ 斩衣三跃：赵襄子出行，豫让伏于桥下，谋刺未成被襄子兵所获。豫让曰："今日之事，臣固伏诛，然愿请君之衣而击之，虽死不恨。"襄子义之，持衣给豫让。豫让拔剑三跃，呼天击之，遂伏剑自尽。
⑦ 中行氏：春秋时晋大夫荀林父之后。荀林父因掌管晋之中行的军队，后遂以官为姓。豫让曾作过中行氏的家臣。　⑧ 国士：一国之杰出人物。

duàn guī zhī shì hán kāng　　rén zhāng zhī shì wèi xiàn　　wèi wén yǐ guó shì dài zhī yě

段规之事韩康①，任章之事魏献②，未闻以国士待之也，

段规事奉韩康子，任章事奉魏献子，从没听说韩康子、魏献子以国士的礼节对待他们，然而，段规和

ér guī yě　　zhāng yě　　lì quàn qí zhǔ cóng zhì bó zhī qǐng　yǔ zhī dì yǐ jiāo qí zhì　ér

而规也、章也，力劝其主从智伯之请，与之地以骄其志，而

任章却尽力劝说他们的君主接受智伯的要求，把土地割让给他，使智伯更加骄纵，从而加速他的灭亡。郗疵

sù qí wáng yě　　xì cī zhī shì zhì bó③　　yì wèi cháng yǐ guó shì dài zhī yě yě　ér cī néng

速其亡也。郗疵之事智伯③，亦未尝以国士待之也，而疵能

事奉智伯，智伯也没有用国士的礼节对待他，但是郗疵觉察了韩康子、魏献子的实情，并去规谏智伯。智伯虽

chá hán　wèi zhī qíng yǐ jiàn zhì bó　suī bú yòng qí yán yǐ zhì miè wáng　ér cī zhī zhì móu

察韩、魏之情以谏智伯，虽不用其言以至灭亡，而疵之智谋

然没有采纳他的意见，导致灭亡，但是郗疵的智谋和忠告，已经问心无愧了。豫让既然自称智伯以国士的礼

zhōng gào　yǐ wú kuì yú xīn yě　ràng jì zì wèi zhì bó dài yǐ guó shì yǐ　guó shì　jì guó

忠告，已无愧于心也。让既自谓智伯待以国士矣，国士，济国

遇待他，而所谓国士，是可以济国安邦的杰出人士啊。当智伯要求他人的土地永无满足的时候，当智伯放纵

zhī shì yě　dāng bó qǐng dì wú yàn zhī rì④　　zòng yù huāng bào zhī shí　wéi ràng zhě　zhèng yí

之士也。当伯请地无厌之日④，纵欲荒暴之时，为让者，正宜

私欲、昏庸残暴的时候，作为豫让来说，正应当贡献自己的才力，尽人臣之责，诚恳地劝告智伯说："诸侯和大

chén lì jiù liè⑤　　zhūn zhūn rán ér gào zhī yuē　　zhū hóu dà fū　gè ān fēn dì　wú xiāng qīn

陈力就列⑤，谆谆然而告之曰："诸侯大夫，各安分地，无相侵

夫间，应该各自享有自己的封地，不要互相侵略掠夺，这是从古以来的规定。现在您无缘无故地索取别人的

duó　gǔ zhī zhì zhī yě　jīn wú gù ér qǔ dì yú rén　rén bù yǔ　ér wú zhī fèn xīn bì shēng

夺，古之制也。今无故而取地于人，人不与，而吾之忿心必生；

土地，假若人家不给，我们就会产生忧恨之心；假若人家给了，那么我们就会产生骄横之心。仇视必然会引起

yǔ zhī　zé wú zhī jiāo xīn yǐ qǐ　fèn bì zhēng zhēng bì bài jiāo bì ào ào bì wáng

与之，则吾之骄心以起。忿必争，争必败；骄必傲，傲必亡。"

争夺，争夺的结果一定是失败；骄横就一定会目中无人，目中无人就必然会导致灭亡。"如此恳切地劝说忠

zhūn qiè kěn zhì　jiàn bù cóng，zài jiàn zhī；zài jiàn bù cóng，sān jiàn zhī；sān jiàn bù cóng　yí qí

谆切恳至，谏不从，再谏之；再谏不从，三谏之；三谏不从，移其

告，一次劝谏不听从就再劝谏，再次劝谏还是不听，就第三次劝谏，第三次劝谏仍然不听从，就把自己在赵襄

fú jiàn zhī sǐ⑥　　sǐ yú shì rì　bó suī wán míng bù líng⑦　gǎn qí zhì chéng shù jǐ fù wù⑧

伏剑之死⑥，死于是日。伯虽顽冥不灵⑦，感其至诚，庶几复悟⑧，

子面前斩衣自尽的日子，移到这一天。智伯即使愚昧糊涂到了极点，被他这种至诚之心感动，或许也会重新

和韩、魏，释赵围，保全智宗，守其祭祀。若然，则让虽死犹生也，
<small>hé hán wèi shì zhào wéi bǎo quán zhì zōng shǒu qí jì sì ruò rán zé ràng suī sǐ yóu shēng yě</small>

醒悟过来，跟韩、魏和解，解除对赵地的包围，从而保全智氏的家族，保持智氏宗庙的祭祀。如果能这么做

岂不胜于斩衣而死乎？让于此时，曾无一语开悟主心，视伯之危
<small>qǐ bú shèng yú zhǎn yī ér sǐ hū ràng yú cǐ shí zēng wú yì yǔ kāi wù zhǔ xīn shì bó zhī wēi</small>

那么，即使豫让人死了，也会像活着一样让人怀念，难道这不比仅仅刺杀他人衣服再自尽的行为更加高

亡犹越人视秦人之肥瘠也⑨，袖手旁观，坐待成败，国士之报，
<small>wáng yóu yuè rén shì qín rén zhī féi jí yě xiù shǒu páng guān zuò dài chéng bài guó shì zhī bào</small>

明吗？可是，豫让当时竟没有一句话去开导主君的心智，看着智伯行将灭亡如越人看待秦人的肥瘦一样漠

曾若是乎？智伯既死，而乃不胜血气之悻悻⑩，甘自附于刺客之流，
<small>zēng ruò shì hū zhì bó jì sǐ ér nǎi bù shèng xuè qì zhī xìng xìng gān zì fù yú cì kè zhī liú</small>

不关心，袖手旁观，坐等双方的成功与失败。国士对君主的报答之情，难道应该这样的吗？等到智伯死后，

何足道哉？何足道哉？
<small>hé zú dào zāi hé zú dào zāi</small>

他才气愤得控制不住自己，甘愿成为刺客一类的人，这有什么值得称道的呢？这有什么值得称道的呢？

---

① **段规**：韩康子的谋臣。韩康子，名虔，春秋末晋大夫。智伯曾向韩康子索要土地，韩康子打算拒绝，段规劝他满足智伯的要求。等到智伯从这里得到土地，向别人索要而不能满足要求时，必定会动用武力。这样韩氏家族就可以坐等事态发展。　② **任章**：魏献子的谋臣。魏献子，名驹，春秋末晋国大夫。智伯从韩氏获得土地后，又向魏献子索要土地，魏献子也不想给他。任章劝道："智伯无缘无故向别人索要土地，各位大夫定会害怕。我们给他土地，他定会骄纵，这样，智氏的命运必不长久。"魏献子因此也把土地给了智伯。　③ **"郄疵"句**：智伯从韩、魏两家获取土地后，又向赵襄子索要土地，遭到拒绝。智伯逼迫韩、魏出兵，跟自己的军队一起包围赵城晋阳，用水灌城。郄疵劝智伯道："你领了韩、魏之兵攻赵，韩、魏两家担心赵亡后会波及到他们的安危，这样，韩、魏就会反叛我们。"智伯不听。赵襄子派人和韩、魏约定，三家里应外合，终于消灭智氏。不久，韩、赵、魏把晋国一分为三，成立赵国、韩国和魏国，史称"三家分晋"。　④ **厌**：满足。　⑤ **陈力就列**：施展才力，而胜任自己的职位。　⑥ **伏剑**：自刎。　⑦ **顽冥**：犹言愚昧。　⑧ **庶几**：或许能够。　⑨ **"视伯"句**：以越人视秦人之肥瘦作比喻，言豫让视智伯危亡而不关痛痒。因秦在西北，越在东南，相去甚远，故用此喻。　⑩ **悻悻**：忿恨貌。

suī rán yǐ guó shì ér lùn yù ràng gù bù zú yǐ dāng yǐ bǐ zhāo
虽然，以国士而论，豫让固不足以当矣；彼朝

虽然这样，以国士的标准衡量，豫让固然是够不上的；但是，那些在早

wéi chóu dí mù wéi jūn chén tiǎn rán ér zì dé zhě yòu ràng zhī zuì
为仇敌，暮为君臣，靦然而自得者①，又让之罪

上还是仇敌，到了晚上就成了君臣，还厚着脸皮洋洋自得的人，又是豫让的罪

rén yě yī
人也。噫！

人了。唉！

①靦然：厚颜无耻的样子。

（张国浩）

qīn zhèng piān
亲 政 篇

wáng ào
王 鏊

yì zhī tài yuē shàng xià jiāo ér qí zhì tóng qí pǐ yuē
《易》之《泰》曰①："上下交而其志同。"其《否》曰②：

《易经》中的《泰》卦上说："君主和臣民间的意见互相交流，他们的思想就会相同。"《否》卦上说："君

shàng xià bù jiāo ér tiān xià wú bāng gài shàng zhī qíng dá yú xià xià zhī qíng dá
"上下不交而天下无邦。"盖上之情达于下，下之情达

主和臣民间的意见不能互相交流，国家就会灭亡。"这是说，君主的思想能传达到臣民，臣民的思想能反映给

yú shàng shàng xià yì tǐ suǒ yǐ wéi tài xià zhī qíng yōng è ér bù dé shàng wén
于上，上下一体，所以为"泰"；下之情壅阏而不得上闻③，

君主，君主和臣民结成一个整体，因此叫做"泰"；臣民的情意被堵塞不能反映给君主，君主和臣民有了隔

shàng xià jiàn gé suī yǒu guó ér wú guó yǐ suǒ yǐ wéi pǐ yě jiāo zé tài bù
上下间隔，虽有国而无国矣，所以为"否"也。交则泰，不

阂，虽然君主名义上掌握着国家政权，而实际等于并没有掌握，因此叫做"否"。上下交流就安泰，不能交流就

jiāo zé pǐ zì gǔ jiē rán ér bù jiāo zhī bì wèi yǒu rú jìn shì zhī shèn zhě jūn
交则否，自古皆然，而不交之弊，未有如近世之甚者。君

闭塞不通，从古以来都是这样，然而上下不能交流的弊端，还从来没有像近世这样严重。君主和臣子的见面，

chén xiāng jiàn　　zhǐ yú shì cháo shù kè　　　shàng xià zhī jiān zhāng zòu pī dá xiāng guān jiē
臣相见，止于视朝数刻④；上下之间，章奏批答相关接⑤，

仅仅限于在皇上上朝理事的几刻时间里；上下之间交往，不过是臣下上书奏本，君主批文答复的相互接触，

xíng míng fǎ dù xiāng wéi chí ér yǐ　　　fēi dú yán xí gù shì　　　yì qí dì shì shǐ
刑名法度相维持而已⑥。非独沿袭故事⑦，亦其地势使

依靠法令礼仪制度维持君臣关系而已。所以会这样，不仅仅是因为沿袭旧的规章制度，也是皇帝与臣子间地

rán　hé yě　guó jiā cháng cháo yú fèng tiān mén　　　wèi cháng yí rì fèi　kě wèi qín yǐ
然。何也？国家常朝于奉天门⑧，未尝一日废，可谓勤矣。

位悬殊造成的。为什么这么说呢？朝廷日常朝会在奉天门举行，从来没有停止过一天，可以说是勤劳的了。然

rán táng bì xuán jué　wēi yí hè yì　　　yù shǐ jiū yí　hóng lú jǔ bù rú fǎ　　tōng zhèng
然堂陛悬绝，威仪赫奕⑨，御史纠仪⑩，鸿胪举不如法⑪，通政

而皇上所在殿堂与大臣所站立的台阶相隔很远，礼节又极其隆重，又有御史督察群臣是否失仪，有鸿胪检举

sī yǐn zòu　　shàng tè shì zhī　xiè ēn jiàn cí　zhuì zhuì ér tuì　　shàng hé cháng zhì yī shì
司引奏⑫，上特视之，谢恩见辞，惴惴而退⑬，上何尝治一事，

群臣不合法度之事，有通政使引领大臣到皇上前奏事，而皇上只是接见一下，这臣子就得谢恩告辞，诚惶诚

xià hé cháng jìn yì yán zāi　　cǐ wú tā　dì shì xuán jué　　suǒ wèi táng shàng yuǎn yú wàn lǐ
下何尝进一言哉？此无他，地势悬绝，所谓堂上远于万里，

恐地退出殿堂，皇上何曾办过一件事，臣子又何曾说过一句话？这没有别的原因，就是因为皇帝与臣子之间

suī yù yán wú yóu yán yě
虽欲言无由言也。

地位悬殊，这就是所说的皇上高坐殿堂，君臣相望如隔万里之遥，即使想说也没有机会说话啊。

---

① 王鏊（1450～1524），明成化年间进士，官至户部尚书兼文渊阁大学士。 《泰》：易卦名。象征通泰。 ②《否》：卦名。象征闭塞不吉。 ③ 壅阏：犹堵塞，堵住。 ④ 视朝：皇帝临朝以见群臣。 刻：古代计时单位，一昼夜为一百刻。 ⑤ 章奏：即奏章，群臣上书于皇帝之文。 批答：皇帝阅群臣奏章，以定其可否，谓之批答。 ⑥ 刑名：古代有刑名之学，讲究以名责实，这里指尊君卑臣、崇上抑下的礼法。 ⑦ 故事：传统做法，旧时的典章制度。 ⑧ 奉天门：明代殿前中门。 ⑨ 赫奕：显赫盛大。 ⑩ 御史：官名，明设都察院，长官曰都御史，掌管纠劾百官之职。 ⑪ 鸿胪：官名，掌管殿廷礼仪之职。 ⑫ 通政司：官署名，负责收转内外奏章，这里指通政司的负责官员通政使。 ⑬ 惴惴：恐惧貌。

愚以为欲上下之交，莫若复古内朝之法。盖周之时有三朝①：

> 我以为想要做到君主和臣下互相交流，不如恢复古代内朝的制度。周朝的时候设有三朝：皇宫最

库门之外为正朝②，询谋大臣在焉；路门之外为治朝③，日视朝在焉；

> 外边的库门之外是正朝，天子在那里向大臣们咨询商议国事；皇宫最里边的路门之外是治朝，天子每天

路门之内曰内朝，亦曰燕朝。《玉藻》云④："君日出而视朝，退适路寝

> 在那里坐朝面见百官；路门之内是内朝，也叫燕朝。《礼记·玉藻》说："君王在日出时临朝会见百官，退朝

听政⑤。"盖视朝而见群臣，所以正上下之分；听政而适路寝，所以

> 后在宫内处理政务。"原来临朝会见群臣，是用它来显示君臣上下间的名分；处理政务则去宫中的路寝，

通远近之情。汉制：大司马、左右前后将军、侍中、散骑诸吏为中

> 是用来沟通君臣间的情意。汉朝的制度是，皇帝接见大司马、左右前后将军、侍中、散骑等官吏为中朝，接

朝⑥，丞相以下至六百石为外朝⑦。唐皇城之北南三门曰承天，

> 见丞相以下至六百石的官吏为外朝。唐朝皇城的北面，朝南向的有三座门，叫承天门，每年元旦和冬至节

元正、冬至受万国之朝贡⑧，则御焉⑨，盖古之外朝也。其北曰太极

> 皇帝接受天下各国的朝贺和进贡，就在那里坐朝，这就是古代的外朝。它的北面叫太极门，门西有太极殿，

门，其西曰太极殿，朔、望则坐而视朝⑩，盖古之正朝也。又北曰两

> 每月初一、十五日，皇帝亲临那里会见朝臣，这就是古代的正朝。再向北有两仪殿，皇帝平时在那里坐朝处

仪殿，常日听朝而视事，盖古之内朝也。宋时常朝则文德殿，五日

> 理政务，这就是古代的内朝。宋朝时皇帝坐朝处理政务在文德殿，每隔五日，群臣向皇帝请安是在垂拱殿；

一起居则垂拱殿，正旦、冬至、圣节称贺则大庆殿⑪，赐宴则紫宸

> 元旦、冬至节、万寿节，群臣前来恭贺在大庆殿，皇帝赐宴群臣在紫宸殿或集英殿，考试进士在崇政殿。侍从

殿或集英殿，试进士则崇政殿。侍从以下，五日一员上殿，谓之

> 以下的官员，每隔五天就有一位上殿朝见，叫做"轮对"，他们一定要在皇帝前陈述时政利弊得失。在内殿

lún duì zé bì rù chén shí zhèng lì hài　nèi diàn yǐn jiàn yì huò cì zuò huò miǎn chuān xuē gài yì
轮对，则必入陈时政利害。内殿引见，亦或赐坐，或免穿靴，盖亦

召见大臣由太监引领，有时也赐大臣坐下说话，有时免去臣子穿靴入朝。这样做，也有周、汉、唐三朝留下

yǒu sān cháo zhī yí yì yān　gài tiān yǒu sān yuán　tiān zǐ xiàng zhī　zhèng cháo xiàng tài jí yě　wài cháo
有三朝之遗意焉。盖天有三垣⑫，天子象之。正朝，象太极也⑬；外朝，

的沟通君臣关系的用意。天上的星宿有三垣之分，皇帝是在模仿上天行事。正朝，是模仿太微垣；外朝，是

xiàng tiān shì yě　nèi cháo xiàng zǐ wēi yě　zì gǔ rán yǐ
象天市也；内朝，象紫微也。自古然矣。

模仿天市垣；内朝，是模仿紫微垣。从古以来都是这样做的。

---

①**三朝**：相传周朝天子与群臣议政有三处地方：外朝，在库门外、皋门内；内朝有两处，一在路门外，一在路门内，统称三朝。　②**库门**：天子宫中最外面的一个门。　③**路门**：天子宫中最里面的一个门。　④**《玉藻》**：《礼记》篇名。　⑤**路寝**：古代君主处理政事及入寝的宫室。　⑥**大司马**：官名，汉为三公之一，掌管全国军事。　**左右前后将军**：即左将军、右将军、前将军、后将军四种武官，位在大司马之下。　**侍中、散骑**：都是汉代皇帝的近臣。　⑦**六百石**：汉代官秩。　⑧**元正**：即元旦。　**冬至**：节候名，在阳历十二月二十二、三日。　⑨**御**：登。　⑩**朔、望**：农历每月的初一和十五。　⑪**圣节**：指皇帝、皇后、皇太后等人诞辰的节日，也称"万寿节"。　⑫**三垣**：我国古代把天体恒星区分为三垣二十八宿，三垣即太微、紫微、天市。　⑬**太极**：即太微。

---

guó cháo shèng jié　zhēng dàn　dōng zhì dà cháo huì zé fèng tiān diàn　jí gǔ zhī zhèng cháo yě
国朝圣节、正旦、冬至大朝会则奉天殿①，即古之正朝也。

我明朝凡是万寿节、正月初一、冬至节等大规模的朝会，安排在奉天殿，这相当于古代的正朝。平

cháng rì zé fèng tiān mén　jí gǔ zhī wài cháo yě　ér nèi cháo dú quē　rán fēi quē yě huá gài
常日则奉天门，即古之外朝也。而内朝独缺。然非缺也，华盖、

日朝见则在奉天门，这相当于古代的外朝。却唯独缺了内朝。但其实并不空缺，皇上在华盖、谨身、武英等

jǐn shēn wǔ yīng děng diàn　qǐ fēi nèi cháo zhī yí zhì hū　hóng wǔ zhōng rú sòng lián liú jī
谨身、武英等殿，岂非内朝之遗制乎？洪武中如宋濂、刘基②，

殿接见群臣，不就是古代内朝的旧制吗？太祖洪武年间，如宋濂、刘基，成祖永乐以来，像杨士奇、杨荣等

yǒng lè yǐ lái rú yáng shì qí　yáng róng děng　rì shì zuǒ yòu　dà chén jiǎn yì　xià yuán jí děng
永乐以来如杨士奇、杨荣等③，日侍左右，大臣蹇义、夏元吉等④，

大臣，天天陪侍在皇帝身边，大臣蹇义、夏原吉等人，常常在便殿向皇帝上奏和议答。在这种时候，难道还

常奏对便殿⑤。于斯时也，岂有壅隔

担心君臣间的隔阂吗？当今内朝制度还没有恢复，皇上平

之患哉⑥？今内朝未复，临御常朝之

时接见群臣以后，大臣就不再进殿朝见。华盖、谨身、武英

后⑦，人臣无复进见，三殿高闶⑧，鲜

三殿高大幽深，臣子们很少能窥视到殿内的情形。所以君

或窥焉。故上下之情，壅而不通；天

主和臣子的想法，壅塞而不通畅；天下的弊端，由此越积

下之弊，由是而积。孝宗晚年⑨，深有

越多。孝宗晚年的时候，对此有很深的感慨，多次在便殿

慨于斯，屡召大臣于便殿，讲论天下

召见大臣，研究天下大事。当孝宗正要有所作为之时，可

事。方将有为，而民之无禄，不及睹至

惜百姓没有福分，孝宗就去世了，没来得及看见太平盛世

治之美，天下至今以为恨矣。

的出现，天下的人直到现在都认为这是一件憾事。

惟陛下远法圣祖，近法孝宗，尽铲近世壅隔之弊。常

希望陛下远效太祖和成祖，近学孝宗，彻底清除近代君臣隔阂疏远的弊病。除了常朝之外，能驾临

朝之外，即文华、武英二殿，仿古内朝之意，大臣三日或五日

文华、武英二殿，仿照古代内朝的意思，大臣们三天或五天一次轮流恭请圣安，侍从和台谏每次派一人上

一次起居，侍从、台谏各一员上殿轮对①；诸司有事咨决，上

殿朝见，回答皇上关于政事的询问；各部门有事咨询请示，皇上根据自己的意见作出决断，有难以决断的

① 国朝：指本朝（明朝）。 ② 洪武：明太祖（朱元璋）年号。 宋濂、刘基：明太祖的开国元勋。参见本书宋濂《送天台陈庭学序》注和刘基《司马季主论卜》注。
③ 永乐：明成祖（朱棣）年号。 杨士奇：名寓。曾在宣宗和英宗初年，与杨荣、杨溥合掌国政，世称"三杨"。 杨荣：字勉仁，福建建安（今福建建瓯县）人。
④ 蹇义：字宜之，巴县（今重庆市郊）人。成祖时，曾辅太子监国，历事五朝，死后谥"忠定"。 夏元吉：即夏原吉，字惟哲，湖广湘阴（今属湖南）人。宣宗时拜相，死后谥"忠靖"。 ⑤ 便殿：非正式设朝的殿堂。 ⑥ 壅隔：堵塞隔离。 ⑦ 临御：指皇帝亲临朝政。 ⑧ 闶：幽深，此指关闭。 ⑨ 孝宗：弘治帝朱祐樘的庙号。公元1488年至1505年在位。

jù suǒ jiàn jué zhī　yǒu nán jué zhě　yú dà chén miàn yì zhī　bù shí yǐn jiàn qún chén fán xiè
据所见决之，有难决者，与大臣面议之。不时引见群臣，凡谢

事情，就与大臣们当面商议。皇上要不定期的召见群臣百官，即使是谢恩、辞行一类礼节性的事务，有关

ēn cí jiàn zhī lèi　jiē dé shàng diàn chén zòu　xū xīn ér wèn zhī　hé yán sè ér dǎo zhī
恩辞见之类，皆得上殿陈奏。虚心而问之，和颜色而道之②，

人员也都能够上殿进呈奏文。皇上虚心地询问他们，和颜悦色地引导他们谈话，这样一来，人人都能全部

rú cǐ　rén rén dé yǐ zì jìn　bì xià suī shēn jū jiǔ chóng　ér tiān xià zhī shì càn rán bì
如此，人人得以自尽③，陛下虽深居九重④，而天下之事灿然毕

说出自己的意见。皇上虽然深居宫殿之中，天下的事情却能清晰地呈现在面前。以外朝制度用来维持君

chén yú qián　wài cháo suǒ yǐ zhèng shàng xià zhī fèn　nèi cháo suǒ yǐ tōng yuǎn jìn zhī qíng　rú cǐ
陈于前。外朝所以正上下之分，内朝所以通远近之情。如此，

臣尊卑关系，以内朝制度用来疏通君臣之间情意。这样的话，难道还有近代以来君臣隔阂的弊端吗？唐尧、

qǐ yǒu jìn shí yōng gé zhī bì zāi　táng yú zhī shí
岂有近时壅隔之弊哉？唐、虞之时，

虞舜时期，尧、舜能做到眼明耳聪，正确的言论不会被埋

míng mù dá cōng　jiā yán wǎng fú　yě wú yí xián
明目达聪，嘉言罔伏⑤，野无遗贤，

没，穷乡僻壤里也没有被遗留的贤良之士，其实也不过

yì bú guò shì ér yǐ
亦不过是而已。

是我说的这种情形罢了。

> ① 台谏：指台官和谏官。台官指御史
> 台官员；谏官指谏议大夫，给事中等。
> ② 道：通"导"。　③ 自尽：指全部说
> 出自己的意见。　④ 九重：指帝王所
> 居之处。　⑤ 嘉言：美好的、正确的
> 言论。　罔：不。　伏：埋没。

（张国浩）

zūn　jīng　gé　jì
尊　经　阁　记

wáng shǒu rén
王 守仁

jīng　cháng dào yě　qí zài yú tiān wèi zhī mìng　qí fù yú rén wèi zhī xìng　qí zhǔ yú shēn
经①，常道也，其在于天谓之命，其赋于人谓之性，其主于身

经是永恒不变的真理，它行之于天叫做命，授之于人叫做性，主宰于人身叫做心。心、性、命，

wèi zhī xīn　xīn yě　xìng yě　mìng yě　yī yě
谓之心。心也，性也，命也，一也。

都是同一样的东西。

① 王守仁(1472～1528)，明代著名哲学家，世称"阳明先生"。继承并发展了宋代陆九渊一派的主观唯心主义，形成阳明学派，对后世影响很大。　经：指后文所提到的《易经》、《书经》、《诗经》、《礼记》、《乐经》、《春秋》等六部儒家经典。

tōng rén wù　dá sì hǎi　sè tiān dì　gèn gǔ jīn　　wú yǒu hū fú jù　wú yǒu hū

通人物，达四海，塞天地，亘古今①，无有乎弗具，无有乎

沟通众人与万物，遍及五湖四海，充塞天地之间，贯通古往今来，无所不备，无所

fú tóng　wú yǒu hū huò biàn zhě yě　shì cháng dào yě　qí yìng hū gǎn yě　zé wéi cè yǐn　wéi

弗同，无有乎或变者也，是常道也。其应乎感也②，则为恻隐，为

不同，没有丝毫可能变化的东西，这就是永恒不变之道。它反映在人的情感上，就是同情之心，

xiū wù　wéi cí ràng　wéi shì fēi　qí xiàn yú shì yě　zé wéi fù zǐ zhī qīn　wéi jūn chén zhī yì

羞恶，为辞让，为是非；其见于事也，则为父子之亲，为君臣之义，

羞恶之心，谦让之心和是非之心；它体现在事理上，就是父子间的亲情，君臣间的恩义，夫妻间的

wéi fū fù zhī bié　wéi zhǎng yòu zhī xù　wéi péng yǒu zhī xìn　shì cè yǐn yě　xiū wù yě　cí ràng yě

为夫妇之别，为长幼之序，为朋友之信。是恻隐也，羞恶也，辞让也，

名分，长幼间的次序与朋友间的信义。这同情心，羞恶心，谦让心，是非心；这亲情，恩义，名分，次序，

shì fēi yě　shì qīn yě　yì yě　xù yě　bié yě　xìn yě　jiē suǒ wèi xīn yě　xìng yě　mìng yě

是非也；是亲也，义也，序也，别也，信也，皆所谓心也、性也、命也。

信义，都是上述所谓的心、性、命。

① 亘：贯通。
② 应：应和，因感而发。

tōng rén wù　dá sì hǎi　sè tiān dì　gèn gǔ jīn　　wú yǒu hū fú jù　wú yǒu hū fú tóng　wú yǒu

通人物，达四海，塞天地，亘古今，无有乎弗具，无有乎弗同，无有

沟通众人与万物，遍及五湖四海，充塞天地之间，贯通古往今来，无所不备，无所不同，没有

hū huò biàn zhě yě   shì cháng dào yě   yǐ yán qí yīn yáng xiāo zhǎng zhī xíng   zé wèi zhī   yì   yǐ yán

乎或变者也，是常道也。以言其阴阳消长之行①，则谓之《易》；以言

丝毫可能变化的东西，这就是永恒不变之道。用它来说明自然界阴阳消长的变化，则称之为《易》；

qí jì gāngzhèng shì zhī shī   zé wèi zhī   shū   yǐ yán qí gē yǒngxìng qíng zhī fā   zé wèi zhī shī

其纪纲政事之施②，则谓之《书》；以言其歌咏性情之发，则谓之《诗》；

用它来说明政治纲领、政务实施，则称之为《书》；用它来说明歌咏情感表达方式的，则称之为《诗》；

yǐ yán qí tiáo lǐ jié wén zhī zhù   zé wèi zhī   lǐ   yǐ yán qí xīn xǐ hé píng zhī shēng zé wèi zhī

以言其条理节文之著③，则谓之《礼》；以言其欣喜和平之生，则谓之

用它来说明礼仪制度如何确立的，则称之为《礼》；用它来表现欣喜和平的触发，则称之为《乐》；用它

yuè   yǐ yán qí chéng wěi xié zhèng zhī biàn   zé wèi zhī chūn qiū   shì yīn yáng xiāo zhǎng zhī xíng yě

《乐》；以言其诚伪邪正之辨，则谓之《春秋》。是阴阳消长之行也，

来说明真伪邪正的区别的，则称之为《春秋》。因此，从这阴阳消长的变化，直至真伪邪正的区别

yǐ zhì yú chéng wěi xié zhèng zhī biàn yě   yī yě   jiē suǒ wèi xīn yě   xìng yě   mìng yě

以至于诚伪邪正之辨也，一也，皆所谓心也、性也、命也。

是一样的事儿，都是上述所谓的心、性、命。

---

① 阴阳：事物的两种对立变化的方面、力量。　消长：消歇与生长，盛衰。　② 纪纲政事：法制法令与政治事务。　③ 条理节文：按礼仪规定的有关的各种法则、伦理制度等。在古代，因为人与人之间等级有别，因此各种人的起居、饮食、婚丧、车马、服饰都有所不同。

---

tōng rén wù   dá sì hǎi   sè tiān dì   gèn gǔ jīn   wú yǒu hū fú jù   wú yǒu hū fú tóng   wú yǒu

通人物，达四海，塞天地，亘古今，无有乎弗具，无有乎弗同，无有

沟通众人与万物，遍及五湖四海，充塞天地之间，贯通古往今来，无所不备，无所不同，没有

hū huò biàn zhě yě   fú shì zhī wèi liù jīng   liù jīng zhě fēi tā   wú xīn zhī cháng dào yě   shì gù   yì

乎或变者也，夫是之谓六经。六经者非他，吾心之常道也。是故《易》

丝毫可能变化的东西，这就叫做六经。六经不是别的东西，乃是我们心中存在的永恒不变之道。所以

yě zhě   zhì wú xīn zhī yīn yáng xiāo xī zhě yě   shū   yě zhě   zhì wú xīn zhī jì gāngzhèng shì zhě yě

也者，志吾心之阴阳消息者也①；《书》也者，志吾心之纪纲政事者也；

《易》这部经，是记述我们心中阴阳消长变化的书；《书》这部经，是记述我们心中法制政事的书；

《诗》也者,志吾心之歌咏性情者也;《礼》也者,志吾心之条理节文者

《诗》这部经,是记述我们心中歌咏性情的书;《礼》这部经,是记述我们心中礼仪制度的书;《乐》

也;《乐》也者,志吾心之欣喜和平者也;《春秋》也者,志吾心之诚

这部经,是记述我们心中欣喜和平的书;《春秋》这部经,是记述我们心中真伪邪正尺度的书。君子

伪邪正者也。君子之于六经也,求之吾心之阴阳消息而时行焉,

的对待六经,要从自己心中探索阴阳消长变化的道理,而且时时去顺行它,这才是尊重《易》;要从

所以尊《易》也;求之吾心之纪纲政事而时施焉,所以尊《书》也;求之

自己心中去探索法制政事,而且时时设法施行,这才是尊重《书》;要从自己心中去探索歌咏性情,

吾心之歌咏性情而时发焉,所以尊《诗》也;求之吾心之条理节文而

而且时时去触发它,这才是尊重《诗》;要从自己心中去探索仪礼制度,而且时时去发扬它,这才是

时著焉,所以尊《礼》也;求之吾心之欣喜和平而时

尊重《礼》;要从自己心中去探索欣喜和平之音,而且时时去拨动它,

生焉,所以尊《乐》也;求之吾心之诚伪邪正而时

这才是尊重《乐》;要从自己心中去探索真伪邪正,而且时时去区分它,

辨焉,所以尊《春秋》也。

这才是尊重《春秋》。

① 志:记。
消息:即上文
"消长"的意
思。

盖昔圣人之扶人极、忧后世而述六经也①,犹之富家者之父

从前的圣人,为了要扶植人间正道,确立道德法则,忧患后代的世风堕落,就著述了六经,就像

祖虑其产业库藏之积,其子孙者或至于遗亡散失,卒困穷而无以

富贵人家的父祖,担心他家的产业、积蓄,到了子孙后代手中,有可能散亡流失,最终穷困得无法存身活命,

自全也，而记籍其家之所有以贻之②，使之世守其产业库藏之积

就把家中所有财富登记成册留给子孙，使后人世世代代能保住产业、积蓄，得到享用，以免陷于穷

而享用焉，以免于困穷之患。故六经者，吾心之记籍也；而六经

困的危机。所以说，六经就是我们心中的登记簿；而六经的内容实质，则都存在于我们的心中。就像产业、

之实，则具于吾心，犹之产业库藏之实积，种种色色，具存于其家；

库房中的积贮，包括各种各类的物资，都放在家中一样。其登记在册的，不过是这些物资的名目、状态

其记籍者，特名状数目而已③。而世之学者不知求六经之实于吾心，

和数目而已。而世上的学者，不知道应该向自己的心中去探究六经的内容和实质，而只是仅仅去考证

而徒考索于影响之间④，牵制于文义之末，硁硁然以为是六经矣⑤。

一些似是而非的表面东西，斤斤计较于字义之类的细枝末节，就洋洋自得地认为那就是六经了。这就

是犹富家之子孙不务守视享用其产业库藏之实积，日遗亡散失，

好像那些富家的子孙后代，不去牢牢地看守保住与享用祖上遗下的产业、积蓄，让它逐渐流亡散失，

至为窭人丐夫⑥，而犹嚣嚣然指其

以至于沦为穷人乞丐，却还指着登记簿大声嚷嚷说：

记籍曰⑦："斯吾产业库藏之积

"这是我的产业和库存积蓄啊！"那些不探究六经内容

也。"何以异于是？

实质的学者与这班富家子弟的行为有什么两样呢？

---

① **人极**：人世间的道德规范，道德准则。　② **记籍**：登记用的簿子。这里作动词用。　③ **特**：只，不过。　④ **影响**：非本质的东西，事物表象。　⑤ **硁硁然**：固执、浅陋的样子。　⑥ **窭人**：穷人。　⑦ **嚣嚣然**：大声嚷嚷的样子。

呜呼！六经之学，其不明于世，非一朝一夕之故矣。尚功利，

唉！六经这门学问，它在世上不被重视光大，已经不是一朝一夕的事了。崇尚功利，风行邪说，

chóng xié shuō　　shì wèi luàn jīng　　xí xùn gǔ①　chuán jì sòng　mò nì yú qiǎn wén xiǎo jiàn　yǐ tú tiān xià

崇邪说，是谓乱经。习训诂①，传记诵，没溺于浅闻小见，以涂天下

这叫做淆乱经义。钻牛角尖研习文字训诂，讲究记忆诵读之学，沉溺于浅陋的传闻、一孔之见，用来

zhī ěr mù②　　shì wèi wǔ jīng　　chǐ yín cí　jìng guǐ biàn③　shì jiān xīn dào xíng　zhú shì lǒng duàn

之耳目②，是谓侮经。侈淫词，竞诡辨③，饰奸心盗行，逐世垄断，

掩塞天下人的耳目，这叫做侮慢经文。肆意用荒唐的言词，竞相用巧舌如簧的诡辩，来掩盖险恶的用

ér yóu zì yǐ wéi tōng jīng　　shì wèi zéi jīng④　　ruò shì zhě　　shì bìng qí

而犹自以为通经，是谓贼经④。若是者，是并其

心和卑鄙的行为，在世上争逐，谋取厚利，还自以为是精通六经，这叫做残

suǒ wèi jì jí zhě　　ér gē liè qì huǐ zhī yǐ　　nìng fù zhī suǒ yǐ wéi

所谓记籍者，而割裂弃毁之矣！宁复知所以为

害经书。像这样的人，简直是连所谓的簿籍也一同割裂毁弃了！哪里还知

zūn jīng yě hū

尊经也乎？

道什么才叫做尊经呢？

> ① 训诂：对汉字
> 字义的解释。
> ② 涂：蒙蔽、惑
> 乱。　③ 辨：通
> "辩"。　④ 贼：
> 伤残，残害。

yuè chéng jiù yǒu jī shān shū yuàn①　zài wò lóng xī gāng huāng fèi jiǔ yǐ　jùn shǒu wèi nán nán dà

越城旧有稽山书院①，在卧龙西冈，荒废久矣。郡守渭南南大

越城从前有座稽山书院，在卧龙山的西山冈上，已经荒废很久了。绍兴知府渭南人南大吉

jí②　　jì fū zhèng yú mín③　　zé kǎi rán dào mò xué zhī zhī lí　jiāng jìn zhī yǐ shèng xián zhī dào　yú

吉②，既敷政于民③，则慨然悼末学之支离，将进之以圣贤之道，于

在治理百姓政务之余，痛感近世学风的颓败，要想使之复归于圣贤之道，就命山阴县县令吴瀛拓展

shì shǐ shān yīn lìng wú jūn yíng tuò shū yuàn ér yì xīn zhī④　yòu wéi zūn jīng zhī gé yú qí hòu　yuē

是使山阴令吴君瀛拓书院而一新之④，又为尊经之阁于其后，曰：

书院，使之面貌一新，又在书院后面建造一座尊经阁，说："经学纳入正道，则百姓就会振兴，百姓振兴

jīng zhèng zé shù mín xīng　shù mín xīng sī wú xié tè yǐ⑤　gé chéng qǐng yú yì yán yǐ shěn duō

"经正则庶民兴，庶民兴，斯无邪慝矣⑤。"阁成，请予一言以谂多

了，则邪恶之事就会消灭。"阁建成后，大吉请我说上几句，来劝诫广大的士人。我既然推辞不得，就写

shì⑥　　yú jì bú huò cí　　zé wéi jì zhī ruò shì　　wū hū　　shì zhī xué zhě dé wú shuō ér qiú zhū

士⑥。予既不获辞，则为记之若是。呜呼！世之学者得吾说而求诸

下了这样一篇记文。唉！如果世上的学者了解了我的见解，而能从内心去探求六经的真谛，那么他大概

^{qí xīn yān　zé yì shù hū zhī suǒ yǐ wéi zūn jīng yě yǐ}

其心焉，则亦庶乎知所以为尊经也已。

就能知道怎样去做才算是尊经了吧！

---

① 越城：今浙江绍兴。　稽山书院：宋代时在稽山（在绍兴市东南）越王城遗址建造的一座书院。　② 郡守：州郡的长官，此指绍兴知府。　南大吉：字元善，陕西渭南人。明武宗正德六年（1511）二甲进士，时任绍兴知府。　③ 敷政：施政。　④ 山阴：今属浙江绍兴市。　⑤ 斯：连词，则、就。　邪慝：邪恶。　⑥ 谂：规劝。

（丁如明）

^{xiàng　cí　jì}

象 祠 记

^{wáng shǒu rén}

王 守 仁

^{líng bó zhī shān　yǒu xiàng cí yān　qí xià zhū miáo yí zhī jū zhě　xián shén ér cí zhī　xuān}

灵博之山①，有象祠焉。其下诸苗夷之居者②，咸神而祠之。宣

灵博山上，有座供奉象的祠庙。山下居住着的苗民都把象似神般地祭祀。宣慰使安君顺应苗

^{wèi ān jūn　yīn zhū miáo yí zhī qǐng　xīn qí cí wū　ér qǐng jì yú yǔ　yǔ yuē　huǐ zhī hū}

慰安君③因诸苗夷之请，新其祠屋，而请记于予。予曰："毁之乎，

民的请求，将祠庙房屋修建一新，并请我写一篇记文。我说："是把它毁掉呢，还是重新修复？"他说：

^{qí xīn zhī yě　yuē　xīn zhī　xīn zhī yě hé jū hū　yuē　sī cí zhī zhào yě④　gài mò}

其新之也？"曰："新之。""新之也何居乎？"曰："斯祠之肇也④，盖莫

"是重新修复。""重新修复它，为什么呢？"他说："这座祠庙的开始建造，其缘由是无人知晓了。但是

^{zhī qí yuán　rán wú zhū mán yí zhī jū shì zhě⑤　zì wú fù　wú zǔ sù zēng gāo ér shàng⑥　jiē zūn}

知其原，然吾诸蛮夷之居是者⑤，自吾父、吾祖溯曾、高而上⑥，皆尊

我们住在这里的苗民，从我父亲、祖父一直追溯到曾祖、高祖以前，世世代代都对它尊奉祭祀，每年都

^{fèng ér yīn sì yān⑦　jǔ ér bù gǎn fèi yě　yú yuē　hú rán hū　yǒu bí zhī sì⑧　táng zhī}

奉而禋祀焉⑦，举而不敢废也。"予曰："胡然乎？有鼻之祀⑧，唐之

举行祭典，从未取消过。"我说："为什么会这样呢？有鼻地方的象祠，唐朝人就曾经把它毁废了。象的

① **灵博**：山名，在今贵州黔西境内。　② **苗夷**：古代对苗族的称呼。　③ **宣慰**：官名，即宣慰使。明清时的宣慰使都是土司世袭职官，设置于边境少数民族地区，掌军民事务。　④ **斯**：此。　**肇**：始。　⑤ **蛮夷**：旧时对少数民族的蔑称。　⑥ **曾**：曾祖，祖父之父。　**高**：高祖，祖父之祖父，曾祖之父。　⑦ **禋祀**：祭祀。　⑧ **有鼻**：传说是象的封地，地在今湖南道县北。　⑨ **唐之人盖尝毁之**：唐元和中道州刺史薛伯高曾毁去鼻亭。见柳宗元《道州毁鼻亭神记》。

rén gài cháng huǐ zhī
人盖尝毁之⑨。

xiàng zhī dào yǐ wéi zǐ zé
象之道，以为子则

为人，作为人子则不孝忤逆，作为弟弟则蛮横

bú xiào yǐ wéi dì zé ào chì yú táng ér yóu
不孝，以为弟则傲。斥于唐，而犹

无礼。对他的祭祀在唐代已被人废弃，今天却还

cún yú jīn huài yú yǒu bí ér yóu shèng yú zī
存于今；坏于有鼻，而犹盛于兹

有保存着这习俗的；有鼻地方已经废除了祭祀

tǔ yě hú rán hū
土也。胡然乎？"

活动，这里却香火盛行。为什么会这样呢？"

wǒ zhī zhī yǐ jūn zǐ zhī ài ruò rén yě
我知之矣：君子之爱若人也，

我知道了其中的道理：君子要是尊爱一个人

tuī jí yú qí wū zhī wū ér kuàng yú shèng rén
推及于其屋之乌①，而况于圣人

的时候，就会连及那人住所上面的乌鸦也爱

zhī dì hū zāi rán zé cí zhě wèi shùn fēi wèi
之弟乎哉？然则祠者为舜，非为

何况象是舜的弟弟呢？那么照这样说起来，

xiàng yě yì xiàng zhī sǐ qí zài gān yǔ jì gé zhī hòu hū bù rán gǔ zhī ào jié zhě qǐ shǎo
象也。意象之死，其在干羽既格之后乎②？不然，古之鷟桀者岂少

人们是为了舜而举行祭祀的，并非是为了象。猜想起来，象是在苗民归顺以后才去世的吧！不然的话，

zāi ③ ér xiàng zhī cí dú yán yú shì wú yú shì gài yǒu yǐ jiàn shùn dé zhī zhì rù rén
哉③？而象之祠独延于世。吾于是盖有以见舜德之至，入人

古代桀鷟不驯的人难道还少吗？而单单象的祠庙却保留在世。我由此可以看到虞舜道德的至高

zhī shēn ér liú zé zhī yuǎn qiě jiǔ yě
之深，而流泽之远且久也。

无上，感人之深，和他的恩泽惠及世人的久远。

①"君子"二句:《尚书大传·牧誓·大战》:"爱人者,兼及屋上之乌。"比喻爱一个人,而推爱及与其有关的人或物。　②干:盾。　羽:雉尾扇。都是古代舞蹈者所执的舞具,武舞执干,文舞执羽。古人舞干羽表示休战和平,讲究文治教化。《尚书·虞书·大禹谟》载,舜命大禹征有苗,一个月后还不能取胜,整师而还,"帝乃诞敷文德,舞干羽于两阶"。感化了有苗,有苗归顺。　格:来,指归顺。　③鸷桀:暴戾,不驯服。

xiàng zhī bù rén gài qí shǐ yān ěr yòu wū zhī qí zhōng zhī bú jiàn huà yú shùn yě shū bù yún

象之不仁,盖其始焉耳,又乌知其终之不见化于舜也?《书》不云

象的顽劣不仁,大概是他早年间的事,又怎么知道到他晚年时不被舜感化而改恶从善呢?《尚书》上

hū① kè xié yǐ xiào zhēngzhēng yì bù gé jiān gǔ sǒu yì yǔn ruò zé yǐ huà ér wéi cí

乎①"克谐以孝,烝烝乂②,不格奸","瞽瞍亦允若"③。则已化而为慈

不是这样说吗,"舜能以孝使家庭和睦,全家的人淳厚善良,不至于犯奸作恶",又说:"舜的父亲也确实和顺

fù xiàng yóu bú tì bù kě yǐ wéi xié jìn zhì yú shàn zé bú zhì yú è bù dǐ yú jiān

父。象犹不弟④,不可以为谐;进治于善,则不至于恶;不底于奸⑤,

了。"那么舜的父亲也变为慈父了。如果象不敬重兄长,那么就不能说家庭和睦;不断加强道德修养,而到

zé bì rù yú shàn xìn hū xiàng gài yǐ huà yú shùn yǐ mèng zǐ yuē tiān zǐ shǐ lì zhì qí guó

则必入于善。信乎象盖已化于舜矣。《孟子》曰:天子使吏治其国,

达美好境界,就不至于为非作歹;不至于为非作歹,则必定会向善。的的确确,象已经被舜感化了。《孟子》

xiàng bù dé yǐ yǒu wéi yě sī gài shùn ài xiàng zhī shēn ér lù zhī xiáng suǒ yǐ fú chí fǔ dǎo zhī

象不得以有为也⑥。斯盖舜爱象之深而虑之详,所以扶持辅导之

说:天子派官吏去治理象的封地有鼻,使象不能为所欲为。这大概可以看出舜对象的爱护情深和考虑问题

zhě zhī zhōu yě bù rán zhōugōng zhī shèng ér guǎn cài bù miǎn yān sī kě yǐ jiàn xiàng zhī jiàn huà yú

者之周也。不然,周公之圣,而管、蔡不免焉⑦。斯可以见象之见化于

的详密,用以辅助象的办法也很周到。不然的话,以周公那样的圣明,还不免发生管叔、蔡叔发动叛乱的事

shùn gù néng rèn xián shǐ néng ér ān yú qí wèi zé jiā yú qí mín jì sǐ ér rén huái zhī yě zhū hóu

舜,故能任贤使能,而安于其位,泽加于其民,既死而人怀之也。诸侯

从这里可以看到象受到了舜的感化,所以能够任用贤能之士,而安于其位,恩泽惠及百姓,死了之后也令人

zhī qīng mìng yú tiān zǐ gài zhōuguān zhī zhì qí dài fǎng yú shùn zhī fēngxiàng yú

之卿⑧,命于天子,盖《周官》之制⑨,其殆仿于舜之封象欤?

怀念他。诸侯属下的卿士,是由天子任命的,这是《周官》记载的制度,大概是依据舜封象的事制订的吧!

①《书》：《尚书》，也称《书经》，儒家典籍六经之一，书中记录了上古及夏、商、周的史料。
②"克谐"二句：引自《尚书·尧典》。　烝烝，淳厚。　乂：善。　③"瞽瞍"句：《尚书·大禹谟》作"瞽亦允若"。　瞽瞍，眼睛无瞳仁，此指舜的父亲。传说舜父有目而善恶不辨，协同象谋害舜。　允若，顺从。　④弟：通"悌"，弟敬爱兄称"悌"。　⑤底：通"抵"，至。　⑥"天子"二句：语出《孟子·万章上》。原文是："象不得有为于其国，天子使吏治其国而纳其贡税焉。"　⑦"周公"二句：据《史记·周本纪》及其他史料载，周武王死后，其子成王年幼。周武王同母弟旦(周公)摄政，镇压了管叔、蔡叔的叛乱。待成王成年后，周公还政于成王。　管、蔡指周武王、周公之弟鲜、度，武王灭商后分别被封于管、蔡，因不满周公摄政，和同武庚(商纣王子)一起发动叛乱。　⑧诸侯：天子所封各国的国君。　卿：卿士，天子与诸侯所属的最高官职，也由天子任命。　⑨《周官》：即《周礼》，记载周代官制的书，相传为周公所著。

吾于是益有以信人性之善，天下无不可化之人也。然则唐人

因此我更有理由相信人的本性是善良的，天下没有不可以感化的人。那么由此看来唐代人的毁

之毁之也，据象之始也；今之诸苗之奉之也，承象之终也。斯义也，

废象祠，是根据象早年的作为；现在苗人尊奉象祠，是根据象的晚年表现了。这道理我将把它揭示给世人。

吾将以表于世，使知人之不善虽若象焉，犹可以改；而君子之修德，

使人们知道，即使像象那样的不良之徒，还是可以改造的；而君子的完善道德修养如果到了至高无上

及其至也，虽若象之不仁，而犹可以化之也。

的境界，即使遇上像象那样的不仁不义之辈，也还是可以感化他的。

（丁如明）

瘗旅文
yì lǔ wén

wáng shǒu rén
王 守 仁

维正德四年秋月三日①，有吏目云自京来者②，不知其名氏。携

> 正德四年秋季某月三日，有位据称是从京城来的吏目，不知他的姓名，带了一子一仆将去

一子一仆将之任。过龙场③，投宿土苗家。予从篱落间望见之，阴

> 上任，经过龙场地方，投宿在当地苗人家中。我从篱笆间看到他们，当时正是阴雨天气，昏黑一片，

雨昏黑，欲就问讯北来事，不果。明早，遣人觇之④，已行矣。薄午⑤，

> 想前去打听北京的情况，没有去成。到明天一早，再派人去察看，说是已经走了。近中午时分，有人

有人自蜈蚣坡来，云："一老人死坡下，傍两人哭之哀。"予曰："此

> 从蜈蚣坡来，说："有一老人死在山坡下，旁边有两人哭得很伤心。"我说："这一定是那位吏目死了，

必吏目死矣。伤哉！"薄暮，复有人来云："坡下死者二人，傍一人

> 真可怜啊！"到傍晚时分，又有人来说："山坡下死了两个人，旁边有一位坐着哭泣。"我问了他所见

坐哭。"询其状，则其子又死矣。明日，复有人来云："见坡下积尸

> 的情形，知道是吏目之子又死了。到明天，又有人来说："看到山坡下堆着三具死尸。"那么吏目的

三焉。"则其仆又死矣。呜呼伤哉！

> 仆人又死了。唉，真是痛心啊！

---

① 维：发语辞，无实义。　正德四年：公元1509年。正德为明武宗年号（1506～1521）。　② 吏目：低级官名，掌管官府文书。明代时在安抚、招讨、市舶、盐课诸司及各州、各千户均有设置。　③ 龙场：在今贵州修文县境内。　④ 觇：观察，窥视。　⑤ 薄：迫近。

念其暴骨无主，将二童子持畚锸往瘗之①。二童子
_{niàn qí pù gǔ wú zhǔ jiāng èr tóng zǐ chí běn chā wǎng yì zhī èr tóng zǐ}

我顾念他们尸骨暴露在荒郊，无人收殓，就带了两个童仆拿着畚箕和铁锹去埋葬他们。两个童仆

有难色然。予曰："噫！吾与尔犹彼也②。"
_{yǒu nán sè rán yú yuē yī wú yǔ ěr yóu bǐ yě}

脸上露出为难的神色。我说："唉！我与你俩的境遇与他们本来就差不

二童闵然涕下，请往。就其傍山麓为三坎，
_{èr tóng mǐn rán tì xià qǐng wǎng jiù qí bàng shān lù wéi sān kǎn}

多的啊。"二个童仆听了伤心地流下了眼泪，请求一同前去。于是就靠着山脚

埋之。又以只鸡、饭三盂，嗟吁涕洟而告
_{mái zhī yòu yǐ zhī jī fàn sān yú jiē xū tì yí ér gào}

下挖了三个坑，把他们埋了。又备了一只鸡、三碗饭，叹息着，流着眼泪，祭告

之曰③：
_{zhī yuē}

他们说：

> ① 畚：畚箕。
> 锸：铁锹。
> 瘗：用土埋葬。
> ② 尔：你，你们。 ③ 涕洟：流泪。涕，泪。洟，鼻涕。

呜呼伤哉！繄何人①？繄何人？吾龙场驿丞余姚王守仁也②。吾
_{wū hū shāng zāi yī hé rén yī hé rén wú lóng chǎng yì chéng yú yáo wáng shǒu rén yě wú}

唉，可怜啊！你是什么人，什么人啊！我是龙场驿丞、余姚人王守仁。我与你都出生在中原地区。

与尔皆中土之产。吾不知尔郡邑，尔乌乎来为兹山之鬼乎？古者重
_{yǔ ěr jiē zhōng tǔ zhī chǎn wú bù zhī ěr jùn yì ěr wū hū lái wéi zī shān zhī guǐ hū gǔ zhě zhòng}

我不知你是哪郡哪县的人，你为什么要到此山做一个野鬼？古时候的人不轻易离乡背井，因此出

去其乡，游宦不逾千里，吾以窜逐而来此宜也，尔亦何辜乎？闻尔官
_{qù qí xiāng yóu huàn bù yú qiān lǐ wú yǐ cuàn zhú ér lái cǐ yí yě ěr yì hé gū hū wén ěr guān}

外谋官不超过千里之外。我是因为被贬官流放到这里，理所当然，你究竟是犯了什么过失呢？听说你

吏目耳，俸不能五斗，尔率妻子躬耕可有也，胡为乎以五斗而易尔七
_{lì mù ěr fèng bù néng wǔ dǒu ěr shuài qī zǐ gōng gēng kě yǒu yě hú wèi hū yǐ wǔ dǒu ér yì ěr qī}

只不过是一名吏目，俸禄不满五斗，这一点收入，你带着妻儿，在家亲自耕作也能得到，为什么要为

尺之躯？又不足，而益以尔子与仆乎？呜呼伤哉！尔诚恋兹五斗而
_{chǐ zhī qū yòu bù zú ér yì yǐ ěr zǐ yǔ pú hū wū hū shāng zāi ěr chéng liàn zī wǔ dǒu ér}

了五斗的收入而换掉你七尺之躯呢？这还不够，再要搭上你的儿子和仆人的性命吗？唉，真是可怜哪！

来，则宜欣然就道，胡为乎吾昨望见尔容蹙然，盖不胜其忧者？夫冲

你如果确是为了贪图这五斗米的俸禄而来，就该高高兴兴地上路，为什么我昨天看你脸上流露

冒霜露，扳援崖壁，行万峰之顶，饥渴劳顿，筋骨疲惫，而又瘴疠侵

出悲悲戚戚不胜忧愁的样子？冒着风霜雨露，攀登悬崖绝壁，翻越群山顶峰，饥渴劳累，筋骨疲之，而

其外，忧郁攻其中，其能以无死乎？吾固知尔之必死，然不谓若是其

又外有瘴疠瘟湿之气侵害，内有忧郁攻心，还能不死吗？我本就知道你必死无疑，但是想不到会来得这

速，又不谓尔子、尔仆亦遽然奄忽也。皆尔自取，谓之何哉！吾念尔三

么快，又想不到你的儿子、仆人也会突然死去。这都是你自取其祸，还有什么可说的？我哀怜你等三具

骨之无依而来瘗耳，乃使吾有无穷之怆也。呜呼伤哉！纵不尔瘗，

尸骨无处依托而来埋葬，却使我感到无限凄怆。唉，真是可怜啊！纵然我不埋葬你等尸骨，深山中狐狸

幽崖之狐成群，阴壑之虺如车轮③，亦必能葬尔于腹，不致久暴尔。

成群，深邃的山谷中毒蛇粗如车轮，你们也必定会葬身它们的腹中，不至于长期暴露在野。你等既已

尔既已无知，然吾何能为心乎？自吾去父母乡国而来此三年矣，

死去而无知，但我怎能忍心如此？自从我离开父母之邦来到此地已经三年，历尽瘴疠之毒而勉

历瘴毒而苟能自全，以吾未尝一日之戚戚也。

强保全了自己的性命，因为我从未有一天伤心悲戚过。今日我悲伤到这样，

今悲伤若此，是吾为尔者重，而自为者轻也，吾

这是我为你想得太多，而为自己着想得太少了。我不该再为你忧伤了。

不宜复为尔悲矣。吾为尔歌，尔听之。

让我为你唱一曲挽歌，你听着。

① 繄：感叹
词。 ② 驿
丞：官名，
掌管邮传、
迎送事务。
③ 虺：毒
蛇。

gē yuē lián fēng jì tiān xī fēi niǎo bù tōng yóu zǐ huái xiāng xī
歌曰：连峰际天兮飞鸟不通，游子怀乡兮

歌词说：连绵的山峰直插青天啊鸟飞不通，游子怀念家乡啊不辨西东。

mò zhī xī dōng mò zhī xī dōng xī wéi tiān zé tóng yì yù shū fāng xī
莫知西东。莫知西东兮维天则同，异域殊方兮

不辨西东啊却顶着同样的一个天空，虽说是异方他乡啊却同处环海之中。

huán hǎi zhī zhōng dá guān suí yù xī mò bì yú gōng hún xī hún xī
环海之中①。达观随寓兮莫必予宫②，魂兮魂兮

胸襟开朗到处可以为家啊，何必一定要住在自己家乡的屋中。灵魂啊灵魂，

wú bēi yǐ dòng
无悲以恫③。

不要悲伤惊恐。

> ① 环海之中：此指中国。古人以为中国四周环海。
> ② 达观随寓：乐观，随处可以安身。宫：此指家。
> ③ 恫：惧怕。

yòu gē yǐ wèi zhī yuē yú ěr jiē xiāng tǔ zhī lí xī mán zhī rén yán yǔ bù xiāng zhī xī
又歌以慰之曰：与尔皆乡土之离兮，蛮之人言语不相知兮。

又作了一首挽歌安慰说：我与你都是离乡背井来到这里啊，蛮人的语言听不懂啊。人的寿命难

xìng mìng bù kě qī wú gǒu sǐ yú zī xī shuài ěr zǐ pú lái cóng yú xī wú yǔ ěr áo yǐ
性命不可期，吾苟死于兹兮，率尔子仆，来从予兮。吾与尔遨以

以预料，我如果死在此地啊，你就带着儿子与仆人前来相随啊。我与你一同漫游嬉戏啊，驾着紫彪，

xī xī cān zǐ biāo ér chéng wén chī xī dēng wàng gù xiāng ér xū
嬉兮，骖紫彪而乘文螭兮①，登望故乡而嘘

乘着文螭啊，登上高冈遥望故乡叹息流泪啊。我如果能活着归去啊，

xī xī wú gǒu huò shēng guī xī ěr zǐ ěr pú shàng ěr suí xī
唏兮。吾苟获生归兮，尔子、尔仆尚尔随兮，

你还有儿子、仆人追随着你啊，不要因为失去了友朋而伤悲啊。道旁的

wú yǐ wú lǚ bēi xī dào páng zhī zhǒng lěi lěi xī duō zhōng tǔ zhī
无以无侣悲兮！道傍之冢累累兮，多中土之

累累的坟冢啊，当中埋着的大多是中原流落在此的人啊，你与他们

liú lí xī xiāng yǔ hū xiào ér pái huái xī cān fēng yǐn lù wú ěr
流离兮，相与呼啸而徘徊兮。餐风饮露无尔

一起呼啸，一起散步逍遥啊。餐风饮露你不会挨饿啊，早上与麋鹿为友，

> ① 骖：三马或四马拉一车，两边的马称"骖"。这里作驾驭解。紫彪：紫色斑纹小虎。文螭：有花纹的无角龙。
> ② 厉：恶鬼。墟：村墟。

jī xī   zhāo yǒu mí lù mù yuán yǔ qī xī   ěr ān ěr jū xī   wú wéi lì yú zī xū xī

饥兮,朝友麋鹿暮猿与栖兮。尔安尔居兮,无为厉于兹墟兮②。

晚上与猿猴一同栖息啊。你在此安分地居住啊,可别化为厉鬼为害这一方村落啊。

（丁如明）

xìn líng jūn jiù zhào lùn

信陵君救赵论

táng shùn zhī

唐顺之

lùn zhě yǐ qiè fú wéi xìn líng jūn zhī zuì   yú yǐ wéi cǐ wèi zú yǐ zuì xìn líng yě

论者以窃符为信陵君之罪①,余以为此未足以罪信陵也。

作史论者把偷盗兵符作为信陵君的罪过,我认为这不足以成为怪罪信陵君的理由。那强大

fú qiáng qín zhī bào jí yǐ   jīn xī bīng yǐ lín zhào zhào bì wáng   zhào wèi zhī zhàng yě   zhàowáng

夫强秦之暴亟矣②,今悉兵以临赵,赵必亡。赵,魏之障也,赵亡,

的秦国暴虐已达到顶点,现在出动全国的军队兵临赵国,赵国必亡无疑。赵国是魏国的屏障,赵国

zé wèi qiě wéi zhī hòu   zhào wèi yòu chǔ yān   qí zhū guó zhī zhàng yě   zhào wèi wáng zé

则魏且为之后。赵、魏,又楚、燕、齐诸国之障也,赵、魏亡,则

亡了,那么随后魏国也将灭亡。赵国、魏国又是楚、燕、齐等国的屏障,赵国、魏国灭亡了,

chǔ yān   qí zhū guó wéi zhī hòu   tiān xià zhī shì wèi yǒu jí   jí yú cǐ zhě yě   gù jiù zhào zhě

楚、燕、齐诸国为之后。天下之势,未有岌岌于此者也③。故救赵者,

那么楚、燕、齐等国也将随之而灭亡。天下形势的危急,没有比这时候更严重的了。所以救了赵国,

yì yǐ jiù wèi   jiù yì guó zhě   yì yǐ jiù liù guó yě   qiè wèi zhī fú yǐ shū wèi zhī huàn

亦以救魏;救一国者,亦以救六国也。窃魏之符以纾魏之患,

也就因此救了魏国;救了一国,也就因此救了六国。偷盗魏国的兵符以缓解魏国的祸患,

jiè yì guó zhī shī yǐ fēn liù guó zhī zāi   fú xī bù kě zhě   rán zé xìn líng guǒ wú zuì hū

借一国之师以分六国之灾,夫奚不可者?然则信陵果无罪乎?

借用一国的兵力以分担六国的灾难,这又有什么不可呢?那么照此说来信陵君就真的无罪了吗?

yuē　yòu bù rán yě　　yú suǒ zhū zhě　　xìn líng jūn zhī xīn yě
曰：又不然也。余所诛者④，信陵君之心也。

我说：又并非如此。我所要谴责的是信陵君此举的动机。

---

① 唐顺之（1507～1560），历兵部主事，转吏部，入翰林，因抗击倭寇有功升金都御史。学问渊博，反对拟古文学，为文主张效法唐宋。　**符**：此指兵符，是古代调动军队的凭证，由君王与统帅各执一半。当调动军队时，新统帅或来使与原统帅所执兵符应两相契合，方能调兵或交接军队。　**信陵君**：战国四公子之一，姓魏名无忌，是魏安釐王之弟，赵相平原君的妻弟。前259年，秦攻赵。前257年，平原君通过信陵君向魏王求救，魏王派将军晋鄙救赵，但又畏秦势大，军队逗留不进。信陵君用侯嬴计策，通过魏王的宠妾如姬窃得兵符，杀死晋鄙，率军与赵国军队合兵击退秦兵，保全了赵国。　② **亟**：危迫。　③ **岌岌**：危险的样子。　④ **诛**：以文辞谴责。

---

xìn líng yì gōng zǐ ěr　　wèi gù yǒu wáng yě　　zhào bù qǐng jiù yú wáng　　ér zhūn zhūn yān qǐng
信陵一公子耳，魏固有王也。赵不请救于王，而谆谆焉请

信陵君只不过是魏国的一个公子罢了，魏国本来是有国君的。赵国有难不向魏国国君求救，却恳

jiù yú xìn líng　　shì zhào zhī yǒu xìn líng　　bù zhī yǒu wáng yě　　píng yuán jūn yǐ hūn yīn jī xìn líng
救于信陵①，是赵知有信陵，不知有王也。平原君以婚姻激信陵②，

切地向信陵君求救，由此看来赵国人心目中只知魏国只有信陵君而不知有国君。赵国的平原君利用与

ér xìn líng yì zì yǐ hūn yīn zhī gù　　yù jí jiù zhào　　shì xìn líng zhī yǒu hūn yīn　　bù zhī yǒu wáng yě
而信陵亦自以婚姻之故，欲急救赵，是信陵知有婚姻，不知有王也。

信陵君有姻戚关系激发他采取行动救赵，而信陵君也竟因为与平原君有姻戚关系急着想救赵国，这说明

qí qiè fú yě　　fēi wèi wèi yě　　fēi wèi liù guó yě　　wèi zhào yān ěr　　fēi wèi zhào yě　　wèi yì píng yuán
其窃符也，非为魏也，非为六国也，为赵焉耳；非为赵也，为一平原

信陵君只知考虑姻戚的利益而不知考虑魏王的处境。信陵君的偷盗兵符，不是为了魏国，也不是为了六国，

jūn ěr　　shǐ huò bú zài zhào　　ér zài tā guó　　zé suī chè wèi zhī zhàng　　chè liù guó zhī zhàng　　xìn líng
君耳。使祸不在赵，而在他国，则虽撤魏之障，撤六国之障，信陵

而只是为了赵国罢了；其实也不是为了赵国，不过是为了一个平原君罢了。假如灾难不发生在赵国，而是

yì bì bú jiù　　shǐ zhào wú píng yuán　　huò píng yuán ér fēi xìn líng zhī yīn qī　　suī zhào wáng xìn líng
亦必不救。使赵无平原，或平原而非信陵之姻戚，虽赵亡，信陵

在别国，那么即使赵国的灭亡要关系到撤除魏国的屏障，撤除六国的屏障，信陵君也不会去救赵国。假使

yì bì bú jiù   zé shì zhào wáng yǔ shè jì zhī qīng zhòng   bù néng dāng yì píng yuán gōng zǐ   ér wèi

亦必不救。则是赵王与社稷之轻重③，不能当一平原公子，而魏

赵国没有平原君，或者平原君并非信陵君的姻戚，即使赵国要灭亡，信陵君也一定不去救援。那么这样说

zhī bīng jiǎ suǒ shì yǐ gù qí shè jì zhě   zhǐ yǐ gōng xìn líng jūn yì yīn qī zhī yòng   xìng ér zhàn shèng

之兵甲所恃以固其社稷者，只以供信陵君一姻戚之用。幸而战胜，

起来，赵王以及国家的重要性还不如一个平原君，而魏国所赖以保卫国家安全的军队，只不过供信陵

kě yě   bú xìng zhàn bú shèng wéi lǔ yú qín   shì qīng wèi guó shù bǎi nián shè jì yǐ xùn yīn qī

可也；不幸战不胜，为虏于秦，是倾魏国数百年社稷以殉姻戚，

君救援姻戚之用。倘幸打了胜仗，总算还可以交待；如果不幸打了败仗，作了秦国的俘虏，那简直是用

wú bù zhī xìn líng hé yǐ xiè wèi wáng yě④   fú qiè fú zhī jì   gài chū yú hóu shēng⑤   ér rú

吾不知信陵何以谢魏王也④。夫窃符之计，盖出于侯生⑤，而如

毁灭魏国几百年来建立的基业去为自己的姻戚殉葬，我不知道信陵君怎样去向魏王告罪。偷盗兵符

jī chéng zhī yě   hóu shēng jiāo gōng zǐ yǐ qiè fú   rú jī wèi gōng zǐ qiè fú yú wáng zhī wò nèi

姬成之也。侯生教公子以窃符，如姬为公子窃符于王之卧内，

的计策，是侯生出的，经过如姬之手得以实现。侯生教信陵君偷盗兵符，如姬在魏王的卧房内替信陵君

shì èr rén yì zhī yǒu xìn líng   bù zhī yǒu wáng yě

是二人亦知有信陵，不知有王也。

偷得兵符，因此这两人心目中也是只知有信陵君而不知有魏王。

---

① 谆谆焉：犹谆谆然。 谆谆，诚恳殷切的样子。 ②"平原君"句：魏王
使晋鄙救赵，晋鄙却按兵不动。赵国的平原君接连不断地派使者告诉信陵
君说：赵国的形势已到了朝不保夕的地步，然而魏国救兵还不抵达。我本人
固然不值得您重视，您竟不怜惜您的姐姐吗？ 平原君，赵惠文王弟赵胜，
时任赵相。其妻为信陵君之姐。 ③ 社稷：这里指国家。 ④ 谢：谢罪。
⑤ 侯生：姓侯名嬴，原是魏国都城城门的看守，因信陵君的一再礼聘，成为
信陵君的食客。窃符救赵之计即出于侯生的谋划。

---

yú yǐ wéi xìn líng zhī zì wéi jì   hé ruò yǐ chún chǐ zhī shì jī jiàn yú wáng①   bù tīng zé yǐ

余以为信陵之自为计，曷若以唇齿之势激谏于王①，不听，则以

我认为信陵君要是自己拿主意的话，不如用唇亡齿寒的利害关系去激励劝谏魏王，倘若魏王不听，

qí yù sǐ qín shī zhě ér sǐ yú wèi wáng zhī qián　wáng bì wù yǐ　　hóu shēng wèi xìn líng jì　hé ruò jiàn

其欲死秦师者而死于魏王之前，王必悟矣。侯生为信陵计，曷若见

就用本想战死在秦军阵前的打算改为在魏王面前自杀，魏王一定会感悟过来。侯生替信陵君谋划，不如

wèi wáng ér shuì zhī jiù zhào　bù tīng　zé yǐ qí yù sǐ xìn líng jūn zhě ér sǐ yú wèi wáng zhī qián　wáng yì

魏王而说之救赵，不听，则以其欲死信陵君者而死于魏王之前，王亦

面见魏王劝他救赵，倘若魏王不听，就用本想为信陵君而死的打算改为在魏王面前自杀，魏王也一定会

bì wù yǐ　　rú jī yǒu yì yú bào xìn líng　　hé ruò chéng wáng zhī xì ér rì yè quàn zhī jiù　bù tīng

必悟矣。如姬有意于报信陵②，曷若乘王之隙而日夜劝之救，不听，

感悟过来。如姬有意要报答信陵君的大恩，不如趁魏王意思有所松动的机会不论白天黑夜劝魏王救赵，

zé yǐ qí yù wèi gōng zǐ sǐ zhě ér sǐ yú wèi wáng zhī qián　wáng yì bì wù yǐ　　rú cǐ　zé xìn líng

则以其欲为公子死者而死于魏王之前，王亦必悟矣。如此，则信陵

倘若魏王不听，就用本想为信陵君而死的打算改为在魏王面前自杀，魏王也一定会感悟过来。这样，信陵

jūn bú fù wèi　yì bú fù zhào　　èr rén bú fù wáng　yì bú fù xìn líng jūn　hé wèi jì bù chū cǐ

君不负魏，亦不负赵；二人不负王，亦不负信陵君。何为计不出此？

君就不会违背魏国，也不违背赵国；侯生、如姬两人不违背魏王，也不违背信陵君。为什么想不到这条计

xìn líng zhī yǒu hūn yīn zhī zhào　bù zhī yǒu wáng　nèi zé

信陵知有婚姻之赵，不知有王。内则

策呢？信陵君心目中只有与己有姻戚关系的赵国平原

xìng jī　　wài zé lín guó　jiàn zé yí mén yě rén③

幸姬，外则邻国，贱则夷门野人③，

君，不知道有魏王。宫内的宠姬，外界的邻国，贫贱

yòu jiē zhī yǒu gōng zǐ　bù zhī yǒu wáng　zé shì wèi jǐn

又皆知有公子，不知有王。则是魏仅

的看城门的土老儿，又都心目中只知有信陵君，不知有

yǒu yì gū wáng ěr

有一孤王耳。

魏王。那么魏王只不过是个孤家寡人罢了。

> ① 曷若：何如。　② "如姬"句：信陵君曾经替魏王的宠妾如姬报杀父之仇，所以如姬很感激信陵君，一心想报答他。　③ 夷门野人：指侯生。　夷门，魏国都城大梁的东门。

wū hū　zì shì zhī shuāi　rén jiē xí yú bèi gōng sǐ dǎng zhī xíng ér wàng shǒu jié

呜呼！自世之衰，人皆习于背公死党之行而忘守节

唉，自从世道衰落，人们都对违背大公、努力维护小团体利益的行为习以为常，而忘记了遵守礼

fèng gōng zhī dào　　yǒu zhòng xiàng ér wú wēi jūn　jūn yǒu sī chóu ér wú yì fèn　rú

奉公之道。有重相而无威君，有私仇而无义愤，如

节服从国家的大道理。有手握大权的宰相而无威严的国君，有一己之仇而无义愤，就像秦国人只

qín rén zhī yǒu ráng hóu　bù zhī yǒu qín wáng①　yú qīng zhī yǒu bù yī zhī jiāo bù zhī

秦人知有穰侯，不知有秦王①，虞卿知有布衣之交，不知

知有穰侯而不知有秦王，虞卿只知有布衣之交的魏齐而不知有赵王，大概那时国君不过像个多余

yǒu zhào wáng②　gài jūn ruò zhuì liú jiǔ yǐ③　　yóu cǐ yán zhī　xìn líng zhī zuì　gù

有赵王②，盖君若赘旒久矣③。由此言之，信陵之罪，固

摆设品的现象为时已很久远了。从这一点来说，信陵君的罪过，本来就不单单在乎偷不偷兵符。

bù zhuān xì hū fú zhī qiè bú qiè yě　qí wèi wèi yě　wèi liù guó yě　zòng qiè

不专系乎符之窃不窃也。其为魏也，为六国也，纵窃

他如果是为了魏国的安危，为了六国的安危，纵然是偷了兵符也还是应该的；如果仅是为了

fú yóu kě　qí wèi zhào yě　wèi yì qīn qī yě　zòng qiú fú yú wáng ér gōng

符犹可；其为赵也，为一亲戚也，纵求符于王，而公

赵国安危，为了一己亲属的安危，纵然是向魏王请求兵符，正大光明地得到了它，信陵君

rán dé zhī　yì zuì yě

然得之，亦罪也。

也是有罪的。

---

①"如秦人"二句：穰侯魏冉，是秦昭襄王（前306年～前251年在位）之母宣太后的弟弟，曾任将军、相国等职，权势很大。　②"虞卿"二句：虞卿是战国时的游说之士，曾任赵孝成王（前265年～前245年在位）的相国。他为了解救朋友魏齐，情愿抛弃相印，与魏齐一同出走。布衣之交即指魏齐。　③赘旒：多余之物。赘，多余。旒，同"瘤"。

---

suī rán　wèi wáng yì bù dé wéi wú zuì yě　bīng fú cáng yú wò nèi　xìn líng yì ān dé qiè zhī

虽然，魏王亦不得为无罪也。兵符藏于卧内，信陵亦安得窃之？

话虽然这么说，论起魏王，他也不是没错的。兵符好好地藏在卧房内，信陵君又怎么能偷得到呢？信

xìn líng bú jì wèi wáng　ér jìng qǐng zhī rú jī　qí sù kuī wèi wáng zhī shū yě　rú jī bú jì wèi wáng

信陵不忌魏王，而径请之如姬，其素窥魏王之疏也；如姬不忌魏王，

陵君不惧怕魏王，而直接向如姬恳求，说明他平时就窥察到了魏王的疏忽之处；如姬不惧怕魏王，而敢于偷盗

而敢于窃符,其素恃魏王之宠也。木朽而蛀生之矣。古者人君持权

兵符,说明她一贯依仗着魏王的宠爱。木头朽烂了蛀虫才会产生。古时候国君在上手握大权,宫廷内外不敢

于上,而内外莫敢不肃。则信陵安得树私交于赵?

不肃然听命。那么信陵君怎么能与赵国有私交呢?赵国又怎么能私下向信

赵安得私请救于信陵? 如姬安得衔信陵之恩?

陵君请求救援呢?如姬怎么能一直牢记着信陵君的恩惠图报呢?信陵君又

信陵安得卖恩于如姬? 履霜之渐①,岂一朝一

怎么会利用自己对如姬有恩而求助于她呢?冰冻三尺,岂是一朝一夕之寒

夕也哉? 由此言之, 不特众人不知有王②, 王亦

所能结成的?由此说来,不仅众人心目中没有魏王,就是魏王也甘心自处于

自为赘旒也。

多余者的地位。

① 履霜之渐: 语出《易·坤》:"履霜坚冰至。"意谓踩到了霜,那么寒冬即将来临,比喻防微杜渐,及早警惕。

② 不特: 不但,不仅。

故信陵君可以为人臣植党之戒,魏王可以为人君失权之戒。

所以, 信陵君可以作为警戒臣子们结党营私的典型,魏王可以作为警戒君王大权旁落的典型。

《春秋》书葬原仲、翚帅师①。嗟夫! 圣人之为虑深矣!

《春秋》上记载着季友私葬原仲、翚领兵伐郑的事。唉,圣人考虑问题是多么深远啊!

①《春秋》:鲁国的编年史书,相传由孔子据鲁史修订而成。记载自鲁隐公元年至鲁哀公十四年的二百四十二年间的历史。 书:记载。 原仲:陈国大夫,死后由其好友季友私自至陈国将他埋葬。这种行为就是本文中所说的"人臣植党"。 翚:鲁国大夫。鲁隐公四年(前719),宋、陈、蔡、卫等国伐郑。宋国要求鲁国出兵,鲁隐公不同意。翚在未得到鲁隐公命令的情况下,带兵前往。这种行为既表现翚目无君长,也表现了鲁隐公的"人君失权"。

(丁如明)

bào liú yī zhàng shū
报刘一丈书

zōng chén
宗 臣

shù qiān lǐ wài　　dé zhǎng zhě shí cì yì shū　　yǐ wèi cháng xiǎng　　jí yì shèn xìng yǐ　　hé zhì gèng rǔ
数千里外，得长者时赐一书，以慰长想，即亦甚幸矣。何至更辱

数千里之外不时地接到先生的来信，以慰藉我的长久的思念之情，也算是很荣幸的了。何况又蒙

kuì wèi　　　zé bù cái yì jiāng hé yǐ bào yān　　shū zhōng qíng yì shèn yīn　　jí zhǎng zhě zhī bú wàng lǎo fù
馈遗①，则不才益将何以报焉②？书中情意甚殷，即长者之不忘老父，

您赠我礼品，使我更加不知如何来报答您的大德了。信中情意异常殷切，因此可见先生的不能忘情于我

zhī lǎo fù zhī niàn zhǎng zhě shēn yě
知老父之念长者深也。

的老父，也可知我父亲对先生的思念之深。

> ① 宗臣（1525～1560），明代复古文学流
> 派团体"后七子"之一。曾任刑部主事、
> 稽勋员外郎等职。　馈遗：赠送（礼物）。
> ② 不才：我。谦词。

zhì yǐ shàng xià xiāng fú　　cái dé chèn wèi　　yǔ bù cái　　　zé bù cái yǒu shēn
至以"上下相孚，才德称位"语不才①，则不才有深

至于信中用"上下互相要信任，才能、品德要与职位相称"的话来戒勉我，那么对此我是深有感触的。

gǎn yān　　fú cái dé bú chèn　　gù zì zhī zhī yǐ　　zhì yú bù fú zhī bìng　　zé yóu bù cái
感焉。夫才德不称，固自知之矣；至于不孚之病，则尤不才

我的才德与职位的不相称，我本是有自知之明的。至于上下不能相互信任的毛病，在我身上表现得尤其

wéi shèn　　qiě jīn shì zhī suǒ wèi fú zhě hé zāi　　rì xī cè mǎ hòu quán zhě zhī mén　　mén
为甚。且今世之所谓孚者何哉？日夕策马候权者之门，门

严重。再说时下的所谓相互信任是怎么一回事呢？一天到晚骑着马恭候在权贵家的大门口，门卫故意不

zhě gù bú rù　　zé gān yán mèi cí zuò fù rén zhuàng xiù jīn yǐ sī zhī　　jí mén zhě chí
者故不入，则甘言媚词作妇人状，袖金以私之。即门者持

进去通报，他就用甜蜜温柔的语言哀求，作出妇人的姿态，并从袖中取出金钱私下赠送给门卫。好容易门

刺入^②，而主者又不即出见，立厩中仆马之间，恶气袭衣袖，

卫拿了他的名片走进去了，而主人又不立即出来见客。他站在马棚中，夹杂在仆人与马的中间，恶浊的空

即饥寒毒热不可忍，不去也。抵暮，则前所受赠金者出，报

气熏人衣袖，即使饥寒与毒热令人无法忍受，他也不敢离去。到傍晚时，刚才那私受金钱的门卫出来，

客曰："相公倦，谢客矣，客请明日来。"即明日又不敢不来。

对他说："相公累了，谢绝见客，请你明日再来。"到明天，他又不敢不来，夜里披着衣衫坐等天亮，一听到

夜披衣坐，闻鸡鸣，即起盥栉^③，走马抵门^④，门者怒曰："为

鸡啼就起身梳洗，骑马前去敲门。门卫恶声恶气问道："是谁啊？"他就回答说："昨天的客人又来了。"门卫

谁？"则曰："昨日之客来。"则又怒曰："何客之勤也！岂有

又怒声说："客人怎么这样勤快啊！岂有相公这么早就出来见客的吗？"他内心也深感羞耻，却强忍着对门

相公此时出见客乎？"客心耻之，强忍而与言曰："亡奈何

卫说："我也是无可奈何，你且让我进门吧！"门卫又接受了他送的金钱，这才起身进去通报。他又立在

矣^⑤，姑容我入。"门者又得所赠金，则起而入之。又立向所

天站的那个马棚中。侥幸的是今天主人总算出来了，朝南坐着召见他。他便匆忙地跑去趴在石阶下。

立厩中^⑥。幸主者出，南面召见^⑦，则惊走匍匐阶下。主者曰：

主人说："进来！"他便拜了两拜，又故意趴着迟迟不肯起来，站起身后就献上礼金。主人故意不肯接受，

"进！"则再拜，故迟不起，起则上所上寿金。主者故不受，

他就一再恳求主人。主人又故意装出坚决不肯接受的样子，他又再三再四地恳求。然后主人才命家里

则固请；主者故固不受，则又固请。然后命吏纳之。则又再拜，

总管接受了礼金。他便又拜了两拜，又是故意地迟迟不肯起身。立起身后又接连作了五六个揖才走出客厅。

又故迟不起，起则五六揖始出。出，揖门者曰："官人幸顾我^⑧，他日

出来后，又对着门卫作了个揖，说道："希望您对我多多关照，今后我再来的时候，希望别阻拦我。"门卫还

lái xìng wú zǔ wǒ yě　mén zhě dá yī　dà xǐ　bēn chū　mǎ shàng yù suǒ jiāo shí　jí yáng biān
来，幸无阻我也！"门者答揖。大喜，奔出。马上遇所交识，即扬鞭

了一揖。他大喜若狂地奔出相公家门。骑在马上遇到他相识的人，就举着鞭子得意对人说："我刚从相

yǔ yuē　shì zì xiàng gōng jiā lái　xiàng gōng hòu wǒ　hòu wǒ　qiě xū yán zhuàng　jí suǒ jiāo shí yì
语曰："适自相公家来，相公厚我，厚我！"且虚言状。即所交识亦

公家中出来，相公待我好极了，好极了！"而且夸张地描述了一番相公接见他的情形。即便是他相识的人，

xīn wèi xiàng gōng hòu zhī yǐ　xiàng gōng yòu shāo shāo yù rén yuē　mǒu yě xián　mǒu yě xián　wén zhě yì
心畏相公厚之矣。相公又稍稍语人曰："某也贤，某也贤。"闻者亦

心里也因相公器重他而对他有所畏惧。相公又偶尔轻描淡写地对人说："某人还不错，某人还不错。"听

xīn jì jiāo zàn zhī　cǐ shì suǒ wèi shàng xià xiāng fú yě　zhǎng zhě wèi pú néng zhī hū
心计交赞之⑨。此世所谓上下相孚也。长者谓仆能之乎⑩？

到的人也心领神会，交口称赞他。这就是世上所谓的上下相互信任。先生，您说我能做得到这样吗？

---

①**孚**：信任。　②**即**：即使。　**刺**：名片。古时削木片，上书姓名，拜访时用以投递。至明代时，已改
用红纸书写，称"名帖"。　③**盥栉**：洗脸梳头。　④**走马**：骑马奔跑。走，小跑，下文"惊走"之走同
义。　⑤**亡**：无。　⑥**向**：过去，上次。　⑦**南面召见**：古时候以坐北面南为尊，此处有轻视干谒者
的意思。　⑧**官人**：此指门者。　⑨**心计**：私心领会。　⑩**仆**：我。谦词。

---

qián suǒ wèi quán mén zhě　zì suì shí fú là yī cì zhī wài　jí jīng nián bù wǎng yě　jiàn dào
前所谓权门者，自岁时伏腊一刺之外①，即经年不往也。间道

前文所述的权贵之家，我除了逢年过节的日子投一次名片之外，就整年不上他家的门了。偶然路

jīng qí mén　zé yì yǎn ěr bì mù　yuè mǎ jí zǒu guò zhī　ruò yǒu suǒ zhuī zhú zhě　sī zé pú zhī
经其门，则亦掩耳闭目，跃马疾走过之，若有所追逐者。斯则仆之

过他家的门口，便也要捂住耳朵，闭上眼睛，催马飞快地奔走过去，就好像后面有人追赶似的。由此可见

biǎn zhōng　yǐ cǐ cháng bú jiàn yuè yú zhǎng lì　pú zé yù yì bú gù yě　měi dà yán yuē　rén shēng
褊衷②。以此长不见悦于长吏③，仆则愈益不顾也。每大言曰："人生

我胸襟的狭隘。所以长期不能得到长官的欢心，而我则更加对此不屑一顾了。我常常口出狂言说："人生

yǒu mìng　wú wéi shǒu fèn ér yǐ　zhǎng zhě wén zhī　dé wú yàn qí wéi yū hū
有命，吾惟守分而已。"长者闻之，得无厌其为迂乎？

是由命运安排的，我只有安分守己而已。"先生听了这话，能不讨厌我为人的迂阔吗？

---

①**岁时**：一年四季。　**伏**：夏伏。　**腊**：冬腊，为古时重
大祭祀节日。　②**褊衷**：心地狭隘。　③**长吏**：上司。

（丁如明）

吴山图记
wú shān tú jì

归有光
guī yǒu guāng

wú cháng zhōu èr xiàn zài jùn zhì suǒ fēn jìng ér zhì ér jùn xī zhū shān jiē zài wú xiàn

吴、长洲二县，在郡治所，分境而治。而郡西诸山，皆在吴县。

> 吴县、长洲两县的县治，在吴郡的郡治所在地，二县划界而治。郡西诸山，都在吴县境内。其中最

qí zuì gāo zhě qióng lóng yáng shān dèng wèi xī jǐ tóng jǐng ér líng yán wú zhī gù gōng zài yān

其最高者，穹窿、阳山、邓尉、西脊、铜井。而灵岩①，吴之故宫在焉，

> 高的山峰，有穹窿、阳山、邓尉、西脊、铜井等山。灵岩山上，春秋时吴国的故宫就坐落在那儿，

shàng yǒu xī zǐ zhī yí jì ruò hǔ qiū jiàn chí jí tiān píng shàng fāng zhī xíng jiē shèng dì yě

尚有西子之遗迹②。若虎丘、剑池及天平、尚方、支硎③，皆胜地也。

> 还有西施的遗迹。像虎丘、剑池以及天平、尚方、支硎等处，都是名胜所在地。

ér tài hú wāng yáng sān wàn liù qiān qǐng

而太湖汪洋三万六千顷④，

> 太湖浩浩森森，面积三万六千顷，

qī shí èr fēng chén jìn qí jiān zé

七十二峰沉浸其间⑤，则

> 七十二峰在湖中沉浮，真可以算

hǎi nèi zhī qí guān yǐ

海内之奇观矣。

> 海内奇观了。

① 归有光（1506～1571），明代卓有成就的古文家，
与王慎中、唐顺之、茅坤等称为"唐宋派"。 **灵岩**：
在今江苏苏州市西北。春秋时，吴王夫差曾在此建
离宫。 ② **西子**：西施，吴王夫差的宠妃。西子遗
迹，指灵岩山上筑有馆娃宫、响屧廊等。 ③ **"若虎
丘"句**：皆为苏州地区风景名胜。剑池为池名，其余
均为山名。 ④ **太湖**：湖名，跨有江苏、浙江两省。
⑤ **七十二峰**：泛指太湖中众多岛屿和小山。

yú tóng nián yǒu wèi jūn yòng huì wéi wú xiàn wèi jí sān nián yǐ gāo dì zhào rù wéi jǐ shì zhōng

余同年友魏君用晦为吴县①，未及三年，以高第召入为给事中②。

> 我的同年好友魏用晦任吴县县令未满三年，因考绩列入优等被朝廷召入京城任给事中。魏君任吴

jūn zhī wéi xiàn yǒu huì ài bǎi xìng pān liú zhī bù néng dé ér jūn yì bù rěn yú qí mín yóu shì

君之为县有惠爱，百姓扳留之不能得③，而君亦不忍于其民，由是

> 县县令期间有恩于民，离任时，百姓设法挽留却未能成功，而魏君也舍不得离开当地的百姓，于是有位

hào shì zhě huì wú shān tú yǐ wéi zèng

好事者绘《吴山图》以为赠。

> 热心人画了一帧《吴山图》送给魏君。

① 同年：科举制度时同榜考取的人互称同年。　**魏君用晦**：魏用晦，名屏山，四川梓潼人。嘉靖四十四年（1565）三甲进士。　② **给事中**：明代设吏、户、礼、兵、刑、工六科，每科设给事中，掌侍从规谏，稽察六部的弊误，有驳正制敕之违失、封还章奏之权。　③ **扳**：同"攀"。

夫令之于民，诚重矣①。令诚贤也，其地之山川草木亦被其
> 县令对于百姓来说，确实是非常重要的，如果县令确实是贤良的，那么当地的山川草木也蒙其恩

泽而有荣也；令诚不贤也，其地之山川草木亦被其殃而有辱也。
> 泽而感到荣耀；如果县令是位不贤之人，那么当地的山川草木也会遭殃，感受到耻辱。魏君对于吴县的

君于吴之山川，盖增重矣。异时吾民将择胜于岩峦之间，尸祝于
> 山川，可以说是增添了光彩了。今后有那么一天，我吴县的百姓将会在青山秀岩间挑选一块名胜宝地，在佛

浮屠、老子之宫也②，固宜。而君则亦既去矣，何复惓惓于此山哉③？
> 寺或道观里祭祀他，这完全是应该的。那么魏君既然已经离开了吴县，为什么还对这里的名山那样眷恋

昔苏子瞻称韩魏公去黄州四十余年而思之不忘④，至以为思黄
> 呢？从前，苏东坡称赞韩琦离开了黄州四十多年，还念念不忘黄州，以至于写下了怀念黄州的诗歌。苏东坡

州诗，子瞻为黄人刻之于石。然后知贤者于其所至，不独使其人之
> 为黄州人把这诗刻在石碑上。由此后人才明白这样一个道理：贤能之士到一处地方，不单单会使那儿

不忍忘而已，亦不能自忘于其人也。
> 的人民不忍心忘记他，而且连自己也不能忘记那儿的人民。

① 诚：确实，的确。　② **尸祝**：尸，祭祀时的神主，先秦时用活人代替，后改用画像。　祝，主持祭祀者。此处尸祝指祭祀。　**浮屠**：原指佛或佛塔，此指佛教。　**老子**：春秋时的思想家，这里代指道教。　③ **惓惓**：恳切的样子，犹"拳拳"。　④ **苏子瞻**：北宋文学家苏轼的字。　**韩魏公**：韩琦，字稚圭，宋相州安阳人，北宋重臣，英宗时封魏国公，故称"韩魏公"。　**黄州**：明代为府名，府治在今湖北黄冈。

jūn jīn qù xiàn yǐ sān nián yǐ　　yí rì yǔ yú tóng zài nèi tíng　chū shì cǐ tú zhǎn

君今去县已三年矣，一日与余同在内庭，出示此图，展

现在魏君离开吴县已经三年了，一天与我同在内庭，取出这帧《吴山图》给我看，一边欣赏，

wán tài xī①　yīn mìng yú jì zhī　yī　jūn zhī yú wú wú　yǒu qíng rú cǐ　rú zhī hé ér

玩太息①，因命余记之。噫！君之于吾吴，有情如此，如之何而

一边叹息，就叫我作一篇文章记下这件事。唉！魏君对于我乡吴县，感情是如此的深厚，又怎样能使

shǐ wú mín néngwàng zhī yě

使吾民能忘之也！

我们吴县百姓忘记他呢！

> ① 太息：叹息。

（丁如明）

cāng làng tíng jì

沧浪亭记

guī yǒu guāng

归有光

fú tú wén yīng jū dà yún ān①　huán shuǐ　jí sū zǐ měi cāng làng tíng zhī dì yě②　qì qiú

浮图文瑛居大云庵①，环水，即苏子美沧浪亭之地也②。亟求

僧人文瑛，居住在大云庵，此庵四面环水，原是北宋文人苏舜钦起造的沧浪亭所在地。他屡次请

yú zuò cāng làng tíng jì③　yuē　xī zǐ měi zhī jì　jì tíng zhī shèng yě　qǐng zǐ jì wú suǒ

余作《沧浪亭记》③，曰："昔子美之记，记亭之胜也，请子记吾所

我写一篇《沧浪亭记》，并说："从前苏舜钦的记文，是记述沧浪亭的胜迹，请你记下我所以要重新修建

yǐ wéi tíng zhě

以为亭者。"

沧浪亭的缘由。"

> ① 浮图：亦作"浮屠"，梵语音译，指佛或佛塔，这里是佛教徒的意思。　文瑛：僧人名号，生平不详。　② 苏子美：北宋文学家苏舜钦（1008～1048）的字，梓州铜山（今四川三台）人。因参加范仲淹政治集团，为权贵所忌恨，被除名，后退居苏州。工诗文，与梅尧臣齐名。于庆历五年（1045）建沧浪亭，作《沧浪亭记》，见《苏学士文集》卷十三。　③ 亟：屡次，多次。

<ruby>余<rt>yú</rt></ruby><ruby>曰<rt>yuē</rt></ruby>：<ruby>昔<rt>xī</rt></ruby><ruby>吴<rt>wú</rt></ruby><ruby>越<rt>yuè</rt></ruby><ruby>有<rt>yǒu</rt></ruby><ruby>国<rt>guó</rt></ruby><ruby>时<rt>shí</rt></ruby>①，<ruby>广<rt>guǎng</rt></ruby><ruby>陵<rt>líng</rt></ruby><ruby>王<rt>wáng</rt></ruby><ruby>镇<rt>zhèn</rt></ruby><ruby>吴<rt>wú</rt></ruby><ruby>中<rt>zhōng</rt></ruby>②，<ruby>治<rt>zhì</rt></ruby><ruby>南<rt>nán</rt></ruby><ruby>园<rt>yuán</rt></ruby><ruby>于<rt>yú</rt></ruby><ruby>子<rt>zǐ</rt></ruby><ruby>城<rt>chéng</rt></ruby>

我说：从前五代吴越国建国时，广陵王钱元璙镇守吴中，在内城西南地方修筑园林，他的

<ruby>之<rt>zhī</rt></ruby><ruby>西<rt>xī</rt></ruby><ruby>南<rt>nán</rt></ruby>③，<ruby>其<rt>qí</rt></ruby><ruby>外<rt>wài</rt></ruby><ruby>戚<rt>qī</rt></ruby><ruby>孙<rt>sūn</rt></ruby><ruby>承<rt>chéng</rt></ruby><ruby>佑<rt>yòu</rt></ruby>④，<ruby>亦<rt>yì</rt></ruby><ruby>治<rt>zhì</rt></ruby><ruby>园<rt>yuán</rt></ruby><ruby>于<rt>yú</rt></ruby><ruby>其<rt>qí</rt></ruby><ruby>偏<rt>piān</rt></ruby>。<ruby>迨<rt>dài</rt></ruby><ruby>淮<rt>huái</rt></ruby><ruby>海<rt>hǎi</rt></ruby><ruby>纳<rt>nà</rt></ruby><ruby>土<rt>tǔ</rt></ruby>⑤，<ruby>此<rt>cǐ</rt></ruby><ruby>园<rt>yuán</rt></ruby>

儿女亲家孙承佑也在旁边建造园林。一直到吴越国把淮南地方献给宋朝时，这些园林还没有荒废。

<ruby>不<rt>bú</rt></ruby><ruby>废<rt>fèi</rt></ruby>。<ruby>苏<rt>sū</rt></ruby><ruby>子<rt>zǐ</rt></ruby><ruby>美<rt>měi</rt></ruby><ruby>始<rt>shǐ</rt></ruby><ruby>建<rt>jiàn</rt></ruby><ruby>沧<rt>cāng</rt></ruby><ruby>浪<rt>làng</rt></ruby><ruby>亭<rt>tíng</rt></ruby>，<ruby>最<rt>zuì</rt></ruby><ruby>后<rt>hòu</rt></ruby><ruby>禅<rt>chán</rt></ruby><ruby>者<rt>zhě</rt></ruby><ruby>居<rt>jū</rt></ruby><ruby>之<rt>zhī</rt></ruby>⑥。<ruby>此<rt>cǐ</rt></ruby><ruby>沧<rt>cāng</rt></ruby><ruby>浪<rt>làng</rt></ruby><ruby>亭<rt>tíng</rt></ruby><ruby>为<rt>wéi</rt></ruby><ruby>大<rt>dà</rt></ruby><ruby>云<rt>yún</rt></ruby><ruby>庵<rt>ān</rt></ruby>

苏舜钦开始在此建造沧浪亭，后来是些僧人居住在这里。这就是沧浪亭变成大云庵的原因。大云庵

<ruby>也<rt>yě</rt></ruby>。<ruby>有<rt>yǒu</rt></ruby><ruby>庵<rt>ān</rt></ruby><ruby>以<rt>yǐ</rt></ruby><ruby>来<rt>lái</rt></ruby><ruby>二<rt>èr</rt></ruby><ruby>百<rt>bǎi</rt></ruby><ruby>年<rt>nián</rt></ruby>，<ruby>文<rt>wén</rt></ruby><ruby>瑛<rt>yīng</rt></ruby><ruby>寻<rt>xún</rt></ruby><ruby>古<rt>gǔ</rt></ruby><ruby>遗<rt>yí</rt></ruby><ruby>事<rt>shì</rt></ruby>，<ruby>复<rt>fù</rt></ruby><ruby>子<rt>zǐ</rt></ruby><ruby>美<rt>měi</rt></ruby><ruby>之<rt>zhī</rt></ruby><ruby>构<rt>gòu</rt></ruby><ruby>于<rt>yú</rt></ruby><ruby>荒<rt>huāng</rt></ruby><ruby>残<rt>cán</rt></ruby><ruby>灭<rt>miè</rt></ruby><ruby>没<rt>mò</rt></ruby>

建成后二百年，文瑛寻访古代遗迹，在该亭荒废残破的基础上恢复修建了苏舜钦所建沧浪亭的旧貌，

<ruby>之<rt>zhī</rt></ruby><ruby>余<rt>yú</rt></ruby>，<ruby>此<rt>cǐ</rt></ruby><ruby>大<rt>dà</rt></ruby><ruby>云<rt>yún</rt></ruby><ruby>庵<rt>ān</rt></ruby><ruby>为<rt>wéi</rt></ruby><ruby>沧<rt>cāng</rt></ruby><ruby>浪<rt>làng</rt></ruby><ruby>亭<rt>tíng</rt></ruby><ruby>也<rt>yě</rt></ruby>。

如此，大云庵又变成了沧浪亭。

① **吴越**：五代十国之一。唐昭宗景福二年（893），钱镠任镇海节度使，后据有今浙江及江苏一部分地，于907年被后梁封为吴越王，建都杭州，共传五主，降宋，立国七十二年。　② **广陵王**：钱元璙，钱镠之子，曾任苏州刺史，后封广陵郡王。　**吴中**：古时称苏州地区为吴中。　③ **子城**：大城所属的小城，此指内城。
④ **外戚**：指帝王的母族及妻族。　**孙承佑**：钱镠之孙钱俶纳孙承佑姐为妃，孙得以成显贵。其所筑园林为沧浪亭所在地。　⑤ **淮海纳土**：宋太宗太平兴国三年（978），吴越国献两浙十三州土地归宋，吴越国亡。　⑥ **禅者**：僧人。禅，梵语"禅那"的音译，"入定"的意思，指静修，后泛指与佛教有关的人与事。

<ruby>夫<rt>fú</rt></ruby><ruby>古<rt>gǔ</rt></ruby><ruby>今<rt>jīn</rt></ruby><ruby>之<rt>zhī</rt></ruby><ruby>变<rt>biàn</rt></ruby>，<ruby>朝<rt>cháo</rt></ruby><ruby>市<rt>shì</rt></ruby><ruby>改<rt>gǎi</rt></ruby><ruby>易<rt>yì</rt></ruby>。<ruby>尝<rt>cháng</rt></ruby><ruby>登<rt>dēng</rt></ruby><ruby>姑<rt>gū</rt></ruby><ruby>苏<rt>sū</rt></ruby><ruby>之<rt>zhī</rt></ruby><ruby>台<rt>tái</rt></ruby>①，<ruby>望<rt>wàng</rt></ruby><ruby>五<rt>wǔ</rt></ruby><ruby>湖<rt>hú</rt></ruby><ruby>之<rt>zhī</rt></ruby><ruby>渺<rt>miǎo</rt></ruby><ruby>茫<rt>máng</rt></ruby>②，

时代变迁了，朝廷与市容也发生了变化。我曾经登上姑苏台，眺望浩渺的太湖，苍翠的群山，

<ruby>群<rt>qún</rt></ruby><ruby>山<rt>shān</rt></ruby><ruby>之<rt>zhī</rt></ruby><ruby>苍<rt>cāng</rt></ruby><ruby>翠<rt>cuì</rt></ruby>，<ruby>太<rt>tài</rt></ruby><ruby>伯<rt>bó</rt></ruby>、<ruby>虞<rt>yú</rt></ruby><ruby>仲<rt>zhòng</rt></ruby><ruby>之<rt>zhī</rt></ruby><ruby>所<rt>suǒ</rt></ruby><ruby>建<rt>jiàn</rt></ruby>③，<ruby>阖<rt>hé</rt></ruby><ruby>闾<rt>lú</rt></ruby>、<ruby>夫<rt>fū</rt></ruby><ruby>差<rt>chāi</rt></ruby><ruby>之<rt>zhī</rt></ruby><ruby>所<rt>suǒ</rt></ruby><ruby>争<rt>zhēng</rt></ruby>④，<ruby>子<rt>zǐ</rt></ruby><ruby>胥<rt>xū</rt></ruby>、<ruby>种<rt>zhǒng</rt></ruby>、

太伯、虞仲所创建的国家，阖闾、夫差所争逐的地盘，伍子胥、文种、范蠡所经营的事业，现在都

① **姑苏之台**：即胥台,在姑苏山上,春秋时吴王阖闾所建。后越国灭吴,焚毁此台。 ② **五湖**：此指太湖,在今苏州西南,横跨江、浙两省。 ③ **太伯**：又作"泰伯",周太王古公亶父之长子,次子为虞仲。后太伯、虞仲因欲让位与三弟季历(周文王之父),两人逃至江南,建立了吴国。 ④ **阖闾**：名光,春秋时吴国君主。 **夫差**：阖闾之子,继阖闾为吴国君主。阖闾与夫差都曾与楚、越等国争战。 ⑤ **子胥**：姓伍名员,字子胥。原为楚国人,后入吴为大夫,曾助吴王夫差伐越。 **种**：文种,字少禽,越国大夫,曾助越王勾践灭吴。 **蠡**：范蠡,字少伯,越国大夫,曾助越王勾践灭吴。 ⑥ **僭**：超越名分(的享受)。 ⑦ **释子**：指僧人。 ⑧ **澌然**：冰块溶解的样子。

lǐ zhī suǒ jīng yíng　jīn jiē wú yǒu yǐ
蠡之所经营⑤,今皆无有矣,

已经不复存在,那庵与亭又算得了

ān yǔ tíng hé wéi zhě zāi　suī rán qián
庵与亭何为者哉? 虽然,钱

什么呢? 话虽这么说,钱镠乘乱夺取

liú yīn luàn rǎng qiè bǎo yǒu wú yuè guó
镠因乱攘窃,保有吴越,国

一方,占有吴越之地,国富兵强,延续了

fù bīng qiáng chuí jí sì shì zhū zǐ yīn
富兵强,垂及四世,诸子姻

四代,子孙亲属乘机享用无度,所造

qī chéng shí shē jiàn　gōng guǎn yuàn yòu
戚,乘时奢僭⑥,宫馆苑囿,

宫馆园林,盛极一时。而苏舜钦所

jí yì shí zhī shèng ér zǐ měi zhī tíng nǎi wéi
极一时之盛。而子美之亭,乃为

修建的沧浪亭,竟被僧人如此看重。

shì zǐ suǒ qīn zhòng rú cǐ　kě yǐ jiàn shì zhī
释子所钦重如此⑦。可以见士之

由此可见士人要想千载之后留传美名

yù chuí míng yú qiān zǎi zhī hòu bù yǔ qí
欲垂名于千载之后,不与其

不与冰块一起消溶,其中是有一定的

sī rán ér jù jìn zhě　zé yǒu zài yǐ
澌然而俱尽者⑧,则有在矣。

道理存在的。

wén yīng dú shū xǐ shī　yǔ wú tú yóu hū zhī wéi　cāng làng sēng yún
文瑛读书喜诗,与吾徒游,呼之为"沧浪僧"云。

文瑛好读书,喜好诗歌,与我们这类人交游,大家称他为"沧浪僧"。

(丁如明)

青霞先生文集序
qīng xiá xiān shēng wén jí xù

茅 坤
máo kūn

青霞沈君^①，由锦衣经历上书诋宰执^②，宰执深疾之，方力构其
qīng xiá shěn jūn　yóu jǐn yī jīng lì shàng shū dǐ zǎi zhí　　zǎi zhí shēn jí zhī　fāng lì gòu qí

沈青霞先生以锦衣经历的身份上书皇上，指责宰辅，宰辅非常痛恨他。正想极力陷害

罪，赖天子仁圣，特薄其谴，徙之塞上。当是时，君之直谏之名
zuì　lài tiān zǐ rén shèng　tè bó qí qiǎn　xǐ zhī sài shàng　dāng shì shí　jūn zhī zhí jiàn zhī míng

他罗织罪名的时候，幸亏皇上仁爱圣明，特地减轻了对他的处分，将他流放至边塞，在这个时候，沈先生

满天下。已而，君累然携妻子出家塞上，会北敌数内犯^③，而帅府
mǎn tiān xià　yǐ ér　jūn léi rán xié qī zǐ chū jiā sài shàng　huì běi dí shuò nèi fàn　ér shuài fǔ

敢于直谏的名声已经天下知闻了。不久，沈先生就拖着家累携妻带儿迁居塞外。正碰上北方的敌寇屡次

以下束手闭垒，以恣敌之出没，不及飞一镞以相抗。甚且及敌
yǐ xià shù shǒu bì lěi　yǐ zì dí zhī chū mò　bù jí fēi yì zú yǐ xiāng kàng　shèn qiě jí dí

向内地进犯，而帅府以下的各级官吏束手无策，关闭了城垒，任凭敌寇任意进出侵扰，连放一箭

之退，则割中土之战没者与野行者之馘以为功^④。而父之哭其子，
zhī tuì　zé gē zhōng tǔ zhī zhàn mò zhě yú yě xíng zhě zhī guó yǐ wéi gōng　ér fù zhī kū qí zǐ

抵御入侵者这一点也做不到。甚至等到敌寇退兵后，他们就割下中原阵亡战士及在田野赶路人的耳朵去

妻之哭其夫，兄之哭其弟者，往往而是，无所控吁。
qī zhī kū qí fū　xiōng zhī kū qí dì zhě　wǎng wǎng ér shì　wú suǒ kòng yù

冒功。那时父亲哭儿子的、妻子哭丈夫的、哥哥哭弟弟的，到处都是，他们又无处可以控告。

君既上愤疆场之日弛^⑤，而又下痛诸将士日营刈我人民
jūn jì shàng fèn jiāng yì zhī rì chí　ér yòu xià tòng zhū jiàng shì rì jiān yì wǒ rén mín

沈先生对上既痛恨边防的日益松懈，对下又痛心将士们一天天随意杀戮百姓，欺骗朝廷，

以蒙国家也^⑥，数呜咽欷歔^⑦。而以其所忧郁发之于诗歌文章，
yǐ mēng guó jiā yě　shù wū yè xī xū　ér yǐ qí suǒ yōu yù fā zhī yú shī gē wén zhāng

经常流泪叹息。他就将自己忧郁苦闷的心情寄托在诗歌文章中，以排遣自己的襟怀。文

以泄其怀，即集中所载诸什是也^⑧。
yǐ xiè qí huái　jí jí zhōng suǒ zǎi zhū shí shì yě

集中所载诸作就是这类作品。

① 茅坤(1512～1601)，"唐宋派"古文家之一，为文刻意摹仿司马迁、欧阳修。　**青霞沈君**：指沈炼，字纯甫，号青霞散人，会稽(今浙江绍兴)人。嘉靖十七年(1538)进士。为人刚直，曾上书皇帝，历数奸相严嵩十大罪状，被杖责流放，后被严嵩杀害。　② **锦衣经历**：锦衣卫经历官。锦衣卫原为明朱元璋设立的护卫皇宫的亲军官署，后来成为专事侦察、搞特务活动的特务机构。　**经历**，官名，掌出纳文移，正八品。　**宰执**：宰相，此指严嵩。严嵩任武英殿大学士，入阁执政，相当于宰相(明代不设宰相)。　③ **北敌**：指当时居住在今内蒙一带的蒙古族俺达部，曾多次侵扰中原地区。　④ **馘**：战死者的左耳朵。古代战争以敌方死者的左耳来统计杀敌人数。　⑤ **疆场**：边界。**场**，疆界。　⑥ **菅刈**：杀人如割草似的。**菅**，一种草本植物。**刈**，割草。　⑦ **欷歔**：叹息。　⑧ **什**：《诗经》的《大雅》、《小雅》、《颂》以十篇诗编为一卷，叫做什。后代用以泛指诗篇或文卷。

jūn gù yǐ zhí jiàn wéi zhòng yú shí　　ér qí suǒ zhù wéi shī gē wén zhāng yòu duō suǒ jī cì
君故以直谏为重于时，而其所著为诗歌文章又多所讥刺，

沈先生本来就因为敢于直谏而名重一时，而他所写的诗歌文章对时政又常加讥刺。这些作品渐

shāo shāo chuán bō　　shàng xià zhèn kǒng　shǐ chū sǐ lì xiāng shān gòu　ér jūn zhī huò zuò yǐ　　jūn jì
稍稍传播①，上下震恐，始出死力相煽构，而君之祸作矣②。君既

渐流传开来，朝廷上下深感震惊和恐慌，于是他们开始竭力造谣诬陷，沈先生的杀身之祸就不可避免

mò　ér yī shí kǔn jì suǒ xiāng yǔ chán jūn zhě　　xún qiě zuò zuì bà qù　　yòu wèi jǐ　gù zǎi zhí zhī
没，而一时阃寄所相与谗君者③，寻且坐罪罢去。又未几，故宰执之

地发生了。沈先生死后，那些曾一起群起进谗陷害沈先生的军事长官们，不久也因犯了罪被罢官撤职。

chóu jūn zhě yì bào bà　　ér jūn zhī mén rén jǐ jiàn yú jūn④　　yú shì póu jí qí shēng píng suǒ zhù ruò gān
仇君者亦报罢。而君之门人给谏俞君④，于是裒辑其生平所著若干

又过了不久，原来那位仇视沈先生的宰辅也被罢了官。于是沈先生的学生给谏俞君将先生平生所写的

juàn　kè ér chuán zhī　　ér qí zǐ yǐ jìng　lái qǐng yú xù zhī shǒu jiǎn
卷⑤，刻而传之。而其子以敬，来请予序之首简。

诗文收集编为若干卷刻印流传。沈先生之子以敬，来请我写篇序文置于卷首。

① **稍稍**：逐渐。　② **作**：发生。　③ **阃寄**：古代郭门(外城门)以外称阃外。将军出征作战，必需出郭门，所以军事重任称阃外。阃寄就是托以军事重任，这里指边防将领。　④ **给谏**：给事中的别称。明代设六科给事中，稽察六部百司之事，正、从七品。　⑤ **裒**：聚集。

茅子受读而题之曰：若君者，非古之志士之遗乎哉？孔子删

我读了沈先生的著述后写道：像沈先生这样的人，岂不就是与古代仁人志士一脉相传的吗？孔子

《诗》①，自《小弁》之怨亲②，《巷伯》之刺谗以下③，其忠臣、寡妇、幽

删订《诗经》，从《小弁》的怨恨亲人、《巷伯》的讥讽谗人诸篇以下，其中忠臣、寡妇、高人、愤世之士等人的

人、怼士之什④，并列之为"风"，疏之为"雅"，不可胜数。岂皆古之

作品，一起被收入《国风》，被分入"小雅"一类中的，篇目多得数也数不清。难道这些作品都是合乎中正和

中声也哉？然孔子不遽遗之者，特悯其人，矜其志，犹曰"发乎情，

平的诗教吗？但是孔子却不轻易地删去它们，正是因为哀怜这些人的不幸遭遇，推崇他们的志向的缘故，

止乎礼义"，"言之者无罪，闻之者足以为戒"焉耳⑤。予尝按次春秋

也就是："发自内心，又能以礼义加以约束"，"言者无罪，闻者足戒"的意思。我曾经按次第考察春秋以来

以来，屈原之《骚》疑于怨⑥，伍胥之谏疑于胁⑦，贾谊之疏疑于激⑧，

的作品：屈原的《离骚》好像多怨愤之情，伍子胥的劝谏之辞好像多警告威胁的口气，贾谊的奏疏好像很

叔夜之诗疑于愤⑨，刘蕡之对疑于亢⑩。然推孔子删《诗》之旨而裒

激愤，嵇康的诗好像很愤懑，刘蕡的对策好像很激切刚直。但是如果按孔子删订《诗经》的原则去编集他们

次之，当亦未必无录之者。君既没，而海内之荐绅大夫至今言及君⑪，

的作品，看来也未必不能收录它们。沈先生死后，天下的士大夫一直到今天只要提起沈先生，没有一个不

无不酸鼻而流涕。呜呼！集中所载《鸣剑》《筹边》诸什，试令后之

鼻酸流泪的。唉！文集中所载《鸣剑》、《筹边》等篇，假使让后人读了，足以使奸臣贼子胆寒，令塞外战士的

人读之，其足以寒贼臣之胆，而跃塞垣战士之马，而作之忾也⑫，固

战马腾跃，而激起同仇敌忾的意气，这是必定无疑的。有朝一日朝廷采集民间风谣的官员出巡各地看到这

矣。他日国家采风者之使出而览观焉⑬，其能遗之也乎？予谨识之⑭。

些作品时，难道能把它们遗漏掉吗？我恭敬地把这层意思记录在此。

① **孔子删《诗》**：据说《诗经》是孔子从大量的诗歌中删选而成的一部诗集。　② **《小弁》**：《诗经·小雅》中的篇名。诗写一个被父亲遗弃者的悲怨。　③ **《巷伯》**：《诗经·小雅》中的篇名。诗写一遭谗而受宫刑处罚者的悲愤。　④ **怼士**：心怀怨愤之人。　⑤ **"发乎情"四句**：引自《诗经·周南·关雎》毛诗序。　⑥ **屈原**：战国时伟大的诗人，楚国三闾大夫，因遭谗言而被放逐，著有《离骚》、《九歌》、《九章》等诗。　⑦ **伍胥**：即伍子胥。春秋时吴国大夫，曾劝谏吴王夫差拒绝越国求和，后因谗被迫自杀。　⑧ **贾谊**：西汉文学家、政论家，曾官博士、太中大夫。曾多次上疏，主张削弱诸侯王势力，加强中央集权，为权贵所排挤，贬为长沙王太傅，郁郁以终。　⑨ **叔夜**：嵇康的字，三国魏时文学家。因不满实际掌权的司马氏集团，常发表一些不利于当权者的言论，为司马昭所杀。　⑩ **刘蕡**：唐代幽州昌平（今属北京市）人。他在应考时，在对策中猛烈抨击宦官专权，考官们畏于宦官的权势，不敢录取他。　⑪ **荐绅**：又作搢绅、缙绅，古代官员的装束，此代指官员。　⑫ **忾**：愤怒。　⑬ **采风**：古代统治者派人到各地采集民间歌谣以考察民情的一种举措。　⑭ **识**：记录。

zhì yú wén cí zhī gōng bù gōng　jí dàng gǔ zuò zhě zhī zhǐ yú fǒu　fēi suǒ yǐ lùn jūn zhī
至于文词之工不工，及当古作者之旨与否，非所以论君之

至于沈先生作品的文采辞藻漂亮与否，以及是否合乎古代作家的写作规范，那些都不是用来

dà zhě yě　yú gù bú zhù
大者也，予故不著。

议论沈先生大节的东西，所以我就不加论述了。

（丁如明）

lìn xiàng rú wán bì guī zhào lùn
蔺相如完璧归赵论

wáng shì zhēn
王世贞

lìn xiàng rú zhī wán bì　　rén jiē chēng zhī　　yú wèi gǎn yǐ wéi xìn yě
蔺相如之完璧①，人皆称之，予未敢以为信也。

> 蔺相如完璧归赵一事，人们都称赞它，但我不敢苟同。

> ① **王世贞**（1526～1590），与李攀龙同为明"后七子"领袖，才华声望，笼盖海内，其文学主张掀起强劲的复古主义浪潮。 **蔺相如之完璧**：《史记·廉颇蔺相如列传》载：赵惠文王时（前298年～前266年在位），赵国得到一块宝玉和氏璧，秦昭王得知后，表示愿意用十五城来与赵国交换。蔺相如奉命携璧出使秦国，见秦昭王并无诚意，就暗地派手下人将璧送回赵国，并在秦庭上斥责秦国的欺诈行为，展开了有理有节的斗争，取得外交上的胜利。

fú qín yǐ shí wǔ chéng zhī kōng míng　zhà zhào ér xié qí bì　　shì shí yán qǔ bì zhě
夫秦以十五城之空名，诈赵而胁其璧。是时言取璧者

> 秦国用十五座城的空头支票，妄图欺骗赵国，胁迫赵国献出和氏璧。当时说秦国要诈取和氏璧，

qíng yě　fēi yù yǐ kuī zhào yě　zhào dé qí qíng zé fú yǔ　bù dé qí qíng zé yǔ
情也，非欲以窥赵也。赵得其情则弗予，不得其情则予；

> 这是真情实况，并非秦国要借此试探赵国。赵国如果得知了秦国的这个实情就不给它，不知道这个实

dé qí qíng ér wèi zhī zé yǔ　dé qí qíng ér fú wèi zhī zé fú yǔ　cǐ
得其情而畏之则予，得其情而弗畏之则弗予。此

> 情就给它；得知了秦国的这个实情而惧怕它就给它璧，知道了秦国的这个实情而不惧怕它就不给。

liǎng yán jué ěr　　nài zhī hé jì wèi ér fù tiǎo qí nù yě
两言决耳，奈之何既畏而复挑其怒也！

> 这件事只要两句话就可以决定下来，为什么赵国既害怕秦国却又去激怒它呢？

qiě fú qín yù bì　zhào fú yǔ bì　liǎng wú suǒ qū zhí yě　　rù bì ér qín
且夫秦欲璧，赵弗予璧，两无所曲直也。入璧而秦

> 秦国要想得到和氏璧，赵国不给它，这两者并无是非曲直可言。如果赵国献了和氏璧而秦国不给

弗予城，曲在秦；秦出城而璧归，曲在赵。欲使曲

十五城，那么理亏在秦国那一面；如果秦国给赵国十五城，赵国却把和氏璧送回国不给璧，那么赵国就显

在秦，则莫如弃璧；畏弃璧，则莫如弗予。夫秦王既

得理亏。要使得秦国理亏，赵国就不如不把和氏璧放弃；要是害怕失去和氏璧，就不如不给秦国。秦王既然

按图以予城①，又设九宾②，斋而受璧③，其势不得不予城。

指着地图明确告知那些城池送给赵国，并且举行了最隆重的礼仪，沐浴斋戒准备接受和氏璧，那种架势是

璧入而城弗予，相如则前请曰："臣固知大王

明摆着不得不交出十五城了。这时蔺相如如果献上和氏璧而秦国不交割十五城，那么他就可以上前责问

之弗予城也。夫璧非赵璧乎？而十五城秦宝也。

说："我本来就知道大王是不肯交割十五城的。这块和氏璧难道不是赵国的吗？十五城也是秦国的宝地。

今使大王以璧故，而亡其十五城，十五城之子弟皆厚怨大王以

现在如果大王因为爱这块和氏璧的缘故而放弃了这十五城，那么十五城的百姓都会深深地埋怨大王，说您把

弃我如草芥也④。大王弗予城而给赵璧⑤，以一璧故，而失信于天下，

他们像草芥一样地抛弃了。大王不肯交割十五城，而骗取赵国的和氏璧，因一块和氏璧的缘故而失信于

臣请就死于国，以明大王之失信。"秦王未必不返璧也。今

天下，我请求在您境内结束自己的生命，以一死来表明大王的失信。"秦王听了就未必不肯归还和氏璧。如

奈何使舍人怀而逃之⑥，而归直于秦？是时秦意未欲与赵绝耳。

今蔺相如为什么要派手下人怀着玉璧偷偷地逃走，而把理直的一方归于秦国呢？当时的情势，秦国还不想

令秦王怒而僇相如于市⑦，武安君十万众压邯郸⑧，而责

与赵国绝交。假使秦王发怒，当众就杀了蔺相如，同时派武安君率领十万大军逼临邯郸，诘责和氏璧的去向

璧与信，一胜而相如族，再胜而璧终入秦矣。

与赵国的失信，那么打一次胜仗就可使蔺相如灭族，打两次胜仗那和氏璧终究还是要落入秦人之手了。

① "夫秦王"句：《史记·廉颇蔺相如列传》："秦王恐其破璧，乃辞谢固请，召有司按图，指从此以往十五都予赵。" ② 九宾：又称九仪，一种极为隆重的外交礼节，当时只有天子才能用。 宾，通"傧"，傧相。 ③ 斋：沐浴素食，处于静室，清心寡欲，是古人遇到大事，如祭祀等活动所举行的先期行为，以表示虔诚恭敬。 ④ 芥：小草。 ⑤ 绐：欺骗。 ⑥ 舍人：手下人。 ⑦ 僇：通"戮"，杀。 市：市集、市口。古代处决犯人都在市集进行。 ⑧ 武安君：秦国名将白起，封武安君。 邯郸：赵国都城，今河北邯郸市。

wú gù yuē   lìn xiàng rú zhī huò quán yú bì yě   tiān yě   ruò qí jìng miǎn chí

吾故曰，蔺相如之获全于璧也，天也。若其劲渑池①，

所以我说，蔺相如的能够保全和氏璧，这是出于天意。至于后来他在渑池会上对秦国采取强

róu lián pō   zé yù chū ér yù miào yú yòng   suǒ yǐ néng wán zhào zhě   tiān gù qū

柔廉颇②，则愈出而愈妙于用。所以能完赵者，天固曲

硬态度，对廉颇又显得那么温和，真是做得越来越好了。赵国之所以能够被保全，这的确是出于老天

quán zhī zāi

全之哉。

保全它的缘故啊！

① 劲渑池：《史记·廉颇蔺相如列传》载：赵惠王二十年(前279)，秦王与赵王会盟于渑池(今属河南)，秦王在会上屡次欲羞辱赵王，赖蔺相如的机智斗争，秦王终未能如愿。 劲，态度强硬。 ② 柔廉颇：据《史记·廉颇蔺相如列传》载，蔺相如经渑池会后，被任为上卿，位在廉颇之上。廉颇不服，多次想当众羞辱蔺相如；蔺相如以国事为重，一再采取忍让态度，终于感化廉颇，两人结为刎颈之交。

（丁如明）

徐文长传
xú wén cháng zhuàn

yuán hóng dào
袁宏道

徐渭，字文长，为山阴诸生①，声名籍甚。薛公蕙校越时②，

徐渭，字文长，是山阴县的生员，名声很大。薛蕙任越州学官时，非常赏识他的才情，把他视为国家的

奇其才，有国士之目③。然数奇④，屡试辄蹶。中丞胡公宗宪闻之⑤，

杰出之士。但是徐渭命运不佳，屡次考试都不能中第。中丞胡宗宪听说他的情况后，就召他进自己的幕府。

客诸幕⑥。文长每见，则葛衣乌巾⑦，纵谈天下事，胡公大喜。

徐渭每次进见，都是穿着葛布衣，戴着黑头巾，在胡宗宪面前放言高论天下大事。胡公喜欢极了。这时胡公

是时公督数边兵⑧，威镇东南，介胄之士⑨，膝语蛇行，不敢举头，

正统率着数处防区的军队，威镇东南。全副武装的将士在他面前要跪着说话，像蛇似地爬行，不敢抬头，

而文长以部下一诸生傲之，议者方之刘真长、杜少陵云⑩。适逢

而徐渭以胡公部下一介书生的身份却显得那么高傲。评论的人把他比做东晋的刘惔和唐代的杜甫。适逢

会得白鹿⑪，属文长作表，表上，永陵喜⑫。公以是益奇之，

公获得一头白鹿，让徐渭写一篇表文奏明皇上。这道表文呈上后，嘉靖皇帝看了很高兴。因此胡公对他更

一切疏计，皆出其手。文长自负才略，好奇计，谈兵多中，

器重了。一切奏疏、薄籍，都出自徐渭的手笔。徐渭对自己的才能谋略很自信，好出奇妙之策，议论军事大

视一世事无可当意者。然竟不偶。

多能切中要害。在他看来，世上的事没有一件是令他满意的。但是他一身竟没有遇上好的机遇。

① 袁宏道(1568~1610)，与其兄宗道、弟中道合称"三袁"，不满"后七子"复古文风，提出不拘格套、独抒性灵的文学主张，被称为"性灵派"。　诸生：明清时代经各级考试录取入府、州、县的学生，称生员。生员有增生、附生、廪生、例生等名目，统称诸生。　② 薛公蕙：薛蕙，明正德九年(1514)进士，直隶武平卫(今河南偃师)人，官至吏部考工郎中。　校越：在越州任学官。按薛蕙于嘉靖二年(1523)免官，至徐渭考中生员的那一年(1539)死去，未担任过浙江学官。此处疑误。　③ 国士：一国之中杰出的人才。　④ 数奇：命运不好。　⑤ 中丞：明代设立都察院，其副都御史一职与古时御史中丞相近，故称副都御史为中丞。　胡公宗宪：胡宗宪，字汝贞，号梅林，明嘉靖年间任浙江巡抚，因抗击倭寇有功，加右都御史衔。　⑥ 幕：幕府。徐渭在胡宗宪幕府中任书记，主文告事。　⑦ 葛衣：粗布衣。葛，藤类植物，其纤维可织成葛布。　巾：古人包裹头发的巾帻。　⑧ 督数边兵：嘉靖三十五年(1556)，胡宗宪任总督，督江南、江北、浙江、山东、福建诸军事。　⑨ 介胄之士：指军人。　介胄，古代武士的护身装束。　介，铠甲。胄，头盔。　⑩ 方：比方，比做。　刘真长：刘惔，字真长，东晋简文帝时宰相。杜少陵：唐代大诗人杜甫的号。两人均不拘小节。　⑪ 白鹿：古代以得白鹿为国家祥瑞，所以胡宗宪要上表奏闻皇帝。　⑫ 永陵：明世宗嘉靖帝的陵墓名，此代指明世宗(1522~1566在位)。

　　wén cháng jì yǐ bù dé zhì yú yǒu sī　　　　　　suì nǎi fàng làng qū niè　　　zì qíng shān shuǐ　　zǒu qí
文长既已不得志于有司①，遂乃放浪曲蘖②，恣情山水，走齐、

徐渭在考场失利、不被考官录取之后，就沉浮于醉乡之中，纵情山水，漫游齐、鲁、燕、赵等地，饱览

lǔ yān zhào zhī dì　　qióng lǎn shuò mò　　　qí suǒ jiàn shān bēn hǎi lì　　shā qǐ léi xíng　yǔ míng
鲁、燕、赵之地③，穷览朔漠。其所见山奔海立、沙起雷行、雨鸣

北方大漠风光。他将所见到的奔腾的山势，壁立的海浪，惊沙奔走，云雷滚动，沙沙的雨声，倒伏的大树，

shù yǎn　yōu gǔ dà dū　rén wù yú niǎo　yí qiè kě jīng kě　è zhī zhuàng　yī yī jiē dá zhī
树偃、幽谷大都、人物鱼鸟，一切可惊可愕之状，一一皆达之

深邃的山谷，繁华的大都市，各色人物，鱼鸟走兽等等，一切令人感到惊讶恐骇的景象，都一一写进诗歌。

yú shī　　qí xiōng zhōng yòu yǒu bó rán bù kě mó miè zhī qì　yīng xióng shī lù　tuō zú wú mén zhī
于诗。其胸中又有勃然不可磨灭之气，英雄失路、托足无门之

他胸中又怀着勃发的不可消磨的气概，有着英雄无用武之地的悲愤，所以他作的诗，像发怒，像狂笑，

bēi　gù qí wéi shī　rú chēn rú xiào　rú shuǐ míng xiá　rú zhǒng chū tǔ　rú guǎ fù zhī yè kū
悲，故其为诗，如嗔如笑，如水鸣峡，如种出土，如寡妇之夜哭、

像激流在山峡中轰鸣，像新苗破土而出，像寡妇在长夜哀哭，像游子寒夜惊起。虽然他的诗歌体制与风格

jī rén zhī hán qǐ　suī qí tǐ gé shí yǒu bēi zhě　rán jiàng xīn dú chū　yǒu wáng zhě qì　fēi bǐ
羁人之寒起。虽其体格时有卑者，然匠心独出，有王者气，非彼

时有卑弱的缺点，但是能别出心裁，有王者之气，不是那些无男子汉气魄依附他人之流的诗人所能望其项

jīn guó ér shì rén zhě suǒ gǎn wàng yě
巾帼而事人者所敢望也④。

wén yǒu zhuó shí　qì chén ér fǎ yán　bù yǐ mó nǐ sǔn cái
文有卓识，气沉而法严，不以摹拟损才，

背的。他的文章具有远见卓识，气象沉郁而法度深严，不因为模拟而有损才气，不因为议论而妨害格调，

bù yǐ yì lùn shāng gé　hán zēng zhī liú yà yě
不以议论伤格，韩、曾之流亚也⑤。

wén cháng jì yǎ bù yǔ shí diào hé　dāng shí suǒ
文长既雅不与时调合⑥，当时所

可视为是韩愈、曾巩一类的杰出人物。徐渭素来不与流行的文风合拍，对当时所谓的诗坛领袖，他都加

wèi sāo tán zhǔ méng zhě　wén cháng jiē chì ér
谓骚坛主盟者⑦，文长皆叱而

以斥骂，深表不满，所以他的文名不能超出越地

nù zhī　gù qí míng bù chū yú yuè　bēi fú
怒之，故其名不出于越，悲夫！

的范围，真可悲啊！徐渭喜欢书法，笔意放纵，

xǐ zuò shū　bǐ yì bēn fàng rú qí shī　cāng
喜作书⑧，笔意奔放如其诗，苍

就像他的诗歌，苍劲中透出秀媚的笔意，也就是

jìng zhōng zī mèi yuè chū　ōu yáng gōng suǒ wèi　yāo
劲中姿媚跃出，欧阳公所谓"妖

欧阳修所说的"妖艳女子，即使到了老年还是

sháo nǚ　lǎo zì yǒu yú tài　zhě yě　jiàn yǐ
韶女，老自有余态"者也⑨。间以

风韵犹存"。间或又以剩余的精力旁及花鸟画，

qí yú　páng yì wéi huā diǎo　jiē chāo yì yǒu zhì
其余，旁溢为花鸟，皆超逸有致。

都画得高妙秀逸而有情趣。

① 有司：官吏。古代官吏各有司职，故称。此指考官。　② 曲蘖：酒母。代指酒。　③ 齐、鲁、燕、赵：皆春秋战国时国名，后多代指今山东、河北、山西一带地区。　④ 巾帼：古代妇女所戴头巾，后代指妇女。　⑤ 韩、曾：韩愈、曾巩，唐宋散文八大家中的作家。　流亚：同一类的人物。　⑥ 雅：素来，一向。　⑦ 骚坛：诗坛。骚坛主盟者指王世贞等人。　⑧ 书：写字，指书法。　⑨ 欧阳公：欧阳修，宋代文学家，唐宋散文八大家之一。　"妖韶女，老自有余态"：语出欧阳修《六一诗话》，是赞扬梅圣俞诗的句子。原文是："有如妖韶女，老自有余态。"

zú yǐ yí shā qí jì shì　xià yù lùn sǐ　zhāng tài shǐ yuán biàn lì jiě　nǎi dé chū
卒以疑杀其继室①，下狱论死。张太史元汴力解②，乃得出。

后来，他因为起疑而将自己的续配夫人杀了，被捕入狱，被判死刑。经过张太史元汴的极力营救，

wǎn nián fèn yì shēn　yáng kuáng yì shèn　xiǎn zhě zhì mén　huò jù bú nà　shí xié qián zhì jiǔ sì
晚年愤益深，佯狂益甚，显者至门，或拒不纳。时携钱至酒肆，

方才出了监狱。徐渭晚年，愤世之情更加深了，也更变得喜欢假作疯颠之状了。达官贵人上门，有时他

呼下隶与饮。或自持斧击破其头，血流被面，头骨皆折，揉之

竟拒不接见。他常常带了钱到酒店中去，叫一些仆隶之流的底下人一起喝酒。有时他拿了斧头劈破

有声。或以利锥锥其两耳，深入寸余，竟不得死。周望言晚岁

自己的头颅，血流满面，头骨都骨折了，手一按就能发出响声。有时他又用尖锥刺自己的两只耳朵，

诗文益奇[3]，无刻本，集藏于家。余同

刺入一寸多深，竟然没有送命。陶望龄说徐渭晚年的诗文更

年有官越者，托以抄录，今未至。

是奇妙了。他的诗文集没有刻印，手稿藏在家中。我的同年

余所见者，《徐文长集》、《阙编》

中有人在越地做官，就托他抄录，到现在还没有寄来。我所

二种而已。然文长竟以不得志于时，

见到的只有《徐文长集》、《阙编》两种而已。但是徐渭终于因

抱愤而卒。

为一生不得志，满怀悲愤地死去了。

① 杀其继室：徐渭晚年神
经错乱，猜疑心重，杀续
配夫人张氏，因此下狱。
② 张太史元汴：张元汴，字
子荩，号阳和，浙江山阴人，
隆庆五年(1571)进士第一，
授翰林修撰，官至翰林侍
读，故称太史。 ③ 周望：
陶望龄，字周望，号石篑，会
稽人，万历十七年(1589)进
士，授翰林院编修。

石公曰[1]：先生数奇不已，遂为狂疾。狂疾不已，遂为囹圄[2]。

石公说：先生的厄运真是无穷无尽，因此就得了疯病。疯病没有痊愈，就进了监狱。古往今来文

古今文人牢骚困苦，未有若先生者也。虽然，胡公间世豪杰[3]，永陵

人的困苦不平遭遇，没有一个能与先生相比。虽然如此，胡公是绝代的豪杰之士，嘉靖帝是英明的皇帝。

英主。幕中礼数异等，是胡公知有先生矣；表上，人主悦，是人

徐渭在胡宗宪幕府中受到特殊的礼遇，这说明胡公是了解先生的；白鹿表文上达帝听，皇帝非常赏识，

zhǔ zhī yǒu xiān sheng yǐ dú shēn wèi guì ěr xiān sheng shī wén jué qǐ yī sǎo jìn dài wú huì
主知有先生矣，独身未贵耳④。先生诗文崛起，一扫近代芜秽

这说明皇上也是了解先生的，只是先生没有做到大官显贵罢了。先生的诗文崛起文坛，扫除了近时

zhī xí bǎi shì ér xià zì yǒu dìng lùn hú wèi bú yù zāi méi kè shēng cháng jì yú shū yuē
之习，百世而下，自有定论，胡为不遇哉？梅客生尝寄予书曰⑤：

的不良习气，百世之后，自然会有定评，怎么能说他不遇于时呢？梅客生曾寄我一信，信上说："徐渭

wén cháng wú lǎo yǒu bìng qí yú rén rén qí yú
"文长吾老友，病奇于人，人奇于

是我的老朋友，他的病比他这人要怪，他这人要比他的

shī yú wèi wén cháng wú zhī ér bù qí zhě yě wú
诗。"余谓文长无之而不奇者也。无

诗还怪。"我认为徐渭这人没有一样是不怪的。正因

zhī ér bù qí sī wú zhī ér bù qí yě bēi fú
之而不奇，斯无之而不奇也⑥。悲夫！

他没有一样不怪，所以无往而不倒大霉。真可悲啊！

① 石公：袁宏道自称（石公为其号）。 ② 图圄：监牢。 ③ 间世：隔世。 ④ 独：只是，不过。 ⑤ 梅客生：梅国桢，字客生，湖北麻城人。万历十一年（1583）进士，官至兵部右侍郎总督宣大、山西军务。袁宏道之友。 ⑥ 斯：连词，就，乃。

（丁如明）

wǔ rén mù bēi jì

五人墓碑记

zhāng pǔ

张溥

wǔ rén zhě gài dāng liǎo zhōu zhōu gōng zhī bèi dài jī yú yì ér sǐ yān zhě yě zhì yú jīn
五人者，盖当蓼洲周公之被逮①，激于义而死焉者也。至于今，

墓中这五个人，是在周公蓼洲被逮捕时激于义愤而赴难的。到现在，地方上的开明士大夫请求

jùn zhī xián shì dà fū qǐng yú dāng dào jí chú wèi yān fèi cí zhī zhǐ yǐ zàng zhī qiě lì shí yú
郡之贤士大夫请于当道，即除魏阉废祠之址以葬之②，且立石于

当局，将宦官魏忠贤的废祠旧基清理后安葬这五个人，而且在其墓前树立石碑，以表彰他们的生前

qí mù zhī mén　yǐ jīng qí suǒ wéi　　wū hū　　yì shèng yǐ zāi

其墓之门,以旌其所为③。呜呼!亦盛矣哉!

所为。唉,真是够隆重的了。

---

① 张溥(1602～1641),明文学家。于崇祯时组织复社,进行文学和政治活动。 **蓼洲周公**:周顺昌,号蓼洲,吴县(今属江苏)人。明万历四十一年(1613)进士。因不满朝政,辞官归里。天启六年(1626),遭魏忠贤党羽迫害,下狱被杀。 ② **魏阉**:魏忠贤,明后期著名太监,权倾一时,各地纷纷为他建立生祠。他死后,这些生祠都被捣毁、废弃。**阉**,对太监的鄙称。 ③ **旌**:表彰。

---

fú wǔ rén zhī sǐ　qù jīn zhī mù ér zàng yān　qí wéi shí zhǐ shí yòu

夫五人之死,去今之墓而葬焉,其为时止十有

这五个人的殉难,离开现在入土安葬,为时只不过十一个月罢了。在

yí yuè ěr　　fú shí yòu yí yuè zhī zhōng fán fù guì zhī zǐ　kāng kǎi dé zhì

一月耳。夫十有一月之中,凡富贵之子,慷慨得志

这十一个月中,那班出身富贵之家的人,得意非凡官运亨通的人,因为生病

zhī tú　qí jí bìng ér sǐ　sǐ ér yān mò bù zú dào zhě　　yì yǐ zhòng

之徒①,其疾病而死,死而湮没不足道者②,亦已众

去世,死后却无声无息无足称道的,也够多的了,何况那些乡野间默默无闻的

yǐ　kuàng cǎo yě zhī wú wén zhě yú　　dú wǔ rén zhī jiǎo jiǎo　hé yě

矣。况草野之无闻者欤!独五人之皦皦③,何也?

小民呢? 单单这五位死后,名声却如日中天,那是为什么呢?

---

① **慷慨得志**:此处作贬义用,扬扬自得、踌躇满志的样子。
② **湮没**:埋没。
③ **皦皦**:有光采的样子。

---

yú yóu jì zhōu gōng zhī bèi dài　zài dīng mǎo sān yuè zhī wàng　　wú shè zhī xíng wéi shì

予犹记周公之被逮,在丁卯三月之望①。吾社之行为士

我还记得周公被捕,是在丁卯年三月十五日。我们复社中那些士大夫中的佼佼者,

xiān zhě　wèi zhī shēng yì　liǎn zī cái yǐ sòng qí xíng　kū shēng zhèn dòng tiān dì　tí jì àn

先者,为之声义,敛资财以送其行,哭声震动天地。缇骑按

为周公伸张正义,募集钱财,替他送行,一时间哭声震天动地。差役提剑前来喝问说:"谁在对

jiàn ér qián　　wèn　shuí wèi āi zhě　　zhòng bù néng kān　chì ér pū zhī　　shì shí yǐ dà zhōng
剑而前②，问："谁为哀者？"众不能堪，抶而仆之③。是时以大中

他同情哀哭？"众人再也无法忍受了，就把他们打倒在地。当时以大中丞衔任苏州巡抚的毛一

chéng fǔ wú zhě　　wéi wèi zhī sī rén　zhōu gōng zhī dài suǒ yóu shǐ yě　　wú zhī mín fāng tòng xīn yān
丞抚吴者④，为魏之私人，周公之逮所由使也，吴之民方痛心焉⑤。

鸷是魏忠贤的心腹，周公的被捕就是他主使的，吴地的百姓正对他痛恨之极。于是趁着差役厉

yú shì chéng qí lì shēng yǐ hē　zé zào ér xiāng zhú　zhōng chéng nì yú hùn fān yǐ miǎn　　jì ér
于是乘其厉声以呵，则噪而相逐，中丞匿于溷藩以免⑥。既而

声喝问的时候，就大声呼喊着，群起而攻之。毛一鹭吓得躲进厕所，才免遭袭击。后来，毛一鹭以

yǐ wú mín zhī luàn qǐng yú cháo　àn zhū wǔ rén　yuē　yán pèi wéi　yáng niàn rú　mǎ jié　shěn yáng
以吴民之乱请于朝，按诛五人，曰：颜佩韦、杨念如、马杰、沈扬、

吴民暴动的罪名向朝廷请示，经过缉查，处死五个人，这五位是：颜佩韦、杨念如、马杰、沈扬、

zhōu wén yuán　jí jīn zhī lěi rán zài mù zhě yě
周文元，即今之傫然在墓者也⑦。

周文元，就是现在墓中排着的五个人。

①丁卯：明熹宗天启七年(1627)丁卯年。据《明史》载，周顺昌是在天启六年丙寅年被逮捕的。　望：农历每月的十五日。　②缇骑：明代称锦衣卫的官校为缇骑。锦衣卫原为护卫皇宫的禁军，掌出入仪仗，至明太祖朱元璋时，成为一种特务组织，专事侦察，用刑残酷。　③抶：击。　④大中丞：官名，属御史台，明代属都察院。副都御史、金都御史称中丞。明代时巡抚一般带副都御史或金都御史衔。　抚吴：巡抚苏州，巡抚是省一级最高行政长官，此指魏忠贤党羽毛一鹭。　⑤痛心：痛恨，怨恨。　⑥溷：厕所。　藩：篱笆。　⑦傫然：堆积的样子。

rán wǔ rén zhī dāng xíng yě　　yì qì yáng yáng　hū zhōng chéng zhī míng ér lì zhī　　tán xiào
然五人之当刑也，意气扬扬，呼中丞之名而詈之①，谈笑

但是这五位在临刑时，意气风发，叫着毛一鹭的名字痛骂，谈笑自若，从容就义。断头挂在城墙上，

yǐ sǐ　　duàn tóu zhì chéng shàng　yán sè bù shāo biàn　　yǒu xián shì dà fū fā wǔ shí jīn　mǎi wǔ rén
以死。断头置城上，颜色不少变。有贤士大夫发五十金，买五人

脸色一点也没有改变。有些贤明的士大夫，出了五十两银子，买下五人的头颅用盒子盛好，最后将头

zhī dòu ér hán zhī　　zú yǔ shī hé　　gù jīn zhī mù zhōng quán hū wéi wǔ rén yě

之脰而函之②,卒与尸合。故今之墓中,全乎为五人也。

与尸身合在一起。所以现在墓中五人的尸身是完整的。

① 詈:骂。　② 脰:颈脖,这里代指头颅。

jiē fú　　dà yān zhī luàn　　jìn shēn ér néng bú yì qí zhì zhě　　sì hǎi zhī dà　yǒu jǐ rén yú

嗟夫!大阉之乱①,缙绅而能不易其志者②,四海之大,有几人欤?

唉!魏忠贤为非作歹的时候,当官的能够不改变自己节操的,天下之大,能够有几个呢? 而这五

ér wǔ rén shēng yú biān wǔ zhī jiān　　sù bù wén shī shū zhī xùn　　jī áng dà yì　dǎo sǐ bú

而五人生于编伍之间③,素不闻《诗》《书》之训④,激昂大义,蹈死不

位生在平民之家,从来没受过学校的教育,却能激于义愤,置生死于度外,这是什么原因呢? 而且这

gù　yì hé gù zāi　　qiě jiǎo zhào fēn chū　　gōu dǎng zhī bǔ　　biàn yú tiān xià　zú yǐ wú jùn zhī fā

顾,亦曷故哉⑤? 且矫诏纷出⑥,钩党之捕⑦,遍于天下,卒以吾郡之发

时假传的诏书纷纷下达,受株连而被捕的党人遍及天下,终究由于我们吴郡人的愤怒抗击,使阉党

fèn yì jī　bù gǎn fù yǒu zhū zhì　　dà yān yì qūn xún wèi yì　　fēi cháng zhī móu　nán yú cù fā

愤一击,不敢复有株治⑧。大阉亦逡巡畏义⑨,非常之谋,难于猝发。

不敢再加以株连治罪。魏忠贤也因此害怕人民的正义力量而畏缩,篡位的阴谋,很难突然发动。到后

dài shèng rén zhī chū　　ér tóu huán dào lù　　bù kě wèi fēi wǔ rén zhī lì yě

待圣人之出⑩,而投缳道路⑪,不可谓非五人之力也。

来圣明天子即位,他不得不在路上上吊自杀了。这一切不能不说是这五人的功绩。

① 大阉:指大宦官魏忠贤。　② 缙绅:古代官宦将笏插在腰带里,因以缙绅代指做官的。　缙,插。　绅,束衣的大带。　③ 编伍:指平民。古代以五户编为一"伍"。　④《诗》:《诗经》。　《书》:《书经》。这里代指儒家传统教育。　⑤ 曷:何。　⑥ 矫诏:假的诏书。　⑦ 钩党:牵连的同党。东汉后期,宦官专权,将不顺从他们的士大夫诬为钩党。　⑧ 株治:株连治罪。　⑨ 逡巡:犹豫不决,迟疑不前。　⑩ 圣人:指明思宗朱由检(崇祯帝)。　⑪ 投缳道路:在途中上吊自杀。据《明史》载,崇祯皇帝即位后,即将魏忠贤放逐凤阳,后又下令将他捕回京城。魏忠贤行至河北阜城,听闻此消息,畏罪自缢身亡。　缳,绳圈。

由是观之，则今之高爵显位，一旦抵罪，或脱身以逃，不能

从这一点来看，那么如今那些身居高位的达官显贵，一旦犯罪要受处分时，有的脱身逃走，

容于远近，而又有剪发杜门①，佯狂不知所之者。其辱人贱行，视

却无处可以容身，有的把头发剃光了，关起门来，装疯卖傻，不知溜到哪儿去了。他们这些人的

五人之死②，轻重固何如哉？是以蓼洲周公，忠义暴于朝廷③，

卑鄙无耻行为，与这五位相比，究竟哪个伟大，哪个渺小呢？所以，后来周公蓼洲，忠义得到朝廷

赠谥美显④，荣于身后；而五人亦得以加其土封，列其姓名于大

褒扬，被赠予谥号，美名显焕，死后荣耀无比；而这五个人也得以扩建了坟墓，并将他们的姓名

堤之上。凡四方之士，无有不过而拜且泣者，斯固百世之遇也！

排列于大堤之上。四方人士来此，没有一个不下拜哭泣的。这实在是百代难逢的遭际啊！否则，假

不然，令五人者保其首领，以老于户牖之下⑤，则尽其天年，人皆

使这五人保住了自己的脑袋，老死于家中，以终其天年，人们都可以把他们当奴仆一样使唤，怎么

得以隶使之，安能屈豪杰之流，扼腕墓道⑥，发其志士之悲哉？

能让英雄豪杰一流人拜服，在墓前扼腕痛心，抒发志士仁人的悲壮情怀呢？所以我与同社的几

故予与同社诸君子，哀斯墓之徒有其石也，而为之记，亦以明死

位仁人君子对这坟墓徒有石碑而没有碑文感到难过，就替他们写了一篇记文，用以阐明正确对待生

生之大，匹夫之有重于社稷也⑦。

死的重大意义，以及普通百姓对于国家的重要性。

---

① 剪发：清代以前的男子都留长发，剪短发或剃光头，除了当和尚之外，都被视为不正常。　**杜门**：关门。　② 视：比较。　③ 暴：表露。　④ 谥：古代帝王、后妃、高官或其他有卓异贡献者死后，由朝廷根据其生前事迹，赠予称号，叫做谥。崇祯帝追赠周顺昌为"忠介"。　⑤ 户牖：门窗，这里指家。牖，窗。　⑥ 扼腕：握住手腕，表示激动的样子。　⑦ 匹夫：代指平民百姓。　**社稷**：代指国家。

xián shì dà fū zhě　jiǒng qīng yīn zhī wú gōng　tài shǐ wén qǐ wén gōng　mèng cháng yáo gōng yě

贤士大夫者,冏卿因之吴公①、太史文起文公②、孟长姚公也③。

前面所述的贤士大夫是:太仆寺卿吴公因之、太史文公文起和姚公孟长。

① **冏卿**:即太仆寺卿,掌管皇帝车马的官。　**因之吴公**:吴因之,名默,明万历二十年(1592)进士,吴江(今属江苏)人。　② **太史**:古代修史官,明清两代称入翰林院的官员为太史。　**文起文公**:文文起,名震孟,明天启二年(1622)进士,长洲(今江苏苏州)人。　③ **孟长姚公**:姚孟长,名希孟,明万历四十七年(1619)进士,长洲人。

　　　　　　　　　　　　　　　　　　（丁如明）

图书在版编目（CIP）数据

古文观止译注：注音版/李梦生等译注．—修订本．—上海：上海古籍出版社，2023.7
ISBN 978-7-5732-0737-1

Ⅰ．①古… Ⅱ．①李… Ⅲ．①古典散文-散文集-中国 ②《古文观止》-译文 ③《古文观止》-注释 Ⅳ．①H194.1

中国国家版本馆CIP数据核字（2023）第115539号

古文观止译注（注音版）
修订本
李梦生 史良昭 等 译注
上海古籍出版社出版发行
（上海市闵行区号景路159弄1-5号A座5F 邮政编码201101）
（1）网址：www.guji.com.cn
（2）E-mail：guji1@guji.com.cn
（3）易文网网址：www.ewen.co
上海展强印刷有限公司印刷
开本710×1000 1/16 印张42 插页3 字数500,000
2023年7月第2版 2023年7月第1次印刷
印数：1—5,100
ISBN 978-7-5732-0737-1
Ⅰ·3731 定价：58.00元
如有质量问题，请与承印公司联系
电话：021-66366565